KB195783

여신의 언어
The Language of the Goddess

도판 1

도판 2

도판 3

도판 2

초자연적 눈을 지닌 거대한 가면을 쓴 여신 좌상. V자형 목걸이에 부착된 메달 장식이 여신의 형상임을 암시한다. 가슴에 쐐기 문양, 어깨에 나선 문양이 있다. 눈 아래에 삼선 문양, 눈 위로 가는 선들이 장식되어 있고 입은 없다. 의자와 다리는 훼손된 상태이다.
빈차 문화(코소보 프라슈티나 인근 베릴예보. 기원전 4500년경).
높이 25cm

도판 3

사방으로 T자형 입구가 있는 신전 모형. 원통형 두부(頭部)를 가진 새 여신의 가면. 몸 둘레에 목걸이가 양각 형식으로 장식되어 있다.
신석기 마케도니아(초기 스타르체보. 세르비아 비톨라 인근의 포로딘. 기원전 6000~5800년경).
높이 17.1cm
길이 25.6cm

도판 1(앞 쪽)

항아리 뚜껑에 표현된 새[鳥] 여신의 얼굴. 양 끝에 귀가 표현되어 있으며, 입은 없고 커다란 코가 부리 역할을 한다. 눈은 가로선 아래 삼선(三線)이 연결된 문양으로 표현했다. 여기에 세로선과 V자 문양도 결합되어 있다. 토기 전체에 미앤더와 평행선 문양을 새겨 넣었으며, 거기에 흰색을 채워 문양을 장식했다.
초기 빈차 문화(루마니아의 파르차. 기원전 6천년기 말기).

도판 4

도판 4

새 여신의 얼굴을 지닌 토기 파편. 태양 같은 둥근 눈 아래에 여신의 특별한 문양인, 중복된 쐐기 문양이 연결되어 있다.
시칠리아 동부 스텐티넬로 문화(카타니아 서부 트레폰타네. 기원전 6000년경).
높이 5cm

도판 5

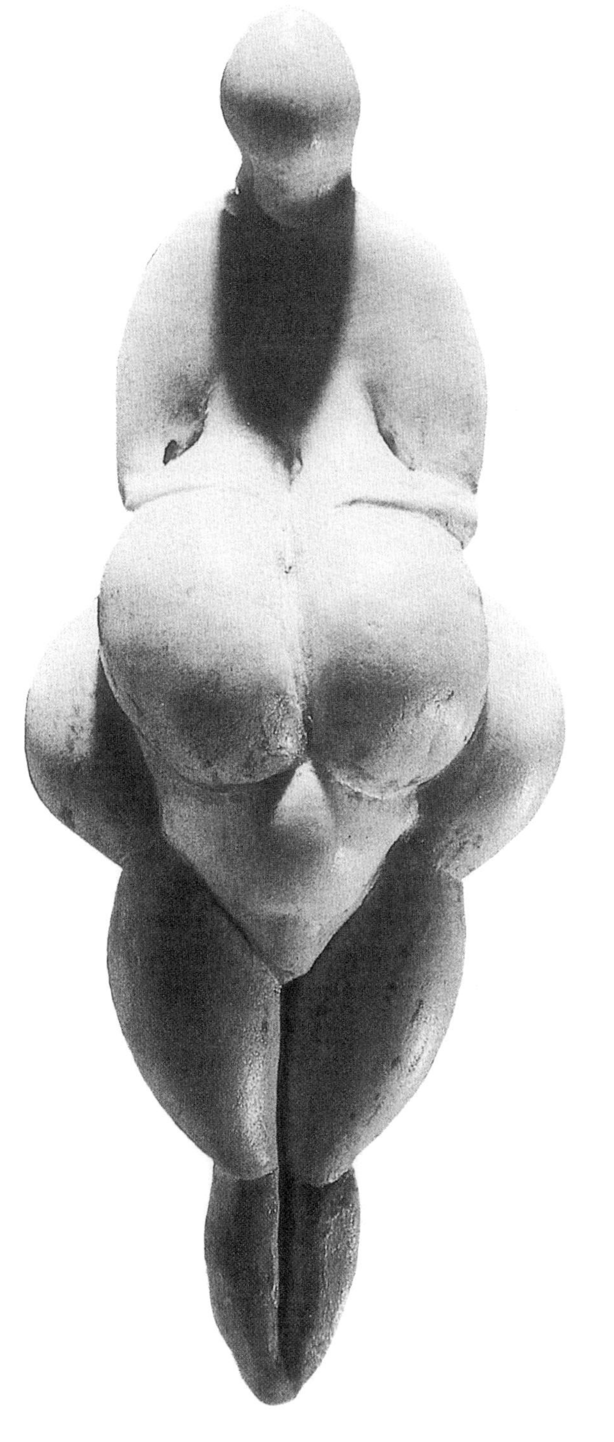

도판 6

도판 7

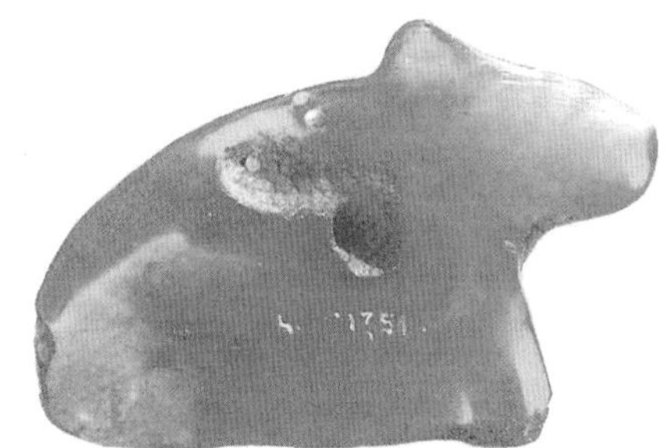

도판 8

도판 5
매머드 상아로 만든, 젖가슴과 엉덩이가 합체된 여신상. 조각상의 전면, 즉 가슴 부분은 소실된 채 발견되었다. 여기에 소개하는 이미지는 복원된 것이다.
후기 구석기시대 그라벳 기의 페리고르디안 후기(프랑스 레스퓌그. 기원전 2만 3000년경).
높이 14.7cm

도판 6
중앙에 자궁 부위 삼각형이 강조된 쪼그리고 앉아 있는 여신상. 단단히 밀착된 양 젖가슴의 끝이 뾰족하다. 젖가슴 끝에서 양팔로 연장되는 가슴선이 직각을 형성한다.
금석(金石) 병용 시대 키프로스(석회암. 지역 미상. 기원전 3000년경).
높이 39.5cm

도판 7
호박으로 만든 도식화한 곰 상.
나르바 문화(에스토니아 투물라. 기원전 3천년기 중기).
길이 약 8cm

도판 8
자양분을 주는 용기로 표현한 여신의 이미지는 청동기시대 말부터 등장한다. 젖꼭지가 달려 있고, 새 부리로 주둥이를 표현한 물병이 수백 구 출토되었다.
후기 청동기시대 키클라데스 제도(산토리니. 기원전 16세기).

도판 9

도판 9

항아리 안에서 발견된 여신들의 조합. 제대에 올려서 의례를 행할 준비가 된 상태로 보인다(본문 그림 215 참조). 뱀 여신상들은 서로 반대 방향으로 꼬고 있는 뱀 똬리 문양이 배에, 가운데 점이 있는 세모나 마름모 문양이 허벅지에, 쐐기 문양들의 소용돌이가 엉덩이 부위에 각기 다른 비율로 장식되어 있다. 중간 크기 상들은 배 위로 수평의 띠가 있고, 허벅지는 문양 없이 노출되어 있다. 작은 상들에는 어떤 장식도 없다. 모든 상체는 도식화되어 있고, 이 중 중간에 있는 한 개의 상만 왼손이 얼굴에 닿아 있는데, 이는 의례 자세로 추정된다.

초기 쿠쿠테니 문화(루마니아 몰다비아의 포두라 데알룰 긴다루, 기원전 4800~4600년경).

도판 10

도판 11

도판 10

오른손으로 배를 잡고 있는 임신한 여신상. 빵을 굽는 오븐의 바닥에 기대앉은 자세로 발굴되었다(머리 부분은 부러짐).

세스클로 문화(그리스 북부의 테살리아, 아킬레이온 IVa, 기원전 5900~5800년).

높이 4cm

도판 11

임신한 여신(대지모신大地母神, Earth Mother)을 숭배하는 의례에 사용되었을 것으로 보이는 암퇘지 가면.

빈차 문화(마케도니아공화국 레스카비차, 기원전 4500년경).

높이 19cm

도판 12

도판 13

도판 14

도판 12
어깨에 재탄생의 상징인 갈고리를 걸고 있는 남신상. 팔의 장식이 양각으로 표현되어 있다. 야생동물과 숲의 수호신(Master of Forest)의 선조일 수 있다. 티서 문화(헝가리 남동부 세그바르튀즈쾨베시. 기원전 5000–4700년경). 높이 25.6cm

도판 13
젖가슴과 도식화된 팔을 보이는, 남프랑스에서 발굴된 올빼미 여신. 이 여신은 에너지와 재탄생의 상징인 갈고리 문양과 연관이 있다(본문 그림 301, 302 참조). 풍부시앙 문화의 지하 무덤에서 왔다(남프랑스 갸르의 마스드아베글. 기원전 3천년기 초기). 높이 175cm

도판 14
신석기시대 무덤에서 발굴된 죽음과 연관된 전형적인 여신상. 뻣뻣하게 서 있는 하얀 대리석 몸체에 접은 팔을 단단히 붙이고 있으며, 거대한 자궁 부위의 삼각형이 두드러진다. 머리 부분에는 코만 표현되어 있다. 그리스 남부 신석기(펠로폰네소스의 스파르타 부근. 기원전 6천년기 초). 높이 7.2cm

도판 15

도판 15

사르데냐 신석기시대 유물인, 뚱뚱하지만 비만은 아닌 흰색의 뻣뻣한 여신상. 자궁 부위의 삼각형이 배와 합쳐져 있으며, 팔은 몸에 단단히 붙이고 있다. 다리, 허벅지, 엉덩이는 융합되어 있다. 눈은 두 개의 가로선으로 표현했으며, 거대한 머리에는 폴로스(polos)가 씌워져 있다. 연석으로 만든 이런 여신상들은 오븐형 무덤에서 출토된다(그림 316 참조).

보누 이기누(사르데냐의 중심, 오리스타노, 쿠쿠루 사리무. 기원전 5천년기 중기).

높이 14cm

도판 16

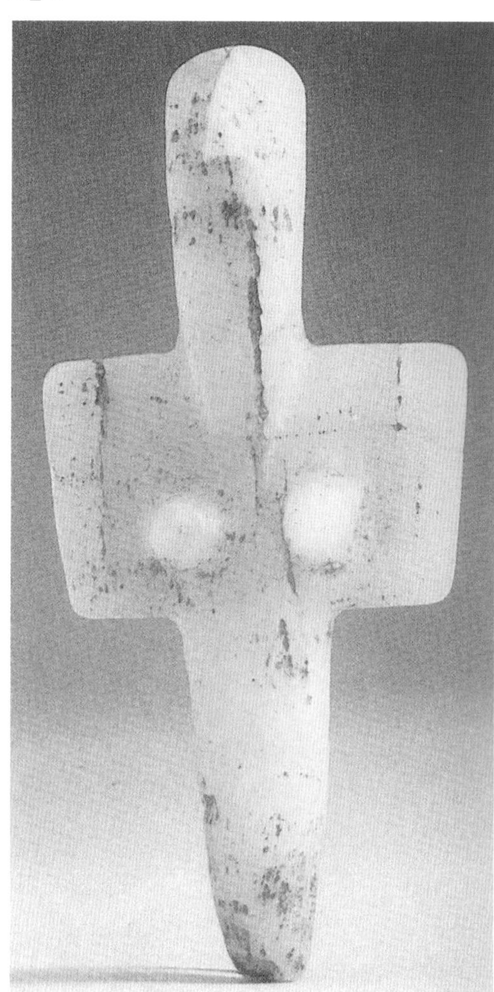

도판 16

T자형의 뻣뻣한 누드상. 이 석고상은 접고 있는 팔과 상체가 명확하게 구분되지 않으며, 전체적으로 직사각형 모양이다.

오치에리 문화(사르데냐, 지역 미상. 기원전 5천년기 말기).

높이 9cm

도판 17

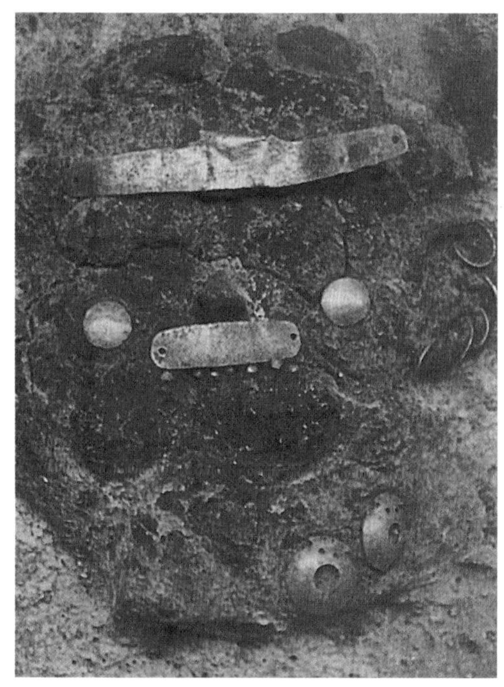

도판 17

무덤에서 출토된 실물 크기 가면. 이마에는 왕관이 있다. 눈과 입, 치아, 귀걸이가 있으며, 턱에는 펜던트 금장식이 있다. 동일한 무덤에서 귀걸이, 접시, 뻣뻣한 누드 여신상의 파편, 뚜껑 달린 항아리, 사중가락 문양으로 장식된 거대한 접시도 출토되었다.

불가리아 동부의 바르나 묘지(무덤 번호 2). 기원전 5천년기 중기.

도판 18

도판 18

올드 유럽 전반에 걸쳐 등장하는 고슴도치. 생명을 출산하는 자궁의 상징이다. 이 고슴도치 모양 토기는 곱고 밝은 갈색인데, 의인화된 여신의 얼굴형 뚜껑이 있다(본문 그림 399, 400 참조).

카라노보 VI(불가리아 중부의 노바 자고라. 기원전 5천년기 중기).

도판 19

도판 20

도판 21

도판 19

신석기 유적지 레펜스키비르에서 발굴된 삼각형 제대의 두부에서 출토된 물고기 여신. 강가에서 발견되는 자갈돌에 조각했다(본문 그림 242 참조). 젖가슴이 있고 앞부분에 음문이 표현되어 있으며, 등에는 황토칠을 했다(여신상의 전면은 본문 그림 407 참고).

레펜스키비르 II(오늘날 세르비아와 루마니아 사이 아이언 게이트 지역. 기원전 6000년경).

도판 20

수소 혹은 초승달 모양과 나비, '양날 도끼'를 지닌 신성한 뿔 장식이 크레타 석관에 그려져 있다. 수소 머리가 맹금류로 표현된 점을 주목할 만하다. 재탄생의 자궁을 상징하는 수소는 죽음과 재탄생의 여신이 합성된 형상인데, 여신이 맹금류로 위장한 것이다.

후기 미노아 문명(크레타 서부 하니아 박물관. 기원전 14세기).

도판 21

도래를 촉진하는 서로 상반된 방향으로 회전하는 나선 문양이 장식된 토기.

쿠쿠테니 A_2(루마니아 북동부 프루무시카. 기원전 46세기-45세기).

높이 13.5cm

도판 22

도판 23

도판 24

도판 22

뚜껑이 있는 토기. 중앙에 그물 모양으로 알을 묘사했다. 이 알이 지니고 있는 생명의 힘을 자극하기 위해 서로 다른 방향으로 회전하는 나선 문양이 알을 감싸고 있다.

쿠쿠테니(루마니아 북동부 드러구셰니. 쿠쿠테니 A_4. 기원전 42세기·41세기경).

도판 23

스코틀랜드 오크니 섬에 환형으로 배치된 거석. 본래 직경 103.7m 크기의 바위 60개로 구성되어 있었다. 이 암체들 주변은 출입구가 둘 있는 수로가 에워싸고 있다. 기원전 3100년경.

여신의 힘을 상징하는 문양으로 장식된 거석들이 있는 자리에서 역동적인 환무를 추는 재탄생의 의례가 진행되었을 것이다.

도판 24

쿠쿠테니 토기. 토기 내부 바닥에 원이 있고 원 가운데 있는 X자 문양이 원을 4등분 한다. 각 구획마다 초승달 문양이 장식되어 있으며, 원 바깥 둘레에는 거대한 소용돌이 문양이 장식되어 있어 도래의 역동적 구성을 표현했다.

쿠쿠테니 A_4(루마니아 북동부의 드러구셰니. 기원전 42세기·41세기경).

여신의 언어

The Language of the Goddess

서양 문명의 숨어 있는 상징을 발굴하다

마리아 김부타스

여신의 언어

고혜경 옮김

한겨레출판

이 책의 방대한 그림 자료들은 1975년부터 1985년까지 새뮤얼 H. 크레스 재단, 애먼슨 재단, 라피스 프레스의 도움을 받아 실을 수 있었다. 진심으로 감사의 마음을 전한다.

원고의 초반 편집은 존 이텐 서덜랜드(Joan Iten Sutherland)가 담당했다. 훌륭한 편집자로서 텍스트와 스케치를 끈기 있게 조율해간 그녀의 헌신적인 노력에 진심으로 감사한다. 조지프 캠벨(Joseph Campbell), 미르치아 엘리아데(Mircea Eliade), 도로시 캐머런(Dorothy Cameron), 이언 퍼거슨(Ian Ferguson), 알지르다스 줄리어스 그레마스(Algirdas Julius Greimas), 제임스 해로드(James Harrod), 퍼트리샤 레이스(Patricia Reis), 마사 월포드(Martha Walford) 등의 동료와 친구들이 이 원고를 읽고 유용한 조언을 해주었다. 그들의 도움과 격려에도 깊이 감사한다.

차례

II부 재생과 영원한 세계

III부 죽음과 재탄생

IV부 에너지와 흐름

결론

추천사

150여 년 전, 장 프랑수아 샹폴리옹(Jean-François Champollion)은 로제타스톤을 해독했다. 그의 작업을 통해서 이집트 상형문자의 용어사전을 만들 수 있었고, 그 결실로 놀라운 보물의 의미를 이해할 수 있었다. 기원전 3200년경부터 프톨레마이오스 왕조 시기까지 이집트의 종교적 사고를 이해할 수 있는 열쇠를 샹폴리옹이 제공한 것이다. 마찬가지로 마리야 김부타스는 기원전 7000~3500년경, 유럽에 있는 신석기 초기 유물 2,000여 점을 조합하고 분류하여 기술적으로 해석했다. 당시에는 회화적인 모티프로 표현하는 것이 유일한 기록 방식이었는데, 이 문양들은 당시 사람들의 신화를 이해하는 열쇠다. 김부타스는 회화적 모티프의 근간이 되는 용어사전을 마련했을 뿐만 아니라, 상징 해석을 토대로 이 시기 종교의 주요한 맥락이나 중심 주제를 확립했다. 이 시기 믿음은 우주가 위대한 어머니 창조 여신의 몸이고, 또 우주에 내재된 만물은 여신의 신성을 띠고 있다는 것이다. 이 시기의 믿음과 창세기 3장 19절에 드러나는 믿음은 대조적이다. 창세기에 아버지 조물주가 아담한테 이르는 말씀은 이러하다. "너는 흙에서 난 몸이니 흙으로 돌아가기까지 이마에 땀을 흘려야 낟알을 얻어먹으리라. 너는 먼지이니 먼지로 돌아가리라." 이 시기보다 훨씬 앞선 인류 초창기 신화에 따르면, 만물을 출산한 지구는 먼지가 아니라 살아 있는 실체였다. 그리고 지구가 곧 위대한 창조 여신이었다.

유럽 학계에서는 역사적으로 유럽이나 근동에서 이렇게 모계 질서에 기반을 둔 사고나 삶이 선행했다는 인식이 지배적이었다. 모계적인 질서가 역사의 근간이었다는 인식은 1861년 요한 야코브 바흐오펜(Johann Jakob Bachofen)이 《모권론 *Das Mutterrecht*》을 출간하면서 비롯되었다. 바흐오펜은 로마법에 흔적으로 남아 있는 조항들이 모계 질서에서 계승된 것이라는 사실을 밝혔다. 이보다 10년 앞서 미국에서 루이스 H. 모건(Lewis H. Morgan)이 《이로코이 연맹 *The League of the Ho-dé-no-sau-nee, or Iroquois*》이라는 이로코이 족에 관한 두 권의 책을 출간했다. 이 책에는 이로코이 사회에 내려오는 모권(Mother Right)의 원리를 오늘날까지도 확인할 수 있다는 점을 소개했다. 이후 미국과 아시아의 친족 체계를 체계적으로 김도하여 공동체 삶에 기부장제 이전의 질서가 등장하고 이런 분포가 지구촌 전역에 걸친 현상임을 밝혔다. 바흐오펜의 인식과 관련된 연구인 1871년경 모건의 작업은 모권적인 현상이 유럽에 국한되었다는 배타적인 시각에서 벗어나 전 지구적 현상이라는 점을 이해하는 단초를 제공했다. 김부타스의 《여신의 언어》는 그 역사적 의미에 있어서 기원전 7000~3500년경 대서양에서 드네프르(Dnieper) 강에 이르는 올드 유럽(Old Europe)보다 훨씬 더 광대한 영역을 포괄한다.

게다가 위대한 여신의 도상학은 기원전 4000년대부터 올드 유럽 전역에 물결처럼 퍼져나간 인도-유럽 문명의 '소 방목 신화'와 대조적으로 자연의 법칙을 성찰하고 존중하는 모습을 보여준다. 인도-유럽 신화에서는 남신 우위 신관이 그들이 속하는 종족 단위의 사회 이념, 법, 정치적 목표에 반영되어 있다. 김부타스의 도상 상징 사전은 삶의 철학을 원형적이고 상징적인 용어로 그려 보여준다. 이 작업은 초창기 인간이 창조의 아름다움과 경이로움을 조화 속에서 이해하고 살아갔다는 점을 드러낸다. 이 시기 철학은 역사시대에 들어 서구에 만연했던 자연을 조작하는 체계와는 모든 면에서 대조적이다.

세기 전환기에 이 책이 출간된다는 것이 의식의 전환이라는 시대적 요청에 대한 답이자 증거라는 느낌을 떨칠 수 없다. 이 책에서 강조하는 메시지는 제임스 조이스(James Joyce)가 '악몽'이라 진단했던 지난 5000년의 짧은 인류 역사 이전에, 지금과 전혀 다른 4000년의 역사가 실존했다는 점이다. 이 기간은 자연의 창조적 에너지와 부합하는 조화와 평화의 시기였다. 이제, 전 지구가 '악몽'에서 깨어나야 할 시간이다.

조지프 캠벨

저자 서문

이 책을 쓰는 이유는 올드 유럽의 위대한 여신 종교를 그림을 곁들여 설명하는 사전을 만들기 위해서다. 이 책은 각종 문양과 신의 이미지로 구성되어 있는데, 이 문양이나 이미지가 선사시대의 풍경을 재구성하는 주요한 자료가 된다. 이는 또 서구의 종교와 신화를 올바로 이해하기 위해서도 필요불가결한 자료이다.

20여 년 전 처음으로 신석기시대 유럽의 토기 회화와 의례 용품에 되풀이해서 등장하는 문양들의 의미에 대해서 물음을 던지기 시작했다. 이 문양들은 하나의 거대한 퍼즐 맞추기와 같았는데, 조각들 중 3분의 2는 이미 소실된 상태였다. 그러나 퍼즐 맞추기가 완성되어감에 따라, 올드 유럽 이데올로기의 중심 주제가 드러났다. 나는 주로 상징과 이미지를 분석하고 내재된 질서를 발견하는 작업을 해왔는데, 이를 통해 유물의 이미지들은 일종의 메타언어의 구문과 문법을 나타낸다는 사실을 파악할 수 있었다. 점차 전체 의미군(群)이 드러나기 시작했는데, 이 메타언어는 올드 유럽 문명, 즉 인도-유럽 문명 이전의 기본 세계관을 표현하고 있었다.

상징은 결코 추상적이지 않다. 상징은 언제나 자연과 연결되어 있기에 상징의 맥락 연구나 연상을 통해서 의미를 파악할 수 있다. 유물에 표현된 예술적 형상의 존재 이유가 신화적 사고에 기반하기에 이 방식으로 당시 사람들의 신화를 해독해볼 수 있는 것이다.

이는 실제 유물에 표현된 거대한 상징체계로부터 도출된 것이다. 나의 기본 가정은 상징들은 보존된 유물 자체를 통해 가장 잘 이해할 수 있다는 것인데, 다양한 상징들이 내적인 일관성에 따라 군을 형성하고 있기에 그러하다. 상징은 복잡한 체계로 구성되어 있다. 그리고 이 체계 안에서는 특별한 범주에 속하는 각 단위들이 서로 맞물려 있다. 어떤 상징도 독자적으로 다루어서는 안 된다. 부분을 이해함으로써 전체를 이해하는 방향으로 나아가야 한다. 이런 방법으로 각 부분의 의미를 훨씬 더 분명히 확인할 수 있을 것이다. 이 책을 통해 지리적, 시간적 경계를 넘나드는 올드 유럽의 패턴들을 명료하게 이해할 수 있을 것이다. 근동과 남동부 유럽, 지중해 지역, 그리고 유럽의 중부와 서부, 북부 지역 들이 지속적이고 일관된 이념 체계를 지니는 동일한 여신 종교의 영향을 받았다는 사실을 알 수 있을 것이다.

이 시대 다수의 고고학자들과 달리, 나는 선사시대 예술과 종교의 의미는 결코 파악할 수 없다는 주장을 믿지 않는다. 대개 출토된 유물의 수가 제한되어 있기에 재구성에 어려움을 겪는 것은 사실이다. 그렇지만 유럽과 아나톨리아 초기 농경시대의 믿음에 대한 유물들은 매우 풍부하다. 무덤, 사원, 프레스코, 부조, 조각, 여신상, 회화와 다른 자료들을 이데올로기적인 관점으로 분석해볼 필요가 있다. 이런 이유로 기존의 기술(記述)적인 고고학은 학제 간 연구를 통해 시야를 확대할 필요가 있다. 나는 비교종교학, 초기 역사 자료, 언어학에 깊이 의존했고, 민담이나 역사나 민속학 연구에서도 많은 도움을 받았다.

여신의 세계는 만물의 형상에 드러나는데, 여신이 뭇 세상에 스스로를 체현하기에 그러하다. 그렇다면 여신의 주요한 기능은 무엇일까? 여신과 여신의 동식물이나 자연은 어떤 관계였나? 선사시대와 역사시대 초기 여신의 지위가 우주의 창조주, 즉 우주 풍요의 원천이라는 점은 더 이상 새로운 내용이 아니다. 종교학자와 신화학자 그리고 심리학자 들이 여러 저작을 통해서 위대한 여신은 우주 만물을 자신의 자궁에서 출산했다는 표현을 했다. 우리에게 친근한 여신, 즉 비교적 잘 알려진 여신들이라면 구석기의 비너스, 신석기 유럽과 아나톨리아의 여신상, 청동기시대 크레타 여신상을 들 수 있다. 이 여신들과 다른 지역의 여신들을 비교해보면 서로 상이한 면들이 드러난다.

나는 베딕 이전(pre-vedic)의 아시아, 이집트, 메소포타미아, 인디언이 거주하던 북미지역들도 살펴보았다. 그렇지만 언급한 지역에 분포하는 여신들은 참조만 했을 뿐, 각 여신의 배경을 심도 있게 탐색하지는 않았다. 우연인지 모르지만 상이한 점들이 전 세계적으로 나타난다. 하지만 나는 이 내용을 본 연구의 상징 해석이나 신성의 기능을 이해하는 근거로 삼지는 않았다. 나의 연구는 엄격히 유럽의 증거에만 초점을 맞추었다. 신석기시대 전반과 그다음 문명기의 유물들을 포괄했고, 이어 후기 선사시대와 역사시대로 이어지는 상징과 이미지 들의 연속성을 추적해 들어갔다. 그리고 시간을 거슬러 구석기시대로 확장해서 기원을 살펴보았다.

올드 유럽의 상징 연구를 위해서 이 연구에는 부합하지만 그동안 방치되었던 유물들을 광범위하게 포함시켰다. 이 풍부한 자료들 중에서 가장 크게 도움을 받았던 것은 의례용 토기의 조합이나 문양들이 새겨진 다양한 유물들이었다. 그리고 거의 모든 신석기시대 유적지와 무덤에서 대량으로 출토된 소위 여신상이라고 부르는 작은 조각상들은 상징의 재건뿐만 아니라 종교 자체의 재건을 위해 값을 매길 수 없을 만큼 귀중한 자료였다. 당시 의례 행위에 사용된 유물들은 돌이나 상아, 뼈, 토기로 제작되었기에, 선사시대 종교 의례의 내용이 상당히 잘 보존된 상태다. 여신상에 문양을 새기고 의례 용품에 상징을 표식한 전통이 있었기에 우리가 이 유물들의 기능을 해독할 수 있게 된 것이다.

이러한 신성이나 신의 기능이나 연관된 의례를 재건하는 데 가장 주요했던 자료는 신전과 프레스코가 풍부하게 보존된 유적지들이었다. 1960년 제임스 멜라트(James Mellaart)가 아나톨리아 중부 차탈휘윅의 유물을 발굴했다. 이 유물들의 연대는 기원전 6400~5600년으로 측정되었다. 테살리아, 아킬레이온에서도 동시기 유물이 출토되었다. 이 탐사는 내가 이끌었고 1973~1974년 발굴 작업이 진행되었다. 이 지역에서 이 시기 유럽에서 가장 오래된 사원들 일부를 발견했다. D. 스레요비츠와 Z. 레티카는 1960년대에 다뉴브 강 유역 레펜스키 비르와 블라삭에서 중석기와 초기 신석기시대의 무덤들을 발굴했다. 이 발굴을 통해 재탄생과 관련 있는 신상이나 장례 용품에 관한 귀중한 정보를 얻을 수 있었다. 2차 세계대전 이후에는 불가리아, 루마니아, 몰다비아, 서부 우크라이나에서 놀라운 발굴들이 이어졌다. 이들 유적지에서 수많은 여신상과 채색된 토기, 사원과 신전 모델이 출토되었다. 대다수가 기원전 6천년기와 5천년기의 유물이었다. 지중해 지역 중 몰타의 거대한 신전과 무덤들은 20세기 초부터 이미 잘 알려져 있었다. 이어 사르데냐에서 바위를 깎아 만든 무덤과 지하 무덤이 발굴되었고, 다양한 장례 용품을 비롯해서 엄청난 유물이 출토되었다. 특히 이곳에서 죽음과 연관된 상징들이 풍부하게 출토되었다. 북서 유럽에서 대서양 서부 연안을 거쳐 영국 제도를 잇는 대서양 연안을 따라서 거석묘들이 분포하고 있다. 이 지역 거석묘에서 소중한 통찰을 얻을 수 있는데, 이 통찰은 죽음은 반드시 재탄생하고 이어진다는 믿음 체계였다.

이 책에서 이미지로 소개하는 대다수 유적이 형성된 시기가 남동부 유럽에서는 기원전 6500~3500년, 서유럽에서는 기원전 4500~2500년이다(서유럽에서는 신석기시대가 상대적으로 늦게 시작된다). 유물의 문양 중에는 놀랍게도 후기 구석기시대부터 등장하던 이미지나 디자인이 오래 지속되어 이 시기에도 관찰된다는 사실을 보여주는 증거들이 있다. 이 지역에 이런 유물들이 청동기시대까지 지속된다는 점도 간과해서는 안 된다. 사실 청동기시대 키프로스, 크레타, 산토리니, 사르데냐, 시칠리아, 몰타의 모티프들이 이전 시대의 문양들보다 훨씬 더 진화했을 뿐만 아니라 생명을 찬미하는 은총들로 넘쳐난다는 사실 또한 이 책을 통해 입증하고자 한다. 산토리니와 미노아 문명에 속하는 다양한 신전 프레스코나 토기와 돌로 만든 유물과 조각상들은 올드 유럽 예술의 백미다. 역사적인 기록과 신화와 의례들은 이 엄청나고 예술적으로 빼어난 문명이 고대 그리스, 에트루리아, 유럽의 다른 지역들에 고루 분포되어 있었다는 사실을 보여준다.

농경민들은 땅의 불모와 풍요, 생명의 취약함이나 거듭 닥치는 파괴에 대한 두려움, 그리고 자연의 재생이나 생식 과정을 주기적으로 새롭게 할 필요가 있다는 데 관심을 기울였다. 이는 인류 역사상 가장 오래 지속되어온 신앙 체계라 할 수 있다. 역사시대를 거치면서 이 믿음이 끊임없이 희석되고 파괴되었지만 그럼에도 이 믿음 체계는 오늘날까지 살아 있다. 이 신앙의 가장 오래된 형태는 선사시대 여신의 면면으로 드러나지만, 오늘날 유럽의 마을에서도 할머니에서 어머니로 전승되고 있다. 고대의 믿음 체계는 인도-유럽 신화들로 교체되는 시기를 거쳤고, 그 후에 그리스도교 신화가 우세해지는 시기를 거쳤지만 결국 살아남았다.

지구상에 아주 긴 시간 동안 여신 중심의 종교가 존재했다. 이 종교는 인간 역사에 있어서 상대적으로 짧은 시기인 인도-유럽 문명이나 그리스도교 문명보다 훨씬 더 오래되었기 때문에 서구인들의 정신에서 결코 씻어낼 수 없다. 이 오래된 믿음은 유럽 역사의 격동기를 거치며 여러 번 파괴되지만, 그 자취는 역사시대 기록에서 찾아볼 수 있다. 또 유럽의 시골 마을이나 변방 지역에서는 지금도 목격할 수 있다. 특히 선사시대 상징 해석에 바스크, 브르타뉴, 웨일스, 아일랜드, 스코틀랜드, 스칸디나비아나 같은 지역이나 그리스도교가 상대적으로 늦게 소개된 리투아니아(공식적으로 1387년이지만 실질적으로 16세기 말 이전이라고 할 수는 없다) 같은 지역은 본질적으로 중요하다. 이 지역들에서 고대 신앙 체계의 최신 버전이라고 말할 수 있는 의례와 신화의 맥락이 우리들에게 전해지기 때문이다.

이 책은 고고신화학(archeomythology) 연구의 결실이다. 고고학과 비교신화학과 민담을 아우르는 영역인데, 이는 고고학자들이 탐색해야만 하는 분야이다. 엄청난 가능성이 내포되어 있기 때문이다. 신화학자들의 한계라면 엄청난 고고학적 자료들을 간과해왔다는 점이다. 선사시대 이념을 재구성하려는 연구자들에게 본 연구가 주옥같이 소중한 민담들을 연구 대상에 포함하는 길을 내는 계기가 되기를 희망한다. 앞으로 더 풍성한 연구 결실들이 이어지기를 기대한다. 유럽의 선사시대와 역사시대 신화들의 다른 두 상징체계, 즉 모권 중심의 남녀평등(matristic-gylanic) 문화와 남성중심(androcratic) 문화를 인식하는 것이 신화와 상징의 기원을 연구하는 데 밝은 빛을 드리워 줄 것이다.

조르주 뒤메질(Georges Dumézil)은 신화학을 사회과학의 독자적인 한 분야로 구축하기 위해서 일생 헌신했다. 그는 신화적 인물들의 창조는 인간의 질서와 우주의 기원을 설명하기 위한 방법이고 신화적 사고는 우연히 탄생한 것이 아니라 신들의 활동이나 기능에 대한 조직적 체계 안에서 태어났다는 점을 밝혔다. 그래서 신화는 사상 체계를 반영한다. 비교 연구를 통해 밝혀졌듯이, 인도-유럽 사회나 신화는 세 층으로 구성되어 있는데, 주권자, 전사, 목축 · 경작인이다. 이는 또 신성함, 물리적인 힘, 번성이라는 신의 세 가지 기능과도 연관이 된다. 이로써 인도-유럽인들의 삶이나 이념의 특질을 처음으로 해명해냈다. 그렇기는 해도 뒤메질의 체계는 불행하게도 인도-유럽 체계와는 전혀 다른, 그 이전에 존재했던 모권 체계와 모권적 사회구조가 자리잡았던 시기는 고려하지 않았다. 뒤메질이 고고학적인 자료들을 사용하지 않은 것이 주 원인이었다. 바로 이 지점이 뒤메질 모델이 실패한 자리다. 흔히들 그래왔듯이 그는 올드 유럽 여신들을 세 번째 기능의 수행자로 격하시켰다. 번성이나 풍요의 가치도 낮게 평가해서, 가장 하위 계층 신들의 군으로 분류했다. 뒤메질의 연구에는 여신들은 복합적인 기능을 지니며 세 영역에서 역할을 수행한다고 인정했던 대목들도 포함되어 있다. 그리스 여신 아테나나 아일랜드 여신 마카스 등이 그 예인데, 이 여신들을 '자신의 시스템에 골칫거리'라고 언급한 것을 볼 수 있다(Dumézil 1947: 1352쪽).

명백히 인도-유럽 신화는 이전 시대의 신화와 혼재되어 있다. 의존할 만한 신화의 체계를 확립하자면, 현 신화와 이전 시대의 신화 체계를 구분하고 현 신화 체계에서 이전 체계의 요소들을 분별해내어야 한다. 이런 방식을 거치지 않고는 신화 체계를 수립할 수 없다. 교잡이 일어난 신화들에 적용할 수 없는 체계라면, 뒤메질 모델은 적합한 것이 아니다. 올드 유럽에서 이어받은 여신들, 즉 그리스의 아테나, 헤라, 아르테미스, 헤카테, 로마의 미네르바, 디아나, 아일랜드의 모리간과 브리짓, 발트의 라이마와 라가나, 러시아의 바바야가, 바스크의 마리 등의 여신들은 다산과 풍요를 가져오는 '비너스'들이 아니다. 이 점은 이 책을 통해 차츰 인식하게 될 것이다. 여신들의 경우 이보다 훨씬 큰 존재로, 생명의 부여자이자 죽음을 초래하는 신들이다. 이 여신들은 인도-유럽 신화에 등장하는 천상의 신부나 신의 아내 이미지들과 교잡이 일어났다. 또 군사화되고 공식적으로 신성에서 배격되기도 했다. 그럼에도 오랜 시간 개개인의 신앙의 대상으로는 존속했다. 그리스도교 시대에 진입하고도 올드 유럽 여신들은 결코 가장 하위 신으로 떨어지지 않은 것이다. 이 모든 증거들은 뒤메질의 방식에 수직적 확장이 필요하다는 점을 시사한다.

고고학적 증거들은 벙어리가 아니다. 유물은 고유의 언어로 말을 한다. 이 유물들은 인도-유럽인들보다 수천 년 앞선 우리 선조들의 영성을 이해하는 데 도움이 된다. 이 엄청난 자료들을 활용할 필요가 있다. 나는 유럽에서 초기 농경이 도래하던 시기에 초점을 맞췄다. 이는 지금으로부터

8000~9000년 전이다. 신석기시대 농부들은 수천 년간 자신의 문화적 패턴을 진화시켰다. 삶의 양식에 있어서 채집은 농경에, 사냥은 정착에 길을 내어주었다. 그렇지만 상징 구조에 있어서, 이에 버금가는 주요한 변화가 진행된 것은 아니다. 새로운 삶의 방식을 조직하고 정교화하면서 기존 방식을 점차 변형시켜 나갔다. 그런데 여기서 참으로 놀라운 점은 상징의 변형이 1000년 이상 진행되었다는 점이다. 하지만 이보다도 구석기시대부터 이어져 내려오는 상징들이 영속적으로 등장한다는 점이 놀랍다. 신석기시대 여신들을 특징별로 살펴보면 자연적인 출산 자세로 묘사된 생명의 부여자, 임신한 누드로 묘사되는 성장과 증식에 기여하는 풍요의 여신, 젖가슴과 돌출된 엉덩이가 특징인 생명과 자양분의 수호자인 새 여신, 그리고 뻣뻣한 누드로 묘사되는 죽음을 부여하는 여신이다. 이 여신들이 나타나는 시기는 인류가 처음으로 뼈, 상아, 돌로 조각상을 만들기 시작한 기원전 2만 5000년경 혹은 그 이전으로 거슬러 올라간다. 이 시기에 관찰되는 상징들은 음문, 삼각형, 젖가슴, 쐐기, 지그재그, 미앤더, 성혈 등이다.

전통적인 여신 상징들의 핵심 주제는 탄생과 죽음 그리고 재탄생으로, 이는 생명의 신비를 역설한다. 여기서 생명이란 인간뿐만 아니라 지구상의 뭇 생명을 말한다. 실은 우주 전 생명을 아우른다. 상징과 이미지들이 남신의 개입 없이 혼자서 생명을 잉태하는(Parthenogenetic) 여신과 여신의 주요한 기능인 생명을 부여하는 존재, 죽음의 부여자, 이에 버금가게 중요한 재탄생을 가능하게 하는 존재를 표현하고, 대지모와 젊은 풍요의 여신과 성숙한 풍요의 여신, 식생의 탄생과 죽음을 초래하는 여신들을 중심으로 구성되어 있다. 이 상징체계는 일직선상의 시간이 아니라, 순환하는 신화적인 시간을 나타낸다. 당시 예술에서 이런 의미는 소용돌이치는 나선이나, 똬리를 튼 뱀, 원, 초승달, 뿔, 발아하는 씨앗이나 새싹처럼 역동적인 움직임으로 표현된다. 뱀은 생명의 에너지와 재탄생의 에너지, 가장 이로우면서 가장 위험한 피조물의 상징이다. 심지어 색깔의 의미조차도 인도-유럽 상징체계와는 다르다. 고대 여신 전통에서 검정은 죽음이나 지하세계를 뜻하는 색이 아니다. 물기 머금은 비옥한 동굴이나 기름진 토양, 생명이 시작되는 여신의 자궁 색이 검정이다. 반면 흰색은 죽음과 뼈의 색이다. 이는 흰색과 노란색을 찬란한 하늘이나 태양의 색으로 간주하는 인도-유럽 체계와는 정반대이다. 실수로라도 이런 이미지들을 산출한 이념이 천둥치는 말을 탄 전사 신들이나 찬란한 하늘 혹은 질척한 지하세계가 등장하는 인도-유럽 세계관의 결과물이라 착각할 수는 없다. 또 여신들이 창조주가 아니라 그저 아름다움의 대상인 비너스나 천상의 신들의 아내로 태동했으리라고는 더더욱 상상할 수가 없다.

여신 중심으로 형성된 사회의 유물에는 놀랍게도 전쟁이나 남성 우월의 이미지가 존재하지 않는다. 반면 여인들이 종족의 우두머리가 되거나 여왕-여사제가 중심이 되는 사회질서를 보여준다. 올드 유럽과 아나톨리아 그리고 미노아 문명의 크레타는 남녀가 평등한 사회체제였다. 올드 유럽과 미노아 문명의 사회구조를 연구한 결과에 따르면, 이 사회는 어느 한 성(sex)이 지배하거나 우세한 게 아니라 균형을 유지한 체제였다는 것을 알 수 있다. 이런 체제가 그 후로도 이어졌다는 사실은 모계중심 요소들이 잔존하는 고대 그리스, 에트루리아, 로마, 바스크와 유럽의 다른 나라들이 뒷받침한다.

유럽 문명에서 평화는 지속되었다. 기원전 5000년에 이르러서는 예술과 건축이 만개하여 고도의 세련미를 보인다. 이와 대조적으로 러시아 남부의 볼가 분지 민족들은 말을 길들였으며 치명적인 무기를 만들어내기도 한다. 기원전 4500년 이후에는 이들의 문명이 흑해 서부에도 출현했다. 나는 이를 쿠르간(Kurgan) 문명이라 부른다. 러시아어로 쿠르간은 무덤이나 고분을 뜻하는데, 이 문명의 특징이 죽은 자의 거소 위로 둥근 봉분을 쌓았기 때문이다.

쿠르간 문명은 볼가 분지 중부와 하부에서 기원전 7천년기~6천년기에 나타났다. 가부장제, 부계, 소규모 농업, 가금류나 말 사육이 특징이다. 발생 시기는 늦게 잡아도 기원전 6천년기다. 이 지역은 말 숭배 문화가 우세한 지역으로, 활이나 화살, 창, 단검 같은 무기를 대단히 중시했다. 이는 언어나 비교신화학적 연구가 밝힌 원인도-유럽인(Proto-Indo-European)의 특징과 일치한다. 이 문명은 농업, 건축, 조각, 토기 예술에 있어서 위대한 문명을 꽃피웠고, 평화와 남녀평등을 중심으로 한 정착 문명을 드러내는 올드 유럽의 특징과는 극명한 대조를 보인다.

원인도-유럽인으로 보는 쿠르간인들이 일으키는 거듭되는 소요나 침탈로 올드 유럽의 문명은 끝이 난다. 시기는 기원전 4300~2800년경이다. 이로써 사회구조가 남녀평등에서 남성 지배, 모계에서 부계로 전환된다. 그런데 에게 해와 지중해 지역, 그리고 서유럽은 이 전환을 오래 피해갈 수 있었다. 특히 산토리니, 크레타, 몰타, 사르데냐 같은 섬들에서 올드 유럽 문명이 기원전 1500년까지 번성했다. 평화롭고 창조적인 문명화를 이룬 것이다. 이는 중부 유럽에서 이 전환이 일어난 시기와 비교할 때 1000~1500년 뒤에 일어났다. 이후에도 지구상에 오래 존속했던 여신 종교와 그 상징들은 여러 지역에 은밀하게 살아남았다. 실은, 이 시기 상징들의 상당수를 오늘날의 예술이나 문학에서도 찾아볼 수 있다. 신화에서는 강력한 모티프로 남아 있고 사람들의 꿈에서도 원형으로 등장한다.

공격적인 남성들이 침입해 들어왔고 우리는 아직도 그 힘의 지배를 받으며 살고 있다. 남녀가 평등하고 비폭력적이었고 또 땅이 중심이었던 본래의 유럽 전통이 존재했으며, 우리가 이 전통으로부터 오래 소외된 채 살고 있다는 사실을 이제야 막 인식하기 시작했다. 오래 지속되었던 이 문명과 상징 언어에 대한 명확한 증거들을 이 책을 통해 처음으로 소개한다. 이런 자취들은 우리들의 상징체계 안에도 뒤섞여 살아남아 있다.

한국어판 추천사

과거에 살았던 사람들의 마음은 어떨까? 그들의 마음과 사고는 현대를 살아가는 우리의 그것과 같을까 아니면 다를까? 박물관에서 그리고 야외전시관에서 과거의 물질문화를 접할 때 한번쯤은 던져보았던, 그러나 뾰족한 해답을 구하지 못했던 질문일 것이다. 부모의 손을 잡고 박물관에 견학온 천진난만한 아이들이 '이건 뭐야?' '이건 왜 만들었어?'라는 일견 단순해 보이지만 나름대로 핵심적인 질문을 던졌을 때 제대로 대답을 못하고 당혹해 했던 경험은 어린 아이를 키워보았거나 키우고 있는 부모들이라면 공통적으로 가지고 있음직한 일일 것이다.

이런 경험을 일반인들만 하는 것은 아니다. 과거 사람들이 남긴 물질 자료를 통해 과거 사회의 여러 측면을 연구하는 고고학자들 역시 그들이 연구하고 있는 자료들이 상징이자 기호로서 가질 수 있는 다양한 의미에 대해서 많은 고민을 해왔다. 고고학 자료가 갖는 의미의 수수께끼를 '해독'하면 과거 사람들의 마음을 읽거나 정신세계에 접근할 수 있다는 기대와 함께 오랫동안 지속적으로 연구를 해왔다. 이러한 연구 분위기에도 나름의 부침이 있어서 한때는 인류학이나 민족지학의 도움을 받아 과감한 해석을 하기도 하고 때로는 회의론과 함께 이 분야에 대해 거리를 두거나 거의 관심을 두지 않기도 했다. 최근에는 구조주의 언어학과 인지과학의 도움을 받아 적극적으로 해석하고자 시도하기도 한다.

마리야 김부타스의 연구는 1950년대 말부터 시작되어 1960년대와 1970년대를 거쳐 1980년대 후반에 완성되었다. 마음과 정신세계에 접근하는 것은 방법론적으로 매우 힘든 일일 뿐만 아니라 내용의 측면에서도 확신할 수 없다는 회의론이 팽배해 그보다는 과거 사람들의 행동패턴을 파악하는 데 더 많은 관심을 두었던 1960년대와 1970년대 고고학계의 분위기 속에서 김부타스가 이 분야의 연구를 거의 혼자서 이끌어 왔다고 해도 과언이 아니다. 1989년에 초판이 출간된《여신의 언어》는 1974년에 출간된《올드 유럽의 여신들과 남신들*The Goddesses and Gods of Old Europe*》, 그리고 1991년에 출간된《여신의 문명*The Civilization of the Goddess*》과 함께 김부타스가 오랜 연구를 통해 축적한 놀라운 성취를 정리한 역작이라고 할 수 있다. 특히 이번에 소개되는《여신의 언어》는 다른 저서와는 달리 동유럽을 포함하여 중근동 지역 및 남부 유럽에서 출토된 수많은 물상과 이미지를 주요 형태별로 분류하여 정리하고 이를 여신과 생산 및 풍요, 그리고 죽음과 재생이라는 일관된 틀 안에서 해석한 저서이다. 따라서 이 책은 김부타스의 오랜 학문적 역정과 성취를 정리한 역저이자 그녀의 다른 저서들을 보다 체계적으로 이해하기 위해서, 그리고 후기 구석기시대에서 신석기시대와 청동기시대에 등장하는 다양한 상징과 기호를 깊이 있게 이해하기 위해서는 꼭 참조해야 할 도서 가운데 일종의 시작점으로 삼을 만한 중요한 저서라고 할 수 있다.

이러한 연구 외에도 김부타스는 폴란드와 러시아 사이에 위치하며 많은 역사적 부침을 겪어왔던 리투아니아 출신으로 동서 냉전이 한참 맹위를 떨치던 1950~1960년대에 하버드 대학과 캘리포니아 주립대학 로스엔젤리스 캠퍼스(UCLA)에서 유럽 고고학을 가르치는 동시에 특히 당시의 서방학자들이 접근할 수 없었던 러시아 스텝 지역과 동유럽의 고고학 자료를 소개하고 이를 토대로 연구의 기본 방향을 설정하는 데 많은 기여를 하였다. 이러한 김부타스의 기여 가운데 가장 주목할 만한 성과로는 흔히 '쿠르간 가설'로 불리는 이주와 전파에 의한 유럽 신석기 후기 및 청동기 시대 성립설을 들 수 있다. 이 가설의 주된 내용은 기원전 6000년경 이전에 농경이 전해지면서 후기 구석기시대 이래로 형성된 여성 중심의 사회가 바탕이 된 평화로운 시대가 유지되지만 기원전 3500년경 혹은 그 이전 시기에 쿠르간(봉분이 있는 큰 무덤)과 말, 그리고 호전적이면서 남성적인 유목문화를 가진 흑해 연안의 스레드니 스톡 문화(Sredny Stock culture) 혹은 얌나 문화(Yamna culture)가 서쪽으로 확산되어 동유럽과 중부 유럽에 토갱묘 문화(Pit grave culture)와 승문토기 문화(Corded ware culture)를 형성시켰으며 이러한 현상은 바로 원인도-유럽어족(Proto-Indo-European language group)의 확산으로 해석할 수 있다는 것이었다. 여신 및 여성성과 관련된 김부타스의 주장의 이면에는 이러한 유럽 선사시대에 대한 자신의 독특한 견해가 전제되어있음을 확인할 수 있다.

이러한 김부타스의 연구는 고고학계 내에서 많은 비판을 받은 것도 사실이다. 김부타스가 풍요와 다산, 죽음과 재생의 여신으로 추정한 여인상들이 문자기록과 발견의 맥락을 살펴보았을 때 기쁨과 슬픔과 같은 감정을 표현하거나 여성이 자신의 몸 또는 몸의 변화를 표현한 것 등 전혀 다른 의미를 가지고 있다는 지적에서부터, 김부타스의 추론이 적절한 고고학적 연구 절차와 방법을 따르지 않고 너무 직관적인 관찰에 머무르고 있다는 것, 여성과 남성 그리고 평화와 전쟁 혹은 폭력이라는 지나치게 도식적이고 이분법적인 접근에 의지하고 있다는 점 등이 그 비판의 주된 내용이다. 특히 쿠르간 문화가 도달하기 이전인 유럽의 신석기시대 중기 이전에도 폭력과 남성성의 강조와 관련된 여러 고고학적 증거를 찾을 수 있다는 점과 원인도-유럽어족의 유럽 내 확산은 신석기시대 후기가 아닌 신석기시대 초기에 이미 이루어졌음을 주장하는 연구들도 제시된 바 있다. 이러한 비판과 더불어 페미니즘 혹은 젠더고고학 내에서도 비판이 제기된 바 있다. 예를 들면, 김부타스의 견해가 모계제 사회와 모권적 사회 등의 개념을 분명하게 구분하여 사용하고 있지 않다는 점과 이러한 여성상의 제작이 반드시 여성 중심의 사회를 의미하지 않는다는 점, 즉 남성들이 그들의 이상적 여성상을 표현한 것일 뿐이라는 점도 배제할 수 없다는 점 등이 지적된 바 있다. 또한 여성과 남성의 단순한 이분법적 구분 대신 여성과 남성의 상호관계 속에서 각각의 젠더의 역할과 기능을 고려해야 한다는 점, 그리고 여성의 몸이 물질화되어 나타날 때, 그 몸의 표현과 의미의 해석을 통해 개인과 공동체는 의미로 이루어진 '세계'를 구성하거나 참여한다는 점과 그 여성상을 통해 그들은 자신들을 어떻게 이해했는지 등에 대해서도 관심을 두어야 한다는 비판이 제기된 바 있다.

이러한 비판들이 적절하고 타당함에도 불구하고 김부타스의 연구가 갖는 중요성은 여전하다. 앞서 언급한 비판들이 1970년대와 1980년대를 거치면서 이루어진 페미니즘 혹은 젠더고고학의 연구성과를 토대로 한 것이며, 따라서 이러한 연구성과가 나올 수 있었던 것도 상당 부분 김부타스의 연구 덕분이라고 할 수 있기 때문이다. 또한 최근 흑해 및 카스피 해 연안과 코카서스 지역에 대한 고고학 연구가 활발해지면서 김부타스가 행했던 1950~1960년대의 선구적인 연구가 재조명 내지 재해석되는가 하면 신석기시대 초기에 일어났던 농경의 확산, 즉 동물의 가축화와 식물의 재배종화가 상징적 차원에서 여성성과 집, 그리고 길들이기(domestication)와 돌봄(nurturing)과 상호관련이 있음을 논증하는 연구가 발표된 바 있기 때문이다.

비록 이 책에서 제시된 김부타스의 여신과 관련된 일부 해석이 비판받을 여지가 있다 하더라도 고고학자들에게는 과거 사람들의 마음속으로 들어가기 위한 준비 단계라는 측면에서, 그리고 일반인들에게는 다채롭고 풍요로운 여러 상징과 기호로 이루어진 과거 사회를 직접 체험 할 수 있는 중요한 기회를 제공한다는 점에서 매우 의의가 크다고 할 수 있다. 삭막하기만 한 현대 사회를 벗어나 이 책에서 김부타스가 제시하는 길을 따라 과거 사람들의 마음속으로 들어가 그들과 대화를 나누어 보는 것은 어떨까?

김종일(서울대학교 고고미술사학과 교수)

옮긴이 서문

'한 처음에'로 시작하는 이야기는 언제나 우리를 신비의 근원으로 데려간다. 인간은 알 수 있는 것 그 이상을 알고 싶어 하는데, 인간 기원에 대한 탐색 또한 예외가 아니다. 기나긴 생명의 진화사에서 어느 시점부터가 인간일까? 첫 번째 인류는 누구인가? 과연 인간을 인간으로 만드는 것들은 무엇인가? 탐색을 할수록 수수께끼로 대두되고 결론으로 수렴하기보다는 역으로 더 많은 논쟁거리가 대두된다. 과연 '한 처음'은 낙원이었을까? 혼돈 상태였을까? 평화와 조화의 시대였을까? 야만과 폭력의 시대였을까? 앎의 끝과 그 너머가 만나는 지점에 다다르면 인간은 투사를 한다. 투사는 선택이 아니라 불가피하게 일어나는 것이라, 투사한 내용을 통해서 현재 우리에게 가장 절실하게 필요한 것들이 무엇인지 인식할 수 있다면 최선일 터이다.

인간의 기원에 관한 다양한 신화들 중에서 20세기 후반부터 강하게 주목받는 현대 신화가 있다. "태초에 신들은 여신이었다. 당신은 기억하는가?" 메를린 스톤(Merlin Stone)의 책 서두를 장식하는 이 강력한 진술처럼, 소위 선사시대라는 역사 이전의 기나긴 인류사는 지금과는 전혀 다른 사회구조와 이념과 세계관을 가지고 있었고 이 시대를 여신시대라 통칭한다. 우리에게 익숙한 남신시대는 인류사에서 비교적 최근에 발명한 것으로 그 이전 오랜 시기동안 자연과 조화를 이루고 평등과 평화를 실현하고 예술이 찬란하게 꽃이 핀 시기가 지속되었다는 것이다. 이 시대 예술의 핵심은 생명에 대한 찬미였다.

"태초에 신들은 여신이었다." 이 진술이 참일까? 이 질문에는 두 다른 차원이 내포되어 있다. 개인적 심리학적 차원과 역사적 차원이 그것이다. 심리학적으로 생명을 부여하고 생명 초기에 필요불가결한 양육과 보호를 책임지는 것은 전적으로 어머니의 몫이다. 어머니란 아기에게 전지전능한 존재이고 사랑 그 자체이다. 개체발생이 계통발생을 되풀이한다면 이 신화는 심리학적 개인적 진실을 담보한다고 볼 수 있을 것이다. 그렇다면 역사적으로도 진실인가? 만일 이를 진실로 받아들인다면, 혹은 거짓으로 받아들인다면, 그렇게 만드는 증거는 무엇인가? 이런 질문을 탐색할 때 반드시 귀결되는 학자가 마리야 김부타스다.

마리야 김부타스는 하버드 대학에서 유일한 여성 고고학자였다. 김부타스의 초기 연구는 인도-유럽 문화다. 스스로 표현하듯, 10여 년 이상 무기 분류 작업을 하면서 전쟁에 초점이 맞춰있는 이 문화에 크게 실망한다. 점차 김부타스의 관심의 초점이 '그 이전' 시기로 옮겨가는데, 가부장제 이전의 '이야기' 탐색이 시작된 것이다. 이 과정에 인도-유럽 문화, 즉 남신시대와 완전히 상반되는 인류 초기의 문화를 발견한다.

이 발견에 대해 김부타스는 이데올로기를 가지고 연구를 시작해서 이런 결과에 다다른 것이 아니라, 발굴한 유물들을 통해서 이런 관점이 형성되었다는 점을 강조한다. 역사적으로 인류 초창기 '신들은 여신이었다'라는 묻혀있던 진실을 땅에서 발굴하고 그 유물을 통해 이 신화의 문법을 찾아낸 학자가 마리야 김부타스다.

여신 전통 연구의 역사적 배경

인류사 초기 모권 중심 사회의 존재에 대해 맨 처음 주장한 사람은 역사학자 바흐오펜(J. J. Bachofen)이다. 신화가 단지 상상에 기반한 근거 없는 판타지가 아니라 역사적 기억을 토대로 성립되었다고 믿은 바흐오펜은 신화 연구를 통해서 인류 초기의 문화를 발굴하고 이 문화권의 신화 문법을 이해하려 했다. 과거를 재구성하려는 시도로 가부장제 이전 시대를 세 단계로 구분하는데, 아프로디테, 데메테르, 태양의 시대가 그것이다. 이는 각기 구석기시대, 신석기시대, 역사시대와 거의 병치한다. 초창기 모권제에서 가부장제로의 전이를 바흐오펜은 인류의 진화로 보았다. 이 전환으로 인류가 이성을 중시하고 초월적인 영성으로 나아가게 되었다는 것이다. 이러한 바흐오펜의 견해는 바흐오펜 당시에는 수용이 되지 않는다.

그 후 뒤따르는 고고학 발굴들로 인해서 바흐오펜의 주장이 재등장한다. 19세기 말에 트로이(1872년), 미케네(1874년), 크노소스(1878년)의 유적 발굴이 이루어진다. 1910년 빌렌도르프, 로젤, 레스퓌그 등에서 '비너스 상'들이 출토된다. 1914년에 라스코, 도르돈뉴, 트루아 프레레, 알타미라, 쇼베의 구석기 동굴 탐사가 이루어지고, 1967년에는 최대의 신석기 유적지 차탈휘윅이 발굴된다. 현재도 이어지는 이런 유물들의 발굴이 여신 전통의 증거로 간주되고 또 여신 숭배 문화에 대한 해석의 근거로 대두된 것이다.

20세기에 들어 선구적으로 여신 전통을 수용한 학자는 신화학자 조지프 캠벨(Joseph Campbell)이다. 마리야 김부타스의 업적을 대중들에게 소개한 기여자라해도 과언이 아닐 것이다. 1959년 캠벨은 자신의 책《신의 가면*The Masks of God*》에서 인류 초기 무덤이나 네안데르탈인의 성소를 자궁으로 보고 후에 등장한 남신 신화들을 어머니의 힘을 거부하려는 반작용으로 인해 태동한 것이라 설명한다. 조지프 캠벨처럼 20세기 남성들의 여신 연구는 심리학적 측면에 집중되는데 대표적인 학자가 에리히 노이만(Erich Neumann)이다. 노이만은《위대한 어머니 여신*The Great Mother*》에서 방대한 자료를 수집, 정리하여 달과 모계적인 의식을 명료화한다. 노이만의 주안점은 남성심리에서 여신의 역할은 무엇인가에 있다. 남성의 개성화 과정(individuation)을 위해서 위대한 어머니 원형의 중요성을 부각시킨 것이다.

반면 20세기 여성학자들은 심리학적 면뿐 아니라 정치적 종교적 측면의 중요성을 강조한다. 대표적으로, 제인 엘렌 해리슨(Jane Ellen Harrison)은 문자기록에 의존한 바흐오펜과 달리 의례나 민속자료들을 연구대상으로 하여 바흐오펜이 제기한 가부장제 이전 오랜 여신의 시대의 존재를 지지한다. 그러나 바흐오펜의 해석과는 이견을 보이는데, 이 시대를 훨씬 이상적으로 본다. 인류 초창기 모계사회가 가부장제 보다 훨씬 더 우수하고 우월하다는 것이다.

여신 연구는 1970년대 들어서 더욱 활발히 재조명되고 재발견된다. 이는 주로 여성주의자들에 의해 주도되었고, 역사시대에 여신 이미지들은 가부장제 영향을 받았기 때문에 연구의 초점을 선사시대 여신들로 옮겨 집중하게 된다. 김부타스가 재구성해낸 고대 여신 전통이 전문가 동료들보다 여성주의자나 예술가, 영성에 관심 있는 사람들에게 더 환영받고 널리 수용되었다.

고대 여신 전통과 현대적 의미

위계가 아니라 평등, 초월이 아니라 임재, 단일이 아니라 다양함, 멈춤과 고착이 아니라 리듬과 변화, 우세와 지배가 아니라 조화, 김부타스가 해석한 고대 여신 전통의 특징들이다. 이런 세상이 단지 우리들의 염원이나 발명이 아니라 지구상에 확고하게 존재했다는 사실이 드러났다. 땅 위로 그리고 우리들 의식으로 막 도래한 여신 전통의 증거들은 대단히 풍요롭고 아름답다. 휘돌고 감고 흐르고 솟구치고 요동치며 춤을 춘다. 너무도 다양하고 고도로 세련된 문양들은 충격적이다. 엄청난 유물의 숫자는 이제야 세상에 드러나 눈길을 사로잡는 현 상황이 믿기 어려울 지경이다. 드디어 세상에 제 모습을 드러내는 이 찬란한 인류의 유산은 마리야 김부타스가 아니었더라면 접근할 길이 없었을 것이다.

고고신화학을 창안한 김부타스는 이 유물들을 꼼꼼하게 관찰하고 감정이입을 하고 상상력을 동원해 유추하고 분석한다. 문양들을 종합하는 능력이나 상징을 이해하는 탁월함으로, 유물을 만든 장인들이나 이를 사용했던 태초의 선조들에게 그 의미가 무엇이었는지를 재구성하는 일이 가능하다는 걸 보여준다. 이를 위해 침묵으로 일관하는 유물과 이를 사용했던 선조들의 의례와 신앙을 연관 짓는 추론의 위험도 기꺼이 감수했다. "만일 비전이 없다면, 시인이나 아티스트가 아니라면, 보이는 게 별로 없을 것이다." 대학자 김부타스의 표현이다. 김부타스는 이 메타언어를 읽어내는 능력이 있었다는 걸 이 책 전체를 통해 드러내 보여주었다. 그리고 우리들로 하여금 여신의 언어 문법을 해독하고 읽고 볼 수 있도록 가르쳐준다.

여기 선사시대 유물들은 한국인의 '한 처음' 이야기인 단군신화가 얼마나 최근의 일인지 인식하게 해주고, '우리들'의 기원을 훨씬 더 예전으로 확장시켜 준다. 그리고 단군신화를 비롯, 문자로 정착된 세계의 신화들에서 인도-유럽 혹은 가부장의 시각으로 채색된 부분이 무엇인지, 그 이전의 모습은 어떠할지 식별할 수 있는 시각도 연마하게 해준다. 동시에 이 오랜 인류의 전통이 오래 묻혀 있었던 세월에도 불구하고 풍화되어 사라져 버린 것이 아니라 오늘날 까지도 그 자취가 이어져 내려오고 있다는 사실도 확인하게 해준다.

아울러 '위대한 여신(Great Goddess)'이라는 명명이 강조하듯, 온전한 여신의 이미지가 무엇인지 그려볼 수 있도록 도와준다. 이를 통해 《위대한 어머니 여신》이 그러하듯, 여신을 어머니로만 한정하는 가부장적 시각을 재고하게 해준다. 또 남신시대에 일어났던 빛과 선함만 존재하는 추상화, 이상화된 여신과 끔찍하고 사악한 마녀나 어두운 여신으로 분리된 여신은 온전한 모습이 아니라는 점도 선명히 부각시킨다.

이 엄청난 확장과 열림은 수많은 의문으로 초대한다. 인간의 기나긴 초창기 여신시대는 억압과 소외와 폭력이 전혀 없는 세상이었을까? 여신시대에서 남신시대로의 전환은 야만 문화의 침입으로 한꺼번에 일소된 것일까? 의식 진화의 단계에서 자연스럽고 불가피하게 거쳐 가야만 했을까? 그리고, 오래 묻혔던 기나긴 인류의 과거가 왜 지금 이 시점에 출토되어 우리들의 이목을 집중시키는가?

여기 제시된 부인할 수 없이 다양한 신전과 상(像)과 이미지 들은 침묵으로 일관하는 메신저다. 모든 위대한 이론과 학문적 성취가 그러하듯, 《여신의 언어》는 더 많은 질문을 불러일으키고 더 다양한 탐색의 길을 제시한다. "태초에 신들은 여신이었다"를 알고 믿고 탐색하는 것은 지금 우리들에게 무슨 뜻일까? 어느 때보다 인간의 상상력이 절실한 이 시기, 인간을 인간으로 만드는 것이 무엇인지, 독자들의 상상을 촉발하는 도화선이 되기를 희망한다.

겸허함을 필요로 하는 지난한 작업이었다. 그간 변화가 많았다. 번역 초기, 김부타스의 동료이자 친구인 크리스티나 버그렌(Kristina Berggren)과 한 문장씩 토론해가며 시작했는데, 고인이 되었다. 개미 같은 인내와 끈기를 요구하는 편집 작업은 세 명의 편집자를 거쳐 가며 마무리되었다. 열정 없이 가능하지 않을 작업을 함께해준 분들께 감사드린다. 한국어판 추천사를 써준 김종일 교수께도 감사드린다. 고고학 용어들을 바르게 사용하도록 꼼꼼하게 살펴보고 귀한 조언을 보태주었다.

지혜와 용기와 아름다움을 겸비한 모델, 마리야 김부타스와 크리스티나 버그렌에게 무한한 감사와 존경을 드린다.

상징의 카테고리

상징 연상으로 드러난 내용을 깊이 들여다보면 의미에 따라서 상징군을 나눌 수 있다. 상호 연관된 그룹별로 상징을 묶으니 크게 네 부분으로 나뉘었다. 이 책을 4부로 기획하게 된 이유도 이 때문이다. 1장은 생명의 부여, 2장은 재생과 영원한 세계, 3장은 죽음과 재탄생, 4장은 에너지와 그 흐름이다.

수권(水圈)을 나타내는 상징들을 묶어 첫 번째 범주를 만들었다. 이는 뭇 생명은 물에서 비롯된다는 강한 믿음에서 기인한 것이다. 비를 포함해서 광활한 물이나 하천을 나타내는 물의 상징군에 속하는 문양들은 지그재그, 물결 혹은 뱀 띠, 그물망, 격자무늬이다. 물새 또한 이 상징군에 포함된다. 물새는 여신으로 묘사되는데 구체적 형상은 여인의 모습을 띠기도 하고 여인과 물새가 교잡된 형태로도 등장한다. 젖가슴이나 과장된 엉덩이만으로 표현한 도식화된 버전도 있다. 물을 나타내는 이 풍요로운 상징군이 구석기시대부터 비롯되었다는 점은 의심할 여지가 없다.

젖가슴, 엉덩이, 배, 음문 같은 여성의 신체 일부를 묘사했던 시기는 생물학적으로 임신이 어떻게 이루어지는지 이해하기 이전으로까지 거슬러 올라간다. 인류 초창기부터 신의 이미지가 탄생했다. 이 이미지는 여성의 몸을 우주적으로 확장한 것이었다. 우주의 창조자이자 생명을 부여하고 탄생을 가능하게 하는 존재는 여신이었다. 여성의 몸에 있는 본질적으로 주요한 신체 부위에 생명을 탄생하게 하는 기적의 힘을 부여했던 것이다. 여신의 몸에 있는 자궁이나 미로 같은 장기 안에 있는 신비한 물이 이 마법이 일어나도록 만드는 생명의 원천이다.

후기 구석기시대에 이미 새 생명을 부여하는 여신에 대한 묘사가 등장한다. 이는 자연적인 출산 자세나 음문으로 표현했는데, 여기 음문은 부분이 전체를 포함한다는 뜻이다. 이 상징은 신석기시대를 거쳐 후대까지도 이어진다. 여신이 바로 태고의 어머니인데 형상은 동물 모양이다. 구체적으로 곰, 사슴, 엘크 등이고, 후기 구석기시대 유적지에서는 들소와 암말이 등장한다. 이러한 이미지들이 선사시대 후기와 심지어 역사시대까지 보존되는 이유는, 정신에 깊이 뿌리내리고 있는 생명을 부여하는 어머니 상징의 불멸성을 들 수 있을 것이다. 또 아직 부계 체계가 확립되지 않았던 시기에 오랜 모계 체계에 대한 기억이 강하게 남아 있기 때문이라고도 생각된다. 그렇다고 자연에 대해 예리한 관찰자였던 신석기시대나 순동기시대 선조들이 생식 과정에서 아버지의 역할을 이해하지 못했다는 말은 아니다.

신석기시대 경제는 혁신을 초래했다. 이때부터 짐승을 길들이기 시작했는데 인간이 맨 처음 길들였던 동물은 양이다. 양은 새 여신(Bird Goddess)에게 신성한 동물이다. 이어 양털 상징이 등장하는데, 이는 길쌈의 여신을 연상케 한다. 수명이나 부나 복을 결정하고 분배하는 운명의 여신, 그리고 인간 삶을 길쌈하는 여신의 등장은 초기 신석기시대까지 거슬러 올라간다.

이 시기의 토기도 발견되었는데, 이는 형상을 만드는 새로운 방식을 창조했다는 의미뿐만 아니라 토기 회화를 통해서 새로운 방식으로 상징을 표현하는 길을 열었다는 의미이기도 하다. 아스코이(새 모양 물병)와 사람 모양이나 새 여신 모양을 한 토기가 출현한다. 토기 회화에 등장하는 모티프는 하천, 쐐기, 삼각, 그물망 패턴 띠, 나선, 물결치는 뱀, 뱀 똬리 문양이다. 생명을 부여하는 여신을 나타내는 토기에는 M자, 지그재그(하천이나 양수), 그물망, 소용돌이치는 물결 문양이 장식되어 있다. 이외에 다른 물 문양은 기원전 6천년기에 처음 출현한다.

다산과 임신의 상징 또한 기원은 후기 구석기시대이다. 당시 유물에서 이미 임신한 여신이 관찰되는데, 후기 구석기시대에 등장하는 겹선(두 줄) 문양이다. 이는 임신의 상징 아니면 배가된 힘을 뜻한다. 구석기시대 임신한 여신은 후대 농경의 도래와 함께 비옥한 대지의 여신으로 변형된다. 인간과 동물의 생식력, 곡식의 풍요로운 결실, 식물의 번성 등 성장과 살이 찌는 과정이 큰 관심사로 대두된다. 이 모두를 관장하는 여신에게 신성한 동물은 성장이 빠르고 단시간에 살이 찌는 암퇘지이다. 아마도 차오르는 달을 연상하게 하는 본래 달의 여신인 농경시대 임신한 여신은 태어나서 번성했다 죽어가는 식생, 즉 땅의 여신으로 바뀌었을 것이다. 이 시기는 계절의 변화에 관한 드라마가 강화된다. 이는 여름/겨울의 의례나 봄/가을에 행하는 의례로 나타난다. 이 드라마가 어머니/딸의 이미지나 성장하고 죽어가는 식생의 영인 남신의 도래로도 구체화된다.

이 책을 통해 드러나겠지만, 선사시대에는 죽음 이미지가 생명 이미지의 그늘에 가려져 있지 않았다. 죽음 이미지에는 재탄생의 상징들이 결합되어 있는데, 죽음의 메신저나 죽음을 관장하는 존재들이 언제나 재탄생을 염두에 두고 있다는 뜻이다. 이 모티프가 존재했다는 사실은 셀 수 없이 많은 유물을 통해 확인할 수 있다. 그 예로 맹금류의 두부가 사나운 멧돼지의 젖가슴과 턱 그리고 이빨 사이에 배치되어 있고, 이를 젖가슴으로 덮고 있는 유물을 들 수 있다(기원전 7천년기, 터키 중부 차탈휘윅 신전). 또 거석 무덤의 벽면이나 묘비에 장식된 서유럽 올빼미 여신의 이미지에는 젖가슴이 표현되어 있다. 젖가슴이 등장하지 않는 경우는 여신의 몸 안에 생명을 창조하는 미궁이 묘사되었고, 미궁 한가운데에 음문이 묘사되어 있다.

재탄생의 상징이라면 자궁이나 자궁 모양의 버크나리움(수소의 해골 형태) 혹은 자궁과 유사한 모양을 보이는 동물들, 즉 물고기, 개구리, 두꺼비, 고슴도치, 거북이를 들 수 있다. 이 상징들은 후기 구석기시대 전반을 통해 그리고 이후 역사시대에도 중요한 역할을 한다. 예를 들어 신석기시대 무덤이나 신전을 보면, 알이나 음문, 여신의 자궁이나 여신의 온전한 몸의 형상을 띤다. 서유럽에서 관찰되는 거석 유물인 널길 무덤은 여신의 자궁(통로)이나 임신한 배(둥근 방)가 결합된 형상이다. 무덤은 자연스러운 언덕 모양인데 정상 부위에 옴팔로스(배꼽)에 해당하는 돌이 놓여 있다. 이는 대지모의 임신한 배에 달린 탯줄을 나타내는 보편적인 상징이다. 유럽의 민속을 기록한 자료에서도 이런 개념은 쉽게 찾아볼 수 있다.

한 신이 생명의 부여자이자 동시에 죽음의 부여자이다. 이런 생명과 죽음의 상호작용이 바로 당시 우세했던 여신들의 주요한 특징이다. 생명과 출산을 관장하는 여신이 무서운 죽음의 부여자로 변할 수 있는데, 이 죽음의 여신은 뻣뻣한 누드상이 아니면 뼈에 초자연적인 자궁 부위의 삼각형이 새겨진 이미지로 등장한다. 이 자궁 부위의 삼각형이 바로 죽음에서 새 생명으로의 변형이 시작되는 자리이다. 때로는 새 가면과 맹금류의 발을 지닌 새 여신상들이 관찰되는데 이 유물은 여신과 맹금류의 관계를 보여준다. 또 긴 입에 날카로운 송곳니가 있고, 눈이 둥글고 작은 뱀 여신은 독사와 관련 있다. 후기 구석기시대 유적에서 출토되는 뻣뻣한 누드상에는 생명을 탄생시키는 도드라진 부분이 관찰되지는 않지만, 이 상들이 올드 유럽에서 등장하는 뻣뻣한 누드상들의 선조이다. 올드 유럽 누드상의 재질은 대리석이나 석고 아니면 밝은색 돌이나 뼈인데, 이는 죽음의 색이다.

기원전 5천년기 중반 죽음의 여신의 가면에는 거대한 입에 날카로운 송곳니가 표현되어 있고, 때로는 긴 혀가 돌출되어 있다. 이 상이 고대 그리스의 무시무시한 괴물 고르곤의 탄생으로 이어졌을 수 있다. 그렇기는 하나, 그리스에서 맨 먼저 등장한 고르곤들은 인간을 돌로 만들어버리는 오싹한 이미지가 아니었다. 초기 고르곤은 날개 달린 벌이나 벌집 문양이 장식된 안테나를 지닌 뱀으로 묘사되었는데, 이는 명백히 재탄생의 상징들이다.

분류한 상징군 중에서 제일 큰 범주를 차지하는 그룹은 에너지와 그 흐름을 나타내는 상징들이다. 나선, 뿔, 초승달, 반원(U자 문양), 갈고리, 도끼, 사냥개, 숫염소, 발기한 남성 문양들이 이 군에 속하고 이 상징들 곁에는 솟아오르는 생명의 물기둥, 뱀, 생명의 나무, 의인화된 여신 혹은 여신의 임신한 배가 배치되어 있다. 이들은 모두 에너지의 상징이다.

올드 유럽 토기 회화에서 역동성이나 용솟음을 표현하는 이미지는 서로를 휘감고 있는 뱀이나 나선을 그리는 뱀의 머리 부분이 채우고 있다. 소용돌이, 십자, 그리고 다양한 네 귀퉁이 문양들이 자연의 역동성을 나타내는 상징인데, 이는 생명 탄생을 보장하고 죽음에서 생명으로 나아가는 주기적인 시간의 바퀴를 돌린다는 뜻이다. 이를 통해 지구상 생명은 영원한 것이다. 이러한 변형의 상징 시리즈 중에서도 가장 극적인 상징을 예로 들자면, 한 생명에서 헤아릴 수 없이 무수한 생명들로의 변화가 일어나는 장면일 것이다. 버크나리움에서 벌, 나비 그리고 식물로 재탄생하는 모습이다. 여기가 바로 재탄생 여신이 공현하는 자리이다.

재탄생의 여신은 여러 측면을 지니고 있다. 여신의 도해에는 다양한 상징들이 포함되는데, 상징들은 추상적으로 묘사되거나 아니면 V자, X자, M자, 삼각형, 다이아몬드 같은 일종의 상형문자로 표시된다. 이 상징들은 눈이나 젖가슴 그리고 새발로 표상된다. 또 뱀, 새, 암퇘지, 황소, 개구리, 벌 같은 동물들을 통해 여신의 다양한 속성들을 느러낸다.

이 세 범주는 상호 밀접하게 연결되어 있다. 이는 전일적으로 세상을 보는 관점에서 탄생했다. 현대 우주관과는 달리, 이 세계관에서 자연과 인간은 분리되어 있지 않다. 주위 환경에서 인간이 고립되지 않은 것이다. (상형문자에서조차) 새나 돌이나 여신의 눈이나 젖가슴만으로 여신의 힘을 감지하는 것이 자연스러웠다. 이 책에서 각각의 범주와 의미를 상세히 다룰 것이다.

생명의 부여

오랫동안 유럽 전역에서 발견된 토기와 여신상 그리고 다양한 숭배물에서는 놀라울 정도로 자주 되풀이되는 상징적인 연관성이 드러난다. 이들 유물에 표현된 문양들은 단순한 '기하학적 무늬' 이상의 의미가 있으며 형이상학적인 알파벳 문자의 형태를 띤다. 이러한 문양들과 여신 이미지의 상관관계를 심도 깊게 연구한 결과, V자와 쐐기(이중 V자나 삼중 V자) 문양은 명백히 여신의 휘장을 가리킨다는 사실이 드러났다. 또한 이 계열의 다른 문양들은 여신의 신비로운 생명의 원천, 생명의 물, 그리고 생명을 부여하는 기능과 관련되어 있다.

새 여신(Bird Goddess)의 기능은 다양한데, 삼선(三線), 그물망, 삼각형, 뱀 문양으로 장식돼 있다. 하지만 이 문양들은 생명의 탄생과 재탄생, 창조와 재창조와 관련돼 있어 새 여신에만 사용되진 않았다.

쐐기와 지그재그 문양이 있는 여신상(아나톨리아 남서부).
그림 15 참조.

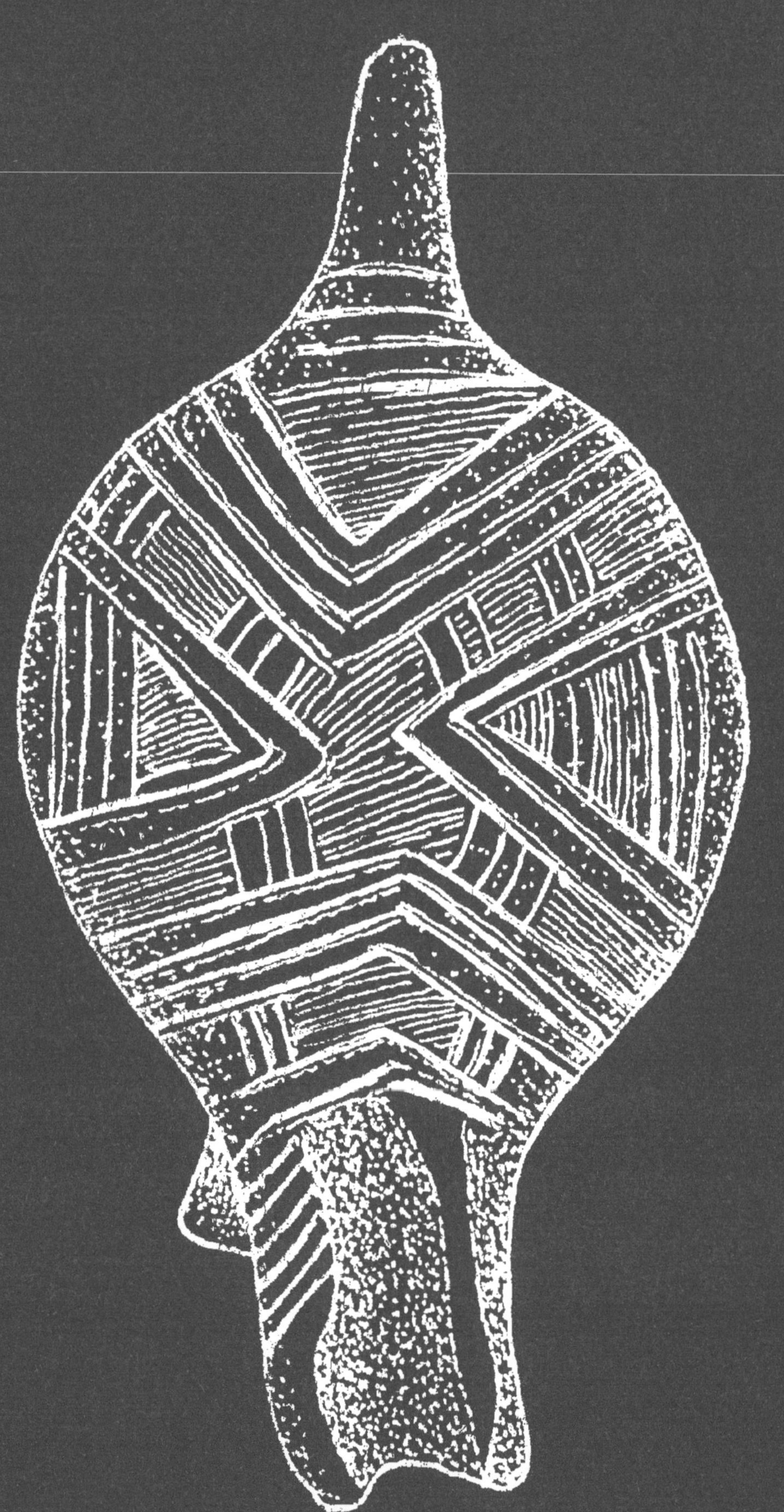

쐐기와 삼각형 문양이 장식된 새 여신상(몰타, 기원전 3천년기).

그림 11 참조.

1. 새 여신의 상징, V자 문양과 쐐기 문양

쐐기, V자, 지그재그, M자, 미앤더(meander, 번개무늬나 만(卍)자 모양의 연속무늬), 그물망, 삼선(三線) 등의 문양은 올드 유럽의 유물들에서 자주 나타난다. 신석기시대와 이후 시대의 토기에 관한 저술이나 논문에서는 이 문양들을 단순한 '기하학적 무늬'로 간주해왔다. 디자인과 문양의 관계에 의문을 품지 않았기에, 이 문양들의 연관성은 한참 후에야 밝혀졌다. 이 장에서는 생명을 부여하는 물과 이와 관련된 문양 등 새 여신(Bird Goddess)의 가장 주요한 측면들을 다룰 것이다. 이 문양들은 여신의 몸 중에서도 젖가슴, 눈, 입, 음문과 밀접하게 연관되어 있다.

생명을 출산하고 새로운 생명을 보호하는 특성을 드러낼 때 여신은 숫양, 사슴, 곰, 뱀 같은 동물의 형태로 나타난다. 특히 여신이 뱀의 형상으로 표현될 때는 사람 모양으로 나타나기도 하며, 이는 새 여신의 분신으로 간주된다.

이제부터 여신의 상형문자인 V자와 쐐기, 이들 두 문양과 물새의 연관성, 그리고 물의 상징을 살펴봄으로써 여신을 탐구하는 긴 여정을 떠나보자.

1-1. 후기 구석기시대와 중석기시대에 나타난 새 여신 및 새와 여신의 혼합형

시각적으로 볼 때 V자 문양은 자궁 부위의 역삼각형에서 유래했는데, 이 보편적인 표현은 앞으로도 계속 관찰될 것이다. V자 문양은 새 여신의 핵심이 집약된 것으로, 얼마나 오랫동안 새 여신 문양으로 사용되었는지를 가늠해보면 놀라움을 금치 못할 것이다.

구석기시대 동굴벽화에는 자연에서 마주치는 거위, 두루미, 백조 등의 이미지가 표현되어 있다. 동굴 벽을 캔버스 삼아 직접 그리기도 했고 날카로운 도구로 새겨 넣기도 한 이런 물새 이미지는 상아나 뼛조각 유물로도 발굴된다. V자와 쐐기 문양은 공히 발견되며(그림 1) 일부는 사람 모습으로 표현되기도 한다.

동유럽과 시베리아에서는 후기 구석기시대부터 V자 문양과 쐐기 문양이 나타난다. 이들 두 문양은 새 혹은 사람 모습을 한 새 형상과 연관된다. 예를 들면 시베리아의 말타 지역에서 발굴된 물새 여신에는 V자 문양이 줄지어 새겨져 있다. 우크라이나의 체르니고프 근방 메진에서 발굴된 매머드 뼈에도 의인화된 물새에 V자 문양이 새겨져 있다(그림 2). 이들의 몸과 목 주변에는 V자 문양을 비롯하여 쐐기, 미앤더, 그물망, 겹선(두 줄), 삼선, 그리고 평행선 문양이 있다(그림 37 참조). 새 형상 유물에서는 특히 엉덩이 부분, 즉 자궁 부위의 역삼각형이 두드러지게 강조되는데, 이는 여신의 생식력을 강조하는 표현이다. 또한 일부 유물에는 다양한 형태의 쐐기가 장식되기도 한다. 기원전 1만 8000~1만 5000년경의 이 유물들을 통해 우리는 V자 문양이 새 여신과 관련돼 있다는 놀라운 통찰에 다다를 수 있다.

구석기시대 말에서 중석기시대에 이르면 뼈나 사슴뿔 유물에서 V자와 쐐기 그리고 다양하게 변이된 쐐기 문양이 나타난다. 프랑스의 막달레니앙 문화, 루마니아 남서부의 로마넬리안 및 아질리안 문화의 유물에서 그러한 사례들이 보인다(그림 3). 새 여신을 비롯한 여신들을 숭배하기 위해 그릇이나 조각상, 램프 등의 용품이 사용되었는데 여기에도 V자와 쐐기 문양이 나타나며, 이러한 경향은 1000년 이상 지속되었다.

그림 1

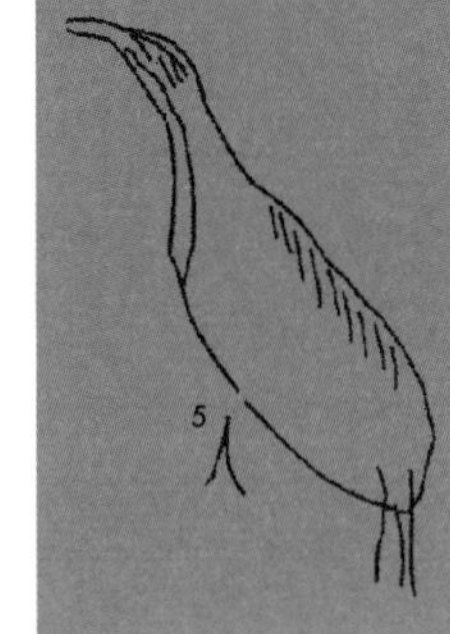

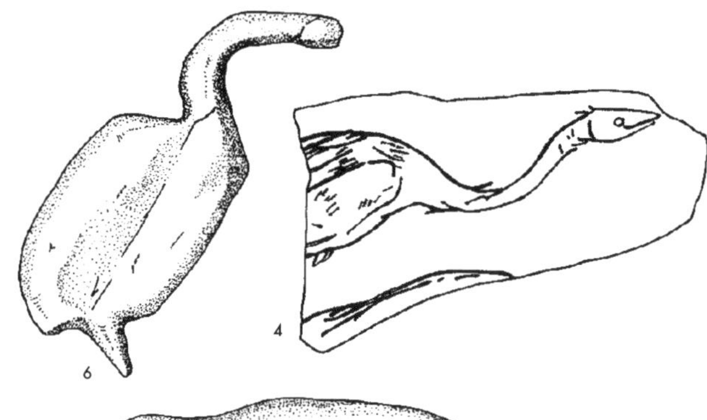

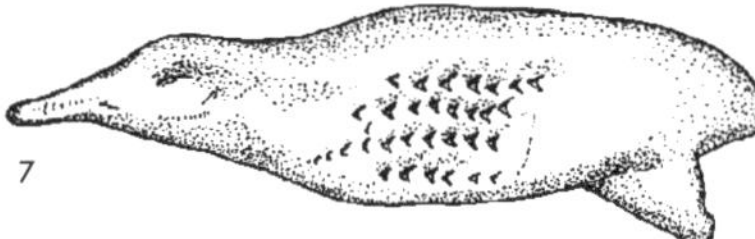

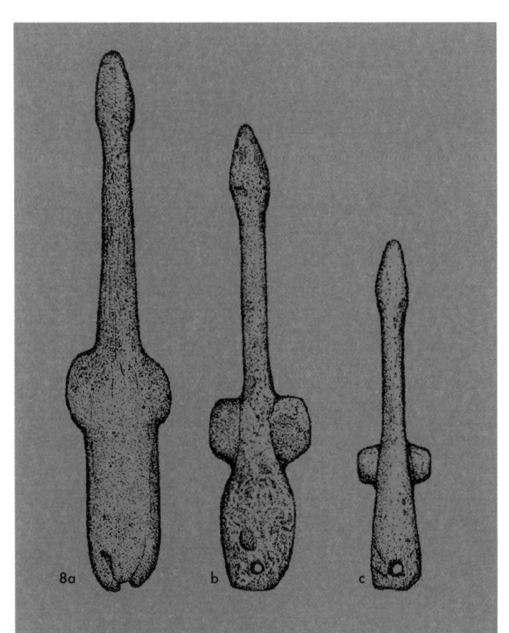

그림 1

(1) 동굴벽화에 새겨진 거위 (프랑스의 라바스티드, 기원전 1만 3000~1만 1000년경).
(2)와 (4)는 거위와 백조가 새겨진 뼛조각이다.
(2)에는 구멍이 뚫려 있고, 양 끝에 쐐기 문양이 새겨져 있다(프랑스의 구르당폴리냥).
(3) 거위(프랑스의 뮈시당, 막달레니앙기).
(5) 엘펜도 동굴의 두루미 혹은 학(에스파냐의 에스코베도, 막달레니앙기의 유물로 추정).
(6)~(8) 뼈로 만든 새 형상(시베리아의 바이칼 호 북서부 말타, 기원전 2만 4000년경).
(8) 구멍이 뚫려 있는, 사람 모양의 새 형상.
(1) 높이 5.1cm
(2) 높이 33cm
(3) 높이 13.7cm
(4) 높이 10.8cm
(5) 높이 21.2cm
(6) 높이 6cm
(7) 높이 2.4cm
(8-a) 높이 15.3cm
(8-b) 높이 13.2cm
(8-c) 높이 10cm

그림 2

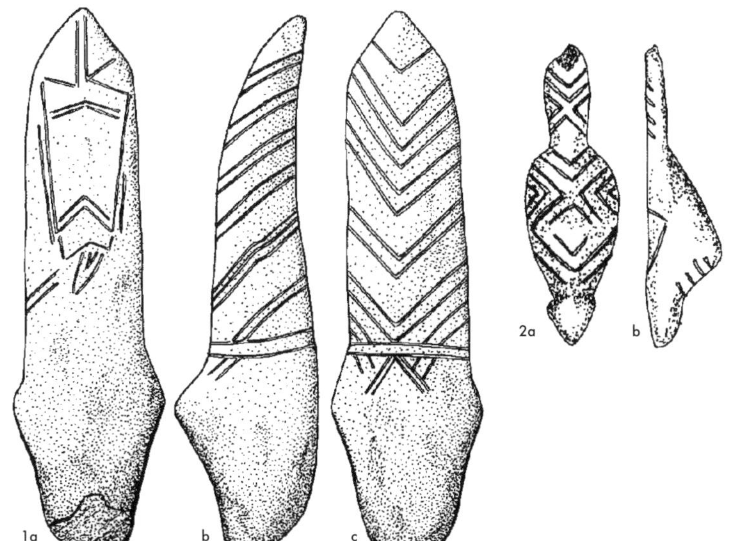

그림 2
V자 문양과 쐐기 문양이 있는, 후기 구석기시대의 추상적인 새 모양 상아 조각. 오른쪽의 두 유물에서는 자궁 부위에 역삼각형이 두드러지게 관찰되는데, 이는 여신의 생식 기능을 강조한 것이다(우크라이나의 메진, 기원전 1만 8000-1만 5000년경).
(1) 높이 29.3cm
(2) 높이 7.2cm

그림 3

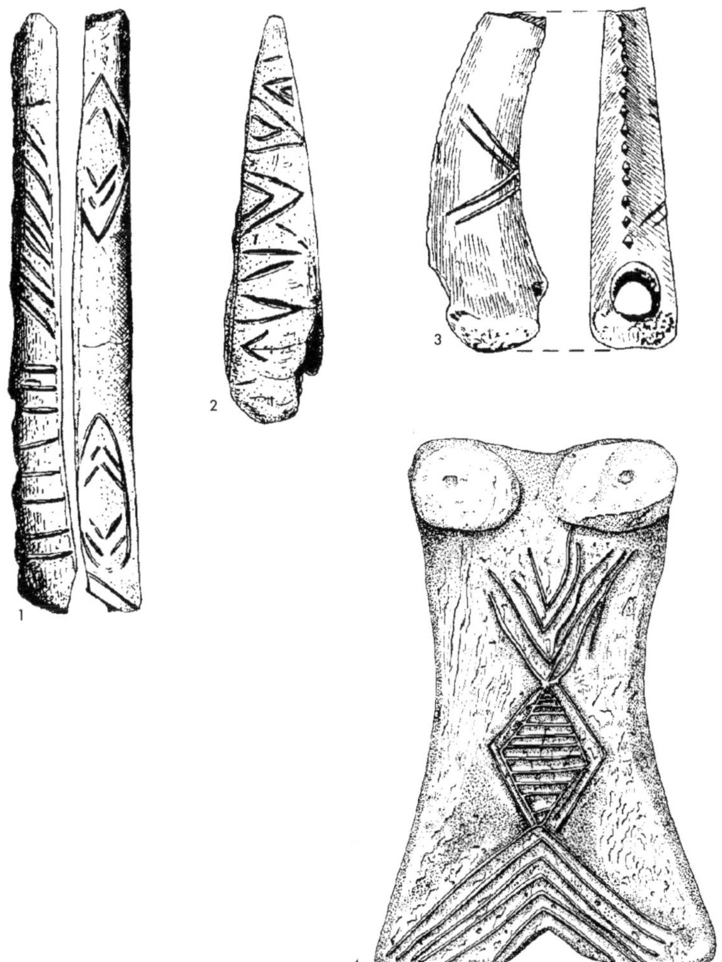

그림 3
(1) 쐐기 문양으로 장식된 사슴뿔(프랑스 남부의 라마들렌, 기원전 1만 년경).
(2) V자 문양과 쐐기 문양으로 장식된 사슴뿔(프랑스의 오트가론 지역 구르당, 막달레니앙 말기).
(3) 사슴뿔.
(4) 여인의 몸을 추상적으로 형상화한 뼈(루마니아 남서부의 쿠이나 투르쿨루이, 기원전 8000년경).
(1) 높이 13cm
(2) 높이 13cm
(3) 높이 24cm
(4) 높이 17cm

1-2. 신석기시대 토기의 문양들

신석기시대에도 V자와 쐐기 문양은 항아리나 제기(祭器), 램프, 제단, 명판 등에 자주 사용되었다. 이들 문양은 단독으로 혹은 미앤더, 평행선, 그물망 문양과 함께 나타난다.

기원전 7천년기 후반 그리스 테살리아에서 번성한 세스클로 문화 최초의 토기에도 쐐기와 삼각형 문양이 자주 관찰되는데(그림 4) 보통 병 중앙이나 손잡이 위아래에 문양이 새겨져 있다. 발칸반도 중앙 및 동부에 자리 잡은 스타르체보와 카라노보 문화를 일군 사람들도 신석기시대 초기에 토기를 만들었는데, 여기에서도 여러 종류의 다양한 쐐기 문양이 발견된다.

쐐기 문양은 신석기시대 후반에서 순동기시대 및 청동기시대에 이르기까지 제작된, 다채롭게 장식된 항아리에도 새겨졌다. 이때 상징으로서의 쐐기와 장식 무늬로서의 쐐기가 구분되었는데, 전자는 지시 기능을 하는 반면 전자에서 발전한 후자는 일반적인 쐐기의 의미뿐만 아니라 함축적인 의미망을 구축했다. 이들 쐐기 문양은 상징적 의미를 띠도록 배열되었다. 마치 이집트에서 나타났던, 왕의 이름을 나타내는 상형문자를 직사각형이나 타원형으로 둘러싸는 카르투슈처럼, 명확하게 구획된 경계를 기준으로 삼아 지시 문양을 둘러싸는 방식은 이후 빠르게 확산되었다.

1-3. V자와 쐐기 문양, 새와 새부리

아스코이라고 불리는 새 모양 항아리와 새 여신상을 살펴보면 V자 문양과 쐐기 문양이 새와 밀접하게 관련된다는 사실이 뚜렷하게 드러난다(그림 5~7). 아스코이는 신석기시대 가장 이른 시기에 유럽 남동부에서 제작된 토기들에서 유래했으며, 청동기시대까지 지속적으로 제작되었다. 청동기시대 초기에는 에게 해와 아나톨리아 서부 지역을 대표하는 토기로 자리 잡았으며, 쐐기와 평행선 문양으로 장식되어 있다. 트로이 지역에서 출토된 아스코이에는 새부리 모양 주둥이가 달려 있어 눈길을 끈다.

새와 여신이 결합된 이미지로 드러나는 이 추상적인 유물에서 새부리나 부리 모양 가면 같은 표현은 상당히 인상적이다. 이 상들은 대개 단정한 머리 모양을 하거나 왕관을 쓰고 있는 형상이며, 종종 V자 문양 목걸이를 걸고 있다.

그림 4

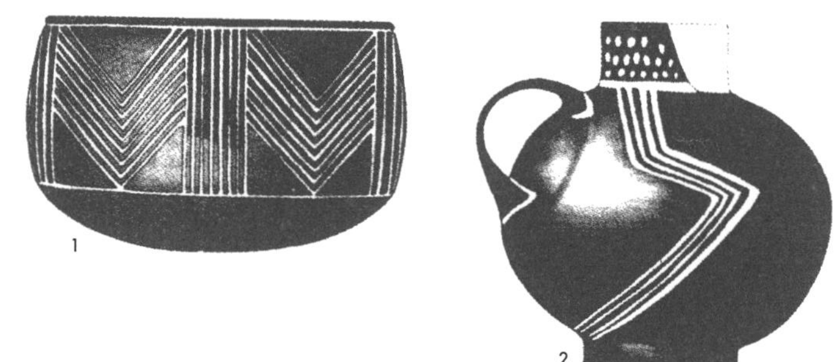

그림 4
(1) 수직으로 구획된 선 안쪽에 장식 기능보다는 상징 기능이 강한 쐐기가 여럿 그려져 있다(그리스의 네아마크리, 기원전 6000~5800년경).
(2) 흰색 쐐기가 장식된 붉은 항아리. 손잡이 접합부에 작은 V자 문양이 새겨져 있다(그리스의 테살리아 중부, 기원전 6100~5900년경).
(1) 높이 11.7cm
(2) 높이 22.6cm

그림 5

그림 5
흰 바탕에 붉은 쐐기 문양이 장식된, 오리 모양 아스코이(그리스의 네메아, 기원전 6000년경).
높이 16.8cm

그림 6

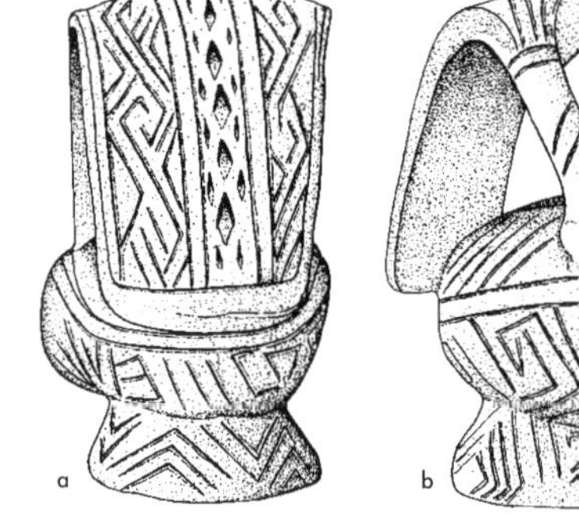

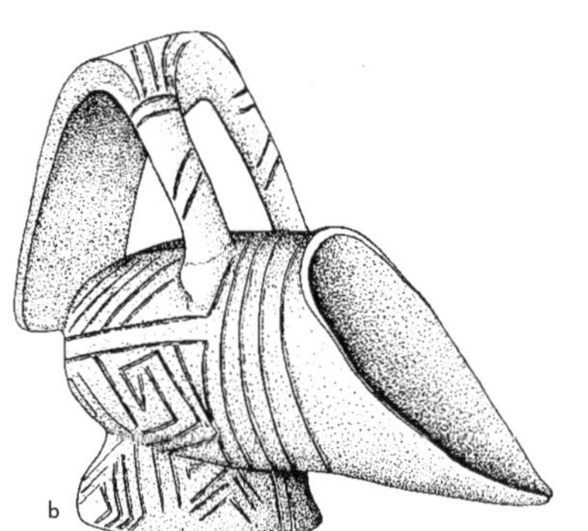

그림 6
벌린 부리 모양의 주둥이가 이채로운 아스코이. 쐐기, 미앤더, 평행선 문양이 장식되어 있다. 평행선과 미앤더 문양은 수권(watery sphere)이나 생명을 부여하는 물과 연관된 새 여신과의 관계를 강조한다(그리스의 디미니, 기원전 5000~4500년경).
높이 15.5cm

그림 7

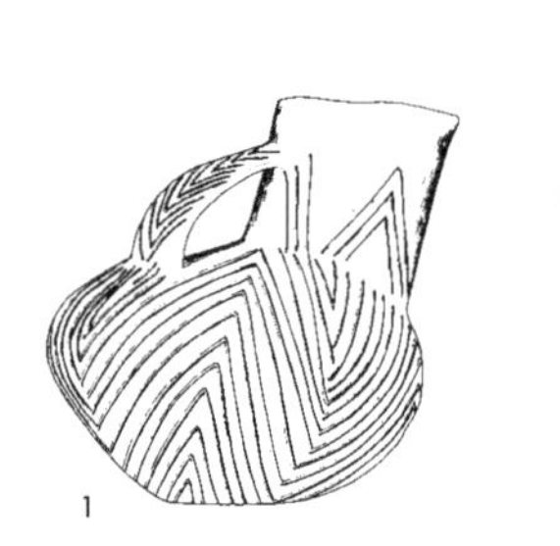

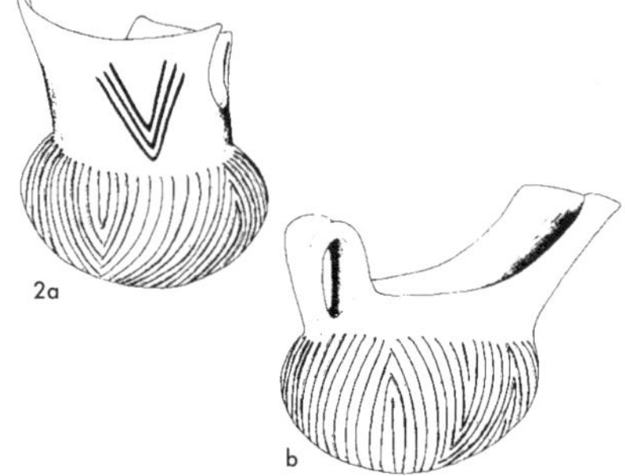

그림 7
쐐기와 삼중 쐐기 문양이 장식된 아스코이. 1000년의 시간이 지난 후, 코토페이 문화권에서 출토된 아스코이에 여전히 쐐기 문양이 보인다(그림 6 참조).
(2)는 주둥이 부분으로 삼중 쐐기가 그려져 있다(루마니아의 바사라비, 기원전 4천년기 후반).
(1) 높이 19.6cm
(2) 높이 16cm

그림 8

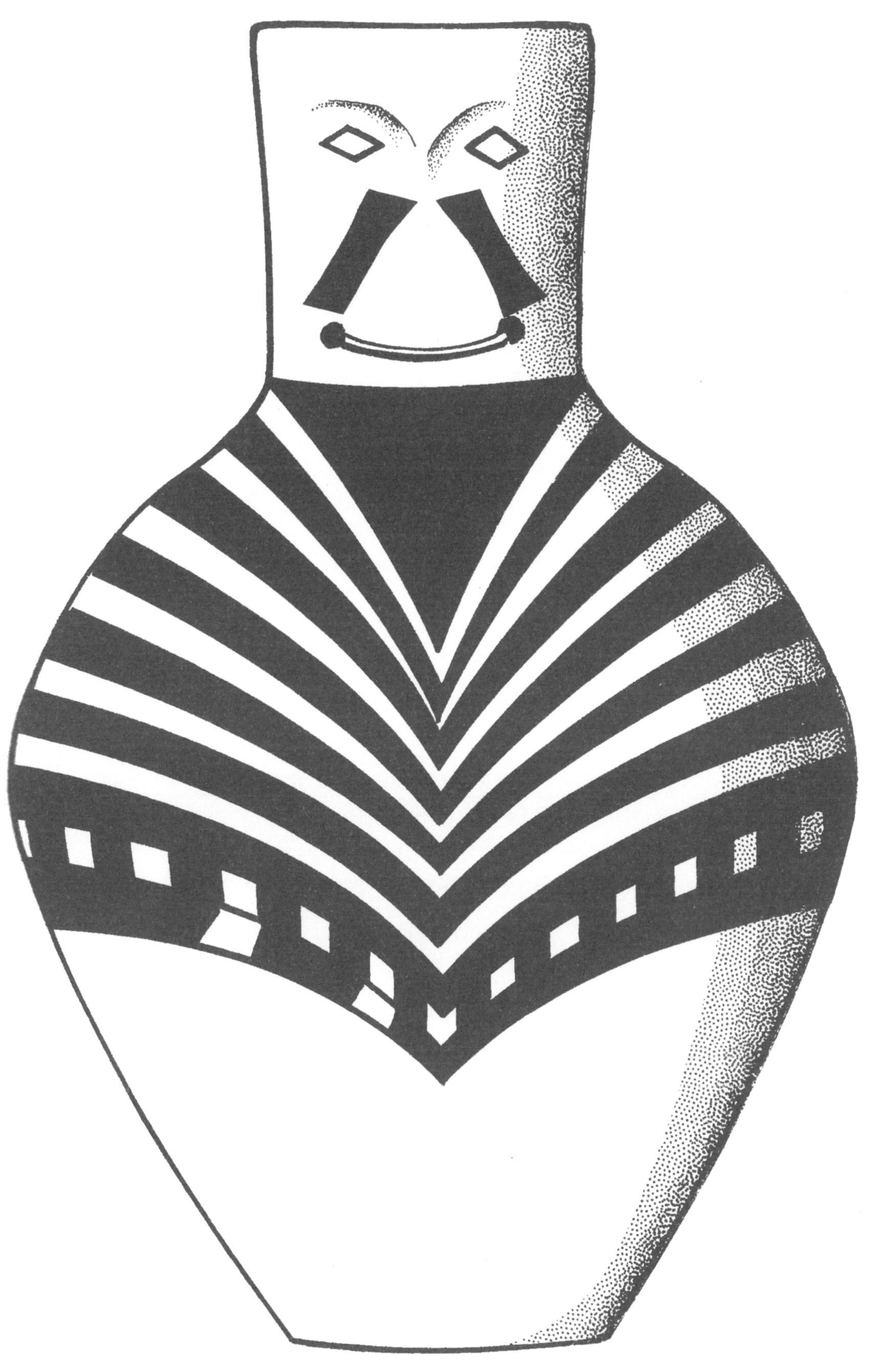

그림 8
유럽 남동부에서 발생한 초기 빈차 문화의 유물인, 크림색 바탕에 붉은색 문양이 그려진 항아리(피토이). 이 유물에서는 쐐기와 새 여신의 관계가 선명하게 드러난다(마케도니아공화국의 안자, 기원전 5200~5000년). 높이 92cm

그림 9

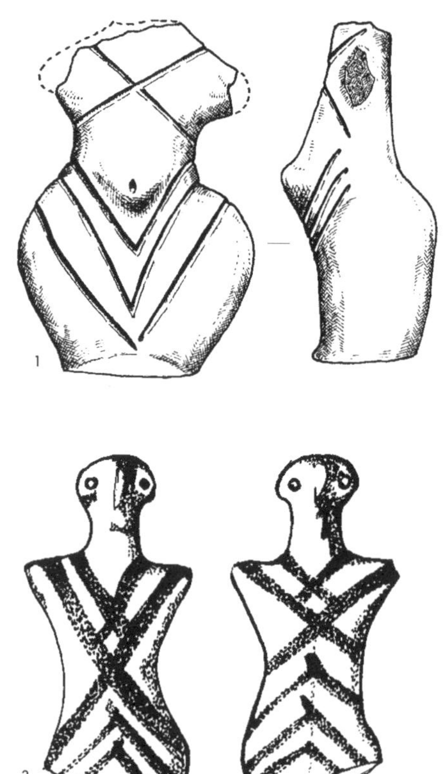

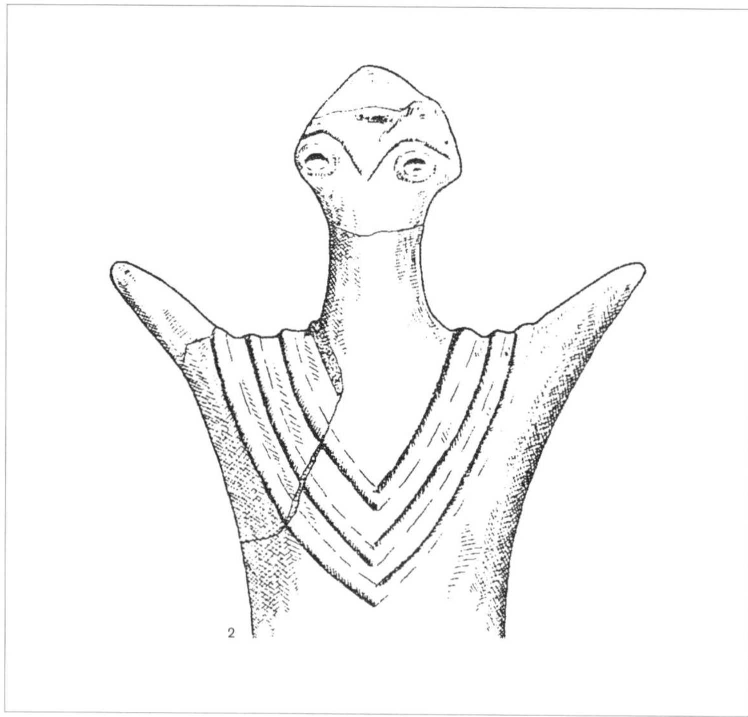

그림 9

V자와 X자 문양으로 장식된 테라코타.

(1) 자궁 부위에는 삼중 V자 문양, 가슴에는 X자 문양으로 장식된 조각상으로 새 여신상으로 추정된다(아나톨리아, 기원전 6천년기 중기).

(2) 새의 부리와 날개를 가진 여신상. 자기 정체성을 드러내는 삼중 쐐기 문양을 두르고 있다(체코의 모라비아 지역 테세티체-키요비체, 기원전 5천년기 초기).

(3) 검게 칠한 몸에 V자와 X자 문양이 장식된 두 개의 조각상(몰다비아의 쿠쿠테니 문화권, 기원전 4천년기 전반).

(1) 높이 5cm

(2) 높이 9.1cm

(3) 높이 5.8cm

그림 10

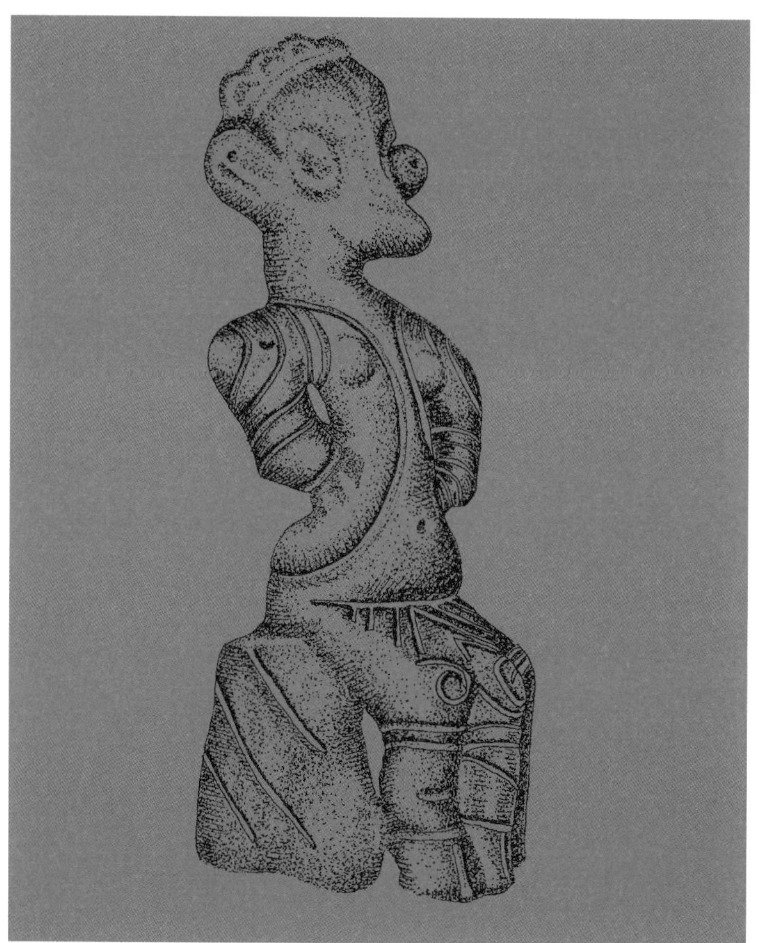

그림 10

후기 빈차 문화의 유물인, 정교한 새 여신상. 삼선이 새겨진 옥좌에 앉아 오리 가면을 쓰고 볼레로 재킷을 입고 왕관을 썼다. 앞치마는 쐐기 문양, 무릎에는 나선형 문양으로 장식되어 있고, 팔에는 끈이 감겨 있다(세르비아의 야고디나, 기원전 4500년경).

높이 16cm

이 유물들에는 작은 조각상이든 항아리든 모두 새 형상이 새겨져 있다. 이는 쐐기와 새, 새 여신을 함께 연상할 수 있는 전형적인 예이다. 우선 마케도니아에서 출토된 초기 빈차 문화의 항아리를 살펴보자. 뺨에 그려진 대각선은 여신의 특별한 표식인 듯하고, 붉은색 쐐기는 몸의 중앙을 향한다(그림 8). 렝옐 문화의 유물인 새 여신상 또한 이 범주에 속한다. 새부리 형상의 머리에 동강난 날개 모양의 양팔, 그리고 목에 걸린 삼중 쐐기 문양 목걸이가 이채롭다(그림 9). 세르비아에서 발견된 후기 빈차 문화의 조각상은 의자에 앉은 채 오리 가면을 쓰고 삼중 쐐기로 장식된 앞치마를 두르고 있다(그림 10).

쐐기와 새, 새 여신이 결합된 이러한 모티프는 지중해와 에게 해의 청동기시대 유물에서 자주 발견되었다. 기원전 3000년기 중기 몰타의 무덤군에서는 추상적인 새 모양의 장식용 조각상이 발굴되었다. 납작한 원반형 몸통 앞뒤로 쐐기 문양이나 격자무늬가 장식되어 있고, 다리가 달려 있다(그림 11). 크레타에서 발굴된, 초기 에게 문명의 새부리 여신상에도 크고 둥근 머리 장식에 삼중 쐐기 문양이 있다. 후기 에게 문명의 인장에는 부리와 날개가 달린 여신이 그려져 있는데, 이 여신은 V자 문양이 있는 플레어 스커트를 입고 있다(그림 12). 새부리 여신은 청동기시대 유럽의 중동부에서 제작된 항아리에도 등장하는데, 여기에도 쐐기 문양이 장식되어 있다(그림 13). 그리스 유물에서는 기하학적 스타일의 문양들이 나타나는데, 수직 혹은 수평 틀 안에 새를 그려 넣었고 쐐기 문양도 관찰된다. 또한 같은 시기에 출토된 다른 장식용 조각상의 손잡이에 있는 작은 새 형상에서도 쐐기 문양이 발견된다(그림 14).

그림 11

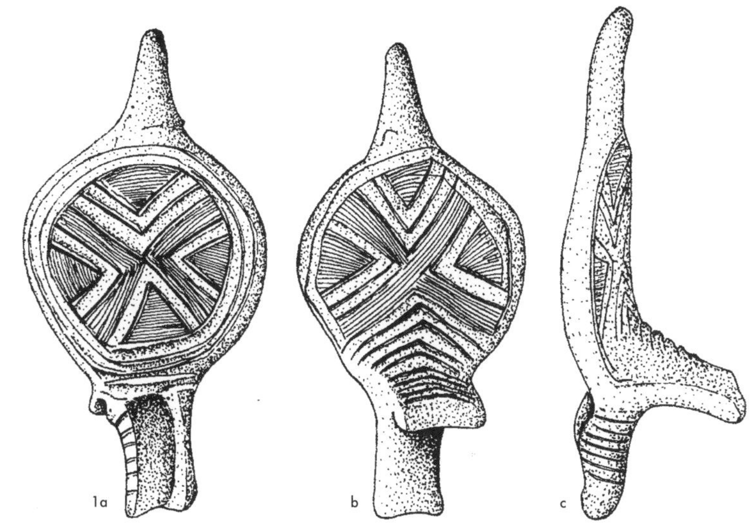

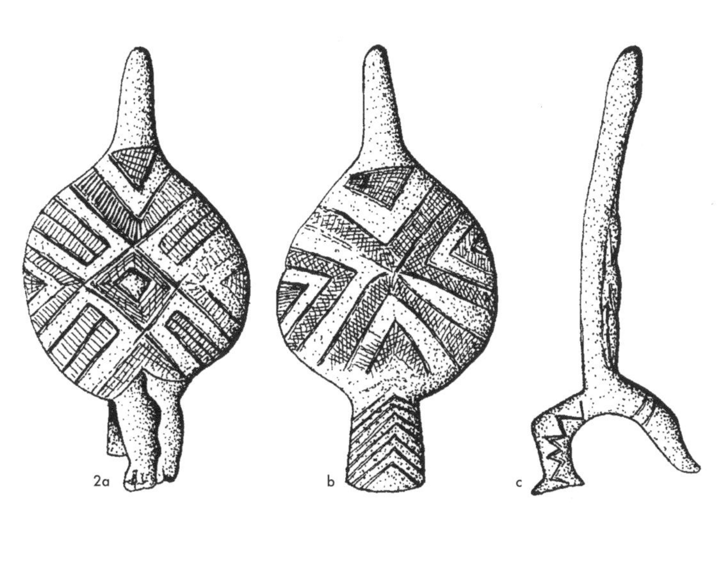

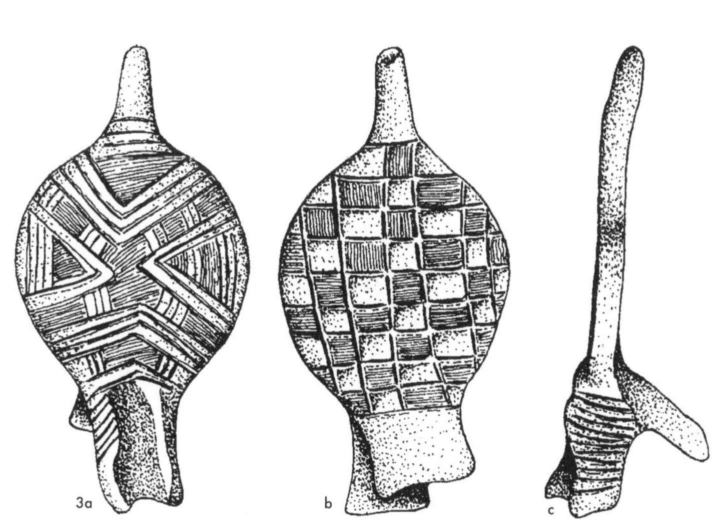

그림 11
점토로 만든 원반형 새 조각상. 의인화된 것도 있으며, 쐐기, 삼각형을 비롯해 여신을 상징하는 문양들로 장식되어 있다(몰타 타르시엔 묘지, 기원전 3천년기 중기).
각각 높이 23.1cm

그림 12

그림 12
청동기시대 유물로, 크레타에서 발굴된 새 여신.
(1) 전기 에게 문명의 유물로 새부리가 달려 있고 눈이 커다란 여신상이다. 삼중 쐐기 문양이 들어간 왕관을 썼는데, 이마에는 삼각형 문양, 팔에는 삼선이 그려져 있다.
(2) 후기 에게 문명의 유물로 볼록렌즈 모양의 검은 대리석 인장이다. 부리가 달린 여신 혹은 여신의 숭배자가 날갯짓하듯이 춤을 추고 있고, 치맛단에는 V자 문양이 그려져 있다(후기 미노아 Ⅲ).
(1) 높이 8.2cm
(2) 높이 1.7cm

그림 13

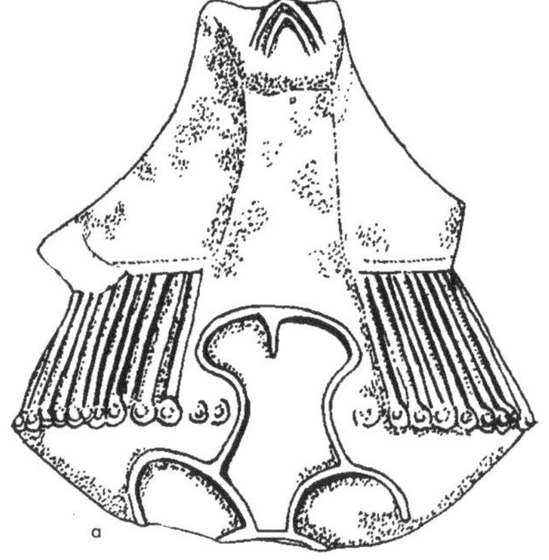

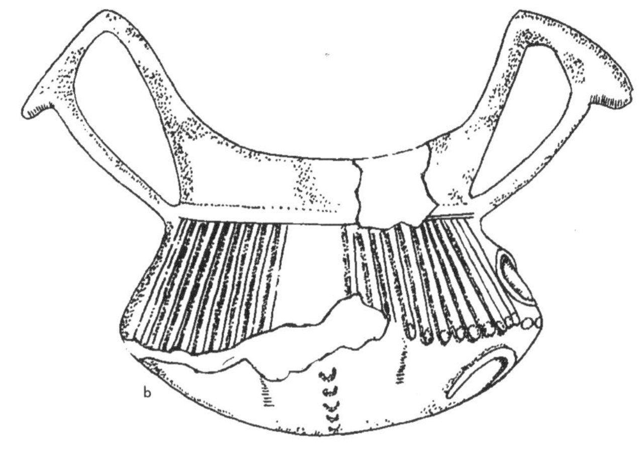

그림 13
손잡이 꼭대기에 새 여신과 쐐기 문양이 돋을새김되어 있다.
몬테오루 문화(루마니아의 친데슈티, 기원전 2천년기 초기).
높이 10.3cm

그림 14

그림 14
철기시대에 들어서면서 그리스에서 새와 쐐기 문양이 결합된 기하학적 스타일이 나타난다.
(1) 손잡이가 둘 달린 술 그릇(로도스 섬의 카메이로스, 기원전 800년경).
(2) 몸통이 불룩한 항아리에 새겨진 그림(아티카, 기원전 800년경).
(1) 높이 10.5cm
(2) 높이 2.5cm

그림 15

그림 15
검은색과 흰색으로 둘러싸인 바이올린 형상의 테라코타. 상반신 양쪽에는 쐐기, 허리에는 지그재그, 머리 윗부분은 이중 V자 문양으로 장식되어 있고, 눈은 두 선으로 표현되었다. 아나톨리아의 초기 청동기시대 II(아나톨리아 남서부, 기원전 3천년기 초기).
높이 9.1cm

1-4. 추상적인 여신상, 인장, 의례 용기에 장식된 쐐기 문양

눈길을 끌 만한 장식이 덜한 의례 용품에서 문양의 상징적인 의미를 가장 잘 식별할 수 있다. 예를 들면 고도로 추상화된 여신상, 인장, 초소형 용기, 램프, 그리고 가락바퀴(spindle whorl: 선사시대 방직술을 입증하는 유물이다. 가운데에 구멍이 뚫려 있어 여기에 막대를 끼워 축을 만들고 섬유를 축에 이어 회전시켜 실을 꼰다) 등이다. 여신상에는 쐐기와 함께 두 개의 V자 문양이 위아래로 결합된 X자 문양(교차선)이 가장 많이 쓰였다. 여기에 미앤더, 겹선, 삼선, 평행선 문양 등이 빈번히 함께 나타난다(그림 15, 16).

그림 16

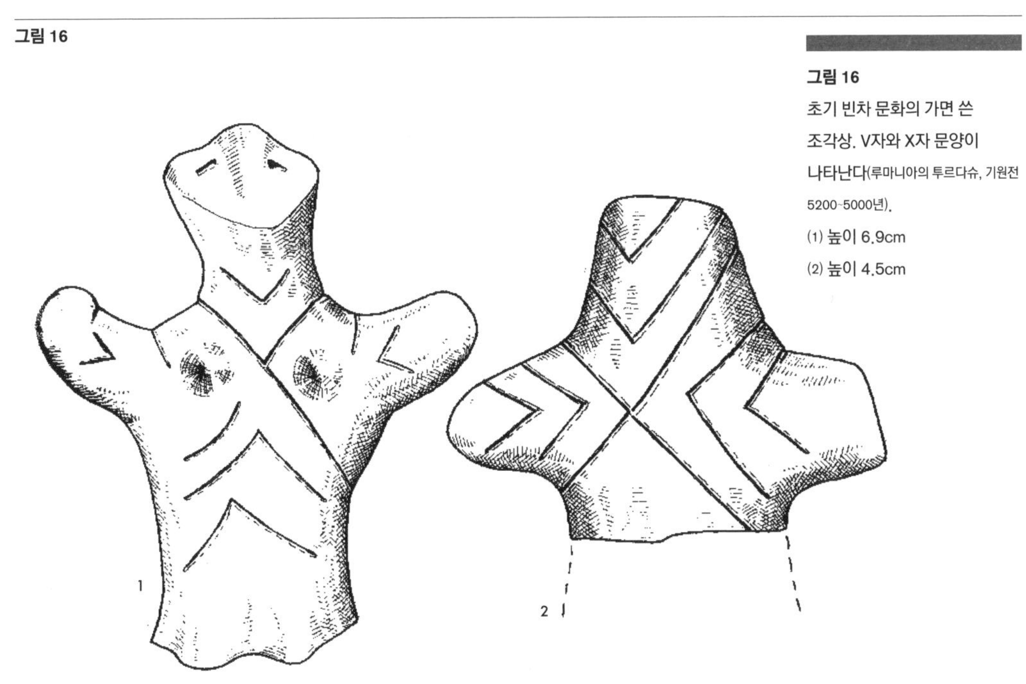

그림 16
초기 빈차 문화의 가면 쓴 조각상. V자와 X자 문양이 나타난다(루마니아의 투르다슈, 기원전 5200-5000년).
(1) 높이 6.9cm
(2) 높이 4.5cm

그림 17

그림 17
빈차 문화의 새 여신과 의례 용품에서 발견된 문양들(기원전 5200-4000년).

불가리아와 루마니아의 쿠쿠테니, 카라노보, 티서, 뷔크, 빈차 문화 유적지에서는 새 모양의 여신상 수백 개가 발굴되었다. 이들 여신상에 나타난 문양은 단순한 V자와 쐐기, 나란히 놓인 V자, 연속된 V자, 교차하는 V자, V자 내부에 장식된 선, 미앤더 등으로 분류할 수 있다. 이들 '쐐기 계열'의 문양들을 관찰하여 정리한 내용은 다음과 같다(그림 17).

1. V자, 쐐기, X자 문양은 단독으로 혹은 결합되어 나타난다. 단독으로 사용된 쐐기와 X자 문양은, 유물이 여신과 연관이 있음을 의미하는 표식으로 간주할 수 있다. 이들 문양이 결합된 사례로는, 팔이 X자 형태로 포개지고 그 사이에 쐐기 문양이 장식된 경우를 들 수 있다. 이들 문양의 결합은 여신의 축복을 기원하는 것으로 볼 수 있다.

2. V자, X자, 미앤더 문양은 여신상이나 의례 용기에서 자주 관찰된다(그림 18). 미앤더는 종종 V자나 X자 문양과 연결되고, 그렇지 않을 때는 쐐기와 같은 의미를 지니는 듯하다.

그림 18

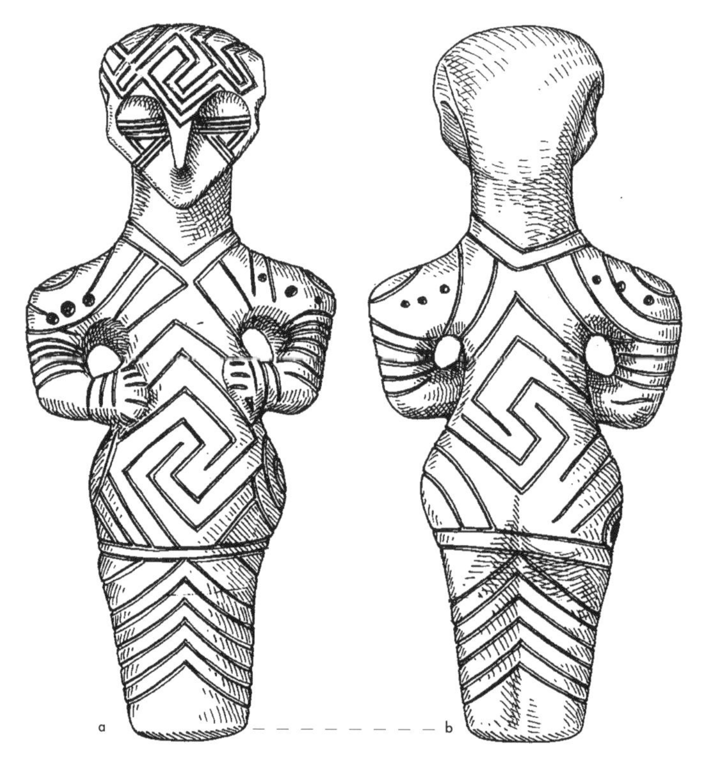

그림 18
빈차 여신상.
앞쪽에는 미앤더, 뒤쪽 어깨와 다리에는 쐐기 문양이 있다. 가면을 쓴 머리는 여타의 여신상들을 표본으로 삼아 복원한 것이다(그림 90 참조. 세르비아의 포트포란, 기원전 4500년경).

그림 19

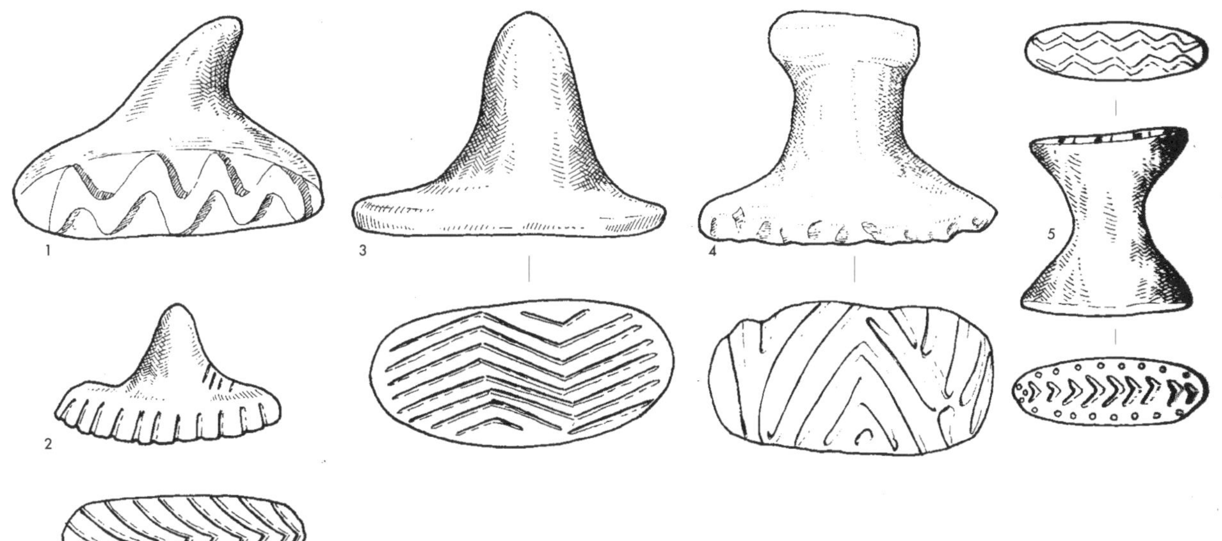

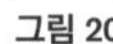

그림 19
신석기시대의 인장들.
(1)과 (4)는 초기 세스클로 문화의 유물이다(그리스의 네아 니코메데이아, 기원전 6300~6200년).
(2) 스타르체보 문화(마케도니아의 안자, 기원전 5600~5400년).
(3) 카라노보 문화(불가리아의 체브다르, 기원전 6000년기 초기).
(5) 스타르체보 문화의 쾨뢰시 그룹(헝가리의 코펀치, 기원전 5400~5300년).
(6) 스타르체보 문화(불가리아의 슬라티나, 기원전 6천년기 중기).
(1) 높이 3cm
(2) 높이 1.9cm
(3) 높이 3cm
(4) 높이 3.1cm
(5) 높이 2.6cm

3. 일직선, 겹선, 삼선, 평행선 같은 일련의 선들은 V자와 쐐기 문양의 내부 혹은 위쪽에 결합되어 나타난다. 이때는 문양이 단독으로 쓰일 때보다 의미가 훨씬 복잡할 것이다.

V자, 쐐기, X자 문양은 기원전 7천년기의 신석기시대 인장에서 맨 처음 순수 추상적인 개념으로 쓰였으며, 올드 유럽을 비롯하여 후대 유물에도 계속 등장한다. 신석기시대 인장에는 둥근형, 타원형, 사각형 등 다양한 모양의 손잡이가 달려 있고(그림 19), 원통형 인장은 기원전 5천년기에 만들어졌다. X자 문양 사이에 쐐기가 결합된 문양이 가장 많고(그림 20), 이와 함께 연속된 V자 문양, 지그재그, 평행선 문양 등도 흔히 쓰였다. 이들 문양은 청동기 시대까지 계속되어 크노소스와 여타 지역에서 발굴된 인장을 비롯하여 여신상의 왕관이나 모자에서도 관찰된다(그림 21).

그림 20

그림 20
X와 일련의 쐐기가 결합된 형태로, 이들은 단일한 문양보다 훨씬 더 복합적인 의미를 전달한다.
(1) 세스클로(세스클로, 기원전 6000년경).
(2) 쿠쿠테니(루마니아의 몰다비아 지역 쿠쿠테니, 기원전 44세기~43세기).
(3) 코초페니(루마니아 남부의 코초페니, 기원전 3400~3200년).
인장의 지름은 다음과 같다.
(1) 4cm
(2) 3.5cm
(3) 3.3cm

그림 21

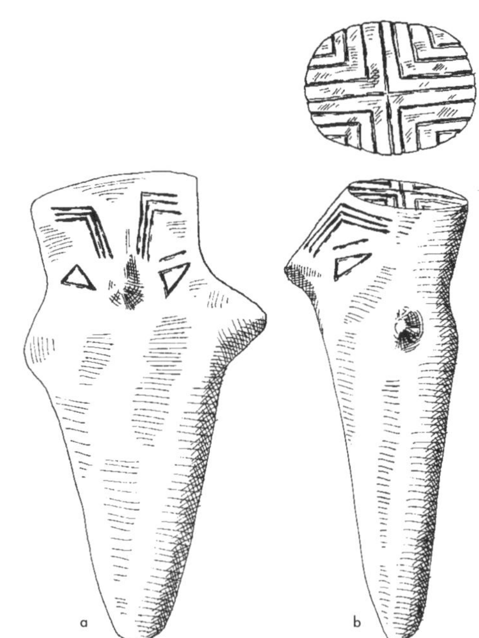

그림 21
추상화된 새 여신상 머리에서 X자, 쐐기 문양을 볼 수 있다. 이 고전적인 빈차 문화의 유물은 밀이 저장된, 흙으로 만든 곡식창고에서 발견되었다(세르비아의 메드베드냐크, 기원전 5000년~5천년기 초반).
높이 6.2cm

그림 23

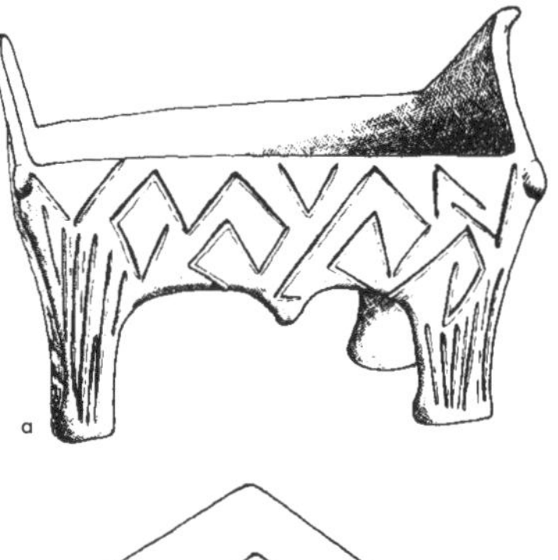

그림 23
다리가 넷 달린 테라코타 용기. V자, 연결된 V자, 평행선 문양이 있다. 신석기시대(마케도니아공화국, 슈티프 인근 브르슈니크, 기원전 5500년경).
높이 15cm

그림 22

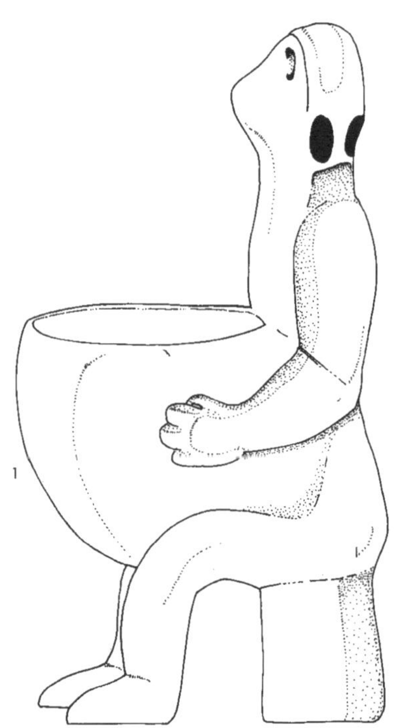

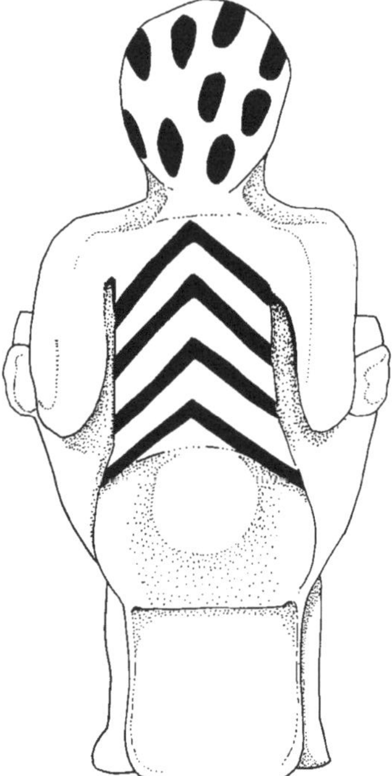

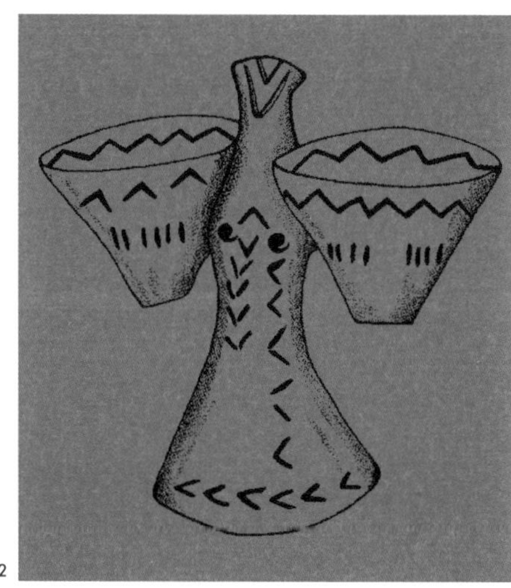

그림 22
(1) 신석기시대에 제작된, 용기를 들고 앉아 있는 상(복원된 모습). 검정 쐐기 문양으로 장식되어 있다. 초기 줄무늬토기 문화(독일의 가우쾨니히쇼펜, 기원전 5500~5200년).
(2) 두 개의 용기를 들고 있는 여신 숭배자로 추정되는 조각상. 이마에는 쐐기, 몸에는 V자, 두 개의 용기에는 V자와 지그재그, 평행선 문양으로 장식되어 있다(크레타의 피르고스, 궁전 시기 이전, 기원전 3천년기 초기).
(1) 높이 13cm
(2) 높이 6cm

다리가 넷 달린 사각 용기, 동물 문양 램프, 의인화된 램프와 항아리, 초소형 용기 같은 의례 용기에서는 V자 문양과 쐐기 계열의 문양이 광범위하게 나타난다(그림 22, 23). 이러한 문양들은 이들 유물이 새 여신을 위한 의례에 사용되었다는 이론을 뒷받침해준다.

1-5. 여신의 팔다리에 장식된 V자와 쐐기 문양

여신의 표식으로 고안된 특별한 문양들은 후기 구석기시대에 시작되어 1000년 이상 이어져 내려온다. 고고학자인 르루아-구랑은 삼각형 표식, 그리고 후기 구석기시대 유물에 새겨진 소위 '철조망 표식(barbed signs)'을 '남성 표식'으로 간주한 바 있다(Leroi-Gourhan 1967: Chart XXXIII, B 참조). 그러나 이들 문양이 남성과 연관되었다고 보기는 어려우며, 이는 오히려 인류 초기의 신성을 추상적으로 표현하는 여신의 문양에 해당한다.

이른바 '지붕형 표식(tectiform signs)'도 마찬가지일 것이다. 한 줄, 두 줄, 혹은 세 줄의 수직선이 있고, 그 위로 지붕 모양의 쐐기가 장식되거나 거꾸로 된 V자 혹은 V자형 팔이 달려 있다. 또 측면에서는 삼선이나 X자 문양이 관찰되기도 한다. 퐁드곰 동굴, 레콩바렐 동굴, 베르니팔 동굴에서 발견된, 막달레니앙 문화의 이러한 문양은 암말이나 암들소, 매머드와 연관되어 나타난다. 지붕형 표식은 추상적인 여신의 표식으로 보인다(그림 24).

'화살(darts) 표식(Y자 표식)'으로 불리는, 새 형상에 새겨진 문양(Marshack 1972: 202~206쪽)도 화살과 직접 연관돼 있다기보다 여신의 신성한 표식인 V자의 특별한 변형일 것이다.

독일 북부, 셸란 섬, 덴마크 등지에서 출토된 중석기시대 마글레모세 문화의 뼛조각에는 V자형 팔이 달린 봉선화(棒線畵: 머리 부분은 원, 몸과 팔다리는 직선으로 나타낸 그림)가 새겨져 있다.

그림 24

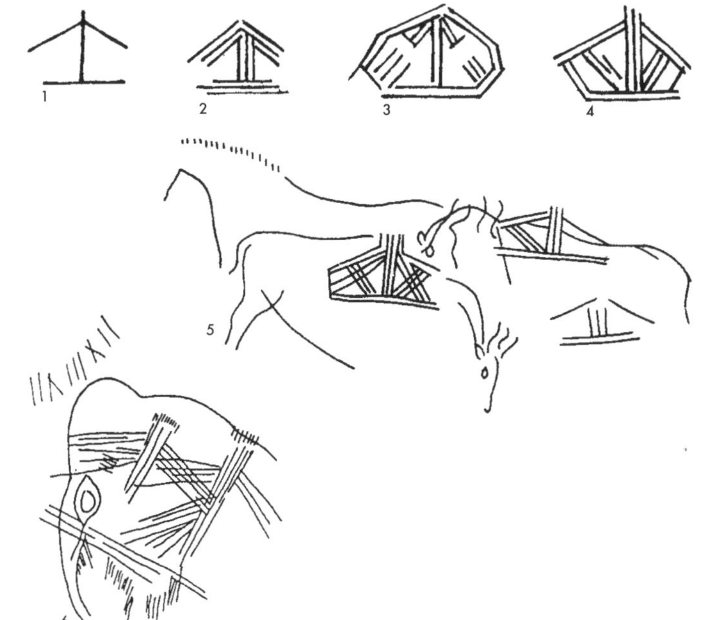

그림 24
생명과 출산의 힘이 표현된 여신의 문양들. 후기 구석기시대에 새기거나 그린 것으로 추정된다. 이러한 그림들은 프랑스 남쪽의 막달레니앙 동굴에 그려져 있다. 기원전 1만 5000~1만 3000년. (1)(3)(4)(5)는 퐁드곰 동굴 유적. (2)(6)은 베르니팔 동굴 유적.

그림 25

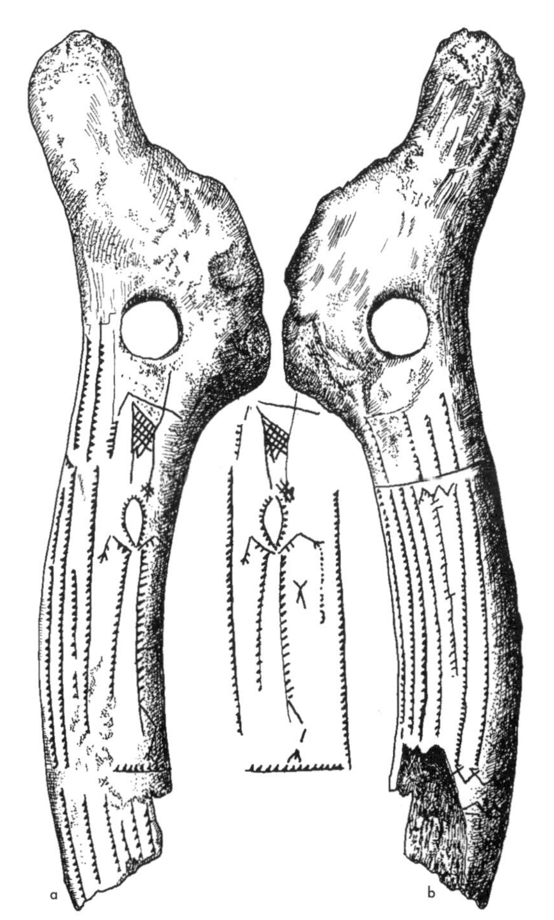

그림 25
구멍을 뚫고 각종 문양들을 새겨 넣은 엘크 뿔. 철조망 같은 문양들이 보이고, 봉선화의 팔은 V자형으로, 손은 새의 발처럼 형상화했다. 인물 위쪽에는 그물망 문양이 그려진 삼각 문양이, 인물 측면에는 X자 문양이 장식되어 있다(폴란드의 포데유흐, 중석기시대).
높이 33.8cm

그림 26

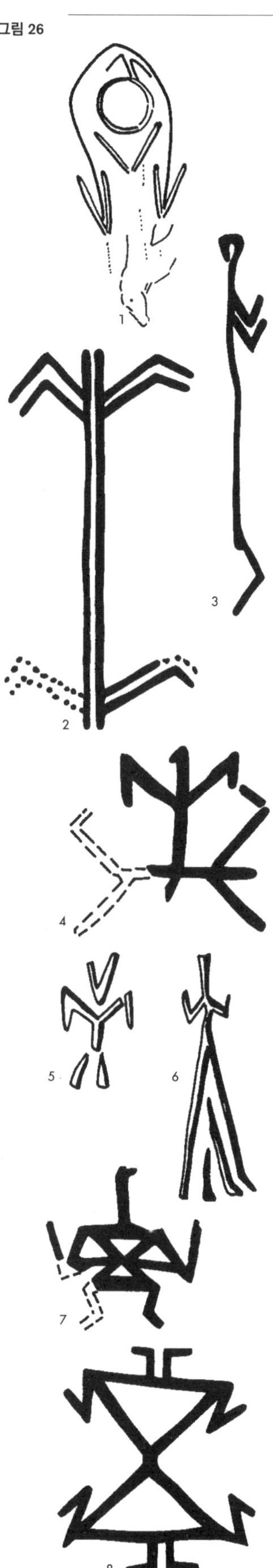

그림 26
후기 구석기시대부터 신석기시대, 청동기시대, 철기시대에 이르기까지 뼈와 돌, 그리고 토기에 팔을 V자형으로 표현한 봉선화가 그려졌다.
(1) 후기 구석기시대에는 뼈에 봉선화를 새겼다(스위스의 슈바이처빌트, 막달레니앙 문화의 유물로 추정).
(2)와 (3)은 덴마크의 마글레모세 문화 유적에서 발견된 뼈에 새긴 봉선화(셸란 섬의 코게소나케와 스텐스비, 중석기시대).
(4) 줄무늬토기 문화권에서 제작된 항아리 내부의 조각(독일 동부의 드레스덴, 기원전 5000년경).
(5)와 (6)은 초기 쿠쿠테니 항아리에 새겨진 봉선화들(몰다비아의 트라이안데알룰 비에이, 기원전 5천년기 초기).
(7) 초기 에게 문명 유물인 접시에 그려진 봉선화. 새 머리가 달려 있다(크레타).
(8) 다우노 시대의 접시에 그려진 봉선화(이탈리아 남동부의 시폰토, 기원전 6-5세기).
(1) 높이 3.95cm
(2) 높이 5.3cm
(3) 높이 5.3cm
(4) 높이 2.7cm
(5) 높이 4cm
(6) 높이 7.2cm
(7) 높이 4.8cm
(8) 높이 6.6cm

그림 27

그림 27
스타르체보 쾨뢰시 그룹이 만든, 한 팔을 들고 다른 팔은 내리고 있는 여신이 그려진 항아리. 손과 다리는 V자 문양으로 표현했다(헝가리 남동부의 서욜펠쇠펠드, 기원전 5500-5400년).
높이 71.6cm

그림 28

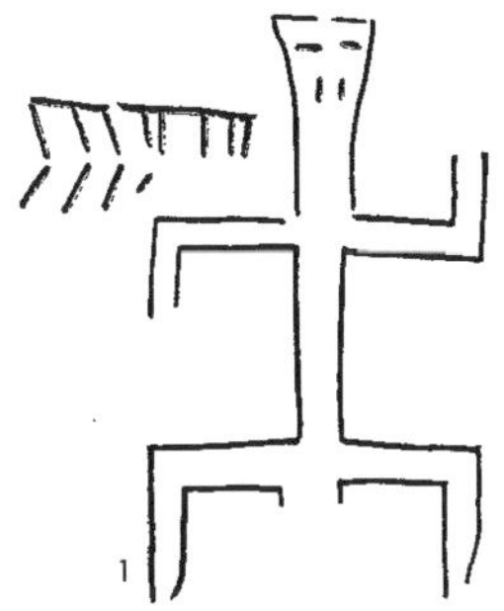
1

2

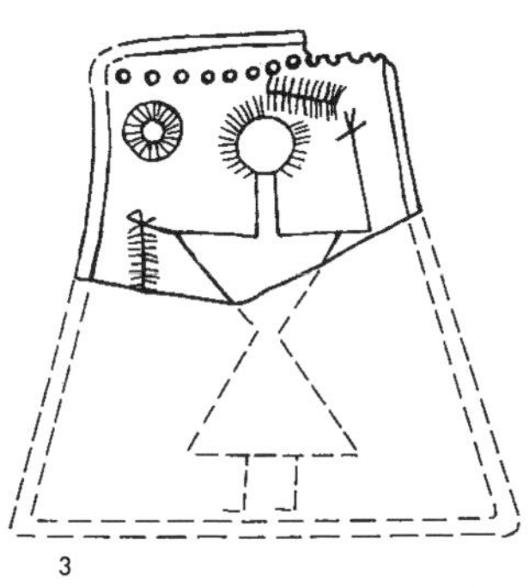
3

4

그림 28
한쪽 팔을 올리고 다른 팔은 내리고 있는 기하학적 그림들은 신석기시대와 그후의 토기와 명판에서 발견되었다.
(1)과 (2)는 카라노보 문화 유물인 항아리에 새겨진 봉선화이다. (1)은 두 개의 수직선으로 입을, (2)는 삼선으로 손가락을 표현했다(불가리아 중부의 아즈마크, 기원전 5800년경).
(3) 사르데냐의 오치에리 문화 유적의 봉선화. 손은 새의 발톱처럼 묘사되어 있고, 머리와 팔에 나뭇가지가 들려 있다. 머리를 마치 태양이 빛나는 것처럼 표현했는데 이는 여신이 가진 재탄생의 힘을 상징한다. 머리 뒤로는 태양 혹은 눈의 상징물이 보인다(콘카일로니스, 기원전 4000-3800년경).
(4) 청동판에 V자형 손을 가진 봉선화를 새겨 넣었다. 베네디안 문화의 유물로, 위에는 일렬로 뱀 문양이, 아래에는 개구리 문양이 있다(폴란드 남부의 크라쿠프-플라쇼프, 기원전 1세기).
(1) 높이 7.7cm
(2) 높이 7cm
(3) 높이 11.3cm
(4) 높이 6cm

신석기시대를 비롯하여 그후에 등장한 토기에서도 팔다리를 V자와 쐐기 문양으로 표현한 봉선화가 관찰된다. 이들 역시 여신을 표현하는 전통의 일부일 것이다(그림 25, 26). 기원전 5000년경 유럽 중부의 유물에서는 중석기시대 상들과 밀접하게 연관된 표현들이 등장한다.

이런 독특한 기하학적인 문양들은 기원전 3천년기~2천년기에 지중해 지역의 에게 해와 미케네, 키클라데스 제도, 야르탄(아나톨리아 서부) 문화에서 나타난다. 또한 철기시대에 이탈리아 남부에서 제작된 다우노 시대 항아리와 날개 모양 손잡이가 달린 접시에서도 이러한 문양들이 빈번히 발견된다.

한 팔은 위를, 다른 팔은 아래를 가리키는 자세를 취한 봉선화는 좌우 대칭형 봉선화와 함께 신성을 나타내는데, 손과 다리는 V자 문양으로 표현됐다(그림 27). 이는 헝가리 남동부와 불가리아 중부에서 발굴된 신석기시대 초기의 커다란 항아리의 중앙에 묘사되었다. 이러한 봉선화는 카라노보, 스트라체보, 쾨뢰시, 빈차, 티서 문화에서 출토된 커다란 항아리에 다시 등장한다(그림 28). 항아리에 묘사된 인물들의 독특한 자세, 그리고 이와 결부된 문양 등을 통해 항아리의 기능을 유추할 수 있는데, 이는 재탄생 의례와 관련된 것으로 보인다. 신석기시대 후기 사르데냐의 점토판에 새겨진 봉선화에는 눈과 해, 나뭇가지가 연결되어 있다(그림 28-3). 봉선화에 묘사된 자세들로 추정해볼 때, 이들 문양은 재탄생의 표식일 개연성이 높다. 또한 이들의 손이 사람 손이 아니라 새의 발인 것으로 보아, 맹금류의 속성이 있는 새 여신으로 간주할 수 있는데, 이 여신은 주로 재탄생을 상징한다. 한 팔을 들고 다른 팔은 내린 이 형태는 청동기시대와 철기시대를 거쳐 토기와 청동판에 계속 등장한다(그림 28-4).

가슴 아래에 삼각형과 M자 문양이 있는 가면 쓴 조각상(이탈리아 남부).
그림 36 참조.

2. 지그재그 문양과 M자 문양

2-1. 지그재그, 물의 이미지

도상학으로 볼 때 물의 이미지는 선사시대 유럽을 비롯한 전 세계에서 지그재그나 뱀 문양으로 나타난다. 지그재그는 인류 최초의 상징적 모티프로 기원전 4만 년 전 혹은 그보다 더 이른 시기에 네안데르탈인들이 사용했다. 코즐로프스키는 불가리아의 바초키로 유적지에서 출토된 지그재그 모티프가 새겨진 뼈 유물을 연구했다. 마샥은 현미경을 이용한 연구를 통해 지그재그 선이 뼛조각 끝에 다다랐을 때 새로이 다른 줄을 새기지 않고, 연장을 뼈에서 떼지 않은 채 뼈를 돌려서 선이 끊어지지 않도록 문양을 새겨 넣었다는 사실을 발견했다. 틀림없이 지그재그 문양이 계속 이어지도록 새긴 것이다(Marshack 1976: 139쪽).

지그재그 문양은 후기 구석기시대에 흔히 나타나며, 주로 의인화된 형태, 새, 물고기, 남근 이미지와 연관된다. 프랑스 남부의 크로마뇽 유적지에서는 기원전 3만 년경의 유물로 판명된 순록의 갈비뼈가 출토되었는데, 여기 새겨진 의인화된 형상을 보면 머리는 새의 형상이고 몸에는 M자와 지그재그 문양이 있다(그림 29). 만약 이 머리가 물새를 형상화한 것이라면, 이는 사람과 물새가 합성된 이미지에 생식력을 나타내는 물의 문양이 결합된 인류 최초의 유물이다.

M자 문양은 축약된 지그재그로, 지그재그 문양과 같은 의미가 있다. 막달레니앙 문화와 그후의 올드 유럽의 유물에서는 지그재그와 M자 문양이 자궁과 렌즈(음문) 모양 안에서 발견되는데, 이는 이들 문양과 여성의 수분 및 양수의 친연성을 암시한다(그림 30).

2-2. 항아리에 장식된, 단일한 M자 문양과 연결된 M자 문양

M자 문양은 기원전 6천년기와 그후까지 올드 유럽의 항아리에 빈번하게 나타나는데, 단독으로 혹은 두서너 개 문양이 연결되어 항아리 중앙에 사용된다. 이 문양은 기원전 6천년기 말기에서 기원전 5천년기에 이르기까지 유럽 중부의 줄무늬토기 문화, 헝가리의 서칼하트 그룹, 스위스의 코르타일로드 문화, 신석기시대 후기의 그리스, 청동기시대 후기의 불가리아 등지에서 나타난다(그림 31). 근동의 신석기시대 토기에서도 M자 문양을 발견할 수 있는데, 고대 이집트의 나카다 1기에 만들어진 접시에는 쐐기와 함께 M자 문양이 나타난다.

M자 문양은 다양한 곳에서 관찰된다. 용기에 단독으로 장식되고, 손잡이 위아래에 새겨지기도 하며, 삼각, 사각, 렌즈 모양의 판에 그려지기도 한다. 티서 강 하류의 버토녀에서 출토된 용기에는 M자 문양 안에 점선 혹은 불연속적인 선이 새겨져 있다.

M자 문양과 물의 연관성은 이집트 상형문자에서도 찾아볼 수 있다. '무(mu)'로 발음되는 상형문자 M자는 물을 뜻하며, 고대 그리스의 알파벳 M자도 발음과 의미가 동일하다.

그림 29
순록의 갈비뼈에 새겨진 그림(프랑스 남부의 크로마뇽 유적지, 기원전 3만 년경).
길이 5.8cm

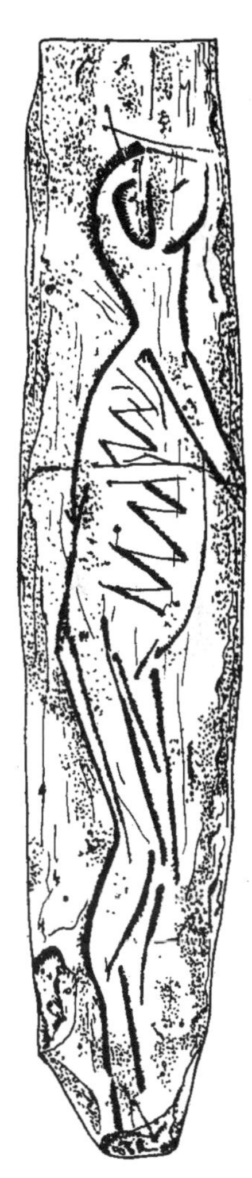

그림 30

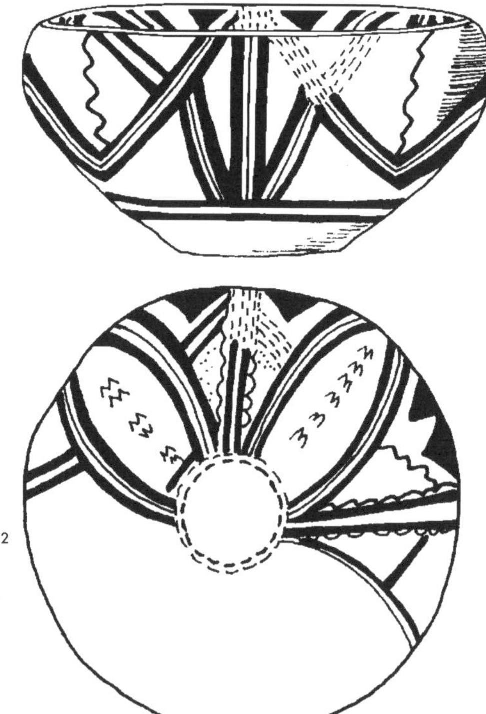

그림 30
단일한 M자 혹은 연속된 M자 문양은 후기 구석기시대에서부터 쿠쿠테니 문화기에 이르기까지 자궁이나 음문 모양 내부에 나타난다.
(1) 초기 막달레니앙(스페인의 엘파르파요, 기원전 1만 5000~1만 3000년).
(2) 말기 쿠쿠테니 문화(몰다비아의 비크바틴트시, 기원전 3500년경).
(1) 높이 7.5cm
(2) 지름 16.4cm

그림 31

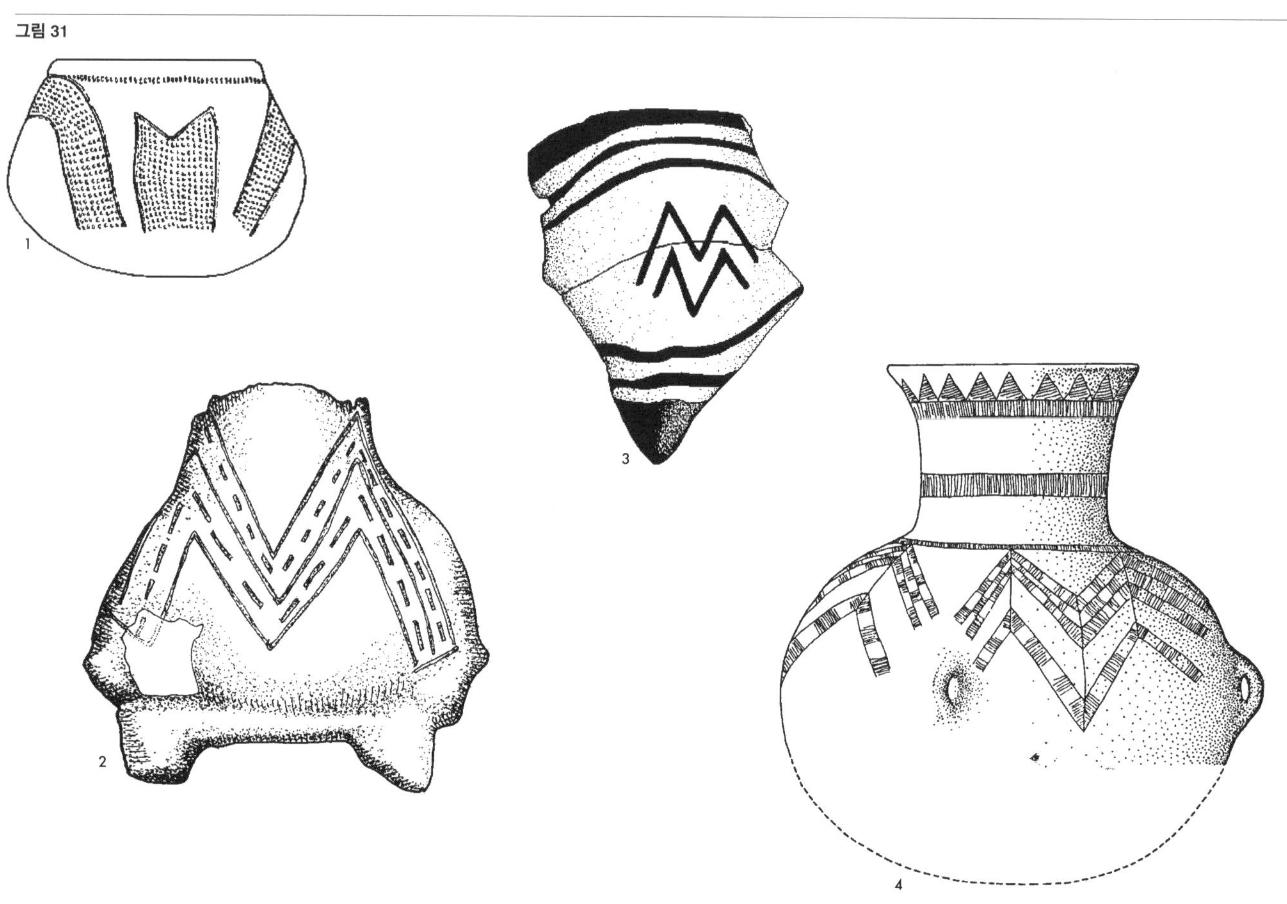

그림 31
M자 문양은 물과 생명을 부여하는 기능이 있는 여신과 관련되며, 항아리를 장식할 때 주요한 문양으로 쓰인다.
(1) 가운데에는 M자 문양이, 측면에는 물줄기 문양이 있고, 이들 내부는 점들로 채워져 있다(네덜란드의 엘슬로, 기원전 5300~5100년).
(2) 아스코이 정면에 이중 M자 문양이 새겨져 있다(헝가리의 버토녀, 기원전 5200~5000년).
(3) 신석기시대 후반에 그리스에서 출토된 토기 파편에 이중 M자 문양이 새겨져 있다(펠로폰네소스 지역의 코린토스, 기원전 5천년기 말경).
(4) 항아리에 삼중 M자 문양이 새겨져 있다(프랑스 북동부의 샤르무아).
(1) 높이 8cm
(2) 높이 19.5cm
(3) 높이 9cm
(4) 높이 18cm

2-3. V자 문양 혹은 쐐기와 연결된 M자 문양

신석기, 순동기, 청동기 시대 초기를 거치는 동안 다뉴브와 발칸 지역 토기에서는 거꾸로 된 V자 문양이나 쐐기 위에 M자 문양이 장식된 '뾰족지붕 모양 쐐기(gabled chevron)'가 지속적으로 나타난다(그림 32). 이 문양은 접시 안쪽이나 항아리, 뚜껑, 펜던트, 방추, 명판 등에서 관찰되며, 미앤더나 다중 쐐기, 삼선과 번갈아 나타나기도 한다. 2000년 이상 지속된 모든 문화권에서는 발전 단계마다 이 뾰족지붕 모양 쐐기가 출현하는데, 쐐기와 M자 문양의 결합으로 보아 이들 문양이 서로 밀접한 관계가 있음을 짐작할 수 있다.

그림 32

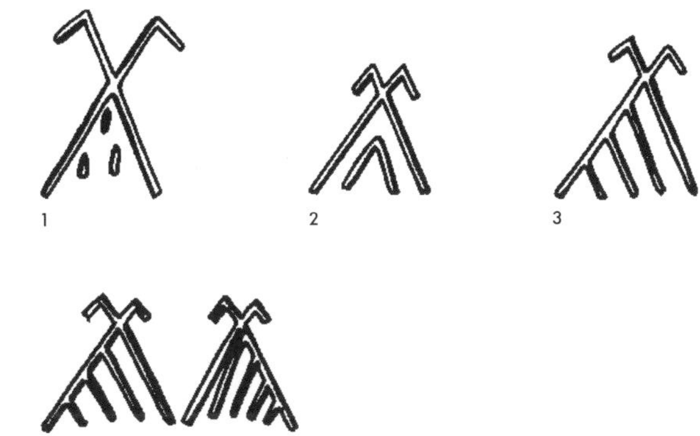

그림 32
기원전 5200-4000년경에 제작된 토기에서 발견된 '뾰족지붕 모양 쐐기'의 사례들.
(1) 초기 빈차 문화(빈차 지역).
(2) 티서 문화(헝가리 남동부의 호드메죄바사르헤이).
(3) 줄무늬토기 문화(독일의 프로힐리스).
(4) 폴가르 문화(헝가리 남동부의 티서리그).

2-4. 여신의 얼굴 아래에서

헝가리 남동부와 불가리아 서부의 스타르체보 및 티서 문화, 헝가리 북동부와 슬로바키아의 뷔크 문화, 초기 빈차 문화에서는 '피토이'라는 거대한 항아리가 출토된다. 피토이에는 여신의 얼굴 바로 아래에 M자 문양이 있는데, M자 문양이 한결같이 여신의 얼굴 아래에 놓인다는 점을 통해서 이 문양의 상징적인 기능을 알 수 있다(그림 33, 34). 여신과 물의 관계는 흐르는 나선형, 미앤더, 그물망, 격자무늬, 그리고 용기의 몸체에 씌어놓은 문양에 의해 더욱 강조된다. 부다페스트 지역 젤리에조프체의 줄무늬토기 지역에서 발견된 항아리에서도 같은 모티프가 발견된다(그림 35).

그림 33

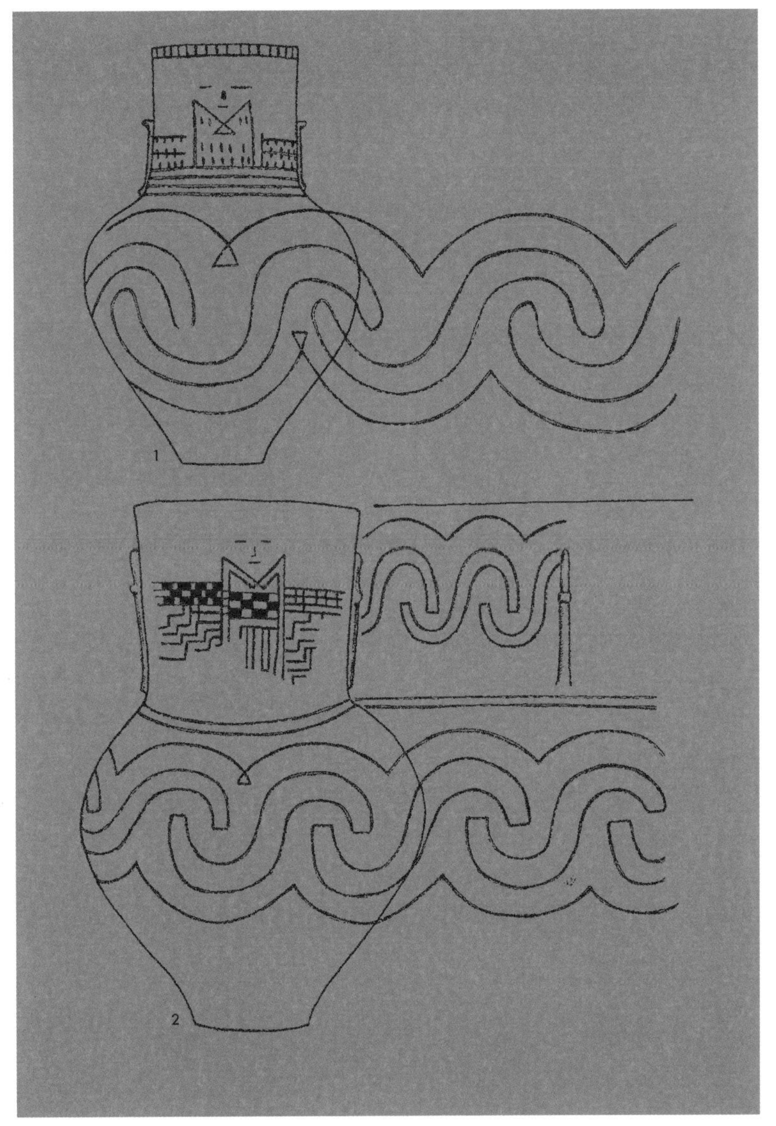

그림 33
올드 유럽 문명의 여러 지역에서 발견된 피토이. 여신의 얼굴이 M자 문양 위에 놓여 있다.
이 항아리는 물의 원천인 여신에 대한 경외감을 나타내며, 미앤더, 흐르는 나선형, 평행선, 격자무늬처럼 물을 나타내는 무늬들과 결합되어 의미가 강화되기도 한다.
(1) 티서 문화의 서칼하트 그룹(헝가리의 일로너퍼르트, 기원전 5200~5000년).
(2) 초기 빈차 문화(빈차, 기원전 5200-5000년).
(1) 높이 41.7cm
(2) 높이 53cm

그림 34

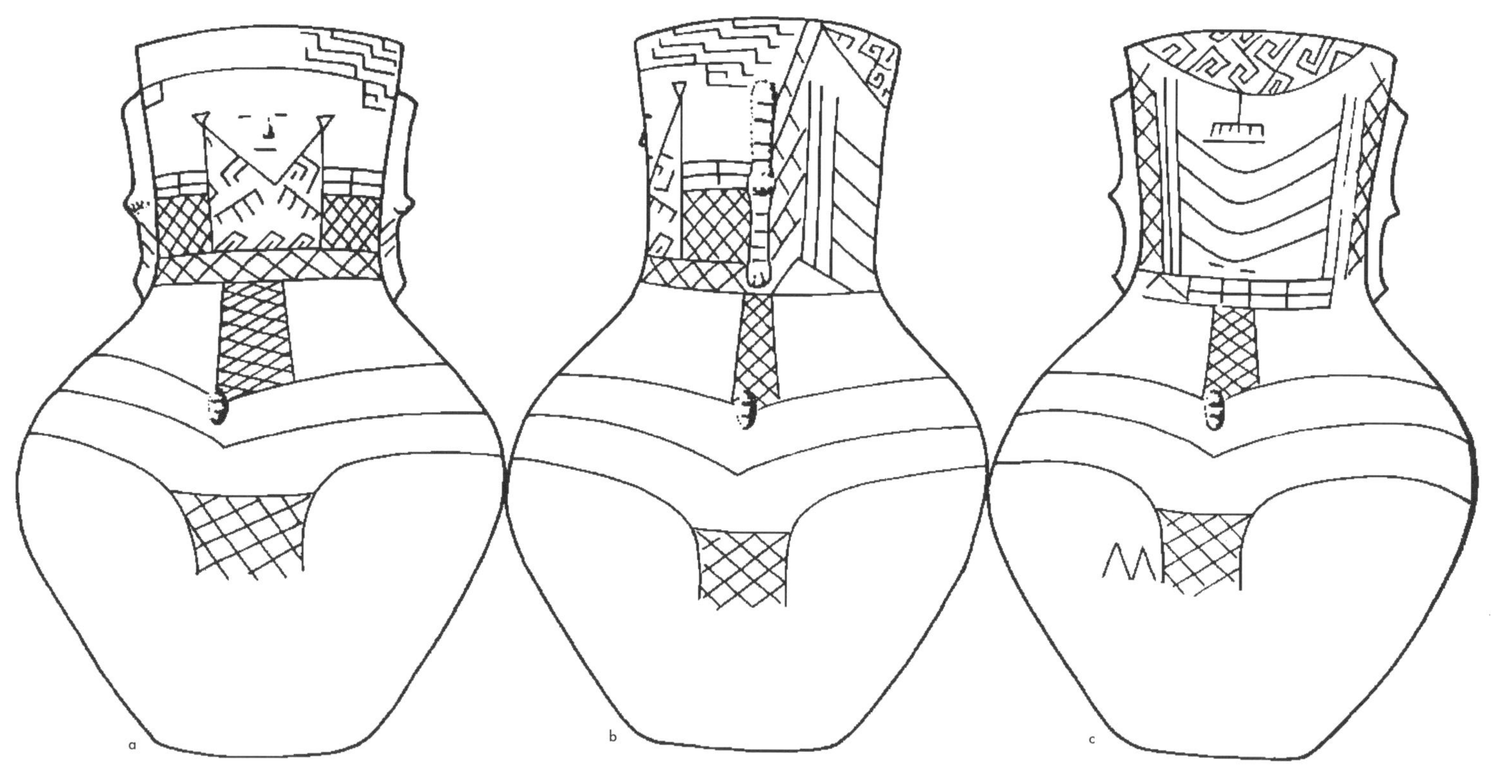

거대한 항아리에 표현된 여신의 얼굴과 M자 문양의 결합에는 상당히 특별한 의미가 있다. 게다가 이 여신은 올드 유럽에서 물의 상징으로 간주되는 모티프와도 연관되어 있다. 여신의 신성함은 물항아리를 통해 한층 강화되는데, 여신이 생명수의 원천이기 때문이다. M자 문양이 젖줄 혹은 우주의 양식을 가리키는 여신의 젖가슴 아래에 놓이는데, 이를 통해 여신과 M자 문양이 결합되면서 한층 의미가 심화된다는 사실을 알 수 있다. 이탈리아 남동부의 신석기시대 정착지인 파소디코르보에서 발굴된 유물들은 이 모티프를 잘 설명해준다(그림 36).

그림 35

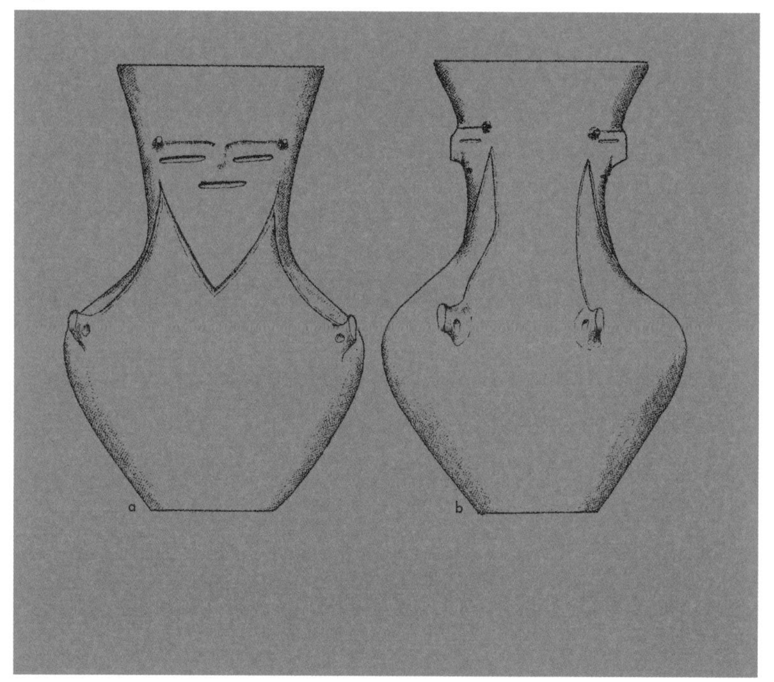

그림 34
티서 문화의 서칼하트 그룹이 만든 사람 모습을 한 피토이. M자 문양은 붓질(brush), 그물망, 미앤더 문양과 연관된다. 표면은 붉은 벽돌빛이고, 팔에는 붉은색과 노란색이, 몸통 둘레의 벨트에는 흰색이 칠해져 있다(헝가리의 버토녀, 기원전 5200~5000년). 높이 40.1cm

그림 35
줄무늬토기 문화 유물인 항아리로, 앞뒤에 M자 문양과 여신의 얼굴이 있다(헝가리의 젤리에조프체, 기원전 4500년경). 높이 37.4cm

그림 36

그림 36
가슴 아래에 M자 문양이 새겨진 조각상. 등 뒤에도 M자 문양이 있고, V자 모양의 목걸이를 걸고 있으며, 앞의 M자 문양 아래에는 재생의 상징인 나비 문양이 있다(이탈리아의 파소디코르보, 기원전 5700~5300년경).
높이 6.5cm

후기 구석기시대의 유물인
상아로 만든 상. 앞부분에는
M자 문양과 함께 커다란 삼각형
문양이 새겨져 있다.
그림 37 참조.

3. 미앤더 문양과 물새

3-1. 후기 구석기시대에 나타난 미앤더 문양의 기원 그리고 물새와의 연관성

구불구불한 뱀 문양과 끊임없이 이어지는 미앤더 문양은 후기 구석기시대에 맨 처음 등장한다. 미앤더 문양은 바로 이 시기부터 장식을 넘어 물에 대한 은유로 사용되며 새 여신에 등장하는 쐐기 문양과 연관되어 나타난다. 대개 여신의 뒤쪽에는 미앤더 문양이 새겨지고, 앞쪽에는 쐐기, M자, 커다란 삼각형 문양이 관찰된다(그림 37). 메진에서 발견된 상아 명판에서도 미앤더 문양과 쐐기 문양이 함께 나타나는데(그림 38) 이들 두 문양의 상징적 연관성은 물새와 물, 피조물과 서식지의 자연스러운 친연성을 반영한다.

3-2. 오리와 새 여신상

새 가면을 쓴 여신의 이미지와 여신의 신전에서 볼 수 있는 오리나 새 여신상으로 미루어 보건대, 미앤더 문양은 분명 물의 상징적인 의미와 관련되어 있다. 미앤더 문양은 대개 의인화된 새 형상이나 여신을 형상화한 정교한 항아리에 V자나 쐐기 문양과 함께 나타나며(그림 39), 새의 부리나 날개가 있는 상에 등장하는 경우는 헤아릴 수 없이 많다(그림 40). 기원전 5200~5000년경 루마니아 서부의 버다스트라 사원의 사례처럼, 여신의 신전이나 제단의 유물에 한결같이 미앤더 문양이 장식되어 있는데, 이 점은 상당히 의미심장하다(그림 41). 신화적으로 물의 영역이 여신에게 속한다는 점은 명백하다.

이러한 주제는 다양한 문화권에서 반복되어 나타난다. 정교하게 잘 발달한 사례로 티서 계곡의 여신상을 들 수 있는데, 옥좌에 앉아 있는 세그바르 퀴즈쾨베시의 여신은 미앤더 문양으로 장식된 복색을 갖추고 있다. 독창적인 미앤더 문양 띠를 둘렀고, 거기에 사각 모양의 지그재그 문양 띠를 더했다. 또한 옥좌에는 여신을 상징하는 커다란 V자 문양이 돋을새김으로 장식되어 있다(그림 42). 이 유적지에서 발굴된 다른 유물들에서도 미앤더 문양이 발견되는데, 의인화된 얼굴이 새겨진 항아리의 목덜미에서도 이 문양이 관찰된다.

이처럼 여성적 이미지와 미앤더 문양이 결합되는 사례는 철기시대에도 계속 나타난다. 이탈리아 남동부의 만프레도니아 근방 시폰토에서 출토된 다우노 시대 스텔레(stelae)에도 다양한 미앤더 문양이 장식되어 있다(Nava 1980). 또한 그리스의 원(原)기하학 시기와 기하학 시기에 만들어진, 얼굴에 새부리가 달린 수많은 조각상에도 미앤더 문양이 있다.

3-3. 인장, 가락바퀴, 명판, 의례 용품

미앤더 문양은 신석기시대와 순동기시대의 인장, 가락바퀴, 명판, 의례 용품에서 관찰되는데, 문양 가운데에 뱀의 머리가 뚜렷이 표현되는 경우도 있다(그림 43). 또한 항아리 전체에 배경으로 미앤더 문양이 사용되고 동시에 한가운데에 독자적으로 미앤더 문양이 그려지기도 한다. 반면에 의례 용기에는 줄무늬 혹은 그물망 문양을 배경으로 미앤더 문양이 장식되곤 한다. 한편 미앤더 문양 모퉁이에서 불쑥 뱀 대가리가 튀어나와 뱀과 미앤더 문양의 연관성이 드러나는 경우도 있다. 예를 들면 루마니아의 파르카슈데수스에서 발굴된 유물인데, 튀어나온 뱀 대가리도 미앤더 문양으로 장식되어 있다(그림 44).

그림 37

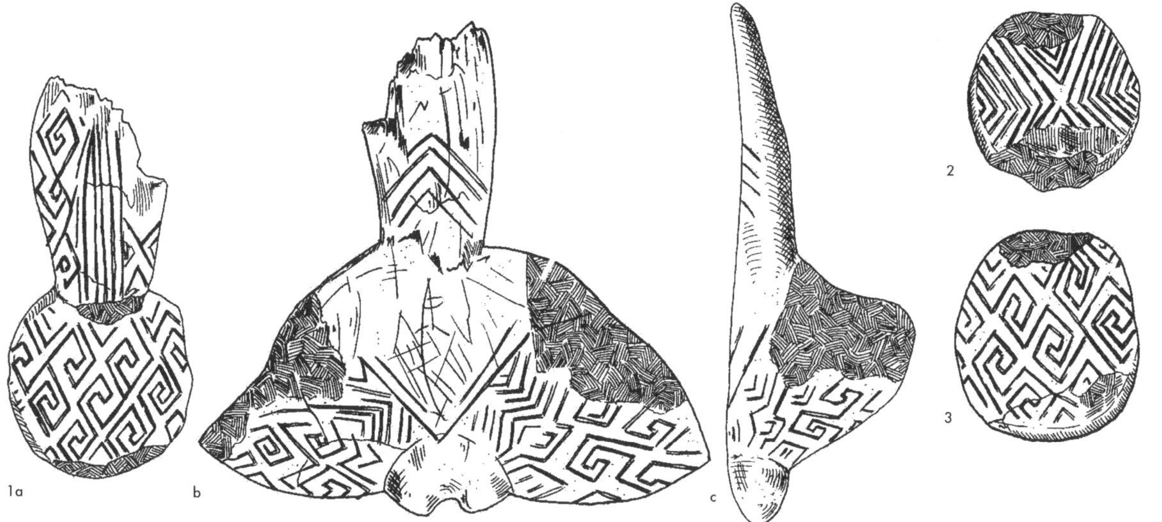

그림 37

후기 구석기시대에는 미앤더 문양이 V자 문양의 자매 문양처럼 등장하는데, 처음부터 새 여신과 관련되어 있었다.

(1) 상아로 만든 새 모양 조각상. 뒤에는 미앤더 문양이, 앞에는 쐐기와 M자, 커다란 삼각형 문양이 새겨져 있다.

(2)와 (3)은 각기 다른 조각상의 뒷부분이다(우크라이나 서부의 메진, 기원전 1만 8000~1만 5000년경).

(1) 높이 9.5cm

(2) 높이 10.5cm

(3) 높이 3.8cm

그림 38

그림 38

쐐기와 미앤더 문양이 결합된, 후기 구석기시대에 제작된 상아 명판(메진, 기원전 1만 8000~1만 5000년경).

(1) 길이 18cm

그림 39

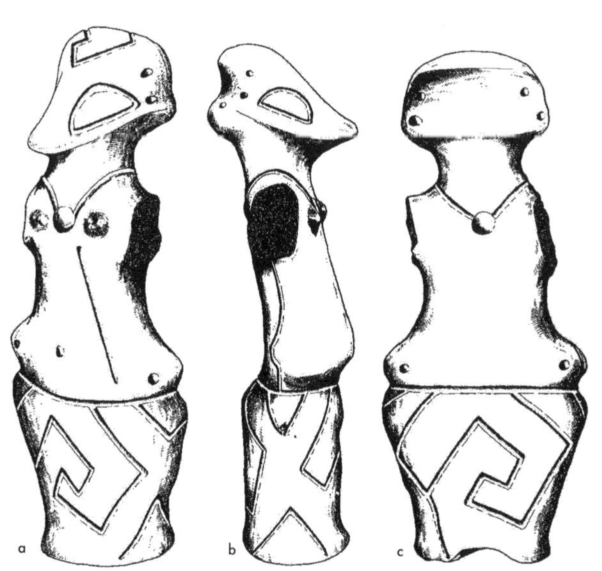

그림 39

오리 가면을 쓴 후기 빈차 문화의 테라코타 여신상. 여신을 상징하는 V자 문양 목걸이를 걸고 있으며, 치마와 왕관에는 미앤더와 V자 문양이 새겨져 있다(빈차, 기원전 4500년경).

높이 15.6cm

3-4. 토기에 장식된 문양들

미앤더 디자인은 순동기시대에 절정에 이른다. 이 문양은 특히 빈차, 렝옐, 페트레슈티, 쿠쿠테니 문화의 토기에 정교하게 표현되었는데, 커다란 항아리나 접시 안쪽 표면에 리듬감 있는 패턴으로 그려지거나 새겨졌다. 미앤더 문양은 관례적으로 혹은 상징적으로 사용되었으며, 기본 문양은 항아리의 목이나 몸통에 두르는 띠로 변이되어 확산되었다.

그림 40

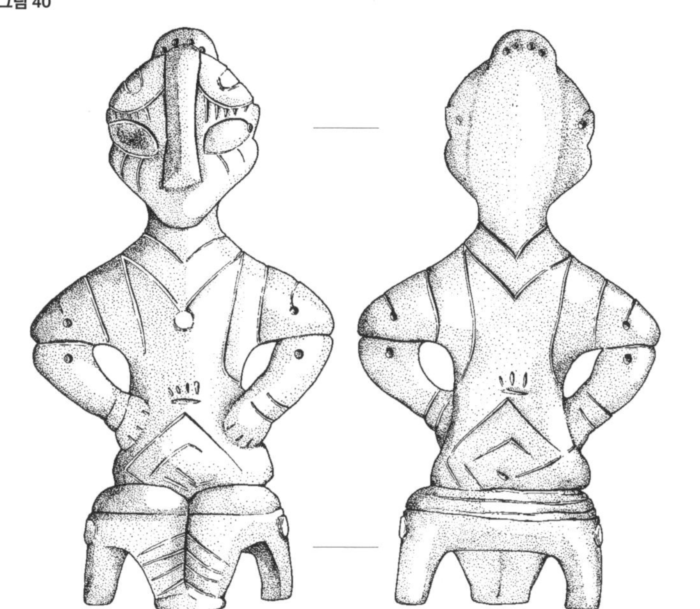

그림 40
당당한 자태로 옥좌에 앉아 있는 후기 빈차 문화의 여신상. 옥좌에는 앞뒤로 미앤더, 쐐기, 붓질 문양이 있고, 정면의 커다란 목걸이는 이 여신상의 중요성을 보여준다. 입이 없고 코가 엄청나게 큰 전형적인 가면을 쓰고 있으며, 아몬드 모양의 커다란 눈 위아래로 평행선이 장식되어 있다(코소보의 프레디오니차, 기원전 4500년경).
높이 18.5cm

그림 41

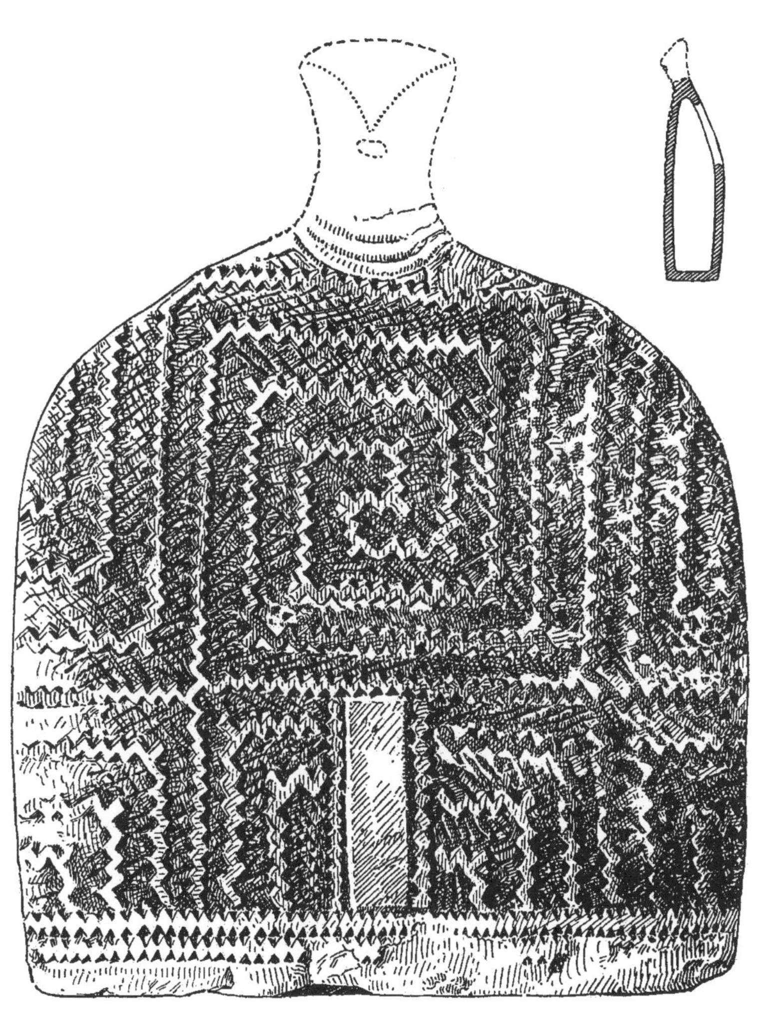

그림 41
여신의 성지라 할 수 있는 사원이나 제단의 유물에서는 미앤더 문양을 흔히 볼 수 있다. 이들 유물을 통해 물이 여신의 영역에 속함을 알 수 있다. 빈차 문화의 유물(루마니아의 버다스트라, 기원전 5200~5000년경).
높이 40cm

그림 42

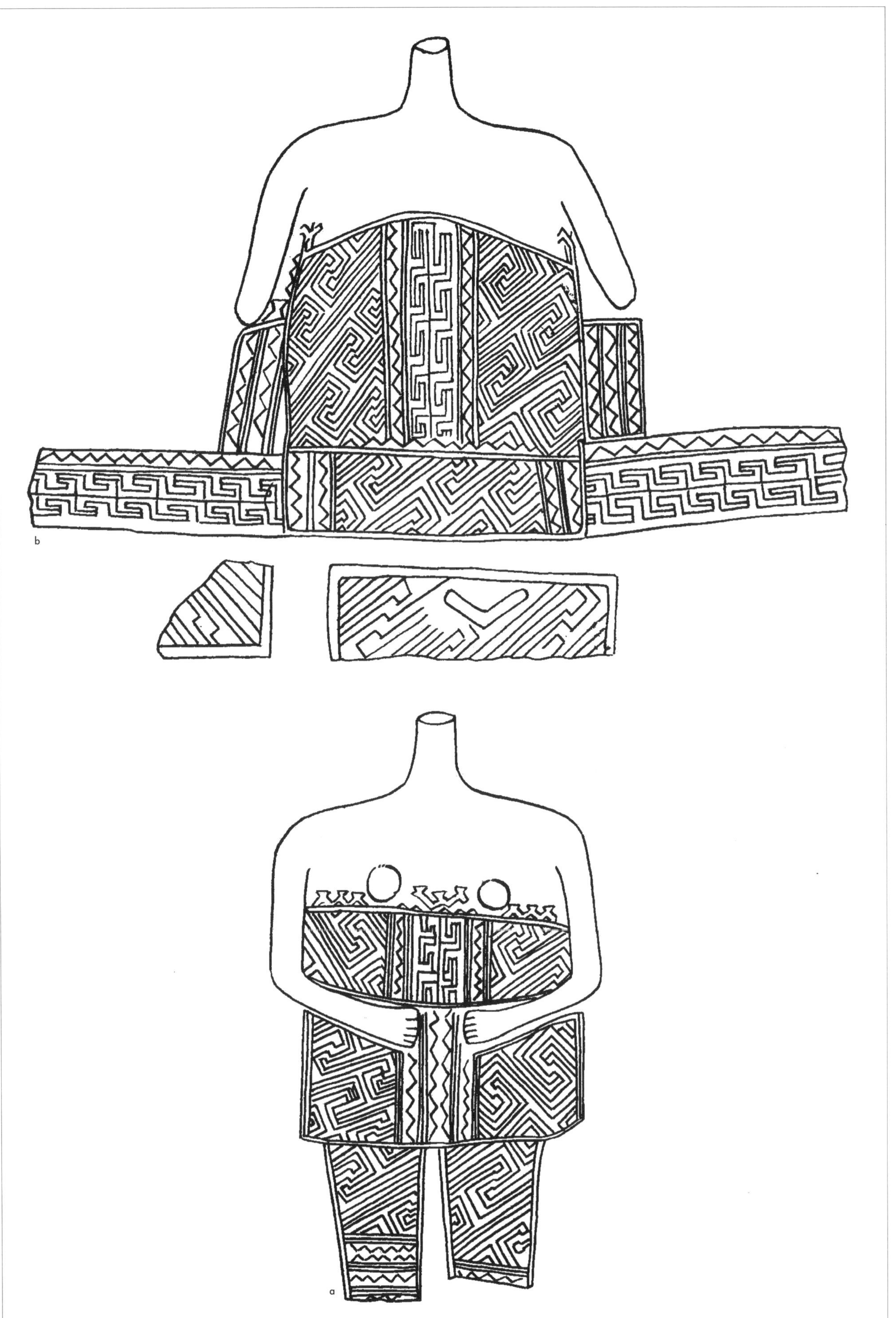

그림 42

옥좌에 앉아 있는 티서 문화의 여신상. 정교한 미앤더 문양으로 장식했고 지그재그 문양으로 경계를 두른 복색을 갖추고 있다. 옥좌에는 여신을 상징하는 V자 문양이 또렷하게 새겨져 있다(헝가리 남서부의 세그바르-튀르쾨베시, 기원전 5000년경 혹은 그 이전).

앞서 살펴본 증거들을 바탕으로 우리는 다음 내용을 추론할 수 있다. 인장이나 의례 용기, 의인화된 항아리, 명판, 가락바퀴, 방추, 제단, 도식적인 여신상, 조각품과 같은 다양한 유물들에 나타나는 V자, 쐐기, X자, M자, 지그재그, 그물망, 미앤더 문양은 새 여신 혹은 새로 체현된 여신과 연관되어 있다. 이들 문양이 새겨지거나 그려진 수많은 유물들이 여신 숭배에 사용되었으며, V자, X자, M자 문양은 여신을 나타내는 표식이다(특히 항아리에 등장하는 문양). 그물망, 미앤더, 구불구불하게 이어지는 뱀, 나선형 끈 문양은 여신 및 여신에 속하는 우주적인 물과 결부된다. 이러한 사례로 그리스의 여신 아테나를 들 수 있는데, 아테나라는 이름은 무언가를 담을 수 있는 그릇, 즉 용기를 뜻한다(Kerényi 1978: 29쪽).

새 여신은 생명을 부여하는 물의 원천이자 분배자이다. 물새로 형상화된 여신은 하늘과 땅을 통합한다. 따라서 지상에 있는 여신의 집은 천상에 있는 물의 영역을 반영한다고 보았을 것이다. 철새가 매해 절기에 따라 이동하는 것을 고려해본다면, 이러한 우주론은 한시적인 측면이 있다. 유럽에서 봄에 나타나는 철새는 새로운 생명의 시작을 알리고, 가을에 떠나는 철새는 긴 침묵의 계절을 예고한다.

이제 물의 원천인 여신의 신체, 그중에서도 특히 젖가슴, 입, 눈과 같은 특정 부위의 중요성을 다루고자 한다.

그림 43

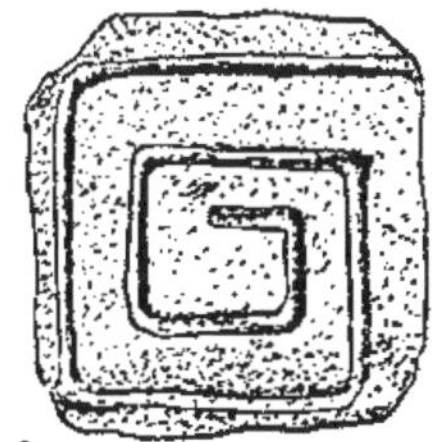

그림 43
쐐기 계열의 문양들처럼 미앤더 문양 역시 인장에 사용되며 토기에 단독 문양으로 쓰이기도 한다.
이러한 맥락으로 미루어보건대, 미앤더 문양은 의미 없는 장식이 아니라 올드 유럽 상징 언어의 일부이며, 특정한 의미를 표현했을 것이다.
(1) 쾨뢰시 인장 (호드메죄바샤르헤이의 코터츠퍼르트-버토녀, 기원전 5500년경).
(2) 붉은 미앤더 문양이 그려진 디미니 유적의 항아리(그리스의 고니아, 기원전 5000년경).
(3) 쿠쿠테니 인장(루마니아의 프루무시카, 기원전 4500~4300년).
(1) 지름 7cm
(2) 높이 3cm
(3) 지름 3cm

그림 44

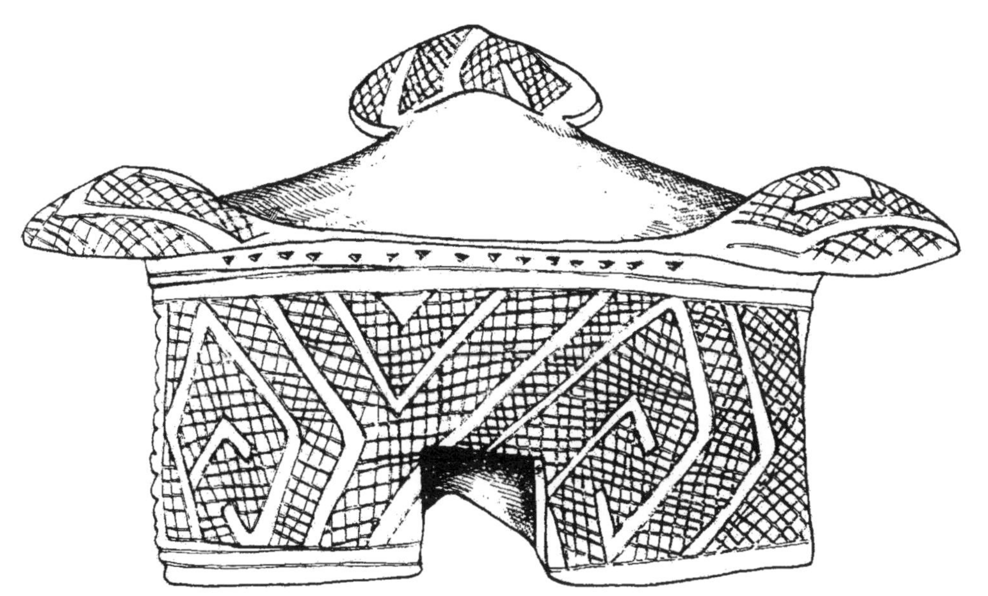

그림 44
빈차 문화권에서 제작한, 삼각형 모양의 의례 용기. 그물망 문양을 배경으로 흰색 미앤더 문양이 둘려 있다(루마니아의 파르카슈데수스, 기원전 5천년기 초기).
높이 13.1cm

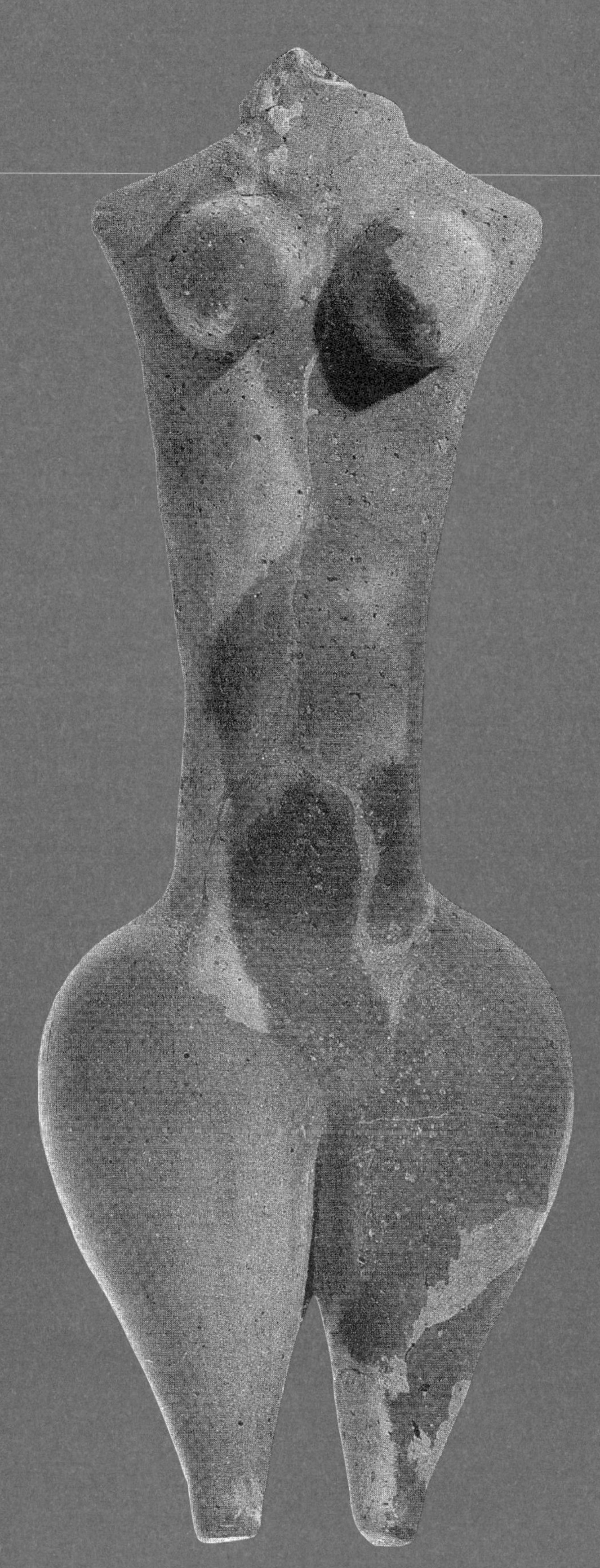

렝옐 문화권에서 제작된, '세의 여인(Lady of sé)'. 우아한 토르소로 젖가슴이 잘 조형되어 있다.

그림 54 참조.

4. 새 여신의 젖가슴

4-1. 후기 구석기시대, 여신의 젖가슴 혹은 젖가슴 모양 펜던트

후기 구석기시대에 들어서면 커다란 젖가슴이 달려 있고 새 가면을 쓴 여신 이미지가 등장한다. 막달레니앙 문화의 부리 달린 비너스는 잘 알려진 사례이다(그림 45). 여신의 몸을 손가락 그림으로 예술적으로 형상화했는데, 젖가슴이 있으며 양팔 대신 날개의 윤곽이 묘사되어 있다. 개중 일부는 새의 머리가 달려 있거나 새 가면을 쓰고 있다.

후기 구석기시대 유물들을 추적해보면, 젖가슴이 있는 조각상에 쐐기와 평행선 문양이 쓰인 경우를 찾아볼 수 있다. 가장 초기의 유물로는 체코의 모라비아 지역 돌니베스토니체에서 출토된 매머드 상아를 들 수 있다(그림 46). 젖가슴은 자연스럽게, 다른 부위는 막대기처럼 추상적으로 표현되었다. 전체는 기둥 모양으로, 머리는 확인할 수 없고 목은 있지만 다리는 보이지 않는다. 막대의 위쪽 끝에는 평행선 문양이 여럿 있고, 젖가슴에는 눈금들이 새겨져 있다. 조각상의 뒷부분 양 어깨 사이에 한 줄로 짧은 선들이 있고, 이 아래에는 두 종류의 삼선 문양이 있다. 등 뒤로는 여덟 개의 평행선이, 맨 아래에는 짧은 두 선이 새겨져 있다.

돌니베스토니체 유적지에서는 훨씬 더 추상적인 유물들도 발굴되었다. 원뿔형 목 아래에 상아로 만든 젖가슴 모양의 구슬이 달려 있는데, 이때 젖가슴은 이들 유물의 여성성을 드러내는 유일하면서도 중요한 표식이다. 이전에 살펴보았듯이 신석기시대와 이후에 나타나는 새부리 여신상의 목에서는 이중 쐐기 문양이 관찰된다.

젖가슴 모양의 펜던트 구슬은 오리냐크 문화, 그라벳 문화, 막달레니앙 문화, 에피그라벳 문화의 유적지에서 출토되었다(그림 47). 50여 곳 이상의 후기 구석기시대 유적지에서 출토된 것으로 보아, 당시에 대단히 넓은 지역으로 확산되어 전형적으로 나타났음을 알 수 있다. 카스틸리오니와 칼레가리는 상아, 사슴뿔, 뼈, 사슴이나 순록의 송곳니 등으로 만들어진 이러한 조각들을 유형별, 연대기별로 분류했다. 대부분은 3~5개의 평행선이 새겨져 있고, 평행선 옆에 V자나 X자 문양이 나타나는 경우도 있다.

모라비아의 그라벳 문화 동부 유적지에서는 매우 기하학적인 형상의 여신상이 발굴되었다. 머리는 V자 모양으로 내부에 좁은 톱니 같은 띠가 그려져 있고, 가슴은 커다란 타원형 동심원으로 표현되었으며, 내부에 네 개의 평행선이 있다. 엉덩이는 알 모양으로 여섯 겹의 동심원으로 묘사되었다(그림 48). 배 부위는 강조되지 않았는데, 이처럼 특이한 구성을 통해 예술가는 분명 신체에서 가장 중요한 부위를 강조하려 했을 것이다. 젖가슴과 엉덩이를 부각시키려는 의도를 엿볼 수 있고, 나머지 부위는 대단히 추상적으로 표현했다. 여기서 V자형 머리는 다소 불가사의하지만, 우리가 아는 한 이 문양은 분명 새 여신과 관련이 있다. 줄무늬로 표현한 특이한 아치형 팔은 인간의 팔이 아니라 새의 날개이다.

기원전 2만~1만 7000년경으로 연대 측정된, 코스티엔키에서 출토된 상아 여신상의 젖가슴은 훨씬 크고 자연스러운데, 이 여신상에서는 쐐기 문양이 두드러지게 나타난다(그림 49). 이후의 논의를 통해서도 알 수 있겠지만, 구석기시대 이후에도 수천 년 동안 서유럽과 근동 사이의 광범위한 지역에서 V자나 쐐기 문양이 젖가슴과 연관돼 있었다는 증거는 계속 관찰된다.

매우 크고 과장된 젖가슴, V자나 X자 혹은 평행선 문양이 새겨진 젖가슴 모양 펜던트가 젖과 비 같은 자양분의 원천 혹은 생명의 부여자인 새 여신을 상징한다는 것은 의심할 여지가 없다. 이 유물을 창작한 예술가들은 아마도 여신의 문양인 V자나 X자 문양 혹은 물방울이나 물줄기 문양을 젖가슴에 새기면서 여신의 가호를 빌었을 것이다.

그림 45

그림 45

동굴벽화 천장에 손가락으로 그린 초기 막달레니앙 문화의 누드. 머리 부분은 새 머리 혹은 새 가면으로 표현되었고, 팔처럼 생긴 날개에 젖가슴이 드리워져 있다(프랑스 남부의 페슈메를, 기원전 1만 5000~1만 3000년).

그림 46

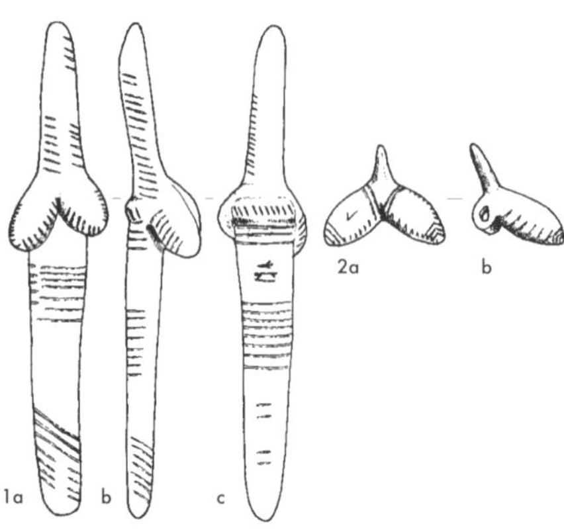

그림 46

쐐기와 평행선 문양이 새겨진, 후기 구석기시대의 조각.

(1) 도식화된 여성 형상의 매머드 상아 조각. 원주형 몸에 젖가슴이 두드러지게 표현되어 있다.

(2) 상아로 된 펜던트 구슬. 원뿔형 목에 두 개의 젖가슴이 달려 있다. 동부 그라벳 문화(체코의 모라비아 지역, 돌니베스토니체, 기원전 2만 4000년경).

그림 73 참조.

(1) 높이 8.5cm

(2) 높이 2.7cm

그림 47

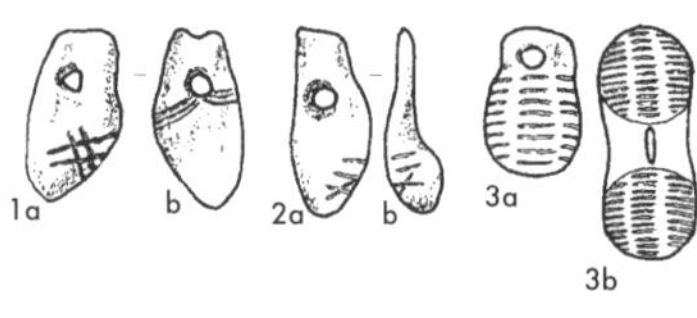

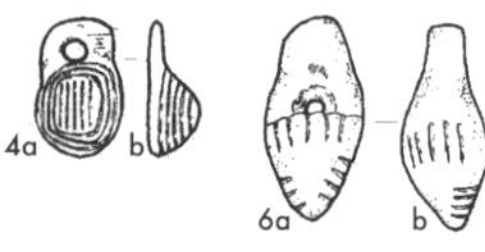

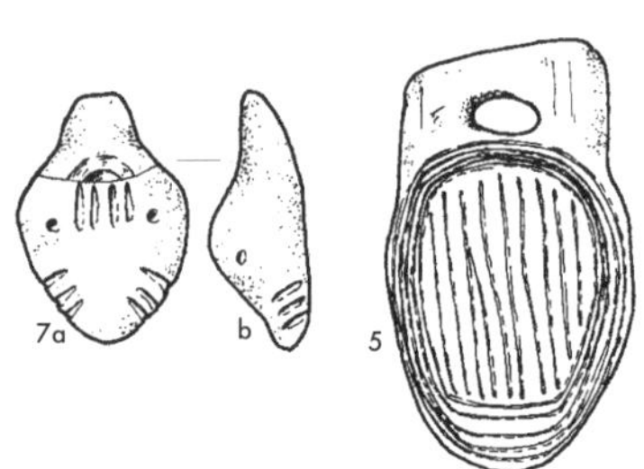

그림 47

젖가슴 모양의 펜던트 구슬. 대개 목줄을 펠 수 있도록 구멍이 뚫려 있고, 평행선, X자, 삼선 혹은 사선(四線) 문양이 있다.

(1) 오리냐크 무화(프랑스 남부의 라페라시).

(2) 후기 막달레니앙 문화(프랑스 남서부 생제르맹라리비에르).

(3)(4)는 에피그라벳 문화(이탈리아 북부의 리구 브라마그란데).

(5) 에피그라벳 문화(이탈리아 북부의 아레네칸디데).

(6)(7) 에피그라벳 문화(이탈리아 북부의 그로타 디 파데츠).

(1) 높이 1.5cm

(2) 높이 1.6cm

(3a) 높이 1.3cm

(3b) 높이 2cm

(4) 높이 1.3cm

(5) 높이 3.7cm

(6) 높이 1.9cm

(7) 높이 2.1cm

그림 48

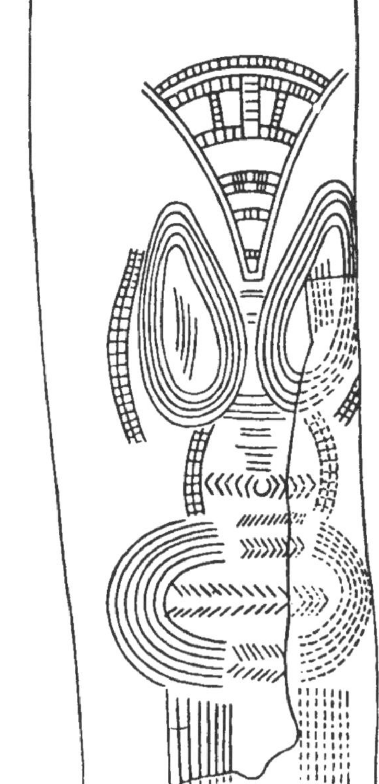

그림 48

매머드 상아에 기하학적으로 새겨진, 후기 구석기시대의 젖가슴이 있는 여신상.

머리는 V자형이고 가슴 안쪽에는 네 개의 평행선이 새겨져 있으며 엉덩이는 알 모양이다.

동부 그라벳(체코의 모라비아 지역, 프르제드모스티, 기원전 2만 년경).

높이 15cm

그림 49

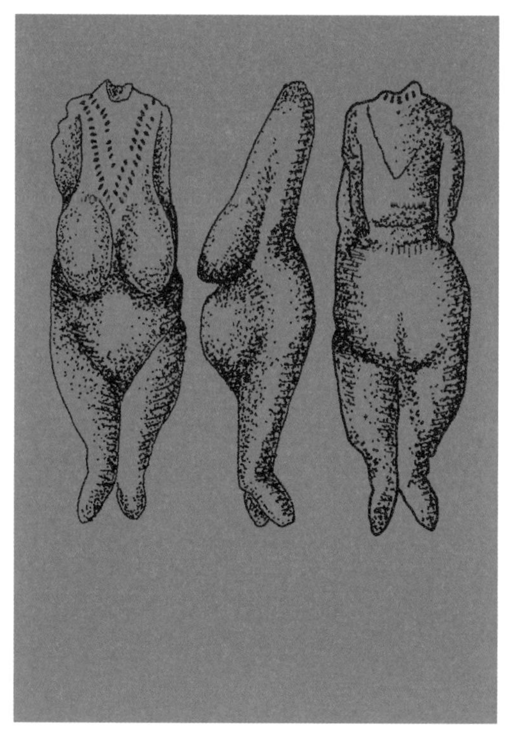

그림 49

후기 구석기시대의 상아 조각. 커다란 젖가슴 위에 쐐기 문양이 있고, 집 안에서 발견되었다(우크라이나의 데스나 강 유역, 기원전 2만 년경).

높이 15.5cm

4-2. 젖가슴이 달린 신석기시대의 새 여신상

농경시대에도 점토 상이나 돌 조각에 젖가슴을 정성스레 표현하는 등 사람들은 여전히 젖가슴을 중요시했다. 기원전 5천년기 프랑스 남부에서 제작된, 샤세 문화의 인상적인 돌 유물들이 이에 속한다(그림 50). 여신의 젖가슴 위로는 친숙한 V자 문양이 보이고, 새의 발톱처럼 보이는 세 손가락으로 몸을 감싸고 있다. 입에는 둥근 구멍이 뚫려 있는데, 이런 표현은 베푸는 자 혹은 어떤 원천을 의미한다.

젖가슴이 생명을 부여하는 물의 원천이라는 발상은 기원전 4500년경 카라노보 VI기/구멜니차 시기의 유물에 잘 나타난다. 물을 담는 접시 안에 새부리 여신상이 놓여 있는데, 이 여신상에는 작은 날개와 거대한 젖가슴이 달려 있다(그림 51).

기원전 6천년기에 만들어진 많은 새부리 여신상들에 커다란 젖가슴이 달려 있는데, 이를 통해 이 시기의 주요 관심사를 파악할 수 있다(그림 52, 53). 가슴이 부각될 뿐 다른 특징은 없는 상들이 기원전 5천년기와 그후 수천 년 동안 계속 등장한다(그림 54).

그림 50

그림 50
프랑스에서 출토된, 커다란 돌로 만든 새 여신상. 가슴 위에 V자 문양이 깊게 새겨져 있고, 커다란 세 손가락이 이채롭다. 입은 젖가슴처럼 둥근데, 이는 신성한 원천을 상징한다. 샤세(프랑스 남부의 로 지역, 기원전 4000년경). 높이 50cm

그림 51

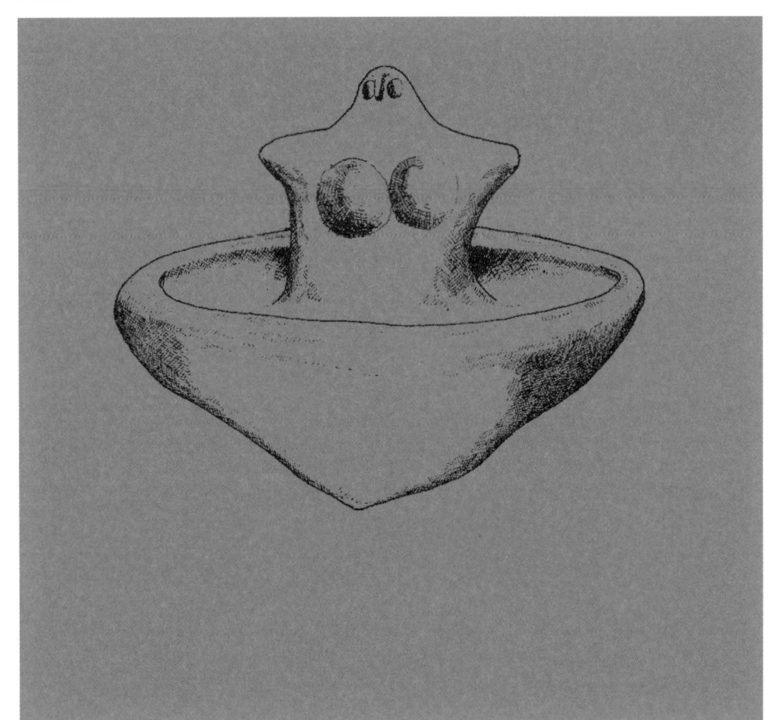

그림 51
접시 중앙에 생명을 부여하는 물의 원천인 새 여신상이 놓여 있다. 새부리를 달고 있으며, 젖가슴이 강조되었다. 카라노보 VI/구멜니차(루마니아 남부의 치올러네슈티, 기원전 4500~4300년). 높이 9.1cm

그림 52

그림 54

그림 52
스타르체보 문화의 테라코타 여신상으로 고도로 도식화되어 있다. 신석기시대 올드 유럽에서는 새부리가 있고 가슴이 두드러진 상들이 발견된다(마케도니아의 포로딘, 기원전 6천년기 초기).
높이 5cm

그림 53
새와 여신의 혼합형 조상으로 정교하게 조각되어 있다. 세클로스 문화의 유물인데, 머리 모양은 말끔하고, 목은 원통형으로 길고, 목에 새부리가 달려 있으며, 양팔로 젖가슴을 받치고 있다. 팔꿈치 아래에는 쐐기 문양들이 새겨져 있다(그리스 테살리아, 기원전 5900~5700년경).

그림 54
젖가슴이 두드러진 조각상들은 다음 천년에도 중요한 조각 모티프로 남아 있었다. 렝옐 문화의 유산인 아름답고 우아한 토르소로 젖가슴이 잘 조형된 '세(Sé)의 여인'(헝가리의 솜버테이, 기원전 5000년경).
높이 21.3cm

그림 53

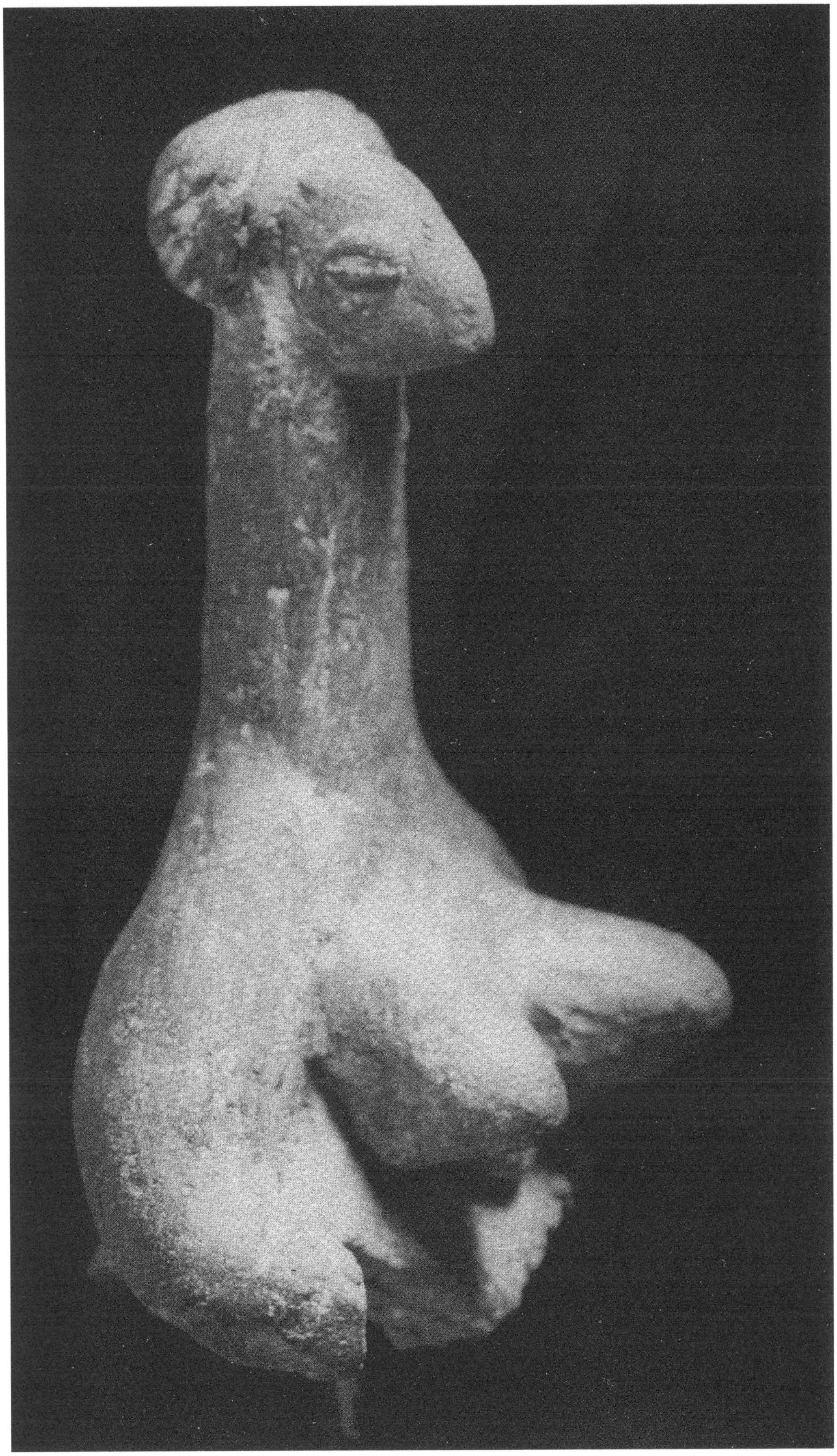

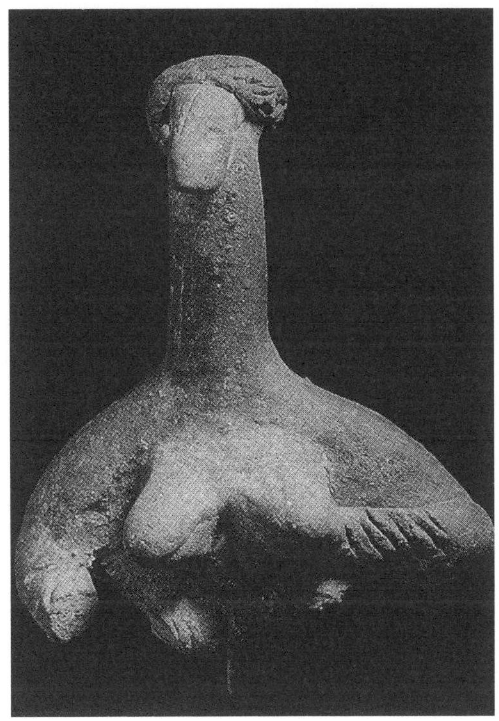

조각상의 머리 부분이 깨졌거나 이목구비만으로는 알아보기 어려울 때도 쐐기, X자, 삼선, 미앤더 등 여신을 상징하는 문양이 젖가슴과 함께 있으면 여신의 정체성을 쉽사리 파악할 수 있다(그림 55, 56). 테라코타 여신상의 가슴이나 몸통에 새겨진 불규칙인 자국은 빗방울을 상징할 것이다. 이는 여신에게 젖이나 비 혹은 자양분을 바라는 마음에서 비롯된 듯하다(그림 57).

자양분이라는 주제는 모자상에서 훨씬 현실감 있게 드러난다. 빈차에서 발굴된 '그라다츠의 마돈나'를 예로 들 수 있는데, 안타깝게도 머리 부분은 손상되었지만 새부리가 달린 인간처럼 보이는 아기를 가슴에 단단히 안고 있다(그림 58). 어깨와 가슴을 가로지르며 수직선 문양이, 등에는 쐐기 문양이, 그리고 엉덩이 부위에는 그물망 문양이 보인다. 헝가리 북동부에서는 다소 원시적인 뷔크 여신상이 발굴되었는데, 몸에는 지그재그 혹은 빗줄기 문양이 있다. 이들 두 문양은 서로 개념이 유사하다(그림 59).

에게 해와 지중해 지역에서는 기원전 3천년기~2천년기 여신상에서 젖가슴이 강조되었다. 미노아 문명의 인장에는 새 머리와 인간의 젖가슴을 가진 여신의 이미지가 완벽하게 보존되어 있다(그림 60).

4-3. 젖가슴, 유두, 주둥이가 달린 여신을 표현한 항아리

여신이 자양분 가득한 용기로 표현된 것은 토기의 역사만큼이나 오래된 관습이다. 신석기시대와 순동기시대, 청동기시대를 거치면서 사람 모습의 항아리가 등장하는데, 여신의 머리가 항아리의 아랫부분에 놓이는 경우도 있다(그림 61). 우리가 집중적으로 살펴볼 젖가슴, 쐐기, 지그재그, 평행선, 물줄기 문양은 생명을 주는 물의 원천으로서 여신의 이미지를 나타낸다.

그림 55
이 도식적인 여신상의 (자양분을 공급하는) 가슴에는 V자, 나선형, 평행선 문양이, 두 젖가슴 사이에는 미앤더 문양이, 어깨에는 겹선 혹은 삼선 문양이 각인되어 있다.
(1)과 (2)는 초기 빈차 문화(빈차, 기원전 5200~5000년).
(3)은 고전 빈차 문화(루마니아의 라스트, 기원전 5000년경).
(1) 높이 7cm
(2) 높이 7.5cm
(3) 높이 5.3cm

그림 56
가슴 위에 그려진 눈에서 알 수 있듯, 젖가슴을 신의 눈으로 표현한 테라코타 여신상.
오치에리 문화(사르데냐의 마라, 기원전 4천년기 초기).
높이 6.9cm

그림 57
테라코타 조각상.
(1) 세스클로(그리스 중부의 카이로네이아, 기원전 5800~5600년경).
(2) 신석기시대 아나톨리아 (아나톨리아 중부의 차탈휘윅, 기원전 7천년기 중기).
(3) 부트미르(보스니아헤르체고비나의 부트미르, 기원전 5천년기 초기).
(1) 높이 7.4cm
(2) 높이 3cm
(3) 높이 6cm

그림 55

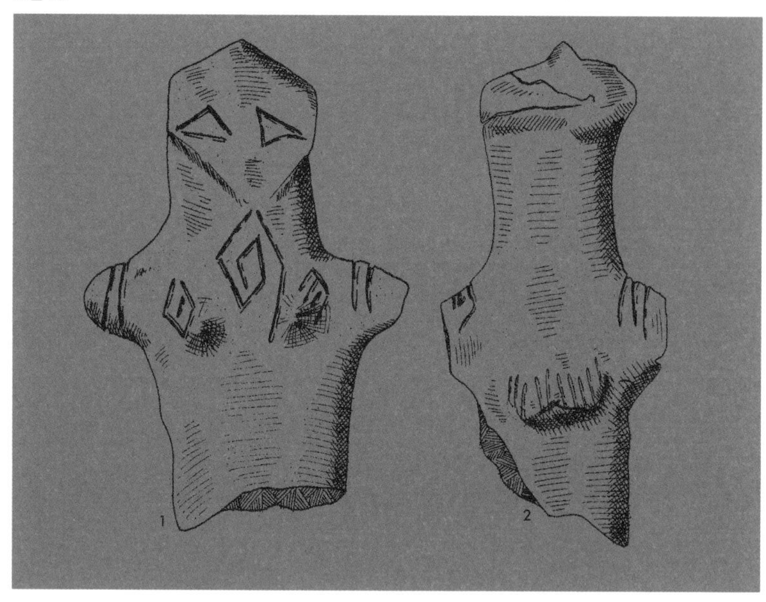

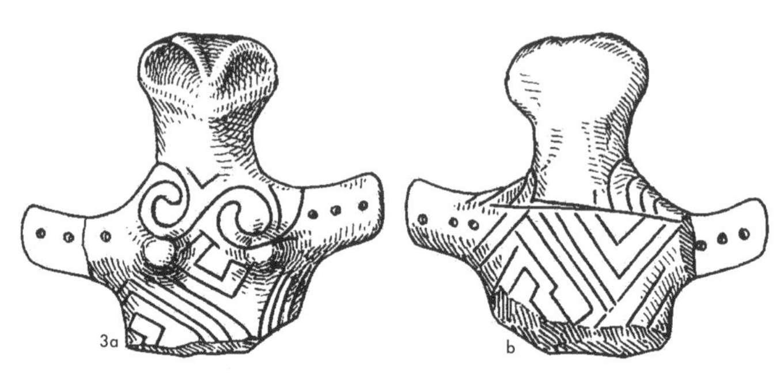

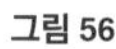

그림 56

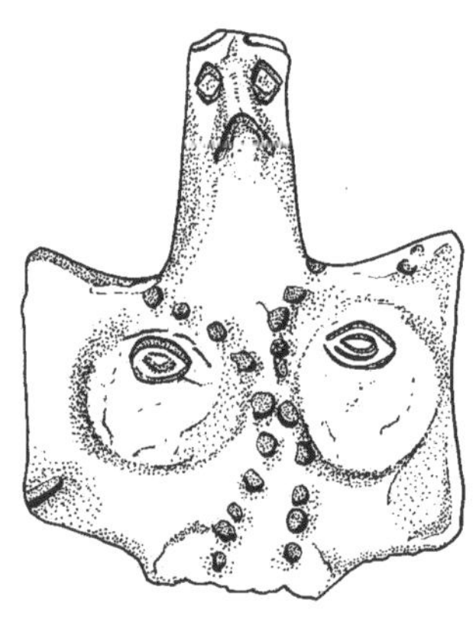

그림 57

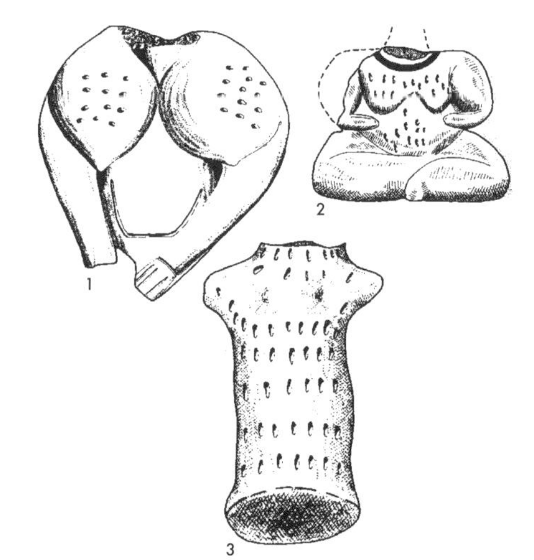

그림 58

그림 61

그림 58

빈차 문화의 유물인 그라다츠의 마돈나. 생명을 부여하는 젖이 어깨에서 젖가슴 위로 흐르는 평행선으로 표현되었다. 아기의 입에 달린 부리가 이채롭다(세르비아의 그라다츠, 기원전 5000년경).

그림 59

뷔크 문화의 토르소. 하얀 반죽 같은 것으로 앞뒤가 완전히 덮여 있다. 머리와 목에 쐐기 문양이 있고, 몸에는 흘러내리는 빗줄기처럼 지그재그 문양이 새겨져 있다(헝가리의 컬빈하저, 기원전 5000년경).

높이 10cm

그림 59

그림 60

1

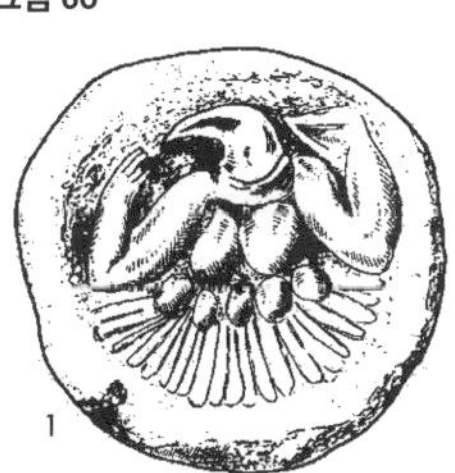

2

그림 60

새 머리와 날개, 그리고 커다란 가슴이 있는 여신상이 조각된 미노아 문명의 인장(크레타 동부의 자크로스, 기원전 1500-1450년).

(1) 높이 3.9cm

(2) 높이 4.7cm

그림 61

초기 렝옐 문화의 항아리로, 머리 대신 화병이 놓여 있는데 여신이 자양분이 되는 용기로 표현되었다. 현재 모습은 복원된 것이다(헝가리의 솜버테이, 기원전 5000년경).

높이 약 25cm

그림 62

그림 63

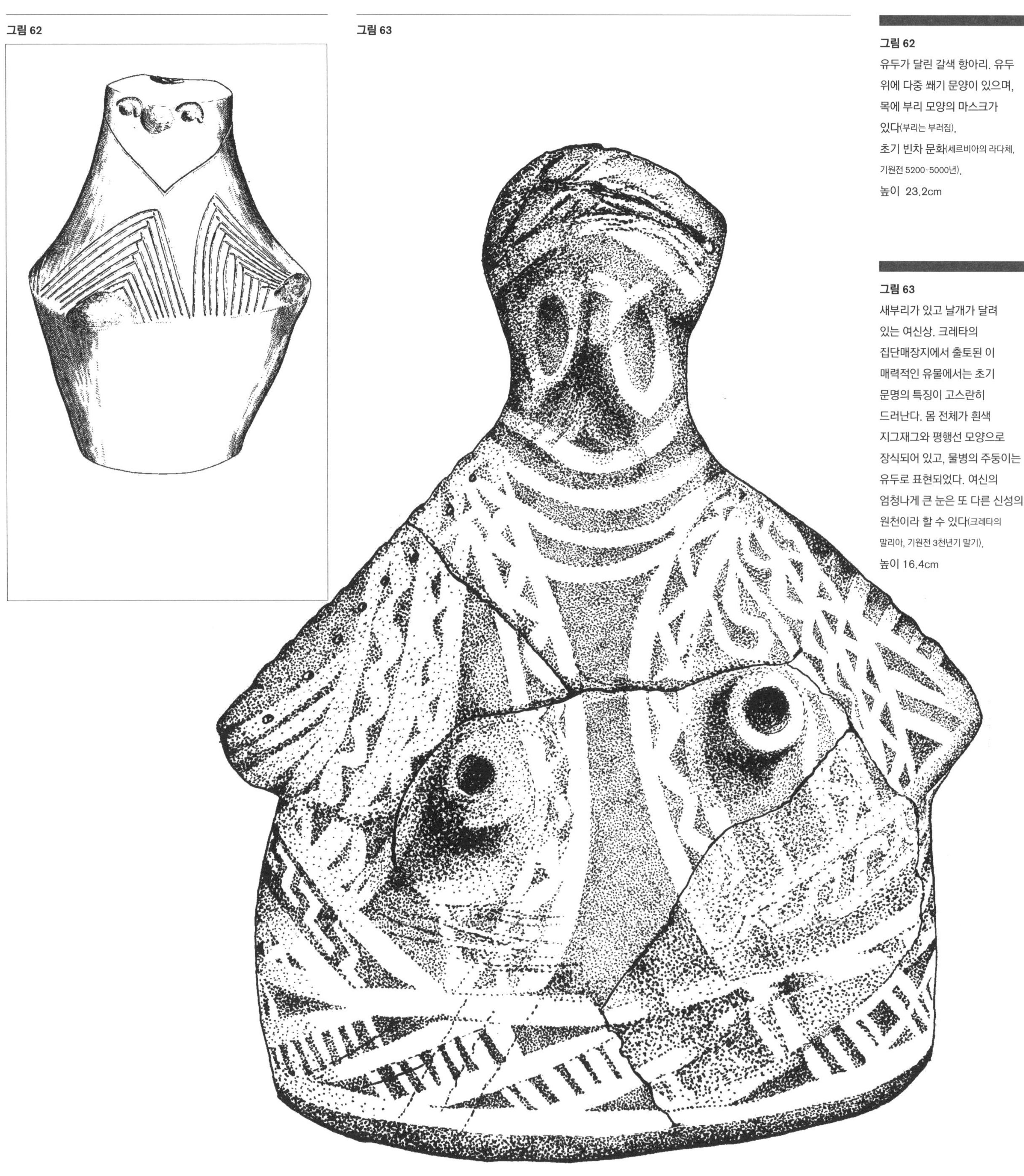

그림 62
유두가 달린 갈색 항아리. 유두 위에 다중 쐐기 문양이 있으며, 목에 부리 모양의 마스크가 있다(부리는 부러짐).
초기 빈차 문화(세르비아의 라다체, 기원전 5200-5000년).
높이 23.2cm

그림 63
새부리가 있고 날개가 달려 있는 여신상. 크레타의 집단매장지에서 출토된 이 매력적인 유물에서는 초기 문명의 특징이 고스란히 드러난다. 몸 전체가 흰색 지그재그와 평행선 모양으로 장식되어 있고, 물병의 주둥이는 유두로 표현되었다. 여신의 엄청나게 큰 눈은 또 다른 신성의 원천이라 할 수 있다(크레타의 말리아, 기원전 3천년기 말기).
높이 16.4cm

세르비아의 니시 근방 말차에서 발굴된 초기 빈차 문화의 항아리는 삼각형 가면이 묘사돼 있고 항아리 네 귀퉁이에 유두가 달려 있으며 쐐기 문양이 관찰된다(그림 62). 초기 에게 문명에서는 사람 형상의 항아리가 유행했는데, 항아리의 주둥이를 젖가슴의 유두로 표현하기도 했다. 눈은 커다랗고 새부리가 달려 있고 특이한 머리 장식을 두르고 있다. 말리아의 집단매장지에서 출토된 이들 항아리에는 지그재그, 미앤더, 평행선 문양이 띠 모양으로 풍부하게 장식되어 있다(그림 63). 크레타 동부 모클로스의 무덤에서 발굴된 또 다른 항아리에는 젖가슴 모양의 주둥이가 달려 있고, 수직과 수평 기둥이 그려져 있다(Zervos 1956: 187쪽 참조).

젖가슴으로 장식되었거나 유두가 표현된 항아리는 기원전 6천년기부터 등장하는데, 이후 5000년 동안 지속적으로 중요하게 다루어졌다. 젖가슴만 있는 경우도 있지만(그림 64) 대부분은 쐐기, 평행선, 지그재그 혹은 물결치는 평행선 문양이 곁들여진다. 이들 문양은 젖가슴으로부터 강물처럼 흘러내리는 젖줄을 표현한 것이다. 특히 뷔크 문화의 항아리에는 뱀 대가리 한가운데에 젖가슴을 표현했는데, 거기서부터 물결 문양이 흘러나가는 식으로 묘사되었다(그림 65). 젖가슴이 장식된 항아리에 쐐기 문양이 결합되는 관습은 청동기시대의 바덴 및 코초페니 문화, 아나톨리아 서부, 에게 해의 섬들, 크레타 등에서 지속적으로 나타난다(그림 66, 67). 산토리니 섬에서는 유두가 달린 물 항아리 수백 개가 출토되었는데, 기원전 1500년경의 유물로 밝혀졌다(그림 67-2).

그림 64

그림 64
젖가슴만으로 장식한 항아리. 올드 유럽에서는 이러한 항아리가 5000여 년 동안 제작되었는데, 가슴은 동심원으로 표현되었다(불가리아의 그라데슈니차, 기원전 5000년경). 높이 20cm

그림 65

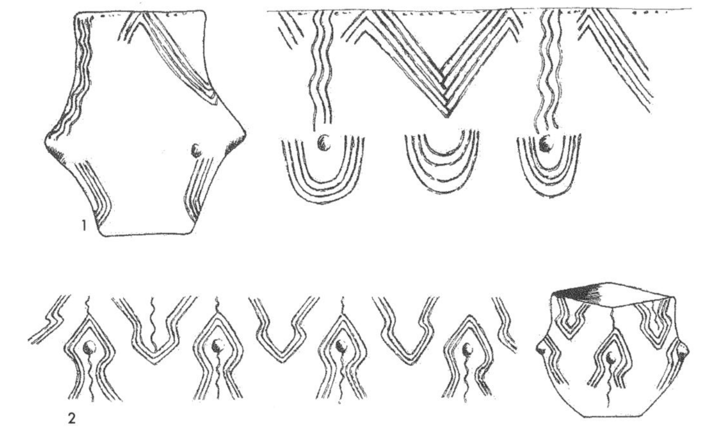

그림 65
항아리의 유두에서 흘러내리는 젖줄기가 물결과 쐐기 문양으로 표현되었다. 뷔크 문화의 항아리에는 가슴 형상과 삼선, 쐐기, M자 문양 등이 나타나며, 상당히 이채롭게도 뱀 대가리가 함께 묘사되었다.
(1) 티서버슈바리-요제프-하저.
(2) 헝가리의 셔러저더니-템플롬돔(기원전 6천년기 말기).
(1) 높이 12.6cm
(2) 높이 11.3cm

그림 66

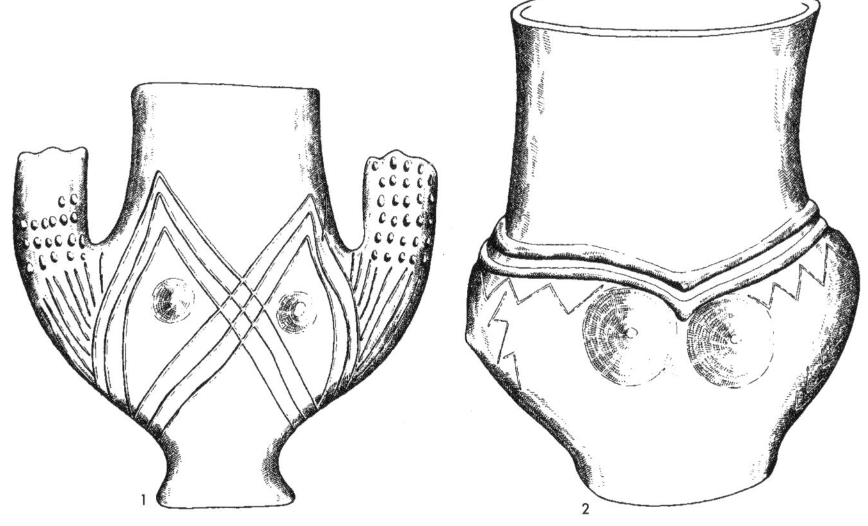

그림 66
바덴 문화의 새 여신 항아리(기원전 3000년경).
(1) 날개가 달려 있고, 쐐기 문양이 교차한다.
(2) 쐐기 문양의 목걸이를 걸고 있다.
(1) 헝가리의 라츠케베.
(2) 헝가리의 포뇨드.
(1) 높이 20.3cm
(2) 높이 22.5cm

그림 67
청동기시대 초기와 후기에 제작된 젖꼭지가 달린 물병. 주둥이가 머리로 표현되어 이채롭다(기원전 1500년경).
(1) 서부 아나톨리아(트로이, 기원전 3000년경).
(2) 키클라데스 제도의 산토리니 섬.
(1) 높이 23.8cm

4-4. 스텔레와 무덤에 등장하는 새 여신의 젖가슴

이탈리아 남동부의 카스텔루초데이사우리에서는 젖가슴 위아래로 쐐기 문양이 연결되어 있는 스텔레, 즉 선돌(menhir) 인상(人像)이 발견되었다. 이는 기원전 3000년경의 순동기시대 유물로 추정된다(그림 68). 프랑스와 스페인, 포르투갈, 잉글랜드의 석주 및 회랑 무덤(gallery grave: 신석기시대 후반부터 청동기시대까지 서유럽에서 만들어진 돌방 무덤)의 판석에서는 여신을 나타내는 두드러진 특징으로 젖가슴과 목걸이가 종종 등장한다(그림 69, 70). 때로는 여신의 부리, 눈, 음문이 나타나기도 한다. 젖가슴과 목걸이는 여신이라는 존재의 일부이지만 이것만으로도 여신 자체를 상징한다고 볼 수 있다. 기원전 4천년기 말~3천년기 중기에 브르타뉴에서는 회랑 무덤이 만들어졌는데, 여기서 발굴된 판석에서도 젖가슴과 목걸이가 형상화된 유물이 발견되었다. 이 둘은 모두 여신의 가장 주요한 특성으로 여신의 현존과 재생 가능성을 상징한다.

추모비에 형상화된 젖가슴을 비롯해서 독수리나 올빼미와 함께 묘사된 젖가슴에 이르기까지(본문 187쪽 18-1. 참조) 젖가슴 상징은 보기보다는 훨씬 복합적으로 인식되었다. 여기서 중요한 점은 젖가슴이 살아 있는 존재를 위한 젖줄일 뿐만 아니라 죽은 자[死者]의 재탄생을 위한 자양분이기도 했다는 사실이다.

아일랜드에서는 젖가슴이 달린 고대 여신상에 관한 전설이 전해 내려오는데, 카운티케리에 있는 한 쌍의 언덕을 여신의 젖가슴으로 보았다. 이 언덕의 이름은 '다히흐아난'으로, 아나의 젖꼭지(The Paps of Ana)라는 뜻이다(Doan 1980). 아나는 브르타뉴에서는 앙코우, 아일랜드에서는 모리간이라고 불리는데, 죽음의 여신이자 죽은 자의 수호신이다.

4-5. 젖가슴 모양의 부적

펜던트에 젖가슴 모양을 새기는 전통은 후기 구석기시대에 시작되어 신석기시대, 순동기시대, 청동기시대까지 이어진다. 신석기시대에는 녹색, 흑색, 밤색 등 빛깔 있는 돌들에 조각을 해서 펜던트를 만들었다. 기원전 4500년경의 순동기시대부터는 금을 다룰 수 있게 되면서 돋을새김으로 젖가슴 장식을 한 원반형 금 펜던트가 등장한다. 이는 여신의 상징으로, 이를 소지한 사람들을 보호해준다고 여겼을 것이다.

기원전 6000년경 테살리아의 세스클로 문화, 그리고 펠로폰네소스 동부의 레르나에서 출토된 유물로 둥근 젖가슴 모양의 돌 펜던트가 잘 알려져 있다. 가운데에는 유두가 달려 있고, 줄로 매달 수 있도록 구멍 두 개가 뚫려 있으며, 다양한 빛깔의 돌 표면을 아름답게 다듬었다(그림 71). 그리스에서 젖가슴 모양의 부적을 만드는 전통은 중기 헬라도스로까지 이어진다.

알프스 산맥과 흑해 사이의 다뉴브 지역에서도 원반형 금 펜던트가 출토되었다. 가운데를 둥글게 도려낸 후 양쪽에 돋을새김으로 젖가슴을 장식하기도 했고, 세 개의 젖가슴을 돋을새김으로 표현하고 그 사이에 쐐기 문양을 넣은 경우도 있다. 후자는 헝가리의 보드로그케레스투르 유적지에서 발굴되었다. 이후 철기시대에는 덴마크에서 가슴이 셋 달린 사람 형상의 여신상이 출토되었다(Glob 1969 참조).

그림 68

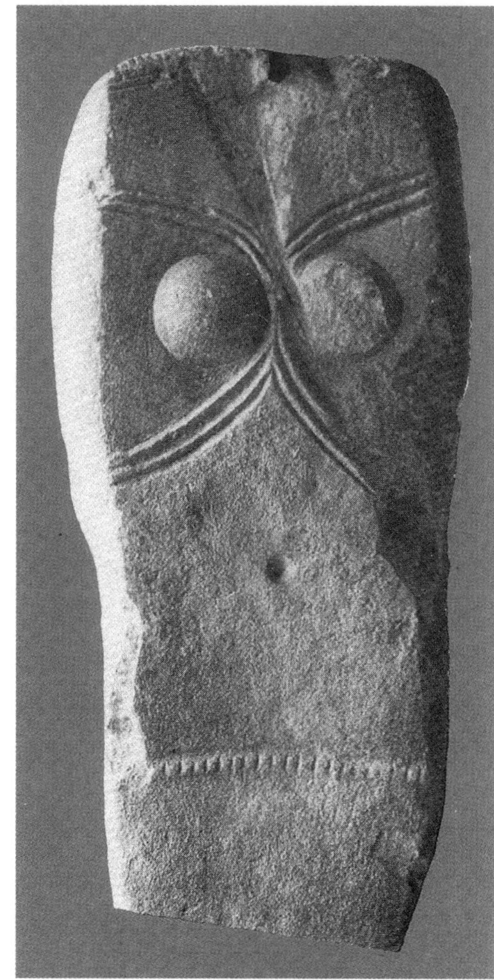

그림 69

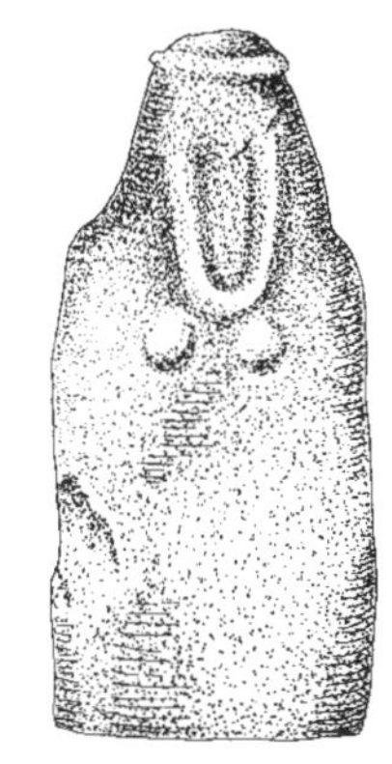

그림 68
이탈리아 남동부에서 발견된 순동기시대의 석주. 젖가슴은 두드러지게 표현되었고, 삼중 쐐기 문양이 새겨져 있다. 중앙부의 배꼽, 그리고 골반 부위의 평행선 띠도 이채롭다(이탈리아 남동부의 카스텔루초데이사우리, 기원전 3000년경).
높이 약 160cm

그림 69
서유럽의 거석 무덤 유물에는 여신의 현존을 상징하는 젖가슴과 목걸이가 표현되어 있다. 이 거대한 멘히르 인상은 1878년 한 교회 아래에서 발견되었다(영국의 건지 섬, 기원전 3000-2500년).
높이 159cm

그림 70

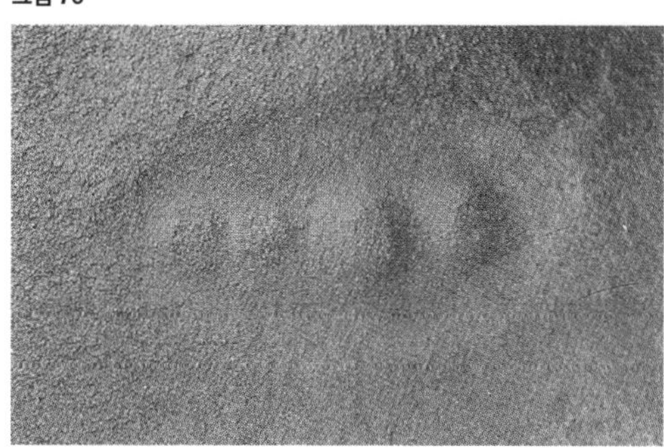

그림 71

그림 70
브르타뉴의 회랑 무덤 내부 벽에는 여신의 가슴이 돋을새김되어 있다. 달걀형 카르투슈 안에 두 쌍의 가슴이 있는데, 한 쌍이 조금 더 크다(프랑스의 트레스, 기원전 3000-2500년경).
카르투슈 폭 50cm

그림 71
젖가슴 모양의 녹색 돌 펜던트 부적. 세스클로 문화(그리스의 테살리아, 기원전 6000년경).
높이 1.6cm

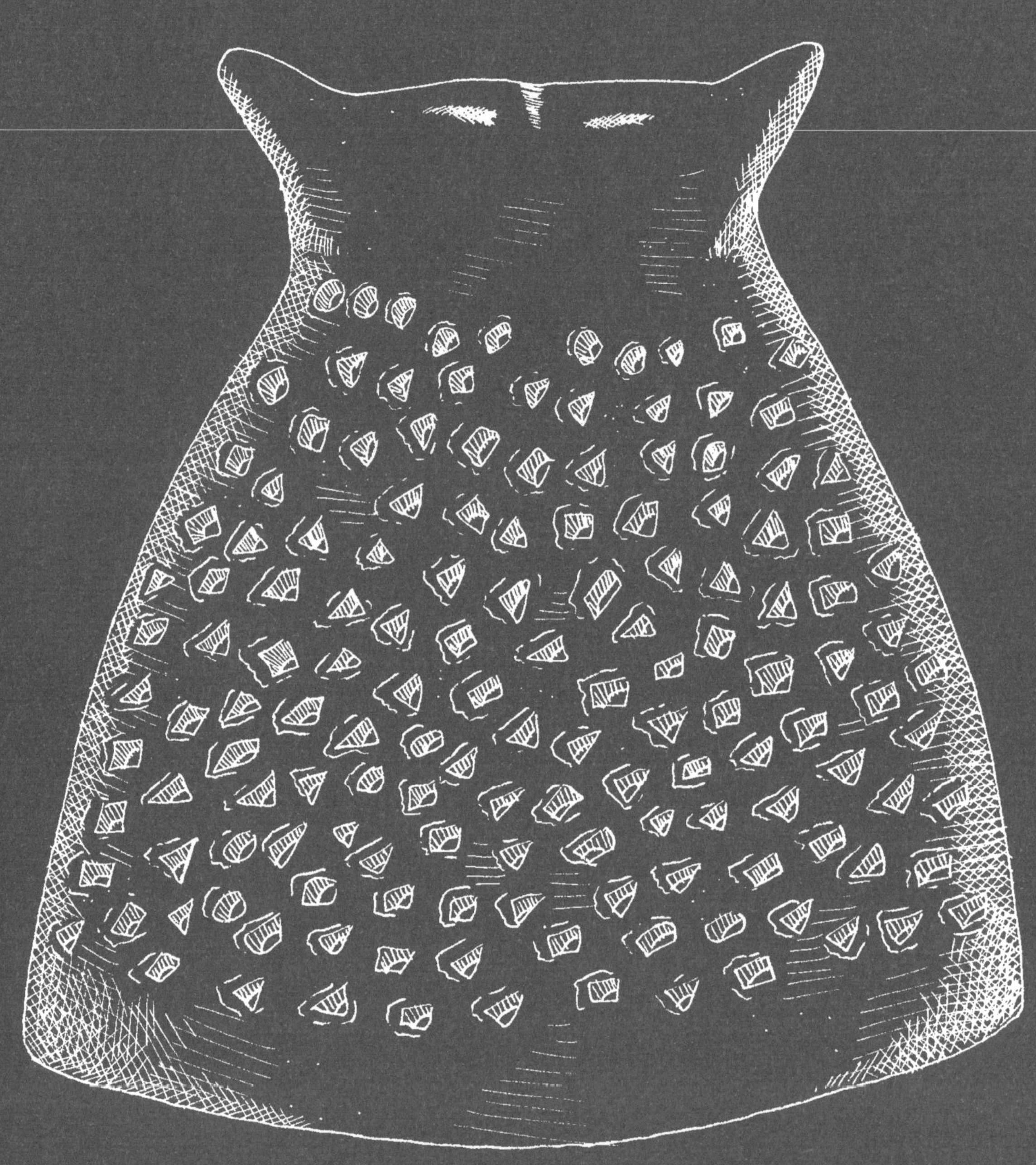

초기 빈차 문화 유물인 부엉이
모양 용기.
그림 85 참조.

5. 물결 문양

생명을 부여하는 물의 원천으로 강과 샘, 우물이 신성하다는 믿음은 선사시대에 생겨나 오늘날까지 이어져 내려온다. 우리는 지금도 '살아 있는 물'이란 표현을 쓰는데, 물은 활력을 주고 병자를 치유하고 시력을 회복시키고 낡은 것을 새롭게 하며 만신창이가 된 몸을 되살려 생명을 되찾게 한다고 여긴다.

샘과 온천에 대한 숭배는 큰 개울과 강의 수원지에 생명을 부여해온 여신(우리네 물할망에 해당한다-옮긴이)과 분리해서 생각할 수 없다. 그리스나 로마, 켈트, 발트 등지에서 전해오는 사료들을 보면, 여신이나 요정을 특정한 강이나 샘 혹은 우물과 연관 지었다는 사실을 확인할 수 있다. 여신의 이름에서 강 이름을 따오기도 하고 지역 여신들이 강 이름을 자기 이름으로 쓰기도 한다. 실례로 아일랜드의 보인 강과 샤논 강은 이 지역의 여신인 보안드와 시난의 이름을 차용했으며, 치유의 여신으로 유명한 갈리아의 세콰나는 세이군 강의 이름에서 비롯되었다. 세콰나는 세이근 강의 발원지에서 주요한 숭배 대상이었다. 1960년대에 갈리아의 신전에서 발굴된 수백 개의 나무 조각상을 살펴보면 갈리아인들이 원천에서 샘솟는 광천수의 치유력을 믿었음을 알 수 있다. 세이근 강의 수원지에서 얼마 떨어지지 않은 곳에서 여신의 청동상이 발견되기도 했는데, 이 여신상은 고대 그리스의 옷인 키톤 차림으로 머리에는 왕관과 망토를 쓰고 있으며 뱃머리에 백조의 머리가 조각된 바크형 범선을 타고 있다(Doan 1987: 37쪽 그림 20).

한편 아일랜드의 브리짓과 발트의 라이마는 민담으로 전해지는 생명을 부여하는 여신인데, 이들은 우물의 수호자이자 생명의 근원으로 묘사되었다. 구석기시대 사람들의 성소가 샘이나 광천수 자리에 있는 것으로 보아, 이러한 관습은 구석기시대까지 거슬러 올라가는 듯하다. 프랑스 남부의 막달레니앙 유적지 중 몽테스팡과 튀크도두베르에는 동굴이 있는데, 그 입구에서 개울물이 흘러나온다. 구석기시대와 신석기시대의 여러 동굴 성소들에 호수나 지하로 흐르는 강이 있고, 후기 구석기시대의 동굴 성소와 광천, 온천에는 이에 상응하는 표식들이 남아 있다(Bahn 1978).

물을 신성시하는 신앙이 선사시대 예술이나 구비문학, 구술사 등에 직접 나타나진 않았지만, 인류 문명 초기에 남겨진 문양이나 이미지에서 개울이나 우물의 마력에 대한 인류의 오랜 믿음을 발견할 수 있으며 이러한 증거는 많이 남아 있다.

5-1. 후기 구석기시대 및 중석기시대의 여신상

혜성 모양의 물결 문양 혹은 사선, 수직선, 미앤더 띠 안의 평행선 문양은 후기 구석기시대와 중석기시대의 동산 예술(mobiliary art)과 벽 예술(parietal art)에서 빈번하게 나타나는 모티프이다. 하지만 오랫동안 의미 없는 표식으로 간주되었으며, 깊이 있고 면밀하게 조사해야 할 매력적인 대상으로 여겨지지 않았다. 그러나 마샥은 구석기시대의 마지막 시기와 중석기시대로 연대 측정된 다양한 뼈와 돌 유물에 각인된 혜성 모양, 사선 띠, '마카로니' 모티프에 특별한 의도가 깃들어 있다는 사실을 밝혀냄으로써 우리의 관심을 끌어냈다(Marshack 1979). 각인된 선들을 조사한 결과, 대부분 여러 띠 혹은 단일한 선에 의해 띠들이 입체적으로 교차되며 무늬가 반복된다는 사실이 밝혀졌다.

마샥은 막달레니앙 문화를 일군 이들이 알타미라 동굴에 표현한 혜성 형태와 이탈리아 로마넬리안 문화의 전통적인 혜성 형태가 물의 존재 혹은 물의 흐름의 원천을 표현한 것이라고 보았다(Marshack 1978). 초창기에는 혜성 문양이 주요한 구성 요소로 사용되었고, 이후에 연속되는 띠 모양이나 구불구불한 뱀 문양이 추가되었다. 마샥은 프랑스의 로크드마르캉에서 발굴된, 돋을새김한 석회암 명판에 주목했다(그림 72). 여기에서는 맨 먼저 혜성 문양이, 그다음에는 여러 물결 문양이, 마지막으로 뱀 문양이 더해졌다. 그는 혜성 문양이 먼저 나타나고 띠 문양이 나중에 나타나는 각인 순서가 의미나 용도와 관련이 있다고 보았다(Marshack 1980). 또한 중석기시대에도 기본적으로는 동일한 모티프가 결합되어 나타났다는 사실에 주목했다. 일례로 덴마크 오고르데의 마글레모세 문화 유적지에서 발굴된, 갈비뼈로 만든 칼을 들 수 있다. 물결 문양과 평행선 그룹은 중석기시대의 조약돌이나 신석기시대의 인장에서 상당히 자주 등장한다.

후기 구석기시대 유물에 등장하는 젖가슴을 드리운 여성의 이미지는 아마도 물새와 여신이 결합된 형태일 텐데(그림 45 참조) '마카로니' 모티프나 어떤 의도로 새긴 줄무늬와 연관되어 나타난다(그림 73). 이는 여신의 몸 안에 있는 신성한 수분을 상징하는 것으로 보인다.

물결 모티프가 구석기시대에서 신석기시대 이후까지 계속되는 것으로 보아 이 상징에는 숨은 의미가 있었을 것이다. 이후에 살펴보겠지만, 여신의 눈, 가슴, 입과 연관된 물결 문양은 자애로운 존재로서 여신의 역할이 강조된 것이다. 생명과 건강, 풍요를 가져오는 존재이자 생명의 원천인 여신을 표현하는 데 물결 상징은 필수이기에 어디에서나 쉽게 찾아볼 수 있다.

그림 72

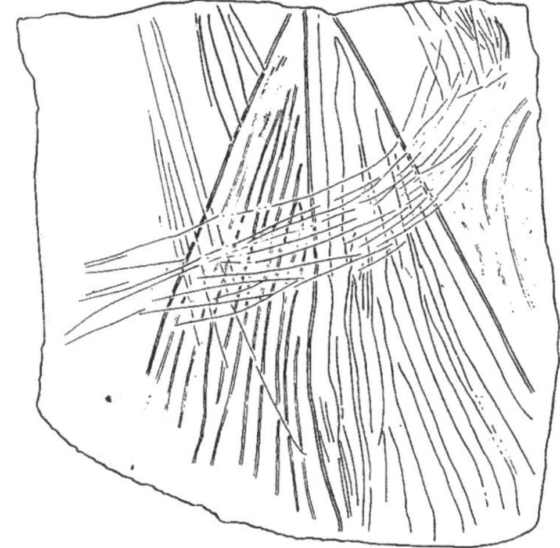

그림 72
후기 구석기시대와 중석기시대에는 공히 '혜성' 모티프가 관찰된다. 석회암 명판에 처음에는 혜성, 그다음으로 물결, 마지막으로 뱀 문양이 세 겹으로 연속해서 각인되었다. 이 표식은 생명력과 치유력이 있는 물의 흐름을 상징한다. 막달레니앙 말기 혹은 아질리안 초기(프랑스의 로크드마르캉).

5-2. 항아리에 장식된 상징적 디자인

신석기시대와 순동기시대에 제작된 상당수 항아리에는 수직선 혹은 사선 띠 모양이 평행하게 그려져 있거나 새겨져 있다. 이들 문양과 함께 수직의 지그재그나 물결선, 혹은 구름무늬나 구름에서 떨어지는 수직선 등으로 비가 내리는 모습을 형상화한 모티프가 등장한다(그림 74). 또는 물결 모티프가 항아리의 어깨 부분이나 표면을 감싸기도 한다. 띠 문양으로 둘러싸거나 테를 두르는 식으로 구획 짓기도 하는데, 이는 하나의 상징으로 존재의 유용성을 드러내는 관습적인 처리 방식이다(그림 75). 빈차 문화의 깔때기 모양 항아리에서는 지그재그의 물결 문양에 V자 문양과 X자 문양이 보조적으로 사용되었다.

그림 73

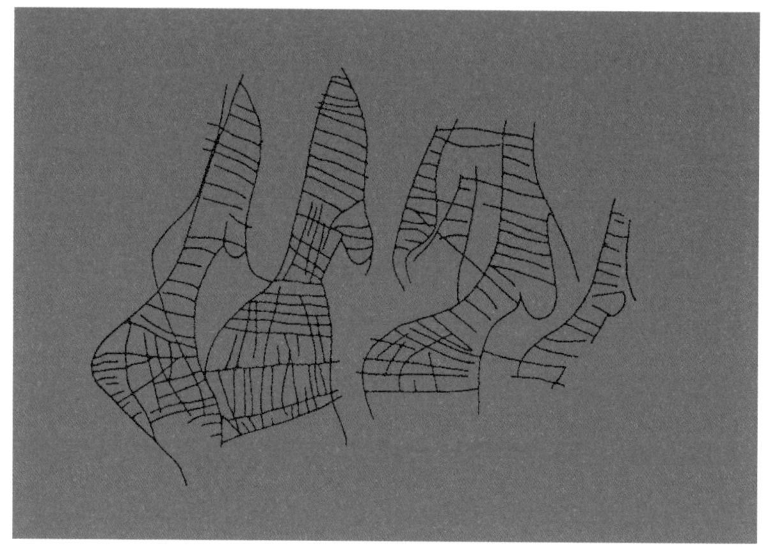

그림 73
후기 구석기시대 명판에 새겨진 젖가슴이 거대하고 엉덩이가 튀어나온 이미지는 물새의 옆모습과 관련이 있다. 여기에 의도적으로 평행선과 그물망 패턴을 새겼는데, 이 존재가 신성한 물로 채워져 있음을 표현한 것이다(독일의 라인 강 상류 괴네르슈도르프, 기원전 1만 년경).
높이 6.4cm

그림 74

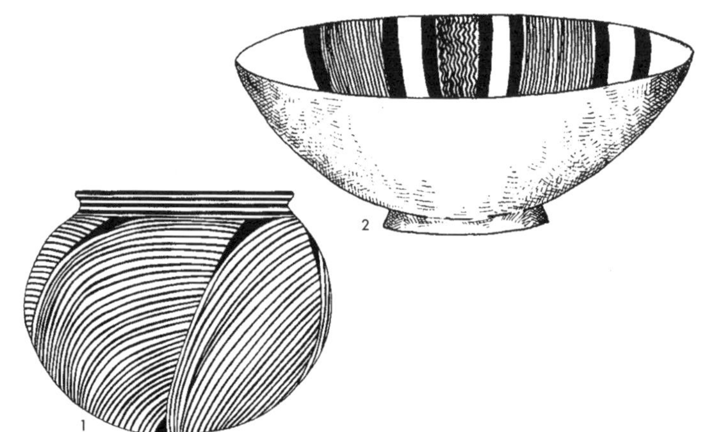

그림 74
신석기시대의 물결 모티프 혹은 비가 억수 같이 쏟아지는 모티프가 장식된 사례이다.
(1) 붉은 항아리에 굵은 흰색 띠로 퍼붓는 비를 표현했다(테살리아의 리아노클라디 I, 기원전 5800년경).
(2) 검은 띠 내부에 물결 모티프를 넣었다(그리스 펠로폰네소스의 아세아, 기원전 6천년기 중기).
(1) 높이 10cm
(2) 높이 12.2cm

우크라이나 서부에서 출토된 쿠쿠테니 문화 말기의 항아리에는 항아리 목과 어깨 부분에 넓은 평행선 띠 문양이 그려져 있는데, 이는 여신의 부리와 눈을 표현한 것으로 비 혹은 물이라는 주제와 관련이 있다(그림 76). 또한 트로이에서 출토된 올빼미 모양 용기(새 여신상)에는 앞뒤로 평행선이, 깔때기 모양의 머리 뒤편에는 수직선이 있다(그림 77).

물결이나 평행선 모티프와 새 여신의 표식 및 특질의 연관성은 명백하다. 유두 달린 항아리가 지속적으로 나타나는데 이 점은 여신의 젖가슴이 상징적으로 사용되었다는 또 다른 증거다(그림 78). 항아리 네 면의 젖가슴이나 유두는 위아래 물결 문양으로 강조되며, 항아리 바닥과 측면의 젖가슴은 물결 띠 문양으로 만들어진 소용돌이 디자인으로 더욱 강화된다(그림 79). 쿠쿠테니 문화권에서 제작된 쌍안경 모양의 바닥 없는 깔때기는 대개 평행선/젖가슴 모티프로 장식되었다. 이는 비 혹은 젖을 기원하는 의례 용기로 사용된 것으로 추정된다.

여신의 몸은 신이 육화한 것이다. 그러므로 물결과 평행선 문양은 가슴뿐만 아니라 신체의 다른 부위, 즉 눈과 입, 날개와도 연관된다. 단적인 예로, 말차에서 발굴된 빈차 문화의 항아리 뚜껑을 보면 입에서 물결 문양이 흘러나온다(그림 80).

그림 75

그림 75
초기 빈차 문화의 깔때기 모양 항아리로, 지그재그 문양으로 퍼붓는 비를 표현했으며, 아랫부분은 삼선의 띠 문양과 점들로 장식되었다. 여섯 개의 점은 반대편에도 나타난다. 윗부분에는 X자와 V자 문양이 결합되어 나타나며, 뒤에는 미앤더와 쐐기 문양으로 채워졌다(빈차, 기원전 5200~5000년).
높이 23cm

그림 76

그림 76
붉은 항아리에 검정 칠을 한 쿠쿠테니 문화 말기의 항아리로, 물의 모티프는 새 여신과 관련이 있다. 넓은 평행선 띠 문양으로 새부리 여신상을 표현했다.
쿠쿠테니 문화 말기(기원전 4000~3500년).
(1) 페트레니.
(2) 우크라이나 서부의 스타라자부다.
(1) 높이 22cm
(2) 높이 22.2cm

그림 77

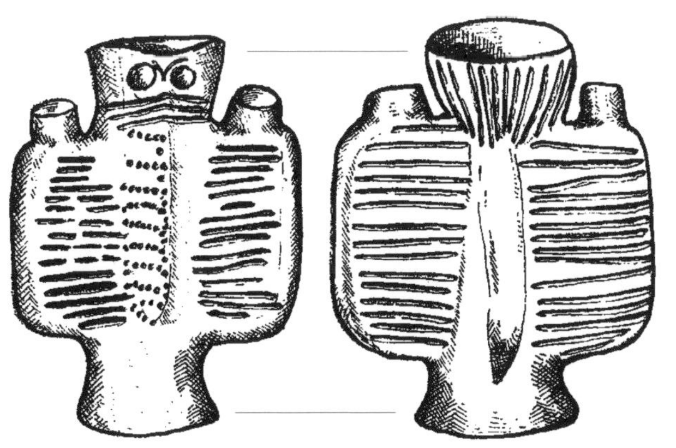

그림 77
아나톨리아에서 출토된 올빼미 모양의 용기로 평행선 문양이 깔때기 형상과 부리가 있는 새의 얼굴과 어우러진다.
서부 아나톨리아의 초기 청동기시대(트로이 II, 기원전 3천년기 초기).
높이 8.5cm

그림 79

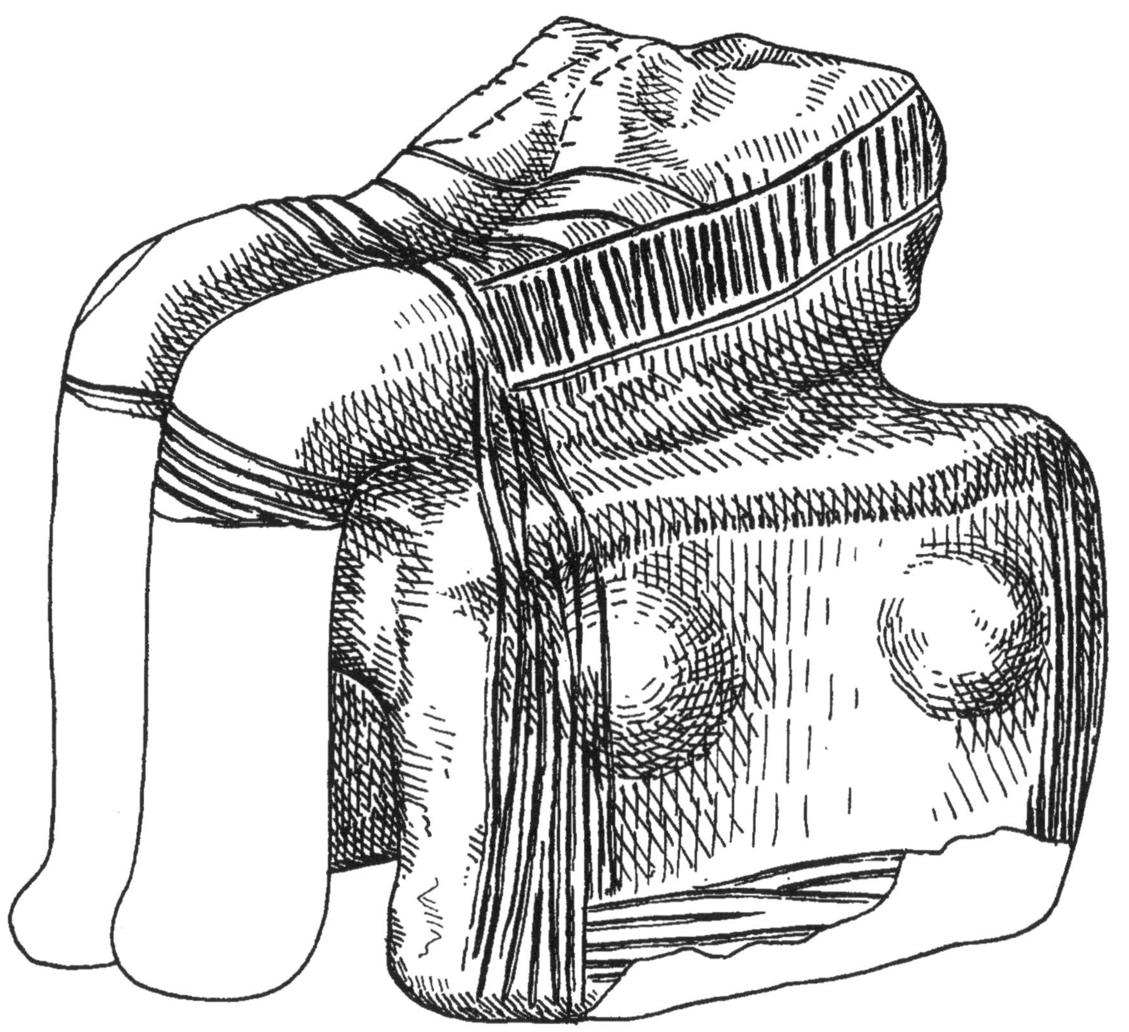

그림 78

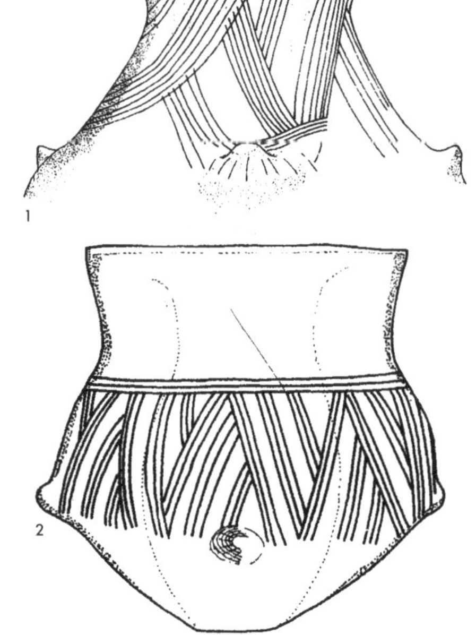

그림 80

그림 78

유두가 달려 있는 항아리와 조각품에서 물결 모티프는 종종 젖가슴과 연관된다. 여기서 퍼붓는 빗줄기는 인신(人神)의 가슴에서 흘러나오는 자양분을 상징한다.

(1) 빈차 문화(루마니아의 라스트, 기원전 5200~5000년).

(2) 렝옐 문화(부다페스트의 어소드, 기원전 5000년경).

(1) 높이 11.9cm

(2) 높이 10.9cm

그림 79

젖가슴으로 장식된 옥좌에 앉아 있는 빈차 문화의 여신상. 물결 모티프가 여신의 몸을 거쳐 옥좌와 그녀의 상징적인 가슴으로 흘러내리고 있다(세르비아의 츠르노-칼라치카바라, 기원전 5000~4500년).

높이 11cm

그림 80

초기 빈차 문화인들이 제작한 토기 뚜껑에서는 여신의 열린 입에서 삼선 형태의 물결 문양이 흘러나온다(세르비아의 말차, 기원전 5200~5000년).

높이 11.6cm

팔(날개)과 머리가 잘려 있는 빈차 문화의 의례 용기에서는 평행선 문양이 몸을 둘둘 감싸고 있거나 몸 앞부분을 갈비뼈처럼 장식해놓았다(그림 81). 이러한 표식은 물결 모티프의 의미와 유사한데, 일반적으로 행운과 풍요, 자애를 상징한다.

5-3. 의례 용기나 여신상에 등장하는 사각형 속의 평행선

전형적인 물결 상징은 사각형 안에 평행선을 긋는 방식으로 진화했다. 처음에는 긴 개울을 간소화한, 무한히 연속되는 흐름에서 일부를 추출해낸 표현으로 이해했을 것이다. 사각형 안에 평행선이 있는 형태는 주둥이 달린 항아리와 아스코이에서 흔히 볼 수 있다(그림 82). 초기 빈차 문화에서 제작된 날개 달린 여신상 토기에는 이러한 장식에 V자나 빗질 문양이 결합되어 있다. 요르탄에서 발굴된 아스코이(기원전 3000~2500년)와 초기 키프로스 문화의 도식적 널빤지 형태의 여신상(기원전 2300~2000년)에서는 사각형이 사라지고 평행선만이 나타난다(그림 83-1). 네 개의 평행선 그룹으로 장식된, 통통한 사람 형상의 용기는 아마도 의례용 항아리로 쓰였을 것이다(그림 83-2).

그림 81

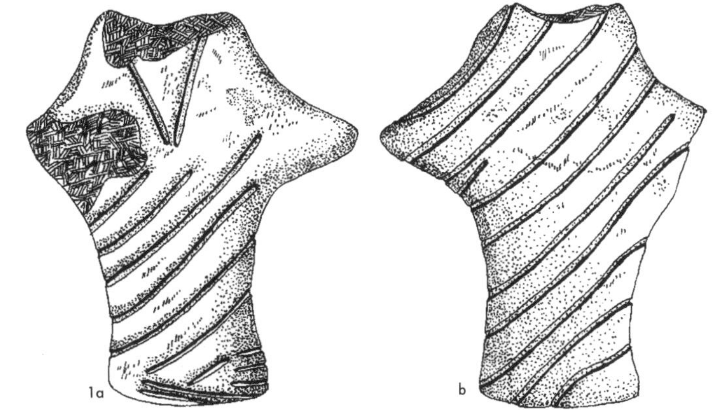

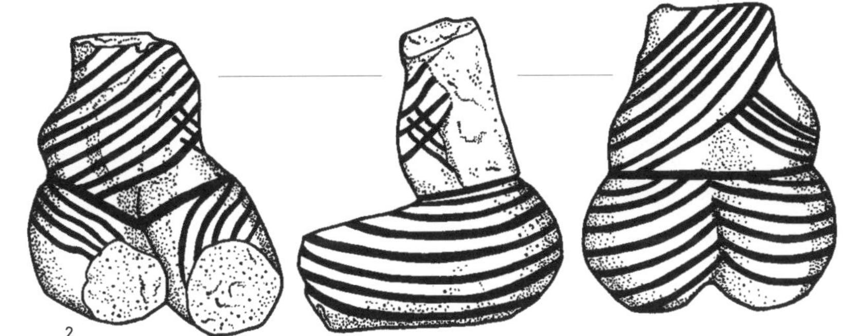

그림 81
이 테라코타 상은 물결을 표현하는 평행선 문양으로 둘러싸여 있다.
(1) 빈차의 토르소 여신상. 날개 같은 팔이 달려 있고, V자형 목걸이가 걸려 있다(세르비아의 코르마딘, 기원전 4500년경).
(2) 검은 선이 그려진 쿠쿠테니 문화의 좌상(루마니아의 트리페슈티, 기원전 3800-3600년경).
(1) 높이 6.35cm
(2) 높이 4.8cm

그림 82

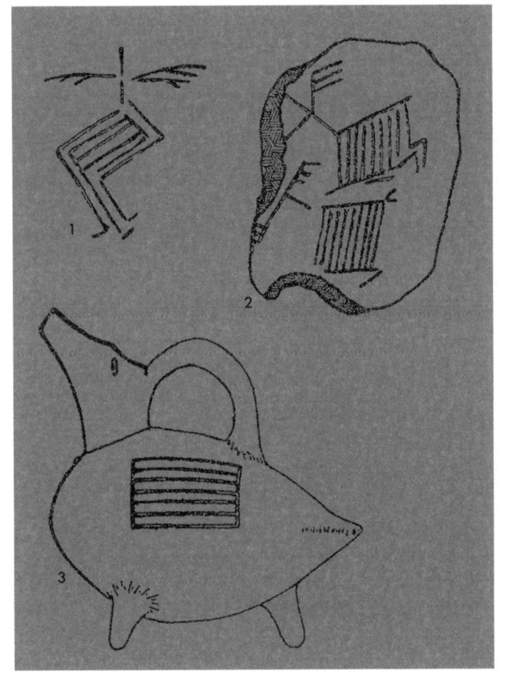

그림 82
사각형 안에 평행선이 그려진 문양은 날개 달린 형상이 장식된 항아리나 아스코이에 널리 쓰였다.
(1)과 (2)는 초기 빈차 문화(빈차, 기원전 5200-5000년).
(3) 아나톨리아 서부의 초기 청동기시대(터키의 요르탄, 기원전 3000-2500년).
(1) 높이 2.4cm
(2) 높이 3.5cm
(3) 높이 12.9cm

앞서 살펴보았듯이 사각형 안에 평행선을 그려 넣은 장식은 새 여신의 상징일 뿐만 아니라 행운을 가져오는 존재(여신)를 의미하는 은유이다. 이 상징은 수천 년간 사용되었다. 중부 유럽 청동기시대 말기와 철기시대 유적지에서도 이런 토기가 발견되었는데, 예컨대 리투아니아에서 발굴된 납골 단지를 들 수 있다. 여기에 새겨진 평행선은 신화적인 존재를 표현한 것이다(그림 84). 이 상징은 신석기시대까지 이어져 내려오는데, 이보다 약 3000년 전에 루사티아인들이 일군 사르데냐의 오치에리 문화에서도 사각형 안에 평행선을 그려넣은 인물상이 제작되었다.

그림 83

그림 83
뚱뚱한 여인의 몸을 형상화한 듯한 이 항아리는 뒷면에 네 개의 수직선 그룹이 세 줄로 장식되어 있고 목둘레에는 삼선 문양이 있다.
(1)은 뒷면, (2)는 측면으로 빈차 문화의 유물이다(세르비아의 오를라바트, 기원전 5000년경).
높이 18.6cm

5-4. 구멍이 뚫려 있는 용기

신석기시대, 순동기시대, 청동기시대의 여러 유적지에서 구멍 뚫린 용기들이 발굴되는데, 이는 비나 다산, 풍요를 기원하는 의례 용품으로 사용되었을 가능성이 높다. 카라노보 문화의 유적지(기원전 6000년기 중반~5000년기 중반)에서 출토된, 커다란 항아리에 달린 깔때기 모양의 구멍 뚫린 용기는 이런 용도로 쓰였을 것이다. 깔때기 모양의 용기에 신성한 물을 모은 후 커다란 항아리에 담아 성수(聖水)로 보존했을 텐데, 오늘날의 종교의식에서 그러하듯 이 물을 정화나 기원 의례에서 항아리 주위에 뿌렸을 것이다. 유럽의 마을들에서는 풍요로운 수확 혹은 동물이나 혼인한 사람의 다산에 감응하는 마술로 여전히 물 뿌리기를 한다.

구멍 뚫린 용기가 새 혹은 뱀 조각상과 연관된다는 점은 상당히 흥미롭다(그림 85). 크노소스 궁전에서 발굴된 미노아 문명의 유물에서 볼 수 있듯이, 이들 동물은 용기의 돌출부에 나타나거나 그 주변에서 뱀이 기어 나오는 식으로 표현되었다.

그림 84

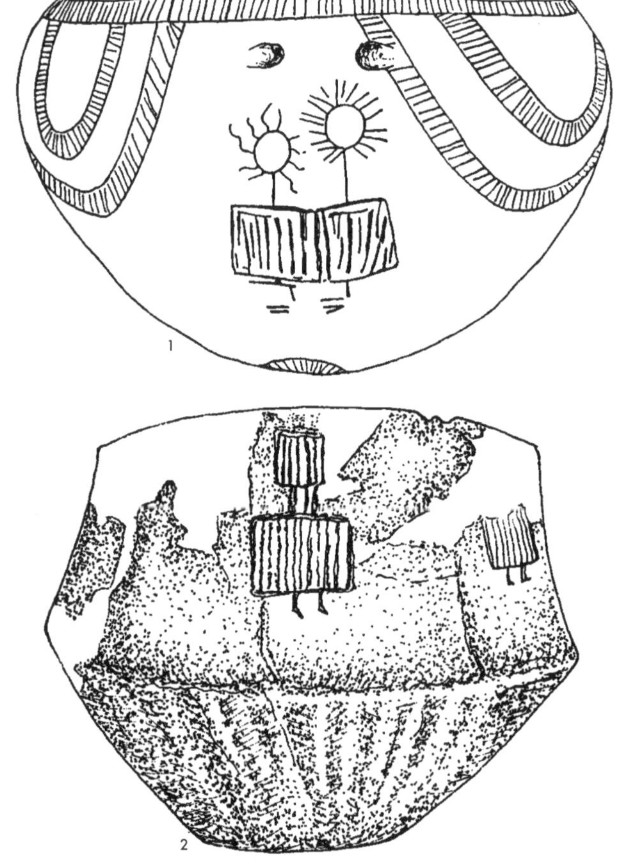

그림 84
유럽에서는 사각형 안에 평행선이 있는 장식이 여러 시기에 다양한 곳에서 여신의 몸으로 나타났다.
(1) 암굴묘에서 출토된 두 인물이 새겨진 항아리. 머리는 빛나는 태양처럼 묘사되었고, 발은 새의 발톱처럼 보인다. 오치에리 문화(사르데냐의 세라이스아라우스, 기원전 4천년기).
(2) 청동기시대 말기에 제작된 납골 단지. 두 개의 사각형 안에 평행선이 그려져 있는데, 의인화된 형상이다. 루사티아 문화(폴란드의 트레스타종도바, 기원전 1천년기 초기)
(1) 높이 15.5cm
(2) 높이 23.2cm

그림 85

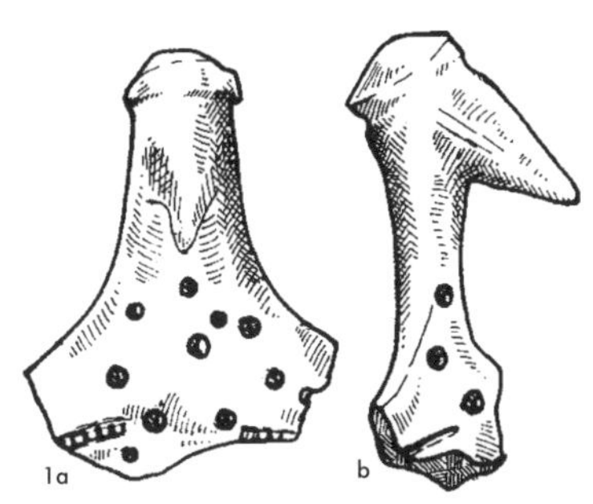

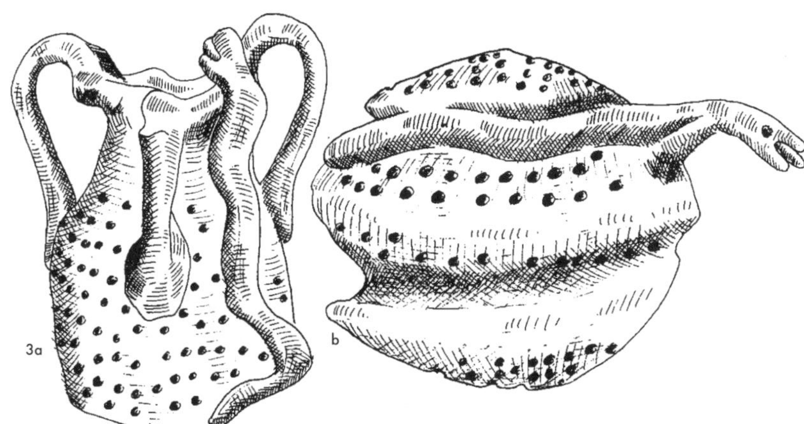

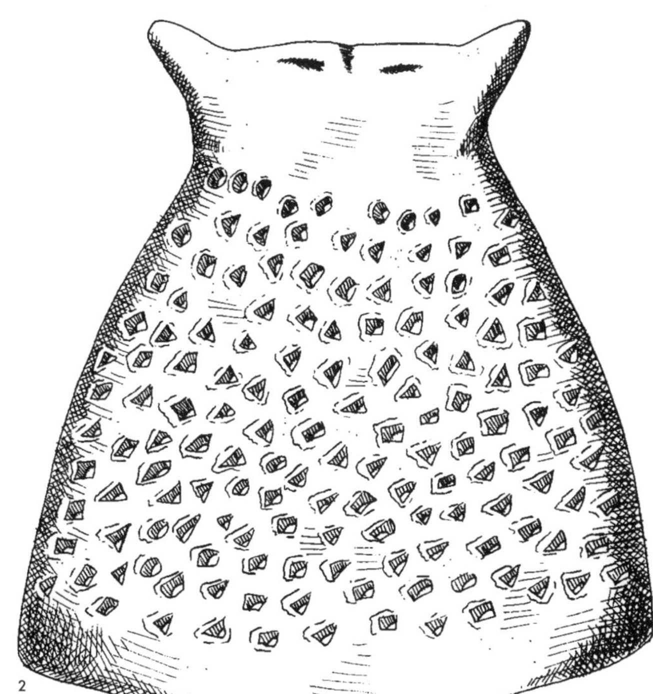

그림 85

구멍 뚫린 토기는 종종 새의 형상으로 만들어지는데 뱀과 연관이 있다.

(1) 왕관 쓴 새를 형상화한 용기의 손잡이(루마니아의 블러데니, 기원전 5000-4500년).

(2) 뚜껑을 덮은, 부엉이 모양의 용기. 삼선 문양이 꼭대기의 구멍을 둘러싸고 있다(루마니아 투르다, 기원전 5200-5000년).

(3) 크노소스 궁전에서 출토된 용기. 구멍에서 기어 나오거나 구멍을 둘러싼 뱀이 묘사되어 있다(크레타의 크노소스, 기원전 1500-1450년경).

(1) 높이 7.4cm

(2) 높이 15.7cm

(3a) 높이 16.8cm

(3b) 높이 13.8cm

초기 빈차 문화의 유물인 점토 용기 뚜껑. 초자연적인 캐릭터로 커다란 삼각형 문양에 둘러싸인 눈의 형상이 분명히 드러난다. 그림 89 참조.

6. 여신의 눈

6-1. 눈, 신성한 물의 원천

여신의 눈은 모든 것을 보는 힘, 즉 여신의 전지전능함을 강하게 암시하기 위해 커다랗게 표현되었을 것이다. 하지만 여신의 젖가슴이나 입과 마찬가지로 눈 역시 신성함의 원천이고, 이 점이야말로 눈을 둘러싼 상징의 근본 특징이다. 눈이 신성함의 원천이라는 개념은 후기 구석기시대부터 분명히 나타났다. 돌니베스토니체에서 출토된 이 시기의 여신상에서는 눈에서 온몸으로 흘러내리는 물이 묘사되었다(그림 86). 중석기시대를 비롯하여 토기가 만들어지기 전의 신석기시대까지 유물에서 이러한 표식이 관찰된다.

기원전 1000년기에 나푸트 문화의 조약돌에 새겨진 여러 개의 반원 역시 이와 유사한 아이디어의 소산으로 보인다. 요르단 강의 야르무크 유적지에서 발굴된 신석기시대 자갈들에서도 눈초리가 올라간 눈에서 물이 흘러내리는 문양이 관찰된다(그림 87). 이는 눈이 신성함의 원천이라는 아이디어가 신석기시대까지 지속되고 있음을 입증한다. 눈에 V자 문양과 쐐기 문양이 결합된 것으로 보아, 이는 분명 새 여신이다.

순동기시대와 그후에는 평행선, 빗줄기, 그물망을 비롯하여 물과 친연성 있는 문양들이 눈을 둘러싸거나 눈 주변에 함께 나타난다. 빈차 문화의 항아리 뚜껑이나 다음에 소개할 사례들을 통해 이를 확인할 수 있을 것이다.

그림 86

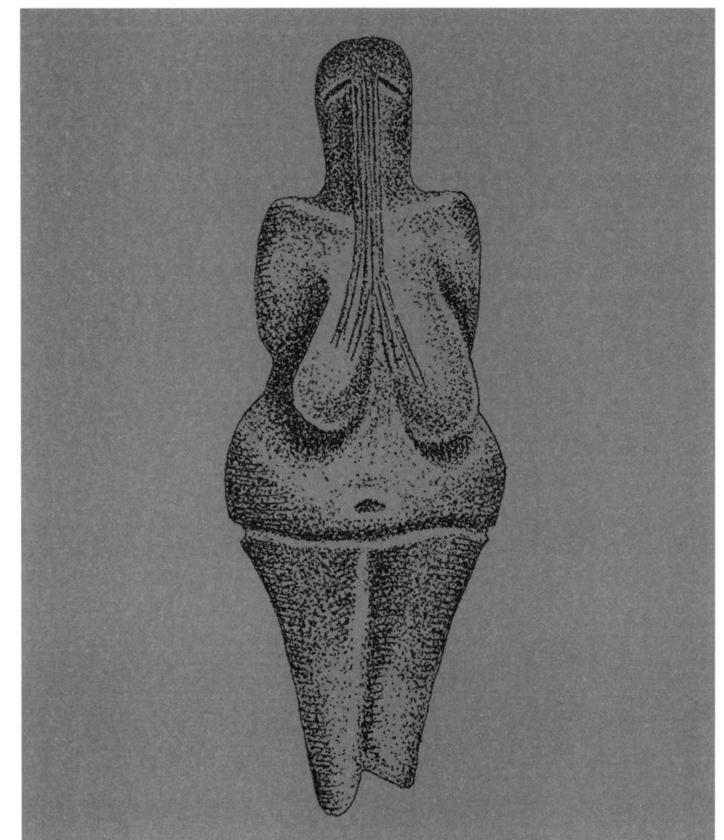

그림 86
후기 구석기시대에 뼛가루와 점토 반죽으로 제작한 여신상. 실눈에서 흐르는 눈물이 젖가슴 위까지 흘러내리고 있다.
초기 그라벳 문화(체코 모라비아 지역의 돌니베스토니체, 기원전 2만 4000년경).
높이 11cm

그림 87

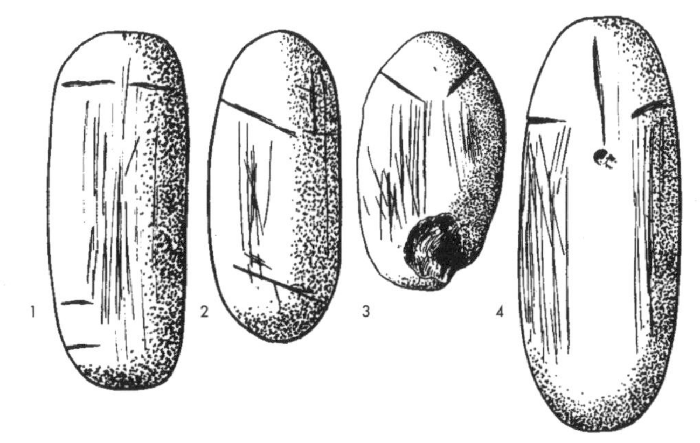

그림 87
눈에서 신성한 물이 흘러내리는 테마는 중석기시대와 신석기시대 유물에도 나타나는데, 신석기시대의 조각돌에 새겨진 이 이미지도 그중 하나이다. 야르무크 문화(레바논의 요르단 강 유역, 기원전 7천년기 말기).
(1) 높이 4.5cm
(2) 높이 3.9cm
(3) 높이 3.2cm
(4) 높이 5.1cm

6-2. 빈차 문화의 토기 뚜껑과 가면

빈차인들은 화려하게 장식된 올빼미 눈과 다채로운 문양이 장식된 뚜껑 달린 독특한 토기를 만들었다. 뚜껑 장식들은 미앤더, 평행선 띠, 단일 혹은 다중 V자 문양, 줄이 쳐진 삼각형, 이중 혹은 삼중 사선, 틀 속에 들어 있는 V자 띠 등 새 여신을 암시하는 상징체계로부터 유래했다(그림 88). 이러한 상징만으로도 여신을 표현한 토기임을 알 수 있으며, 이는 여신을 위한 의례에 사용하기 위해 한정된 것으로 보인다.

그림 88

1

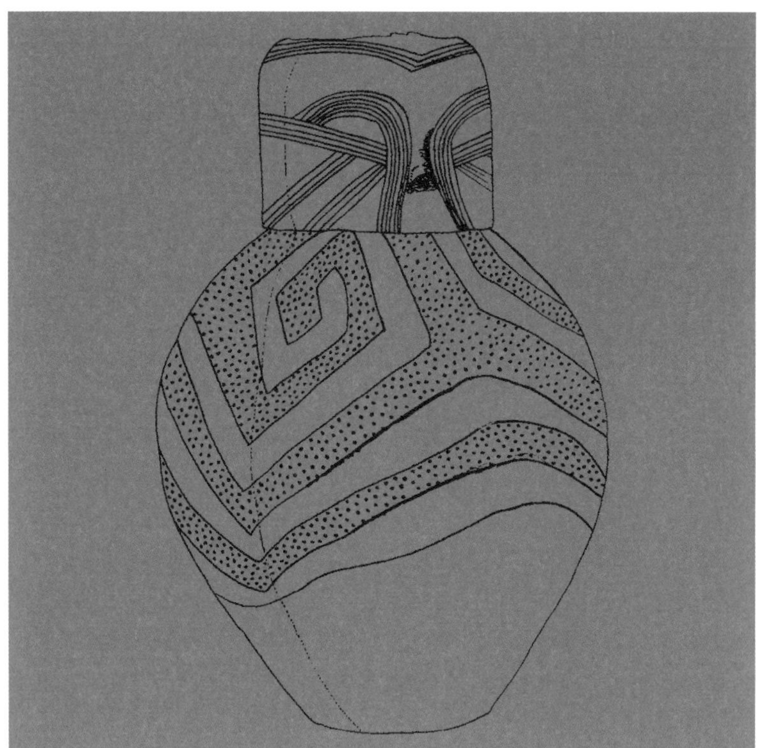

2

그림 88

(1) 빈차인들이 생산한 고유의 토기. 올빼미 눈이 묘사되어 있고 뚜껑이 달려 있다.

(2) 토기 뚜껑에 장식된 문양 목록. V자, X자, 미앤더, 평행선, 지그재그, 물결 문양 등 새 여신의 상징들이 조합된 것으로, 이들 모두 거대하고 강렬한 눈과 연관되어 있다.

(1) 높이 58.3cm

전에는 빈차 문화의 토기 뚜껑을 곰이나 고양이 머리를 형상화한 것으로 보았으나, 이는 잘못된 해석이다. 실제로 신석기시대와 순동기시대에 유럽에서는 고양이가 살지 않았다. 자세히 살펴보면 뚜껑에는 입이 아니라 새부리가 달려 있고, 눈과 함께 종종 부엉이 귀 뒤의 털이 묘사되며, 새 여신을 상징하는 문양이 장식되어 있다. 따라서 빈차 문화의 토기 뚜껑에 표현된 이미지는 새 여신으로 간주할 수 있을 것이다. 이것들은 대부분 신의 이미지로 여겨진다(그림 89).

빈차 문화의 토기 뚜껑에 나타나는 모티프를 아래의 범주로 분류할 수 있다.

1. 쐐기(단일 혹은 여러 겹): 교차하는 띠 문양과 결합하거나 미앤더와 결합.
2. 미앤더: 단일 문양으로 나타나거나 쐐기와 결합.
3. 하천: 사선 띠와 평행선 수직 띠 문양, 지그재그 문양에 선이나 점이 들어감.
4. 패널 안의 눈 아래에 하천이 있음.

이 토기 디자인에서 초자연적 통찰력을 표현하고 있는 거대한 눈은 주요한 요소이다. 평행선 띠 문양이나 위아래 수직선들 혹은 선으로 에워싸인 원은 신의 눈물에 대한 은유적 표현이다. 여신의 눈은 지상의 뭇 생명들이 삶을 영위할 수 있도록 하는 물의 원천인 것이다.

그림 89

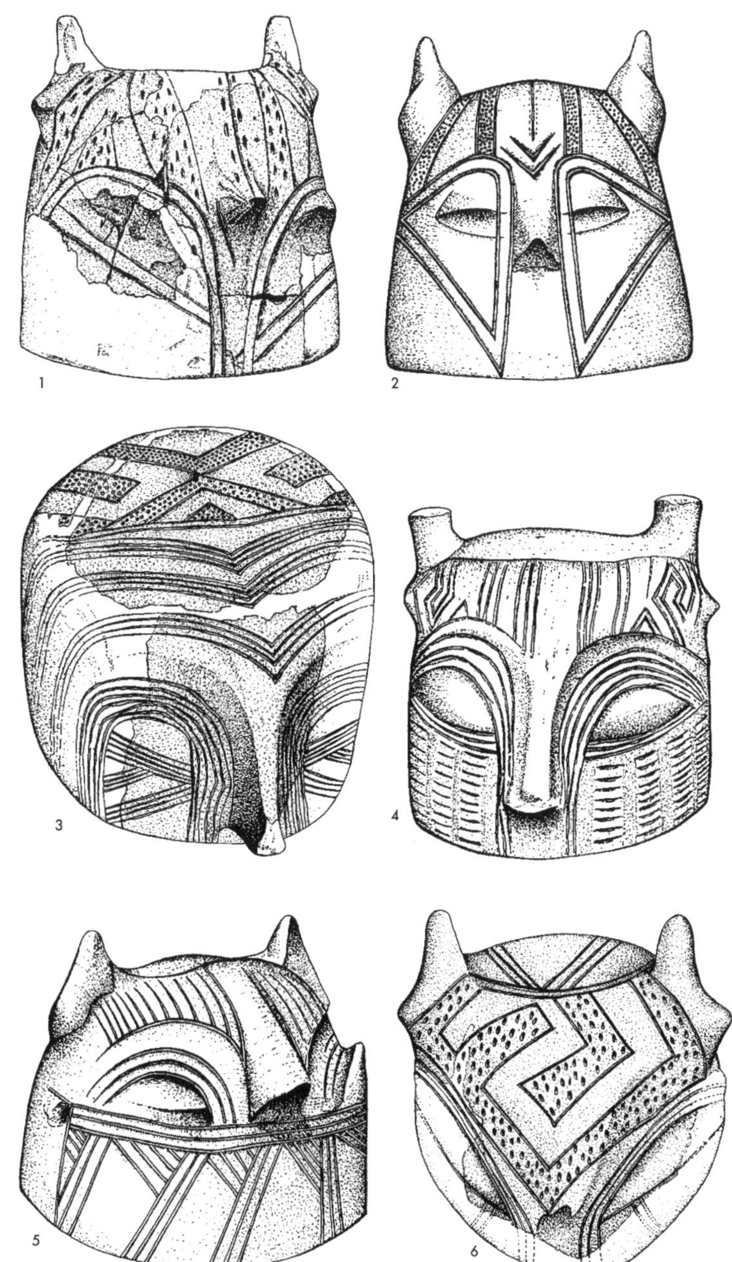

그림 89
빈차 문화의 항아리 뚜껑의 예.
(1) 눈 둘레의 이중 선이 눈을 강조하고 있다. 앞이마에는 물방울 띠 문양이 새겨져 있다. 초기 빈차 문화(빈차, 기원전 5200년경).
(2) 눈 주위의 거대한 삼각형이 초자연적인 눈의 특질을 분명히 드러낸다. 앞이마에 있는 이중의 V자 문양에 주목하라. 초기 빈차 문화(빈차, 기원전 5200-5000년)
(3) 아치 모양 하천 문양이 눈을 경계짓는다. 앞이마 위로 다중 쐐기, 정수리와 머리 뒤로 미앤더와 점이 찍힌 띠 문양이 있다. 중기 빈차 문화(빈차, 기원전 5000-4500년).
(4) 부리 옆과 눈 주위에 하천이 흐른다. 눈 아래 삼선이, 이마에 V자와 미앤더 문양이 있다. 중기 빈차 문화(코소보의 코소브스카미트로비차, 기원전 5000-4500년).
(5) 눈 위로 삼선의 아치가 있다. 이마 위에는 빗질 문양이 있다. 중기 빈차 문화(빈차, 기원전 5000-4500년).
(6) 눈 주위에 하천이 흐른다. 앞이마는 미앤더로 덮여 있고 정수리 뒤에는 쐐기가 있다. 중기 빈차 문화(빈차, 기원전 5000-4500년경)
(1) 높이 21.1cm
(2) 높이 14cm
(3) 높이 13.7cm
(4) 높이 12.6cm
(5) 높이 11.1cm
(6) 높이 12.4cm

그림 90

그림 90
새부리 가면 여신. 평행 삼선이 삼각형 모양의 눈 주위에 새겨져 있고, 앞이마는 미앤더로 덮여 있다. 빈차 문화(세르비아의 포트포란, 기원전 5000-4500년).
높이 10cm

더욱 정교하게 발달한 빈차 문화 여신의 가면에도 엄청나게 큰 반원형 눈이 관찰된다. 이 토기에 문양이 장식되는 방식은 부조, 새김, 그리고 흰색을 채워 넣어 문양을 표시하기 등으로 다양하다(그림 90). 여기서 눈의 문양은 빈차 문화 토기 뚜껑에 나타나는 문양과 대단히 유사하다. 항아리 뚜껑에 등장하는 상징 조합이 여기서도 관찰된다.

6-3. 서유럽 '눈 여신'

눈 여신(Eye Goddess)이라는 용어는 1957년 O.G.S. 크로퍼드가《눈 여신*The Eye Goddess*》을 출간한 이후부터 사용되었다. 눈이 강조된 여신, 즉 눈 여신이라 명명된 여신의 숭배는 지금껏 중동에서 유래하여 지중해를 거쳐 서유럽으로 전파되었다는 주장이 지지를 받아왔다. 실제로 시리아 동부 텔브락의 사원에서 출토된 뚫어져라 보는 눈과 눈썹 그리고 부리가 연결된 여신상들은 스페인과 포르투갈에서 등장하는 눈 모티프가 있는 돌 조각상과 놀라울 정도로 닮았다. 그런데 이런 유사점들은 신의 눈(divine eye)이라는 보편적인 상징 개념에서 유래한 것으로 보이며, 이 보편적 상징이 서구에서 다양한 모습으로 발전했을 가능성이 높다.

그림 91

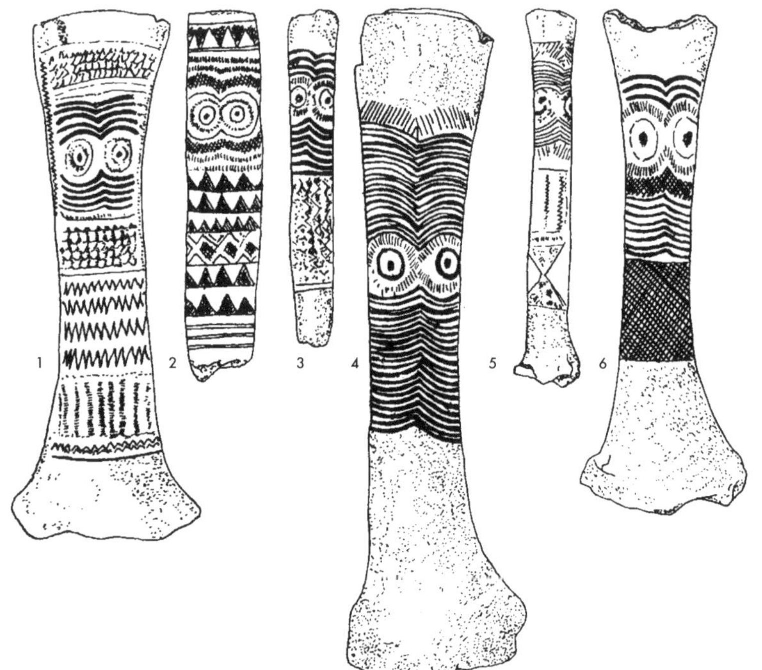

그림 91
무덤 부장품과 주거지에서 출토된 서유럽의 눈 여신. 지골(指骨)에 눈이 표식되어 있고, 그 둘레에 다중의 눈썹, 삼각형, 모래시계, 그물망 문양이 장식되어 있다.
알메리아-로스미야레스 문화(스페인 알미사라케 주거지. 기원전 3천년기 전반).
(1) 높이 14.1cm
(2) 높이 9.9cm
(3) 높이 9.1cm
(4) 높이 17.9cm
(5) 높이 10cm
(6) 높이 13.5cm

프랑스, 스페인, 포르투갈, 영국 등 서유럽에 등장하는 눈 여신은 기원전 5천년기~3천년기로 연대 측정되는 거석 문화의 유물 중에서 여신상 모양을 한, 출입구에 서 있는 거대한 스텔레로 나타난다. 이 상들은 크로퍼드가 통칭한 눈 여신이라고 주장해도 무방할 정도로 일부 유물의 두드러진 특질이다. 그럼에도 불구하고 눈 여신은 남동부 유럽의 새 여신과 관련이 있다. 기념비에 드러나는 상징적 문양인 쐐기, 지그재그, 평행선들은 이 지역에서 기원한 토착 여신의 문양과 완전히 다르지 않다. 실제 이 문양들은 남동부 유럽의 여신상, 가면, 토기 뚜껑에서 발견된 유물들의 문양과 같은 유물조합을 보여준다. 서유럽 여신들 중에서도 올빼미 모양 여신은 독특한 성격을 드러낸다. 둥근 눈은 분명 여신의 정체성을 확립해주기에 종종 보조적으로 등장하는 사람 형상의 특질들은 눈여겨볼 필요도 없을 정도이다.

서유럽 눈 여신은 거의 매장 유물로 알려져 있

그림 92

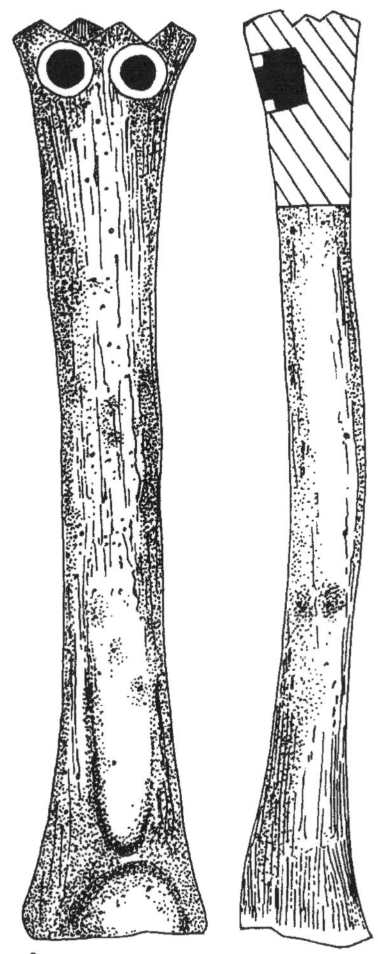

그림 92
올빼미의 눈과 죽음을 상징하는 신석기시대 뼈 조각의 유사점.
(1) 올빼미 눈은 생명을 부여하는 물, 태양, 뱀 똬리 같은 재탄생의 상징이다.
(2) 여신의 기능 중 죽음을 나타내는 뼈 유물. 초자연적 둥근 눈동자는 뼈의 끝에 조심스럽게 새겨져 있다.
줄무늬토기 문화(프랑스 북동부 엔시스하임, 기원전 5000년경).
높이 11.5cm

다. 이 유물은 거대한 거석 무덤 입구에 서 있는 스텔레 혹은 여신상이나 돌 지골(phalange), 돌 실린더 혹은 내부의 편암 명판까지를 포함한다. 이 여신과 무덤, 동굴(본문 187쪽 18장 참조)의 연관성을 고려할 때, 눈 여신의 괴저성 특질이 명백히 부각된다. 하지만 여기서는 눈 모티프의 디자인 요소에만 초점을 맞추어보자.

스페인과 포르투갈의 지골 유물을 살펴보면, 뼈의 상부나 중앙부에 조각된 둥근 눈이 관찰된다. 이 눈 위아래나 뒤쪽에는 다른 문양들이 추가되어 있다. 눈썹은 부리 형태와 결합되어 있고 바깥 끝은 눈 둘레로 연장되어 있다(그림 91~93). 중심 모티프는 종종 평행선들로 둘러싸여 있는데, 일부 유적에서는 다중의 눈썹 모티프가 지그재그 띠나 그물망과 교호한다. 돌 실린더 여신상의 눈은 이중 혹은 삼중 쐐기 문양이 측면에 위치하고 눈 아래에는 반원의 줄들이 있다. 뒤통수와 정수리에 장식된 지그재그 문양은 물/머리카락에 대한 은유이다.

세 번째 타입 유물은 구멍이 뚫려 어디에든 걸 수 있도록 만든 편암 명판인데, 양쪽으로 팔이 있다는 사실을 인식할 수 있고 전형적인 올빼미 눈과 부리가 있다. 또 위로는 수평으로 삼선 문양이 등장한다. 양쪽 명판의 나머지는 쐐기, 지그재그, 선으로 이루어진 삼각형 디자인에 뒤덮여 있다(그림 371 참조).

그림 93

그림 93
거석 무덤에서 출토된 돌로 된 눈 신상. 눈 아래에 둥글려진 두 선이나 네 선은 관자놀이 쐐기 문양으로 연결된다. 머리 위와 뒤의 지그재그 패턴은 머리카락을 표현한 것이거나 빈 기둥의 일부일 수 있다(스페인의 모론 데 라 프론테라, 기원전 3천년기 초기로 추정).
(1) 높이 7.4cm
(2) 높이 7.4cm
(3) 높이 7.6cm
(4) 높이 7.6cm

눈 모티프는 사발이나 접시의 문양으로도 사용되었는데 로스미야레스와 알메리아에 있는 또 다른 천장식 지하 분묘에서 발견된 거석 유물에도 등장한다. 여기서 발견된 소위 '빛을 발하는 태양' 모티프는 눈/태양 상징이 합성된 것이다. 이는 '빛을 발하는 신의 눈'으로 보는 것이 훨씬 논리적일 것이다. 첫 번째 예는 여신을 추상화한 눈과 음문으로 구성되어 있다(그림 94-1). 종종 눈은 단일 혹은 여러 겹의 눈썹 모티프 그리고 여러 겹의 평행선이나 쐐기 문양과 연결되어 있다. 풍요로운 문양들로 화려하게 장식된 그릇들도 출토되었는데, 물결처럼 굽이치는 선들과 수직선이 결합된 기둥 모양으로 각각 나뉘어 있다. 한 곳에는 눈 모티프가, 다른 곳에는 암사슴과 수사슴이 등장한다(그림 94-2).

이 상징의 결합은 계절 의례와 연관이 있을 가능성이 높다. 그중에서도 봄이나 여름의 의례와 연관되었을 것이다. 신비롭게도 수사슴 뿔은 4월에 나타나 5월과 6월 사이에 빨리 자라고 7월에는 완전히 성장한다. 이는 식물의 생장을 나타내는 은유임에 틀림없다. 봄에 씨앗을 파종하고 여름에는 성장이 최고점에 이르는 식물의 생장과 일치하기 때문이다. 여기에 등장하는 다양한 선들과 화환 무늬는 봄비와 연관된 표현이거나 아니면 수평선이 열두 줄이라는 점에 주목하면 책력을 나타내는 표기로 볼 수도 있다.

아일랜드 거석 무덤에서도 빛을 발하는 (신의 눈을 뜻하는) 태양을 만날 수 있다. 대개 원 안에 점이나 동심원 그리고 빗 모양 눈썹으로 표현되어 있다(그림 94-3). 이 마술적인 친연성, 즉 올빼미 눈과 성혈 그리고 동심원 안에 있는 성혈은 중심이나 원천에 대한 상징이다. 이것은 세스킬그린의 거석 무덤에서 잘 드러난다(그림 94-4) 눈과 성혈, 두 상징을 함께 엮는 행위 자체가 생명의 힘을 확신하는 의례였다. 그리고 하지(夏至)에 이 거석에 빛이 비친다(Brennan 1983: 89쪽). 북해를 거슬러 올라가 올빼미 여신의 빛나는 눈은 신석기시대 후기 덴마크, 노르웨이, 스웨덴 지역의 퓨넬 비커 문화의 장례용 토기에 나타난다(그림 94-5).

그림 94

1

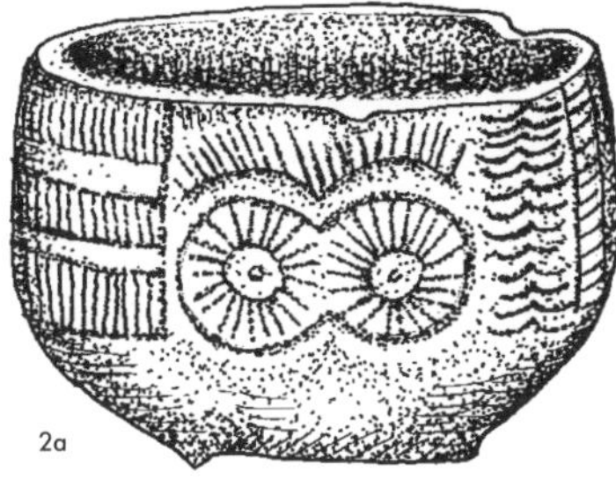
2a

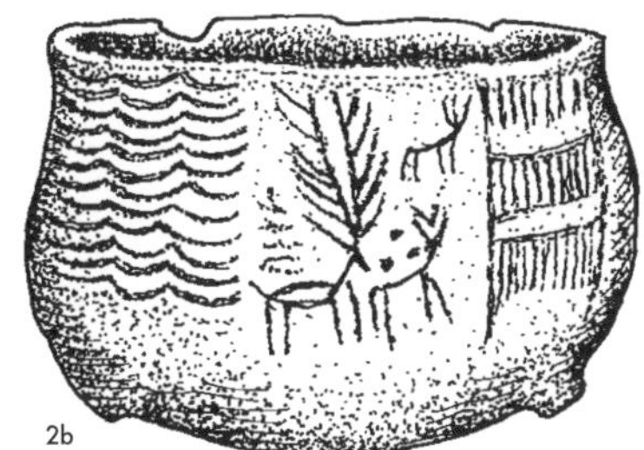
2b

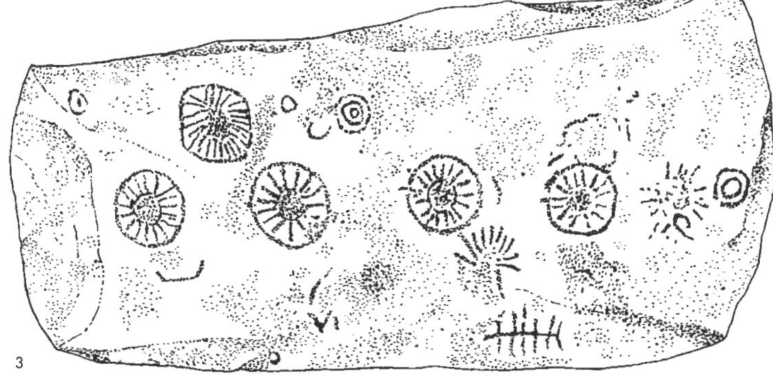
3

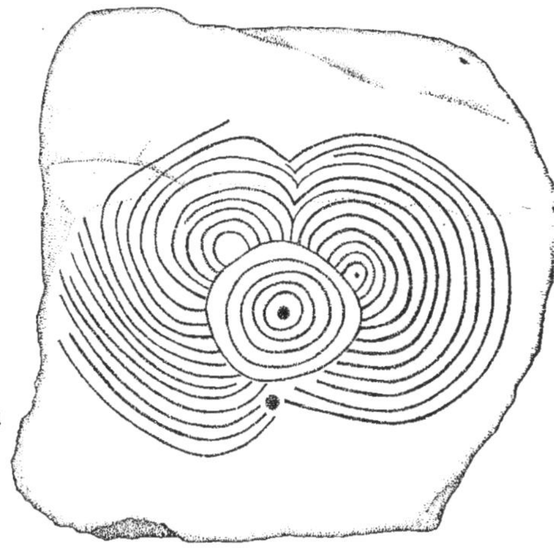
4

5

그림 94
'빛을 발하는 신의 눈'이 원형으로 된 신전 무덤의 유물에 등장한다. 이는 봄과 여름의 성장 의례와 연관되어 있을 수 있다.
(1) 여신의 추상적 표현: 눈 아래 세 곡선과 여신의 음문.
(2) 여신의 눈과 빛 모양 눈썹과 수평 및 수직 기둥. 암사슴과 수사슴을 구분하는 세 점. 로스미야레스(스페인의 알메리아, 기원전 3000년경).
(3) 아일랜드 거석에 각인된 '빛을 발하는 신의 눈'. 이는 스페인의 토기에 등장하는 문양과 거의 동일하다(아일랜드의 도스, 기원전 3200년경).
(4) 거석 묘비석에 등장한 올빼미 눈과 생명의 물의 마술적인 친연성을 보이는 다른 예로 스몰 세스킬그린 거석 유물의 회의석 안쪽 끝에 있는 묘비석에서 나왔다. 이 복합 상징은 하지 태양의 빛줄기를 받고 있다(아일랜드의 티론, 기원전 3000년경).
(5) 신석기시대 덴마크, 노르웨이, 스웨덴 지역 토기에 등장하는 빛나는 눈과 쐐기 문양. 이 항아리는 홈을 파거나 새겨서 문양을 넣었는데 올빼미 여신의 눈썹과 주둥이가 두드러진다(수이노, 코펜하겐 자연사 박물관, 기원전 3000년경).
(1) 높이 10.9cm
(2) 높이 8cm
(3) 높이 90cm
(4) 높이 90cm

6-4. 뱀의 똬리, 숫양의 뿔, 태양의 눈

도해상으로 눈과 뱀이 어우러지고 똬리를 튼 뱀으로 눈을 표현하는 경향은 유럽 남동부와 서부에 광범위하게 나타난다. 올드 유럽의 장인들은 두 개의 다른 이미지를 하나의 상징 표현으로 엮는 데 특별히 매료되었던 듯하다. 그 결과 개성 있는 표현들이 탄생했다. 뱀의 역동성은 고대부터 관심의 초점이 되었을 뿐만 아니라 되풀이해서 주목받았던 요소이다. 뱀의 에너지는 물과 태양에서 유래했다고 믿었다. 뱀의 마술적인 힘과 자연의 창조력에 대한 고대의 은유는 인류 초창기부터 자연스러운 직관으로 형성되었음에 틀림없다. 이런 개념은 올드 유럽 예술에 전적으로 통합되었다. 신의 눈은 똬리를 튼 뱀이 단일 문양으로 표현되거나 때로 둘이 결합되어 나선으로 표현되어 있다. 이 디자인 모티프는 토기나 사원과 무덤에서도 관찰된다.

뱀과 눈의 마술적인 친연성을 기원전 4천년기 초기 쿠쿠테니 문화 토기에서 찾아볼 수 있다(그림 95-1, 2) 이 모티프가 기원전 3천년기 에게 해 지역에도 계속 등장한다. 특히 흥미로운 예가 토기편에 보존되어 있다. 아티카의 아기오스코스마스에서 출토되었고, 기원전 3천년기 초중기의 유물로 추정된다(그림 95-3). 눈과 입을 표현할 때 뱀이 똬리를 튼 문양을 사용했는데 여기에 눈썹을 숫양의 뿔로 표현하는 은유가 더해졌다. 숫양의 뿔이 상징하는 바는 다산이며, 숫양은 여신의 신성한 동물에 속한다(본문 75쪽 9장 참조).

그림 95

1

2

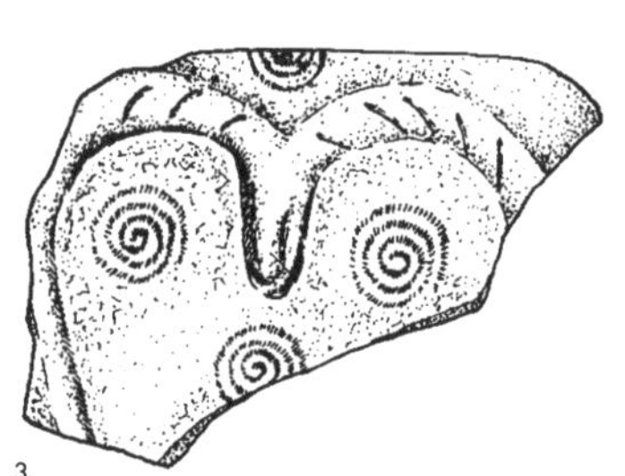
3

그림 95
유럽 남동부와 서부의 유물에서는 종종 뱀의 역동적인 에너지가 신의 눈의 원천과 쌍을 이룬다.
(1) 쿠쿠테니 문화의 유물인 뚜껑에서 뱀의 나선으로 눈이 표현되고 뱀 같은 띠로 경계가 구획된다. 적황색 바탕에 검정 네거티브 디자인.
쿠쿠데니 B(루마니아의 쿠쿠테니, 기원전 3800-3600년).
(2) 쿠쿠테니 B 유물인 토기 목 부분에 있는 문양으로 거대한 눈이 두드러지고, 초승달과 두 뱀이 어우러져 있다(루마니아의 발레아루풀루이, 기원전 3800-3600년).
(3) 여신의 신성한 동물인 숫양도 뱀, 눈과 연관이 있다. 기원전 3000년기 초기의 이 질그릇 조각에서 눈은 똬리를 튼 뱀으로, 눈썹은 양의 뿔로 표현되어 있다. 눈썹은 돋을새김되어 있다(그리스의 아기오스코스마스, 기원전 3천년기 중기).
(1) 지름 10.8cm

그림 96

그림 96
무덤 입구에 장식된 똬리를 튼 뱀 그리고 숫양의 뿔로 나타낸 눈 모티프.
초기 청동기시대(시칠리아의 카스텔루초, 기원전 3000-2500년).

눈, 뱀의 똬리, 숫양 뿔의 은유는 초기 청동기 시대 시칠리아 남동부의 암굴묘(rock-cut-tomb)로 들어가는 문 입구에 조각되어 있다(그림 96).

뱀이 똬리를 튼 모양의 거대한 눈은 몰타의 거대한 석조 사원인 지간티자, 하자르킴, 부지바, 타르시엔에 많이 등장한다(그림 97). 똬리를 튼 뱀들 사이에 등장하는 V자 문양은 새부리를 나타낼 수도 있지만, 단순히 여신을 명시하는 표식이라고 볼 수도 있다. 눈이 돋을새김된 거대한 석회암은 회랑의 칸막이 역할도 하고 사원의 방 역할도 하는데, 이는 여신의 현존을 강조한다. 이 중에서도 가장 정교하게 장식된 블록은 기원전 3000년기 초기의 타르시엔 사원에서 찾아볼 수 있다. 이 신전의 거대한 석판에는 장식으로 발전한 모티프가 다양한 방식으로 표현돼 있다. 이 중에는 새싹이나 나뭇가지가 움트는 긴 나선형이 블록 전체에 각인된 것이 있다. 몰타의 사원은 여신에게 헌정된 인간의 탁월한 재능과 장인정신의 산 증거이다.

서유럽 거석 예술은 똬리를 튼 뱀과 쌍으로 된 똬리를 튼 뱀 모티프로 채워져 있다. 이는 독자적인 단위로 나타나거나 의인화된 형상의 일부로 등장한다. 어떤 경우는 한 장의 석판 표면에 똬리를 튼 뱀 모티프와 쌍으로 된 똬리 튼 뱀의 눈 모티프가 함께 나타난다(Herity 1974: 81, 92, 104쪽)(그림 370 참조).

눈과 태양의 특별한 관계는 언어학적으로도 증명된다. 고대 아일랜드어 술리(súli)는 눈인데, 다른 언어에서는 태양을 뜻한다(예를 들어 리투아니아어와 라트비아어에서 태양은 사울레(saule)이다. Hemp 1975 참조). 게다가 술리스(Sulis)라는 여신이 있는데 이 여신은 로마제국 치하의 브리튼에서 미네르바와 동일한 여신이다. 이 여신은 배스 지역에서 아쿠아에 술리스라 부르는데, 치유를 관장하는 온천의 수호신이다(Jackson 1970: 68쪽). 여신을 수식하는 복수형 술레비아에라는 단어는 쌍둥이 태양(twin-sunned)을 뜻한다. 이는 신을 수식하는 표현으로 그 의미가 눈에서 태양으로 바뀌었음이 명백하다. 사람들은 이 여신의 마법적인 재생의 눈을 태양으로 이해했다.

그림 97

1

2

3

그림 97

몰타와 아일랜드의 거석 사원의 돌에 돋을새김된, 뱀으로 형상화한 눈. 여기에는 역동적인 뱀과 신의 눈의 원천이 결합되어 있다

(1) 타르시엔.

(2) 몰타의 하자르킴, 기원전 4천년기 말·3천년기 초기.

(3) 보인 계곡의 뉴그랜지 성소(기원전 3200년경).

그림 98

신의 눈처럼 성혈도 생명을 선사하는 물의 원천을 상징한다. 영국의 신석기시대(잉글랜드 요크셔의 베일던 무어).

그림 98

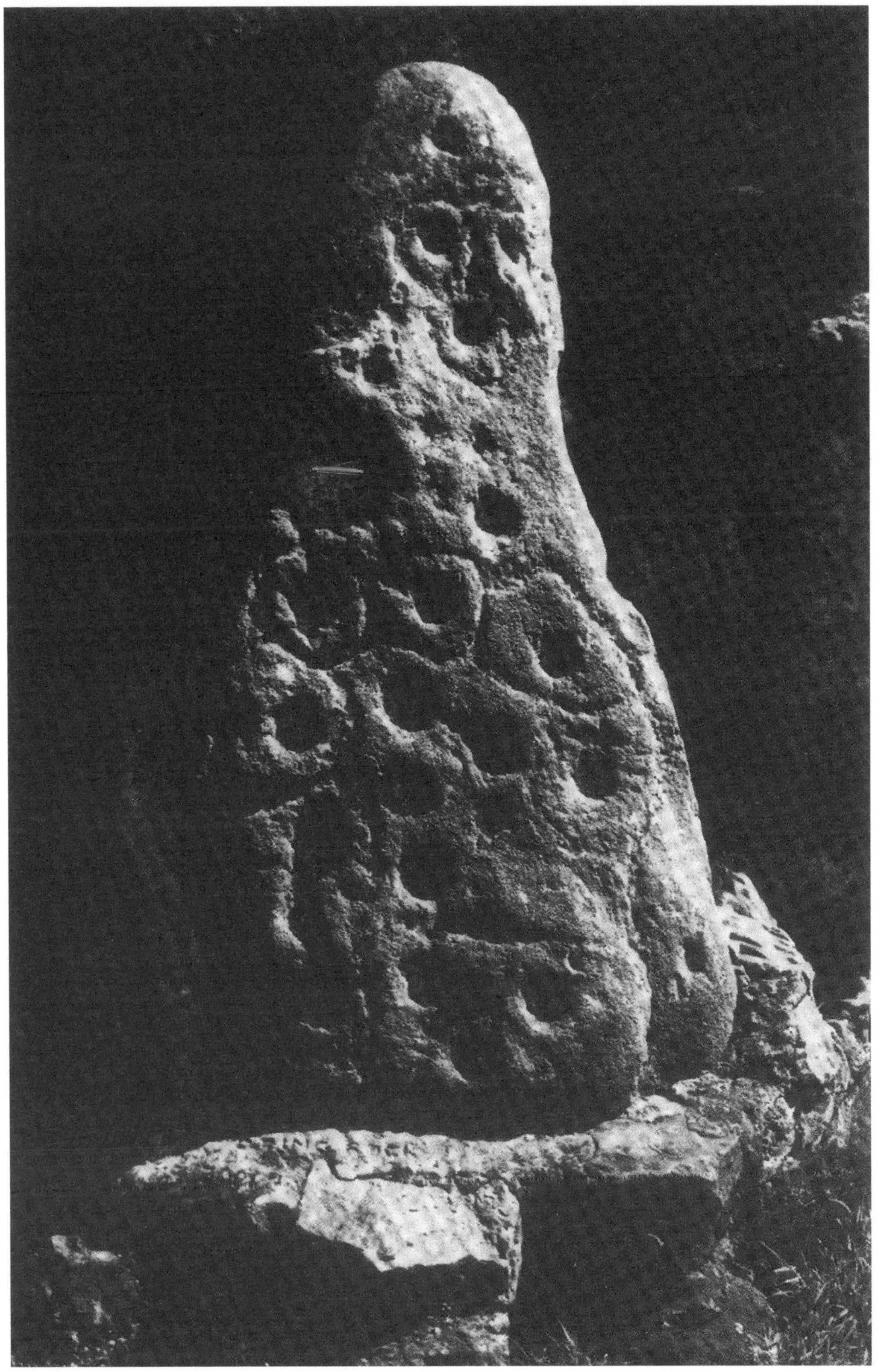

6-5. 성혈과 샘

유럽, 특히 서부와 북부 전역에는 의도적으로 변형시킨 거대한 바윗덩어리와 인체 형상의 돌들이 관찰된다. 이 바윗덩어리들의 눈에 띄는 특징이라면 성혈이라고 부르는 조그맣고 둥근 구멍이 있다는 점이다. 구멍의 수는 하나에서 수백 개에 이르기까지 다양하다. 이 구멍들은 눈이나 뱀 문양과 함께 등장하기도 한다. 종종 사람 형상의 돌, 즉 여신상에 이런 문양들이 장식되어 있다(그림 98). 하나나 둘 혹은 여러 개의 원으로 둘러싸여 있는 것도 드물지 않다. 분명 눈을 표현한 구멍들인데, 자연히 신의 물의 원천, 즉 생명의 물 자체를 의미한다. 이는 또한 흐르는 물을 담아두는 용기이기도 하다.

이런 상징적인 의미가 오늘날 유럽의 농민들 사이에도 일부 남아 있다. 농민들은 빗물의 치유력을 믿어 지금도 성혈에 고인 빗물을 채취한다. 신체가 마비된 사람이나 장애가 있는 사람들이 신성한 물을 마시거나 그 물로 몸을 씻고 문제가 있는 부위에 바르기도 한다. 한 예로 그리스인들은 7월 26일 성 금요일을 뜻하는 파라스케비 의례를 한다. 선사시대 여신 전통을 계승한 의례인데, 파라스케비는 특별히 눈병을 치유하는 데 효험이 있다고 믿는 날이다. 이 의례 동안에는 인간의 눈을 상징하는 수백 개의 봉헌물을 은으로 만들어서 여신의 아이콘을 장식한다(Megas 1963: 144쪽) 나는 1986년 여름, 에게해 복판에 있는 파로스 섬의 한 사원에서 성인의 초상에 이런 봉헌물들이 장식되어 있는 광경을 목격했다.

성혈은 작은 샘이다. 거대한 돌들 아래에서 솟아나는 샘물은 더없이 신성하다. 이 샘물을 생명을 부여하는 여신의 신이한 물의 원천으로 간주했는데, 20세기에도 이 믿음은 유럽 전역에서 찾아볼 수 있다. 선사시대의 유물들과 다양한 지역의 민담을 살펴보면 샘하고 성혈은 상징적으로 서로 호환된다는 사실을 알 수 있다. 둘 다 중앙에 집중되어 있는 여신의 생명의 힘을 상징한다.

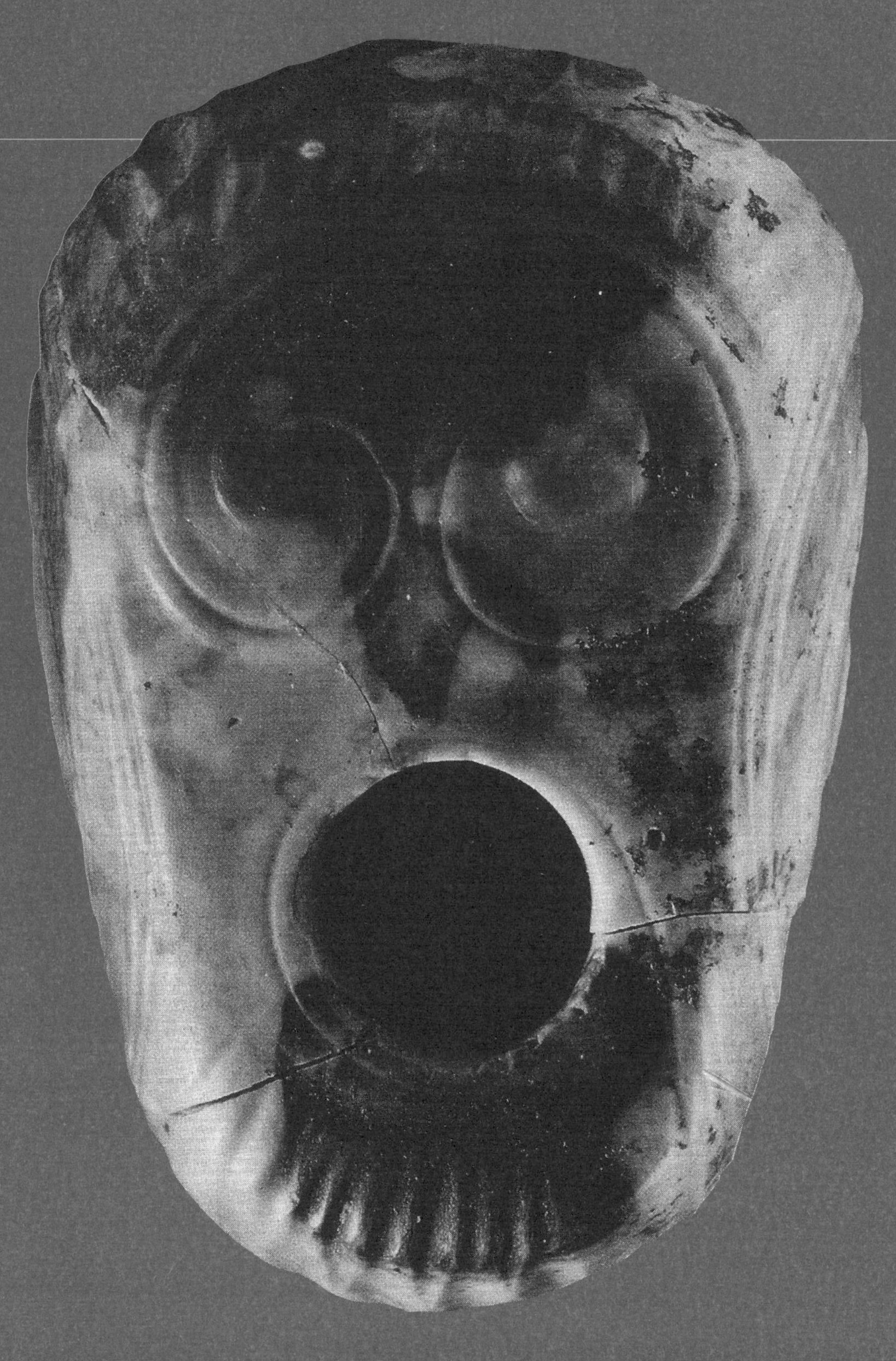

아일랜드 노스에서 출토된 인간 형상의 가면. 거대한 입과 나선의 눈이 선명하고 양 측면은 뱀 똬리 문양으로 장식됐다.
그림 102 참조.

7. 열린 입/여신의 부리

열린 입 혹은 부리는 신의 기원을 표현하며 다양한 형태로 드러난다. 우선 새 여신의 이미지가 그렇고 새 둥지 모양의 제단도 마찬가지다. 제단에는 새 머리 장식이 있는데 부리를 크게 벌린 새의 대가리가 두드러진다. 그리고 새 여신의 문양이 있는 의례용 항아리도 발견되었는데, 항아리에 물을 따르는 주둥이도 신의 기원을 표현한다. 그리고 물고기 입처럼 생긴 용기들도 다양하게 관찰된다.

7-1. 여신상과 제단에 있는 신상들

돌이나 토기로 만들어진 여신상에서, 벌린 입은 아주 오래전부터 등장했고, 처음 나타난 이후 오래 이어져 내려온 상징이다. 입은 성혈이나 둥근 구멍으로 표현되는데, 이 유적은 기원전 7천년기 이래 지중해 동부와 유럽 남동부에서 발견되기 시작한다. 레바논의 야르무크 문화 유적지에서 발견된 성혈 모양의 입이 있는 돌 조각상이 주요한 예인데, 상징의 특질들이 신명하게 드러나서 이 계열의 유물임을 확인하는 표식처럼 되어 있다(그림 99). 이 유물을 살펴보면 얼굴에 선을 새겨 눈을 표현했다. 이외에 다른 문양은 없고 겹선 혹은 삼선 문양만 관찰된다.

기원전 7천년기~6천년기 초기에 세스클로와 스타르체보에서 발굴된 여신상 시리즈의 가면에도 둥근 구멍으로 입을 표현한 유물이 있다. 이 또한 분명 성혈과 같은 상징적 의미가 있다. 비트미르에서 발견된 토기로 만든 가면을 쓴 여신상에서도 넓게 벌린 입이 두드러지게 강조된다. 여기에서는 V자 문양이 뚜렷하다(그림 100). 기원전 5천년기 중반의 카라노보에서 발굴된 여신상들 중 일부를 살

그림 99

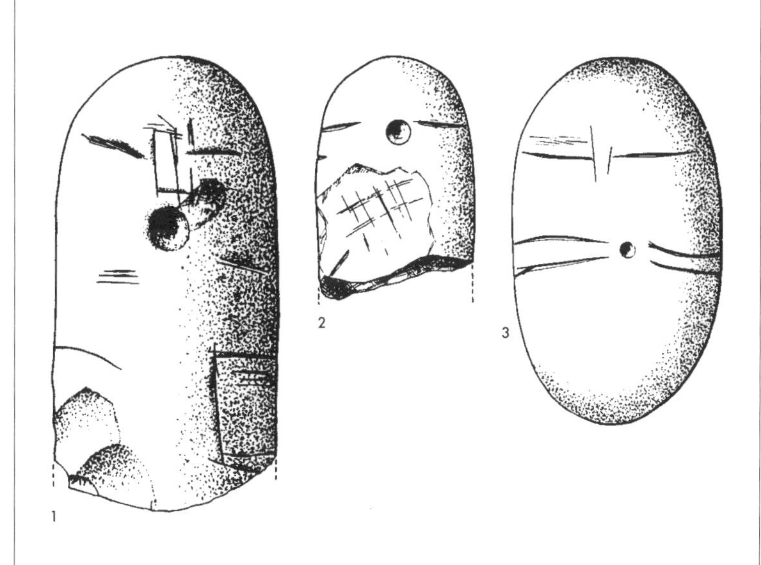

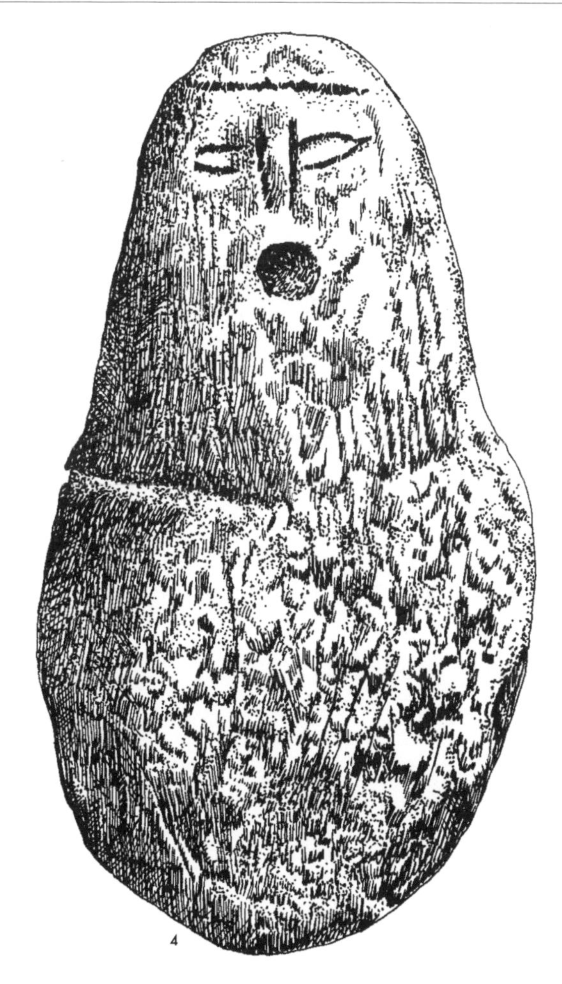

그림 99
신석기시대 유물로, 벌린 입을 성혈로 나타냈는데 이를 제외하면 얼굴에 거의 특질이 없다.
(1)-(3) 야르무크 문화(레바논 요르단 강 계곡, 기원전 7천년기 말기).
(4) 유사한 형태의 신석기시대 여신상(레바논 비블로스, 기원전 7천년기 말기).
(1) 높이 7.3cm
(2) 높이 4.9cm
(3) 높이 5.8cm
(4) 높이 6.9cm

펴보면, 얼굴에서 벌린 입을 제외하고는 다른 특질들이 전혀 보이지 않는다. 어떤 상들에는 부리가 있고 부리 아래쪽으로 구멍이 셋 있다(그림 101). 찰흙 제단에 벌린 입과 새부리 문양이 등장하는 경우가 있는데, 이는 틀림없이 이 제단이 새 여신과 연관이 있음을 의미한다.

아일랜드 노스에 있는 무덤/사원에는 돌로 만들어진 사람 모양의 상들이 많이 발견되는데, 입을 크게 벌린 이 상들이 정교하게 표현되어 있다(그림 102). 둥근 입 위로는 나선형 모양의 눈이 묘사되고 양옆으로는 똬리를 튼 뱀이 조각되어 있다. 노스와 뉴그랜지의 조각상들에는 이 상징들이 아주 조화롭게 어우러져 있다. 이 유물들에서는 나선의 눈, 똬리를 튼 뱀 그리고 성혈이 아주 빈번하게 등장하는 모티프이다. 이것은 신에게 부여받은 힘 중 특히 생식력을 나타내며, 이 상징들은 상호 호환성이 있다. 이 진귀한 예술품들은 무덤 벽이나 바깥에 설치된 돌에 장식된 상징들이 새로운 생명 탄생, 즉 재탄생의 힘을 나타내는 의인화된 신들과 연관이 있음을 증명한다. 오늘날 학계에서는 이 걸출한 예술작품과 장인정신을 왕/사제의 상징이거나 노스의 거대한 무덤을 만든 지도자의 상징이라고 주장한다(Eogan and Richardson 1982: 131쪽). 그런데 이 작품들은 명백히 여신의 언어를 사용하고 있기 때문에 올드 유럽의 전체적인 상징의 맥락에서 떼어내 이해해서는 안 된다.

7-2. 주둥이가 달린 용기에서의 여신

물 그릇으로 여신을 의인화하고, 특히 항아리의 주둥이를 여신의 입으로 간주한 개념은 토기가 탄생한 직후에 등장했고 수천 년간 이어져 내려왔다. 서부 루마니아의 파르차에서 나온 항아리가 대표적인 예이다(기원전 5200~5000년경, 그림 103). 주둥이 전체가 인간의 머리 형상인데 양팔이 이를 바치고 있고 머리 위로 다층의 쐐기 문양이 각인되어 있다. 머리/주둥이 아래에는 겹으로 된 M자, 지그재그 문양이 있는데, 이 문양들은 여신의 상징이자 물을 상징한다. 이런 모양의 용기는 사용할 때마다 여신의 입에서 물이 쏟아져 나온다. 이 항아리의 기능은 신성한 물의 원천이 여신이라는 개념을 가시적인 이미지로 표현하는 새로운 것이다.

그림 100

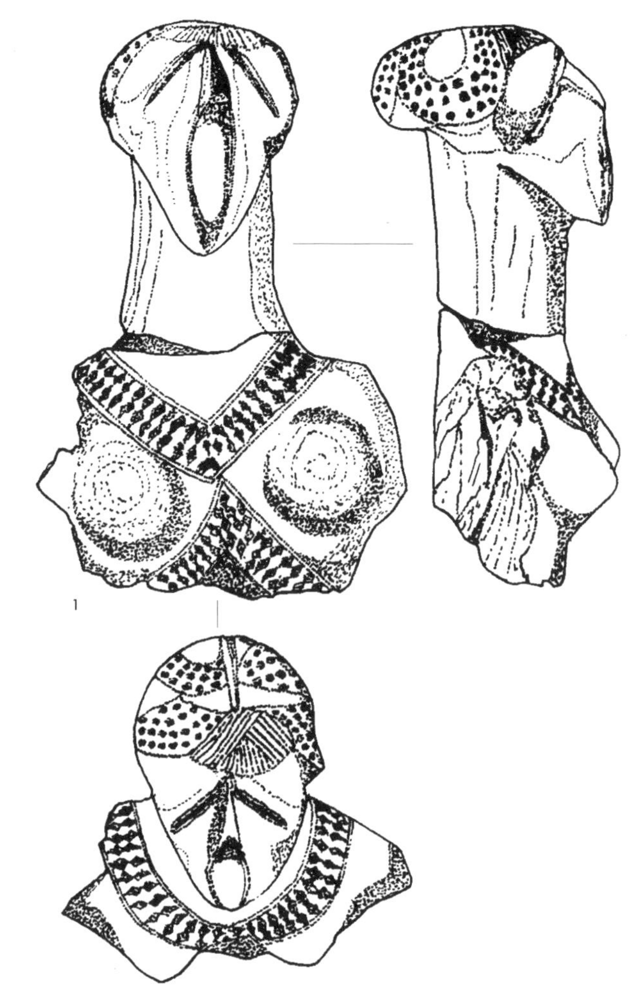

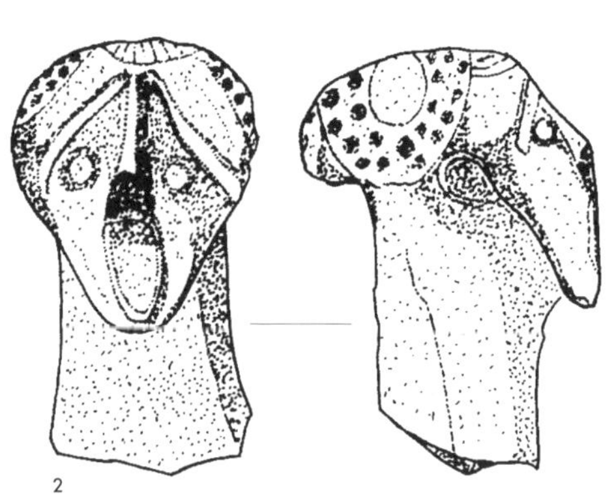

그림 100
기원전 7천년기 유물보다 더 정교한데, 넓게 입을 벌리고 있는 부트미르 여신과 같은 형상이다. 위의 그림에서는 눈이 거꾸로 된 V자 문양으로 표현되어 있다. 이 모티프는 가슴 사이에도 등장한다. 아래 그림에는 눈썹이 거꾸로 된 V자 문양으로 표현된다(사라예보 부트미르, 기원전 5천년기 초기).
(1) 높이 7.7cm
(2) 높이 4.4cm

그림 101

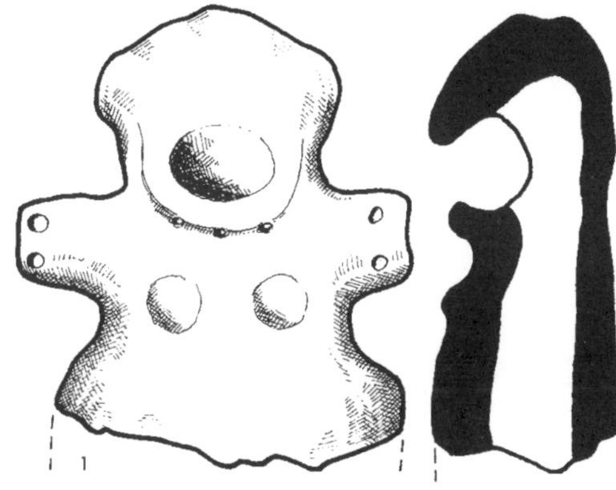

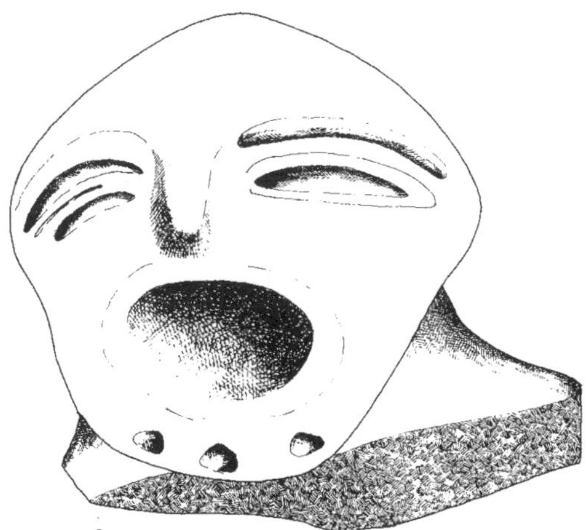

그림 101
뚜렷이 눈에 띄는 카라노보 VI의 두 여신상(기원전 5천년기 중기).
(1) 거대한 입만 표현.
(2) 눈과 새부리 형상의 코와 입. 둘 다 입 아래 구멍이 셋이다.
(1) 루스.
(2) 불가리아 하산-파카.
(1) 높이 10cm
(2) 높이 7.5cm

그림 102

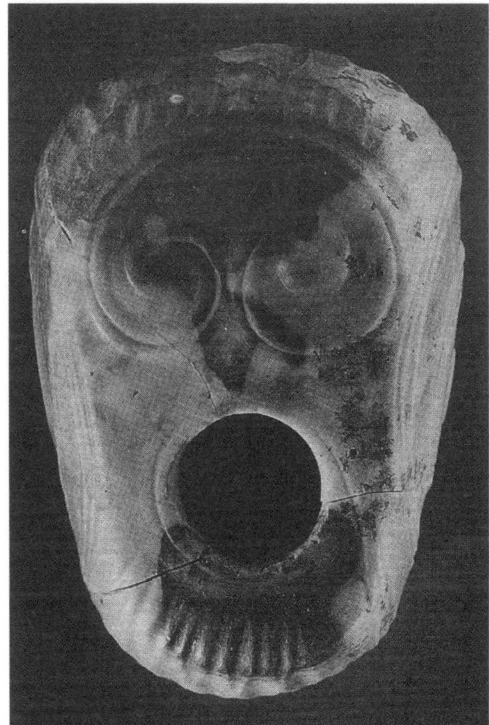

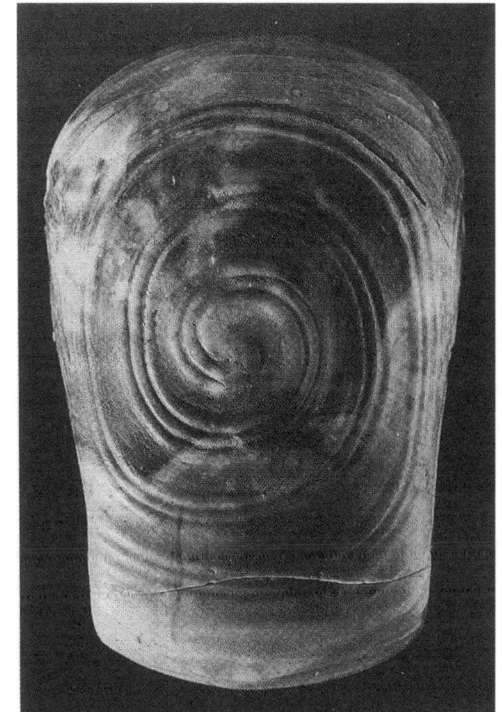

그림 102
의인화된 작품에서 볼 수 있는 나선의 눈, 넓게 열린 입, 양 측면의 똬리를 튼 뱀과 이마와 턱을 따라 세로로 새겨진 그림들. 플린트로 제작됐으며, 표면에 광택이 난다. 노스의 동쪽 무덤의 맨 아래층에서 발굴. 신석기시대 아일랜드(노스, 기원전 3500-3200년경).
높이 7.9cm

그림 103

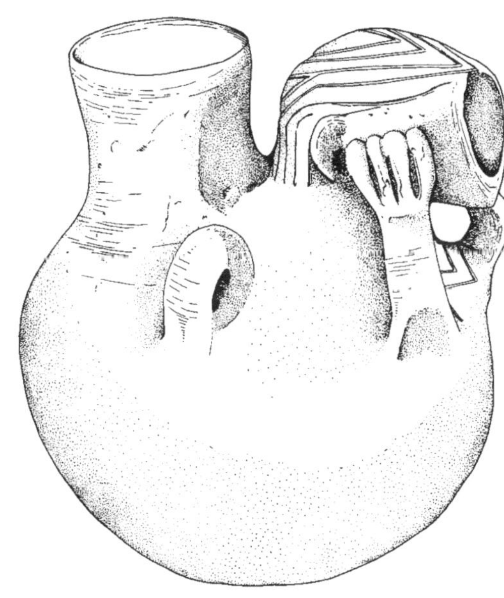

그림 103
머리에 쐐기가, 양 팔로 바치고 있는 주둥이/알 사이에 M자와 지그재그 문양이 있다. 이는 입에서 생명의 젖줄인 물이 흘러나오는 신의 형상임을 알 수 있다. 초기 빈차(루마니아의 파르차, 기원전 5200-5000년).
높이 16.4cm

숫양의 두부가 달린 토기. 미앤더와 쐐기 문양이 있고, 부리가 달린 얼굴이 특징이다. 빈차 문화권 구리광산에서 출토되었으며, 램프나 희생 제물을 담는 용기로 추정된다. 그림 110 참조.

8. 물레, 길쌈, 야금, 악기와 관련된 공예 기능의 부여자

그리스 신화를 통해 우리는 (여신) 아테나가 토기, 길쌈, 플루트, 트럼펫, 쟁기, 갈고리, 워낭, 말안장, 마차, 심지어 배까지 발명했다는 사실을 알고 있다. 여성들의 각종 기예뿐만 아니라 거의 모든 예술을 발명해냈다. 여신 아테나가 선사시대 새 여신, 그러니까 인간에게 온갖 선물을 내리는 여신을 계승하였는가? 여기에는 당연히 공예도 포함된다. 여신이 물레, 길쌈, 야금, 음악과 연관되어 있다는 사실은 여신의 기호, 즉 가락바퀴, 방추, 쇳물 도가니, 악기에 나타나는 문양으로도 추적할 수 있다.

8-1. 물레질과 길쌈

새 여신과 물레질의 연관성은 신석기시대와 순동기시대에 발굴된 가락바퀴에 드러나는 미앤더와 결합한 쐐기 문양이 증명해준다(그림 104). 쐐기 문양은 물레질하는 인물에 지속적으로 등장하는데, 여신이 앉아 있는 의자에서도 관찰할 수 있다. 이는 고대 그리스 시대까지도 이어져 내려온다. 기원전 470~450년경 아티카의 적자 항아리에는 앉아서 물레를 돌리는 여인상이 있다. 이 여인이 앉은 의자에서 쐐기와 평행선 문양이 관찰된다(Stanford University collection No. 17410). 물레와 새 여신의 관계를 직접 드러내는 또 다른 명백한 증거로는 고대 그리스에서 시리즈로 출토된 테라코타 명판을 들 수 있다. 명판에는 인간의 팔이 달린 올빼미가 양털을 뽑는 이미지가 새겨져 있다(Nilsson 1950: 493~494쪽).

가락바퀴에 나타나는 또 다른 문양은 M자와 지그재그이다(그림 105). 기원전 5500~4200년경 만든 수많은 가락바퀴들에 M자, V자 문양들이 각인되어 있다. 이 문양은 아마도 길쌈의 수호신에게 헌신하거나 헌정한다는 뜻일 것이다.

그림 104

1 2 3 4

그림 105

1 2 3 4 5 6 7

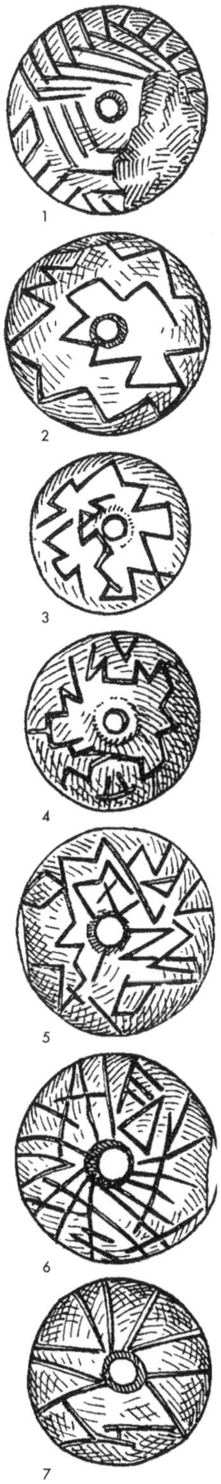

그림 104
선사시대 가락바퀴에 등장하는 젖가슴, 쐐기, 쐐기와 미앤더의 결합. 이 문양들은 새 여신의 상징이다.
초기 빈차 문화(기원전 5200~5000년).
(1) 마케도니아 중부 안자
(2)~(4) 투르다슈,
(1) 높이 3.3cm
(2) 높이 3.8cm
(3) 높이 2.5cm
(4) 높이 3.9cm

그림 105
V자, M자, 지그재그 문양이 각인된 기원전 6000년기와 5000년기의 가락바퀴들. 디미니에 있는 길쌈의 여신에게 헌정됐음을 의미하는 표식일 수 있다(테살리아의 디미니, 기원전 5000~4500년).
(1) 지름 3cm
(2) 지름 3cm
(3)지름 2.5cm
(4) 지름 2.6cm
(5) 지름 3cm
(6) 지름 3cm
(7) 지름 2.8cm

그림 106

그림 107

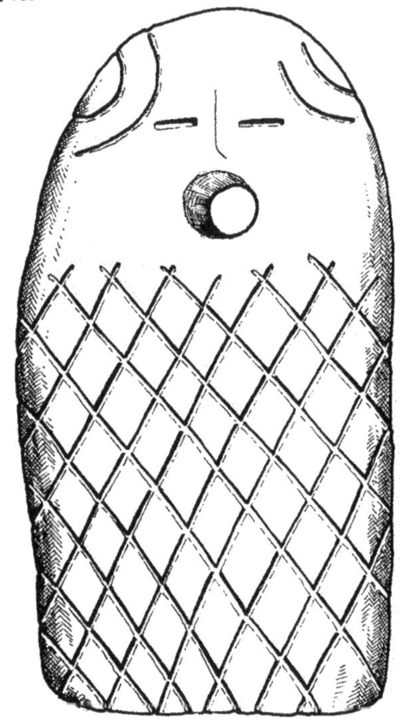

그림 108

그림 106
길쌈과 연관된 새 여신. 방추에 등장하는 쐐기와 M자 문양.
(1) 루마니아의 티서.
(2) 헝가리의 서칼하트.
(3) 카라보노 VI(부쿠레슈티, 기원전 5000~4500년).
(1) 높이 7.6cm
(2) 높이 6.5cm
(3) 높이 9cm

그림 107
여신 모양의 초기 방추. 얼굴은 좁고 긴 구멍으로 된 눈과 파리한 코, 동그랗게 뚫린 입으로 표현했다. 그 아래는 그물망 문양을 새겼다(불가리아의 스타르체보, 기원전 5800~5600년).
높이 8.8cm

그림 108
사방에 문양이 있는 원통형 유물. 면마다 얼굴 아래에 플리스 문양이 있고 그 아래에 선이 등장한다.
카라노보 VI(불가리아 베레케츠카야 모길라, 기원전 4600~4300년경)
높이 6cm

그림 109
새 여신이 야금의 수호신이었음을 증명하는 유물.
(1) 쐐기와 젖가슴 문양이 새겨진 뚜껑 있는 쿠쿠테니 항아리. 항아리 안에 동으로 된 유물 400여 점이 들어 있었는데 대다수가 인간 형상 여신의 윤곽을 드러낸다. 구소련 몰다비아(기원전 4700~4500년경)
(2) 내부에 젖가슴 두 쌍이 특징적인 카라노보 VI 야금 도가니(불가리아의 골리아모, 기원전 4500~4300년). 지름 16.2cm

베틀에 매달린 돌방추에 나타난 여신의 문양에는 여신과 길쌈의 연관성이 잘 드러난다(그림 106). 여기 등장하는 문양들은 쐐기, M자, 새부리 얼굴, 다양한 삼각형이다. 아주 초기의 유물 중 하나가 기원전 5800~5600년경 불가리아에서 등장했다. 이 유물에서는 새 여신의 좁은 코(부리)와 각인된 눈이 베틀에 매달린 돌의 끝 부분에 표현돼 있다. 입의 자리에는 둥글게 구멍을 뚫어놓았는데 이는 여신의 벌린 입이다. 몸체의 다른 부위에서는 그물망 패턴의 문양이 관찰된다(그림 107).

위에 설명한 문양들에 음문을 뜻하는 삼각형과 연관된 플리스 문양이 추가된 유물이 기원전 5천년기 때의 카라노보 문화에 등장한다(그림 108). 플리스 문양은 양 가죽을 잡아당겨 늘인 모양인데 새 여신이 짐승 가죽의 원천과 연관이 있다는 사실을 상기시킨다. 숫양은 여신의 신성한 동물이다(9장 참조).

신석기시대 여신과 길쌈의 연관성은 차탈휘윅 Level III에 있는 사원 벽화에도 드러난다. 벽화에는 길쌈하는 이미지가 많다. 이곳을 발굴한 멜라트는 훨씬 후대에 아테나 여신이 길쌈의 여신으로 숭배되었듯이, 이 여신은 이미 길쌈의 수호신으로 간주되었다고 믿었다(Mellaart 1963: 82쪽).

물레질과 길쌈과 바느질의 여신으로 잘 알려진 여신은 그리스의 아테나, 로마의 미네르바이다. 이외에도 길쌈의 여신은 오늘날까지 전해지는 유럽의 민담에 다양하게 남아 있다. 바스크 지방의 아드리아 마일, 아일랜드의 성 브리짓, 발트 지역의 라이마, 슬라브 동부의 마코시/파라스케바피아트니차(성 금요일), 루마니아의 스핀타 비네리(성 금요일)가 길쌈이나 바느질과 연관된 여신들이다. 이 지역에서는 금요일에 물레질이나 길쌈 일은 금시되어 있는데, 금요일이 여신에게 특별한 날이기 때문이다. 아일랜드에서는 브리짓 성녀/여신을 존중하기 위해 금요일에 실 꼬는 일을 금한다. 성 파라스케바피아트니차를 기리기 위한 금기 행위가 있는데, 이 성인은 본래 모코소 여신에서 유래되었다(인도-유럽 기원의 신들 중 유일한 여신으로 980년경 옛 키예프 공국의 판테온을 통해 알려졌다). 바느질, 물레질, 길쌈 같은 '여인의 일'은 금요일뿐 만 아니라 매해 여신을 축하하는 날인 10월 28일에도 금기시됐다. 시력 상실이나 질병을 예방하기 위해 혹은 개구리로 변하는 걸 막기 위해 여성들은 이런 일을 해서는 안 된다. 우물 위에 나무로 만든 여신상을 올려놓고 길쌈한 직물이나 마 혹은 양털이나 실을 피아트니차 여신에게 제물로 바치기도 했다.

8-2. 야금과 플린트 채광

야금 도가니와 금속 공예품에 나타나는 문양들은 새 여신이 야금의 수호신 역할도 했다는 사실을 환기시킨다. 젖가슴과 쐐기 문양으로 장식된 초기 쿠쿠테니 항아리 속에 400여 개 이상의 금속 유물들이 보관되어 있었다. 이 장식품 중에는 인간 형상의 펜던트 모양이 포함되어 있는데 이 유물은 여신 숭배와 연관되었으리라 본다(그림 109). 불가리아 북동부 골야모델체보에서 기원전 4500~4300년경의 야금 도가니가 출토되었는데, 도가니 내부에 젖가슴 두 쌍이 표현돼 있다(그림 109-2). 게다가 여신의 문양인 평행선과 쐐기가 기원전 4500~4000년경 유물인 동으로 만든 도끼에도 등장한다(Bognár-kutzián 1972: 그림 5, 7 참조).

세르비아의 루드나글라바에서 숫양 머리와 네 발이 달린 토기가 출토되었는데 몸체에 쐐기와 미앤더 문양이 장식되어 있다(그림 110-1). 이는 기원전 5000년경의 특별히 아름답게 연마한 빈차 문화의 항아리와 함께 발굴되었는데, 이 토기는 광산에서 의례를 거행했다는 증거품이다. 이는 야금의 수호신을 기리는 의례였을 것이다. 그렇지 않다면 왜 거기에서 잘 만들어진 토기와 의례 용기가 발굴되었겠는가?

숫양 머리 용기는 틀림없이 램프 혹은 희생불을 담는 용기로 사용했을 것이다. 이 유물에서는 새 여신상에 등장하는 문양(빈차)들이 대다수 관찰된다. 예를 들면 목 아래에 있는 쐐기 문양 그리고 신체 아래쪽에 있는 미앤더 문양 등이다. 게다가 뿔이 달린 머리 가면의 측면은 특별히 새부리처럼 표현되어 있다. 예술가는 아마도 새 여신상과 숫양, 즉 새 여신과 여신의 신성한 동물을 한 몸에 묘사하려 했을 것이다.

루드나글라바 탄광에서 검게 윤을 낸 항아리가 발견되었다. 여기에는 다양한 문양이 장식되어 있는데, 숫양의 뿔/ 똬리를 튼 뱀의 모티프, 집중된 반원, 평행선 문양들로 구성되어 있다. 문양은 새기

그림 109

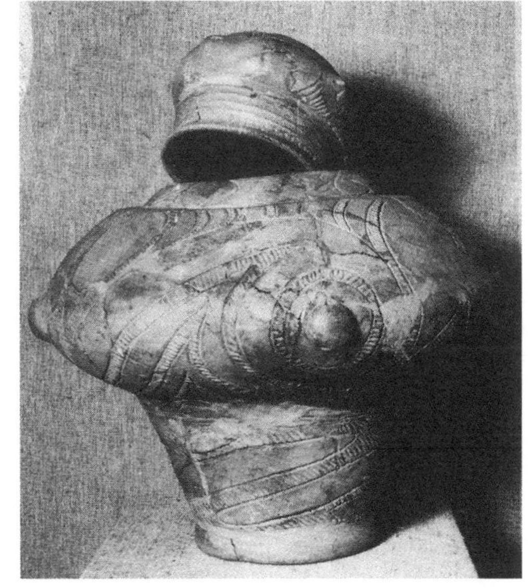

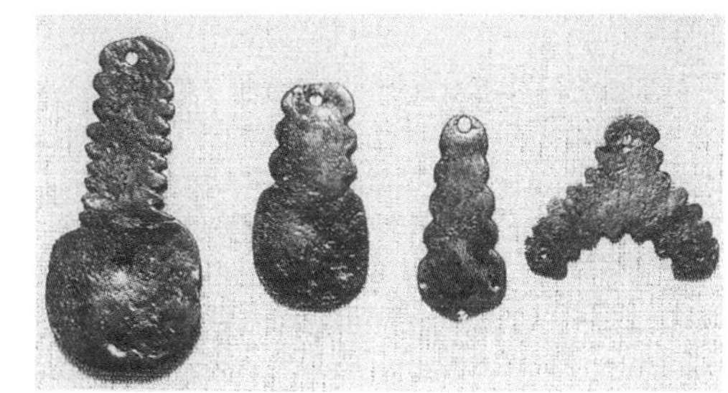

1

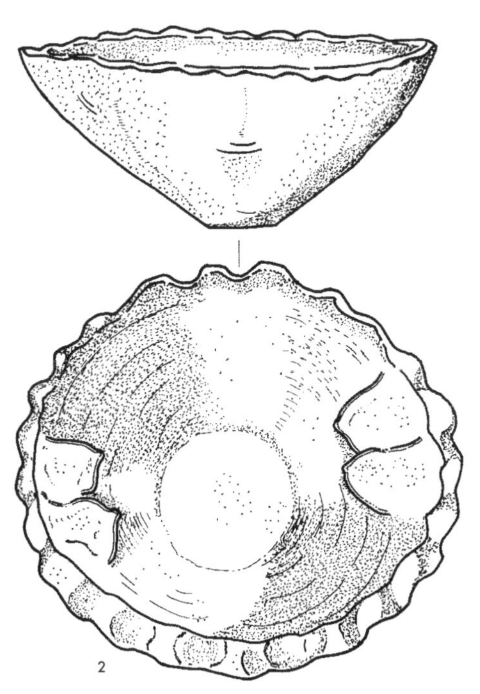

2

거나 채널링 기술로 표현했다(그림 110-2, 3). 이 모티프들은 새 여신에 나타나는 문양들과 조화를 이루는데 숫양에서도 관찰된다는 점을 다음 장에서 확인하게 될 것이다. 여신과 야금의 밀접한 연관성은 후기 유물에서도 입증된다. 키프로스 문화의 후기 청동기시대 유적에서는 여신이 동괴(ingot) 위에 서 있는 모습으로 표현된다(Karageorghis 1976: 170쪽)

야금과 여신의 연관성에 대한 이야기들은 오늘날까지 전해진다. 라트비아의 신화에 잘 드러나는데, 천상의 쌍둥이나 전사를 위한 박차를 벼리는 신은 인도-유럽계의 천상의 야금신(Latvian Kalējs)이 아니라 운명의 여신 라이마(Laima)이다. 이런 신화의 변종이 예순세 개나 발견되었다. 신화에 "라이마 여신, 망치를 들고 어디로 서둘러 가는가?" "대장일을 위해, 젊은 전사를 위해 박차를 가하려고" 라는 표현이 있다(Biezais 1955: 175쪽). 아일랜드의 브리짓 여신은 이름이 똑같은 자매가 둘 있다. 자매들 중 하나는 치유의 여신 브리짓이고, 다른 하나는 야장의 여신 브리짓이다(Doan 1981: 107쪽) 로마의 조각에서 야금의 신 불칸은 여신 미네르바와 함께 자주 등장한다. 로마 신화의 미네르바는 그리스 신화의 아테나 여신이다.

여신과 플린트 채광의 연관성은 잉글랜드 노포크에 있는 그림스 묘지에서 발굴된 백묵(초크)을 사용해 조각한 여신상으로 추정할 수 있다. 여신은 벽 선반의 탄광 세트 바닥에 있는데 이 여신 앞에 채굴된 플린트 삼각 무더기가 쌓여 있고, 이 무더기 위에 일곱 개의 붉은 사슴뿔이 있다. 사슴뿔들 사이에 둥근 초크가 여럿 놓여 있는데, 연대 측정 결과 기원전 2850년경의 유물로 판명되었다(Clarke 1963: 21, 22쪽; Burl 1981: 44~65쪽).

여신상과 여신의 신성한 동물들과 의례 용기, 여신과 연관된 도금 항아리와 주괴의 배치, 그리고 다양한 시기 여러 지역에서 빈번하게 발견되는 유물들은 여신과 야금술, 플린트 채굴이 무관하지 않다는 점을 암시한다.

그림 110

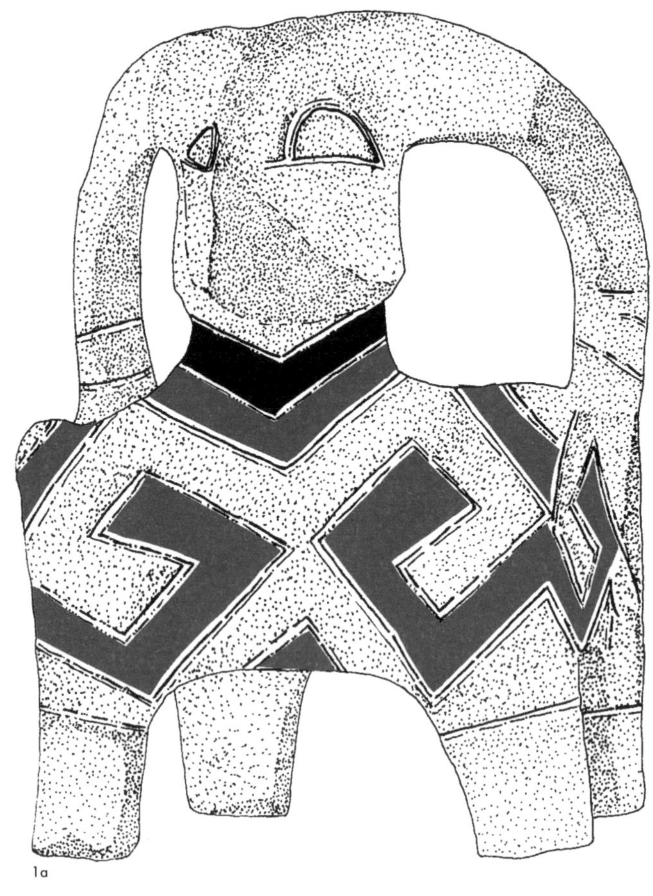

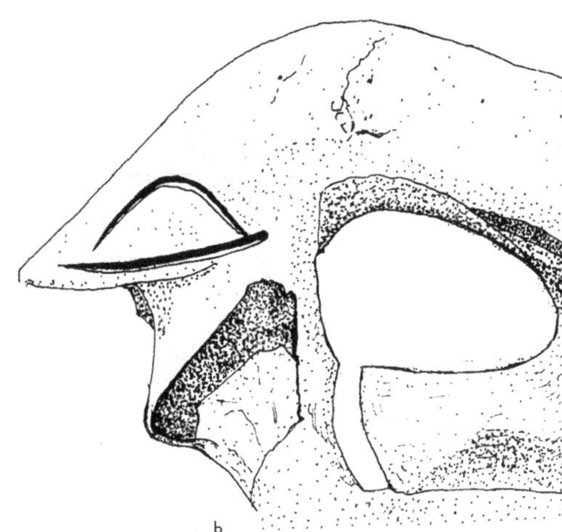

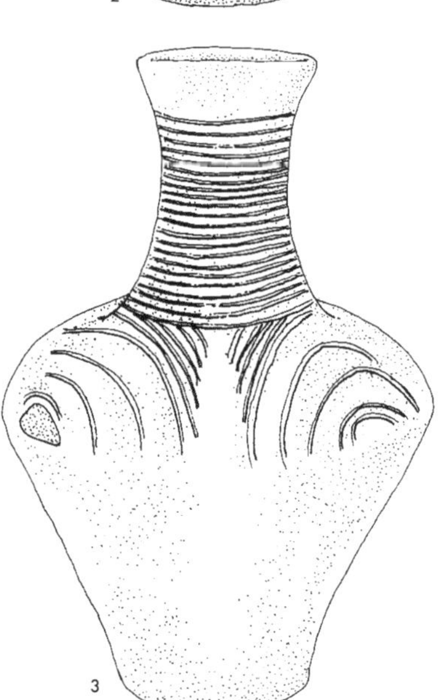

그림 111

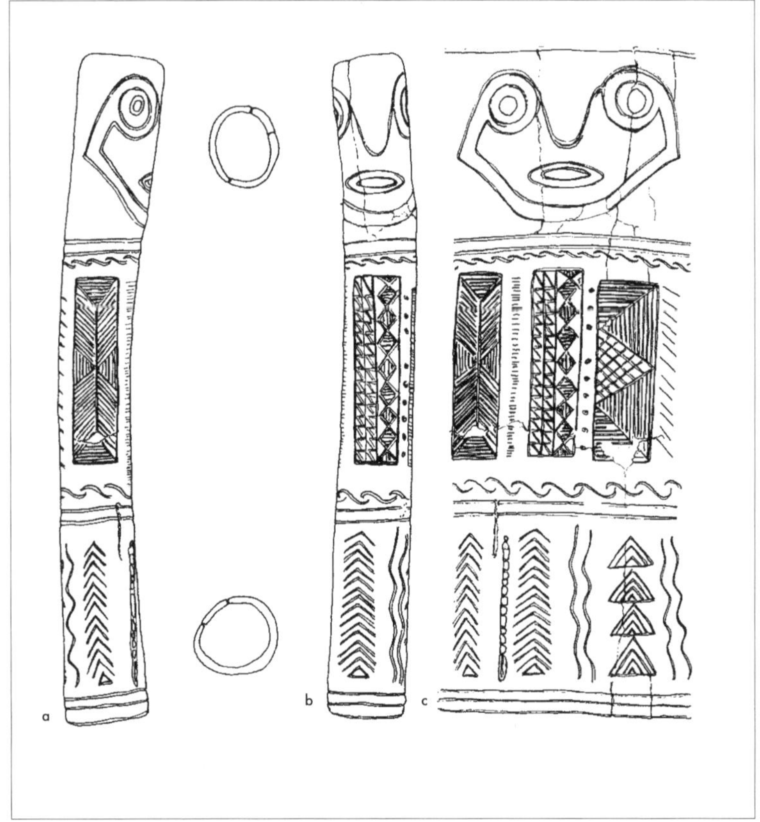

그림 110

구리광산에서 발견된 의례용 공예물 저장 용기. 야금의 여신과 연관이 있다.

(1) 램프나 희생물을 담는 용기로 사용된 숫양 머리를 한 용기.

(2)와 (3)은 검게 연마한 토기에 숫양 뿔/뱀 똬리, 집중된 반원, 평행선 모티프로 장식한 것이다. 빈차 문화(발칸, 기원전 5000년경).

(1) 높이 18.6cm

(2) 높이 35.4cm

(3) 높이 41.1cm

그림 111

사람의 오른쪽 허벅지뼈로 만든 관악기일 가능성이 크다. 이 유물은 새 여신과 음악의 연관성을 보여주는 증거이다. 둥글고 큰 눈을 지닌 올빼미 여신 가면에 둥근 구멍을 뚫어 두 눈을 묘사했다(윗부분). 중간과 아랫부분에는 평행한 쐐기, 삼각형, 지그재그, 마름모, 뱀 문양이 있다.

(a) 측면

(b) 정면

(c) 펼친 모양

높이 22.9cm

8-3. 음악

농경시대 초기 혹은 이전부터 음악의 수호신은 새 여신이었을까? 단언하기는 어려운 질문이다. 선사시대 악기들은 보존이 어렵기 때문이다. 뼈, 돌, 조개껍질로 만들거나 테라코타나 나무 또는 가죽으로 만든 악기의 모사품은 일부 전해진다. 보존된 유물 중에서 오래된 것은 후기 구석기시대까지 거슬러 올라가는데, 여신과 음악이 연관되어 있다는 사실을 관찰할 수 있다. 독수리 뼈로 만든 막달레니앙 문화의 호루라기에는 입으로 부는 구멍들이 있다. 이 구멍으로 바람을 불어 넣으면 높은 소리를 낼 수 있다. 놀랍게도 여기에 다층의 쐐기 문양과 아주 작은 사각들이 열지어 장식되어 있다. 이런 모티프는 새 여신이 새겨진 악기와 관련이 있다(Marshack 1972: 그림 43~56 참조).

유럽 동부에서 발굴된 후기 구석기시대 악기에서도 유사한 점들이 관찰된다. 기원전 1만 8000~1만 5000년경 유물로 추정되는데, 우크라이나 서부 메진에 있는 모형 집 안에서 타악기 세트가 발굴되었다. 악기에 붉은 쐐기 문양이 장식되어 있고 집은 매머드 뼈로 만들었는데, 축제와 관련된 장소인 듯하다. 이 세트에는 매머드의 어깨뼈, 허벅지뼈, 턱뼈 둘, 엉치뼈 조각, 두개골 조각, 매머드 전체가 포함된다. 여기에 덧붙여 상아로 만든 딸랑이가 둘 있고 쐐기 열이 조각된 세 가닥 줄로 된 딸랑 소리를 내는 팔찌도 있다. 이 세트는 석기시대 최초의 오케스트라 악기들로 간주된다(Bibikov 1975).

이탈리아 북부 트렌토의 가반 셸터에서 발굴된 신석기시대 유물에는 인간의 허벅지뼈로 만든 관악기가 있다(그림 111). 이 악기의 윗부분은 여신의 가면이 조각되어 있고 나머지 부분에 다층의 쐐기 열과 빗금으로 채운 삼각형, 지그재그 띠, 다이아몬드 그리고 구불구불한 문양이 있다. 가면에는 긴 부리 모양의 코가 새겨져 있다.

기원전 4500년경 초기 카라노보 VI기의 오브카로보에서 미니 의례 용구 세트가 출토되었는데 여기에는 긴 실린더형 드럼 세 개가 포함된다(그림 112). 흙으로 만든 미니 세트는 제단 스탠드 두 개, 테이블 셋, 등받이 의자 여덟 개, 뚜껑 있는 그릇 세 개, 미앤더 문양이 있는 팔(날개)을 들고 있는 여신상 네 개로 구성돼 있다. 제단 스탠드에는 쐐기, 삼선, 나선, 집중된 원, 그리고 여러 복합 문양들이 있다. 특히 여신상에 있는 미앤더 문양은 이 축소된 모형들이 드럼을 사용한 새 여신을 위한 실제 의례용품의 복제판일 가능성을 드러낸다. 오브카로보 드럼에는 문양이 없지만 카라노보에서 발굴된 실린더 모양 토기 드럼 모델에는 미앤더와 쐐기 문양이 있다. 이는 불가리아 중부 스타라자고라 근처 베레케츠카야에서 출토되었다(스타라자고라 박물관).

드럼과 여신의 친밀한 관계에 대한 증거는 북서 유럽 퓨넬 비커 문화 유적에서도 나온다. 중부와 북서부 독일에서 흙으로 만든 드럼 예순 개 이상이 발굴되었다. 이 중에서 서른세 개는 무덤 부장품이었고 일부는 거석 무덤에서 그리고 나머지는 다음 시기에 등장하는 선사시대 석관이나 발터니엔부르크, 베른부르크, 잘츠문데 그룹에 속하는 무덤에서 발굴되었다(Fischer 1955). 일부 드럼에는 쐐기, 지그재그, 삼각형, 격자무늬, 쌍으로 된 갈고리, 소용돌이 문양이 있다. 이 상징들은 장례에 쓰는 유물이나 거석 문화의 돌들 그리고 새 여신에서 공히 관찰되는 문양들이다. 가장 부각되는 문양은 드럼 양쪽에 쌍으로 등장하는 젖가슴이다. 이 가슴은 손잡이로 쓰였을 뿐만 아니라 가죽을 팽팽하게 당기는 데 사용되었을 것이다(그림 113). 젖가슴은 분명 새 여신의 가슴이다. 이는 또 브르타뉴의 회랑 무덤에 있는 오르토스타트 부조에 등장한다(그림 69, 70 참조).

드럼과 여신의 이러한 연관성에 대한 증거들은 청동기시대에도 등장한다. 잉글랜드 포크턴울드의 어린이 무덤 봉분에서 초크로 만든 드럼이 세 개 출토되었다(그림 114). 드럼의 양쪽 중앙부에 있는 올빼미 모양 여신의 얼굴이 두드러진다.

현재도 유럽 농부들은 물새 모양의 악기를 만든다(그림 115). 일부 악기는 손잡이가 있는데 크레타 섬 미노아 문명의 유물에서처럼 오리, 거위, 백조, 뱀 같은 모양으로 끝을 장식한다. 말리아의 궁정에서는 백조나 거위의 형상을 한 설화석고로 만든 손잡이가 있는 수금이 발견되었다(헤라클레이온 박물관, case 44). 논리적으로 보면 이 악기들을 물새나 뱀의 형상으로 장식할 필요가 없다. 그렇지만 선사시대부터 내려오는 전통이 이런 형상으로 살아남았으리라는 추측을 해볼 따름이다. 역사시대 초창기부터 백조는 음악과 관련돼 있었다. 이집트인들에게는 백조가 음악을 뜻하는 상형문자이다. 그리스에서는 백조가 수금에 맞추어 노래를 하는 동물로 간주되었다.

비록 여러 시기를 거치는 동안 새 여신과 악기, 새와 뱀과 악기의 연관성을 살폈지만 이것이 여신이 음악의 발명가라고 간주할 직접 증거는 아니다. 그러나 최소한 여신과 음악 사이에 특별한 연관성이 있음을 입증한다. 이 음악과 여신이라는 주제는 플라톤의 《국가론》에서도 찾아볼 수 있다. 에르(Er)의 이야기에서 하늘의 구심점인 원반이 마치 거대한 가락바퀴처럼 물레 주위를 돈다. 각 구면은 특별한 음색으로 노래하며 구(球)의 음악을 창조하는 사이렌(새 여신)과 연관이 있다.

그림 112

그림 113

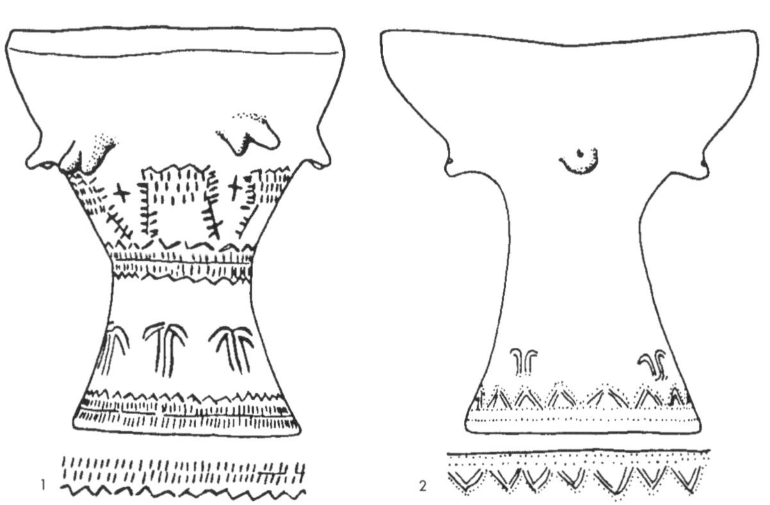

그림 114

그림 112
음악과 여신의 연관성을 증명하는 흥미로운 미니 의례용품들. 앞쪽 드럼 셋이 날개를 가진 여신상 넷과 함께 발굴되었다. 여신상에는 V자, 미앤더, 하천, 평행선 문양이 있고 테이블에는 뚜껑 있는 용기가 올려져 있다. 의자 여덟 개, 양쪽으로 상징물(쐐기, 뱀, 평행선, 집중된 원)이 그려진 제단 스크린 세 개가 있다.
카라노보 VI(불가리아의 오브카로보, 기원전 5천년기 중기).

그림 113
흙으로 만든 드럼. 젖가슴, 쐐기, 지그재그, 갈고리 쌍 문양이 있다. 여신과 악기의 연관성을 드러내는 또 다른 증거이다(독일 중부, 기원전 3700-3500년).
(1) 뢰젠.
(2) 하르트.

그림 114
청동기시대 드럼의 초크 복제품. 올빼미 얼굴과 그물 패턴이 있는 삼각형, 삼선, 마름모 문양(요크셔의 포크턴울드, 기원전 2000년경).
높이 13.2cm

그림 115
새 여신이 음악의 수호신인지 아닌지를 가늠할 수 있는 역사시대의 실마리.
세르비아에서 발견된 악기 손잡이.
(1) 높이 16.3cm
(2) 높이 15.8cm
(3) 높이 23.8cm
(4) 높이 23.3cm
(5) 높이 16cm

그림 115

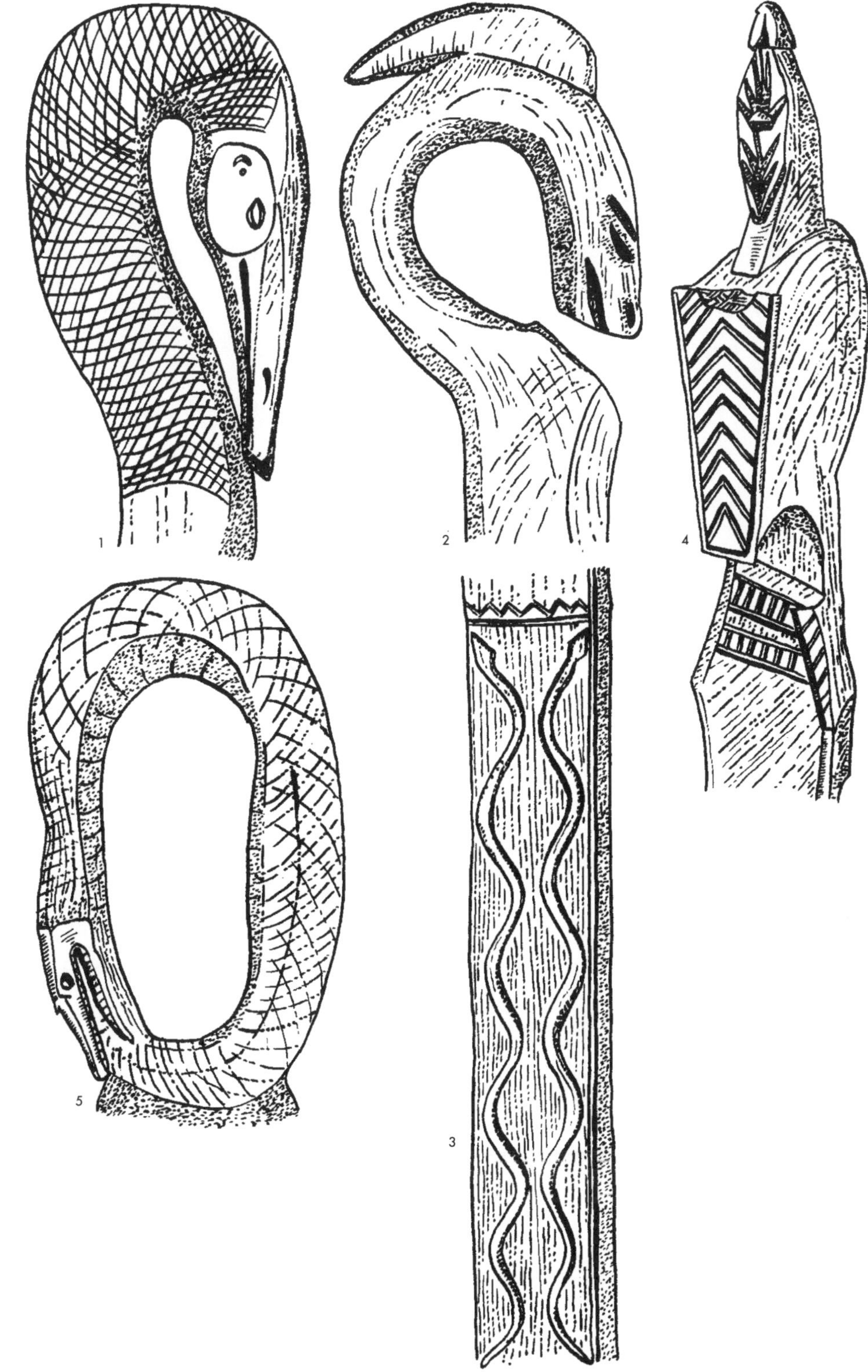

평행선 문양으로 장식된 숫양
모양 테라코타 여신.
후기 렝옐 문화의 실레시아.
그림 123 참조.

9. 숫양, 새 여신의 동물

동물을 길들여서 사육하는 시대가 되면서 숫양이 숭배의 대상으로 떠오른다. 숫양이 생계에 미치는 영향력을 고려할 때 전혀 놀랄 일이 아니다. 실제 신석기시대 정착지에서 발견되었던 동물 뼈 중, 90 퍼센트가 양 뼈와 염소 뼈였다. 숫양의 털로 따뜻한 옷을 지어 입었으며, 양고기는 주요한 양식으로 삼았다.

기원전 7천년기부터 숫양이 등장했던 문양들을 살펴보면 쐐기, 평행선, 뱀 똬리, 삼선, 그물망이 있다. 이는 명백히 숫양을 새와 뱀 형상 여신의 신성한 동물로 간주했다는 뜻이다. 이런 전통은 청동기시대까지 이어져 내려오는데, 아나톨리아, 에게해, 발칸 반도 남부, 이탈리아, 유럽 중서부와 북서부에서 증거를 찾을 수 있다. 숫양이 한 번 숭배의 대상, 즉 종교의 영역으로 편입되자, 이 전통은 계속 이어진다. 심지어 순동기시대에 이르러 숫양의 경제적인 중요성이 퇴색했지만 숭배는 계속된다.

9-1. 신석기시대 항아리와 인장에 나타나는 숫양 뿔의 계단 모티프

아나톨리아와 그리스에서 발굴된 신석기시대 토기에는 여신의 문장만큼이나 빈번하게 숫양 뿔 모티프가 관찰된다. 이 모티프는 중부 아나톨리아 하실라르와 테살리아의 세스클로 토기에서 특히 두드러지는데, 이 지역 토기 문양 디자인의 주요한 요소이다(그림 116). 하실라르 문화 II~V기의 토기에서 관찰되는 숫양 뿔 문양은 형태가 다양한데, 반자연적인 디자인에서 완전히 추상적인 문양에 이르기까지 두루 나타난다.

만일 이 문양을 쐐기나 새부리 문양과 함께 연상하지 못했더라면, 추상화된 숫양 뿔에서 발달한 '계단' 디자인은 해석 불가능한 기하학적 모티프로 남아 있었을 것이다. 그런데 세스클로 문화 유물에서 발견된, 그림을 그려 넣은 토기의 문양은 분명 숫양 머리가 연결된 띠 모양이었다. 계단 같은 숫양 뿔이 컵의 몸체에 그려져 있고 쐐기 문양이 있는 손잡이 위쪽으로 새부리 모티프가 관찰된다.

대략 1000년 뒤, 테살리아의 니미니 항아리에 거의 유사하게 정형화된 숫양 뿔이 등장한다. 기원전 5천년기 이탈리아 남동부의 세라달토 용기를 보면 숫양이 계단 모티프로만 표현되지 않는다. 환상적으로 정형화된 숫양 머리가 손잡이로 만들어졌고 손잡이 위에도 등장한다.

그렇다고 숫양 뿔 모티프가 하실라르, 세스클로, 세라달토 지역 도자기 디자인에만 전형적으로 나타난다는 식으로 단순하게 처리할 수는 없다. 이는 인장에도 4000년 이상 꾸준히 등장한다. 숫양 모티프의 연속성은 쐐기, 뱀 똬리, 미앤더, 삼선, 하천, 그물망 같은 상징들에 필적할 만한데, 이런 문양들은 서로 어우러지거나 연관된 방식으로 표현된다.

그림 116

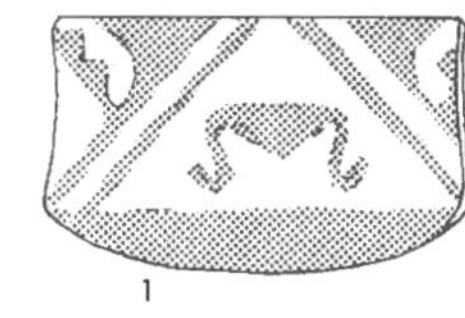

1

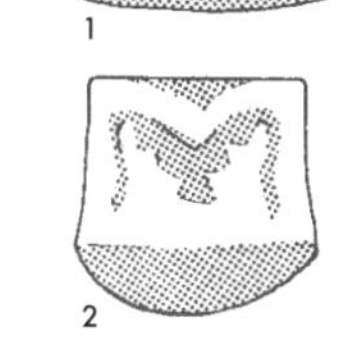

2

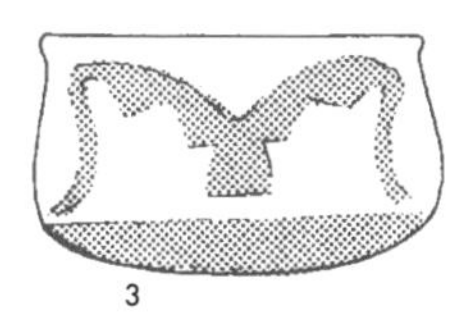

3

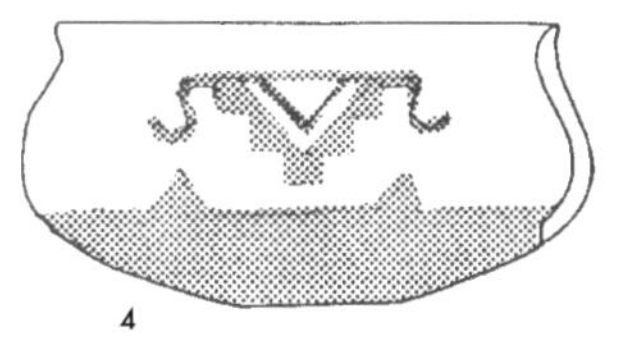

4

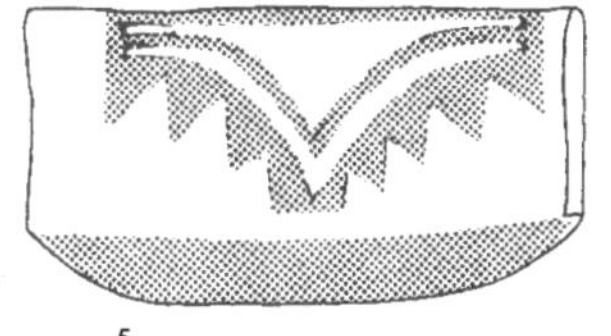

5

그림 116
토기에 등장하는 숫양 뿔 디자인. 기하학적 단계에서 자연적인 모티프에 이르기까지 문양이 다양하고, 짙고 옅은 담황색에 갈색이나 붉은색으로 표현돼 있다. 아나톨리아의 하실라르 II-V(하실라르, 기원전 6000-5600년).
(1) 높이 9.2cm
(2) 높이 8.4cm
(3) 높이 8.4cm
(4) 높이 10cm
(5) 높이 10.4cm

그림 117

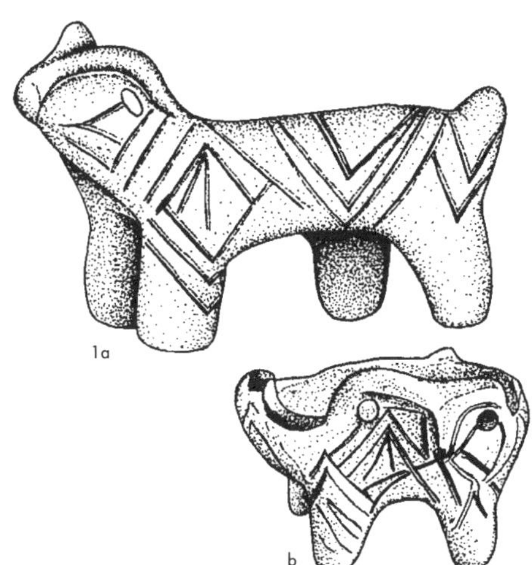

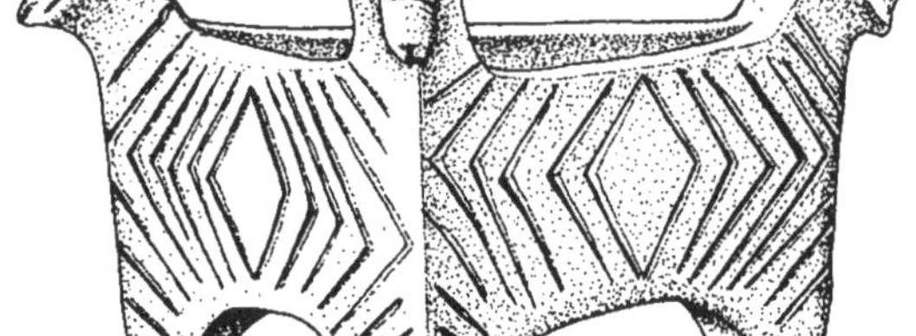

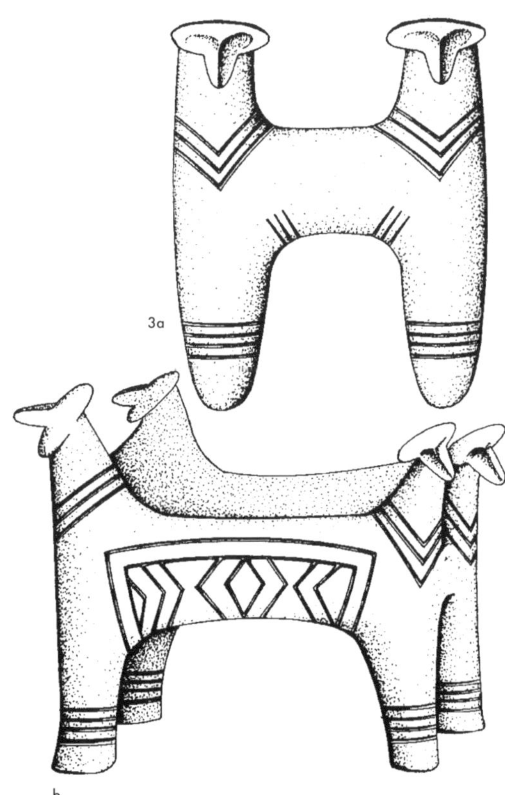

그림 117
숫양과 새 여신의 연관성이 숫양 모양 토기와 용기에 명백하게 드러난다. 여기에 쐐기, 삼선, 평행선 문양이 등장한다.
초기 빈차 문화(기원전 5200-5000년)
(1)과 (2) 빈차.
(3) 코소보의 프리슈티나.
(1) 높이 5.8cm
(2) 높이 7.3cm
(3) 높이 6.7cm

그림 118

그림 118
사원에서 출토된 힘찬 숫양. 가슴 부위에 변형된 쐐기, 목에 겹선, 뿔에 뱀 똬리, 눈에 집중된 원.
빈차 문화(마케도니아의 그라데슈니카, 기원전 5000-4500년).
높이 16.8cm

그림 119

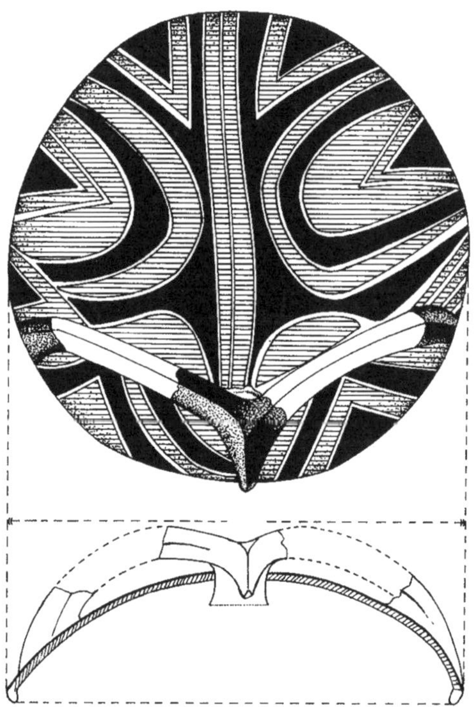

그림 119
손잡이가 숫양의 머리 형상이고 다양한 상징들이 그려진 쿠쿠테니 토기 뚜껑.
카라노보 VI(루마니아 구멜니차, 기원전 5천년기 중기).
지름 25.5cm

9-2. 숫양 몸에 등장하는 여신 상징들

숫양과 새 여신의 상징적 연관성을 뒷받침하는 증거는 풍부하다. 특히 이런 점은 V자, 쐐기, 다층 평행선 같은 여신의 문양들이 새겨진 동물 형상으로 표현된 신상들에서 잘 관찰된다(그림 117~121).

숫양의 몸에 그려진 특징 중 줄무늬의 상징성이 선명하게 부각된다. 그러나 줄무늬와 양털은 자연스럽게 연결되지는 않는다. 그런데 이 전통은 코린토스에서 출토된 신석기시대 숫양 테라코타에서도 관찰된다(그림 122). 배에 파여 있는 깊은 골짜기는 이 양이 희생제물임을 알리는 것일지도 모른다.

숫양 테라코타에 그려진 다른 문양은 평행한 삼선이나 사선(四線)의 그룹을 구성한다. 실레시아에 있는 요르다누프에서 가장 크고 잘 보존된 렝옐 문화의 테라코타가 발굴되었다(그림 123). 평행선 그룹들은 양털을 나타내고 양털의 풍성함을 상징할 수 있다.

숫양과 숫자 3의 연관성은 빈도수를 통해 바로 알 수 있다. 테라코타에는 종종 삼선이나 삼중 쐐기 문양이 관찰된다. 이 희생 용기 중 일부는 세 모꼴이다. 여기에 숫양 머리 셋으로 이루어진 관이 씌워져 있다. 추가로 일부 숫양들은 뿔이 셋 있거나 토기 손잡이로 쓰이는 뿔이 셋 등장하기도 한다. 숫자 3의 중요성은 그리스 에게 문명에서, 원기하학 시기, 기하학 시기와 그후까지, 토기에 숫양 머리 셋이 장식된 이래로 계속 이어진다.

그림 120

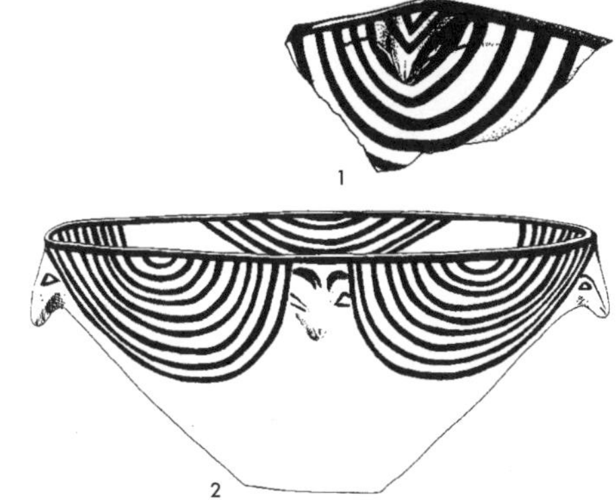

그림 120
숫양 머리가 집중된 반원 문양과 연관돼 있음을 알 수 있다.
(1) 붉은 바탕에 검게 칠한 토기 조각.
(2) 숫양 머리가 넷 달린 토기(복원).
(1) 디미니.
(2) 테살리아의 라리사(기원전 4800-4600년).
(1) 높이 5cm
(2) 높이 7.4cm

그림 121

그림 121
숫양 모양의 테라코타. 정면에 뱀 똬리, 측면에 하천 모티프가 있고, 다리가 셋이다. 코에 있는 삼(三) 자 문양을 주목해야 한다.
카라노보 문화(불가리아의 야사테페, 기원전 5000-4500년).
높이 10.6cm

그림 122

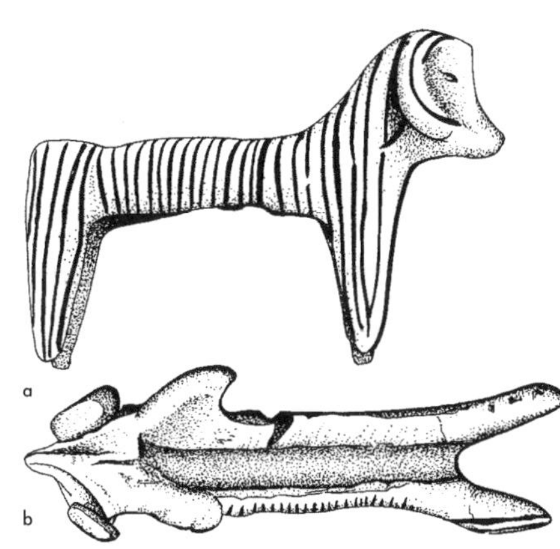

그림 122
붉은 줄무늬 문양이 있는 양. 배에 깊은 골짜기가 파여 있고 목 부분에 절단선이 있는데 이 양이 희생제물임을 나타내는 표식일지도 모른다(코린토스, 후기 신석기시대).
높이 11.5cm

그림 123

그림 124

그림 123
이 정교한 테라코타 유물이 그러하듯이 숫양은 종종 평행선 그룹하고 연관이 있다. 풍요를 나타내는 하천 모티프 상징은 여기서는 온몸이 털로 덮여 있는 풍요로운 양털로 쓰였을 것이다. 후기 렝옐 문화(요르다누프, 기원전 3700-3500년경).
높이 13.5cm

그림 124
미앤더가 장식된 제단 조각이나 사원의 복제품. 커다란 뿔과 부리가 있는 신성한 두상. 양측에 작은 두상들이 있고 그 아래에는 거대한 계단 문양이 있다. 루마니아 빈차-버다스트라 IV(루마니아의 호타라니, 기원전 4500년경).
높이 13.5cm

9-3. 새 여신과 숫양이 합성된 이미지

여신의 동물은 여신과 함께 등장하거나, 여신과 동물의 특질이 합쳐진 모습으로 나타나기도 한다. 이런 결합의 결과는 특별한 신화적 이미지의 창조로 이어진다. 새 머리나 입이 달린 신상이나 숫양 뿔을 지닌 여신상, 이런 증거들이 루마니아 남서부 기원전 4500년경의 빈차 유적지의 호타라니로 알려진 지역에서 출토되었다. 여기 복제한 유물들은 제단의 조각상이거나 사원의 파사드에 있던 복제품이다. 이 유물에 미앤더 문양이 음각되어 있다. 중앙에 거대한 부리를 가진 숫양 머리가 있고 양 측면에는 계단 모티프 위에 숫양 머리가 각각 장식되어 있다(그림 124).

사르데냐의 페르푸가스에서 거대한 돌로 만든 무덤 벽면에 나선형 뿔을 지닌 커다란 숫양 머리에 올빼미 부리를 한 장엄한 부조가 발견되었는데 기원전 4천년기의 유물로 판명되었다(그림 125).

폴란드의 퓨넬 비커 문화 유적지에서 손잡이 끝에 숫양 머리를 조각한 토기들이 출토되었다(그림 126). 손잡이 나머지 부분에는 새 발톱의 모티프가 새겨져 있고, 손잡이 옆에 수직 띠가 되풀이된다.

그림 125

2

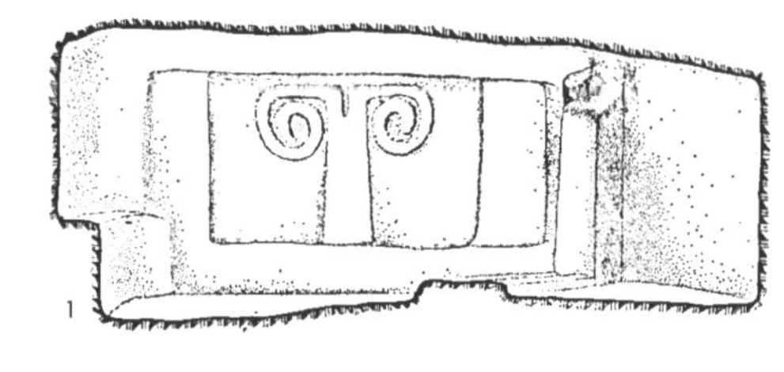

1

그림 125
도무스 델라리에테(Domus dell'Ariete)라 부르는 돌을 잘라 만든 무덤 벽면에 실물 크기보다 더 큰 부조가 등장한다. 숫양/새가 합성된 형상의 중요성을 알 수 있다. 나선형 뿔을 지닌 숫양 머리에 올빼미 부리가 결합되었다. 후기 신석기시대 오치에리 문화(사르데냐의 페르푸가스, 기원전 4천년기).
(1) 높이 38cm

초기 헬라도스 문화II기의 유물로 새 모양 항아리에 숫양 뿔이 달린 새 모양 토기가 출토되었다. 이 윤을 낸 아름다운 토기를 오랫동안 '소스 그릇'으로 오인해왔으며 실제로 이런 이름으로 부르기도 했다. 그렇지만 물새 형상이 뚜렷하고 일부 머리 부분에 숫양 뿔이 등장한다. 이는 여신 숭배 전통에서 숫양의 중요성을 암시하는 것이다.

또 날개 달린 숫양도 있다. 이런 형상은 크레타 섬의 카토자크로스에서 후기 미노아 문명의 인장에 걸쳐 두루 나타난다(그림 127). 숫양과 새 여신의 친연성은 선명하게 관찰된다. 앤 로스에 따르면, 숫양 머리를 한 뱀은 켈트 전통에서 전형적으로 숭배하는 동물의 형상이며 가장 인상적인 모양이다(Ross 1967: 344쪽)

이 신성한 동물을 묘사할 때는 지속적으로 여신의 문양(V자와 쐐기)이 함께 등장한다. 다산, 풍요로움, 안녕 그리고 모든 원천을 의미하는 상징(뱀, 다중 평행선, 그물망, 격자무늬)이 함께 나타난다. 이 방식은 1000년이나 이어져 내려온다. 게다가 제단에서 숫양 뿔을 지닌 여신, 새의 발을 지닌 숫양 두상, 숫양 뿔이 달린 물 항아리처럼 여신과 숫양이 합성된 이미지도 관찰된다.

9-4. 이후 시기 숫양과 유럽 민담

신화에서 숫양의 역할은 인도-유럽 시기가 확립된 이후에도 등장한다. 이 시기에는 본래 이미지가 어느 정도 변형되거나 다른 이미지와 함께 나타난다. 하지만 숫양이 결코 신화에서 사라지지는 않는다. 숫양은 새 여신의 신성한 동물이었다. 다음 시기에 들어서자 제우스처럼 새로 통치자로 등장한 남신들에게 희생제물로 바쳐지는 동물로 탈바꿈한다. 고대 그리스에서는 숫양이 아테나 여신의 신성한 동물이었다. 여기서는 전통적인 숫양의 이미지가 계승되는데, 아테나 여신을 위해 숫양을 희생하는 이미지가 토기 그림으로 남아 있다. 검은 항아리에 그려진 그림을 살펴보면, 제단 위 높은 곳에 커다란 올빼미 여신이 있다. 그리고 이 올빼미에게 숫양이 희생제물로 바쳐진다(*Journal of Hellenic Studies*, XXXII 1012: 174쪽 그림 1).

고대의 상징들이 특히 선명하게 남아, 그 자취를 엿볼 수 있는 곳이 민담이다. 민담에서 숫양은 종종 마법의 동물로 그려진다. 누군가 마법의 힘이 있는 숫양을 우연히 획득하거나 숫양 고기 맛을 보게 되는데, 이는 곧 영원한 부나 행복을 뜻한다. 이 신비한 동물은 운명의 여신, 그러니까 모든 것을 부여하고 할당하는 여신의 마스코트이다. 이런 측면에서 숫양은 널리 알려진 태양이나 황금 양털과 관련된 인도-유럽 신화의 상징은 아니다. 숫양의 머리는 봄의 시작을 알리는 표식이다. 점성술에서 3월 21일부터 4월 19일까지를 관장한다. 이 뿌리는 아마도 올드 유럽의 상징들과 연결되어 있을 것이다.

리투아니아에서는 20세기 중엽까지도 봄이 오면 행복과 물질적인 안녕을 기원하며 숫양 테라코타를 땅에 묻었다. 이는 명백히 고대 의례의 잔재들이다. 영국에서는 지금도 오월절이나 성령강림절 월요일에 숫양을 굽는 잔치를 한다. 예전에 홀니에서는 화강암 선돌에 숫양을 희생시키고는 춤을 추고 게임과 레슬링을 했다(Bord 1983: 48쪽). 이는 모두 올드 유럽의 숫양에 담긴 상징적 의미들이 오늘날까지 이어져 내려오는 흔적들이다. 지금도 바스크 지역의 여신은 숫양을 타고 있는 모습으로 관찰된다. 숫양 뿔을 실패 삼아 황금 실타래를 잣는 여신도 보인다(Frank and Metzger 1982: 67쪽).

그림 126

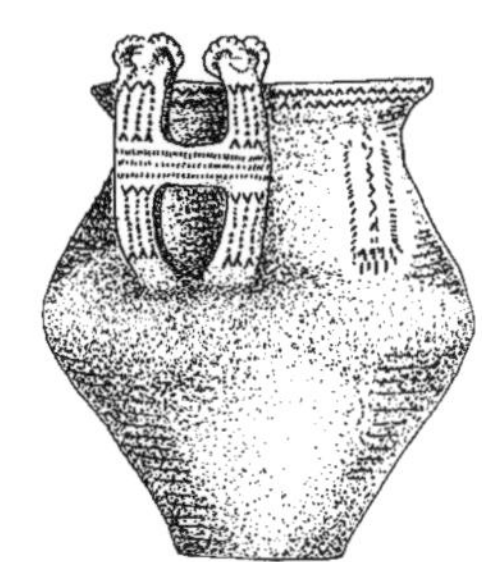

그림 126
숫양과 새가 합성된 항아리.
손잡이 윗부분에 숫양의 머리와 새의 발이 형상화되어 있다.
퓨넬 비커 문화(폴란드의 초미엘루프, 기원전 3500년경).
높이 33.9cm

그림 127

그림 127
에게 문명의 인장에 나타나는 새와 숫양이 합성된 형상인데 인간의 모습을 하고 있다(크레타의 카토자크로스, 기원전 1500-1450년).
높이 2.5cm

구멜니차에서 출토된 항아리로
격자무늬와 그물망 무늬가
새겨져 있다.
그림 135 참조.

10. 그물망 문양

초기 신석기시대, 그물망 문양이 나타나기 시작하는 시기와 토기에 그림을 그려 넣기 시작한 시기는 동시기다. 그물망은 처음부터 띠나 마름모, 삼각, 사각, 원 같은 틀로 두꺼운 경계를 설정하여 표현함으로써 중요성을 강조한 듯하다. 이렇게 틀 속에 있는 그물망 문양과 관련된 문양들은 평행선, 지그재그, 삼선, M자, 쐐기다. 그물망/물의 은유는 그물망 모양의 사각 띠로 빗물을 묘사하는 이미지에서 명백하게 드러난다.

반면 틀 지워진 그물망 문양은 시작을 의미하는 상징들과 함께 등장한다. 예를 들어 알, 음문, 자궁, 물고기-부레 모양, 식물의 새싹이다. 이는 그물망이 물과 연관된 우주와 연결된다는 뜻이며 생명의 원천, 인간과 동식물의 출산과 연결된다. 음부 주위 삼각형, 자궁과 알의 친연성은 생명을 출산할 수 있는 배아기의 물질을 상징한다(그림 128). 다시 말해 우리가 신화를 통해 잘 알고 있는 '생명의 물'의 상징임에 틀림이 없다. 신석기시대의 그물망 문양은 여신의 힘 가운데 특히 생명을 부여하는 힘을 강조했을 것이다(그림 129).

그림 128

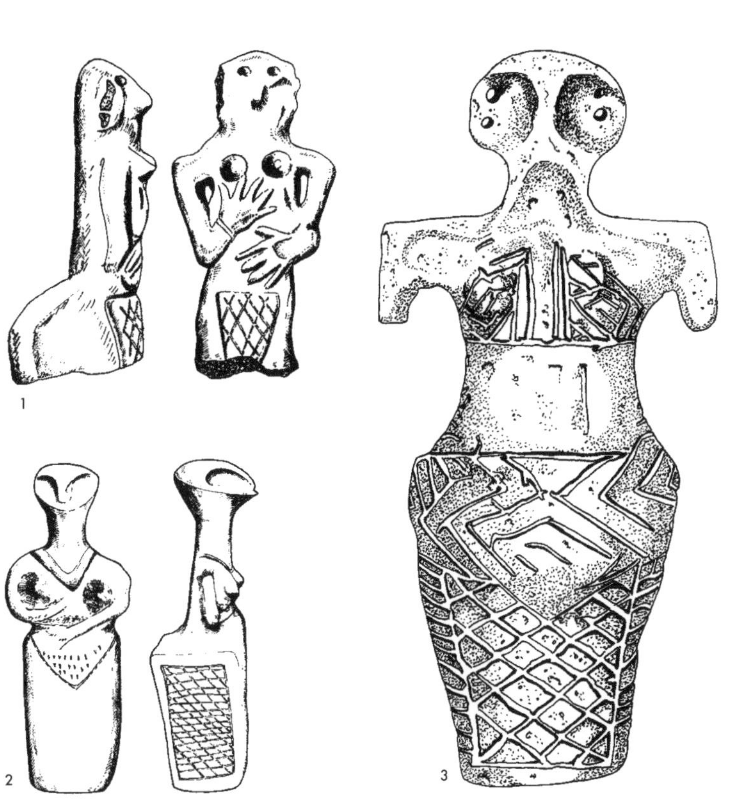

그림 128
이 여신상들에 나타나는 그물망 문양은 여신의 신체 아랫부분이나 자궁 부위 삼각형과 연관이 있다는 점이 뚜렷이 드러난다.
(1) 티서.
(2) 카라노보 Ⅳ.
(3) 빈차(기원전 5000~4500년).
(1) 높이 11.2cm
(2) 높이 14.92cm
(3) 높이 16cm

그림 129
그물망 문양이 때로는 여신상의 몸 전체 혹은 하체에만 나타난다. 두드러진 젖가슴과 특이한 팔 그리고 강조된 엉덩이에 주목하라(기원전 5800~5500년).
(1) 세르비아의 스타르체보.
(2) 불가리아의 소피아.
(1) 높이 7.6cm
(2) 높이 10.4cm

10-1. 후기 구석기시대 그물망 문양

석회암 석판이나 사슴뿔 혹은 뼛조각에 그물망 패턴이 등장하기 시작한 것은 막달레니앙 문화기부터이다. 이 디자인이 신석기시대에는 사각형, 마름모, 삼각형, 타원, 물고기 부레나 자궁 모양 내부에 들어 있다. 스페인 막달레니앙 문화에 속하는 파르파요 동굴에서 이런 증거들을 찾아볼 수 있다(Pericot – Garcia 1942; Marshack 1972: 204쪽).

기원전 1만 2000~9000년 프랑스 남부에 있

그림 129

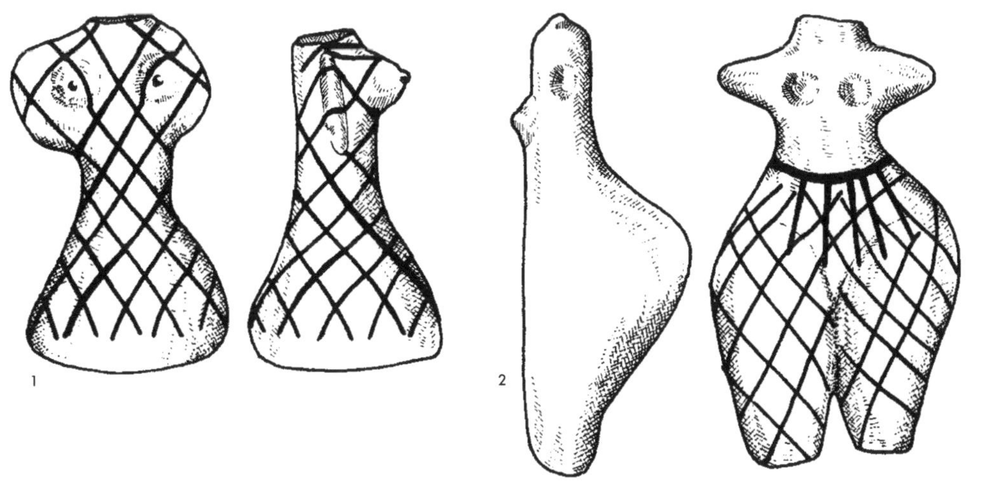

그림 130

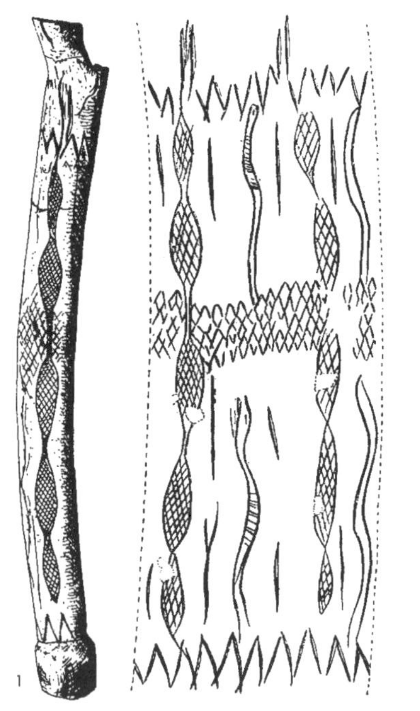

그림 130
후기 구석기시대 유물에는 이처럼 그물망 문양이 물고기, 자궁 형태와 연결되어 있고 X자 문양과 삼선이 등장한다. 이 문양은 막달레니앙 문화에서부터 나타난다.
(1) 순록의 뿔에 물고기나 자궁 문양이 뱀 문양과 서로 얽혀 있다(프랑스 도르도뉴, 기원전 1만 년경).
(2) 그물망 문양과 X자 문양, 삼선이 함께 조각된 뼛조각(프랑스의 마르술라, 기원전 1만 년경).
(1) 높이 31.7cm
(2) 10.1cm

그림 131

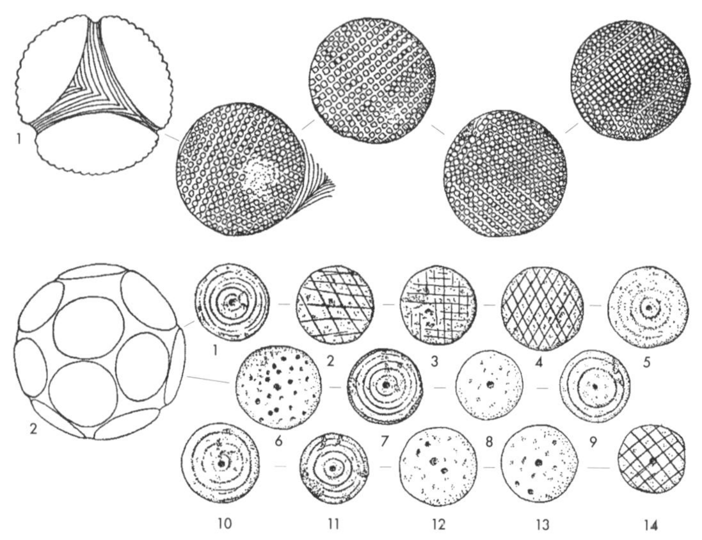

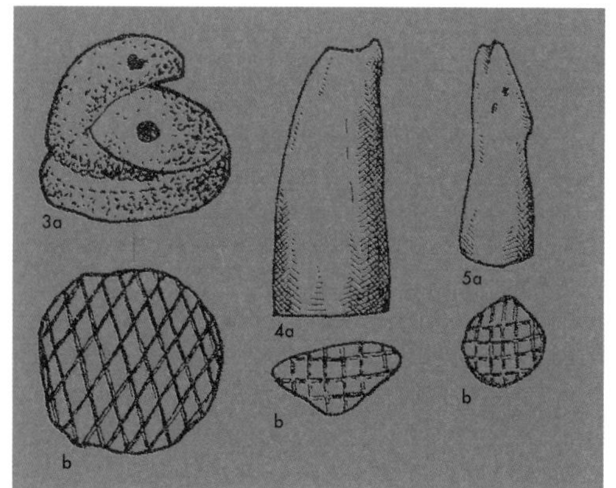

그림 131
(1)과 (2)는 돌로 만든 공 모양 유물로 부적으로 추정된다. 손잡이와 그 사이 공간에 다양한 문양이 발견되는데, 그물망이 쐐기로 표시된 여성 자궁부의 삼각형과 어울리거나 컵 모양이나 동심원과 어우러진다(스코틀랜드 후기 신석기시대, 기원전 4천년기 말-3천년기)
(3)과 (4)는 뱀 형상 손잡이가 달린 미노아 문명의 인장.
(3) 크레타 섬 남부.
(4) 크레타 섬 북부 트라페사. 동굴(기원전 2천년기 초기).
(1) 높이 3.3cm
(2) 높이 3.6cm
(3a) 높이 1.6cm
(4a) 높이 2.5cm
(5a) 높이 2cm

는 중기, 후기 막달레니앙기 동굴에서도 이런 증거들을 찾아볼 수 있다(Marsoulas, Laugerie-haute, Laugerie-Basse, Le Placard and Lortet: Chollot-Varagnac 1980: 198~209쪽). 프랑스 동굴의 지붕과 벽면에 등장하는 그물망 문양은 평행선과 X자 문양 그룹들과 연관되어 관찰된다. 이 동굴들에서는 틀이 없는 십(十)자 선, 안에 X자나 십자가 그려진 수많은 사각 문양과 함께 그물망 문양이 나타난다. 대개 이 문양들 옆에는 들소, 말, 다른 동물들이 관찰되는데, 이 사각형 속 십자 문양은 사각 속 그물망 문양과 상징적인 연관이 있는 듯하다. 이는 동굴에서 재생의 여신을 숭배했다는 표상이다.

우크라이나의 후기 구석기시대 유적지인 티모노프카와 엘리에세비치에서 발견된 매머드 상아 유물에 새겨진 그물망 문양은 물고기의 재생력을 나타내기 위해 사용되었다(그림 130). 이 문양은 물을 상징하는 듯한 지그재그 패널 바로 옆 패널의 상징적 패턴으로 나타난다(Marshack 1979). 여기서 우리는 물고기와 그물망과 물의 연관성을 관찰할 수 있다(물고기와 자궁의 상동 관계, 본문 258쪽 23-3. 참조).

10-2. 신석기시대 동굴의 사각형 속 그물망 문양

구석기시대 이후 동굴을 살펴보면 동굴 바위에 그려진 다양한 문양들을 관찰할 수 있다. 사각형 속에 그물망 패턴이나 평행선들이 장식되거나, 모래시계 모양과 함께 나타나는 십자나 X자 표식이 등장한다. 이런 동굴들은 프랑스 파리 근교에 집중돼 있는데, 특히 센에마른, 센에우아즈, 투아예 지역에 밀집되어 있다. 동굴의 수는 2,000개에 이른다(König 1973). 이들 중 일부는 '요정의 동굴'로 알려져 있다(Grottes aux Fées). 이 동굴은 자궁을 연상시켰을 것이다. 역사시대나 현대에 이르러 기적이 일어나는 신성한 샘물이 있는 동굴을 대하듯 선사시대 사람들은 이 동굴을 신성하게 여겼을 것이다. 사각형 속 그물망 문양과 함께 모래시계와 십자가 문양이 같이 등장하는 경우는 사르데냐에 있는 지하 무덤에서부터 알려지기 시작했다. 이는 신석기시대 토기에도 나타나는 문양들이다. 파리 분지에 있는 동굴들에 이런 문양이 등장하는 시기는 대개 신석기시대이다. 이런 동굴들은 분명 여신에게 신령한 자리였을 것이다.

10-3. 부적, 인장, 뚜껑, 거대한 항아리

신석기시대 초기부터 청동기시대까지 그물망 패턴의 특징들을 계속 찾아볼 수 있다. 이 시기의 거대한 항아리나 항아리 뚜껑 혹은 인장이나 부적들을 보자. 그림으로 표현한 이 유물은 마법의 힘을 지닌 부적의 역할을 했을 것이다. 손잡이와 그 사이의 공간들에 문양이 잔뜩 새겨져 있다. 손잡이에 장식된 그물망 문양은 여성의 자궁 부위 삼각형을 의미한다. 이는 사이 공간에 새겨진 쐐기 문양과 연결되거나 성혈이나 중앙에 성혈이 있는 동심원들과 어우러진다(그림 131-1, 2). 미노아 문명의 인장을 보면 그물 문양이 뱀 문양과 연관이 있다는 점을 알 수 있다. 이들 인장의 손잡이가 뱀 모양인데, 주로 뱀 한 마리 혹은 두 마리가 서로 연결된 모양이다(그림 131-3, 4).

10-4. 틀 속의 그물망: 마름모, 원, 알, 자궁, 음문

기원전 7000년기 말부터 신석기시대 항아리에 그물망 문양들이 관찰된다. 이 문양은 띠나 마름모, 삼각형 혹은 원 모양의 틀 속에 장식되어 있다. 이러한 특징은 순동기시대를 거쳐 청동기시대까지 계속 나타난다(그림 132, 133). 이 특질을 드러내는 유물들이 발칸반도 중부에서 신석기시대 에게, 쿠쿠테니, 미노아 II기 유적지에 이르기까지 폭넓게 발굴되었는데, 시기는 기원전 6000년에서 기원전 2500년까지이다.

주둥이가 있는 항아리나 구형 토기에서 흔히 사각이나 마름모 속에 그물망이 등장한다. 후기 쿠

그림 132

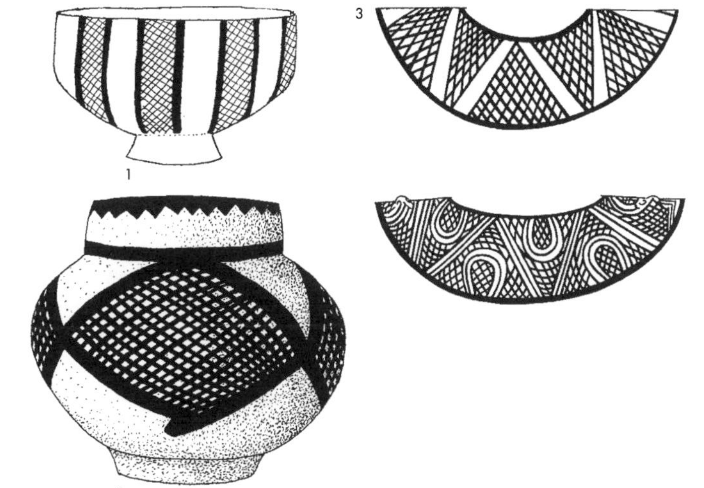

그림 132
수직 띠나 마름모, 삼각형, 자궁 모양의 틀 속에 있는 그물망은 올드 유럽 토기에서 오랫동안 사용되어왔다.
(1) 오렌지색에 갈색 문양.
(2) 흰색에 붉은색 문양.
(3) 크림색에 붉은 갈색 문양.
(1) 세르비아의 스타르체보 문화(테치크, 기원전 5700-5500년).
(2) 말기 세스클로 문화(그리스의 카에로네이아, 기원전 5800-5500년).
(3) 쿠쿠테니 문화(루마니아의 드러구셰니, 기원전 4200-4100년경).
(1) 높이 10.9cm
(2) 높이 30.6cm

그림 133

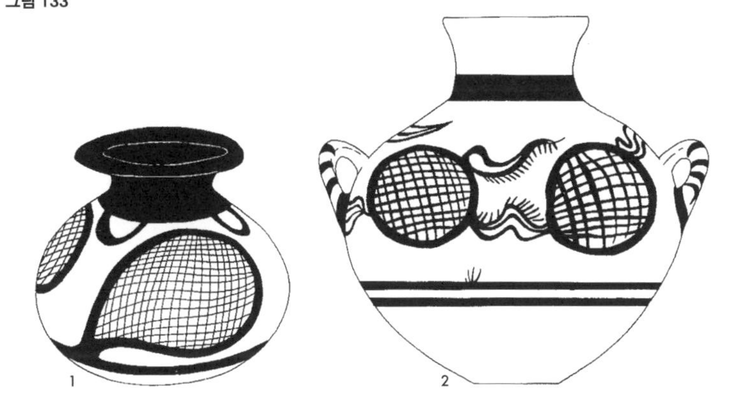

그림 133
미케네 문명에서 발굴된 자궁이나 알 모양의 틀을 채우고 있는 그물망 문양. 그물망의 상징적 의미 중 양수라는 측면이 드러난다. 크림색 토기에 갈색 그림.
(1) 프로시므나.
(2) 베르바티(기원전 1500-1300년).
(1) 높이 12.6cm
(2) 높이 21.4cm

그림 134

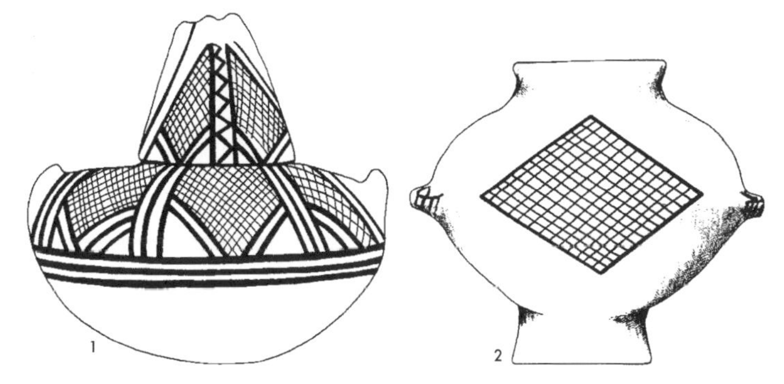

그림 134
물 항아리에서 자주 관찰되는 마름모 틀 속의 그물망 문양.
(1) 크림색 토기에 검은색 그림(몰도비아의 브라일리차, 기원전 3600-3400년).
(2) 1000년 뒤 초기 미노아 문명의 유물인 물 항아리에서 관찰되는 마름모 틀 안의 그물망 문양(크레타의 하기아포티아, 기원전 2600년경).
(1) 높이 35.8cm
(2) 높이 15.4cm

쿠테니 문화의 둥근 항아리 뚜껑 한가운데에는 지그재그 문양의 띠가 있고 그 주변과 항아리 몸체에 선으로 구획된 마름모가 그려져 있으며 이런 틀 안에 그물망 문양이 있다. 미노아와 미케네 문명의 항아리에도 지속해서 원, 달걀 모양, 자궁 모양의 틀 속에 그물망 문양이 등장한다(그림 134).

10-5. 그물망 문양과 격자무늬

그물망 문양과 격자무늬는 거의 같은 의미로 쓰인 듯하다. 이 두 문양은 같은 상징 시리즈에 속하는 문양들과 함께 어우러져 나타난다. 격자무늬는 약간의 차이는 있으나 연관되는 개념을 표현한다는 점에서 그물망 문양의 변형으로 볼 수 있겠다. 이 두 문양이 나란히 등장하는 토기는 셀 수 없이 많다. 이 두 문양은 기원전 4500년 다뉴브 구멜니차 토기(그림 135)에서부터 기원전 2800년경 그리스 중부 드라크마니 II기 토기에 이르기까지 관찰된다(그림 136).

목이 둘 있는 항아리가 구멜니차에서 발굴되었는데 목 하나에는 격자무늬가, 다른 하나에는 그물망 패턴이 장식되어 있다. 그 아래 항아리 몸체에서는 평행선, 물의 흐름, 부리 모티프가 관찰된다. 드라크마니의 예에서는 그물망 모양 측면에 체스판 문양이 열 지어 등장해 상징적인 의미를 강조한다. 그물망 문양과 격자무늬가 함께 등장하는 이런 경향은 철기시대에도 이어진다(그림 182 참조).

그림 135

그림 135
목이 둘 달린 항아리. 그물망 문양과 격자무늬가 목에 하나씩 등장한다. 이 둘의 의미는 같거나 유사한 듯하다(루마니아의 구멜니차, 기원전 4500~4300년경).
높이 22.4cm

10-6. 주둥이가 튀어나온 사람 모습을 한 항아리, 조각상, 동물 모양 토기

여신이나 동물 모양 용기에 등장하는 그물 문양은 상징적 의미를 이해하는 데 실마리를 제공한다. 문양들을 살펴보면, 우선 그물망은 물 항

그림 136

그림 136
초기 청동기시대 항아리. 삼각형 속에 그물망 문양이 있고 양옆의 반원 틀 속에 격자무늬가 장식되어 있다. 목둘레에는 삼각형 모양 그물망 문양이 있다. 드라크마니 II기(그리스의 포키스, 기원전 3천년기 초기).
높이 39.6cm

그림 137

그림 137
여기 알 모양의 항아리에서처럼 그물망 모티프는 주둥이가 있는 항아리에서 자주 관찰된다. 항아리 가운데 있는 그물망, 상부 중앙에 집중된 사각형이 두드러지고 그 주변의 사각 틀 속에 그물망 문양이 있다. 초기 청동기시대, 크림색 항아리에 갈색 그림(필라코피, 기원전 3천년기 초기).
높이 40.2cm

그림 138

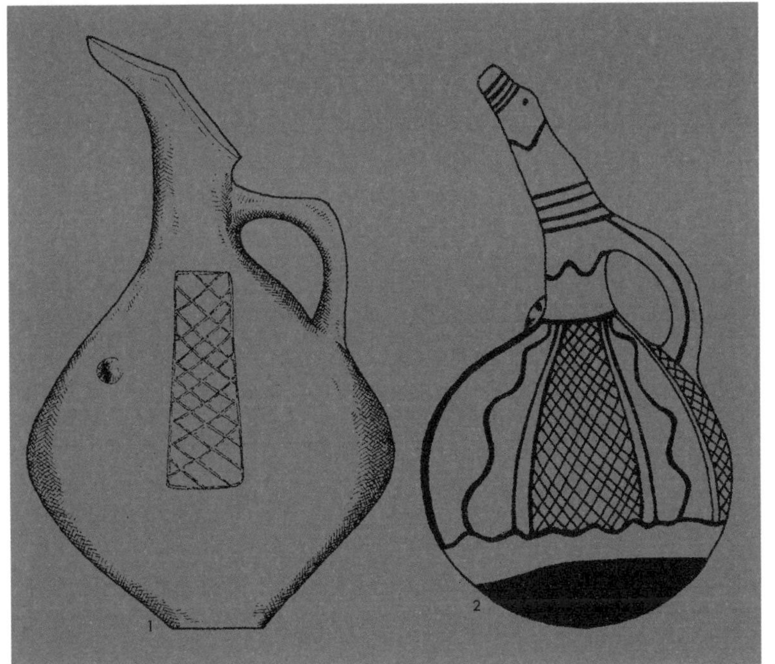

그림 138
새 모양의 주둥이가 있는 물 항아리. 몸체에 구획된 그물망 문양이 있다. 초기 청동기시대(기원전 3천년기 중기).
(1) 아나톨리아 서부 베이지술탄.
(2) 키프로스 북부 라피토스.
(1) 높이 59.5cm
(2) 높이 56cm

그림 139

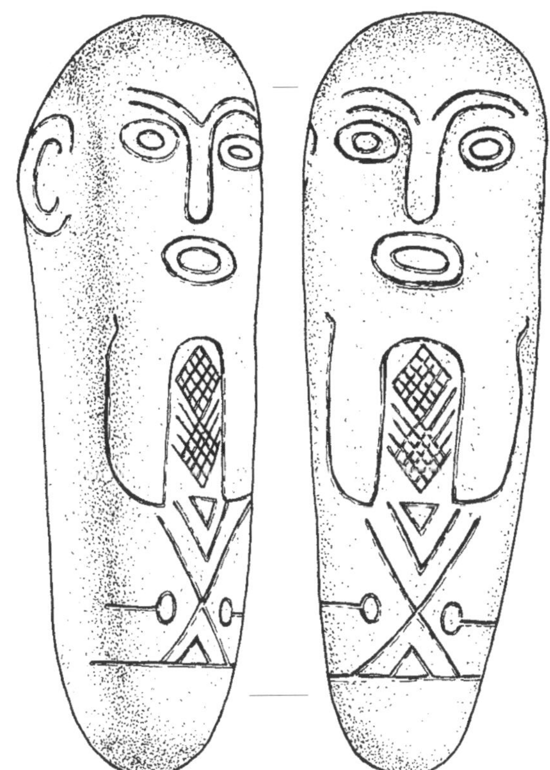

그림 139
자갈돌에 음각을 한 여신상. 젖가슴 사이에 그물망을 채운 마름모 문양이 있고 그 아래에 쐐기 문양이 장식되어 있다. 북부 이탈리아 신석기. 스퀘어마우스 포터리 문화(이탈리아 트렌토 부근 가반 주거지).
높이 13.4cm

아리나 주둥이가 있는 항아리에 규칙적으로 나타난다. 초기 청동기시대 주둥이가 있는 항아리에서 그물망 문양이 관찰된다. 이 항아리들 중 일부에는 젖가슴이나 젖꼭지가 표현되어 있다. 물 주둥이에 장식된 그물망 문양은 사각, 마름모의 틀이나 기둥 속에 그려져 있다(그림 137, 138). 나아가 그물망 문양은 신석기시대나 순동기시대 유물의 인간 모습의 이미지에서도 자주 관찰된다.

이탈리아 북부 신석기시대 초기 가반 주거지에서 물고기 형상의 유물이 발굴되었는데 여신상의 양 젖무덤 사이 마름모꼴 틀 속에 그물망 문양이 있다(그림 139). 그물망 문양 바로 아래에 삼각형과 V자, X자 문양이 새겨져 있다. 얼굴에는 물고기 모양의 둥근 입이 있고 뚫어지듯 응시하는 커다란 눈이 있다. 이 가반 여신과 세르비아 레펜스키비르에서 나온 얼굴이 반인반어 형상인 알 모양 상들은 상징적인 연관이 있다. 구유고연방 유물들에는 종종 하천 모티프가 장식되어 있다(그림 377 참조).

틀로 구획한 그물망 문양의 경우 크레타 남부 미트로스의 초기 미노아 문명 유적지에서 발굴된 조각상들의 세부 사항들을 통해 의미를 더 잘 이해할 수 있다(그림 140). 이 테라코타는 속이 비어 있는 용기 모양이다. 세부를 보면 얼굴은 인간 형상, 목은 긴 실린더형인데, 구멍 뚫린 젖가슴이 있다. 이 구멍은 물을 붓는 자리이다. 뱀 같은 팔은 평행선들로 장식된 물 항아리의 목을 감싸고 있고, 몸체의 앞과 뒷면에는 사각 틀 속에 그물망 문양이 있다. 사각형, 삼각형 틀 속 그물망 문양은 생명의 물을 담은 저장고를 상징하는 듯하다.

같은 개념들을 미케네의 여신상에서도 찾아볼 수 있다. 이 여신상의 뱀 같은 팔은 아기를 안고 있고(그림 141) 뱀 모양의 선들이 몸 전체를 장식하고 있다. 왕관과 팔에는 쐐기 문양이 있고 왼쪽 어깨 위에는 그물망 문양의 원반이 달려 있다. 이는 미노아 문명의 신상들에 장식된 삼각, 사각 틀 속의 그물망 문양과 관련이 있는 듯하다.

여신상들 중에 사각 틀 안에 들어 있는 그물망 문양이 장식된 상들은 무수히 많다. 그중에서 최고로 감동적인 이미지 중 하나는 단연 그리스 중부 보이오티아에서 발굴된 기원전 700~675년경의 여신상일 것이다(그림 142). 여신상의 몸체는 종 모양이다. 앞면에는 지그재그와 평행선으로 에워싸인 커다란 사각형 그물망 문양이 그려져 있다. 이 문양의 양옆으로 새들이 한 마리씩 서 있다. 새의 몸체

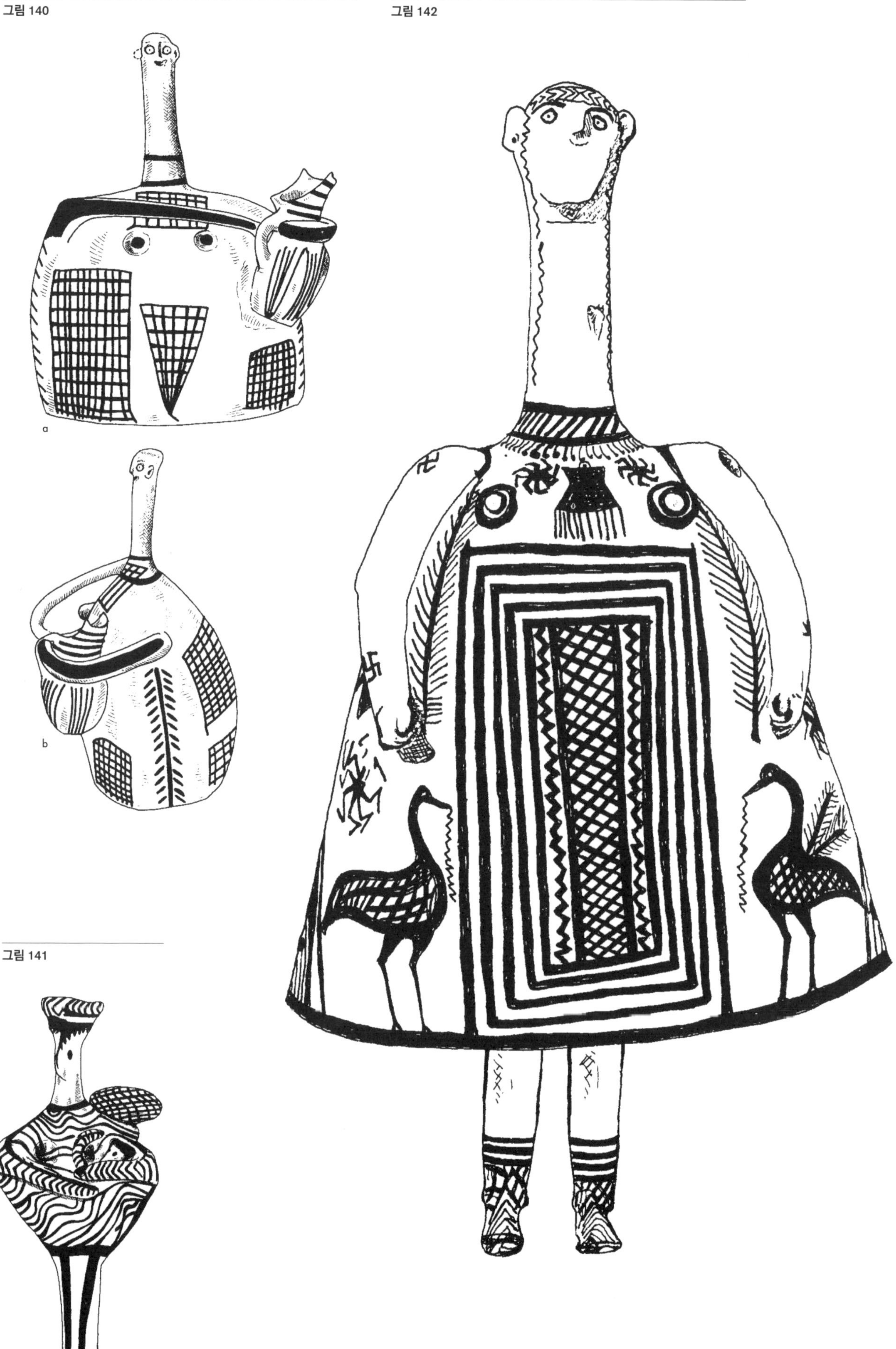

그림 140
그물망과 여성 자궁 부위 삼각형이 또다시 연결된다. 목과 팔은 뱀 모양이고 구멍이 뚫린 젖가슴으로 물이 나온다. 이는 용기가 의례용으로 사용되었다는 사실을 시사한다. 몸에 장식된 그물망 문양은 이 문양이 새겨진 몸체가 바로 생명의 물을 저장하는 용기임을 나타내는 듯하다. 담황색/회색 바탕에 붉은색 그림(크레타의 미트로스, 기원전 2900-2600년). 높이 18.8cm

그림 141
팔에 아기를 안고 있는, 온몸에 뱀 무늬가 그려진 테라코타. 왼쪽 어깨 위에 그물망 문양이 있는 원판이 있다. 크림색 바탕에 붉은 그림(그리스의 미케네, 기원전 14세기). 높이 20.8cm

그림 142
상징으로 풍요로운 이 테라코타는 여신과 그물망 또는 여신의 자궁에 있는 생명의 물과의 관계를 설명하기에 충분한 증거물이다. 뱀을 물고 있는 새와 새 몸에서 나뭇가지가 자라는 모습, 그리고 에너지 소용돌이 문양에 주목하라(그리스의 보이오티아, 기원전 700년경).

는 그물망 문양으로 장식되어 있고 부리로 지그재그 모양의 뱀을 물고 있다. 커다란 사각 문양 윗부분을 보면, 양옆으로 나뭇잎과 소용돌이 모양의 문양이 있고 팔에는 스와스티카가 그려져 있다. 목둘레에는 목걸이 장식이 뚜렷하고 머리에는 쐐기 문양이 있다. 긴 목은 남근이나 뱀을 닮았고 입은 없다. 가슴에는 겹으로 된 동심원 문양이 있다. 여신의 몸에서 식물이 자라고 오른쪽에 있는 새들의 몸에서도 나뭇가지가 자란다. 보이오티아에서 발굴된 동 시기 다른 여신상에는 여신의 자궁에 그물망 문양이 있는 물고기가 들어 있다(그림 405 참조). 이는 그물망, 물고기, 양수, 자궁 사이의 친연성을 나타내며 야생 생명체의 수호신 아르테미스 여신 이미지이다. 야생의 생명체들은 저마다 뭇 생명의 원천인 여신을 몸 안에 간직하고 있는 존재들이다. 크레타 섬의 아르테미스 디크티나브리토마르티스는 고기 잡는 그물과 연관이 있다. 여신의 별칭 중 하나는 '그물망의 여신'이고 여신의 신화와 의례는 출산과 관련이 있다.

무수히 많은 여신상들에 그물망 문양이 장식되어 있다는 사실에서 여신이 생명을 탄생시키고 유지하게 만드는 물의 원천이자 보유자라는 것을 알 수 있다. 이는 젊은 여신의 면모를 나타내는데, 한마디로 생명의 부여자이다.

신석기시대부터 철기시대 유물에 이르기까지 숫양과 그물망이 어우러진 이미지가 나타난다. 이 연결의 증거들은 하실라르와 세스클로에서 출토된 항아리들, 양 머리로 장식된 램프 혹은 스타르체보나 빈차 그리고 청동기시대와 철기시대 크레타와 키프로스의 상징 미술에서 찾아볼 수 있다(그림 143). 관련 증거가 그리스의 미케네 시기, 기하학 시기, 아르카익 시기 유물에도 등장한다(그림 144, 145).

그런데 숫양과 그물 문양이 어떻게 연결될까? 한 가지 설명을 하자면 상징적으로 숫양의 털과 음모가 밀접한 관련이 있다고 볼 수 있다. 리투아니아인들은 현재도 양털을 성적인 상징으로 간주해서 갓 혼인한 이들의 침대 위에 양털 한 줌을 올려놓는다(Greimas 1979: 272쪽).

그림 143

그림 143
빈차 문화의 양 머리 용기.
(1) 세르비아의 파포스(기원전 5000-4500년).
(2) 중기 청동기시대의 유물이다. 주둥이가 있는 양 모양 항아리에 그물망, 삼선, 평행선 문양이 있다(키프로스 부누스의 무덤, 기원전 1775-1575년).
(1) 높이 7.8cm
(2) 높이 11.6cm

그림 144

그림 144
후기의 토기 그림에서 흔히 보이는 모티프. 연장된 양 뿔 가운데 있는 마름모 틀 속의 그물망. 고대 그리스 아르카익기(키프로스, 기원전 700-600년).
높이 7.5cm

그림 145

그림 145
마름모 속에 그물망 문양이 중심 상징으로 나타난 토기. 아래의 나선 문양은 숫양의 뿔이다. 헬라도스 ⅢC 말기(그리스의 미케네, 기원전 1100년경).
높이 10.7cm

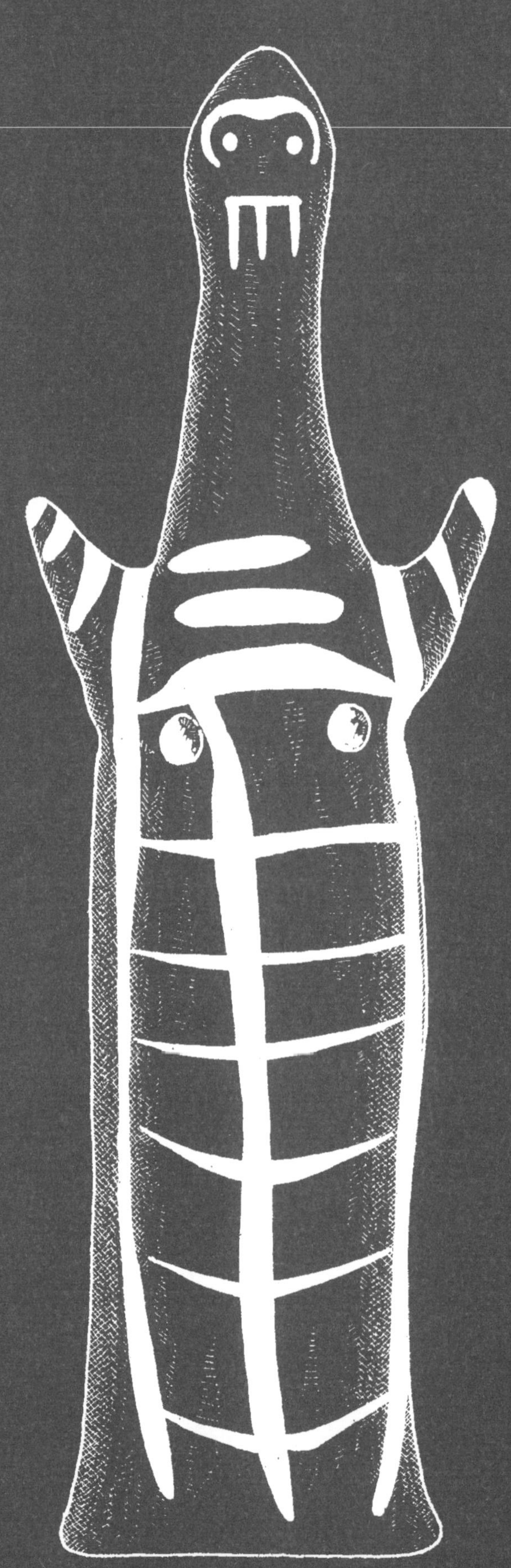

미케네에서 출토된 여신상.
입에 그려진 삼선과 서로
호응하는 줄무늬로
덮여 있다.
그림 158 참조.

11. 삼선과 숫자 3의 힘

11-1. 후기 구석기시대의 이미지

평행한 삼선은 후기 구석기시대부터 상징적인 의미가 있었음에 틀림없다. 이 문양은 물고기, 그물망, 지그재그, 뱀 혹은 뱀 선, 겹선, 평행한 선과 동시에 등장하며 여신 이미지와도 관련이 있다. 가장 선명하게 드러나는 삼선 상징의 사례 중 하나는 도르도뉴 지역의 말기 막달레니앙 문화의 뼛조각에 새겨진 여신이다(그림 146). 가운데 삼선 문양이 두 개 선명하게 각인되어 있다. 이 문양은 끝 부분이 연결되어 닫힌 형태를 보인다. 윗부분의 삼선 문양은 추상적으로 묘사한 양 젖가슴 사이에 새겨져 있고 아랫부분 삼선은 배 쪽에 있는데 문양 바로 아래에 겹으로 된 렌즈 모양의 음문이 있다. 시베리아 중부의 말타에서 발견된 매머드 이빨로 만든 명판에 뱀 세 마리가 각인되어 있다. 뱀 셋은 뱀 하나보다 훨씬 강력한 힘을 나타낸다.

11-2. 인장, 여신상, 토기에서의 삼선

신석기시대 인장에도 삼선 문양이 등장한다. 이는 올드 유럽의 전 문화권에서 독자적인 문양으로 관찰된다. 근동에서는 신석기시대부터 이 문양이 조약돌에 새겨졌다. 신석기시대 초기부터 청동기시대(에게 문명)까지 새부리 여신상에 삼선 문양을 볼 수 있다(그림 147). 삼선이나 대시 기호가 단독으로 혹은 그룹으로 나타나는데 어깨나 팔, 양쪽 젖가슴 사이에, 혹은 등이나 배를 가로지르는 모습으로 관찰된다. 아마도 여신상의 목에 있는 세 개 혹은 여섯 개의 구멍(세 개의 구멍 쌍) 또는 앞뒷면의 작은 손잡이 부위도 동일한 상징적 의미가 있을 것이다(그림 148). 이 여신상의 머리에는 새부리가 있다.

테살리아 라리사 근교 자르코스의 신석기시대 언덕에서 제단 모델이 발굴되었는데 여신상 여덟 개가 출토되었다. 여신상들에는 삼선과 쐐기 문양이 장식되어 있다(Gallis 198)(그림 149). 사원의 왼쪽 방에서 가장 큰 여신상이 나왔는데 아마도 주요한 여신인 것 같다. 이 상의 젖가슴 사이와 뺨 위에 삼선 문양이 정교하게 장식되어 있고 등 쪽에는 쐐기 문양이 주의 깊게 새겨져 있다. 이 여신상보다 다소 작은 여신상들 셋에도 유사한 문양이 있다. 나머지 상들은 보존 상태가 양호하지 못하지만 비슷한 문양이 있다. 여기서 발굴된 사원은 올드 유럽의 방이 둘 있는 신전의 전형적인 모델인데, 한 방에는 제단이 있고 다른 방은 작업장으로 구성되어 있다. 바닥 아래에서 발굴되었는데, 이는 집이나 사원의 초석에 있는 새 여신에게 헌정한 자리이다.

이 당시 항아리 몸체나 바닥에 단일 문양으로 삼선이 관찰된다. 중부 유럽의 선으로 장식된 토기와 티서 토기에는 전형적으로 삼선 문양의 한쪽 끝을 둥글게 마감한 디자인이 등장한다(그림 150). 기원전 5000년기~3000년기의 유물로 측정된 물 항아리나 주둥이가 있는 항아리, 새 모양 항아리에 흔히 등장하는 문양이 삼선이다(그림 151).

그림 146

1

2a

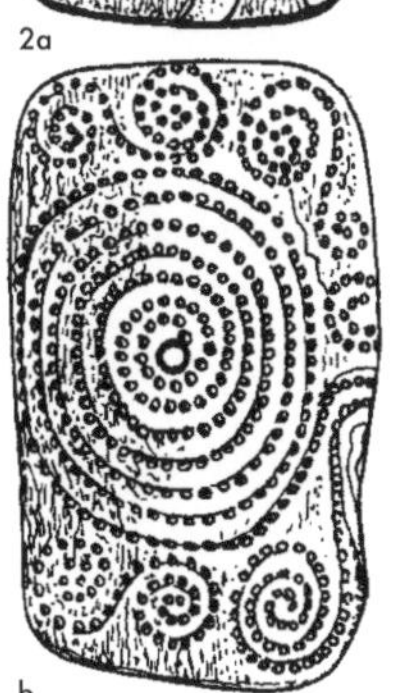
b

그림 146
구석기시대 초기에 나타나는 삼선 문양. 이는 종종 물의 상징들과 연관된다.
(1) 뾰족한 뼈에 각인된 추상적인 여신 이미지. 삼선 문양이 젖가슴 사이와 음문 윗부분에 있다. 가장자리 주변에 구불구불한 선들이 새겨져 있다.
후기 막달레니앙 문화(프랑스 남부의 아브리메주)
(2) 명판 한쪽 면에 뱀 세 마리, 뒷면에는 뱀 똬리. 매머드 이빨이 새겨져 있다.
시베리아 말타(기원전 2만 4000년).

그림 147

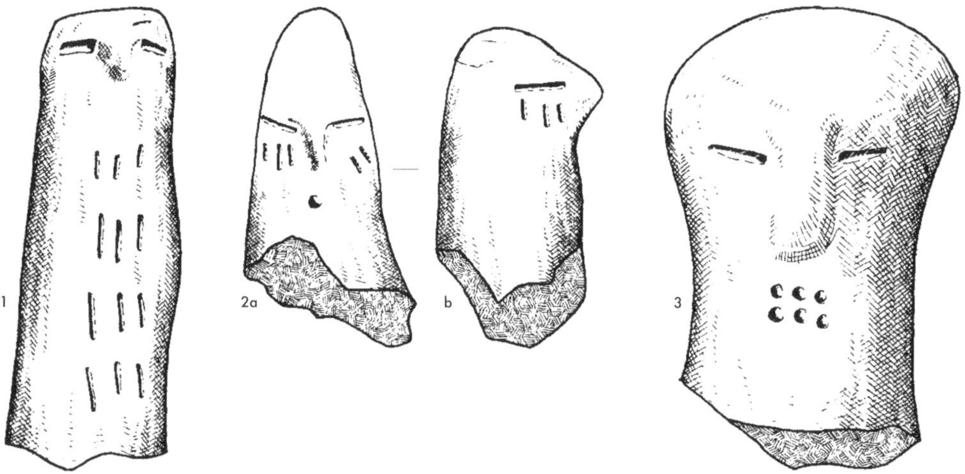

그림 147
신석기시대 초기에서 청동기시대까지 새부리 여신상에 빰이나 신체 전반에 걸쳐 삼선 문양과 점 셋이 등장한다. (1)과 (2)는 눈 아래와 목 아래 부위에 삼선이, (3)은 입 부분에 구멍 여섯 개(점 셋씩 쌍으로)가 있다.
(1)과 (2)는 그리스의 세스클로 문화(아킬레이온, 기원전 6000-5800년).
(3) 마케도니아의 스타르체보 문화(안자, 기원전 5800-5600년).
(1) 높이 5.4cm
(2) 높이 3.8cm
(3) 높이 5.5cm

그림 148

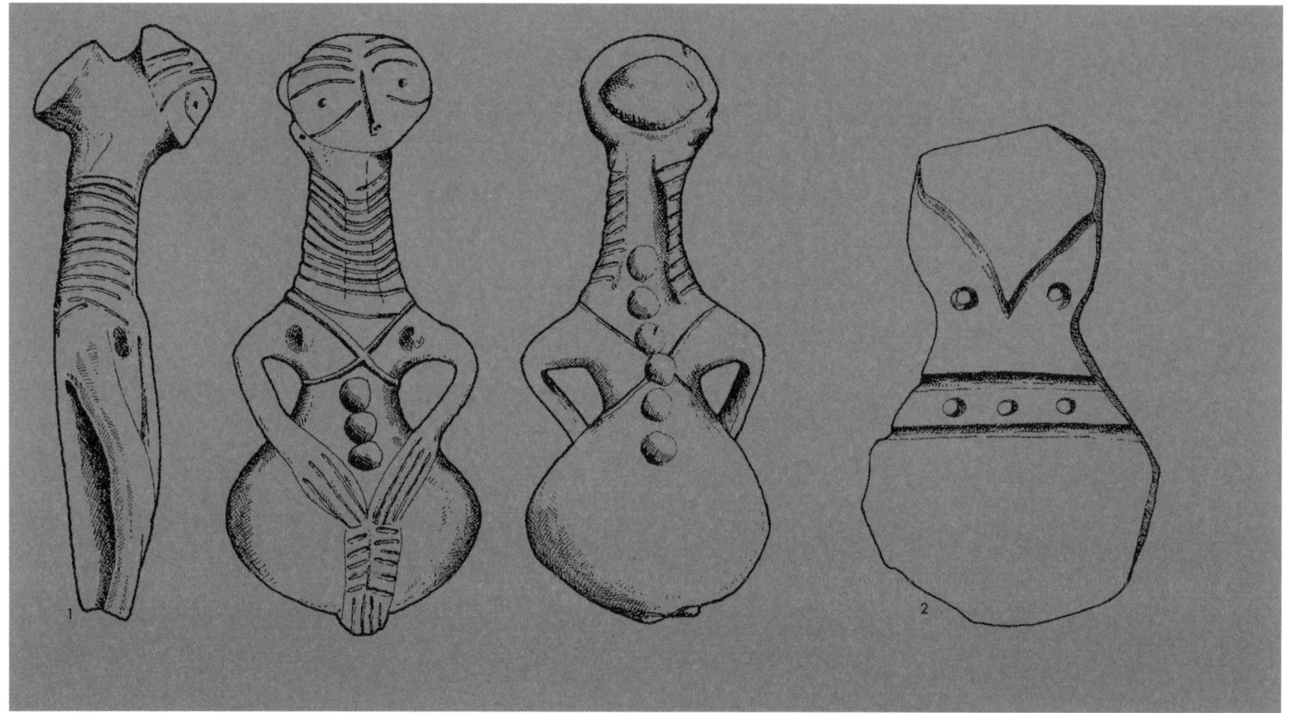

그림 148
삼선 문양과 연관된 모티프는 입 없는 새부리 여신상에 있는 세 점이나 여섯 점이다.
(1) 교차하는 띠와 열두 개의 목걸이를 한 좌상으로 가면을 쓴 얼굴 뒷면에 둥근 돌기, 배에 점 셋, 등에 점 여섯 개가 있다.
(2) 올빼미 얼굴의 대리석 조각. 앞면 두 띠 사이에 있는 세 점이 관찰된다.
(1) 초기 청동기시대 터키 중부의 누드라(기원전 3세기 초기).
(2) 트로이 IV, 아나톨리아 서부(트로이, 기원전 3세기 말기).
(1) 높이 8.7cm
(2) 높이 7.3cm

그림 149

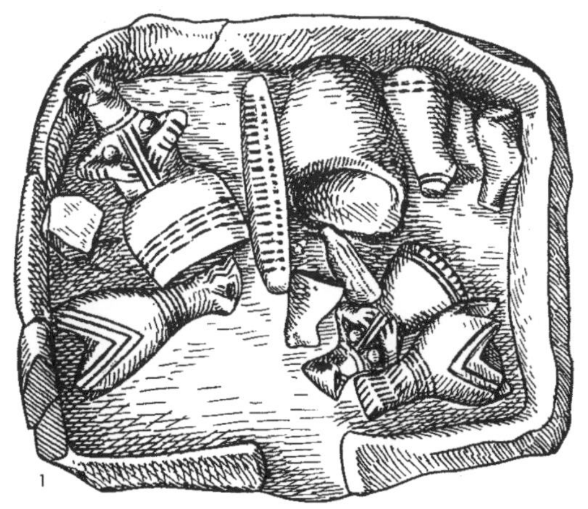

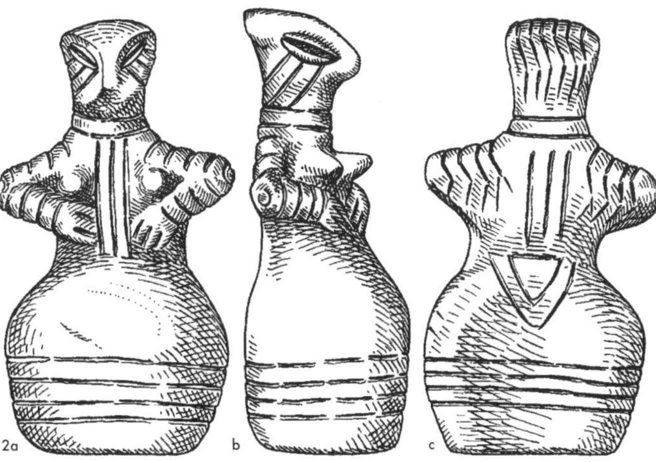

그림 149
방이 둘 있는 노출된 신전.
(1) 삼선과 쐐기 문양이 조각된 새 여신 형태의 신상이 있다. 이 유물은 여신상들 중 가장 큰 신상이다.
(2) 작은 여신상들과 함께 왼쪽 방에 있던 상. 화로 주위에 여신상이 여섯 개 배치되어 있다. 여신상의 크기나 위치는 어떤 위계를 암시하는 듯하다.
디미니 문화(그리스의 자르코, 기원전 5천년기 초기).
높이 8.6cm

그림 150

그림 151

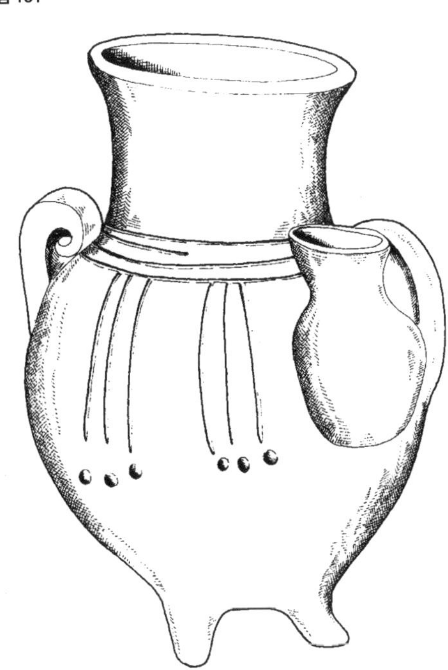

그림 150
삼선 끝에 둥글게 파인 점. 유럽 중부 지역 신석기시대 토기에 흔한 모티프.
(2)는 무덤의 해골 위에서 발견됐다(줄무늬토기 문화).
(1) 몰도비아 리브니키.
(2) 슬로바키아 니트라(기원전 5000년경)
(1) 높이 13.8cm
(2) 높이 14.7cm

그림 151
삼선은 특히 물 항아리와 새 모양 토기와 연관된다. 날개 모양 손잡이가 있는 이 항아리는 작은 항아리를 안고 있는 듯하다.
트로이 IV(터키의 트로이, 기원전 3천년기 말기).
높이 42cm

11-3. 삼선과 발달과정의 연관성

발견된 유물 가운데 가장 표현력이 뛰어난 삼선 문양은 쿠쿠테니 항아리의 장식 띠나 접시의 내부 장식에서 찾아볼 수 있다. 삼선은 접시 안쪽에 있는 유일한 문양이다. 아니면 장식적인 띠 안에 일정 간격을 두고 등장하는데 이때는 원 안에 삼선 문양이 그려진 형상이다(그림 152). 삼선 문양을 둘러싼 원은 간격을 두고 배열되어 있고, 그 사이에 겹선과 부리 모양 문양이 있어 원들을 연결한다.

사각 패널에 삼선이 수직으로 혹은 배경에 대각선으로 그어져 있다. 이 배경은 텅 비어 있거나 수직선 혹은 수평선으로 채워져 있는데, 이는 하늘이나 구름을 상징할 수도 있다. 사각 아랫부분의 반원은 땅을 표현하는 듯하고 그 위에서 신성한 개가 빠른 걸음으로 내달린다(그림 153).

삼선은 또 접시 안쪽에 나타나는 소용돌이치는 패턴의 한가운데 위치한다. 위치로 보아 소용돌이를 일으키는 자리를 나타내는 듯하다(그림 154).

나아가 삼선이 '발달과정'과 연관된다는 사실을 확인하게 되는데 이는 삼선과 연관된 문양들을 통해 알 수 있다. 삼선은 자궁, 씨앗, 물고기 부레 모양, 초승달, 숫양 뿔, 뱀 똬리와 연관된다. 우크라이나 서부의 시페니치에서 발굴된 접시는 넷으로 구획된 디자인을 보이는데 각각의 구획마다 삼선 문양이 관찰된다. 불가리아 북부 루세에서 출토된 접시의 경우 삼선 주위에 초승달이 있다. 이 모티프가 동심원을 그리며 되풀이된다(그림 155). 쿠쿠테니 문화 유물인 손잡이 달린 항아리의 띠 모양 장식에서도 삼선 문양이 초승달과 어우러진다.

그림 152

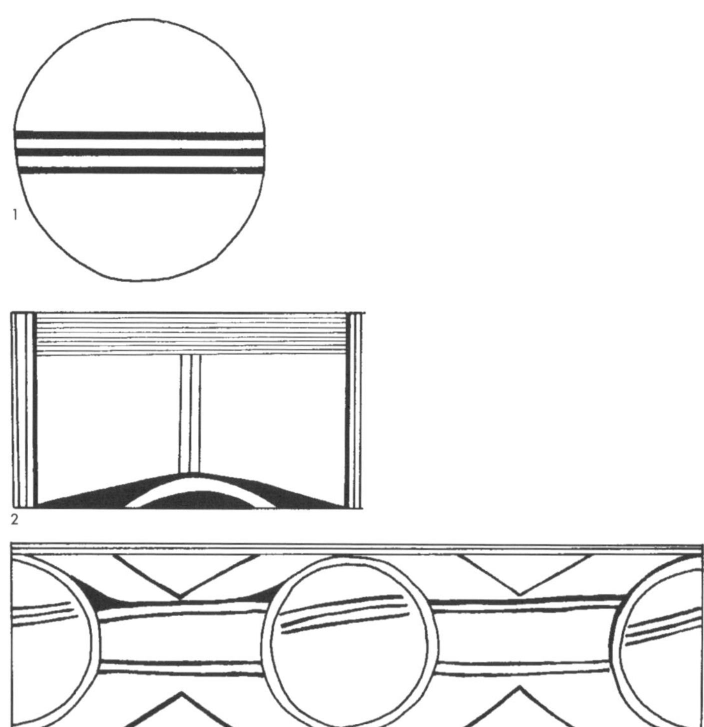

그림 152
삼선의 상징에 대한 통찰을 제공하는 쿠쿠테니 문화 토기.
(1) 접시 내부.
(2) 하늘과 땅 사이에 펼쳐진 토기에 장식된 띠.
(3) V자 모양과 겹선으로 연결된 원 안에 들어 있는 삼선 문양.
검은 부분은 붉은 색으로 색칠되어 있음(우크라이나의 시페니치, 기원전 3700-3500년).

그림 153

그림 153
구름으로 생각되는 수평선과 그 아래에 있는 땅 사이의 하늘을 가로지르는 삼선. 위의 두 이미지에는 비가 내리는 듯하고, 땅에는 초자연적인 개가 있다. 말기 쿠쿠테니 문화(우크라이나의 시페니치, 기원전 3700-3500년).

그림 154

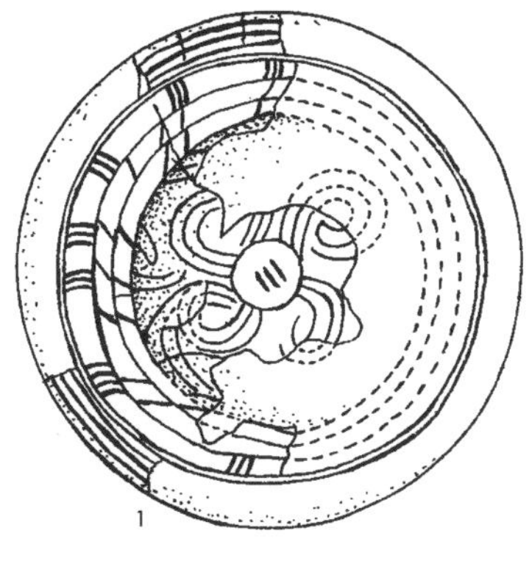
1

2

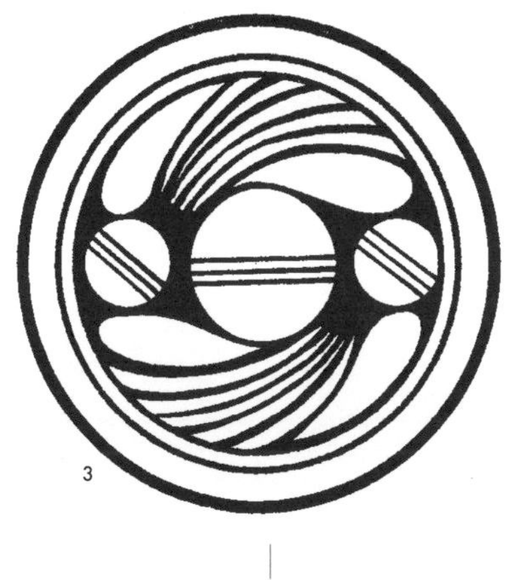
3

그림 154
접시 내면에 삼선이 소용돌이 같은 에너지 상징과 어우러져 있다. 가운데 삼선 문양이 돌아가는 삼선, 나선, 물의 흐름 문양으로 둘러싸여 있다.
(1)(2) 페트레슈티 B(트란실바니아의 피아눌데요스, 기원전 4500-4200년).
(3) 말기 쿠쿠테니 문화(루마니아의 발레니, 기원전 3800-3600년).
(1) 지름 33.9cm
(2) 지름 32.7cm
(3) 지름 36.5cm

그림 155

1

b

2a

그림 155
발달과정과 연관되는 삼선.
(1) 자궁이나 씨앗 안의 삼선. 각각에 쐐기나 V자 문양이 계속되는 점을 주목하라.
(2) 초승달 모양과 교차한다.
(1) 후기 쿠쿠테니 문화(시페니치, 기원전 3700-3500년).
(2) 카라노보 VI(불가리아 루세, 기원전 4500-4300년).
(1) 지름 39.6cm
(2) 지름 39.6cm

그림 156

그림 156
삼선과 연관된 발달 과정에 등장하는 상징들로 뱀과 숫양 뿔이 포함된다.
(1) 접시 안, 정중앙에 뱀 똬리가 있고 삼선과 숫양 뿔이 네 방향에 등장한다. 붉은 그릇에 검은색 그림.
(2) 톨로스 무덤에서 출토된 원통 모양 인장에 뱀 똬리 둘레를 회전하는 연결된 삼선.
(1) 테살리아 디미니(기원전 4500-4000년경).
(2) 미노아 문명 중기(크레타의 보로우, 기원전 2000년).
(1) 지름 37cm
(2) 높이 4.6cm

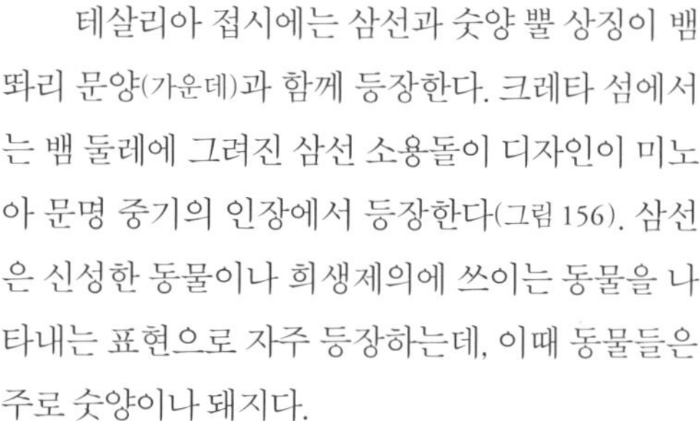

테살리아 접시에는 삼선과 숫양 뿔 상징이 뱀 똬리 문양(가운데)과 함께 등장한다. 크레타 섬에서는 뱀 둘레에 그려진 삼선 소용돌이 디자인이 미노아 문명 중기의 인장에서 등장한다(그림 156). 삼선은 신성한 동물이나 희생제의에 쓰이는 동물을 나타내는 표현으로 자주 등장하는데, 이때 동물들은 주로 숫양이나 돼지다.

11-4. 여신의 입에서 나오다

여신과 삼선의 연결은 여신의 입을 나타내는 수평 막대에 수직으로 연결된 평행한 삼선 묘사로 입증된다. 수평 막대에 달린 삼선 문양은 입에서부터 흘러나오는 신성한 샘을 상징할 수 있다. 이 문양은 일관되게 출토되어 그 상징성을 확신할 수 있다. 예를 들어 헝가리 동쪽 케네즐뢰에서 출토된 인간 형상 항아리의 목 부위에 가면을 쓴 얼굴이 묘사돼 있다(그림 157-1). 앞이마 한가운데에 삼선 문양이 있고 양옆으로 쐐기 문양이 있다. 입은 수평 막대로 표현되고 여기서부터 평행한 삼선이 아래로 흐르도록 묘사되어 있다. 이 풍요로운 상징과 연관된 장식은 삼선, 지그재그, 미앤더로 이루어져 있다. 기원전 6천년기 말로 연대 측정된 초기 빈차 문화 영역인, 클루지 근처 투르다슈에서 발굴된 토기에서도 유사한 면이 관찰된다. 여신상의 입을 나타내는 막대 모양 선이 새겨져 있고 그 아래로 삼선이 연결되어 있다. 젖가슴 아래쪽에는 쐐기 문양이 있다(그림 157-2).

이 상징적 전통은 아나톨리아와 미케네의 여신상들에서도 계속해서 드러난다. 대표적인 예 중 하나가 가로로 그은 선(입)에 삼선 문양이 장식된 여신상이다(그림 158-1). 다른 증거는 청동기시대 유물로 키프로스에서 발굴되었다(그림 158-2).

그림 157

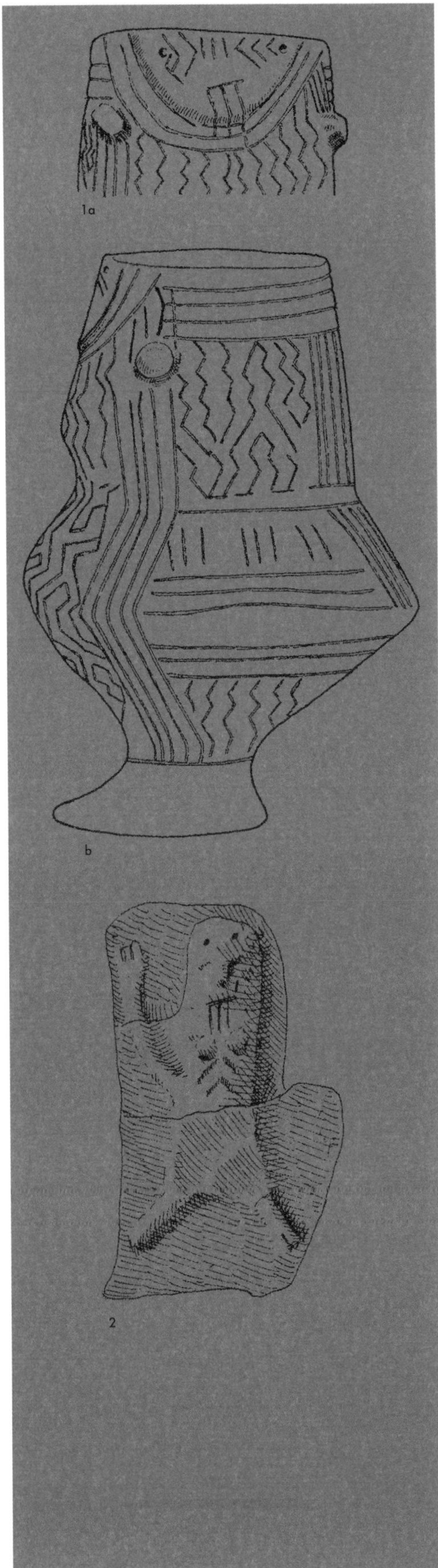

그림 157

여신상에 공통으로 등장하는 모티프 중 하나가 수평선에 이어진 삼선이다. 이 문양이 여신상의 입에 장식된다.

(1) 미앤더, 지그재그, 평행선 조합으로 장식된 의인화된 항아리. 삼선 목걸이와 쐐기와 얼굴의 삼선에 주목하라.

(2) 질그릇 조각에 부조로 장식. 단순하게 입 부분에 삼선이, 가슴 아래에 V자 문양이 둘 있다.

(1) 뷔크 문화(헝가리의 케네즐뢰, 기원전 5000년경).

(2) 초기 빈차 문화(투르다슈, 기원전 5200-5000년).

(1) 높이 17.2cm

(2) 높이 5.5cm

그림 158

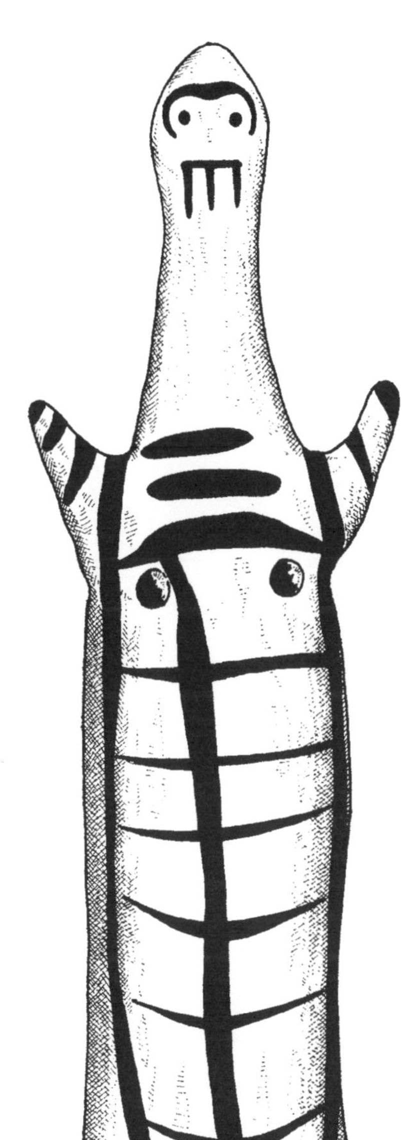

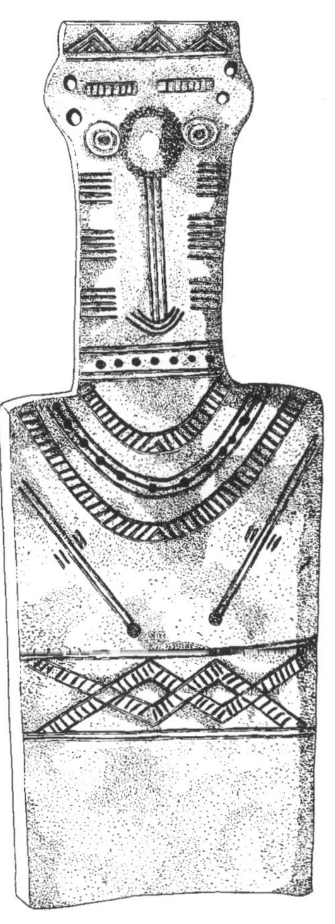

그림 158

청동기시대에 들어서도 삼선 상징은 계속 나타난다.

(1) 미케네에서 출토된 여신상의 입에 연결된 삼선. 날개와 뱀 모양 머리에 주목하라. 후기 헬라도스 III(미케네 기원전 1300년경).

(2) 키프로스 섬에서 출토된 납작한 여신상. 변형된 삼선으로 입에 평행선을 그었고 쐐기 문양과 삼선 목걸이가 관찰된다. 초기 청동기시대 (키프로스, 기원전 2200년).

(1) 높이 15cm

(2) 높이 23.1cm

그림 159

1

2

그림 159

뉴그랜지 거석 무덤에 등장하는 삼중 뱀 똬리 문양. 생명을 부여하는 여신의 세 가지 다른 모습을 나타내는 것으로 추정된다. (2)는 널길 무덤 안에서 바깥쪽을 본 전경. 아일랜드 널길 무덤(뉴그랜지. 기원전 3200년).

(1) 길이 약 350cm

삼선은 여신의 눈이나 몸에서 나오기도 한다. 앞에서 이미 언급한 바 있는데, 빈차 토기 가면과 뚜껑에 등장하는 눈은 평행한 삼선으로 강조되어 있다(본문 52쪽 6-2. 참조). 눈 아래에 있는 삼선 혹은 겹선은 유럽 남동부 지역에서 관찰되는 신석기시대와 순동기시대 가면의 특징적 표식이다. 포르투갈 거석 무덤의 올빼미 여신을 묘사하는 편암 명판에도 같은 경향이 드러난다. 가락바퀴, 제단, 희생제의 용기, 크고 작은 모형 항아리, 동물 모양 용기와 인간 형상 용기, 그리고 조약돌이나 펜던트에 연결된 삼선이 독자적 문양으로 나타난다.

이미 보았듯이 삼선이나 숫자 3은 여신의 신체에 빈번하게 새겨지거나 그려진다. 대개 여신의 눈에서 시작되는 흐름을 나타낸다. 여신에게는 쐐기, X자, 미앤더 문양이 새겨져 있다. 여신은 전형적으로 목걸이를 하나 혹은 그 이상 걸고 있고, 머리나 가면은 새부리 형상이다. 이 특질들은 앞에서 살펴보았듯 새 여신의 표식이다.

평행한 삼선은 물 항아리, 주둥이 있는 항아리, 모형 그릇, 숫양 머리 장식을 한 용기에 빈번하게 등장하는 문양이다. 명백히 모두 여신과 연관된 의례 활동에 사용하는 용구들이다. 카라노보와 쿠쿠테니 문화의 유물 중에서 그림이 그려진 접시에 뱀 똬리, 초승달, 숫양 뿔 모티프와의 연관성이 드러난다. 삼선 문양이 소용돌이 패턴 중앙, 하늘과 땅의 매개체로서 우주적 알의 중심에 등장한다.

삼선 문양은 역동적인 삼중 삶의 실체를 나타내는데, 이는 생명을 부여하는 여신이자 생명을 영위하게 하는 새 여신의 몸에서 흘러나온다는 의미인 듯하다.

세 영역으로 나뉜 원천은 여신 셋, 즉 삼신과 연관되는데, 이는 놀랍게도 일찍이 막달레니앙 문화부터 이어져 내려오는 이미지이다(돌을새김된 거대한 여신상이 성기를 드러내고 있다. 프랑스 비앵의 아브리뒤록 오소르시에르: campbell 1982: 110쪽). 이 전통은 선사시대와 역사시대 전반에 걸쳐 지속된다. 그리스의 모이라이, 로마의 세 어머니 상이나 부인상, 독일의 노르넨, 아일랜드의 세 브리짓, 세 자매 모리간, 세 마카스, 발트의 세 라이마, 슬라브의 세 수디키나 로제니치로 이어진다. 심지어 무덤에도 셋이라는 표식과 삼중성이 나타난다.

셋은 무덤에서 다시 살아나는 데 필요한 생명에너지의 원천인 여신을 상징하는 듯하다. 아일랜드 뉴그랜지의 거석문화 유물에서도 숫자 3이 놀라울 정도로 되풀이된다(그림 159). 삼면의 작은 방, 돌로 된 세 분지, 올빼미 여신의 뱀 똬리 눈 위에 등장하는 삼중의 뱀 똬리, 나선형, 눈 위 융기한 부분에 세 개의 컵 모양과 함께 타원형 윤곽 셋(그림 370 참조)이 나타난다. 제임스 멜라트는 차탈휘윅의 성소에서 셋으로 이루어진 대상이나 문양들이 빈번하게 등장한다는 사실을 언급한다.

예를 들어 VI.B.10 성소에 조각된 여신상 아래에 수소 머리 셋이 일렬로 배치되어 있다. 성소 VI.B.8에도 수소 머리 셋이 배열되어 있고, VI.14와 VI.A.50 성소에는 의자에 각골 셋이, 성소 VII.9에는 수소 머리 셋이, VII.21 성소에는 삼각형이 3열로 등장한다. 숫자 3의 중요성은 몰타의 사원에서도 관찰된다. 가장 초기에 형성된 사원은 모양이 삼엽형이었다. 윤곽이 인간 모습을 한 후기의 사원에는(타르시엔의 경우) 문간이나 통로 모두 삼석탑의 원리를 이용한다. 미노아 문명 유적에서도 셋으로 구획된 신전과 세 개의 기둥을 흔히 발견할 수 있다.

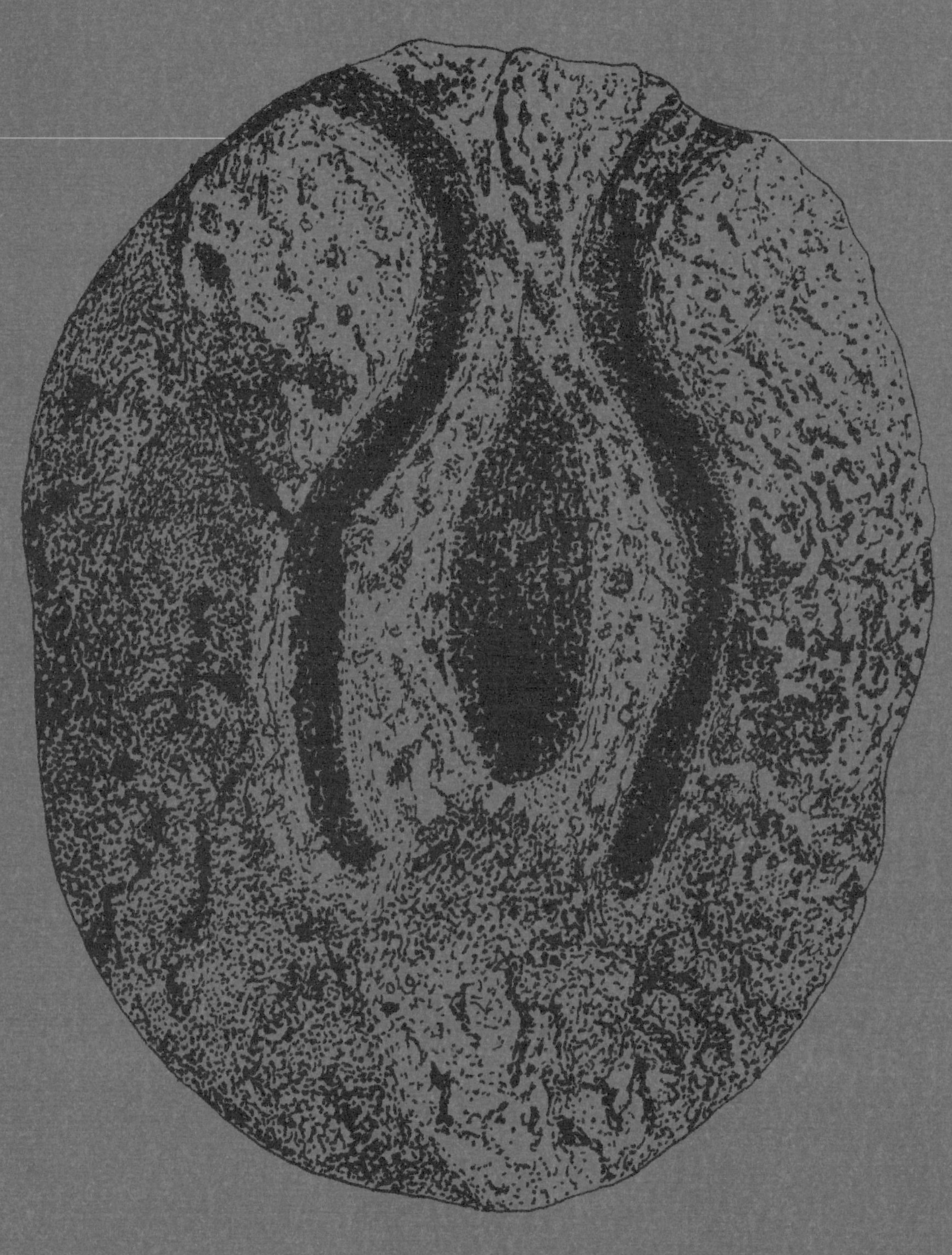

레펜스키비르에서 발굴된 달걀 모양의 돌 조각. 한쪽 면에 꽃봉오리 같은 음문이 새겨져 있다.
그림 164 참조.

12. 음문과 탄생

12-1. 최초의 묘사

농업을 시작하기 오래전, 인류의 선조들은 예술에서 음문과 씨앗과 새싹을 표현해왔다. 여신에 대한 최초의 표식이 음문이었다. 이는 단일한 음문 문양으로 여신을 나타내는 방식이었다. 때는 기원전 3만 년경, 오리냐크 시기로 거슬러 올라간다. 이 시기에 바위에 새긴 음문이 관찰되었는데, 이런 표식의 유물은 주로 프랑스 남부에 있는 동굴에서 발견된다. 레제지, 도르도뉴 지역의 베제르에 있는 아브리블랑샤르, 아브리카스타네, 라페라시의 동굴 속 바위에 음문 문양이 새겨져 있다(Delluc 1978)(그림 160).

오리냐크 시기 음문은 대부분 개략적이고 추상적이다. 반원, 삼각, 혹은 종 모양으로 윤곽을 표현하고 여기에 대시 기호나 점을 덧붙여 질 입구를 나타내는 식이다. 후기 오리냐크 문화기에 계속해서 등장하는 음문을 강조한 이미지를 통해서, 후기 구석기시대의 음문 표식은 그저 단순히 '여신의 기호'만이(1967년 르루아 구랑의 표현이다) 아니라, 여신의 음문과 자궁을 의미한다는 사실이 명확해진다.

후기 구석기시대의 유석부터 음문은 세 형태로 표현된다. 먼저 물의 상징과 관련되는 초자연적인 삼각형이 있다. 또 씨앗이나 새싹으로 표현하기도 한다. 마지막으로 출산이 임박해서 부풀어 오른 알 모양 음문으로 묘사하기도 한다. 이러한 범주에 속하는 이미지들은 의미가 서로 다른데, 맨 처음 표현은 여신의 우주적 자궁 안에 있는 생명수의 원천을 뜻한다. 그다음은 생명의 탄생을, 마지막은 출산을 의미한다.

그림 160

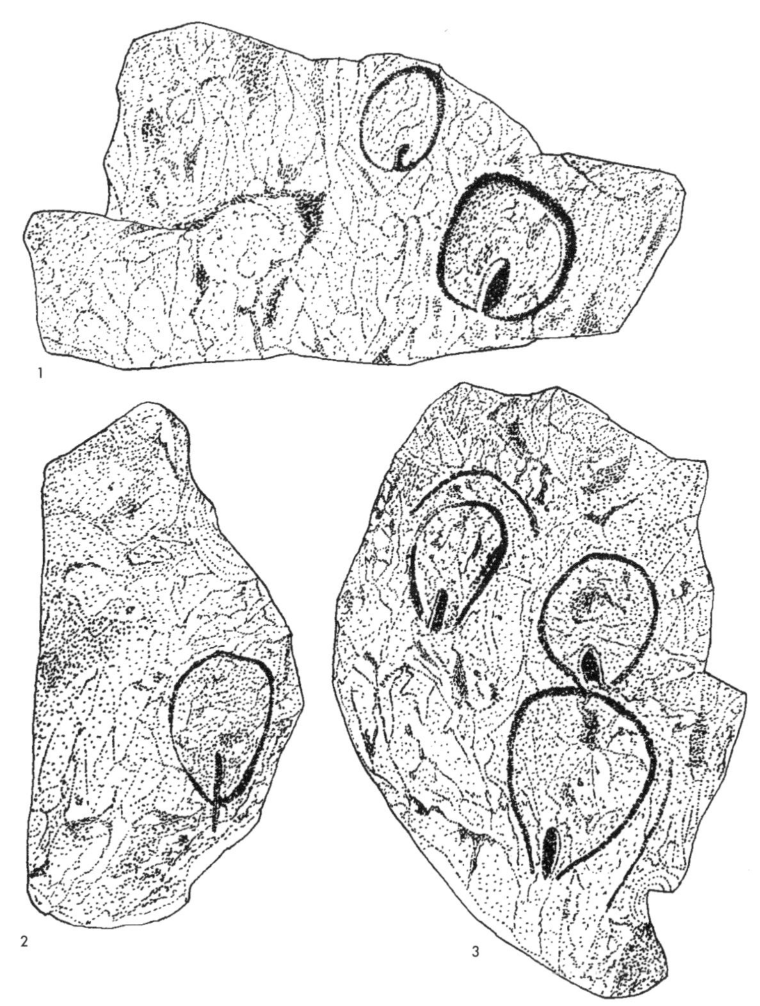

그림 160
초기에 인류는 여신을 나타낼 때, 바위에 음문을 새겨 표현했다. 시기는 3만 년 전이다. 오리냐크 문화(프랑스의 아브리블랑샤르, 기원전 3만 년경).
(1) 높이 55.4cm
(2) 높이 83cm
(3) 높이 97.4cm

12-2. 물의 상징, 씨앗, 새싹의 연관성

우크라이나 메진에서 기원전 1만 8000~1만 5000년경의 상아 여신상이 출토되었다. 커다란 음문이 있는 여체와 물새가 혼합된 이미지이다(그림 161). 음문 표현이 신체 앞부분 거의 전체를 차지하고 있으며, 긴 목과 돌출된 엉덩이는 물새의 특징을 나타낸다. 목 주위에 장식된 커다란 쐐기는 여신의 상징이다. 측면과 배면에 미앤더, 지그재그 흐름, 평행선이 있는데, 이는 모두 물의 상징체계에 속하는 표현이다. 그물망 패턴으로 음문을 나타내기도 한다.

신석기시대와 순동기시대 여신상에서도 평행선, 미앤더, 하천 문양 그리고 한가운데에 음부를 의미하는 삼각형을 빈번하게 볼 수 있다(그림 162).

기원전 1만~9000년경 팔레스타인의 나푸트 유적지에서 양쪽에 평행선 그리고 중앙에 홈이 있는 타원형 조약돌들이 발견되었다(그림 163). 이 자갈들은 음문의 상징인데 야생에서 발견되는 과일 열매의 표현일 수 있다. 가운데 둥근 모양이 있고 양쪽으로 평행선 문양이 있고 한쪽에 홈이 있다. 이 이미지는 공이나 계란 모양 자갈에서 관련 증거를 찾아볼 수 있다. 그리고 점토뿐만 아니라 인장, 명판, 토기 여신상에서도 관찰된다. 이 유물들에 깃든 출산과 안녕과 보호의 힘은 형태가 유사한 조개 화폐의 마술적인 힘과 유사하다. 이런 조개들이 지중해 지역 신석기시대 유적지에서 빈번하게 발견된다.

그림 161

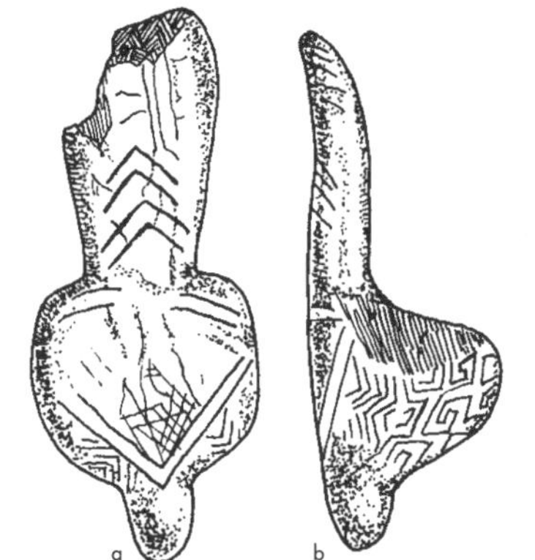

그림 161
상아로 된 물새 앞부분에 커다란 삼각형 문양이 있다. 여기에는 물의 상징과 새 여신의 문양이 등장한다. 이 유물에는 새와 여신과 인간의 음문이 상징적으로 연결되어 있다. 후기 구석기시대(우크라이나 메진, 기원전 1만 8000-1만 5000년경).
높이 8.67cm

그림 162

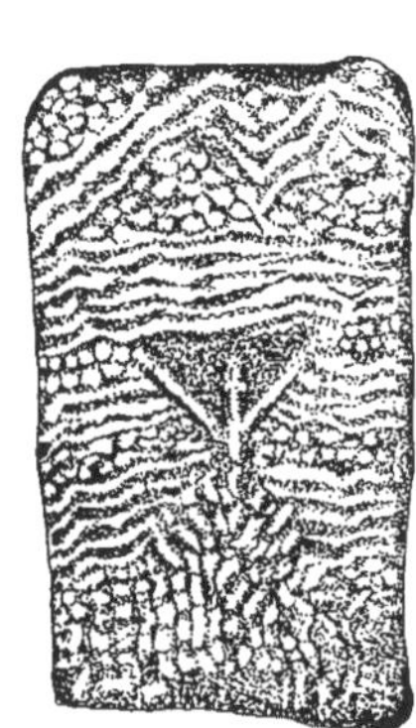
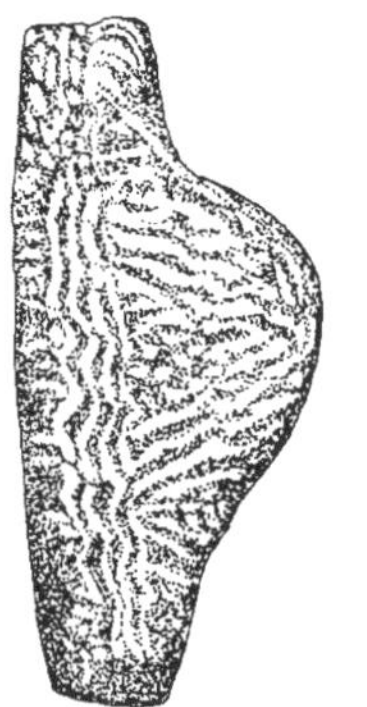

그림 162
신석기시대 토기에도 계속해서 물의 상징들과 함께 음문이 나타난다. 이는 생명수의 원천이거나 물을 얻는 통로이다. 렝옐 문화(체코의 크레피체, 기원전 6천년기).
높이 7.7cm

그림 163

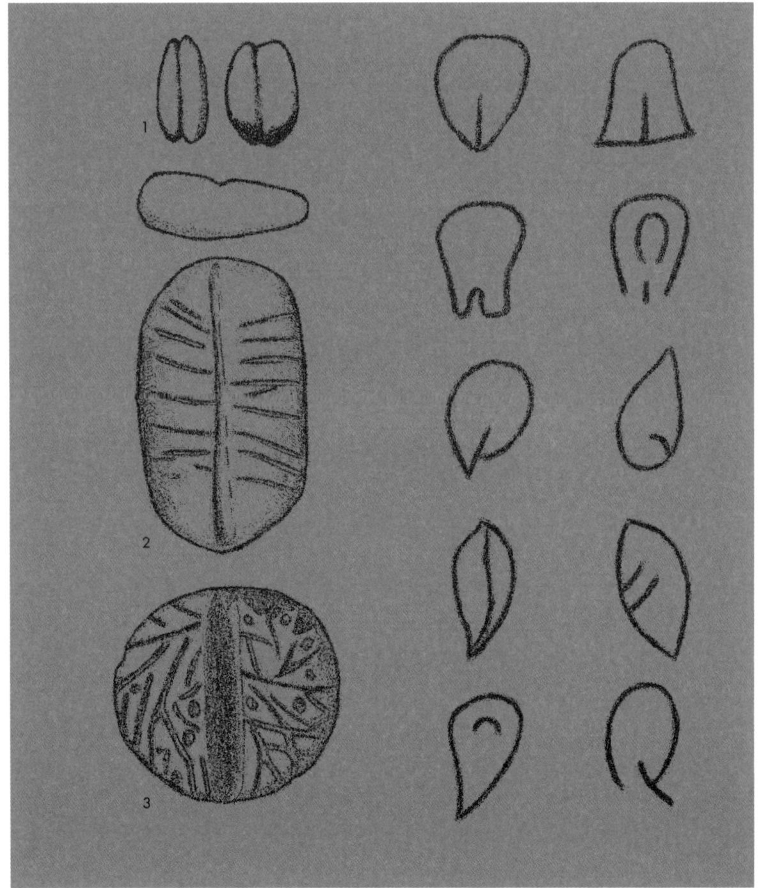

그림 163
음문이 과일의 씨앗과 연결되어 있다. 이 고대 다산의 상징은 선사시대에 여기저기 등장하는 조개 화폐와 유사하다.
(1)과 (2)는 나푸트 문화의 조약돌(이스라엘 말라하, 기원전 1만 년).
(3) 아나톨리아 토기 인장(차탈휘윅, 기원전 7000년기 중기).
(4) 후기 구석기시대의 조약돌(프랑스 남부 여러 유적지).
(1) 높이 1.4cm
(2) 높이 3.9cm
(3) 높이 2.9cm
(4) 높이 약 1.9cm.

그림 164

그림 164
알 모양 돌조각 한 면에 음문을 꽃봉오리로 새겼다. 이 유물은 레펜스키비르의 돌로 만든 제단 두부에 놓여 있었다(루마니아와 세르비아 접경 아이언 게이트 지역, 기원전 6000년경).
높이 20cm

그림 165

그림 165
쿠쿠테니 문화 토기.
발아하는 씨앗 이미지가 여러 번 등장한다.
(3)에서는 발아하는 씨앗이 손가락이 셋인 인물과 어우러져 있다. 씨앗은 물결 문양으로 에워싸여 있다. 위와 가운데 띠 속에 뱀 문양이 있다. 붉은 토기에 검은 새 그림.
(1)과 (2)는 쿠쿠테니 AB(우크라이나 베렘에, 기원전 4천년기).
(3)은 쿠쿠테니 B_1(우크라이나 루카, 기원전 4천년기 초기).
(1) 높이 24.2cm
(2) 높이 22.7cm
(3) 높이 38cm

레펜스키비르에서 발굴된 알 모양의 돌에 새겨진 음문은 꽃봉오리 모양과 유사하다(그림 164). 쿠쿠테니 항아리 그림에서도 가운데 점이 있는 씨앗이나 발아하는 씨앗이 관찰된다(그림 165). 이 문양은 기원전 4000년경 베렘에의 토기에서는 줄로 표현되거나, 줄 속에 들어 있는 문양으로 나타나며 단일 문양 혹은 쌍으로 등장한다. 쿠쿠테니 B기의 토마셰브카의 토기에 탄생 과정이 상징적으로 표현돼 있는데 바로 새싹이 움트는 이미지이다. 항아리 하단부에 중심 상징이 표현되어 있다. 이는 씨앗에서 새싹이 발아하는 이미지이다. 상단부에는 사람 모습을 한 대상이 렌즈 모양 혹은 씨앗 속에 들어 있다. 이 인물은 여신일 것이다(발은 새의 발 모양이고 손가락도 셋이란 점에 주목하라) 렌즈 양쪽으로는 물의 흐름이 표현되어 있다.

에게 해 지역의 키클라데스에서 출토된 청동기시대 토기에는 음문과 식물이 연관돼 있다. 전에는 이 이미지를 '프라잉 팬'으로 잘못 판독해서 명명했었다. 이 유물은 의인화된 상이다. 두 발로 서 있는 형상에 거대한 음문이 표현되어 있다. 시로스에서 출토된 유물을(그림 166) 자세히 살펴보면, 뱃머리에 닫힌 나선형과 물고기 한 마리, 그리고 새 발이 드러난다. 수면(水面)과 식물 모티프와 함께 등장하는 이 사람 모습의 상은 재탄생을 의미한다. 여기서 물고기와 맹금류의 발은 죽음과 재생의 여신을 상징한다. 이 여신은 주로 물고기나 맹금류(독수리나 올빼미 같은)로 모습을 드러내는데(본문 187쪽 18장과 본문 251쪽 23장 참조) 이 토기는 무덤에서 발굴되었다. 키클라데스 대리석으로 만든 뻔뻔한 죽음의 여신과도 연관이 있다. 이는 죽음의 의례 때 주요한 의미가 있던 토기였다는 사실을 드러낸다.

미노아 문명 중기 인상에는 씨앗 모양의 음문이 묘사되어 있다. 음문 바깥쪽으로 네 방향의 줄기가 뻗어 나갔는데 끝에는 이중 나선 모양으로 표현되어 있다(그림 167). 이 결합은 음문이나 씨앗을 자극해서 새로운 출산이나 새싹의 발아를 유도하는 것으로 해석할 수 있다. 같은 상징이 초기 신석기시대 유물에도 등장한다. 차탈휘윅의 토기로 만든 인장 그림과 비교해보면 알 수 있다.

그림 166

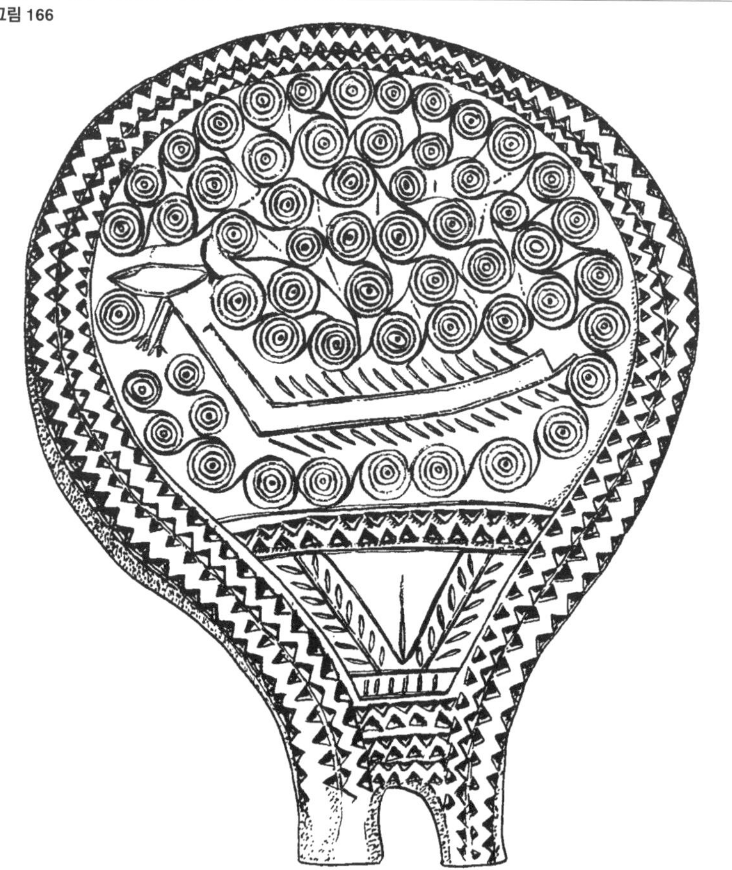

그림 166
아랫부분이 사람 모습을 하고 있는 키클라데스의 독특한 토기. 다리 위로 음문과 나뭇가지가 있고, 중앙에는 나선형 바다로 항해하는 배가 있는 점에 주목하라. 뱃머리에 물고기와 새의 발이 있다.
초기 키클라데스 II(그리스의 칼란드리아니, 기원전 3천년기 중기).
높이 63cm

그림 167

그림 167
두 문화권에서 발굴된 인장. 음문 같은 씨앗 둘레에 네 방향으로 나선형 줄기가 나 있다.
(1) 아나톨리아 중부 신석기시대 인장(차탈휘윅, 기원전 7천년기 중기).
(2) 중기 미노아 문명 상아로 된 인장(톨로스 무덤, 기원전 2천년기 초기).
(1) 높이 2.8cm
(2) 높이 2.2cm

기원전 6000~5000년 올드 유럽의 다양한 문화권에서 여신상의 몸, 특히 음문의 자리에 씨앗이나 식물이 새겨져 있다(그림 168). 이런 전통은 금세기까지도 세계 여러 나라에 전해 내려오고 있다. 한 예로 농사를 짓는 여인들이 땅에 자라고 있는 아마에 성기를 노출시키고는 "지금 내 성기가 있는 위치만큼만 자라라"라고 외친다(Franz 1972: 38쪽 인용) 몰타에서는 산모가 마른 나뭇가지를 물에 담그면 아이가 자궁에서 나온다는 믿음이 널리 확산되어 있다(Cassar-Pullicino 1976: 217쪽).

12-3. 노출된 음문과 출산의 자세

구석기시대, 그라벳-페리고르디안기 그리고 막달레니앙기, 즉 지금으로부터 약 2만 5000년~1만 년 전까지 자궁 부위의 삼각형을 강조하거나 부푼 음문을 표시한 여신상들이 연이어 등장한다. 음문이 표현된 그라벳기의 비너스상이 다수 출토되었다. 또한 분만 전후 음문을 묘사한 페리고르디안기의 여신상들이 도르도뉴 몽파지에에서 출토되었다(그림 169-1). 슬로바키아 서부 모라바니에서는 여인의 부푼 치구를 표현한 상이 발굴되었다(Delporte 1979: 154쪽 그림 102, 103). 비엔의 앙글레쉬르랑랭에 있는 막달레니앙 III기 주거지에서 과장된 음문을 내포한 조각상 네 개가 발견되었다. 이 상들의 중심점은 음문이지 토르소 상부도 발도 아니다(Delporte 1979: 87쪽 그림 49).

자궁 부위의 삼각형이 강조된 여신상들의 경우 구체적으로 얼굴이 묘사되지 않는 것이 특징인 듯하다. 막달레니앙 I기나 II기 유물로 추정되는 프랑스 르플라카르샤랑트의 여신상은 벌린 다리 사이에 부푼 음문이 노출되어 있으나 상부는 남근 모양이 결합되어 있다(그림 357 참조). 음문과 남근을 결합한 이미지가 생명의 힘을 강화한다는 믿음을 표현했을 수 있다.

그림 168

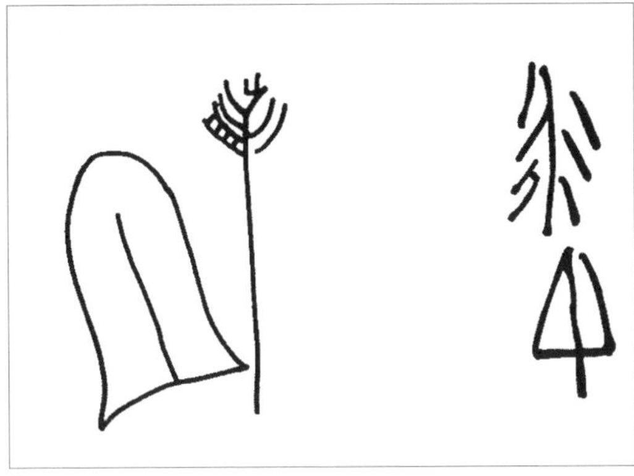

1

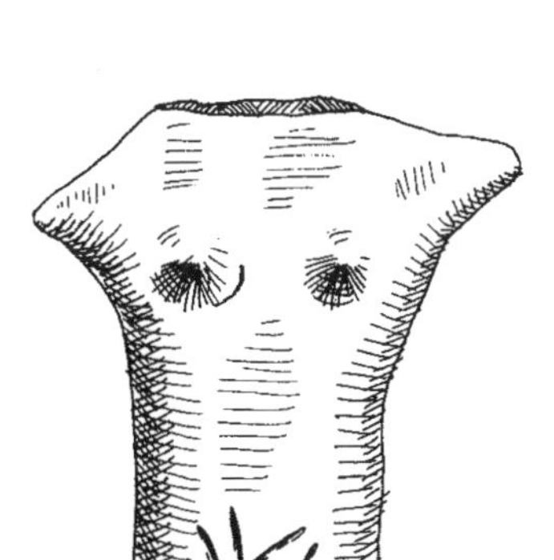

2

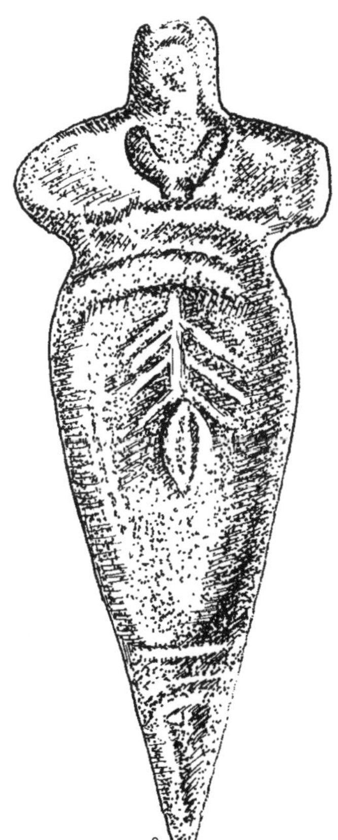

3

그림 168

새싹이 발아하고 어린 식물이 음문과 짝을 이루거나 여신의 음문 자리에 배치된다.

(1) 후기 구석기시대 동굴에서 발견된 음문과 나뭇가지(스페인 엘카스티요와 프랑스의 라무트).

(2) 초기 빈차 문화의 테라코타(세르비아의 옐라, 기원전 5200년경).

(3) 신석기시대 이탈리아의 여신. 초승달(또는 수소 뿔?)에 주목하라(이탈리아 가반 동굴).

(1) 높이 3.7cm

(2) 높이 5.3cm

(3) 높이 5cm

그림 169

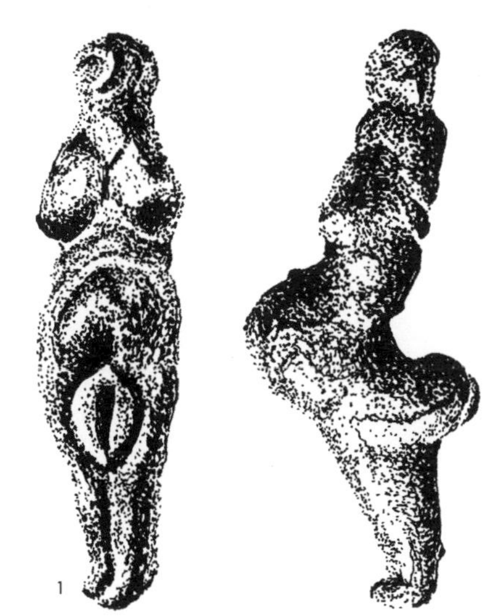

1

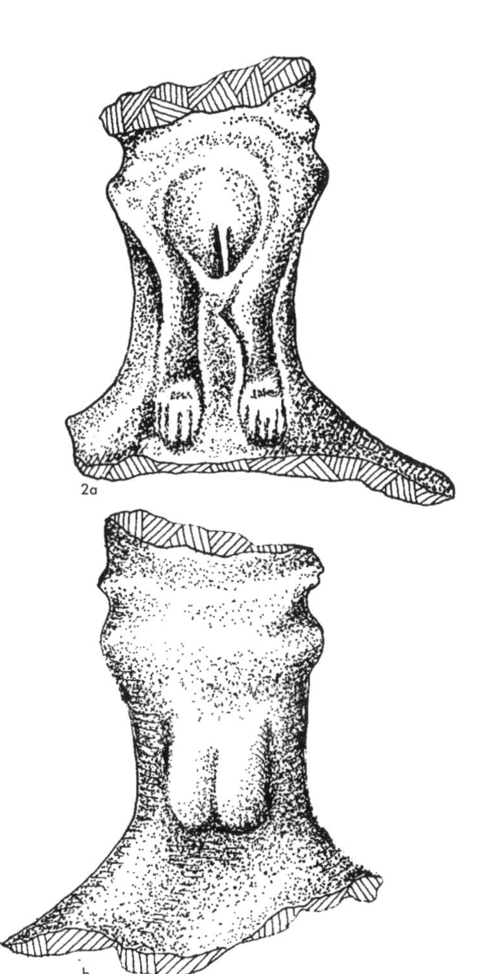

2a

b

그림 169

(1) 강조된 엉덩이와 부풀어오른 음문은 후기 구석기시대 여신상에 자주 등장하는데 이 이미지는 2만 년 동안 지속된다. 거대한 음문, 임신한 배, 과장된 엉덩이의 여신(프랑스의 몽파지에, 기원전 2만 3000-2만 1000년)

(2) 손잡이 조각 정면에 노출된 음문(헝가리의 머요레시, 기원전 4천년기 중기, 순동기시대).

(1) 높이 4cm

(2) 높이 7.2cm

후기 구석기시대의 여신상들을 보면 양손이 음부 주위 삼각형에 놓여 있다. 이런 여신상들은 이탈리아의 그리말디, 리구리아(Delporte 1979: 106쪽 그림 59), 파라비타, 아풀리아(같은 책 115쪽 그림 66), 우크라이나의 아브데보(같은 책 172쪽 그림 110), 시베리아의 말타(같은 책 198쪽 그림 121)에서 출토되었다. 이렇게 광범위하게 존재했던 여신상의 정형은 노출된 음문형과 어우러지는데, 둘 다 출산 과정을 지키고, 보호·장려한다는 면에서 출산과 관련된 여신의 면모를 드러낸다고 할 수 있다.

신석기시대와 순동기시대에도 부풀어오른 음문 이미지는 계속 묘사된다. 헝가리 남동부에서 노출된 음문과 엉덩이가 손잡이 달린 뚜껑에 조각된 순동기시대 여신상이 발굴되었다(그림 169-2). 이 시기로부터 수천 년 앞선 몽파지에의 여신도 같은 상징적 메시지를 표현하고 있다.

때로는 음문이 여신상의 중앙에 표현되기도 한다. 음문의 위치가 몸의 배열에서 위로는 젖가슴 부위까지 올라가기도 한다. 이런 증거로 기원전 3000년경의 키프로스에서 출토된, 무릎을 직각으로 굽히고 앉은 여신상을 들 수 있다. 여신의 젖가슴 자리에 삼각형 음부가 있다. 이 독창적인 여신상은 석회암으로 만들어졌는데, 음부 삼각형의 연장선이 팔을 가로지르고 있다. 이 눈길을 끄는 긴 선은 어마어마하고 강한 여신의 힘을 부각시킨다(그림 170).

보스니아헤르체고비나 드레노바치 유적에 흥미로운 토기가 있다. 누드상인데 좌상으로 신체 하부만 만들어졌다. 기원전 4500년경 유물로 판명되었다(그림 171). 둥그런 엉덩이에 발판이 있어 지탱을 하는데, 바닥에는 음문 모양의 홈이 있다. 이 토기는 아마도 탄생을 기념하기 위해 만들었을 것이다. 신석기시대와 순동기시대의 출산 자세를 묘사하는 이미지에서도 보았듯이, 이렇게 앉은 자세로 출산했다는 증거가 되기도 한다. 이 자세는 다리를 굽히고 한 팔은 위로 올린, 그리고 노출된 음문이 드러나는 여신상에서도 나타난다. 출산 자세가 묘사된 유물은 조각상이나 부조로 등장한다. 이 자세를 보이는 가장 오래된 상은 후기 구석기시대, 기원전 2만 1000년경의 유물이다.

그림 170

그림 170
중앙 음부의 삼각형이 두드러지는 여신상. 쪼그린 다리는 단단히 붙이고 젖가슴은 뾰족한 삼각형 모양인데 이 삼각형이 연장된 선이 팔을 가로지른다. 금석 병용 시대 키프로스(지역은 알려지지 않음, 기원전 3000년경).
높이 39.5cm

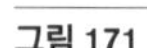

그림 171

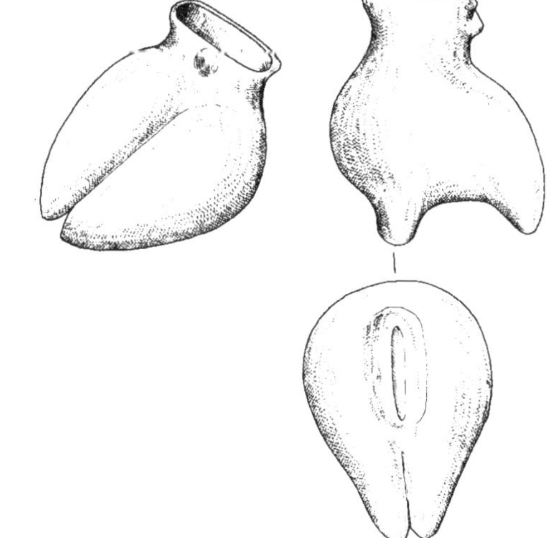

그림 171
여성 몸의 하부만 묘사한 의례용 토기. 탄생을 기념하기 위해 만든 것으로 추정된다. 당시는 앉은 자세로 출산했다는 것을 알 수 있다.
중기 빈차 문화(보스니아헤르체고비나 드레노바치, 기원전 4500년경).
높이 9.8cm

프랑스 남부 도르도뉴, 시뢰유, 퀴르삭에서 출토된 여신상들은 방해석으로 만들었는데, 짧은 다리를 굽히고 있는 모양이다. 아마도 여성의 출산 자세일 것이다(그림 172). 퀴르삭의 여신상은 실제 옥수수 모양의 돌출부가 음부에 매달려 있다. 이 상은 동굴 벽에서 발견되었다. 어린 들소로 추정되는 뼈가 둘 있고 거기서 35센티미터 떨어진 위치에서 발견되었다. 이는 의도적인 배치로 보인다. 층위상 잘 보전된 자리에서 출토된 이 상은 연대 측정 결과 기원전 2만 1000년 유물로 판명되었다. 시레유의 여신상과 (유형학을 바탕으로 한 조사 결과) 퀴르삭의 여신상도 같은 시기로 간주된다(Delporte 1979: 53쪽).

기원전 1만 년경의 유물로 추정되는 프랑스의 막달레니앙 동굴의 부조에 한 팔로 머리를 괴고 양다리를 세우고 있는 '기대고 있는 여신'이 있다(그림 173). 이는 르루아 구랑이 묘사했듯이, 단순히 '무심한 자유'를 표현하는 독특한 자세는 아닐 것이다(Leroi-Gourhan 1967: 347쪽). 오히려 출산이라는 진지한 주제에 대한 묘사일 것이다. 동굴 이미지에 임신 한 상태의 들소와 암말이 함께 등장한다. 이 모두가 출산의 상징적 의미를 강화한다. 이 시기보다 훨씬 일찍이 출산 자세를 묘사하는 유물이 있다. 도르도뉴의 라가비유 동굴에서 증거가 나왔다. 이 동굴은 막달레니앙 III기의 유물로 시기는 기원전 1만 3000~1만 2000년으로 추정된다(Delporte 1970: 86~87쪽).

올드 유럽에서 출산 자세를 보이는 여신 이미지는 다양한 시기, 다양한 문명을 거치는데 많은 증거가 있다. 여기 그림들은 그리스의 세스클로 문화(기원전 6300~6200년경), 빈차 문화(기원전 4500년경), 몰타의 하가르큄 사원(기원전 4천년기 말기)의 유물이다(그림 174~176). 출산 자세의 윤곽만 그린 그림이 스페인의 동굴벽화에 등장한다. 신석기시대이다(Breuil 1933, vol. 3: 41, 85, 105, 109쪽).

그림 172

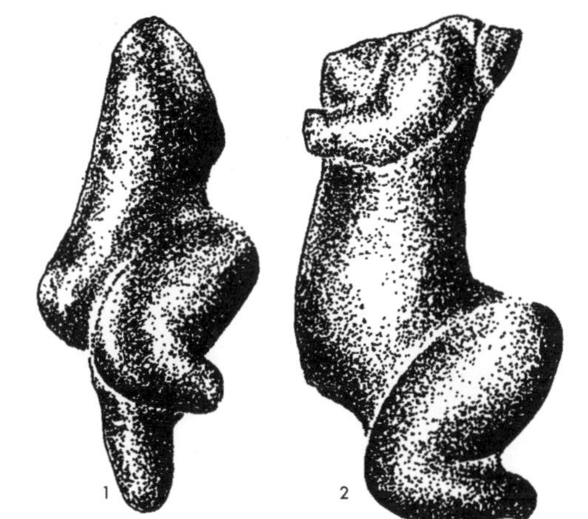

그림 172
호박색 방해석으로 만든 후기 구석기시대 여신상. 출산 자세를 나타내는 듯하다.
(1) 쐐기로 표식된 음문에서 옥수수 모양이 튀어나와 있다. 페리고르디안 VC(프랑스 퀴르삭, 기원전 2만 1200년경).
(2) 페리고르디안 문화(프랑스 시레유, 기원전 2만 1200년경).
(1) 높이 8.1cm
(2) 높이 9cm

그림 173

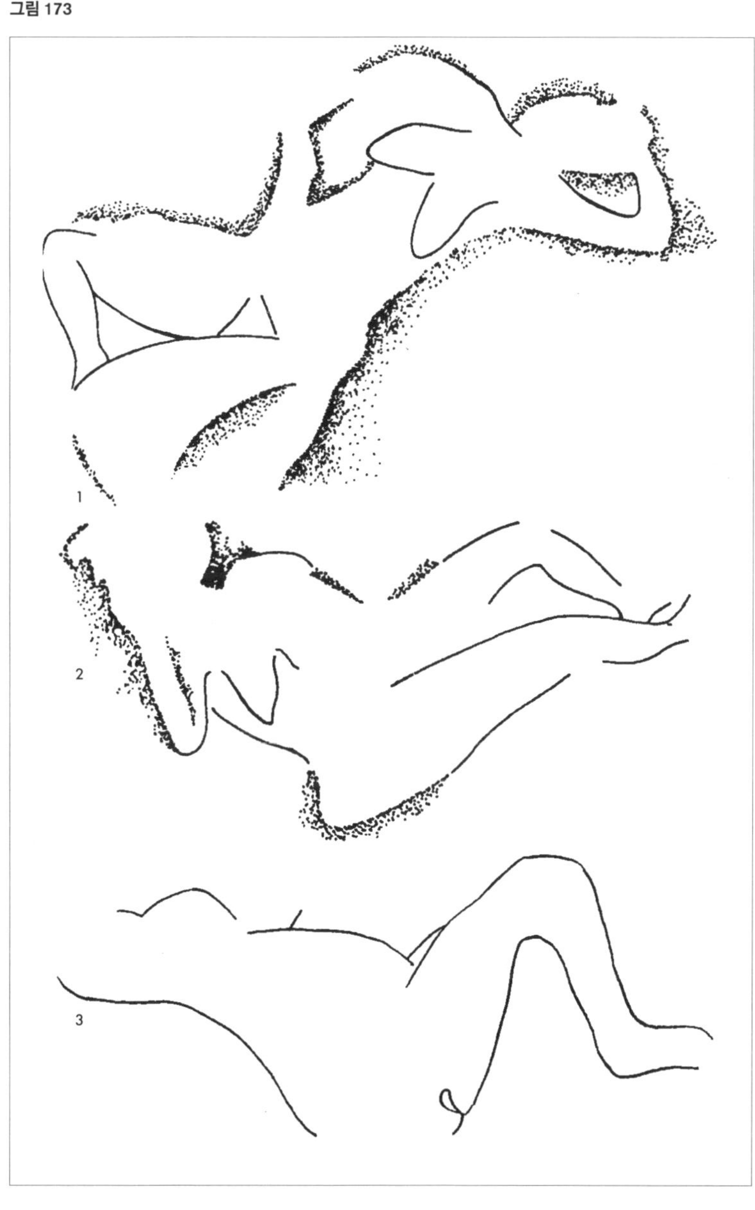

그림 173
막달레니앙 문화의 동굴 벽에 있는 부조로 출산 자세를 묘사하는 듯하다. 인물의 길이는 1m 정도이다.
(1) 동굴 첫 번째 방 안에 있고 수소 옆에 위치한다.
(2)는 같은 동굴의 암말 옆에 있다.
(1)과 (2)는 프랑스 막달레니앙(기원전 1만 년경).
(3) 프랑스 도르도뉴(기원전 1만 3000-1만 2000년경).

그림 174

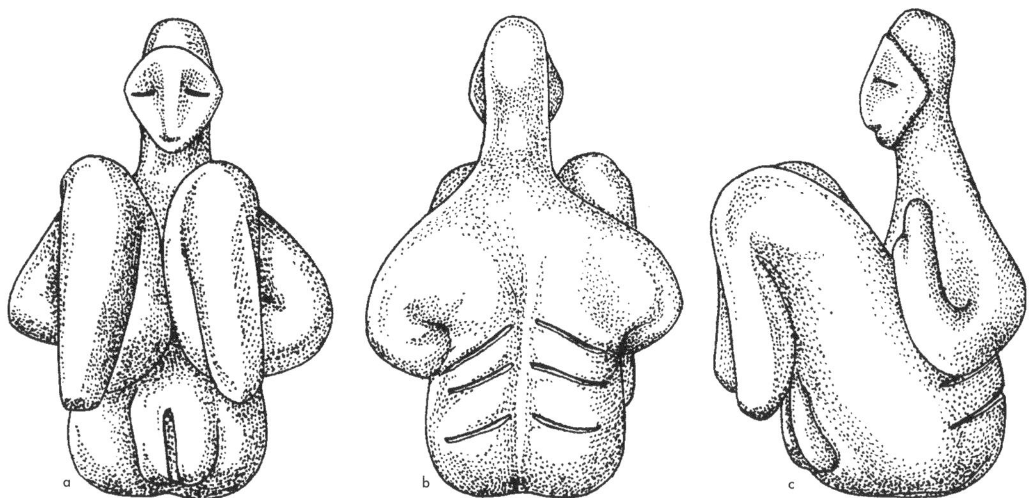

그림 174
신석기시대 유물에서 볼 수 있는 좌식 출산 자세. 다리를 들고 부풀어오른 음문을 노출하고 있다. 등에 있는 삼선에 주목하라. 초기 세스클로 문화(그리스 아킬레이온 II, 기원전 6300–6200년).
높이 7.1cm

그림 175

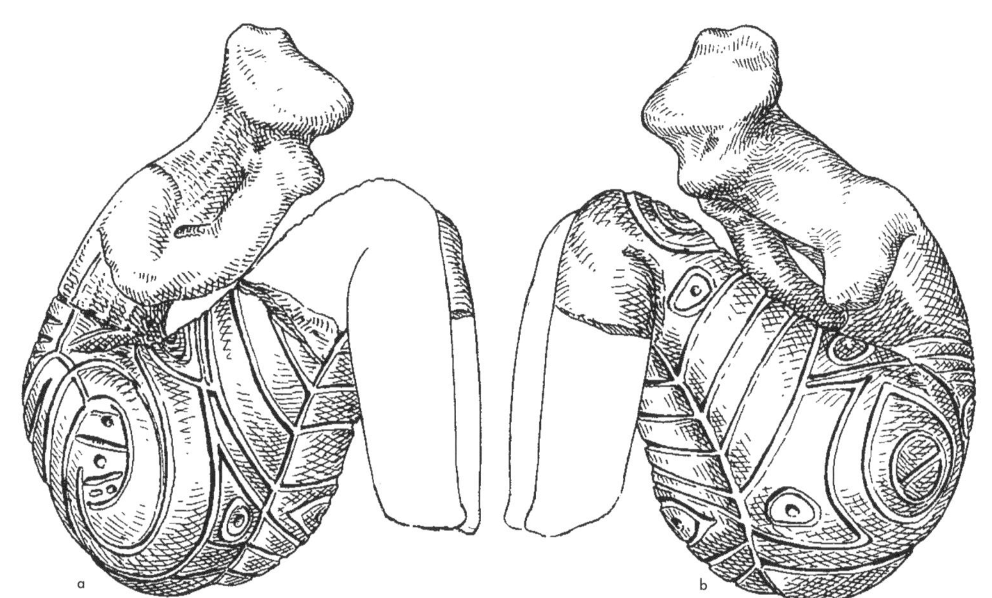

그림 175
이 테라코타 상은 세스클로 문화 이후 약 2000년 동안 앉은 자세로 출산을 했다는 증거가 된다. 왼팔과 다리가 부러짐. 빈차 문화(세르비아의 메드베드냐크, 기원전 4500년경).

그림 176

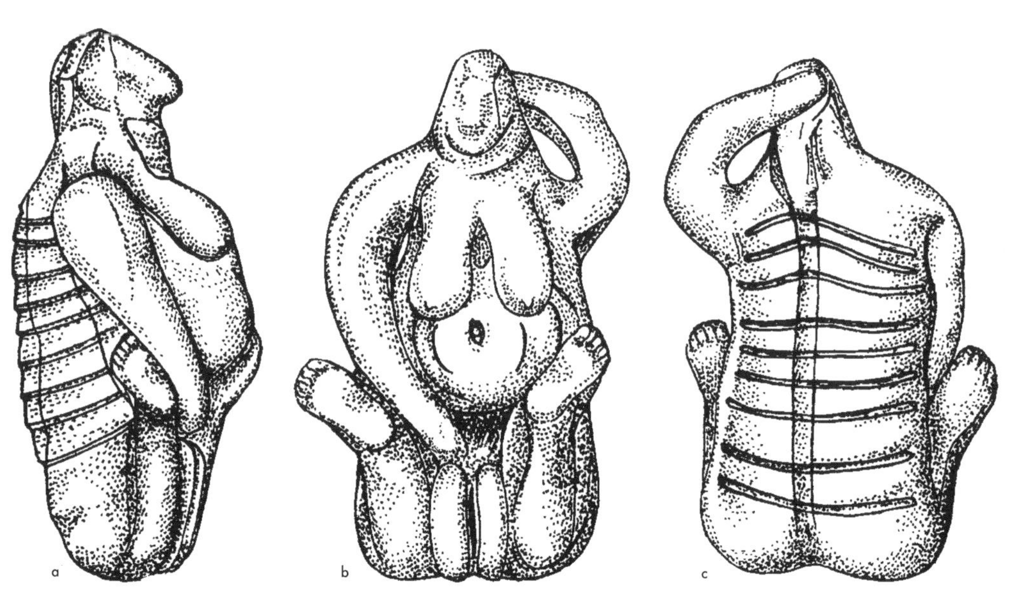

그림 176
한 팔을 위로 올리고 다른 팔은 부푼 음문에 대고 출산 준비를 한 여신. 등 뒤에 새겨진 아홉 줄은 임신 기간 9개월을 의미하는 것으로 추정된다(몰타 하가르큄, 기원전 4천년기).
높이 6.6cm

출산 여신들의 또 다른 시리즈는 의자에 앉아 있는 육중한 여신상이다. 이 여신들의 경우 (팔걸이 의자처럼) 좌우로 동물들이 호위하고 있는데 이 동물들은 수컷이다. 기원전 6000년경 차탈휘윅 Level II의 성소에서 발견된 테라코타 여신상을 보면, 거대한 여신이 의자에 앉아 있고 엄청 굵은 허벅지 사이로 아이가 나오고 있다(그림 177). 여신은 출산 의자에 앉아 있는 것이다. 양옆에는 커다란 고양잇과 동물들이 있는데, 발견된 자리가 알곡들이 널려 있는 곳이었다. 이와 유사한 것이 기원전 5000년경 루마니아 버다스트라에서 출토된 것으로 알려진 테라코타이다(그림 178). 의자에 앉은 여신의 다리 사이로 태아가 나오고 있다. 유물 상부는 소실된 채 발굴되었다.

출산 자세를 보이는 여신의 이미지가 2만 년 동안 지속된다. 이는 여신들을 묘사할 때 출산과 관련된 측면은 언제나 관심의 초점이었다는 사실을 말해준다.

그림 177

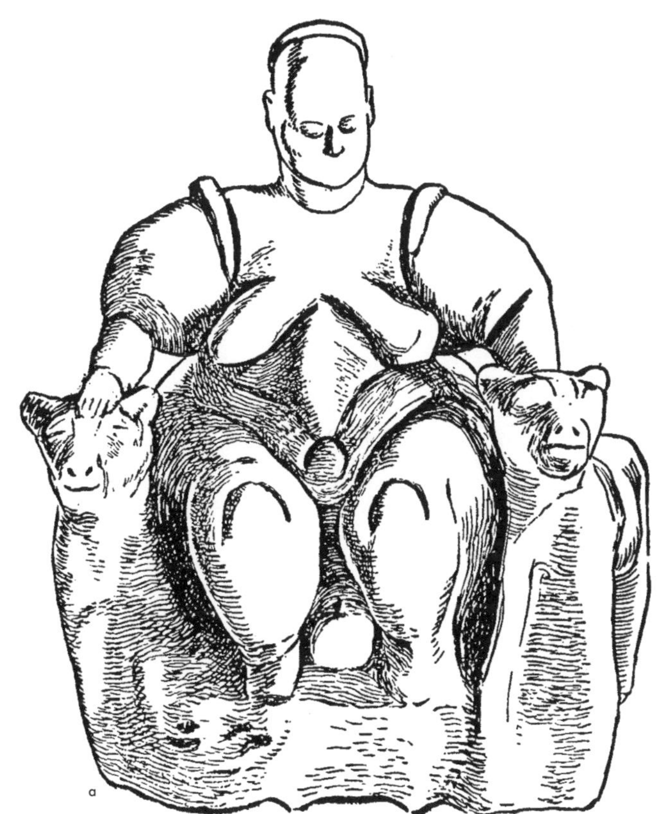

그림 177
두 다리 사이에서 태아가 나오는 웅장한 여신상. 곡식 알갱이 사이에서 발굴되었다. 중부 아나톨리아 신석기시대(차탈휘윅, 기원전 6000년경).
높이 11.8cm

12-4. 출산을 위한 사원

신석기시대 사원들 중 일부는 특별히 탄생을 기념하기 위해서 만들어졌다. 이 사원들은 실제 산실이 되기도 했고 출산의 의례가 거행되는 자리이기도 했다. 그런 면에서 차탈휘윅(Shrine VIII. 31)에 있는 출산과 연관된 성소는 다른 성소들과는 현격히 달라 아주 흥미롭다. 멜라트는 이 자리를 붉은 성소라 이름 붙였다. 이는 다른 자리와 두드러지게 다른데, 전체가 모두 붉게 칠해져 있다. 바닥은 붉게 윤을 낸 석회암이고 의자와 바닥과 벽면 전체가 붉게 채색되어 있다.

통로로 들어가는 낮은 문 위에서 타고 있는 인공 불빛이 둥글게 창을 낸 자리를 비춘다. 이 창을 통해 방 안을 볼 수 있으며, 그 안에 있는 별 유사성이 없는 인물상들을 볼 수 있다. 다음 단의 가장자리를 따라 회반죽으로 된 길고 붉은 작은 터널이 있다(Mellaart 1966: 180~182쪽; Cameron 1981a: 22ff).

그림 178

그림 178
의자에 앉은 여신상의 일부. 두 다리 사이로 태아가 나오고 있다. 빈차 문화. 버다스트라 II (루마니아의 호타라니. 기원전 5000년경). 높이 10cm

그림 179

그림 179
크레타 섬의 크노소스와 산토리니 섬 아크로티리에서 출토된 산신이자 동물들의 여신을 의미하는 위대한 여신.
(1) 산정에 서 있는 여신. 양옆에 사자들이 있다. 크노소스 인장. 기원전 16세기.
(2) 3층 구조의 의자에 앉은 여신. 그리핀과 원숭이가 함께 묘사되어 있고, 여인들이 여신에게 바칠 꽃을 꺾어 바구니에 담고 있다. 산토리니의 크세스테 3. 벽면 프레스코. 기원전 16세기 말.

이 자리에 있는 상징들은 전부 출산 과정과 연관이 있는 듯하다. 서쪽 벽에는 붉은색 중앙에 크림색 원을 셋 그려놓았고 원 가장자리는 붉게 칠했다. 그 아래에는 같은 크림색으로 그린 굵은 선이 있고 마찬가지로 붉은 테두리가 있다. 도로시 캐머런은 이것이 자궁 아래에 있는 둥근 근육이고 자궁경부일 수도 있다고 했다. 여기가 바로 산도를 내려오는 태아의 여정이 시작되는 자리이다. 의학 교재에도 자궁경부 중앙을 짙은 붉은색으로, 바깥은 짙은 근육환으로 묘사했다. 이 원 아래에 있는 수평으로 칠한 크림색 선은 출산 후에 자르는 탯줄일 수 있다. 실제 탯줄은 1미터 정도이다. 원을 가로지르는 굽이치는 선과 크림색은 태아가 자궁 안에 머물 수 있도록 하는 양수의 표현일 수 있다.

멜라트는 성소 안에 있는 가구도 자세하게 기술한다. 가구 역시 전부 붉게 칠해져서 강렬한 인상을 주었음에 틀림없다. 나중에 바닥을 훨씬 높게 지은 일종의 연단이 있는데 여기 북서쪽 정면으로 연장되는 좁고 긴 벤치가 발견되었다. 이 가구는 가로 약 60센티미터, 세로 30센티미터, 높이가 약 20센티미터인데 방 가운데 있는 테이블이나 제단과 닮은꼴이다. 근처에 둥근 구멍이 있는 사각 패널이 있다. 이 자리는 의례 때 액체를 부어 넣는 구멍이었을 것이다. 동쪽과 남쪽 면은 색이 칠해졌는데 반해, 다시 깔아놓은 바닥면은 채색이 불완전하다. 남쪽 면의 칠은 거의 제거되었다. 동쪽 면에는 패널이 셋 있는데, 검고 붉은 지그재그 선의 다채로운 색깔들 사이에 크림색 바탕에 오렌지빛 붉은색이 채색되었다. 붉게 칠해진 바닥은 실제 분만 자리였을 것이다. 이 붉은 단의 동쪽 면에는 출산 자세와 벌린 다리 사이로 태아가 나오는 그림들이 그려져 있다. 출산하는 인물은 다층의 쐐기 열로 다시 나뉘어 있다(Mellaart 1966: pl.XLIX). 이 성소의 북쪽 벽에는 수소 머리가 둘 그려져 있는데, 여기에 기하학적 모티프들이 뿔과 함께 그려져 있다.

북유럽 지역에서 흔한 사우나는 본래 출산하던 자리였다. 그 잔재들이 늦게는 20세기까지도 남아 있었는데, 이는 고대에 출산을 위한 신전이나 성소의 잔영일 것이다. 기원전 7천년기 이전의 차탈휘윅 성소에서 이런 증거가 오늘날에도 관찰되며 출산을 위해 헌정된 신전으로 알려진 유적들은 무수히 많다. 이런 자리에서는 의자나, 분만 자세를 하고 있는 여신상들, 점토로 만든 태아의 모형들이 출토되었다. 몰타의 경우 므나이드라 사원에 점토로 된 낮은 의자, 테라코타 여신상, 점토상이 있다. 이 점토상은 두세 달 지난 태아를 복제한 이미지이다(D. Cameron).

12-5. 동물의 수호신이자 산신으로서의 여신

기원전 16세기에 미노아 문명의 프레스코와 인장들에는 생명을 부여하는 여신이 등장한다. 이 여신은 아르테미스 여신의 선조 격이다. 여기서 여신이 태아의 출산만을 관장하는 게 아니라는 사실이 분명히 드러난다. 자연의 비옥함도 여신이 관장하는 영역이기 때문이다. 산정에 서 있는 모습은 여자 산신(山神)일 테고, 날개 달린 개나 사자가 곁에 있는 여신은 '동물의 여신'일 것이다.

여자 산신의 이미지는 크노소스의 인장에서 알려졌다(그림 179-1). 이 여신에 대한 정보를 가장 잘 보여주는 유적은 산토리니 섬 아크로티리에 있는 프레스코이다. 구체적으로 크세스테(Xeste) 3이라 부르는 신성한 방에서 발견되었는데, 다리 셋 달린 높은 제단 위에 여신이 앉아 있다. 여신 양옆으로는 그리핀과 원숭이가 있다. 여신은 아름다운 드레스를 입은 채 숭배를 받고 있는데, 오리와 잠자리가 있는 황금 귀걸이와 목걸이를 걸고 있다. 여신의 드레스는 크로커스 꽃 문양이 장식되어 있다. 여신의 헤어스타일을 보면, 정수리 꼭대기에서 뱀처럼 둥글게 머리를 묶었고 이마 앞쪽으로 뱀 똬리가 드리워져 있다. 전반적으로 층층의 단으로 장식되어 있다. 여신의 의자 부근에서는 소녀들이 크로커스 꽃을 꺾어 바구니에 담아 바치는 모습이 보인다(그림 179-2). 바닥에는 소녀 셋이 의례를 하는 장면이 펼쳐지는데 이는 통과의례라 여겨진다. 제단에는 붉은 백합이 열 지어 있고 붉은 나선 문양이 있는데 그 위에는 헌정된 뿔이 있다.

이 프레스코를 그림으로 그려 재구성한 난노 마리나토스는 산토리니와 크노소스의 다른 신전에서 살펴본 프레스코들에서도 이러한 여신 숭배와 밀접하게 연관된 이미지가 관찰된다는 점을 밝혀주었다(Marinatos 1984). 예를 들어 크노소스의 프레스코에는 강과 산, 원숭이, 새, 크로커스, 파피루스, 월계수, 야생 장미, 아이리스, 올리브 등 다양한 동식물이 자라는 지형이 묘사되어 있다. 이를 '식물의 향연'이라 부른다. 이는 식물과 동물의 에너지가 분출하는 힘을 묘사하는데, 이것이 바로 여신의 에너지이다.

12-6. 역사시대의 생명을 부여하는 여신

출산과 생명을 관장하는 여신 이미지는 가장 오래된 이미지 중 하나이다. 이는 유럽의 하위 문화에서 쉽게 찾아볼 수 있을 뿐만 아니라 오늘날까지 가장 잘 보전된 전통이다.

이 여신은 운명의 여신으로 혼자서 등장하기도 하고 셋이서 등장하기도 한다(그리스의 모이라이, 로마의 파타, 발트 지역의 라이마, 켈트의 세 브리짓). 이렇게 여신 셋이 등장하는 삼신 이미지는 기원전 7세기부터 기원후 3세기까지 고대 그리스와 로마에서 쉽게 찾아볼 수 있다. 아일랜드와 스코틀랜드에서 이 여신은 세 브리짓(Brighid, Brigid, Bridget) 또는 브리짓 성녀인데 이 성녀는 이름에서도 여신의 특질을 충직하게 보전하고 있다.

12-6-1. 크레타의 아르테미스, 로마의 다이아나, 베네치아의 레티아

크레타의 아르테미스 에일레이투이아는 출산의 여신이다. 이 이름 자체가 곧 '해산'을 뜻한다. 이 여신을 그리스에서는 딕티나라 부르는데, 이 이름은 크레타 섬의 딕테(Dicte) 산과 관련돼 있다. 그리고 사랑스런 처녀신 브리토마르티스와도 연관이 있는데, 특히 브리토마르티스는 젊고 아름다운 여신들의 별칭으로 사용되기도 한다. 오늘날 크레타 섬과 에게 해 섬들에서 여신은 종종 동굴 근처나 산에서 나타나거나 바다에서 목욕하는 모습으로 등장한다. 자킨토스 섬에서는 키가 큰 이 여신에게 제물을 바친다. 키오스와 스코펠로스 섬에서는 산의 여신, 즉 산신으로 알려졌다(Lawson 1964: 164, 170쪽).

로마의 다이아나 여신은 출산을 관장하는 여신이다. 다이아나를 '자궁 문을 여는 신'이라 부르기도 한다. 임신한 여인들은 건강한 아이를 안전하게 출산하기 위해서 여신 에노디아(테살리아에서 부르는 아르테미스의 다른 이름)에게 제물을 바쳤다. 여신에게 바치는 제물 중 하나가 점토로 만든 여신 좌상이다(Willamowitz moellendorf, I 1959: 171쪽). 아름다운 처녀 여신 아르테미스는 야생동물들의 수호신이자 사냥의 여신이다. 우리에게 친숙한 아르테미스의 이미지는 활과 화살로 무장하고 수사슴과 사냥개를 거느린 모습이다. 사람들은 여신에게 남근, 개, 숫염소, 사슴뿔, 가락바퀴를 헌정한다.

베네치아의 여신 레이티아는 이탈리아 북부 파두아 부근 에스테에 있는 사원에서 처음 알려졌다. 레이티아는 아르테미스와 매우 유사한 여신으로 출산을 관장하고 건강을 지켜준다. 또 여신의 이름은 스파르타와 에피다우로스의 여신 오리티아와 관련이 있다. 여신의 별칭 중 하나는 치료라는 그리스 단어 아케오와 연결된다. 다른 별칭인 '똑바른'이란 뜻의 사나티는 치유와 연관이 있는 듯한데, 사람을 똑바로 서게 하는 여신의 힘을 암시한다. 특별히 출산 후 산모가 건강을 회복한다는 뜻이 내포되어 있다. 다른 별칭 브로타는 '뒤집는 사람'을 뜻하는데, 아마도 해산할 때 태아의 자세를 언급하는 듯하다. 여신의 제물로는 음부의 삼각형 모양 펜던트가 달려서 딸랑이는 핀, 문양이 새겨진 방추, 수사슴의 뿔, 말 탄 여신상, 납으로 된 알파벳 판이 있다. 후자에 적혀 있는 내용은 아마도 분만이 다가오면 여신에게 건강한 출산을 비는 기도문일 것이다(Conway 1933: 85~93쪽; Whatmough 1937: 171쪽).

유럽 아르테미스 타입 여신과 비슷한 메소포타미아 여신이 있다. 이 중에서 기원전 3천년기의 닌후르사가가 가장 강력한 여신이다(기원전 2천년기의 남신 엔키에 의해 대체). 이 여신은 돌로 된 바닥의 여신, 언덕의 여신이라고도 불렀다. 그리스에서 아르테미스 여신을 '거칠고 돌이 많은 여신'이라 한 점도 주목할 만하다. 닌후르사가는 야생동물의 수호신이다. 출산의 여신으로 닌투르라 부르는데 이는 '분만하는 자리의 여신'이라는 뜻이다. '외양간'의 여신이라고도 했는데, 분만할 소를 그 자리로 데려가 송아지를 낳게 한다. 또 여신을 '자궁의 여신'이라고도 불렀다. 여신의 표식이 그리스어 오메가인데 이는 소의 자궁을 나타낸 것으로 해석한다(Jacobsen 1979: 104~107쪽).

12-6-2. 아일랜드와 스코틀랜드의 브리짓

아르테미스 여신과 다이아나 여신과 마찬가지로 브리짓도 출산을 관장한다. 브리짓은 성모 마리아의 산파로 간주되어 예수의 어머니 성모를 돌본다. 여신을 위한 정화 축일, 이몰크는 2월 1일이다. 이 축제는 양젖이 나오는 것을 기념한다. 이는 새 생명과 새봄의 도래를 상징한다. 축제 동안에 땅에 양젖을 쏟는 의례가 있다. 봄에 산과 들에 만발하는 민들레가 여신의 꽃이다. 민들레 안에는 젖 같은 하얀 액이 있는데 이 즙이 어린 양에게 양분을 제공한다고 믿는다.

이날, 여인들은 여신 모양의 특별한 빵을 굽는다. 여자아이가 이 빵을 들고 행진을 하며 마을을 돌아다니는데, 가가호호 방문을 하면 집주인은 브라이드에게 존경의 표시로 선물을 한다. 선물은 주로 조약돌이나 조개, 꽃이다. 집집마다 안주인은 여신을 위해 특별한 빵을 굽고, 소녀는 마지막 집에서 멈춘다. 이 집은 문과 창문을 전부 닫아걸고 창가에는 소녀가 볼 수 있도록 인형을 놓아둔다. 이때부터 춤이 시작된다. 춤은 동이 틀 무렵까지 계속된다. 해가 떠오를 때 손에 손을 맞잡고 원을 만들어 "아름다운 성인, 성모의 양육자"를 외친다. 젊은이들이 이렇게 춤을 추는 동안 나이 든 여인들은 브라이드 여신의 요람을 마련한다. 침대 장식을 하느라 분주하다. 옥수수단으로 인형을 만들어 조개, 조약돌, 꽃, 리본으로 장식하고, 인형이 완성되면 문 앞으로 가서 "성 브라이드의 침상이 준비되었다"라고 외친다. 그러면 다른 여인들이 "브라이드가 들어오게 하자. 여신을 환영한다"라고 답한다. 그런 다음 버드나무나 자작나무 껍질을 벗겨 만든 지팡이, 빗자루와 함께 인형을 침대에 눕힌다. 이때에 화로에 있는 재 가루를 집에 흩뿌린다. 이는 다음날 아침 브라이드가 집을 방문했다는 증거를 확보하기 위한 행위인데, 발자국 같은 것을 확인하기 위한 절차이다. 브라이드가 방문하면, 집안의 부와 번성을 약속한다는 믿음이 있기 때문이다(McNeill 1959: 22~28쪽).

브라이드에게 경의를 표하기 위해 집집마다 선물을 바치고 인형을 만들고 특별한 빵을 만들고 성인을 환영한다. 성인이 방문한 집에는 특별한 은총이 내린다는 믿음을 지난 세기 이교도들의 믿음으로 간주하지만, 사실 이 전통은 훨씬 오래전으로 거슬러 올라간다. 신석기시대에도 존재했기 때문이다.

이를 통해 성모에게 헌정된 성당의 바닥에 있는 샘물도 설명할 수 있다. 이 샘물은 기적을 일으키는 치유의 힘이 있다고 믿는데, 이런 믿음은 오늘날까지도 내려온다. 이런 장소 중 가장 유명한 자리 하나가 남부 프랑스의 루르드이다. 루르드에는 여신이 관장하는 치유의 샘물이 있다. 켈트족의 경우 알자스, 니더브론에서 신성한 샘물의 여신으로 다이아나를 숭배했다. 오늘날도 여인들은 인근 산에 있는 광천샘에서 물을 길어온다. 약수를 길어올릴 때 돌에서 우묵한 자리에 물을 부으면서 임신을 기원한다. 독일 아르가우에서는 베레나 샘에서 목욕하면 수태한다고 믿었다(베레나는 다이아나 여신을 대치한 알라만족의 그리스도교 성녀이다. Duerr 1978: 37쪽)

19세기 문학작품에 묘사된 신성한 샘물에 관한 이야기는 수백 개도 넘는다. 아일랜드에서 이 샘물은 대개 브리짓의 샘이다. 아일랜드 사람들은 봄이 오는 첫날 샘물을 찾아가 주위를 돌면서 손발을 씻거나 옷자락을 찢어 샘물 위에 드리운 나뭇가지에 매단다. 1918년 던기븐 교구에 기록된 자료에 따르면 사람들이 샘 주위를 돌고 나서 발자국이 있는, 강에 있는 선돌로 간다. 이들은 봉헌금을 바치고 선돌 둘레를 걸으며 절을 한다. 샘물에서 그러하듯 원하는 기도를 한다(Wood Martin 1902: 46). 바위에 성혈이나 구멍이 있으면 시골 사람들은 몸을 웅크려 물을 마신다. 앞에서 언급했듯이 이 물은 기적을 일으키는 특별한 치유의 힘이 있다고 믿었기 때문이다. 지금도 사람들은 거석 무덤이 많이 있는 포아트의 라우스에 있는, 브리짓에게 헌정된 성소로 해마다 순례 길에 오른다. 성 브리짓의 바위가 여기 있는데, 개울을 따라 수많은 선돌이 있다. 1986년 7월 12일, 당시 목격자는 흰 드레스를 입고 머리에는 화관을 쓴 일곱 살 정도 된 여자아이들 여섯 명이 마차를 타고 이곳으로 달려갔다고 말했다(UCLA 민담과 신화 프로그램의 아서 그리벨, 1986년 11월). 사람들은 돌 주위를 순회하고는 주변 나무나 관목에 리본이나 자신의 옷을 찢어 걸었다. "옷에서 뜯어낸 리본이나 조각에는 탄원자의 영성적 혹은 신체적 병도 함께 붙어 있다. 따라서 옷 조각은 단순히 봉헌물이나 감사의 표시가 아니라 질병을 떼어내는 행위이다(Wood Martin 1902: 158쪽)." 동유럽에서는 러시아의 모코시나 성 파라스케비, 피아트니차(금요일)가 치유의 샘물과 선돌의 수호신이다. 마비된 사람 혹은 시각이나 청각에 문제가 있는 사람들이 이곳에 가서 양이나 양털, 아마를 바쳤다.

브랏 브리기데는 성 브리짓의 망토다. 이 조각을 성 브리짓의 날 이브가 되기 전에 여러 날 동안 관목 위에 걸어둔다. 이브에 가족들과 저녁 만찬을 하기 전, 집의 장녀가 밖으로 나가 이것을 가져와야 하는데, 이때 "무릎을 꿇고 눈을 감아라. 여신을 마음 안에 받아들여라"를 세 번 외친다. 집에 있는 사람들은 "들어오소서. 어서 오소서. 환영합니다"를 세 번 외친다. 장녀가 거기 있는 모든 이에게 천 조각을 선물로 주는데, 이 천을 소지한 사람은 앞으로 열두 달 동안 불운을 피하고 병에 걸리지 않는다고 믿었다. 브랏 브리기데는 갓 태어난 아기를 보호하고 산모가 저 너머 세상으로 떠나는 일을 막는 역할도 했다(Wood Martin 1902: 44쪽).

12-6-3. 발트 해의 라이마

동부 유럽에서 이 여신은 '파테'로, 금세기까지 여신 숭배가 이어진다. 여신은 생명을 부여할 뿐만 아니라 생명에 관련된 모든 것을 미리 결정한다. 여신은 출산의 자리에서 단명이나 장수, 좋고 나쁜 것을 결정하는데, 바로 명줄을 길쌈하는 여신이다. 여신은 결코 마르지 않는 뭇 생명의 원천이다. 동굴이나 큰 바위 아래에 있는 기적을 일으키는 샘의 소유자이며, 자연의 풍요로움 자체이다.

라트비아와 리투아니아에서는 19세기 후반까지 해산 의례가 사우나에서 행해졌다. 의례는 가족 중 할머니의 주관으로 거행되는데 여자들만 참여한다(Biezais 1955: 185ff). 출산 후 라이마 여신을 위해 암평아리를 희생제물로 바쳤다. 제물 공양을 위해 할머니가 나무 국자로 병아리를 잡는다. 그러고 나서 참여한 여인들이 무릎을 꿇고 앉아 병아리 고기를 먹는다. 라트비아와 리투아니아의 수많은 신석기시대 유적지에서 오리 모양의 국자들이 발견되었다. 여신에게 희생제물을 바칠 때 사용했던 의례용 국자였을 수 있다. 병아리가 유럽으로 소개되기 전에는 아마 오리가 주요한 희생양이었을 것이다. 아일랜드에서는 2월 1일 이몰크 정화 의례 동안 브리짓을 위해 가금을 희생시켰다. 이 가금은 물길이 셋 만나는 곳에 산 채로 수장했다(Sjoestedt 1949: 25쪽 인용, Carmichael, *Carmina Gadelica* 1900, I: 168쪽). 여신 라이마에게 바치는 선물은 리넨이나 타월, 직접 짠 벨트, 가락바퀴 등이었다.

12-6-4. 요약

그리스의 아르테미스 에일레이투이아, 트라키아의 벤디트, 베네치아의 레이티아, 로마의 다이아나, 유럽 민담에 살아 있는 파테, 특별히 발트 해의 라이마와 아일랜드의 브리짓은 의심의 여지없이 선사시대 생명을 부여하는 여신의 후손들이다. 이 여신은 인도-유럽의 신들과는 무관하다. 인도-유럽화되는 과정에서 살아남은 여신들인데, 헤아릴 수도 없이 많은 할머니와 할머니, 어머니와 어머니들이 세대에서 세대를 거듭하며 전해주어 오늘날까지 이어져 내려온 것이다.

선사시대와 역사시대에 생명의 부여자는 산, 돌, 물, 숲, 동물, 신비한 자연의 힘을 체현하는 여신이었다. 샘과 우물, 치유의 물을 소유한 여신은 건강의 기적을 주는 신이었다. 선사시대와 역사시대를 거치는 동안 이 여신은 새 여신, 혹은 새나 여인으로 등장하기도 했다. 물새로서의 여신은 인류의 양육자였고 물질적 부를 증대시켜주었다. 또 가족의 안녕을 지키는 수호자였고, 구석기시대부터 가족과 종족의 시조로 간주되었음에 틀림없다. 새 여신은 집에 있는 제단이나 사원에서 숭배되었다. 유럽 남동부에서는 명백히 주신전의 여신이었다(기원전 6000~5800년 테살리아의 아킬레이온 사원에서 입증되었다. Gimbutas 1988). 또 여신은 가정의 수호신이었는데, 그 증거는 후기 구석기시대의 유물에서도 찾아볼 수 있다. 시베리아 중부 말타의 유적이 이 사실을 증명하는데, 거주지의 둥근 매머드 뼈 가장자리 근처에서 새 여신상이 발견되었다(Abramova 1967: 83쪽). 여신은 짐승과 자연의 수호신으로써 산정에서 숭배되었다. 생명의 부여자로서 여신은 동물 형상으로도 나타나는데 이 동물들은 사슴이나 곰이다. 다음 장에서 이런 현상을 논의할 것이다.

곰의 다리와 거대한 고리 모양 손잡이가 있는 토기. 의례용으로 사용된 듯하다.
그림 186 참조.

13. 태모로서의 사슴과 곰

사슴과 곰이 출산을 관장하는 여신이었다는 증거는 선사시대 유물에서 나타나는데 이는 역사시대의 기록에서도 쉽게 찾아볼 수 있다.

13-1. 사슴, 출산 여신의 신성한 동물

여신이 암사슴으로 변신한다는 이야기는 민담이나 역사적인 기록에서 찾아볼 수 있다. 파우사니아스에 따르면, 아르카디아에 있는 데스포이나 사원의 아르테미스 상은 사슴 가죽 옷을 입고 있었다. 신화에서 아르테미스와 아르테미스 여신을 숭배하는 타이게테는 사슴 형상으로 등장한다. 아르테미스의 다른 이름은 엘라파이스, '붉은 사슴 여신' 또는 엘라페볼리아라는 '붉은 사슴을 쏘는 여신'이다. 아티카에서 축제를 거행할 때 이 여신에게 사슴을 희생제물로 바치고 사슴 모양의 꿀이 든 빵을 구워서 바쳤다. 수메르에서도 출산의 여신은 사슴이다.

사슴 여신의 이미지는 스코틀랜드와 아일랜드 민담에서도 찾아볼 수 있다. 스코틀랜드에는 실물보다 훨씬 큰 초자연적인 여인이 사슴으로 변신한다거나, 사슴이 여인으로 바뀐다는 이야기들이 전해 내려온다. 죽은 여인이 사슴으로 변신하거나 사슴 떼가 나타난다는 이런 믿음은 고대 사슴 여신의 여사제들에 대한 기억들이 민담으로 보전되어 내려온 것으로 보인다. 고대에 사슴 여사제가 가죽을 입었다 벗었다 하고, 암사슴이 수사슴으로 변하는 의례를 거행했을 수 있다(McKay 1932: 144~174쪽).

그리스에서는 임신한 사슴에 관한 믿음이 지금도 회자되는데, 출산을 위해서 사슴이 콜로폰 근처 신성한 섬으로 헤엄쳐 간다는 것이다. 이 섬은 아르테미스 여신에게 바쳐진 신성한 땅이다(Strabo 14.643, Otto 1965: 84쪽 인용).

아시아 북부에서는 임신한 사슴이 생명을 부여하는 어머니라는 믿음이 현재까지 남아 있다. 사슴의 몸은 털로 덮여 있고 머리에는 나뭇가지 같은 뿔이 자란다(응가나산 신화: Anisimov1959: 49~50쪽). 부가디는 에벤키족에게 우주의 어머니로 통하는데 엘크나 순록 형상이다(같은 책 29쪽; Nahodil 1963: 419쪽). 이와 유사한 믿음을 시베리아의 사냥꾼 사이에서도 찾아볼 수 있다. 세계의 곳곳에 현재까지 이어져 내려오는 이런 사슴 숭배 전통은, 후기 구석기시대 이전까지 거슬러 올라간다. 마지막 빙하기와 빙하기 후, 즉 기원전 2만~1만 2000년경에 북서부 유럽의 사냥 종족들은 어린 사슴을 희생시켜 돌을 묶어서 물에 던졌다. 이 의례의 증거는 독일 함부르크 근교 마이엔도르프와 스텔모르 지역에서 나왔다(Rust 1937, 1943). 스텔모르에서는 이런 방식으로 수장한 어린 사슴 시체가 마흔다섯 구 나왔다. 아마도 어미 사슴을 위대한 생명의 부여자로 간주해 새 생명을 부여하는 여신의 힘을 강화하기 위하여 해마다 이런 제의를 치렀던 게 아닐까?

스페인 칸타브리아 주 알타미라 동부의 엘 후요에서 최근 발굴된 고고학적 증거를 보면 1만 4000년 전의 막달레니앙 문화에도 사슴 숭배 전통이 있었음을 알 수 있다. 이 동굴에서 붉은 사슴의 잔재들이 알 모양의 구덩이에 놓여 있었다. 이 구덩이의 크기는 길이 약 2.7미터, 폭 약 2.1미터, 깊이 약 30센티미터이다. 마치 웅덩이 같은데 바닥은 침전된 실트로 채워져 있다. 이 구덩이는 의도적으로 파낸 것이다. 가장자리에는 둥글게 벽을 만들었다. 분명히 여기 사용된 사암이나 규암 같은 자재들은 동굴 밖에서 가져온 것이다. 이 구덩이 혹은 방을 만든 재질은 주로 황토 가루였는데 여기에 보라색, 주황색, 회색, 주홍색 점토 덩어리들이 섞여 있다. 그리고 부분적으로 조각한 사슴뿔, 속이 비어 있는 석순 조각으로 만든 커다란 램프, 커다란 돌도 함께 출토되었다(Freeman, Klein and Gonzales Echegaray 1983). 티토부스티요는 스페인 칸타브리아 지역에 있는 또 다른 막달레니앙 문화의 동굴이다. 여기서도 사슴 숭배의 흔적과 다른 동물 형상의 신상들이 출토되었다. 이 자리에서는 새 생명 탄생의 힘을 부여하는 신들의 권능과 관련된 의례가 거행되었을 것이다. 이 동굴에 인위적으로 만든 구조물이 발견되었는데, 돌로 가득 채워진 긴 구멍이다. 이 구멍 바닥에서 의인화된 조각상이 출토되었다. 이 상은 수사슴 뿔에 조각을 했는데 둘레에 사슴, 들소, 말이 각인된 사암 평판들이 주렁주렁 매달려 있다(Moure Romanillo 1979: 1985). 이 동굴에서 마지막 단계의 유물이 출토된 시기는 기원전 1만 4000년으로 판명되었다(Moure Romanillo 1986).

그림 180

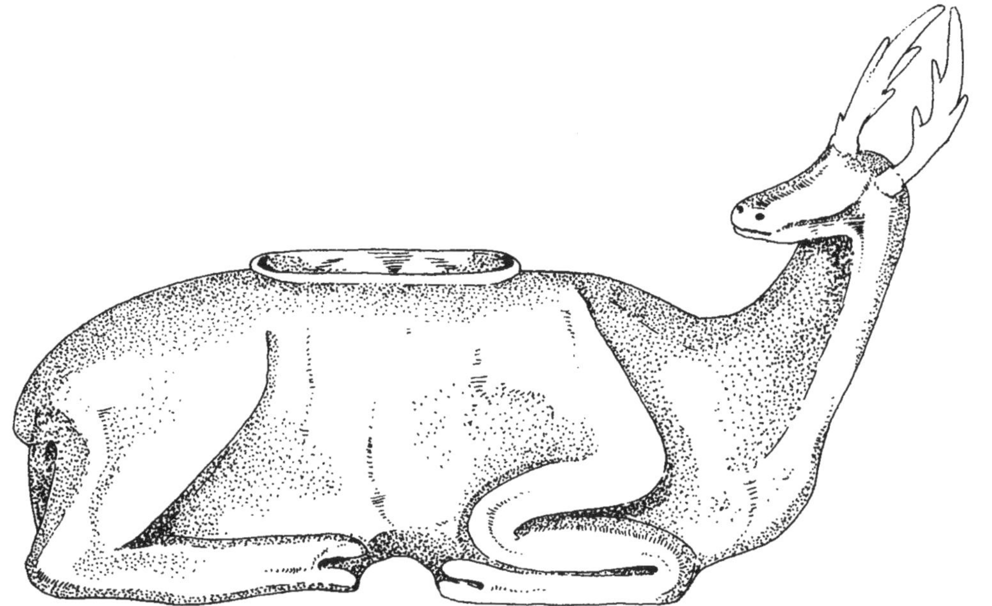

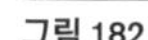

그림 180
고대 아나톨리아와 유럽에서 만들어진 사슴 모양 의례 용기(뿔은 저자가 복원). 중부 아나톨리아 신석기시대(하실라르 VI 문화, 기원전 7천년기). 높이 15.6cm

그림 181

그림 182

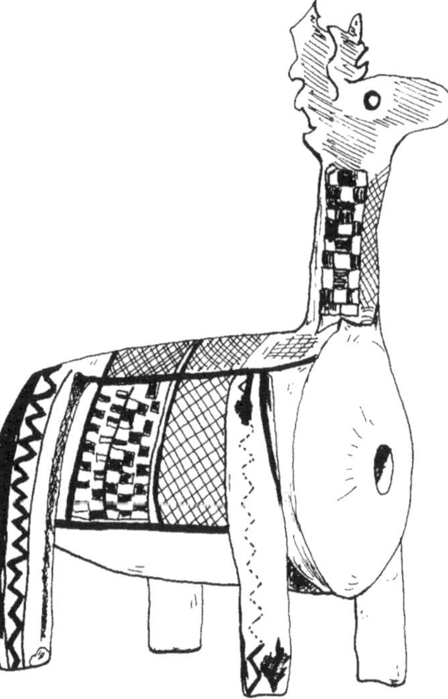

그림 181
사슴과 나선형, 초승달, 삼중선의 상징적 연관성을 입증하는 사슴 모양 토기. 붉은 바탕에 흰색 그림. 카라노보 I(불가리아의 물다바, 기원전 5800년경). 높이 53cm

그림 182
출산의 여신의 화신. 무덤에서 출토된 이 유물은 사슴과 물의 상징이 서로 연관된다는 사실을 입증한다(아테네 케라메이코스 공동묘지, 묘지 10, 기원전 925-900년). 높이 20cm

잉글랜드, 루마니아, 독일에서는 새해 첫날 즈음에 수사슴 춤을 춘다. 이 춤을 추기 위해 남자들은 여장을 한다. 이는 춤이 여신 숭배와 연관되어 있음을 암시하는 듯하다. 크레타 섬 자크로스에서 출토된 미노아 문명 인장에서도 머리 위에 거대한 수사슴 뿔을 달고 두 팔을 위로 들어 올린 채 어마어마한 젖가슴을 드러내고 사슴 춤으로 보이는 춤을 추는 장면이 묘사되어 있다. 그리스 예술작품에서도 암수 사슴의 가면을 쓴 무희들이 등장한다. 이들 중 제일 뛰어난 예는 키프로스에서 출토된 테라코타상이다. 한 사람이 수사슴 가면을 벗고 다른 사람이 거친 가죽 옷을 입고 있는데 가면을 한 손에 들고 있다(Lawler 1964: 69쪽). 이런 사슴 춤의 기원은 훨씬 오래전으로 거슬러 올라간다. 잉글랜드 스카브로 남동부 스타카에서도 기원전 8000~7500년의 수사슴 뿔 머리 장식이 발굴되었다. 발굴 당시 사슴뿔이 머리 장식용으로 짧게 다듬어져 있었고 수사슴이 여전히 그 자리에 남아 있었는데 두개골 내부는 매끄럽게 정리되어 있었다. 그리고 사원은 사슴 떼가 통과하도록 벽에 구멍을 내어 놓았다(1949~1950년 J.G.D. Clark 발굴, 머리 부분의 복원 모습은 Burl 1981: 33쪽에 수록).

루마니아의 크리스마스 캐럴에는 그리스도교와 상관이 없는 고대의 요소가 들어 있다. 예를 들어, 커다란 뿔 사이에 요람을 얹어놓고 강을 건너는 수사슴에 대한 캐럴이 있다. 요람에서는 아름다운 소녀가 바느질을 하고 있다. 소녀가 사슴에게 경고하기를, 만일 흔들림 없이 부드럽게 수영을 하지 않으면 바느질을 망치게 되는데, 그러면 사냥꾼인 오빠가 와서 사슴을 죽일 거라고 한다. 그리고 덧붙여 "너의 고기로 내 결혼식을 하고, 뼈로 내 집을 짓고, 가죽으로 지붕을 잇고, 피로 칠을 하고, 해골은 내 문에 달고, 발굽으로 좋은 컵을 만들 거야"라고 말한다(루마니아의 콜린다).

사슴 숭배는 오랜 세월 지속되었기에, 아나톨리아와 유럽 남동부 신석기시대 유적지에서 사슴 모양의 우수한 토기들이 출토되는 것은 별로 놀랄 일은 아니다. 이 중에서 가장 초기에 속하는 유물로 아나톨리아 중부 하실라르, 물다바,불가리아 중부 카라노보의 유물을 들 수 있다(그림 180). 하실라르 사슴은 웅크린 자세이고 뿔은 부러진 채 출토되었다(멜라트가 1970년 재구성한 것은 수소 뿔이다. 나는 물다바 사슴을 모델로 사슴뿔을 만들어보았다. 하실라르 동물의 몸체는 분명히 사슴이었다). 물다바 사슴은 거의 완벽하게 보존된 형태로 발굴되었다(그림 181). 이 상은 서 있는 사슴을 묘사하고 있는데, 붉은 바탕에 흰색으로 나선과 초승달을 그려 넣었고 목둘레에는 고리가 셋 있다.

사슴이 묘사되거나 사슴뿔을 가진 여신 좌상은 청동기시대 전반에 걸쳐서 그리고 철기시대에도 등장한다(Markale 1979: 135쪽)(그림 182). 기원전 925~900년경 원기하학 시기 아테네의 케라메이코스에서 임신한 사슴상이 출토되었다. 이 상의 목둘레와 몸체에 격자무늬 패널과 그물망 문양이 장식되어 있다. 분명 올드 유럽의 문양 스타일이다. 사슴과 그물망, 격자무늬의 연관성은 생명수와 양수의 상징이 밀접히 연관돼 있음을 암시한다.

북유럽, 리투아니아 발트 연안 근처 슈텐토지에서 놀랄 정도로 세부가 자세히 묘사된 암엘크 머리를 한 수사슴 지팡이가 발굴되었다. 이 지팡이는 의례용이다(그림 183). 러시아 북서부 오네가 호수에 있는 엘크 섬의 묘지에서도 유사한 지팡이들이 출토되었다(Gurina 1956: 214, 215쪽). 라트비아와 리투아니아의 수많은 나르바 유적지에서 수사슴 뿔이나 호박에 조각한 암엘크 머리나 엘크상들이 출토되었다. 암엘크 숭배는 북부 유럽에만 국한되지 않는다. 이와 유사한 조각상이나 수사슴이 조각된 상들은 남부 유럽에서도 빈번하게 등장했다. 이탈리아 북부 트렌토 근처 가반의 신석기시대 동굴의 유물은 슈벤토지의 암엘크와 유사점이 대단히 많다(Graziosi 1973: 251쪽).

그림 183

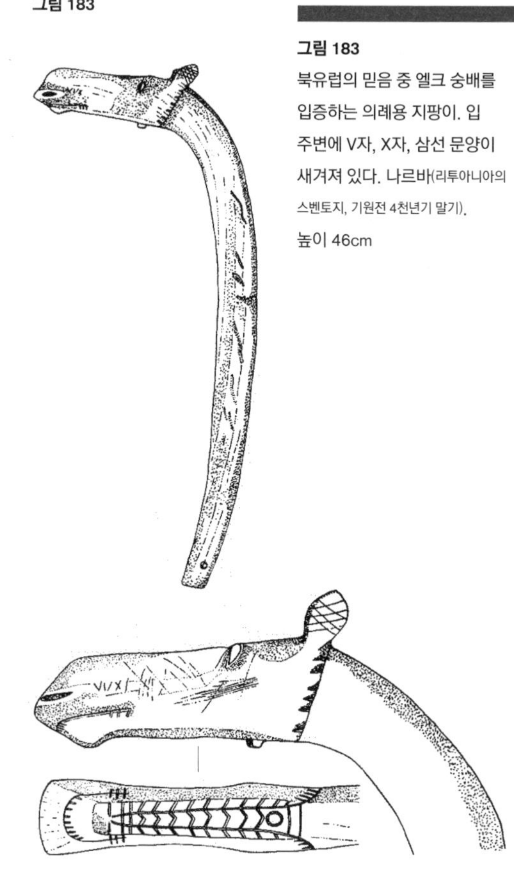

그림 183
북유럽의 믿음 중 엘크 숭배를 입증하는 의례용 지팡이. 입 주변에 V자, X자, 삼선 문양이 새겨져 있다. 나르바(리투아니아의 스벤토지, 기원전 4천년기 말기). 높이 46cm

13-2. 곰 어머니

힘이 엄청난 장엄한 동물이자 숲의 영광인 곰을 신성시하는 전통은 북반구 지역에 아주 널리 퍼져 있다. 식생의 영으로 해마다 봄이 되면 생명의 탄생을 확신하기 위해 수곰이 희생제물로 바쳐졌다. 입과 코와 귀에서 피가 흐르고 화살을 맞은 상처가 있는 후기 구석기시대 동굴벽화 이미지도 연례적으로 거행되었던 곰 희생 의례를 묘사한 것일 수 있다(Marshack 1972: 237쪽 그림 121). 곰을 신성시했던 믿음에는 새 생명의 탄생의 힘 외에도 다른 측면의 힘이 부각된다. 이는 특별히 암곰과 연관이 되는데, 곰의 어머니 역할과 관련되는 면모이다. 북반구 민담을 살펴보면 사슴이나 암엘크와 마찬가지로 곰이 생명의 부여자라는 태모(胎母)로 받아들였음을 입증하는 유물을 쉽게 찾아볼 수 있다. 언어학적 증거에서도 곰과 탄생의 연관성은 명백하다. 곰의 자녀라거나 곰과 연관된 후손이라는 표현이 빈번하다. 곰이라는 뜻의 bear와 연관된 올드 유럽어 bher, 독일어 beran, 고대 스칸디나비아어 barnam은 임신한다는 의미가 내포되어 있다. 독일어 barnam는 어린이, 고대 스칸디나비아 어 burdh는 탄생을 뜻한다.

19세기까지도 슬라브 족들은 곰 축제를 거행했다는 기록이 있다. 예를 들어 불가리아에서는 성 안드레의 날인 11월 30일, 옥수수, 콩, 완두를 포함 갖은 알곡들로 음식을 만들어 축하하는데, 마련한 음식 중 일부를 굴뚝을 통해 집 밖으로 던진다. 이때 "곰 할머니, 부디 건강하소서"라고 외친다. 벨라루스에서는 곰이 마을에 나타나는 것을 행운의 상징이라 간주하기에 곰이 마을로 내려오면 마을 구석구석을 다니게 한다. 심지어 집 안 식탁에 꿀이나 치즈나 버터를 놓아두고 곰이 들어오게 한다. 불가리아에서도 곰을 집으로 초대하여 성상을 걸어놓은 신성한 자리 가까이 앉도록 한다. 만일 곰이 음식을 먹으면 이는 곧 행운을 뜻한다는 믿음이 있다. 곰은 또 치유의 힘이 있다고 믿어서, 아픈 사람을 바닥에 눕혀놓아 곰이 밟고 지나가도록 한다. 여인이 수태하지 못하면 특별한 힘을 지니는 곰의 은총을 간구했다(moszyński 1934: 575쪽).

20세기까지 슬라브 동부 지역에서는 할머니가 갓 태어난 아기를 곰 가죽 위에 눕혔다. 기원후 3세기경의 포르피리의 묘사에서도 유사한 행위를 찾아볼 수 있다(Uspenskij 1982: 103~104쪽; Marazov 1983: 32쪽). 리투아니아 동부에서는 막 출산을 해서 집 안에 격리되어 있는 여인을 곰이라고 부른다. 출산을 하고 나서 4~5주가 지나면 사우나에서 목욕 의례를 한다. 이때 의례를 하려고 사우나로 오는 여인을 목격하면 사람들은 "곰이 온다"라고 소리친다. 이는 아마도 고대에 행하던 의례의 잔재인 듯한데 의례는 사라졌지만 지금까지도 이런 표현을 하고 있다(Daunys 1980). 목욕을 하고 나서 출산한 여인은 라이마 여신에게 봉헌을 한다. 봉헌물은 리넨이나 벨트 등인데 어떤 종류든 길쌈한 것이 포함된다. 이는 인간의 수명을 길쌈하는 출산의 여신에게 적절한 예물이다.

그리스에서 지금도 곰 숭배의 잔재를 찾을 수 있다. 크레타 섬 서부 고대 키도니아 근처 아크로티리의 동굴에서 파기나기아 아르코우디오티사를 숭배하는 축제가 거행된다. 이는 '곰의 성모'를 기리는 축제로 날짜는 2월 2일이다(Thomson 1962). 고전에서 살펴보면 아르카디아에서 이 지역 아르카스가 태어나기 전에 시조모 아르라스가 있었는데 곰으로 변신한다. 이 어머니의 이름이 칼리스토, 메가스토, 데미스토이다. 이는 모두 아르테미스 여신의 별칭들이다(Willets 1962: 176~177쪽). 아르테미스나 그 추종자들은 곰의 형상으로 나타난다. 아테네의 소녀들이 브라우로니아의 아르테미스를 숭배하기 위해 곰 모양으로 변장하고 춤을 추었다는 사실이 잘 알려졌다. 통과의례를 하는 동안 소녀들은 곰이 된다. 스파르타의 아르테미스 신전에서 출토된 납으로 만든 상을 보면, 여자 무희가 곰 가면을 쓰고 있다(Lawler 1964: 68쪽). 이스탄불에서도 곰 가면을 쓴 무희의 부조기 발견된 바 있다(*An. British School of Athens*: 12, 1905~1906: 323쪽 그림 3). 유럽의 다른 지역에서도 곰 숭배는 쉽게 찾아볼 수 있다. 켈트 전통에서는 곰 여신 데아 아르티오를 섬겼다는 게 잘 알려진 사실이다. 스위스 베른에서도 곰을 여신과 동일시하고 도시의 상징으로 삼았다. 베른에서는 1832년 곰 여신의 고대 청동상이 발굴된 바 있다. 이 여신상은 곰 앞에 앉아 있는 모습이다.

기원전 5000년기 빈차 문화 유적에서는 '곰 마돈나'가 출토되었다. 곰 가면을 쓴 여인이 아기 곰을 안고 있는 모양이다(그림 184-1). 출토된 유물에는 또 다른 곰 모양 테라코타가 있다. 곰 가면을 쓰고 등에 주머니를 메고 있는 상인데 신화에서 종종 묘사하는 곰 유모를 나타내는 듯하다. 특별히 중기 빈차 문화권인 세르비아 추프리야에서 출토된 여신상이 이런 이미지를 잘 묘사하고 있다(그림 184-2). 카라노보 언덕에서 수백 개의 '곱사등' 상이 출토되었다(지금까지 관련된 논문이 없는 이유는 아마도 아름답지 못한 외양 때문일 것이다). 가장 오래된 곰 유모상은 기원전 7천년기의 유물이다. 아킬레이온에서 주머니를 등에 메고 있거나 어깨에 끈이 있는 상들이 여럿 출토되었는데 시기는 기원전 7천년기 말부터 6천년기 초이다(저자의 발굴; Gimbutas: et al. 1988).

덴마크 레센에서 출토된 중석기시대 호박으로 된 곰 조각상에는 문양이 여럿 새겨져 있는데 크기는 손바닥 만하다. 문양을 살펴보면 물과 생명수의 상징과 연관이 있음을 알 수 있다(그림 185). 마샥은 현미경 연구로 이 문양들이 한 번에 새겨진 것이 아니라 서로 다른 시기에 15단계를 거쳐 새겨졌다는 사실을 밝혀냈다. 곰의 두부와 몸 양면에 그물망 문양이 있고 평행선과 지그재그 문양, 삼선이 있다. 한 쪽 면에는 지그재그 모양의 뱀 문양 두 개가 두드러져 보인다. 이 상의 표면은 부드럽게 마모되었는데, 틀림없이 오랜 시기를 거치면서 상징적으로 서로 연관된 문양들을 특별한 경우마다 새겨 넣었을 것이다.

그림 184

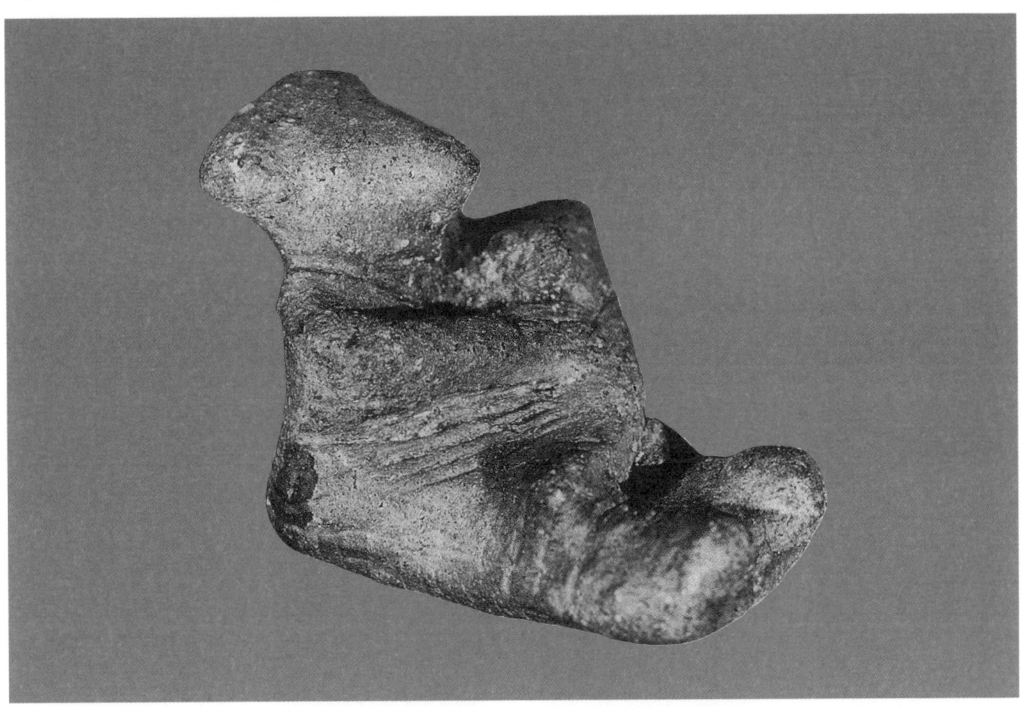

1

2

그림 184
곰 숭배는 유럽 전역에 편재했고 종종 어머니 혹은 양육과 연관된다.
(1) 어미 곰이 새끼 곰을 안고 있는 모습. 빈차 문화(코소보 코소브스카 미트로비차, 기원전 4500-4000년경).
(2) 등에 주머니를 메고 있는 곰 유모 테라코타. 빈차 문화(세르비아 추프리야, 기원전 4500년경).
높이 9.2cm

그림 185

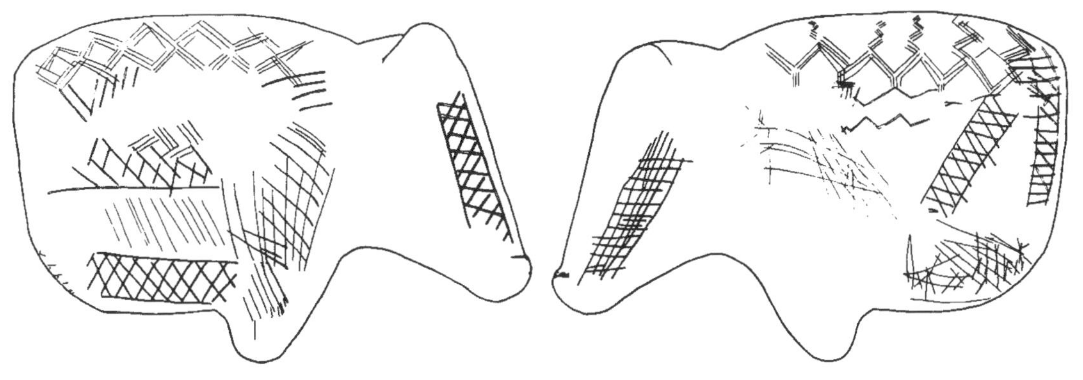

그림 185
그물망, 뱀, 지그재그, 평행선, 삼선 문양이 있는 호박으로 만든 곰. 마글레모세 문화(덴마크의 레센, 기원전 7천년기-6천년기).
높이 17.1cm

13-3. 곰 모양 토기

올드 유럽의 의례에서 곰이 얼마나 중요했는지는 곰 모양 토기가 입증한다. 비범한 솜씨를 드러내는 이런 토기는 기원전 7천년기~3천년기 유물에서도 발견된다.

묘한 곰 다리 형상에 고리 모양 손잡이가 있는 용기가 신석기시대 테살리아, 중부 그리스, 펠로폰네소스, 보스니아헤르체고비나, 달마티아, 알바니아, 시칠리아의 리파리 섬 등 광범위한 지역에서 출토되었다(그림 186). 이 유물에 장식된 문양은 그물망 패턴 삼각형과 띠, 뱀을 상징하는 지그재그이다(Korošec 1958: 53~59쪽; Kosmopoulos 1948: 그림 5, 6, Weinberg 1962a: 190~195쪽 pls. 64, 65; 1962b; Jovanović 1969; Benac 1972~1973, 86쪽; Batović 1968).

지역에 따라 차이가 뚜렷하지만 고리 모양 손잡이와 굵은 동물 다리는 동일하게 나타난다. 이것이 유형 토기를 규정하는 특징인데, 검거나 회색으로 윤을 낸 표면에 흰색 문양을 새기고 가장자리에 붉게 경계를 표시한 점 등은 지역이 달라도 놀라울 정도로 동일성을 보인다. 의례 대상의 형태와 장식을 규정하는 전통을 공유했던 데서 친연성을 확인할 수 있다.

이 동물 다리 용기에 새겨진 모티프들은 삼각형 안의 그물망, 평행 띠 속의 그물망, 지그재그 띠, 가시 달린 철망, 선이나 점으로 표현한 뱀이다. 이런 상징들로 생명의 원천으로서 뱀과 물을 함께 연상해볼 수 있다.

곰 모양에 고리가 있는 용기는 기원전 5000년 이후에는 사라지는 듯하다. 그러나 상징적 무티프와 함께 곰이 등장하는 전통은 1000년 이상이나 지속되는데 이들의 믿음을 통해 곰의 중요성을 알 수 있다.

그림 186

그림 186
의례용으로 사용되었을 곰의 다리와 고리 모양 손잡이가 있는 토기. 물 문양과 평행선, 마름모 문양이 있다. 다닐로(크로아티아 스밀치치, 기원전 5500년경).
높이 17.5cm

기원전 5천년기~3천년기의 곰 숭배를 드러내는 유물 중 잘 보존된 예를 몇 가지 들어보자. 슬로바키아 서부 아브라함에서 출토된 곰 토기가 그중 하나이다(그림 187-1). 또 쿠쿠테니 문화 유적인 시페니치의 유물이 있고(그림 187-2), 기원전 3천년기 중기의 유물로 시로스 섬에서 대야를 들고 있는 '곰 인형'도 좋은 예이다(그림 188). 아브라함 토기에는 평행선 띠가 장식되어 있고 시로스 섬의 곰에는 등에 격자무늬가, 몸과 다리 앞부분에는 연속된 평행선이 있다. 이런 용기들은 생명을 부여하는 여신을 숭배하는 의례용으로 사용되었음에 틀림없다.

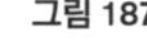

그림 187

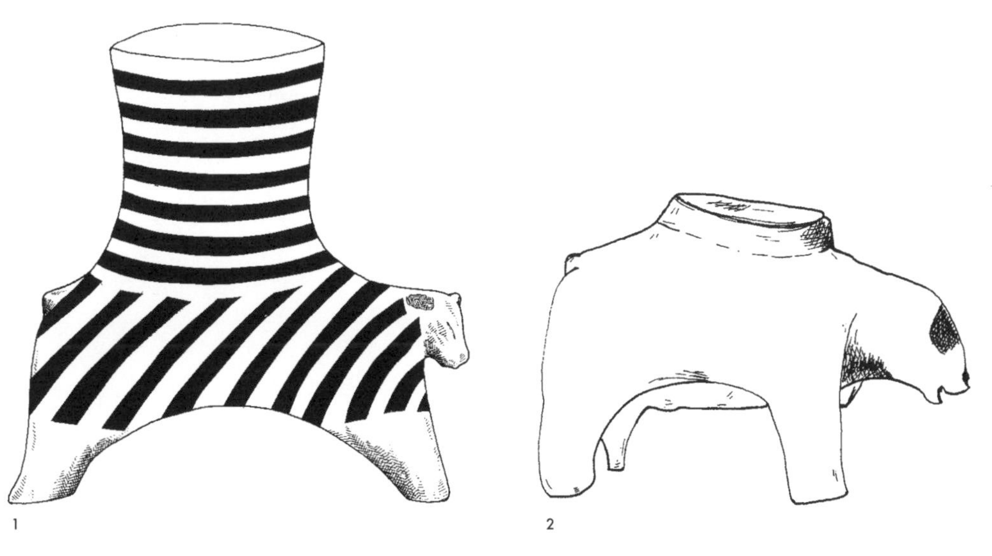

그림 188

그림 187
(1) 곰 모양 테라코타 램프. 평행한 선들이 몸 주변에 둘려 있다. 렝옐(슬로바키아 아브라함, 기원전 5000-4500년).
(2) 후기 쿠쿠테니 문화의 곰 테라코타(우크라이나 시페니치, 기원전 3700-3500년).
(1) 높이 20.4cm
(2) 높이 11cm

그림 188
용기를 들고 있는 곰 테라코타. 등에 격자무늬가 있고 앞쪽과 용기에 삼선과 평행선 띠가 있다. 초기 키클라데스 문화(시로스의 칼란드리아니, 기원전 3천년기).
높이 11cm

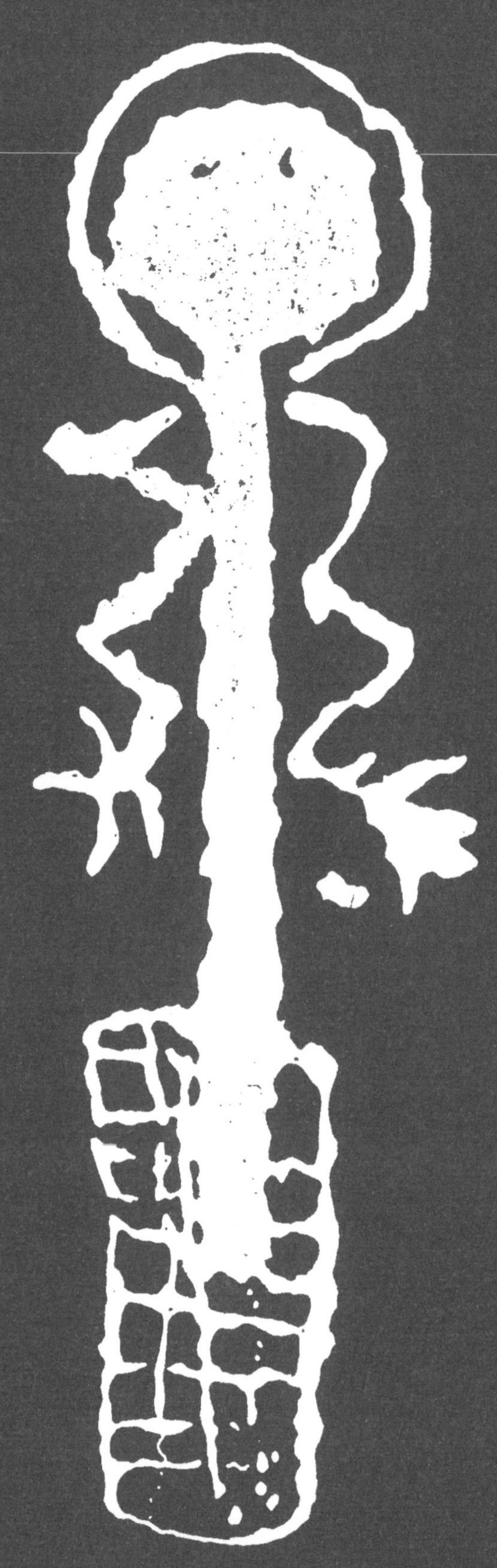

뱀 여신을 추상화한 암각화. 팔을
뱀 모양으로 묘사했다.
그림 204 참조.

14. 뱀

뱀은 생명의 힘이자 발생의 상징이라 지상에 존재하는 뭇 생명에 대한 숭배의 축도이다. 이는 뱀의 몸 자체가 신성해서가 아니다. 나선이나 똬리를 트는 뱀에서 풍기는 에너지가 뱀의 몸을 넘어 주변에도 영향을 미치는데 이 에너지가 신령하기 때문이다. 나선이나 넝쿨 줄기, 성장하는 나무, 남근, 석순에도 동일한 에너지가 있다. 그런데 뱀에는 특히 더 집적되어 있고, 그래서 훨씬 강력하다. 뱀에는 원초적이고 신비로운 뭔가가 있는데, 이는 뭇 생명이 태동한 심연에서 나오는 것이다. 절기에 맞추어 허물을 벗고 겨울이면 동면을 하는데, 계절에 따라 새롭게 거듭나는 이 특질 때문에 뱀은 지하 세계와 연결된 영원한 생명의 상징이 되었다.

뱀이나 의인화된 뱀 여신과 연관된 상징들은 물새나 새 여신과 관련된 상징들과 동일하다. 뱀을 둘러싼 문양들은 쐐기, X자, 지그재그, 미앤더, 하천 문양 같은 물의 상징들이다. 오늘날 유럽 민담에서 그러하듯, 선사시대에도 뱀이 생명의 샘물을 지키는 수호신이었을 것이다. 그리고 뱀과 새 여신에게 특별한 동물은 숫양이다. 뱀과 숫양의 독특한 연관성은 뿔 달린 뱀이나 숫양 머리를 한 뱀 이미지를 통해 명확히 보게 될 것이다. 또 뱀의 똬리와 숫양의 뿔이 상호 교환된다는 점도 살펴볼 것이다. 이런 물새와 뱀 그리고 새 여신과 뱀 여신의 친연성은 선사시대에 계속 이어져 내려오는데 이 경향이 역사시대에도 이어진다. 고대 그리스에서 아테나 여신의 동물은 새와 뱀이다. 아테나와 헤라 여신은 서로 밀접한 연관성이 있다. 이중 후자는 뱀 여신의 후손일 가능성이 크다. 이들 여신에게 헌정된 신전에는 종종 뱀이 함께 등장한다. 아테나 여신과 연관된 뱀은 새처럼 공중을 나는데, 유럽의 민담에서 고블린이 농부들한테 보물을 가져다주는 이야기들이 있다. 이 이야기에 등장하는 고블린은 날아다니는 뱀 모양 아니면 새로 나타난다.

뱀은 변형의 상징이다. 변형, 전환, 탈피는 올드 유럽 상징체계의 모든 주제에 나타난다. 뱀의 생생한 영향력은 생명의 탄생뿐만 아니라 다산과 번식에도 영향을 미치는데, 특히 죽어가는 생명 에너지의 재생과 관련이 있다. 뱀은 마법의 힘이 있는 식물들과 결합해서 치유와 새 생명의 탄생에서도 힘을 드러낸다. 수직으로 감고 올라가는 뱀은 상승하는 생명의 힘을 상징하며 동굴이나 무덤에서 새롭게 성장하는 생명의 기둥으로 나타난다. 이는 생명의 나무와 등뼈의 상징과 서로 호환될 수 있다. 이와 유사하게 뱀 똬리는 태양과 올빼미 여신의 물기 있는 눈으로도 나타나는데 이는 재생의 힘을 표현한다.

올드 유럽의 뱀은 명백히 이로운 피조물이다. 예외라면 여신의 여러 면모 중에서 죽음을 부여하는 특질을 나타낼 때이다. 이 경우 뱀은 독사이거나 여인으로 가장하지만 뱀의 특질이 그대로 드러난다. 이 시기 예술에서는 어떤 경우라도 뱀이 악을 뜻하는 증거는 찾을 수 없다. 인도-유럽과 극동의 신화에서 발견되는 뱀 이미지와는 명확히 대비된다. 인도-유럽권 신화에서 뱀은 사악한 힘을 상징하기에, 전투적인 신들이 의기양양하게 뱀을 죽인다. 이런 사례들은 무수히 많다. 몇몇 예를 들자면 베다 시기 인드라가 브리트라 뱀을 죽이고, 고대 스칸디나비아의 토르는 미드가르드를 죽이고, 바빌론의 마르두크가 괴물 티아맛을 죽인다. 인도-유럽인들은 회오리바람을 두려워하는데 그 안에 뱀이 숨어 있다고 믿기 때문이다.

올드 유럽 토기에 등장하는 뱀 이미지는 절정기인 기원전 5000~4000년에 이르기까지 중요하게 여겨졌다. 이 이미지의 상징은 매우 중요해서 나선형 뱀 문양 예술의 발전을 고무해왔으며 이는 기원전 5천년기 올드 유럽의 특징이다. 똬리나 나선의 뱀 이미지가 문양으로 등장할 때는 대단히 다양한 가능성들이 드러난다. 이 사실은 이 이미지가 유럽 예술가들을 끝없이 자극해왔다는 점을 입증한다. 여기서는 디자인의 미학은 제쳐두고, 감고 올라가는 뱀이나 뱀 똬리, 뱀 여신상, 뱀과 여인의 교잡을 뱀 여신이 스스로를 드러내는 모습으로 간주하고 그 의미를 다루어보려 한다. 재생을 상징하는 뱀의 동력 에너지는 III부와 IV부에서 살펴보겠다.

14-1. 후기 구석기시대와 신석기시대의 뱀과 뱀 똬리

뱀 문양은 후기 구석기시대부터 나타난다. 그리고 중석기시대와 신석기시대로 계속 이어진다. 막달레니앙 문화의 뼈와 사슴뿔 유물의 상당수는 뱀 모양인데 지그재그, 굽이치는 평행선, 서로 연결된 마름모 문양이 장식되어 있다(Chollot-Varagnac 1980: 51, 73, 79, 89, 97, 107, 115, 185, 187, 243쪽 참조). 또 다른 유물에는 뱀 똬리와 나선형이 새겨져 있다(Chollot-Varagnac 1980: 227쪽).

기원전 1만 2000년경 중기 막달레니앙 문화의 유물인 2.5센티미터 길이의 사슴뼈 조각이 로르테에서 발굴되었는데, 긴 뱀이 조각되어 있고 어린 새 머리들과 삼선, 나뭇가지가 새겨져 있다(그림 189). 이런 상징 조합은 이 유물이 뱀과 새와 식물이 자라는 봄/여름 의례를 위해 만들어졌음을 암시한다(Marshack 1972: 223쪽).

기원전 6500~5500년에 남부 유럽과 남동부 유럽에서 출토된 토기에는 뱀 형상이 두드러지게 표현되어 있는데, 둥근 눈에 입이 길고 머리가 뱀 형상이다. 이는 주요한 의미를 가진 문양이었고 이후 수백 년간 계속 등장한다(그림 190~192). 뱀 대가리는 뱀 모양 토기로 등장하고 그림이나 조각에서도 볼 수 있다. 또 토기 손잡이의 두드러지는 위치에 자리 잡기도 한다.

뱀 꼬리 모티프가 표현된 흙으로 만든 인장이 기원전 7천년기 중반 유물에 등장한다. 이 똬리는 아마도 뱀으로 자신의 존재를 드러내는 여신의 표식으로 사용되었을 것이다(그림 193). 뱀 똬리가 각인된 둥근 인장은 올드 유럽에서 기원전 6500~3500년 그리고 미노아 문명과 크레타의 청동기시대 유물에까지 나타난다. 스타르체보와 카라노보의 신석기시대 토기에 뱀 똬리가 단일하게 부조로 등장하는데 이는 장식이 아니라 신원을 확인하는 상징이다(그림 194).

그림 189

그림 189
후기 구석기시대에 등장하는 뱀이 새겨진 사슴뿔. 어린 새, 식물, 삼선 문양과 함께 등장하는 점이 흥미롭다(로르테, 중기 막달레니앙 문화, 기원전 1만 2000년경).
높이 2.5cm

그림 190

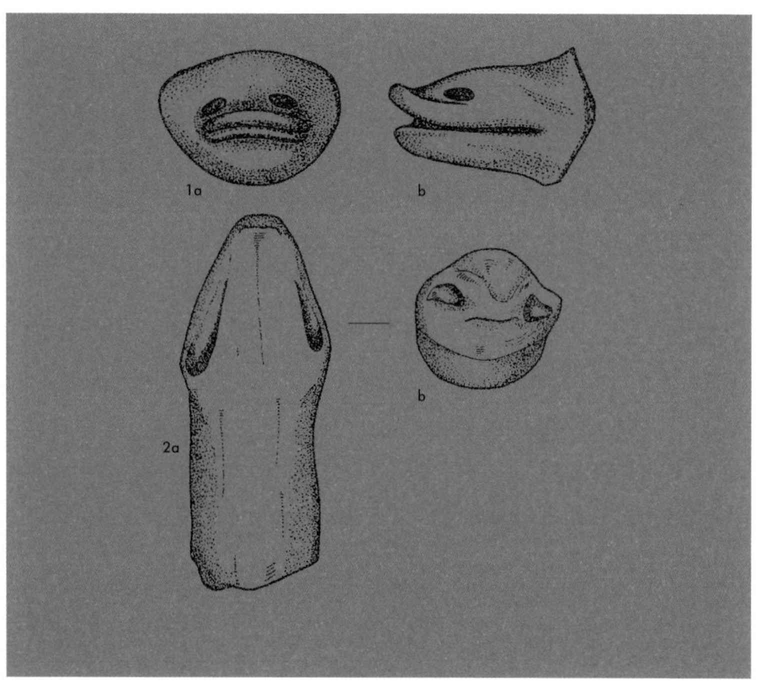

그림 190
최초의 신석기시대 뱀 대가리 테라코타. 세스클로 문화.
(1) 차니 부근 마굴라.
(2) 아킬레이온 IV(기원전 5800년).
(1) 높이 2.4cm
(2) 높이 6.4cm

그림 191

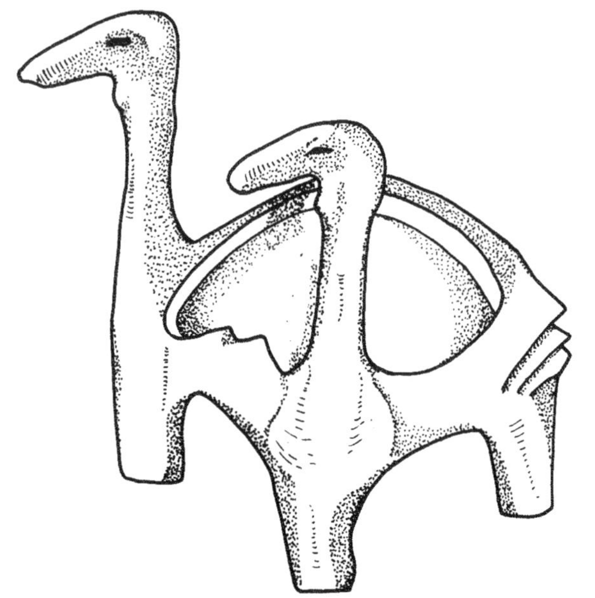

그림 191
신석기시대 뱀 형상 의례 용기의 장식. 스타르체부 문하이 마케도니아 유물의 변형(기원전 5800-5500년).
높이 13.6cm

그림 192

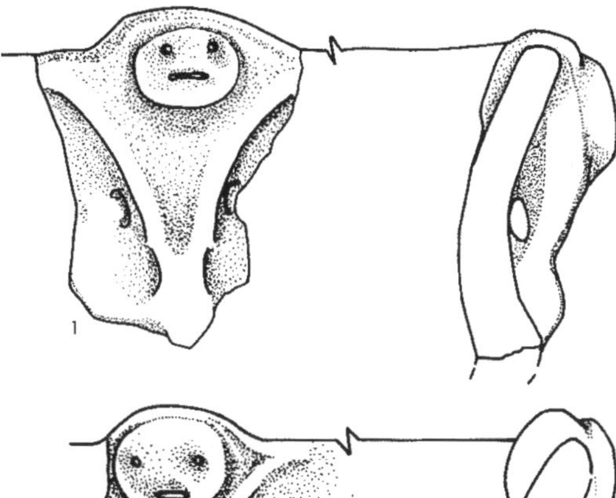

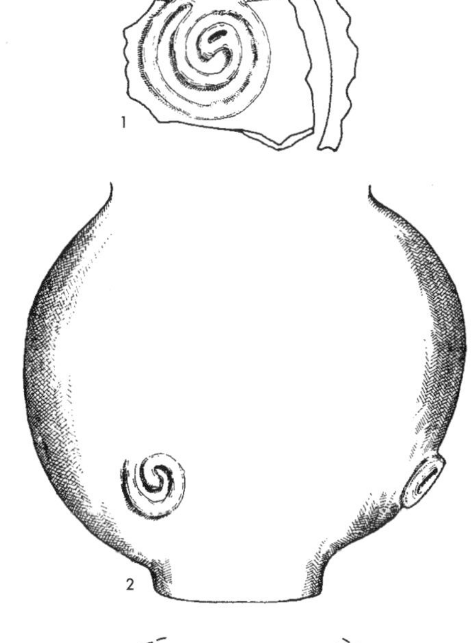

그림 192

신석기시대 토기 조각에 등장한 둥근 뱀 대가리.

보누 이기누 문화(기원전 5천년기 말기).

(1) 필리에스트루.

(2) 틴티리올루.

(1) 높이 3.7cm

(2) 높이 4.6cm

그림 194

그림 194

기원전 5800-5500년 스타르체보와 카라노보 문화 항아리의 뱀.

(1) 불가리아 슬라티나.

(2) 헝가리 부코버푸스터.

(3) 레펜스키비르.

(1) 높이 6.6cm

(2) 높이 49.8cm

(3) 높이 17.2cm

그림 193

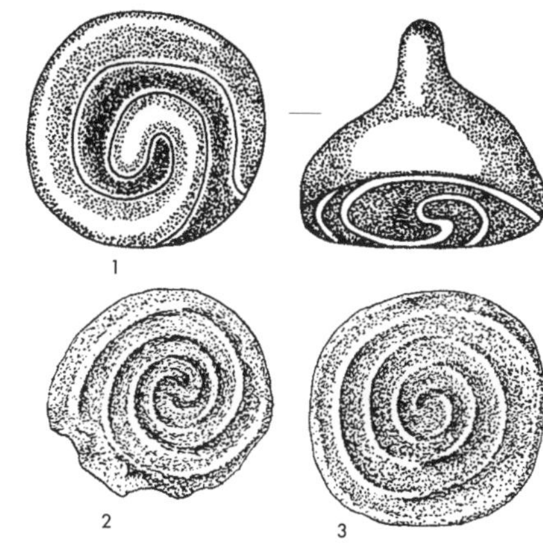

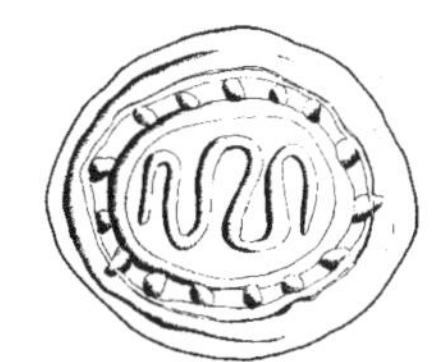

그림 193

신석기시대 뱀 똬리 인장.

(1) 신석기시대 아나톨리아(차탈휘윅, 기원전 6500년경).

(2)(3) 쿠쿠테니(기원전 4500-4300년경).

(4) 남부 이탈리아 신석기시대(에르바, 기원전 6천년기).

(5) 중기 미노아 문명 뱀 인장(칼리 리미오네스, 기원전 2천년기 초기).

(1a) 지름 3.7cm

(2) 지름 3.3cm

(3) 지름 3.7cm

(4) 높이 6.7cm

(5b) 높이 2.3cm

뱀 똬리가 뱀 여신에게 헌정된 사원의 미니 제단이나 사원의 일부에 등장한다. 이 경우는 마치 정면을 표시하듯 한 면에만 각인되어 있다. 주변에는 그물망, 쐐기, 수직 띠 속에 X자나 마름모 문양이 장식돼 있다(그림 195). 벽판에 뱀 똬리가 등장할 때에는 수직과 수평 띠로 틀이 구획되어 있고, 그물망이나 쐐기와 어우러진다(그림 196). 때로는 뱀 똬리가 의례용 접시나 토기 안쪽 면에 그려지거나 부조로도 나타난다. 스코틀랜드에서는 뱀 똬리가 둥근 돌에 조각된 유물이 발굴되었다. 이 유물은 분명히 생명이나 다산성을 확신하기 위해 사용한 부적처럼 쓰였을 것이다(그림 197). 아일랜드의 노스와 뉴그랜지 거석 사원들의 성상 안치소를 덮는 커다란 돌의 상판에도 거대한 뱀 똬리가 새겨져 있다. 같은 석판에 V자, M자, 쐐기 문양, 지그재그 띠가 함께 등장한다(Eogan 1986: 150, 193쪽; O'Kelly 1983: 그림 41~55).

그림 195

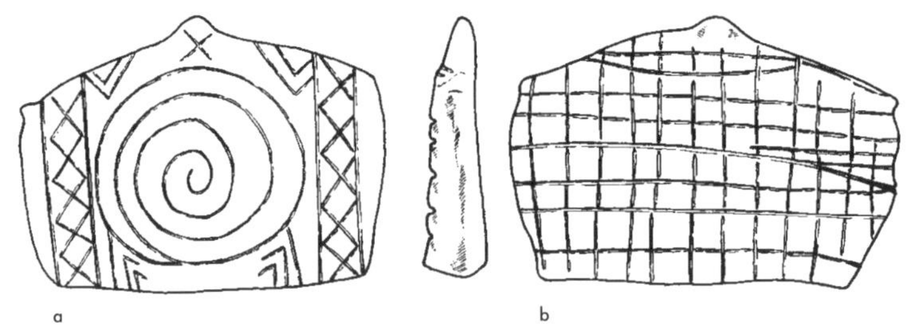

그림 195
신전이나 제대 조각에서 볼 수 있는 뱀 똬리. 중앙 똬리는 쐐기, X자, 그물망 문양과 연관이 있다. 카라노보 VI(루스, 기원전 4500~4300년).
높이 8.3cm

그림 196

그림 196
토기 목 부위와 측면에 뱀 똬리가 지그재그 문양으로 있다. 붉은 토기에 검은 그림. 쿠쿠테니 B(코스힐리브트시, 기원전 3700~3500년경).
높이 53cm

그림 197

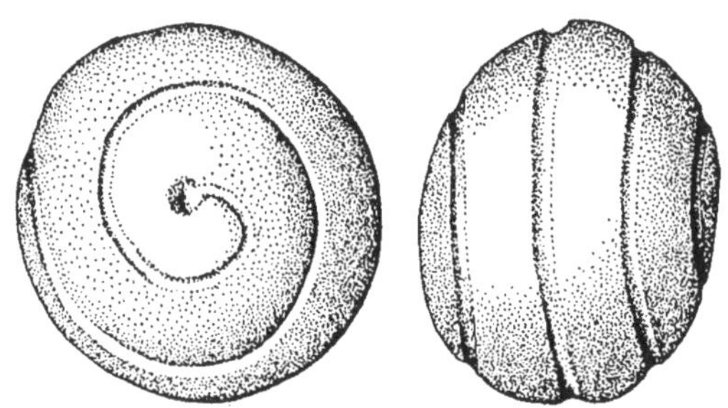

그림 197
둥근 돌에 깊이 각인된 뱀 똬리. 스코틀랜드 후기 신석기시대(스코틀랜드 애버딘셔, 기원전 3천년기 혹은 그 이전으로 추정).
지름 3.6cm

14-2. 물의 상징과 연관된 뱀 똬리

물이나 하천의 상징과 뱀이 연관된다는 증거는 기원전 5500년경 토기 문양에서 잘 드러난다. 이 상징은 선이나, 십자, 인접한 평행선, 미앤더 문양 위에 격리된 뱀 이미지나 뱀 똬리로 표현된다. 혹은 서로 맞물린 뱀의 이미지로 나타난다.

기원전 5천년기~4천년기 유적들을 살펴보면 이 모티프들이 오랫동안 광범위한 지역에서 일관성 있게 결합되어 등장했다는 점이 선명히 드러난다(그림 198). 뱀 똬리가 들어 있는 사각형이 평행선이 있는 사각형과 어우러진다. 뱀 똬리가 그물망이나 줄무늬 디자인에 등장하고 줄무늬 미앤더 띠 안에 삽입되기도 한다(그림 199). 그물망, 미앤더, 격자무늬 패턴의 연장선상에 뱀 이미지가 등장한다. 지그재그 문양은 쉽게 다이아몬드 모양 뱀 대가리로 변모할 수 있고, 이 모티프는 중석기시대부터 등장해서 철기시대까지 이어진다. 이 결합은 생명의 에너지를 상징하며 뱀이 물에서 솟아 나온다는 메시지를 전한다.

그림 198

그림 198
뱀과 물의 상징들이 뒤섞인 그릇. 똬리는 계단 모티프, 평행선, 미앤더, 격자무늬로 덮여 있다. 크림색에 암갈색 그림 (세스클로, 기원전 5000-4500년).
지름 27.2cm

그림 199

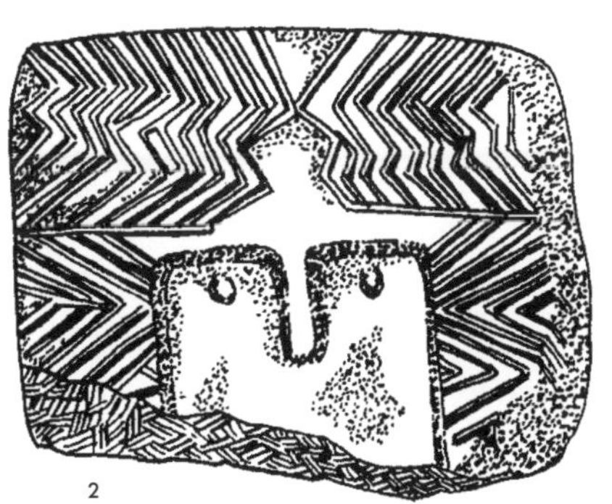

그림 199
미앤더에서 나오는 뱀 대가리.
(1) 뷔크 문화(보드로그케레스투르, 기원전 6천년기).
(2) 여신 머리 위로 흐르는 물과 뱀 대가리와 지그재그 문먕.
남부 프랑스의 신석기시대(오르곤, 기원전 3000-2500년).
(1) 높이 7.8cm
(2) 높이 16cm

그림 200

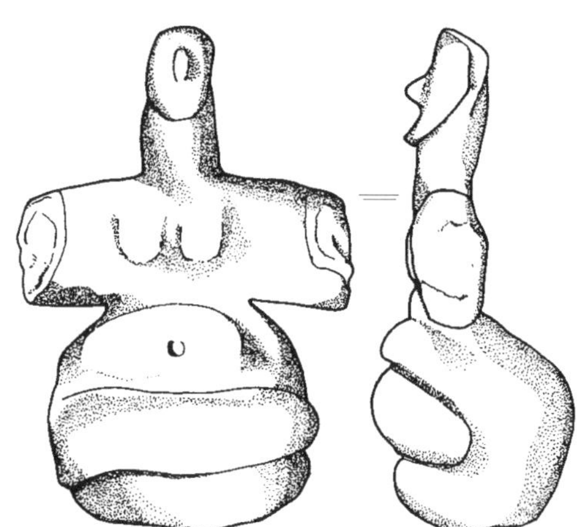

그림 200

신석기시대 크레타와 에게 해 주변 섬에서 나온 뱀과 인간이 혼합된 뱀 여신상. 이 여신들은 일관되게 가부좌 자세를 하고 있고 팔은 뱀 형상이다. 가면은 인간의 코가 달리고 때로 눈과 입이 있고 특히 입이 두드러지게 길다(에게 해 섬의 대리석 조각, 기원전 6000-5500년경).

높이 20.3cm

그림 201

그림 201

신석기시대 크레타 섬의 뱀 여신. 인간의 눈 · 코 · 입이 있는 뱀 형상으로 가부좌 자세이다. 점토상은 윤이 나는 짙은 회색이고 흰색 선이 덮여 있다(카토 레라페트라, 기원전 6000-5500년).

높이 14.2cm

그림 202

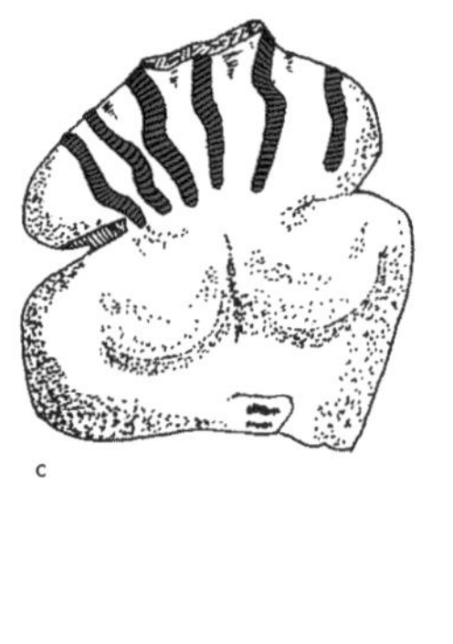

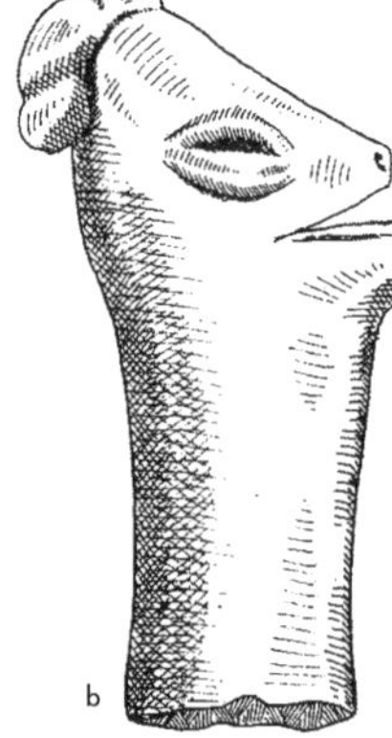

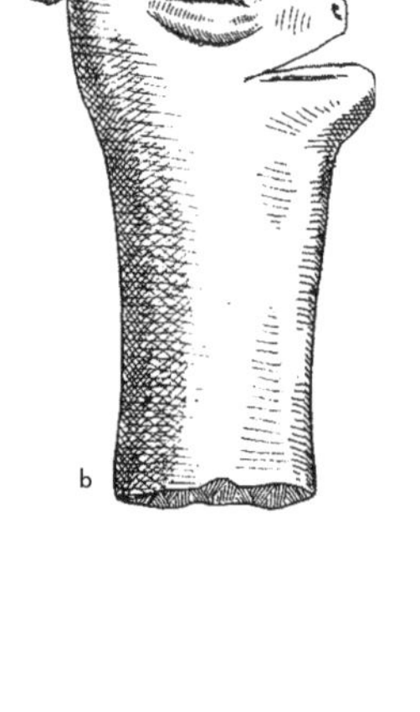

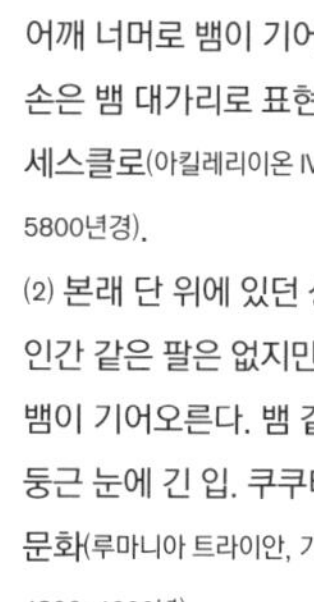

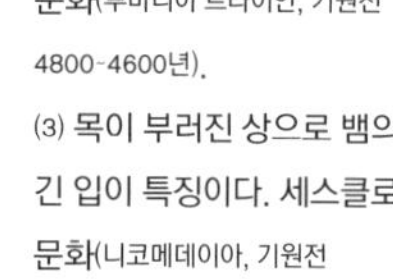

그림 202

붉은 뱀이 그려진 여신상. 뱀의 긴 입이 특징이다.

(1) 가부좌 자세에 등 뒤로부터 어깨 너머로 뱀이 기어오른다. 손은 뱀 대가리로 표현했다. 세스클로(아킬레리이온 IV, 기원전 5800년경).

(2) 본래 단 위에 있던 상으로 인간 같은 팔은 없지만 어깨 위로 뱀이 기어오른다. 뱀 같은 머리에 둥근 눈에 긴 입. 쿠쿠테니 문화(루마니아 트라이안, 기원전 4800-4600년).

(3) 목이 부러진 상으로 뱀의 긴 입이 특징이다. 세스클로 문화(니코메데이아, 기원전 6300-6100년경).

(1) 높이 3.7cm

(2) 높이 6cm

(3) 높이 6.6cm

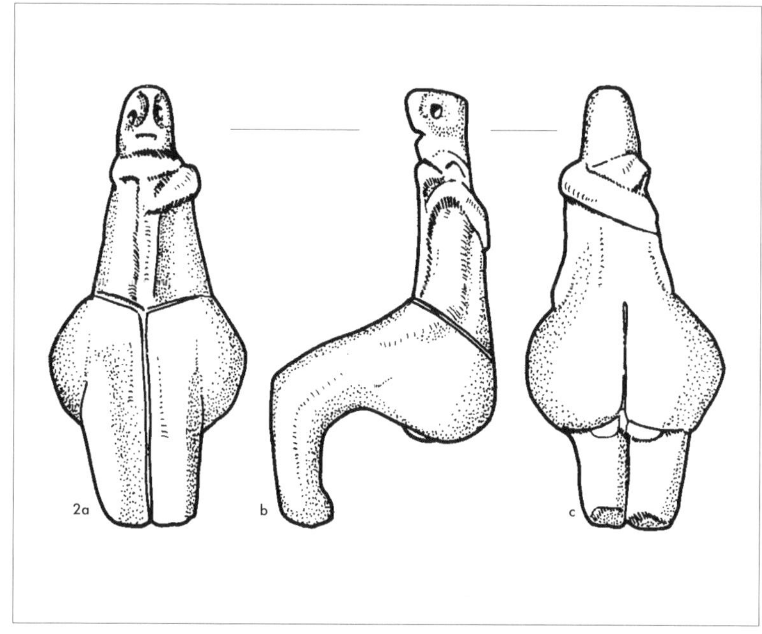

14-3. 신석기시대의 사람처럼 표현된 뱀

신석기시대를 거치는 동안 뱀 여신은 일관되게 가부좌 자세를 보이고 팔 다리는 종종 인간의 팔다리가 아니라 진짜 뱀의 몸처럼 표현된다. 경우에 따라 여신이 뱀 대가리로 표현되기도 한다. 인간의 두상을 한 신상에는 입을 뱀처럼 길게 표현한다(그림 200~203). 윤곽만으로 묘사한 뱀 여신 유물도 있는데 이 경우 뱀과 연관된다는 점은 등을 넘어 어깨로 기어오르는 뱀이나, 뱀 옷을 입었음을 암시하는 연결된 점, 띠나 격자문늬 패턴 혹은 줄무늬 문양으로 확인할 수 있다.

뱀 여신을 사람처럼 표현한 경우 다양한 범주로 묘사된다. 인체에 뱀의 특질들이 혼합되거나 뱀 복장을 하고 있는 식이다. 혹은 거의 전부 뱀 형상이고 인간의 형상이 약간 덧붙여진 경우도 있다. 후자의 예로 이탈리아의 아풀리아에 있는 포르토 바디스코의 동굴벽화를 들 수 있는데, 이런 특질이 선명하게 드러난다. 이 벽화에는 신비한 피조물이 등장하는데, 양팔 끝 부분이 뱀 똬리로 묘사되어 있다. 이 인물들은 동굴 벽에 검은색으로 채색한 벽화에 등장한다(그림 204-1~4). 프랑스 동부 알프스 산의 몽베고의 여신은 뱀의 팔, 눈이 달린 둥근 머리가 특징인데, 몸은 사각 격자무늬에서 똑바로 솟아오르는 식으로 묘사했다.

그림 203

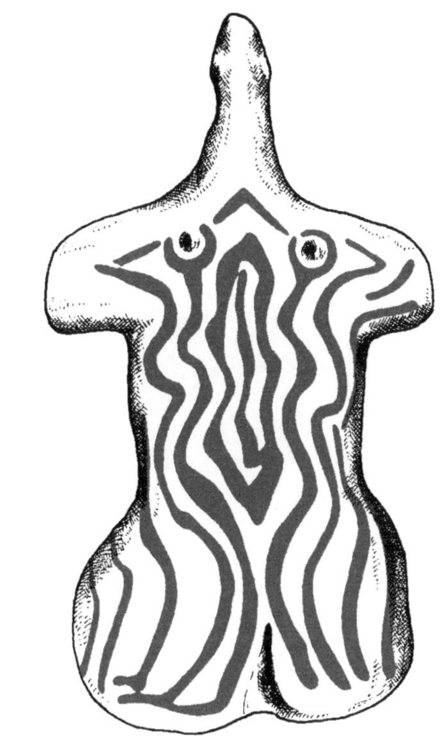

그림 203
추상적인 뱀 여신. 크림색 바탕에 붉은 그림. 여신상의 머리는 뱀 대가리의 형상이다.
신석기시대 아나톨리아(지역 미상, 기원전 6000-5500년).
높이 9.5cm

그림 204

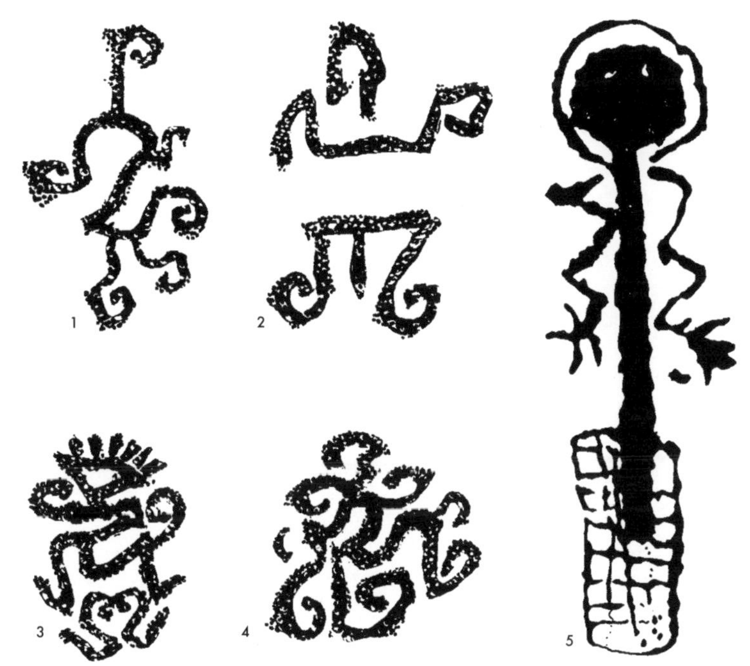

그림 204
팔다리가 뱀인 인물.
(1)-(4)는 동굴벽에 검은색으로 그림.
(5)는 바위에 새긴 추상적인 뱀 여신.
(1)-(4) 신석기시대 남부 이탈리아(포르토 바디스코의 그로타, 기원전 6천년기).
(5) 몽베고의 암각화(프랑스의 탕드, 시기 미상).
(1) 높이 5cm
(2) 높이 5.2cm
(3) 높이 3.7cm
(4) 높이 3.5cm
(5) 높이 10.5cm

그림 205

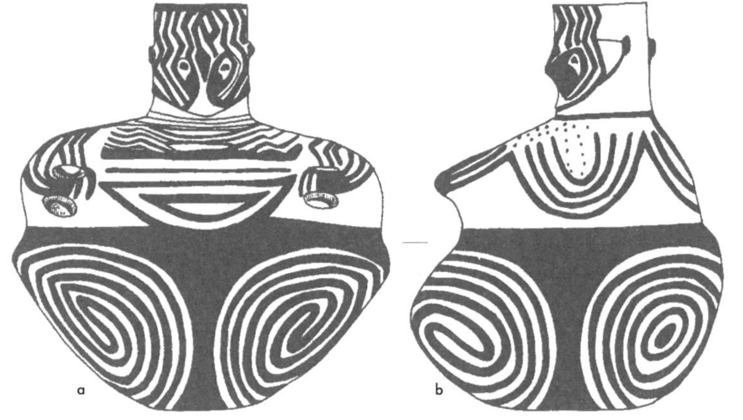

그림 205
아나톨리아에서 자주 발견되는 뱀 여신 좌상. 앞이마에 지그재그로 뱀의 특질을 드러내고 눈은 뱀 모양, 가슴은 초승달 모양, 팔다리는 똬리로 표현했다. 크림색 바탕에 붉은 그림(하실라르 I, 기원전 6000-5500년). 높이 27.8cm

그림 206

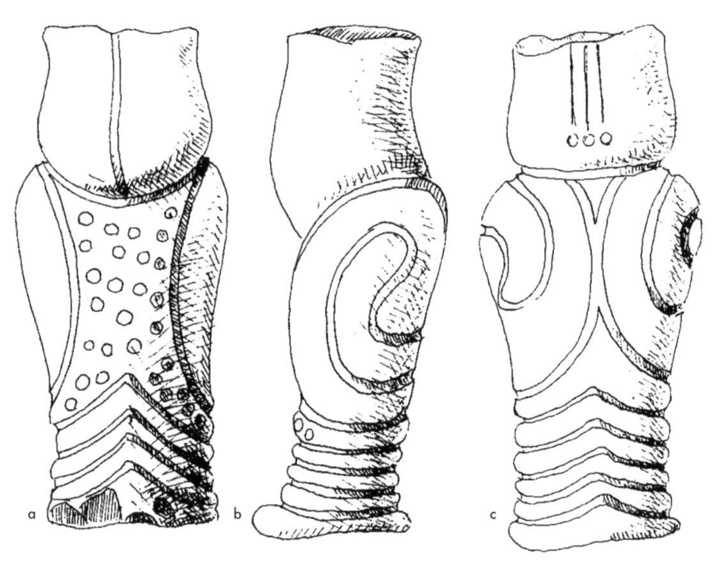

그림 206
기원전 5천년기-2천년기까지 나타나는 독특한 옷을 입은 뱀 여신(혹은 뱀 여신의 사제). 그리고 점과 나선으로 표현된 앞치마나 스커트.
(1) 빈차 문화(슬로베니아의 벨레틴치, 기원전 4500년경).
(2) 미노아 문명(크노소스, 기원전 1600-1550년).
높이 7.1cm

그림 207

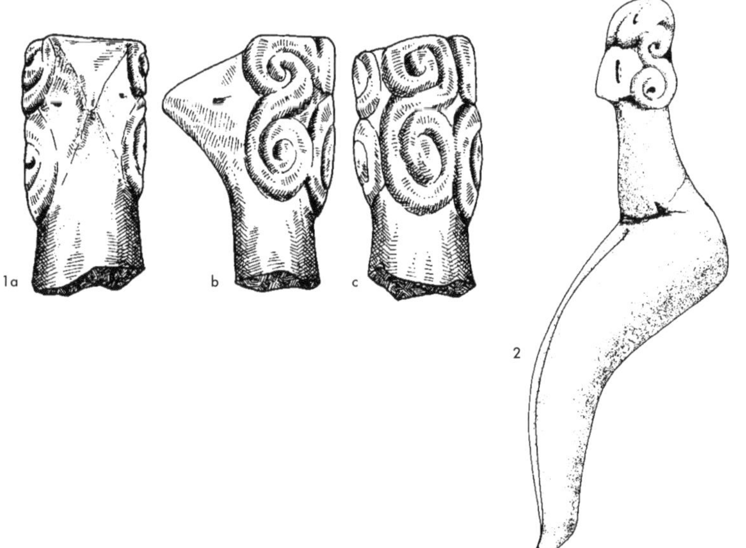

그림 207
뱀 여신의 두상. 관을 쓰거나 뱀 같은 웨이브가 머리를 휘감고 있다.
(1) 카라노보 VI(시타그로이, III 기원전 4500년경).
(2) 나마즈가 III(카라 테페, 기원전 3000년경).
(1) 높이 4.1cm
(2) 높이 15.7cm

중부 아나톨리아에서(기원전 6000년 하실라르 I) 뱀 여신이 사람처럼 표현된 토기가 등장한다(그림 205). 다리에는 뱀이 똬리를 틀었고, 팔에는 반원 문양이 있으며 반원 중앙에 점이 있다. 얼굴은 지그재그 문양이며, 젖가슴은 물과의 연관성을 암시한다. 토기 목 둘레에 그려진 뱀 모양의 눈이 뭔가를 응시하고 있다.

옷을 잘 차려입은 뱀 여신은 관습적으로 일련의 점이 있는 앞치마나 격자무늬, 점 모티프가 두드러진 스커트를 입었다(그림 206). 등 뒤에 점으로 끝맺음하는 수직의 삼선은 또 다른 뱀 여신임을 확인할 수 있는 표현이다. 뱀 여신의 머리는 대개 관을 씌우거나 의인화된 둥글둥글한 모양의 뱀 똬리로 표현한다.

14-4. 청동기시대와 철기시대의 뱀 여신

청동기시대 동안 뱀 여신의 숭배는 크레타와 에게 해의 여러 섬에서 그리고 그리스 본토에서 계속 이어진다. 크레타에서도 뱀 팔이 등장하고 다른 지역에서 관찰한 것과 동일한 뱀 여신의 특질이 드러난다. 스커트와 앞치마 그리고 왕관이 표현되어 있는데, 긴 스커트에 앞치마를 하고 머리에는 관을 쓰고 있다. 정수리 부분은 튀어나오고 아름다운 웨이브가 있는 머리 장식을 선보인다(그림 207). 페트소파스에서 우아하게 차려입은 뱀 여신 테라코타가 발굴되었는데 공들여 만든 뾰족 튀어나온 모자를 쓰고 있으며 그 시기의 벨 모양 셔츠를 입고 있다(그림 208). 뱀이 허리 둘레를 기어오르는데 스커트에는 수직으로 그리고 비스듬하게 삼선이 그려져 있다. 후기 미노아 문명 III기에 속하는 크노소스에 있는 더블 엑스 신전에서는 팔 끝이 뱀 대가리로 표현된 상이 있다. 이 중 가장 극적인 예는 중기 미노아 문명 I기 유물에 속하는 코피나의 테라코타이다. 이 상의 머리 장식은 앞쪽에서 보면 층층의 관을 닮았고 뒤쪽 모양은 여러 층으로 서로 뒤얽힌 뱀들의 형상을 하고 있다(그림 209).

그림 208

그림 209

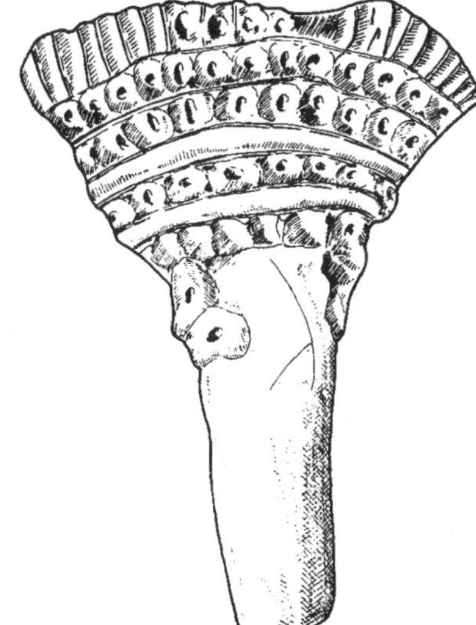

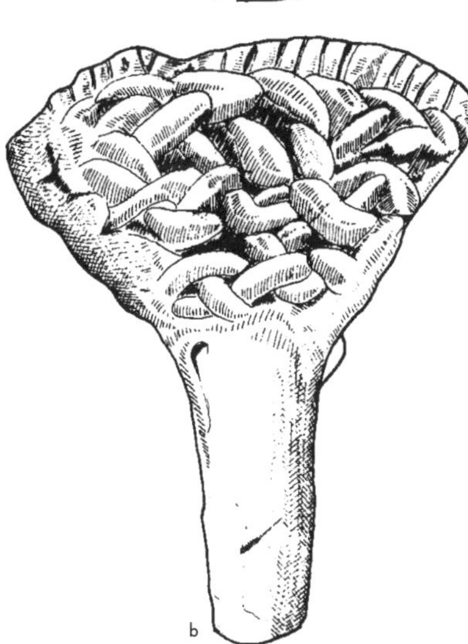

그림 208

크레타 섬 청동기시대에 계속 출현하는 뱀 여신상인데 초기의 여신처럼 팔이 없거나 뱀의 팔 모양이다. 치마에 삼선 장식이 있다.

(1) 중기 미노아 I(페트소파스 언덕, 기원전 2100-1800년).

(2) 후기 미노아 III(크노소스).

(1) 높이 16.3cm

(2) 높이 10.9cm

그림 209

청동기시대 뱀 여신의 왕관 앞부분은 평범해 보이지만, 뒷부분은 꿈틀대는 뱀들이 무더기로 드러나 있다. 중기 미노아 I(코피나, 기원전 2000년경). 높이 7cm

크노소스 궁전에서 발굴된 뱀 여신상 혹은 여사제는 널리 알려졌다. 궁전의 지하 저장고에서 출토되었는데 작은 파이앙스 조각상이다(그림 210). 긴 드레스는 평행선, 그물망, 격자무늬로 장식되어 있고 앞치마는 나선형과 평행선으로 장식되어 있다. 양팔에서 뱀이 내려와 허리둘레를 단단히 감고 있는데, 이 뱀은 머리 장식에 등장하는 뱀과 짝을 이룬다.

기원전 14세기와 13세기 미케네의 테라코타는 올드 유럽 뱀 여신과 놀랄 만큼 닮았다. 이 테라코타들의 특징은 몸에 선이 그려져 있고 팔은 뱀의 팔이고 코는 꼭 쥐어놓은 코이다. 과장되게 뚫어보는 눈이 등장하고 머리에는 왕관을 쓰고 있는데 경우에 따라 머리 뒤에는 기어 올라가는 뱀이 묘사되어 있다. 기원전 8세기~6세기 동안에는 뱀 여신이나 여신의 신전 혹은 여사제들의 의상을 특징짓는 디자인 모티프에서 눈에 띄는 변화는 없다(그림 211). 아르고스의 헤라 여신 사원에서 발굴한 뱀의 팔을 지닌 '디필론' 유형 여신상은 몸에도 그렇고 이중으로 감은 목 둘레에 뱀 비늘 같은 점들이 열을 지어 장식되어 있다(그림 212). 보이오티아에서 기묘한 뿔 같은 게 두부에 달려 있고 펜던트 목걸이를 하고 다양한 문양들이 장식된 옷을 입고 서 있거나 자리에 앉아 있는 상들이 기원전 7세기~6세기 출토되었다(그림 213). 앞이마에는 지그재그와 점으로 윤곽을 묘사한 뱀 똬리가 드러난다. 기둥 같은 몸에는 수직으로 뱀이 그려져 있고 지그재그, 열을 이루는 점, 그물망, 흐르는 나선형 문양이 장식되어 있다.

그림 210

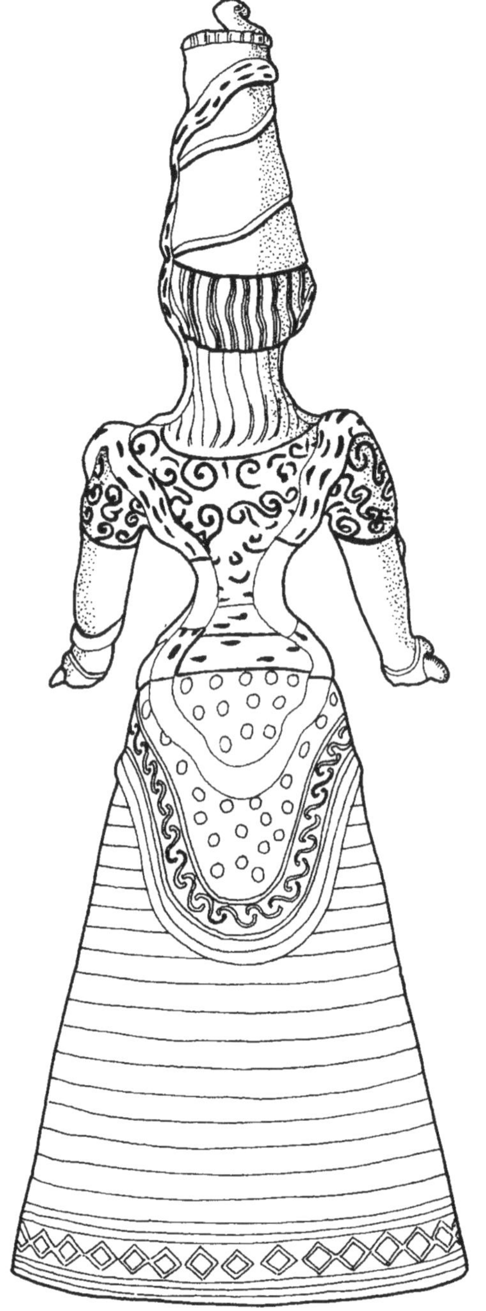

그림 210
크노소스 궁전에서 출토된 파이앙스 조각상의 뒷모습(기원전 1600~1500년). 상의의 나선 문양과 앞치마에 주목하라. 높이 17.3cm

그림 211

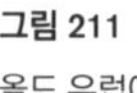

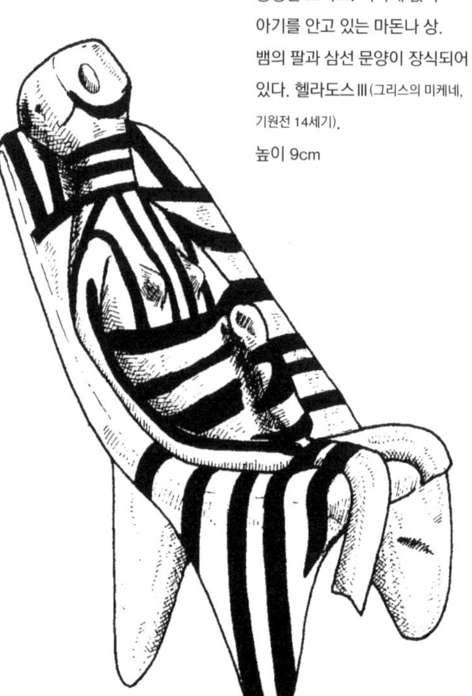

그림 211
올드 유럽에서 1000년 이상 등장한 모티프. 의자에 앉아 아기를 안고 있는 마돈나 상. 뱀의 팔과 삼선 문양이 장식되어 있다. 헬라도스III(그리스의 미케네, 기원전 14세기). 높이 9cm

그림 212

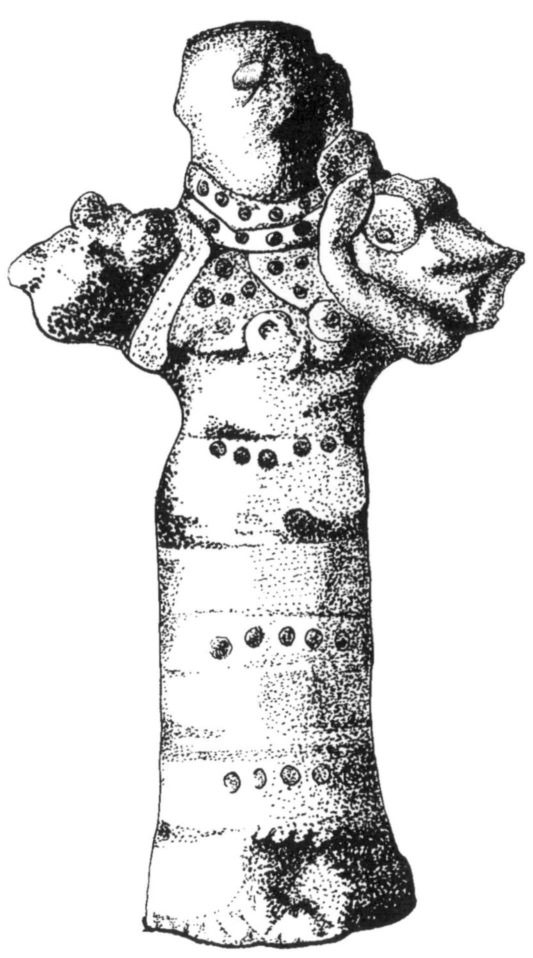

그림 212
그리스에서 기원전 1000년 이후 계속 등장하는 뱀 여신 혹은 뱀 여신의 사제. '디필론'형 테라코타. 사실적으로 표현된 뱀피와 점들로 장식되어 있다(아르기베 헤라에움, 기원전 8세기).
높이 12.3cm

그림 213

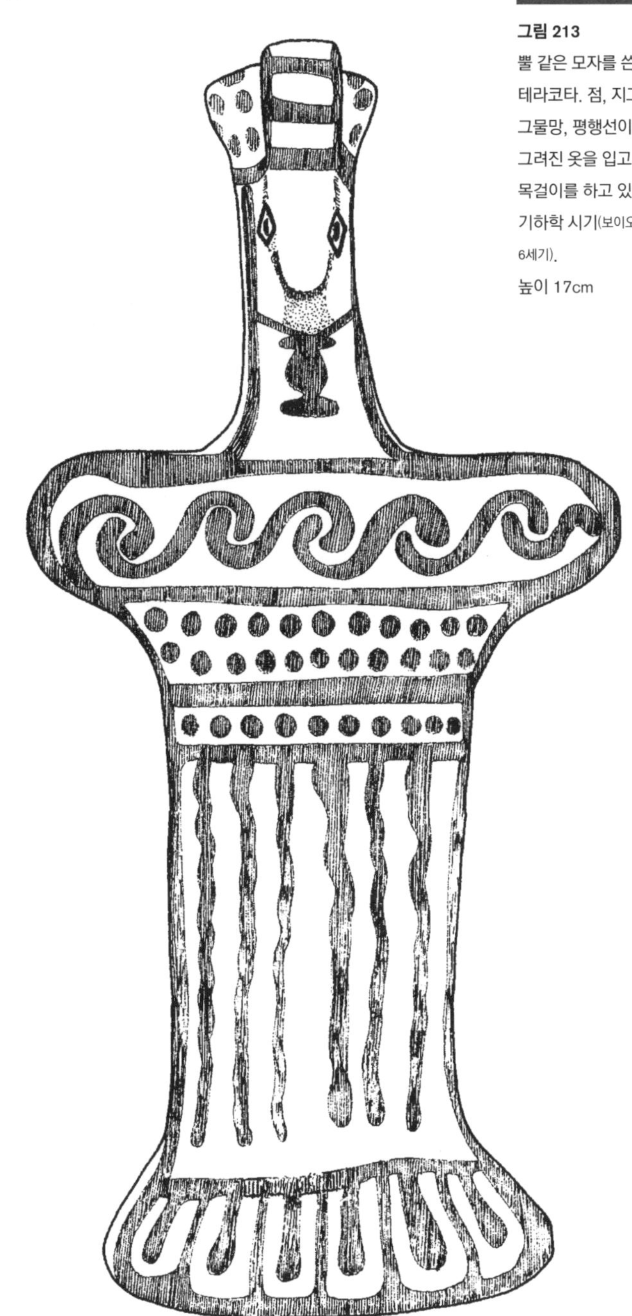

그림 213
뿔 같은 모자를 쓴 뱀 여신 테라코타. 점, 지그재그, 나선, 그물망, 평행선이 장식된, 뱀이 그려진 옷을 입고 펜던트가 달린 목걸이를 하고 있다. 그리스의 기하학 시기(보이오티아, 기원전 6세기).
높이 17cm

청동기시대와 철기시대에 그리스 이외의 다른 지역에서도 뱀 여신은 계속 등장했다. 켈트 전통에서도 뱀 여신은 쉽게 인식되는데, 기원전 370~320년 독일 자르브뤼켄 남서부 라인하임에서 여왕 아니면 공주의 무덤에서 금팔찌가 출토되었다. 팔찌에 뱀과 인간이 결합된 이미지가 장식되어 있다(그림 214-1). 눈은 뱀이 응시하는 느낌을 주고 다리는 뱀인데 사람의 눈 · 코 · 입이 붙어 있다. 올빼미 모양의 머리 장식물이 있고 좁은 어깨에서 벌의 날개 같은 것이 나온다. 팔찌 끝 부분에 올빼미 머리나 올빼미 가면이 반복해서 등장한다. 고대 그리스와 미노아 문명의 예술에서도 동일한 상징적 결합을 빈번히 관찰할 수 있다. 벌의 날개와 올빼미 가면, 머리 장식물이 드러나고 눈은 그리스의 메두사 여신의 이미지와 관련이 있다. 이 책의 뒷부분에서(본문 199쪽 18-7. 참조) 뱀/새 여신의 죽음에 대해 다룰 때 고르곤(메두사)이 진화하는 과정을 설명할 것이다.

스칸디나비아 암각화와 덴마크에서 출토된 청동 면도칼에 뱀 여신이 새겨져 있다. 또 청동기시대 말기 독일 북서부를 비롯한 유럽 북부 지역에서도 뱀의 팔을 지닌 피조물이 등장하는데 이 상들이 발견된 자리는 배나 마차 안이었다. 덴마크 파데알비보리에서 출토된 여신상은 거대하고 둥근 곤충의 금색 눈에, 뱀 같은 다리를 접고 있는데, 청동 주형으로 출토되었다. 이곳에서 동으로 만든 상승하는 뱀과 뿔이 둘 달린 동물 두상이 함께 발굴되었다(Sandars 1968: 204쪽의 그림 79와 pl. 206). 유물들은 대갈못을 박아 넣기 위해 구멍을 뚫어놓은 혀 모양 돌기의 기저에 있었다. 또 뱀 여신이 줄이 달린 뱀을 끌고 있는 유물이 있는데 이는 본래 뿔이 있는 동물 모양의 뱃머리와 선미가 있는 배에 부착되어 있었던 것이다. 그 타블로는 기원전 1800년기 유물이다(그림 386-9 참조).

스코틀랜드 픽트인들의 예술품 가운데 돌로 된 뱀 여신상이 출토되었다. 여신의 다리는 똬리를 튼 뱀 형상이고 뱀 같은 머리카락을 손으로 잡고 있다(그림 214-2).

오늘날 에게 해 주변 섬과 크레타 섬의 여인들이 수놓은 그림에 뱀과 인간이 결합된 모양이 있다. 이 문양은 지금도 '고르고나'라고 부른다. 여신의 뱀 다리의 끝은 물고기 꼬리로 연결되는데, 다리는 둥글게 꼬아 양쪽 밖으로 뻗어 있고 손은 새싹이 나오기 전의 나무 끝을 잡고 있다(Greger 1986). 때로 여신의 몸이 번데기 모양이고 다리가 없는 그림도 있다. 그런데 이 경우 팔은 언제나 뱀 형상이다. 대개 여신은 왕관을 쓰고 있고 머리 중앙에서는 생명의 나무가 자라나온다. 러시아 자수에도 유사한 그림이 있는데 팔은 뱀이고 전체 디자인이 대단히 양식화되어 있다(Rybakov 1981: 481~491쪽).

14-5. 집 안 성소에서 숭배하던 뱀 여신

그리스 북부 아킬레이온 유적지는 신석기시대 세스클로 문화에 속하는데, 이 지역 집 안에 있는 신전이나 성소에서 새나 뱀 여신의 이미지가 등장한다. 이런 경향은 기원전 6000년 혹은 그 이전부터 나타난다. 기원전 6100~5700년의 새와 뱀 여신 테라코타들이 그룹으로 출토되었다. 각 그룹에서 발견된 상들의 숫자는 다양한데 많게는 열다섯 개에 이른다(Gimbutas 1988). 유럽의 북동부 우크라이나 남쪽 부그, 사바티니브카 II에서 뱀 여신에게 헌정된 고대 신전이 발견되었다(그림 215). 신전 제일 안쪽에 제단이 있는데 제단 크기는 가로 2.75미터, 세로 6미터이다. 여기서 여신상 열여

그림 214

1

2

그림 214
(1) 켈트 여왕의 무덤에서 출토된 금팔찌에 등장하는 뱀 여신. 눈과 다리가 나선형 뱀 모양이다.
초기 라텐(독일의 라인하임 기원전 370-320년).
(2) 픽트인이 돌에 조각한 뱀 여신의 다리는 똬리를 튼 뱀 형상이고, 뱀 같은 머리카락을 손으로 잡고 있다(스코틀랜드 미게일, 로마 말기).

그림 215

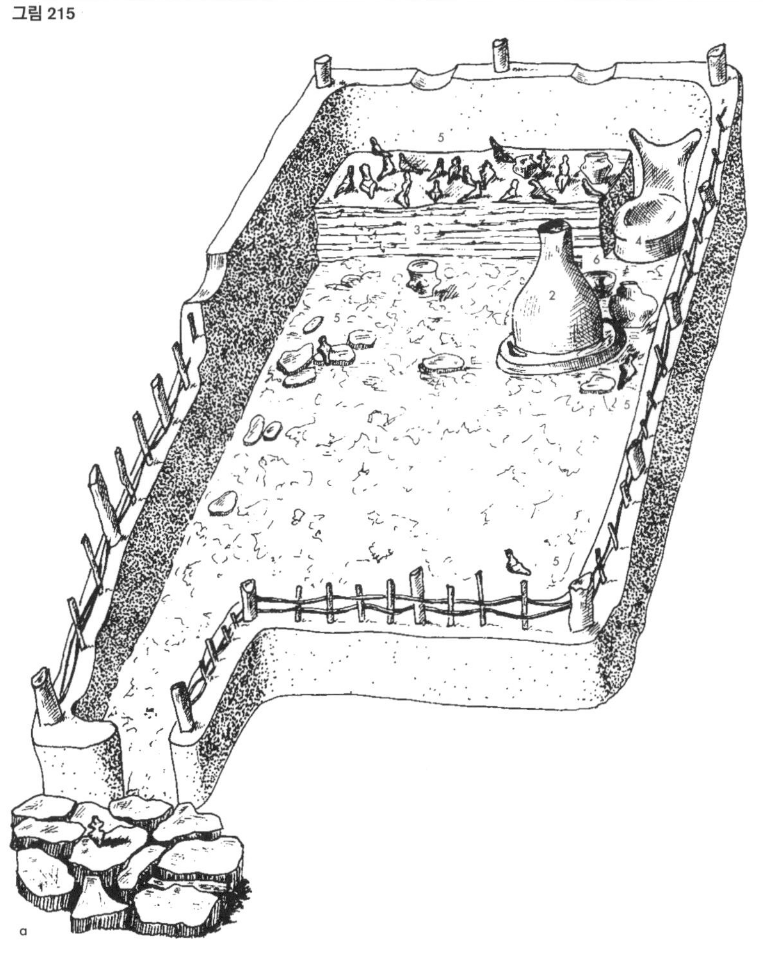

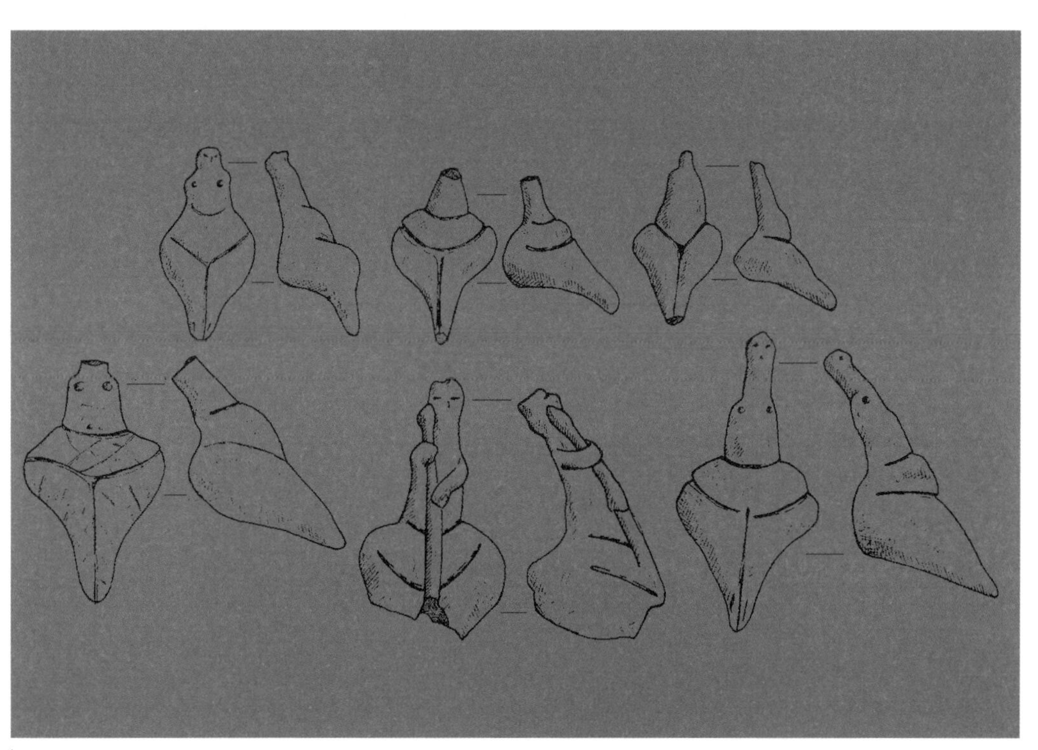

그림 215
올드 유럽, 집 안의 성소에서 드러난 새 여신과 뱀 여신 숭배의 증거.
(a) 기원전 4800-4600년 초기 쿠쿠테니 문화 유적. 건물 면적은 70m² 정도이다. (1) 돌바닥 (2) 오븐 (3) 면단 (4) 의자 (5) 여신상 (6) 오븐에 있는 그릇들
(b) 사바티니브카의 성소에서 출토된 서른두 개 여신상 중 몇 개. 가운데 상이 새끼를 안고 있고 나머지는 팔이 없다.

섯 개가 발견되었다. 머리는 뱀 형상이고 팔이 없는데 눈에 띄게 다른 유물이 하나 있다. 유일하게 여신상 하나에만 팔이 있는데 이 팔로 새끼를 안고 있다. 이 여신상이 그룹에서 가장 중요한 유물로 사료된다. 열여섯 개 전부, 꽤 추상적으로 표현되었는데 이들은 기원전 4800~4600년경에 등장한 전형적인 초기 쿠쿠테니 문화 유물에 속한다. 이 신전에서는 빵 굽는 오븐과 태운 소뿔이 담긴 접시들 그리고 토기도 출토되었다. 제단 옆에는 실물 크기의 의자가 있는데 틀림없이 의례를 지켜보던 여사제가 실제 사용했을 것이다.

의인화된 뱀, 수소 뿔, 오븐을 포함하는 전체 신전의 모습은 죽음과 재생의 신비를 암시한다. 새끼 뱀이 죽음과 재탄생의 교량 역할을 하는데 살아있는 세계와 지하의 자궁을 연결하는 탯줄인 것이다.

중기와 후기 미노아 문명의 유적지에서 뱀 여신과 여사제가 있는 집의 성소가 발굴되고, 뱀 여신과 여사제들이 둥근 뱀의 눈을 하고 뱀은 여신의 허리둘레를 기어 올라가고 여신은 양팔은 위로 들어올리고 있다는 사실은 잘 알려졌다. 이들은 제단 위에 삼각 다리로 된 테이블과 뱀 모양에 뿔 손잡이가 있는 독특한 관 모양 토기와 함께 배치되어 있었다 (Nilsson 1950: 그림 14).

14-6. 선사시대 뱀 여신의 후손, 그리고 역사와 민담 속의 뱀 신들

아름다운 여신 헤라는 그리스 여신들 중 가장 널리 숭배를 받던 여신이었다. 헤라는 선사시대 뱀 여신의 후손이다. 기원전 600년기 초 알카에우스는 헤라를 '뭇 생명의 기원'이라 불렀다. 여신의 이름은 계절을 뜻하는 '호라'와 어원이 같다. 헤라의 신전은 강어귀에 있는 계곡이나 바닷가 아니면 목초지로 둘러싸인 곳에 건설되었다. 여신의 신전에서는 점이나 격자무늬 패턴이 있는 스커트를 입은, 눈이 커다란 여신상을 비롯해서 뱀 테라코타와 뿔이 있는 동물상과 송아지상이 발견되었다. 헤라는 목장과 뿔이 있는 동물, 특히 송아지와 연관이 있다. 호메로스는 헤라를 '소 얼굴'이라 불렀다. 이집트 하토르도 소 형상인데 세상을 지배하던 태초의 뱀으로 묘사된다.

헤라는 관을 쓰고 있고 마법이 있는 식물들을 소유하고 있다. 기원전 4세기~3세기 크노소스와 틸리소스의 동전에 꽃 장식 화관을 쓰고 있는 헤라의 두상이 묘사되어 있다(Willetts 1962: 252~255). 식물과 접촉함으로써 여신은 생명을 창조하거나 생명력을 회복시킬 수 있다(오비드에 따르면 헤라가 식물과 접촉해서 아레스 신을 창조했다. *Fasti* 5, 255쪽). 현대의 속담이나 믿음에서도 뱀이 마법의 약초를 소유한다는 믿음을 찾아볼 수 있다. 죽은 아이 옆에 뱀이 약초를 가져다 놓으면 생명을 되찾을 수 있다고 한다. 갓 태어난 아기에게 뱀이 꽃이나 식물을 가져오면 성장하는 동안 아기의 생명이 보호된다고 믿는다. 그래서 이 아이가 전쟁이나 사고로 죽지 않는다는 것이다. 헤라 여신은 카나테우스의 샘에서 매해 봄이면 목욕을 해서 처녀성을 새롭게 한다(Rose 1958: 105쪽). 이는 해마다 낡은 허물을 벗고 자신을 새롭게 하는 뱀을 비유하는 것이기도 하다.

소 혹은 소젖하고 연관된 가장 오래된 여신 신화는 라트비아의 마르사 또는 마라의 이야기다. 여신을 젖의 어머니, 소들의 어머니, 오래된 소의 목자라 부른다. 여신이 지닌 젖줄의 원천은 기적의 샘이다. 마르사 혹은 소의 파테(라트비아에서는 라이마)는 마구간에 검은 뱀, 벌레, 암평아리로 모습을 드러낸다. 여신이 나타나면 곧 소의 다산성이 보장된다. 여신이 송아지의 순산을 돕고 젖을 풍부하게 하기 때문이다. 여신을 잘 섬기면 마르지 않는 젖을 생산하는 거대한 초자연적인 소와 방목장을 얻을 수 있다(Biezais 1955: 243~258쪽). 그런데 이 상징체계는 인도-유럽 신화와는 상반되는데, 여기서는 검은색이 악의 색이 아니라 풍요로운 색이기 때문이다. 요크셔 지방의 켈트 베르베이아 여신과 마르사는 분명 친척이다. 이 이름을 고대 아일랜드 어원 ferb와 연관지으면 '소의 여신'이다. 여신은 만물이 태어나는 신성한 봄과 연관되는데, 부조에 드러나는 여신은 손에 뱀을 들고 있다(Rose 1967: 217쪽, pl 68a: 그림 196). 이 이미지는 아일랜드의 소와, 목동들을 수호하는 브리짓 성녀 혹은 브라이드와 연결된다(Evans, Estyn 1957: 267쪽).

기원전 7000년기 이래로 뱀 여신을 묘사할 때 변함없이 등장하는 것이 왕관이었다. 이 오랜 전통이 유럽 민담에는 오늘날에도 살아 있는데, 어떤 뱀들은 관을 쓰고 나타난다고 한다. 왕관은 지혜와 부의 상징이다. 그리고 어마어마하게 큰 흰 뱀과 분투하는 사람은 왕관을 얻을 수 있는데, 이 왕관을 쓰면 숨겨진 보물이 있는 곳을 알 뿐만 아니라(모든 것을 알 수 있다!) 동물의 언어를 이해할 수 있다고 믿는다. 유럽에 널리 알려진 민담에는 흰 뱀의 고기를 먹거나 맛을 보면 지혜를 얻는다는 이야기도 있다. 왕관을 쓴 뱀은 뱀의 여왕, 뱀의 어머니이다. 이 여신이 자신의 뱀 종족을 다스린다. 요 근래에까지 민간에는 관을 쓴 지도자를 따르는 뱀 무리를 보았다거나 여왕이 통솔하는 뱀의 집회를 보았다는 이야기가 전해진다. 만일 여왕 뱀을 건드리거나 해하면 감시하는 뱀들이 경고한다고 믿는다.

14-7. 오늘날까지 전승된 뱀 숭배

20세기 초 리투아니아에 살던 내 어머니는 뱀한테 엄청난 예를 표하셨다. 뱀은 마룻장 아래에 살았는데 우유를 주었고 집 안에 들어오는 걸 허용하기도 했다(이런 믿음이 몰타, 그리스, 슬라브 국가들에도 있다), 녹색 뱀을 해치는 것은 대죄에 속했다. 집 안에 사는 뱀은 곧 행운과 번영을 의미했는데, 집의 식구와 가축이 불어나고 토양이 기름지게 된다는 것이다(심지어 막 혼인한 부부의 침대 아래에 뱀을 두기도 했다). 뱀은 집의 수호신이다. 이들은 숨겨진 보물들이 어디 있는지를 알 뿐만 아니라 가족의 미래를 예견하는 투시력이 있었다. 오늘날에도 발트 지역의 농가에서는 집 안의 구석이나 지붕, 창문에 뱀 장식을 한다.

지금으로부터 300여 년 전, 1604년에 예수회 선교사가 리투아니아 사람들의 뱀 숭배에 관한 보고를 했다. "사람들은 신이 파충류에 임재한다고 믿을 정도로 제정신이 아니다. 따라서 사람들은 조심스럽게 뱀을 지키고 누군가 뱀을 해치지 않도록 집 안에 보호한다. 이들은 누군가 뱀을 존중하지 않으면 해를 받게 된다는 미신을 믿는다. 때로 소젖을 먹는 뱀을 목격할 때도 있는데, 우리 수사들 중 몇몇이 뱀을 떼어내려고 하면 농부들이 한결같이 달려와 우리를 만류한다. 정 안 되면 농부는 손으로 뱀을 잡고 뱀을 숨기려고 달아난다."(Mannhardt 1936: 433쪽)

이는 심지어 그리스도교 전성기에도 올드 유럽의 뱀 숭배 전통이 강하게 살아남아 있었다는 사실을 분명히 보여준다. 강렬한 생명력의 상징이 농부들의 삶의 안녕에 너무나 중요했기에 쉽게 폐기할 수 없었던 것이다.

20세기 북부와 중부 유럽에는 겨울에 '율레(Yule) 막대기'라는 받침 나무를 마을에서 마을로 끌고 다니다 태우는 풍습이 있었다. 이는 동면 주기의 초반에 뱀 모양의 나무 막대를 태우는 뱀 희생제였다. 리투아니아에서 뱀의 이름 중 하나는 '나무막대'를 뜻하는 '칼라데'이다. 생명력이라는 기바테는 일반적인 뱀의 이름인데 이와는 대조적이다. 그리스에서 게라스라는 단어는 '노인'을 뜻하고 '뱀의 허물'을 의미하기도 한다. 율레 막대기에서 언어적 연상을 확장해보면, 결국 노파를 태우는 걸 뜻한다. 스코틀랜드의 하이랜드에서는 율레 막대기를 칼락이라 하고, 이는 노파나 늙은 아내를 뜻했다. 상징적으로 나이 든 뱀을 태워 죽임으로써 뱀의 부활을 예고하는데 이는 봄의 도래에 대한 약속이다. 사람들은 율레 막대기를 태운 재가루가 소를 치유할 수 있을 뿐만 아니라 임신할 수 있게 만들고, 땅의 비옥함을 촉진한다고 믿는다. 이 믿음에서도 뱀 여신의 기능과 연결되는 점을 발견할 수 있다.

뱀이 상징적으로 동면에서 깨어나는 날은 2월 1일이다. 스코틀랜드에서는 이 브리짓의 날에 언덕 위로 뱀이 나타나야 한다고 믿는다("오늘은 브리짓(Bride)의 날이다. 뱀이 구멍에서 나올 것이다"). 이날 사람들은 뱀 형상을 만든다. 카마이칼의 기록에 따르면, 브리짓 여신의 날 풍속 중에서 가장 기묘한 행위가 아래 구절을 외치며 부짓갱이로 양말 속에 넣은 토탄 조각을 두드리는 것이다.

> 오늘은 브라이드 여신의 날
> 여신이 언덕으로 올 것이다
> 나는 여신을 만지지 않을 것이고
> 여신도 나를 건드리지 않을 것이다
> (Carmichael 1900, 재출간 1983: 169쪽)

리투아니아에서 뱀이 숲에서 집으로 돌아올 때를 바로 '뱀의 날(Kirmiai, Kirmeline 이들은 뱀이란 뜻의 kirmelé에서 왔다)'이라 하여 축하했다. 뱀의 날은 오늘날 그리스도교 전통으로 들어가 크릭슈타이(Krikštai)라 부르는데 1월 25일이다. 이날 사람들은 과수원으로 가서 사과나무 가지를 흔든다. 나무의 벌집을 떨어뜨려 벌을 겨울잠에서 깨워 더 풍성한 결실을 기원하는 것이다(Greimas 1979: 317쪽). 뱀이 깨어나는 것은 곧 모든 자연이 깨어나는 것이고 이는 새해의 새로운 삶을 시작한다는 뜻이다. 16세기 말 레티우스가 쓴 굉장히 흥미로운 책이 있는데 한 해의 특정 시기에 행하던 축제에 관한 내용이 있다. 아마도 뱀의 날을 기념하는 행위를 묘사하는 듯하다.

> 이들을 신으로 숭배하여 한 해의 특정한 시기에 예언자가 기도를 하면서 이들을 식탁으로 초대한다. (잠에서 깨어) 기어나와 깨끗한 천에 누워 탁자에서 안락함을 즐긴다. 이들은 식탁 위에 차린 모든 음식을 조금씩 맛보고 구멍으로 되돌아간다.
>
> 뱀이 물러가자 사람들은 뱀이 건드린 접시의 음식을 만사가 형통하리라는 믿음으로 행복하게 나누어 먹는다. 만일 예언자의 기도에도 불구하고 뱀이 나타나서 마련한 음식을 먹지 않는다면 이는 아주 불행한 한 해가 되리라는 표식이라 믿는다.(Greimas 1979: 318쪽에서 인용)

뱀이 음식을 건드리는 것은 곧 은총이다. 따라서 한 해를 성공적으로 보내게 되리라는 약속에 해당한다. 연초에 한 해의 운명이 결정되고, 어떻게 한 해를 시작하느냐에 따라 행복과 불행이 결정되는 것이다.

14-8. 뱀 여신에 상응하는 뱀 남신

비록 선사시대에는 수많은 여신상들이 발굴되었지만 이에 상응하는 남신상들은 출토되지 않았다. 그렇지만 유럽의 신화와 민담에는 가정의 수호신이자 부를 안겨주는 뱀 신에 여신도 있고 남신도 있다. 리투아니아의 잘티스, 폴란드의 봉시, 그리스의 제우스 크테시오스가 뱀 신들인데 모두 남신들이다. 로마인들에게도 집의 수호신은 뱀신인데 이 역시 남신이었고 페누스의 수호신이기도 했다. 이에 관한 이미지는 그리스와 로마의 벽화에 수도 없이 등장한다. 러시아를 비롯한 슬라브 여러 나라들에서는 도모보이(dom은 집이라는 뜻)라는 뱀이 문지방 아래나 오븐 뒤에 산다. 눈에 보이지 않는 신으로 간주했지만, 사람들은 때로 직접 나타난 신의 이미지를 묘사하기도 한다. 이 신을 불타는 눈에 머리가 다 헝크러진 남자로 상상했다. 도모보이의 뱀 형상과 지하 세계는 분명히 서로 관련이 있다. 도모보이는 뱀처럼 다시 탄생할 수 있고 봄이 오면 허물을 벗는다. 이 신의 다른 이름은 데드, 데두스카인데 할아버지 혹은 조상이란 뜻이다. 때로 이 신이 죽은 조상의 모습으로 등장한다(Afanasiev 1979: 104쪽).

바스크 지방 구전 전통에도 이와 관련된 이미지가 있다. 수가르(sugaar)는 수뱀이고 아케르벨츠는 검은 숫염소이다. 이들은 가금의 수호자이자 가축이 번성하도록 하는 힘이 있다. 또 치유력이 있고 죽음과 병을 물리치는 힘이 있다. 숫염소 신은 지하세계에 거주하지만 뱀 신은 지표로 올라오고 종종 빛나는 초승달이나 낫의 형태로 하늘을 가로지른다. 하늘로 지나가는 뱀은 곧 밀어닥칠 폭풍우를 예고한다(Frank and Metzger Ms. 1982). 수가르와 연관된 리투아니아의 신은 고블린 아이트바라스로 하늘에 등장하는 무서운 뱀인데 부와 가족의 번성을 약속한다(Greimas 1979: 72ff).

바스크어로 su는 불을 의미한다. su라는 어근에서 뱀이라는 뜻의 suga 혹은 suge가 나왔다. 만일 ar이란 접미사를 붙인다면 이는 남성이고 불꽃을 뜻한다. 또 su라는 어근은 성적 열기를 뜻한다. 바스크 지역 중 아즈코이티아에서 수가르는 마주(Maju)라고 불렀고 마주는 여신의 남편 신이다. 금요일마다 남편이 아내를 방문하여 아내 여신의 머리를 빗어준다. 마주가 동굴에서 나와 여신과 결합할 때 해일을 일으키게 되는 폭풍우가 내린다. 이 이미지는 성적인 의미를 내포하는데 대단히 비옥한 상태를 가리키는 이미지이기도 하다(Frank and Metzger Ms. 1982).

14-9. 헤르메스, 뱀, 남근, 아스클레피오스, 구원자-치유자

그리스 신 중에도 남근과 뱀으로 연상되는 신이 있다. 이는 본래 그리스 신화에서 올림피아 신들이 등장하기 이전, 인도-유럽 이전의 이미지인데, 올드 유럽 남근 형상의 계승자일 것이다. 이 신이 헤르메스이다. 아카르디아 지역 토박이 신으로 언제나 젊다(펠로폰네소스 반도의 보수적인 지역으로 고대의 특징들이 가장 풍부하게 보존된 지역이다). 헤르메스는 행운의 신으로 부를 주고 가금이나 목장의 가축 수를 증대시킨다(Rose 1958: 145쪽).

헤르메스는 인간의 다산성과도 연결되는데, 헤르메스 숭배의 기념비는 바로 유명한 남근이다. 이를 헤르마이-헤름스라 부르는데 사각 기둥 모양이고 길가에 세워져 있다. 인간의 두상에 관을 쓰고 있고 남근이 앞으로 돌출한 형상이다. 헤르메스는 항상 지팡이나 뱀 두 마리가 꼬아 올라가는 마법의 지팡이, 케리케이온을 지니고 다닌다. 다음은 헤르메스에 관한 묘사이다.

> 헤르메스가 빛을 비칠 때 땅은 꽃들로 만발하고 헤르메스가 웃을 때 식물은 열매를 맺고 헤르메스가 명을 내릴 때 가축은 새끼를 낳는다(Harrison 1962: 296쪽).

헤르메스는 여신의 수행자이기도 하다. 그는 '모든 선물'이라는 의미의 판도라 여신이 지하 세계에서 지상으로 올라올 때 수행원이 된다.

그렇다고 헤르메스가 식물의 개화나 성장을 자극하고 가축의 번성을 의미하는 다산의 신만을 의미하는 것은 아니다. 지하 세계와 귀신들의 신이기도 하다. 헤르메스는 마법의 지팡이로 무덤에서 죽은 자의 영혼을 불러낸다. 뱀의 형상으로 동굴에서 나오는 헤르메스가 바로 재생의 다이몬이다. 호메로스는 헤르메스가 인간을 잠자게 하고 자장가를 부르고 인간을 깨어나게 한다고 말한다. 이는 뱀이 동면에서 깨어나는 것과 유사하다. 제인 해리슨은 이렇게 말한다. "헤르메스는 과거에 그저 남근이었고 한때 단순히 뱀이었다고 신빙성 있는 추측을 해본다."(Harrison 1962: 297쪽)

그리스에서 뱀과 관련되는 다른 구원자-치유자 신을 들자면 바로 아스클레오피오스(로마 신화에서는 아에스쿨라피우스)이다. 이 치유 신의 이미지에서 뱀은 명확하게 드러난다. 뱀이 지팡이를 감고 올라가고, 서 있는 신 바로 옆에 있는 형상으로 묘사된다. 또 뱀이 이 신의 몸을 직접 감고 올라가는 이미지도 있다(Harrison 1962, 그림 105~107, 175). 신화에서 이 신이 등장하면 병을 고치고 생명의 힘을 자극한다. 오늘날에도 유럽의 시골 사람들은 뱀의 치유력을 믿는다. 시력을 향상시키기 위해 뱀 고기를 먹기도 한다.

14-10. 집의 신으로서의 뱀

그리스와 로마뿐만 아니라 유럽의 여러 마을에서 뱀에 관한 믿음은 거의 오늘날까지 이어져 내려온다. 이는 선사시대 뱀의 역할을 이해하는 데 가장 주요한 자료가 된다. 기나긴 시간을 거치면서도 뱀 숭배에는 거듭 되풀이되는 경향이 있다는 사실이 놀랍다. 이런 경향은 분명 공통의 기원이 있다는 사실을 말해준다.

그중 가장 광범위하게 퍼진 흥미로운 경향은 뱀이 집의 수호신이라는 믿음이다. 뱀 신은 가족 구성원의 수호신이고 가축 가운데 특히 소를 지키는 신이다. 뱀 신은 다산과 번성 그리고 건강을 지켜준다. 이런 믿음은 만일 뱀을 죽이면 가장이나 아이나 소가 죽는다고 믿는 데서 잘 드러난다. 그러므로 뱀의 생명 에너지는 인간이나 동물의 생명 에너지와 떼어서 생각할 수 없다. 게다가 뱀의 생명력은 죽은 자, 특히 조상들의 힘과도 연결되어 있다. 따라서 뱀은 세대 간의 삶의 연속성을 상징한다. 뱀의 동면과 잠에서 깨어나는 생태나 허물을 벗는 것은 주기성과 불멸성에 대한 믿음을 강화한다. 동면 후에 뱀이 깨어나는 것은 곧 만물의 깨어남이고 유럽 전역에서 이를 기념했다. 뱀의 귀환은 1년 내내 인간과 동물의 참살이에 중대한 영향을 미친다고 믿었다.

올드 유럽 뱀의 상과 뱀 여신상은 집 안의 성소에서 출토되었다. 이는 뱀을 가정의 수호신으로 숭배했다는 사실을 입증한다. 선사시대와 이후 역사시대에 사람들은 생명과 건강, 번영을 영속화하는 상징인 뱀과 함께 살았다고 추측해볼 수 있다.

왕관을 쓰고 있는 뱀을 뱀 여왕, 뱀 어머니라고 여기는 믿음은 민담에도 등장한다. 그런데 이 믿음은 신석기시대, 적어도 기원전 7천년기부터 시작되었다. 지금도 그렇지만 당시 뱀 여신은 대단히 강력한 힘이 있었다. 생명을 주고 전지(全知)한 존재이며 자신의 자매인 새 여신처럼 앞날을 투시했다. 뱀 여신은 생명의 물과 젖줄의 수호자이자 소유자이다. 여신은 송아지를 탄생시킬 수도 있다. 마법이 깃든 치유의 약초도 여신의 소유물이다.

II

재생과 영원한 세계

선사시대 예술, 임신한 여신, 쌍알, 흥분한 남신은 20세기 개념으로 보듯, 섹스의 상징이 아니다. 유럽의 선조들은 우리보다 훨씬 더 철학적이었다. 그리고 그 예술에는 외설적인 요소가 없다. 선사시대 풍요의 상징들은 생식의 힘이나 다산 혹은 증식의 상징이다. 이 상징들은 끊임없이 등장하는 죽음의 위협에도 불구하고 삶은 지속되고 생명의 힘은 보존된다고 말한다.

풍요의 상징은 생명의 주기를 표현한다. 죽음뿐만 아니라 자연의 태동을 묘사하는데, 대지모는 봄에 찬란하게 빛나는 처녀신으로 등장하고, 가을에 할머니 여신으로 등장한다. 여신의 봄과 여름을 생명을 잉태할 수 있는 시기라 하여 최고로 신성시했다. 남신들은 태어나고 죽어가는 식생의 영으로 비유했다.

양손을 높이 든 떠오르는 미노아 문명의 대지모.
그림 232 참조.

손을 배 위에 두고 거대한 엉덩이
쪽으로 기대고 있는 임신한 여신.
아킬레이온에서 출토.
그림 218 참조.

15. 대지모

'대지모'는 선사시대 신앙에서 상당히 큰 비중으로 강조되었다. 하지만 초창기 신성에서 드러나는 전체 여성성의 원리 중에서 대지모는 비록 중요하기는 해도 전부가 아니라 주요한 일면일 뿐이라는 사실을 기억할 필요가 있다. 그런데 이 측면이 유독 강조되어 오늘날까지 이어져 내려오는 이유는, 유럽의 농경 사회에 현재까지도 대지의 비옥함을 나타내는 여신들이 살아 있기 때문일 것이다. 또 민속학자들 사이에서 오래전부터 수용된 내용인데, 근대화 이전의 농경의례들을 살펴볼 때 뚜렷하게 부각되는 면이 있다. 토양의 비옥함과 여성의 생식력이 신비롭게 연결되어 있다는 것이다. 모든 유럽 언어에서 땅이 곧 여성을 의미했다는 사실 또한 이 신비로운 연결성을 암시한다.

올드 유럽에 등장했던 임신한 여신은 나이가 젊든 그렇지 않든 데메테르 같은 알곡의 여신의 원형들이다. 이 여신들은 또 유럽 전역에 회자되는 민담에 광범위하게 등장하는 대지모의 원형일 것이다. 대지모는 죽은 자들의 여신이기도 하다. 그런데 기름진 땅, 풍요로움, 비옥한 자궁을 상징하는 이런 여신들이 얼마나 오래전부터 등장했을까?

대지의 풍요를 나타내는 여신의 기원을 농업의 도래와 같은 시기로 보는 쪽이 타당할 듯하다. 신석기시대 여신들은 자신의 몸에서 뭇 생명을 출산할 능력이 있었다. 자연히 대지의 씨앗을 양육할 힘도 겸비했을 것이다. 그렇기는 하지만 놀랍게도 임신한 여신 형태의 유물이 인류사에 처음 등장하는 시기는 초기 신석기시대가 아니라 그보다 훨씬 과거인 구석기시대이다. 풍요로운 자궁을 상징하는 유물들이 나타나는 시기는 인류 역사에서 맨 먼저 여신상들이 등장하기 시작한 시기만큼이나 오래되었다. 인류가 경작을 시작하기 훨씬 전이다. 당시 인류가 이미 자연에 존재하는 식물의 생명이 대지의 비옥한 힘과 연관되어 있다고 생각했는지 알 수는 없다. 분명한 점은 손을 배 위에 올리고 있는 임신한 여신상이 구석기시대부터 등장한다는 사실이다. 이런 유형의 여신상들은 신석기시대에도 계속 이어진다. 오늘날 우리가 활용할 수 있는 유물을 토대로 볼 때, 남동부 유럽에서 땅의 비옥함이나 알곡의 여신과 여신의 쌍둥이, 또 명확히 씨앗으로 확인할 수 있는 여신의 도래 시기는 기원전 7천년기이다.

15-1. 후기 구석기시대, 신석기시대, 순동기시대의 임신한 여신

기존 시각으로는 후기 구석기시대에 나타나는 살진 여신을 모두 임신한 여신이라고 보았으나 나는 그렇지 않다고 생각한다. 심지어 잘 알려진 빌렌도르프의 비너스와 레스퓌그의 비너스조차 임신한 상태는 아니다. 이 여신상들을 자세히 들여다보면, 관심의 초점이 젖가슴과 엉덩이에 집중되어 있음을 알 수 있기 때문이다. 분명 초점은 배에 맞춰져 있지 않다. 손은 배가 아니라 젖가슴에 얹혀 있다. 이 장에서 우리가 주목하려는 이미지는 손을 배 위에 올리고 있는 여신, 즉 임신한 여신이다.

먼저 임신한 여신상으로 분류되는 유물부터 살펴보자. 프랑스 도르도뉴와 로셀의 비너스상, 우크라이나의 코스텐키 I기 유적지, 프랑스의 라마르셰, 비엔에서 출토된 여신상들이 이를 뒷받침한다(그림 216). 로셀의 비너스는 기원전 2만 5000~2만 년 그라벳 문화의 유물이다. 코스텐키 상은 기원전 2만 년 유물로 연대 측정되었다. 라마르셰의 석판에 새겨진 상은 대략 기원전 1만 3000~1만 2000년 유물이다. 프랑스 에지드타약의 로주리바스 막달레니앙 문화 유적에서 순록 뼈에 이미지가 새겨진 유물이 출토되었는데 이것도 임신한 여신이다. 순록이나 수소 아래에 누워 있는 모습인데, 그녀는 발가벗었지만 몇 개의 팔찌와 목걸이를 하고 있다(Marshack 1972: 그림 189; Delporte 1979: 그림 23). 이 임신한 여신의 몸체를 관찰하면 엉덩이가 과장되게 표현되지 않았을 뿐 아니라 가슴도 보통 크기이다. 만일 머리가 보존된 채 출토되었더라면, 모자를 쓰고 있거나 눈길을 끄는 머리 디자인에 얼굴은 별 표정이 없었을 것으로 추정된다.

임신한 배와 거대한 위에 손을 얹고 있는 신석기시대 여신상들이 가장 많이 출토된 자리는 기원전 7천년기~6천년기의 집단 거주지이다(그림 217~219). 이 상들은 다양한 자태를 보여준다. 일부는 옥좌에 앉아 있고 나머지는 기대는 듯 엉덩이를 의자에 대고 몸을 뒤로 기울인 자세를 보이고 일부는 평평한 바닥에 서 있다. 두부가 있을 경우 원통형이고 얼굴에는 가면을 쓰고 있다. 이 가면들에는 새부리가 아니라 인간의 입 모양이 표현되어 있다. 아킬레이온 II기와 IV기 유적지에서 기원전 6300~5800년경 유물이 출토되었는데 쓰고 벗을 수 있는 가면도 있다. 이 역시 임신한 여신의 소유물일 것이다.

초기 신석기시대에 등장하는 임신한 여신상의 경우 어깨나 엉덩이 위에 겹선이 있다. 이것은 아마도 임신을 뜻하는 듯하고, 둘의 힘을 나타내려 했을 것이다. 이 겹선은 후기 구석기시내 유물인 새끼를 밴 암말의 몸에도 그려져 있었는데 이런 전통이 신석기시대까지 이어진 듯하다(그림 265 참조).

올드 유럽 정착지에서 여신상들이 발굴된 자리를 주목하자. 임신한 여신상은 오븐 근처나 곡식으로 조리하는 자리, 아니면 그 바닥에서 발견되었다. 이와 대조적으로 새 여신은 집 안의 성소에서 발견된다. 이런 배치가 드러나는 가장 초기의 유물로 기원전 6400~5600년경의 아킬레이온 언덕 유적지를 들 수 있다(Gimbutas 1988).

순동기시대에 최고로 숭배받던 대상 중 하나가 임신한 여신이었다. 이 여신상은 유일하게 옥좌에 제왕의 자세로 앉아 있다. 불룩한 배가 특징인데 풍요

그림 216

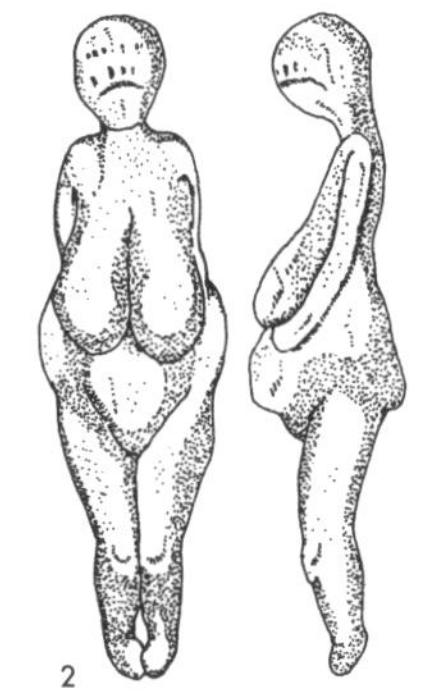

2

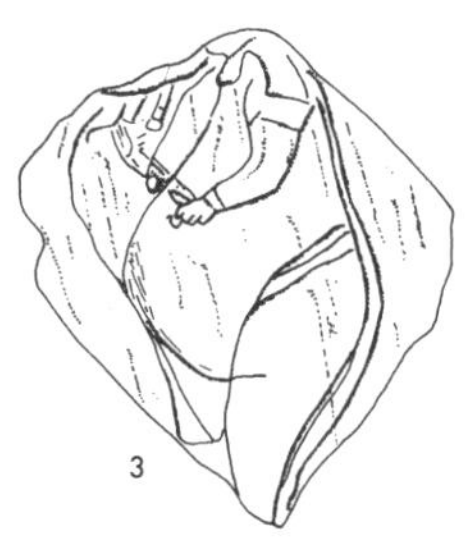

3

1

그림 216
초점이 배에 있는 다산의 여신, 손이 배 위에 있다.
(1) 프랑스 로셀에 있는 석회암 동굴의 비너스 상. 왼손은 배 위에 올려놓았고 오른손은 선이 열세 개 새겨진 뿔을 잡고 있다(기원전 2만 5000-2만 년경).
(2) 상아 조각(우크라이나의 코스텐키 I, 기원전 2만-1만 9000년경).
(3) 석판에 부조(프랑스 라마르셰, 기원전 1만 3000-1만 2000년경).
(1) 높이 42cm
(2) 높이 11.4cm

로운 신체에 사각형, 삼각형, 뱀 똬리 모양의 나선, 미앤더, 숫자 2와 4의 문양이 장식되어 있다(그림 220).

기원전 5000년기 유물인 옥좌에 앉아 있는 여신상들은 주로 거주지의 바닥 아래에 있는 구멍이나 숨겨진 벽감에서 발견된다(티서 문화, Czálog 1943: Table XLIX; 렝옐 문화, Dombaý 1960: Table LXXXVIII, 2; Novotny 1958: Table XXXI, 1~2). 여신상을 땅과 접하는 자리에 배치하던 이런 관습은 신석기시대가 아니라 후기 구석기시대부터 유래된 듯하다. 코스텐키의 여신상은 거주지 바닥 아래에 놓인 상태에서 발굴되었다(Delporte 1979: 167쪽 Abramova 1962 인용).

몰다비아 쿠쿠테니 문화 정착지 겔라에슈티 네데이아에서 노출된 신전 모델이 출토되었는데 술을 붓는 구멍 앞에 제왕 자세로 앉아 있는 임신한 여신이 관찰된다(그림 221). 이 여신 양쪽으로 깡마른 상이 둘 있는데 이 중 하나는 남자 상이다. 이 둘은 여신을 섬기는 숭배자가 아닐까? 이 모델의 앞 벽에는 아주 작은 추상화된 여신상이 있다. 이 상이 새 생명, 즉 태아를 의미하는지도 모른다(몰다비아 피아트라 네암츠 박물관 소장).

루마니아 북동부, 몰다비아, 포드리 데알룰 긴다루의 초기 쿠쿠테니 문화, 신전에서는 아주 흥미로운 여신상 스물한 구가 저장된 채로 출토되었다

그림 217

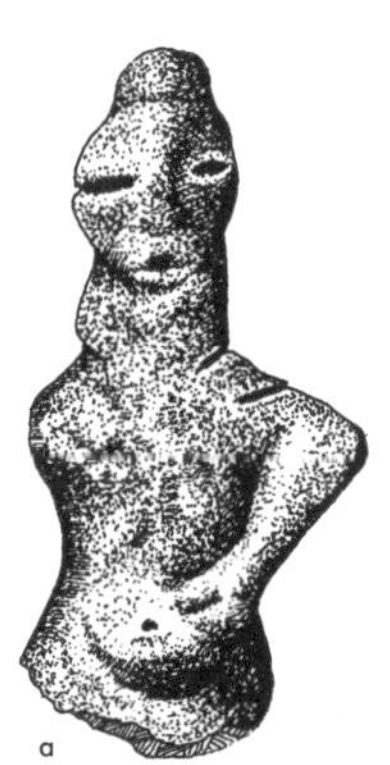

a

b

그림 217
손을 배 위에 올려놓은 임신한 여신상. 어깨에는 두 선이 있다. 초기 세스클로 문화(아킬레이온 ib, 테살리아, 기원전 6300년).
높이 11cm

그림 218

그림 218
손을 배 위에 올려두고 몸은 거대한 엉덩이 쪽으로 기대고 있다. 초기 세스클로 문화(테살리아의 아킬레이온 IV, 기원전 5800년경).
높이 3.8cm

(Monah 1982). 이 여신상들은 거대한 항아리 안에 보관되어 있었는데 대지의 비옥함을 비는 의식에 쓰였을 것이다. 추가로 의자나 옥좌 열다섯 개도 발굴되었다. 이 중에서 가장 큰 의자는 제일 큰 여신상을 앉힐 수 있는 크기였다. 이 여신상들의 크기는 높이 6~12센티미터이다. 각 여신상에 등장하는 문양들을 살펴보면 솜씨도 다양하고 크기도 다르고 패턴들도 다르다는 사실을 알 수 있다. 여기에는 명백한 위계가 설정되어 있다. 이 가운데 제일 큰 상이 셋 있는데, 황토로 문양들이 장식되어 있다. 대지모 계열의 여신들에게 전형적으로 나타나는 문양들이다. 각기 등에 마름모, 배 위에 상반되는 뱀 똬리, 거대한 허벅지와 다리에는 점이 찍혀 있는 삼각형, 엉덩이 위에는 쐐기 문양이 있다. 중간 크기의 여신상들은 배를 따라 띠가 가로지르고 허벅지와 다리에도 줄무늬가 관찰된다. 작은 상들은 장인의 섬세한 손길이 부족하고 아무런 문양도 보이지 않는다. 이 차이는 지위가 높은 여신이나 여사제부터 보조자나 참석자에 이르기까지 의례에서 각자 수행하는 다양한 역할을 반영한 것으로 생각된다. 모든 여신상의 상체는 추상적으로 묘사되어 있고, 머리 혹은 가면에는 날렵한 코가 두드러지며 입과 눈은 깊이 파서 표현했다.

땅의 풍요를 기원하는 의례는 수천 년 동안 살아남았다. 기원후 98년 타키투스는 《게르마니아》에 엘베의 게르만 부족이 여신 네르투스를 위한 축제를 거행한다고 적었다.

> 이 종족은 대지모 네르투스를 숭배했다. 여신은 인간사에 직접 관여하고 여신이 부족과 함께 말을 타고 달린다는 믿음이 있었다. 바다에 있는 섬이 여신의 처소이고 섬에는 신성한 마차가 있는데 이 마차는 천으로 덮여 있다. 유일하게 여신의 사제만 이 마차를 만질 수 있다. 사제는 여신이 내부 지성소에 존재한다는 사실을 알고 있고, 여신이 소달구지를 타고 길을 떠날 때도 알고 있다. 여신의 이 행차는 특별한 일로 간주되었고 사제가 뒤를 따른다. 여신이 도착하고 머무는 자리는 언제나 기쁨이 넘쳐나고 그날은 휴일로 선포된다. 여신이 인간 사회와 충분히 교류하고 나면 사제가 다시 여신을 사원으로 모신다. 그 후, 여신이 직접 비밀의 호수에서 마차와 옷을 깨끗이 청소한다고 믿는다(Tacitus, *Germania*, 40).

그림 219

그림 219
음부 주위에 과장된 삼각형 문양이 있고, 손은 임신한 배 위에 올려놓았다(테살리아의 마굴라, 기원전 6000-5800년).
높이 4cm

그림 220

그림 220
순동기시대 임신한 여신. 대개 스툴에 앉아 있다. 음문에 이중 나선이 있고 엉덩이와 허벅지에 마름모 문양이 있다. 카라노보 IV (불가리아의 파자르지크, 기원전 5천년기 중반경).

그림 221

그림 222

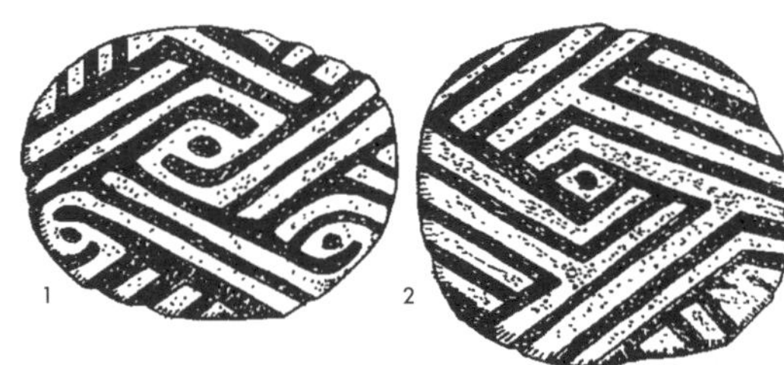

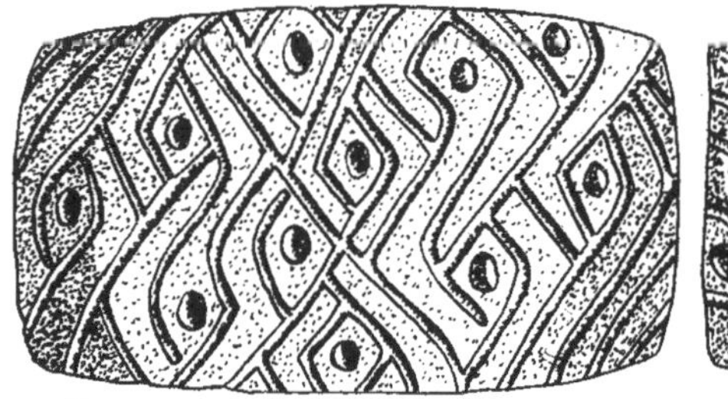

그림 222
마름모 안에 점이 있는 흙으로 만든 인장. 신성한 빵을 만들 때 이용했을 것이다. (3)은 빵의 복제품. 중부 아나톨리아 신석기시대 (차탈휘윅 II~IV, 기원전 7천년기 후반).
(1) 높이 6.2cm
(2) 높이 7.2cm
(3) 높이 8cm
(4) 높이 6.5cm

대지모 숭배 전통이 중세 게르만 족들 사이에서는 상대적으로 좀 늦게 등장한다. 이 전통의 예로, 잉글랜드 시골 마을에는 땅을 갈고 파종하는 여신을 숭배했다는 증거가 있다. 이 여신이 후에 씨뿌리는 성녀 밀부르가로 대치된다. 앵그로색슨인들 사이에도 밭을 갈아 씨를 뿌리는 시기가 되면, 여신한테 빌었다는 증거가 있다. 대영박물관에 중세 초 농민들이 밭을 갈 때 외우던 주문이 기록으로 남아 있다(MS Cott. Calig. A VII, fol. 172b~173a). 이 의례에는 이교도적인 면이 많이 엿보인다. 주문을 적는 앵글로색슨 필경사는 농민들이 자기 땅을 어떻게 비옥하게 만들 수 있고 또 어떻게 사악한 힘으로부터 보호할 수 있는지 적어두었다. 이 기록은 일종의 처방전이다. 기록에 의하면, 해 뜨기 전에 농부가 밭 네 귀퉁이에서 뗏장을 벗겨내고 성직자는 메시지를 낭송한다. 그리고 기름, 꿀, 우유, 나뭇조각, 성수를 부어준 다음 뗏장을 덮는다. 그런 다음 농부가 라틴어로 "땅을 늘리고 번성하고 다시 채워라"라는 구절을 암송한다(Berger 1985: 65쪽 인용).

비옥한 토양과 대지모의 연결성은 지금도 거행되고 있는 검은 성모 숭배에서도 찾아볼 수 있다. 그리스도교 이콘 해석에서 검은색은 주로 죽음이나 악을 연상시키지만, 올드 유럽에서 검은색은 대지와 비옥함의 상징이었다. 전 세계적으로 검은 성모가 있는 자리들에는 순례자가 끊이지 않는다. 기적이 따른다고들 믿는 것이다. 그리스도교의 상징을 통틀어 가장 널리 숭배받는 상징이 검은 성모라는 사실에서, 검은색이 숭배자들 사이에서는 여전히 심오하고 의미 있는 이미지임을 알 수 있다. 이 중 폴란드 남부 쳉스트호바에 있는 검은 성모 성소가 동유럽에서 가장 신성시된다. 가장 많은 사람들이 방문하는 성지이기도 하다. 매해 수천 명이 방문하는데 8월에 있는 성모승천대축일에는 순례자 수가 수만 명에 이른다.

그림 221
여신이 임신한 배 위에 양손을 올려놓고 물이나 술을 바치는 구멍 앞에 앉아 있는 노출된 제대. 크림색 바탕에 적갈색으로 채색되어 있다. 쿠쿠테니 문화(루마니아의 겔라에슈티네데이아, 기원전 4000~3800년경).
지름 17cm

그림 223
마름모 안 씨앗 문양과 뱀 똬리 문양이 장식된 과일 접시. 신전 안에 삼각대 위 의례 용품들이 모여 있는 곳에서 출토되었다. 페트레슈티 B(트란실바니아의 피아눌데조스, 기원전 4500~4000년).
높이 35.3cm

그림 224
배, 엉덩이, 허벅지에 있는 마름모 안에 점 그리고 삼각형 안에 점 문양이 장식되어 있는 여신들.
(1) 초기 쿠쿠테니 문화(루마니아의 포두리, 기원전 4800~4600년).
(2) 초기 쿠쿠테니 문화(몰다비아의 노비에 루세스티 I, 기원전 4800~4600년).
(3) 중기 쿠쿠테니 문화(루마니아의 드러구세니, 기원전 4200~4000년).
(1) 높이 12.1cm
(2) 높이 5.6cm
(3) 높이 7.4cm

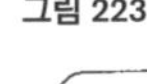

그림 223

그림 224

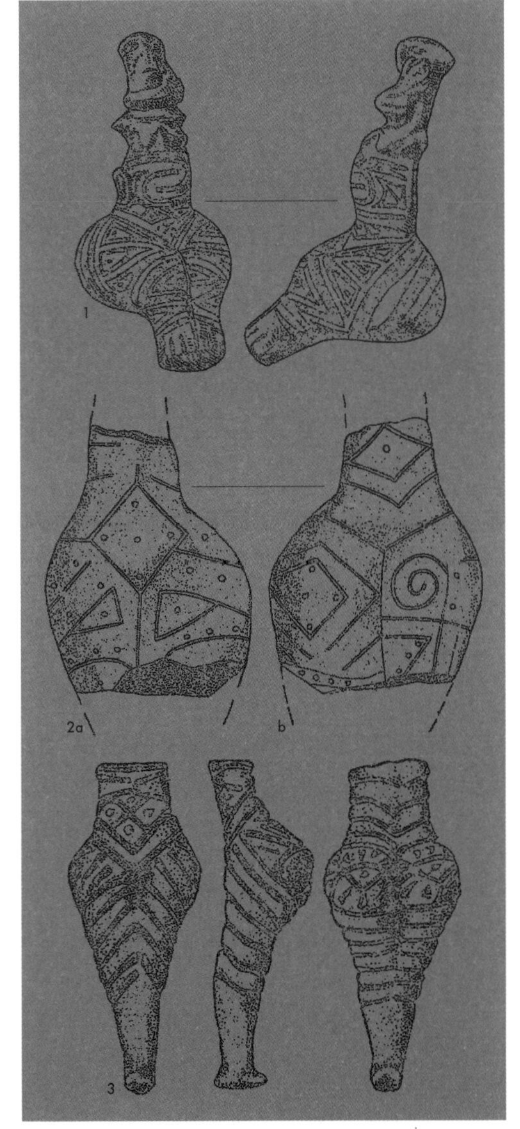

15-2. 다산의 상징, 마름모와 삼각형 안의 점

삼각형이나 마름모 속에 한 개 혹은 여러 개의 점이 들어 있는 문양은 사원 벽이나 토기 혹은 인장에 나타난다. 이는 임신한 여신의 배나 신체 부위에 전형적으로 등장하는 문양으로 기원전 7000년기부터 나타나기 시작했다. 처음에 이 문양은 음문이나 자궁 둘레의 삼각형 모양을 추상적으로 표현했던 것으로 짐작된다. 점들은 자궁 속 혹은 밭에 뿌려진 씨앗을 의미했을 것이다. 따라서 이 문양은 생명의 원천과 연관이 있다.

차탈휘윅과 잔하산의 프레스코(Mellaart 1963: Shrine VII, 1: French 1962: House 3, layer 2B) 그리고 인장에 등장하는 이 문양은 중앙에 점이 있는 마름모, 사방에 점이 있는 마름모 혹은 마름모 안에 마름모의 형태로 표현되어 그 중요성을 가늠할 수 있다(그림 222). 에게 해 유역에서는 기원전 6300년경에 최초의 토기 그림으로 점이 찍힌 직사각형, 다이아몬드 안의 다이아몬드 장식 문양이 등장하기 시작한다. 이 문양은 그리스 세스클로 토기와 아나톨리아 하실라르와 잔하산 토기에 등장하는 쐐기나 삼각 문양만큼이나 우세하다. 이 상징의 중요성은 올드 유럽 전 문명에 걸쳐 모든 시기에 등장한다는 사실로도 드러난다. 기원전 5000년기의 가장 우아하고 다채롭게 채색된 토기 중 일부에도 마름모가 장식되어 있다. 피아눌데 요스에서 출토된 페트레슈티 과일 스탠드와 삼각 다리가 있는 테이블 위에 놓인 채색된 토기들을 들 수 있는데 아마도 파종이나 추수감사제 때 사용했던 유물들일 것이다(그림 223).

이 상징의 의미는 임신한 여신의 배 위나 엉덩이와 허벅지 같은, 신체에서 풍요로운 부위에서 드러난다(그림 224). 마름모 문양의 특징을 살펴보면, 마름모 한가운데 점이 하나 있거나, 네 등분된 마름모의 구획된 영역마다 점이 하나씩 들어 있다. 카라노보 VI 문화(기원전 4500년경) 유적지에서 출토된 옥좌에 앉아 있는 '파자르지크의 여신'의 엉덩이와 허벅지도 마름모 문양으로 장식되어 있다(그림 220). 이는 신체에서 살진 부위는 전부 중요하며 이 부위를 '성장'이나 '임신'으로 간주한다는 사실을 암시한다. 점이 있는 마름모 문양이 구형 항아리의 둥근 부분에 나타나는데 이 역시 유사한 의미가 있는 듯하다. 일부 여신상에 드러나는 엉덩이와 허벅지 문양은 실제 곡식으로 찍어 문양을 만들었다(Gimbutas 1974: 그림 156).

마름모를 네 등분하여 귀퉁이마다 점을 찍어 놓은 문양은 '사방'에 씨를 뿌린다는 것을 의미할 수 있다. 이는 오늘날에도 유럽의 농부들이 행하는 방식이다. 유럽에서 겨울과 봄에 파종할 때는 사방으로 씨를 뿌린다. 이는 죽은 초목에서 새 생명이 태어나기를 기원하고 이 믿음을 확인하는 의례로 거행되어왔다. 다이아몬드 내부에 여러 점이 들어 있는 문양은 씨앗의 증식, 즉 파종한 경작지에서 생명의 부활을 나타내는 의미일 수 있다.

둥근 항아리 속을 씨앗으로 채우거나 점이 찍힌 마름모 문양을 항아리에 장식한 것은 자궁 속에 생명이 있음을 의미한다. 즉 임신한 상태이다. 여기서 씨앗들은 죽은 자의 영혼을 의미할 수 있다. 고대 그리스에서는 옥수수 알갱이를 항아리에 넣어 집 안에 있는 화로 근처에 보관했다. 이는 항아리, 즉 자궁 안에서 휴식을 취하다가 봄에 부활하는 죽은 자를 상징했다. 그리스인들은 죽은 자를 '데메트리오리'라 불렀는데, 이는 옥수수 알갱이처럼 여신의 자궁 안에서 쉬고 있는 존재로, 여신 데메테르에 속하는 자라는 뜻이다.

15-3. 암퇘지, 여신의 쌍

임신한 여신에게 신성한 동물은 암퇘지이다. 빠르게 자라는 암퇘지의 속성이나 둥그스름한 몸매가 씨앗이나 토양의 비옥함을 연상시켰을 것이다. 게다가 암퇘지의 상태가 수확에 마법적인 영향을 미친다고 믿었으리라는 점은 의심의 여지가 없다. 여신과 암퇘지를 함께 연상했다는 사실은 암퇘지 가면을 쓰고 있는 임신한 여신상들이 입증한다. 이 여신상들에서는 마름모 문양이 관찰되는데, 빈차 문화기와 카라노보 문화기부터는 장인의 놀라운 솜씨를 엿볼 수 있는 정교한 암퇘지 가면들이 출토되기 시작한다. 아마도 이런 유물은 의례용이었을 것이다(그림 225). 당시 의례에서 암퇘지가 차지하는 비중은 돼지 유물들의 숫자가 말해준다. 이 유물들은 돼지 형상 아니면 돼지머리 뚜껑이 달린 항아리들이다. 암퇘지 조각상이나 토기가 나타나는 시기는 기원전 7000년 말기에서 3000년으로 알려졌다. 이후 그리스와 중유럽의 신석기시대 초부터 에게 해 청동기시대까지 광범위한 지역에서 출토된다(Gimbutas 1974: pls. 213~218). 조각상은 점토로 만든 것이 대부분인데 대리석상도 있다. 기원전 3000년경 초기 키클라데스 I의 유물 중, 아름다운 돼지 형상을 한 대리석 용기가 출토되었는데, 이 유물은 현재 아테네에 있는 굴란드리스 재단 박물관에 보관되어 있다.

카라노보 문화 유적지인 구멜니차에서 거대한 암퇘지 모양 토기 뚜껑이 발굴되었는데 돼지 귀에 동 귀걸이가 두 개씩 장식되어 있다. 문양은 붉은 바탕에 흰색으로 채색되어 있다(카라노보 VI, 기원전 5천년기 중기)(그림 226). 그렇다고 이 특이한 유물이 이 자리에서만 등장한 것은 아니다. 암퇘지 형상의 신상이나 돼지 모양 항아리에 귀걸이 장식이 있는 유물들은 여러 지역에서 출토되었다. 이 유물들을 통해 올드 유럽에서 동물을 묘사한 조각 예술품들은 곧 여신을 뜻한다는 사실을 바로 알 수 있다. 이런 개념은 극동 지역 기록에서도 확인할 수 있다(기원전 17세기~16세기 유물로 루브르박물관에 소장돼 있고 시리아 북부에서 출토된, 목걸이를 하고 발판 위에 앉아 있는 암퇘지 머리 여신을 참조하라. *Annales Arch. De Syrie* 1933: 240~247쪽).

고대 그리스에서도 암퇘지 가면을 쓴 무희들

그림 225

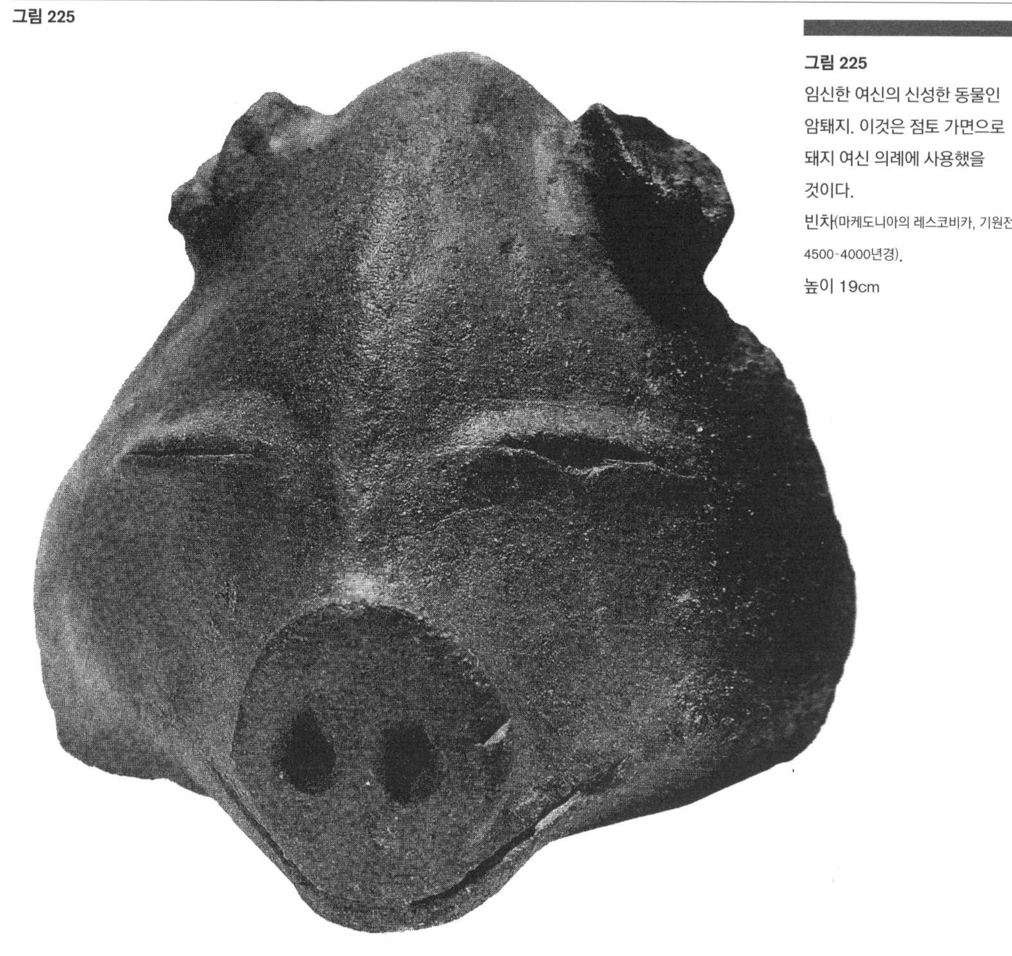

그림 225
임신한 여신의 신성한 동물인 암퇘지. 이것은 점토 가면으로 돼지 여신 의례에 사용했을 것이다.
빈차(마케도니아의 레스코비카, 기원전 4500-4000년경).
높이 19cm

그림 226

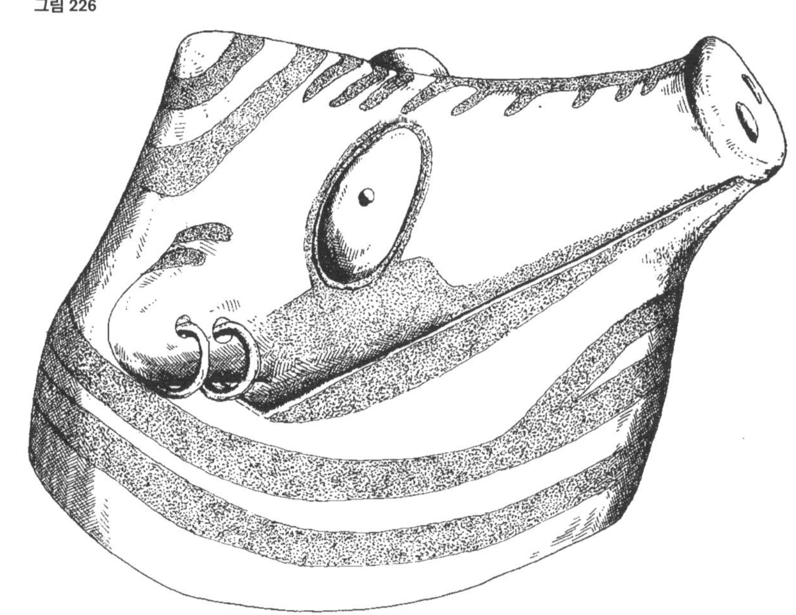

그림 226
항아리 뚜껑. 사람처럼 묘사된 거대한 돼지나 돼지 모양 항아리 뚜껑이었을 것이다. 양쪽 귀가 동으로 만든 두 개씩의 귀걸이로 장식되어 있는데 이 동물이 여신의 현현임을 나타낸다.
구멜니차/카라보노 VI(루마니아의 구멜니차, 기원전 4500년경).
높이 20.4cm

이 등장한다. 무희를 다양한 양식으로 표현했는데 오늘날 부조나 회화 또는 조각상에서 찾아볼 수 있다. 리코수라에 있는 2세기 데스포이나 신전에는 무희와 관련된 특이한 유물이 있다. 주름 잡힌 대리석 위에 무희들이 열한 명 등장하는데, 말발굽 모양의 신을 신고 동물 가면을 쓰고 있다. 이 무희들 중 한 명이 암퇘지 가면을 쓰고 있다(Lawler 1964: 6쪽의 그림 25, 26). 루브르박물관에도 암퇘지 여신상이 있다. 출토지가 알려지지 않은 테라코타인데, 손 모양은 갈라진 발굽 형태이고 두부가 암퇘지 머리 형상이다(Lawler 1964: 67쪽).

그리스에서 알곡의 여신 데메테르와 여신의 딸 페르세포네에게 헌정하는 최상의 진상품이 젖먹이 돼지였다. 이런 경향은 그리스뿐만 아니라 유럽의 다른 지역에서도 마찬가지인데, 빵과 관련이 있는 여신들에게 가장 귀한 진상품이 젖을 먹고 있는 아기 돼지다. 그리스에서는 10월, 가을 파종 때 축제를 행했는데 이를 테스모포리아라 한다. 이는 데메테르 여신을 숭배하는 의례로 사흘간 지속되는 여인들만의 의례였다. 참여하기 3개월 전에 여인들이 젖먹이 돼지를 땅속 깊은 구덩이나 틈새에 던져 넣고 푹 썩게 버려둔 뒤 축제 때가 되면 끌어올려 제대에 올린다. 이때 솔방울하고 남근 형상으로 구운 밀빵도 같이 올린다. 축제 막바지에는 이 썩은 돼지 몸하고 씨앗을 뭉쳐서 밭에 파종을 한다(Nilsson 1957: 312쪽). 썩은 아기 돼지 살이 씨앗의 싹 틔우는 힘을 향상시킨다고 믿었던 것이다. 이집트인들에게도 이와 유사한 의례가 있었다는 사실을 헤로도토스의 기록으로 알 수 있다. 나일 강 유역에 살던 사람들이 파종을 한 다음에 돼지들을 밭으로 몰아넣어 땅을 밟도록 한다. 이는 땅속 깊이 씨앗이 안착하도록 돕는 기능이 있다(Herodotus 2, 14쪽). 또 돼지 몸에 살이 오르는 것과 씨앗의 다산성 사이에 상징적 연관성이 있다는 점이 쿠쿠테니 문화 초창기부터 부각된다(Gimbutas 1974: 211쪽 그림 165). 로마인들은 파종하는 날, 세멘티바 축제를 하는데 이때 케레스와 텔루스(대지의 여신)에게 임신한 돼지를 희생양으로 바치고 납작한 빵과 알곡을 헌정한다. 이 축제는 오비디우스의 《달력*Fasti*》에 상세히 기록되어 있다. 농부들은 파종 한 다음 발아의 성공과 풍성한 수확으로 이어지도록 여신에게 간구한다. 밭이 새나 개미로부터 안전하게 보호받고 곰팡이나 잡초의 침입 혹은 나쁜 날씨로 인해 농사를 망치는 일이 없게 해달라고 여신에게 빈다.

17세기 말까지도 리투아니아인들은 대지의 여신 제미나에게 젖먹이 흑돼지를 바쳤다. 추수감사제는 여사제가 관장하였는데, 이날 흑돼지 새끼를 희생제물로 잡았다. 돼지고기 일부와 빵 9×3조각을 여사제가 혼자 창고로 가지고 가서 여신에게 비념을 했다(Praetorius 1871). 전통적으로 3과 9는 증식과 성장을 호소하기 위해 쓰던 마법의 숫자였다. 돼지기름 또한 다산의 상징으로 이용되었는데 특히 농경의례 때 등장한다. 봄에 쟁기로 첫 고랑을 만들 때 돼지기름을 사용했던 것이다. 농부들은 아내가 마련해준 라드나 베이컨을 밭으로 가지고 나가, 일부는 자기가 먹고 나머지는 쟁기질할 때 사용한다는 사실을 절대 잊지 않는다. 쟁기는 땅에 예리한 상처를 내기에 이에 앞서 먼저 자기 몸과 쟁기에 돼지기름을 문지른다. 덧붙여 4월 말경 성 조지의 날에도 곡식이 잘 자라도록 비는 특별 의례를 했다. 의례의 일환으로 농부들이 밭으로 들어가 원을 그리며 행진하는데, 이때 부활절 달걀과 부활절 햄에서 나온 뼈를 밭의 귀퉁이에 묻는다. 리투아니아에서는 밭의 한구석만이 아니라 네 귀퉁이에 모두 묻는데 이 전통은 오늘날까지도 이어지고 있다(Greimas 1979: 52쪽). 이 방식으로 여신의 풍요로운 힘을 밭의 네 귀퉁이에 불어넣는 것이다.

15-4. 신성한 빵

올드 유럽 신전에서 눈에 띄는 주요한 특질 하나로 단연 빵 굽는 오븐을 들 수 있다. 빵 굽는 오븐이 있는 미니 신전 모델 중에서 특히 우크라이나 서부에 있는 포푸드니아를 주목할 만하다. 여기에는 곡식을 갈아 반죽을 만드는 여신상이 하나 혹은 그 이상 포함되어 있다(Gimbutas 1974: 70쪽 그림 23). 신전 모델의 내부 벽에서는 마름모꼴 문양이 여럿 관찰된다. 분명 신전이 여신과 연관이 있기에 이 문양을 장식했을 것이다. 특별히 사원에서 마련한 빵은 신성한 빵이다. 고로 이 빵은 여신에게 헌정되었고 여신 의례 때 사용했다.

후대에 와서는 의례용 빵과 케이크를 다양한 모양으로 구웠다. 빵덩이 형태도 있지만 뱀, 새, 동물, 꽃 모양도 등장한다. 이 전통은 분명 신석기시대에서 유래했다. 신석기시대에 출토된 양각이나 음각을 한 도장들은 여신에게 바치는 빵이나 케이크를 구울 때 여신에게 적절한 문양을 장식하기 위해 만든 것이다. 복합된 마름모 문양이나 뱀 똬리 문양을 찍은 빵은 아마도 대지의 비옥함을 뜻하는 여신한테 바쳤을 것이다. 점토로 만든 빵덩이 모델들은 각기 다른 문명들의 다양한 상에서 출토되었다. 앞서 도해상으로 언급한(그림 222-223) 차탈휘윅에서 나온 인장은 아마도 이런 작은 빵덩이 모형일 것이다. 세르비아의 빈차 유적지인 포트포란에서 발굴한 토기 또한 명백히 빵 모형인데(그림 227), 길이 15센티미터에 마름모와 나선형 문양이 있다. 베오그라드 근처 반지카에서 발굴된 유물에는 명각으로 미앤더 문양이 새겨져 있다(Todorvić and Cermanović 1961: Table XIII, 5).

선사시대 빵의 여신에 대한 기억들은 일부 유럽 국가들에 '브레드 마리아'로 이어져 내려온다. 프랑스의 추수 행진을 보면 브레드 마리아가 등장한다. 축제를 위해 여인들이 밀가루를 모아 브레드 마리아를 위한 빵을 만든다(Galibin 1916). 알곡의 여신에게 빵을 바치는 이러한 풍습은 기계화되어 있지 않은 동부와 북부 유럽의 농촌 마을에 20세기에도 남아 있었다. 봄에 첫 파종을 할 때면 빵덩이나 빵 조각을 밭에 가지고 가서 풍년을 기원한다. 추수 끝 무렵에도 이듬해의 풍작을 빌며 빵을 바친다. 리투아니아 동쪽 지역에서는 추수를 마무리하고 호밀밭, 밀밭, 보리밭에 빵 조각을 남긴다. 풀을 베는 농부는 반드시 이 빵을 찾아서 둘레를 세 바퀴 돌아야 한다. 그런 다음 빵을 먹고 나머지는 땅에 묻는다(Balys 1948: 19쪽).

그림 227

그림 227

뱀 똬리와 마름모 문양으로 장식된 빵덩이 점토 모형은 신성한 빵을 나타낸 것이다. 이 빵과 모델 둘 다 임신한 여신에게 바쳤을 것이다. 빈차(세르비아의 포트포란, 기원전 5000-4500년).

높이 8.8cm

그림 229

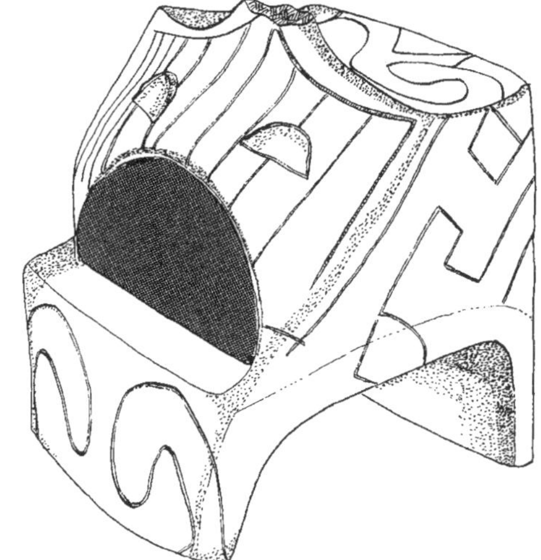

그림 229

의인화된 형상의 오븐이 여신과 빵 굽는 오븐이 동일시된다는 사실을 드러낸다. 눈과 입 근처에 평행선 문양과 나선과 미앤더 문양이 있다. 빈차 문화(세르비아의 메드베드냐크, 기원전 5000-4500년).

폭 10cm

그림 228

그림 228

임신한 여신의 배처럼 만든 빵 굽는 오븐. 위의 손잡이 부분이 탯줄을 암시하는 것일 수 있다. 티서 문화 서칼하트 그룹(헝가리 머르테이 신석기시대 정착지, 기원전 5000년경).

높이 6.2cm

그림 230

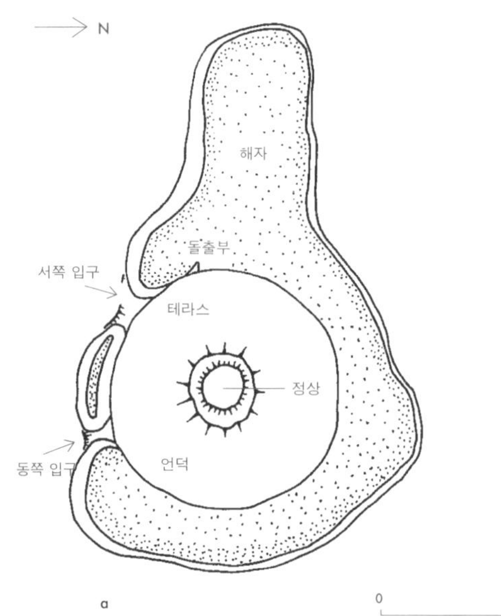

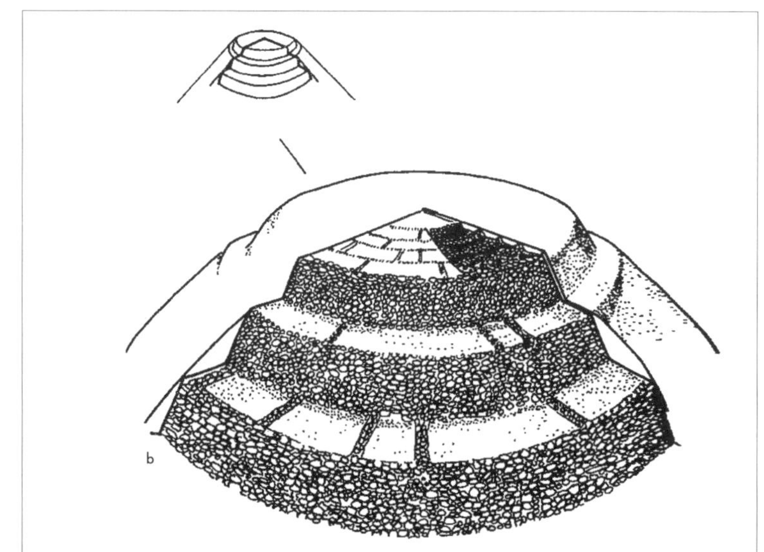

그림 230

영국 실버리 언덕에 있는 임신한 여신의 앉아 있는 모습. 현재 언덕은 높이 40미터, 면적은 2만 1200제곱미터이다(잉글랜드 남서부 윌트셔, 기원전 3천년기 전반).

선사시대 빵 굽는 오븐 자체가 바로 알곡의 여신이 자신을 드러내는 방식이었다. 이는 빈차 유적지에서 발굴된 의인화된 오븐의 모델에서도 잘 드러난다(그림 228, 229). 여신의 입을 나타내는 열린 구멍 위로 눈이 표현되어 있다.

15-5. 언덕과 바위, 임신한 대지모 여신에 대한 은유

불룩 솟은 산 모양을 임신한 여신의 배와 동일시했다. 임신한 여신의 배를 나타내는 것으로는 빵 굽는 오븐이나 빵덩이 혹은 거대한 언덕을 들 수 있다.

유럽 농부들은 산더미처럼 쌓인 호밀, 보리, 오트를 곡물 여신의 임신한 배로 간주했다. 수확기 맨 마지막에 언덕 제일 높은 곳에 있는 곡식 단은 베지 않고 주변 잡풀만 정리한 다음 주인이 낱알을 엮어 매듭을 묶는다(Neuland 1977: 53쪽). 이 다발이나 매듭은 언덕의 탯줄로 간주했다. 리투아니아에서는 마지막 작물을 베는 사람을 '탯줄을 자르는 자'라 불렀다.

마이클 데임스는 잉글랜드 남서부 윌트셔의 실버리 언덕의 유적을 해석할 때, 신석기시대 영국에서는 언덕을 임신한 여신의 배로 간주했을 거라고 추정했다(그림 230: 실버리 언덕 스테이지 I은 방사성 연대 측정 결과 기원전 2750년경으로 나왔다). 놀라울 정도로 정교하게 배열된 언덕과 둘레의 수로를 묘사한 전체 구조가 여신을 나타낸다는 것이다. 언덕이 여신의 배, 수로가 신체 부위인데 여신의 자세는 쪼그리고 있거나 어딘가에 앉아 있는 자세이다.

실버리 언덕의 둥근 정상 부위는 여신의 옴팔로스 혹은 신체의 중심점으로 이 자리에 생명을 잉태하는 힘이 집중되어 있다. 고대 그리스에서 '옴팔로스'라는 단어는 말 그대로 배꼽을 의미했고 세상의 중심이었다. 실버리도 세상의 중심으로 간주되었을 수 있다. 수많은 고대 그리스 토기들에서도 옴팔로스가 관찰된다. 이 토기 안에는 뱀 혹은 왕관을 쓴 여신이 있다. 가이아, 아프로디테, 스밀레 같은 여신들이 이 안에서 솟아 나와 새 생명과 함께 도래한다(Harrison의 1962년판 *Themis* 그림 113, 124 참조)(그림 246). 옴팔로스는 젊은 대지모와 뱀을 나타낸다.

상징적 언덕 혹은 여신의 임신한 배와 꼭대기에 있는 배꼽은 신석기시대 무덤 건축에서 잘 드러나고, 브르타뉴에 있는 거석 무덤에 있는 판에도 새겨져 있다. 이런 건축의 좋은 예로 라르모바당, 일롱그의 널길 무덤(passage grave)을 들 수 있다(그림 231). 벌집 모양 방들 위에 평평한 돌들이 하나씩 얹혀 있는데, 이 방은 각각 임신한 여신의 배와 배꼽을 나타낸다. 언덕 모양 인물 위에 조그만 손잡이가 얹혀 있는 이런 상징은 이 회랑 입구에 있는 판에서도 반복된다(이 이상하고 이해할 수 없는 이미지는 고고학 문헌 연구에서 '버클러'라고 불린다). 언덕 윗면이 드러내는 구불구불한 선은 식생의 재기를 암시하는 것일 수 있다. 일롱그의 언덕과 옴팔로스 상징은 다른 널길 무덤에서도 되풀이해서 등장한다(Müller-karpe 1974: Taf. 580~587).

그림 231

그림 231
널길 무덤에 나타나는 벌집 모양 방(대지모의 배)에 평평한 바위가 올려져 있다. 아르모리칸 신석기시대(브르타뉴의 일롱그, 기원전 4천년기 초기).
무덤 길이 14.5m.

미노아 문명의 여신상들 중에 독특한 여신상이 고르틴에서 출토되었다. 이 여신은 특이한 가면을 쓰고 있는데 머리 둘레에 양귀비, 과일, 새 장식이 있고 정수리 부분은 옥수수 모양으로 뾰족하게 솟아 있다(그림 232). 때로는 새가 편안하게 가면 가장자리나 귓불 근처 혹은 뺨 가까이에 자리 잡고 있다. 이 유형의 여신상은 옴팔로스에 집중된 땅의 비옥함을 추상적으로 묘사한 것이다. 그런데 이런 형태의 머리 장식을 한 여신상들의 팔 모양 또한 눈길을 끈다. 양팔을 어깨 위로 들어 올려 손바닥이 밖을 향하고 있다. 과일, 새, 들어 올린 양손은 은총으로 충만한 대지가 광채를 발하며 제 모습을 드러내는 이미지일 것이다. 이 여신은 도장이나 도장을 새긴 반지에 묘사되는 여신과 같은 것이다. 도장에 표현된 여신은 자신의 나무 아래에 앉아서 풍요로움의 상징인 양귀비 머리와 꽃을 헌정받는다.

신성한 언덕은 20세기까지도 숭배의 대상이었다. 대지의 여신에 대한 숭배는 거대한 돌들로 된 왕관을 쓴 산의 정상에서 이루어졌다. 이런 숭배는 여러 역사 시기에 다양한 지역에서 나타났다. 발트 동부 지역뿐만 아니라 서쪽으로는 영국의 섬들, 남으로는 오늘날의 크레타 섬 지역에 기록이 남아 있다. 리투아니아 서부를 흐르는 네무나스 강 유역에 있는 람비나스라 부르는 신성한 언덕은 14세기 이후 계속 사람들에게 회자되고 있다. 심지어 19세기에도 갓 혼인한 부부가 자손들의 번창과 풍요로운 수확을 빌면서 제물을 바쳤다. 람비나스에 다산을 빌러 찾아올 때는 몸을 정결히 해야 한다는 대목을 16세기 기록에서 찾아볼 수 있다(Balys 1948: 21쪽; Gimbutas 1958: 95쪽).

임신을 못하는 여인들에게는 대지의 풍요로운 힘을 주는 대지 여신의 돌들이 있었다. 이 돌은 표면이 매끈매끈한 것이 특징이다. 독일과 스칸디나비아 반도에 있는 여러 국가들에서 이렇게 표면이 잘 마모된 평평한 돌들을 '신부의 돌', 즉 브라우트스타인이라 불렀다. 갓 혼인한 신부들이 빈번히 이 돌 위에 앉아 있거나 기어오르며 비옥함을 간구했다. 18~19세기 프랑스에는 '미끄럼 돌(La glissade)'이 있었다. 이 돌에 직접 엉덩이를 대고 문지르던 관습이 은밀히 행해졌는데, 경사면이 있는 돌이 선호되었다. 세대를 거듭하며 헤아릴 수 없이 많은 이들이 되풀이해서 애용한 결과 이런 돌들은 표면이 반질반질하게 마모되어 있다.

그림 232

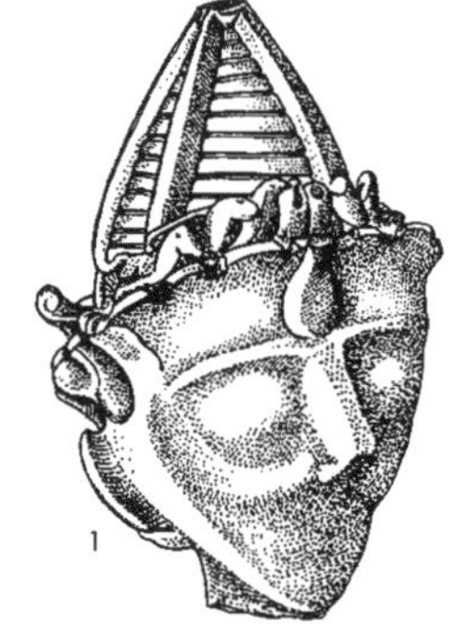

1

2

그림 232
땅 위로 올라오는 대지모와 옴팔로스.
(1) 옴팔로스 주제가 변이된 미노아의 여신이다. 가면 위로 옥수수 모양의 머리 장식이 있다. 후기 궁전 시기(크레타의 고르틴, 기원전 1400-1100년경).
(2) 두 손을 높이 든 떠오르는 어린 대지모. 옥수수 모양 머리에 양귀비 머리가 장식되어 있다. 후기 궁전 시기(크레타의 가지, 기원전 1350년경).

그림 233
태아가 알 모양의 빵 굽는 오븐, 즉 어머니 자궁 속에 묻혀 있다(루마니아의 쿠르마투라, 기원전 4000년경).

그림 233

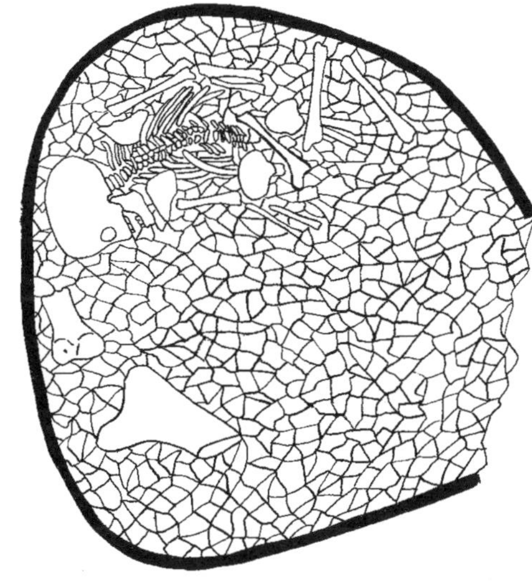

우뚝 솟아 있는 돌에 옴팔로스나 배를 문지르거나 특히 돌출된 부분, 즉 둥근 손잡이나 돌에서 튀어나온 부분에 맨살을 문지르던 풍속이 있었다. 이런 행위가 혼인을 도와주고, 생식력을 키워줄 뿐 아니라 순산에도 도움이 된다는 믿음이 있었다(Sébillot 1902: 79쪽 이하). 둥근 마디나 심지어 거석에서 돌출된 부분조차 신성한 에너지가 집중되어 있는 지점이라 믿었는데, 이 지점이 바로 옴팔로스이다. 거대한 돌에 이런 방식으로 비념을 하던 행위는 유럽과 극동 지역의 기록들에 광범위하게 남아 전한다. 사람들은 이것이 '고대'로부터 이어져 내려오는 풍속이라는 사실을 알고 있다.

로마에서 비옥한 대지의 여신은 오프스 콘시우아이다. 여신한테 헌정된 평평한 면이 있는 거석은 땅속 구덩이에 짚으로 덮어 보존했다. 이 바위는 한 해에 한 번, 즉 추수감사제 때만 노출시켰다(Dumézil 1969: 293~296쪽). 이로부터 대략 1500년 뒤에, 북유럽에 이런 전통이 있었다는 기록이 보존되어 있다. 1600년 리투아니아 예수회 연보에도, 평평한 표면이 있는 거석을 땅속에 두고 짚으로 덮었는데, 이를 여신들(Deives)이라 불렀다는 기록이 있다(*Annuae Litterae Societatis Jesu*, 1600년경: Greimas 1979: 215쪽 인용). 따라서 이 돌이 바로 여신이었음을 알 수 있다.

마법의 언덕에 대한 자취는 유럽 민담에서도 찾아볼 수 있다. 이 언덕은 누군가 입구에서 문을 두드리면 열린다는데, 대개 아리따운 여인이 영웅을 이 언덕으로 인도하고 마법의 주문을 외거나, 입구를 세 번 두드리면 열린다고 한다. 언덕 안에는 찬란하게 빛을 발하는 여왕이 앉아 있다(Duerr 1978: 209쪽). 이 여왕이 선사시대 비옥한 대지의 여신, 즉 식물 생장의 비밀을 알고 있는 여왕이다.

15-6. 무덤이 자궁이다

만물이 죽어 묻히는 땅은 곧 죽은 자의 어머니이다. 무덤을 만드는 자의 목표는 가능한 한 어머니의 몸에 가깝게 가는 것이었으리라. 이런 개념이 널길 무덤의 내부 배열에도 적용되었을 것이다. 이 무덤은 실제 주검을 묻는 방과 이 방으로 가는 긴 회랑 같은 통로로 구성되는데 이는 자궁과 질을 나타낼 것이다(Cyriax 1921, Dames의 인용, 1977: 30쪽).

'무덤이 자궁이다'라는 이론은 반세기 전부터 널리 주지되기 시작했는데 사실 새로운 내용이 아니다. 여기서 어머니는 여신을 말하며 무덤은 여신의 몸이나 자궁으로 이해해야 한다. 이렇게 땅이 죽은 자의 어머니, 즉 여신이란 개념은 민담을 통해서 계속 이어져 내려온다. 리투아니아 신화에서는 여신을 '무덤의 어머니' 혹은 '모래 언덕의 어머니'라 묘사한다.

동굴이나 땅이 갈라진 깊은 틈새는 자연이 드러내는 여신의 원시적 자궁이다. 이 개념이 유래한 시기는 예상과 달리 신석기시대가 아니라 구석기시대이다. 구석기시대, 지형적으로 좁은 통로나 타원형 지대 또는 절개된 틈새나 동굴 속 작은 구멍들에 붉은 표식을 한 유적 혹은 전체를 다 붉게 칠한 유적들이 발견된다. 구석기시대에 이미 무덤을 자궁으로 보았던 증거이다(Leroi-Gourhan 1967: 174쪽). 이 붉은색은 어머니의 생식기관을 나타내는 색임에 틀림없다. 유럽의 남부와 남동부 신석기시대 무덤은 타원형인데 이 모양은 알이나 자궁에 대한 상징적 표현이다. 이와 마찬가지로 피토이(거대한 항아리) 무덤(알 모양 항아리 속에 시체를 태아의 자세로 넣는 방식)이나 오븐형 무덤도 어머니 자궁 안에 묻는다는 개념을 드러내고 있다(그림 233). 자궁 속에 묻는 것은 땅에 씨앗을 심는 것과 같은 의미가 있다. 따라서 옛 생명으로부터 새 생명이 탄생하기를 기대하는 것은 너무도 자연스럽다.

그림 234

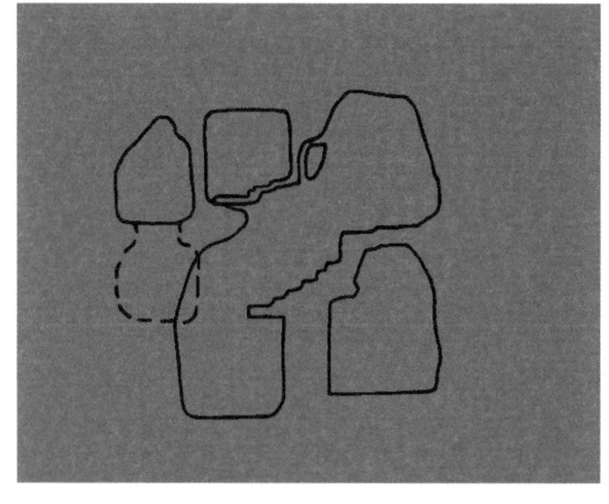

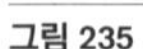
그림 235

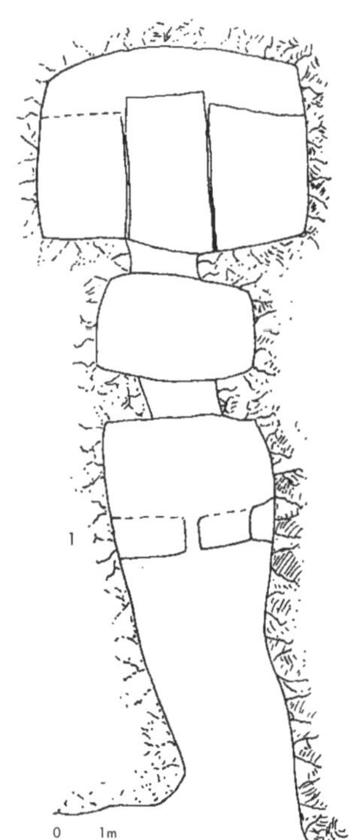

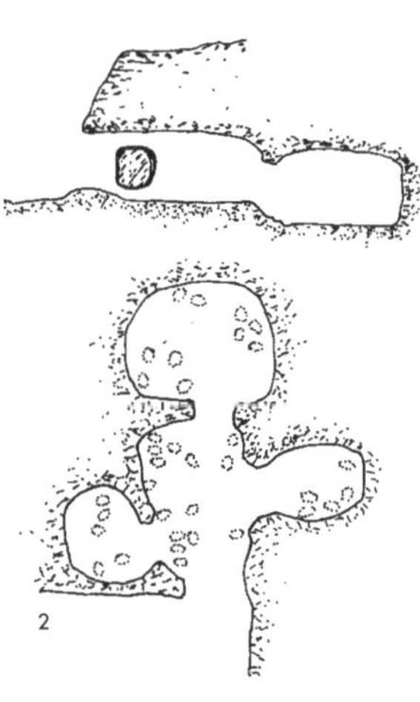

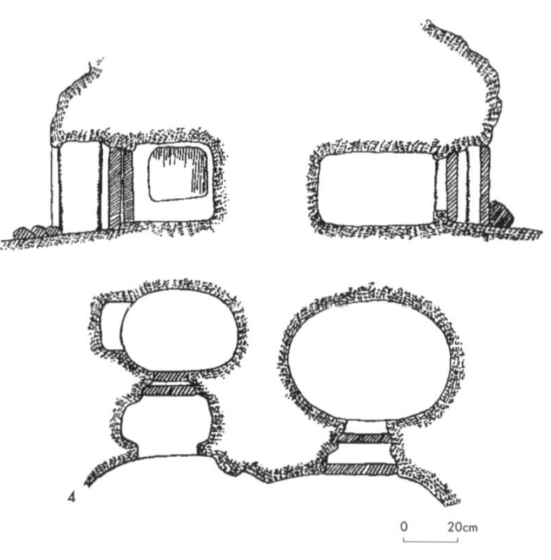

몰타, 시칠리아, 사르데냐에 있는 석실묘나 암굴묘는 대개 자궁, 알 모양 혹은 의인화된 윤곽을 보인다(그림 234, 235). 무덤 건축으로 거석을 이용한 서유럽에서는 여신의 몸을 웅장하게 표현했다(그림 236). 소위 십자형이나 쌍으로 된 타원형은 틀림없이 인체의 모양이다(그림 237). 몰타에 있는 돌로 된 사원은 돌이나 테라코타로 된 여신상의 윤곽을 드러낸다. 일부 무덤은 임신한 여신의 거대한 윤곽을 본뜬 모양이다. 예로 폴란드 서부의 미에진의 작은 돌무덤은 몰타에 있는 육중한 여신 좌상과 닮았다(그림 238).

거대한 거석 구조를 지닌 최초의 무덤은 널길 무덤이고 이는 주요한 방과 회랑으로 구성되어 있다. 여신의 자궁을 암시하는, 자연에서 발견된 동굴은 아마도 지상에 이런 무덤 구조를 건설할 때 영감을 주었을 것이다. 기본 형태는 길거나 짧은 통로와 둥근 방으로 구성되고 지붕은 내쌓기 방식(벽돌이나 돌 따위를 쌓는 면보다 내밀어 쌓는 방식-옮긴이)으로 만들어졌다. 이런 구조는 브르타뉴에서 기원전 5천년기에 등장한 것으로 추정된다. 기원전 4천년기에는 널길 무덤이 여러 형태로 발달하는데 이때는 보통 돌출된 방이 서너 개 나타난다.

기원전 4천년기의 아일랜드 신석기시대 무덤들의 내부 구조를 살펴보면 명백히 사람 모습의 윤곽을 표현하고 있음을 알 수 있다. 커다란 타원형 배와 머리가 있고 일부 무덤에는 다리가 있는데 심지어 눈까지 묘사되어 있다(그림 239). 이 유형의 무덤을 코트 방(court cairns) 이나 코트 무덤(court tomb)

그림 234
몰타의 할사플리에니에 있는 지하 방 세 개가 서로 연결된 무덤의 단면도. 기원전 4천년기-3천년기 초기까지 이용되었다. 가운데 무덤의 직경은 30m 정도이다.

그림 235
사르데냐와 시칠리아 지하 무덤. 거칠게 의인화된 윤곽을 드러내는데 옆에 붙어 있는 방이 알 모양이다.
(1)-(3) 사르데냐의 오치에리 문화((1) 몬테수, 빌라페르쿠초. (2) 산베르나르데토, 이글레시아스. (3) 산 안드레프리우, 보노르바, 기원전 4000~3500년경). (4) 시칠리아의 초기 청동기시대(카스텔루초, 기원전 3000-2500년).

그림 236

그림 236
여신의 몸 전체 윤곽을 보여주는 서유럽 거석 무덤. 이는 후대 유럽의 십자형 대성당 구조의 실마리를 제시한다. 아일랜드 신석기시대 널길 무덤 문화(아일랜드의 캐로킬, 기원전 4천년기 후반).
(1) 길이 7.5m
(2) 길이 6.3m
(3) 길이 5.8m

그림 237

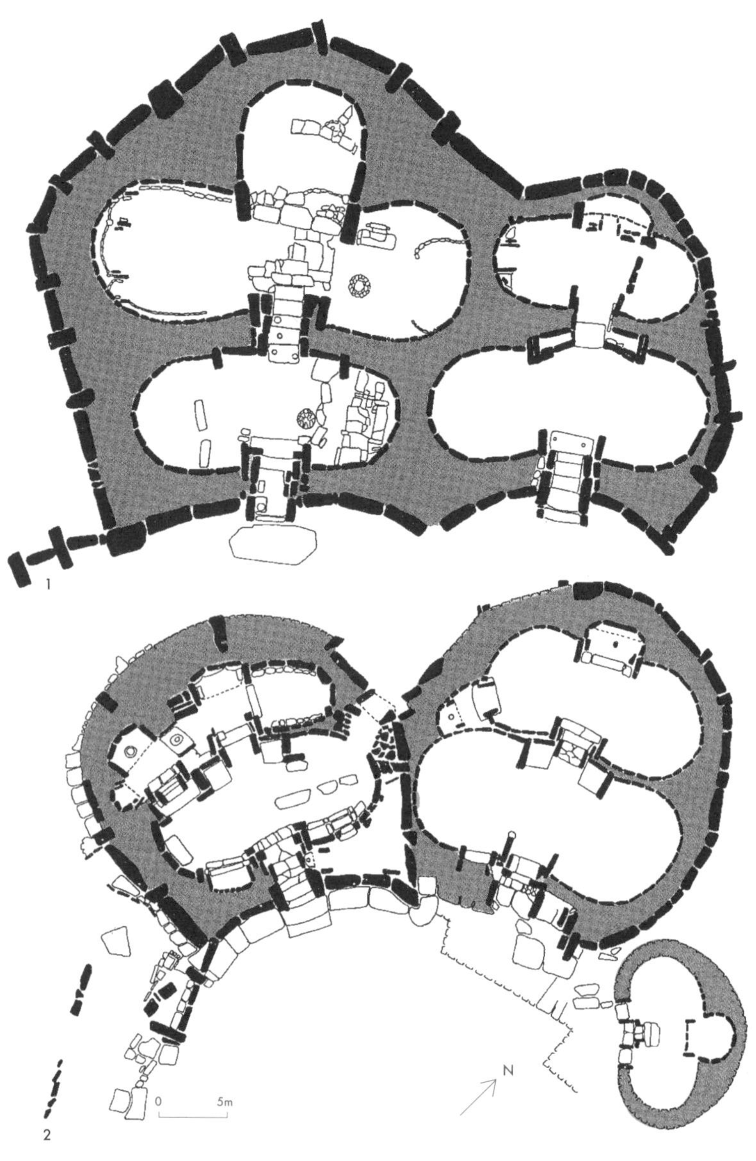

그림 238

이라 하는데 이는 거대한 돌로 만든 반원형 입구, 즉 코트 모양 입구에서 유래한 것이다. 이 유형에 속하는 무덤들은 대체로 입구가 있고 입구는 가운데 방으로 이어져 있으며, 여기에는 방이 한 개 혹은 여러 개 있다. 이들 모두 무덤 구조에 속한다(De Valera 1960: pls. II-XXX). 보존 상태가 대단히 양호한 무덤을 통해서 알게 된 것이 있다. 코트가 바로 사람이 다리를 벌리고 있는 모습을 나타낸다는 것이다. 그리고 코트에 붙어 있는 방 혹은 회랑 구조는 무덤의 중심으로 인도하는 역할을 한다. 이 구조가 질과 자궁에 해당한다(그림 240).

그림 237
여신의 윤곽을 보여주는 몰타의 석조 사원. 사원 하나가 다른 것보다 조금 작다는 점에 주목하라.
(1) 고조의 지간티자, 기원전 4천년기 중기.
(2) 몰타의 임나이드라, 기원전 4천년기 말.
지름 65m

그림 238
살진 여신의 좌상 윤곽을 표현한 폴란드 거석 무덤(폴란드의 미에진, 기원전 3500-3000년)
높이 2.8m

그림 239
소위 코트 방 혹은 코트 무덤이 실제로는 여신의 입상 혹은 좌상 모양이다. 상체가 거대하고 눈이 두드러진 점에 주목하라. 신석기시대 아일랜드(기원전 4천년기 초기).
(1) 발리그라스, 마요.
(2) 디어파크 혹은 마게자가네시, 슬리고.
(3)과 (4)는 크리비킬.

그림 240
아일랜드 신석기시대. 코트가 여신의 가랑이 사이라는 것을 보여주는 무덤. 이어지는 회랑과 방은 질과 자궁을 나타낸다(기원전 4천년기 초기).
(1) 센발리에몬드, 티퍼러리.
(2) 클레디 할리데이, 안트림.
(3) 발리말라그, 안트림.
지름 약 10m

그림 239

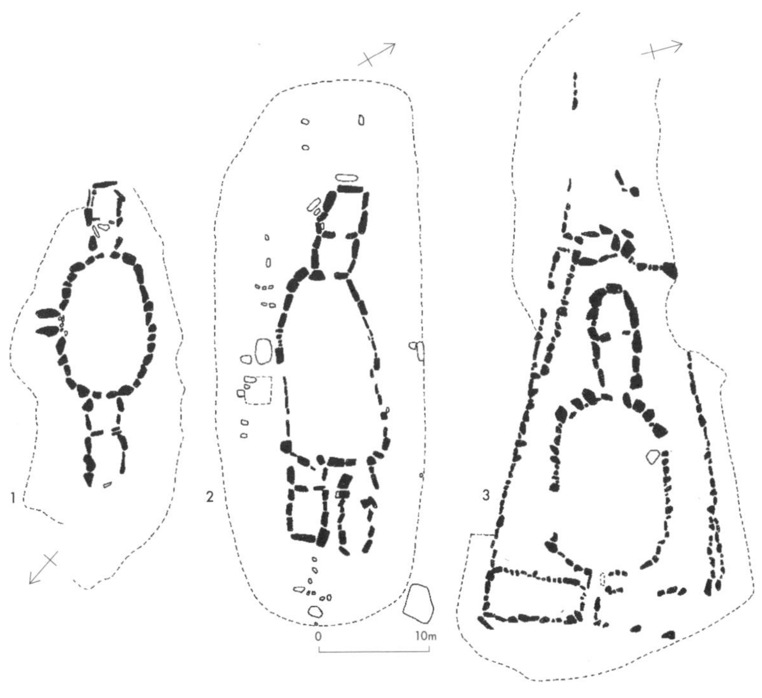

4

그림 240

1

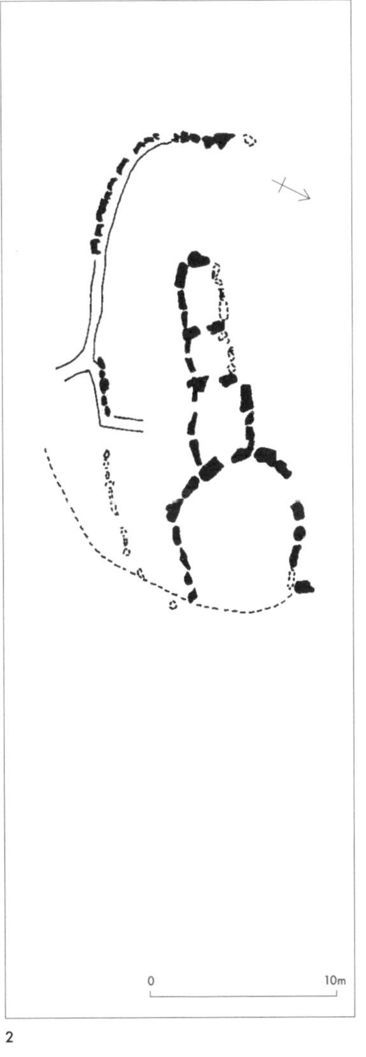

2

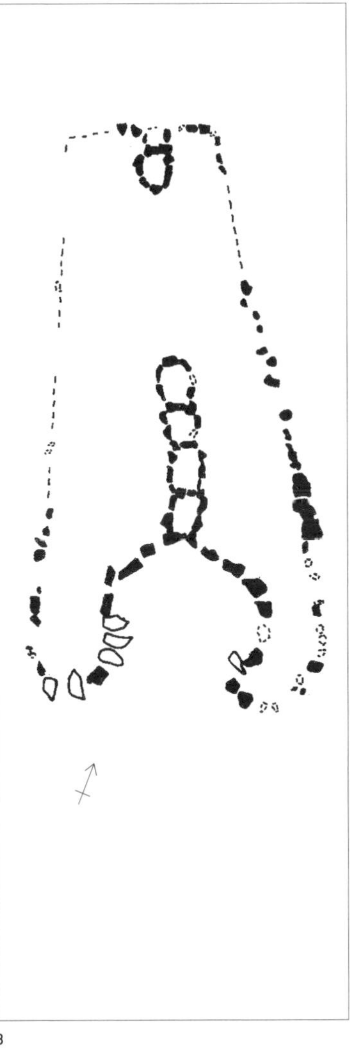

3

그림 241

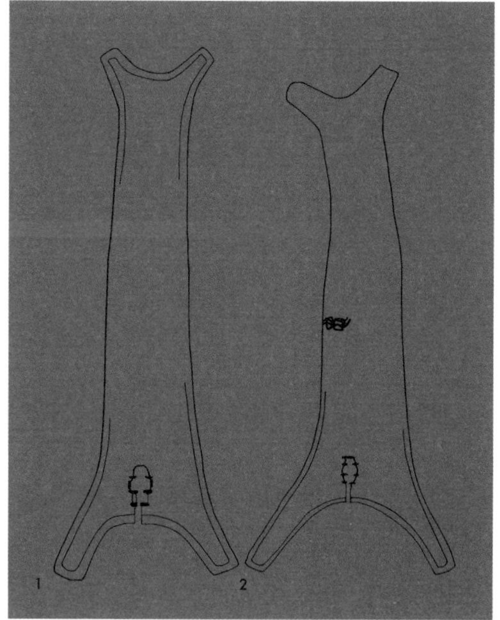

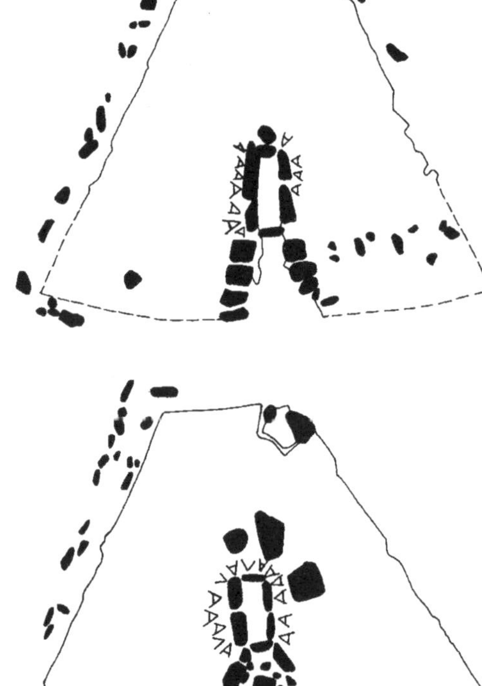

그림 242

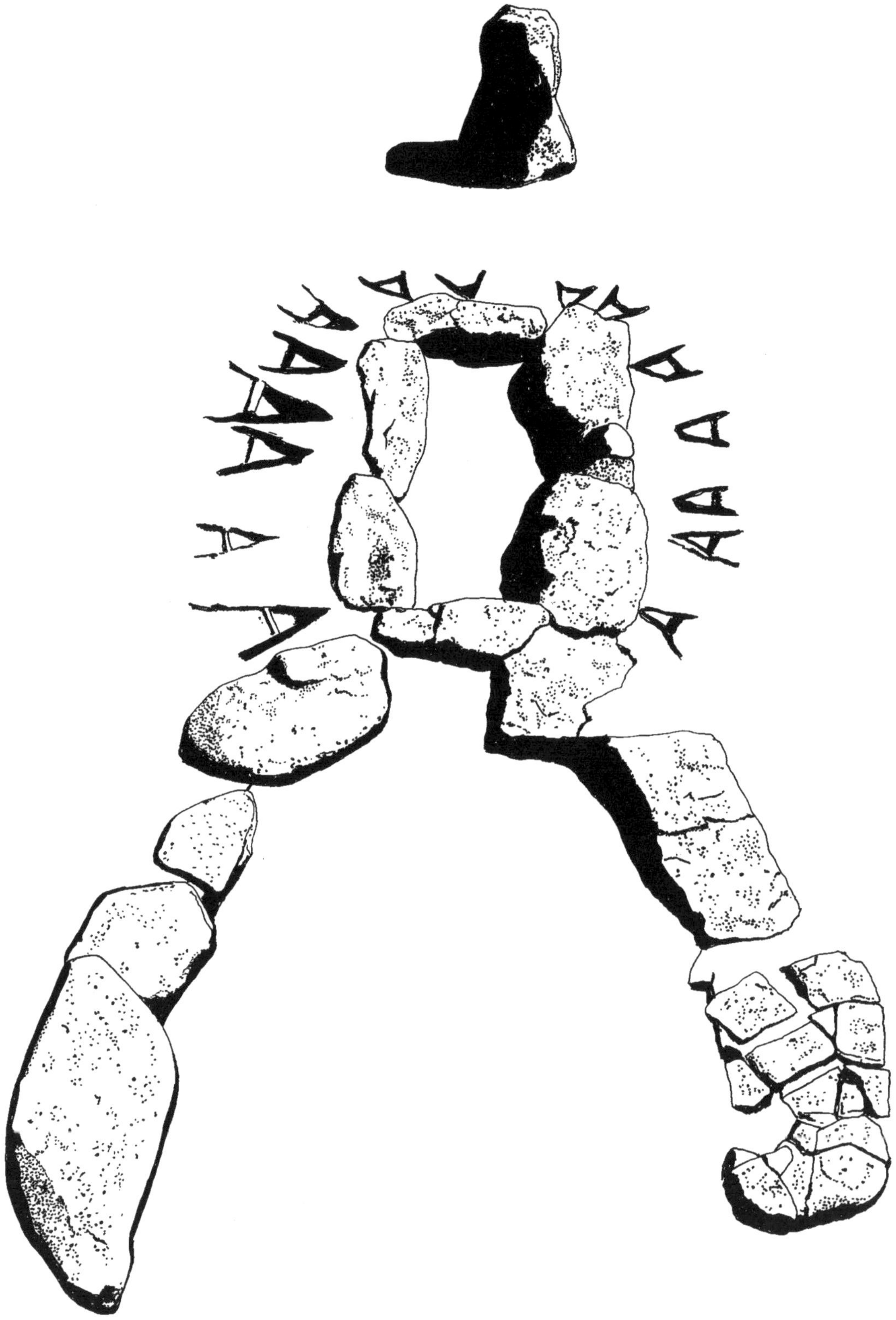

그림 241
일부 구덩이는 정확히 종말을 맞은 노파의 뼈 모양이다(오크니, 기원전 4천년기 말기).
길이 약 66m

그림 242
아이언 게이트 지역에 있는 레펜스키비르 신전. 양쪽으로 나란히 돌을 세워 만든 입구는 여신의 가랑이 사이를 나타낸다. 이 입구가 여신의 생식기 쪽으로 인도한다. 자궁으로 상징되는 방은 사각형의 석조 제대이다. 종종 제대 바로 옆에서 의인화된 물고기나 알 모양 조각상이 출토된다(레펜스키비르 신전, 기원전 6000년경).
폭 7m

그림 243
레펜스키비르 신전 제대 머리맡에 있는 알/물고기 모양 조각상. 미궁 디자인이 조각되어 있다(그림 407, 408 참조).
기원전 7천년기 말·6천년기 초
(1) 19×14.2cm
(2) 31×27cm
(3) 14×15cm

그림 243

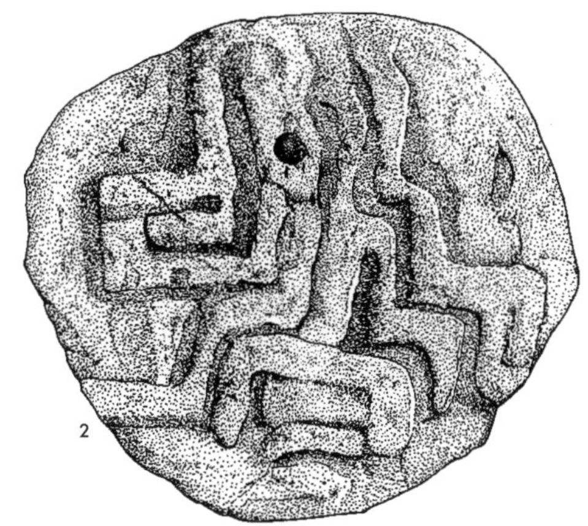

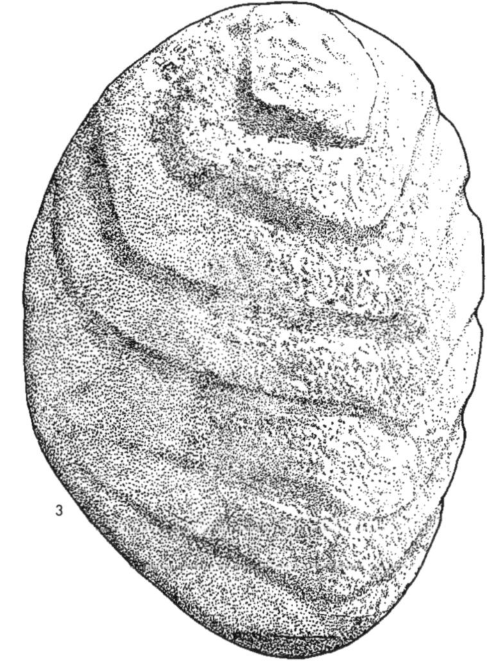

또 다른 유형의 무덤이 있다. 긴 회랑이 있는 고분 형상인데 이는 여신의 뼈나 죽음을 의미하는 뼈처럼 깡마른 여신하고 닮은 모습이다(그림 241: 18-9. 참조).

1965년부터 1968년까지 아이언 게이트 지역의 다뉴브에서 주요한 발견이 있었다. 레펜스키비르 신전과 무덤인데 여기서도 유사한 상징들이 드러난다(Srejović 1972; Sejović and Babović 1983). 레펜스키비르는 기원전 7천년기 중후반~6천년기 초기의 유물로 판명되었는데, 바닥을 붉은 석회로 바른 공중그네 형상의 구조가 특징이다. 이 구조물은 다뉴브의 둑에 야외극장처럼 움푹 들어간 자리를 파서 만들었다(그림 242). 신전의 핵심이 되는 특질은 돌로 만든 직사각형 제대와, 아일랜드 '코트 무덤'처럼 여신이 다리를 벌리고 있는 모양의 입구이다(그림 240과 비교). 제대 끝에 물고기 여신을 나타내는 조각상이 하나 혹은 둘이 서 있다(그림 407, 408 참조). 이 조각상은 둥글거나 달걀 모양인 돌 혹은 희생용기인데 여기 미궁/자궁 형상이 새겨져 있다(그림 243).

죽은 자는 이와 유사한 삼각 구조물 안에 묻는다. 죽은 자를 붉은 바닥에 앉히고 머리는 삼각 뿔 모양 꼭대기의 뿔 쪽으로 배치하고 배꼽을 구조물의 중심에 오도록 한다(그림 244). 신전에 있는 조각상들의 자세 또한 이렇다. 신전 내부에서 발견된 유물이나 제대에 있는 큰 물고기, 개, 멧돼지, 사슴 뼈를 분석한 후에 레펜스키비르 신전은 장례 때 사용되었던 자리라는 결론에 도달했다. 유적지 자체가 이미 신성한 무덤 터였던 것이다. 이 지역에서 해골 170구와 뼛조각들이 많이 나왔다. 유골도 발굴되었다.

15-7. 구멍 난 돌

지석묘, 고인돌, 널길 무덤 등 거석문화권에서 빈번히 관찰되는 특질 하나가 돌에 구멍이 나 있다는 것이다. 이 구멍 돌은 입구의 표석이나 무덤 속을 구획하는 벽면에서 찾아볼 수 있다. 구멍이 나 있는 돌에 대한 숭배는 이미 언급한 바 있다. 아일랜드, 스코틀랜드, 잉글랜드, 프랑스를 비롯해 유럽의 수많은 나라들에서 구멍 있는 돌은 기적을 행하는 힘이 있다는 믿음이 확산되어 있다. 이 신비한 돌에 나 있는 구멍을 통과하는 풍속은 수세대를 거치며 이어져 내려왔다. 특히 몸이 약한 아이들이 확신을 갖고 이 구멍을 통과하면 건강해질 수 있다고 믿었다. 이때 아이들은 구멍에 머리부터 집어넣고 통과해야 된다(Sébillot 1902: 88쪽). 일부 이런 돌들은 후에 성당 지하실로 옮겨졌고 돌들이 기적을 일으키는 힘이 있다는 믿음은 오늘날까지도 이어진다(Wood Martin 1902: 226~234쪽).

돌뿐만 아니라 구멍이 있는 나무들도 유사한 기능이 있다고 믿었다. 독일 북부의 예를 살펴보면, 숭배 대상물이 나이 많은 참나무 고목이다. 이 나무 둥치에 구멍이 나 있는데 이 지역 사람들은 전통적인 방식으로 이 구멍을 통과한 다음 나무뿌리가 있는 땅에 은화를 묻는다(Wood Martin 1902: 228쪽).

무덤 입구는 전형적으로 좁고 긴 산도 모양이다(그림 245). 사람들은 바위에 난 좁은 구멍을 기거나 몸을 웅크려 통과한다. 입구가 되는 구멍 바위는 양편에 연석이 지지하고 있다. 이로써 무덤 입구 앞으로 뜰 같은 공간이 만들어진다. 아마도 좁고 긴 어머니 자궁으로 들어가는 입구를 모방한 것이 아닐까 생각한다.

돌이나 나무의 틈새를 기어서 통과하는 행위는 산도를 지나는 것만큼이나 어렵다. 거석 무덤에서 사람들은 여신의 자궁으로 기어들어가 여신한테 자신을 바친다. 이렇게 해서 여신의 힘을 받아 더욱 강인하게 새로 태어난다. 이 의례는 동굴에서 잠을 자는 것과 마찬가지인데, 바로 통과의례이다. 동굴에서 여신하고 같이 잠을 자는 행위는 죽어 다

그림 244

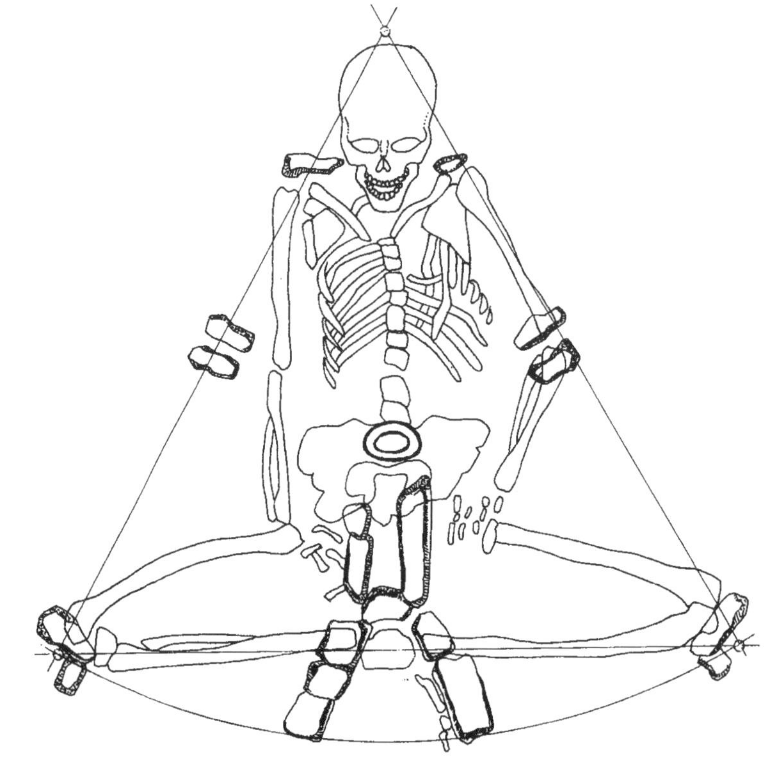

그림 244
레펜스키비르 무덤과 신전은 세모꼴이다. 유골이 삼각 뿔 모양의 붉은 회반죽 속에서 발견되었는데, 신전의 중앙에 유골을 배치한다.
무덤에서 이 지점은 인체에서 배꼽에 해당한다(레펜스키비르, 무덤 번호 69).

그림 245

1
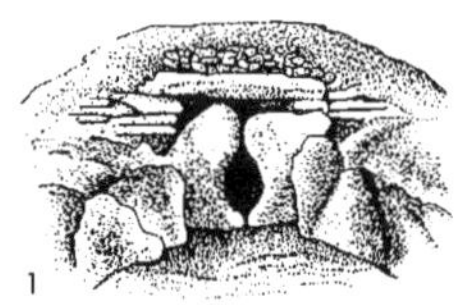

2

그림 245
영국의 신석기시대 무덤은 좁은 음문 모양의 입구가 있다.
(1) 놈 언덕.
(2) 윈드밀 언덕.
잉글랜드 글로체스터셔. 기원전 3000년경.

그림 246

그림 246
고대 그리스 아노도스 토기 문양. 세멜레 또는 가이아 여신을 지상으로 끌어올리려 한다. 언덕 아래쪽에서 태어나는 젊은 여신 주위에 사티로스(염소-인간)와 디오니소스가 등장한다.

시 부활한다는 의미이다. 몰타에 있는 할사플리에니 지하 무덤에서 잘 알려진 '잠자는 여신상'이 발굴되었다. 이 여신상은 기원전 4천년기 후기 유물로 추정된다. 기원후 200년경 기록인 달디스의 꿈에 관한 책에 따르면 '여신과 함께 자는 잠'이란 죽음을 뜻한다(Duerr 1978: 203쪽).

15-8. 영원한 대지의 어머니

지금까지 선사시대 대지 여신의 다산 측면을 살펴보았다. 특별히 임신한 여신의 배와 여신의 기적적인 힘을 부각시켰다. 이 힘은 생명의 기운을 방출하고 회수하여 죽음으로 이끄는 힘이다. 그런데 전설, 민담, 기록 등으로 남아 있는 오랜 인류의 전통을 자세히 들여다보면, 여신은 지금까지 우리가 묘사한 다산 이상의 힘을 지닌다.

여신은 땅의 비옥함을 체현한다. 여신은 순수하고도 결점이 없다. 자신의 몸에서 창조하고 자궁 안의 물로 새 생명을 잉태하고 보호한다. 여신은 거듭거듭 신비로운 탈바꿈을 멈추지 않는다. 대지에서 태어난 만물은 지상에 넘치는 생명력을 뿜어낸다. 꽃, 나무, 돌, 언덕, 사람, 동물 모두 땅에서 태어나고 각각의 생명은 모두 여신의 힘을 간직하고 있다. 신성한 숲, 초원, 강, 잎이 우거진 나무, 옹이투성이인 여러 줄기에서 몸이 뒤틀리며 함께 자라는 나무들은 더욱더 여신이 관할하는 생명의 신비와 연결되어 있다. 대지의 여신이 화사하고 풍성한 초록과 찬란한 꽃들로 온 땅에 옷을 입힌다. 17세기와 18세기 리투아니아의 대지모 제미나와 그리스의 가이아, 또 타르코-프리기안 세멜레는 모두 대지의 여신들이다. 여신에게 기원하는 사람들은 '만개하는 자'와 '싹을 틔우는 자'라고 불렀다.

이 대지의 여신을 인간으로 형상화하면 어머니다. 유럽 여러 마을에서 여전히 여신을 칭송하는 표현이 "어머니 저는 당신에게서 나왔습니다. 당신은 저를 보듬고 자양분을 주시고 죽을 때 저를 데려가십니다"이다.

봄은 대지 여신이 임신을 한 상태로 간주되기에 사람들은 이를 존중하고 보호한다. 특히 우크라이나와 벨라루시 농부들 사이에서는 성명축일인 3월 25일, 땅을 두드리거나, 땅에 침을 뱉거나, 구덩이를 파거나, 쟁기질 하는 행위를 가장 엄중한 죄로 간주했다(Moszyński 1934: 510쪽) .폴란드와 러시아에서는 "땅을 때리는 행위는 자기 어머니를 때리는 것과 같다"라는 속담이 있다. 대지의 여신을 모욕한다면 여신은 곡을 하고 신음소리를 낸다.

고대 그리스에서는 헤로이스 혹은 세멜레 여신을 들어 올리는 여인들의 의례를 거행했다. 이 즐거운 의례를 핀다로스가 〈봄의 찬가〉에서 우아하게 묘사했다.

> 그런 다음 영원한 대지에 사랑스런 팬지 꽃잎이 휘날려 덮이고 장미 꽃잎은 머리 중앙으로 떨어진다. 노랫가락은 점점 커지고 무도장에서는 왕관을 쓴 세밀레를 부르는 소리가 높아진다(Pindar 기원전 5세기; Harrison 1962: 418쪽).

이 어마어마한 여신이 왕관을 쓰는데, 아노도스 토기에 다음과 같이 여신을 묘사하고 있다. 새로운 생명을 가져다주는 땅의 정령이 막 태어나고 있는데, 염소-다이몬과 사티로스가 둘레에서 이를 기념하고 축하하고 있다(그림 246). 우리에게 처녀 여신으로 알려진 코레나 페로파타는 어린 가이아/스밀레 여신에 해당한다.

대지 여신의 기운이 가장 충만한 시기는 8월이다. 현재 성모승천일로 기리고 있는 8월 15일은 풀, 꽃, 옥수수의 축제일이다. 아일랜드에서 리투아니아, 몰타 사이에 있는 모든 가톨릭 국가들이 이 풍성한 날을 기념한다. 이곳 사람들은 이날 옥수수 대궁을 이용해 꽃과 풀로 부케를 만든다. 이 부케를 들고 교회로 가서 여신의 축복을 받는다. 이날 스코틀랜드에서는 짚으로 만든 뚱뚱한 인형 콘돌리(corn dolly)를 만드는데, 이 인형을 '살진 성모(Moilleán Moire)'라 부른다. 이는 옥수수 대궁으로 만드는데, 아침 일찍이 대궁을 꺾어서 돌 위에 얹어 말린다. 충분히 마르면 손으로 깍지를 벗기고 채로 쳐서 키질을 한 다음, 맷돌에 갈아 양가죽 위에 놓고 반죽을 치댄다. 그리고 납작한 과자로 만든 다음, 과자를 마가목이나 다른 신성한 나무에 불을 지펴 굽는다. 농부는 과자를 쪼개 아내와 자녀에게 한 조각씩 나누어 주고, 가족 모두 이 과자 조각을 들고 가족을 지켜주는 〈어머니 마리아의 찬가〉를 노래한다. 이 노래를 하는 동안 식구들은 불 주위를 태양이 도는 방향으로 돈다(Ross 1976: 141쪽). 이렇게 성모 마리아를 풍요롭게 기념하는 빵 굽는 풍습은 신석기시대부터 이어져 내려온 듯하다. 곡식의 여신을 닮은 푸짐한 빵을 굽는 관습은 유럽의 다른 지역에서도 찾아볼 수 있다. 동부 프로이센의 리투아니아인들은 추수감사제 때 케이크를 굽는데 여자 모양이다. 이들은 케이크를 보바의 인형(Bobas-puppe)이라 부른다(Balys 1966: 94쪽). 신석기시대와 순동기시대의 풍요로운 여신들은 대지 여신의 풍요로움을 상징하고 이를 경축하기 위해서 추수 때 케이크를 만들었을 것이다.

대지는 정의나 사회의식으로도 표현된다. 리투아니아 제미나와 러시아 마투시카 제믈랴, 그리스의 테미스가 대표적인 예이다. 널리 퍼져 있는 이 견해는 선사시대에서 유래했음을 알 수 있다. 여러 세기 동안 슬라브 농부들은 대지를 증인으로 간주해 토지 소유권이나 이와 관련된 법적 논쟁을 이런 믿음을 기반으로 풀어냈다. 만일 누군가 머리 위에 흙덩이를 올리거나 흙을 삼키고 맹세하는 경우, 이 맹세는 논쟁의 여지가 없는 구속력을 지녔다. 대지의 여신이 탄원하는 내용을 들은 다음 문제를 해결한다. 만일 여신을 경멸하거나 속인 자들이 있다면 벌을 받는다고 믿었다. 여신은 도둑, 거짓말쟁이, 허영심이 강한 자나 자만한 자들에게는 자비를 보이지 않는다. 전설에 따르면 대지의 여신은 죄인을 삼켜버릴 뿐 아니라 죄인의 재산이나 성도 없애버린다. 대지의 여신이 이들을 덮어버리고 이들이 소유하던 것을 앗아간다. 이런 자리에는 호수나 산이 생겨난다.

신성한 것들 중에 땅이 가장 신성하다. 따라서 대지 여신에 대해 함부로 말을 할 수가 없다. 따라서 여신한테 희생제물을 바치는 행위를 가장 중시했다. 만일 정기적으로 빵이나 맥주, 검은 동물이나 새를 바치지 않으면 이런 자는 준엄한 대가를 치르게 된다. 이런 예로 1582년 동부 리투아니아의 기록을 보면, 가족이나 가축이 마비되거나 거대한 뱀이 집 입구를 막아버린다고 한다(Ivinskis 1950).

대지의 여신은 수천 년 인류 종교사에서 주요한 자리를 차지했다. 여신부터 성인 혹은 성모 마리아에 이르기까지 곡물을 보호하는 여신의 변형태들이 1985년 파멜라 버거(Pamela Berger)가 쓴 책에 생생하게 소개되고 있다.

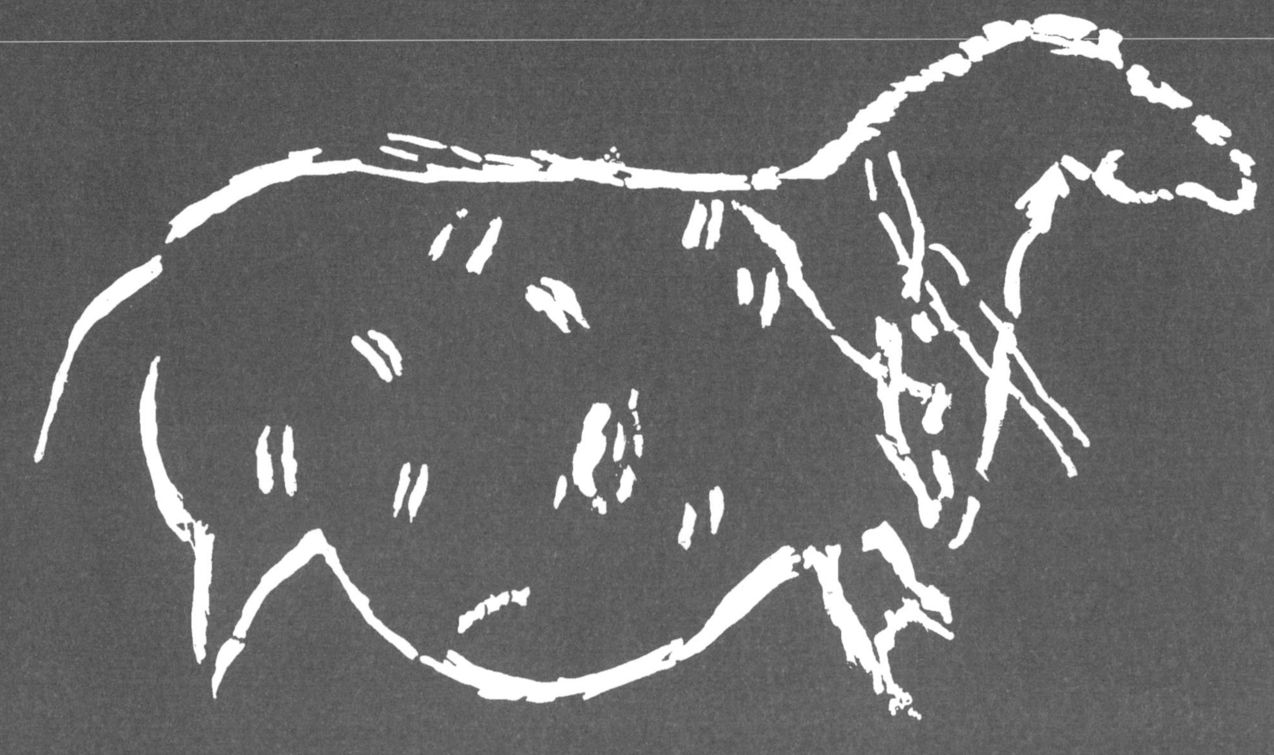

임신한 암말에 겹선 문양이 새겨져 있다. 지브랄타 인근 라필레타에 있는 막달레니앙기 동굴의 벽화.
그림 265참조.

16. 둘의 힘

올드 유럽 문화에서는 하나보다 더 강한 힘을 나타내기 위해 같은 문양을 하나 더 반복해서 표현하는 쌍 이미지 또는 겹선 문양을 이용했다. 이 이미지는 발전과 향상을 나타내는 것이다. 영향력의 증대나 풍요가 넘쳐난다는 점을 강조하는 표현이다. 쌍 이미지는 구체적으로 애벌레나 초승달, 나선형, 뱀, 새 문양에서 관찰되는데 여신을 쌍으로 묘사한 유물들도 있다.

16-1. 쌍

쌍의 이미지는 쿠쿠테니 토기(기원전 4500~3500년) 문양과 미노아 문명 토기와 인장(기원전 2000~1500년)에 잘 드러난다. 구체적으로 난황, 애벌레, 앵무조개, 남근, 뱀, 새, 초승달 문양이 쌍으로 표현되어 있다.

쿠쿠테니 B기 유적지에서 출토된 커다란 원뿔형 그릇 내부에서 쌍의 이미지를 볼 수 있다. 그릇에 작은 애벌레나 뱀 같은 생물이 있는데, 하나는 크고 하나는 작다. 이 상징들 둘레에는 개들이 있다. 여기서 개는 신화적 이미시의 성격이 강하다. 테두리에는 타원이나 알 문양들이 있는데, 각각의 알 혹은 타원 중앙에 짧은 수직선이 두 줄씩 새겨져 있다. 동일한 유적지에서 발굴된 다른 토기 문양을 보면, 접시를 두 부분으로 구획해놓고 구획마다 애벌레를 쌍으로 그려 넣었다(그림 247). 다른 토기에서도 이와 연관된 주제를 관찰할 수 있다. 이는 알 모양 혹은 반쪽 알 모양인데, 각각의 틀 안에 씨앗 혹은 난황이 둘 표현돼 있다.

접시와 원뿔형 그릇 내부에는 난황이 쌍으로 등장하는 모티프가 빈번히 관찰된다. 때로 뱀이 몸을 길게 늘여 이 알들을 가로지른다(그림 248). 쿠쿠테니 문화 여신상에서도 강화된 다산 개념이 선명히 부각되는데, 여신의 배에 쌍둥이 태아가 그려져 있다. 또 배하고 엉덩이에 알이 둘 그려져 있기도 한데, 이 알 속에는 한 쌍의 선이 새겨져 있다(그림 249).

산토리니와 크레타에서 출토된 기원전 2천년기 초기 미노아 문명 유물에서도 쌍 혹은 복제 모티프를 친숙하게 관찰할 수 있다. 특히 알 모양 토기나 물주둥이가 튀어나온 토기에 알이나 난황이 쌍으로 표현되는 경우가 빈번하다. 미노아 문명 중기 상아 인장에 등장하는 전형적인 문형으로 중복된 뱀의 쌍이나 앵무조개 쌍을 들 수 있다(그림 250). 이른바 '8자 모양의 방패'도 이 계열에 속하는 상징물이다.

몰타에 있는 타르시엔 사원 벽면의 움푹 들어간 자리에서 남근 조각상 한 쌍이 출토되었다. 여기

그림 247

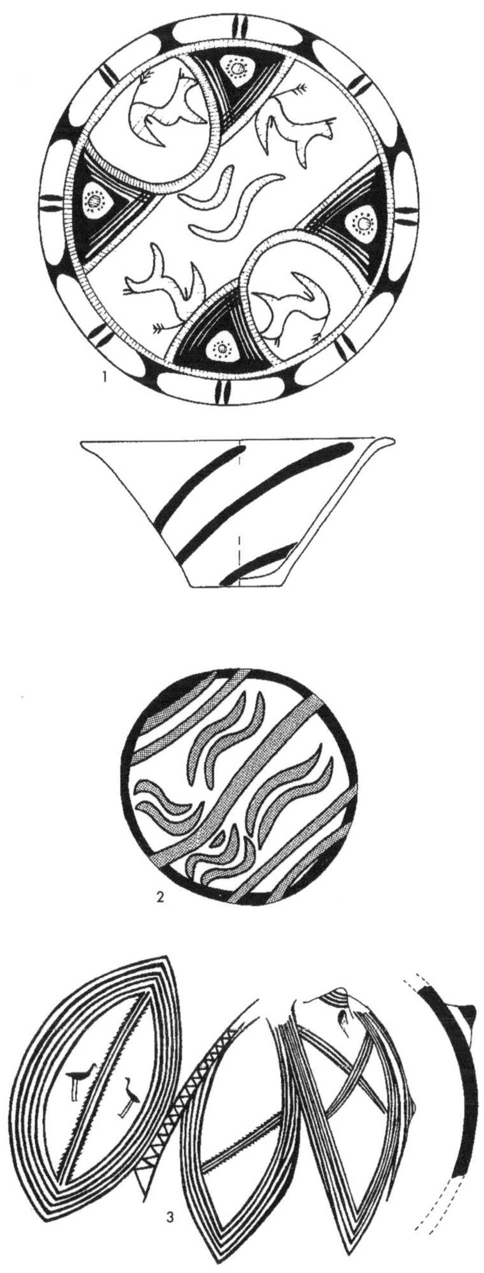

1

2

3

그림 248

1

2

3

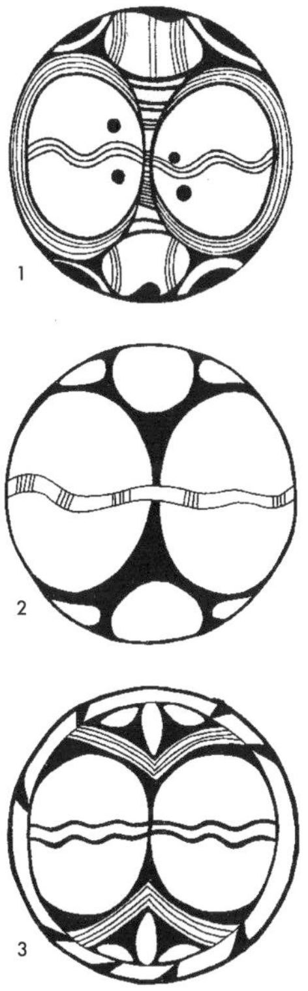

그림 247
원뿔형 토기 내부.
(1) 가운데 애벌레 한 쌍이 있고 네 구석에 개가 등장한다. 테두리는 길게 늘어진 알들로 장식했는데 알 안에는 한 쌍의 선이 있다. 다른 원뿔형 토기 바깥 면에 삼선 문양이 있다는 점을 주목하라.
(2) 둘로 분할한 각 구획마다 애벌레 두 쌍이 있다. 쿠쿠테니 B_2(루마니아의 발레아 루풀루이, 기원전 3500년경).
(3) 쿠쿠테니 B 토기에 분할된 각 구획 안에 두루미가 등장한다(우크라이나 서부, 기원전 3700~3500년경).
(1) 지름 61cm
(2) 지름 32.75cm
(3) 높이 17.2 cm

그림 248
'시작 혹은 도래'를 상징하기 위해 뱀이 가로지르는 쌍알 문양으로 장식한 쿠쿠테니 토기(우크라이나 서부 토마셰브카, 기원전 3500년경).
(1)~(3) 지름 51cm

그림 249

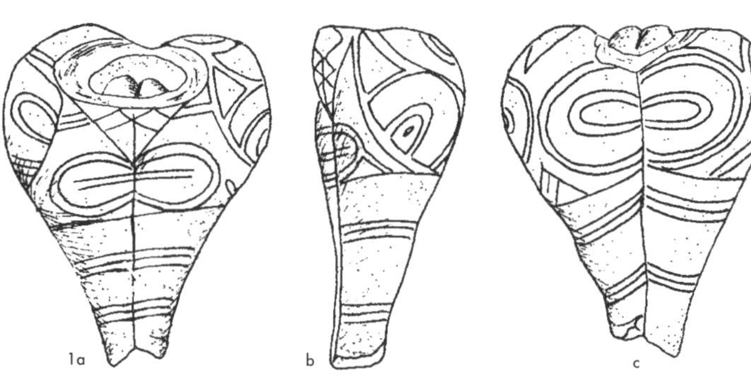

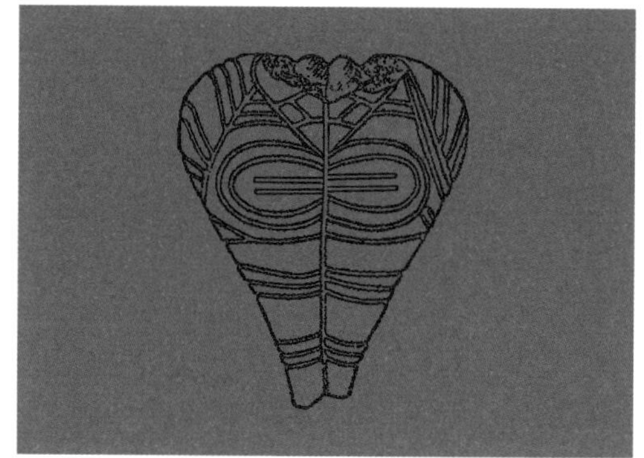

그림 249
자궁 내에서는 쌍둥이 태아, 엉덩이와 허벅지에는 쌍알이 표현되어 있다. 이는 다산을 강조한 상징이다. 쌍알 위로는 종종 두 선이 가로지른다. 고전 쿠쿠테니 고기(몰다비아의 노비예 루세슈티 I, 기원전 4500년경).
(1) 높이 10.2cm
(2) 높이 9.2cm

그림 250

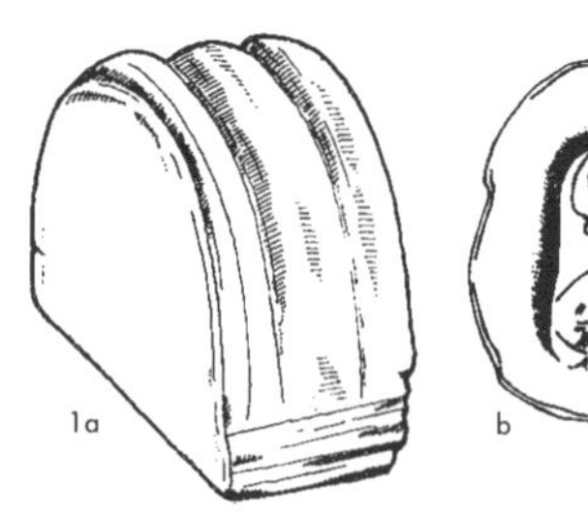

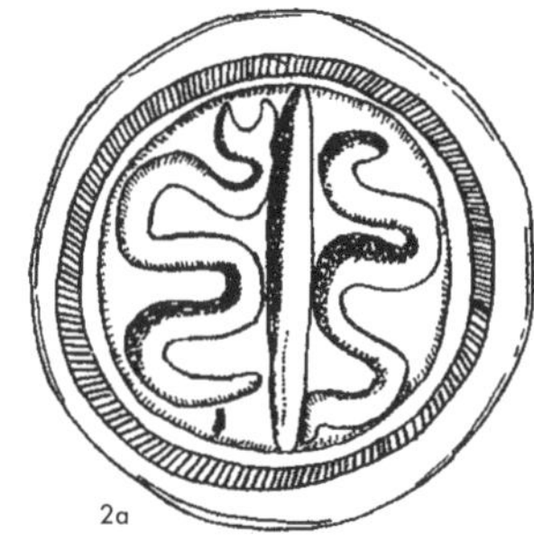

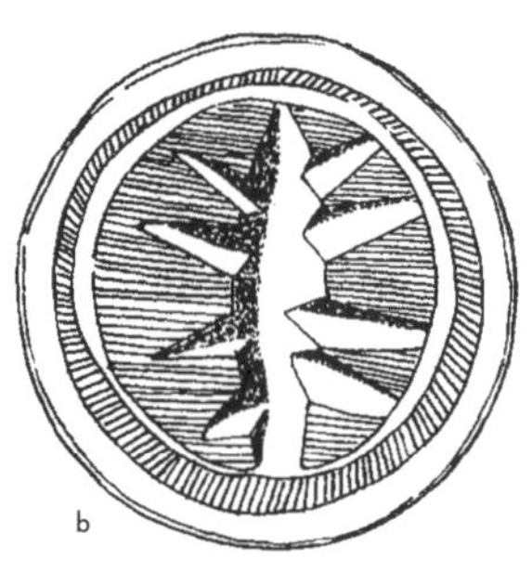

그림 250
톨로스 무덤들에서 출토된 상아 인장에 흔한 한 쌍의 뱀이나 앵무조개 문양.
중기 미노아 문명(크레타의 플라타노스, 기원전 20천년기 초기).
(1b) 높이 2cm
(2) 높이 2.4cm

그림 251

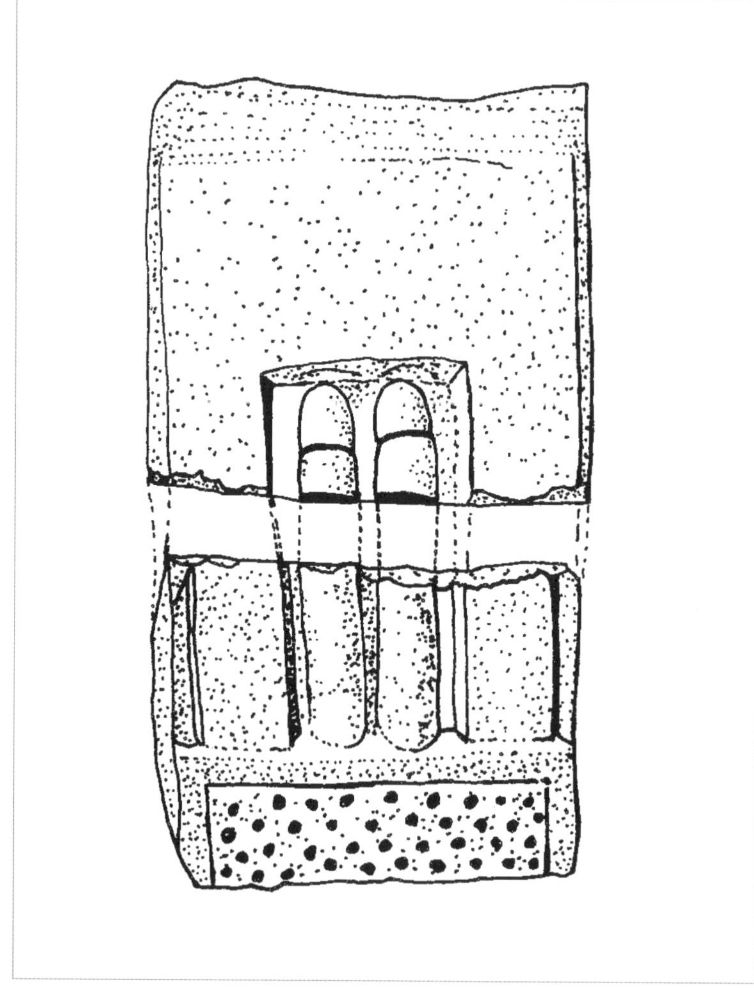

그림 251
사원 벽감에서 발견된 한 쌍의 남근 조각상(몰타의 타르시엔, 기원전 3천년기 초기).
높이 8.3cm

그림 252
신체 중간 부위에 젖가슴과 엉덩이를 합체한 듯한 여신상. 매머드 상아 조각. 그라벳 초기 페리고르디인(프링스 레스퓌그, 기원전 2만 1000년경).
높이 14.7cm

그림 252

서도 강화된 힘을 드러내기 위해 쌍 이미지를 이용한 것이다(그림 251).

16-2. 쌍알 모양 엉덩이

후기 구석기시대와 신석기시대 비너스 상들 중에 엉덩이 부분을 극적으로 과장한 스티애터파이지어(Steatopygia)가 있다. 고고학과 예술사를 연구하는 사람들 사이에서 이 계열의 유물들은 오랜 난제였다. 약 2만 년 전 조각상이나 부조에 등장하는 여신의 전형적인 몸매 중 하나인데, 신체 부위 중에서 엉덩이를 매우 과장했고 자연히 몸 전체 비율이 비정상적으로 보인다. 연구자들은 선조들이 이런 기묘한 양식으로 표현했던 이유를 설명하려고 고심해왔던 것이다.

연구자들이 주장하는 내용들을 살펴보면, 이런 현상은 선조들의 야만적인 미감으로 인해 초래된 결과이다. '기묘한 아름다움에 대한 이상'을 드러낸다는 설명이다. 또 신석기시대에 특이한 음식물들을 섭취해서 실제 몸이 이런 식으로 발달했기에 이는 당시 몸을 사실적으로 묘사한 유물 아닌가 추정하기도 한다(그렇다면 후기 구석기시대의 육중한 몸매의 비너스 상들은 어떻게 설명할 것인가). 고대인들이 신성을 표현하면서 엉덩이를 과장되게 부각시킨 이유는 임신한 배를 강조하기 위해서가 아닐까 추정된다. 그냥 단순한 임신이 아니라 쌍알, 즉 더 풍요로운 임신의 은유라고 생각된다. 따라서 이 이미지는 아주 강력한 다산성을 드러내는 표현이다. 이 시기 유물들에서 중요성을 강조하려 할 때 집중 부각시키는 신체 부위는 언제나 임신한 배 아니면 특히 살진 부위이다.

엉덩이와 쌍으로 표현한 알을 상징적으로 연결해주는 흔적이 발견되었다. 후기 구석기시대 그라벳 문화의 조각상들인데, 이 가운데 프랑스에서 출토된 레스퓌그 비너스 상을 대표적인 유물로 들 수 있을 것이다. 상아로 만든 이 비너스 상의 특질이라면 단연 쌍알 가슴과 과장된 알 모양 엉덩이이다(그림 252). 그라벳 문화의 여신과 함께 복구한 유물 중에는 뱀 두 마리가 구불구불 기어 올라가는 상아 조각상이 있는데, 이 뱀과 여신상은 상징적으로 연결될지도 모른다. 순동기시대 유물에도 뱀 한 마리 아니면 한 쌍의 뱀이 여신의 엉덩이와 임신한 배를 감고 있는 형상이 빈번히 등장한다.

농경시대에 이르러 쌍알 모양으로 과장되게 엉덩이를 강조한 유물들이 몰타와 남동부 유럽에서 계속 출토되는데 이 현상은 5000년간 지속된다. 레스퓌그 여신상과 훨씬 후기인 스타르체보, 카라노보, 쿠쿠테니, 빈차, 렝옐 문화 유적지에서 출토된 여신상의 경우 놀라울 정도로 인식하는 방식이 비슷하다. 다산성을 은유적으로 표현하는 이런 양식이 오래도록 변하지 않고 관습으로 내려왔던 것이다. 그러나 언제나 일관된 모습은 아니고 과장된 엉덩이 유물의 변이된 형태도 등장한다. 이제껏 묘사하던 방식과는 다른 형태의 알 모양 엉덩이 부조가 트루셰슈티의 쿠쿠테니 문화의 토기에서 관찰된다. 마치 반을 접어서 아래 위로 찍어낸 듯, 알 모양 엉덩이에서 상체가 양 방향으로 자라나온다. 이 유물도 한층 더 비옥해진 다산성을 상징적으로 표현한 듯하다(그림 253).

신석기시대 유물을 통해 당시 선조들이 신성을 표현한 양식을 보면 여신의 젖줄은 다산성을 표현하는 양식이 아님을 알 수 있다. 과장된 알 모양 엉덩이를 드러내는 여신상에서 젖가슴은 중요하게 취급되지 않았거나 아예 표현조차 되지 않았다. 스타르체보와 쿠쿠테니에서 발굴된 수많은 여신상에서도 엉덩이는 단지 추상적으로 묘사될 뿐이다. 상체와 발(그림 254)은 표현되는데, 이는 후기 막달레니앙 문화(기원전 1만 2000~9000년)부터 이어져 내려온 전형적인 양식이다. 이렇게 개략적인 윤곽만 표현한 여신상들이 독일 남서부 라인강 유역 펠드키르헨-고네르스도르프에서 상당수 출토되었다. 이 유물들 중 일부는 꽤 우아한 추상성을 보여준다(기원전 1만 2000~1만 1000년). 유물은 주로 돋을새김 양식으로 표현되고 수사슴 뿔로 만든 조각상도 있다(그림 73 참조). 이런 유물의 특질은 미미한 젖가슴이 아니라 어마어마하게 강조된 엉덩이에 있다. 신체의 다른 부위는 표현조차 안 된다(Bosinski and Fischer 1974).

이런 유물이 다산의 상징이라는 점은 엉덩이 모양 뼛조각이나 돌 펜던트나 부적에서 명백하게 드러난다. 몰타의 할사플리에니 지하 무덤에서는 알 모양 엉덩이 여신과 함께 수많은 테라코타와 여신상들이 발굴되었다. 이 유물이 출토된 자리가 돌을 깎아 만든 지하 방이다. 방 천장에는 붉은색으로 뱀 똬리 문양이 그려져 있다(그림 255). 지하 무덤에 이런 부적과 여신상들을 배치해놓은 이유는 아마도 죽음의 순간에 강력한 생명력에 대한 믿음이 가

그림 253

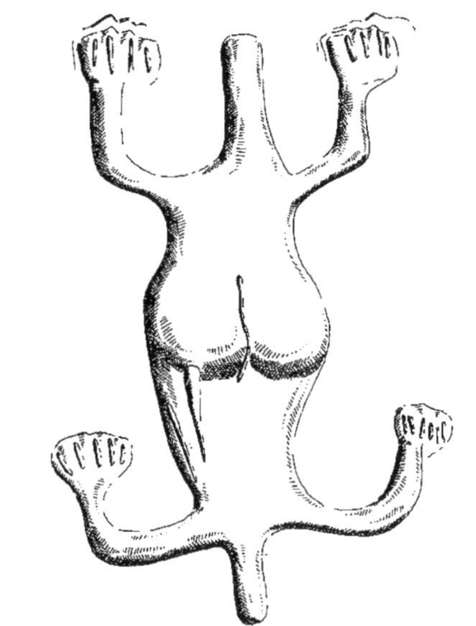

그림 253
쿠쿠테니 토기에 등장하는 부조. 사람 모양의 형상이 가운데 엉덩이에서부터 위 아래로 자라나오는 것처럼 묘사되었다. 어깨 높이로 양손을 들어 올리는데 커다란 손이 눈길을 끈다. 이는 이 존재의 마법적인 영향력을 나타내는 듯하다(루마니아의 트루셰슈티, 기원전 4500~4400년경). 높이 9.5cm

그림 254

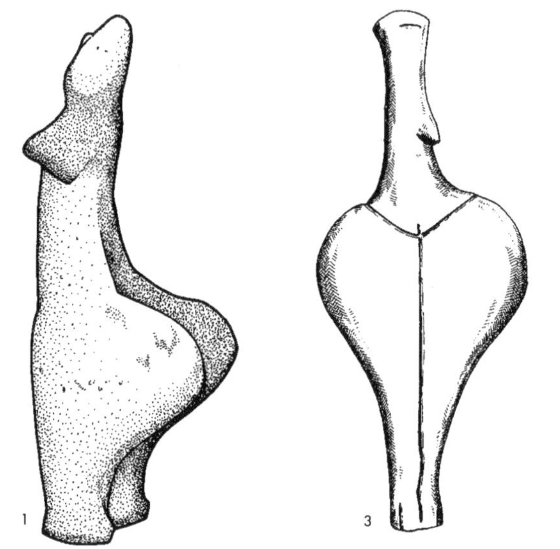

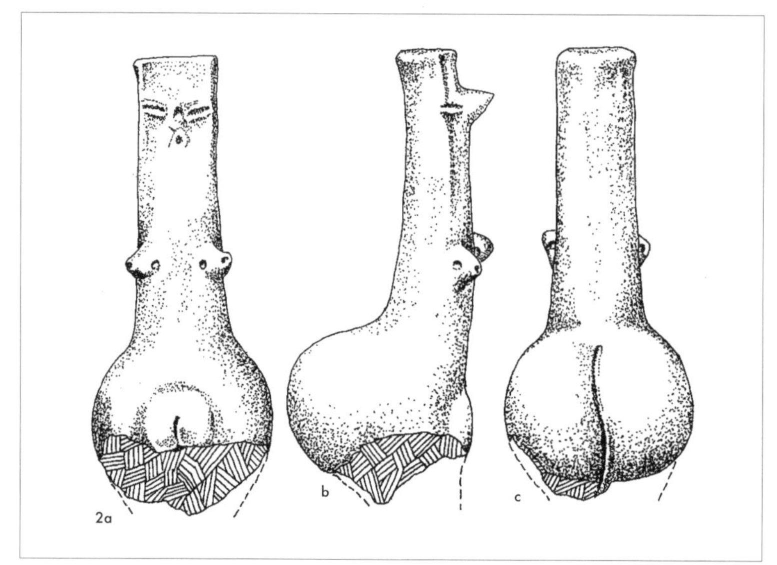

그림 254
쌍알 모양 엉덩이 유물들이 신석기시대를 거쳐 순동기시대까지 계속 등장한다. 이 테라코타 상은 엉덩이를 알 모양으로 거대하게 표현했다. 신체의 다른 부위는 윤곽만 나타냈다.
(1)과 (2)는 스타르체보-쾨뢰시(기원전 5500년경).
(1) 헝가리의 메텔렉.
(2) 헝가리의 서욜펠쇠필드.
(3) 쿠쿠테니(루마니아의 티르페슈티, 기원전 4600~4500년경).
(1) 높이 16.2cm
(2) 높이 17cm
(3) 높이 18.2cm

그림 255

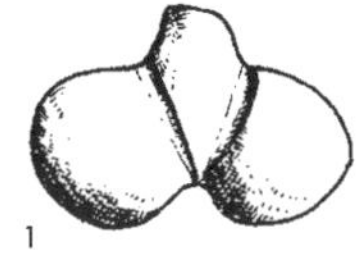

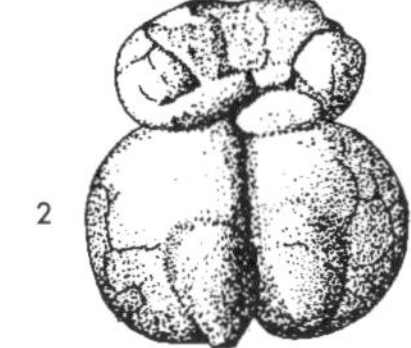

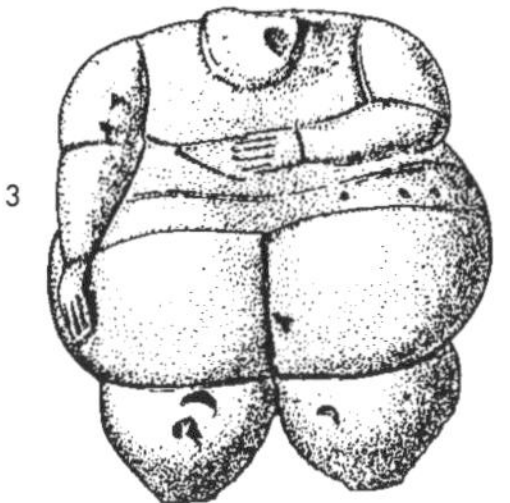

그림 255
알 모양 엉덩이가 부적이 (2)와 (3) 테라코타와 같은 자리에서 출토되었다. 이 자리는 지하에 있는 방인데 방도 알 형상이다(몰타 할사플리에니, 기원전 4천년기 말기).
(1) 높이 1.5cm
(2) 높이 4.2cm
(3) 높이 6cm

장 절실하다는 점을 나타내려는 듯하다.

또 카라노보, 쿠쿠테니, 빈차 문화의 유물들에서는 알 모양 엉덩이와 에너지의 상징이 함께 등장한다. 에너지 상징들은 소용돌이 문양하고 쌍으로 된 뱀 똬리다(그림 256, 257). 또 다른 다산의 상징으로 마름모 문양을 들 수 있다. 빈차 문화에는 도해상의 표본에서 드러나듯 마름모 문양이 과장된 엉덩이가 있는 여신상의 앞뒷면에 등장한다. 종종 이 문양은 4등분되거나 패널 속에 등장하기도 한다.

앞에서 설명했듯이 선사시대에 등장하는 살진 여신의 엉덩이는 단지 성적인 의미 정도가 아니라, 훨씬 더 중요한 의미를 지닌다는 사실이 분명하다. '하나보다 더 강력함'을 나타내기 위해서 쌍의 이미지를 고안했듯이 이 상징은 초자연적인 여신의 힘에 대한 경이로움을 표현한 것이다.

그림 256

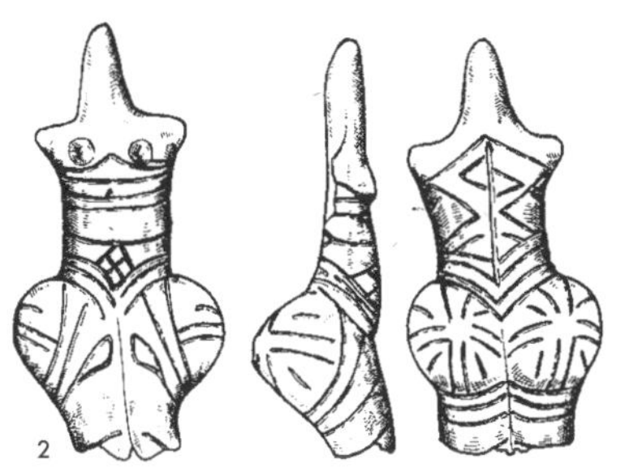

그림 256
알 모양 엉덩이 테라코타에 등장하는 에너지 문양들. 서로 다른 방향으로 감기는 뱀 똬리. 소용돌이, 집중된 원을 볼 수 있다.
(1) 불가리아 중부 카라노보 IV(기원전 5200-5000년).
(2) 몰다비아 노비예루세슈티 I(기원전 4500년경).
(3) 우크라이나의 블라디미리브카(기원전 4000-3900년경).
(1) 높이 5.56cm
(2) 높이 11.7cm
(3) 높이 5.6cm

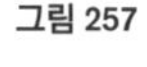

그림 257

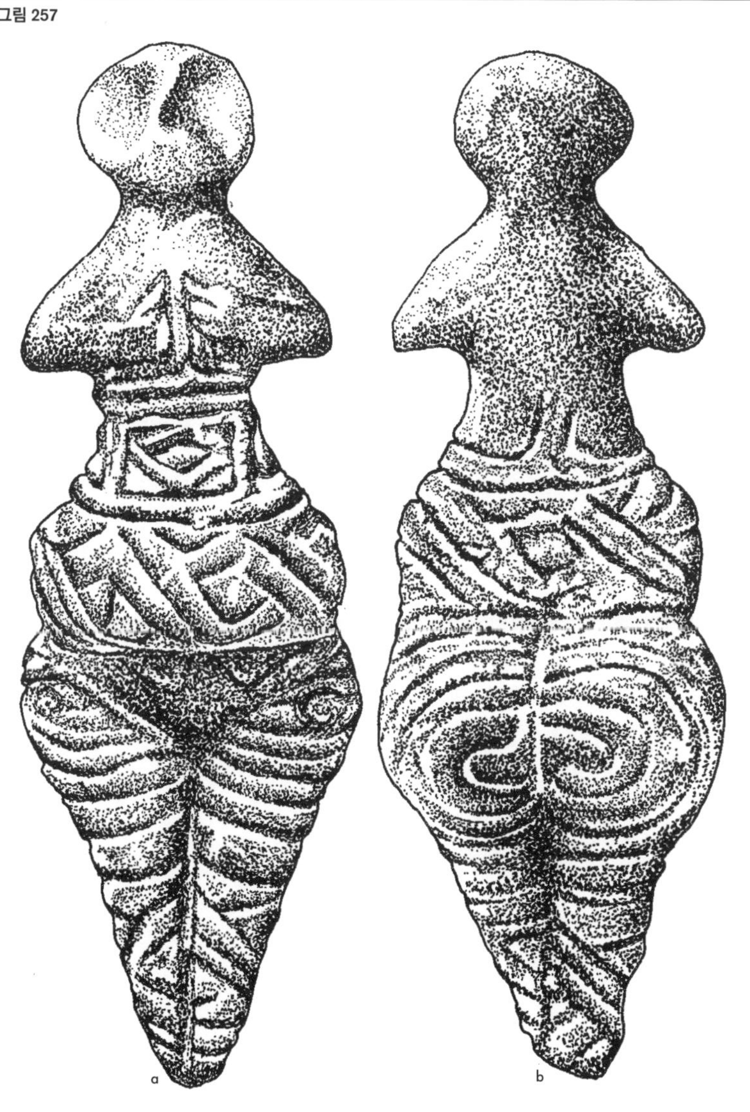

그림 257
쌍알 엉덩이와 마름모가 연결돼 있음을 드러내는 테라코타. 가슴과 등을 연결하는 두 선과 배 전체를 덮는 커다란 사각틀, 그 속에 든 마름모 문양을 보라. 빈차(불가리아 그라데슈니카, 기원전 5000-4500년).
높이 16.46cm

그림 258

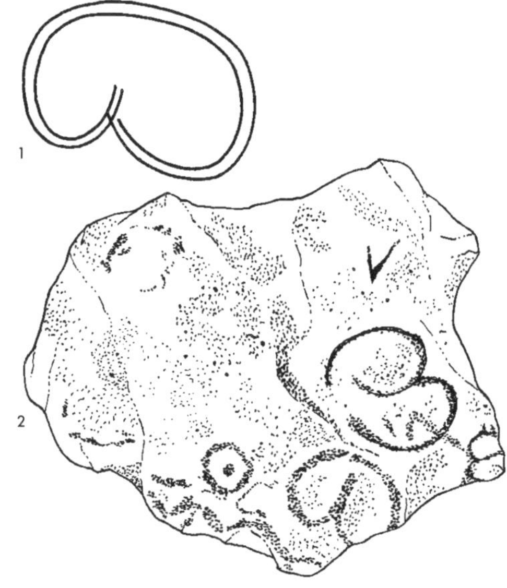

그림 258
쌍 과일 문양은 여신의 힘 중에서 특히 식물의 다산성을 드러낸다.
(1) 후기 구석기시대 음각(프랑스 남부 페슈메를, 막달레니앙 문화 초기로 추정).
(2) 널길 무덤의 거석에 조각된 문양(아일랜드 드뮬찬, 기원전 4천년기 후반).
(3) 쿠쿠테니 B 토기에 장식된 문양(쿠쿠테니, 기원전 3900-3700년).
(4) 쿠쿠테니 B(루마니아 미오르카니, 기원전 3900-3700년).
(1) 높이 3.05cm
(2) 높이 90.5cm
(3) 높이 9.1cm
(4) 높이 8.2cm

그림 259

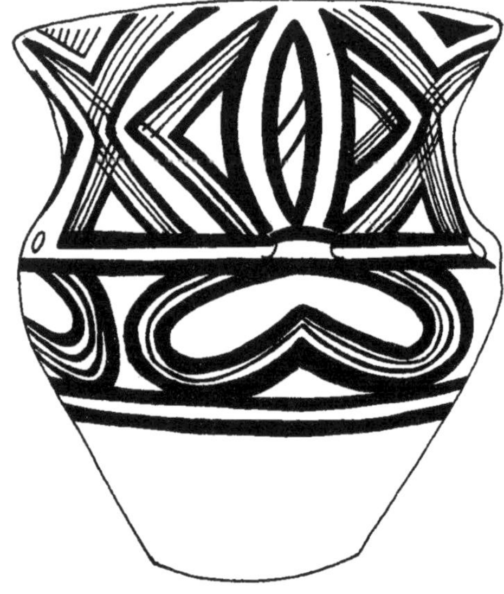

그림 259
쿠쿠테니 토기에 장식된 쌍 과일 상형문자. 이 문양은 마름모 속 렌즈 모양 음문과 연관이 있다. 이 음문 안에 겹선 문양이 나타나고 쐐기와 알 문양도 등장한다. 쿠쿠테니(몰다비아 겔라에슈티네데이아, 기원전 4천년기 초기).
높이 25.2cm

16-3. 쌍 과일 혹은 쌍 알곡의 상형문자

올드 유럽에서 토기나 인장 그리고 거석들에서 한쪽 끝이 붙어 있는 타원 모양이 자주 등장한다. 이 문양은 주로 곡식이나 과일로 표현되지만 추상화한 엉덩이로도 등장한다(그림 258). 제일 먼저 이 문양이 등장한 시기는 후기 구석기시대이다. 막달레니앙 문화 동굴벽화에는 렌즈 둘이 연결된 듯한 엉덩이꼴 문양이 포함되어 있다. 아일랜드 거석문화 유물에서도 유사한 문양이 관찰된다. 신석기시대에는 서로 붙어 있는 도토리 한 쌍처럼 길게 늘어진 형태가 등장한다. 다산의 힘을 체현하고 있는 임신한 여신 유형에도 이 문양이 등장한다. 이는 신성의 특질로 특히 식생의 풍요에 초점이 맞춰져 있는 듯하다.

이 형상을 편의상 쌍 과일이라 하자. 쌍 과일은 쿠쿠테니 토기에 빈번히 등장하는데, 문양의 위치는 주로 항아리 목 주위나 목 바로 아래 칸에 집중되어 있다(그림 259, 260). 도공이 이 문양을 상대적으로 많이 사용하였는데, 표현하려던 메시지에 따라서 문양의 조합이나 용도를 결정했을 것이다. 가능했던 연상의 범주는 광범위했던 듯한데 연상할 때는 언제나 목적이 있었을 것이다. 그래서 연상이 종종 일관되게 관찰되고, 일관되게 나타날 때 의미를 알 수 있다. 미노아 문명 토기에서도 계속해서 쌍 과일 상형문자가 중요한 비중을 차지한다(그림 261). 미노아 문명 중기에는 이 형상이 나무나 새싹의 발아와 같이 연상되었음을 관찰할 수 있다.

둘의 힘이 지니는 신비를 드러내는 표현은 올드 유럽의 유산이다. 유럽의 민속 전통을 통해서도 이 유산은 이어져 내려온다. 특히 이런 믿음이나 전통이 잘 보존된 지역은 발트 동부에 있는 나라들이다. 라트비아인들은 오늘날까지도 유미스(jumis)라는 단어를 사용한다. 이 이름으로 부르는 신도 있다. 이는 '하나에서 함께 자라난 둘'이라는 의미인데, 사과가 그럴 수도 있고 감자가 이렇게 나타날 수도 있다. 핀란드어와 에스토니아어에 유미스와 윰(jumm)은 '두 개 혹은 함께 결합된 것'이란 뜻으로 혼인으로 묶어주는, 행운을 주는 신성을 뜻하기도 한다. 이는 고대 발트어에서 빌려온 단어로 간주된다(Neuland 1977).

그림 260

그림 260
식물의 다산성을 드러내는 알 모양 항아리. 목 둘레에는 쌍 과일 문양, 중앙부에 새싹과 마름모 상징이 있다(루마니아의 쿠쿠테니-딤불 모리, 기원전 4000년경).
높이 26cm

그림 261

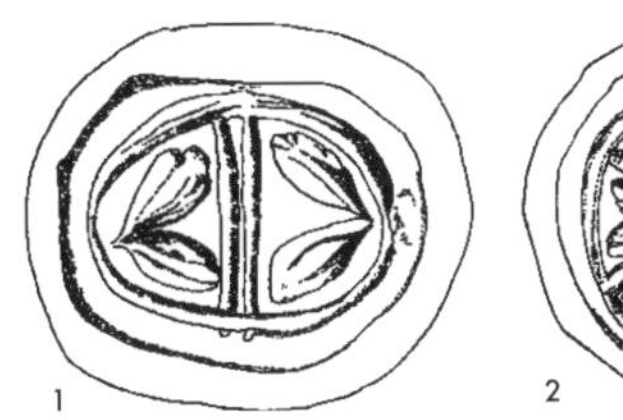

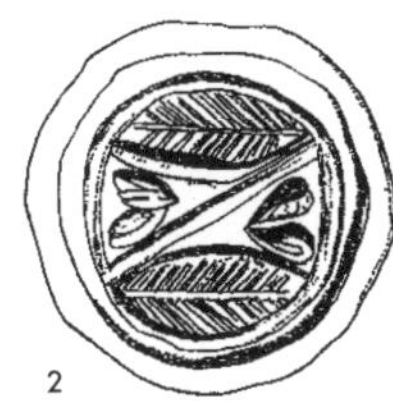

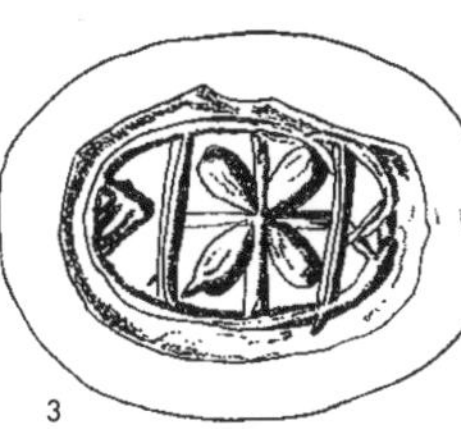

그림 261
미노아 문명의 인장에 쌍 과일 문양이 계속 등장한다. (1)과 (3)에서 쌍 과일이 알 모양 내부에 배치된 것에 주목할 만하다. (2)에서는 나뭇잎과 연관이 있고, (3)은 네 개의 구획 안에 쌍 과일이 배열되어 있다.
(1)과 (2)는 칼리리미오네스, (3)은 란다.
중기 미노아 문명(기원전 2천년기 초기).
(1) 높이 2.4cm
(2) 높이 2.3cm
(3) 높이 2.4cm

그림 262

그림 262
음문 표식이 있는 점토로 만든 인장. 알 안에 겹선 문양이, 그 옆에 평행선 문양이 있다. 이 문양을 좌에서 우로 읽어본다면 둘이 여럿으로 연금술 같은 변형이 일어난다. 스타르체보 문화(마케도니아의 포로딘, 기원전 5800-5500년).
높이 5.7cm

그림 263

그림 263
수세기 동안 알 속에 있는 겹선 문양이 (토기에) 빈번히 등장했다.
(1) 디미니 문화(그리스 테살리아, 기원전 5천년기 초기).
(2) 쿠쿠테니 문화(우크라이나 시페니치, 기원전 3900-3700년).

자연계에서 호밀이나 보리, 밀의 낟알이 쌍으로 자라는 경우는 드물다. 드물지만 이런 현상이 나타나면 이는 유미스의 현현으로 받아들인다. 농부가 추수를 하다가 쌍으로 성장한 낟알을 발견하면 이를 집으로 가지고 가서 식탁 근처 벽면에 걸어 귀하게 보관한다. 이듬해 보관했던 유미스를 파종하는 씨앗과 섞어 밭에 뿌린다. 겨울 호밀은 이듬해 가을 파종 때 이렇게 한다(Latkovski 1978; Neuland 1977). 유미스는 쌍 과일이나 쌍으로 맺은 낟알 혹은 쌍으로 자란 채소인데 이런 곡식이 배로 늘어나듯이 가정에 부와 번영을 가져다주는 힘이 있다고 믿었다.

쌍의 힘에 대한 믿음은 속담으로도 남아 있다. "쌍은 구분이 되지 않는다." 라트비아에서 양털을 깎는 사람들 사이에도 전해 내려오는 풍속이 있다. 털을 깎은 암양을 끈으로 가볍게 두드리면서 "길게 자라고 쌍둥이 양을 데려와라"라는 구절을 되풀이한다(Latkovski 1978). 봄에 의례적인 쟁기질을 할 때도 쌍둥이 소가 끌면 특별한 힘이 난다고 생각한다. 19세기 말 리투아니아에서는 쌍둥이로 태어난 사람이 검은 쌍둥이 소를 몰아 원을 그리면서 쟁기질을 하면 이 밭은 해일, 천둥, 병충해를 비롯한 질병으로부터 안전하다고 믿었다(Basanavičius 1899: 25쪽).

16-4. 음문, 씨앗, 알, 여신의 몸, 얼굴, 엉덩이를 횡으로 가로지르는 두 선

평행한 두 선을 인장이나 토기의 중심 문양으로 삼았던 시기가 있었다. 이 두 선은 아마도 위에 언급했던 '둘의 힘'을 추상적으로 나타내는 문양이었을 것이다(그림 262, 263).

새겼든 그려 넣었든 표현방식에 상관없이 두 선이 여신상에 단일 문양으로 등장할 때, 이 문양의 상징적 기능이 선명하게 드러난다. 엉덩이 위를 평행하게 가로지르고 교차하기도 하는데, 여신상에 두 선이 등장하기 시작한 시점은 서유럽에서 막달레니앙기부터이다. 남부 프랑스 랄랭드와 퐁탈에 있는 라로슈 동굴은 이 시기 유적지이다. 이 동굴에서 윤곽만으로 표현된 여신이 발견되었고 여기 겹선 문양이 있다(그림 264). 구석기시대 동굴 벽화에 등장하는 임신한 들소하고 암말에서는 꽤 일관되게 겹선 문양과 P자 표식이 관찰된다(그림 265). 이는 아마도 임신을 나타내는 표식일 것이다(Leroi-Gourhan 1967: 334, 508, 509쪽, Chart XLII; Sauvet and Wlodarczyk 1977).

신석기시대에 좌상으로 등장하는 여신 이미지에는 엉덩이와 팔 혹은 젖가슴 사이에 겹선 문양이 자주 등장한다. 순동기시대에 윤곽만으로 표현한 여신상에도 겹선 문양이 등장하는데 여기서는 사각 테두리 속에 두 선이 있고(그림 266), 임신한 듯한 여신의 좌상에는 자궁 주위 삼각형 부위에 두 선 혹은 네 선이 그려져 있다.

빈차나 쿠쿠테니 유적지에서 출토된 유물의 그림을 보면 여신의 가면 위를 가로지르는 수평선 혹은 수직선이 등장한다(그림 267). 프랑스와 이베리아 반도에서 나온 선돌에 표현된 올빼미 얼굴에도 광대뼈 부위에 두 선이 보인다(그림 268).

루마니아 서부 호도니에서 발굴된 거대한 항아리에는 뱀 여신이 부조로 등장하는데 여신 앞이마에 겹선 문양이 선명하다(그림 269). 이 여신의 쇄골과 젖가슴 사이에도 횡으로 두 선이 있고, 이마와 입 주위 양옆으로 두 선이 길게 연장되어 있다.

그림 264

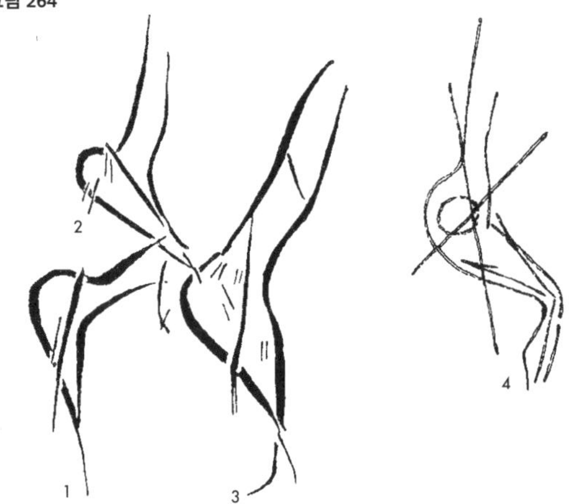

그림 264
돌판에 윤곽만으로 묘사한 추상적인 여신. 주요한 특질은 엉덩이이다. 한 선도 있고 두 선도 있는데 알과 교차하는 두 선이 있다. 후기 막달레니앙 문화(기원전 1만 1000-9000년). (1)-(3) 남부 프랑스의 랄랭드. (4)는 퐁탈 가장 큰 상의 높이는 20cm이다.

그림 265

그림 265
지브랄타 부근 라필레타 동굴벽화. 임신한 암말의 몸에 겹선 문양이 있다. (2) 겹선 문양이 둘 있고 음문이 새겨진 임신한 들소다(프랑스의 베르니팔, 기원전 1만 3000-1만 1000년경). (1)(2) 길이 약 50cm

그림 266

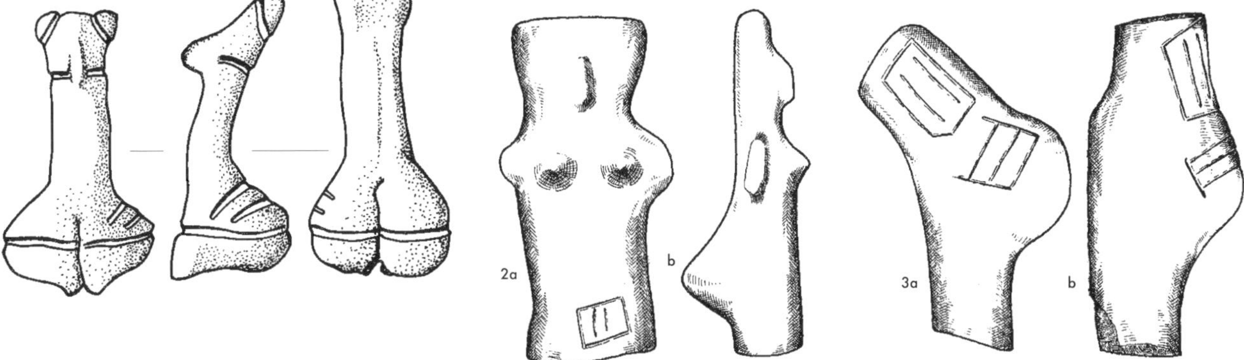

그림 266
엉덩이와 음문에 겹선이 장식된 추상화된 여신상.
(1) 신석기시대 좌상 테라코타로 왼쪽 엉덩이에 두 선이 있다(마케도니아의 스타르체보, 기원전 5800-5600년).
(2) 초기 빈차 문화(세르비아의 마테이스키브로드, 기원전 5200-5000년).
(3) 초기 쿠쿠테니(몰다비아의 티르페슈티, 기원전 4800-4600년).
(1) 높이 3.9cm
(2) 높이 6cm
(3) 높이 6.3cm

그림 267

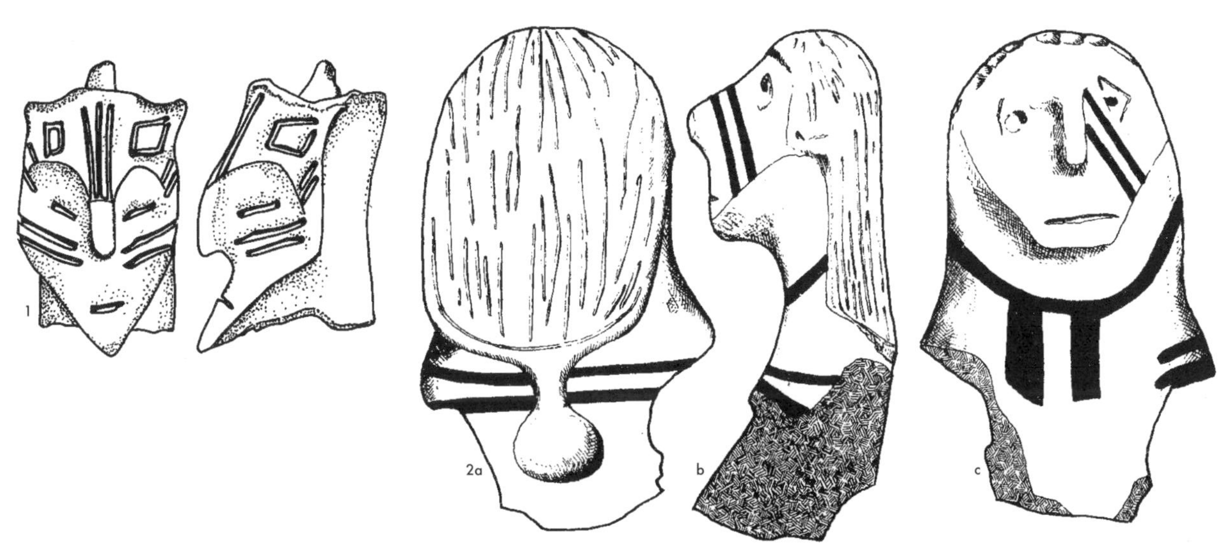

그림 267
여신상 두부에 겹선 문양이 나타난다.
(1) 눈 아래 겹선이 있는 점토 마스크. 빈차 문화(불가리아 슬라티노, 기원전 5천년기 초기).
(2) 뺨, 목둘레, 어깨 위에 겹선이 가로지르는 테라코타. 쿠쿠테니 문화(우크라이나의 블라디미리브카, 기원전 4000-3900년경).
(1) 높이 4.6cm
(2) 높이 6.9cm

그림 268

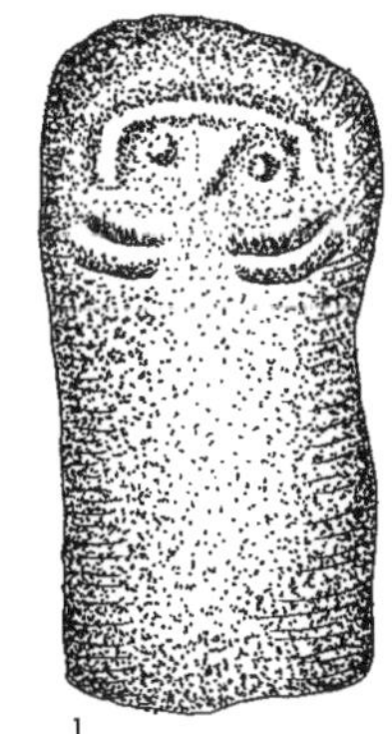

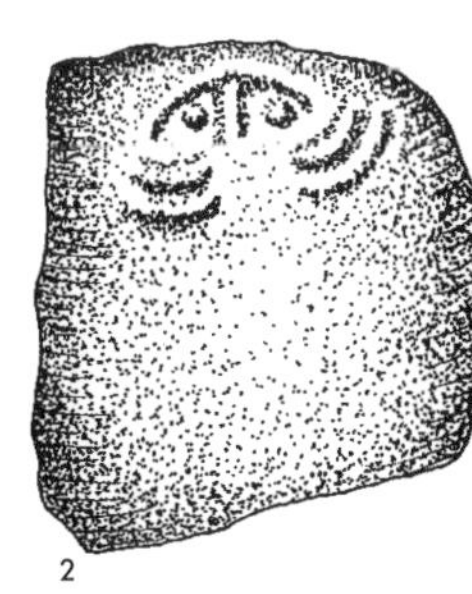

그림 268
서유럽에서 올빼미 부조가 있는 석주에는 주로 겹선 문양이 있다. 프랑스 남부, 기원전 3000년경.
(1) 보라구아사르그.
(2) 생테오도리.
(3) 르콜롱비에.

그림 269

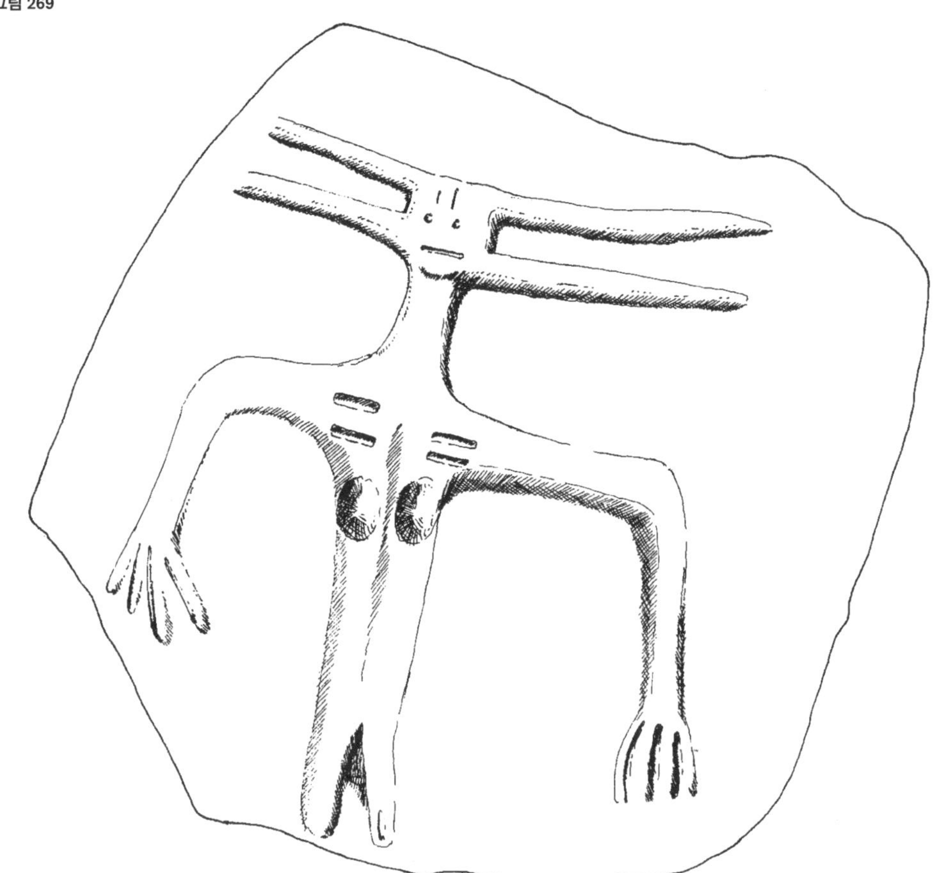

그림 269
거대한 토기에 등장하는 겹선 문양이 있는 뱀 여신. 가슴에 겹선 문양이 있고, 머리 양쪽에는 평행한 두 개의 뿔이 있는 특이한 모습이다.
티서(루마니아의 호도니, 기원전 5000년경).
높이 22.6cm

그림 270

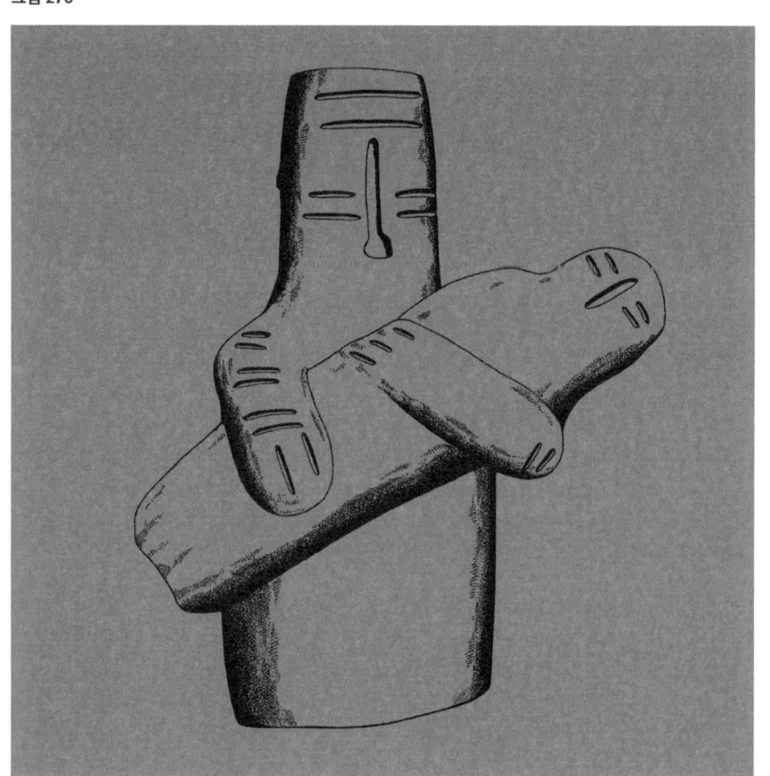

그림 270
겹선 문양은 어머니와 자녀 이미지를 나타내는 전형적인 특징이다. 여기서는 고도로 도식화된 형태로 태아 같은 고치를 안고 있는 인물이 묘사되어 있다. 이마와 눈에 겹선 문양이 새겨져 있다. 적갈색 상에 조각을 하고 그 틈을 흰색으로 채웠다.
초기 키프로스 문화(지역 미상, 기원전 2300-2000년).
높이 9.3cm

겹선은 모자상에도 전형적으로 등장하는 문양이다. 좋은 예를 찾아보자면 빈차에서 출토된 마돈나 상을 들 수 있다. 이 상의 이마에 두 선이 깊이 새겨져 있다(Gimbutas 1974: 132쪽). 청동기시대 아기를 안고 있는 키프로스 여신상들에도 언제나 겹선 문양이 장식되어 있다(그림 270). 겹선 문양이 장식된 모자상은 이 문양이 새 생명의 도래를 함축한다는 사실을 더 자세히 설명하는 듯하다.

16-5. 머리 둘 달린 여신과 모녀 이미지

이른바 '샴쌍둥이'와 모녀상으로 알려진 여신들이 신석기시대부터 순동기시대까지 등장한다. 이 계열에 속하는 최초의 유물이 기원전 6500년경 유적지인 차탈휘윅에서 발굴되었다(Mellaart 1967: pl. 70). 유물은 젖가슴이 표현된 몸체 하나에 머리가 둘 달려 있는 형상이다. 다른 빈차 문화 유적지에서도 몸체 하나에 머리가 둘인 여신상들이 무수히 출토되었다(Gimbutas 1974: pls. 86, 90, 100, 101쪽). 이 여신상들의 특징이라면 새부리에 가면을 쓰고 있다는 점을 들 수 있다. 몸체에는 쐐기, 미앤더, 교차된 띠 문양이 장식되어 있는데, 이는 새 여신에서 드러나던 특징과 동일하다. 대부분 머리 하나가 옆에 있는 머리보다 조금 더 크거나 살짝 높게 위치한다. 이 둘의 관계는 주요한 여신과 상대적으로 비중이 덜한 여신, 모녀 혹은 두 자매를 나타낸다(그림 271). 자매로 알려진 두 여신 이야기는 역사 초기부터 민담으로 전해져 내려왔다. 따라서 둘이 동시에 등장하는 선사시대 여신들을 전부 모녀로 볼 필요는 없을 것이다. 이들 중 일부는 자매 여신일 수 있다. 아나톨리아와 에게 해 지역을 거쳐 고대 그리스에도 머리 둘 달린 이런 여신상들이 등장한다.

그림 271

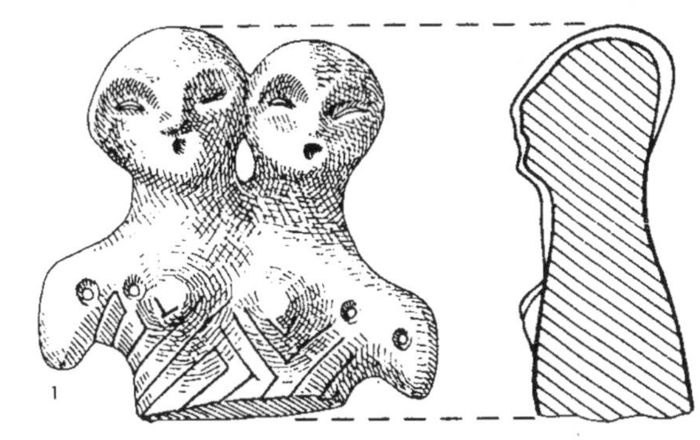

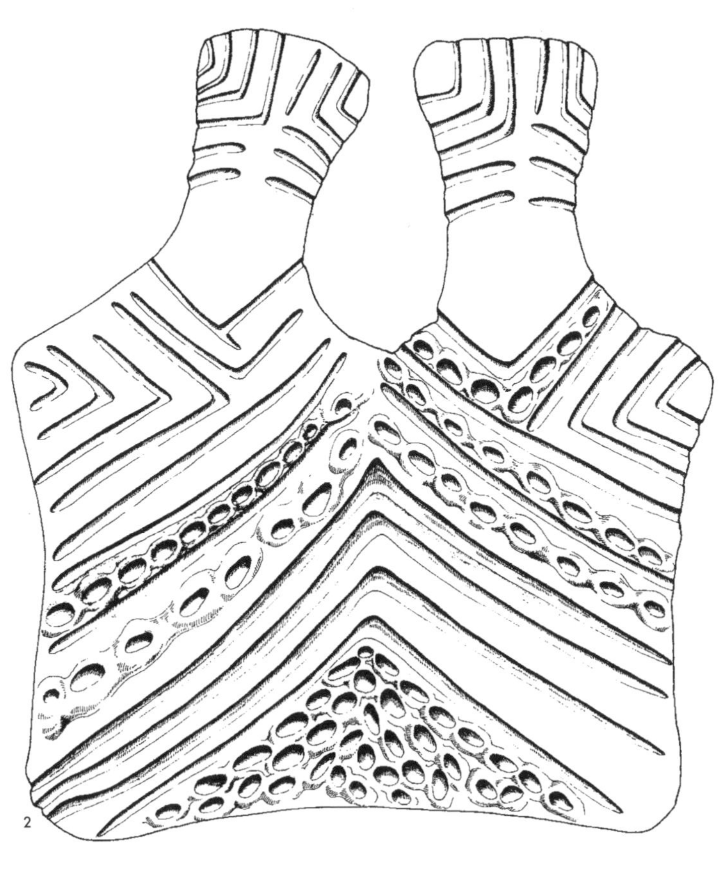

그림 271

(1) 머리가 둘인 빈차 여신상. 머리 크기가 서로 다르다(루마니아 다뉴브 근처 라스트, 기원전 5000~4800년경).

(2) 청동기시대 머리 둘 달린 여신상. 평평한 면에 정교한 문양들이 장식되어 있는데, 눈을 겹선으로 묘사하고 머리 부위와 팔에 쐐기 문양을 새겼다. 몸체 중앙에 거대한 쐐기가 있고, 알 모양으로 벌집 같은 문양을 만들었다. 아나톨리아의 초기 순동기시대 II(차이케나르 타입, 지역 미상, 기원전 2600년경).

(1) 높이 4.5cm

(2) 높이 9.1cm

여신의 쌍둥이 같은 면은 청동기시대 초기 에게 해의 크레타 섬과 몰타의 유물에서도 나타난다. 여기서는 목이 둘 있는 토기 형태나 몸이 둘인 형태도 등장한다. 몰타에는 전체가 의인화된 모양을 보이는 신석기시대 사원이 둘 있는데, 한 사원이 다른 사원보다 조금 더 크다(그림 237 참조). 이는 여신의 주기성을 나타내는데 여름과 겨울, 즉 여신의 어린 시기와 나이 든 시기를 암시한다. 이렇게 묘사하는 방식은 우연히 등장한 것이 아니다. 이 방식은 브르타뉴에 있는 회랑 무덤 벽화에도 나타나는데 젖가슴의 차이로 하나가 다른 하나보다 조금 더 크다는 표식을 했다(그림 70). 이는 여러 회랑 무덤에 기록돼 있다(이 무덤은 그림 70에 표현했듯이, 크기가 서로 다른 젖가슴 쌍으로 표현했다. 이 경향은 플레뫼보두의 프라주 선돌에도 나타난다. L'Helgouach 1957; Twohig 1981: 그림 152).

이렇게 짝으로 여신을 표현하기 시작한 시점은 2만 5000년 전 후기 구석기시대까지 거슬러 올라간다. 그라벳 시기 로셀에서 출토된 석판 부조로 등장하는 이미지들 중에 이렇게 짝으로 표현되는 여신이 관찰된다. 가운데 둥근 알 형상들이 있고 여신의 상반신 둘이 아래위로 솟아 나온다. 둥근 알 모양 머리가 반대쪽 끝에 있는데, 상반신만 붙어서 짝을 이루는 형상이다. 하나가 다른 하나보다 훨씬 크다(그림 272).

16-6. 여름과 겨울의 이원성

1970년 루마니아 북동부 네데이아 마을에서 쌍알-뱀-식물의 부활 사이에는 상징적 친연성이 있다는 사실을 확인하게 된 소중한 발굴이 이루어졌다. 기원전 4000년에서 3600년경 쿠쿠테니 AB~B기 유적지에 속하는 마을이었다. 마을 중앙에 있는 구조물 남동쪽 모퉁이에서 출토된 유물들을 통해서 알아낸 사실이다. 발굴된 유물들이 전부 의례 용품이어서 이 건물은 신전이었다는 결론이 내려졌다.

그림 272

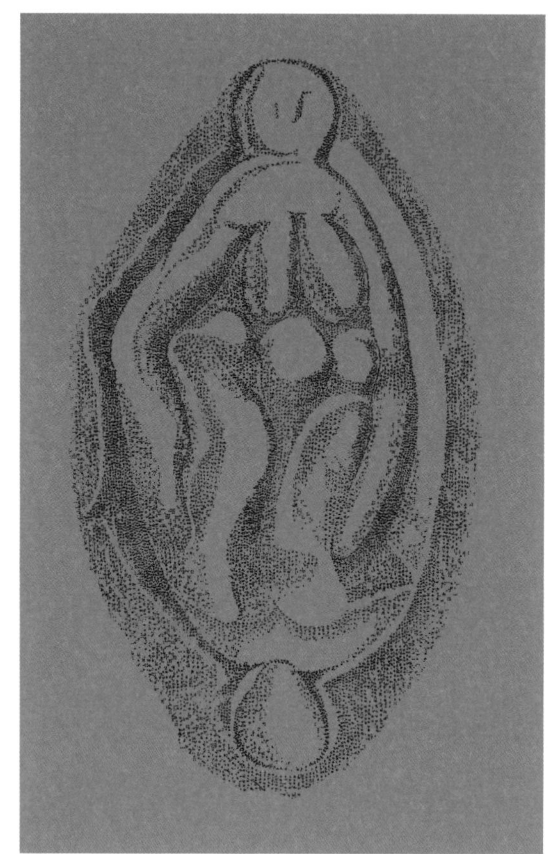

그림 272
약 2만 5000년 전에 등장한 쌍으로 표현된 여신. 둥근 머리에 늘어진 젖가슴이 보인다. 허벅지는 위로 들어 올렸고 팔은 길게 연장되어 있으며, 손은 겨드랑이 아래에 있다. 두 번째 여신의 젖가슴은 세심하게 조각했고 몸은 첫 번째 이미지 속으로 사라지는 것처럼 묘사했다(프랑스의 로셀).
높이 20cm

그림 273

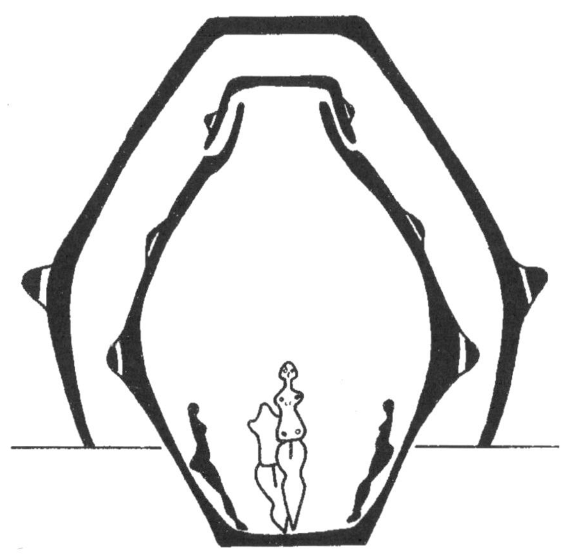

그림 273
알 모양 토기와 그 위를 덮고 있는 커다란 토기. 내부 토기 안에 네 개의 여신상이 네 방위로 배치돼 있다. 내부 토기에는 뱀 똬리와 쌍 과일 문양이 장식돼 있다. 명백히 계절의 주기를 드러내는 이원성 개념이 드러난다.
쿠쿠테니 B_1의 겔라에슈티(루마니아의 겔래스티, 기원전 4000-3800년경)
알 모양 토기 높이 50cm

그림 274

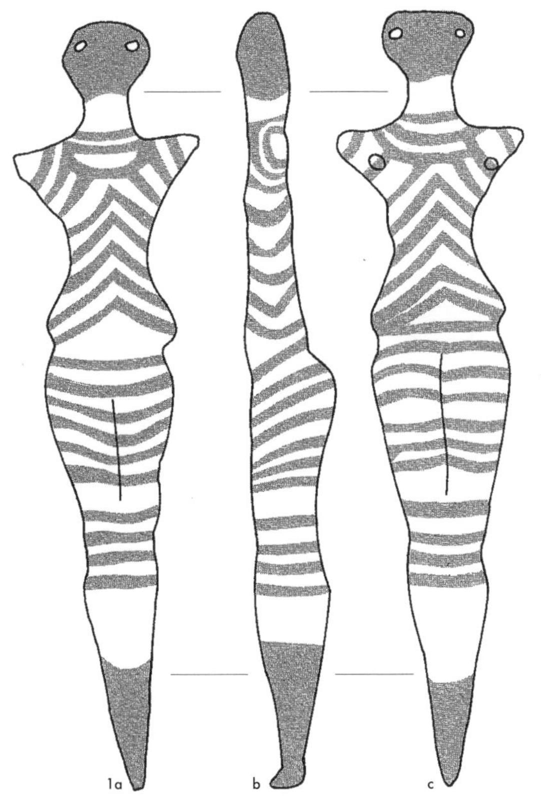

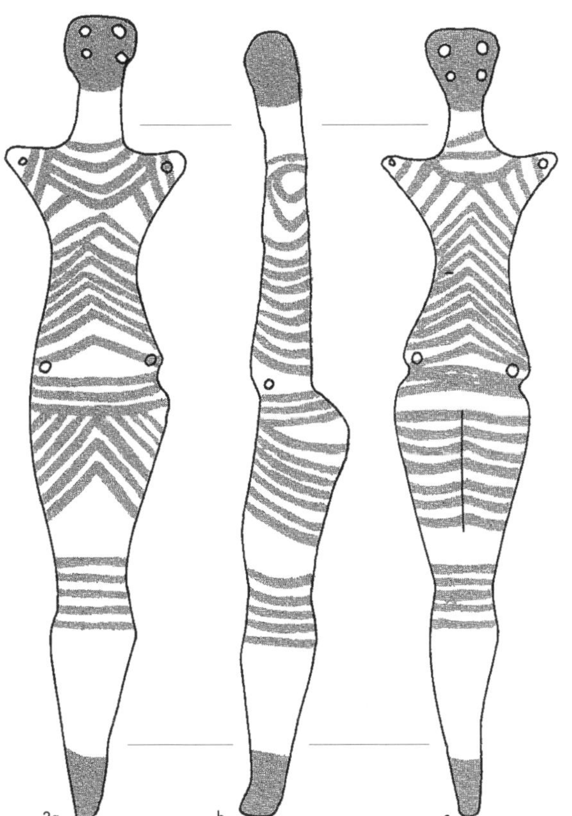

그림 274
네데이아에서 출토된 여신상 네 개 중에 둘. 머리와 발이 검게 칠해졌고 몸에 쐐기와 평행선 문양이 장식되어 있다. 여기 표현하지 않은 나머지 두 여신상에는 문양이 없다. 높이 12.6cm

쿠쿠테니 B_1기의 유물로 판명된 의례 용품들은 커다란 토기와 그 둘레에 둥글게 배열된 문양 있는 토기 여섯 개다. 커다란 토기는 알 모양 뚜껑이 덮여 있었는데 의도적으로 이렇게 배열한 것이다(그림 273). 여신상 네 개가 항아리 안에서 출토되었다. 이 상들은 네 방향으로 하나씩 배치되어 있었다. 이들 여신상 중에서 둘은 문양이 없다. 붉은 오커색 자국이 희미하게 남아 있다. 나머지 여신상 둘은 머리와 발이 검게 칠해졌고 몸 전체에 평행선 문양이 장식되어 있다(그림 274).

발굴자는 머리가 검은 여신상들은 지상의 영역을 의미하고 색을 칠하지 않은 상들은 천상의 영역을 의미한다고 해석했다. 게다가 전체 배열로 보아 이는 식물의 재생을 위해 계절별로 거행하던 다산 의례에 필요한 유물들이고 이에 따른 배치라는 것이다. 토기에 장식된 상징적인 문양들이 이런 추정에 설득력을 더해준다. 여신상들을 포함하는 알 모양 토기에는 뱀 문양이 커다란 띠를 형성하고 그 위로는 쌍 과일 혹은 쌍둥이 씨앗이 장식되어 있다. 쌍 과일 문양은 뚜껑 모양 토기에도 되풀이해서 등장한다. 안쪽 토기에도 구획된 틀 안에 네 번씩 등장한다. 네 개의 다른 토기에는 알과 씨앗이 장식되어 있고 옆에 뱀 똬리 문양이 있다. 다산성을 표현하는 관습적인 방식인 '둘의 힘'을 놀라울 만큼 잘 구성한 토기 여덟 개도 출토되었다.

여기서 특히 주목할 점이 있다. 이전에는 단순히 문양을 반복해 나타냈을 뿐인데, 여기서는 이원성 개념이 한층 발전한 모습이다. 이것은 훨씬 더 복잡한 인식 체계를 갖추게 되었다는 뜻이다. 전처럼 같은 것을 되풀이하지 않고 삶과 죽음 혹은 여름과 겨울이라는 대극의 개념을 드러내기 시작한 것이다. 이는 자연의 주기와 삶과 죽음의 관계를 수용했다는 뜻이기도 하다. 구조물의 정중앙에 위치한 사원에서는 우주적인 방향성이 드러난다. 이는 토기 안에 사방으로 배치한 여신상의 배열에서 명백히 드러난다. 여기서 발굴하고 해석한 내용을 통해, 정교함과 조직에 대한 인식력이 훨씬 발달했다는 사실을 감지할 수 있으므로 실로 엄청난 발굴이다.

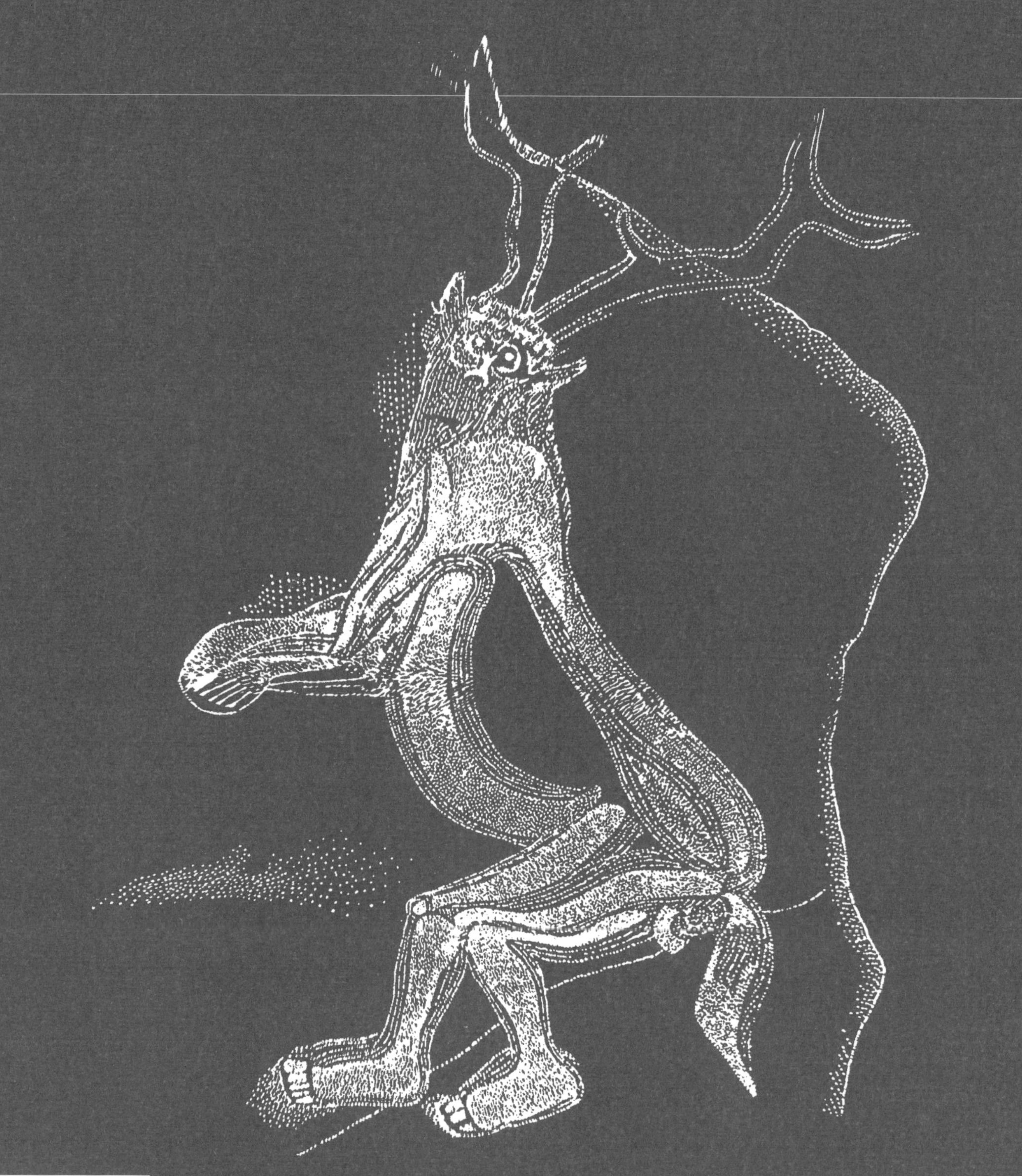

후기 구석기시대 유물로 바위에
새겨진 반인 반수 형상이다.
동물과 숲의 수호자로 추정된다.
그림 275 참조.

17. 남신과 다이몬들

남성의 자연적 리듬은 강렬하게 일어났다 죽어가는 남근적인 것이다. 그러므로 자연히 남성 신화는 흥했다가 쇠하는, 절정과 비극을 경험하는 인물들에 관한 이야기로 구성되어 있다(William Irwin Thompson 1981).

사실 극동과 올드 유럽 예술에서 남자/남신은 개화를 하기는 하나 한시적이라 결국은 소멸해가는 몸을 상징한다. 이는 푸르렀다 죽어가는 식물에 대한 은유이기도 하다. 그렇지 않을 경우 여신의 아이, 아니면 파트너로 등장하는데, 이들은 한결같이 수명이 짧고 언젠가는 죽을 수밖에 없는 인물들이다. 이런 면에서 남신은 동면에 들고 다시 깨어나는 뱀과도 상응한다.

올드 유럽 신상들 중 남신/남자상의 비중은 2~3퍼센트이다. 고로 남신에 관한 숭배 현상을 상세히 복원하기는 불가능하다. 그렇지만 수천 년 동안 일관되게 나타나는 정형성과 다양한 문화권에서 오래 지속된 남신상들을 다음의 범주들로 나누어볼 수는 있을 것이다.

뿔 달린 동물이나 새 가면을 쓴 채 발기한 남근을 드러낸 남신상, 명확히 의례에 참여하고 있는 남신/남자상, 반인반수상, 박력 있게 의자나 받침 위에 앉아 있는 상, 수심에 잠기거나 슬퍼하는 상, 무릎 위에 손을 괴고 머리를 바치는 상.

위 범주에 속하는 신 중 일부의 경우 기원이 농경시대 이전으로 거슬러 올라간다. 이런 예는 의례 장면으로 등장한다. 그러니까 두부에 새 가면을 쓰고 있거나 몸은 털로 덮여 있고 얼굴에는 동물 가면을 쓰고 있는 남신상들로 등장한다. 이들이 바로 농경시대 이전에 나타난 오래된 신들이다. 이에 반해, 켄타우로스와 슬픔에 잠긴 상은 전혀 다른 범주에 속한다. 이들은 농경시대의 산물이기 때문인데, 이 계열은 태어나면 마침내 죽게 되는 식물과 연관이 있다.

신화에서 숲의 신과 정령들, 죽고 재생하는 식생의 신들에 대한 이야기들이 역사시대의 산물로 알려졌지만 사실은 오래전 선사시대에서 비롯되었을지도 모른다. 이런 신화적 인물에서 엿볼 수 있는 고대의 특질이나 행위를 통해 선사시대와 역사시대의 기나긴 연속성을 볼 수 있다.

17-1. 동물의 지배자: 동물 가면과 옷을 착용하고 있는 상

후기 구석기시대에 음각이나 회화의 방식으로 남신 이미지들이 등장한다. 그런데 이 시기 남신이 조각상으로 발굴된 사례는 없다. 대다수는 남자와 뿔 달린 동물을 상상으로 조합하여 환상적인 이미지로 빚어낸 것이다. 여기에 부주의하게 처리된 듯한, 기괴하고 수수께끼 같은 인물도 일부 등장한다.

프랑스와 스페인에 있는 막달레니앙 중기와 말기 그리고 준구석기시대 동굴벽화에 남신/남자들의 모습이 보인다(그림 275). 대체로 머리에 뿔이 달린 누드인데 발기한 남근이 보인다(Los Cesares, Teyjat, La Pasiega, Les Combarelles, Les Trois Fréres, Le Gabillou, La Madeleine, Lascaux, Addaura, and La Pileta).

고고학에서 잘 알려진 가장 흥미로운 인물은 프랑스 르트루아프레레 동굴벽화에 등장하는 두 명의 들소-인간이다. 흔히 '마법사'로 알려진 인물인데, 여기서는 복제 이미지를 소개한다(그림 275-1). 이 인물은 커다란 뿔 달린 들소 머리를 하고 몸에는 털가죽이 덮여 있는데 꼬리가 있다. 팔은 동물, 다리는 인간의 것인데, 직립한 자세로 걷거나 춤을 추고 있다. 입과 오른팔 사이에 흥미로운 대상이 포착되는데 이는 아마도 관악기일 것이다. 이 들소-인간은 암순록과 들소 떼 한 무리가 있는 뒤쪽에 있다. 또 이 동굴에는 '마법사'라 부르는 이 특이한 인물보다 더 중요한 존재가 있다. 흥미롭게 합성된 반인반수 인물인데, 두부에는 수사슴 머리에 큰 뿔이 달려 있고 얼굴에는 동그란 눈과 긴 수염이 있으며 손 대신에 사자 발 같은 짐승의 발이 있다. 여기 야생마 꼬리가 달려 있고 꼬리 앞쪽에 성기가 있는 대상이 관찰된다(그림 275-7). 이 인물은 바닥에서 4미터 위의 벽에 홀로 등장한다. 이 자리는 작은 원형 천장이 끝나는 지점인데 밖으로 난 통로 위쪽이다. 아베 브로일은 이 인물을 '레트루아프레레의 신'이라 묘사했는데 이는 옳은 표현이다(Breuil 1956: 170쪽). 레트루아프레레 동굴에 등장하는 남신/남자 셋하고 테자와 르가비유에 등장하는 인물들이 움직이고 있는데 아마 춤을 추는 듯하다. 나머지 들소-인간 합성 인물들은 흥분된 상태이기는 해도 전부 멈춰 있다.

레트루아프레레에 있는 들소-인간의 상징적 의미는 무엇일까. 이 인물이 동물 무리와 연관되어 있다는 점에서 실마리를 찾을 수 있다. 이 들소-인간이 뭇 짐승의 지배자, 즉 남북미 대륙과 유라시아 대륙 북부 사냥족들 사이에 알려진 동물의 신일까? 광범위하게 분포되어 있는 신화에서 이들 이미지와 유사한 신들을 찾아볼 수 있는데, 이런 신화 속 인물들의 기원도 선사시대까지 거슬러 올라간다는 사실을 암시한다. 동물을 관장하는 신 가운데 북미 인디언 신화에 등장하는 신들의 이미지에 신화의 개념이 가장 선명하게 부각된다. 이 신들은 초자연적인 지배자로 야생동물 전반에 대한 책무를 수행하는데, 특별히 동물 중에서도 사냥의 대상이 되는 동물들을 관장한다(Hultkrantz 1961: 54 ff).

스칸디나비아 민담에서 동물과 숲과 산과 바다를 관장하는 신은 라(rå)이다. 이 이름은 양성적인 표현이라, 실제 동물, 숲, 산을 소유하고 지배하는 여신이기도 하고 남신이기도 하다. 10세기 기록에 rad/rod라는 단어가 등장하는데 이는 '지배하는 힘'을 의미한다. 라플란드인들에게 라디엔이란 신이

그림 275

6

7

그림 275

털이 많은 벌거벗은 인간과 뿔 달린 들소 가면을 쓴 인물이 포함된 동굴벽화. 이런 반인 반수 합성 인물은 마법사가 아니라 자연의 야성적인 힘을 소유한 신일 것이다.

(1)과 (7)은 중기 막달레니앙 문화(르트루아프레레, 기원전 1만 3000년경).

(2)와 (3)은 중기 막달레니앙 문화(스페인의 라필레타, 기원전 1만 3000~1만 1000년경).

(4) 말기 막달레니앙 문화(프랑스의 테자, 기원전 1만 년경).

(5) 중기 막달레니앙 문화(프랑스 라콜롱비에르, 기원전 1만 3000~1만 2000년).

(6) 중기 막달레니앙 문화(프랑스 르가비유, 기원전 1만 3000~1만 2000년경).

있는데 이 이름도 '지배하다'라는 뜻의 라다에서 유래했다(Liungman 1961: 72ff.). 본래 이 단어는 동물의 지배자에 한정되지 않고 훨씬 넓은 의미로, 다시 말해 야생 자연의 다양한 측면을 관장하는 신으로 쓰였을 것이다. 개인적으로 나는 구석기시대 동굴에 등장하는, '마법사' 혹은 '샤먼'이라고 알려진 이 인물이 동물과 숲의 신성한 지배자라고 생각한다.

동물과 숲의 지배자는 농경 사회의 종교에서 분명 고유한 특질을 상실했을 것이다. 실제 신석기시대 상들에서 이런 신화적 인물이 존재했다는 증거가 나타나지 않는다. 그렇지만 신석기시대 상들을 조사해서 작성한 통계는 집이나 신전이나 사원에서 발굴한 유물들을 바탕으로 했다는 사실을 염두에 두어야 한다. 자연에 깃든 야성의 힘을 관장하는 신은 틀림없이 야생에서 숭배되었을 것이다. 신상으로 등장하지는 않지만 동물이나 산, 숲의 주인이나 수호신 혹은 정령들에 관한 민담이나 문헌이 여러 시기에 걸쳐 보존되어 있다. 그리스와 로마 문명에서는 이와 관련된 신화적 인물이 판, 파우누스, 실바누스를 비롯한 이름들로 알려졌다. 그리스의 판은 숲의 신으로 양치기였고 야생동물, 사냥꾼, 양봉가의 수호신으로 숭배를 받았다. 또 시링크스, 양치기의 지팡이, 소나무 가지와 연관이 있다. 로마의 파우누스는 판하고 같은 신으로 간주된다. 둘 다 다른 이름으로 불리는 신들과 연관성을 보이는데, 바로 시링크스를 가지고 있는 실바누스와 숲과 목초지의 신 일리리안 비다수스이다(Markotić 1984). 고대 그리스에 판의 이름과 연관된 숭배지가 100군데가 넘는다. 이는 판이 올림푸스의 열두 신에 속하지는 않았지만 대중적으로 널리 알려졌고 숭배를 받았다는 점을 시사한다.

이들은 이상야릇한 큰 소리를 내고 예언의 능력이 있다고 믿어졌다. 판과 파우누스는 갑작스레 공포를 안겨준다. 이런 특질은 19세기와 20세기 민담에 알려진 숲의 신과 정령들의 특질과도 일치한다. 예를 들면, 러시아인들에게 숲의 수호신은 레시이다. 이 신이 나타날 때는 자신을 인간이나 동물로 위장하기도 한다. 인간일 때는 긴 머리에 긴 수염이 있는 노인으로 털 코트를 입었는데 푸른 눈에는 광채가 이글거린다고 한다. 이 신은 살고 있는 나무의 크기에 따라 키가 결정되는데 평지에서는 잔디보다 키가 작다. 대개 각 숲마다 레시가 한 명씩 존재한다. 이 신이 숲을 배회하면 나무들이 소리 내어 동행하는데, 신은 나뭇가지를 흔들고 휘파람을 불고 웃고 짖고 낙담하고 운다. 신은 방랑자들이 길을 잃게도 만들고 덤불이나 늪에 빠지도록 유혹도 한다. 사냥꾼과 목동은 이 신에게 제물을 바친다. 신을 위해 사냥꾼은 처음 잡은 사냥감을 숲에 남겨두고 목동은 양떼를 보호해 달라는 뜻으로 송아지를 희생제물로 바친다(Machal 1964: 261, 262쪽).

리투아니아 신화에도 유사한 이미지가 기록되어 있다. 16세기의 기록인데(스티리코우스키 연대기 1582년) 가니클리스라는 목동의 신, 동물과 숲의 주인을 언급한다. 수소나 말 혹은 염소나 다른 동물들을 잡아서 바위 위에 바치는데, 이렇게 기도했다. "이 돌이 고요하고 움직이지 않듯이 가니클리스 신이시여, 늑대나 다른 포식자들이 당신 모르게 이동하거나 우리가 키우는 동물들을 해치지 않게 하소서(Mannhardt 1936: 331쪽)." 켈트 전설에도 숲의 신에 대한 흔적이 남아 있다. 웨일스 지방에서 이 신은 미르딘(중세에는 메를린), 아일랜드에서는 수이브네 혹은 미친 스위니로 알려졌다. 둘 다 숲에 사는 야성의 신이다. 숲 속을 돌아다니면서 나무나 짐승들과 친하게 지내고, 예언을 하며, 인간 사회는 피한다.

목동이 들고 있는 지팡이나 갈고리는 그리스와 로마의 신(판, 크로노스, 파우누스, 실비누스)과 연관이 있다. 나아가 신석기시대와 순동기시대에도 같은 모양의 상징을 들고 의자에 앉아 있는 남신이 관찰되는데 이 신들과도 이어져 있다.

올드 유럽의 최고 걸작이라면 남동부 헝가리 티서에서 발굴된 상을 들 수 있다. 의자에 앉아 가면을 쓰고 있는데 오른손에 지팡이를 들고 있다. 가는 팔에는 팔찌 장식이 있고 이 팔을 가슴에 단단히 붙이고 있다. 몸에는 신체 중앙에 넓게 두르고 있는 벨트만을 걸치고 있다. 벨트에는 지그재그 문양이 새겨져 있다(Gimbutas 1974: pls. 46, 47쪽). 이 이미지는 로마의 숲과 초지의 신인 실비누스를 연상시킨다. 실비누스도 대개 손잡이가 둥글게 말린 지팡이를 들고 있다. 이 이미지는 또 크로노스하고도 연관되는데 크로노스도 보통 손잡이가 둥글게 말린 지팡이를 든 거대한 노인 이미지로 묘사된다. 크로니아 축제는 추수감사제이다(Rose 1958: 43, 68쪽).

식생의 신이 손에 갈고리나 지팡이를 들고 있을 때, 이는 아마도 군림하는 힘의 표식이 아니라 재생의 상징일 것이다. 이 갈고리 혹은 지팡이는 척박한 겨울이 가면 이 신이 다시 깨어난다는 의미가 있다.

또 다른 고대 그리스 이전의 신은 히아킨토스다(나중에 인도-유럽 문화의 아폴론 신에 가려진다). 이 신을 위한 축제가 히아킨티아인데 펠로폰네소스 아미클라에서 거행되었다. 그런데 이는 인도-유럽어에 속하는 이름이 아니다. 접미사 -nth는 지역 원주민들이 쓰던 언어에 속하기 때문이다. 의례에 대한 기록을 살펴보면 이 신은 수염 달린 건장한 남신이라 한다(James 1961: 135쪽). 수소 등에 앉아 있는, 수염 달린 신은 기원전 7000년기의 차탈휘윅에서도 발견되었다(Mellaart 1964: 그림 29). 수염 있는 남신 이미지는 올드 유럽 순동기시대에도 등장하는데 쿠쿠테니 문화를 예로 들 수 있을 것이다(그림 276). 불행히도 이 유물은 전체상이 아니라 깨진 두부만 보존되었다. 유사한 이미지를 청동기시대 유물에서도 찾아볼 수 있다. 키프러스 니코시아-아이아의 중부 청동기시대 유적지에서 수염 있는 인물의 거대한 측면 테라코타가 발굴되었다. 이 인물은 선과 점으로 그리고 붉은 잉크로 장식되어 있다(Karageorghis 1976: 116쪽 그림 83). 판과 파우누스도 수염이 있다.

그림 276

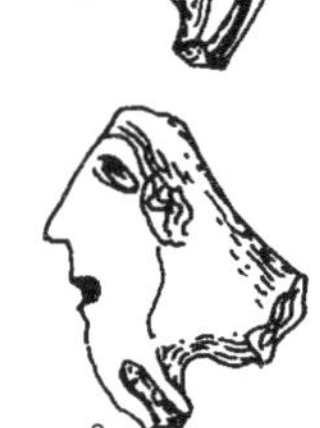

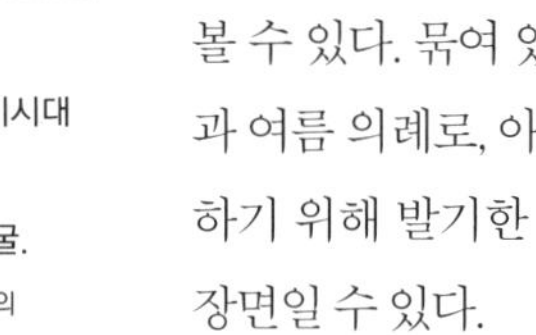

그림 276
후기 구석기시대와 순동기시대 수염이 있는 남신이다.
(1) 프랑스 에스펠뤼그 동굴.
(2) 쿠쿠테니 문화(몰다비아의 루셰슈티 I, 기원전 4500-4300년경).
(1) 높이 14.5cm
(2) 높이 2.3cm

17-2. 의례 참석자들

새 가면을 쓰고 의례에 참여하고 있는 남신/남성상이 등장한다. 일부는 시칠리아 아다우라에서 발견된 후기 구석기시대 벽화에 등장한다(그림 277).

아다우라 벽화는 우수한 표현 예술이다. 최소 열두 명의 남신/남성이 의례에 참여하고 있는 이미지로 구성되어 있다. 바닥에는 목과 발목을 묶어놓은 남자 둘이 있다. 이 둘의 남근은 발기한 상태이다. 이들 주변에 있는 다섯 명은 황홀경 상태에 있는 듯한데, 의례 중에 춤을 추고 있는 것 같다. 둘은 양팔을 높이 치켜들고 나머지는 팔을 반만 올리거나 내리고 있다. 생기 넘치는 모습이다. 이 춤 장면 아래에서는 일곱 명이 어떤 활동을 하고 있다. 아마도 이들 옆에 있는 수사슴 뿔하고 관련된 것은 아닐까? 윗부분에 묘사한 춤추는 인물 하나는 수사슴 머리 위에서부터 태어나는 형상인데 이 동굴의 동물보다 나중에 그려진 그림이다. 따라서 남성과 수사슴의 동시성에도 의문이 제기된다. 비록 이 장면들이 뭘 의미하는지 확신할 수는 없지만, 추측은 해볼 수 있다. 묶여 있는 무희 둘이 보인다. 이것은 봄과 여름 의례로, 아마도 번성하는 생명의 힘을 확인하기 위해 발기한 상태의 남성을 거짓 희생시키는 장면일 수 있다.

새 가면을 쓰고 의례에 참여하고 있는 장면은 기원전 1만 5000년경 유물로 연대 측정된 프랑스의 라스코와 도르도뉴 동굴에서도 볼 수 있다(Leroi-Gourhan 1967: Color illus. 74). 여기 거대하고 힘 있는 들소 옆에 발기된 채 넓게 팔(아마도 새의 발)을 펼치고 최고조의 흥분을 드러내는 인물이 있다. 이 존재는 거대하고 힘 있는 들소 옆에 그려져 있다. 이 남자/남신 반대쪽에 높은 횃대가 있고 거기에 새가 앉아 있다. 들소 엉덩이 부위에는 집중된 타원인 음문과 가시 달린 막대가 묘사되어 있다.

이렇게 가면을 쓴 채 발기한 남근을 드러내는 남신상은 신석기시대와 순동기시대 유물에서도 관찰된다(Gimbutas 1974: pls. 227, 229쪽). 몸짓으로 보아 이들은 어마어마한 힘을 숭배하는 의례에 참여하고 있음을 알 수 있다. 발기한 남근을 보이는 나체 인물은 남근으로 상징되는 신을 의미할 수 있다. 이 남근은 뱀으로 대치될 수도 있다. 위에서도 언급했는데, 이들이 그리스 헤르메스 신의 선조들이다(본문 121쪽 14장 참조).

17-3. 다산의 다이몬

기원전 5000년기 발칸 지역에는 발기한 남근을 드러내는 젊고 강한 남신들이 등장한다. 이들은 수소-인간 혹은 염소-인간으로 합성된 반인반수 신들과 함께 후대에 이런 모습으로 묘사되는 신들의 조상들이다. 이들 후손이 바로 그리스 신화에 등장하는 젊은 디오니소스, 사티로스, 실레니, 쿠로이 혹은 쿠레테스, 켄타우로스일 것이다(그림 221 참조). 이들은 모두 다산의 다이몬들이다. 주기능은 봄에 지하 세계에서 어린 대지의 여신이 재탄생하도록 마술적인 도움을 주거나, 일반적으로 생명의 힘, 특히 식물의 성장을 자극하는 것이다. 그리스 토기 그림에서 기하학 시기에서 아르카익 시기까지 사티로스와 켄타우로스는 남자 머리에 염

그림 277

그림 277
의례 중인 새 가면을 쓴 남신.
(1) 스페인 북부 알타미라 동굴에 새겨져 있다. 막달레니앙기, 기원전 1만 3000-1만 1000년, 축소 비율 1/8-1/12.
(2) 돌에 깊이 새긴 의례 장면. 그라벳기 혹은 준구석기시대(시칠리아의 그로타 델라다우라).
(1) 높이 116cm
(2) 높이 96.7cm

소 팔다리가 결합된 이미지로 묘사된다. 이 중 일부에는 토르소가 등장한다. 토기 그림을 통해 이들이 식물과 물의 상징, 틀에 든 그물망 문양, M자 문양과 관련이 있음을 알 수 있다(그림 278). 이들은 손에 나뭇가지를 들고 있거나, 옆에 있는 생명의 나무나 생명의 기둥을 붙잡고 있다. 순동기시대와 청동기시대 유물에도 남자-염소가 결합된 존재가 무수히 등장하는데, 이들은 한결같이 이전 시대부터 전해 내려오던 경향을 드러낸다.

빈차 문화에서 발굴된 켄타우로스는 수소-인간이다. M자 문양이 뚜렷한 인간 형상의 가면을 쓰고 있다(그림 279). 앞가슴에는 삼선인지 생명의 기둥인지가 보이고(그림 280), 거대한 앞다리에는 뱀 문양 아니면 자궁 형태가 묘사되어 있다. 그런데 같은 문명의 유물인 마스크를 쓴 조각인 염소-인간에도 같은 문양이 등장한다(켄타우로스의 이름 centaur는 염소를 뜻하는 centron에서 유래했다). 이 유물은 반인반수의 초기 형태는 염소-인간 합성이었다는 사실을 드러낸다. 수컷 짐승하고 남자를 합성해서 힘과 풍요로움에 미치는 영향력을 배가시킨 것이다.

크레타와 키프로스에서 유래한 사람 가면을 쓴 수소-인간은 때로 수염이 달려 있고 머리에는 뿔이 있다. 이런 유물은 기원전 11세기 아이야트리아다와 엔코미 지성소에서 발굴되었다. 이는 아르카익기에 속하는 유적지인데, 여기서 켄타우로스는 청동으로 만든 뿔 달린 신상(디오니소스?) 및 수많은 거대한 수소상들과 연관이 있다는 점이 드러났다(Karageorghis 1965).

격렬한 겨울과 봄의 축제는 자연에서 벌어지는 죽음과 재탄생이라는 계절의 연속성을 극적으로 보여주는 것이다. 이는 농경민들에게 결정적으로 중요한 의례다. 그 중요도가 어느 정도인지는 올드 유럽 문명에서 남근, 남근이 달린 컵, 발기한 남근에 가면을 쓰고 있는 상같이 무수히 많은 유물들이 말해준다. 계절의 연속되는 흐름의 중요성은 후기 신석기시대에도 전혀 감소되지 않았다. 그뿐만 아니라 이 오랜 전통은 고대 그리스에서도 성황리에 유지되었다. 이 격렬한 겨울과 봄 축제들의 예가 안테스테리아, 레나이아, 디오니시스 대제전이다.

그리스에서 켄타우로스 이미지는 민담을 통해 오늘날까지 이어져 내려온다. 현재 칼리칸차리라 부르는데, 대체로 켄타우로스의 특질은 검은색(비옥함의 색)이고 몸에는 뒤엉킨 털이 덮여 있다. 얼굴은 검은데 특히 눈에 붉은 섬광이 있고 염소 귀

그림 278

그림 278
무덤에서 발굴된 거대한 토기의 목 부분에 장식된 그림. 중앙에 켄타우로스가 생명의 나무를 잡고 있고 옆에는 틀 속에 들어 있는 그물망 문양이 있다. 숫염소에 대한 표현과 유사하다는데 주목하라(그림 365-369 참조).
초기 기하학 시기(카메이로스, 기원전 700년경).

그림 279

그림 279
초기 시대부터 이 빈차 테라코타 켄타우로스는 수소-인간 가면을 쓰고 있다. 앞이마에 M자 문양, 가슴에 삼선, 앞다리에 자궁 문양이 있다(코소보의 발라치, 기원전 5000-4500년경).
높이 11.7cm

그림 280

그림 280
켄타우로스가 염소-인간 테라코타로 묘사돼 있다. 가면에 달린 뿔이 부러진 상태이다. 가슴에 붉은 쐐기 문양이 있다(코소보의 발라치, 기원전 5000-4500년경).
길이 12.3cm

가 특징이다. 이들은 온전히 사람 형상으로 변모되지는 않았고 온전한 동물 형상도 아니며 이 둘이 적절하게 합성된 이미지를 보인다. 고전 그리스 시기 흙으로 빚은 켄타우로스와 사티로스 상이 현재 아테네 국립박물관에 소장되어 있다. 이 유물을 농민들은 칼리칸차리라고 확인해주었다(Lawson 1964: 190~192쪽).

남근 숭배에 대해서는 20장에서 논의할 예정이다. 남근은 곧 남신을 의미하진 않고 생명의 기둥의 한 측면에 해당한다. 이는 자연에 드러나는 생동감과 결실을 맺는 힘을 나타낸다. 대개 남근은 여신의 몸에 결합되어 있고 여신의 힘에 포함되어 있다(남근에 대해서는 저자의 초기 작업을 참조하라. Gimbutas 1974: 219~226쪽).

그림 281

그림 281
남근이 발기된 힘 있는 상. 오른손은 뺨에 대고 왼손은 남근을 잡고 있다. 자연의 재생을 상징하는 한해살이 신(그리스의 라리사 부근, 기원전 5천년기 전반기). 높이 49cm

17-4. 한해살이 신: 강력하나 죽어가는 식생의 신

여기 옥좌에 앉아 있는 두 유형의 남신상이 있다. 하나는 발기한 남근을 드러낸 젊고 강한 신상이고 다른 하나는 평화로운 모습의 고령의 신상이다. 이 두 유형은 아마도 한해살이 신일 것이다. 사내다움으로 넘치는 유형은 자연의 재생을 나타내고 후자는 죽어가는 자연을 상징한다. 두 유형 다 의자에 앉아 있는데, 이를 통해 숭배에 있어서 이들의 중요성을 알 수 있다.

힘이 넘치는 유형에 속하는 유물 상은 많지 않다. 이 중 가장 인상적인 예는 그리스 북부 라리사 지역에서 출토된 거대한(높이 49센티미터) 상인데 이는 신석기시대 말기 유물이다(그림 281). 발기한 남근을 드러내는 힘 있는 사내가 벌거벗은 상태로 의자에 앉아 있다. 오른손은 들어 올리고 왼손은 남근을 잡고 있다. 이 신은 구슬이 달린 펜던트 목걸이를 걸고 있다. 성기 위에는 호가 그려져 있고 내부에 평행선이 장식되어 있다.

이와 대조적인 남신상으로, 가면이나 얼굴에 근심스러운 기색을 드러낸 고령의 평온한 이미지를 보이는 신들이 있다. 말년을 나타내는 식생의 신일 것이다. 이 유형에 속하는 최초의 상이 기원전 7000년기 말과 6000년기 초기 테살리아의 세스클

그림 282

a

b

그림 282
올드 유럽 전통에 등장하는 슬픔에 가득 찬 고령 남신. 앞뒤가 붉은색으로 채색되어 있다(테살리아의 피라소스, 기원전 5900-5700년경). 높이 7cm

로 문화 유적지에서 발굴되었다(그림 282). 이 신은 스툴이나 의자에 앉은 채로 양손을 무릎 위에 얹고 있는데 다리는 스툴 앞다리로 녹아 들어갔다.

차탈휘윅에서 출토된, 의자에 앉은 채 손을 무릎 위에 올리고 있는 흰 대리석 상은 독수리 신전에서 발굴되었다(Melaart 1967: pl. 84). 이는 명백히 죽음과 연관성이 있음을 암시한다.

그런데 테살리아에서 출토된 의심할 바 없이 남신들로 보이는 시리즈 중에는 양성을 드러내는 작은 상이 하나 있다. 다른 상들과 마찬가지로 의자에 앉은 누드상인데 특이하게 여신의 젖가슴이 뚜렷이 드러난다(그림 283). 나이 든 여신과 죽어가는 식생의 신을 한 몸에 표현한 것일까?

1000년 뒤에 이런 신이 여신과 남신으로 분화되어 짝으로 등장하는 유물이 발견되었다. 이는 루마니아의 흑해 쪽, 하만지아 문화에 속하는 체르나보다 묘지에서 출토되었다(그림 284). 소위 '슬픔에 찬 남신'인데(기원전 5000년경) 침울한 자세를 취한 좌상이다. 팔꿈치는 무릎에 괴고 접은 팔로는 가면 쓴 얼굴을 받치고 있다. 짝으로 나타난 상 역시 의자에 앉은 채 가면을 쓰고 있다. 자궁 부위에 커다란 삼각형이 새겨져 있고 양손을 한쪽만 세운 무릎 위에 얹고 있다. 이 주목할 만한 짝을 만든 장인은 틀림없이 동일인일 것이다. 이것이 올드 유럽의 고고학 기록에서 유일하게 짝으로 등장한 신상이다. 이 둘은 유사한 기능을 하는 남신과 여신을 나타내는 듯하다. 대지의 다산성을 의미하는 노파 여신은 나이 들어 평온해 보이는 측면을, 남신은 식생의 죽어가는 면을 나타내는 듯하다.

고대 그리스와 유럽의 민담이나 관습에, 이 죽어가는 신의 후손들이 등장한다. 아마(linen)나 옥수수 신은 아마나 옥수수 형태로 땅속에서 태어나 숱한 고초를 겪다가 결국은 죽고 다시 땅에서 부활한다. 이 신을 그리스에서는 리노스, 리투아니아에서는 바이즈간타스, 스코틀랜드에서는 발리콘, 또 다른 지역들에서는 각기 다른 이름으로 부른다. 이런 신들은 신상이나 회화보다는 문학작품에 더 잘 보존되어 있다. 호메로스와 헤시오도스, 현대 민담에 이르기까지, 해마다 행하는 의례에 대한 기록들이 있다. 이 기록에는 이들의 운명, 즉 각종 고문과 죽음에 대한 애도가 남아 있다(Eisler 1951 참조). 호메로스는《일리아드》에서 '아킬레우스의 방패'를 묘사할 때 '리노스 비가' 혹은 '리노디아'를 언급한다(Iliad, XVIII: 569쪽 이하). 추수와 춤 장면 사이에 소년이 수금을 연주하며 섬세하게 조절한 음색으로〈사랑스런 리노스〉를 노래로 부른다. 이런 장면이 시각 예술로도 전해진다. 기원전 14세기 아기아 트리아다에서 발굴된 검은 동석 토기에 묘사되어 있는데, 옥수수 단을 나르는 추수하는 이들의 춤과 시스트럼을 흔드는 장면이 포착되어 있다. 기원전 7세기 중엽 헤시오도스가 리노디아를 언급한 부분도 있는데, 가수들과 수금 연주자들이 연회에서 춤을 추며 리노스 노래를 한다. 또 리노스 애가에 대한 다른 기록으로 기원전 600년경 호메로스 이전에 등장한 시인 팜포와 사포의 시를 들 수 있다. 아이스킬로스, 소포클레스, 에우리피데스도 '아이 리논'을 언급한다. 이는 '리노스의 운명' 또는 '리노스의 비애'로 번역할 수 있다. 1890년 뮤어는 처음으로 리노스와 리노스 비가를 히아킨토스와 나르시소스, 또 다른 식생의 정령과 비교할 수 있는 식물의 현현이라 설명했다(Eisler 1951: 118쪽). 이는 미처 성인이 되기도 전에 죽었던 아도니스나 아도니스 정원에 있던 시들어가는 꽃들에 대한 애도하고도 비슷하다. 해마다 거행하는 의례에서 이런 비통한 심정을 노래하고 토로했던 것이다.

인도-유럽어군에 속하는 언어들에는 아마를 뜻하는 공통어가 있다. 그리스어로 linon, 라틴어로 linum, 고대 아일랜드어로 lin, 독일어로 lin, 고트어로 lein, 리투아니아어로 linas, 고대 슬라브어로 linu, 알바니아어로 l'ini이다. 이 단어가 있으면 해당 언어가 유럽의 기층 언어라는 사실을 암시한다. 이는 올드 유럽과 올드 아나톨리아에서 아마 섬유가 신석기시대 초부터 알려졌다는 역사적인 사실과도 부합한다(Barber 1988). 차탈휘윅에 보존된 아마 조각들로 연대 측정을 한 결과, 기원전 8천년기로 나타난다는 사실이 밝혀졌다.

17-5. 아마와 죽어가는 신의 정념

유럽 민담에서 '아마의 수난'은 널리 알려진 모티프이다. 우리들에게는 안데르센 동화(1843년)로 더 친숙하다. 이는 아마의 슬픈 일생에 관한 이야기로, 씨앗이 어떻게 어두운 땅속에 묻히고 거기서 고개를 쳐들고 침투해 들어온 햇빛을 맞는지, 어떻게 푸른 꽃이 태양의 열기를 견뎌내며 지나가는 비에 채찍질을 당하는지, 그러다 마침내 어느 날 나쁜 사람들이 와서 이 가여운 식물을 뿌리째 뽑아버리는지를 자세히 다룬다. 그런 다음에도 아마는 갖은 고초를 당한다. 사람들은 아마를 물에 담그고 불에 굽고 막대기로 때리고 잘라서 가늘게 빗질을 한다. 이렇게 괴롭힌 다음에는 물레질을 해서 실을 잣는다. 그 뒤 천을 짜서는 가위로 잘라 바늘로 구멍을 내어 옷을 만든다. 그리고 누더기가 될 때까지 입는다. 그다음 물에 담그고 펄프를 만들어 광택을 내고 종이로 말려 이 이야기를 쓴다. 종이를 만드는 모티프가 소개되기 전에 아마의 고통은 옷 만드는 일로 끝났다. 사람들은 아마를 잡아 당겨 삼바디에 걸어 씨를 훑고 적시고 흔들고 물레질하고 천을 짜고 표백한 뒤 셔츠를 만든다.

유사한 모티프를 보이는 덴마크 버전이라면 '감사한 아버지' 민담을 들 수 있을 것이다. 집 안으로 들어가기를 원하는 트롤에게 "들어와도 돼. 그렇지만 너는 호밀 고통을 겪어야 할 거야"라고 말한다. "호밀 고통이 뭐야?"라고 트롤이 묻자, "가을에 너를 흩뿌려 땅속 깊이 묻어. 봄이 되면 너는 자라날 거야. 여름이면 태양에 몸을 굽히고 비에 흠뻑 젖을 거야. 그다음 잘리고 말려 헛간으로 옮겨지고 탈곡이 돼. 아 그러고는 방앗간으로 가서 갈리지." "뭐라고?" "그래, 말 그대로 갈고 체에 쳐서 봉지에 담지." 트롤은 이 말을 듣고는 폭발해 산산이 쪼개져 플린트가 된다(Eisler 1951: 123쪽).

아마 신과 죽은 자를 함께 연관짓는 경향은 리투아니아 가을 축제인 일게스에 대한 묘사에서도 뚜렷하다. 이는 아마의 신 바이즈간타스를 기념하는 축제이다. 사람들은 축제 때 이 신에게 죽은 자의 음식을 바친다(Greimas 1979: 62쪽). 이 음식은 아마 씨로 만든다.

유럽의 아마 신이나 옥수수 신은 극동 지역 옥

수수 신 타무즈와도 밀접하게 연관되어 있다. 타무즈에 대해서는 설형문자 명판의 발굴로 널리 알려지게 되었다. 이 명판은 고대 페니키아 도시 라스샤므라에서 발견되었는데, 여기 죽음의 여신 아낫이 못이라는 옥수수 신을 죽이는 기록이 있다. 못은 죽음을 뜻하는 말이기도 하다.

> 신의 아들 못이 잡혔다.
> 여신은 날카로운 칼날로 그를 베고,
> 못을 키질하고,
> 불로 굽고,
> 방아로 갈아,
> 몸가루를 온 밭에 흩뿌려,
> 새밥이 되게 만든다.
> (Eisler 1951: 123쪽 인용)

'비탄에 잠긴 그리스도'는 중부와 북부 유럽 가톨릭 문화권에 잘 알려진 민예품이다. 이런 경향은 특히 리투아니아에서 널리 퍼졌다. 리투아니아인들은 '근심하는 그리스도'를 나무로 조각했는데, 그 개수가 수천에 이르고 오늘날까지도 전해진다. 이 이미지는 그리스도교 예술도 아니고 인도-유럽 예술은 더더욱 아니다. 올드 유럽의 전통이 계속 이어져 내려와 남은 것이다. 삼림이 우거진 유럽의 여러 지역에서 목각 전통으로 이 죽어가는 신, 본래 식생의 신을 수천 년간 묘사해왔다. 종교 사조에 있어서 대파국이 밀려왔을 때조차 이 이미지는 근절시킬 수 없었다. 고대의 전통이 죽어가는 그리스도로 생존했던 것이다. 현재 민간신앙에서는 이 신이 인류의 비극을 고뇌하는 '비탄에 잠긴 신'으로 묘사되어 있다.

그림 283

그림 283
양성적 인물상의 등장으로 고대의 비탄에 잠긴 신에 대한 새로운 시각이 생겼다. 스툴에 앉은 남신-여신이 무릎에 손을 얹고 있다. 남성 성기와 여성의 젖가슴이 표현되었다. 세스클로 문화(테살리아의 마굴라, 기원전 6000-5700년).
높이 약 7cm

그림 284

그림 284
윤이 나는 갈색 신상. '생각하는 사람'이라는 별명이 붙은 참회하는 남신상인데 가면을 쓰고 있다. 하만지아(루마니아의 체르나보다, 기원전 5000년경).
(남) 높이 11.5cm
(여) 높이 11.3cm

III

죽음과 재탄생

죽음과 재탄생이 중심 주제이지만, 그림으로 볼 때 죽음보다는 재탄생을 강조하는 이미지가 훨씬 두드러진다. 이 이미지들에는 죽음 이후에야 죽음으로부터 새로운 탄생이 가능하다는 선조들의 믿음이 반영되어 있다.

죽음과 재생의 여신 또한 새 여신이다. 이는 생명을 부여하는 여신의 그림자적인 면(야행성)인데, 죽음이나 재탄생과 관련된 이미지도 헤아릴 수 없을 정도로 다양하게 표현되어 있다. 새 중에서 특히 독수리, 올빼미, 갈까마귀, 까마귀, 매와 같은 맹금류들이 여신의 힘 중에서 죽음과 관련된 측면을 드러낸다. 이 개념을 동물로 표현하는 경우 멧돼지나 개가 자주 등장한다. 여기서 간과할 수 없는 사실은, 죽음의 상징들에는 언제나 재탄생의 힘이 내포되어 있다는 점이다. 가장 적나라하게 죽음을 드러내는 유물 속 이미지로는, 단연 살 없이 뼈만 묘사된 여신상을 들 수 있다. 이는 뻣뻣한 누드상들인데 색깔은 뼈 색이며, 재료는 주로 대리석이나 석고이다. 또 자연 상태의 뼈로 만든 유물들도 있다. 이 시기 뼈 색은 곧 죽음의 색이었다. 놀랍게도 이런 유물들에서는 초자연적으로 큰 자궁 부위의 삼각형이나 태양같이 동그란 올빼미 눈 문양을 동시에 관찰할 수 있다. 이 상징들은 생명의 원천인 물기를 뜻한다. 죽음에는 언제나 생명의 물이 잠재해 있다는 뜻이 내포되어 있다. 또 여신이 생명의 주기를 새롭게 시작한다는 것을 나타낼 때는 주로 개구리, 두꺼비, 도마뱀, 거북이, 토끼, 고슴도치, 물고기처럼 작고 신비한 동물과 태아나 자궁 등으로 표현된다. 수소의 두개골 또한 자궁을 상징하는데, 이는 가히 엄청난 사건이라 할 수 있다. 당시 선조들이 올드 유럽의 아나톨리아 화장터를 세심히 관찰했고, 그 결과 이런 연상을 해냈을 것이기 때문이다. 실제 뿔 달린 수소 두개골 형상과 여성의 자궁과 나팔관이 연결된 모습은 대단히 흡사하다. 이 이미지가 새 생명의 탄생과 연관된다는 점은 수소 두개골에서 태어나고 있는 벌이나 나비가 묘사된 유물들에서 훨씬 선명하게 부각된다.

전형적인 생명의 기둥, 물고기, 삼각형 문양으로 장식된 부트미르 토기.
그림 352 참조.

동굴이나 무덤은 자궁이나 알 혹은 다른 자궁의 상징들하고 상호 치환될 수 있다. 생명의 힘을 체현하는 생명의 기둥, 나무, 뱀, 남근은 여신의 자궁 아니면 동굴이나 무덤에서부터 자라 나온다. 여신도 삼각형이나 모래시계 모양(삼각형 둘)의 깊은 자리에서 탄생한다. 이런 유물 중 모래시계 모양에 새 다리가 결합된 이미지가 발굴되었는데, 여기서 여신이 자신의 정체성을 선명하게 드러낸다는 사실을 확인할 수 있다.

뼈에 새겨진 뻣뻣한 여신으로
사르데냐에서 출토되었다.
그림 316 참조.

18. 죽음의 상징들

선사시대 유물들 중에서 본질적으로 죽음을 나타내는 이미지들이 오늘날 유럽의 민속에도 여전히 이어져 내려온다. 유럽의 민속에서 죽음이란 주요한 기능을 지니고 있어서 결코 간과할 수 없는 주제다. 유물에서 구체적으로 이 주제를 나타내는 이미지로는 독수리, 올빼미, 뻐꾸기, 매, 비둘기, 멧돼지가 있고 백색 여신(White Lady)과 여신의 사냥개도 죽음을 의미하며 마른 뼈도 마찬가지다.

18-1. 거대한 독수리

차탈휘윅 신전 벽면을 통해 거대한 독수리와 죽음이 직접 연결되어 있다는 점이 선명하게 부각된다. 특히 신전 Level VII-8의 동쪽 벽이 그러한데, 차탈휘윅 중에서도 독수리와 죽음의 연관성을 드러내는 가장 오래된 표현이다. 벽화에는 거대한 독수리가 날개를 활짝 펼친 채 사람을 공격하는 이미지가 그려져 있다. 여기 등장하는 사람은 분명 죽은 상태라 여겨진다(그림 285). 이 자리를 '독수리 신전'이라 부르기로 하자. 이 신전에는 독수리 일곱 마리가 머리가 잘린 인간 여섯 명을 향해 급강하하는 장면이 묘사되어 있다. 신전 Level VII-21에서도 유사한 이미지가 드러나는데, 이 벽에서는 독수리가 목이 잘린 사람 옆에 묘사되어 있다. 독수리의 몸에는 사람의 다리가 달려 있다(그림 286).

이 새는 그리폰 독수리로 확인되었다. 몸 전체가 검다. 3미터가량 되는 거대한 날개로 비상하는 검은 독수리의 모습은 선조들에게 아주 강한 인상을 남겼을 것이다. 하지만 겉보기와는 달리 실제 이 독수리는 공격적이지도 않을뿐더러 썩은 고기만 먹는다(Turner 1973; Cameron 1981). 이 독수리에서 죽음을 연상한 이유도 바로 이런 생태적인 특질 때문이었을 것이다.

Level VII-21에 그려진 사람의 다리가 달린 그리폰 독수리는 이 존재가 단순한 새가 아니라는 사실을 생생히 강변한다. 이는 여신이 독수리로 위장하고 있다는 표현이다. 이 여신이 바로 생명을 부여하는 여신의 대극에 있는 짝으로, 무시무시한 죽음의 여신이다. 분명 거대한 검은 날개가 하늘에 펼쳐진 모습은 불길한 느낌을 자아냈을 것이다. 하지만 이 이미지를 보고 죽음이 생명과 싸워 이긴 승자라는 판정을 내리기는 어렵다. 죽음으로 인해 비탄에 잠겨 있는 이미지가 아니기 때문이다. 오히려 죽음과 재탄생은 결코 분리할 수 없을 뿐만 아니라 둘은 밀접하게 연결되어 있다는 점이 부각된다.

이런 철학적 개념이 신전 벽면에 상징적인 방식으로 표현되어 있다. 자세히 관찰해보면, 우선 머리 잘린 송장이 팔 다리를 벌리고 있다는 점이 눈길을 끈다. 그리고 의미심장하게도 거대한 검은 독수리는 본래의 검은색이 아니라 붉은 생명의 색으로 그렸다(Mellaart 1964: 64쪽). 신전 Level VII-21에 등장하는 독수리 프레스코는 활기찬 생명력의 상징인 커다란 수소의 뿔에 인접해 있는데, 이 뿔 바로 아래에 해골이 놓여 있다. 이 장면에서 죽음과 부활은 연속된 사건임을 직접 확인할 수 있다. 죽음의 순간에 분명 독수리 여신이 죽은 자의 영혼을 잡아챈다. 이 장면이 프레스코에 머리가 없는 몸으로 묘사되어 있다. 그렇지만 잘린 머리는 재생을 나타내는 수소와 접촉할 수 있는 자리에 세심하게 배치돼 있다.

거대한 독수리 여신과 생명력의 관계가 신전 Level VI B-10에도 드러난다. 구조적으로 자세하면서도 극적으로 표현되어 있다. 거대한 수소 머리와 지지 기둥 사이에 있는 동쪽 벽에 붉은 벽감이 있고 여인의 젖가슴 한 쌍이 부조로 안치되어 있다. 젖가슴은 붉게 채색되어 있는데, 그리폰 독수리 부리가 열린 젖꼭지에서 자라나오고 있다. 양 젖가슴 안쪽에서 독수리 해골이 완전한 모습으로 각각 하나씩 발견되었다(Mellaart 1976: pl. 28의 그림 38, 39).

이 유물을 통해, 독수리로 대별되는 새 여신은 죽음의 여신이고 젖가슴 또한 죽음의 여신에 포함되는 요소라는 사실을 확인할 수 있다. 이는 프랑스 돌방 무덤에서 드러난 개념과 유사한 면이 있다. 이 무덤에서는 올빼미 여신이 등장하는데 여신의 특질 중 하나가 젖가슴이다. 이 유물들을 통해서 여신의 모성적인 특질을 확인할 수 있다. 이런 경향은 이집트 상형문자에서도 드러나는데, 상형문자에서 독수리는 어머니를 뜻한다. 시베리아 야쿠트 족에게도 같은 경향이 보이는데 이들 언어에서 독수리와 어머니는 같은 단어이다. 플리니우스(기원후 1세기)의 기록에 독수리 깃털이 출산을 돕는다는 내용이 있다.

독수리를 희생시키거나 독수리 날개를 희생제물로 바치는 행위는 인류에게 오랫동안 이어져 내려온 전통이다. 레바논의 크사르아킬에서는 구석기시대 중기부터 구석기 말기까지의 독수리 뼈가 연속 출토되었다(Hooijer 1961: 9~11쪽). 프랑스 후기 구석기시대 막달레니앙기 유적지와 아다우스테 부슈뒤론 동굴에서는 조류 유물들이 출토되었다. 프랑스 남서부 피레네 아틀랑티크에서는 매장된 붉은 부리 까마귀가 나왔다(Solecki 1981, 1953 Bouchud를 토대로). 이렇게 독수리 혹은 날개가 커다란 다양한 새들로 여겨지는 이미지들은(그림 287) 후기 구석기시대 동굴에서부터 등장한다(Castillo, Gabillou, Pileta 외).

커다란 새의 머리와 목이 매장된 유적이 시베리아 말타에 있는 후기 구석기시대 유적지에서 발견되었다. 이 유적지는 이르쿠츠크 북서부 벨라야 강 유역에 있는데 시기는 기원전 1만 6000~1만 3000년으로 추정되었다. 이 유적지에서 여신의 죽음을 나타내는 뻣뻣한 누드상이 다수 출토되었다. 이들은 상아와 순록 뼈로 만들어졌고, 새뿐만 아니라 새와 여인이 합성된 상아로 만든 여신상들도 다수 출토되었다(그림 1). 이런 연상이 우연으로 보이지 않는다.

그림 285

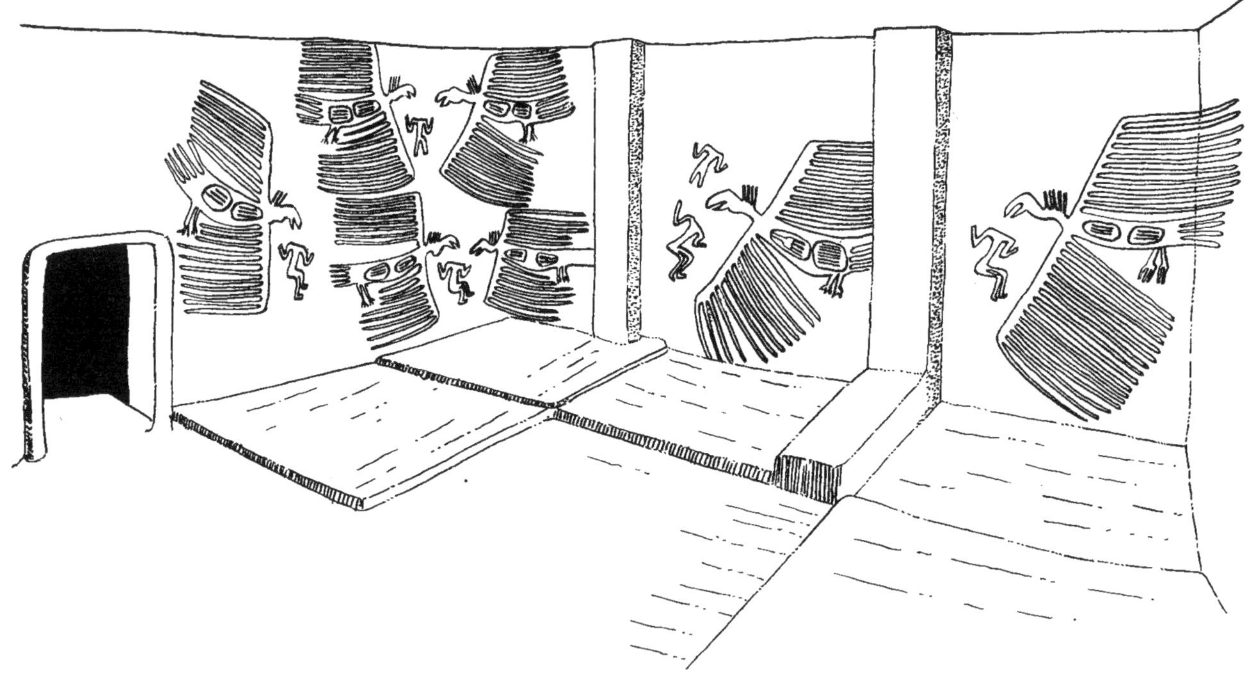

그림 285
빗자루 모양의 날개를 펼친 거대한 독수리가 머리 잘린 송장을 향해 하강하고 있다. 새는 생명의 색인 붉은색으로 그려졌다.
서부 아나톨리아 신석기시대 (차탈휘윅 프레스코 레벨 VII-8, 기원전 7천년기 초기).

그림 286

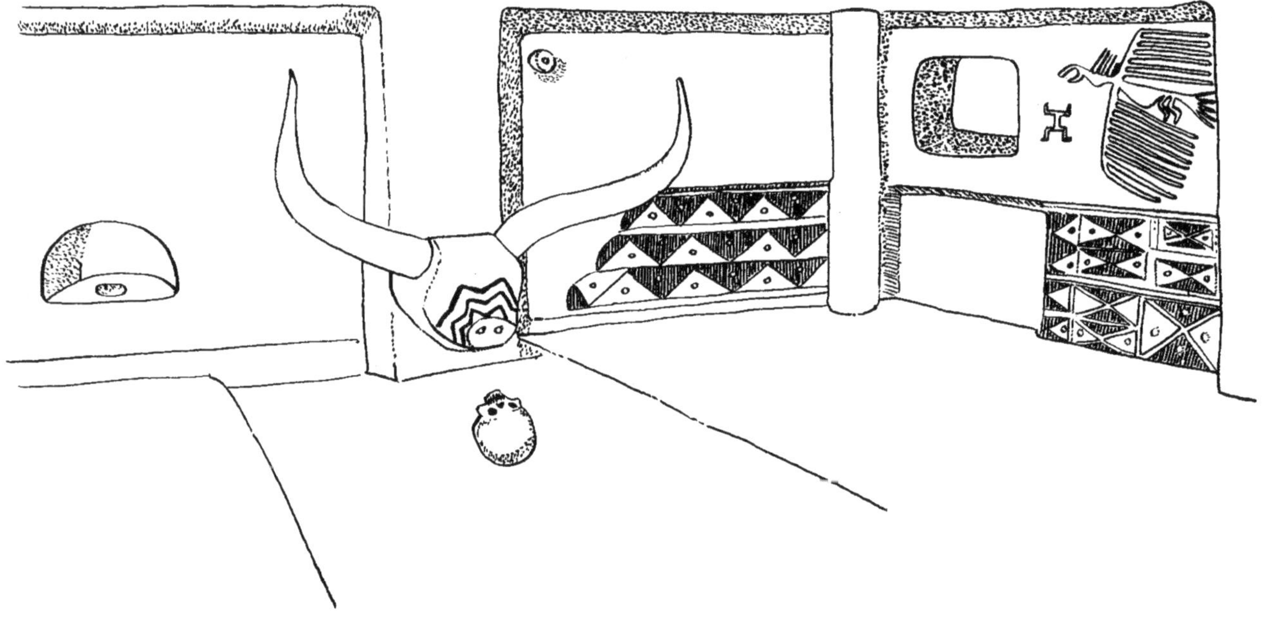

그림 286
입은 갈라져 있고 사람의 다리가 달린 독수리가 머리 잘린 사람 위로 그림자를 드리운다. 재생의 상징인 거대한 수소 머리 아래에는 해골이 놓여 있다(차탈휘윅 신전 레벨 VII-21, 기원전 7천년기 초기).

흥미롭게도 거대한 새 뼈들의 매장지가 북부 이라크의 자위케미샤니다르 원신석기시대 유적지에서 발굴되었는데 방사성 탄소 연대 측정 결과 1만 870±300년 전 유물로 밝혀졌다(Solecki 1981). 이 자리에서 다양한 새 뼈가 출토되었는데 최소 열일곱 가지나 된다. 이들은 단일 종이 아니라 다섯 종에 속하는데, 콘도르 4, 그리폰 독수리 1, 흰꼬리독수리 7, 거대한 능에 1, 작은 독수리 4이다. 능에를 제외하고는 전부 썩은 고기를 먹는 새들이다. 새 뼈 중 90퍼센트가 날개 뼈라는 점도 의미가 있어 보인다. 뼈에서 얇게 자른 흔적을 관찰할 수 있는데, 이는 뼈를 신중하게 몸에서 잘라 구덩이에 주의 깊게 배열했음을 암시한다. 1987년 바르샤바 대학 팀이 북부 이라크 티그리스 강 유역 네므릭에서 발굴하는 동안 거대한 독수리 머리를 조각한 석상이 출토되었다. 이는 거의 1만 년 전 유물로 추정된다(*Daily Gulf Times*, Nov. 18, 1987, Qatar Doha).

서유럽에 있는 거석 무덤에서도 커다란 새가 매장된 유적지들이 발견되었다. 최근에 오크니 지역 이즈비스터에 있는 무덤에서 거대한 매장물들이 발견되었다. 이 중 확인할 수 있는 새 뼈의 수가 725개였다. 대부분은 무덤이 활용되던 시기의 산물로 드러났다. 뼈 유물 중 88퍼센트는 흰꼬리독수리 뼈인데, 독수리 수는 열네 마리 혹은 그 이상이다. 또 쇠올빼미, 등이 검은 갈매기, 떼까마귀, 까마귀, 갈까마귀들도 포함되어 있다(Hedges 1983). 여기 언급한 새들은 전부 썩은 고기를 먹는다.

뼈 전체가 매장되어 있다는 사실은 애초에 몸 전체를 다 묻었다는 뜻이다. 위에서 언급했던 큰 새와 마찬가지로 이 매장된 새들은 아마도 희생제물이었을 것이다. 죽음의 여신에게 제물로 바쳐졌음에 틀림이 없다. 거대한 독수리가 서식하지 않는 스코틀랜드의 섬들에서 특히 이즈비스터의 경우 제물이 독수리, 큰 갈매기, 올빼미, 까마귀, 갈까마귀였다. 이 지역에서 여신의 제물은 거대한 독수리가 아니라, 날개를 펼칠 때 경이로움을 불러일으키는 다른 큰 새들이었을 것이다.

새의 커다란 날개는 수천 년 동안이나 상징적으로 중요한 역할을 했다. 차탈휘윅의 거대한 독수리 날개들은 초자연적인 자태를 드러내는데, 이 모양은 실제 날개라기보다는 오히려 직사각형 빗자루 모양에 가깝다. 날개의 곡선이 실제 새와는 명백히 차이가 있다. 빗자루나 빗의 문양이 거대한 독수리 몸에 반복해서 새겨져 있다. 이는 아마도 유럽 민담에서 마녀들이 타는 빗자루처럼 죽음의 여신의 힘과 에너지를 나타내는 듯하다(빗의 에너지와 상징에 대해 본문 298쪽 26-3. 참조).

이집트와 그리스에는 여신이 거대한 독수리로 변한다는 이야기들이 널리 알려져 있다. 이집트의 여신 네이트는 때로 거대한 독수리로 묘사되는데, 그 이미지를 보면 독수리 머리를 쓰고 있다. 《오디세이》에 여신 아테나가 독수리로 변한 장면이 묘사되어 있다. 켈트 지역에서는 세 여신(삼신) 중 한 여신의 이름은 바드브(Badb)인데 이는 까마귀라는 뜻이다. 여신 모리간이 어떤 책에는 바드브 카타(badb catha)로 기술되어 있는데 이는 전투하는 까마귀를 뜻한다. 여신 모리간은 노파로 나타나고 아름다운 여인으로 나오고 까마귀나 갈까마귀로도 등장한다. 골 지역과 연관이 있는 여신은 난토트수엘타라고 불렸는데 소용돌이치는 강이란 뜻이다(여신의 이름은 밀레시안 족이 도착하기 전에 아일랜드에 살았던 종족을 가리키는 '다누 여신 사람들(tuatha dé dannan)'에 나타난다). 이 여신은 까마귀와 여신에 속하는 다른 상징들과 함께 묘사된다(Ross: 219, 244쪽). 독일 발키리는 죽은 자의 검은 새, 즉 까마귀로 확인되는데 이는 '송장을 탐하는 자'라는 뜻의 바엘케아지크와 정확히 일치한다(Ninck 1976: 183쪽).

맹금류/여신 형태에는 고대 그리스의 사이렌과 하르피아이도 속한다. 이들은 운명의 여신, 죽음의 케레스로도 알려졌다. 이들 모두 올드 유럽/아나톨리아의 거대한 독수리 여신의 후손들이라는 점은 의심의 여지가 없다. 사이렌은 노래로 유혹하는 힘이 있다. 하르피아이는 썩은 고기를 잽싸게 낚아채는 탐욕스러운 면이 강조된다. 이 둘은 인간의 머리에 독수리 발을 지니고 있다. 이들이 모습을 드러낼 때는 운명의 여신이 새로 나타난다. 이 경우 세 마리 혹은 무리 지어 등장한다. 헬레니즘 시기와 심지어 중세 때까지도 이들을 새 발이 있는 여인 이미지로 묘사해왔다. 이 새 발 여신들이 나타날 때는 사람들이 공포에 사로잡혔고, 이 경험을 끔찍한 악몽이나 잔인한 백일몽의 형태로도 기록하고 있다.

제인 엘렌 해리슨의 정의에 따르면 새 여신이 후대에 죽음의 악마, 즉 영혼을 훔치러 영혼을 보내는 자, 영혼을 유혹하는 케르가 된다. 사이렌의 노래는 유혹적이다. 그렇지만 여신이 부르는 노래는 끝내 죽음을 부르고 만다. 헤리슨은 겉보기에는 유혹적이지만 등 뒤에 공포가 도사린다고 말한다(Harrison 1922: 198, 199쪽).

그림 287

그림 287
거대한 독수리에 대한 관심이 후기 구석기시대까지 거슬러 올라간다. 동굴벽화에 등장하는 독수리 혹은 날개가 커다란 다른 새의 날개를 보라.
(1) 붉은색 그림. 막달레니앙기(북부 스페인의 카스티요, 정확한 연대 미상).
(2) 연관된 기하학적 문양. 중기 막달레니앙(남부 스페인의 필레타, 기원전 1만 3000-1만 1000년경). 길이 약 50cm

올드 유럽의 신앙이 잘 보존된 북부 스페인의 바스크 지역에서 마리 혹은 산의 여신 암보토는 특정 동굴에 거대한 독수리 모습으로 나타난다고 한다. 다른 자리에서는 까마귀나 새의 발을 가진 여인으로 자태를 드러낸다고 한다. 이치네의 산수펠레오르 동굴에서 여신과 동료들이 독수리 모습으로 나타났다고 한다. 1922년 마누엘 데 우가리사의 기록을 살펴보면 여신의 동료들은 전부 여성인데 독수리로 등장해서 여신의 메시지를 전하고 여신의 명령을 수행한다. 여신에 대한 두려움을 드러내는 기록들이 1922년까지도 이어진다.

> 양치기가 동굴 부근에 텐트를 친다. 여신이 거주하는 자리에 너무 가까울까 두려워서 동굴 입구에 양쪽으로 십자가를 세우고 촛불을 켠다. 이때 독수리 떼가 와서 양치기가 친 텐트 지붕 위에 내려앉는다. 그러고는 동굴에서 이런이런 물건들을 치우라고 말한다. 이들은 여신이 벌을 내릴까 두려워 양치기가 자기들의 말을 들을 때까지 자기주장을 절대 굽히지 않는다(Barandiarán 1974, I: 290쪽).

이 회백색 독수리는 위도상으로 남유럽까지 서식하고 북쪽에는 살지 않기에 이런 지역에서 죽음과 관련해 올빼미와 더불어 연관지은 듯하다. 올드 유럽의 선사시대 그림이나 유럽의 민담에는 올빼미가 죽음과 엮여 묘사된다.

18-2. 올빼미

선사시대부터 시작해서 오늘날에 이르기까지 올빼미는 죽음의 전조라 여겨졌다. 유럽의 여러 나라들에서는 오늘날에도 올빼미가 지붕 위에 내려앉거나 집 근처 나무에 앉으면 식구가 죽는다고 믿는다. 이집트 상형문자에서도 올빼미는 죽음을 뜻한다. 1세기경 플리니우스의 시대에도 올빼미가 도시에 출현하면 이는 곧 파괴를 의미한다고 믿었다. 후대에 여러 작가들도 올빼미는 불길하고 불쾌하고 비극적이라 묘사하며, 다른 새들이 싫어했다는 진술들을 찾아볼 수 있다. 초서도 올빼미는 강렬한 죽음의 상징으로 인식했다. 스펜서는 올빼미를 인간이 두려워하고 혐오하는 잔혹한 죽음의 메신저라 한 바 있다(Rowland 1978: 119쪽). 올빼미를 둘러싼 이런 침울한 이미지에도 불구하고 긍정적인 면도 있었다. 올빼미에 깊은 지혜와 신탁의 힘 그리고 악을 막아주는 힘이 있다고 인식한 것이다. 특별히 어떤 신성한 힘이 올빼미의 눈에 있다고 보았는데, 이는 올빼미의 예리한 시각이 다른 피조물보다 뛰어나기 때문일 것이다. 이런 이중 이미지는 올빼미가 잔인한 죽음의 여신을 체현한다는 개념이 시간이 지나면서 희미해진 결과 남겨진 잔영이다. 올빼미는 신으로 숭배를 받았다. 아마도 전체 생명의 주기에서 볼 때 잔인하지만 필요불가결한 일부로 간주했기에 숭배의 대상이 되었을 것이다.

오래전부터 올빼미는 예술적인 이미지로 등장했다. 올빼미의 종을 확인할 수 있는 최초의 이미지는 남부 프랑스의 트루아프레레에 있는 후기 구석기시대 동굴 벽에 새겨진 눈올빼미이다(그림 288). 여신을 올빼미로 표현한 이미지는 신석기시대부터 초기 청동기시대까지 이어진다. 지중해 동부에는 기원전 8천년기 말~7천년기 전반, 선토기 신석기시대 B기에 돌이나 점토로 만든 의인화된 올빼미가 등장한다(그림 289). 기원전 4천년기~3천년기에 유럽의 다뉴브, 에게 해 북부 지역, 서부 아나톨리아에는 옹관(유골단지) 형태로 올빼미 이미지가 출토된다. 서유럽에서 올빼미 여신의 이미지는 선돌, 회랑 무덤에 있는 오르토스타트, 무덤 안의 편암 명판과 지골에 새겨져 있다(그림 91~93 참조). 기원전 4000년경 북유럽에서 이 올빼미 인물은 호박에 조각한 여신상과 동부 발트 해 지역의 나르바 문화의 나무 기둥으로 나타난다(그림 290). 그리스 예술에서는 올빼미가 여신 아테나의 표식으로 살아남았다.

그리스의 미케네 그리고 기원전 15세기의 수갱식 분묘에서는 올빼미 여신이 항아리 모양 무덤 안에서 발견된 황금 조각상으로 나타났다(Marinatos 1968: pl. 58). 이 여신은 기원전 14세기~13세기 키프로스 섬의 청동기시대 테라코타상으로도 풍부하게 등장한다. 여신은 새부리 코에 커다란 눈, 큼직한 귓불, 자궁 부위의 큰 삼각형으로 묘사된다(Spiteris 1970: 69쪽). 메소포타미아에서 여신은 릴리스(Lilith)로 알려졌는데 거친 소리를 내는 올빼미를 뜻한다.

올빼미 모양 옹관의 아름다운 예가 기원전 3000년경부터 헝가리의 바덴 문화, 레모스의 섬 폴리오치니와 트로이에서 출토되었다(그림 291, 292). 이들은 날개가 있고, 두드러지는 올빼미 부리가 아치형 눈썹과 연결되어 있고 때로 재생의 상징인 인간의 자궁이나 뱀 같은 탯줄이 있다. 옹관묘 전통과 옹관 모양이 유럽 중동부에서는 심지어 인도-유럽 문화가 도래한 이후까지도 지속되었다. 이는 분명 인도-유럽 문화의 도래 이전 기층민들의 전통이 이어져 내려온 것이다(그림 293).

그림 288

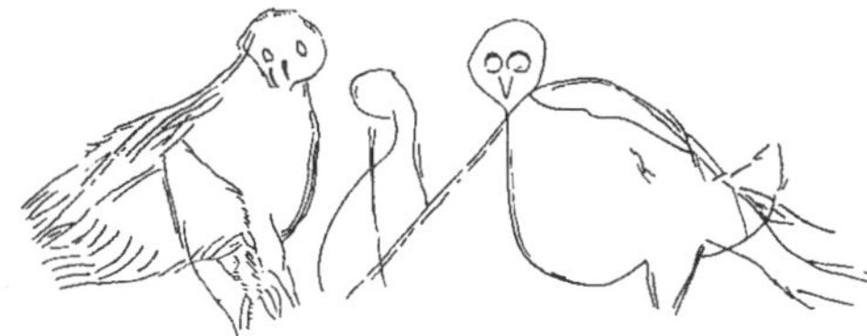

그림 288
'올빼미 갤러리'라고 부르는 후기 구석기시대 동굴에 새겨진 흰올빼미 셋. 중기 막달레니앙 문화(남부 프랑스의 레트루아프레레, 기원전 1만 3000년).

그림 289

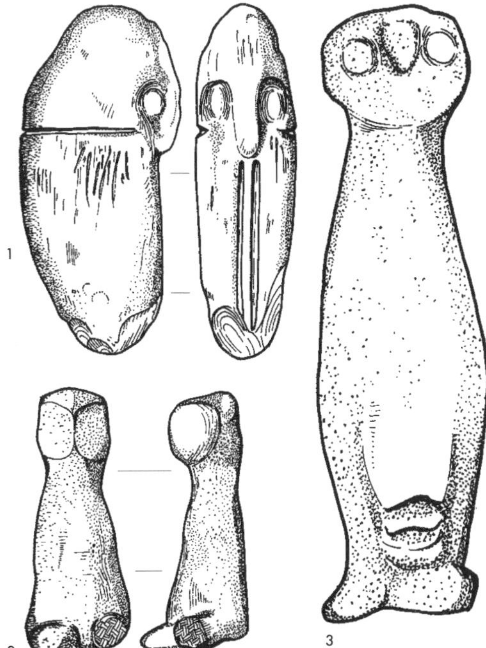

그림 289
근동 지역에서 출토된 선토기 신석기시대 B에 속하는 상으로 (1)은 돌조각, (2)와 (3)은 점토로 만든 올빼미 여신상이다.
(1)과 (2)는 시리아 유프라테스 강 상류의 무레이벳 III(기원전 8000-7500년), (3)은 요르단의 문하타 6-3(기원전 7000-6500년).
(1) 높이 8.3cm
(2) 높이 6.2cm
(3) 높이 9.2cm

그림 290

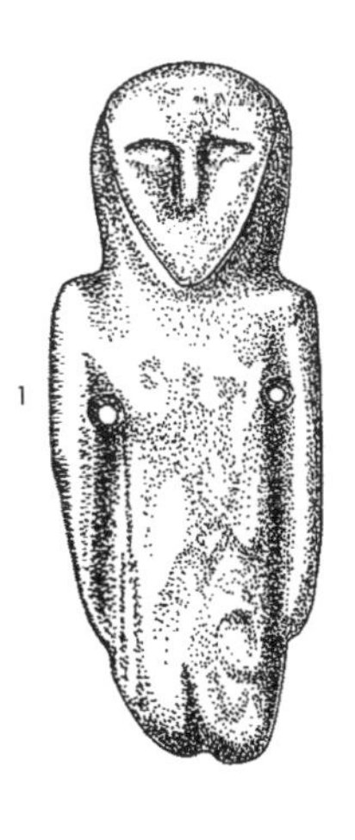

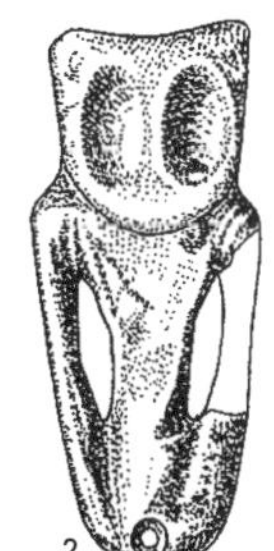

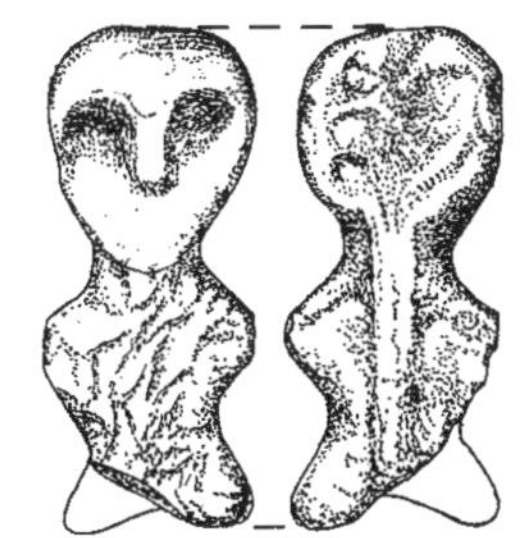

그림 290
호박에 조각한 의인화된 올빼미. 분명 올빼미 여신을 모방한 장식품이었을 것이다.
(1)과 (2)에는 다른 물품에 부착할 수 있도록 구멍이 있다.
(3)은 등쪽에 머리카락이 표시되어 있다.
나르바 문화(발트 해 유오트크란테, 기원전 4천년기 말기경).
(1) 높이 11cm
(2) 높이 7cm
(3) 높이 6.8cm

그림 291

그림 292

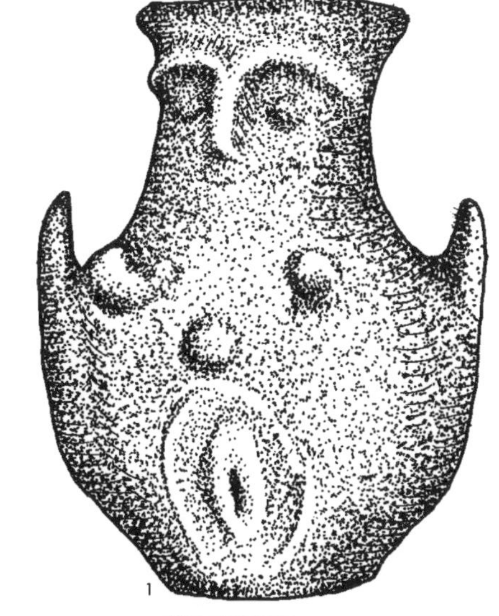

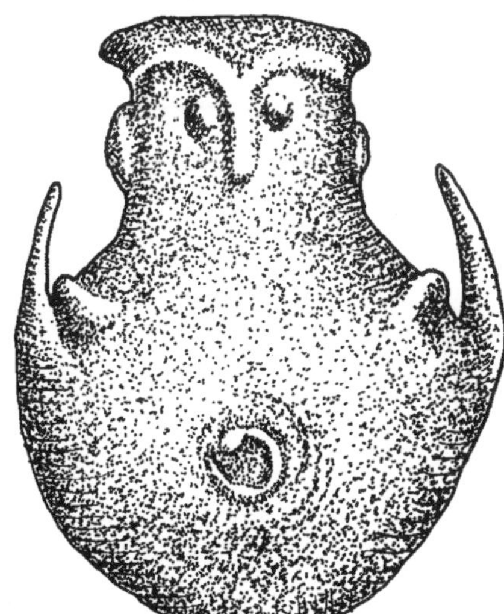

그림 291
올빼미 모양 옹관. 화장한 성인과 아이의 잔여물이 들어 있었다.
바덴 문화(헝가리의 첸테르, 기원전 3000년경).
높이 48.4cm

그림 292
유럽과 아나톨리아에서 출토되는 전형적인 올빼미 옹관. 보편적인 올빼미 얼굴과 젖가슴이 있다. 커다란 음문이나 뱀 똬리 같은 탯줄이 재탄생을 강조한다. 북부 에게 해/서부 아나톨리아의 초기 청동기시대.
(1) 렘노스의 폴리오치의 'Green Phase(기원전 3000-2500년경)'.
(2) 트로이 II-III(기원전 3000-2500년).
(1) 높이 24.3cm
(2) 높이 23.1cm

그림 293

그림 294

그림 295

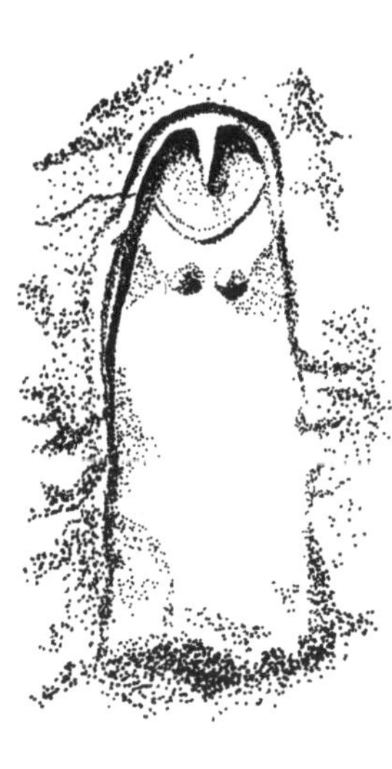

그림 293
동관묘와 이와 연관된 올빼미 여신 전통이 유럽의 청동기시대의 일부인 인도-유럽 문화 속에서 살아남았다. V자와 쐐기 문양이 뚜렷하다.
(1)과 (2)는 몬테오루 문화(북동부 루마니아의 친데슈티, 기원전 1800-1500년). (3)은 몬테오루 문화의 다른 항아리에 있는 올빼미 윤곽.
(1) 높이 19.5cm
(2) 높이 20.5cm

그림 294
서유럽에서 출토된 돌로 만든 스텔레에 등장하는 올빼미 여신. 얼굴은 서로 맞물린 쐐기 문양이 각진 테두리를 둘러싸고 있다. 프로방스의 후기 신석기시대(남부 프랑스의 로리뷔베르, 기원전 40천년기 말기경).
높이 30.1cm

그림 295
파리 분지 곁방의 왼쪽 벽면에 숯으로 그린 그림. 올빼미 여신의 젖가슴 위로 목걸이가 있는 것이 특징이다. 또 주요한 방의 입구 양쪽에 날카로운 도끼가 그려져 있다.
신석기시대 말기의 솜(SOM, 센-우아즈-마른) 문화(프랑스의 마른, 라제 묘지, 기원전 3000-2500년).
높이 127.5cm

올빼미 눈과 올빼미 부리의 주요한 특질을 파리 분지의 지하에 부조와 숯으로 그린 그림에서, 또 이베리아와 남부 프랑스의 선돌에서 관찰할 수 있다(그림 294, 295). 지역이나 유물이 발굴되는 단계마다 전형적인 스타일은 약간씩 차이를 드러낸다. T자 모양으로 윤곽만 표시하거나, 눈과 눈썹만 있거나, 앞이마 중앙의 쐐기 문양 사이에 사각 모양을 표현하기도 한다.

브르타뉴와 파리 분지에서 발견되는 일련의 올빼미 여신의 그림이나 스텔레(기둥)에서 관찰되는 올빼미의 특색을 들자면 젖가슴과 하나 또는 여러 개의 목걸이를 하고 있다는 점을 지적할 수 있다. 포르투갈과 스페인에서 발굴된 스텔레는 대개 높이가 40~50센티미터인데 둥근 눈과 뚜렷한 부리 혹은 곧고 막대기 같은 코가 눈길을 끈다(그림 296, 297). 포르투갈 널길 무덤에 있는 편암 명판에 새겨진 올빼미 여신의 이미지는 두드러진 코나 부리, 도식화한 팔, 뺨을 가로지르는 수평선으로 표현되고, 경우에 따라서는 음문과 등에 있는 쐐기 문양이 관찰된다. 때로는 거석 무덤 벽면에 완전히 추상적으로 표현한 여신 이미지도 관찰된다. 한 예로 브르타뉴의 로크마리아케리를 들 수 있다. 이곳의 올빼미 여신의 몸은 거대한 타원형 음문으로만 표현돼 있어, 둥근 눈과 부리만으로 올빼미 여신임을 확인할 수 있다(그림 298).

아주 정교하고 빼어난 올빼미 여신상 조각이 아일랜드 노스 서부 지역에서 발견되었다. 여기서도 미궁 디자인 내부에 포함된 이미지로 나타난다. 이는 아마도 상징적으로 생명을 부여하는 물을 나타낼 것이고 중심에는 음문이 보인다(그림 299). 이는 유럽의 다른 지역에서 발굴된 빈차 문화의 여신상과도 닮았는데, 이 상은 올빼미 얼굴에 날개가 있고 미궁 문양이 장식되어 있다(그림 300).

그림 296

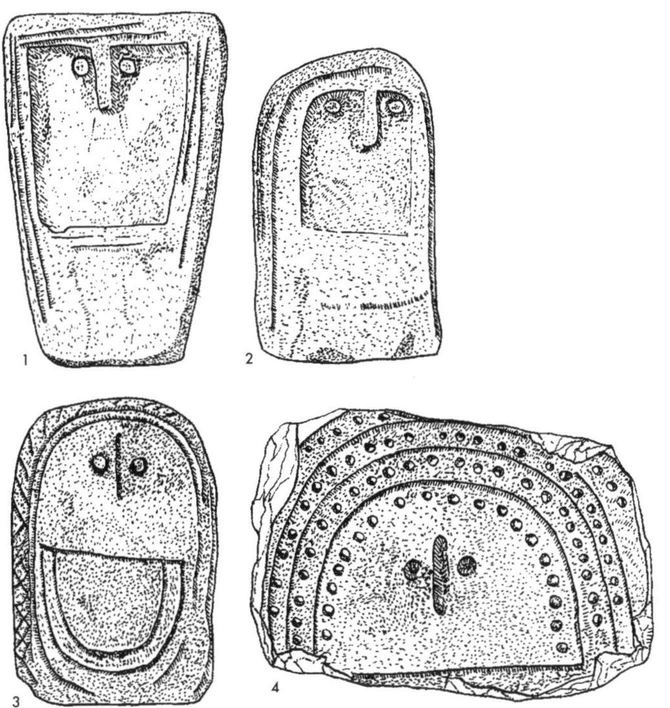

그림 298

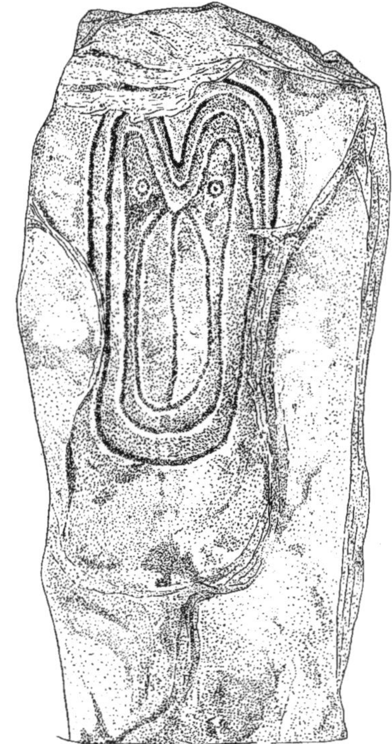

그림 297

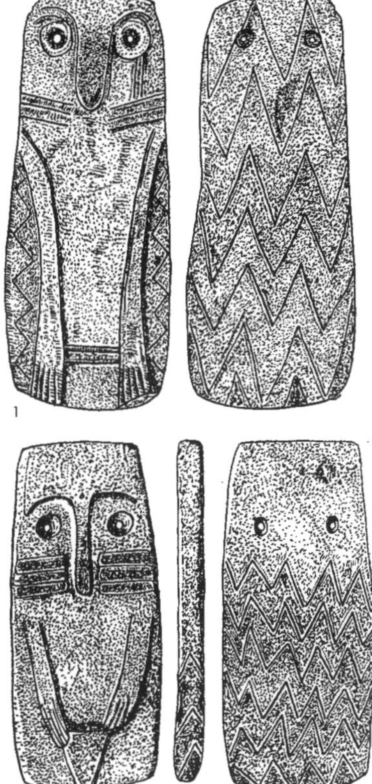

그림 298

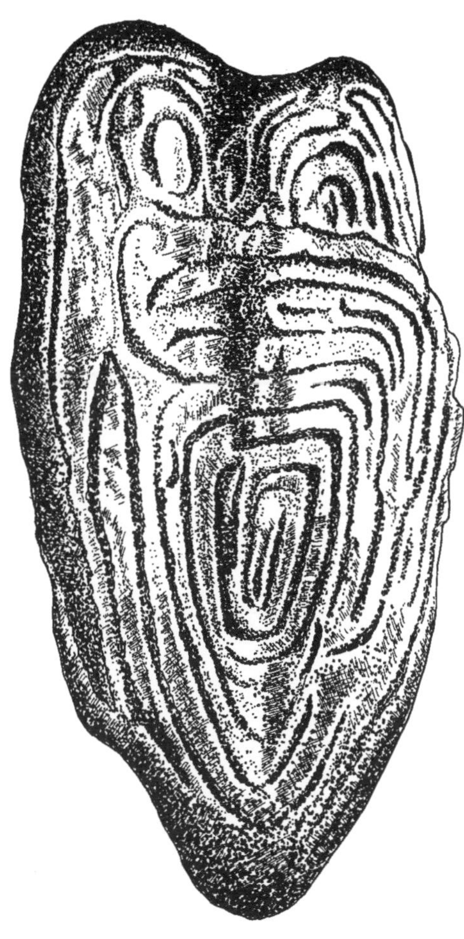

그림 296
스페인과 포르투갈에서 발견된 후기 신석기시대 올빼미 스텔레의 전형적인 모습.
(1) 스페인아스케로사.
(2) 포르투갈 중부.
(3) 포르투갈 중부 크라토.
(4) 포르투갈 동부 아론체스
(기원전 4천년기 말기 혹은 3천년기 초기).
(1) 높이 60.3cm
(2) 높이 50.9cm
(3) 높이 50.8cm
(4) 높이 50.3cm

그림 297
거석 회랑 무덤의 편암 명판.
(1) 포르투갈 오르타 벨랴 두 헤켕구스.
(2) 베가 델 구아단실, 기원전 4천년기 중반경.
(1) 높이 7.2cm
(2) 높이 6cm

그림 298
거석 무덤에서 발견된 돌판에서 발견된 여신상. 눈썹과 부리 모티프로 올빼미 여신임을 알 수 있다. 여신의 몸은 커다란 음문과 결합되어 있다.
브르타뉴의 말기 신석기시대. 각이 진 널길 무덤 시기(로크마리아케리의 레 피에르 플라트, 기원전 3000년경).
높이 180cm

그림 299
아일렌드 널길 무덤에 새겨진 올빼미 얼굴(아일랜드이 노스 서쪽, 기원전 4천년기 후반).
높이 48.1cm

그림 300

그림 300
올빼미 가면과 날개를 지닌 빈차 여신상. 윤을 낸 검은 몸체에 문양을 조각하고 틈새에는 흰색을 채워 넣었다(북서부 불가리아의 그라데슈니차, 기원전 5000-4500년).
높이 13cm

그림 301
프랑스에서 출토된 올빼미 여신은 종종 갈고리와 연관된다. 갈고리는 대개 여신의 상체를 가로지르는 위치에 있다.
(1) 라가예트.
(2)(3) 마 드 라베글.
(4) 남프랑스 아방뫼니에.
퐁부시안 문화(기원전 3천년기 초기).
(1) 높이 141.4cm
(2) 높이 182.4cm
(3) 높이 163cm
(4) 높이 164.1cm

그림 302
거석 무덤 엔칸타다 III에서 발견된 미니 토기에 묘사된 올빼미 여신(스페인 남서부의 알미사라케, 기원전 3000년경 또는 그 이전).
높이 7.5cm

프랑스에서 올빼미 여신과 연관된 그림 문자는 갈고리 형상이다. 대체로 팔 부분으로부터 몸을 가로지르며 놓여 있다. 갈고리도 여신의 재생의 힘을 강조한다(그림 301). 이와 연관된 의미가 있는 다른 그림 문자는 도끼 모양이다. 이는 브르타뉴의 거석 무덤에서 출토된 상에 특별히 자주 등장한다(4부에 자세히 소개). 가브리니스 미궁 디자인 내부에 도끼가 등장한다. 도끼는 세모꼴이며 빈번히 이 모양으로 나타난다. 파리 분지에서 라제의 지하에는 주요한 방의 입구 양쪽에 도끼가 부조로 새겨져 있는데 도끼날이 열린 입구 쪽을 향하고 있다.

스페인 알메리아의 알미사라케의 항아리에서 관찰된 올빼미 여신은 엔칸타다 무덤에서 출토된 미니 토기 장식인데, V자, M자, Y자와 마름모 문양 그리고 미궁과도 연관되어 있다(그림 302). 복잡하기 짝이 없는 미궁 문양은 올드 유럽 신상의 이미지들과 함께 1000년 이상 되풀이해서 나타난다. 차탈휘윅 신전 VII-23(그림 363 참조)은 온통 이런 문양들로 장식되어 있는데 여신의 몸을 넘어 그 바깥에도 나타난다. 이는 신성한 그림 경전이다. 문양의 의미는 '생명의 원천'과 연관이 있을 것이다.

그림 301

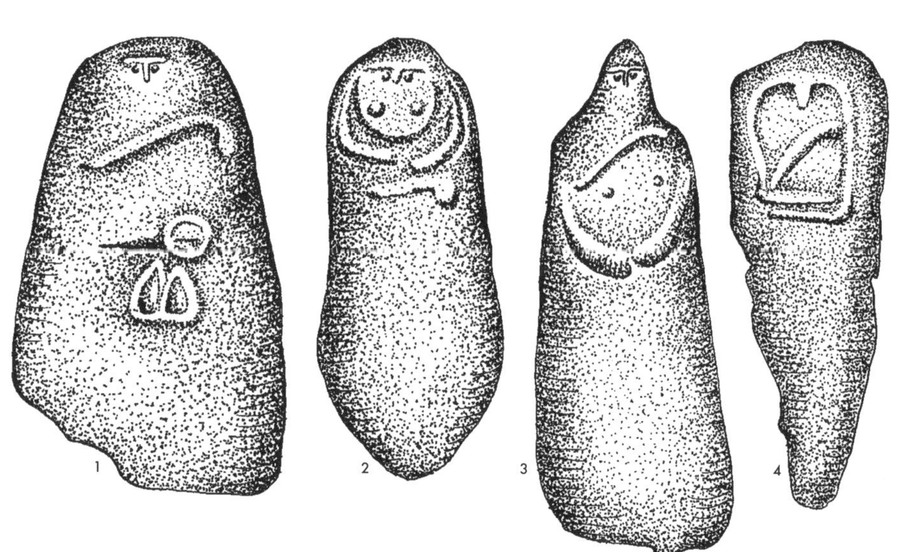

그림 302

올빼미 여신과 함께 연상되는 상징들을 복습하듯 정리해보자면, 뱀 똬리 같은 탯줄, 음문, 삼각형, 지그재그 띠, 그물망, 미로, 겹선, 삼선, 갈고리, 도끼들이다. 이들은 모두 생명의 원천, 생명의 에너지, 혹은 생명을 자극하는 상징들이다. 죽음과 연관된 올빼미 여신과 이러한 상징들이 함께 등장한다는 사실은 여신의 본질이 재탄생이라는 점을 확실히 보여준다. 현대인들이 너무나 당연시하는 죽음에 대한 고통은 이 상징들 어디에서도 감지할 수 없다.

18-3. 뻐꾸기, 매, 비둘기

여신은 작은 새로도 변신한다. 이럴 때 가장 빈번히 뻐꾸기나 비둘기로 존재를 드러낸다. 역사시대 초기 기록인 호메로스의 글을 보면 여신 아테나와 헤라가 비둘기로 등장한다는 사실을 확인할 수 있다. 게르만의 여신 홀라와 프레야도 비둘기로 위장한다. 발트 지역 운명의 여신 라이마, 폴란드에서 생명을 부여하는 봄의 여신 지바도 뻐꾸기로 나타난다. 금세기에도 이 지역 사람들은 뻐꾸기와 비둘기를 예언적인 새, 죽음의 징조, 죽은 자의 영이라고 믿고 있다.

뻐꾸기, 제비, 종다리, 비둘기는 봄의 새다. 특히 뻐꾸기 울음은 봄이 오는 신호로 환영받는다. 겨울에 뻐꾸기가 매로 변신하는데, 이 뻐꾸기/매가 겨울 동안에는 죽음과 관련이 있다고 믿었다. 잉글랜드부터 리투아니아에 이르기까지 오늘날에도 한여름이 지나 뻐꾸기가 울면 이는 죽음의 징조로 간주한다. 웨일스 지방에서는 4월 6일 이전에 뻐꾸기가 울면(Armstrong 1958: 202~206쪽) 불길하다는 믿음이 있다. 새와 여신을 연관 지어 생각했던 이유는 새가 주기적으로 출현하고 털갈이를 하기 때문이다. 이런 시간의 주기, 삶과 죽음, 봄과 겨울, 행복과 불행을 여신이 관장한다고 믿었던 것이다.

선사시대에는 작은 새 유물이 흔하다. 이를 주제로 조각상을 만들고 새기고 그림으로 그렸다. 크레타에서 제대, 기둥, 여신의 머리 위에 새들이 자리 잡고 있는 모습을 관찰할 수 있다. 불행히도 몇몇 예외를 제외하고는 이 새들의 종을 구체적으로 확인하기 어렵다. 기원전 1400년경 크레타, 아기아 트리아다, 아피아에서 출토된 유물을 보면, 그림으로 장식된 석관에 묘사된 유명한 장례식 장면에 쌍날 도끼가 달린 관을 쓴 오벨리스크가 관찰되는데, 이 위에 얼룩덜룩한 새가 앉아 있다(Long 1974). 아마도 새는 죽은 자의 영혼일지도 모른다. 영혼이 새로 환생하는 것은 무덤 자리와 밀접한 연관성이 있다. 일부 지역에서는 금세기에도 마을 공동묘지에 새가 꼭대기에 앉아 있는 나무 말뚝을 세워두었다. 러시아어 golubec는 '무덤 표식'을 의미한다. 이 단어는 비둘기를 의미하는 golub에서 유래했다(Oinas 1964). 시베리아 동부 지역에서는 화장을 한 뒤 나무로 만든 뻐꾸기를 죽은 자를 나타내는 조상 위에 두었다(Armstrong 1958: 206쪽). 리투아니아와 라트비아 민속을 보면 뻐꾸기는 죽은 어머니의 환생이라 믿었음을 알 수 있다.

18-4. 멧돼지

멧돼지도 독수리처럼 송장을 먹는다. 따라서 멧돼지와 죽음이 상징적으로 얽혀 있다는 점은 자연스러워 보인다. 막달레니앙기 동굴벽화에서 멧돼지 그림을 찾아볼 수 있다. 이는 알타미라 동굴뿐만 아니라 스페인이나 다른 지역 동굴에서도 관찰되는 현상이다. 알타미라에서 동굴벽화의 대다수를 차지하는 짐승은 들소 떼이다. 이 들소 떼 좌우에 질주하는 멧돼지가 있다. 머리 위쪽으로 세 번째 멧돼지가 그려져 있다(Breuil 1952: 그림 4; Graziosi 1960: pl. 254). 암들소 떼와 멧돼지를 연관지어 배치했는데 이는 틀림없이 특별한 의미가 있을 것이다. 그렇지만 불행히도 멧돼지를 묘사한 유물들이 후기 구석기시대와 신석기시대에는 풍부하지 않다. 따라서 이 시기 멧돼지의 상징적 역할을 체계화하기에는 증거가 충분하지 않다. 하지만 후대 신화들을 통해서 이 동물이 지니는 상징적 특질을 충분히 가늠할 수는 있다.

극동과 유럽 신화에서 멧돼지는 식생의 남신들을 죽이는 죽음의 짐승이다(이집트에서 여신 아이시스의 연인 오시리스, 아프로디테의 연인 시리아 타무즈, 아일랜드 그라너의 연인 디아르미드). 미지의 신이 멧돼지로 위장하고 알카디아의 왕 엔키시스를 살해했다(Graves 1972: 210쪽). 아일랜드 북부에는 어마어마한 멧돼지의 전설이 전해진다.

> 나라 전역에서 엄청난 파괴가 자행되었다. 피해가 엄청나서 왕국의 모든 사냥꾼들이 한자리에 모였다. 굳게 결의한 사냥꾼들이 이 짐승을 추적해 결국 죽이는 데 성공한다. 죽은 멧돼지 주위에 사냥꾼들이 창을 들고 선 채로 어마어마한 몸체와 뻣뻣한 털과 짐승의 힘에 놀라움을 표한다. 이때 사냥꾼들 중 한 명이 부주의하게 멧돼지를 한방 친다. 순간 사냥꾼은 독이 있는 털에 찔리고 극심한 고통을 못 이겨 바닥에 쓰러진다(Wood-Martin 1902: 131, 132쪽).

당시 사람들은 야생 멧돼지가 마법의 힘을 소유하고 있다고 믿었다. 이들은 멧돼지 독을 엄청나게 두려워했다.

신석기시대에 멧돼지가 독수리와 유사한 역할을 했는데 관련 유물은 차탈휘윅 신전 EVI8에서 찾아볼 수 있다. 여기에 거대한 멧돼지의 아래턱과 상아를 젖가슴이 덮고 있는 그림이 있다(Mellaart 1963: 80쪽). 이미 언급했듯이 다음 신전 그림에서는 젖가슴이 독수리 해골을 덮고 있다. 여기서 다시 한 번 죽음과 삶이 나란히 존재한다는 사실을 확인할 수 있다. 젖가슴은 죽음을 상징하는 멧돼지를 제어하지만 턱과 상아가 젖가슴을 덮지는 않는다. 오히려 젖가슴이 상아를 에워싸고 있다. 결국 생명이 승리하는 것이다.

멧돼지와 여신의 마술 같은 연결이 이탈리아 북부의 가반 동굴의 신석기시대 층에서 발굴된 여신상으로 드러났다. 여신상은 세 개의 맷돼지 어금니로 만들어졌다(그림 303). 이빨들의 이면에 조각을 했는데, 이빨을 포함하는 면은 깨끗이 파내 평평한 면을 만들었으나 약간의 구멍이 있다. 돌출부에 자궁과 젖가슴을 표현했다. 이 조각상은 팔다리를 몸에 꼿꼿이 붙이고 있고 자궁이 강조되었는데 이 이미지는 뻣뻣한 누드상과 닮았다. 자궁 위에는 열세 줄의 자국이 관찰된다. 이는 아마도 한 해의 달의 숫자나 달이 차오르는 날짜의 숫자를 가리킬 것이다. 가반 동굴의 같은 층에서 멧돼지를 익살스럽게 조각하고 상징적 문양을 그려놓은 유물이 발굴되었다. 문양은 네 구역으로 나뉘는데, 위에서 아래로 그려진 개구리 모양, 삼중 지그재그 띠, 그물망, 하

그림 303

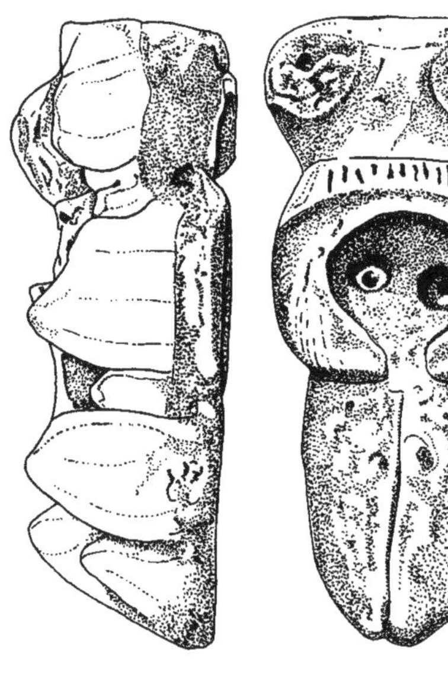

그림 303
멧돼지 어금니로 만든 상. 뒷면은 의인화된 여신상을 닮았다.
북부 이탈리아 신석기시대(가반 동굴).
높이 10.2cm

그림 305
미노아 문명 인장에 새겨진 멧돼지.
(1) 중기 미노아 IB-II(말리아, 기원전 2000년경).
(2)(3) 중기 미노아 II (파이스토스, 기원전 1800-1700년).

1

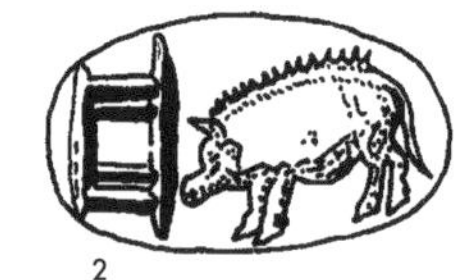

2

3

그림 304

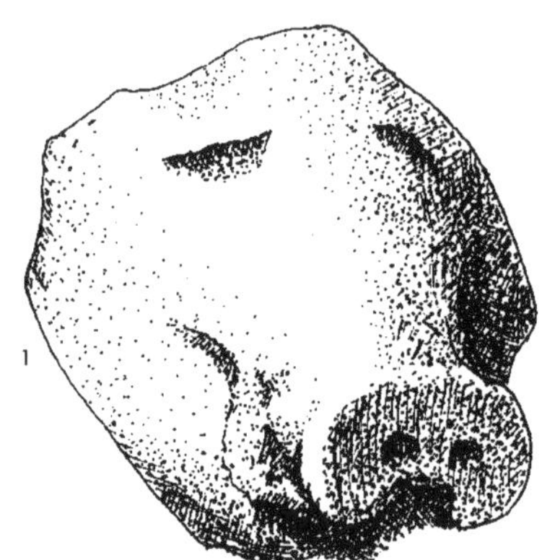

1

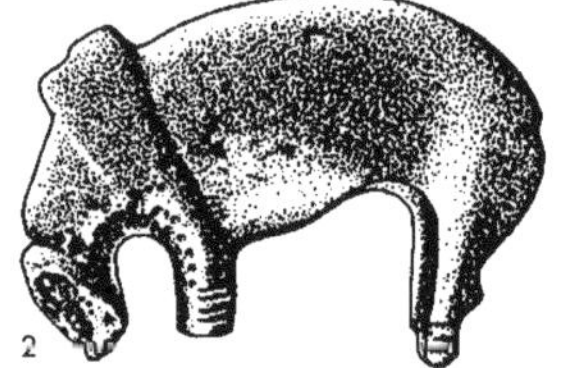

2

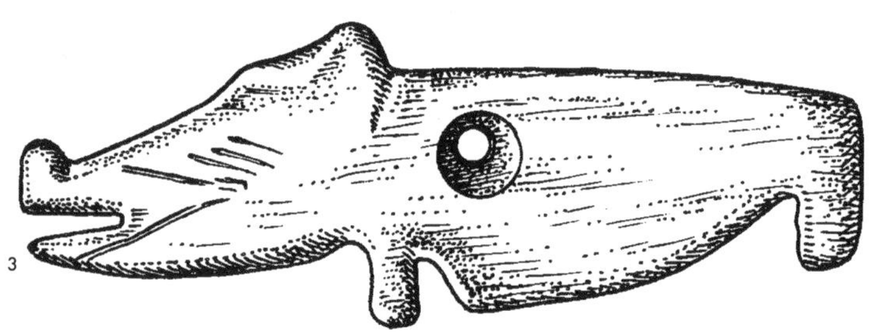

3

그림 304
독수리처럼 송장을 먹는 멧돼지도 상징적으로 죽음과 연관이 있다. 멧돼지 숭배의 중요성을 보여주는 유물이다.
(1) 유럽 중동부의 테라코타 여신상. 쿠쿠테니 문화(몰다비아의 노비에루세슈티 I, 기원전 4500-4000년).
(2) 발트 지역 남부에서 출토된 호박에 새겨진 여신상. 퓨넬 비커 또는 발트 중석기 문화(폴란드 북부의 스톨프).
(3) 발트 지역 북부에서 출토된 뼈 한 조각. 동부 발트의 나르바 문화(기원전 3천년기 후반).
(1) 높이 6.3cm
(2) 높이 약 8.8cm
(3) 높이 3.3cm

천 띠 위에 자리 잡은 자궁 등이다(Graziosi 1973: III). 재생의 상징들이 함께 결합되어 있음을 알 수 있다. 자궁-개구리-물(혹은 양수)이 연결되는데, 여기서 또 다시 죽음의 상징인 날 뼈(bare bone)보다 생명의 상징들이 우세하게 드러나는 양상을 확인하게 된다.

기원전 6천년기~4천년기, 올드 유럽의 무덤에 멧돼지 상아와 아래턱이 빈번히 등장한다. 이런 유물은 순동기시대 헝가리 묘지에서 가장 우세하게 나타난다(Bognár-Kutzián 1963; Skomal 1983). 남녀 어른과 아이의 무덤에 놓여 있는 이 뼈는 액막이의 특성을 지녔을 듯하다. 마치 오늘날 유럽의 마을들에서 올빼미 시체를 사용하는 것과 마찬가지였을 것이다. 멧돼지의 아래턱뼈가 서유럽 거석 무덤이나 영안실 앞쪽에서 발견되었다. 잉글랜드 코츠월드에 있는 거석 무덤 '헤티 페글러의 작은 언덕'에서 두 개의 인골과 멧돼지 턱뼈 여럿이 발굴되었다. 요크셔 북부에 있는 행잉그림스턴에서 기원전 3540년경의 유물로 측정된 무덤 아래 영안실이 발굴되었는데, 멧돼지 턱뼈 네 무더기가 출토되었다. 상아의 뾰족한 부분은 대개 부러진 상태였다(Burl 1979: 79쪽; 1981: 56쪽). 무덤에 멧돼지 턱뼈를 넣는 것은 오래된 전통이며 신석기시대를 거슬러 후기 구석기시대까지 거슬러 올라간다. 이스라엘의 카르멜 산에서 네안데르탈인의 무덤이 발굴되었다. 커다란 멧돼지 턱뼈가 성인 남자 시체의 오른편에 놓여 있었다(Campbell 1983: 51쪽 그림 71). 따라서 이런 풍습은 인류의 최초 의례 중 하나로 생각되며, 시기는 기원전 10만~4만 년으로 추정된다.

이 당시 멧돼지 숭배가 얼마나 중요했는지는 멧돼지 여신상, 거대한 멧돼지상, 멧돼지 모양 토기가 입증한다. 멧돼지 여신상은 차탈휘윅 신전 바닥 아래 희생제물과 함께 발굴되었다. 이외에 달걀, 알곡, 플린트, 유럽 들소 해골들이 매장되어 있었다(Mellaart 1967:77쪽). 미노아 문명 중기의 인장뿐만 아니라 중동부 유럽 문명 순동기시대 유적지에서는 테라코타로 만든 멧돼지상이 출토되었다(그림 304, 305). 이렇게 초자연적 멧돼지가 청동기시대와 철기시대에 계속 나타난다. 중서부 유럽에, 특히 로마제국 시절 브리튼과 켈트에는 과장되게 거친 털을 지닌 수많은 조각상들이 연속해서 등장한다. 기원후 98년경 코르넬리우스 타키투스의《게르마니아》에는 아이스티 종족(서부 발트 연안 프로이센인들의 조상)의 여신 숭배에 대한 기록이 있는데, 이들은 종교적 상징으로 멧돼지상을 지녔다고 한다. 이 종족은 무장하고 방어하지 않더라도 멧돼지 여신상의 마법적인 힘이 숭배자들을 온갖 위험과 적들로부터 보호하고 지켜준다고 믿었다. 북구 신화에서 죽음과 재생의 여신, 죽은 자의 어머니와 같은 특성이 있는 여신 프레야도 멧돼지와 밀접한 연관성이 있다. 아마도 여신의 별칭이 암퇘지를 뜻하는 Syr(sow)인 점도 같은 맥락에서 비롯되었을 것이다.

18-5. 울부짖는 개

중단되지 않고 오래 지속되는 개의 울음소리가 죽음의 전조라는 사실은 고대 세계와 유럽 민담에서 드러나는 보편적인 믿음이다. 최근까지도 유럽의 농부들은 아픈 사람의 집 근방에서 개가 길게 울부짖으면 죽음이 임박했다는 뜻이라 믿고 회복하리라는 희망을 포기했다고 한다. 고대 그리스에서는 무시무시한 달의 여신 헤카테가 가까이 올 때, 개가 짖는다고 한다. 사냥개는 여신의 동물이자 여신이 자신을 드러내는 모습이기도 하다. 개는 또 헤카테 여신에게 희생제물로 바치는 동물이기도 했다. 고대 그리스의 부조를 보면 이 여신이 사냥개와 함께 있다. 게르만 족의 신화에서 죽은 자를 저승으로 인도하는 여신은 헬(Hel, 홀라, 홀레)이다. 이 여신에게 늑대 같은 개가 있는데 개가 송장을 물어뜯는다고 한다.

올드 유럽의 믿음에서 개의 기능이 무엇인지는 다양한 유물 증거를 통해 파악할 수 있다. 관련 유물로 대리석, 수정 조각, 테라코타, 개 형상의 항아리 등이 다양하게 발굴되었다. 때로는 여신의 가면을 쓰고 있는 개 조각상이 등장한다(그림 306). 개는 장례 의례와 관련해 가장 많이 쓰인 희생제물 중 하나이다. 다뉴브 강변에 위치한 레펜스키비르(23-3. 참조)는 신성한 매장지인데, 삼각 신전의 중앙에 있는 사각 화로 안에서 개 유골이 발견되었다.

개 이미지를 회화로 표현한 시기는 쿠쿠테니 문화 말기이다. 토기에 신화적으로 빼어나게 도식화한 환상적 개 이미지가 새겨져 있다. 꼬리는 위로 올리고 뛰어오르거나 날고 있는 사나운 사냥개의 모습인데, 이 개는 초승달, 애빌레, 보름달과 연관되어 있다. 개를 소유한 여신처럼 사냥개도 시간의 주기를 관장한다. 덧붙여 개는 생명의 수호자이고 식물의 성장을 자극하고 휴지 상태에서 깨어나게 하는 힘이 있다. 식물의 생장을 자극하는 역할이 쿠쿠테니 토기에 아름답게 묘사되어 있다. 이에 관해서는 다음에 다룰 재생의 영역에서 다시 언급할 것이다(20-5. 참조).

그림 306

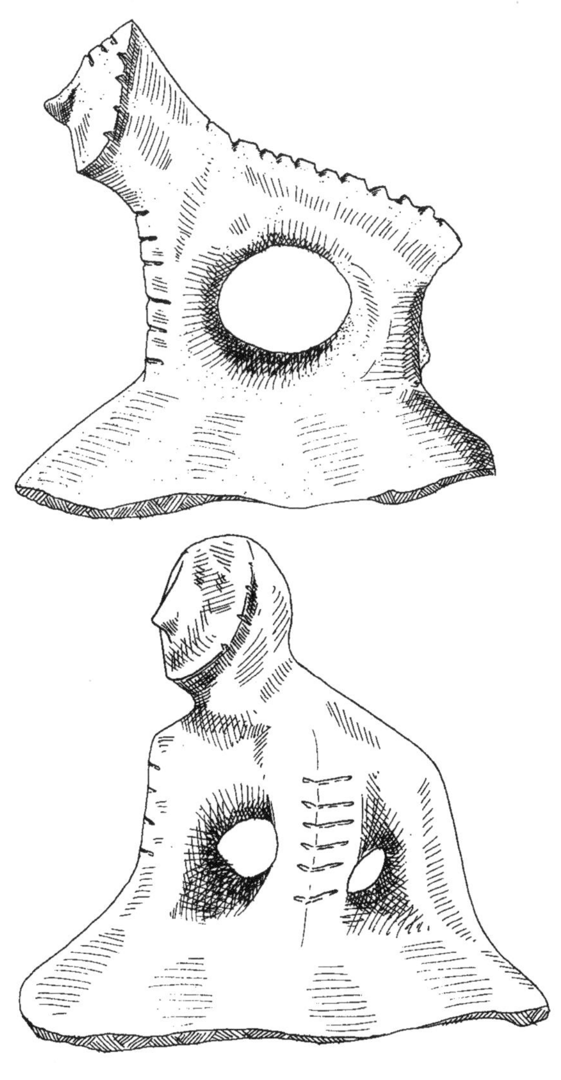

그림 306
개로 육화한 여신. 인간의 가면을 쓰고 있는 손잡이가 있는 뚜껑.
카라노보 VI(불가리아 중부의 고르니 파사렐, 기원전 4600년경).
높이 4.9cm

그림 307

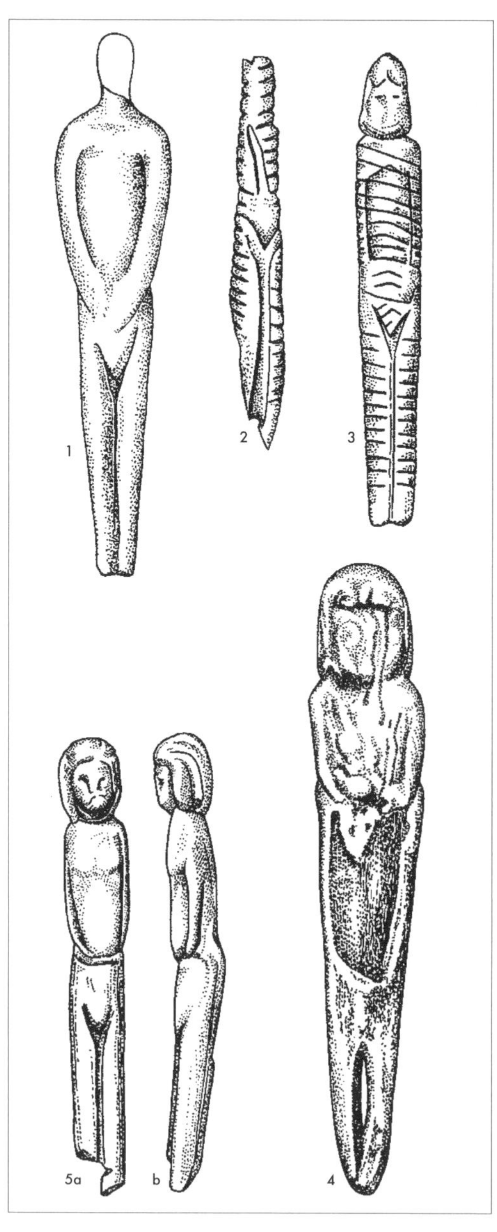

그림 308

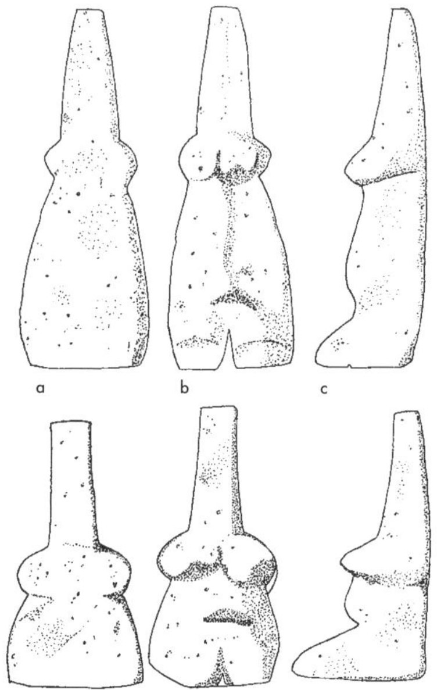

그림 309

그림 310

그림 307
시베리아 말타에서 출토된 후기 구석기시대의 뻣뻣한 누드상. 절대적으로 큰 가슴과 엉덩이를 가진 뚱뚱한 상과는 다른 누에고치 모양의 뻣뻣한 누드상이다.
시베리아 말타 후기 구석기시대(기원전 1만 6000-1만 3000년).
높이 최대 13.6cm

그림 308
후기 구석기시대에서 청동기시대까지 등장하는 전형적인 뼈 색의 뻣뻣한 여신상. 신석기시대 테라코타 여신상에서는 등이 편편하고 목이 긴 원통형이라는 점이 특징이다.
하만지아 골로비차 묘지(다뉴브 강 어귀 바이아, 기원전 5000년경).

그림 309
팔을 접고 있으며 거대한 외음문이 있는 경직된 자세를 보이는 대리석상.
카라노보 VI(불가리아 중부의 스타라 자고라의 술리차, 기원전 4500년경).

그림 310
거대한 외음문을 보이는 뼛조각. 상체는 완전히 줄여놨으며 다리에는 동판을 감아놨다. 긴 입에 둥근 뱀 눈이 특징이다.
카라노보 VI(스타라 자고라의 로베츠, 기원전 4500-4300년).

18-6. 뻣뻣한 백색 여신

이 여신상들의 두드러진 특징이라면 팔을 몸에 딱 붙이고 있거나 길게 늘어뜨리고 있는 누드상이라는 것이다. 초자연적으로 커다란 외음부가 묘사되어 있고 얼굴은 없고 긴 목이 특징이다. 두상에는 주로 가면이나 관을 쓰고 있고 머리는 소용돌이처럼 말아 올린 모양인데, 재료는 대리석, 석고, 호박, 밝은 색 돌, 뼈, 흙을 사용했다. 색깔은 공히 뼈 색, 즉 죽음의 색이다. 오늘날에도 유럽 민담에서는 의인화된 죽음의 여신들이 등장한다. 이 여신은 키가 크고 말랐으며 다리는 뼈가 드러나 있고 흰 옷을 입었다. 이는 분명 올드 유럽에서 전해 내려온 것이다. 이에 상응하는 인도-유럽 기원의 죽음의 신들은 검은 색으로 묘사되는데, 죽음에 대한 두려움이 또렷하게 드러난다. 따라서 죽음이 뼈처럼 흰색으로 묘사되는 것은 올드 유럽의 잔재임을 암시한다.

후기 구석기시대에 뼈, 상아, 순록의 뿔로 만든 도식화된 뻣뻣한 누드상들이 발굴되었다. 이 상들은 팔을 접고 있거나 쭉 뻗어 몸에 붙이고 있으며 거대한 외음문을 나타내는 삼각형이 새겨져 있고, 다리는 점차 가늘어지는 특징을 보인다. 이 유물들은 잘 알려진 빌렌도르프-레스퓌그형, 즉 커다란 젖가슴과 둥그런 배와 풍만한 엉덩이가 특징인 유형과는 다르다. 출산을 나타내는 시뢰유-튀르삭 유형하고도 다르고 신석기시대에 등장하는 뻣뻣한 누드 여신들의 원형인 듯하다. 이런 여신상들은 우리에게도 꽤 알려졌다. 프랑스 도르도뉴 지역의 페키알레와과 로주리바스 동굴에서 발견된 뼈와 상아로 만든 상, 막달레니앙기와 페리고르디안 초기의 상들이 그런 예이다(Delporte 1979: 54쪽 그림 20, 21). 시베리아 말타에서 출토된 상아와 순록 뿔로 만든 상들도 여기에 속한다(그림 307, Abramova 1962: pls. 45, 56).

신석기시대와 순동기시대, 청동기시대 초기 유물이나 이 뻣뻣한 누드상들이 출토된 자리는 주로 개별 무덤이나 공동묘지였다. 이런 경향은 이 유형의 여신상들이 무덤의 부장품이었음을 시사한다. 이 여신상들은 특히 하만지아, 카르노보, 쿠쿠테니 문화 유적지에서 풍부하게 출토되었다. 의심할 여지 없이 이는 초기 청동기시대 키클라데스 문화와 사르데냐에서 출토된 상들 사이에서 우세한 형들이다. 이외에 고립된 상태로 출토된 여신상들은 아마도 파괴된 무덤에서 나온 듯하다.

그림 311

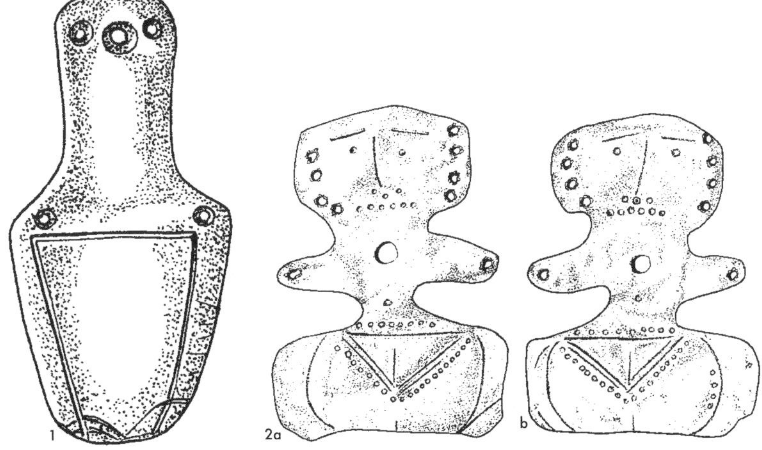

그림 311
불가리아와 발트 연안에서 발굴된 뻣뻣한 누드상.
(1) 호박으로 만든 상으로 거대한 자궁 부위 삼각형이 강조되어 있다.
나르바(프로이센 동부 니덴부르크, 기원전 4000년기 말기).
(2) 음문이 강조된, 금으로 만든 납작한 여신상. 귀걸이가 구멍으로 묘사된 넓적한 가면을 쓰고 입 주위에 송곳니에 해당하는 점들이 있다.
카라노보 VI(불가리아의 루스, 기원전 5천년기 중반).
(1) 높이 5.6cm
(2) 높이 7.3cm

그림 312

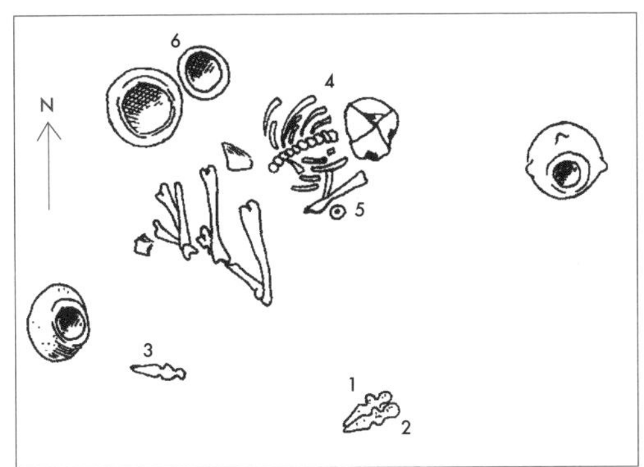

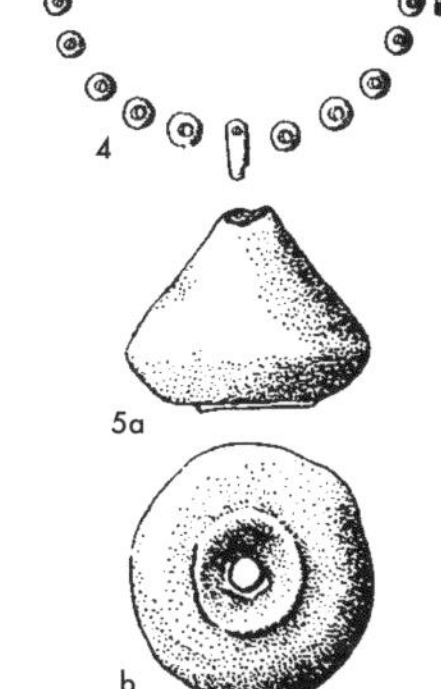

그림 312
9-10세 정도의 여자아이의 무덤에서 출토된 여신상 세 개. 이 무덤 부장품으로 (1)-(3)은 테라코타 여신상. (4)는 조개 목걸이 (5)는 가락바퀴 (6)은 토기이다. 말기 쿠쿠테니 문화(몰다비아의 그라베, 기원전 3500년경).
(1) 높이 16.7cm
(2) 높이 9.4cm
(3) 높이 14.2cm
(4) 높이 4.1cm
(5a) 높이 5.6cm

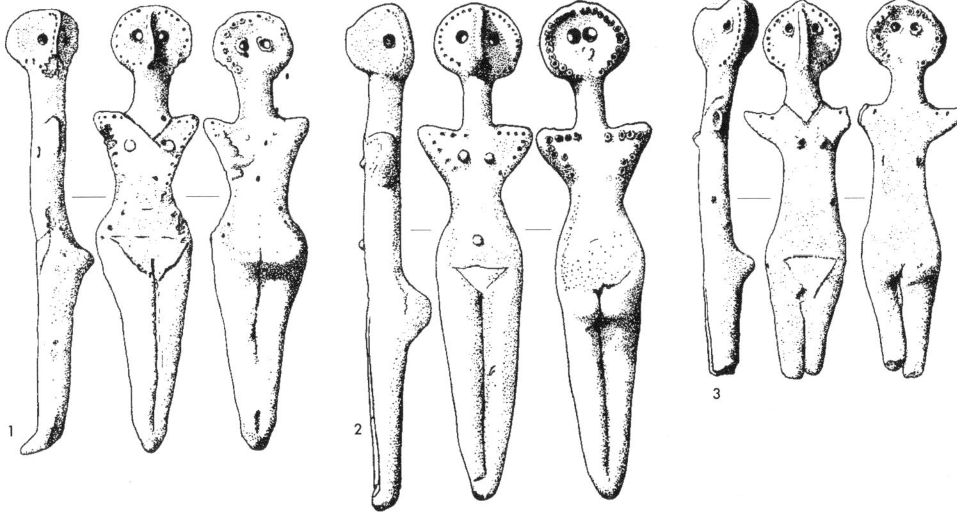

18-7. 하만지아, 카라노보, 쿠쿠테니 문화의 뻣뻣한 누드상

이 유형에 속하는 여신상들이 가장 많이 발굴된 현장은 루마니아, 흑해 주변 체르나보다와 골로비차의 신석기시대 묘지이다. 두 지역 모두 기원전 5000년경의 하만지아 문화에 속한다(그림 308). 체르나보다에서는 무덤 600기 중 400기에서 이 유형의 여신상이 출토되었다(Berciu 1966). 알 모양 무덤 안에 등쪽이 편편한 대리석이나 점토 혹은 뼈로 만든 여신상들이 출토되었는데 일부는 서 있는 자세이고 나머지는 앉은 자세이다.

기원 4500년경 순동기시대 카라노보 VI기 문화 유적에서는 이 전통의 변이형들이 관찰된다. 여기서 출토된 상들은 넓은 얼굴에 귀걸이가 묘사되어 있고 커다란 입과 이빨이 부각되어 있다. 치아는 아래쪽에 둥근 구멍을 내거나 오목하게 찍어서 표현했다(그림 309, 310). 팔은 단단히 팔짱을 끼고 있거나 간단한 윤곽만으로 나타냈고 때로 전혀 흔적이 없는 경우도 있다. 두 다리는 꼭 붙어 있고 발은 끝으로 가면서 점점 가늘어진다. 다리 둘레에는 수평으로 선이 새겨지거나 구멍이 뚫렸는데 번데기나 고치를 연상시킨다. 이 유형의 여신상들을 만든 재료는 뼈나 대리석, 황금판이고 발트 지역에서는 호박에 새기기도 했다(그림 311).

기원전 4500~3500년 쿠쿠테니 누드상들은 좀더 깡마른 모습이다. 때로 팔이 전혀 보이지 않고 다리는 뾰족한 쐐기 모양으로 가늘어진다. 얼굴은 둥근 가면을 쓰고 있는데 눈은 구멍으로 표현하고 코는 오뚝 세웠다(그림 312). 몰다비아의 비크바틴트시에서 아홉 살이나 열 살쯤 된 여자아이 무덤이 발굴되었는데 여기서 이런 유형의 여신상들 세 개가 출토되었다. 주변에 있는 다른 남녀의 무덤들에서는 같은 모양의 여신상이 한 구씩만 들어 있었다. 이 상들은 테라코타나 뼛조각으로 만들었고 윤곽만 묘사되어 있었다. 이 묘지들에서 출토된 토기에 등장하는 문양을 살펴보면 '새로운 시작'을 뜻하는 상징들이 정교하게 장식되어 있다. 이들은 네 귀퉁이 디자인, 자궁, 구획 속에 있는 뱀이나 애벌레 쌍들이다.

18-8. 시칠리아, 사르데냐, 크레타, 터키, 키클라데스의 뻣뻣한 누드상

시칠리아에서 발견된 뻣뻣한 누드상들은 매끄러운 자갈에 조각을 가미한 상태로 발견되었다. 자연에서 발견한 돌을 그대로 사용한 것이다. 여기에 인공적인 묘사는 최소한으로 제한하였다. 자세히 살펴보면 두부와 몸체를 분리하는 선이 깊이 새겨져 있고 젖가슴과 자궁 부위의 삼각형이 묘사되어 있다. 다리는 일부만 드러난다. 아그리젠토, 코초부소네의 대규모 신석기시대 매장지에서도 작은 조약돌 두 개가 발굴되었다(그림 313).

사르데냐에서 뻣뻣한 누드상의 변종이랄 수 있는 유물이 출토되었다. 이는 기원전 5천년기 중기의 신석기시대 보누 이기누 문화에 속하는 오븐 모양 무덤에서 출토되었다. 여기서 발굴된 여신상은 몸이 둥글기는 하지만 비만은 아니고 상하체의 조화가 놀랍다. 가운데 자궁 부위의 삼각형은 아랫배와 자연스럽게 연결되어 있다. 여신상은 좌상 또는 입상이며 팔의 자태가 특히 눈길을 끄는데, 팔짱을 꼭 끼고 있거나 양옆으로 단단히 붙이고 있는 상들이 자주 등장한다. 두부는 거대한 원통형이고 가면을 쓰고 있다. 정수리 둘레에는 둥근 띠가 드러난다(그림 314, 315). 이 사르데냐 여신상은 대단한 걸작이다. 재료는 석고나 연석을 사용했다. 쿠쿠루 사리우(오리스타노) 조각상은 머리 양 측면에 삼중 선으로 리본 모양이 표현되어 있다. 그 안에 지그재그 선이 네 줄 장식되어 있다(그림 314 참조). 같은 유형에 속하는 뻣뻣한 누드상을 자연에서 발견하는 뼈에도 새겼다. 이 상은 전체적으로 길쭉하게 늘어진 듯한 마른 모습이다(그림 316). 산타디에 있는 몬테 마이아나 동굴의 벽화에는 뼈 여신의 이미지가 등장한다. 같은 동굴에서 유사한 이미지들이 몇 개 더 발견되었는데, 시기는 기원전 5천년기 후반이다.

쿠쿠루 사리우의 발굴에서 드러났듯이, 황토색 제대 위에 태아처럼 웅크린 자세로 놓인 시신이 있고 그 앞에 여신상이 놓여 있다(그림 317). 무덤 번호 387에서는 여신상 옆에 접시가 하나 놓여 있었다. 그 안에 열린 조개껍질 두 짝이 있고 이 조개는 생명의 색인 황토색으로 칠해져 있다. 아풀리아에 있는 후기 신석기시대의 오븐형 무덤에서도 같은

그림 313

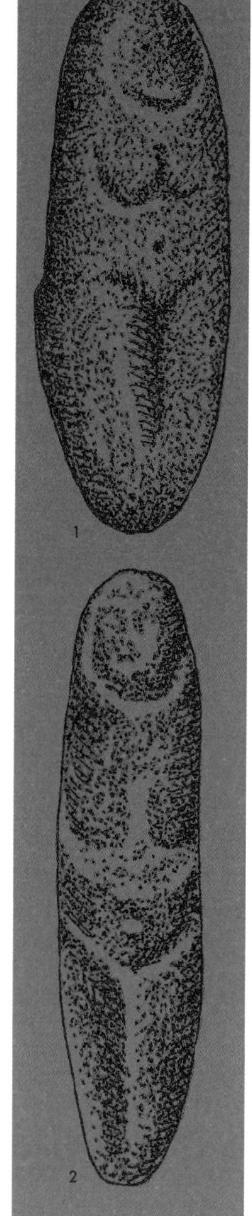

그림 314

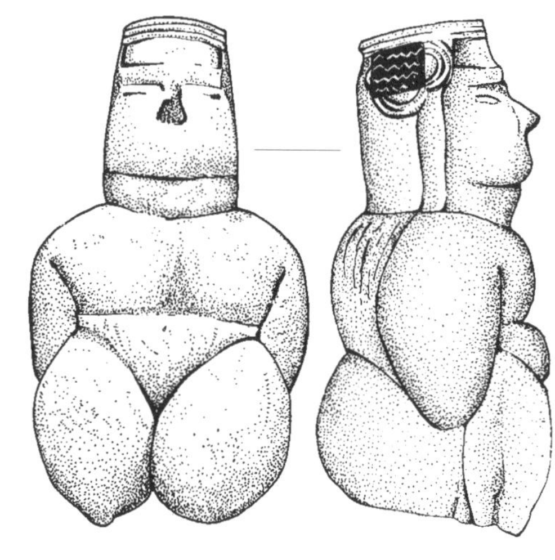

그림 315

그림 313
지중해 연안 조약돌에 최소한으로 음각을 한 뻣뻣한 누드상. 오븐형 무덤에서 출토. 코초 부소네의 신석기시대 매장지(시칠리아의 아그리젠토, 기원전 4천년기 초기).
(1) 높이 6cm
(2) 높이 16.1cm

그림 314
사르데냐 신석기시대의 누드상. 팔은 양옆에 붙이고 있으며, 자궁 부위의 삼각형이 아랫배와 연결되어 있다. 몸이 전체적으로 둥글며 상하체의 조화가 놀랍다. 머리카락은 어깨까지 내려와 있다. 보누 이기누 문화(사르데냐의 오리스타노, 쿠쿠루 사리우의 오븐 형 무덤, 기원전 5천년기 중기).
높이 18.4cm

그림 315
부드러운 돌에 조각한 다른 형태의 누드상(Dea di Olbia). 상체와 자궁 부위 삼각형이 겹쳐 있다.
보누 이기누 문화(사르데냐 북부의 올비아, 산타 마리에다, 기원전 5천년기 중기).
높이 8.3cm

그림 316

그림 316
뼈에 새겨진 뻣뻣한 누드상. 커다란 두부에 눈은 초자연적이고 입은 없다. 사르데냐의 신석기시대(몬테 마이아나 동굴, 기원전 4500-4000년). 높이 7.35cm

그림 317
오븐형 무덤. 시체 앞에 배치된 뻣뻣한 흰색 누드 여신상이 보인다. 둘레에 접시 다섯 개가 있다. 무덤 번호 387(사르데냐의 오리스타노, 쿠쿠로사리우, 기원전 5천년기 중기).

그림 317

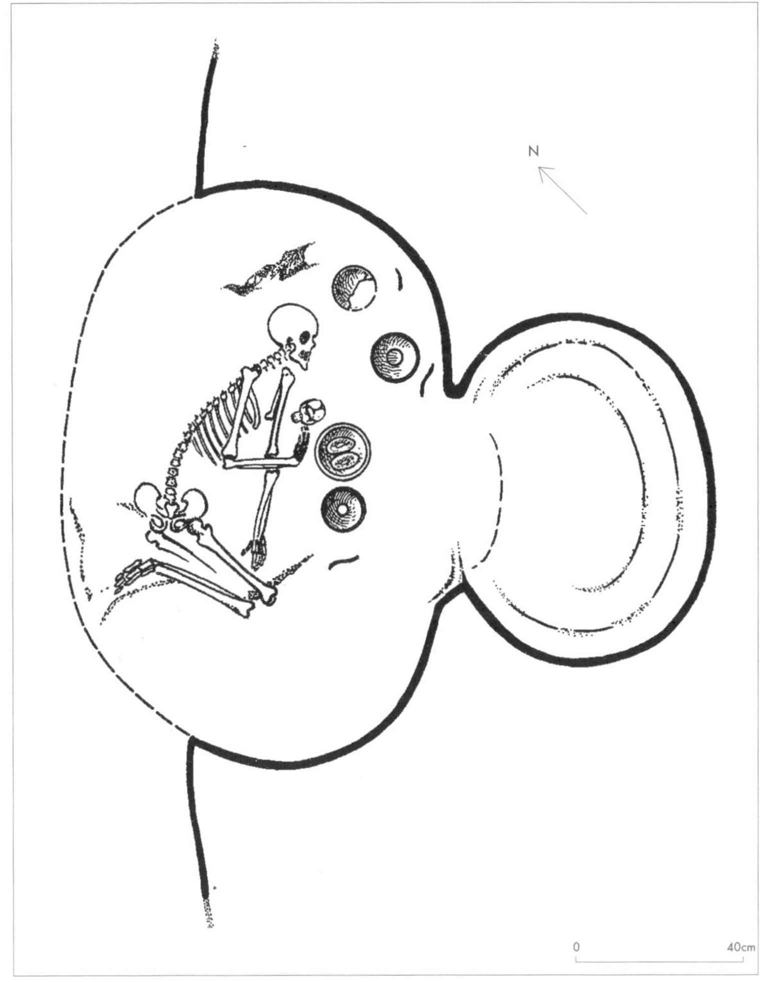

배열이 관찰되었다. 레체 부근 아르네사노에서는 돌로 만든 여신상이 출토되었다. 얼굴에 올빼미 가면을 썼는데 바로 아래에는 쐐기 문양이 보이고 아랫부분의 몸은 그루터기 모양이다(그림 318). 이 상은 쿠쿠루 사리우에서와 마찬가지로 배 속의 태아 자세를 취하고 있는 시체 앞에 놓여 있었다. 이 상 옆에는 윤기가 흐르는 붉은색 항아리가 있었다. 이 항아리는 기원전 4000년경 남부 이탈리아와 시칠리아의 전형적인 디아나-벨라비스타 스타일이다.

사르데냐의 오치에리 문화에서 출토된 여신상들에서는(기원전 5천년기 후반~4천년기 초기) 초창기에 이 유형의 상들이 보이던 둥근 모습은 사라졌다. 이 상들은 납작하고 T자형으로 도식화되어 있다. 토르소 윗부분이 표현되어 있고, 팔은 견고한 직사각형 상체 안으로 녹아 들어가고 신체 아랫부분은 원뿔 모양으로 가늘어진다. 주로 V자형 목선이나 작은 젖가슴이 등장한다. 이 유형의 여신상 중 가장 잘 알려진 상은 세노르비에서 출토된 44센티미터 높이의 대리석 상이다(그림 319-1). 이 우아하게 도식화된 이미지는 기원전 4천년기에서 3천년기까지 계속 등장하지만 발굴이 단독으로 이루어져 연대는 주로 스타일을 비교해 정했다. 오치에리 문화 이후 이 시리즈의 말기 누드상은 포르토 페로 형(Porto Ferro type)에 속하는데 비슷한 도식을 보이지만 상체가 자세하게 묘사되어 있고 양팔이 상체를 구획한다(그림 319-2). 하체는 아이스크림 콘 모양으로 줄어들거나 경우에 따라 반렌즈형이다. 둥근 가면에는 코가 있으되 얼굴을 나타내는 다른 특질은 드러나지 않는다. 이런 여신상이 사르데냐 지하 무덤에서 발굴되었다.

그림 318

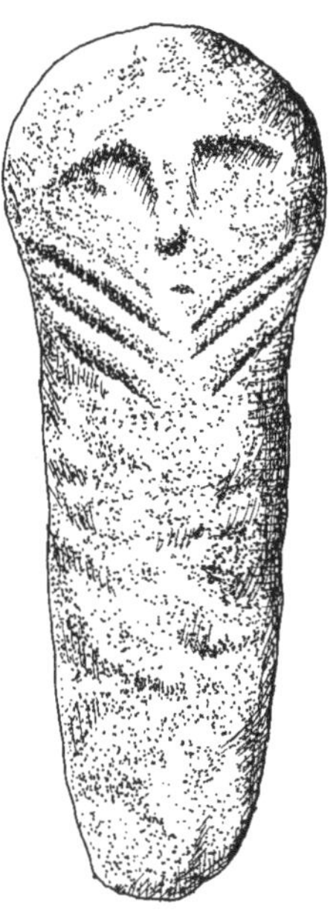

그림 319

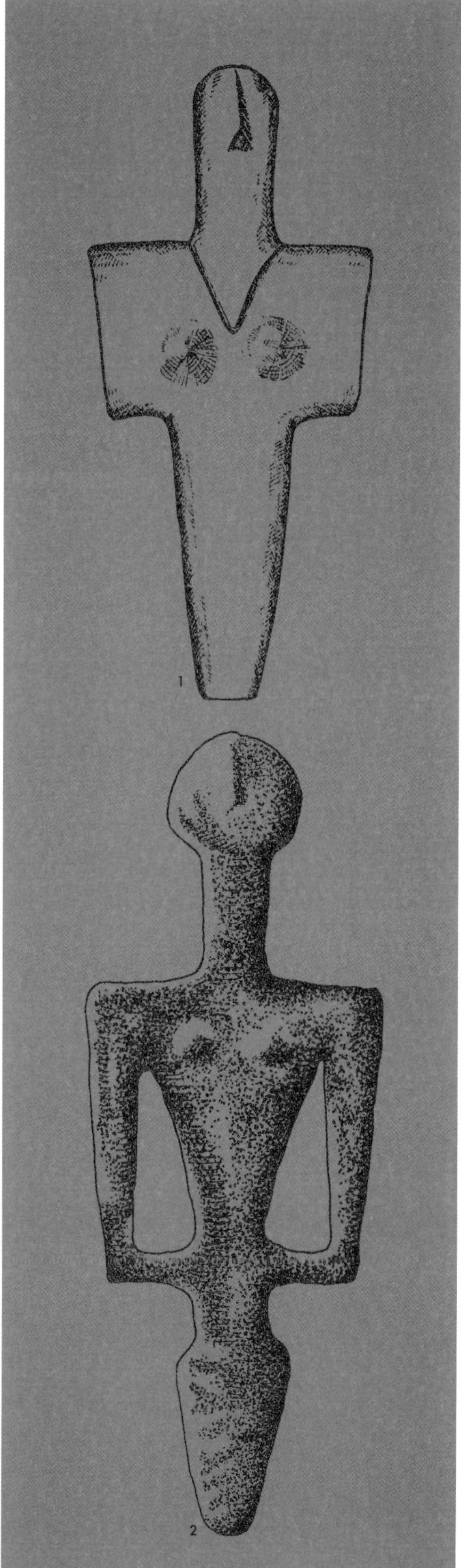

그림 318
남부 이탈리아의 오븐 형 무덤에서 출토된 원통형 여신상. 올빼미 가면을 썼으며, 쐐기 문양이 장식되어 있다. 몸을 웅크리고 있는 시체 앞에 놓여 있었다.
남부 이탈리아의 후기 신석기시대(아풀리아의 레체 부근 아르네사노, 기원전 4000년경).
높이 35cm

그림 319
사르데냐에서 출토된 석고상.
(1) 도식화된 여신의 이미지. 팔은 접혀 있고, 가슴 위로 V자 문양이 새겨져 있다. 얼굴에는 코만 있으며 하체는 원뿔 모양이다(세노비, 오치에리 문화, 기원전 5천년기 말기).
(2) 긴 목에 콘 모양의 발을 가진 여신상으로 팔이 몸에서 분리되었다가 아랫부분에서 연결된다.
후기 오치에리 문화(사르데냐의 포르토 페로, 기원전 4천년기 후기).
(1) 높이 44cm

그림 320
사르데냐에서 출토된 석고상. 유명한 키클라데스 여신상의 대표적 유형이다.
초기 키클라데스 II(시로스, 기원전 2800-2500년).

그림 321
아나톨리아 서부에서 출토된 뻣뻣한 누드상. 날개와 길쭉한 가면(올빼미로 추정)이 표현되어 있다.
초기 청동기시대 II(소아시아, 기원전 3천년기 중기).
높이 9.9cm

키클라데스 제도와 크레타의 무덤에서 발굴된 대리석상들은 기원전 3500~2500년경의 유물로 측정되었는데, 신석기시대/순동기시대의 전통을 계승한 것이다(그림 320). 전반적으로 뻣뻣한 자세를 보이는데, 팔은 없거나 접고 있고, 다리는 윤곽만 간단히 표현되어 있거나 아예 없고, 초자연적으로 커다란 음문이 묘사되어 있다. 두부에는 가면을 쓰기도 하고 안 쓰기도 하고, 원통형 목이 있고 콧날이 오똑하다. 카라노보 문화의 상들에는 평행선 띠가 새겨져 있는데, 목 아래는 V자 문양이 있는 유물이 여럿 있다. 일부에서는 가면이나 가슴에 붉게 칠한 표식이 관찰된다.

이들은 같은 특질을 공유하지만 차원, 비율, 도식화 정도가 다르다. 아나톨리아 서부에서 나온 상들의 일부에는 날개가 달려 있다(그림 321). 이 상들은 대개 10~30센티미터 크기이나 드물기는 하지만 실제 신체 크기의 상도 있다(현재 아테네 국립박물관에 전시). 낙소스, 시로스, 산토리니, 아모르고스, 크레타의 오븐형 무덤, 사각 무덤, 둥근 무덤에서 키클라데스와 크레타의 유물들이 상당수 발굴되었는데, 이는 키클라데스/초기 미노아 I, II기 문명에 속한다.

그림 320

그림 321

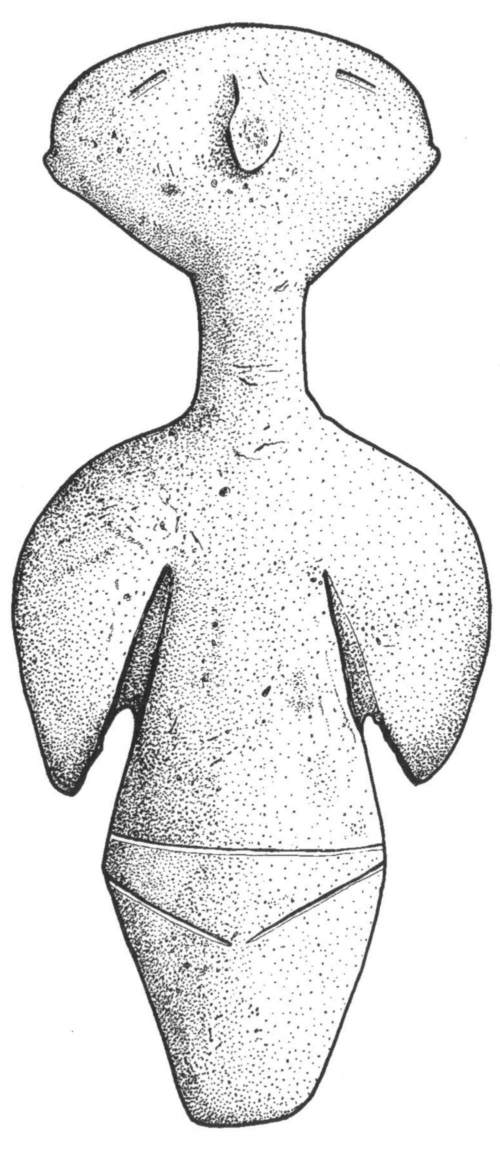

18-9. 스페인과 포르투갈의 뼛뼛한 누드상

이와 연관된 이미지가 스페인에서도 출토되었는데 상아로 만든 유물들이다(그림 322). 이 중 일부는 대단히 뻣뻣하고 마른 형상이며 평면처럼 납작하다. 이들은 전부 살이 없는 여신상에 속한다. 이 유물들이 지금까지 언급했던 어떤 상들보다 뼈만으로 죽음의 여신 이미지를 더 무시무시하게 잘 표현한 듯하다.

스페인과 포르투갈의 회랑 무덤에서 나온 지골들은 대부분 문양이 없다. 그런데 일부에는 다중 아치로 둘러싸인 올빼미 눈과 그물망, 지그재그, 삼각 문양이 함께 등장한다(그림 91 참조). 이런 지골도 지금까지 묘사한 여신과 동일한 기능을 수행했을 것이다. 최근에 라인 강 상류 지역의 줄무늬토기 문화에 속하는 무덤에서 커다랗고 둥근 눈이 있는 유사한 뼛조각 상이 발굴되었다. 이것은 어린 동물의 뼈로 만들어졌고, 상감된 빛나는 눈이 달렸으며, 서너 살가량의 아이 무덤에서 발견되었다(그림 92).

18-10. 다뉴브 강 유역 무덤에서 발견된 청동기시대 뻣뻣한 누드상

다뉴브 강 중류와 하류 지역의 청동기시대 매장지에서 이 지역의 다른 유물들과는 현저한 차이를 드러내는 독특한 신상들이 발굴되었다. 이 상들에는 도래(becoming)를 의미하는 문양들이 풍부하게 장식되어 있다. 기원전 2000년경에서 기원전 13세기까지 구유고연방, 루마니아, 불가리아에 걸친 다뉴브 강 유역에 거주하던 농부들은 올드 유럽의 전통을 간직했다. 사실 이들은 인도-유럽화된 사람들에게 에워싸여 일종의 섬처럼 고립된 상태를 유지하며 살았다. 이들의 화장 의례에 사용된 토기와 조각상들은 흰 반죽으로 덮여 있다. 여기에 여신상들이 옹관 내부나 토기 어깨 부분(항아리 목)에 배치되어 있다. 그런데 이 여신상들은 주거지에서는 발견된 바가 없다. 따라서 이 상들이 장례용으로만 쓰였다는 사실을 알 수 있다.

여신상들은 긴 스커트를 입고 있다. 일부에는 목걸이, 왕관, 벨트가 장식되어 있다(그림 323). 인체는 추상화되어 있어 두부나 팔다리 혹은 손이 전혀 사실적이지 않다. 대다수는 단추 모양으로 돌출된 두부와 애매하게 드러나는 팔의 형태를 식별할 수 있다. 팔과 벨트 사이의 편편한 가슴 부위나 신체의 원기둥 모양 아래 부위에는 풍요로운 상징들로 장식되어 있다.

우세한 상징 모티프는 뱀 똬리, 이중 나선, 나선형, 소용돌이 등이다. 전형적으로 나선형과 나선으로 된 문양들은 반대 방향으로 회전하는데 하나는 하강, 다른 하나는 상승하는 형상이다. 되풀이해서 나타나는 뱀 똬리와 소용돌이를 나타내는 나선, 초승달과 뱀 같은 선들은 재생의 힘이나 죽음과 삶의 주기적 변화를 표현한다. 또 빈번한 문양은 삼선과 셋이 연결된 삼각형(음문)이다.

발칸의 글라미야에서 이 유형의 여신상이(그림 323-1에서 재생된 것과 연관이 있다) 발견되었는데, 새 모양 토기와 함께 이중 용기로 발굴되었다. 이 무덤에는 옹관 셋과 가금 뼈와 검은 모래가 담긴 작은 토기 다섯 개가 포함되어 있었는데(Letica 1973: 93쪽), 이는 여신에게 희생제물로 바친 물새들의 흔적이다.

요약하자면, 뻣뻣한 백색 여신은 후기 구석기시대부터 나타나기 시작해서 청동기시대까지 수천 년 동안 이어져 내려왔다. 여신은 누드로 등장하고 뼈밖에 없는 경직된 자태를 보인다. 그런데 이 이미지에 초자연적으로 커다란 자궁 부위의 삼각형이 묘사되어 있고 두부에는 가면을 쓰고 있다. 신석기시대에 이 여신은 예외적으로 크고 둥근 몸매를 드러내는데 그렇다고 비만은 아니다. 이 시기를 제외하고 이 유형에 속하는 여신 이미지는 깡마른 모습이다. 죽음과 연관되는 성격의 여신을 거대한 젖가슴과 엉덩이가 있는 여신 또는 임신한 여신과 혼동할 수는 없다. 그렇지만 죽음의 여신은 새 여신이기도 하다. 새 중에서 대개 밤에 활동하는 새이자 맹금류들이 여신의 이런 측면을 드러낸다. 구체적인 예로 올빼미 부리와 눈 위에 융기한 뼈의 아치가 선명하게 드러나는 상을 들 수 있다. 초기 청동기시대 II기 기원전 2500년경 유물로 판명된 아나톨리아 서부에서 나온 대리석으로 만든 여신상에서는 종종 날개가 관찰된다(Thimme 1977: Nos. 560~566). 이

그림 322

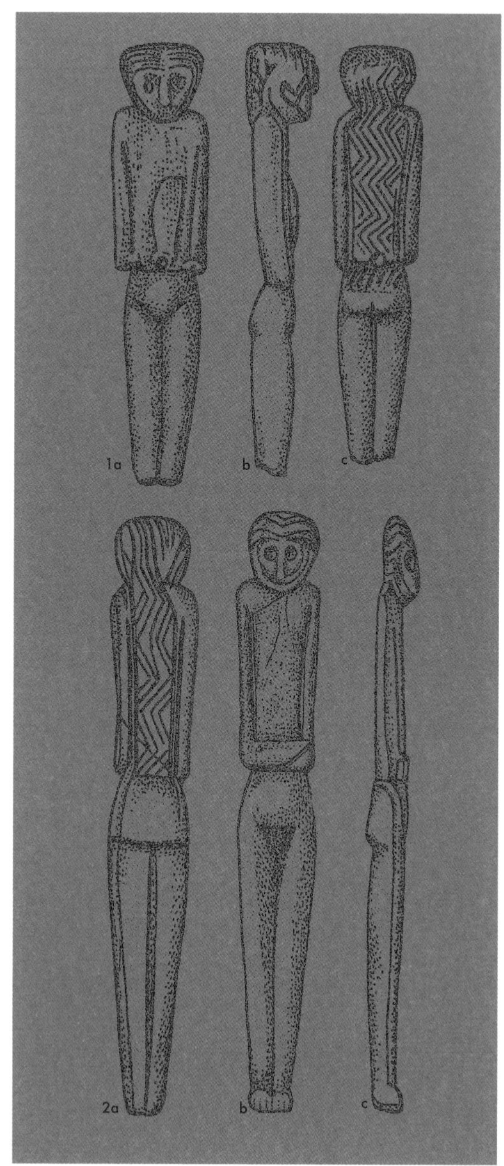

그림 322

스페인에서 출토된 상아로 만든 뻣뻣한 누드상. 머리에는 V자와 쐐기 문양이 새겨져 있으며, 물결과 같은 긴 머리카락은 허리까지 내려와 있다. 구멍 뚫린 둥근 눈은 한때 조개나 다른 뭔가로 채워져 있었다.
스페인의 순동기시대(기원전 3천년기 초기).
(1) 하엔의 무덤.
(2) 하엔의 토레 델 캄포 무덤.
(1) 높이 5.8cm
(2) 높이 8cm

그림 323

다뉴브 강 유역의 청동기시대 화장지에서 출토된 양식화된 여신상. 이 상들은 시작을 의미하는 문양들이 풍부하게 장식되어 있으며 흰 반죽으로 덮여 있다. 뱀 똬리, 소용돌이, 초승달, 삼각형(음문) 등을 볼 수 있다(기원전 17-13세기).
(1) 시베리아의 글라미야.
(2) 루마니아 남부 치르나.
(3) 클라도보.
(4) 세르비아 코르보보.
(1) 높이 12.31cm
(2) 높이 10.4cm
(3) 높이 8.59cm
(4) 높이 7.93cm

그림 323

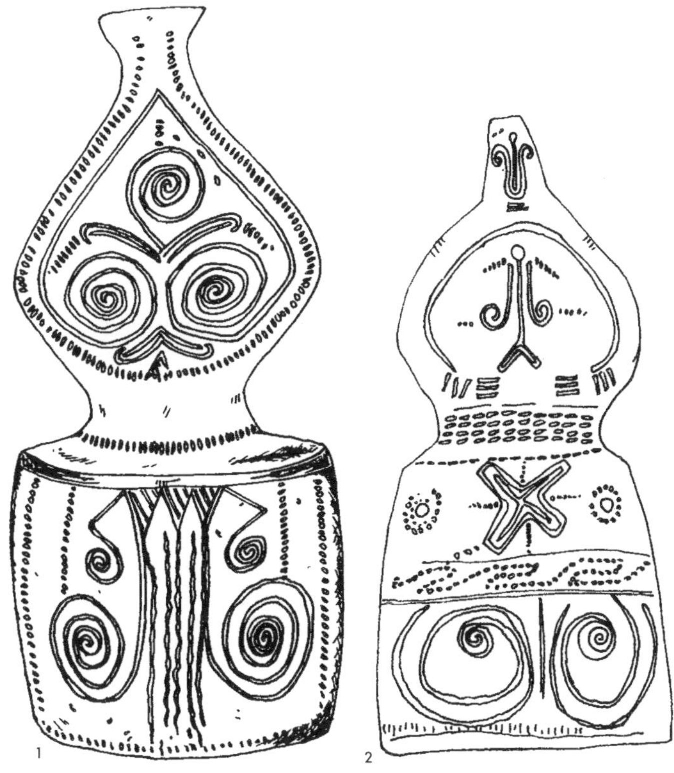

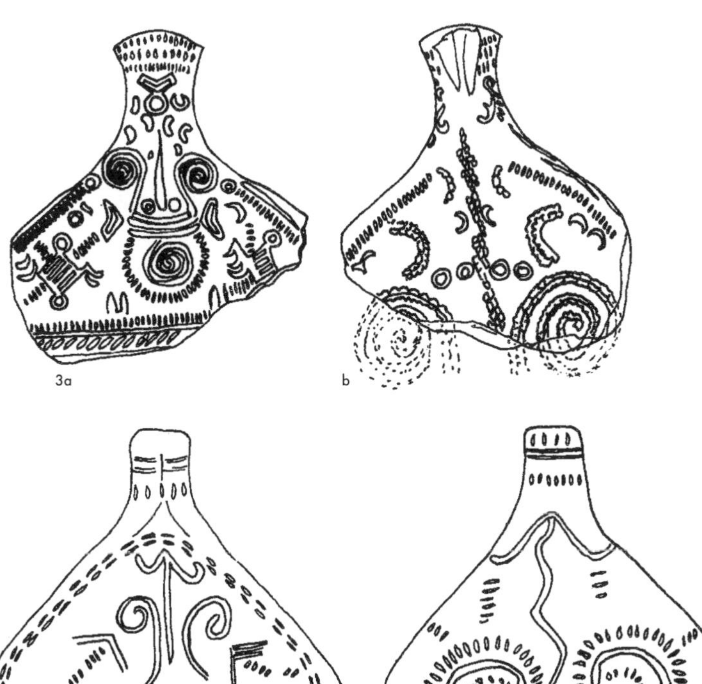

베리아 반도 거석 무덤에서 발굴된 도식화된 뼈와 돌로 된 조각상에서는 수많은 둥근 눈들을 판독할 수 있다. 발칸 동부와 다뉴브 평원에서는 종종 여신이 맹금류가 아니라 뱀이다. 카라노보에서 출토된 뻣뻣한 여신상에서는 긴 입과 둥근 눈을 볼 수 있는데 이건 뱀 여신의 눈과 입일 가능성이 높다. 독이 있고, 죽음을 나타내는 뱀 여신이다(그림 310 참조). 청동기시대 유물은 단추 모양으로 두부가 돌출되어 있고 치마 정중앙에 생명의 기둥 문양이 있다. 이 기둥에서 뻗어 나오는 뱀 똬리들 또한 뱀 여신을 묘사하는 듯하다(그림 323-1). 기원전 6세기와 이후 에트루스칸 유적 중에서 관에 장식되는 이미지를 살펴보면 뱀의 다리와 벌의 날개를 드러내는 여신들이 관찰된다(necropoli of Cerveteri: Villa Julia Museum, Rome; others: Grosseto Archaeolocial Museum). 무덤 속 여신의 위치를 살펴보면, 여신은 지하의 자궁으로 들어가는 입구를 열어주고 생명의 주기에서 재탄생을 보장하는 역할을 하는 듯하다.

18-11. 여신 가면의 매장

불가리아 바르나에서 기원전 5천년기 중기의 유물에 속하는 카라노보 VI기 매장지가 발굴된 해는 1972년이었다. 여기서 출토된 풍요로운 유물들은 지금 다루고 있는 주제와 관련해 특별한 범주 하나를 더해주어, 결과적으로 새로운 관점을 제시했다(Gimbutas 1977; Ivanov 1978). 1976년에 여든한 개의 무덤이 더 발굴되었는데, 여기에는 가면을 매장한 무덤 열여섯 개가 포함되어 있었다. 인골은 없고 점토로 만든 가면만 매장되어 있다. 가면은 실물 크기이고 황금으로 장식되어 있었다(그림 324). 가면 형태를 보면 둥근 접시 모양에 눈이 볼록하게 돌출되어 있고 입은 길게 연장된 판으로 표현되었으며 이빨에는 금장식이 관찰된다. 두부는 위쪽으로 돌출되어 있는데 앞이마는 왕관 장식이 가리고 있고 구멍 난 귓불에는 귀걸이가 있다. 턱 부위에는 구멍이 두 개씩 있는 고리 모양의 장식이 달려 있으며 돌출부는 머리에 해당한다.

그림 324

그림 324
바르나 묘지에서 발굴된 점토로 만든 실물 크기의 가면. 긴 입과 원으로 된 눈, 왕관과 이빨, 다섯 개의 귀걸이를 볼 수 있으며, 이들은 모두 금으로 만들어졌다. 카라노보 VI(불가리아, 기원전 5천년기 중반).

그림 325

그림 325
유사한 모양의 테라코타 가면. 긴 눈과 구멍이 뚫린 거대한 귓불, 턱 양쪽에 황금 고리 모양의 명판이 부착되어 있다. 카라노보 문화(불가리아 중부의 노바 자고라 근방, 기원전 4500년경). 높이 8cm

이 가면의 특징은 팔을 몸에 붙이고 몸에는 거대한 음문이 있는 여신들이 보여주는 특징과 일치한다. 비교를 위해 카라노보 무덤에서 출토된 여신의 가면을 제시하였다(그림 325). 바르나 가면에는 턱에 황금 고리 모양의 명판이 부착되어 있다. 이는 기원전 5천년기 유럽 중동부와 그리스의 여러 지역 유적지의 연구로도 잘 알려진 바 있다. 둥근 구멍으로 표현된 자궁이 여신의 신체에서 가장 본질적인 부분이다.

가면들은 다양한 유물들과 함께 출토되었다. 황금, 형형색색의 돌, 셸 구슬, 금과 구리로 된 장신구, 알과 소용돌이 모티프 문양이 장식된 대리석이나 점토로 만든 토기와 부싯돌이 발굴되었다. 무덤 번호 3에서는 이상한 반원 모양의 대리석 여신상이 제물들 사이에서 가면과 함께 출토되었다. 이 상의 눈과 가슴과 음문에는 황금으로 된 볼록한 판이 부착되어 있다. 또 대자석, 대리석, 세라믹 접시, 명백히 음문의 상징인 삼각 뼈로 된 명판도 제물로 등장하는데 숫자는 마법의 수인 27(3×9)일 수 있다.

카라노보 문화의 다른 유적지들과 바르나 묘지의 마스크 무덤뿐만 아니라 다른 무덤들에서 거친 대리석으로 만든 여신상과 뼈로 만든 여신상이 출토되었다(그림 326). 이 여신상들이 보이는 이상하게 돌출된 두부는 아마도 산발한 노파 여신을 나타내는 듯한데, 이 상들은 겨울을 의미하는 옥수수 여신의 복제품으로 보인다. 이와 연관된 듯한 기다란 주걱 모양의 뼈 여신상이 빈차 문화에서도 발굴되었다. 바르나에 있는 여인의 무덤에서는(무덤 번호 41) 작은 조각상들과 연관이 있는 뼈 여신상이 출토되었다. 이 작은 조각상들은 거대한 음문을 드러낸 뻿뻿한 누드상인데 아름답게 마모된 뼈로 만들었다.

또 이 무덤에서는 쌍알 머리에 사슴 이빨, 대리석 접시, 붉은색이 남아 있는 뿔 모양 술잔, 황토를 빻은 돌절구, 구리 바늘, 방추, 흑요석과 플린트로 만든 칼, 수천 개의 금 구슬과 셸 구슬이 출토되었다. 이 무덤에 생명의 힘이 선명하게 강조되어 있다. 구체적으로 쌍알, 대자석, 거대한 음문을 들 수 있을 것이다. 삶과 죽음의 상징이 결합된 이 자리를 우리는 지하 세계, 또는 탄생-죽음-재탄생이라는 신비로운 우주 생명의 주기에서 달이 하늘에서 사라져 깜깜한 시기를 나타낸다는 사실을 알 수 있다.

가면이 매장된 시기를 단정할 수는 없다. 추수감사제 때일 수도 있고 사람이 죽은 때일 수도 있

그림 326

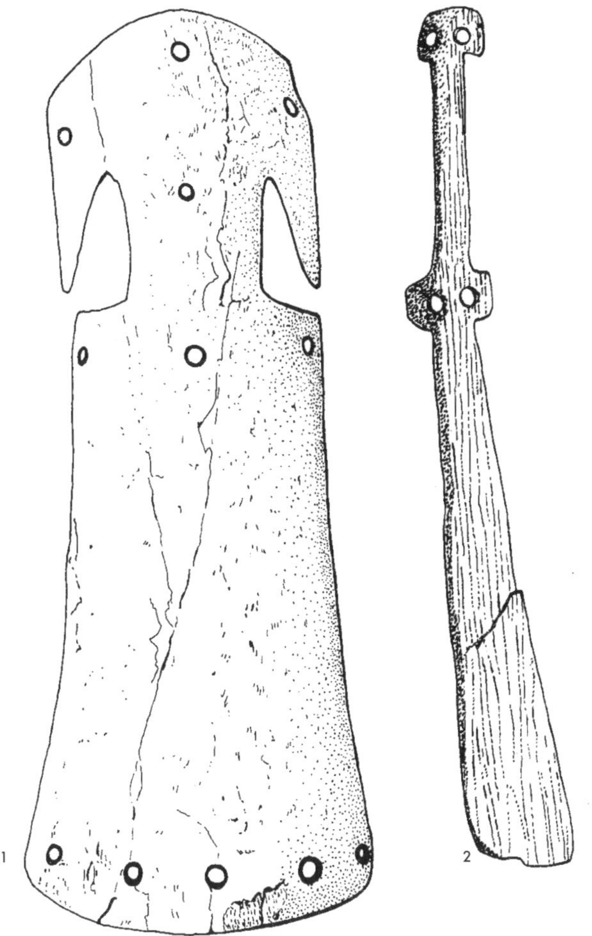

그림 326
이 뼈 여신은 겨울을 나타내는 상인 듯하다.
(1) 돌출된 두부는 오래된 노파의 산발한 머리로 추정된다. 구멍은 이 유물이 커다란 물건에 부착되었음을 나타낸다. 카라노보 문화(여인 무덤 번호 41, 불가리아 서부의 바르나, 기원전 5천년기 중기).
(2) 빈차 문화(세르비아의 카라메니티 비노그라디, 기원전 5000-4500년).
(1) 높이 16.4cm
(2) 높이 21.5cm

그림 327
죽음과 재생을 나타내는 여신을 표현한 인간 형상의 항아리. 카라노보 VI(루마니아 남부의 술타나, 기원전 5천년기 중기).
높이 32.3cm

그림 327

다. 위에 언급한 여인의 무덤을 제외하면, 뻣뻣한 누드상이 무덤에서는 출토된 바 없으므로 매장한 실물 크기의 가면이 여신상의 자리를 대신했다고 추정할 수 있다. 가면이든 여신상이든 둘 다 넓고 추한 얼굴이다. 이 거친 얼굴에 커다란 입과 날카로운 송곳니가 묘사되어 있다.

루마니아 남부의 술타나에서 발굴된 의인화된 항아리에도 동일한 형상의 얼굴이 재현되어 있다. 이 항아리는 아마도 장례 때 사용한 듯하다(그림 327). 여신의 왼손이 아랫입술 혹은 축 늘어진 혀를 받치고 있다. 혀 위쪽에 있는 구멍 열 개는 송곳니를 나타낸다. 턱 양측에 있는 고리 둘은 장신구일 것이다. 토기의 둥근 몸체 중앙부 양 측면에 초승달 모양의 음문이 그려져 있다. 등에는 나선 둘, 추정컨대 새의 발, 쌍알, U자 문양이 있는데 이 문양들은 재탄생의 상징들이다. 이름이야 어떻든 이 여신은 지금까지 다루어온 여신들과 같은 특질을 보여준다. 죽음 혹은 재탄생의 비밀을 지닌 여신인 것이다.

이 무서운 얼굴을 한 여신이 후기에 나타나는 고르곤 머리의 원형일까? 키클라데스 제도와 크레타에서 발굴된 청동기시대 토기 문양에 악몽에나 나올법한 올빼미 얼굴 혹은 뱀 얼굴이 등장한다. 두 줄의 송곳니가 드러나는 귀신 같은 가면이 묘사되어 있는데 발톱은 새의 발톱 같다(그림 328). 이들은 순동기시대와 고대 그리스 시대 사이의 유물이다.

고르곤 메두사는 본래 빛이 나는 날카로운 눈으로 쏘아보며 혀는 앞으로 길게 내밀고 있는데 날카로운 이빨이 노출되어 있다. 언제나 찡그리고 있는 끔찍한 얼굴이다. 노려보는 여신의 눈빛은 남자들을 돌로 만들어버린다. 또 여신은 목숨을 앗아갈 수도 있다. 이런 가면에 몸이 있는 경우는 날개 달린 벌 형상으로 관찰된다. 메두사 이미지 중에는 머리 부분은 벌이고 더듬이와 앞발 자리에 뱀이 주렁주렁 매달린 것도 있다(이 두 고르곤은 기원전 675~650년경 엘레우시스에서 발견된 원아티카 크레이터 양식의 그림으로 알려졌는데, 현재 엘레우시스 박물관에 소장되어 있다. Richter 1959: 286쪽 그림 405; Richards-Mantzoulinou 1980: 91쪽).

왜 벌의 날개와 뱀이 결합되어 있는가? 둘 다 재생과 연관이 있다. 바르나 가면과 관련된 유물들의 경우처럼 우리는 다시 한번 죽음과 재탄생의 상징이 혼재되어 있음을 관찰하게 된다. 초기 고르곤은 우리에게 알려진 버전과는 다르다. 인도-유럽 문화권에서 묘사하듯, 페르세우스 같은 영웅들이

그림 328

1

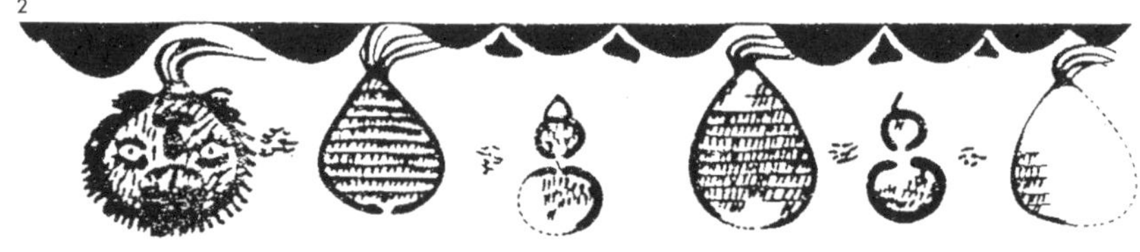

2

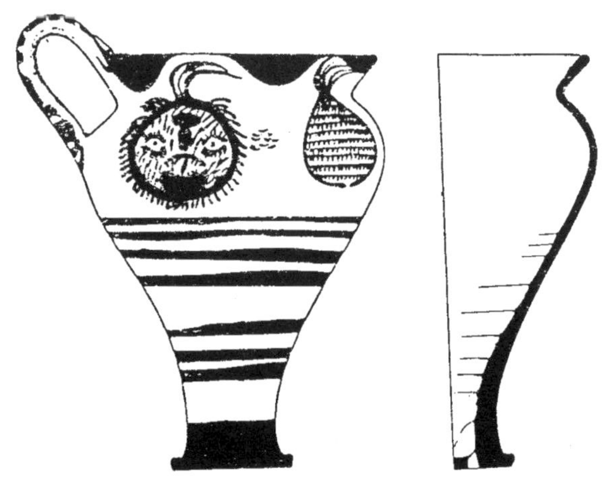

그림 328

(1) 청동기시대 항아리에 그려진 무서운 귀신 이미지. 올드 유럽의 죽음과 재생의 여신과 후기 그리스의 고르곤을 이어주는 고리가 된다. 날카로운 이빨과 세 개의 발톱이 달린 다리, 세모꼴 날개가 표현되어 있으며, 머리 위로는 젖가슴이 표현되어 있다. 필라코피 III(에게 해의 멜로스 섬, 기원전 1500년경).

(2) 컵에 장식된 고르곤. 구근식물(혹은 멧돼지 상아 헬멧)과 숫자 8 모양이 연결되어 있다. 후기 미노아 문명(크레타의 크노소스, 기원전 1450년경, 1978-1980년 워런(P. Warren)이 발굴).

(1) 높이 38.1cm

반드시 물리쳐야 하는 괴물이 아니다. 이 이미지는 후대의 산물일 뿐이다. 고르곤은 본래 삶과 죽음을 관장하는 강력한 여신이다. 초기에 관찰된 여신의 이미지들을 정리해보면, 소용돌이 문양으로 둘러싸인 채 벌의 날개를 달고 있는 이미지, 측면에 사자(이는 초기 올드 유럽의 개를 대체한 것이다)와 두루미가 우회하고 있는 이미지, 또 손에 두루미와 거위를 들고 있는 이미지들이다. 이는 여신 고르곤의 정체성이 야생 동식물의 수호신 혹은 아르테미스임을 시사한다(로도스의 접시. Harrison 1922: 그림 33: Hampe and Simon 1981: 그림 104). 무시무시한 여신의 가면은 아르테미스에서 위험한 측면인 에리니스를 나타낸다. 다르게 말하면 여신이 곧 헤카테인 것이다. 고대 그리스에서 이 여신의 사원과 제대는 관문, 출입구, 집의 정면에 서 있다. 가장 초기에 속하는 역사적 기록에 여신에 관한 언급이 있다. 이 기록에서 여신은 아르테미스와 관련이 있다. 달의 여신인 아르테미스와 헤카테는 단일 여신인 것이다. 달의 주기에서 알 수 있듯이 달의 두 측면을 나타내는데, 하나는 주기의 시작을 의미하고 다른 하나는 끝을 의미한다. 하나는 젊음, 순수함, 아름다움을 나타내고, 다른 하나는 죽음과 연관된 무시무시한 면을 드러낸다. 디오니소스를 숭배하는 자들이 고르곤의 머리를 달의 얼굴로 보았다는 것은 놀랄 일만은 아니다. 헤카테는 자신의 사냥개들과 함께 묘지를 떠돌며 독을 채취하여 치사량을 혼합하는 신으로 묘사된다(Willamowitz-Moellendorf 1959: 170쪽). 여신은 피를 뿌리는 희생으로만 진정시킬 수 있는 무자비한 학살자이다. 여신의 오싹한 울부짖음은 죽음의 도래를 알린다.

고르곤은 고대 그리스에 전반적으로 등장하는 여신이다. 길게 내밀고 있는 혀와 뾰족하게 튀어나온 이빨 그리고 머리카락 대신 기어 다니는 뱀들이 여신의 특질이다. 끔찍하고 무시무시하다. 그런데 그리스인들은 이를 재앙으로부터 자기들을 보호해주는 모습이라고 믿었다. 불행이나 재해를 예방해주는 가면이기에 고르곤은 방패나 이동용 오븐, 마을의 담이나 건물 벽면에 그려 넣었다. 기원전 580년경, 코르푸에 있는 아르테미스 사원의 서쪽 벽면 유물을 보면 머리부터 수평선 위로 올라오고 있는 뱀들로 여신을 묘사하는데, 강한 에너지를 발산하며 반대쪽을 향해 소리를 내고 있는 뱀 두 마리가 허리에 둘러 있다.

18-12. 유럽 민담에 등장하는 죽음의 메신저, 백색 여신

유럽의 민담에는 선사시대 죽음과 재생의 여신과 연결되는 여신 이미지가 있다. 이 여신에게서 부각되는 이미지는 두 가지다. 첫째, 죽음의 메신저인 백색 여신. 둘째, 죽음과 재탄생의 여신으로 역사시대에 마녀로 격하된 여인들이다. 둘 다 인간 모습으로 표현되기는 하나 일부는 맹금류나 맹독을 지닌 뱀 이미지로 잔존하기도 한다. 이들은 새처럼 날아다니거나 거친 새소리를 내고, 새가 불쑥 날아드는 소리 혹은 뱀이 기어갈 때 내는 소리로 자기 존재를 드러낸다. 이미 언급했듯이 바스크 지역에서는 20세기 초중반까지도 이 여신에 관한 이야기가 전해져 내려왔다. 아일랜드 역사 초기의 여신은 18세기까지 단일 여신 혹은 삼신으로 등장하는 모리간, 까마귀 여신으로 등장했다. 이 이미지는 점진적으로 인간의 형상을 한 요정 반시로 흡수된다(Lysaght 1986: 106쪽). 이 백색 여신은 죽음과 직접적으로 연관된다. 여신의 등장은 임박한 죽음을 예고하는 죽음의 전조이기도 하다. 죽음의 메신저는 우주적 차원에서 움직이는데, 인간이나 동물과 식물, 심지어 달조차도 우주의 생명 에너지와 조화를 이룬다. 분명 여신의 영역은 밤과 겨울이다. 그렇지만 죽음의 메신저이기에 밤이든 낮이든 죽음이 진행되는 자리에는 언제나 등장한다.

지난 세기 아일랜드 민담에 등장하는 죽음의 메신저는 대체로 작은 여신이다. 이 여신은 흰색이나 회색 옷을 입고 나타난다. 키가 크고 말랐으며 끔찍한 얼굴을 드러내는데 아름다운 여인 이미지로 나타나기도 한다. 후자인 경우 여인의 아름다움은 긴 금발에 집중된다. 여신은 주로 임종자의 집 바깥에 출현하는데, 구체적으로 정원이나 과수원이나 낟가리를 쌓아놓은 자리에 나타난다. 이보다 더 빈번하게는 집으로 향한 출입구나 구멍 혹은 창문 옆에 등장한다. 이러한 죽음의 메신저는 눈으로 목격했다는 이야기보다는 소리로 감지했다는 이야기가 더 흔하다. 여신이 내는 소리를 들은 사람은 새 울음소리라 묘사하고 적막한 소리라고도 하고 애도의 소리라고도 한다. 또 개나 여우가 울부짖는 소리와 비교하기도 한다. 이런 소리가 임종자의 집을 향하거나 집 주위에서 맴돈다. 흔히 이 소리는 세 번 되풀이해서 들린다고 한다.

1986년 퍼트리셔 리사지가 아일랜드 밴시에 관한 탁월한 연구를 내놓았다. 이 자료를 살펴보면, 지난 수세기 동안에는 까마귀가 죽음의 메신저였다는 사실을 확인할 수 있다. 이 현상은 현대에 들어 점차 소멸되고 있다. 여기서 다시 한번 죽음의 메신저가 새였다는 인류의 오랜 기억의 자취를 확인할 수 있다. 반시가 새의 형상으로 등장해 임종자가 누워 있는 병상이 있는 방 창틀에 내려앉는다는 이야기에서도 이런 흔적을 엿볼 수 있다. 새 여신은 임종 한 주쯤 전부터 규칙적으로 출현한다고 한다(Lysaght 1986: 107쪽). 반시 출현에 관한 목격담들 중에는 최근 자료로 1976년의 증언이 포함되어 있다. "반시는 새였어요, 날갯짓하는 소리를 들을 수 있었어요…… 여신이 아니라 새였어요(Lysaght 1986: 108, 109쪽)". 반시는 새라고 단언한다. 또 죽음의 사자가 빨래하는 여신으로 등장하기도 한다. 전설에는 여신이 빨래 뭉치를 두드리는 소리를 낸다고 한다. 스코틀랜드와 켈트 전통에서도 빨래하는 초자연적 여신이 관찰되는데 이름은 빈-나이트이다. 이 여신의 등장은 곧 죽음을 예고했다. 초기 아일랜드 자료에서 빨래하는 여신을 바드브나 모리간이라 한다(Lysaght 1986: 128~133, 198, 199쪽). 왜 빨래인가? 아마도 물이 다른 세계와 연결하는 고리로 작용하기 때문일 것이다.

리투아니아 민담에도 죽음의 여신이 등장한다. 이 여신은 생명을 부여하는 운명의 여신의 쌍둥이 아니면 자매라 한다. 죽음이 임박할 때 죽어가는 사람 머리맡에 여신이 와 있다고 말한다. 대문이나 울타리는 여신에게 걸림돌이 되지 않는데, 여신이 오면 문이 자동으로 열리기 때문이다. 의인화된 여신 이미지를 보면, 마르고 키가 크다. 그리고 결코 충족되지 않는 어마어마한 식성 또한 여신의 특질이다. 여신은 베다 이전 시기 인도 여신 칼리처럼 독을 지니고 혀를 내밀고 있는데 혀가 길게 늘어져 있다. 몸은 완전히 흰 천으로 감고 있고 무덤에 있는 시체들에서 독을 채취한다. 만일 이 여신이 혀로 누군가를 핥으면 그 사람은 즉사한다. 리투아니아의 죽음의 여신의 이름은 길티네(Giltine)인데 '찌르다, 쏘다'라는 뜻의 동사 길티(gilti)에서 유래했다. 노란색이란 의미의 겔토나스(geltonas)와도 관련이 있다(노란색이 뼈의 색이라 여전히 죽음의 색으로 간주된다).

여신의 행위나 이름에서 길티네는 본래 독수리나 까마귀가 아니라 독이 있는 뱀 혹은 뱀 여신의 죽음의 측면을 나타낸다는 점을 알 수 있다. 여신은 자유자재로 변신이 가능한데, 목각이나 바구니나 막대기 같은 무생물로도 변한다. 유럽의 다른 지역에서는 단일 여신으로 묘사되기도 하고 흰옷을 입은 세 소녀처럼 삼신으로 나타나기도 한다. 때로는 커다란 소녀들 무리가 등장하기도 한다. 아일랜드의 경우, 여신이 모습을 드러내는 사례보다는 소리로 여신의 존재를 인식하는 일화가 훨씬 빈번하다. 이 지역에서 여신의 존재를 알리는 소리는 새 울음이나 애도나 곡소리보다 훨씬 신비롭다. 물이 튀는 소리, 맥주가 흐르는 소리, 문이나 탁자를 두드리는 소리, 채찍으로 내리치는 소리, 유리 흔들리는 소리, 몸이 떠는 소리 등인데 대개 세 번 반복된다. 이 위압감을 주는 소리나 감각은 뱀이 기어갈 때 내는 소리나 느낌과 연관될 수도 있을 법하다. 또 여신의 동물은 흰 개나 사냥개이다. 따라서 개의 울부짖음이 들리거나 무덤 방향에서 흰 개가 나타나면 이를 죽음의 전조로 간주했다(Gimbutas 1984: 1985).

18-13. 20세기까지 전해지는 마녀 혹은 죽음과 재생의 여신

발트 지역이나 슬라브 지역 민속에서는 파괴-재생의 여신 이미지들이 거듭 재창조 과정을 거치면서 오늘날까지 이어져 온다. 리투아니아와 라트비아 민담에서는 이 여신을 라가나라 하고, 러시아 민담에서는 바바야가라 한다. 우리들에게는 그림 형제 이야기로 잘 알려져 있다. 대표적인 이미지는 몸이 길고 말랐으며 노랗고 구부정한 마녀이다. 커다란 매부리코가 특징인데, 마녀의 코는 맹금류 부리처럼 구부러져 있다. 코끝은 뾰족하고 길이가 길어서 턱에 닿을 지경이다. 이 마녀는 새로운 인물이 아니라 여신 홀레의 격이 강등된 모습이다.

여신 라가나의 이름은 레지티(rėgiti)라는 동사와 연결되어 있다. 이 단어는 '알다, 보다, 예언하다'라는 뜻이다. 또 명사 라가스(ragas)는 '뿔이나 초승달'을 뜻한다. 이름만으로도 여신의 본질이 드러난다. 여신은 전지전능하며 예언을 한다. 초승달과도 연관이 있다. 여신은 아름다운 여인으로 등장하고 악몽에 나오는 인물처럼 무시무시하게 모습을 드러내기도 한다. 자유자재로 변신할 수 있는데 특히 두꺼비, 고슴도치, 물고기로 자주 변신한다. 대개 막대기나 나무 둥치를 타는데, 드물게 걷기도 하지만 대체로 날아다니는 걸로 보아 새와 연관이 있는 듯하다. 동짓날에는 라가나들이 날아다닌다고 하는데, 밤에 언덕 위에 모여 특별 회합을 하기 때문이라 한다. 이 무리 중 한 명을 여신이라 부른다. 라가나는 겨울이면 얼음 구멍에서 목욕을 하고 자작나무에 앉아 긴 머리를 빗는다. 그런데 놀랍게도 라가나 여신이 죽음과 연관된 본능을 드러내는 시기는 겨울이 아니라 여름이다. 특히 밤의 길이가 짧고 식물이 왕성하게 번성하는 시기에 등장해서는 엄청나게 번창하는 사태를 막는다. 여신은 호밀 이삭들을 묶어 매듭을 만들어놓고, 만개한 콩 꽃은 뽑아버린다. 소젖을 짜내고 양털을 자르기도 한다. 혼인날 여신이 신부를 약탈하기도 하고 신랑은 늑대로 변신시킨다. 갓 태어난 아기를 죽이기도 하며, 심지어 이지러지는 달을 반으로 자르기도 하는데, 이런 여신의 행위는 다름 아닌 생명의 힘과 주기를 조절하는 기능을 한다. 생명의 힘이 영속되지 않도록 성장을 중지시키고 달을 이지러지게 하고 꽃의 만개나 식물의 생산성을 감소시키고 다산의 힘을 조절한다. 여신은 우리들로 하여금 생명은 한시적이고 죽음 없이 새로운 생명은 없다는 사실을 상기하게 만든다. 따라서 본질적으로 재탄생을 염두에 두고 있다. 자궁, 태반, 새로 태어난 아기들도 여신에 속하는데, 탄생의 시기 필연적으로 흘리는 피는 아마도 여신에게 헌정하는 것일 테고 생명 주기의 재생을 위해서도 필요불가결한 것이다.

슬라브 신화에 등장하는 고대 죽음과 재생의 여신은 바바야가이다. 주로 러시아 민담으로 잘 보전되어 알려졌다. 민담에서는 힘과 지위가 격하된 마녀 이미지로 그려진다. 바바야가는 사악한 노파로 사람을 잡아먹는다. 아이들을 잡아먹는 이미지가 친숙하나 때로 지혜나 예지력이 있는 노파로도 묘사된다. 겉모습은 키가 크고 다리는 가죽이 뼈에 붙었다. 머리는 절구공이고 머리카락은 산발하고 긴 매부리코가 눈길을 끈다. 바바야가가 젊은 여인의 모습으로 묘사될 때도 있다. 또 하나는 젊고 다른 하나는 늙은 두 자매로도 묘사된다. 어떤 모습이든 바바야가는 절대 걷는 법이 없다. 여신은 새 다리가 달린 오두막에 누워 있거나 불타는 분쇄기를 타고 날아다닌다. 오두막 둘레 울타리는 인골로 둘러쳤고 뼈 위에는 해골을 올려놓았다. 해골에는 눈이 본래대로 달려 있다. 대문은 나사 대신 인간의 팔다리뼈로 죄어놓았고 날카로운 이빨이 드러나는 입이 자물쇠 역할을 한다. 물레처럼 바바야가 자체가 축 위에서 빙빙 돌 수 있다. 여신이 짐승의 모습으로 나타날 때는 주로 새나 뱀으로 나타난다. 즉각 개구리, 두꺼비, 거북이, 쥐, 게, 암여우, 벌, 염소 암말로 변신하고 무생물로 변신할 수도 있다.

이름의 어원 분석을 통해 고대의 특질을 밝혀보자. 슬라브 어근 baba는 '할머니', '여인', 비를 내리는 '신화적 구름 여인', '펠리컨'을 뜻한다. 후자는 바바야가의 조류적 특질을 암시한다(Shapiro 1983: 109, 125, 126쪽). 러시아어 yaga, 폴란드어 Jedza, 윈슬라브어 (y)ęga는 고대 러시아어, 폴란드어, 세르보크로아트어, 슬로베니아어에서 '분노', '병', '공포'라는 뜻이다. 이는 리투아니아어 engti와 연결되는데, 이 단어는 '옥죄다', '억압하다', '고문하다'라는 의미이다.

브르타뉴어 Ankou 또는 '죽음'이 민담에서 일반적으로 발견되는데, 때로는 마로(Maro)로 언급된다. 아일랜드의 모리간은 죽은 자의 수호자 아나(Ana)와 동일시되는데 아나는 또 '신들의 어머니'로도 묘사된다(Doan 1980: 35쪽). 이 여신들은 명백히 러시아어 야가와 연관이 있다. 웨일스어 angeu는 '죽음'을 뜻한다. 극동의 아낫(Anat)은 맹금류로 변신할 수 있는데 이 역시 죽음의 여신 전통에 속하는 여신이다.

죽음-재탄생의 고대 여신들은 유럽의 민담을 통해 친숙하게 전해진다. 민담에는 무시무시한 여신이 아니라 마녀로 등장한다. 여신의 본래 이미지보다는 혐오스러운 이미지로 주로 알려졌다. 힘 있는 여신을 이런 이미지로 강등시키려고 엄청난 에너지를 쏟으며 전쟁을 벌여온 선교사나 종교재판관들에게 감사한다. 빗자루를 타고 나는 마녀, 괴물이나 짐승들에 에워싸여 주문을 외는 마녀, 동물이나 돌로 변신시키는 마녀, 약초를 채취해 영약을 만드는 마녀, 이런 이미지는 이야기나 책을 통해 잘 알려져 있다. 이런 노력은 16세기에 본격화되었다. 그런데 종교재판 때 묘사한 '마녀들'의 행위나 이미지에는 여전히 실제 여신의 특성이 잔뜩 묻어 있다. 여기서 '마녀'의 손아귀에 떨어진 군인의 종교재판에 관한 보고서를 인용한다.

> 재판관님. 마녀들은 태양에게 명을 내리고 태양은 복종을 합니다. 이들은 별의 경로를 바꾸고 달빛을 앗아 가고 원하면 다시 복원합니다. 이들은 구름을 만들고 구름 위를 걸을 수도 있고 구름과 함께 여행할 수 있습니다. 이들은 차가운 불을 일으키고 모든 걸 태워버리기 위해 물을 만들어냅니다. 이들은 소녀로도 나타나고 눈에 주름이 가득한 노파로도 변신하고 막대기나 돌 혹은 짐승으로도 변신합니다. 만일 남자가 자기들을 즐겁게 할 줄 안다면, 이들은 자유자재로 남자를 즐길 힘도 있습니다. 남자들의 감각이나 본성을 무디게 하고 다양한 짐승으로 변하게 만들 수도 있습니다. 마녀들은 신비한 힘이 있어서 명령만 하면 남자들은 복종해야 합니다. 그러지 않으면 목숨을 내놓아야 합니다. 이들은 밤이든 낮이든 길이나 골짜기나 산을 마음대로 이동할 수 있기에 주문을 외고 약초나 돌을 채취하고 약을 만들어 동의하게 만듭니다(Baroja 1975: 149쪽).

어느 정도 극화되어 있지만 이 이미지의 중심에는 반드시 과장으로만 볼 수 없는 무언가가 있다. 마녀들은 엄청난 두려움의 대상들이었다. 가공할 만한 여신의 힘을 계속해서 드러내기 때문이다. 기후 변화와 달, 해, 불의 성장을 통제하는 역할은 다음 여신들에 대한 기록에서 재구성해볼 수 있다. 이 여신들이 바스크 지역의 마리, 아일랜드의 모리간 혹은 네만, 마차, 모리간의 세 자매, 독일의 프라우 홀레, 리투아니아와 라트비아의 라가나, 러시아의 바바야가이다. 이들은 모두 구름을 만들고 격렬한 바람을 일으키고 동굴이나 심연에서 이들을 끌어낸다. 소나기를 뿌리고 안개를 일으키고 진눈깨비와 폭풍우를 일으킨다. 이들은 하늘에 불기둥을 일으키거나 사방을 온통 불로 뒤덮을 수 있다. 바스크 지역 마리는 불길을 내뿜는 반달이나 낫으로 나타나거나 머리 둘레에 둥글게 달을 두른 여인의 이미지로 등장한다. 라가나는 일식을 일으키고 달의 성장을 조절한다고 알려졌다. 이 여신들은 변신에 능하고 인간을 동물로 만들어버릴 수도 있으며, 인간과 동물의 성과 다산성을 조절하는 힘도 지니고 있다.

18-14. 노파, 마른 뼈, 겨울이 보여주는 죽음과 재생

장례 유물과 관련된 상징들에서 무덤 유형, 고대 죽음의 여신, 마른 뼈, 겨울에 드러나는 자연의 죽음 사이의 밀접한 고리들이 선명히 드러난다. 거석 무덤과 무서운 여신이 서로 연관된다는 점은 민담에서도 찾아볼 수 있다. 어떤 돌무더기 무덤은 '태곳적 노파'의 앞치마에서 떨어지는 돌로 만들어졌다고 한다. 아일랜드에서만 '더못과 그라니아의 침대'라는 별칭이 붙어 있는 석실분들이 최소 마흔 기가 있다. '그라니아(Grania)'라는 단어에도 심오한 뜻이 내포되어 있다. 그라니아의 본래 뜻은 '추함'이다. 따라서 그라니아는 켈트 신화에 등장하는 태곳적부터 존재하던 노파 여신이다(Burl 1981: 66쪽). 또 다른 의미로는 '알곡, 씨앗'을 들 수 있다. 이는 분명 재탄생과 연관되어 있다는 점을 시사한다. 아일랜드 티론에 있는 녹마니의 널길 무덤은 '아니아(Annia)의 동굴'이라 하는데, 이는 사자(死者)의 수호신 아나(Ana) 혹은 아누(Anu)의 집을 뜻한다. 앞에서도 언급했듯이 아나, 아누, 그라니아 외에도 뼈, 죽음, 겨울, 추함과 연관된 다른 여신들은 죽음-재탄생으로 묘사되는 여신들과 연관이 있다. 민담을 살펴보면 독일 홀레 여신의 겨울 측면을 드러내는 브리히타나 라가나, 바바야가는 뼈나 뼈만 남은 다리로 묘사된다. 해가 비칠 때 라가나의 흰 뼈는 겨울 눈에 반사되어 눈이 부시다. '빛나는 눈꽃'이란 리투아니아 민담에서 눈꽃은 곧 '마녀의 뼈'를 가리킨다.

뼈와 여신은 상징적으로도 연관된다. 송장에서 뼈를 추려 '죽음' 자체가 되도록 하는 풍속이 있는데, 서유럽에서 이 작업은 맹금류들이 행했다. 맹금류가 살을 뜯어먹도록 노출시켜두었다가 뼈만 남으면 뼈를 추려서 무덤에 안장했다. 이런 식으로 처리하지 않는 지역에서는 화장을 하기도 했는데, 화장을 해도 큰 뼈는 타지 않았다. 남은 뼈들은 매장을 했다. 고대 그리스에서는 큰 뼈들을 소위 '흰 뼈'라 부르면서 매장 전에 뼈에 기름칠을 하는 풍속이 있었다. 그리스인들은 뼈를 죽음과 재탄생 사이의 중간 단계로 간주했음에 틀림없다. 여신이 지니는 재생의 힘이 뼈 안에 잔존해 있다고 믿었던 것이다.

죽음 후에 뼈에 남아 있는 물기는 제거해야 하는데, 골수와 물기는 생명을 상징하기 때문이다. 그리스인들은 골수가 썩을 때 죽은 자의 척추가 뱀으로 변한다고 믿었다. 또 골수의 물기가 구렁이로 변한다고도 생각했다(Harrison 1962: 268쪽). 따라서 무덤에는 깨끗하고 마른 뼈만 안치했다.

두개골과 다른 뼈들을 분리해서 깔끔하게 안치한 유적들에서 보았듯, 두개골은 늘 특별하게 다루었다. 예로 아일랜드 노우에서는 스물아홉 개의 해골을 무덤 입구를 향하도록 무덤 벽면에 아주 세심하게 배치했다. 마찬가지로 이즈비스터에서도 두개골은 쌍으로 배열했는데 그 자리는 각기 모퉁이와 무덤 입구다(Burl 1981: 74).

인간의 죽음도 태양의 기운이 제일 약하고, 낮은 짧고 밤은 긴 겨울에 진행되는 자연의 죽음과 유사하게 보았다. 서유럽에서 발굴된 여러 무덤 신전의 입구가 동지 때의 태양 위치와 일치하도록 건축한 사실은 그다지 놀랍지 않다(브르타뉴에 있는 가브리니, 아일랜드의 뉴그랜지, 스코틀랜드의 메인랜드, 매스 하우, 오크니에서도 그렇다. Thom and Thom, 1978; Heggie 1981; Ruggles 1984). 동지는 낮이 다시 길어지고 생명이 다시 시작되는 기점이다. 동짓날 달의 위치에 따라 무덤 입구를 정하는 매장문화에서 달의 중요성이 잘 드러난다.

거석 무덤에 있는 돌과 가장자리 돌에 새겨진 상징들은 당시 사람들이 한 해의 길이를 측정하고 달의 상들을 계산하는 데 심취했다는 사실을 분명히 보여준다(본문 278쪽 IV부 참고). 이 상징들 중에 심지어 해시계도 포함되어 있다. 해시계 중 최상의 유적은 아일랜드 뉴그랜지 근처 노스의 연석에 그려진 것이다(Brennan 1983: 158ff). 그렇다고 거석 무덤 신전이 톰이나 거석 천문학에 관해 쓴 다른 과학자들이 주장하듯이, 태양과 달을 관찰하기 위해 지어진 것은 아니다. 이런 주장들보다는 해와 달의 상에 따른 방향성이 본질적으로 생명의 재탄생을 위해 힘을 보탠다는 점을 읽어내는 편이 좋을 것이다. 재탄생은 여신의 힘에 속한다. 거석에 등장하는 상징 예술에서 달의 주기에 따라 시간을 측정하는 상징과 여신의 재생의 힘에 관한 상징의 연결점이 발견된다.

해시계에서도 신의 눈, 즉 생명의 원천과 재탄생의 상징적 연관성이 드러난다. 연관된 다른 상징들을 살펴보면, 수직 기둥, 나무, 뱀 형상, 물결 띠, 지그재그, 떠오르는 다층 호들은 재생의 물이나 식생의 힘을 나타내는 것들임을 알 수 있다.

12세기 잉글랜드의 초본지에 이 여신에게 바친 기도가 포함되어 있다(Harley 1585: 12v~13r; Hull 1928: 24쪽; Graves 1972: 73쪽). "만물을 창조하시고 태양을 다시 떠오르게 하여 온 땅을 비추는 어머니 자연이자 신성한 여신이여. 당신은 하늘과 바다와 모든 신들과 힘의 수호자십니다. 당신의 영향으로 모든 자연이 고요해지고 깊은 잠에 빠지고, 또다시 자연이 당신을 즐겁게 할 때 당신은 태양빛을 보내고 당신의 영원성으로 뭇 생명은 자양분을 얻습니다. 사람이 사망하여 영은 당신에게로 돌아갑니다. 진실로 당신에게는 신들의 어머니라는 호칭이 어울립니다." 여기서 여신은 아나, 안코, 홀레 같은 재탄생의 여신이고 '신들의 어머니'라 불린다. 이 기도는 분명, 예전에 태양을 다시 떠오르게 하는 힘을 지녔던 전능한 여신에 대한 기억을 간직하고 있다. 독일 홀레는 태양을 다시 태어나게 하는데 여신이 바로 태양이기도 하다. 따라서 여신을 '뭇 생명의 어머니' '위대한 치유자'라고 부른다(Rüttner-Cova 1986: 78쪽).

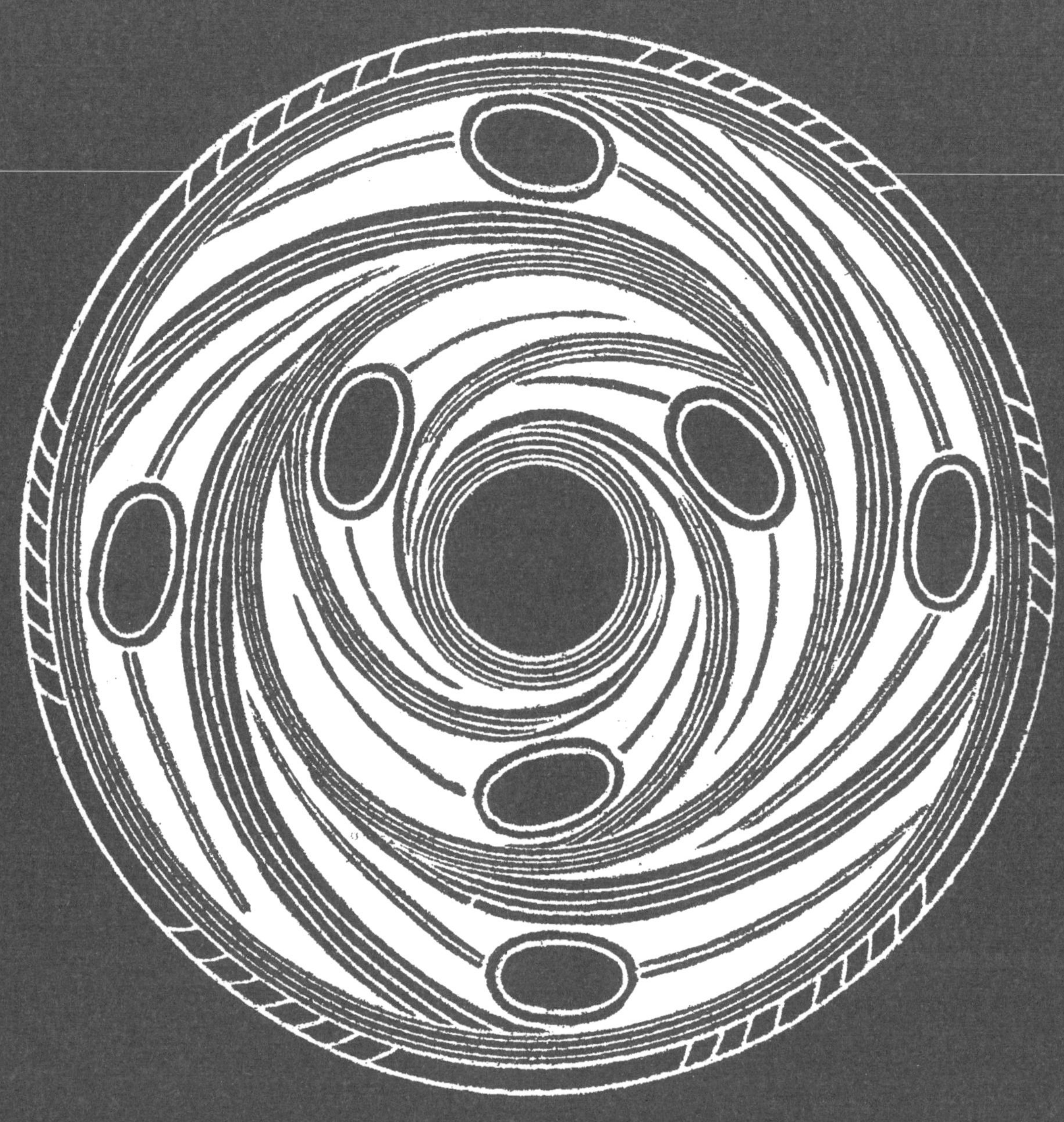

불가리아 북부의 카라노보에서
출토된 소용돌이와 알 모양의
문양이 그려진 접시.
그림 338 참조.

19. 알

알의 중요성은 유럽과 아나톨리아의 신석기시대 초창기 유물에서도 선명하게 드러난다. 알 유물은 다양한 형태로 보존되어 전해지는데, 먼저 알 형상의 토기와 토기에 그려진 문양이 있다. 또 후기 디오니소스와 디오니소스를 숭배하는 신비주의 전통의 유산인 프레스코로도 남아 있다. 이 상징은 기원전 5천년기~4천년기 초기 쿠쿠테니와 카라노보 문화의 토기 문양에서도 다채롭게 관찰된다. 그리고 기원전 1500년 에게 해와 지중해 지역 그리고 미케네 문명에서도 알 유물은 더욱 풍부하게 표현되며 전해진다.

세계의 창조 신화들에 거듭 되풀이되듯이, 알의 상징은 창조보다는 오히려 재창조에 의미가 실린다(Eliade 1958: 414쪽). 지금까지 유럽 마을들에서는 새해나 부활절에 알을 이용하는 의례를 행한다(부활절은 훨씬 고대부터 존재하던 봄에 맞는 재탄생의 의례를 나중에 그리스도교화한 것이다). 봄의 도래를 축하하기 위해 발트 유역과 슬라브 국가들은 부활절에 계란에 검고 붉은 소용돌이, 나선, 뱀, 초승달, 식물 모티프를 그려서 들고 다니며 가정에 나누어준다. 또 식물의 재탄생을 보장하기 위해 밭고랑에 계란을 남겨두기도 한다.

이뿐만 아니라 계란은 죽은 자를 위한 축제날에도 주요한 역할을 한다. 부활을 촉진하기 위해서 무덤에 바치는 제물로도 쓰이기 때문이다. 이 풍속은 선사시대부터 비롯된 것으로, 초기 신석기시대부터 피토이는 알 모양이었고, 이는 여신의 자궁을 상징했다. 자궁에서 새 생명이 다시 태어난다는 뜻이다.

상징적인 의미가 풍부한 공이나 타원 같은 알 모양 유물의 출토는 신석기시대 훨씬 이전, 즉 후기 구석기시대까지 거슬러 올라간다. 막달레니앙기 예술 중에 암소 엉덩이 부위와 수소의 몸체에 원과 타원이 새겨진 유물이 있다(그림 329). 이런 방식의 표현은 선사시대 동안에 지속적으로 이어져 내려왔을 것이다.

알의 상징이 드러나는 양태를 보면 여러 범주가 있다. 상징적 연상을 통해 이 범주들을 재구성해 볼 수 있을 것이다. 먼저 새가 우주의 알을 보듬고 있는 형상을 첫 번째 범주로, 이어 수소나 물과 연결된 생명의 창조자 알을 두 번째 범주로, 시작의 상징과 관련된 알을 세 번째 범주로 들 수 있겠다. 이 경우에는 나선, 초승달, 뿔, 소용돌이, 십자, X자, 뱀, 식물의 발아 문양이 함께 관찰된다.

그림 329

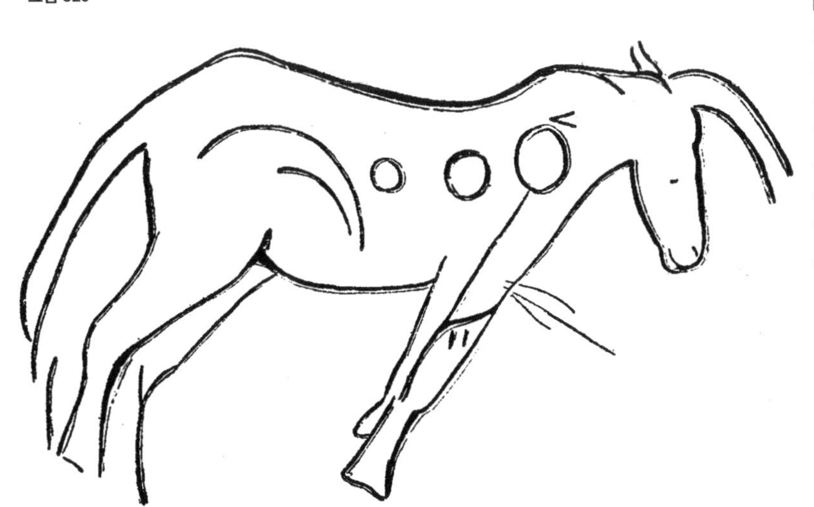

그림 329
동굴 바닥에서 발견된 후기 구석기시대 재생의 상징. 세 개의 알 모양 바로 뒤에 있는 초승달에 주목하라.
중기 막달레니앙 문화(프랑스 남부의 니오, 기원전 1만 2000년경).
높이 64.5cm

19-1. 우주로서의 알

신석기시대와 그후에 등장하는 새 형상 항아리는 고대 문명화 과정에서 구체화된 보편적 신화들과 연결되는 듯하다. 이런 신화는 성스러운 물새가 우주적인 알을 낳는다고 묘사한다(그림 330). 같은 개념을 미노아, 키클라데스 제도, 헬라도스 토기에서도 관찰할 수 있는데, 문양은 물새가 알을 품고 있는 모습이다. 이 경우 알은 대개 붉게 채색되어 있다(그림 331).

그림 330

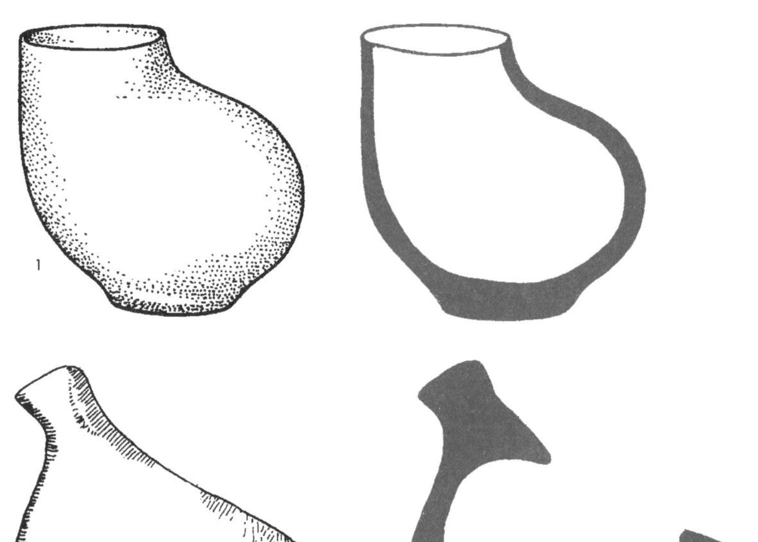

그림 330
신석기시대와 순동기시대를 거치면서 겉은 새 형상이고 내부 공간은 알 모양으로 된 아스코이라는 항아리가 자주 등장한다.
(1) 세스클로 문화(그리스 북부의 네아 니코메데이아, 기원전 6300-6200년경).
(2) 거석 널길 무덤(포르투갈의 메다 드 라스 우카스, 기원전 4천년기).
(1) 높이 13.1cm
(2) 높이 15.8cm

그림 331

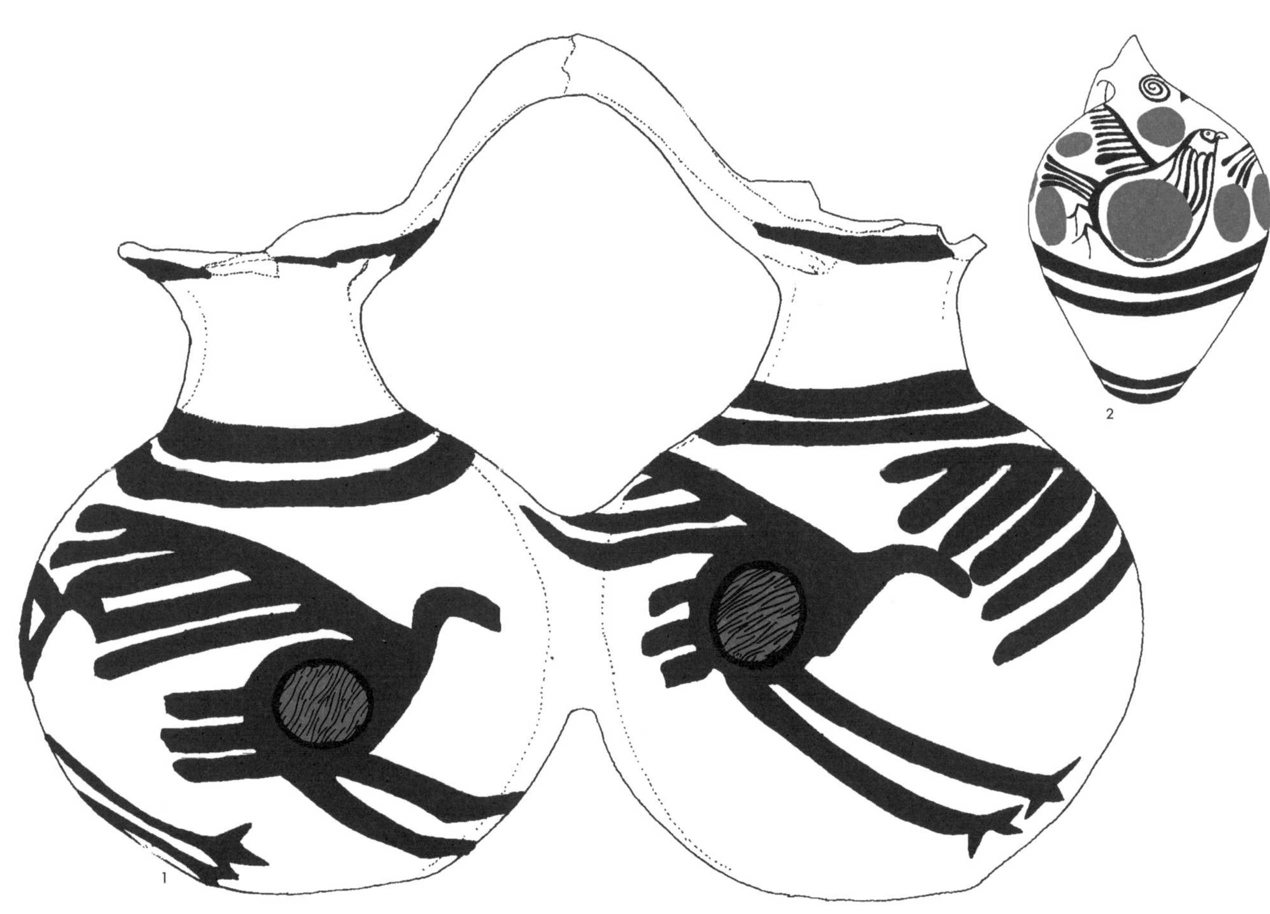

그림 331
배 속에 알을 품은 헬라도스 토기와 미노아 토기.
(1) 중기 헬라도스(그리스의 아시네, 기원전 2천년기 초기).
(2) 후기 미노아 문명(크레타의 크노소스 궁전의 저장고, 기원전 16세기).
(1) 높이 34.8cm
(2) 높이 37cm

19-2. 알과 자궁

몰타 토기 문양 중에는 바닥에 전체적으로 점이 찍히거나 선들로 장식된 바탕 위에 알들이 여럿 배열된 토기들이 발견된다. 이 문양은 수권과의 연관성을 드러낸다(그림 332). 이는 또 쿠쿠테니와 미노아 문명의 토기에서도 관찰된다. 나아가 알과 물은 수소와 수소 뿔하고도 연결된다. 토기 문양 중에서 수소의 머리나 뿔이 알과 어우러지는 장식은 드물지 않다(그림 333). 여기서 물, 알, 수소 상징들 사이의 개념적 연관성은, 이 셋이 같이 등장하는 토기를 통해 찾을 수 있을 것이다. 몰타의 할사플리에니 지하묘소에서 출토된 토기 중에는 이 세 상징들이 한 자리에 동시에 등장하는 유물이 있다(그림 334). 한 면에는 거대한 뿔이 달린 수소가 있고, 다른 면에는 알들이 규칙적인 선들로 연결되어 있는 문양인데, 마치 근원의 물 위에 알들이 부유하고 있는 듯하다.

그림 332

그림 332
손잡이가 달린 항아리 뚜껑. 바탕의 선들이 생명의 물을 나타내는 듯하고 그 위로 부유하는 알들이 보인다.
쿠쿠테니 이전(루마니아 북동부의 이즈보아레, 기원전 4600-4500년경).

그림 333

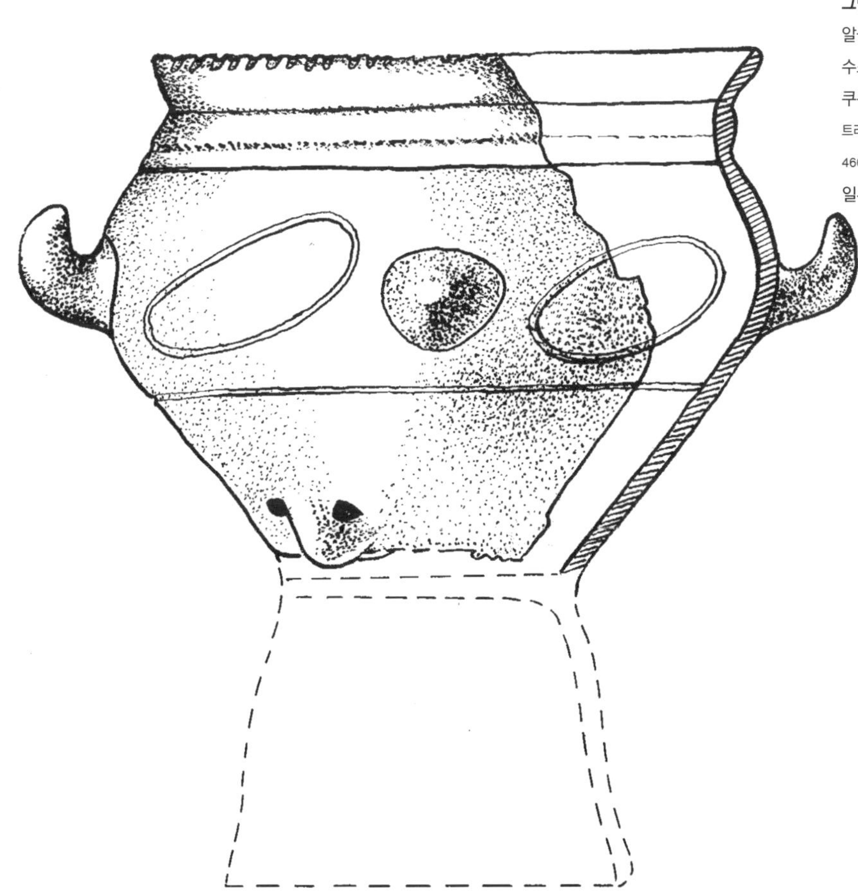

그림 333
알들이 재생을 상징하는 수소와 수소 뿔과 어우러진다.
쿠쿠테니 III 이전(몰다비아의 트라이안-데알룰, 기원전 4600-4500년).
일부 파편의 높이 13.6cm

그림 334

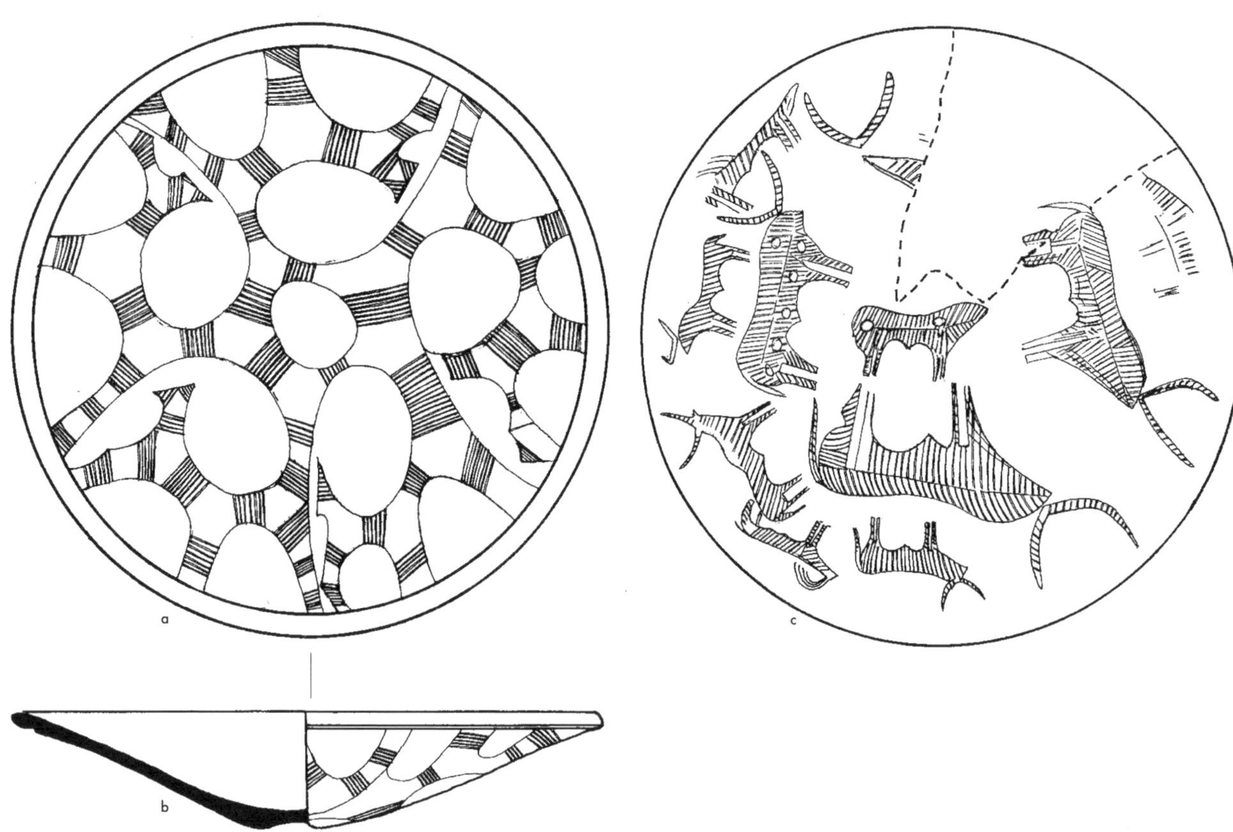

그림 334
몰타에서 출토된 접시로 알, 물, 수소가 함께 표현되어 있다. 알의 일부는 올챙이 모양이고 수소의 몸에도 알들이 그려져 있다(몰타의 할사플리에니, 기원전 3000년경).
직경 26.1cm

그림 335

그림 335
항아리에 수소, 새, 알이라는 '도래'의 문양이 결합되어 있다. 발아하는 싹처럼 보이는 알을 잉태하고 있는 물새가 있고 새 주둥이 바로 아래에 뱀 혹은 애벌레가 보인다.
(2)는 일부를 확대한 모습.
크림색 바탕에 붉고 짙은 갈색의 그림(크레타의 크노소스, 기원전 14세기).
높이 19.8cm

후기 미노아 문명의 토기에는 '도래(시작)'의 과정이 잘 묘사되어 있다. 물새의 배 속에 있는 알이 발아하는 씨앗 모양으로 묘사돼 있다(그림 335). 새들은 수소의 뿔 사이와 뿔 아래에 그려져 있다.

쿠쿠테니 문화의 토기 중에는 물결치는 듯한 거대한 뱀이 네 방향에 하나씩 놓인 알들을 연결하면서 휘감고 있는 것이 있다. 알과 물 혹은 뱀 사이의 연결점도 보인다(그림 336). 이 상징들의 조합을 통해 우주적인 알과 뱀 이야기로 시작하는 창조 신화와 상징의 연관성을 반추해볼 수 있다.

그림 336

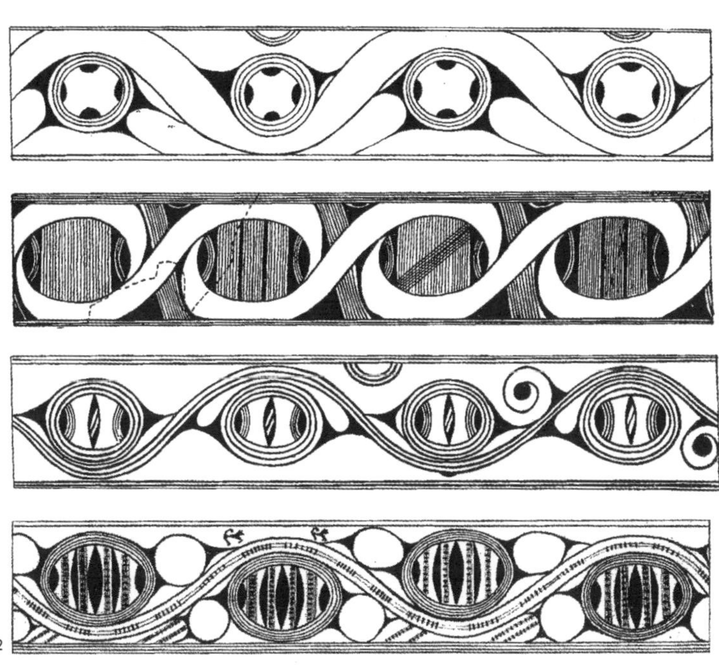

그림 336
후기 쿠쿠테니의 도자기에 표현된 이 문양은 가장 흔한 창조신화 모티프인 태초의 알과 뱀을 나타낸다. 그물망 문양이 장식된 뱀이 렌즈들을 굽이굽이 감고 있다.
(1) 붉은색 바탕에 검은색으로 그림. (b)는 도자기를 위에서 본 모양이다(크라슈차테크, 기원전 3900-3700년경).
(2) 붉은색 바탕에 검은색으로 그림이 그려진 용기 네 개의 몸체에 그려진 그림들(Sipenitsi, 기원전 3900-3700년경).

19-3. 알과 '도래'의 상징

나선 십자 혹은 X자 문양은 알에 내재된 에너지를 뜻한다. 이런 문양이 들어 있는 알의 띠가 평행선들로 구성된 수직 기둥과 어울리는 문양들이 쿠쿠테니 토기에서 관찰된다(그림 337). 소용돌이 문양과 알이 함께 구성되어 있는 경우도 있다. 불가리아 호트니카에서 출토된 기원전 4500년경 카라노보 토기 내부에 특별히 동적인 소용돌이 문양이 나타나는데 이를 눈여겨보라(그림 338). 선사시대 예술을 종합해보면 올드 유럽 신앙 체계에서 알은 도래(시작), 재생, 재창조를 뜻한다는 사실을 알 수 있다.

그림 337

그림 337
십자, X자 문양 혹은 소용돌이는 알 안에 내재된 재생의 에너지를 나타낸다. 이것은 쿠쿠테니 B 꽃병의 어깨 부분에 장식된 띠이다. 이 알 문양은 종종 생명의 기둥과 함께 번갈아 나타난다(우크라이나 서부의 시페니치, 기원전 3900-3700년).

19-4. 알과 무덤

중부 지중해 유역에, 특히 암반을 잘라 만든 알 모양 무덤들이 발굴되는 지역에서는 무덤 형상 자체가 곧 알이라는 상징이 명백하게 드러난다. 발레아 제도, 코르시카, 사르데냐, 시칠리아, 몰타, 중부와 남부 이탈리아에서 돌을 오븐 모양으로 잘라 만든 무덤이 단독으로(그림 217 참조) 혹은 쌍으로 발견되었는데 이 무덤들은 부레 모양이다. 사르데냐에 있는 알게로 부근 유적지의 거대한 묘역들에는 알 모양 적소들이 회랑으로 연결되어 무리를 형성하고 있다(Atzeni 1981: xxxii).

가장 놀라운 건축물이라면 단연 몰타의 할 사플리에니 지하 무덤을 들 수 있다. 오수아리 지성소 지하에 미궁이 3층 구조로 잘 축조되어 있는데, 이는 암반 표면에서 약 10미터 깊이까지 내려간다. 이 구조물에는 다양한 크기의 알 형상 방들이 있는데 이 방들은 회랑이나 계단으로 이어져 전체가 하나의 집합체를 이룬다. 물을 저장하는 거대한 물탱크도 두 개 있다. 무덤 안의 방들은 수백 년에 걸쳐 하나 둘씩 만들어져 최종적으로 이런 형상이 되었을 것이다(Evans 1959: 130쪽). 자미트가 1904~1911년 발굴했을 당시, 무덤 출입구 앞쪽에서 거석 신전 구

그림 338

그림 338
알이 소용돌이 문양과 함께 등장한다. 이 우아한 접시는 흑연에 붉은색으로 그림이 그려져 있다.
카라노보 VI(불가리아 북부의 호트니카, 기원전 4500-4300년).
직경 63.6cm

조물의 자취들을 발견했다. 아마도 이 신전은 원래 지하무덤과 연결되어 있었을 것이다.

지하로 들어가는 입구는 삼석탑(세 개의 돌)을 통해 접근할 수 있는데 이 입구를 통과하면 첫 번째 레벨로 연결된다. 두 번째 레벨에는 가장 정교한 타원형 홀이 있고 이 홀들에 붉은 나선들이 그려진 지붕이나 넝쿨이 있다. 이 넝쿨은 바닥면부터 자라서 위쪽으로 굽이치며 성장했는데 벌집 모양 패턴과 서로 얽혀서 짜인 형국이다. 이 벌집 모양 패턴에는 육각형 방들이 있다. 각 방에 작고 붉은 중심 원반 아니면 나선과 원반이 결합된 붉은 원이 있다(Ridley 1976: 78쪽). 방에 그려진 그림들은 원래 붉은색으로 그렸거나 아니면 상징들만 붉게 채색한 것으로 보인다. 한 벽면만 예외적으로 흰색과 검은색 격자무늬 패턴으로 장식되어 있다. 거대한 카타콤 오븐형 무덤에서는 7,000명의 인골이 발굴되었다. 발굴 당시 뼈들은 무질서하게 놓여 있었다. 이는 뼈에서 살을 제거한 다음에 뼈들을 모아 부화나 재탄생을 위해 붉게 칠한 알 모양 무덤 안에 안치했다는 뜻이다.

타원의 구조물은 생명과 에너지의 상징인 붉은색으로 장식되었고 봉헌물인 잠자는 여신상은 의자에 편안히 누워 있다. 접시 같은 받침대 위에 물고기가 한 마리 등장하고 토기들에는 알 모양과 초승달 그리고 뿔이 달린 수소 문양이 장식되어 있다(그림 334). 이 모든 유물과 상징들은 할사플리에니 지하 무덤이 단순히 대규모 공동묘지가 아니라, 고대 그리스의 엘레우시스와 비슷하게 죽음과 재탄생이 연관된 신비로운 성소였음을 말해준다. 자궁의 물기를 잔뜩 머금은 이 어두운 자리에서 강력한 땅 기운과 더불어 죽음과 함께 시작되는 생명의 신비를 고양된 의식 상태에서 체험할 수 있었을 것이다. 엘레우시스에서 또 신석기시대부터 현대에 이르기까지 수백 개의 신성한 무덤들에서 병이 있는 사람은 건강을 간구했고 수태하지 못하는 여인들은 임신을 빌었고 신앙인들은 자궁 형상의 방에 모여서 잠을 잤다. 이들은 땅 기운을 받아 힘을 얻고 성직자들의 신탁이나 소리의 마법이 천장으로 울려 에너지를 활성화했을 것이다. 이 자리에서 순례자들은 거듭날 수 있었을 것이다.

옥수수 여신, 타르시엔의 풍만한 여신에게 바치는 신성한 옥수수 알 또한 지하 무덤에 저장해서 파종 전에 풍요의 기운을 씨앗 안에 잉태시켰다. 이는 옥수수와 다산의 여신인 그리스의 데메테르와 연관된 고대 의례와도 관련되어 있다(Ferguson 1985).

죽음과 재탄생이 서로 밀접하게 연결되어 있다는 믿음은 몰타, 북아프리카, 그리고 유럽 대부분 지역에서 20세기까지도 남아 있었다. 몰타에는 "여인의 무덤은 임신한 날부터 출산 후 40일까지 열려 있다"는 속담이 있다. 여기서 40일이란 태아가 극히 조심해야 할 위험한 시기이다. 자가스, 이눈스, 야나스, 사악한 지니 혹은 마녀가 갓 태어난 아기를 죽이거나 빼앗아간다. 마녀의 추한 자녀들하고 태아를 바꿔치기하는 일도 일어난다고 믿었다. 가금을 희생시키거나 산모를 위해 특별한 암탉 요리를 준비하는 행위는 모두 이 죽음을 관장하는 여신들을 달래기 위한 노력이었다.

출산 후에 산파는 출산의 흔적을 전부 없애버려야 한다. 혼자 태반을 묻거나 아니면 바닷물로 던지는데, 묻는 동안에 산파가 읊조리는 표현은 놀랍다. "내가 묻는 것은 태반이 아니라 자가스다"(Cassar-Pullicino 1976: 234~241쪽). 이 표현에 의하면 태반과 죽음의 여신이 상응한다. 태반 제거는 죽음의 힘을 거두고 자연스럽게 생명으로의 전환을 확신하는 행위이다. 어둠에서 빛으로의 전환을 확인하는 행위였던 것이다. 헤카테, 라가나, 바바야가를 비롯한 죽음과 재생의 여신들이 갓 태어난 아기를 삼키거나 죽인다는 (민담을 통해) 친숙한 묘사들은 말 그대로 여신들의 식인 습관을 말하는 것이 아니다. 여신의 행위는 상징적인데 출산 후 태아는 여전히 어두운 힘의 손아귀에 있어서 이런 표현들을 한다. 또 죽음의 여신으로부터 산 자를 보호하기 위해서 태아를 집 마루 아래에 묻는 풍속이 있었다. 이는 신석기시대 주거지들을 발굴하는 과정에 잘 기록된 사실이다. 이런 풍속이 19세기까지도 행해졌다(슬라브 기록: Afanasiev 1867: 113쪽).

세계의 자궁으로써 우주적 알은 뉴그랜지와 노스, 그리고 도스의 그라운드 플랜, 아일랜드의 커다란 둔덕들의 바탕이 되는 기본 개념들이다. 흰 석영으로 덮힌 뉴그랜지는 마치 거대한 알 모양 돔처럼 보인다. 여기서는 석영의 색이 중요한 의미를 지녔음에 틀림없다. 그런데 이 석영은 뉴그랜지 부근에서는 산출되지 않는 광물이다. 수백 톤의 석영을 이 자리로 옮겨왔다는 말인데, 약 65킬로미터 남쪽에 위치한 위클로 산에서 가져왔을 것으로 짐작된다. 뉴그랜지를 건축한 사람들이 단순히 장식 목적으로 이 석영을 옮겨왔으리라 짐작하기는 어렵다. 달걀처럼 둥근 모양과 하얗게 덮힌 석영으로 계란의 표면을 나타내려 했을 것이다(Brennan이 제안한 아이디어 1980: 18쪽).

거대한 석영은 또 수많은 케른(무덤 위 둥근 돌무더기)에서도 발견되었다. 위클로 지역 발틴글라스의 널길 무덤에 석영은 너무 흔해서 마치 데이지꽃처럼 흩뿌려져 있다. 석영이나 하얀 자갈은 화장터 주위에도 뿌려져 있다(Burl 1981: 93쪽). 아마도 재생의 잠재력이 농축된 상징인 달걀과의 연관성을 암시하는 것 같다. 윈드밀 언덕, 스톤헨지, 에이브리, 뉴그랜지 그리고 잉글랜드와 아일랜드의 여러 숭배지의 구덩이나 헨지에 백옥 퇴적물들이 둥글게 뭉쳐 있는데(Burl 1981: 45쪽), 이 역시 알의 상징과 관련이 있을지 모른다. 게다가 알의 색 또한 뼈 색이라는 사실이 무덤과 죽은 자를 함께 연상하게 되는 또 다른 이유가 될 수 있을 것이다. 지금 우리는 죽음과 재탄생, 자궁과 무덤이라는 다기능 상징을 다루고 있는 듯하다.

가브리니스 석판. 수직 기둥으로 구획되어 있고 한가운데 부분은 음문들, 그 가장자리 기둥들에는 집중된 호 문양이 장식되어 있다. 그림 344 참조.

20. 생명의 기둥

올드 유럽의 철학 체계에서 생명의 기둥은 비생명과 생명의 연결, 즉 신비한 생명의 힘을 체현하는 것으로 간주되었다. 이 생명력의 핵은 알, 뱀, 물, 그리고 여신의 신체 중 특히 자궁 안에 유증된다고 믿었는데, 여신은 동굴이나 지하 틈새, 거석 구조물로 자신을 드러냈다.

20-1. 알의 속

우주적인 알 내부에 장식되는 문양으로 판단할 때, 평행선으로 이루어진 기둥, 격자무늬, 그물망 문양은 원시 물질에서 싹트는 생명의 힘이 구체화되는 형상임을 알 수 있다. 올드 유럽의 상징들에서는 씨앗이나 발아하는 식물이 기둥과 어울리는데, 이 기둥은 생명의 힘이 솟아나기 시작한다는 것을 의미한다. 이 개념은 시작을 뜻하는 알/자궁 혹은 초승달이나 나선형으로 된 뿔, 반만 나오는 알 아니면 쪼개진 알 같은 상징들을 더해서 본래 의미가 더욱 강화된다.

쿠쿠테니 문화의 토기에 등장하는 문양에 수평으로 층들이 나타나는데 중앙에 '세계의 알(world egg)'이 있고 알 내부에 수직으로 생명의 기둥들이 서 있다. 알 양옆으로는 나선들이 나열되어 있다(그림 339). 사선 기둥은 수직 기둥의 변이인 듯하다. 아랫단에는 알, 반알 혹은 쪼개진 알들이 리듬감 있게 배열되어 주요 개념을 되풀이하고 있다. 그리고 생명의 기둥 모티프는 접시 내부에도 장식되어 있는데, 아마도 접시 자체가 우주적인 알의 은유인 듯하다. 그래서 용기에 대한 연구 자체가 재생 과정에 대한 단면적인 연구와 유사하다(그림 340).

경우에 따라 알 안에 나무나 콩 같은 식물, 평행선 기둥인 식물 줄기 또는 그물망이 들어 있다. 둘이나 그 이상의 알들이 항아리 둘레에 규칙적으로 배열되어 있고 이 알들은 물결치는 뱀으로 연결되어 있다. 이런 문양이 쿠쿠테니, 미케네, 미노아 문화의 토기들에 빈번히 나타나는 모티프들이다(그림 341). 다양한 면을 이용하는 미노아 문명의 인장에서도 한 면에 생명의 기둥이 묘사되어 있고, 옆으로는 앵무조개들이 둘러싸고 있다. 다른 면에는 싹이 발아하는 식물이 그려져 있다. 그리고 세 번째 면에 소용돌이인지 별인지가 나타난다(그림 342).

미노아 문명의 예술에는 나무가 지하 기둥에서 파생된 것으로 묘사되어 있다. 파이스토스의 황금 고리에서 신전이나 닫힌 공간 안에 있는 기둥으로부터 나무가 자라나온다(Alexiou 1969: 89쪽). 이는 땅의 생명력이 위로 올라오는 상징적 표현이다.

20-2. 동굴과 지하실 속

유럽에서 기둥 신전과 석순, 종유석이 있는 동굴을 의례 목적으로 사용한 연대는 기원전 7000년기로 측정되었다. 이는 기원전 5000년기와 이후까지도 지속되었다. 그렇지만 동굴 속에 생명의 기둥이라는 상징이 등장하기 시작한 시점은 상대적으로 훨씬 이른 시기일 것이다. 후기 구석기시대 동굴에서는 점토로 만든 남근들이 발견된 바 있다(후기 페리고르디안기 로셀의 은신처나 막달레니앙기 동굴 Tuc d'Audoubert, 프랑스의 아리에주).

그림 339

그림 339
생명력의 체현인 생명의 기둥이 시작을 나타내는 알, 나선을 비롯한 상징물과 함께 등장한다. 기둥 양옆에 평행선이 그어져 있고, 그 옆에 '세계의 알'이 있다. 쿠쿠테니 B(우크라이나의 시페니치, 기원전 3900-3700년).

그림 340

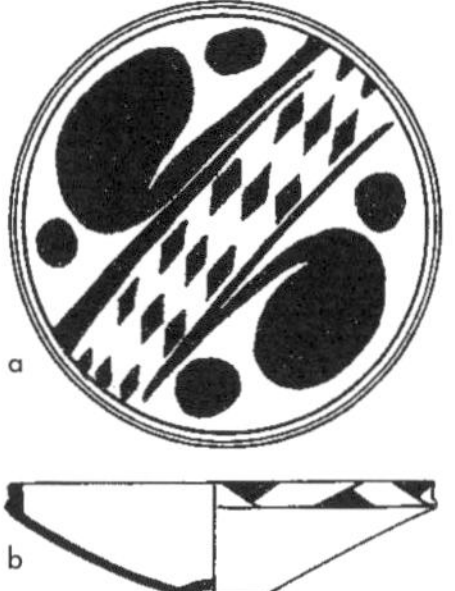

그림 341

그림 342

그림 340
재생을 나타내는 토기 단면. 접시가 우주적 알을 뜻하는데, 안쪽에 생명의 기둥이 있고 옆에 자궁 형상과 알, 원반이 있다. 카라노보 VI(루마니아 남부의 구멜니차 A_2, 기원전 4500년경).
직경 33.5cm

그림 341
때로는 알 속 생명의 기둥이 나무나 콩 같은 식물 모양으로 나타난다. 뱀이 알들을 연결하고 원반들은 아마도 달의 형상일 것이다. 갈색과 붉은색 그림.
(1) 쿠쿠테니 B(우크라이나 서부의 코질로프체, 기원전 3500년경).
(2) 미케네 문명(펠로폰네소스의 미케네, 기원전 14세기).
(1) 높이 28.6cm
(2) 높이 19.6cm

그림 342
중기 미노아 문명의 다면체 인장. 재생의 상징들인 생명의 기둥과 앵무조개, 발아하는 식물, 소용돌이, 팔각 별이 그려져 있다(크레타의 플라타노스, 기원전 2천년기 초기).
높이 1.4cm

석순과 종유석으로 채워진 자궁 같은 동굴이나 동굴 바닥에 신성한 물이 채워진 은신처들은 지성소이다. 이탈리아 남동부 만프레도니아의 스칼로리아에서 이런 유물들이 발굴되었는데(Gimbutas and Winn 1977~1980) 시기는 기원전 5600~5300년이다. 여기서 1,500점이 넘는 토기가 출토되었는데 이 중 일부는 전체가 보존된 상태이고 나머지는 파편 상태로 발굴되었다. 이 토기들은 알, 식물, 뱀, 삼각형, 모래시계, V자, 쐐기 문양으로 장식되어 있었다. 이 토기 유물 중 일부는 석순에 세워놓은 상태였고, 이런 자리는 동굴에서도 상대적으로 더 낮고 좁은 위치였다. 이 동굴에서 137개의 해골도 출토되었다. 해골은 윗 동굴에 대량으로 매장되어 있었는데, 구체적으로 아래쪽 동굴 입구에 근접한 자리였다. 해골 아랫부분을 특별하게 자른 흔적도 보인다. 아마도 이 동굴은 죽음과 재탄생의 신비를 기념하던 자리였을 것이다. 재생의 주기는 동굴의 자궁 형상, 즉 아래에 있는 생명의 물 그리고 끝없이 형성되고 있는 석순에 투영되었을 것이다.

세리포스에 있는 유사한 음문-자궁 형상의 코탈라 동굴의 경우 바닥에 있는 신성한 물 속에 돌이 하나 있다. 여기 석순은 여신상의 형상을 보인다. 이 상의 앞쪽에 제물을 바쳤던 흔적들이 남아 있었는데 제물은 신석기시대 토기, 동물 뼈, 숯으로 만든 것 등이다(Petrocheilou 1984).

아풀리아에 있는 포르토 바디스코 신석기시대 동굴에는 뱀의 팔다리를 지닌 피조물에 관한 그림뿐만 아니라(그림 204) 상호 연결된 마름모 기둥, 격자무늬 기둥 그리고 전나무처럼 보이는 나무들이 등장한다. 이는 아마도 지하에 있는 생명의 기둥을 상징할 것이다(Graziosi 1973: 160쪽; Graziosi 1980).

독일 밤베르크 부근 유페른회흘레에서 기원전 5000년경부터 기원전 5천년기 초기 희생 의례가 거행된 동굴이 발굴되었다. 이 동굴은 줄무늬토기 문화에 속하는데(Kunkel 1955) 한 살에서 마흔다섯 살 사이의 여자 유골 서른여섯 구와 남자 유골 두 구가 발굴되었다. 이들은 희생제물로 바쳐졌을 것이다. 동굴에 매장된 토기들에는 모래시계 문양과 삼각형 모티프가 장식되어 있다. 이는 희생 의례와 재탄생이 연관되어 있음을 암시한다.

미노아 문명의 정착지나 대다수 신전 자리는 어두운 지하실에 사각의 중심 기둥이 있는 이미지로 친근하다. 이 상징적 자궁 속, 기둥 둘레에 동물 뼈들이 있고 여기서 컵 수백 개가 출토되었다. 발굴 당시 컵의 일부에 탄화된 식물들이 들어 있었다. 이 장면은 이들 종교 의례의 중심이 바로 생명의 기둥이었다는 사실을 뒷받침한다.

크노소스궁 서쪽 날개부에 있는 지하실 위의 방들에는 둥근 기둥들이 있다. 지하 방의 기둥들이나 그 위의 바닥에 있는 기둥들에서는 쌍도끼 문양과 여신의 문장인 신성한 매듭 장식이 자주 관찰된다. 기둥 있는 지하실은 창조주 여신의 자궁을 상징하는 듯하다. 이 자리에서 죽음으로부터 생명으로의 전환이 일어났고 통과의례가 행해졌다. 통과의례 참여자들은 자궁으로 돌아가는데 이는 곧 죽음을 뜻한다. 의례를 한 다음 새롭게 거듭나는 것이다.

야생에서 유사한 이미지를 찾아보자면 석순과 종유석이 있는 미노아 문명의 신성한 동굴들을 들 수 있겠다. 헤라클레이온 동쪽에 있는 탄생의 여신인 에일레이티야의 동굴, 프시크로에 있는 동굴들, 아르칼로코리와 다른 지역 동굴들이 여기에 속한다. 여기에서도 제물들이 발견되었는데 쌍날 도끼도 있었다. 종유석과 석순은 아마도 동굴의 기둥처럼, 여신의 자궁 속에서 생명의 힘이 구체화되어 집중된 태아를 상징할 것이다.

20-3. 무덤 혹은 자궁 속

브르타뉴, 아일랜드, 스페인에 있는 자궁 같은 동굴이나 몰타의 신전에는 생명의 기둥이 암반에 새겨져 있다. 널길 무덤 내부의 오르토스타트에는 아래로부터 솟구쳐 올라오는 기둥 이미지가 빈번히 관찰되는데 기둥의 내부는 겹겹이 그린 호, 삼각형, 마름모, 그리고 고사리나 전나무 모티프들로 구성되어 있다. 이 문양들은 종종 컵 모양, 물결 띠처럼 생명의 물을 상징하는 문양, 그리고 나선, 고리, 도끼같이 에너지를 나타내는 상징과 연관이 있다. 생명의 기둥은 또 의인화된 조각상과 결합되어 있는 경우도 드물지 않다. 의인화된 상들에는 음문, 뱀 똬리로 표현되는 눈, 올빼미 여신의 눈하고 눈썹이 드러난다. 몰타에 있는 하가르큄 사원에서는 물그릇을 바치고 있는 각석이 나왔는데 화분에 심겨진 아름다운 식물 패턴이 새겨져 있다. 이 식물의 맨 아래쪽 가지는 아래로 굽어서 여신의 눈과 눈 위에 뼈가 융기한 부분하고 연결된다. 이 물그릇은 의례용으로 설치한 조상의 일부인데 여기에 부조로 장식된 석판이 포함되어 있다(Evans 1959: pls. 78, 79).

신석기시대 사르데냐, 코르시카, 몰타와 기원전 1천년기 전반 에트루스칸 문화에서도 남근 기둥이 신전 건축물이나 무덤과 연관되어 있음을 알 수 있다. 이곳의 남근들은 성적 생식력을 드러내려고 무덤 앞에 세워놓은 것이 아니다.

브르타뉴에서 가장 다채로운 거석 유물로는 단연 후기 신석기시대의 가브리니스의 널길 무덤을 들 수 있을 것이다. 이 무덤의 부조들은 놀라움을 금치 못할 정도로 빼어나다. 또 무덤의 위치도 신성한 의미가 있는데, 이 자리가 원시적 생명의 원천인 물에 에워싸여 있기 때문이다. 예전에는 반도였는데 현재는 모르비앙 만에 있는 작은 섬이 되었다. 이 무덤은 동지에 떠오르는 태양과 일치하는 방향으로 축조되었다. 그런데 태양이 중심이 아니고, 회랑의 주요한 방향은 달이 최대한 높이 떠오르는 위치에 맞추어져 있다.

지성소에는 스물세 개의 오르토스타트가 있는데 전부 무언가가 새겨져 있다. 전면을 상징으로 장식했는데, 일종의 상징적인 통합성을 보여준다(그림 343). 물결과 집중된 호 문양이 광범위하게 관찰되는데 이 문양들은 무덤을 에워싸고 있는 물과 잘 어우러진다. 집중된 반원이 가장 우세한 상징으로 드러나는데, 이 반원 문양이 다층의 물결선이나 뱀 형상의 문양과 연결되거나 이런 문양들에 에워싸여 있다(Twohig 1981: 172~175쪽 그림 110~122 참조).

그림 343

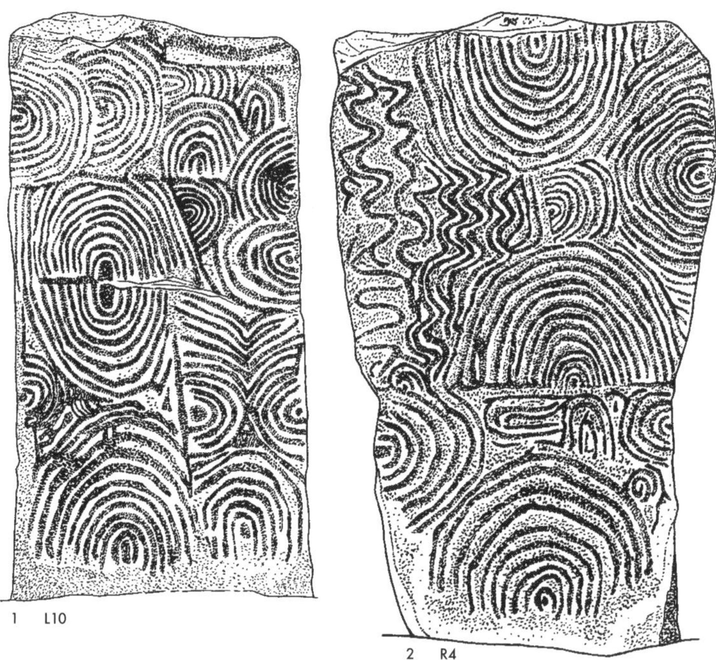

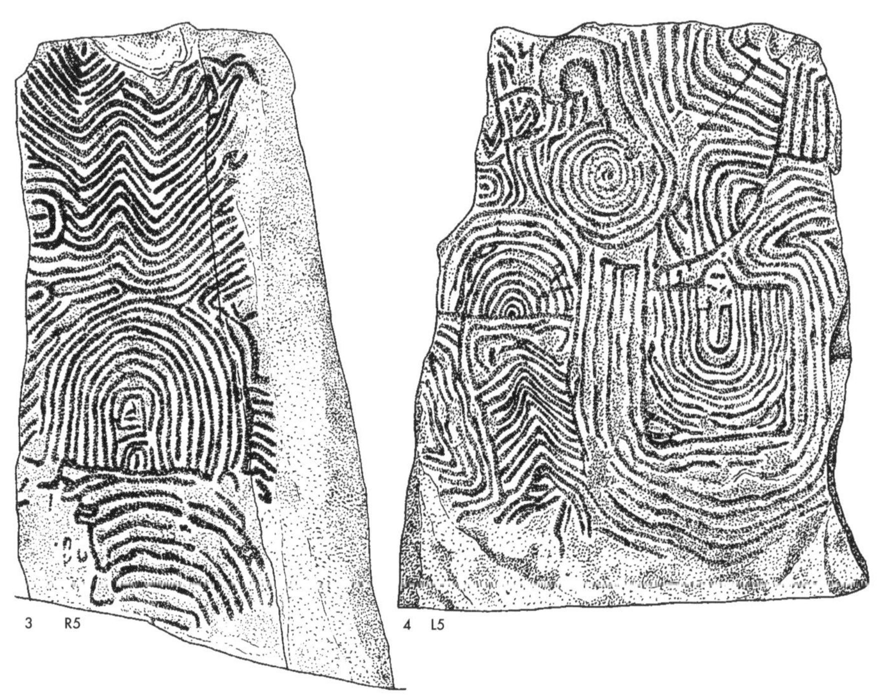

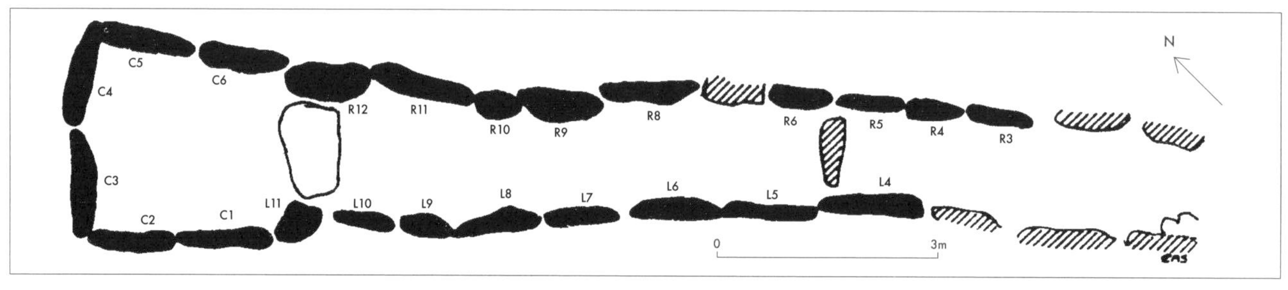

그림 343
(1) 브르타뉴 해안의 가브리니스 회랑 무덤 내부에 있는 스물세 개의 오르토스타트 중 하나.
(2) 가르비니 회랑 무덤의 구획. 상판에 번호가 새겨져 있다. 후기 신석기시대(브르타뉴의 가르비니, 기원전 4000-3500년).
(1) 높이 152.1cm
(2) 높이 167.5cm
(3) 높이 174.2cm
(4) 높이 150cm

그림 344

1 R9

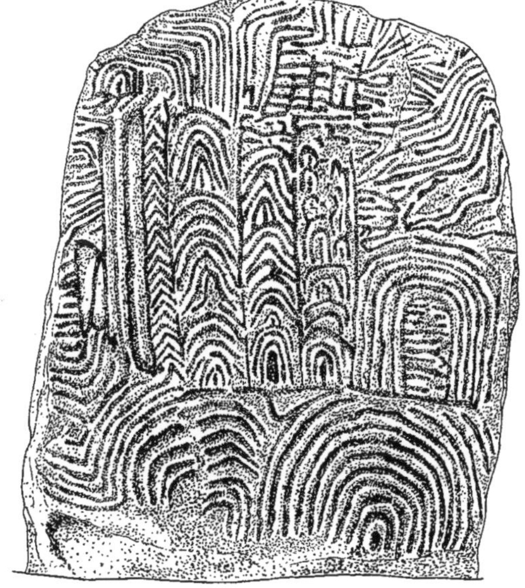

2 L6

그림 344
일부 가브리니스에 세워진 암체에는 집중된 호로 장식된 수직 기둥이 있다. 이 호는 중앙에 있는 음문의 입구부터 방사상으로 펼쳐진다. 이는 분명 여신의 생식의 힘이 땅으로부터 올라오는 것을 암시한 것이다.
(1) 높이 145.8cm
(2) 높이 156.8cm

여러 오르토스타트에는 집중된 호들이 한 무더기 위에 또 다른 무더기, 이런 식으로 되풀이해서 등장하는데 이 호 문양이 수직 기둥 전체를 장식하고 있다(그림 344). 중심에서 맨 바깥쪽 호에는 옴팔로스 같은 돌출 부위가 관찰된다. 이 이미지는 생식력이 땅에서부터 올라오는 상징으로 추정된다. 중앙에 있는 의인화된 음문 문양에 강조점이 있다. 이는 '중심의 상징'이다. 이 유물들에 나타나는 문양들이 훨씬 섬세하고 정교하기는 하지만 그럼에도 불구하고 가브리니스 상징은 3만 년 전 암석에 새겨진 오리냐크 문화의 음문의 상징과 본질적으로 같다. 이 중첩된 문양들은 마치 여신의 창의력은 무한하고 이는 우주적 깊이에서부터 올라오는 것이라고 강변하는 듯하다. 이는 또 인접한 다양한 물 문양들에도 적용된다.

'도래'는 이들 우주관의 중심 개념이다. 이 우주관이 가브리니스의 예술가에게 영감을 주어 '재탄생의 대사원'을 축조해냈을 것이다. 창조 여신은 여신의 토대인 내재된 생식력을 뭇 생명과 공유하는데 이 힘이 가브리니스에 잘 표현되어 있다. 이 힘을 은유적 형상, 독특하고 주요한 위치, 유물에 장식된 문양들로 구체화하여 표현한 결실이 바로 이 장엄한 유적이다.

아일랜드 보인 골짜기에 있는 도스와 노스, 뉴그랜지의 오르토스타트와 연석들의 중심 주제는 분명 재탄생이다. 가브리니스처럼 여기에 있는 문양들, 즉 다층의 호, 물결 선, 지그재그 띠, 뱀 문양은 물의 재생의 힘뿐만 아니라 뱀과 신비한 돌의 힘 사이의 관계에 대한 믿음을 드러낸다. 이런 문양들은 종종 자연적으로 생긴 구멍이나 성혈, 원 안의 점이나 집중된 원, 뱀 똬리, 눈 그리고 숫자 3과 연관이 있다(그림 159, 370; O'keiiy 1983: 152쪽; Eogam 1984: 156쪽). 여기에 성혈과 원 안에 있는 점 모티프기 가장 자주 등장하는데 대개 이 문양은 숨겨져 있다. 암체의 아래쪽, 땅에 가까운 위치에 새겨져 있는데 이로써 영향력이 더 선명하게 드러난다. 알/동굴/자궁 내의 생명의 기둥이나 성혈, 집중된 원 사이에는 분명 상징적 친연성이 있다. 전자는 일어나는 힘을, 후자는 이 힘의 원천이나 중심을 상징한다.

도스에 있는 오르토스타트 중 하나에는 마름모 기둥, 삼각형 기둥, 그리고 구불거리는 뱀 문양이 전체를 장식하고 있다. 삼각형은 여신 음문의 상징이다(21장 참조). 거석 무덤에서 다이아몬드는 삼각형 둘이 붙은 것처럼 보인다. 도스의 무덤 속 암체에 삼각형과 다이아몬드 문양을 여럿 장식한 이유는 여신의 재생의 힘을 불러내기 위해서거나 이 힘을 강화하기 위해서인 듯하다(그림 345-1). 노스에서는 물, 재생의 음문, 집중된 호, 태양, 구불거리는 뱀의 친연성을 확인할 수 있는 상징들의 집합체가 발견되었는데, 이 집합체는 신전 오른쪽 후미진 자리의 돌로 된 의례용 물 대야에 돌출되어 있다(그림 345-2).

이로부터 수천 년 후에, 우주의 심연에서 올라오는 여신이 지니는 이런 재생의 힘을 나타내는 상징이 후기 미노아 문명의 석관 장식에서도 발견되었다. 이 둘은 본질적으로는 같은 상징이다. 이 책을 위해 크레타 섬 아르메노이의 석관 장식(sarchophagius)을 복원했는데, 여기에 팔이 뱀으로 묘사된 여신이 있다. 여신의 몸은 가브리니스의 경우처럼 집중된 반원들로 뒤덮여 있다(그림 346). 신체 하부 혹은 스커트에 격자무늬 디자인이 선명하다. 이는 물의 영역임을 나타낸다. 여신 이미지가 있고 측면에는 물결처럼 굽이치는 긴 삼선 문양이 있다. 다른 석관 장식에는 인간의 다리가 있는 막대기 같은 인물이 등장하기도 한다. 팔과 머리는 뱀의 나선 문양처럼 보인다. 이 인물은 완전히 추상화되었는데 신체는 사각 그물망 모양이고 사각형 모퉁이마다 튀어나오는 선이 소용돌이친다. 이 인물들은 신성한 뿔로부터 구성된 중앙에 있는 생명의 기둥 옆 칸에 장식되어 있다. 거대한 뱀들이 석관 장식의 다리를 따라 수직으로 감고 올라가고 지붕에는 초승달 문양이 장식되어 있다.

그림 345

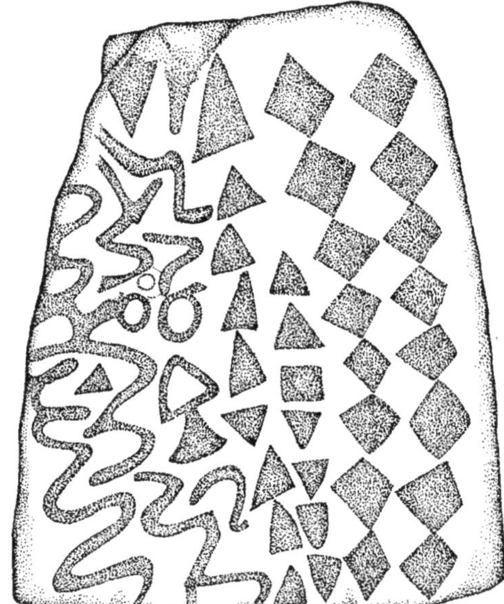

1

2

그림 345
아일랜드 거석 무덤에 있는 기둥. 뱀, 삼각형, 마름모 문양이 장식되어 있으며, 중심 주제는 재탄생이다.
(1) 무덤 속 방 안에 있는 바위의 문양(보인 계곡의 스톤 5, 도스, 기원전 3200년경).
(2) 노스 무덤 신전의 의례용 대야에 있는 재생의 상징 문양들. 대야의 앞부분에는 겹쳐진 원 문양이 장식되어 있다. 이것은 중심이나 집중된 생명의 힘을 상징한다. 아일랜드의 신석기시대(보인 계곡, 기원전 3500-3200년).

연관된 이미지가 크노소스에 있는 기원전 9세기 포르테트사의 묘지에서 발견되었다. 여기서 문양은 옹관의 손잡이 아래에 등장한다(그림 347). 여신의 '스커트'는 아르메노이 석관 장식에 등장하는 인물에 그려진 것과 유사한 사각 패널이다. 여기에서도 쌍 뱀이 패널 모퉁이에서 나와 응시하고 있다. 위로 들어 올린 양팔은 여신 자신이 수권으로부터 상승하고 있음을 암시한다.

후기 미노아 문명기이자 청동기시대인 기원전 1400~1200년경의 장례 용기에는 이 상승하는 여신뿐만 아니라 문어 모양 여신도 등장한다(그림 348). 여신의 머리는 문어를 묘사했을 수 있는데 팔은 소용돌이 문양으로 은유적으로 표현했다. 혹은 문어의 연장된 두부가 여신의 몸이 되었다거나 커다란 눈이 가슴이라고 볼 수도 있을 법하다. 여기 묘사된 인물은 끝이 소용돌이로 휘감겨 위로 향하는 뿔처럼 보인다. 몸에서부터 여러 줄의 뱀처럼 생긴 문어 촉수가 나온다. 이 비범한 구성에서 시작의 상징들이 신비한 문어의 몸과 혼합되어 있다

인도-유럽화된 그리스의 무덤과 장례용 '영웅 부조'에도 뱀은 헤아릴 수 없이 많이 등장한다. 뱀이 나무 둘레를 감고 있거나 영웅의 손에 든 컵으로 술을 마시는 모습이 빈번히 묘사된다(Harrison 1962: 그림 87, 89; *Prolegomena*: 그림 97~100, 105, 106, 112).

그림 346

그림 347

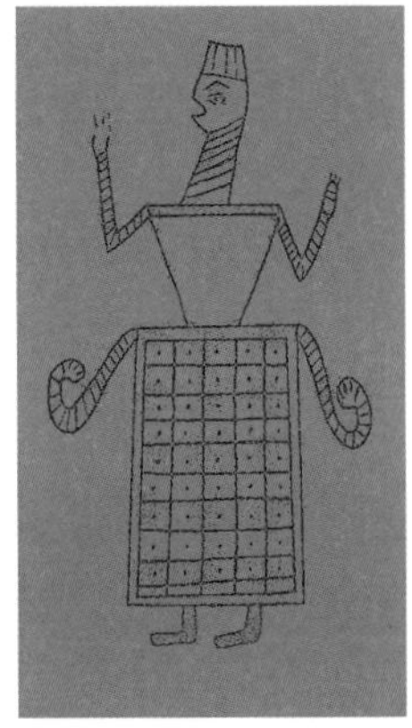

그림 346
후기 궁전 시기의 크레타 석관에 팔이 뱀으로 묘사된 여신이 등장한다. 여신의 몸은 물결 같은 집중된 호로 장식되어 있고, 여신의 양 옆으로 물결 모양의 세 선이 그려져 있다. 담황색 도자기에 갈색 문양.
후기 미노스 III 후기 궁전 시기의 크레타(크레타 서부의 아르메노이, 기원전 1500-1300년경).

그림 347
옹관 손잡이 아래 패널에 그려진 여신상. 여신이 생명을 부여하는 물의 상징인 격자무늬 위에서 일어나고 있다(그림 346 비교).
크레타 섬의 초기 헬라도스
(크노소스의 포르테트사, 기원전 9세기).

그림 348

그림 348
이 석관은 우주 심연과의 연관성을 기발하게 문어 여신으로 묘사하고 있다. 이는 땅으로 올라오는 뱀 여신과 관련이 있어 보인다. 여신의 촉수가 욕조 모양의 석관 전면을 장식하고 활짝 펼친 팔은 뿔 모양인데 끝이 나선 문양으로 장식되어 있다.
후기 궁전 시기의 크레타(크레타 동부, 기원전 14세기).

20-4. 회화와 조각에 등장하는 뱀과 남근

기원전 7천년기 유적지 차탈휘윅에서는 마름모 문양이 장식된 생명의 기둥이 있는 신전 프레스코가 여럿 발견되었다. 이는 아마도 뱀피 문양이나 척추의 은유적 표현인 듯하다(그림 349). 신전 E VI A-50에 세 개의 기둥이 있는데, 이 기둥에 장식된 문양이 뿔과 소용돌이다. 신전 VIII의 북쪽 벽면으로는 네 개의 기둥이 있고, 수소 뿔과 마름모 문양이 분리된 틀 안에 그려져 있다(Mellart 1964: Pl. XIII).

뱀 상징과 생명의 힘 상징이 수렴되는 문양은 루마니아 남부의 커스치오아렐레 신전에서 관찰할 수 있다(기원전 5000년경). 속이 빈 점토 기둥이 둘 있는데 원래는 나무 둥치가 들어 있었다. 기둥을 감고 올라가는 뱀 문양들이 장식되어 있다(그림 350). 벽면에 작은 프레스코 조각이 있는데 보존 상태는 아주 불량하지만 알, 나선, 뱀 문양이 드러나며 이 세 가지 상징들은 다른 유물에서도 빈번히 함께 등장한다. 신전 입구 위쪽 부조에는 두 색으로 채색된 뱀똬리 문양이 있다(그림 351). 이 부조의 뱀 문양을 통해, 뱀과 생명의 나무를 서로 바꿀 수 있는 상징으로 간주했다는 점을 알 수 있고 이는 주목할 만하다. 후대에 들어서 그리스-로마 시대에, 장례의 묘사로 여겨지는 부조에 뱀이 나무 둥치를 감고 있는 이미지가 수도 없이 많이 관찰된다.

토기에서는 뱀 기둥이 토기 목 둘레나 손잡이에 주로 등장하는데 형태는 지그재그 띠나 점이 찍힌 '뱀 기둥' 양식으로 나타난다(그림 352). 보스니아 부트미르 정착지 네보에서 남근 모양 토기가 출토되었고, 토기 목 부위에 지그재그 문양으로 구성된 기둥이 사방으로 장식되어 있다. 기둥의 측면에는 점으로 장식된 물고기와 삼각형 문양이 관찰된다. 기원전 2000년경의 크레타 토기에 주둥이가 있고 뱀 팔이 달린 항아리가 있다. 여기에 뱀피 문양이 있는 생명의 기둥 셋이 있고 이 기둥이 뱀 여신 이미지의 중앙에서부터 올라온다(그림 353).

크레타에 있는 초기 궁전 시기 예술에는 초승달, 앵무조개, 나선 문양이 풍부하다. 이 모티프는 그리스 본토에서도 흔하고 미케네 예술에도 자주 등장한다. 아티카의 베르바티에서 중심 기둥

그림 349

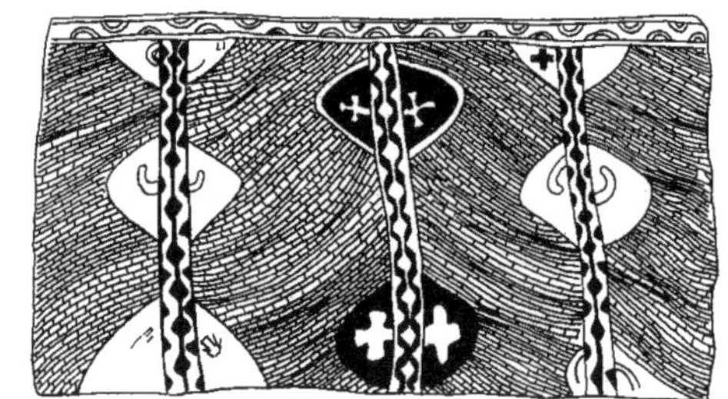

그림 351

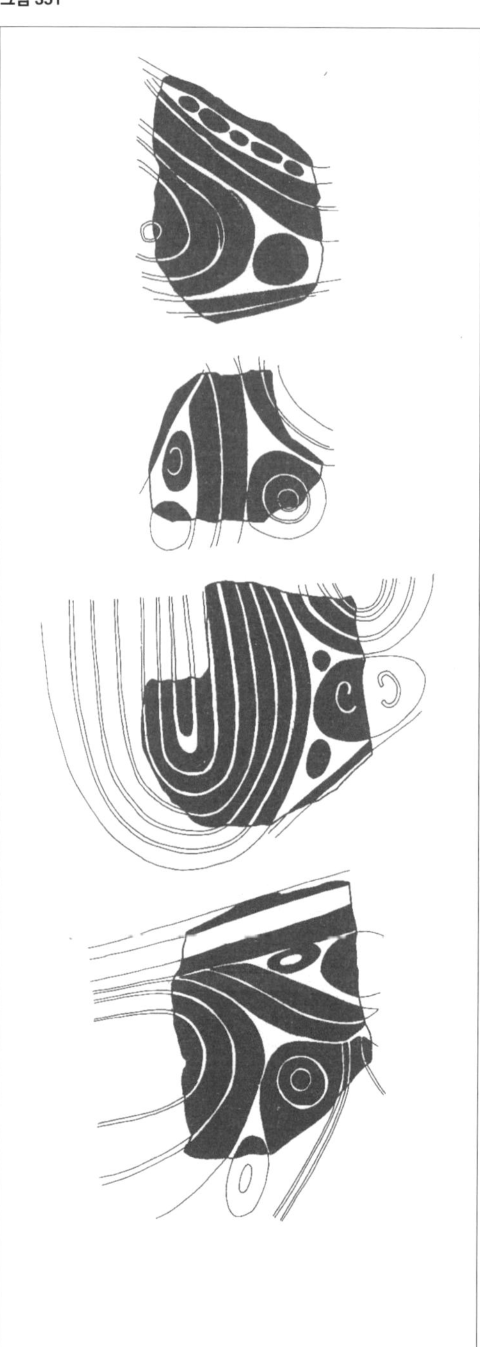

그림 350

그림 349
차탈휘윅 신전의 프레스코. 생명의 기둥과 뱀 상징이 연결되어 있다. 아나톨리아의 신석기시대(차탈휘윅 신전 E VI A-50, 기원전 7천년기 말기).

그림 350
나무 둥치 둘레에 세운 진흙 기둥을 감고 올라가는 뱀의 문양. 크림색 바탕에 적갈색 그림. 카라노보 문화(다뉴브 강 하류의 커스치오아렐레, 기원전 5000년경).

그림 351
루마니아 남부 카스치오아렐레 신전 내부의 벽. 알, 나선, 집중된 호, 집중된 원 문양이 우세하다. 이 재탄생의 주제는 구불거리는 뱀 문양이 장식되어 있는 생명의 기둥과 조화를 이룬다(그림 350 참조).

그림 352

그림 352

올드 유럽 토기에 종종 등장하는 생명의 기둥. 이 토기에는 지그재그 문양의 기둥이 네 개 있고, 점으로 채워진 다이아몬드(물고기)와 삼각형(음문)이 장식되어 있다. 붉은 바탕에 흰색과 검정색으로 그림. 부트미르(보스니아헤르체고비나의 네보, 기원전 4900-4700년). 높이 약 40cm.

그림 353

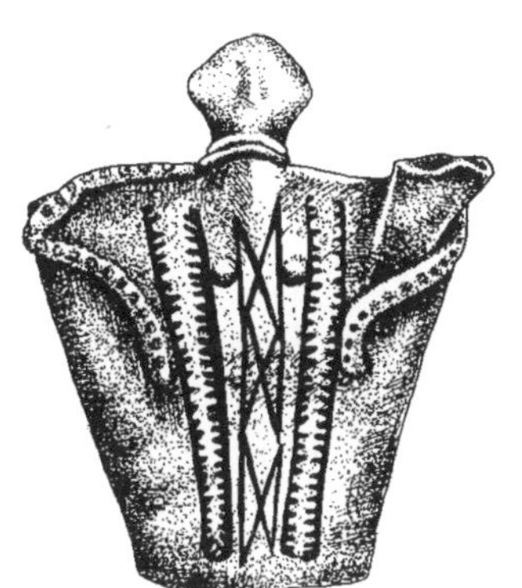

그림 353

팔이 뱀으로 표현된 인간 형상 토기. 중앙에 생명의 기둥이 관찰된다. 지성소에서 발견되었는데 뱀 여신임을 드러내는 듯하다. 크림색 바탕에 갈색과 붉은색 그림. 중기 미노아 문명(크레타 섬의 코우마사, 기원전 2000년경). 높이 14.92cm

그림 354

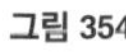

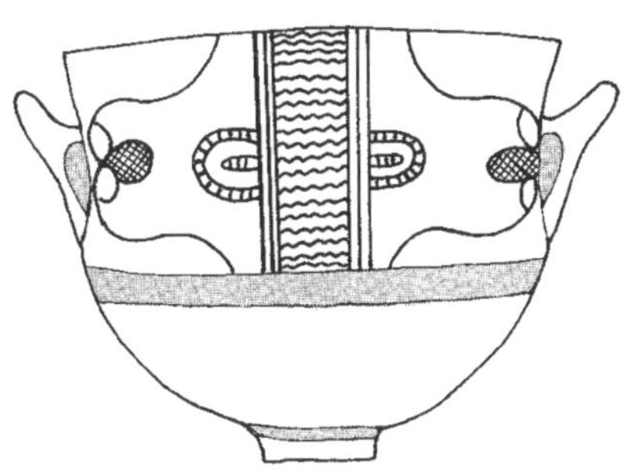

그림 354

물이 채워진 생명의 기둥 문양이 있는 토기. 생명의 기둥 양쪽으로 반으로 쪼개진 알이 장식되어 있다. 양쪽의 손잡이는 생명의 기둥인 남근과 수소뿔 형상이다. 후기 헬라도스 III(펠로폰네소스, 기원전 14세기). 높이 13.5cm

그림 355

그림 355
대리석으로 만든 남근에 장식된 미앤더 문양와 나비 문양. 생명의 기둥인 남근이 수권 및 재생과 연결된다.
세스클로 문화(세스클로, 기원전 6천년기 초기).
(a) 높이 6.7cm
(b) 높이 8.5cm

그림 356

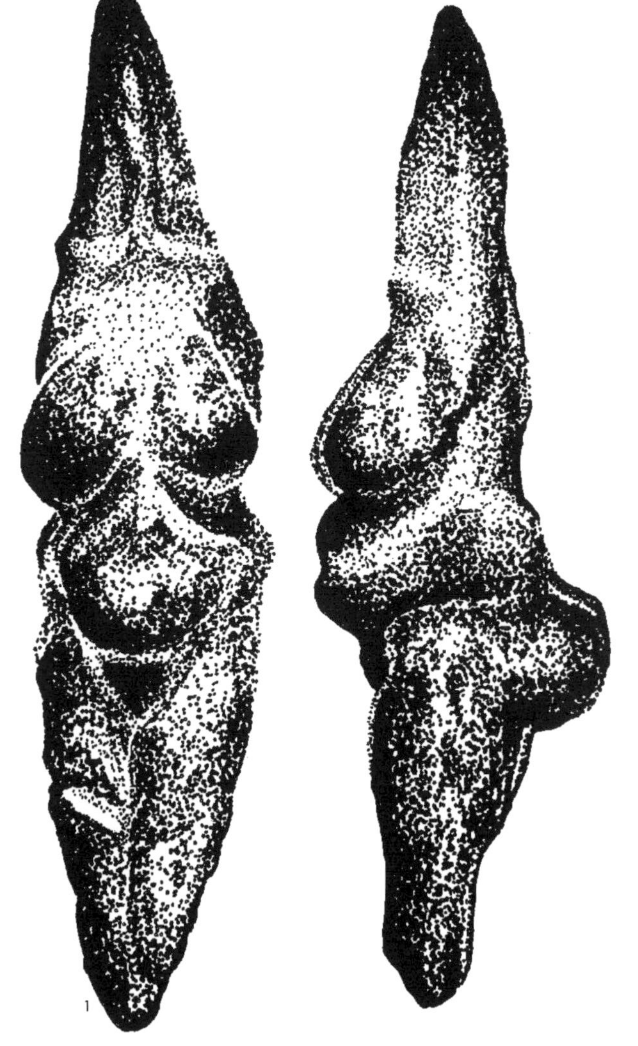

그림 356
여신의 몸이 남근 형상이다. 내재된 힘이 기둥에서 드러나는 생명력으로 강화되었다.
(1) 후기 구석기시대 여신상. 동석이나 구불구불한 대리석 재질. 그라벳기/그리말디안기(이탈리아 북부의 사비냐노, 기원전 2만 년경으로 추정되나 확실치 않다).
(2) 동굴에서 발굴된 방해석으로 만든 여신상. 남근상의 꼭대기에 작고 둥근 함몰 부분이 있다. 후기 페리고르디안기/그라벳기(바바리아의 와인버그 동굴, 기원전 2만 3000-2만 1000년경).
(1) 높이 22.9cm
(2) 높이 7.2cm

에 물결무늬가 장식된 토기가 출토되었는데 기둥 측면에 반알과 수소뿔이 장식되어 있다(그림 354). 키프로스의 미케네 토기에서도 유사한 결합이 흔히 발견된다. 이때 생명의 기둥은 마름모, 지그재그, 그물망, 격자무늬 문양과 함께 장식되어 있다(Furumark 1972: 그림 62 참조).

신석기시대와 순동기시대 남동부 유럽에서 남근은 경우에 따라 나선형과 뱀 그리고 물결무늬와 그물망 모티프들과 함께 장식되는데, 후자는 수권과의 관계를 암시한다. 세스클로에서(기원전 6000년기) 대리석으로 만들어진 남근이 출토되었다. 이 그림을 살펴보면 남근 윗부분과 아랫부분에 붉은색으로 미앤더 문양이 장식되어 있다(그림 355). 윗부분의 미앤더 문양들 사이에서 나비 장식이 눈에 띈다. 이 나비는 기둥 꼭대기에 배치한 나비와 유사하고 기원전 2000년기 전반기의 미노아 토기에서 발견된 수소 뿔 사이에 표현된 나비와도 닮았다.

올드 유럽에서 남근의 상징적 의미는 현대인의 인식과는 전혀 다르다. 오늘날은 남근을 외설적인 것으로 취급하는 경향이 있는데 이는 본래 남근의 개념하고 거리가 멀다. 올드 유럽의 개념이 오늘날까지 살아 있는 지역으로 인도를 첫손에 꼽을 수 있는데, 여기서 링감(lingam)은 우주의 기둥을 뜻한다. 이 개념은 신석기시대 인더스 골짜기 문명에서 이어져 내려온 것이다.

유럽에서 최초로 등장한 남근 표현 중 하나로 남근과 여신의 몸이 혼재된 이미지를 들 수 있다. 이는 후기 구석기시대부터 나타나기 시작했다. 이 시기 '비너스'라고 부르는 여신상들 중에는 두부는 남근이고 얼굴 특질은 드러나지 않는 유물들이 있다(그림 356, 357). 이런 유물들이 출토된 장소는 북부 이탈리아의 사비냐노와 트라시메노 호수, 그리고 바바리아 지방의 와인버그 동굴 등이다. 이런 유물이 만들어진 시기는 페리고르디안 초기나 그라벳기이다. 또 막달레니앙 I~II기에 속하는 프랑스 플라카르, 샤랑트에서도 이런 유물이 발굴되었다. 이런 현상은 남동부 유럽에서 기원전 5000년대까지 신석기시대 동안 나타난다. 세스클로와 스타르체보 문화에서 점토나 대리석으로 만든 여신상들은 종종 긴 남근형 목을 드러낸다. 일부 유물에서는 뚜렷한 특색을 찾아보기 어려우나 대부분은 오똑한 코가 관찰되거나 가면을 쓰고 있다.

기원전 6천년기 중기 스타르체보 여신상들 중 일부는 남성 성기를 몸에 지니고 있다. 상부는 남근

그림 357

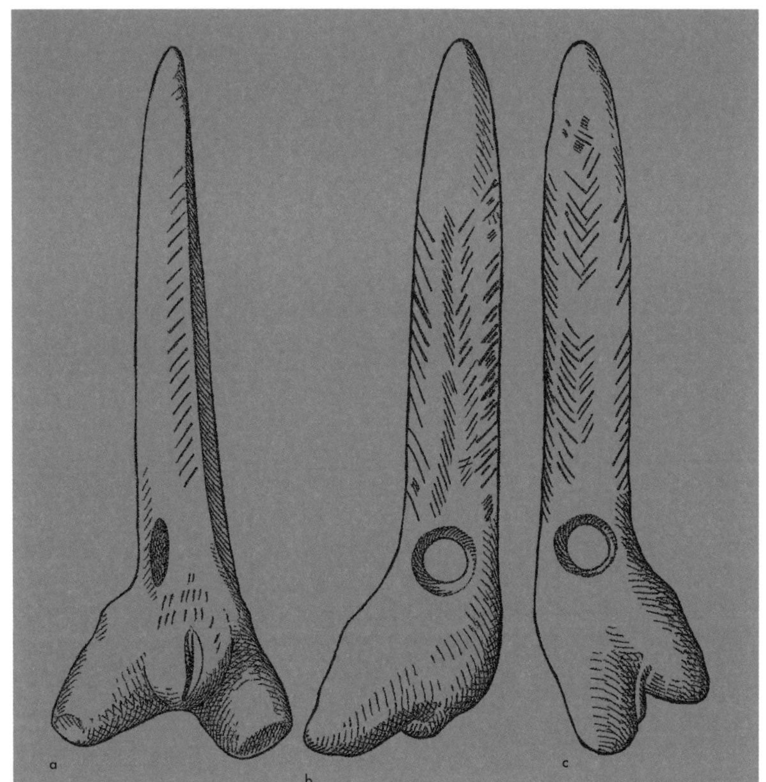

그림 357
순록 뼈로 만든, 음문과 긴 남근 목을 지닌 인간 모습으로 추상화된 상. 마샥의 현미경 연구에 의해 길이나 규칙적 변화가 다른 공법으로 이루어졌음이 밝혀졌다. 막달레니앙 I-II(프랑스의 르 플라카르 동굴, 기원전 1만 5000-1만 3000년). 높이 15cm

그림 358

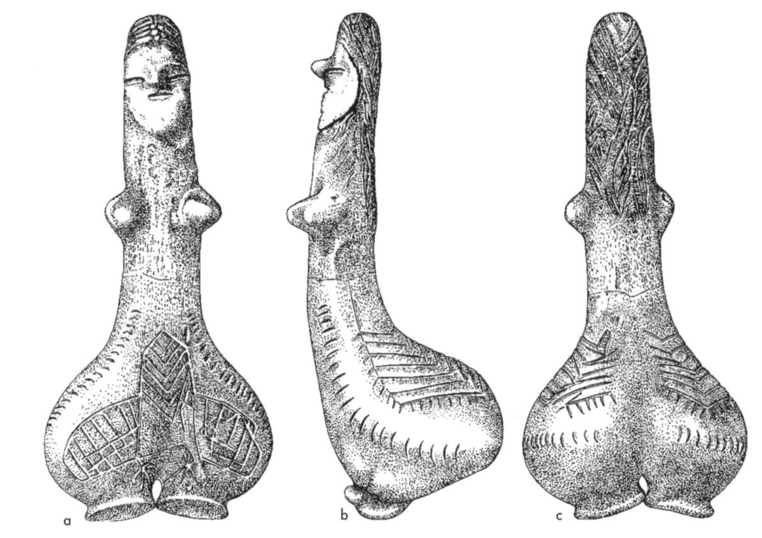

그림 358
두부가 남근으로 된 여신상. 하부는 음낭 모양이고 쐐기와 그물망 문양으로 장식된 새(독수리의 발톱)가 앞에 그려져 있다. 머리카락은 붉은색으로 칠해졌으며, 뒷부분은 흰색으로 덮인 쐐기 문양이 장식되어 있다. 스타르체보 문화(헝가리 남동부의 엔드로드-수요슈케레스트, 기원전 5600-5300년경). 높이 19cm

이고 하부는 음낭과 같은 엉덩이 모습을 하고 있는 상이다(그림 358). 그런데 비록 남성적인 요소가 내포되어 있기는 하지만 이런 유물들은 본질적으로 여신상이다. 이런 상들을 남성의 특질과 여성의 특질이 융합되어 있는 것으로 해석해서는 안 된다. 이보다는 여신의 힘에 남근에 내재한 신비로운 생명력을 더해서 더욱 향상된 여신의 힘을 드러내려 한 표현으로 해석해야 한다. 본래 바탕이 여신이고 여신의 몸에서 우주적 기둥으로 이해되는 남근이 솟아나오는 것이다. 마치 동굴 속 여신의 자궁에서 석순과 석주가 자라듯, 유사한 방식으로 남근이 여신의 자궁에서 자라나온다.

금석 병용 시대 키프로스에서 석회암으로 만든 여신상이 출토되었고 여기서도 유사한 개념을 읽어낼 수 있다(그림 359). 이 여신의 좌상은 스타일에 있어서 같은 시기 다른 여신상들과 연관된 점이 있다. 그렇지만 다른 상들과 달리 이 상은 원통형 목 위에 버섯 같은 머리가 정수리에 있다. 이목구비에 대한 표현은 찾아볼 수 없다(그림 359-a, b). 이 대상을 등 쪽에서 관찰할 때(그림 359-c) 해부학적으로 발기한 남근과 음낭이 드러난다. 여기에 깊은 홈으로 표현한 여성 성기가 선명하게 묘사되어 있다. 위와 아래에서 볼 때(그림 359-d, e) 상들은 여성 성기를 닮았다. 이 기원전 3000년경의 키프로스 조각상은 꽤 혁신적이다. 우연히 이런 유물들이 만들어졌다고 생각하기는 어렵다. 중기 미노아 문명으로부터 흥미로운 인장이 등장한다. 신의 머리에서 남근이 튀어나오고 양측으로 뿔이 하나씩 돌출되어 있는 이미지가 새겨져 있다(그림 360). 사람 모습을 한 머리 부분에는 긴 입과 둥근 눈이 묘사되어 있는데 이는 뱀 여신과 일치한다. 이 여신은 양팔을 위로 들어 올리고 있는데 팔 끝에 있는 손을 보면 분명 인간의 것은 아니다. 오른손은 손가락이 셋인데 이는 분명 새의 발이다. 이 유물에 드러난 문양의 특질들을 살펴보면 뱀, 남근, 뿔, 새 발 문양이 조합되어 있는데 이 시리즈는 모두 재탄생의 상징에 속한다. 여기서 맹금류 여신과 뱀 여신의 교잡이 이루어진 듯하다.

그림 359

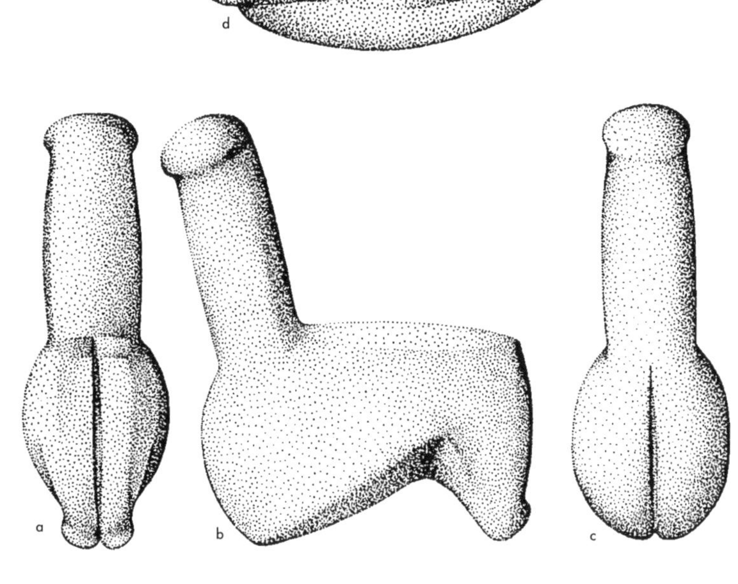

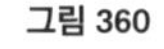

그림 359
여성과 남성의 특질을 다 드러내는 석회암으로 만들어진 인체의 좌상.
(a) 정면. (b) 측면. (c) 뒷면.
(d) 위. (e) 아래.
키프로스의 금석 병용 시대(리마솔의 서부, 소티라 아르콜리스, 기원전 3000년경).
높이 14.7cm

그림 360

그림 360
뱀 여신 머리에서 뿔 한 쌍과 남근이 솟아 있는 중기 미노아의 인장(크레타의 모클로스, 기원전 2천년기 초기).
지름 3cm

20-5. 생명의 기둥 옆에 장식된 개와 염소

원시 예술에는 수천 년간 숫염소와 개가 등장한다. 이 둘은 역동적으로 생명의 힘을 자극하며, 어떤 '도래(시작)'의 과정과 연관되어 있다. 그리고 둘 다 달의 주기와 식물의 성장을 촉진한다.

'도래'를 상징하는 개가 쿠쿠테니 토기 문양에 자주 드러난다. 토기 그림에서 개는 생명의 기둥 옆에 장식되어 있다. 나선형, 초승달, 달, 뱀, 애벌레, 숫자 3 같은 문양이 한 자리에 등장한다(그림 361, 362). 개와 가장 빈번하게 등장하는 문양은 초승달과 보름달이다. 이는 분명 개가 달의 주기적 변화를 촉진하거나 달의 모양 변화에 영향을 미친다는 사실을 보여준다. 이에 관해서는 갈라에슈티, 트루셰슈티, 발레아루풀루이에서 출토된 쿠쿠테니 토기를 참조하라. 그런데 이 고대의 상징적 연관이 오늘날까지 전해져 내려온다. 야생의 개가 보름달을 쳐다보며 울부짖는 강렬한 이미지가 현대인에게도 친숙하다.

개가 등장하는 또 다른 토기에는 세 개의 발톱이 달린 맹렬한 사냥개가 꼬리를 위로 쳐든 채 공중을 나는 것처럼 보인다. 시페니치에서 출토된 토기에는 개가 새로운 생명의 수호자로 나오는데 생명의 나무 옆에 등장한다(그림 363). 이 개는 청동기시대에 시작을 알리는 구성 요소로도 주목받았다. 이 시기 여신, 생명의 기둥, 신성한 나무 옆에 개가 등장하는데 개의 문장학적 자세 또한 주목할 만하다. 그렇지만 기원전 3천년기 초기에는 사자가 개를 대치하기 시작한다. 이 시기 인장에는 빈번히 소용돌이 문양 둘레를 돌아가는 패턴으로 나타난다. 올드 유럽과 근동의 명판, 인장 반지, 토기 그림에 숫염소도 자주 등장한다. 숫염소는 죽음과 재탄생의 의례에 희생제물로 등장하는데 신성한 나무와 같이 구성되는 경우가 우세하다.

유럽에서 염소와 나무가 최초로 함께 연관되어 그림으로 나타난 것은 기원전 5200~5000년경으로 타르타리아의 희생제물 구덩이였다(그림 364). 이 구덩이에서 명판 세 개가 초기 빈차 문화의 여신상 스물여섯 개, 그을은 인골, 닻 모양 유물, 스폰딜루스 조개 팔찌와 함께 출토되었다. 이 중 한 명판에 나무와 실루엣으로만 표현된 동물 두 마리가 새

그림 361

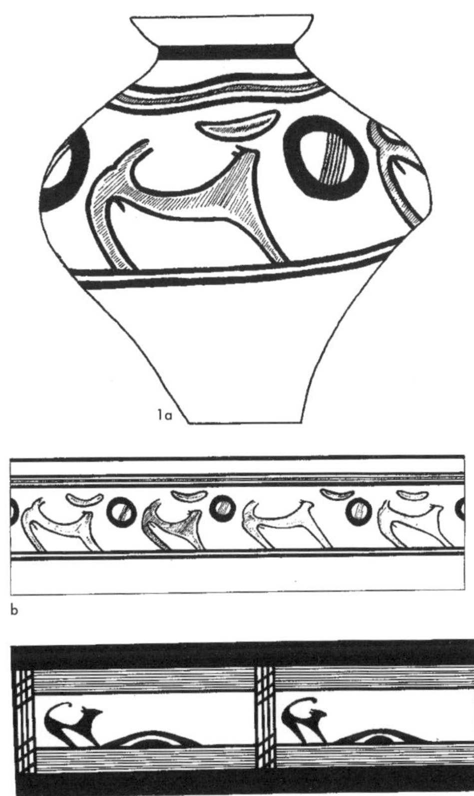

그림 361
시작의 역동적 상징으로, 개가 식물의 성장과 달의 주기를 자극한다. 쿠쿠테니 토기에 개가 초승달과 보름달 사이에 등장한다. 붉은 바탕에 검은색 그림.
(1) 루마니아 북동부의 트루셰슈티(기원전 3800-3600년).
(2) 루마니아 북동부의 네데이아(기원전 4천년기 초기).
(1) 높이 54.2cm

그림 362

그림 362
'도래'의 집합체인 두 쿠쿠테니 B_2 토기. 뱀이 생명의 기둥으로 개, 애벌레, 삼선 문양과 어우러진다. 아래에는 그물망 문양이 있는 생명의 기둥이 보이고 옆으로 초승달, 자궁(어류의 부레 모양)과 쌍알 문양이 있다(루마니아 북동부의 발데아루풀루이, 기원전 3800-3600년).
높이 50cm

그림 363

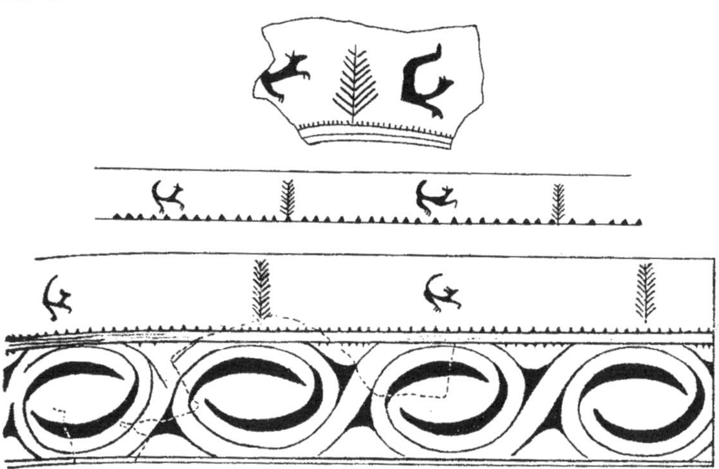

1

2

그림 363
쿠쿠테니 토기. 새 생명의 수호자로서 신성한 나무를 지키는 나는 자세를 보이는 사냥개가 그려져 있다.
(1) 아래의 나선과 초승달 문양에 주목하라(우크라이나 서부의 시페니치, 기원전 3900–3700년).
(2) 같은 시기 쿠쿠테니 토기에 등장하는 날아오르는 사냥개.

그림 364

그림 364
생명을 자극하는 시작의 상징으로 개와 염소는 동일시된다. 희생제물 구덩이에서 발견된 명판으로, 중앙에는 나무가 있고 양쪽에 두 마리의 염소가 있다. 염소는 죽음과 재탄생의 의례를 위한 희생제물이었고 이는 인신공양과도 연결되어 있다. 초기 빈차 문화 유물로 추정(루마니아 서부의 타타리아, 기원전 5200–5000년).
높이 2.8cm

그림 365

1

2

그림 365
뿔 달린 동물은 재탄생의 상징이기에 석관 장식에 등장하는 것은 자연스러워 보인다.
(1) 숫염소와 수소가 꽃과 자궁(부레) 문양과 함께 등장한다. 나선형 문양으로 생명의 기둥을 나타낸다. 지붕에는 신성한 뿔과 나비, 자궁이 장식되어 있다. 후기 미노아 III(크레타의 아르메노이, 기원전 1300–1100년).
(2) 염소도 개와 마찬가지로 달과 함께 어우러진다. 두 마리의 염소 사이에 생명의 기둥이 있고, 내부의 네 개의 서로 다른 크기와 모양의 원은 아마도 달의 형상일 것이다. 크림색 바탕에 짙은 갈색과 밝은 갈색의 그림. 기하학 시기(크레타의 크노소스, 기원전 1천년기).
높이 16.8cm

겨져 있는데 한 마리는 명백히 염소다.

염소상은 미노아 토기와 돌로 만든 인장에 빈번히 달, 식물, 생명의 나무와 함께 등장한다(그림 365, 366). 플라타노스에서 나온 인장은 다면으로 조각되어 있는데, 그중 두 면에 신성한 나무가 새겨져 있다. 세 번째 면에는 염소, 네 번째 면에는 생명의 기둥이 새겨져 있고 기둥 옆에는 달이 등장한다. 또 다른 인장은 양면인데, 한 면에는 신성한 나무와 짝짓기하는 염소들이 다른 면에는 짝짓기하는 인간 쌍이 등장한다. 이는 아마도 신성한 혼인 장면 아니면 솟아나는 생명의 힘을 재충전하는 의례, 혹은 우주의 성적 힘과 흐름을 통한 여신과의 재충전을 의미하는 의례일 것이다.

미케네에서 복원한 미노아 문명의 대단히 빼어난 금반지에는 신성한 나무 옆에 젊은이가 서 있고 그 뒤에는 숫염소 등에 식물이 자라는 장면이 묘사되어 있다(그림 367). 이 극적인 묘사가 인류 초기 신화들의 후대 버전에 해당하는 걸까? 어떤 경우든 간에, 싹이 돋아나는 생명의 기둥과 싹을 틔우는 염소를 연관지어 보면, 식물의 재생에서 염소의 역할을 분명히 알 수 있다.

미노아 인장과 청동 명판에 발기한 남성이 생명의 나무 곁에 서 있는 이미지가 관찰된다. 이 나무는 수소 뿔, 초승달과 함께 등장한다. 이로써 '시작'의 과정에서 남성의 생식력이 숫염소와 동등한 영향력을 지녔다고 생각했다는 사실을 알 수 있다. 생명을 자극하는 염소의 역할은 후기까지 계속되었다. 그리스 기하학 시기와 원기하학 시기 예술에, 특히 장례 때 사용하는 토기에서 발아하는 식물의 양 측면에 염소가 그려진 장면이 자주 관찰된다. 싹이 돋는 식물과 비상하는 이벡세스(길게 굽은 뿔이 달린 산악 지방 염소)가 로도스, 카메이로스의 대규모 매장지에서 출토된 토기들에 역동성을 부여하고 있다(그림 368).

유럽의 민담을 통해 이러한 숫염소의 상징적인 역할이 오늘날까지 내려온다는 사실을 쉽게 알 수 있다. 하지만 민간신앙에 남아 있는 숫염소의 역할은 인도-유럽 기원의 천둥의 신과 서로 구분이 안 되는 형태로 남아 있다. 수소처럼 염소도 성적, 생식적 힘을 대변하는 주요한 동물이다.

그림 366

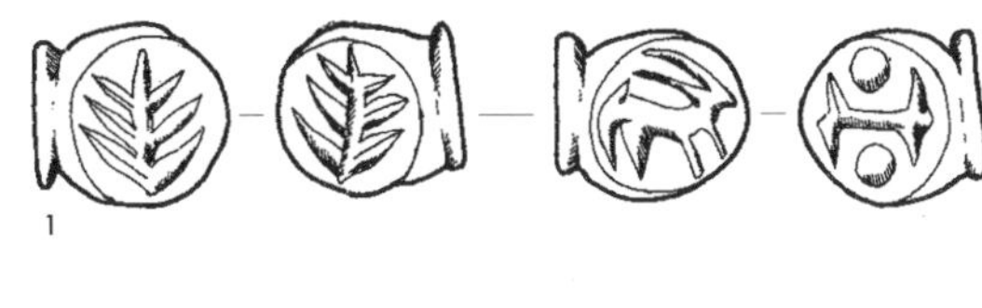

그림 366
(1) 4면의 미노아 인장. 검은 동석으로 만들어졌으며, 두 그루의 생명의 나무, 숫염소, 측면에 달이 있는 생명의 기둥이 보인다(크레타의 톨로스 B, 기원전 2000년경).
(2) 양면의 미노아 인장. 한 쌍의 염소가 짝짓기를 하고 다른 면에서는 인간의 성교가 묘사되어 있다(중기 미노아 문명, 기원전 2천년기 초기).
(1) 직경 1.2cm
(2) 직경 2cm

그림 367

그림 367
등에 식물이 자라나는 숫염소, 젊은이, 생명의 나무가 금반지에 장식되어 있다(그리스의 미케네, 기원전 16세기).
직경 약 3cm

그림 368

그림 368
염소의 특별한 상징은 1000년 동안 살아남았다. 이것은 장례용 토기인데 이벡세스와 새 사이에 그물망 문양과 나선과 마름모 장식이 있는 생명의 나무 세 그루가 묘사되어 있다(카메이로스의 네크로폴리스, 기원전 8세기).

바위에 새겨진 모래시계 형상의
여신상. 스페인의 신석기시대
암각화.
그림 376 참조.

21. 재생의 상징 음문: 삼각형, 모래시계, 새 발톱

삼각형 문양은 음문, 즉 자궁 부위의 커다란 삼각형 문양을 뜻한다. 모래시계는 삼각형 두 개를 맞붙여서 만든 문양이다. 이 기하학적 형상에 두부나 젖가슴 혹은 팔다리가 추가되면 인간 모습이 탄생한다. 그런데 눈길을 끄는 것은 사람 모양 이미지에 붙어 있는 팔다리가 인간이 아니라 새의 다리라는 사실이다. 요컨대 삼각형이나 모래시계는 맹금류의 모습으로 자신을 드러내는 여신의 상징이다. 전형적으로 이 문양은 동굴이나 무덤 안에서 관찰되었다. 토기 문양으로도 사용되었는데, 토기 그림에서는 인간 형상의 모래시계가 물 문양과 어우러진다. 또 뱀이나 뱀 내부에 그물망 문양이 채워진 이미지와 함께 등장하기도 한다.

21-1. 삼각형

여신의 상징이나 여신이 지닌 재생의 힘을 나타내는 세모꼴 암체가 처음으로 등장했던 시기는 초기 구석기시대까지 거슬러 올라간다. 어떤 유물은 자연에서 발견한 세모꼴 암식 그대로이고 어떤 유물은 플린트를 의도적으로 다듬어 세모꼴 형상으로 만들었다. 나름의 의도를 가지고 조각한 암체 중 일부에 젖가슴이나 조야하지만 머리 부분이 조각되어 있다. 이런 유물들은 서유럽 아슐리안/하이델베르기안 유적지에서 발굴되었다(Musch 1986: 19쪽)(그림 369). 중기 구석기시대 무스테리안 시기에는 세모꼴 암체 밑에 두개골이 매장된 유물이 발굴되었다. 1909~1922년 프랑스 도르도뉴의 라페라시와 페로니에서 이런 배치로 구성된 유물들이 발굴되었는데, 무스테리안 무덤들이 그러하고 무덤 수는 여섯 기이다. 발굴 당시에 동굴 뒤쪽에 어린아이 유골 일부가 구덩이에 놓여 있었고, 이 자리에서 1미터 정도 떨어진 위치에 해골이 있었다. 해골은 세모꼴 석회암 아래에 놓여 있었는데, 세모꼴 암체에서는 작은 구멍 아홉 개와 이 구멍들보다는 조금 더 큰 구멍 한 개를 의도적으로 뚫은 흔적이 관찰되었다. 이 구멍들은 성혈을 연상시킨다(Müller-Karpe 1966: 265쪽 Taf. 35, L). 신석기시대에는 아일랜드의 거석 무덤(court tomb)이나 브르타뉴의 널길 무덤에 거대한 세모꼴 암체가 입구석으로 사용되었다. 이 암석들은 본래 그 자리에 놓여 있었는데 이는 여신의 자리이다(일부에는 음문 모양이나 에너지 문양들이 새겨져 있다. 그림 456 참조). 아일랜드의 거석 무덤의 묘비(케른)도 위에서 보면 삼각형이다.

재생의 힘을 드러내는 삼각형의 의미는 차탈휘윅 맹금류 신전(vulture shrine, Level VII) 벽화에서도 분명하게 드러난다(그림 286). 벽화에 붉고 검은색으로 그린 삼각형 열이 관찰되는데, 삼각형 내부에는 각각 둥근 구멍 표식이 있다. 이 구멍은 아마도 산도로 생각된다. 그림의 위치는 거대한 버크나리움(제물로 바친 황소) 조각상 옆이고, 바로 이 그림 아래 바닥에서 인간의 두개골이 발견되었다(Cameron 1981, 30쪽).

아일랜드의 거석 무덤 연석(curbstone)이나 벽면에는 삼각형이 단독 문양으로 등장한다. 이 중 뉴그랜지의 널길 무덤 입구에 있는 삼각 연석에는 다중의 호로 표현된 원이 관찰되는데, 이런 호는 바닥이나 끝자락에 줄지어 배열되어 있거나 한 쌍이 연결된 채로 나타난다(그림 370). 그런 삼각형 열은 전형적으로 포르투갈 거석 무덤에서 찾아볼 수 있는 죽음과 재생의 여신 형상의 명판을 장식한다(그림 371). 이후 오랫동안 삼각형 유물이 동굴이나 무덤

그림 369

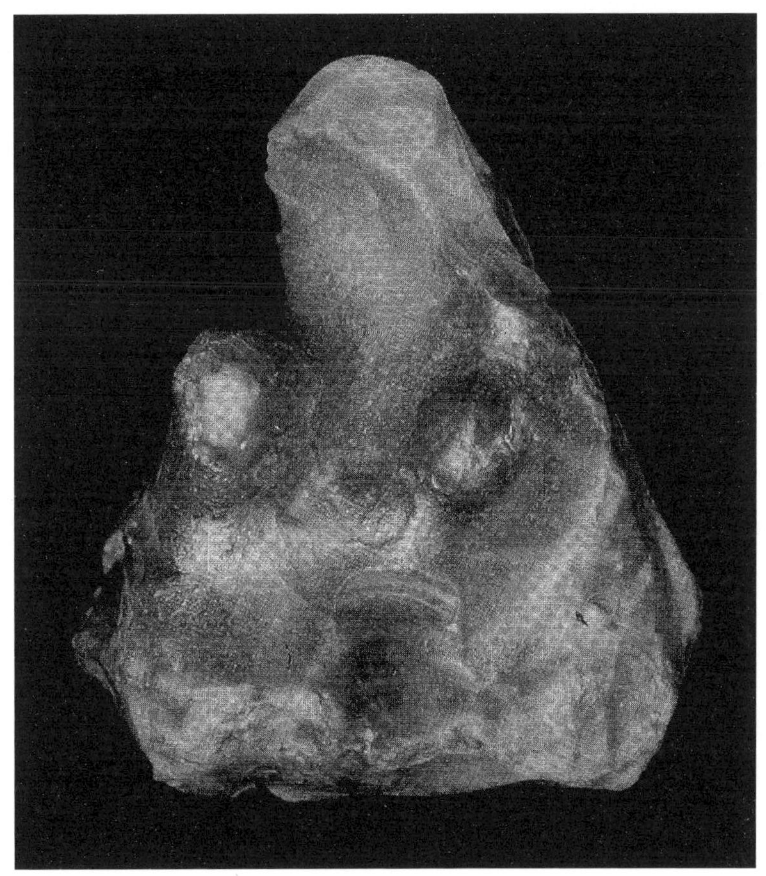

그림 369
플린트를 깎아 만든 후기 구석기시대의 삼각 신상. 젖가슴과 음문과 두부를 의도적으로 깎은 흔적이 선명하다. 평면에 서 있는 상태로 발굴되었다(50만 년 전).

그림 370

그림 370
뉴그랜지의 연석.
연석의 오른쪽 판은 다중의 호나 겹쳐진 소용돌이 문양이 장식되어 있다. 집중된 여신의 에너지로서 삼각형과 컵 문양은 의미상 밀접한 연관이 있다. 왼쪽 판은 다이아몬드 문양 위로 삼중의 눈썹과 뱀 똬리 모양의 눈이 표현되어 있다.
아일랜드의 신석기시대 널길 무덤 문화(뉴그랜지 무덤 보호구역의 연석 52, 기원전 3200년경).
길이 3.4m

그림 371

그림 371
포르투갈 톨로스 형 거석 무덤에서 출토된 돌 명판. 삼각형 문양이 대개 그물 패턴으로 장식되어 있고, 언제나 구멍이 하나나 둘 있다.
포르투갈의 신석기시대(기원전 3500-3000년경).
(1) 카하졸라.
(2) 소브레이라.
(3) 마틀케자.
(4) 오르타 벨랴 두 헤겡구스.
(5)(6) 카베구 다 아후다.
(1)-(6) 높이 5-8.5cm

그림 372

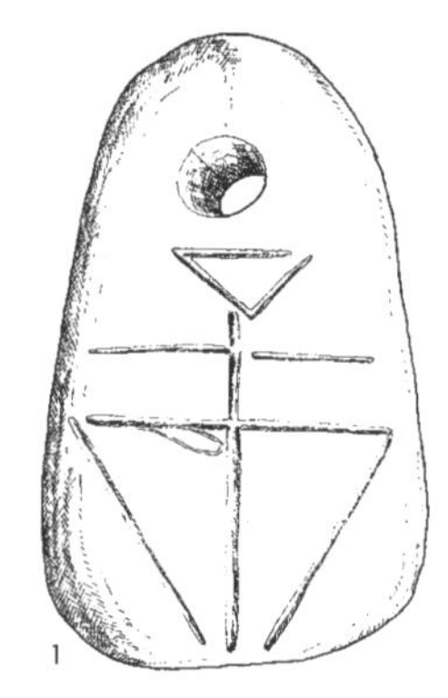

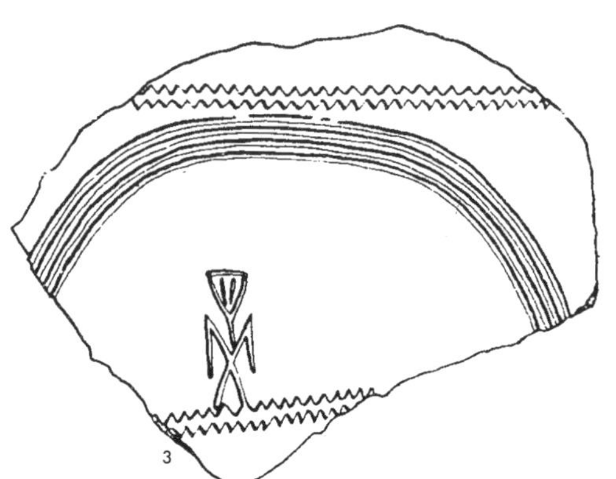

그림 372
(1) 베틀 추에 두 개의 삼각형이 연결된 형상의 여신이 새겨져 있다. 카라노보(구멜니차, 기원전 5천년기 중기).
(2)와 (3)은 초기 몰타의 장례용 토기에 나타나는 삼각형 두부(몰타의 젭버그, 기원전 5천년기 후반).
(1) 높이 8.7cm

에서 출토되었는데 재질은 돌이나 점토나 뼈 등 다양하다. 바르나에서(기원전 5천년기 중기) 여신의 가면과도 관련되는 무덤에서 뼈로 만든 삼각형 유물 스물일곱 점이 출토되었다(그림 324 참조). 삼각형과 삼각형 둘이 연결되어 구성된 의인화된 이미지는 방추에도 빈번하게 장식되는 문양이다. 이는 여신의 신체 조직을 새롭게 직조한다는 사실을 암시한다(그림 372-1). 몰타에서 출토된 기원전 5천년기 토기 중 가장 초기에 나타나는 장례용 토기에서는 삼각형으로 음문을 나타냈을 뿐만 아니라 두부도 삼각형으로 표현했다. 두부 삼각형에는 대시(dash) 기호가 관찰되고 삼각형의 얼굴에 두 개의 대시 기호로 눈을 표현하였다(그림 372-2).

에게 해 지역에서 출토된 의인화된 대형 접시(platter)에서는 음문이 재탄생이나 변형과 연관되어 있다는 점이 선명히 부각된다. 의례용 용기들에서 삼각 음문은 물과 식물의 상징뿐만 아니라(그림 166 참조) 뱀, 물고기, 새 발톱, 배(ship)와도 어우러진다(그림 385 참조). 새 발톱은 맹금류의 것인데, 이는 죽음과 재탄생을 나타내는 여신이 흔히 자신을 드러내는 모습이기도 하다.

21-2. 모래시계

기원전 4000년경 쿠쿠테니 토기 그림(그림 373)에 삼각형 둘이 결합된 의인화된 문양이 씨앗 모양 안이나 기둥 내부에 장식되어 있다. 이 문양 둘레를 미앤더나 뱀 똬리 문양이 에워싸고 있다. 지금까지의 문양 연구를 통해서 이제는 모래시계가 죽음과 재생의 여신을 상징한다고 이해할 수 있게 되었다. 남동부 헝가리에서 출토된 사각 토기(서칼하트 그룹, 기원전 5000년경)에서 중심 인물은 두 개의 삼각형으로 구성된 문양이다. 이 인물의 팔은 V자, 손은 새 발톱이고 두부는 삼선으로 묘사되어 있다(그림 374-1). 아래에 있는 삼각형에도 삼선 문양이 있고 이 인물과 연관된 문양으로는 Y자 문양과 점들이 관찰된다. 반대쪽에는 점들 사이에 거대한 음문이 있어 이런 연관성을 더욱 강조하는 듯하다. 새 여신과의 연관성은 두 개의 삼각형이 결합된 구성과 볏 모양으로 붉게 장식된 두부를 보이는 인물을 통해서도 확인할 수 있다(그림 374-2).

그림 373

그림 373
쿠쿠테니 토기 문양으로 등장하는 모래시계 모양의 여신. (1) 모래시계 여신이 소용돌이치는 물에 휩싸인 씨앗 안에 들어 있다. 이는 물에서 새로 태어나는 여신을 의미한다. (2) 유사한 이미지를 보이는 쿠쿠테니 토기. 모래시계 이미지 양옆에 뱀 똬리 문양이 있고, 위쪽으로 거대한 미앤더 문양이 관찰된다. 모래시계 형태는 지하나 물 아래 여신의 힘과 임박한 재탄생의 힘을 상징한다. 여신의 손이 새 발톱이라는 점은 주목할 만하다. 문양은 흰색, 붉은색, 짙은 갈색으로 채색되어 있다.
쿠쿠테니 AB(루마니아 북동부의 트라이안, 기원전 4000년경).

그림 374

그림 374
새 발톱과 새의 날개가 달린 모래시계 여신.
(1) 여신의 팔과 손은 V자 모양이며 새 발톱이 달려 있다. 두부와 몸의 아래에 있는 삼각형에는 삼선 문양이 있다. 여신은 Y자, 점 문양과 어우러져 있는데, 이는 비와 싹이 발아하는 것으로 추정된다.
줄무늬토기 문화(헝가리 동부의 셀레베니, 기원전 5000년경).
(2) 새 날개(혹은 다리)를 지닌 쌍으로 표현된 모래시계. 두부는 볏 모양으로 붉게 장식되어 있다.
세스클로(기원전 6000년경).

그림 375

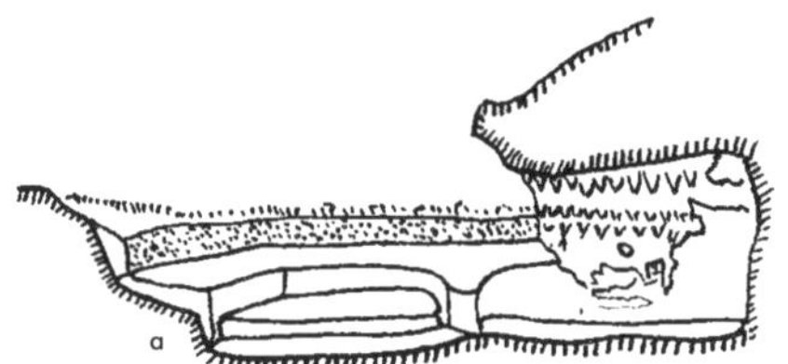

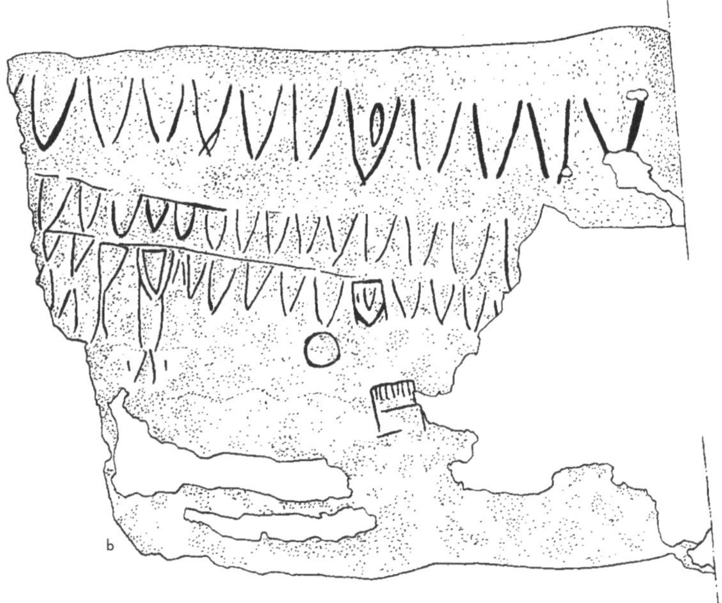

그림 375
북부 사르데냐 지하 묘소의 벽에 그려진 음문과 연관된 모래시계. 아래 줄에 있는 음문이 여러 모래시계와 의인화된 이미지로 간격을 두고 배치되었다.
사르데냐의 후기 신석기시대(사르데냐 북부의 티시엔나리, 기원전 4천년기).
높이 84.2cm
(a) 단면.
(b) 세부.

삼각 문양과 여신의 모래시계 형태는 병립한다는 사실에 주목할 필요가 있다. 북부 사르데냐의 지하무덤에 있는 벽화에서 이 두 요소의 결합을 뚜렷하게 관찰할 수 있는데, 이 결합은 특별한 의미를 지닌다(그림 375). 방 안에 한 쌍의 뿔 위로 세 개의 삼각형이 그려져 있다. 이 삼각형은 붉은색이다. 인접한 방 벽면에 세 줄로 새겨진 음문이 등장한다. 맨 아래 음문들 사이에 모래시계 문양이 있는데 이 중 하나는 명백히 의인화되어 있다. 이는 이 두 문양이 밀접히 연결되어 있을 뿐만 아니라 서로 치환될 수 있음을 시사한다. 아일랜드 노스와 뉴그랜지의 암석에도 세 개의 삼각형 문양과 세 개의 모래시계 문양이 관찰된다(그림 370 참조). 나아가 이 둘은 의미상으로 세 점 혹은 세 개의 움푹 파인 자국, 세 개의 쐐기, 삼중 V자 문양, 세 개의 나선, 올빼미 눈이나 삼중 눈썹과 어우러진다.

모래시계 형상의 작은 돌로 된 여신상들이(그림 376-1) 이베리아 반도의 거석 무덤들에서 빈번히 발견된다. 이 유물 중 두부가 삼각형인 상들도 관찰된다. 시기는 기원전 4천년기 말~3천년기 초기이다(Müller-Karpe 1974, Taf. 542~548). 스페인 동굴 벽화에서도 모래시계 여신의 무리가 관찰되는데, 이들 벽화는 신석기시대나 순동기시대 유물로 추정된다(Beltran 1985). 벽화에 등장하는 인물들이 때때로 신이라는 사실을 확인할 수 있는 추가 특질이 드러나거나 팔다리가 덧붙여져 있다. 모래시계 여신이 가장 선명하게 자신의 정체를 드러내는 이미지는 스페인 남부 로스오르가노스에서 발굴되었다(그림 376-2). 이는 새 발이 달린 여신과 새가 결합된 이미지이다. 두부의 둥근 눈은 얼굴 밖으로 돌출되어 있고 뺨에 곤충의 더듬이 같은 것이 달려 있어 아마도 빌을 표현한 듯하나. 얼굴에는 수평으로 삼선이 연장되어 있다. 이는 포르투갈의 널길 무덤에서 발굴된 편암 명판에 나타나는 얼굴에 삼선이 연장된 여신상과 동일한 이미지이다(그림 297 참조). 이 강력한 이미지를 통해 우리는 이 인물이 죽음과 재생의 여신이라는 사실을 인식할 수 있다. 이 여신은 여인이자 맹금류이고 벌이다.

프랑스의 신석기시대 동굴벽화들에서 모래시계는 X자 문양, 삼각형, 사각 틀 안의 삼각 문양과 서로 바꿀 수 있다(König 1973: 그림 105~110). 여기 등장하는 문양들은 전부 같은 계열로 보인다. 아일랜드 거석 유물에는 모래시계 문양이 사각 틀 속에 들어 있는데 삼각형, 마름모, 원, 재생이나 영원히 새

그림 376

그림 376
(1) 편암 판에 묘사된 모래시계 문양이 거석 무덤에서 발견되었다. 로스미야레스(스페인의 엘포수엘로, 기원전 3000년경).
(2) 남부 프랑스의 동굴벽화에 등장하는 인물이다. 새 발과 손을 지니고, 삼각 두부에 곤충의 둥근 눈과 더듬이가 달려 있으며 뺨에서 삼선이 연장된다. 스페인 신석기시대(로스오르가노스, 기원전 4천년기로 추정).
(1) 높이 11.2cm

롭게 거듭나는 생명의 나무, 수직으로 감고 올라가는 뱀 똬리, 컵 문양, 집중된 호나 원과 어우러지는 상징들이 관찰된다.

기원전 4천년기 초기 유물로 판명된 사르데냐와 시칠리아, 쿠쿠테니 토기 문양에서 여신의 무희들이 의례에서 춤추는 모습이 관찰되는데 이 무희들은 모래시계 형상이다(그림 377, 378). 무희들은 혼자 혹은 쌍으로 둥글게 돌아가며 춤을 춘다. 이들의 자태를 보면 한 손은 머리 위에, 다른 손은 엉덩이에 올려놓거나 양손 모두 머리 위로 올려서 잡고 있다. 쿠쿠테니 무희들은 개, 뱀, 소용돌이 문양과 함께 새겨진 음문 내부에 묘사된다. 쿠쿠테니 토기 중에서 문양이 완전하게 보존된 상태로 발굴된 토기가 있는데 여기에 음문이 여섯 개 등장한다. 이 중 두 개에는 무희가 그려져 있고 나머지에는 내부에 생명의 기둥이 포함되어 있다. 무희들의 스커트에는 술이 달려 있는데 이는 관목, 즉 에너지의 상징처럼 보인다. 오치에리 문화에 속하는 사르데냐의 토기에 등장하는 인물들은 명백히 손에 새 발톱이 달려 있다.

그림 377

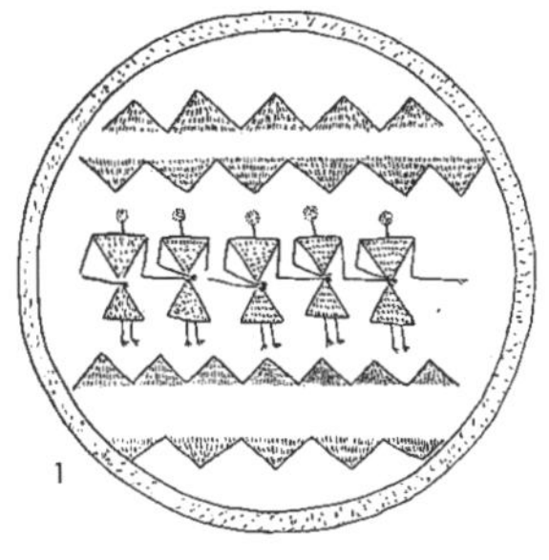

그림 377
사르데냐 오치에리 토기 문양(기원전 4000-3800년).
(1) 사르데냐의 몬데다코디 접시.
(2) 사르데냐 북부의 그로타 디 사 수 틴티리올루 디 마라의 토기 문양.

모래시계 형상의 인물이 양 팔을 위로 올려 춤을 추는 형상 옆에 발기된 남근이 묘사된 누드상이 보조를 맞추고 있는데(그림 378-5) 이 벽화는 불가리아 북서부의 마구라타 동굴에서 발견되었다(Anati 1969). 이 동굴에 있는 같은 시기의 다른 회화에는 인간 형상으로 된 태양이 도끼나 기하학적 상징에 둘러싸여 있는데(그림 459 참조), 이는 명백히 재탄생의 개념과 연관이 있다. 이 벽화에 그려진 도끼 이미지는 기원전 4500~4000년으로 연대 측정된 빈차와 카라노보 문화에 속하는 실제 동으로 만든 도끼 유물과 모양이 같다. 개인적으로 마구라타 벽화가 그려진 시기와 같은 모양 도끼 유물들이 출토되는 시기는 동일하다고 생각된다. 북서부 불가리아의 유물들은 빈차 문화권에 포함되는데 이 시기 회화들은 빈차인들이 그렸기 때문이다. 그리고 미노아와 미케네 문명에 속하는 희생 용기의 점토 틀이나 석관에도 양팔을 위로 들어 올리고 춤을 추는 대단히 유사한 인물들이 나타난다. 그리스 중부의 타나그라에서 출토된 미케네 말기의 석관도 이런 예인데, 이 이미지는 그림 378-6에 묘사되어 있다. 선행 연구자들은 이 장면을 애도하는 여인들로 해석했지만, 이는 진정한 의미를 반추하지 않고 도출한 결론이라 생각한다. 모래시계 형상을 한 인물들이 춤을 추는 이미지는 올드 유럽에서 3000년 이상 되풀이되었다. 이는 '애도나 곡을 하는' 여인들이라기보다는 에너지로 넘치는 재탄생을 목격하는 이미지이다.

시칠리아의 순동기시대 토기 문양에서는, 모래시계 문양이 뱀과 그물망 문양과 어우러지거나, 문양 자체가 그물망으로 묘사되는 이미지가 관찰된다. 이 유물은 시라쿠사 부근 키우사차 동굴에 그려진 항아리로 등장한다(그림 379). 모래시계 안에 그물망 문양이 채워져 있고 이 이미지 가까이에는 '생명의 물' 상징들이 있다. 뱀 문양은 재탄생을 강조하며, 여기에는 달의 주기가 함축되어 있다. 이 모든 장면들은 의례 때 추는 춤을 묘사하는데, 아마도 이 의례는 장례가 아니면 죽어가는 자연의 재탄

그림 378

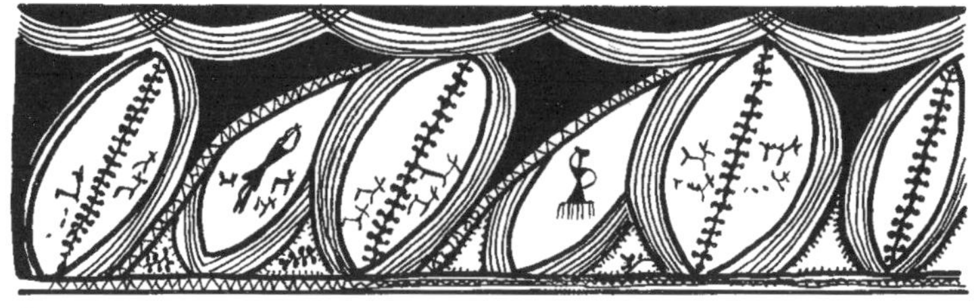

그림 378

(1)-(4)는 음문/씨앗 안에 그려진 하나 혹은 두 개의 모래시계 형상의 무희가 의례 춤을 추는 모습.

(1) 거대한 음문 내에 개나 염소 같은 동물이 그려져 있고, 옆에는 생명의 기둥이 있다. 붉은색 바탕에 검은색으로 채색된 꽃병. 후기 쿠쿠테니 문화(우크라이나 서부의 브린체니, 기원전 3800-3600년경).

(5) 양팔을 위로 올려 춤추는 무희 옆에 남자 동료가 있다. 인물들 중간에 있는 두 개의 도끼와 같은 그림은 특별한 의례용 벨트로 추정된다. 도끼 그림은 그림 459 참조. 빈차 문화(불가리아 북서부의 마구라타 동굴 지성소. 연대 미상이나 기원전 4500-4000년으로 추정).

(6) 석관에 그려진 무희들. 후기 미케네 문명(그리스 보이오티아 무덤 22, 기원전 14세기).

(1) 높이 7.9cm
(2) 높이 8.2cm
(3) 높이 4.3cm
(4) 높이 5.7cm

생과 연관이 있을 것이다.

구석기시대 삼각 음문 문양에서 비롯된 듯한 이 문양이 기원전 7천년기 중기인 초기 신석기시대 토기 문양(인간 형상의 모래시계)으로 등장한다(Hourmouziadis 1969: 그림 1 참조). 이 문양은 이후에도 계속 이어지며 오랫동안 관찰된다. 이런 상이 청동기시대에도 발견되고 심지어 철기시대 장례 용기에도 등장한다(기원전 750~500년경의 할슈타트기 토기가 그 예이다).

청동기시대 토기 문양에서는 기하학적 모래시계가 수직 기둥 안에 등장하고 대개 그물망 문양이 내부를 채우고 있다. 이 모티프는 기원전 2천년기 초기 헬라도스 중기의 피토이에도 흔하다. 모래시계 형태로 채워진 수직 기둥은 생명의 기둥을 나타낸다.

그림 379

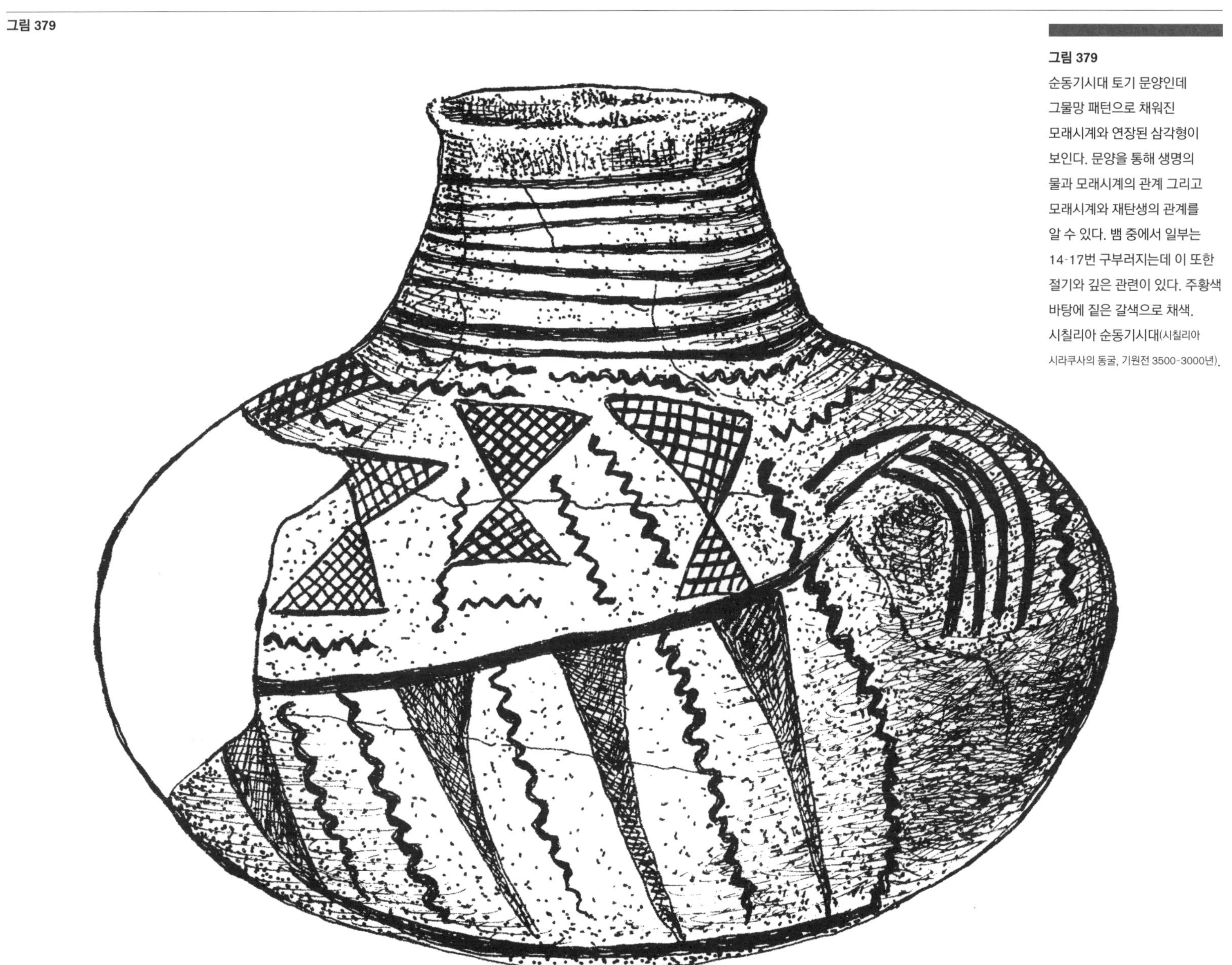

그림 379
순동기시대 토기 문양인데 그물망 패턴으로 채워진 모래시계와 연장된 삼각형이 보인다. 문양을 통해 생명의 물과 모래시계의 관계 그리고 모래시계와 재탄생의 관계를 알 수 있다. 뱀 중에서 일부는 14-17번 구부러지는데 이 또한 절기와 깊은 관련이 있다. 주황색 바탕에 짙은 갈색으로 채색. 시칠리아 순동기시대(시칠리아 시라쿠사의 동굴, 기원전 3500-3000년).

그림 380

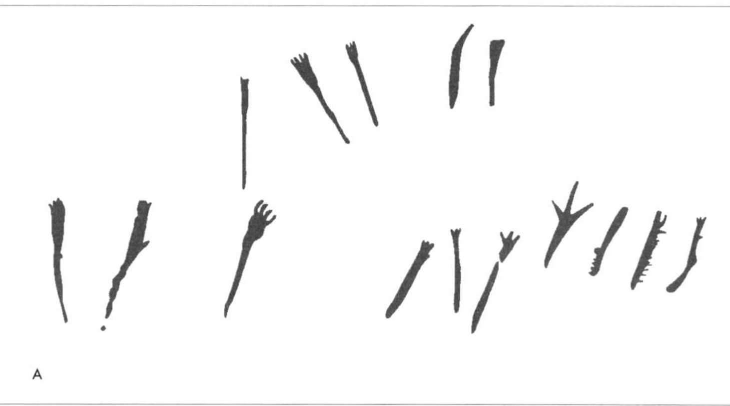

그림 380
후기 구석기시대와 신석기시대 회화에 등장하는 새 발.
(A) 스페인 북부의 산탄데르에 있는 후기 후기 구석기시대의 동굴에 있는 새 발.
(B) 토기 문양에 새 발이 여신의 손으로 등장한다. 5, 7의 삼각형과 6의 분리된 패널에 그려진 모래시계와의 어우러짐에 주목하라. 흰색과 붉은색으로 채색.
하실라르 V-II(아나톨리아 중부의 하실라르, 기원전 6천년기 초기).
(1) 높이 12cm
(2) 높이 6cm
(3) 높이 9.8cm
(4) 높이 8.8cm
(5) 높이 10.6cm
(6) 높이 9.6cm
(7) 높이 7.6cm
(8) 높이 14cm
(9) 높이 8.8cm

그림 381

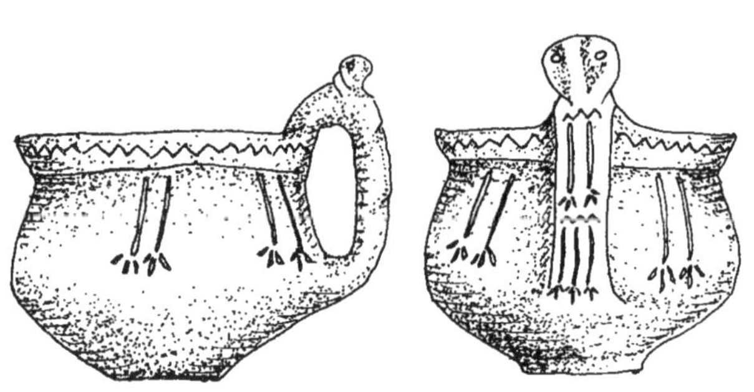

그림 381
새 발이 장식된 토기의 손잡이 위로 새 여신의 가면이 드러난다.
퓨넬 비커 문화(폴란드 남부의 초미엘로프, 기원전 3500년경).
높이 14.2cm

21-3. 새 발톱

이 깃털과 새발은 어디서 왔지?
당신의 얼굴은 아름다운 처녀의 얼굴.
(오비디우스,《변신》, v. 552).

손가락이 셋 달린 여신의 '손'에 관한 묘사는 올드 유럽 전반에 걸쳐 등장했다. 이 이미지는 신석기시대 초기부터 나타나기 시작해서 현대 민담에까지 남아 있는데 여신의 손은 인간의 손이 아니라 새의 발이다. 오늘날의 민담에도 고대 여신들과 연관된 마녀와 요정은 종종 새의 발을 지니고 있다. 러시아의 여신 바바야가는 오두막에 사는데 바바야가의 오두막은 닭다리 위에 서 있다. 리투아니아 요정 라우메스도 닭다리를 가지고 있다.

새 발 모티프와 맹금류 여신의 신화적 중요성은 후기 구석기시대 유물에서도 확인할 수 있다. 북부 스페인의 산탄데르에서 붉게 칠한 새 발들이 석순과 석주가 있는 좁은 동굴 벽에서 발견되었다(그림 380-A). 여기서 붉은색은 죽음이 아니라 생명을 의미한다. 재생의 삼각형과 모래시계처럼 원이나 사각형 안에 들어 있는 새 발은 재생의 잠재력을 내포한 상징이다.

새 발 모티프는 유럽과 아나톨리아에서 신석기시대와 순동기시대에 나타난다. 예를 들어 하실라르 V-II 토기에 등장하는데 양식은 기둥이나 띠로 나타난다(그림 380-B). 여기서는 전체 신의 모습이 아니라 발만 중요하다는 점을 알 수 있고, 발이 패널에서 삼각형이나 모래시계 인물과 어울린다는 점이 중요하다. 때로는 새 발이 항아리에 단독 문양으로 장식되어 있다. 신성을 표한다는 사실은, 폴란드의 퓨넬 비커 문화의 유물에서 드러난다(그림 381). 토기에 부착된 여신의 가면을 보라.

새 발로 여신의 손을 나타내는 유물로 미노아 인장에 새겨진 이미지와 그리스 기하학 시기와 아르카익 시기의 회화를 들 수 있다. 크레타의 말리아와 파이스토스 유적지에서 인장이 두 개 출토되었는데 이 인장에 두 개의 삼각형으로 신체를 표시하고 개구리 다리도 묘사했다(그림 382).

철기시대에 묘사된 새의 발은 기원전 525~500년경 유물로 추정되는 사람 모양의 옹관에서 관찰된다. 폴란드 북부의 그단스크 지역에서 옹관이 출토되었는데, 이미지를 보면 올빼미 여신의 얼굴에 새 발을 표현한 것이 특징이다(그림 383). 이 여신은 모자를 쓰고 호박 구슬이 달린 삼중 귀걸이를 했는데, 목걸이 장식 부분이 대단히 넓고 나선형 모양 핀이 있다. 같은 지역에서 출토된 다른 옹관의 경우 새 발 모티프가 항아리 어깨 둘레에 디자인 문양으로 등장하고 모자 위에서도 관찰된다.

새 발톱을 통해 모래시계 여신을 독수리, 올빼미를 비롯한 맹금류 여신과 동일시하는데 이런 맹금류 여신들은 알다시피 죽음과 재탄생의 여신들이다. 여신의 이미지에서 주요 구성 요소가 삼각형, 즉 음문인데 이로써 재탄생을 보장하는 것이다. 연관된 이미지는 나비와 수평 모래시계 혹은 동일한 여신의 출현이다. 이 여신은 나중에 다시 다룰 것이다.

그림 382

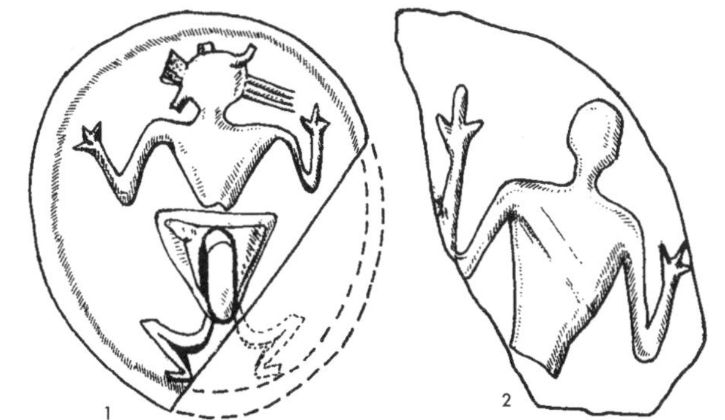

그림 382
중기 미노아 문명의 인장에 새 발로 여신의 손이 표현되어 있다.
(1) 크레타 말리아.
(2) 크레타 파이스토스(기원전 2천년기 초기).
(1) 높이 4.5cm
(2) 높이 4.7cm

그림 383

그림 383
기원전 6세기 말기의 사람 모양의 옹관에 새 발이 장식되어 있다. (1)은 항아리 중앙의 문양이고
(2)에는 손 대신에 새의 발이 있다. 발트 Face-urn 문화(폴란드 북부의 그단스크 지역).
(1) 높이 25cm
(2) 높이 28cm

재탄생을 상징하는 배 위에
성혈과 생명의 나무가 있다.
스칸디나비아의 암각화.
그림 386 참조.

22. 재탄생의 배

유럽에서 의례용 배가 새겨진 유물들이 브르타뉴와 아일랜드의 거석 무덤이나 몰타의 사원에서 발견되었고 기원전 3천년기 중기 키클라데스 제도 무덤들에서도 관찰되었다. 이 상징은 미노아 인장에서부터 기원전 2천년기 스칸디나비아 암각화에 이르기까지 여러 유적지에서 다양한 형태로 등장한다. 상징이 발견되는 자리는 무덤 내부 벽면인데, 이 위치만으로도 배 문양이 죽은 자나 죽음의 의례와 관련이 있다는 점을 시사한다. 배에 관한 묘사는 대단히 추상적이다. 일부 배는 수직선들이 있고 이 선이 바닥의 수평 막대기와 연결된 모습만으로 표현되어 있다(그림 384). 여기에 빈번히 동물이나 나선형 두부가 결합된다. 동물 중에서도 주로 뱀의 머리가 용골에 자주 묘사된다. 수직선들이 의미하는 바는 명확하지 않다. 아마도 어떤 의례를 수행하는 인간이나 영혼으로 추측할 수 있다. 아니면 생명의 기둥을 나타낼 수도 있을 것이다. 브르타뉴의 회랑 무덤에 뱀이 끄는 여신의 추상화된 이미지가 여럿 등장한다. 여신이 나선이나 뱀 대가리가 달린 배에 타고 있다(그림 384-4, 5).

케로스-시로스 문화에 속하는 키클라데스 문화의 사람 모양의 대형 접시 그림에서는 초점이 배의 상징에 집중되어 있다. 중앙부에는 대개 물이나 바다를 상징하는 나선이 있고 배 중앙과 서로 연결되어 장식되거나 빛을 발하는 태양이나 뱀 똬리 문양이 주변을 채우고 있다. 아래의 손잡이는 한 쌍의 다리 모양이고 손잡이 윗부분에 삼각형 음문이 식물 모티프나 지그재그나 평행한 삼선들에 둘러싸여 있다(그림 166 윗부분 참조). 배와 음문이 왜 같은 자리에 숭배 대상으로 등장하는가? 뱃머리에 부착된 새 발과 물고기에도 주목해보자(그림 385). 새 발은 여신의 현존을 의미한다. 물고기는 재생의 여신으로 여신이 자신을 드러내는 모습 중 하나이다. 따라서 이 상징들의 조합을 해석해보면, 여신이 맹금류나 물고기의 모습으로 배를 끌면서 물을 가로지르고 있는 형상으로 이해할 수 있다. 그렇다면 배 위

그림 384

1

2 3

4 5

6

그림 384
거석 무덤의 암체에 의례용 배가 묘사되어 있다. 용골이 뱀 모양이다.
(4)-(6)은 배 위나 배 둘레에 도식화된 여신 이미지이다.
(1)과 (6)의 암각화는 아마도 축소된 배가 아니라 '짐을 운반하는 도구'로 추정된다.
(1), (2), (4)-(6)은 브르타뉴의 거석 무덤에 있고, (1), (2), (6)은 만 뤼 돌망에 있다. (3)은 아일랜드의 뉴그랜지에 있다. 기원전 4천년기 후반.
(4) 프티몽, 기원전 4천년기.
(5) 바르네네스, 기원전 5천년기 말기.

에 묘사되거나 배에 타고 있는 존재는 과연 누구일까? 평행한 삼선들은 노를 나타낼 수 있다. 지그재그나 구불거리는 뱀은 바로 배의 몸체를 뜻한다. 이런 표현을 통해 배와 뱀 상징이 연결된다는 점을 알 수 있다. 그렇다면 배와 뱀은 서로 치환할 수 있는 상징인가? 그럴 가능성이 크다.

구불거리는 뱀과 배는 놀랍도록 유사한데 이런 이미지는 이집트와 스칸디나비아 암각화에서도 관찰할 수 있다. 이집트에는 배 위에 뱀을 그려 이 뱀이 지구와 신들에게 생명을 부여하는 우주적인 뱀이라는 점을 암시하는 유물이 있다. 이는 명백히 재탄생의 상징이다(Almgren 1934: 74ff). 이 뱀들은 죽은 다음 부활하는 오시리스나 아들 호루스와 함께 어우러진다. 생명의 문양(♀)이 빈번히 뱀의 머리 옆에 등장한다. 일부 묘사를 보면 뱀이 연꽃 속에서 나온다. 배와 뱀의 연상은 스웨덴 암각화에도 빈번히 등장한다. 여기서는 용골이 뱀처럼 묘사되거나 긴 뱀이 전체 배를 휘감고 있다(그림 386). 이런 유사성을 통해 우리는 거석 무덤에 추상적으로 묘사된 배 또한 '뱀의 배'를 나타낸다고 추정할 수 있다. 배와 뱀이 서로 치환할 수 있는 상징이라면, 여러 지역의 무덤 벽면이나 연석에 새겨진 뱀은 생명의 재탄생을 의미한다. 노스와 뉴그랜지 유물에 나타나는 지그재그나 구불거리는 모양의 뱀이 삼각형이나 마름모 혹은 키클라데스 문화의 대형 접시에 등장하는 새 발이 부착된 뱃머리처럼 재생의 여신을 나타내는 특별한 문양들이 결합되어 있는데 이는 결코 우연한 일이 아니다. 덴마크 파르달에서는 기원전 8세기 유물로 추정되는 청동으로 주조한 배가 발굴되었다. 특이하게도 뱀 여신이 등 뒤에 있는 뱀을 밧줄로 연결하여 끌어당기고 있다(그림 386-9).

스칸디나비아 암각화에서는 배와 용골에 자주 뱀 대가리가 등장한다. 또 다른 동물들도 함께 묘사되어 있는데 사슴, 엘크, 그리고 백조와 오리로 여겨지는 물새들이다. 배에서는 생명의 나무, 해 바퀴, 성혈 같은 문양이 관찰되기도 한다. 스칸디나비아 암각화에는 트럼펫 같은 악기 연주자, 무희, 곡예사가 있는 배가 있다. 혹은 양팔을 위로 들고 있거나 도끼를 들고 있는 사람이나 신성한 결혼식 장면이 묘사되기도 한다. 남쪽 지역, 크레타의 모클로스 섬들에서 후기 미노아 문명의 금반지가 발견되었는데, 반지에 배가 새겨져 있다. 배 중앙에 여신이 앉아 있고 옆에는 올리브 나무로 여겨지는 생명의 나무가 있다. 뱃머리에는 사슴이나 말 머리가 표

그림 385

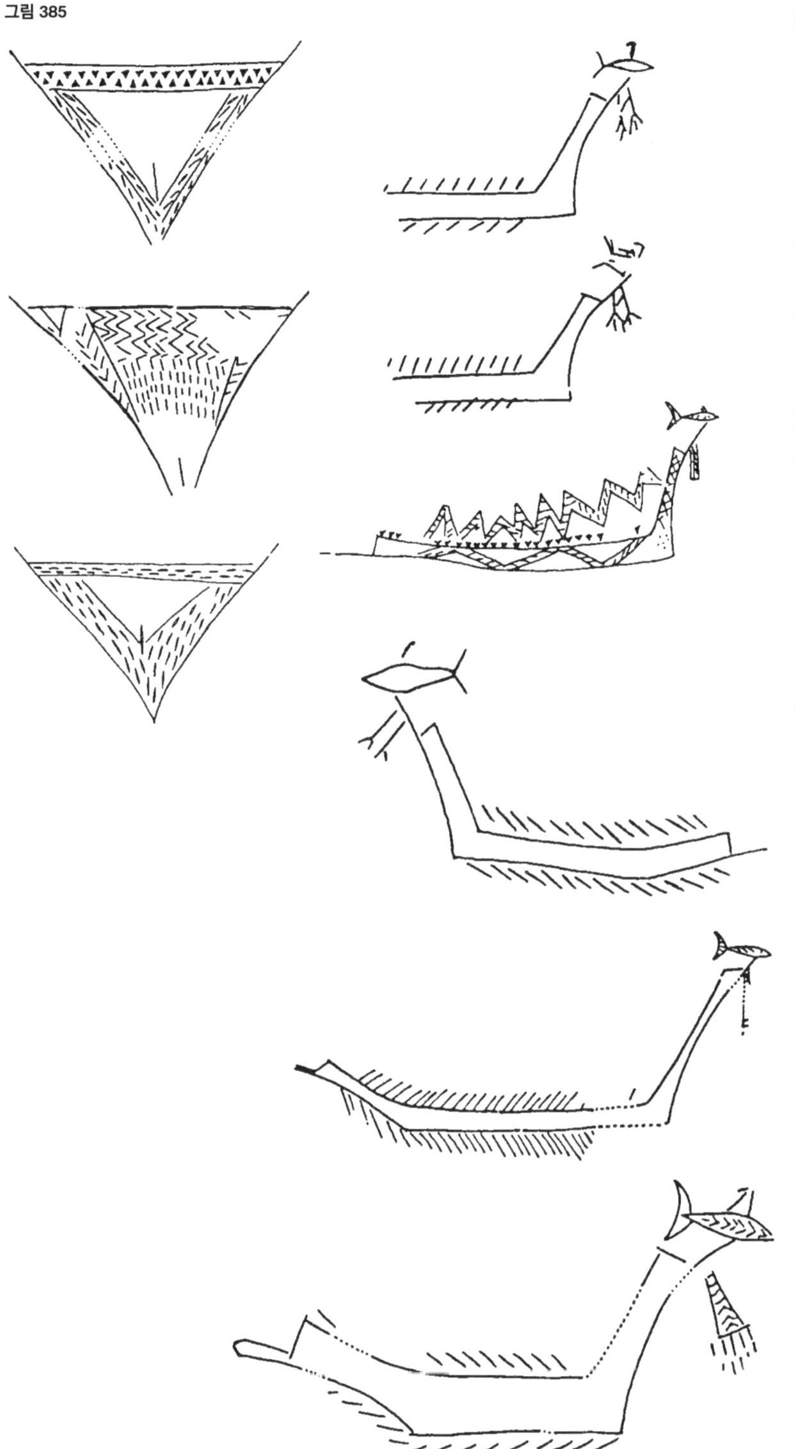

그림 385
에게 해 지역에서 출토된 인간 형상 토기에 장식된 배 문양. 뱃머리 부분에 물고기와 새의 발이 묘사되어 있다. 음문과 배에 그려진 상징들의 유사점을 알 수 있는 그림이다(그림 166 참조).
초기 키클라데스 II(시로스, 기원전 3천년기 중기).

그림 386
스칸디나비아 암각화에 등장하는 재탄생의 배.
배 위에 뱀, 성혈, 생명의 나무, 태양이 새겨져 있다.
스웨덴의 청동기시대.
(1)-(5) 포스의 뢰케르베리에트.
(6) 보후슬렌의 발라.
(7) 보후슬렌의 보타나.
(8) 힘멜스타들룬드.
(9) 덴마크의 파르달.

그림 386

현되어 있다(Alexiou 1969: 113쪽 그림 51).

유럽의 남부에서 북부에 이르기까지 배가 묘사된 유물들이 발굴되었다. 이는 인간이 죽음을 맞는 위기의 순간에 재탄생의 개념을 드러내는 증거물, 혹은 동지철 자연의 재생과 연관된 풍요로운 생명 의례에 대한 증거물들이다.

로마 시대에는 이시스와 네할레니아 여신이 배와 함께 묘사되거나 배에 한 다리를 올린 이미지로 표현되었다. 그리스에서 디오니소스 신은 만개하는 식생들의 생명력으로 넘쳐난다. 이 신은 2월에 배를 타고 바다에서 나타나는데 이때 죽은 자의 영혼들과 함께 온다. 물은 명백히 이 세계와 저 너머의 세계를 연결해준다. 죽은 자들은 '저 아래'나 '지하세계의 여신의 가슴 아래에 있는 자들'이다. 이러한 묘사를 남부 이탈리아의 투리에서 출토된 기원전 4세기~3세기 금쟁반에 묘사된 장례 문구에서도 찾아볼 수 있다. "나는 지하 세계 여신의 젖가슴 아래로 빠져들었다(Eliade 인용 1974: 41쪽)."

배에 관한 이런 상징의 의미는 오늘날까지도 이어져 내려온다. 독일, 벨기에, 프랑스 등 유럽 일부 지역들에서는 봄 카니발 기간에 배가 등장한다. 심지어 '최고의 여신 혹은 여신 중의 여신'과 이 여신의 수행원이 모두 배 위에 앉아 있고 이 배에 바퀴를 달거나 썰매로 하여금 배를 끌게 한다(Almgren 1934: 19쪽을 보라. 1921년 3월 12일 찍은, 파리에서 배를 탄 여신 중의 여신의 사진을 볼 수 있다). 오늘날에도 배는 여성으로 간주할 뿐만 아니라 배 이름은 여성이나 여신의 이름을 따서 붙인다. 뱃머리에는 여인이나 여신의 형상이 조각되어 있는 경우가 많다.

중기 미노아 문명의 항아리로
물고기 입에 부레와 자궁 모양이
연결된 모습이 그려져 있다.
그림 409 참조.

23. 개구리, 고슴도치, 물고기

개구리, 두꺼비, 고슴도치, 물고기는 장례의 상징이자 생명의 상징이다. 이 상징들은 새 생명을 부여하고, 재탄생을 가능하게 하는 변형의 여신과 밀접한 관계가 있다. 바로 이들이 올드 유럽의 상징에서 가장 두드러진 역할을 담당한다.

23-1. 개구리와 두꺼비

개구리와 두꺼비에 관한 오늘날의 민간신앙을 통해 이 상징에 대한 선사시대 사람들의 믿음을 반추해본다. 유럽 농민들 사이에서 오늘날에도 두꺼비가 임신에 효능이 있다는 믿음이 전해 내려온다. 이집트, 그리스, 로마 민담이나 후기의 민담, 역사적 기록을 살펴보면 두꺼비를 여신의 현현이나, 여신의 자궁으로 간주했다는 증거들이 즐비하다. 같은 맥락에서 '돌아다니는 자궁'에 대한 믿음이 이집트를 비롯한 여러 나라의 고전문학뿐만 아니라 오늘날 민담에서도 찾아볼 수 있다. 히포크라테스와 플라톤은 자궁을 아랫배에서 사방으로 자유롭게 돌아다닐 수 있는 동물이라 묘사했다(Ekenvall 1978).

세계 여러 나라에서 봄날에 천지를 진동하는 개구리 소리가 아직 태어나지 않은 아기의 울음소리와 닮았다고 표현한다. 이 묘사에는 개구리가 아직 태어나지 않은 아기의 영혼에 해당한다는 믿음이 내포되어 있다(역사적으로 여성, 자궁, 어린이, 개구리를 함께 묘사한 조각이나 회화가 빈번히 관찰된다. Deonna 1952 참조). 융 심리학에서는 꿈 상징을 다룰 때, 개구리는 아직 인간이 되지 않았지만 곧 의식화되려는 무의식의 경향성을 나타낸다고 본다(Franz 1972: 24쪽).

개구리와 여성이 결합된 이미지의 등장 시기는 후기 구석기시대까지 거슬러 올라간다. 남부 프랑스 르트루아프레레 동굴에서 출토된 음각된 뼈 유물들 중에, 개구리 다리 형상을 한 야릇한 피조물 시리즈가 출토되었다(그림 387-1). 또 남부 프랑스 퐁탈레에서는 개구리-여인이 새겨진 뼈가 출토되었다. 이 이미지는 V자형 팔다리에 인간의 갈비뼈 형상이 표현되어 있고 두부는 인간/개구리 합성처럼 보인다(그림 387-2). 로주리바스 유적지에서 사람 모양 파충류가 뼈 유물에 새겨진 채로 발굴되었다(그림 387-3).

그림 387

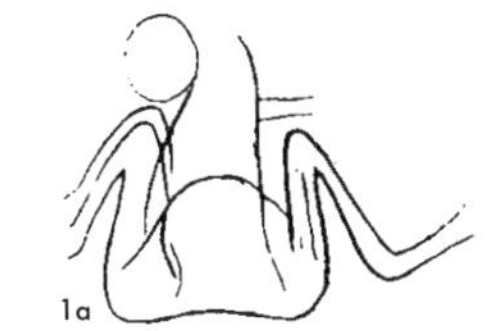

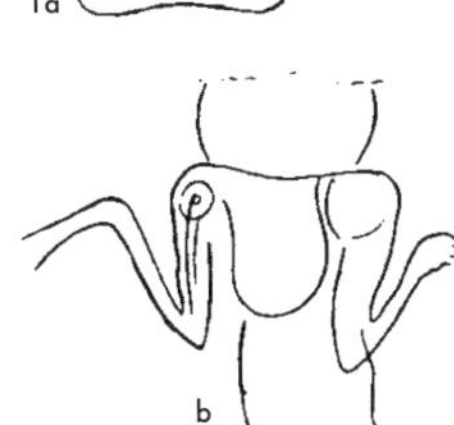

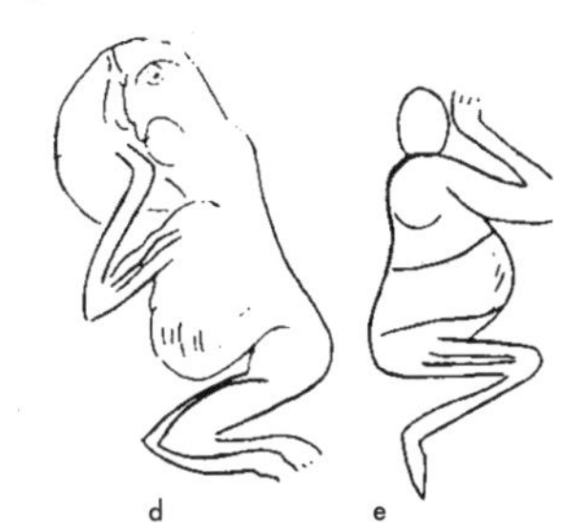

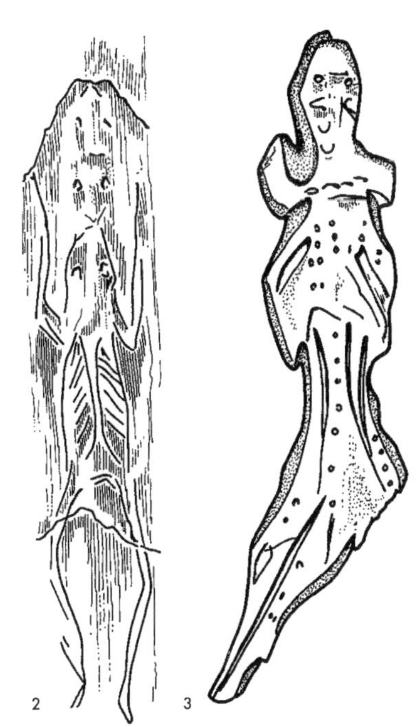

그림 387
후기 구석기시대에 등장한 개구리-여신과 도마뱀-여신.
(1) 뼈에 새겨진 개구리 다리 형상의 여인(후기 막달레니앙 문화, 남부 프랑스의 레트루아프레레).
(2) 인간의 눈, 코, 갈비뼈를 지닌 인간처럼 표현된 개구리(남부 프랑스 퐁탈, 기원전 1만 년경).
(3) 도마뱀-여신(남부 프랑스 로주리바스, 중기 막달레니앙 문화, 기원전 1만 5000-1만 2000년경).
(2) 높이 15.1cm
(3) 높이 10.3cm

신석기시대 초기부터 개구리 유물이 출토되는데, 유물의 재질이나 형태는 다양하다. 대리석, 석고, 푸른 돌, 녹색 돌로 조각한 개구리가 있고 점토로 만든 상이 발굴되었다. 또 돌이나 토기에 새긴 개구리 이미지도 등장한다(그림 388, 389). 때로 자연스럽게 만든 두꺼비/개구리 몸체에 머리를 달기 위해서 구멍을 뚫어놓은 상들이 발굴되었는데 이 형태의 유물은 사람 형상의 개구리 이미지로 보인다. 아나톨리아 하실라르에서는 세라믹으로 만든 인간의 두부를 지닌 개구리 여신이 완전한 모습으로 출토되었다(그림 390-1). 조상인 경우 대다수는 여성/개구리 합성 형태이고, 여인의 음문이 표현되는 특징이 있다. 초기 신석기시대(기원전 7천년기 후반) 유물을 공중에 매달기 위해 구멍을 뚫어놓은 개구리가 테살리아 아킬레이온에서 발굴되었다. 때로 이 상은 거대한 자궁 부위 삼각형을 제외하고는 완전히 동물 형상으로 묘사되었다. 순동기시대 들어 돌이나 점토로 만든 개구리상들이 발견되었는데 이전 시기보다 한층 아름답게 주조되었다(그림 389의 빈차에서 출토된 유물 참조).

차탈휘윅 신전 벽면에도 부조로 된 개구리 상이 등장한다. 신전 Level VII-23에 팔다리를 뻗치고 있는 개구리 여신이 있다. 여기 붉은색, 검은색, 주황색으로 벌집 모양(혹은 신성한 경구의 사인이 서로 연결된 모양)이 장식되어 있는데, 이 문양은 여신의 몸뿐만 아니라 몸 둘레 배경으로까지 연장되어 있다(그림 390-2). 여신의 배꼽은 동심원으로 나타냈고 배꼽 바로 위로는 생명의 기둥을 틀로 구획해서 표현하였다. 기둥 내부는 다중의 마름모 문양이 채우고 있다. 발굴 당시 두부는 소실된 상태였다. 신전 벽면에 벌집, 생명의 기둥, 집중된 원 문양이 수소 두개골과 함께 어우러진다는 사실로 미루어 이 여신이 재탄생의 주제와 연관이 있다고 유추할 수 있다. 따라서 빈번히 이 이미지가 출산의 자세라는 가설이 제기되었지만, 나는 사람 모양의 개구리가 재탄생의 상징들과 연결되어 있기 때문에 이는 재탄생의 자세로 이해해야 한다고 생각한다.

같은 주제가 선사시대부터 시작해서 역사시대를 거치며 수천 년간 등장한다. 유물 증거를 살펴보자. 기원전 2천년기 초기 파이스토스에서 출토된 미노아 문명 항아리에 자궁 문양이 보이고 바로 아래에 커다란 두꺼비가 그려져 있다(그림 391). 기원전 1100년경 키프로스 쿠클리아에서 출토된 칼라토스(과일 바구니 형상의 토기)에는 개구리 혹은 두꺼비

그림 388

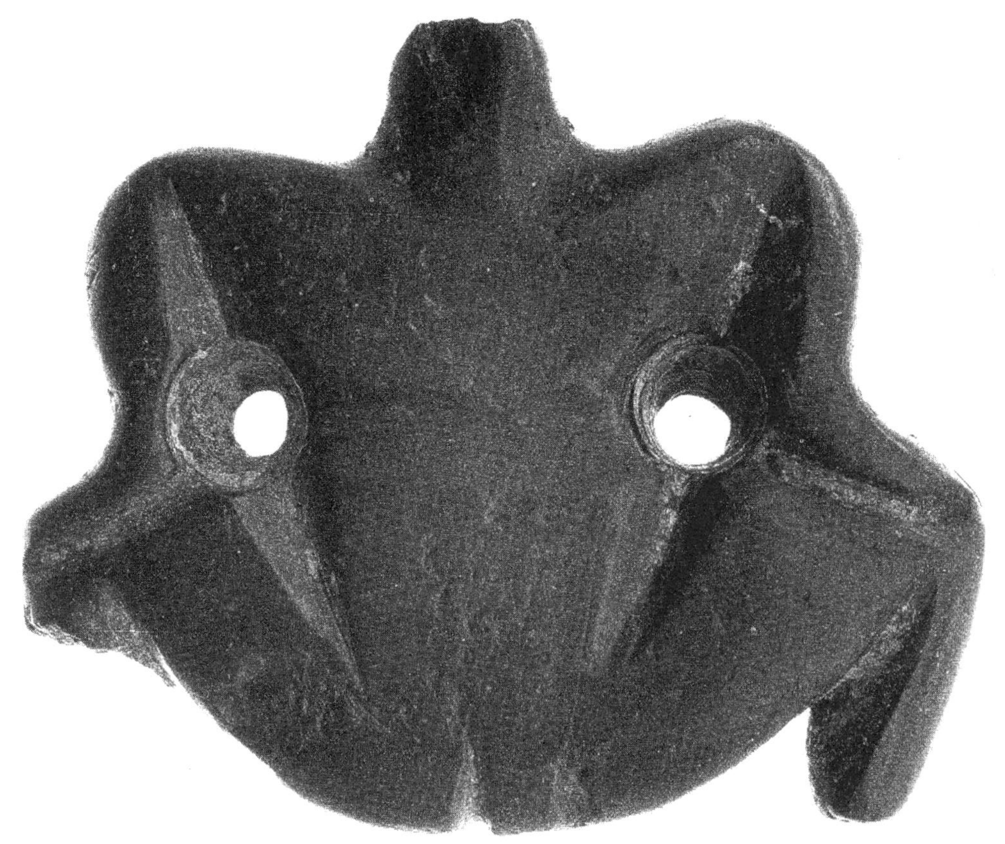

그림 389

그림 388
올드 유럽의 원형 중 하나인 개구리 여신. 검은 돌에 조각하였고 뭔가에 매달기 위해 구멍을 뚫어놓았을 것이다. 초기 세스클로 문화(테살리아의 아킬레이온, 기원전 6300년경). 높이 3.2cm

그림 389
입상 형태의 개구리 여신 테라코타. 고전 빈차 문화(빈차, 기원전 5천년기 전반). 높이 6cm

그림 390

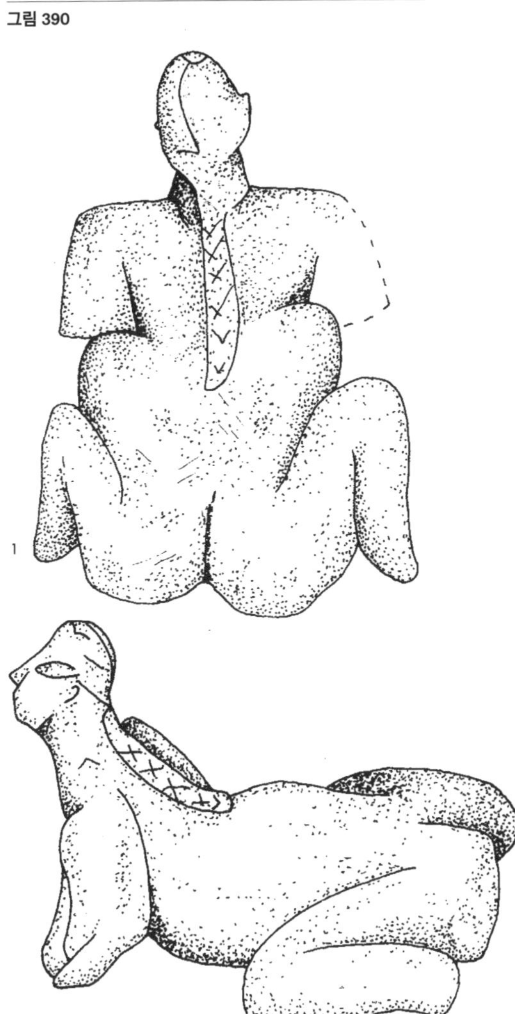

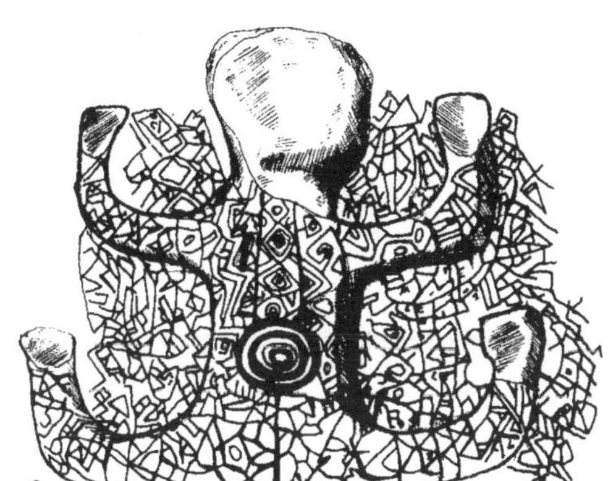

그림 391

그림 390

개구리와 여인이 합성된 재탄생을 상징하는 유물은 아나톨리아에서 빈번히 출토된다.

(1) 개구리 몸에 인간의 음문과 두부가 결합되어 있다. 중부 아나톨리아의 신석기시대(Level Ⅵ, House O-Ⅵ-5, 하실라르, 기원전 6천년기 말기).

(2) 차탈휘윅 벽면의 개구리 여신상 부조. 붉은색, 검은색, 주황색으로 채색. 여신의 배꼽은 동심원으로 표현했으며 배꼽 바로 위부터 가슴 부분까지는 생명의 기둥을 틀로 구획해서 표현했다. 기둥 내부는 마름모 문양이 채우고 있다. 이는 여신이 재탄생의 주제와 연관이 있다는 상징이다. 얼굴은 잘 보존되지 않았다. 중부 아나톨리아의 신석기시대(차탈휘윅 신전 Ⅶ-23, 기원전 7천년기 중기).

(1) 높이 7.5cm

그림 391

양쪽에 손잡이가 달린 항아리에 그려진 개구리 혹은 두꺼비. 몸에 대한 걱정을 자궁이 있는 동물에 담는 것은 널리 퍼져 있던 믿음이었다. 중기 미노아 Ⅰ(크레타의 피아스토스의 첫 번째 궁전 시기, 기원전 2천년기 초기). 높이 12.5cm

그림 392

그림 392

생명의 기둥과 연관된 개구리. 두부는 소용돌이로 묘사했다. 키프로스의 후기 청동기시대 (키프로스의 쿠쿨리아 무덤 번호 9, 기원전 1100년경).

높이 14.1cm

그림 394

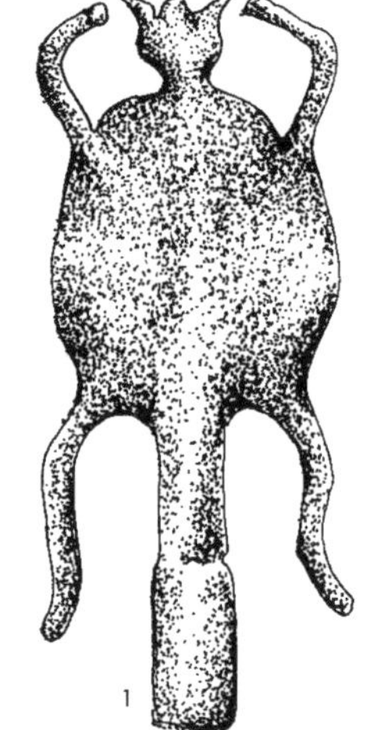

1

그림 394

두부가 재탄생의 상징인 백합으로 표현된 두꺼비.

(1) 나무 묘비석(리투아니아 서부의 니다, 쿠슈네리아, 19세기 말).

(2) 세스클로 테라코타 여신상(세스클로, 기원전 6000년경).

(1) 높이 약 1.6m

(2) 높이 4.5cm

그림 393

1

그림 393

개구리-여인과 여신-음문의 상징이 오랫동안 이어져 내려온 증거.

(1) 바바리아의 봉헌 편액 마돈나상의 뒤와 옆에 음문이 있는 개구리가 있다(독일 남부의 바바리아, 1811년).

(2) 이 봉납물은 은으로 만들어졌으며 인간의 두부를 지닌 개구리상이다. 19세기 말 (암메르제 호수의 안덱스 수도원에서 발견)

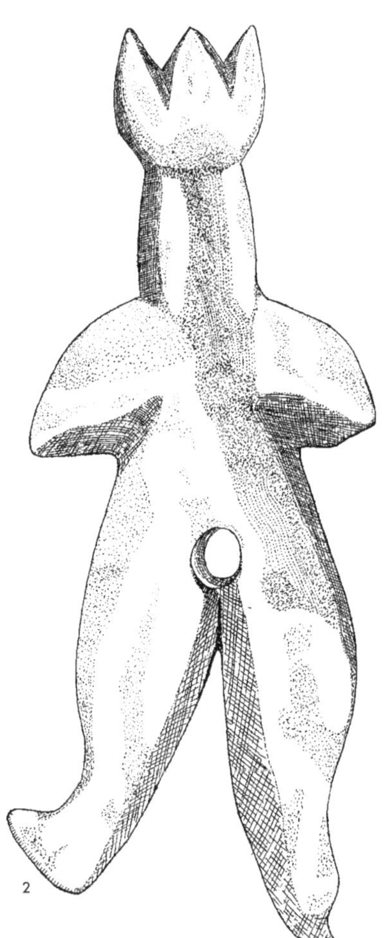

2

2

가 패널 내부에 그려져 있다. 이 패널은 그물망으로 채워진 마름모 패턴 패널과 지그재그 문양으로 채워진 패널들과 서로 어우러진다(그림 392). 근대 유물에서도 놀랍도록 유사한 이미지가 관찰된다. 바바리아 지역의 한 교회에서 발견한 액자를 보면 등에 커다란 인간의 음문이 있는 두꺼비가 등장한다. 시기는 기원후 1811년으로 판명되었는데, 두꺼비 옆에는 마돈나상이 묘사되어 있다(그림 393-1). 독일에서는 20세기까지도 자궁에 문제가 있는 여인들이 성모 마리아에게 두꺼비 이미지를 봉헌하는 전통이 있었다(그림 393-2).

19세기 리투아니아에서는 묘비석 대신 나무로 두꺼비 형상을 만들어 세웠다. 두꺼비 머리 부분은 새 생명의 상징인 백합으로 묘사했는데, 머리로부터 막 꽃봉오리를 터뜨리려는 형상이다(그림 394-1). 시베리아 북동부의 아무르 강 하류 사할린 지역 니크스에서는 힘든 시기마다 새싹과 결합된 두꺼비 이미지를 그렸는데, 죽은 자를 위해 행하는 기념 의례 때 이 형상을 만들었다(Black 1973). 이런 두꺼비와 새싹을 함께 묘사한 시기는 신석기시대 초기로 거슬러 올라간다. 오랫동안 살아남은 이 상징 결합은 두꺼비 형상의 여신상에 새싹이나 꽃봉오리 형상 두부가 결합된 것이 전형적인 이미지이다. 기원전 6000~5800년경 세스클로에서도 이 결합에 해당하는 놀라운 유물이 발견되었다(그림 394-2). 개구리와 생명을 부여하는 힘을 결부시키는 경우는 게르만의 개구리 여신인 홀라/홀레의 역할에서도 잘 드러난다. 여신은 동굴이나 습지 아니면 연못이나 우물 같은 데 산다. 개구리로 위장한 여신 홀라는 생명의 상징인 빨간 사과가 우물에 떨어지면 이 사과를 땅으로 다시 가져다준다(Rüttner-Cova 1986: 79쪽).

선사시대에는 양식화된 막대기 형상의 개구리가 토기 문양으로 자주 등장한다. 양식화하는 과정에서 점차 변하여 사람 모양이 된 개구리와는 사뭇 거리가 먼 형태의 디자인으로까지 발전했다(그림 395). 이 기하학적으로 진화한 개구리 모티프는 특별히 이탈리아 남부의 신석기시대 토기, 중부 유럽의 줄무늬토기 문화, 크레타의 초기 청동기시대 토기에서 빈번히 관찰된다(그림 396). 작게 만든 개구리 여신 부적들이나 이 문양이 등장하는 빈도수가 올드 유럽의 신앙체계에서 개구리 여신의 비중을 방증한다.

개구리처럼 몸을 앞쪽으로 둥글게 만 채 양

그림 395

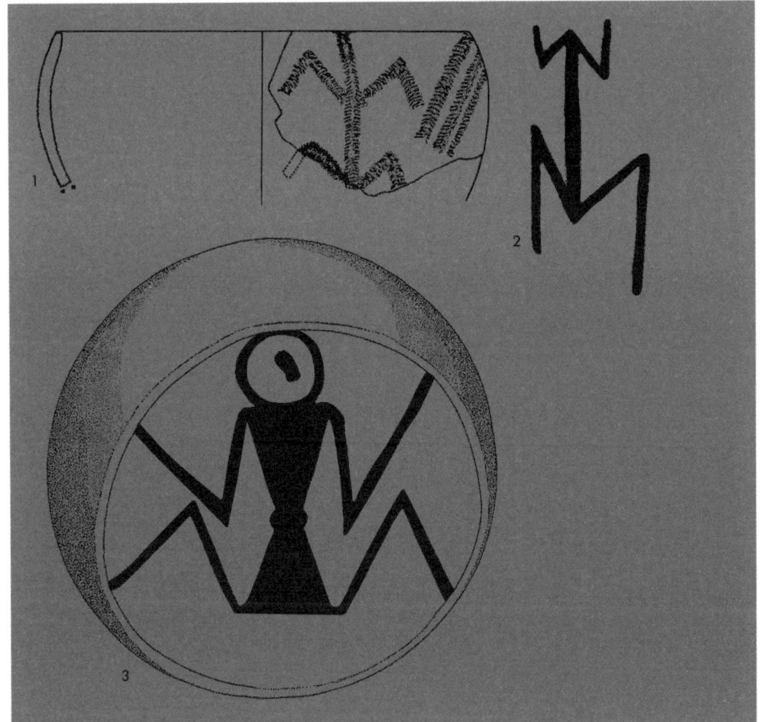

그림 395
올드 유럽을 통틀어 전 시기에 등장하는 직선으로 양식화된 개구리.
(1) 후반기 임프레소 문화 항아리 문양(이탈리아 남동부의 멜피, 기원전 6천년기 전반).
(2) 초기 궁전 시기 토로스 무덤에서 출토된 토기 문양(크레타 남부의 레베나, 기원전 3천년기 중기).
(3) 후기 미노아 III의 토기 문양(크레타 동부의 미르시니, 기원전 14세기).
(2) 높이 5.7cm
(3) 높이 5.8cm

그림 396

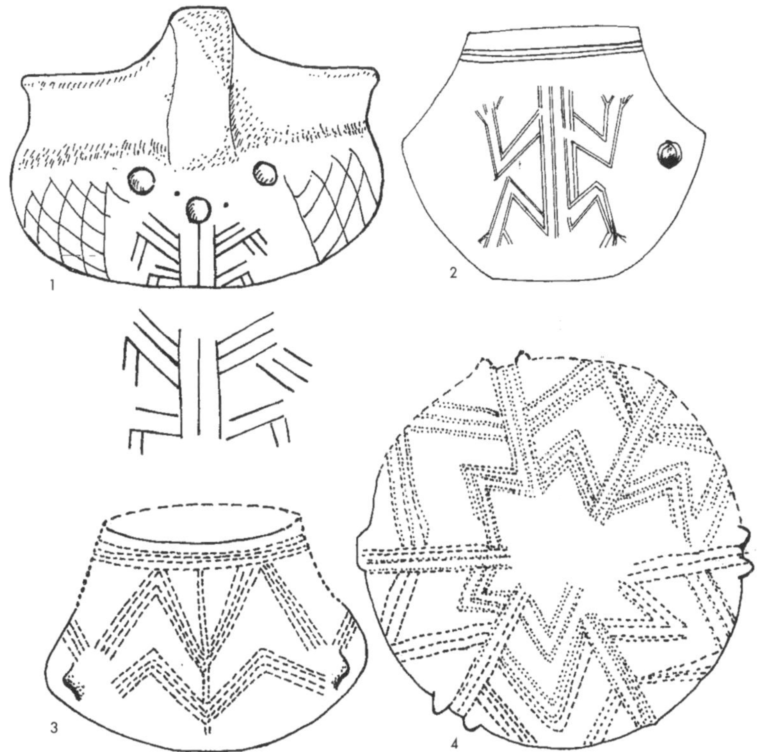

그림 396
중부 유럽에서 출토된 양식화된 개구리 문양이 있는 토기. 줄무늬토기 문화(기원전 5천년기 초기).
(1) 독일의 할레-트로타.
(2) 보헤미아의 노바 베스.
(3) 독일 동부의 로크비츠.
(4) 독일 동부의 드레스덴.
(1) 높이 4.4cm
(2) 높이 10.2cm
(3) 높이 11.2cm
(4) 높이 21.2cm

손을 외음부에 대고 음부를 둥글게 벌리는 이미지가 아일랜드와 스코틀랜드 그리고 잉글랜드에 있는 중세의 성이나 교회에서 쉽게 눈에 띈다. 이 이미지는 대체로 성이나 교회 출입구에 장식되어 있는데(Murray 1934: 93쪽), 이 중 잘 알려진 이미지로 셰일라-나-기그스를 들 수 있다. 그런데 이 이미지의 기원은 선사시대 개구리 여신인 듯하다. 이집트 창조여신 하키트는 여인의 몸에 개구리 머리가 있는 형상이다. 여신을 나타내는 상형문자도 개구리다(Deonna 1952: 239쪽). 고대 그리스의 헤카테 여신의 별칭은 '바우보'인데 이는 두꺼비를 뜻한다(Deonna 1952: 238쪽). 다양한 유럽어에서 두꺼비를 칭하는 단어들은 여신들과 연결된다. 독일어 Hexe, 이탈리아 방언 fata, 폴란드어 czarownica, 우크라이나어 bosorka, 세르보크로아트어 gatalinka, 그리스어 mantis. 이 단어들의 의미는 '마녀' 아니면 '여자 예언자'다(Alinei 1987: 265쪽).

두꺼비는 또 리투아니아의 죽음과 재생의 여신 라가나에게 신성한 동물이다. 여신이 자신의 모습을 동물로 드러낼 때는 주로 두꺼비로 나타낸다. 심지어 20세에 들어서조차도 두꺼비에게 적절한 예를 갖추어 대하지 않으면 여신에게 무례하게 행동한 것만큼이나 위험하다는 민간신앙이 있었다. 회자되는 속담들에도 두꺼비에 대한 민간신앙이 잘 드러난다. 두꺼비에게 침을 뱉으면 두꺼비가 반드시 그를 찾아내서 죽인다. 두꺼비를 화나게 하면 두꺼비가 몸을 부풀리다 터져서 강한 독을 내뿜는다. 두꺼비 독이 사람 몸에 직접 닿으면 몸 전체로 독이 퍼지고 종종 염증이 생겨서 피부가 갈라진다. 두꺼비는 맨손으로 잡아 죽이지 않도록 조심해야 된다. 만일 맨손으로 죽이면 피부에 상처가 나서 피부가 두꺼비처럼 거칠어지고 종기가 난다. 또 두꺼비를 저승사자로 간주했다는 속설도 있다. 만일 두꺼비가 잠자는 사람의 가슴으로 기어올라 사람 몸에서 숨을 빨아내면 그는 죽게 된다. 역으로 두꺼비에는 치유의 힘이 있다는 속설도 있다. 종기에 두꺼비를 올려놓으면 두꺼비가 종기를 빨아 치료가 된다(Gimbutas 1984; 1985). 현대 미국 민담에서도 사마귀를 만드는 것은 두꺼비라 한다. 바바리아 고산지대에서는 지금도 성모 마리아의 날인 8월 15일과 9월 8일에 두꺼비를 죽이면 특별한 치유력을 경험한다는 믿음이 있다. 그런데 이 두 날을 제외한 나머지 날들에 두꺼비를 죽이면 이는 치명적이다. 이 신성한 날 두꺼비를 잡아 문에 걸어두면 식구들이나 가축이 병이나 죽음으로부터 보호받을 수 있다(Rüttner-Cova 1986: 163쪽).

두꺼비가 죽음과 재생의 여신의 힘을 체현하기에 여신의 기능인 죽음을 초래하기도 하고 새 생명을 부여하기도 하는 것이다.

23-2. 고슴도치

야행성이고 겨울이면 동면을 하며, 공 모양인데 온몸이 가시로 뒤덮인 동물이라면 고슴도치이다. 고슴도치는 흔히 달빛 아래서 눈에 잘 띈다. 인류는 초창기부터 고슴도치를 신비의 대상으로 간주했다. 민속에서 달과 관련되는 내용 대다수가 고슴도치에게도 해당된다. 고슴도치는 활력을 주고 아름다움을 선사하고 상처를 치유할 뿐 아니라 성생활에도 상당한 영향을 미치는 동물로 간주되었다. 고슴도치의 이미지를 무덤에 안치하는 풍습이 20세기에도 행해졌는데 이 풍속은 고대로부터 이어져 내려왔다. 남부 티롤에서는 이런 풍속이 금세기에도 남아 있었다. 이곳 사람들은 나무로 가시 돋친 공을 만들어 붉게 채색한 다음 무덤이나 교회 안에 안치했다. 이를 자궁을 뜻하는 '우테리(uteri)'라고 부른다(Kriss 1929; Gulder 1962)(그림 397) 자궁과의 관계로 보아 당연히 재생이나 재탄생과 연관된다는 점을 알 수 있는데, 고슴도치와 여신의 관계는 독일어 자궁이라는 단어에서 재차 확인할 수 있다. 해산 후 여전히 부푼 상태로 가시들이 덮여 있는 이미지를 '고슴도치' 혹은 '고슴도치 새끼'라 불렀다. 이런 표현들로부터도 고슴도치와 여신의 연결점을 인식할 수 있다. 몰타에 "우리는 전부 고슴도치의 자식들이다"라는 속담이 있다(Cassar-Pullicino 1976: 170쪽).

고슴도치/자궁 연결은 아주 오래전부터 내려오던 전통으로 농업의 도래보다 훨씬 더 오래되었을 것이다. 후기 구석기시대 동굴들에서부터 이미 등장하는데 동굴벽화에 등장하는 이미지는 가시 돋친 것도 있고 일부에서는 자궁 같은 문양에 겹선 문양이 관찰된다. 이 동굴들 중에 스페인의 라필레타와 프랑스의 퐁드곰이 포함된다(그림 398). 이것이 고슴도치인지, 자궁인지에 대해서는 아직 결론을

그림 397

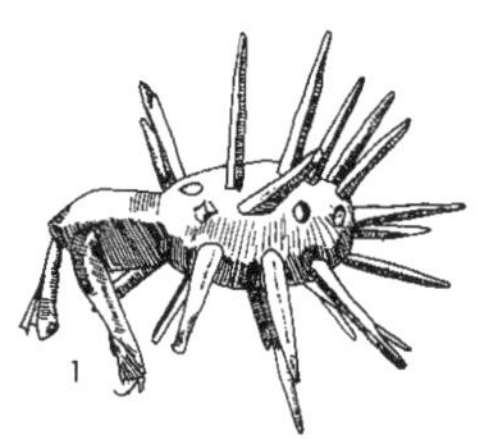

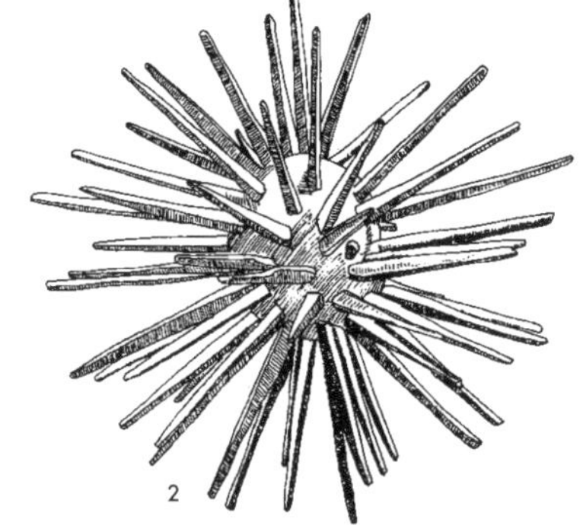

그림 397
나무로 만들어 붉게 칠한 고슴도치. 티롤에서 '우테리(자궁)'라 불렸고 20세기 초까지 무덤이나 교회에서 발견되었다.
(1) 높이 7.5cm
(2) 높이 8.7cm

그림 398

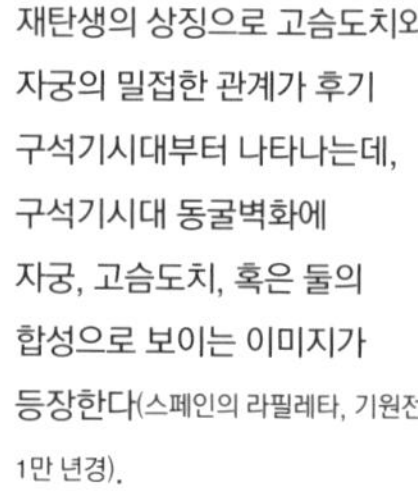

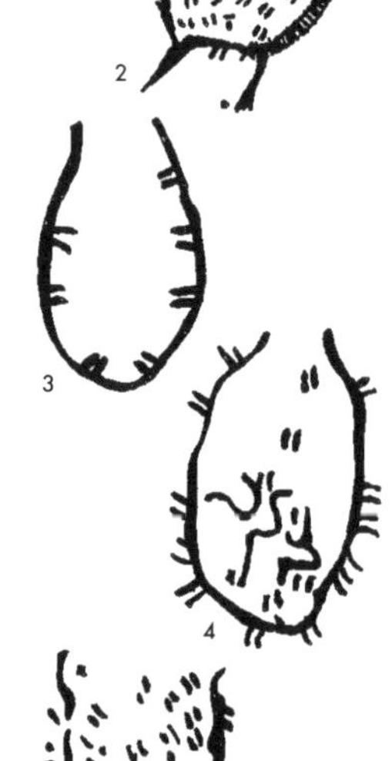

그림 398
재탄생의 상징으로 고슴도치와 자궁의 밀접한 관계가 후기 구석기시대부터 나타나는데, 구석기시대 동굴벽화에 자궁, 고슴도치, 혹은 둘의 합성으로 보이는 이미지가 등장한다(스페인의 라필레타, 기원전 1만 년경).

그림 399

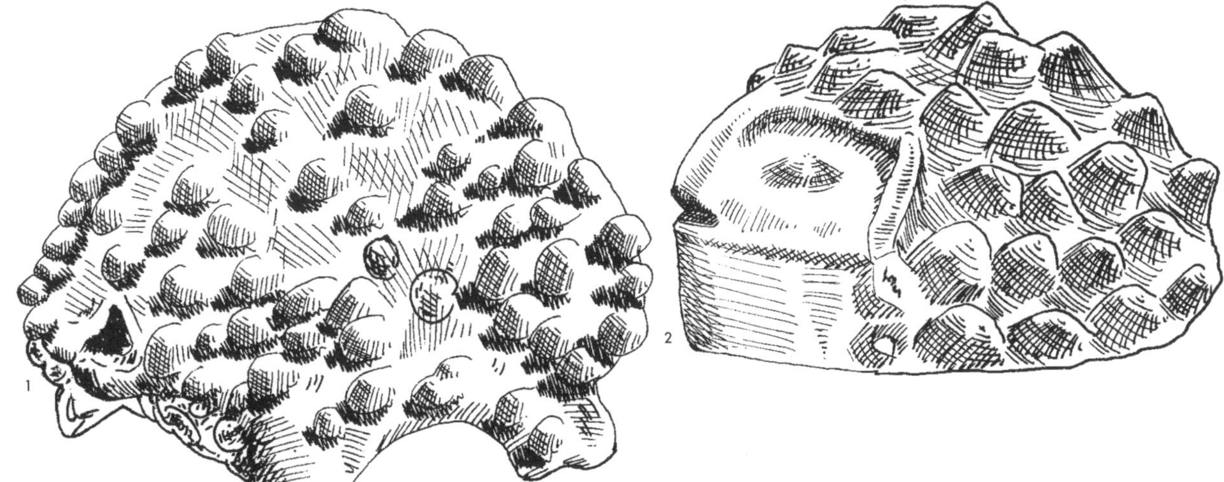

그림 399
올드 유럽의 유물에서 빈번히 등장하는 고슴도치 형상의 항아리 혹은 고슴도치 여신.
(1) 테라코타.
(2) 몸체는 고슴도치, 뚜껑은 여신의 얼굴.
구멜니차의 카라노보 VI.
(1) 루마니아의 라다세니.
(2) 루마니아 남부의 카스치오아렐레(기원전 5천년기 중기).
(1) 높이 7.86cm
(2) 높이 5.1cm

그림 400

1

2

그림 401

1

2

그림 400
올드 유럽에 폭넓게 등장하는 고슴도치와 자궁이 함께 연상되는 이미지.
(1) 등에 뾰족한 돌기들이 있는 테라코타.
구멜니차의 카라노보 VI(루마니아 남부의 라다셰니, 기원전 5천년기 중기).
(2) 고슴도치 테라코타. 쿠쿠테니 A_2(루마니아 북동부의 프루무시카, 기원전 45세기-44세기).
길이 약 8cm

그림 401
고슴도치 (1) 테라코타 두부
(2) 뚜껑에 여신의 얼굴이 있는 고슴도치(그림 399-2).
(1) 빈차 문화(세르비아의 치르노칼라차카바라, 기원전 6000-4500년).
(2) 카라노보 VI/구멜니차(루마니아 남부의 카스치오아렐레, 기원전 5천년기 중기).

내지 못하고 있다.

올드 유럽의 상징체계에서 고슴도치는 확고한 자리를 차지하고 있다. 고슴도치 여신들과 의인화된 뚜껑 있는 고슴도치 항아리, 예를 들어 몸체에 볼록볼록한 돌기들이 있고 뚜껑에 여신의 얼굴이 등장하는 토기들이 렝옐, 티서, 빈차, 카라노보, 쿠쿠테니 문화에서 발굴되었다. 이 중 최고 유물은 카라노보 VI기 문화 유적지(구멜니차)에서 출토되었다(그림 399~401).

미노아와 미케네 예술작품에는 양식화된 고슴도치 테라코타 혹은 토기에 장식된 고슴도치가 등장한다(그림 402). 아름다운 고슴도치 형상의 항아리인데 둥글고 긴 항아리 양끝으로 머리가 하나씩 달려 있고 몸체에는 흐르는 나선형 문양이 장식된 유물이 라스새므라에 있는 기원전 14세기 묘지에서 출토되었다(그림 403). 기원전 9세기부터 6세기까지 그리스, 로도스 섬, 에트루리아에서 고슴도치 형상의 옹관이 출토되었는데, 특히 이 옹관은 아기의 관으로 사용되었다(그림 404). 고슴도치라는 상징을 통해서 다시 한번 자궁과 재탄생을 위한 무덤은 일치한다는 점을 확인하게 된다.

23-3. 물고기

선사시대 동안 물고기와 여신의 자궁은 상동관계였다. 이 특별한 짝은 기원전 700~675년경 보이오티아 토기 그림에 등장하는 아르테미스 여신의 이미지에 자세하게 드러난다. 여기 여신의 자궁 안에 물고기가 들어 있다(그림 405). 다른 토기들에 묘사된 동일한 여신 이미지에는 물고기 대신 그물망 패턴이 구획된 틀 안에 장식되어 있다. 이 문양은 분명 생명을 부여하는 양수를 나타낸다. 이렇게 어울리는 표현들에서 물고기-그물망-물은 개념적으로 서로 연관된다는 점이 드러난다. 선사시대 중에서도 더 오래된 시기의 유물에는 물고기가 사는 물과 자궁의 물이 상동관계로 표현되어 있다.

후기 구석기시대 유물을 보면, 물고기는 물의 상징인 지그재그, 하천, 그물망 문양과 연관되고 남근하고도 연관된다(그림 406)(그림 130 참조: Marshark 1972: 그림 194, 198; Marshart 1981, Cologne Symposium ns

그림 402

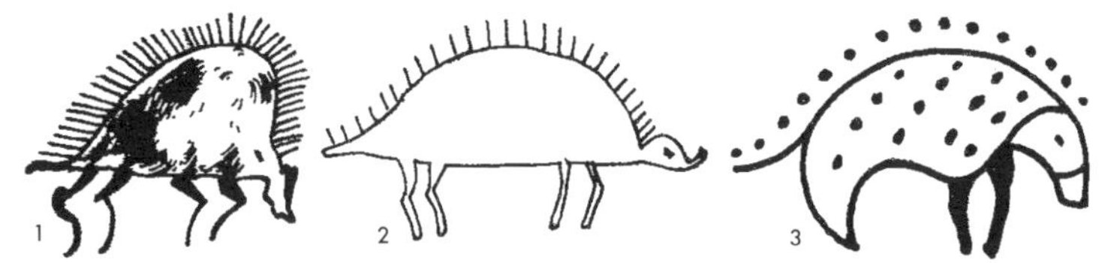

그림 402
미케네의 양식화된 고슴도치. 기원전 12세기의 미케네 IIIC-1 토기의 그림.

그림 403

그림 403
두 개의 머리가 달려 있고, 나선형 문양이 뒤덮고 있는 고슴도치 항아리. 미케네 무몐(지중해 동부의 라스새므라, 기원전 14세기).
높이 약 20cm

그림 404

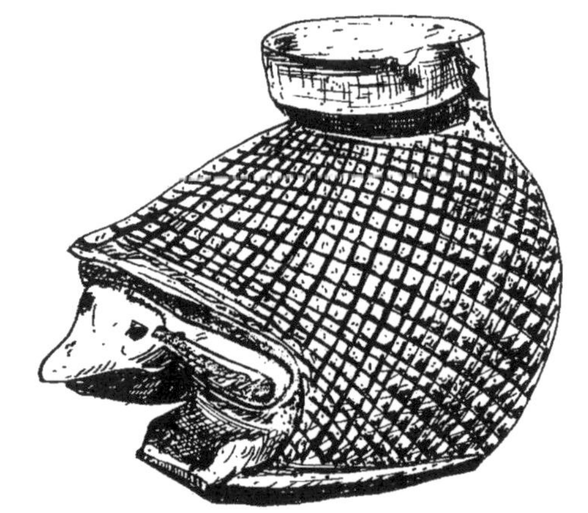

그림 404
아기를 위한 고슴도치 모양의 옹관을 통해 고슴도치와 자궁의 연관성을 엿볼 수 있는 유물. 그리스 기하학 시기(로도스의 카메이로스, 기원전 8세기).
높이 16.2cm

그림 405

그림 405
여신의 자궁은 곧 물고기라는 등식이 보이오티아 알 모양의 항아리에서 선명하게 드러난다. 무덤에서 출토된 이 토기에 재탄생을 뜻하는 문양들이 장식되어 있는데, 한 면에는 자궁 안에 물고기가 들어 있는 여신 이미지가 등장하고 이 주변을 동물, 새, 소용돌이, 수소 머리, 자궁, 쐐기 문양들이 에워싸고 있다. 이 이미지 아래쪽으로 뱀과 다중의 호가 올라온다.
다른 면에서 이 여신은 새로 등장한다. 날개를 활짝 펼치고 있는 새 몸체는 그물망 패턴이 장식된 물고기로 보인다. 새, 소용돌이, 흐르는 나선, 초승달, 삼각형 속의 그물망, 산토끼가 둘레를 에워싸고 있다. 초기 기하학 시기/초기 아르카익 시기(그리스 중부의 테베 부근, 기원전 700-675년).
높이 86.5cm

그림 406

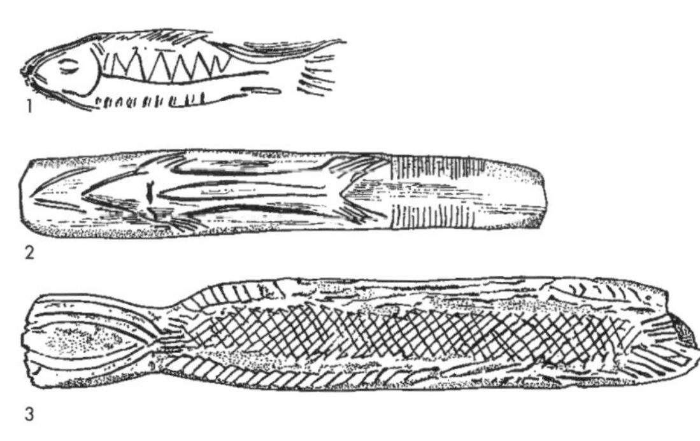

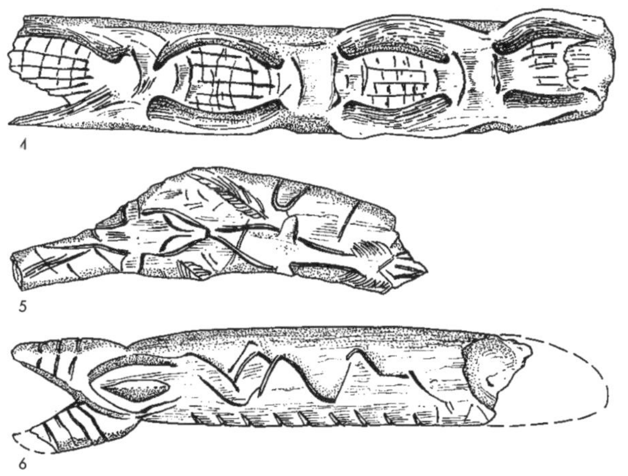

그림 406
프랑스 남부와 스페인 북부의 후기 구석기시대 막달레니앙기 뼈 유물. 물고기가 '도래'의 상징이기에 음문, 자궁, 그물망, 지그재그, 나선, 평행선, 새싹과 함께 어우러진다.
(1)과 (4)는 도르도뉴의 마들렌느.
(2) 르수시.
(3) 산탄데르의 엘펜도.
(5) 도르도뉴의 로주리바스.
(6) 아리에주의 르마스다질.
(1) 높이 1.3cm
(2) 높이 2.1cm
(3) 높이 1.8cm
(4) 높이 2.4cm
(5) 높이 1.7cm
(6) 높이 2.2cm

그림 407

참조). 또 물고기는 초봄을 상징하는 새싹, 태아, 이벡세스와 함께 등장한다(Marshack 1972: 169~179쪽).

이미 살펴보았듯이 그물망 패턴은 자궁 모양, 자궁 부위 삼각형, 다이아몬드 모양 내부에 가장 빈번하게 장식된다(그림 133~140 참조). 물고기는 석기시대 초기인 준구석기와 중석기에 출토된 돌, 사슴뿔, 뼈 유물에 등장한다. 여기서 둥근 몸을 각지게 표현한 이유는 이미 앞에서 살펴보았듯이, 물고기와 음문 혹은 자궁을 자궁 부위의 두 개의 삼각형을 결합하여 만든 마름모와 동형관계에 있다고 보았기 때문인 듯하다. 이탈리아 가반 동굴에서 출토된 물고기 형상 혹은 물고기 얼굴 형상을 한 자갈돌 여신상에서도 이런 상관관계를 볼 수 있다(그림 139). 이 유물은 그물망 패턴 아래에 X자 문양이 있다. 파리 분지 동굴과 사르데냐 지하 무덤에서 사각 그물과 X자 문양들이 관찰된다.

기원전 7천년기 중기부터 6천년기 초기 유물로 측정된 발칸의 아이언 게이트 지역의 레펜스키비르 유적지에서 사람 형상의 장엄한 물고기 여신이 발굴되었다(앞에서 이 유적지의 삼각 신전에 대해서는 언급했다. 그림 242~244 참조). 자궁 모양 제대의 머리 부위에 붉은 석회로 칠한 바닥 위에 붉은 사암으로 조각한 유물 쉰네 점이 놓여 있었다. 이들 대부분은 강가에서 찾을 수 있는 자연스러운 알 모양 자갈에 조각한 상태인데, 크기는 사람 두개골의 두 배 정도이다. 일부 자갈에는 장식이 없으나 나머지에는 미궁이나 물 문양이 장식되어 있다. 이 중 열다섯 개는 반인 반어 형상이다(그림 407). 이들의 응시하는 눈과 양끝이 아래쪽으로 살짝 처지고 벌려 있는 입은 물고기와 놀라울 만큼 닮았다(그림 408). 이 조각상 중 상당수에는 얼굴 아래에 서로 연결된 다이아몬드 모양 띠와 쐐기, 지그재그, 기둥 문양이 새겨져 있다.

물고기 여신이 재탄생의 힘을 가진 원시 창조주일까? 조각상과 다른 숭배 대상물을 볼 때, 희생 제물이나 미궁 디자인을 통해 우리는 이 여신이 생명과 죽음의 여신이자 동시에 재탄생을 관장하는 자궁의 여신이라는 사실을 알 수 있다. 당시 레펜스키비르에 살던 사람들에게 주요한 활동은 희생 제의나 의례와 관련된 예술품을 만들고 장례와 연관된 신성한 제의 도구를 만드는 것이었다. 이 유적지 초기 상들에서는 개 유골이 대단히 많이 발견되었다. 고동물학자들은 이 현상을 의아해하는데, 당시는 가축 떼를 돌보거나 지키는 개가 필요하지 않던

그림 407
음문과 젖가슴, 새 발 모양의 손이 특징인 물고기 여신. 장례와 연결된 레펜스키비르의 신성한 유적지를 주도하는 여신이며 붉은 사암으로 만들어졌다. 아이언 게이트, 레펜스키비르 II(기원전 6000~5800년).
(1) 높이 51cm
(2) 높이 38cm

그림 408
레펜스키비르에서 출토된 물고기 얼굴을 한 조각상들 다수에 미궁이 표현되어 있다. 미궁이 그려진 자리는 붉은 채색. 레펜스키비르 I과 II. 신전 28과 47, 기원전 6000~5800년.
(1) 높이 36.5cm
(2) 길이 27cm

그림 408

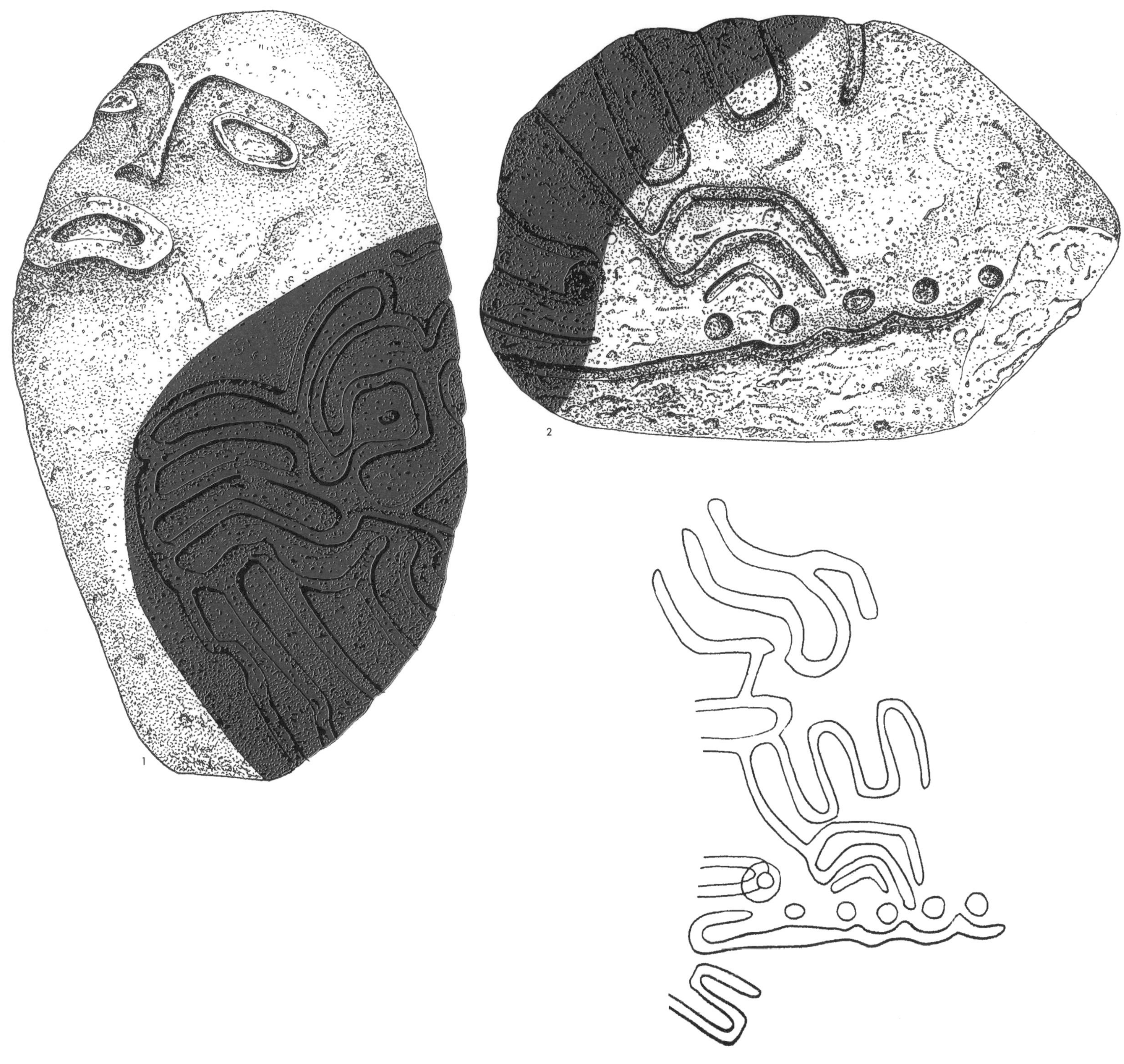

시기였기 때문이다. 그런데도 이토록 많은 개 유골이 출토된다는 사실에 놀라지 않을 수 없다. 개 뼈들이 부서지지 않은 상태인데 아마도 식용으로 기르진 않았을 것이다. 손상되지 않는 유골이 해부학적인 순서대로 배열되어 있는 경우도 있다(Bökönyi 1970). 이 유적지의 전체 층에서 거대한 물고기 뼈들이 출토된다. 이 중 놀라울 만큼 큰 메기 뼈가 발견되었는데 무게는 140~180킬로그램이다. 스무 개 신전에서 붉은 사슴 두개골, 개나 멧돼지 견갑골이 발견되었다.

레펜스키비르에서 희생제물로 바쳤던 동물들은 물고기, 사슴, 개, 멧돼지였다. 선사시대와 역사시대 초기에 특히 사슴과 물고기는 생명을 부여하는 여신, 개와 멧돼지는 죽음의 여신과 연관된다. 주요 숭배 대상이었던 신은 물고기 여신이었다. 유물들의 배치 현황을 통해서도, 당시 여신의 중요성을 확인할 수 있는데, 레펜스키비르 유적지의 오른쪽 위쪽 자리에 물고기가 풍성하게 놓여 있고, 앞쪽으로는 신비한 소용돌이 문양이 묘사되어 있다. 1965년 이 유물을 발굴한 D. 스레요비츠는 레펜스키비르에서 출토된 조각상들에 이름을 붙였다. 그 이름들은 종족의 시조와 아담, 크로노스, 메르만, 다누비누스, 바바리안 등이었다. 그런데 이 이름들은 유물에 등장하는 물고기, 자궁 모양, 흑단을 칠한 젖가슴, 구불구불한 산도인 미궁의 상징적 의미를 완전히 무시한 것이다.

블라사츠의 초기 중석기 정착지(기원전 7천년기 초기)에서는 직경 8~14센티미터인, 구형과 알 모양 자갈돌 스물여덟 개가 발견되었다. 이 돌들에는 황토 칠이 되어 있다. 위치는 다뉴브 강을 따라 내려가 레펜스키비르에서 3킬로미터 떨어진 지점이다(Srejović과 Letica 1978: 153쪽). 비록 신의 특징이 표현되어 있지는 않지만 이 유물은 생명이 재탄생할 수 있는 자궁이나 알 상징과 연관이 있다. 알 모양 자갈돌에 붉은 칠을 한 이유는 무엇일까? 장례 때 죽은 자에게 황토를 뿌리던 행위에서 실마리를 찾아볼 수 있을 듯하다. 이런 상징적 유사점을 20세기 무덤에서 발견되는 '우테리'나 '고슴도치'라 부르는 붉게 칠한 뾰족한 침이 달린 공의 배치에서도 볼 수 있다. 기원전 3세기~2세기 에트루스칸 무덤에서는 남근, 간, 내장, 삼각 음문 옆에 점토로 만든 자연스러운 형태의 자궁이 놓여 있었다.

그림 409

그림 409
훨씬 후대에 출토된 중기 미노아 문명의 항아리. 물고기와 구불거리는 뱀 이미지로 장식되어 있다. 물고기 입에서 자궁이나 부레가 나온다. 이어지는 나선과 물결은 물의 상징이며, 왼쪽 나선에 부착되어 있는 것은 자궁을 표현한 것이다. 회갈색 바탕에 흰색과 노란색으로 채색.
초기 궁전 시기(크레타의 파이스토스, 기원전 2000~1700년).
높이 34.7cm

물고기-자궁-물 상징은 이후에도 계속 등장하지만, 기념비적인 물고기 여신상은 출토되지 않았다. 현재까지 발굴된 유물로 볼 때는 레펜스키비르에서 발굴한 상이 유일한 물고기 여신상이다. 그렇지만 이후 신석기시대와 순동기시대 숭배물에서도 물고기 형상을 한 의례용 토기들이 발견되기에, 물고기의 상징적 중요성은 계속 이어진다는 사실을 알 수 있다. 몰타의 지하 무덤에 점토로 만든 물고기가 마치 유명한 잠자는 여신처럼 미니 제단 위에 놓여 있었다. 타르시엔기 사원인 부기바에는 물고기가 제대석에 새겨져 있다(발레타의 고고학 박물관).

물고기-자궁-물의 연관성은 미노아 문명의 항아리 그리고 석관의 장식에서도 명백하다. 좋은 예가 초기 궁전 시기 파이스토스에서 출토된 커다란 토기에 등장하는 그림이다. 물고기 입에 태아 같은 생명의 힘이 잉태된 자궁이 달려 있고 자궁 안에 잉태된 태아 위아래에 그물망 문양이 보이는데, 이는 생명을 부여하는 물을 뜻한다(그림 409). 이 그림 옆에는 흐르는 나선이 있고 여기에는 작은 자궁 아니면 부레 같은 것이 부착되어 있다. 키프로스 키티온에서 발견된 기원전 13세기 말의 접시에는 중앙에 뱀 똬리 문양이 있고 둘레에는 물고기, 지그재그, 마름모 안의 그물망 문양들이 있다(Courtois 1969: XXI).

물고기와 자궁 모티프가 후기 궁전 시기 석관에서는 흔하다(그림 410). 이들은 한 면에 단일 이미지로 등장하기도 하고 종종 신성한 뿔, 나비, 식물, 조개와 함께 어우러지기도 한다. 그런데 여기 등장하는 모든 상징들은 죽음의 순간, 바로 이 자리가 새 생명의 힘이 솟아나는 자리라는 점을 확인한다.

그리스어 delphi(돌고래)와 delphys(자궁)는 연결되어 있다. 이 의미론 차원의 연관성은 분명 자궁과 물고기의 밀접한 연관성을 방증한다.

그림 410

그림 410
미노아 문명의 석관에 빈번히 등장하는 물고기 자궁 모티프. 연결된 호와 나선의 기둥을 지니는 패널, 삼선 문양이 있는 패널로 구성되어 있다. 후기 궁전 시기(크레타 서부의 아르메노이, 기원전 1100년경).

후기 미노아 문명의 석관 장식으로, 재탄생하는 생명의 즐거움을 묘사했다. 그림 431 참조.

24. 수소, 벌, 나비

자궁과 수소는 재탄생의 물과 동일시되었다. 창조 과정에서 이는 중요한 역할을 했는데 구체적으로 말하면 희생제물이었다. 희생된 수소의 몸이나 버크라니움(소의 두개골을 본뜬 장식 조각)에서 새 생명이 나오는데, 여기서 여신은 꽃, 나무, 물기둥, 벌, 나비의 상징으로 등장한다.

거대한 들소 뿔이 상징적인 의미를 지녔던 시기는 신석기시대 훨씬 이전으로 거슬러 올라간다. 로셀, 도르도뉴의 페리고르디안기/그라벳기 동굴 지성소에는 나체 여인(임신한 여신)이 등장하는데 여신은 손에 들소 뿔을 들고 팔을 위로 올리고 있다(그림 216-1; Leroi-Gourhan 1967: 303쪽 그림 270~274; Delporte 1979: 60~66쪽 참조). 들소 뿔이 구석기시대의 다른 유적에서는 식물, 씨앗, 쌍 씨앗, 견과류 함께 등장한다(막달레니앙 말기, 라 바슈 유적지의 뼈 유물 참조, Marshack 1972: 174쪽 그림 67). 이미 앞에서 소개한 이미지에서 관찰했듯이, 들소 뿔은 가장 빈번하게 초승달 꼴로 묘사된다(그림 434 참조). 르루아-구랑이 강조했던 것처럼, 구석기시대 예술에서 들소가 얼마나 중요한 비중을 차지했는지를 이 상징이 등장한 자리가 말해준다. 들소 뿔 상징은 언제나 동굴 중앙에 있는 주 패널에 나타난다. 분명 들소와 여신의 친연성 때문일 것이다. 여인과 들소는 둘 다 수태 기간이 아홉 달이라는 사실 또한 이 둘의 관계를 이해하는 데 도움이 될 것이다.

인류가 정착 생활을 시작한 것과 동시에, 근동 지방과 유럽의 예술에 뿔, 버크나리움, 수소 여신상, 수소 모양 토기들이 여기저기 등장한다는 사실을 확인할 수 있다. 기원전 8천년기 이란의 테페 구란의 초기 농경 마을 유물층에서 점토로 만든 미니 버크나리움이 출토되었다(Meldgaard, Mortensen and Thrane 1963: 119쪽). 기원전 7천년기의 차탈휘윅 신전들에도 수소 이미지가 부각되어 있다(Mellaart 1967: 101ff).

도래의 상징들 중, 버크나리움의 역할이 왜 이렇게 강조되는가? 버크나리움과 여신은 왜 이렇게 밀접하게 연관되었던가? 도로시 캐머런(Dorothy Cameron)이 《신석기시대의 죽음과 탄생의 상징 *Symbols of birth and Death in the Neolithic Era*》에서 강조했듯이, 이 질문에 대한 열쇠는 여성의 자궁과 나팔관이 수소 뿔과 놀라울 정도로 닮았다는 점에서 찾을 수 있을 것이다(Cameron 1981a: 4, 5쪽. 저자는 중세 교재에 등장하는 여성의 생식기 그림을 소개했고, 이 책에 그 이미지를 복사했다)(그림 411). 캐머런은 선사시대 사람들이 해부학적으로 이 둘이 유사하다는 점을 매장지를 파헤치면서 알았을 것이라고 주장한다. 그림 411을 보면, 수소 뿔과 두부가 연결된 이미지가 여성의 자궁과 나팔관이 연결된 모양새와 어느 정도 유사한지 확연하게 드러난다. 나팔관은 여성의 신체에서 앞쪽으로 굽어 있다. 나팔관은 신체 위아래로 향하게 할 수 있는데 대체로 아래쪽으로 처져 있다. 그런데 만일 몸을 평평한 바닥에 누인다면 나팔관의 양끝은 위쪽으로 올라간다. 이 자세는 유물 발굴 시에 관찰자가 목격하는 모습과 일치한다. 신석기시대 예술 중에서 수소 두부 유물을 살펴보면, 뿔을 장미꽃이나 별 모양으로 덮어씌운 것이 있다. 이 이미지는 실제 나팔관의 모양과 더욱 닮았다. 이런 유물들을 통해서 당시 인류의 조상들이 어느 정도 해부학적 지식이 있었으리라는 점을 확인할 수 있다. 이 지식을 초기 신석기시대 혹은 심지어 그보다 더 이른 시기에 얻었는지에 대해서는 확실히 입증하기 어려울 것이다. 우리가 확신할 수 있는 사실은, 차탈휘윅 프레스코에 수소/자궁 모티프가 명백하게 드러난다는 점이다. 캐머런의 책에 실린 이미지들에서 이 내용은 훨씬 선명하게 보인다. 여신의 몸 내부에 수소 뿔과 두개골 부위가 선명하게 드러난다(Carmeron, 1981).

그림 411

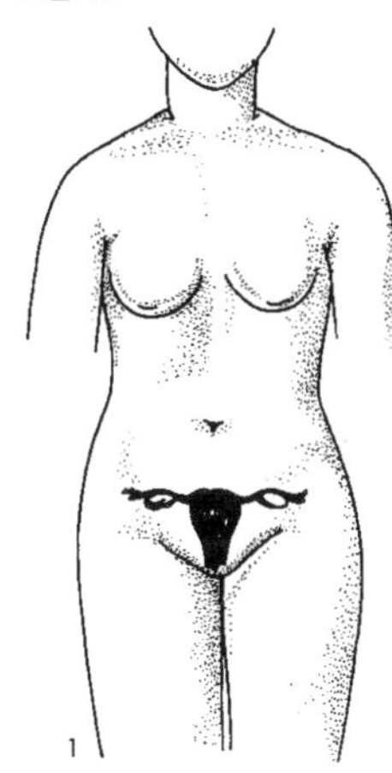

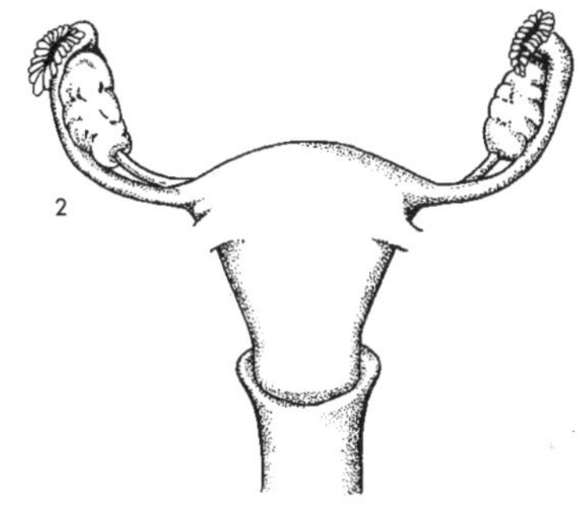

그림 411
올드 유럽 상징에서 수소는 인도-유럽 신화의 수소 이미지와 대조적이다. 인도-유럽 신화에서 수소는 남신이거나 천둥 신의 동물이다. 바로 이 대조적 차이가 수소와 재탄생의 연결 문제를 푸는 실마리가 된다. 올드 유럽에서 이런 이미지는 수소의 두부를 강조한 게 아니라 여성 생식기의 표현이기 때문이다. 이 그림은 1981년에 캐머런이 출판한 중세 책에 등장하는 것이다.

항아리 그림에 수소 두부가 원래 있어야 할 자리인 아랫배 부위에 장식되어 있다(그림 412). 암석에 새겨진 버크나리움들은 때로 거칠기는 하지만 둘레에 인체 형상이 그려져 있고, 혹은 성혈이 자주 등장한다(이탈리아와 프랑스 국경 알프스의 산지, 몬테베고. Conti 1972: 47쪽).

올드 유럽의 상징체계에서 수소가 두드러지는데, 이것은 인도-유럽 상징체계가 의미하는 바와는 완전히 다르다. 인도-유럽 신화에서 강조하는 부분은 수소의 힘이나 남성성이다. 이와 대조적으로 올드 유럽에서는 오히려 수소 두부와 여성 생식기관의 유사성이 부각된다. 따라서 수소는 남신이 아니라 본질적으로 '도래'의 상징이다. 수소와 자궁의 이런 친연성을 통해 수소가 생명의 물, 달, 알, 식물 같은 재탄생이나 발생의 문양들과 함께 등장하는 현상을 훨씬 잘 설명할 수 있다.

이집트 상형문자에서 자궁을 암소 뿔이 둘 달린 이미지로 나타낸다. 이것을 만들어내는 데 도살된 동물들의 해부학적 이미지를 참조했을 것이다.

그림 412

그림 412
자궁을 묘사하는 수소 두부가 사람 모습처럼 표현된 대리석 항아리의 아랫배에 위치한다. 초기 키클라데스 I(지역 미상, 기원전 3000년경). 높이 10.5cm

그림 413

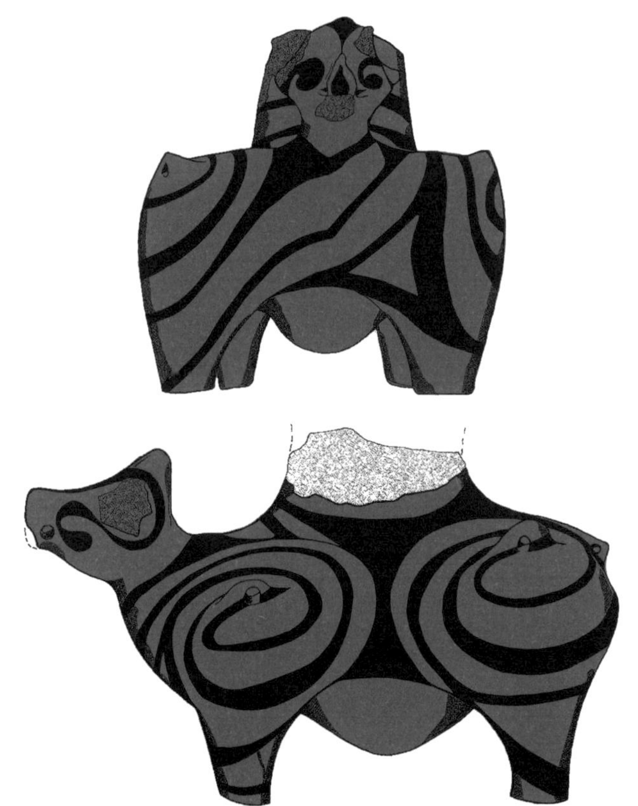

그림 413
수소 모양의 램프. 눈을 뱀 똬리로 표현했으며 등에는 거대한 뱀 똬리 문양이 있다. 이 상징적 연관성은 올드 유럽 토기에 거듭 등장한다. 붉은색 바탕에 검은색으로 채색. 카라노보 문화(그리스 북동부의 시타그로이 III, 기원전 4500-4300년). 높이 10.6cm

24-1. 소와 '도래'의 상징

재탄생이란 죽음에서 새 생명으로 즉각 변형되는 것을 의미한다. 이 재탄생 과정에서 수소가 하는 역할을 차탈휘윅 벽면 프레스코 유물이 가장 인상적으로 드러낸다. 이 프레스코는 신전 전면을 차지한다. 3차원 수소 뿔이 벽면에 부착되어 있고 뿔은 벽에 붙은 돌출된 판에 끼워져 있다. 이들은 죽음의 상징인 콘도르(그림 285, 286 참조)와 멧돼지 턱뼈와 함께 등장하거나 '도래'와 재탄생의 상징들인 알, 소용돌이, 나뭇가지, 손, 다중 지그재그 띠, 애벌레, 벌집, 삼각형, 다이아몬드 문양과 함께 어우러진다. 수소는 여신의 재탄생의 힘을 구체화하는 표현이기에, 수소와 콘도르 머리가 함께 묘사되었다는 점은 전혀 놀랄 일이 아니다. 이 이미지는 기원전 14세기~13세기 미노아 문명의 석관에서도 관찰된다(크레타의 하니아 박물관 소장).

올드 유럽의 토기 그림으로 등장하는 수소나 수소 뿔은 일관되게 뱀 똬리, 집중된 원, 알, 성혈, 반대 방향으로 연결된 나선, 생명의 기둥 같은 힘의 상징들과 함께 등장한다.

기원전 5천년기의 수소 모양 용기와 수소 램프를 보자. 그리스 북동부 시타그로이에서 발굴된 수소 모양 램프를 보면, 살이 많은 부위를 둥글게 감고 있는 뱀 문양이 장식되어 있다(그림 413). 수소의 눈도 뱀 대가리로 표현되어 있다. 구멜니차에서는 몸을 앞으로 숙이고 있는 수소 토기가 발굴되었는데, 가면을 쓰고 있으며 가면 바로 아래에 흑연으로 둥근 반원형 문양을 새겼다. 등 부위에는 뱀 똬리 문양 둘이 대칭적으로 배열되어 있다(그림 414-1). 최근 몰다비아 바슬루이 지역에서 발굴된 토기(기원전 4300~4100년)에는 서로 반대 방향을 향하는 뱀 대가리와 자궁 모티프가 장식되어 있다(Nițu and Mantu 1987). 바바리아 하인하임의 줄무늬토기 유적지에서 작은 수소 항아리가 발굴되었는데 몸체의 둥근 부위에 집중된 원 모티프가 장식되어 있다(그림 414-2). 앞이마에 있는 네 개의 점은 집중된 호 안에도 등장한다. 이는 서로 다른 달의 상을 나타낸 듯하다. 미노아 문명의 유물인 수소 조각상에서는 초승달과 삼각형 문양이 관찰된다. 머리나 앞이마 위의 삼각 문양은 여신의 재생력을 지닌 수소와 연결된다(그림 447-1 지하 무덤에서 수소 뿔 사이의 모래시계 참조).

그림 414

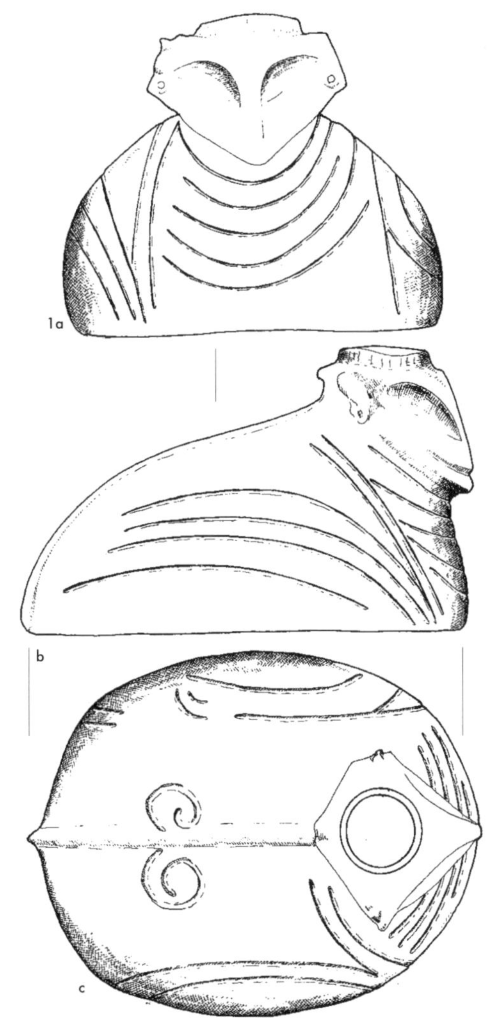

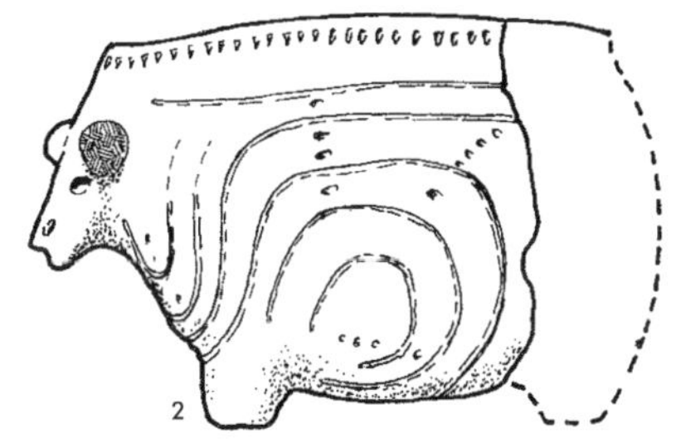

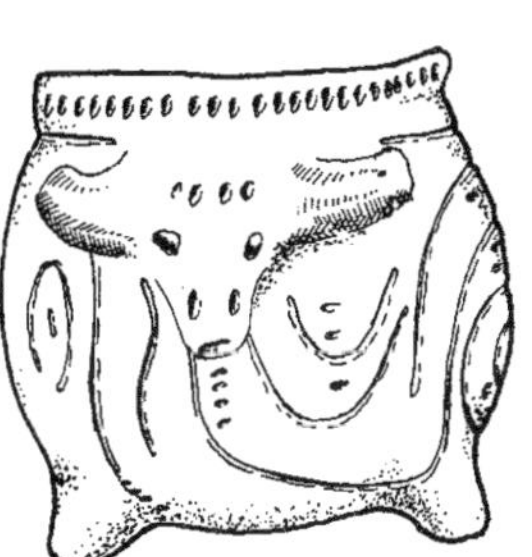

그림 414
재탄생과 에너지의 상징으로 장식된 수소 토기들.
(1) 정면과 양 측면에 집중된 반원이 있으며, 흑연으로 채색되었다.
카라노보 문화(다뉴브 강 하류의 구멜니차, 기원전 4300년경).
(2) 작은 수소 토기에 집중된 원 문양이 반복된다. 앞이마에 네 개의 점이 있으며, 원을 통해 달의 위상을 나타낼 수 있다.
줄무늬토기 문화(바바리아의 하인하임, 기원전 5000년경).
(1) 높이 11.1cm
(2) 높이 6.6cm

그림 415

a

b

그림 415

수소 뿔 내부에 달을 나타내는 사등분 된 원이 있다.

(b) 이 쿠쿠테니 용기는 아래쪽에 쌍 과일과 자궁 형상이, 윗부분에는 흐르는 나선 문양이 보인다. 크림색 바탕에 짙은 갈색으로 채색(루마니아 북동부의 포데이, 기원전 3700~3500년).

루마니아 포데이에서 후기 쿠쿠테니 토기가 출토되었는데 토기 한가운데에 거대한 초승달 형 뿔들이 부조로 등장한다. 그 사이에 보름달의 상징이 등장한다(그림 415). 이 뿔들은 에너지를 일으키는, 반대방향으로 도는 나선 문양들에 둘러싸여 있다.

24-2. 지하 무덤에 등장하는 버크나리움

사르데냐 북서쪽에서 지하 무덤 수백 기가 발굴되었다. 방사성 탄소 연대 측정 결과 일부는 기원전 4천년기 유물로 판명되었고, 나머지는 기원전 3천년기 무덤으로 보인다(Tanda 1977). 이 무덤들 내부 벽면에 버크나리움들이 부조로 등장한다. 버크나리움 부조는 모양이 다양하고 추상화 수준도 많이 다르다. 위치는 대개 문 양쪽이나 장식용 문 위쪽에 배치되어 있다(그림 416). 때로는 초승달 같은 뿔 사이에 알이나 달 문양이 표현되어 있고, 무덤 일부에는 수소 뿔이 집중된 호(보름달?)와 함께 등장한다(그림 417).

신석기시대 정착지 매장지에서 아기나 어린이 무덤 옆에 있는 집의 바닥면 아래에서 뿔 달린 수소 두개골이 한 개에서 많게는 네 개까지 출토되었다. 이것의 중요한 의미는 바로 새 생명의 탄생일 것이다. 헝가리 동쪽의 헤르퍼이에서 최근 유적지가 발굴되었다. 집 내부 벽면에서 양식화된 수소 뿔들이 다량 발견되었는데, 이들은 점토로 만들어졌다. 점토로 만든 오븐 모퉁이에서도 수소 뿔 유물 한 쌍이 출토되었다(Kalicz and Raczky 1984: 135쪽).

이렇게 무덤이나 주거지 바닥 아래에서 발굴된 버크나리움이나 수소 뿔들은 죽은 자의 재탄생에 대한 믿음의 표현이었다.

그림 416

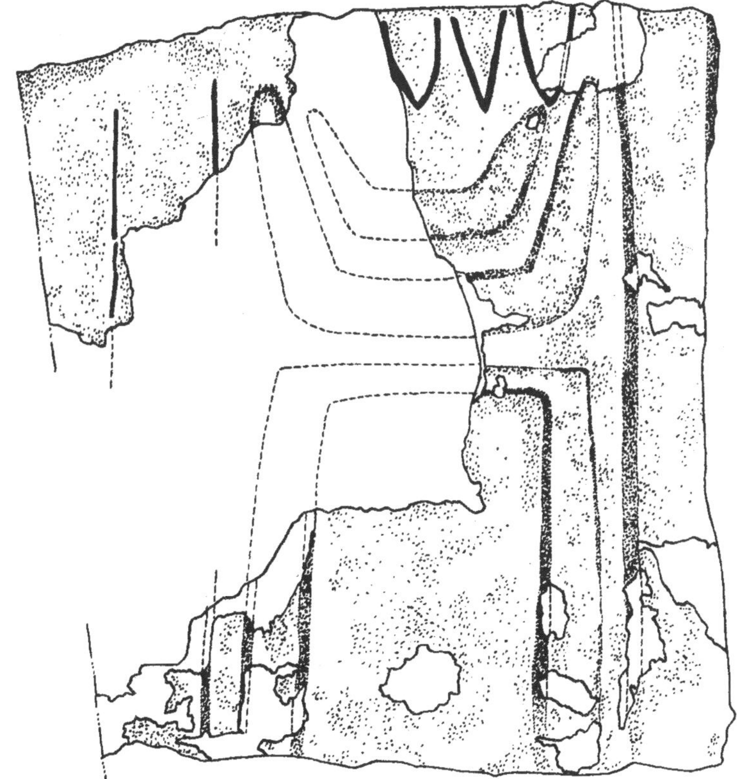

그림 416
지하 무덤에서는 종종 재탄생을 보장하는 소뿔이나 버크나리움이 발굴된다. 뿔은 장식용 문 위쪽에 달려 있고 수소 뿔 위쪽으로 붉은 음문 셋이 등장한다. 사르데냐의 후기 신석기시대(사르데냐 북부의 티시에나리, 기원전 4천년기 후반), 문 높이 50cm

그림 417

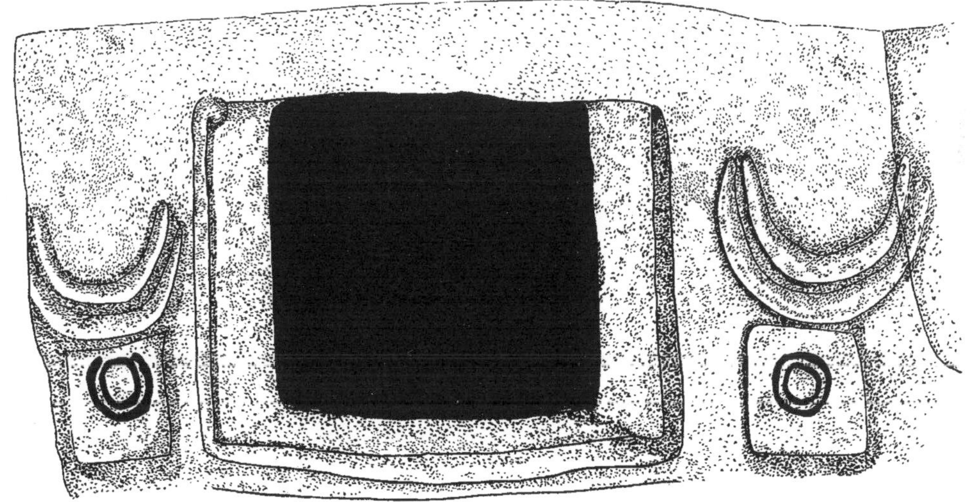

그림 417
지하 무덤 입구 양쪽에 장식된 초승달 모양의 수소 뿔. 뿔은 두 개의 원이 집중된 문양과 어우러져 있다(사르데냐의 안겔루루주, 기원전 4천년기 후반), 높이 98.5cm

24-3. 수소 뿔과 생명의 물

신비로운 생명의 원천이자 우주의 근원적인 요소인 물이 구체적이고 확실하게 땅 위에서 체현된 이미지가 수소 뿔이다. 그리스 신화와 유럽 민담에 호수나 강은 황소와 연관이 있다는 이야기가 무수히 많다. 또 이야기들에 묘사되는 강의 신은 한결같이 수소이다(Nilsson 1972: 10, 11쪽; Ocford Classical Dictionary: River Gods).

리투아니아 민담에 보면, 호수가 수소를 따라가는데 수소가 멈추자, 바로 그 자리에 호수가 태어났다고 전한다. 또 검은 구름이 초원 위에 머물 때 호수가 탄생한다고도 하는데, 우연히 누군가 적절한 단어를 말하면 그 순간 구름이 땅으로 내려와서 호수가 만들어진다는 것이다. 이때 말한 단어가 바로 호수 이름이 된다. 이런 수소-호수의 이름들을 살펴보면 의미론 차원에서 매우 흥미로운 점을 발견하게 된다. 호수 이름들이 수소, 달, 물, 완두콩, 수벌, 뱀과 연관되기 때문이다. 호수 탄생을 기원하는 단어들 중 drones, 즉 Bitinėlis가 있는데 이는 벌이라는 단어 bitė, 즉 'bee'에서 유래되었다. Bamblys와 Pilvinas는 배 부위가 뚱뚱하게 살진 벌, Samanis와 Kamanys는 야생벌의 남성성, Avilys는 벌집, Žirnis는 완두콩, Žaltytis는 잔디 뱀이다(Kerbelytė 1973). 이런 점을 살펴보면, 호수의 이름들이 분명 고대부터 존재했던 수소의 상징에서 유래했다는 사실을 알 수 있다. 일부는 달을 수벌이나 완두콩의 형태와 성장으로 표현하기도 한다.

수소와 물의 동질성은 미노아 문명 조각이나 미케네 문명의 토기 그림에서도 관찰된다. 이 유물에서 수소의 내부는 흔히 그물망 문양이나 평행선, 그물망 패턴, 알 모양 형상으로 채워진다. 이는 아마도 상징적 자궁에 생명을 부여하는 물이나 양수가 채워진 이미지를 나타낼 것이다. 빈차, 렝옐, 폴가르, 쿠쿠테니 문화들에서 작은 수소상들이 물 대야 가운데나 가장자리에 서 있는 유물이 발견된다. 이렇게 미니 수소상이 들어 있는 둥근 대야는 미노아 문명 유물에서도 계속 나타난다.

24-4. 수소 꽃

수소에 내재된 생명의 힘을 선명하게 표현해주는 이미지가 있다. 식물이나 꽃이 수소 몸에서 자라나오는 모습이다. 이러한 믿음은 역사 기록으로도 전해 내려오는데, 비근한 예로 16세기 기록을 들 수 있다. 시몬 그루나우(Simon Grunau)의 《옛 프로이센 연대기*Old Prussian Chronicle*》(1517~1521)에 수록된 내용이다. 저자는 신체 일부가 식물인 유명한 소에 대해 기술하는데, 이 소를 죽이자 식물이 탄생했다고 묘사한다.

> 옛날 누군가 "아우록스(Auroxhs)"라 부르는 야생 소를 발견했다. 이 소는 믿을 수 없을 정도로 컸다. 마늘이 몸 전체를 덮고 있어서 소를 죽이려면 화살로 후두부를 가격해야 했다. 이 마늘에서 '야생 백합'이라는 허브 꽃이 핀다(Lincoln 1986: 199쪽).

쿠쿠테니 문화 유적지에서 두부에 구멍이 있는 소처럼 보이는 상들이 출토되었는데, 이 구멍은 머리에서 식물이나 꽃이 자라는 수소의 이미지를 표현하기 위한 자리일 수 있다. 미케네 문명의 유물에서도 수소의 양뿔 사이에서 생명의 기둥이나 꽃이 자라나오는 이미지가 관찰된다. 그런데 이 "수소 꽃"들이 사실적이지는 않다. 추상화되어 있고 꽃잎은 각기 그물망 패턴, 뿔 모양, 새싹, 집중된 반원 등 다양한 모양을 보인다(그림 418, 419).

크레타의 미노아 궁전 시기부터 이른바 '봉헌의 뿔' 이미지가 등장하는데 이는 앞에 언급한 유물보다 3000년이나 앞선다. 기원전 5000~4000년대의 빈차, 카라노보, 쿠쿠테니 문화에 속하는 여러 유적지에서 뿔 달린 스탠드가 출토되었다. 이 유물은 주기적인 재탄생 의례와 연관이 있는 듯한데, 꽃과 나뭇잎처럼 소멸하기 쉬운 물질을 단단한 뿔 사이에 끼워 재탄생이란 이미지를 표현하였다.

24-5. 벌과 나비를 낳는 수소

재탄생 개념을 극적으로 깨닫게 해주는 이미지가 있는데, 희생된 수소의 몸에서 새로운 생명이 탄생하는 장면이다. 이 이미지는 주기적으로 되풀이되는 생명을 잉태하는 물의 기능을 나타낸다. 수소의 상징 또한 같은 의미이다. 이 특별한 장면은 마치 동물의 사체에서 갑자기 곤충 떼가 나오는 것처럼, 눈으로 볼 수는 있지만 불가사의한 자연현상이다. 자연 발생에 관한 이런 개념은 19세기 중반까지 사라지지 않고 남아 있었다.

곤충-수소-도래하는 새 생명의 관계는 로마 시대 오비디우스, 베르길리우스, 포르피리오스의 저작에서도 찾아볼 수 있다(Ransom 1937: 107~114쪽). 다음 기록에서 고대 신석기시대 사람들의 믿음을 반추해볼 수 있다.

> 달, 즉 아르테미스 여신의 영역은 새로운 탄생을 가능하게 하는데, 고대인들은 달을 멜리사(벌)라 불렀다. 달이 수소이기 때문에 달이 떠오르는 건 수소가 떠오르는 것이다. 또 수소가 벌을 잉태한다. 지구로 오는 영혼들을 수소가 잉태한다(Porphyry, *De ant. Nym*, 18쪽).

기원전 3500년경 쿠쿠테니 문화 유적지에 속하는 빌체즐로테에서 뼈 유물이 출토되었는데 여기에 수소 두부가 새겨져 있다(그림 420). 여신의 몸은 모래시계다. 위로 들어 올린 팔은 끝 지점에서 두 갈래로 갈라지고, 수소 머리에는 점이 하나 있다. 이렇게 벌이나 나비로 여신의 현현을 표현하던 전통은 이보다 수천 년 전으로 거슬러 올라간다. 기원전 6500년경 차탈휘윅 신전 A VI-6 벽화에 수소 머리가 묘사되어 있고 바로 옆에 나비 문양이 등장한다. 소용돌이 문양도 관찰된다. 기원전 5000년경 중부 유럽의 줄무늬토기 문화 접시에도 나비 문양과 소용돌이 문양이 결합된 이미지가 등장한다(그림 421).

그림 418

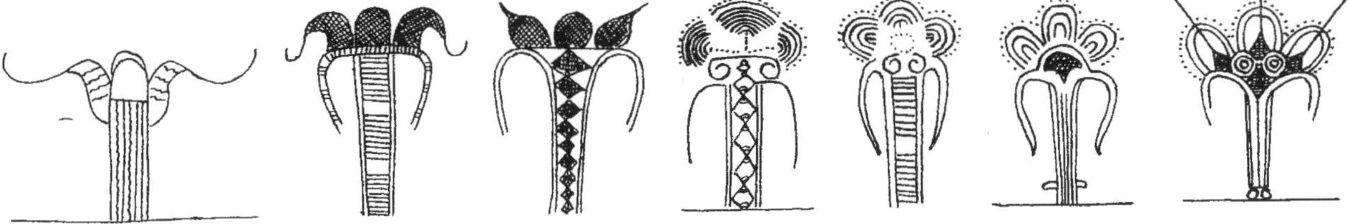

그림 418
미케네 문명 토기에 등장하는 추상화된 수소 뿔. 꽃잎은 도래의 상징인 그물망 패턴으로 채우거나 집중된 반원으로 표현했다.
미케네 IIIA 문명(기원전 14세기).

그림 419

그림 420

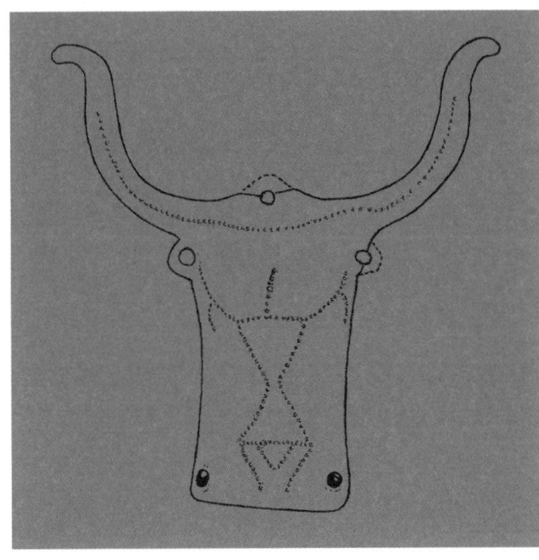

그림 421

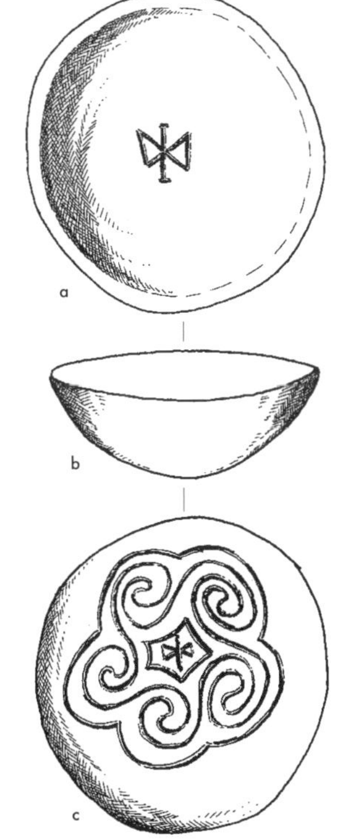

그림 419
미케네 문명 토기 문양에서 관찰되는 수소 꽃. 다른 신성한 동물들과 마찬가지로 수소 옆에 생명의 기둥이 있다. 수소에 등장하는 상징적 문양들은 원, 반원, X자, 점, 나선 띠, 물고기와 자궁이다.(키프로스의 팔라에파포스, 기원전 13세기-12세기).
높이 43cm

그림 420
뼛조각에 새겨진 모래시계 모양의 벌 여신. 윗부분에 수소 뿔이 새겨져 있다.
쿠쿠테니 B(우크라이나 서부의 빌체 즐로테, 기원전 3700-3500).
높이 17cm

그림 421
이 줄무늬토기 문화의 토기는 외부에는 소용돌이 문양 사이에 쌍날 도끼가 있으며, 내부에는 다른 나비가 있다(보헤미아의 스타테니체, 기원전 5000년경).
(a) 내부.
(b) 정면.
(c) 외부.

벌같이 생긴 이상한 동물이 팔 아니면 안테나를 똑바로 세우고 있고 머리 부위가 점이나 막대기 혹은 원통형으로 표시된다. 이는 분명 인간의 두부는 아니다. 머리 아래 몸에서는 꼬리인지 침을 쏘는 기관인지 돌출된 부위가 몸에 연결되어 있다. 이 이미지(그림 422, 423)가 기원전 6500~3500년경 하실라르 I, 세스클로, 스타르체보, 티서, 줄무늬토기 문화 유적지, 쿠쿠테니에 등장하는데, 후기 신석기시대, 즉 기원전 3500~2500년경의 코르시카와 사르데냐의 무덤에서도 나타난다(그림 424)(Lanfranchi and Weiss 1973: 150~153쪽; Lo Schiavo 1980: pls. 15~17).

크레타 섬에서 출토된 후에 미노아 문명의 인장이나 보석에, 종종 한 면에는 벌이 묘사되어 있고 다른 면에는 여신에게 친숙한 개나 수소가 표현되어 있다(그림 425). 크노소스에서 출토된 오닉스(줄무늬 마노를 가리킨다)에는, 중앙에 여신이 서 있고 양옆에 날개 달린 사냥개들이 있다. 이 여신의 경우 몸은 인간이고 두부는 곤충이다. 커다란 눈이 있고 머리 위로 수소 뿔 한 쌍, 쌍날 도끼가 등장한다(그림 426).

벌/여인 이미지는 그리스의 원기하학 시기, 기하학 시기, 아르카익 시기에 꾸준히 등장하는데 그 이미지는 다양하다. 기원전 7세기~5세기에 로도스와 산토리니에서 발견된 황금 명판에는 인간의 두부에 벌의 날개가 있고 날개 아래에 인간의 팔이 달린 인물이 묘사되어 있다. 피렌체 고고학박물관에 있는 유명한 프랑수아 토기의 손잡이에도 사람 형상의 곤충 여신이 등장하는데, 여인의 몸에 곤충의 날개가 달려 있다(기원전 7세기).

그림 422

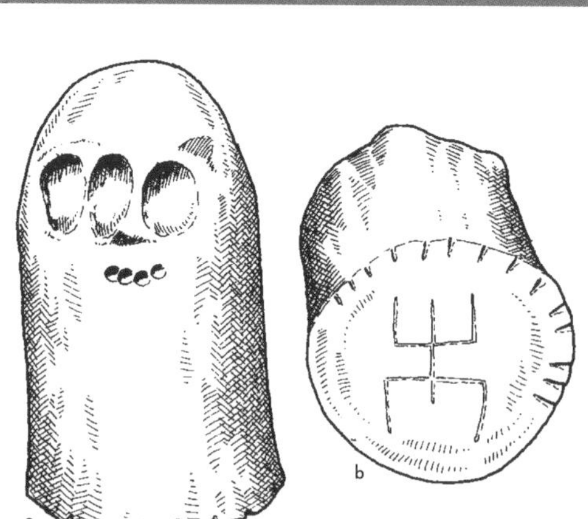

그림 423

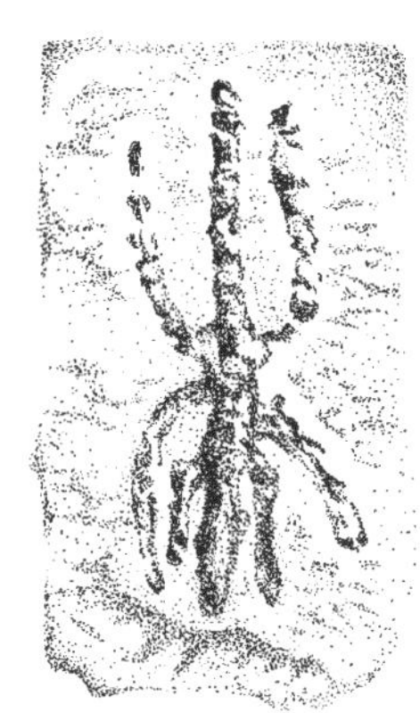

그림 422
(1) 하실라르에서 출토된 토기의 문양으로 집중된 원 안에 의인화된 벌이 있다(아나톨리아 중부의 Level 1, 기원전 6천년기 중기).
(2) 바닥에 벌 여신이 새겨진 인장. 손잡이에 서너 개의 구멍들이 있고 바닥에도 열네 개의 구멍이 있다 .
카라노보 문화(루마니아 남부의 비드라, 기원전 5천년기 중기경).

그림 423
사르데냐의 부에마리노 동굴벽화. 자신의 자태를 벌로 드러내는 여신이 그려져 있다(후기 신석기시대).
높이 30cm

그림 424

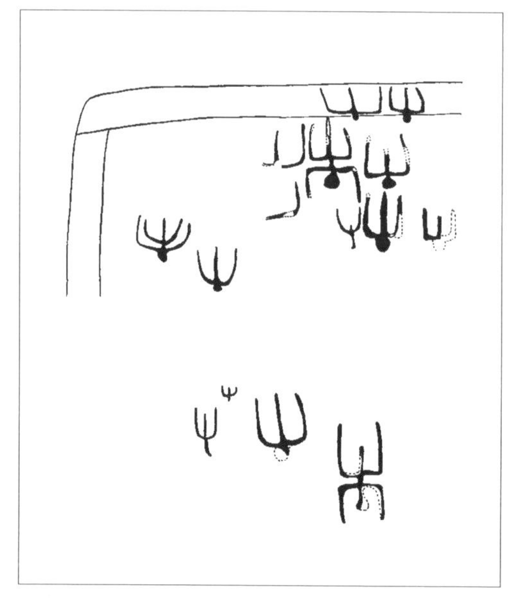

그림 425

그림 424
사르데냐의 신석기시대 지하 무덤의 벽화. 사람 형상의 벌 아니면 다른 곤충이 그려져 있다(오니페리의 디 사스 콘카스의 무덤, 기원전 4천년기 말기).
하단의 제일 오른쪽 높이 2cm

그림 425
중기 미노아 문명의 인장에 등장하는 벌들(기원전 2천년기 초기).
높이 2.1cm

24-6. 미노아 나비

청동기시대 쌍날 도끼는 본래 모래시계 여신인데, 앞에서 보았듯이 이 여신은 죽음과 재생의 여신이다. 여신의 다양한 기능 중에서 특히 새 생명의 탄생 측면을 드러내는 이미지로, 희생된 수소의 몸이나 두개골에서 나비가 탄생하는 장면을 들 수 있다. 수소는 인상적으로 묘사된 다산과 생명을 비옥하게 하는 물의 상징들 내부에 등장한다.

미노아 문명의 유물에서 여러 상징들이 조화롭게 묘사될 때, 다양한 '도래'의 문양들과 함께 일관되게 나비 문양이 등장한다. 기원전 1700년경 파이스토스의 궁전에서 출토된 다색 토기에는 장미 문양 절반씩이 원 양쪽에 있고 장미로부터 물고기 부레가 나오는데 부레는 서로 반대 방향을 향한다. 둥근 알 속에는 잉태한 태아 같은 문양이 있고 가운데에 쌍날 도끼 문양이 있다(그림 427). 아기아 트리아다에서 출토된 기원전 1400년경의 항아리에서도 유사한 연관성이 나타난다. 물고기 부레(자궁) 옆에서 의인화된 나비가 태어난다(그림 428).

그림 426

그림 427

그림 428

그림 426
벌 여신 머리 위로 두 개의 수소 뿔과 쌍날 도끼 모양 나비가 등장한다. 날개 달린 개 두 마리가 '도래'라는 주제를 강화한다. 후기 미노아 II(크레타의 크노소스, 기원전 15세기).
지름 3cm

그림 427
새 생명을 나타내는 쌍날 도끼 모양의 나비가 알에서 태어난다. 옆에는 장미 문양과 자궁 문양이 있다. 중기 미노아 II(크레타 남부의 파이스토스 궁전, 기원전 1700년경).

그림 428
나비 여신이 자궁 혹은 물고기 부레와 장미 같은 추상적인 문양에 에워싸여 있다. 담황색 바탕에 갈색으로 채색.
후기 미노아 문명(크레타 남부의 아기아트리아다, 기원전 1400년경).

모클로스에서 출토된 후기 미노아 문명의 항아리에는 반인 반나비 형상 여신이 등장한다. 여신의 몸은 줄기 모양이고 양옆으로 나비 날개가 달려 있다. 날개 사이에서 위로 들어 올린 팔이 보인다(그림 429). 이 인물 바로 옆에 물고기의 부레 형태가 등장하고 이는 소용돌이 모양과 결합되어 있다. 자세히 보면 여신이 들어 올린 손은 콘도르의 발이다. 페르시아에서 출토된 후기 미노아 문명의 항아리의 경우, 중앙에서 나비가 날개를 활짝 펼치고 있다. 날개 안에는 평행선을 배열하여 구획해놓았고 위로는 집중된 원이 연결되어 있다(그림 430). 이 이미지는 수소와 뿔 사이에서 도래하는 꽃 같은 나비와 꽃 모티프와 수소 두부가 결합된 이미지들로 에워싸여 있다. 함께 등장하는 나비, 원, 나선, 집중된 원, 쌍날 도끼 문양의 띠로 인해 상징적 의미가 더욱 강조되어 있다.

크레타 서부의 레팀논과 하니아 지역에서 후기 미노아 문명(기원전 1300~1100년경) 유물에 속하는 석관이 출토되었다. 여기에 새로운 생명이 탄생하는 장면과 함께 이에 대한 예찬이 묘사되어 있다. 하니아 박물관에는 최고로 아름다운 석관이 보관되어 있다. 여기에는 신성한 뿔 사이로 나비, 조개, 새싹이 움을 틔우는 패널이 등장한다. 이 모티프는 수평과 수직 열로 이중 삼중으로 묘사되어 있다. 전체 구성은 기품 있고 유쾌한 분위기다. 생명을 재확인하는 기둥들이 새싹, 조개, 반복되는 수소 뿔/나비 모티프로 자라나는데, 이는 생명의 승리를 선포하는 것이다. 또한 여기에는 식물, 동물, 바다, 생명이 전부 참여한다(그림 431).

미노아 문명의 나비는 미케네 예술로도 이어진다. 이는 후기 헬라도스 I(기원전 16세기)의 원형 토기나 버튼 모양 두부 토기로 알 수 있다. 후기 헬라도스 II(기원전 15세기) 이미지는 기하학적으로 디자인 되어 있고, 훨씬 더 추상화되어 있다. 문양이 있는 항아리에서 날개들 사이로 뻗어 나온 부분에는 전형적으로 굽이치는 겹선 문양이 그려져 있고, 옆으로는 삼선 혹은 이보다 많은 선들이 있다. 그리스의 원기하학 시기나 아르카익 시기에 가장 빈번하게 등장하는 디자인이 기하학적 나비들과 나비 옆에 삼선 혹은 이보다 많은 선들이 배열된 이미지이다(그림 432).

그림 429

그림 430

그림 431

그림 429
의인화된 나비 옆에 소용돌이치는 자궁 아니면 물고기 부레가 있다. 토기 윗부분 알이나 아랫부분의 식물로 인해 도래하는 생명의 주제가 더욱 강화된다.
후기 미노아 I(크레타 동부의 모클로스, 기원전 1400년경).

그림 430
신비의 재탄생 드라마를 나타내는 정교하게 장식된 항아리. 집중된 원이 있는 양날 도끼 형상의 나비가 있다. 수소, 뿔 사이에서 자라는 백합 두부를 가진 나비, 식물과 수소 두부가 결합된 이미지로 구성되어 있다.
후기 미노아 문명(크레타의 프시라, 기원전 16세기).

그림 431
재탄생하는 생명들의 즐거운 잔치. 수소 뿔, 나비, 새싹, 조개, 나선 모티프로 장식된 석관으로 그런 시간을 희망하며 믿음을 고백하는 의미가 담겨 있다.
후기 미노아 III(크레타의 하니아, 기원전 1300-1100년).

그림 432
양날 도끼 모양의 나비가 장식된 미케네 토기. 구불구불한 선을 쌍으로 그린 문양과 나비 옆에 평행선 문양이 장식되어 있다.
(1) 후기 헬라도스 IIA 용기로 담황색에 짙은 갈색으로 채색되어 있다(그리스의 미케네 아크로폴리스, 기원전 15세기).
(2) 다른 후기 헬라도스 IIA, III 토기에 등장하는 유사한 모티프.

그림 432

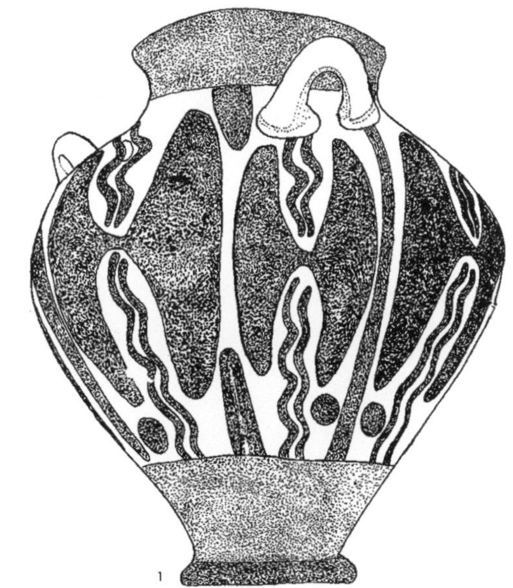

1

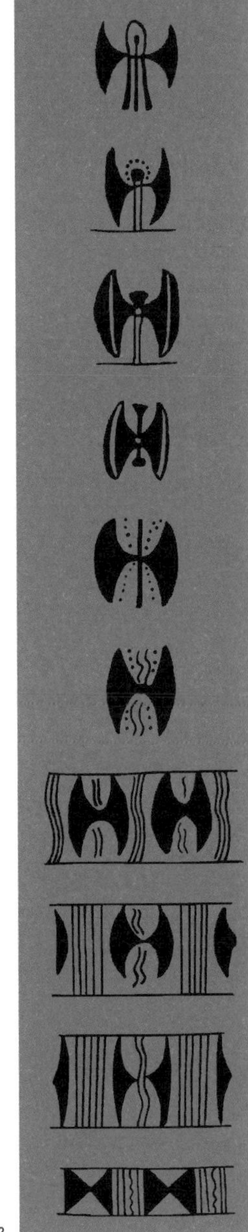

2

24-7. 민담에 등장하는 나비

여신이 자신을 곤충으로 드러내는 경우, 가장 자주 등장하는 것은 나비이다. 죽음에서 삶으로의 마법 같은 변형이 나비의 손에서 일어난다고 전해지기 때문이다. 민담을 살펴보면 나비를 사악한 피조물로 묘사하는 경우가 있는데, 이는 오늘날의 민담에서도 볼 수 있다. 세르비아에는 "나비를 죽이는 자는 결국 마녀를 죽이는 것이다"라는 속담이 있다. 선사시대 여신의 이미지가 바뀌어 사악한 면만 남아 마녀로 축소되었다.

아름답고 천상의 이미지를 풍기기는 하지만 나비는 두려움을 불러일으키는 상징이다. 이는 나비가 죽은 자의 영혼이나 꿈을 꾸는 동안 돌아다니는 영혼을 상징하기 때문이 아니라, 위험하고 무서운 여신이기 때문이다. 나비 상징에 대한 고대의 의미는 어원 연구에서도 알 수 있다. 브르타뉴와 아일랜드어에서 마로(Maro)는 '죽음(여신)'을 의미한다. 리투아니아어에서 모레(Moré)는 '죽음의 여신 혹은 나이 많은 할머니 여신'이다. 그러나 그리스어, 게르만어, 슬라브어의 모라(mora), 마라(mara), 모라바(morava)는 '악몽'과 '나비'를 상징한다. 독일어 마르(Mahr)와 불어 코슈마르(cauchemar)는 '악몽'과 연결된다.

사실 생명과 죽음의 경계는 아주 희미하다. 나비와 무서운 여신의 경계도 뚜렷하지 않다. 올드 유럽인들은 죽음을 간과하지는 않았으나, 생명의 한시적 아름다움을 이해했다. 이런 사실을 생각하면 벌이나 나비의 상징이 심오하고도 극적으로 보인다.

IV

에너지와 흐름

상징군을 분류할 때 에너지나 시간의 주기를 나타내는 상징들로 거대한 범주 하나를 만들 수 있다. 이에 속하는 상징들은 나선, 원, 뱀 똬리, 초승달, 갈고리, 뿔, 네 귀퉁이 문양, 붓, 빗, 손과 발 등이다. 그리고 동물들로 소용돌이 이미지를 표현하거나 행진하는 모양을 나타내는 것도 이 군에 속한다. 이렇게 역동적인 상징들은 그 자체로 에너지를 나타내거나 아니면 '도래'의 과정을 촉진한다. 또 위로 아래로 혹은 원을 그리며 둥글게 움직이면서 주기적인 시간을 나타내기도 한다. 생명의 파동은 끝없이 넘쳐나는 활력 있는 에너지의 흐름을 필요로 한다.

프랑스 회랑 무덤의 여신을 나타내는 삼각 배면석. 중앙에 음문이 있고 네 개의 층으로 된 갈고리 문양들이 양쪽으로 배치되어 있다.
그림 456 참조.

중석기시대 사슴뿔에 표현된
재탄생의 상징들.
삼각 문양과 다이아몬드 문양,
그리고 연결된 뱀 문양이
장식되어 있다.
그림 451 참조.

25. 나선, 달의 주기, 뱀 똬리, 갈고리와 도끼

후기 구석기시대 동굴에서 관찰할 수 있는 나선 문양은 뱀 모양, 지그재그, 초승달, 그리고 초승달 모양의 뿔을 지닌 사슴이나 소와 함께 어울리며(그림 433~435), 이런 표현은 이후 수천 년간 이어져 내려온다. 실질적으로 뿔, 뱀, 나선 문양들은 홀로 떼어내 생각할 수가 없는데, 나선이나 뱀 문양은 역동적인 뱀을 예술적으로 디자인하고 상징적으로 추상화한 문양이기 때문이다.

25-1. 나선

남동부 유럽에서 토기 장식으로 나선 문양이 등장하는 시기는 기원전 7천년기 후반이다. 테살리아에서 출토된 토기가 첫 증거인데, 연대 측정 결과 기원전 6300년경의 유물로 판명되었다. 기원전 6000~5500년에 이 문양은 다뉴브 분지와 발칸 반도 동부로까지 확산된다. 기원전 5500~3500년 유물에서는 이 문양이 아주 빈번하게 등장한다(그림 436, 437).

기원전 5천년기 유럽의 토기에 열린 나선 문양들이 등장하는데, 이는 대단히 우수한 디자인이다. 표현 양식은 토기에 양각으로 주조해서 채색하거나, 문양을 파내고 흰색을 채워 넣었다(그림 438). S자형 나선 문양은 때로는 수직, 때로는 수평, 때로는 사선의 띠로 자유자재로 표현되어 있다. 이러한 올드 유럽의 토기 문양 중에서 단연 백미로 꼽을 수 있는 작품들이 부트미르와 쿠쿠테니에서 출토되었는데, 모양은 커다란 굽이 달린 토기나 배 모양(과일)이다. 여기에 나선형 뱀 똬리 문양이 자유롭게 장식되어 있다. 독특한 구형 용기에 대칭으로 맞물린 나선 문양이 장식된 토기도 빼어난 작품이다(그림 461 참조).

이 시기까지도 나선 문양은 기존의 개념틀에서 완전히 자유롭지 못했다. 토기에 나선 문양이 등장하는 위치는 토기 목이나 어깨 부위 아니면 토기 몸체 한가운데이다. 전자는 힘찬 리듬감을 보이고 후자는 생동감 있고 훨씬 자유롭다. 동적으로 이어지는 나선 문양에 내재된 의미는 잠들어 있던 생명력을 일깨워 활성화시키는 것이다. 함께 등장하는 알, 달, 평행선 띠, 측면에 있는 생명의 기둥을 고찰하면, 이런 문양 조합들의 상징적 의미를 파악할 수 있다(그림 439, 440). 마치 스와스티카 고리처럼 나선의 두부가 우주의 사방위로 펼쳐진다. 나선 문양이

그림 433

그림 433
후기 구석기시대 동굴 벽면에 등장한 나선 문양. 에너지와 주기적인 시간을 상징한다. 이 문양이 뱀 모양과 동물의 뿔 모양과 함께 어우러진다(스페인의 라필레타 동굴, 기원전 1만3000-1만 년경).
왼쪽 인물의 높이 80cm

그림 434

그림 434
후기 구석기시대 동굴벽화에 등장하는 수소와 달의 어우러짐. 기원전 1만 5000-1만 년 사이.
(1)-(4) 스페인의 라필레타 동굴.
(5) 스페인의 에스쿠랄.
(6), (9) 스페인의 파르파요.
(7) 스페인 남부의 라 파시에가.
(8) 프랑스 남부의 라스코.

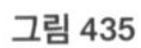

그림 435

그림 435
후기 구석기시대 뿔 달린 뱀으로 보이는 신화적 동물. 라파시에가 동굴의 벽에 붉은색으로 채색(스페인의 산탄데르, 기원전 1만 5000-1만 3000년경).

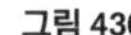

그림 436

1

2

그림 436
올드 유럽 예술에 보이는 역동적 힘을 나타내는 문양. 이 나선은 (1) 초승달 (2) 젖가슴과 함께 어우러진다.
줄무늬토기 문화(모라비아의 브르노, 기원전 5000년경).

그림 437

그림 439

1

2

3

그림 438

1

2

그림 437

뱀이 물과 연관된 피조물로 간주되었기에 이 둘이 함께 어울리는 것은 놀랍지 않다. 디미니 토기 전체에 물결 같은 나선 문양이 장식되어 있다. 손잡이에는 쐐기 문양이 있다. 담황색에 갈색으로 채색(라크마니 II, 기원전 5천년기 말기).

높이 24.15cm

그림 438

두 개의 부트미르 구형 항아리의 문양. (1) S형 나선이 서로 연결되어 있다. (2) 검은 표면에 붉은색으로 나선 문양을 새겼다(네보, 기원전 4900-4700년).

높이 약 15cm

그림 439

지극히 아름다운 올드 유럽 토기에 장식된 나선 문양. 쿠쿠테니 B 토기에 장식된 문양. 측면은 큰 나선의 머리, 생명의 기둥이나 시간의 주기의 기둥으로 가득 채워져 있다. (3)은 붉은색 바탕에 검은색으로 채색.

(1) 포푸드니아.

(2)와 (3) 시페니치, 기원전 3900-3700년.

여신상에 장식될 때는 이 문양이 여신의 눈을 대체하기도 하고, 젖가슴 옆에 음각으로 표현되거나 등의 윗부분 중앙에 배치되기도 한다(그림 441). 이 문양이 단순히 여신의 신체를 장식하기 위해 사용되진 않았고, 여신의 힘을 강화하기 위해 쓰였다. 따라서 여신의 몸에 등장하는 나선 혹은 뱀 에너지는 다름 아닌 여신의 힘을 나타내는 것이다.

나선 모양으로 감기고 풀리는 춤사위는 선사시대 초기부터 존재했음에 틀림없다. 그러나 우리에게 전해지는 확실한 입증 자료를 보면, 토기에 이런 나선 문양이 등장하는 시기에 이미 이런 춤사위가 있었다는 사실을 알 수 있다. 플루타르코스에 의하면, 그리스의 학춤(두루미춤)은 테세우스가 델로스에 소개했다. 이 춤은 뿔 모양으로 장식된 제대 둘레에서 둥글게 돌아가며 추었는데, 이 모양은 미궁에서 빙글빙글 돌며 안으로 들어갔다 다시 돌아 나오는 움직임을 나타낸다(Graves 1972: 233쪽).

나선에 내재된 생명의 힘은 나선이 식물로 변형되는 그림으로 잘 설명할 수 있다. 마치 나뭇잎이 가지에서부터 바깥으로 감아 돌면서 솟아 나오듯이 자연스럽게 나선이 식물로 변한다. 나선으로 돌아가는 힘은 풀과 나무의 발아와 성장에 영향을 미친다. 미노아 문명 유적지인 크레타와 몰타에서 나선/식물이 아름답게 결합된 유물들이 출토되었다(그림 442). 인간의 탯줄도 모자 간을 연결하는 뱀 문양 구조를 드러내고 있다.

인류는 아주 초창기부터 위아래로 움직이는 나선을 차고 이지러지는 달의 상과 비교했다. 카라노보와 쿠쿠테니 토기에 끊임없이 등장하는 주제가 바로 초승달과 나선의 어우러짐과 달의 상들을 표시하는 나선 문양이다(그림 443). 나선은 종종 접시나 항아리의 중앙에 장식되는데, 둘레의 틀이나 기둥 속에 원들이 들어 있다. 이 경우에 원이 대체로 12~13개인데, 이는 아마도 음력으로 12~13달이 되는 한 해의 주기를 나타내는 듯하다.

그림 440

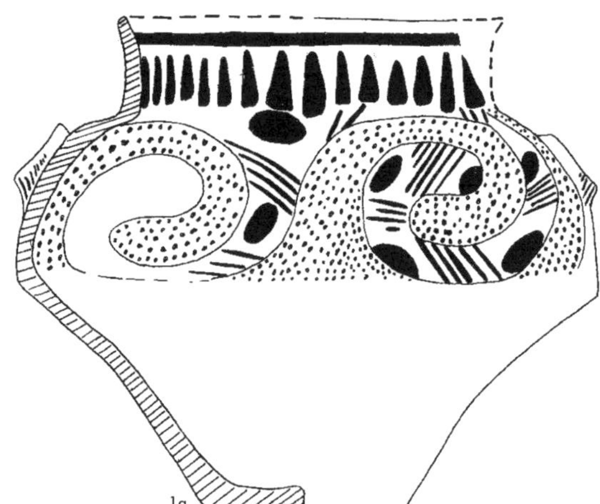

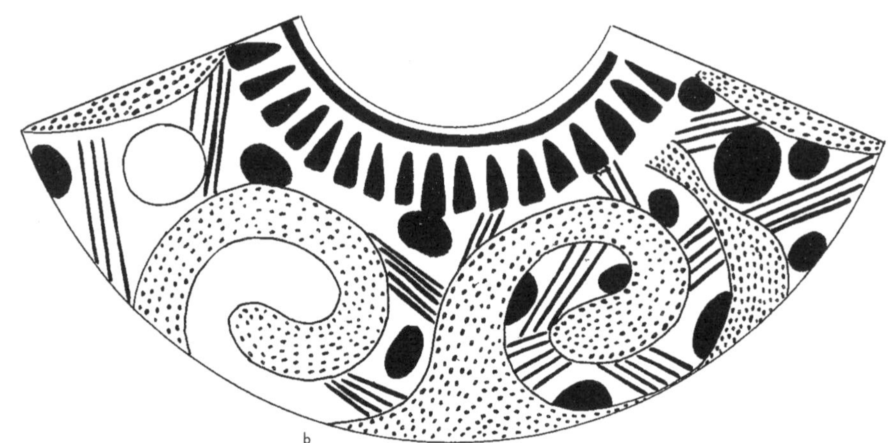

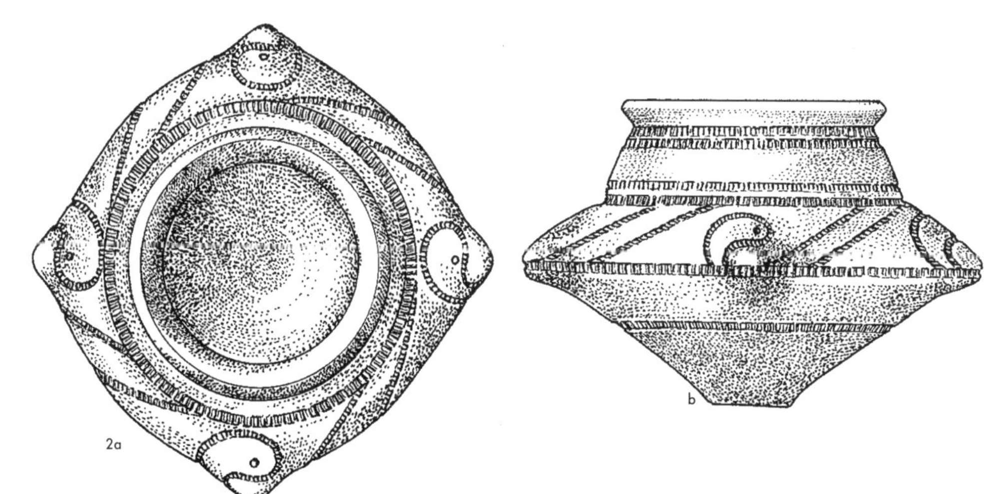

그림 440
토기 어깨 부위에 고리 모양 나선 문양이 있다. 주위에 평행선 띠와 원이 있고, 목 주위에 삼각형이 서른 개 있다. 이는 서른 달을 의미하는 듯하다(흑연 채색).
구멜니차/카라노보 VI(루마니아의 탄지루, 기원전 4500~4300년).
(1) 높이 11.7cm
(2) 높이 8.8cm

그림 441

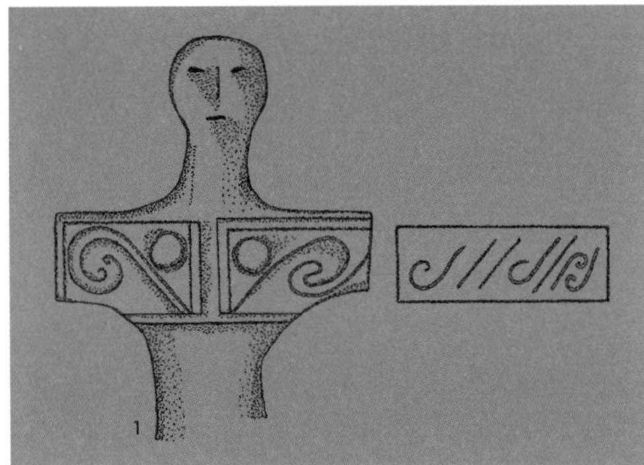

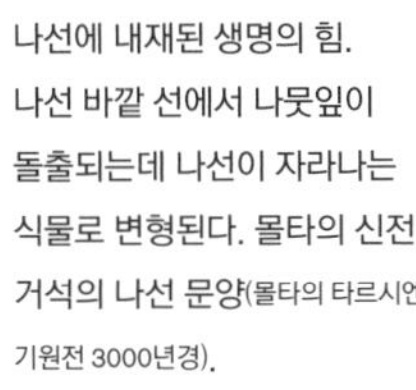

그림 441

상징적으로 강력한 여신의 신체 부위에 장식된 나선 문양.

(1) 젖가슴과 등.

(2) 무릎.

(1) 카라노보 V(불가리아의 아즈막 V, 기원전 5천년기 초기).

(2) 빈차 문화(세르비아 베오그라드, 기원전 5000-4500년).

(1) 높이 6.9cm

(2) 높이 11.1cm

그림 442

나선에 내재된 생명의 힘. 나선 바깥 선에서 나뭇잎이 돌출되는데 나선이 자라나는 식물로 변형된다. 몰타의 신전 거석의 나선 문양(몰타의 타르시엔, 기원전 3000년경).

그림 443

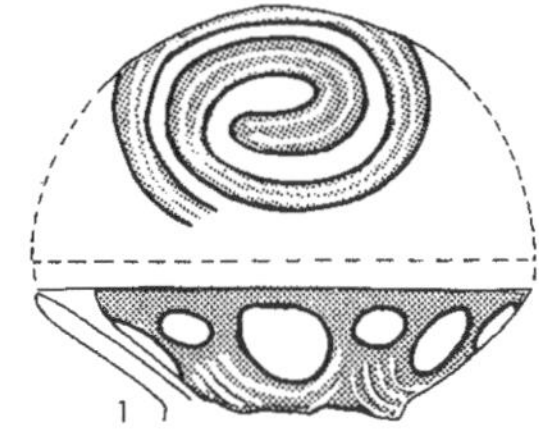

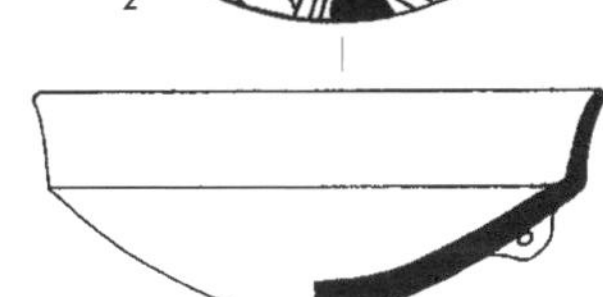

그림 443

쿠쿠테니와 구멜니차의 그릇. 나선과 그 둘레에 열두 개의 원이 있는데, 이는 열두 달을 의미하는 듯하다.

(1) 그릇의 윗부분은 흰색과 붉은 색으로, 아랫 부분은 짙은 갈색으로 채색되었다. 쿠쿠테니 A_3(루마니아 몰다비아의 하바세슈티, 기원전 44세기-43세기).

(2) 흑연으로 채색된 그릇. 카라노보 VI(루마니아의 탄지루, 기원전 4500-4300년).

(1) 직경 12.5cm

(2) 직경 14cm

그림 442

그림 444

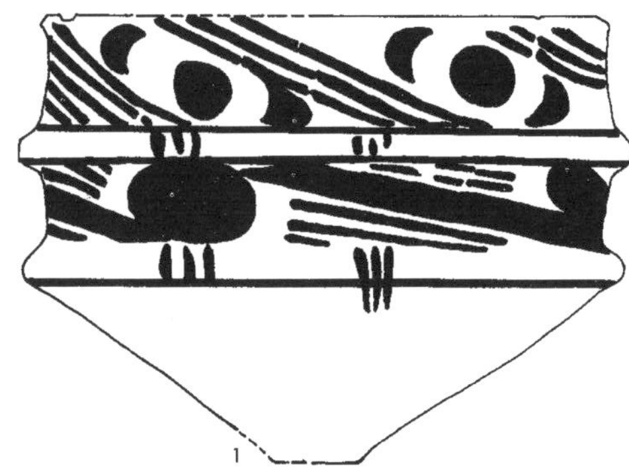

그림 444

올드 유럽의 토기. 가운데에는 보름달, 양옆에는 초승달로 채워진 달의 상.

(1) 흑연으로 채색된 토기. 카라노보 V/구멜니차(루마니아의 탄지루, 기원전 4500-4300년경).

(2) 토기 내부가 흰 바탕에 붉은색으로 채색되어 있다. 쿠쿠테니 A_3(몰다비아의 하바셰슈티, 기원전 4400-4200년).

(1) 높이 9cm

(2) 높이 26.2cm

그림 445

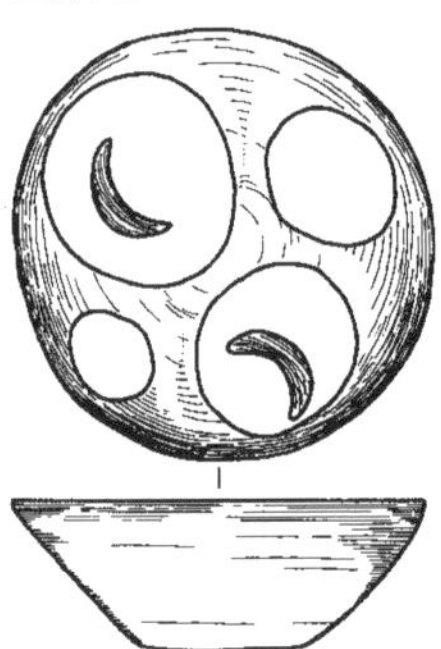

그림 445

네 개로 나뉜 달의 주기를 그린 쿠쿠테니 토기. 트리폴예 B II(드니에스테르 계곡 상류의 네즈비스코, 기원전 4000년경).

지름 19cm

그림 446

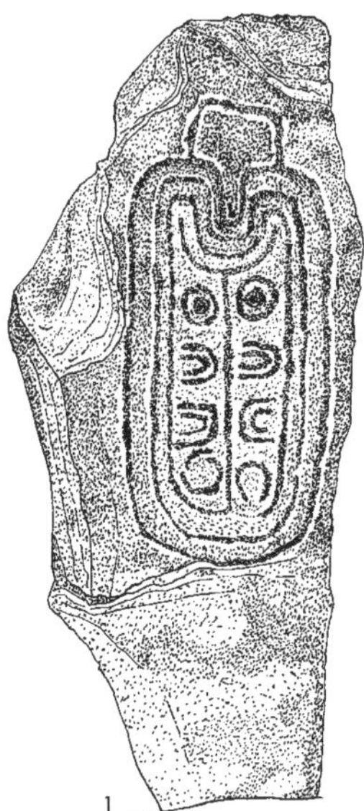

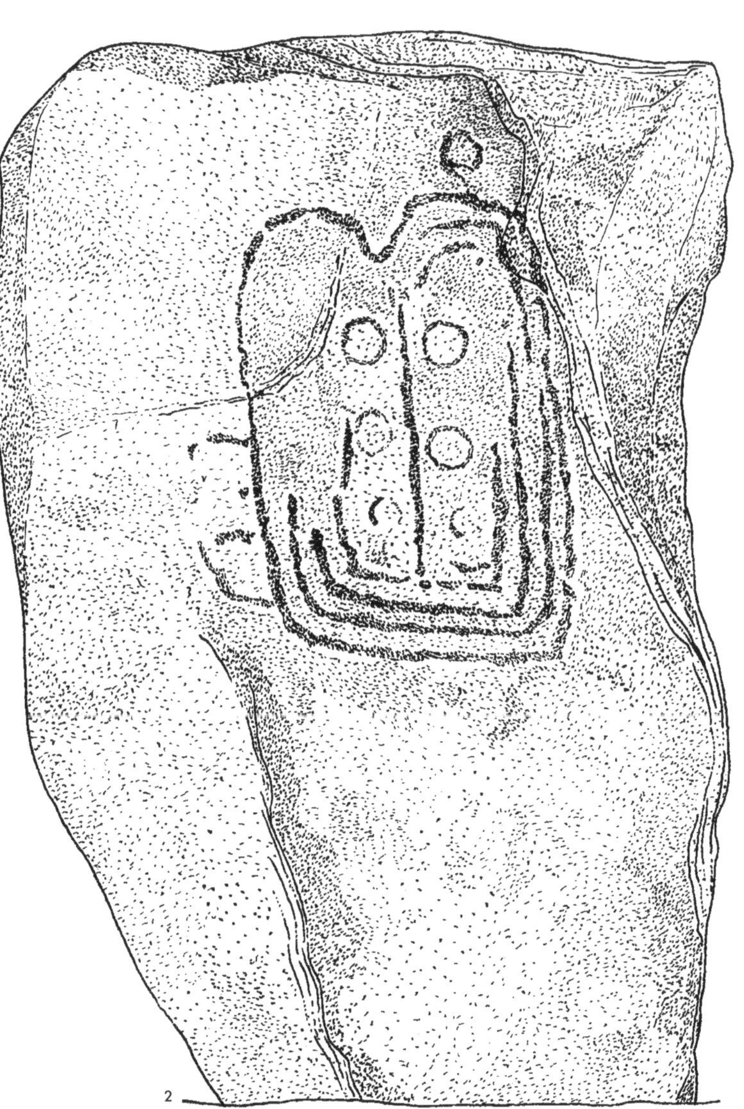

그림 446

추상적 이미지 내부에 등장하는 달의 주기. 브르타뉴 널길 무덤의 오르토스타트에 새겨진 것으로 이 인물은 아마도 올빼미 여신인 듯하다.

(1) 원, U자 문양/초승달 안에 점과 불완전한 원이 있다.

(2) 다양한 크기의 원반 셋이 보인다(브르타뉴의 레 피에르 플라테, 기원전 3000년경).

(1) 높이 134.3cm

(2) 높이 148.9cm

25-2. 달의 주기

셋이 함께 등장해 그룹을 형성하는 초승달, 보름달, 그믐달 양식은 아주 흔한 모티프이다. 이 패턴은 오늘날 달의 주기에 대한 상징 코드와도 다르지 않다(그림 444). 이외에도 커다란 뱀 똬리 양옆으로 초승달과 그믐달이 등장하는 모티프도 흔하다.

달의 주기는 네 개의 원으로 표현되기도 한다. 네 개의 원은 초승달, 보름달, 그믐달, 합삭을 의미하는데 삭은 빈 원으로 나타냈다(그림 445). 올빼미 형상의 여신 몸에 기둥 양쪽으로 달의 주기를 나타내는 듯한 유물이 있다. 이 이미지는 브르타뉴의 로크마리아케르에 있는 각이 진 널길 무덤의 오르토스타트에서 관찰된다(그림 446). 이 중 하나에는 원 안에 점(보름달?)이 있고, 그 아래로 수직으로 초승달, 그믐달, 불완전한 원(그믐달)이 등장한다. 다른 오르토스타트에는 기둥 양옆으로 각각 원이 세 개씩 있다.

사르데냐에 있는 만드라안티네 석실분 입구 위에(그림 447) 수소 뿔 한 쌍이 있고 가운데를 중심으로 양쪽으로 뻗은 뿔에 각기 붉은 원반이 세 개씩 부착되어 있다. 갈색으로 표현된 네 번째 원반은 아마도 보름달로 추정된다. 달 위로는 사각 모양이 달려 있다. 뿔 중앙에는 모래시계 형상의 인물이 셋 등장한다. 이는 온전한 여신의 세 가지 다른 모습을 상징하는 것으로 생각된다. 방의 천장은 총 스무 칸으로 구획되어 있다. 이 중에서 일곱 구획이 보존되어 있는데, 갈색 바탕에 노란색 문양으로 장식되어 있다. 이 문양들은 각기 초승달, 반달, 보름달(뱀 똬리)이다.

널길 무덤과 지하 무덤에서 관찰되는 달의 주기를 나타내는 이러한 문양들은 여신의 이미지와 연관이 있다는 사실을 말해주는 증거물이다. 여기서 주기적인 상 변화를 보이는 달과 탄생, 죽음, 재탄생의 주기를 드러내는 여신의 기능 사이에 어떤 연결점이 있다고 생각했던 초기 인류의 철학적인 사유를 엿볼 수 있다.

그림 447

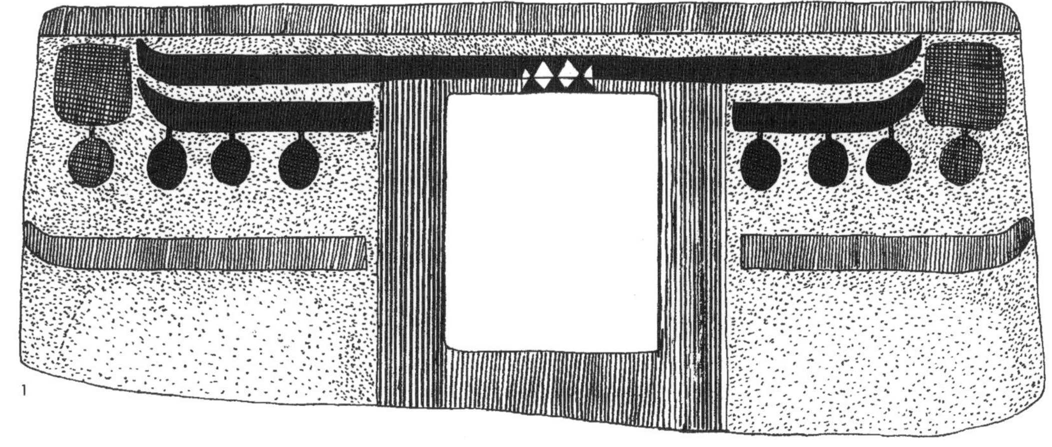

그림 447
사르데냐 지하 무덤에 등장하는 달의 주기(추정).
(1) 가짜 문 위의 수소 뿔.
(2) 달의 주기를 나타내는 천장 장식으로 갈색 바탕에 노란색으로 채색되었다(사르데냐의 만드라안티네, 기원전 4000년경).

25-3. 뱀 똬리

세스클로, 테살리아의 디미니 토기에 흥미진진한 디자인이 등장한다(그림 448). 중심에 뱀 똬리가 등장하고 바로 아래에 아치형 반원, 그리고 뱀 똬리 양 측면에 초승달 문양이 하나씩 장식되어 있다. 이 문양들 바깥에는 다층의 하천 아니면 강하게 쏟아지는 비를 연속 선으로 묘사했고, 그 바깥쪽에는 마름모꼴 이미지가 하나씩 있다. 마름모 내부에 M자 문양, 바깥에 아치 모양의 거센 빗줄기와 초승달 문양이 관찰된다. 극적인 계절 풍경을 표현하기 위해 나선, 비, 초승달을 의도적으로 조합했다.

마틴 브레넌은 아일랜드 거석에 등장하는 문양들, 즉 나선, 초승달, 뱀 똬리, 시간과 연관된 굽이치는 뱀 문양의 역할을 추론했다(Brennan 1983). 아일랜드 북부와 동부의 산들과 보인 강 유역의 뉴그랜지, 노스, 도스에 보존된 암체에는 특이할 정도로 상징들이 집중되어 있다. 이 유적들에 일관되게 도 초승달, 뱀 똬리, 굽이치는 뱀과 또 다른 상징들이 한 자리에 조합되어 있다. 다양한 유적지에서 동일한 조합의 상징들이 거듭 관찰되며, 이는 분명 이 조합이 어떤 의도를 가지고 구성되었다는 사실을 말해준다.

지금까지 보름달을 나타내는 문양으로 원반과 뱀 똬리 문양을 둘 다 사용했다는 점을 확인했다(그림 449). 노스에 있는 암체에서 관찰할 수 있는 상징들을 그림으로 실었다. 중앙에 뱀 똬리가 있고 양 측면으로 초승달과 그믐달이 보인다. 때로는 초승달과 그믐달만 등장하는 경우도 있다. 어느 경우든 이런 패턴이 이곳 암체들에서 빈번하게 관찰되고, 이 문양은 달의 주기를 묘사한 것이다(그림 450). 구불거리는 뱀의 물결선은 시간의 표현으로 여겨진다. 한 구비 구비가 달의 주기 하나씩을 세는 단위이다. 뱀 모양의 주기를 나타내는 봉우리가 14~17개 관찰된다. 이는 달이 이지러지는 날을 헤아린 것이다. 달이 점점 차오르는 기간 2주를 지나면 3일간 만월이 되고 17일째부터 다시 이지러지기 시작한다. 가장 긴 뱀 형상 굽이는 서른 개로 드러나는데 이는 음력 한 달에 해당하는 29.5일의 근사치이다.

그림 448

그림 448
평면으로 보는 토기에 조합된 문양들. 반원 위에 뱀 똬리 문양이 달, 비, 하천, M자 문양과 함께 등장한다. 담황색에 짙은 갈색으로 채색했고, 렌즈는 황토색이다(세스클로의 디미니 문화, 기원전 5000년경).

그림 449

그림 449
재탄생을 상징하는 달의 주기가 드러나는 노스의 연석.
(1) 나선이나 뱀 똬리로 보름달을 나타냈다. 왼쪽과 오른쪽의 초승달은 다른 디자인이다.
(2) 구불거리는 뱀으로 차오르는 달을 표현했다. 뱀 모양의 주기를 나타내는 봉우리는 14-17개로, 달이 점점 차오르는 기간 2주를 지나면 3일간 만월이 되고 17일째부터 다시 이지러지기 시작한다.
널길 무덤 문화(아일랜드의 노스, 기원전 4천년기 중후반).
길이 약 180cm

그림 450

그림 450
재탄생의 상징들로, 구불거리는 뱀, 원, 호 등이 그려져 있다. 널길 무덤 문화(아일랜드의 노스, 스톤 북서쪽 4, 연석돌 43, 기원전 4천년기 중기).

그림 451

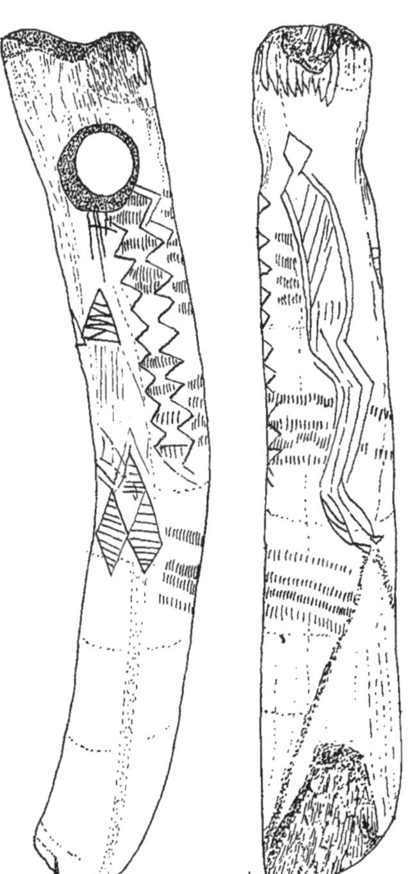

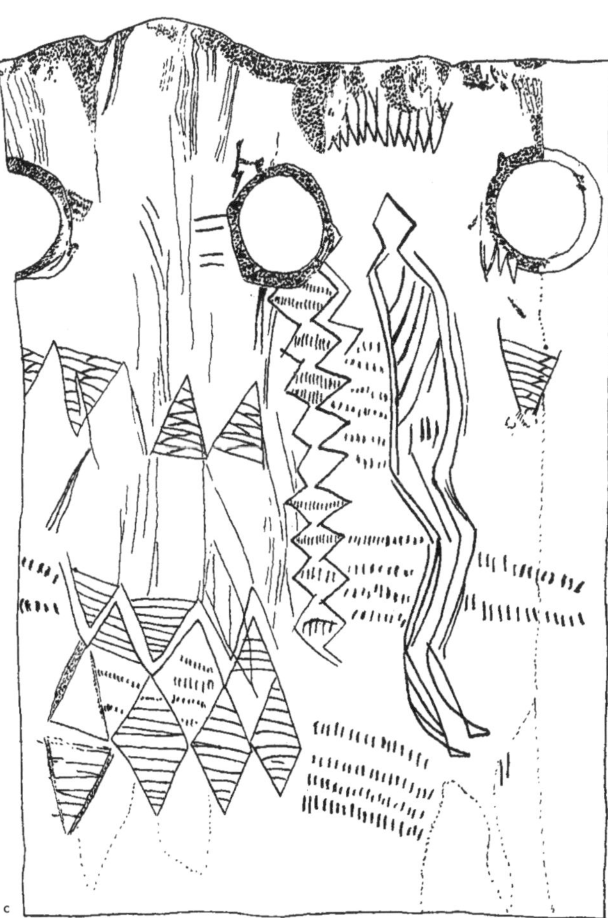

그림 451
중석기 사슴뿔로 만든 도끼와 재탄생의 상징들로 구성했다. 물결치는 뱀과 의인화된 뱀이 세모와 다이아몬드, 지그재그 문양과 함께 등장한다. 대개 14-17개의 선이 새겨져 있다(덴마크의 요르들뢰세, 유럽 북서부의 중석기).
높이 45.8cm

그림 452

그림 452
남동부 유럽의 토기를 대각선으로 가로지르는 뱀 문양으로, 열일곱 개의 굽이를 볼 수 있다. 쿠쿠테니 A_2(루마니아의 트루세슈티, 기원전 4500~4300년). 높이 32cm

그림 453

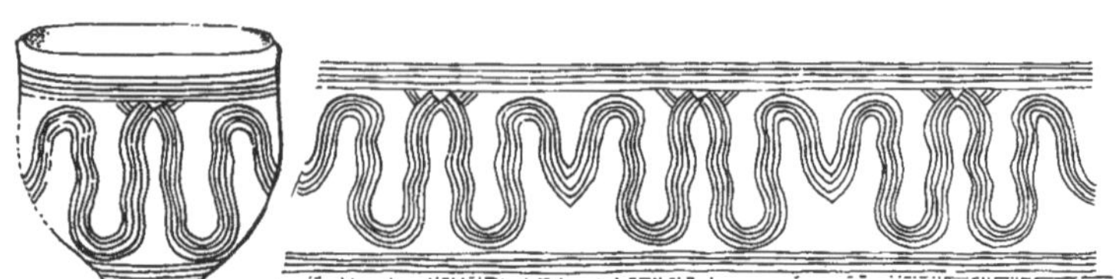

그림 453
열일곱 개의 굽이를 보이는 나선. 이 뷔크 토기의 표면은 짙은 갈색에 흰색으로 채색되어 있다(헝가리 북동부의 서러저더니-템플롬돔브, 기원전 6천년기 후반). 높이 12.4cm

그림 454

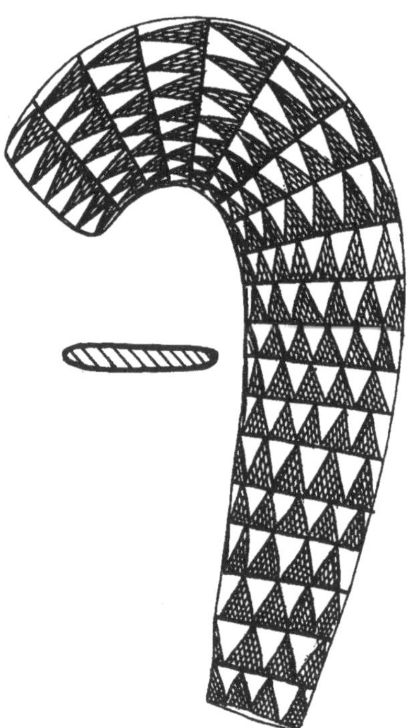

그림 454
포르투갈 거석 무덤에서 발견된 재탄생의 상징 갈고리. 삼각형 안에 그물망 패턴이 장식되어 있다. '마르케사' 톨로스 무덤(마르바우, 기원전 4천년기 후반). 높이 18cm

이런 식으로 구불거리는 뱀 문양, 특별히 주기를 나타내는 유물은 아일랜드 거석 문화에서만 등장하진 않으며 북유럽의 중석기에 새겨진 사슴뿔에서도 관찰된다. 또 기원전 5천년기 중동부 유럽 토기에도 나타난다(그림 451~453). 이런 유물들로 인해, 유럽 전역에서 달의 주기에 기반하여 시간을 측정했을지도 모른다는 주장을 두고 논쟁이 일어났다.

이 논쟁은 전혀 놀랍지 않은데 이런 전통이 후기 구석기시대부터 내려왔기 때문이다. 마샥은 오리냐크와 중석기 사이로 연대 측정된 뼈나 사슴뿔, 돌 유물에 새긴 달 주기에 대해 신뢰할 만한 연구 결과를 발표했다(Marshack 1972: 21~108쪽). 들소나 소과 동물의 뿔 유물에도 이런 표식이 관찰된다. 로셀에 있는 후기 페리고르디안기의 동굴에 소위 '비너스'라 부르는 여신은 한 손에 뿔을 들고 있다. 이 뿔에 선이 열세 개 새겨져 있는데, 아마도 달이 차는 날의 수일지도 모른다.

시간을 계산하는 상징들이 장례 유물들과 죽음 후의 재탄생에 대한 믿음과 연관이 있다는 점을 잊어서는 안 된다. 그리고 이 상징들이 역동적으로 굽이치고 똬리를 튼 뱀으로 만든 문양이라는 점도 기억해야 한다. 뱀이 지니는 생명의 힘이 이 상징들의 핵심이다. 이는 죽음에서 생명으로, 깜깜한 합삭에서 보름으로, 겨울에서 봄으로 시간의 바퀴를 움직이게 함으로써 자연의 재탄생에 영향을 미친다.

25-4. 갈고리와 도끼

갈고리는 단일 나선을 단순화한 문양이다. 기원을 따지자면 갈고리를 나선 문양과 분리해서 생각할 수는 없을 듯하다. 신석기시대부터 갈고리는 서유럽 거석 무덤들에 독자 문양으로 등장했다(그림 454). 그렇다고 서유럽에서만 관찰되는 문양은 아니고, 올드 유럽의 전 시대에 걸쳐 보편적으로 나타난다. 대표적인 지역이 이집트이다.

프랑스의 석판이나 선돌에 등장하는 갈고리 문양은 단일하게 나타나기도 하고, 열을 이루거나 쌍으로 등장한다(그림 455). 이 문양이 쌍으로 등장하는 경우, 종종 갈고리가 서로 반대 방향을 향하도록 배열되어 있어서 동물의 뿔을 연상시킨다. 가브리니의 유물에는 갈고리 문양이 뱀 똬리에서 솟아 나오는 장면이 있다. 이 결합을 통해 '뱀과 뿔을 에너지의 상징으로 함께 묶을 수 있다'는 추론을 할 수 있다(그림 343~344 참조).

포르투갈의 거석 무덤에서 발견된 암석들에도 갈고리 문양이 등장한다. 이는 도식화한 올빼미 여신을 묘사하는 편암 명판과 함께 어우러지는데, 물과 재생의 상징들인 그물망 띠, 삼각형, 가는 선, 지그재그 문양들이 장식되어 있다. 브르타뉴의 거석 무덤 입구에 있는 오르토스타트 중 일부에서도 갈고리 문양이 관찰된다. 이곳에서 갈고리 문양은 나선, 도래하는 여신의 발자국과 상형문자, 뱀, V자 문양과 서로 어울린다.

브르타뉴의 라타블데마르샹에 있는 널길 무덤의 삼각 배면석에 추상화된 여신 이미지가 새겨져 있다. 여기에 생명의 힘을 창출해내는 음문 표식이 있고, 음문 양옆으로 갈고리 문양이 배열되어 있다. 이 열은 4층으로 구성되어 있는데(그림 456), 에너지의 상징인 갈고리 문양 개수가 위에서 아래층으로 내려올수록 증가한다. 결국 갈고리 문양은 여신의 힘을 더욱더 활성화하고 자극하는 역할을 한다.

기원전 6천년기와 이후 중동부 유럽의 토기에서도 쌍으로 구성된 갈고리 문양이 관찰된다. 바르나에서는 무덤 번호 36에서 금으로 만든 단일 갈고리 문양이 발견되었다. 이 문양은 수소 여신상들, 수소 뿔, 고리 모양 펜던트, 복사뼈, 도끼, 왕관, 황금 장식들과 함께 등장한다(Ivanov 1978: 93쪽). 이 암석에 묘사된 상징들을 통해, 갈고리 문양의 핵은 생명을 자극하는 상징이라는 점을 거듭 확인하게 된다.

이 상징은 청동기시대에도 계속 이어져 내려왔는데 대개는 장례 유물들에 등장한다. 크레타 섬 포우르니의 초기 청동기시대(기원전 3200~1900년) 무덤에서 아이보리 갈고리 문양이 발견되었다. 이는 대리석으로 만든 소위 '백색 여신'이라는 죽음의 여신, 삼각 음문 모양 펜던트, 상아와 황금에 조각한 조그마한 새 여신상과 어우러진다(헤라클레이온 박물관). 갈고리 문양은 때로 에게 해 지역의 후기 청동기시대 무덤에서 출토된 토기에 장식되어 있다(Pecorella, 1977: 그림 486 이리니(Irini) 매장지 참조.).

그림 455

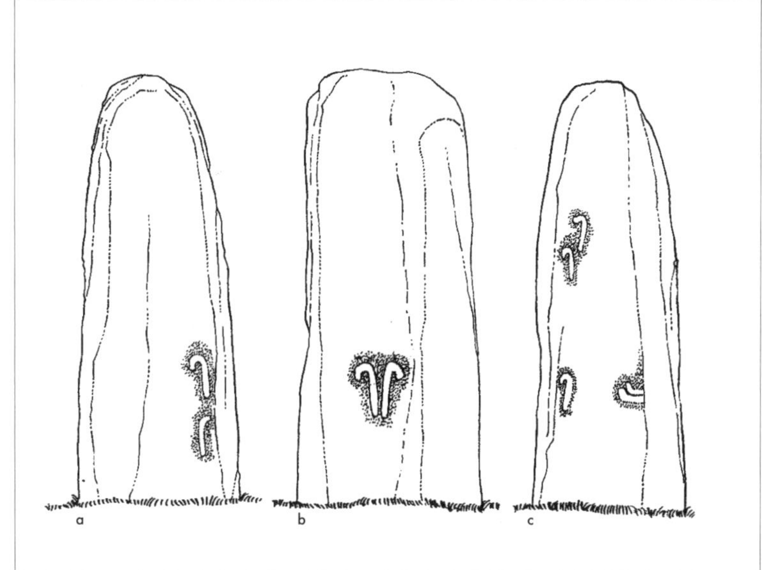

그림 455
프랑스 선돌에 부조로 등장하는 갈고리 문양. 이 문양은 신석기시대 서유럽에서 특히 우세하다. 중앙에 쌍으로 된 뿔 문양이 새겨져 있다(브르타뉴 켐마르케르, 모르비앙, 기원전 3000년경).
높이 587cm

그림 456

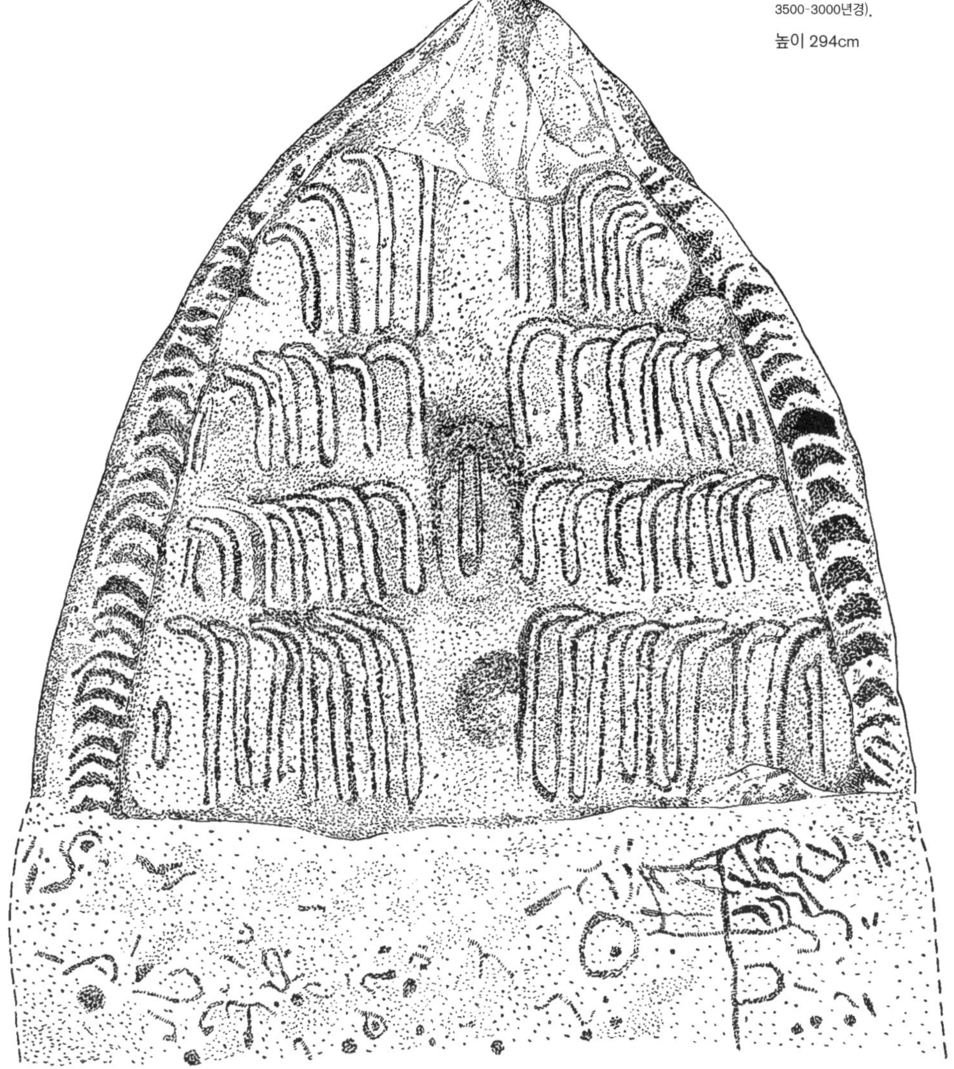

그림 456
프랑스 널길 무덤의 배면석에 새겨진 여신 형체. 가운데 음문이 있고 양옆으로 갈고리 문양이 있다. 갈고리는 생명의 힘이나 에너지의 발산을 자극한다. 아랫부분에 성혈이 있고, 원 안에는 점, 작은 갈고리 장식이 보인다(브르타뉴의 라타블데마르샹, 로크마리아케르, 모르비앙, 기원전 3500~3000년경).
높이 294cm

이후 선사시대와 역사시대에 구부러진 지팡이는 통치자나 주교에게 부여된 힘의 표식이 되었다. 올드 유럽에서 이런 남성 이미지가 최초로 등장한 것은 기원전 5000년경 헝가리 남동부의 티서 문화 유물이다. 가면을 쓰고 의자에 앉아 있는 상인데 오른손에 지팡이를 들고 있다. 그러나 17장에서 이미 논의했듯이, 이렇게 구부러진 물건들이 올드 유럽의 신들을 표현할 때 제왕의 힘을 상징할지는 의심스럽다. 이 힘은 생명을 자극하는 상징, 재탄생의 힘을 나타내는 상징과 훨씬 가깝기 때문이다.

도끼에 대한 제례의 중요성은 신석기시대 초기부터 잘 드러난다. 그리스, 불가리아, 발칸 지역, 이탈리아 남동부 등지에서 녹암으로 만든 작은 돌도끼들이 발굴되었다. 이 도끼들은 비범한 장인의 기량을 보여주는데 사용한 흔적은 전혀 보이지 않는다. 기원전 7000년 후반부터 기원전 5000년에 걸쳐 신성한 유적지들에 매장된 돌도끼를 볼 수 있는데 이는 제물로 만들어서 바친 듯하다. 중동부 유럽에서 기원전 5000년기부터 발굴되는 동으로 만든 도끼들에는 쐐기 문양과 성혈 같은 둥근 구멍이 장식되어 있다. 삼각 모양은 도끼와 음문을 이어준다. 신석기시대와 청동기시대 서유럽에서 돌도끼와 금속도끼에는 삼각 안에 그물망 패턴이 있는데 심지어 음모를 포함해 꽤 자연스럽게 묘사한 음문이 장식돼 있기도 하다(그림 457-1.3).

도끼는 점토로도 만들었다. 주의 깊게 만든 이들 도끼는 연장이 아니라 의례용임을 알 수 있다. 흙도끼들은 아킬레이온 II, III기(기원전 6300~6100년경)에 세스클로 문화 유물을 통해 알려졌다. 돌도끼의 출토는 새 여신 및 의례 용기와 연관되어 있었다(Gimbutas 1988). 북유럽 퓨넬 비커와 나르바 문화에 속하는 다양한 유적지에서 점토도끼와 호박도끼가 출토되었다(Klebs 1882; Brøndsted 1957; Gurba 1956 참조).

놀랍게도 도끼와 올빼미 여신이 그림으로 연결된 유물이 있다. 트란실바니아에서 출토된 구멍 뚫린 돌도끼를 보자(그림 457-2). 도끼 끝 부분에 올빼미 얼굴이 묘사되어 있는데 눈에는 새 발이 달려 있다. 나아가 올빼미 여신과 돌도끼의 연관성은 거석 무덤, 지하 묘소, 돌기둥에 묘사된 이미지들이 입증한다.

가브리니의 오르토스타트에는 도끼 두 개를 의도적으로 배치해 음문 모양을 만든 이미지가 등장한다(그림 458-1). 이런 시도를 통해 도끼는 재탄생의 삼각형만큼 강력한 인상을 풍기게 된다. 도끼와 재탄생의 연결을 드러내는 또 다른 유물들이 있다. 가브리니의 방을 덮는 석판에 장식된 문양인데 여기서 도끼가 배치된 위치가 바로 수소 옆이다(그림 458-2).

브르타뉴 만에로크에 있는 돌기둥에는 위로 솟구치는 언덕 모양이 관찰되는데, 이 언덕의 정수리 부위에 옴팔로스가 묘사된 여신이 등장한다. 옴팔로스 위로는 한쪽 끝을 화살처럼 뾰족하게 만든 도끼들이 나열되어 있다(그림 458-3). 이외에 동굴벽화에도 도끼 문양들이 등장한다. 태양 바로 옆에 도끼를 묘사해서 도끼에 재탄생의 드라마에 필요불가결한 에너지가 스며들어 있음을 암시한다. 불가리아 북서부 마구라타 동굴벽화에는 구성이 흥미로운 문양들이 등장한다. 여기에는 의인화된 태양이 있고 태양 주위에 한쪽 끝이 화살처럼 뾰족한 도끼들이 둘러싸고 있다(Anati 1969: 99쪽). 크기가 다양한 도끼들이 눈이 표현된 얼굴이 있는 태양 사방으로 널려 있다(그림 459). 아마도 재탄생을 위해 도끼에 내재된 힘의 자극을 받고 싶어 하는 겨울 태양을 보고 있는 듯하다. 이는 성소 한가운데 묘사되어 있다. 이 동굴에는 또 춤추는 모래시계 모양 인물들이 관찰된다(그림 378-5 참조). 이 이미지가 겨울 태양에 대한 우리의 가설에 힘을 실어준다. 벽화에 기록된 이 춤을 실제로도 추었을 것이다.

올드 유럽의 상징체계에서 도끼는 에너지의 상징이다. 이는 인도-유럽 문화 종교에서 천둥의 신들이 보여주는 성적인 힘을 나타내는 매개물이 아니다.

그림 457

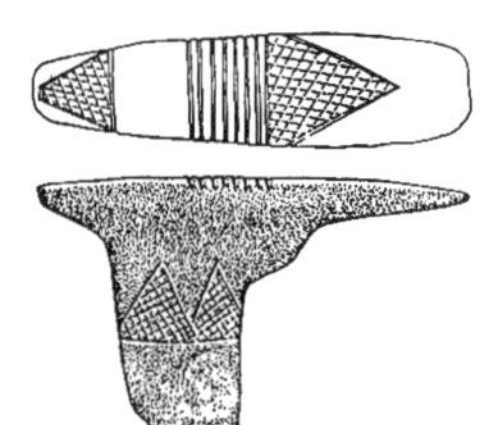

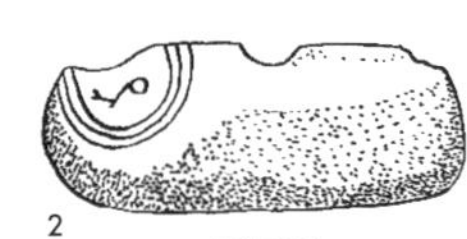

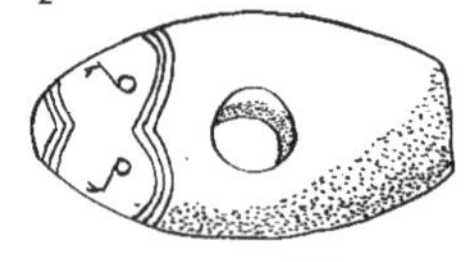

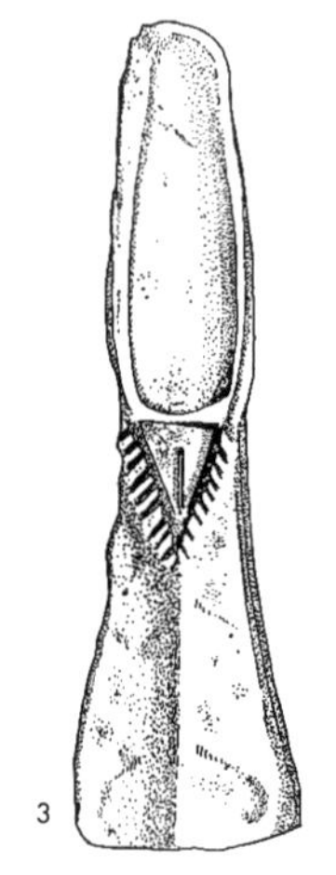

그림 457
재탄생의 여신과 연결된 돌도끼와 금속도끼에 새겨진 상징들.
(1) 거석 무덤에서 출토된 석회암으로 만든 도끼. 재생의 힘을 나타내는 세모 속 그물망을 보라. 포르투갈의 금석 병용 시대(신트라의 마르티뉴, 기원전 3000~2500년).
(2) 돌도끼 귀퉁이에 올빼미 얼굴이 있다. 부리와 눈썹이 결합되어 있고, 막대기에 붙은 V자 문양은 눈 귀퉁이(새의 발?)에 새겨져 있다. 페트레슈티로 추정(트란실바니아, 기원전 4500~4000년).
(3) 음문이 장식된 중기 청동기시대의 도끼.
(1) 길이 15cm
(2) 길이 5cm
(3) 높이 11.3cm

그림 458

1

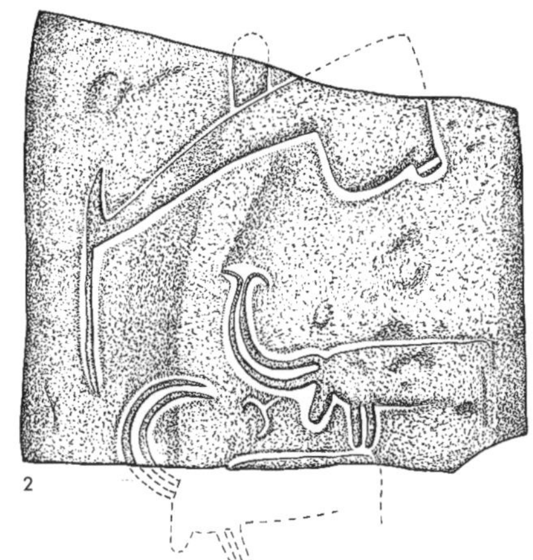
2

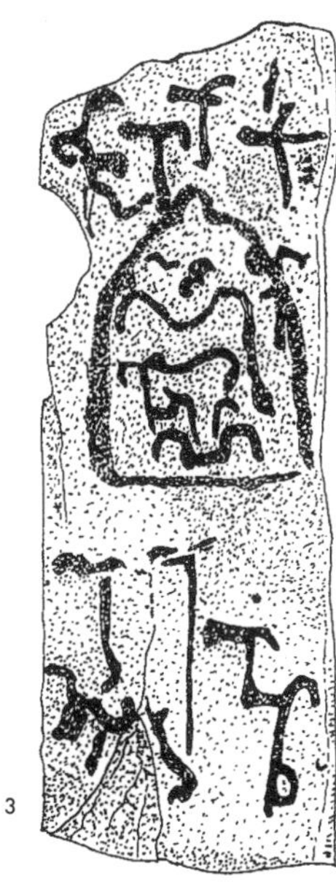
3

그림 458
유럽 서부와 남동부의 동굴, 돌기둥, 무덤 벽에 장식된 문양. 겨울 태양, 옴팔로스 혹은 생명의 기둥에서 새로운 삶이나 여신이 솟아오르는데 에너지의 상징인 도끼가 이를 둘러싸고 있다.
(1) 가브리니 널길 무덤의 오르토스타트. 세 열의 도끼가 대체로 쌍으로 결합되어 음문을 암시한다. 물결 문양이 이를 에워싸고 있다(브르타뉴의 가브리니, 기원전 3500년경).
(2) 가브리니에서 등장한 거대한 뿔을 지닌 수소와 커다란 도끼.
(3) 돌기둥에 장식된 언덕 모양의 여신과 손잡이(또는 옴팔로스). 여신 몸에 추상화한 뱀 모양의 배가 장식되어 있다. 여신 주위를 한쪽 끝이 뾰족한 도끼들이 에워싸고 있다(프랑스 브르타뉴의 만에로크, 로크마리아케르, 기원전 4500-4000년).
(1) 높이 145.6cm
(2) 높이 300cm
(3) 높이 110.6cm

그림 459

그림 459
불가리아의 마구라타 동굴 지성소.
인간화한 태양 옆에 손잡이가 달린 도끼가 그려져 있는데, 새 에너지가 필요한 겨울 태양을 의미하는 것으로 보인다.
양쪽에는 두 개의 비슷한 원과 겹선이 그려져 있고, 아래쪽에는 격자무늬 패턴이 그려져 있다.
기원전 4500-4000년경으로 추정(비슷한 모양의 구리 도끼가 만들어진 시기).

가슴에 빗을 걸고 있는 쿠쿠테니 여신상. 유럽 농부들은 여전히 치유와 보호를 목적으로 이를 사용했다.
그림 481 참조.

26. 상반된 방향으로 도는 나선, 소용돌이, 빗, 붓, 동물 소용돌이

26-1. 상반된 방향으로 도는 나선, 애벌레, 뱀 대가리

서로 다른 방향을 향해 돌고 있는 나선, 초승달, 뱀 대가리는 도래(becoming)의 힘을 자극하고 강화할 때 등장하는 문양들이다. 이 모티프가 등장하는 유물로는 인장, 명판, 제대, 접시, 정교하게 장식한 항아리, 의인화된 항아리, 여신상 등으로 다양하다. '도래'의 상징들은 올드 유럽의 전 시기에 걸쳐 보편적으로 등장하는데, 이 경향은 미노아, 키클라데스, 미케네 문명에까지 이어져 내려온다. 토기에 주요 모티프로 장식되어 있거나, 인장에 단일 문양으로 새겨져 있는 걸로 보아 당시 이 문양이 얼마나 중요했는지 짐작할 수 있다. 상반된 방향을 향하는 뱀 대가리나 두 쌍의 뱀이 항아리의 주둥이 근처에 독자적인 모티프로 등장하는 경우 또한 빈번하다. 부쿠레슈티 부근 테이우에서 발견된 토기에서는 두 쌍의 뱀이 '생명의 바퀴를 돌리는 모양새'를 볼 수 있다. 이 뱀 문양이 있는 자리에서 생명의 힘을 상징하는 수소 뿔도 관찰되는데, 이는 당시에 이 두 문양을 함께 연관 지었음을 시사한다(그림 460).

토기 장식의 중심 모티프로 서로 반대 방향을 향하는 뱀 문양이 등장하거나, 뱀 대가리를 이용해 나선 문양을 묘사한 뛰어난 유물들이 등장한다. 이 토기들은 쿠쿠테니 A 시기에 속한다(그림 461~465). 이 밖에도 생명을 자극하는 문양은 사람 모습을 한 토기에 쌍으로 장식되거나, 여신의 복부와 어깨, 엉덩이 부위에 장식되어 있다.

그림 460

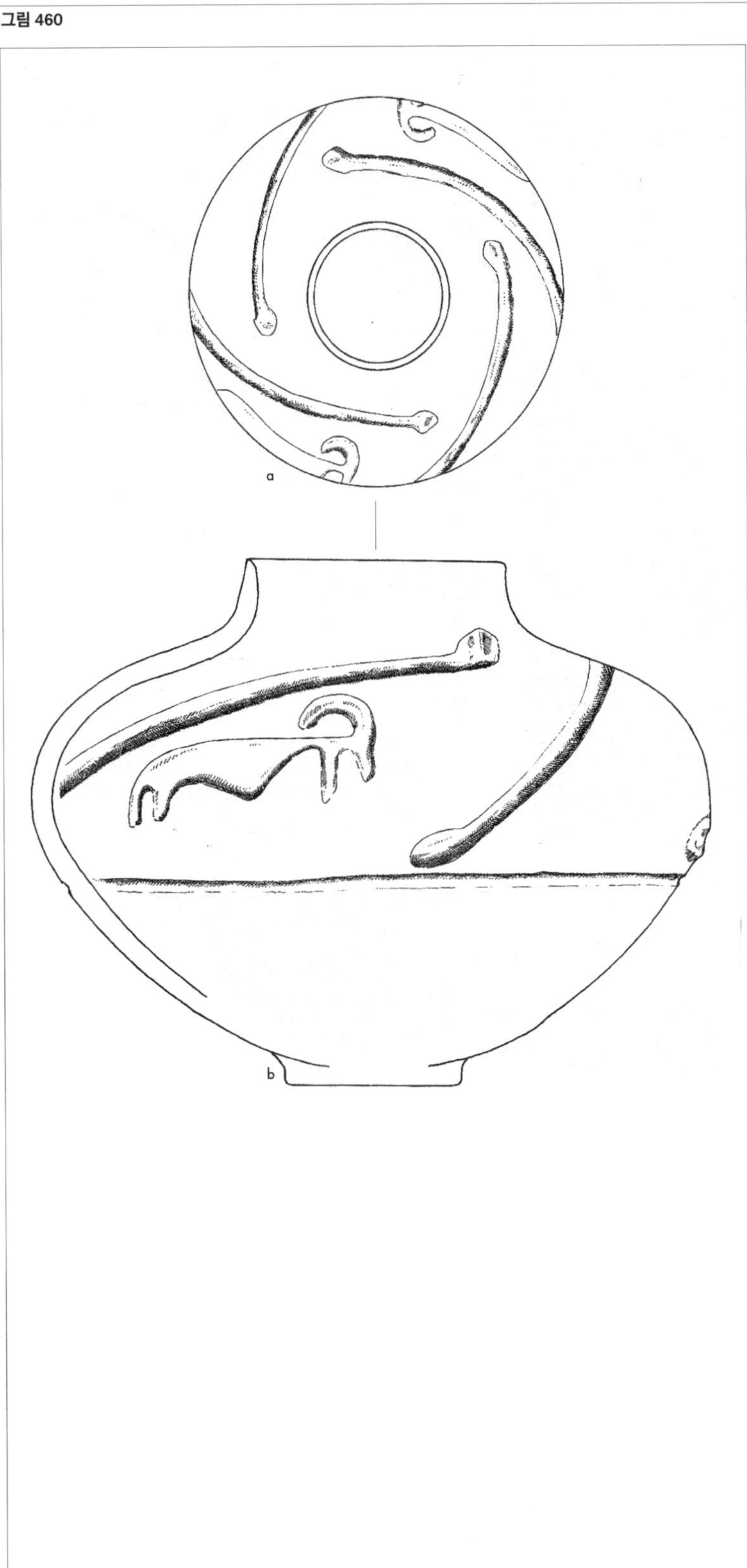

그림 460
상반된 방향을 향하는 두 쌍의 뱀이 항아리의 주둥이 근처에 똬리를 틀고 있다. 재탄생의 상징인 수소가 양쪽의 뱀 사이에 놓여 있다. 이 모든 그림들은 서로 연관되어 있다.
카라노보 VI/구멜니차(루마니아의 부쿠레슈티 부근의 테이우, 기원전 5천년기 중기).
높이 33cm

그림 461

b

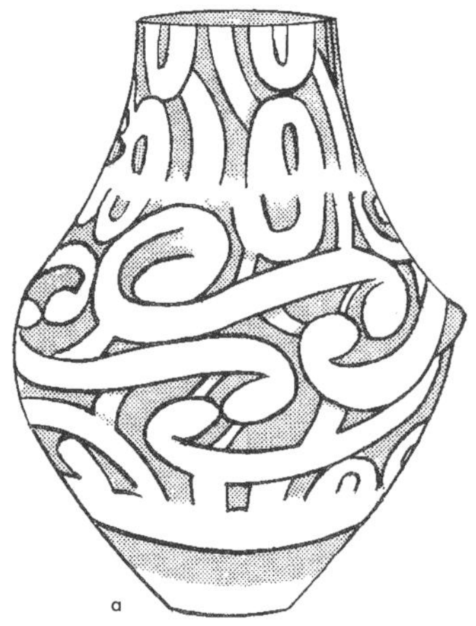

a

그림 462

그림 463

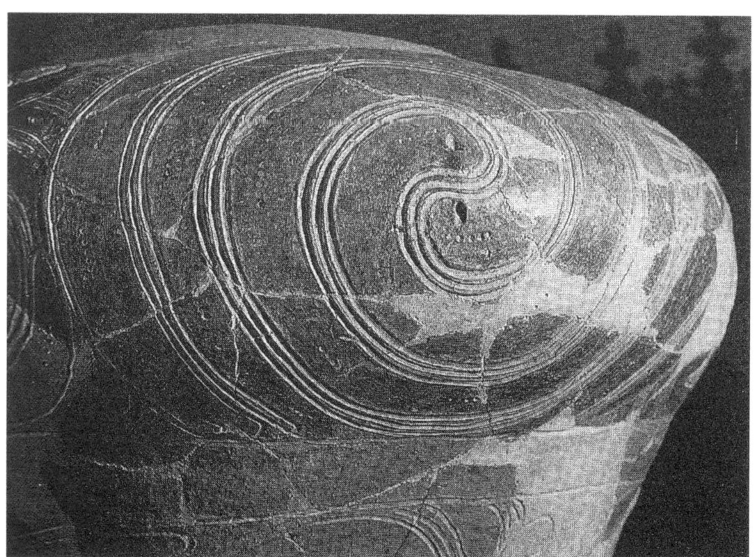

그림 464

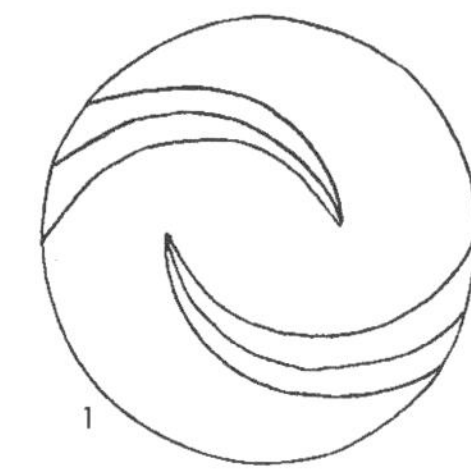

1

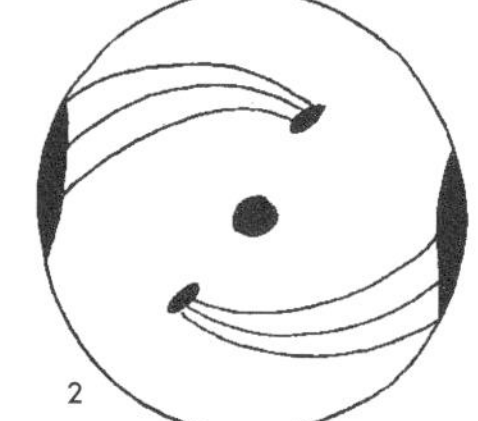

2

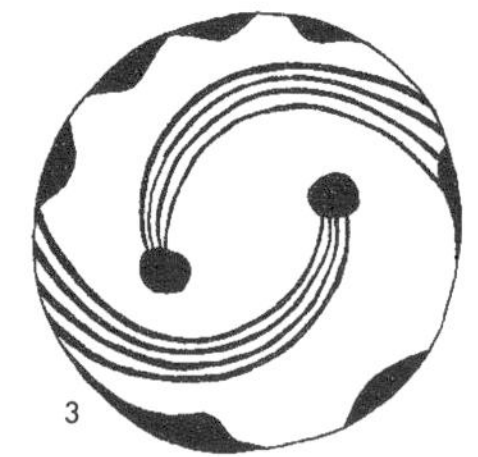

3

4

5

그림 461
각기 다른 방향을 향하는 S자형 문양으로 장식된 항아리. 항아리 목 부위에는 U자형 문양이 돌아가며 장식되어 있다.
쿠쿠테니 A_3(기원전 44-43세기).
높이 33.6cm

그림 462
서로 다른 방향을 향하는 뱀 머리 문양으로 이 뱀은 검은 바탕에 세 개의 갈색 평행선으로 그려져 있다.
쿠쿠테니 A_2(루마니아 북동부 프루무시카, 기원전 45-44 세기).
높이 약 20cm

그림 463
상반된 방향을 향하는 뱀 똬리 문양이 장식된 토기. 문양 바깥에 파인 홈은 회반죽으로 채웠다.
쿠쿠테니 A_2(루마니아 북동부의 트루셰슈티, 기원전 45-44세기).

그림 464
반대 방향으로 회전하는 뿔과 초승달 문양들. 문양 끝을 보면 일부는 끝이 원과 연결되어 있고 새싹과 결합된 경우도 있다.
붉은색 바탕에 검은색으로 채색.
쿠쿠테니 B
(1)-(3) 시페니치, 기원전 3900-3700년.
(4)-(5) 우크라이나의 토마시브카, 기원전 3500년경.
(1)-(5) 지름 22.5 cm

그림 465
복부 아랫부분에 반대쪽으로 소용돌이 나선 문양이 장식된 여신상. 젖가슴에 U자 문양이, 쇄골 부위에는 갈고리 문양이 있다.
쿠쿠테니 A_4(루마니아 북동부의 드러구셰니, 기원전 43-42세기).
높이 18.6cm

그림 465

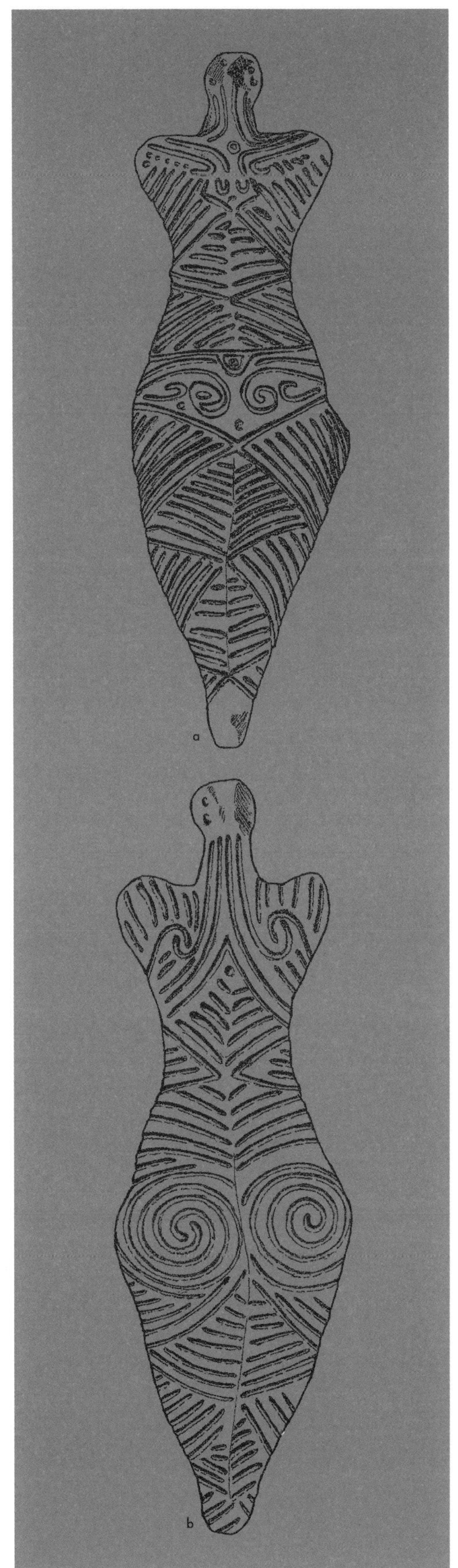

나선 문양을 축약한 듯한 문양도 관찰되는데, 결과적으로 U자 둘을 서로 맞물려놓은 모양새이다(그림 466). 기원전 5천년기의 접시에서는 이 문양이 식물 모티프와 어우러진다. 이런 문양은 에게 해 청동기시대와 그리스 기하학 시기, 아르카익 시기의 토기에 풍부하게 장식되어 있다. 여기서는 주로 ㅂ 형태로 등장한다.

26-2. 소용돌이와 네 귀퉁이 디자인

1959년《헤라클레이온 고고학 박물관 안내*A Guide to the Archaeological Museum of Herakleion*》에서 N. 플라톤(N. Platon)은 미노아 문명 예술을 가리켜 "움직임이 지배적 특징이다. (……) 장식 문양들이 돌고 소용돌이치고 (……) 생명과 기쁨의 찬가"라 묘사했다. 이보다 2000년이나 3000년 이른 시기, 유럽의 예술과 관련해서도 적용될 수 있는 표현이다. 이 상징들은 생명 에너지가 정체되는 것을 방지한다. 우주적인 주기의 영속성이나 영원한 재탄생을 강조하기에 그러한데, 이는 올드 유럽 농부들의 핵심 이데올로기였다. 소용돌이 문양을 통해 한 단계에서 다음 단계, 하나의 주 방향에서 다른 방향으로 매끄럽게 전환되도록 보장하는 듯하다. 이 문양들은 나선, 초승달, 갈고리 문양과 함께 생명의 힘과 시간의 주기를 나타내는데, 원이나 나선으로 주기를 드러내며, 생명의 에너지는 순환하며 영속적으로 흐른다.

이러한 상징들은 생명의 힘이 위기에 처하는 시점, 예를 들어 병이 들거나 죽음의 순간에 절실히 필요하다. 그래서 무덤에 매장된 장례 토기를 살펴보면, 네 겹 문양 혹은 소용돌이 문양이 규칙성을 띠며 장식되어 있음을 알 수 있다. 이 문양들은 달, 뱀, 나선, 초승달과 분리할 수 없다. 그리고 도래를 나타내는 애벌레, 나비, 씨앗, 알, 쪼개진 알 같은 문양과도 분리해서 생각할 수 없다(그림 467, 468).

그림 466

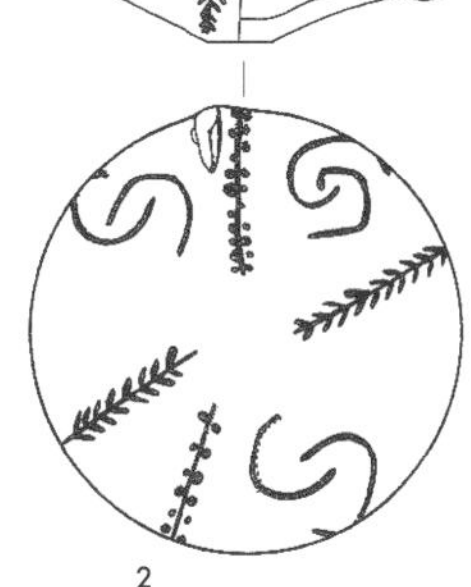

그림 466
나선 문양이 축약되어 서로 맞물린 U자형으로 변형되어 있다.
(1) 카라노보 IV(불가리아의 콜로야노베치, 기원전 5200~5000년경).
(2) 접시 바깥 면에 장식된 식물 모티프. 이 둘은 종종 함께 등장한다(알바니아의 말리크 II, 기원전 5천년기 중기).
(1) 높이 9.6cm
(2) 지름 22cm

그림 467

그림 467
소용돌이와 네 귀퉁이 문양으로 주기적 시간의 윤회를 묘사했는데 이들은 도래의 상징이다.
카라노보 VI(다뉴브 강 하류의 브라일리차, 기원전 5천년기 중기).
지름 32cm

그림 468

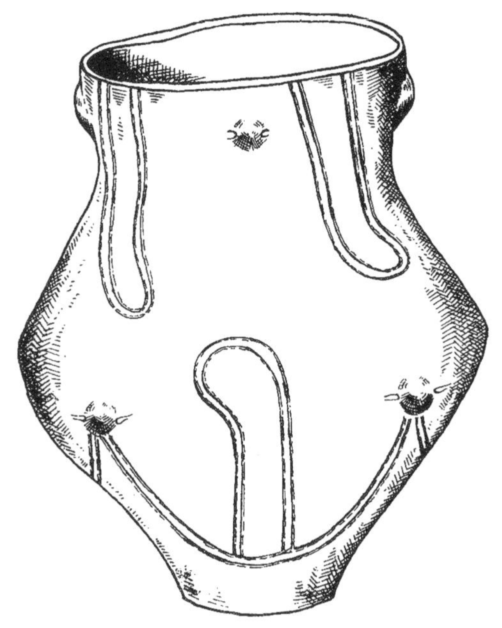

그림 469

그림 468
렝옐 매장지에서 출토된 토기. 바닥 네 귀퉁이에 문양이 있고 각 면마다 갈고리 문양이 나와서 순환이나 변화의 움직임을 강조한다. 크림색 바탕에 붉은색으로 문양이 그려져 있다(헝가리의 젠괴바르코니, 기원전 5천년기 초기).
높이 10.9cm

그림 469
뱀과 연관된 4등분된 원의 예.
(1) 쿠쿠테니 AB 토기에 그려진 흰색, 붉은색, 짙은 킬색 문양(루마니아 북동부의 겔과에슈티, 기원전 4000년경).
(2) 후기 쿠쿠테니 문화(몰다비아의 발레아루풀루이, 기원전 3800-3600년경).
(1) 지름 28cm
(2) 높이 35.2cm

접시 내부나 커다란 항아리 어깨나 배 둘레의 중앙에 X자 문양이 안에 들어 있는 원 문양들이 관찰된다. 여기에는 우주적인 뱀의 이동이나 뱀으로 둘러싸인 문양들이 함께 등장한다(그림 469). 4등분된 원은 보편적인 인간의 상징으로 다양하게 적용할 수 있다. 가장 단순하게는 4방위의 통합이나 4계절의 통합을 뜻한다. 올드 유럽에서 이 문양이 뱀과 어우러진다는 사실은 이것이 여신, 우주적 알, 뱀과 관련된 고대 지중해 창조 신화와 끈이 닿아 있으며 창조 신화의 원형에 해당하는 이미지였음을 암시한다(Graves 1960: 27ff 이하 참조).

초승달로 만든 소용돌이 문양도 있다. 불가리아 중부의 데베타슈카 동굴에서 출토된 접시 문양에서 관찰된다. 문양이 배열된 구조를 살펴보면 먼저 중심에 원이 있고 원 바깥으로 초승달들이 시계방향으로 배열되어 있다. 원 바깥 공간에는 초승달이 반시계방향으로 배열되어 있다(그림 470). 바깥에 있는 반시계방향 초승달들이 중심이 되는 소용돌이를 활기차게 만들기 때문에 이 구조는 우주에서 서로 영향을 주고받는 힘을 표현하고 있다는 인상을 받게 된다.

4중의 디자인들을 보면, 종종 중심에 원이 있고 사방으로 원 네 개가 연결되어 있거나 원 둘레에 네 개의 고리가 달려 있다. 이 문양은 대극의 통합이나 우주적 원천의 중심이라는 개념을 나타낸다(그림 471, 472). 네 개의 원이나 고리가 그려진 문양에서 각각의 원 안에는 M자, 지그재그, 애벌레, 병아리, 나비, 씨앗, 쌍 씨앗이 들어 있다. 이는 각각의 원이 생명의 불꽃을 내포한다는 의미이다. 이와 연관된 문양들은 그물망, 격자무늬, 미앤더, 평행선, 점들인데 이는 전부 물과 관련된 문양들이다.

미니어처로 만든 희생 용기와 장례 용기는 종종 둘 아니면 넷으로 구획되어 있다. 이 책에서 루마니아의 구멜니차에서 출토된 희생 용기를 그림으로 소개했는데, 네 구획으로 나뉘어 있고 각 구획마다 뚜껑이 달려 있다(그림 473). 어깨 부위에 장식된 문양들이 초승달과 지그재그 열이라는 점이 독특하다. 뚜껑에는 네 구획 문양, 반대로 향하는 초승달, 점들이 등장한다. 이런 토기는 재생 의례에서 여신에게 희생제물을 바칠 때 사용되었을 가능성이 크다.

그림 470

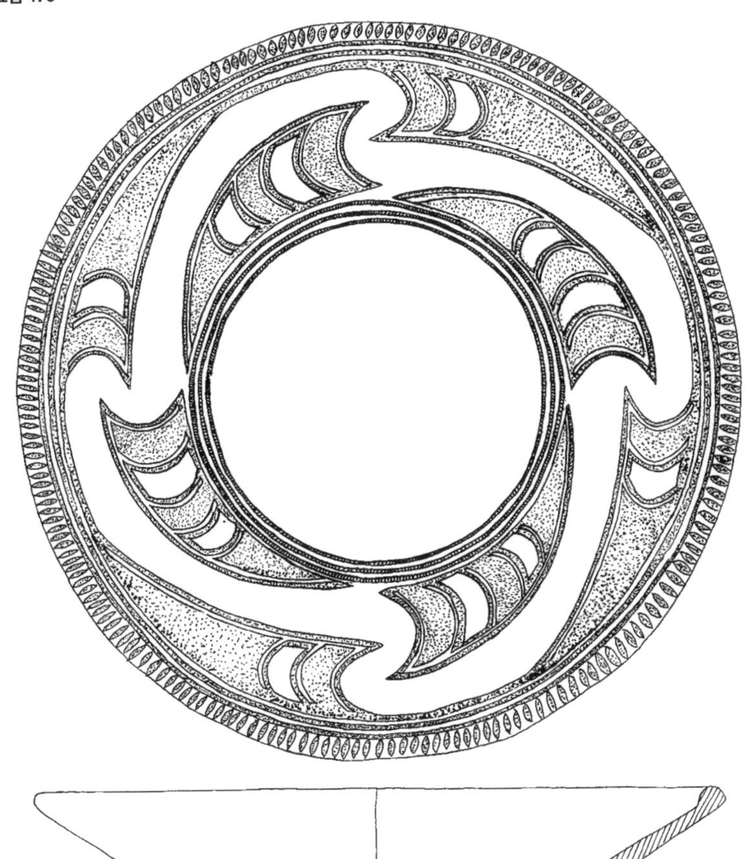

그림 470
뛰어난 접시 내부 문양. 중앙에 원이 있고 밖으로는 초승달들이 시계방향으로 배열되어 있는데 그 바깥 모서리에 반시계 방향으로 또 초승달이 배열되어 있다.
카라노보 VI(불가리아 중부의 데베타슈카 동굴, 기원전 5천년기 중기).
지름 44.7cm

그림 471

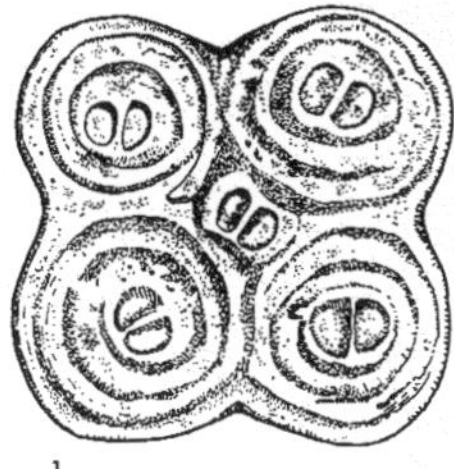

1

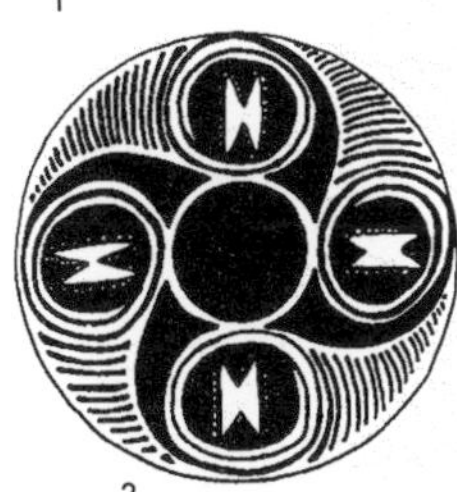

2

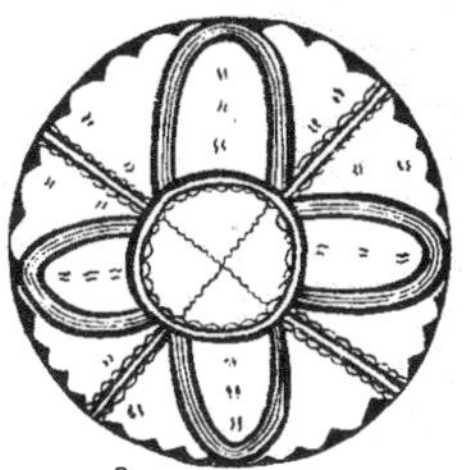

3

그림 471
넷으로 구획된 문양으로 중앙에 원이 있고 둘레에 원이나 고리가 넷 연결되어 있다. 시작을 상징하는 두 개의 씨앗, 나비, 애벌레가 장식되어 있다.
(1) 테라코타 인장. 이탈리아 중기 신석기시대(리구리아 지방의 아레네 칸디데, 기원전 5천년기).
(2) 접시 내부에 등장하는 문양. 디미니(테살리아, 기원전 5천년기 말기).
(3) 접시 내부 문양. 쿠쿠테니(구소련 몰다비아의 브크바틴트시 묘지, 기원전 3500년경).
(1) 폭 5.1cm
(2) 지름 19.2cm
(3) 지름 17.2cm

그림 472

그림 472
생명의 위대한 주기를 촉진하는 디자인으로 넷으로 구획된 부분에 네 개의 알이나 원이 있다. 그 안에는 재탄생의 에너지를 강조하는 병아리가 그려져 있다. 후기 쿠쿠테니 토기.
쿠쿠테니 B_2(몰다비아의 부즈네아, 기원전 3700-3500년).
지름 약 30cm

그림 473

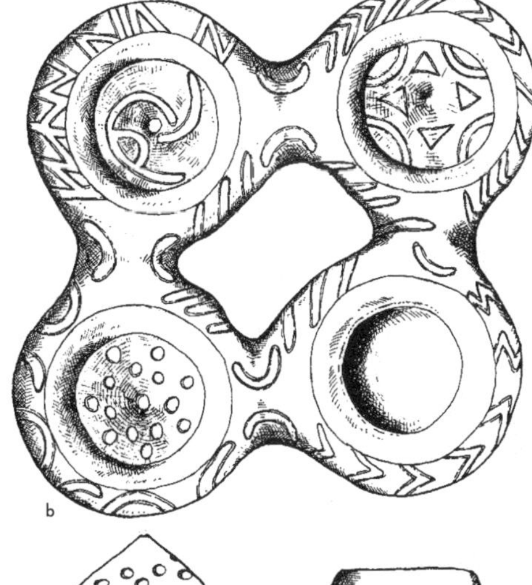

b

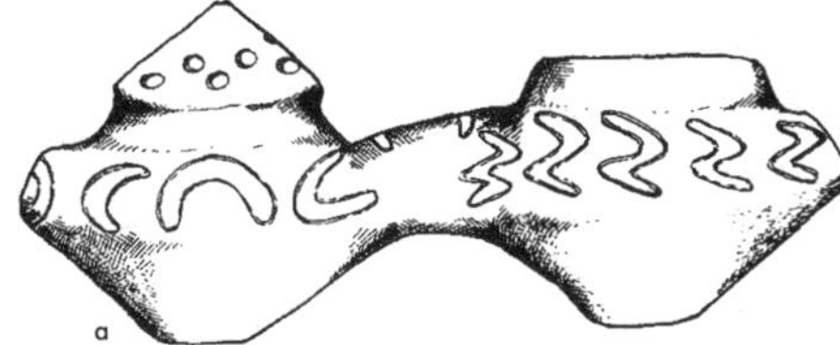

a

그림 473
흰색으로 덮여 있다 제거된 장식이 있는 희생 용기로 넷으로 나뉘고 구획마다 뚜껑이 있다. 용기의 어깨 부분에 초승달과 지그재그 문양이 있고, 그 반대편에는 수많은 점들이 있으며 뚜껑에 네 개의 삼각형이 그려져 있다.
카라노보 VI/구멜니차(루마니아의 구멜니차, 기원전 5천년기 중기).
높이 8.4cm

언급한 유물들이 출토된 시기로부터 2000년이 지난 미노아 문명 예술에서도 여전히 소용돌이 문양이 많이 등장하는데 디자인은 다양하다. 인장이나 토기에 등장하는 단순한 소용돌이가 있다. 그렇지만 그물망 패턴 고리가 부착된 나선, 로제타와 둘레에 원이 있는 패턴, 나선과 식물 모티프로 구성된 복잡한 패턴들도 등장하기에, 나선 문양이 복잡하고 다양하게 발달했음을 입증한다. 토기에 소용돌이 문양이 장식된 유물 중 최고의 걸작이라면 단연 미노아 문명 중기부터 출토되는 토기들이다. 특히 기원전 20세기 초기 파이스토스의 첫 번째 궁전에서 출토된 카마레스 스타일의 문양들이 걸출한데, 굽이쳐 흐르고 새싹이 움튼다. 이런 디자인들은 결국 생명의 승리를 노래하는 발랄한 감각들을 표현한 것이다. 소용돌이 문양과 더불어, 이처럼 생명의 재탄생을 확신하는 문양으로 나비와 수소 뿔을 들 수 있으며, 이것들은 흔히 한 자리에 구성되어 있다.

소용돌이 문양은 또 생명을 부여하는 여신, 즉 야생동물의 수호신인 아르테미스 유형의 여신과 함께 등장한다(그림 405 참조). 지금도 아일랜드인들은 성 브리짓 여신의 축일인 2월 1일 전야에 여신의 십자가를 만들어 집집마다 걸어둔다. 이는 성인의 보호로 집을 지키고 성인의 은총을 간구하기 위해서이다. 짚으로 만든 성 브리짓의 십자가는 사실 소용돌이 모양에 가깝다. 교차한 팔이 활 모양 아치와 연결되고 가운데 부분은 짚으로 채워져 있다. '브리짓의 거들'이라는 짚으로 만든 원은 직경이 1.2미터 정도인데, 이 또한 십자가와 유사한 기능이 있다. 소년들이 여장을 하고 거들을 쓰고 집집마다 방문하는데, 원 안으로 통과하면 브리짓 성인이 질병을 막아준다고 믿는다

26-3. 붓과 빗

막대기가 있고 여기에 일련의 짧은 평행선들이 직각으로 결합된 모양을 붓이라고 하자. 이 문양은 주로 뱀이나 물고기 문양과 어울린다. 후기 구석기시대에 등장해 선사시대와 역사시대를 거치며 오랜 세월 이어져 내려왔다(그림 474). 이 붓 모양과 함께 소용돌이, 스와스티카(卍), 날개, 손 문양이 어우러진다. 이 조합에서 붓도 에너지 상징에 속한다는 점을 추론할 수 있다. 이 문양은 여신의 몸에도 등장한다. 자궁 부위의 거대한 삼각형 위에 오거나, 아니면 이 삼각형을 대치한다. 이 유물들은 붓이 여신이 가진 재탄생의 힘을 상징한다는 사실을 분명히 드러낸다. 생명의 에너지를 촉진시키는 재탄생의 힘은 배(ship)의 묘사에서도 동일하게 적용된다. 배는 서유럽 거석 무덤의 벽과 몰타의 신전 벽면에서 관찰되는데, 길게 가로지르는 횡선에 수직으로 연결된 여러 평행선들로 나타냈다. 배 문양은 붓 문양과 밀접하게 연관되어 서로 호환할 수 있었던 듯하다.

네 귀퉁이가 드러나고 각 선의 끝에 평행선들이 있는 소용돌이 문양이 기원전 7천년기 차탈휘윅 프레스코에 등장한다(Mellaart 1967: pl. 40 참조). 차탈휘윅 신전에 있는 수소 머리들에는 붓 문양이 하나 혹은 둘 그려져 있다. 이 문양은 단독으로 등장하기도 하고, 때로는 손이나 벌집 모티프와 함께 등장하기도 한다. 여기 등장하는 모든 문양들이 재탄생과 에너지의 상징들로 이들을 의미 있게 결합하여 표현한 것이다(그림 475). 여기서 시각적으로 한 발 나아가 새 날개와 붓 문양이 결합하기도 한다. 독수리 여신의 날개들은 빗과 붓 문양인데 여신 몸에 그려진 것이다(그림 285 참조).

붓은 종종 기원전 6천년기에 토기 하단이나 측면에 등장한다. 또 빈차, 티서, 페트레슈티, 줄무늬토기 문화, 쿠쿠테니 문화의 새 여신에서도 관찰되는데 여기서는 종종 음문과 어울린다(그림 476). 이 문양은 기원전 3천년기 말부터 등장하는 초기 청동기시대에 속하는 도식적인 날개가 달린 키프로스 여신상에서 관찰된다. 또 아나톨리아의 초기 청동기시대에 속하는 토기에도 자주 등장한다(그림 477).

그림 474

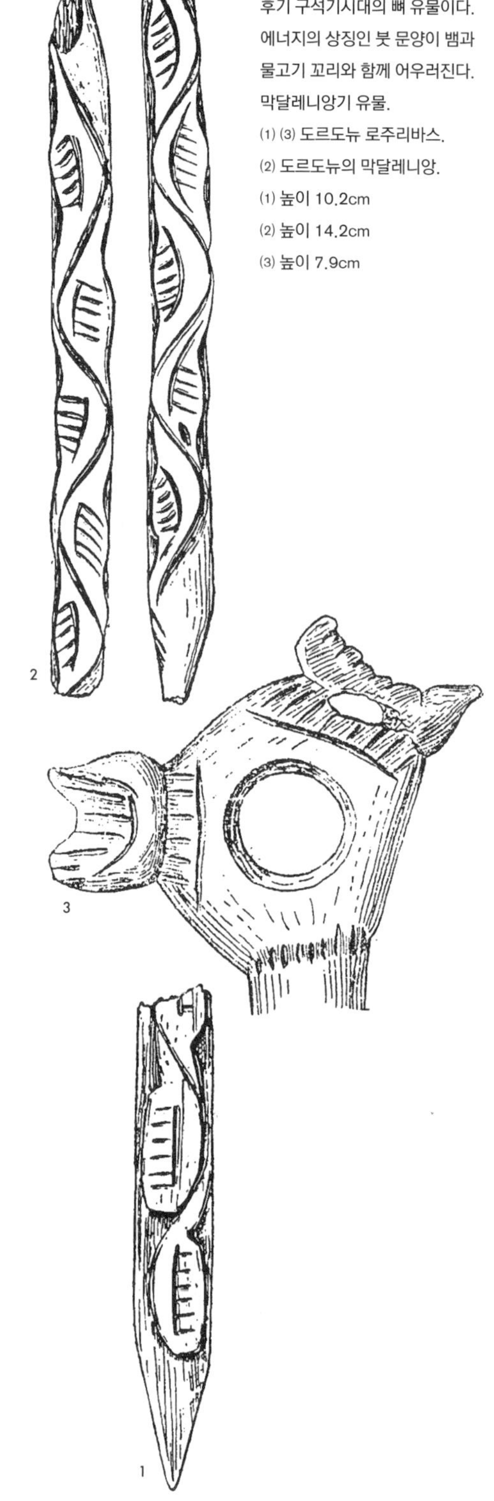

그림 474
후기 구석기시대의 뼈 유물이다. 에너지의 상징인 붓 문양이 뱀과 물고기 꼬리와 함께 어우러진다. 막달레니앙기 유물.
(1) (3) 도르도뉴 로주리바스.
(2) 도르도뉴의 막달레니앙.
(1) 높이 10.2cm
(2) 높이 14.2cm
(3) 높이 7.9cm

그림 475

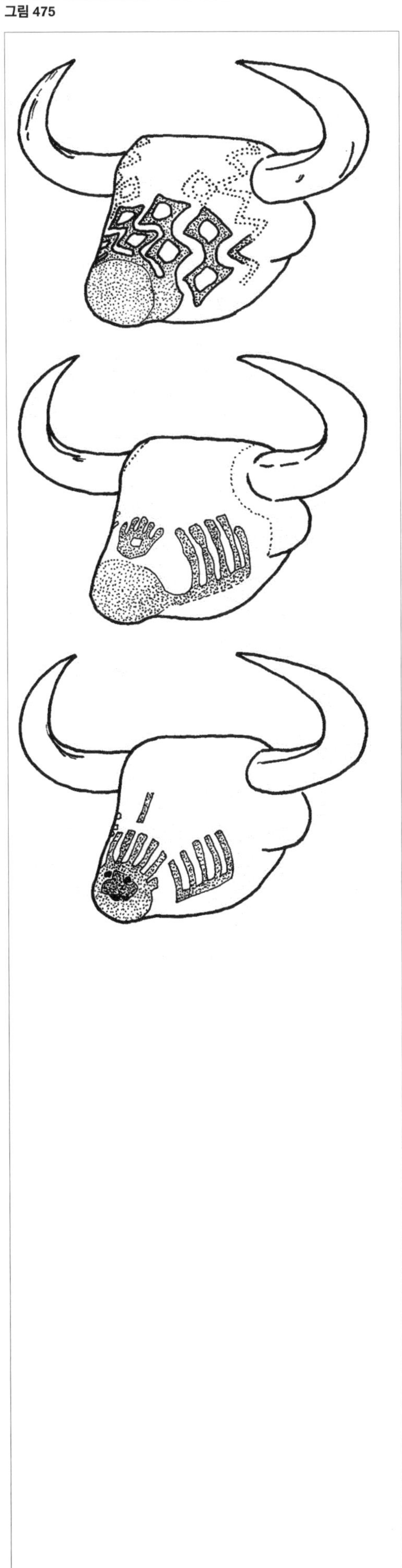

그림 475

차탈휘윅 신전의 수소 두부로 뿔과 붓, 손, 벌집 문양이 그려져 있다(첫 번째 성지, E VI-8, 기원전 6000년경).

그림 476

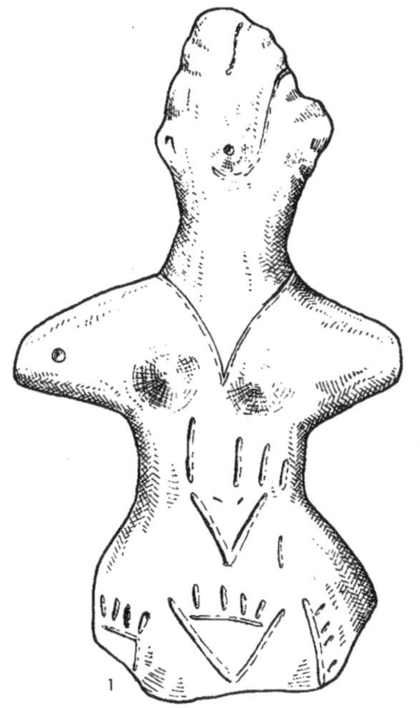

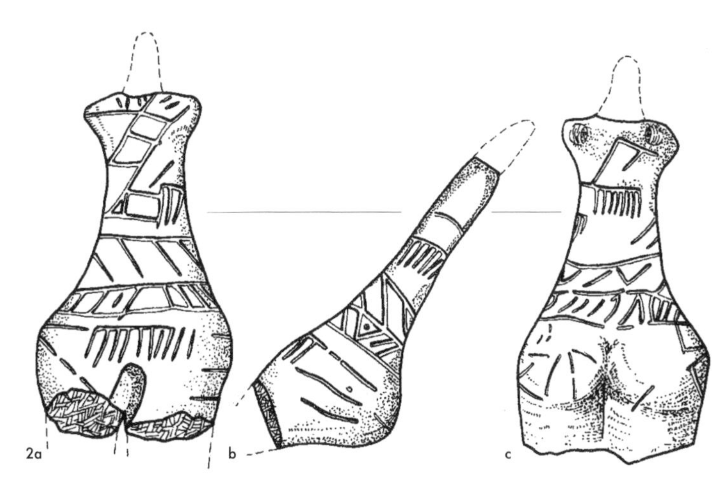

그림 476

여신상에 등장하는 붓 문양. 음문과 붓 문양의 연관성에 주목하라.

(1) 빈차 문화(보스니아헤르체고비나의 야블라니치, 기원전 5000년경).

(2) 초기 쿠쿠테니 문화(몰다비아의 노비예 루세슈티 I, 기원전 4600-4500년).

(1) 높이 8.2cm

(2) 높이 11.6cm

그림 477

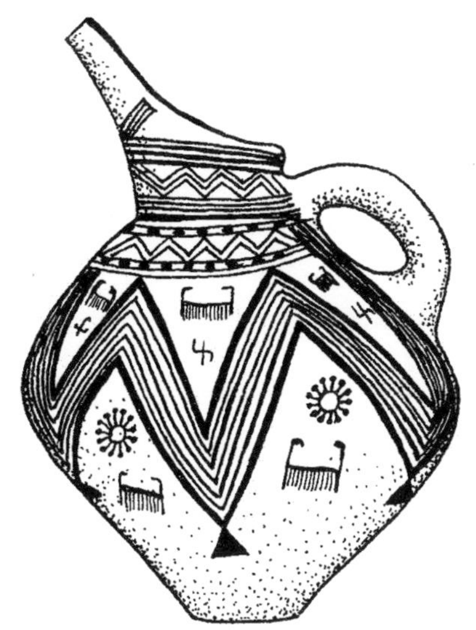

그림 477

붓과 관련된 상징들. 빗이 태양과 스와스티카와 함께 어우러져 있다.

아나톨리아의 초기 청동기시대 용기(터키 중부의 컬테페, 기원전 3000년경).

높이 21.2cm

쿠쿠테니 시기에는 접시나 구형 유물에 똬리를 튼 뱀 혹은 물결치는 뱀을 이용해서 회전하는 효과를 나타냈다. 엇갈림은 서로 나란한 뿔 달린 뱀 대가리로 표현했고, 뱀의 몸에는 격렬한 비 같은 평행선들이 장식되어 있다. 전체적으로 두 뱀이 반대 방향으로 꼬아 휘감고 도는 모습을 연출하였다(그림 478).

덴마크 에르테뵐레 유적지에서 출토된 호박 펜던트에는 붓 문양들이 장식되어 있다. 이 유물은 에너지와 치유의 잠재력을 발산하는 호박과 붓 문양이 상징적으로 연결되어 있음을 나타내는 듯하다(그림 479).

붓/빗의 신성한 힘은 스위스 신석기시대의 코르타일로트 문화 유적지에서 출토된 여신상에서 가장 잘 드러난다. 빗으로 젖가슴과 두부가 있는 여신을 묘사한 이미지나 의인화된 빗 펜던트를 하고 있는 여신상 이미지(그림 480)에서 혹은 모래시계 모양인데 아랫부분은 붓으로 묘사된 여신 유물에서 이를 잘 감지할 수 있다. 이와 유사하게 여신과 빗이 결합된 상징은 유럽의 선사시대에서 계속 등장하고 이런 경향이 중부 유럽의 켈트 라텐 시기까지 이어진다.

이 쿠쿠테니 유물에서 보았듯이, 빗은 여신의 가슴과 등에 펜던트로 걸려 있다(그림 481). 오늘날에도 유럽 농부들은 질병을 막고 악을 물리치기 위해, 즉 보호와 치유를 위해 빗을 이용한다. 출산 후에 산모와 태아는 가슴과 등에 빗 펜던트를 거는데, 선사시대부터 이어져 내려온 풍습이다. 독수리 여신, 그러니까 죽음의 여신이 지배하는 동안에 안전과 건강을 빌며 여신을 섬길 필요성을 느낄 때 빗을 목 앞뒤에 매단다.

그림 478

그림 479

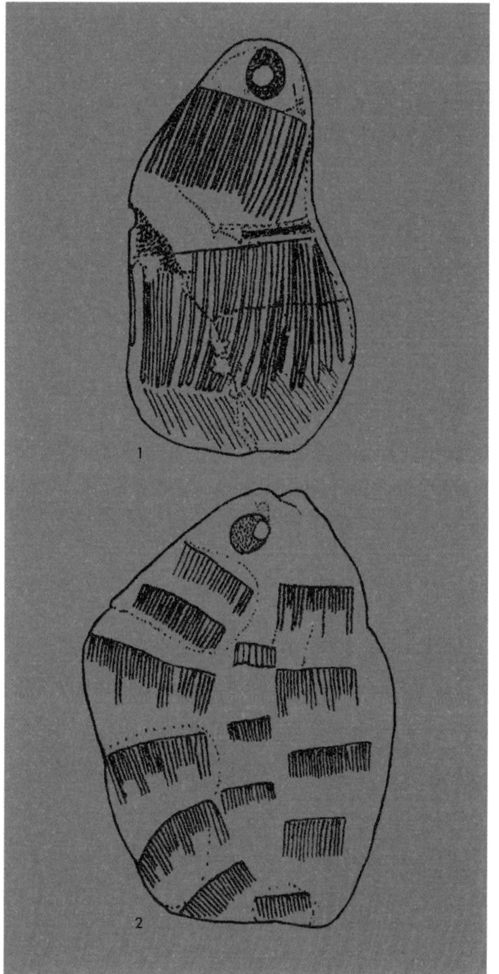

그림 478
올드 유럽의 후기 구석기시대 붓 문양은 뱀과 어우러진다. 뿔 달린 두 마리의 뱀이 중앙의 붓 둘레를 회전하고 있다.
쿠쿠테니 B(우크라이나 서부의 스타라야 부다, 기원전 3900-3700년).
지름 31.5cm

그림 479
북유럽의 호박 펜던트에 등장하는 붓 문양. 이 유물은 에너지와 치유의 잠재력을 발산하는 호박과 붓 문양이 상징적으로 연결되어 있다(덴마크의 에르테뵐레, 기원전 4000년경).
(1) 높이 5.35cm
(2) 높이 5.7cm

그림 480
빗 문양이 여신의 모습으로 등장한다.
(1) 스위스의 신석기시대(코르타일로트, 기원전 4000년경).
(2)(3) 라텐, 스위스의 철기시대.
(1) 높이 6.5cm
(2) 높이 3cm
(3) 높이 4cm

그림 481
올드 유럽의 여신상으로, 빗이 여신과 가슴과 등에 장식되어 있다.
쿠쿠테니 B(우크라이나의 빌체 즐로테, 기원전 4000-3500년).
높이 17cm

그림 480

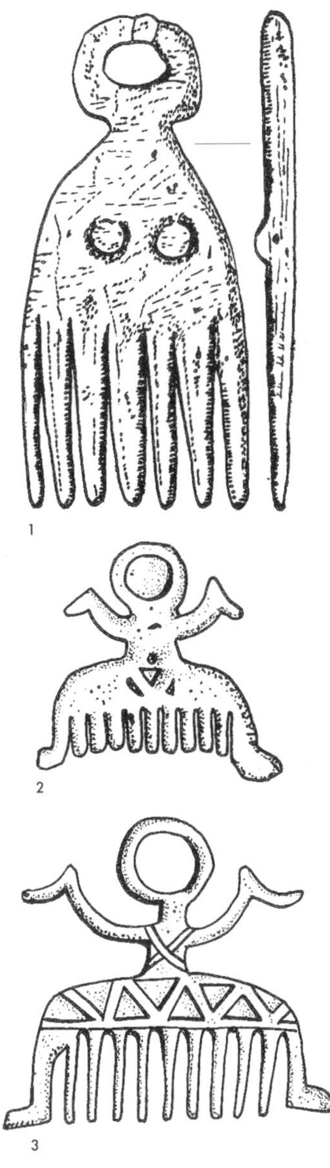

그림 481

26-4. 동물 소용돌이와 행렬

점성학에서는 다양한 동물들로 황도 12궁을 표현한다. 시간의 주기를 나타내기 위해 동물들을 이용한 것으로 우리에게도 친숙한 방식이다. 알다시피 황도 12궁은 고대로부터 내려온 전통이다. 이렇게 동물 행렬이나 둥근 소용돌이 모양으로 시간의 움직임을 자극해왔던 전통은 묘사하는 것보다 훨씬 오래전부터 시작되었다.

다섯 마리 혹은 그 이상의 동물들이 열을 이루고 있거나, 중심 표식이 있고 가장자리로 동물들이 둥글게 배열된 이미지가 올드 유럽의 토기 문양, 미노아 문명 인장, 몰타 신전의 돋을새김을 통해 알려졌다. 이 유물들에 주로 개와 염소가 등장하는데, 이 동물들과 함께 수사슴, 암사슴, 애벌레도 관찰된다. 또 암사슴과 수사슴, 암염소와 숫염소처럼 암컷과 수컷이 나란히 묘사되기도 한다. 이렇게 짝으로 표현한 이유는 아마도 동물의 힘을 배가시키기 위해서였을 것이다.

토기 장식에서 동물들로 소용돌이 이미지를 표현하고 이 소용돌이는 더 큰 소용돌이의 일부로 묘사하는 경우가 자주 관찰된다. 우크라이나 서부의 크루토보로딘치에서 출토된 커다란 쿠쿠테니 크레이터(crater)에는 토기 어깨 둘레에 띠가 있는데, 그 안에 반시계 방향으로 암사슴, 개, 암염소, 숫염소, 애벌레가 움직이는 모습이 보인다(그림 482-1). 이 둥근 띠 바깥으로는 네 귀가 불룩 튀어나온 사각이 표현되어 있고, 사각 바깥으로는 다시 네 개의 원이 부착되어 있는데 이 원들은 동서남북으로 배열되어 있다. 또 다른 쿠쿠테니 토기에서는 동물 행렬에 타조 모양의 새가 등장한다(그림 482-2).

동물 행렬이 거대한 스케일로 등장하기도 한다. 몰타의 타르시엔 신전에서 발굴된 거대한 석판이 그렇다. 수평으로 놓인 석판 측면에 숫양들이 열을 이루어 등장하고 이 숫양들은 돼지 한 마리와 염소 여러 마리를 이끌고 있다(그림 483).

올드 유럽에서 이렇게 순차적 질서를 나타내는 동물 행렬의 이미지는 분명 후기 구석기시대부터 이어져 내려왔다. 라파시에가, 레콩바렐, 라스코, 퐁드곰, 르트루아페레레 시기의 동굴벽화에는 동물들이 무리지어 등장하는데, 일반적으로 들소, 말, 수사슴, 소, 멧돼지, 고양잇과 동물, 매머드로 구성되어 있다. 대체로 들소와 말이 앞부분에 배치되어 있다(Leroi-Gourhan 1967: 348, 351, 366쪽). 가까이에 뒤집힌 V자, 겹선, 엉덩이 같은 기하학적 문양들이 등장한다. 손, 올빼미, 올빼미 머리가 등장하는 경우도 있다.

위 동굴들에 묘사된 동물들이 드러내는 연속 체계에 대해서는 지금까지 알려진 바가 별로 없다. 손, 올빼미, 거꾸로 된 V자 같은 여신의 상징들과 나선이나 초승달 같은 시간의 주기를 나타내는 상징들이 함께 어울린 점으로 보아, 동물들이 여신과 연관이 있음을 가늠할 수 있다. 또 여신의 힘이란 탄생에서 죽음, 죽음에서 재탄생이라는 생명의 주기를 촉진하고 조절하는 것이라는 사실도 알 수 있다. 이러한 야생 짐승들의 여신은 신화적인 원형이다. 이는 유럽에서 역사시대 전반에 걸쳐 등장한다는 점을 상기할 필요가 있다. 여신의 동물들은 기본적인 생명의 힘이 현존한다는 사실을 나타내는 것이다.

그림 482

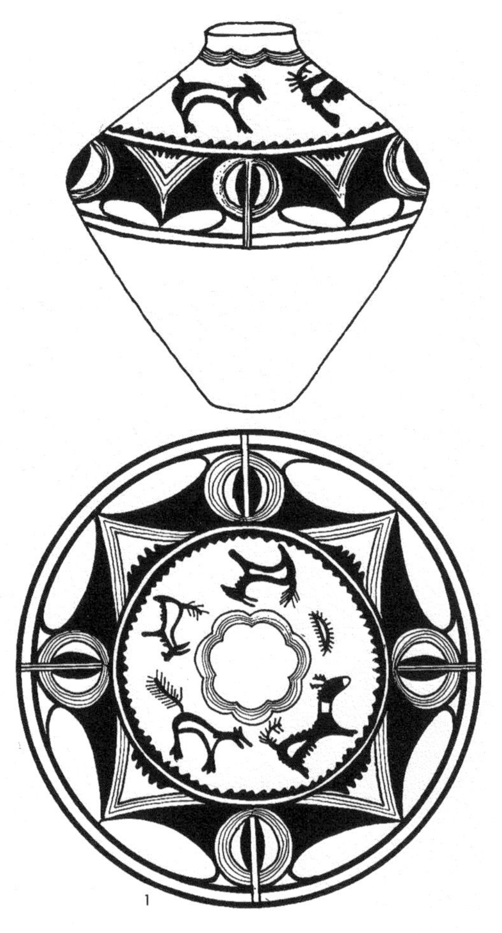
1

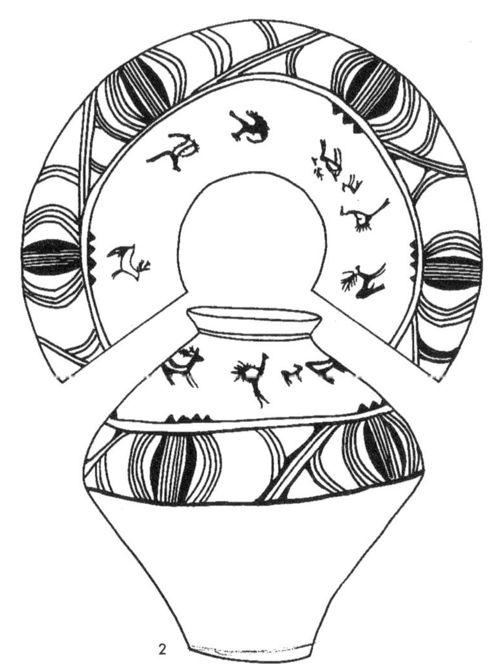
2

그림 482
동물의 행렬로 표현한 시간의 주기.
(1) 크레이터 위에 그려진 암사슴, 개, 암염소, 숫염소, 애벌레. 일련의 동물들이 띠 안에서 둥글게 표현되어 있다. 후기 쿠쿠테니(우크라이나의 크루토보로딘치).
(2) 구소련 몰다비아에서 출토된 쿠쿠테니 토기로, 수사슴, 암사슴, 사냥개, 타조 같은 새와 어린 짐승들의 행렬이 보인다(기원전 4천년기 초기).
(1) 높이 25cm
(2) 높이 29.7cm

그림 483
사원에서 발견된 거대한 석판에 염소, 돼지, 숫양이 황도궁과 유사하게 행렬을 짓고 있다. 몰타의 사원 시기(타르시엔, 기원전 3000년경).

그림 483

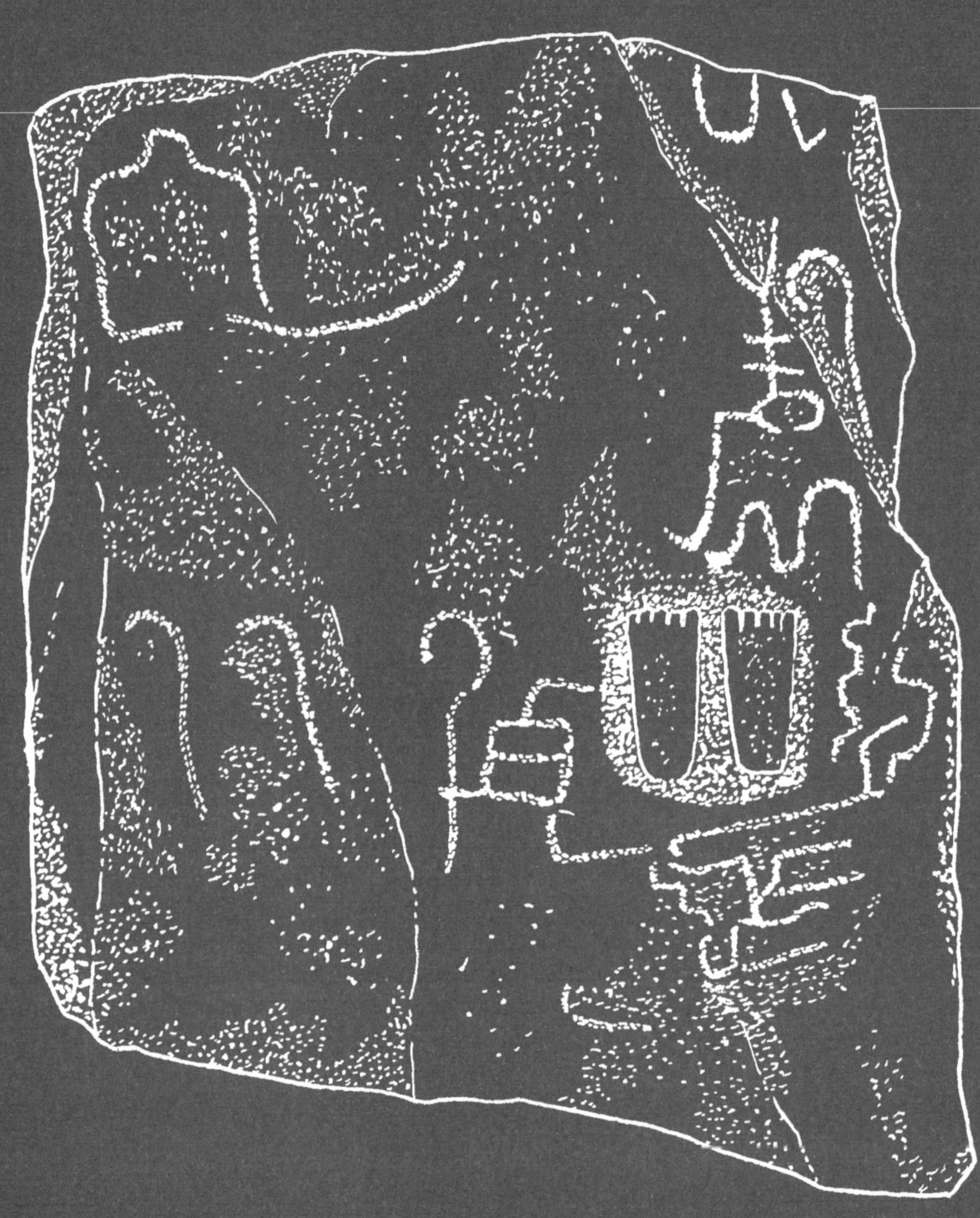

중석기시대 거석 무덤에
등장하는 여신의 가장 기본적인
이미지. 발자국과 갈고리, 뱀
문양이 새겨져 있다.
그림 487 참조.

27 。 여신의 손과 발

신의 손과 발 문양은 수천 년 동안 이어져 내려온다. 거석 무덤 벽면이나 신전 그리고 동굴 회화로 관찰될 뿐만 아니라 돌 유물에 새겨져 발견되기도 한다. 오늘날에도 유럽의 가톨릭 국가들에서는 성모나 예수 혹은 성인들의 초자연적인 발자국이 찍힌 돌들을 숭배한다. 발자국에 치유의 힘이 있다고 믿기에 병약한 어린이들을 건강하게 해주고 악으로부터 보호하는 힘이 있다고 생각한다. 발자국에 고인 물에도 치유와 풍요의 힘이 있다고 믿는다. 문에 그려진 신성한 손바닥은 액을 막는 힘이 있다고 한다. 아일랜드에서 성 브리짓이 가정을 방문하면 재에 발자국을 남긴다고 하는데 여신의 발자국은 곧 번영과 풍요의 약속으로 간주한다(Sjoestedt 1949: 25쪽). 이러한 믿음은 훨씬 이전부터 존재했던 신앙에서 유래한 것이다. 손자국과 발자국은 여신의 접촉을 상징하며 이 흔적이 여신의 에너지를 전하는 통로이다.

붉고 검은 손바닥 실루엣이 그라벳 말기와 막달레니앙기인 기원전 2만~1만 년의 후기 구석기시대 동굴벽화에 지속적으로 등장한다(Leroi-Gourhan 1967: 그림 60, 64, 129, 138, 147, 160). 동굴에 음화와 양화로 그려진 손자국을 보면 대부분은 여성의 손임을 알 수 있다. 손은 단일 문양으로도 관찰되고 열을 이루거나 때로 등장하기도 한다. 페슈메를에서 드러나듯이, 손 문양 중에서 일부는 임신한 암말의 배에서 관찰되는데, 손은 또 임신을 상징하는 겹선 문양과 함께 등장한다. 엘카스티요, 산탄데르 동굴에서처럼, 손바닥이 네모꼴이나 십자 문양 가까이 배열되어 있는 경우도 있다. 레콩바렐, 도르도뉴에서 보듯이 여신의 추상적인 표식일 수 있는 신전 근처에서 관찰되기도 한다. 스페인 라필레타와 엘카스티요에서 발견된 손 문양이 솟과의 짐승과 함께 어우러진다(그림 484).

그림 484

그림 484
후기 구석기시대 동굴벽화에 여신의 손이 등장한다. 이는 에너지로 가득한 여신의 접촉을 의미한다. 스페인의 지브랄타 부근 라필레타 동굴에 묘사된 소과 동물에서 초승달 모양의 뿔이 관찰되고, 겹선이나 삼선 문양의 무리가 함께 등장한다(기원전 1만3000-1만 1000년).
높이 179cm

그림 485

그림 485
차탈휘윅 신석기시대 신전에 등장하는 여신의 손으로 그물망과 벌집 문양으로 채워진 검은색(풍요의 색)과 붉은색(생명의 색) 손이다(Level VII-8에 있는 성소, 중부 아나톨리아, 기원전 7천년기 중기).

차탈휘윅 신전에서는 붉은색과 검은색 손바닥 패널이 여러 곳에서 관찰된다. 손은 수소의 두부, 벌집, 소용돌이, 번데기, 벌, 나비와 함께 어울리는데, 여기서 '도래'의 과정을 촉진하는 상징들과 함께 손 문양을 배치하였음을 알 수 있다. 게다가 생명의 색인 빨강과 풍요의 색인 검정을 사용하여 손의 상징적인 의미를 부각시키기 위하여 의도적으로 색깔을 선택했다는 사실을 드러냈다. 손바닥에는 음화나 양화로 넷 혹은 다섯 개의 손가락이 보이고 유물에서는 손 문양을 수직이나 수평으로 배열했다.

차탈휘윅에서 손의 상징적 가치가 제일 잘 드러나는 자리는 신전 VII-8과 E VI-8이다(그림 485). 신전 VII-8 벽화에는 손이 수평으로 2열 구성을 보이는데 이 손들의 방향은 오른쪽을 가리킨다. 위의 열에는 붉은 손 일곱 개와 검은 손 일곱 개가 어울리고 아래의 열에는 붉은 손만 일곱 개가 있다. 여기 등장하는 손들 모두 손바닥 가운데 지점이 빈 공간으로 남겨져 있고 여기에는 한 개 혹은 그 이상의 점들이 그려져 있다. 두 손바닥의 열 사이에 있는 공간에는 벌집이나 그물망이 묘사되어 있다.

신전 E VI-8에는 손을 모티프로 한 평면 단이 둘 보인다. 맨 위 칸에는 벌집 패턴이 장식된 세 개의 수소 두부가 나란히 배열되어 있고 바로 아래에 있는 두 단에서는 손 문양들이 관찰된다(그림 486). 세 단 중 가운데 단 최상부에 알이나 물고기 모양 타원체가 열을 지어 있는데, 각 타원체 속에서는 양 손가락이 가운데를 향하여 마주 보고 있으며 손가락을 서로 맞대고 있다. 바로 아래에는 원, 소용돌이, 초승달, 애벌레, 곤충 상징들이 채워져 있다. 그 아래 열에는 수직으로 세운 손과 수평으로 누인 손이 양화와 음화로 이우러져 있다. 그리고 맨 아래 단에는 붉은 바탕에 음화로 손바닥들이 무작위로 배열되어 있다. 초기의 상인 두 번째 그림에는 꽃밭이나 가지에서 흔들리는 번데기가 있는 소용돌이들 그리고 곤충이나 나비들이 묘사되어 있다(Mellaart 1963: 80쪽).

유럽의 신전에서 손이 묘사된 유물은 발견된 적이 없다. 그렇지만 신석기시대나 순동기시대 토기에는 손 문양이 등장한다(Gimbutas 1974: pl. 158 참조. 카라노보 문화 토기에서는 단일한 디자인의 커다란 손 문양이 발견된다). 손과 관련한 다른 유물로는 거대한 손이 특징인 여신상을 들 수 있다. 이는 마치 여신이 에너지를 부여하거나 주문을 걸고 있는 듯하다.

그림 486
차탈휘윅 신전 E VI-8. 수소 두부 아래의 두 단이 손 문양으로 덮여 있다. 가운데 단에는 원, 소용돌이, 초승달, 애벌레, 곤충의 상징들이 채워져 있고, 수직으로 세운 손과 수평으로 누인 손이 양화와 음화로 어우러져 있다. 그 아래 단에는 붉은 바탕에 음화로 손바닥들이 무작위로 배열되어 있다(기원전 7천년기 말).

그림 486

그림 487

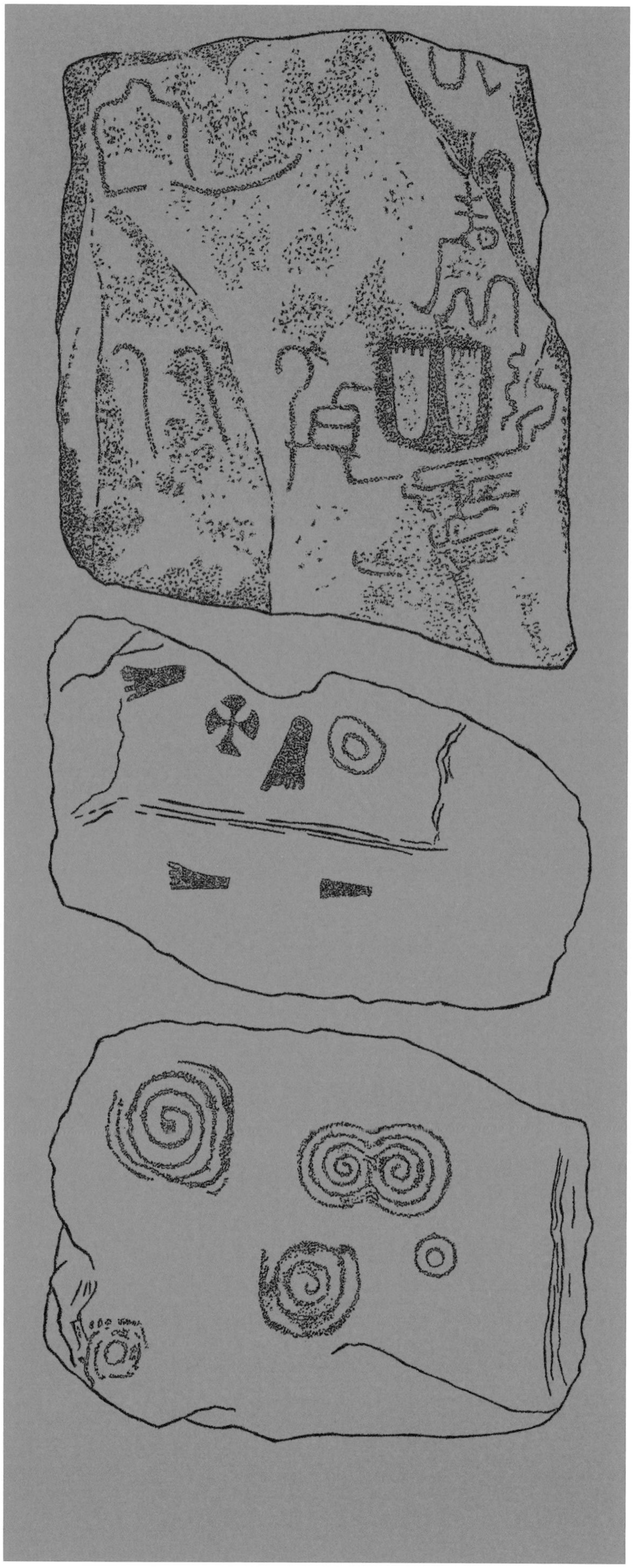

그림 487

거석 무덤에 등장하는 발.

(1) 회랑 무덤 오르토스타트.

(2) 아마도 널길 무덤인 듯하다.

생명을 자극하는 상징인 소용돌이, 갈고리, 뱀 여신의 상징과 이미지가 등장한다.

(1) 프랑스의 프티몽(기원전 3000년 경 혹은 그 이전).

(2)(3) 잉글랜드 칼더스톤스.

(1) 높이 114cm

(2) 높이 91.5cm

(3) 높이 103cm

그림 488

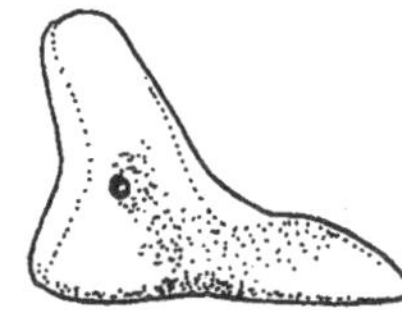

1

2

3

그림 488

쐐기 문양으로 장식된 발 모양 인장으로, 발은 새 여신과 연관되어 있다.

(1) 초기 세스클로 문화(테살리아 둔덕, 기원전 6500-6300년경).

(2) 스타르체보 문화(루마니아 서부의 구라발리, 기원전 5500년경).

(3) 카라노보 VI(불가리아 중부의 댜보도, 기원전 4500년경).

(1) 높이 3cm

(2) 높이 3.3cm

(3) 높이 2.2cm

프랑스 회랑 무덤에 있는 오르토스타트에서는 여신의 발자국이 관찰된다(그림 487). 여신의 발이 단독 문양으로 관찰된 바는 없다. 발은 생명을 자극하는 상징들인 갈고리, 십자, 집중된 원, 눈 모티프, 뱀 문양과 함께 어울린다는 점에 주목할 필요가 있다.

신석기시대에서 순동기시대 유물로, 인간의 발 모양으로 만들어진 토기나 인장이 발굴되었다(그림 488). 여기에 그림으로 나타낸 발 모양 인장에 쐐기와 지그재그 문양이 보이는데, 이는 새 여신과 연결된 문양들이다.

기원전 5천년기 들어 정교하게 만든 토기 중에서 토기의 손잡이에 인간의 발 모양이 장식된 사례가 있다. 손이 아니라 발이 손잡이로 묘사되는 현상은 다소 낯설어 보일 수 있다. 그렇지만 반드시 발이어야만 한다. 기원전 5000년경 렝옐 유적지 스트르젤리체에서 검은 광택을 내는 흥미로운 토기가 출토되었다. 네 귀퉁이에 발이 사방으로 하나씩 부착되어 있다. 이 유물을 통해 발 상징을 이해할 수 있다(그림 489, 490). 토기의 주둥이 근처에는 개 네 마리, 생명의 기둥과 연관된 V자 팔을 보이는 네 명의 인물, 애벌레, 뱀, 초승달, 식물이 관찰된다. 이는 전부 '도래'의 상징들이다. 여기서 발과 위로 들어 올린 양팔이 상징적으로 연관되는데 증진, 장려를 의미한다는 사실을 알 수 있다. 발, 개, 뱀, 마름모 문양은 생명력을 증진시킨다. 만일 손과 발이 신의 접촉을 의미한다면, 여신은 분명 자신의 강력한 힘을 이 모티프에 부여하고 있는 것이다.

그림 489

그림 489
검게 윤을 낸 토기 몸체에 발이 네 개 등장한다. 주둥이 주변에는 네 개의 구멍이 뚫려 있다. 몸통은 네 명의 사람 형상에 흰색 반점들로 이루어진 선이 있고, 쌍나선으로 된 네 개의 마름모꼴이 새겨져 있다.
렝옐 문화(몰다비아의 스트르젤리체, 기원전 5000년경).
높이 38cm

그림 490
그림 489의 문양을 그림으로 나타냈다.

그림 490

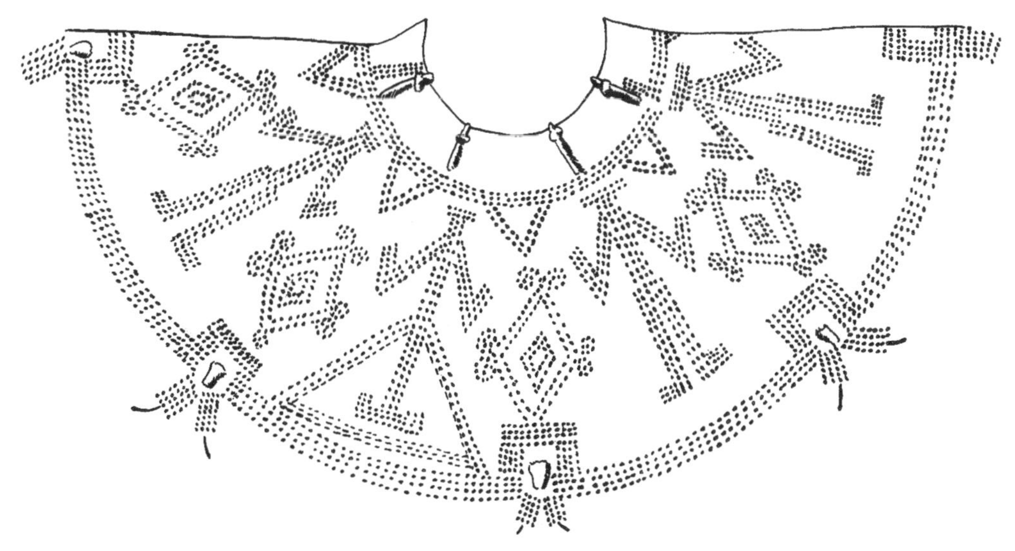

발과 어깨가 이어진 벌거벗은
여섯 사람이 둥글게 원을 그리며
춤을 추고 있다.
그림 492 참조.

28. 선돌과 원

선돌(menhir)은 신비로운 느낌을 불러일으킨다. 인간이든 동물이든 오늘날에도 이 신비한 힘에 매료된다. 지금도 병을 치료 하려고 선돌을 찾아가 만지고 주변을 세 바퀴 도는 풍습이 남아 있다. 아픈 짐승들을 선돌로 데려가 거기에 몸을 비비게 한다. 선돌이 바로 여신이기 때문이다.

선돌은 바로 선사시대 남부 프랑스, 스페인, 포르투갈에서 스텔레로 알려진 올빼미 여신이다(그림 294~297). 이렇게 여신과 돌의 친연성은 역사시대에 들어서도 계속 이어진다. 그리스의 아르테미스 여신은 '돌같이 단단한 존재'라 불렸고 메소포타미아 닌후르사가는 '돌이 많은 땅의 여신'이라 했다. 20세기까지 내려온 선돌에 관한 민담을 살펴보면, 아일랜드의 브리짓 여신과 발트의 라이마 여신이 거주하는 자리가 바로 선돌이라고 한다. 리투아니아에서는 강가의 도랑으로 둘러싸인 서 있는 돌들을 여신으로 간주했다. 이를 데이베스라 불렀는데 1836년에도 그 잔재가 남아 있었다(Gimbutas 1958: 95쪽). 이런 암석들은 대개 1.8미터 높이로 특별히 신성한 자리에 우뚝 서 있다. 이 자리에 서서 여신은 인간들의 운명을 길쌈했다.

선돌은 움직인다. 돌아앉고 춤을 추고 말을 하기도 한다. 전설에 따르면, 자정이 되면 선돌은 우물로 가서 우물에 머리를 담그고는 조용히 집으로 돌아온다. 금세기에 들어 잉글랜드 남부와 웨일스 지방에서만 한 자리에 가만 서 있지 않고 움직이는 선돌에 관한 서른아홉 가지 사례가 기록으로 남아 있다(Grinsell 1976: 59~67쪽). 선돌이 가장 가까이에 있는 물로 가서 물을 마시거나 목욕을 했다는 이야기가 스무 가지, 자정에 특정 행위를 한다는 이야기가 스물일곱 가지 있는데, 나머지는 움직이고 돌아앉고 춤을 춘다는 이야기들이다. 특정한 날이 되면 길에 '뭔가'가 나타나서 사람들에게 메시지를 전한다. 이를 '뻐꾸기 소식'이라 부르는데(19세기 Hebrides에서 기록: Burl 1976: 152쪽) 바로 여신의 말을 전하는 것이다. 브르타뉴 사람들은 뻐꾸기가 첫 울음을 울 때, 선돌이 세 바퀴 돈다고 한다(Armstrong 1958: 205쪽).

선사시대 원 유적지 중 일부에는 한가운데 선돌이 서 있다. 원에서 언덕 아래에 있는 물로 이어지는 돌길이 나 있다. 헤브리디즈 제도에 있는 칼라니시에 작은 돌로 만들어진 원 유적이 있다. 가운데에 선돌이 있고 선돌에서 언덕 아래에 있는 만으로 향하는 길이 나 있다(Burl 1976: 177쪽). 브르타뉴 카르나크의 돌길은 바다로 이어진다(Evans 1895: 25쪽). 때로 돌로 만든 원 한가운데 돌기둥 대신 샘이 있는 경우도 있다. 사람들은 이 샘 둘레를 돌며 춤을 춘다. 칼라니시에서는 봄이 되면 뻐꾸기가 원 안에서 오월의 노래를 부른다고 한다(Burl 1979: 224쪽).

샘을 돌며 춤추는 의례는 19세기 스코틀랜드와 아일랜드에서부터 알려졌다. 스코틀랜드에서 1860년대 5월 첫 일요일, 여행자 둘이 애버딘 부근 황야를 여행하다가 샘을 도는 의례를 목격했다. 한 무리 여인들이 천으로 팔을 가리고 손에 손을 잡고 샘 둘레를 돌며 춤을 추는 것이었다. 춤을 추는 동안 노파가 여인들에게 샘물을 뿌렸다(McPherson 1929: 50~51쪽).

유럽 민담들을 보면, 선돌과 바다, 강, 개천, 샘이 함께 등장하는 이야기들이 많다. 선돌과 샘은 여신과 생명의 물의 관계에 해당한다. 여신들의 이름을 살펴보아도 이에 대한 실마리를 엿볼 수 있다. 예로 슬라브 여신 모코시-파라슈케비퍄트니차는(이름 뒷부분이 금요일이란 뜻이다) 생명의 물을 분배하고 명줄을 길쌈하는 직능이 있다. 모코시(mokosh)라는 이름은 수분과 연결되는데 mok나 mokr는 'wet, moist(젖은, 물기 머금은)'라는 뜻이다. 이 여신을 위한 의례를 mokrida라 부른다. 반면 mok라는 어근은 돌들의 이름으로도 등장한다. 리투아니아에서 mokas란 선돌을 의미한다. 전설에 보면, 선돌은 늘 강이나 호수하고 연관된다.

민담에서 우리는 선돌, 샘, 돌로 만든 고리는 여신, 고리, 샘과 서로 호환할 수 있다는 사실을 알 수 있다. 돌로 된 고리와 둥글게 도는 춤은 중앙에 집중된 여신의 에너지를 춤이 만드는 원으로 연장하는 듯하다. 평평한 돌 표면에 가운데가 움푹 들어가게 새긴 원들도 아마 유사한 의미를 지닐 법하다. 깊이와 돌과 물에 여신의 힘이 존재한다. 마법의 힘을 지니는 원이 이 힘을 안으로 감싸안는다(그림 491).

여신을 수행하는 요정들은 샘이나 강의 수호자이다. 이들은 마치 꽃들처럼 아침 이슬과 함께 태어난다. 고리를 만들어 춤을 추던 요정들은 누군가 이 신성한 원으로 침입을 하면 상대를 갈가리 찢어버리는 힘이 있다. 선돌의 고리나 푸른 초원이 만들어내는 둥그런 자리를 프랑스에서는 '요정의 고리(cercles des fées)'라고 부른다. 자정 무렵 날렵한 처녀들이 나신 또는 혹은 하얀 로브를 걸치고 이 자리에 등장해 손에 손을 잡고 춤을 춘다. 돌아가는 춤사위의 엄청난 속도감에 내부에는 에너지가 충만하다.

요정의 춤은 그리스 전설에 등장하는 디오니소스와 디오니소스를 추종하던 여인들이 산정에 모여 추던 엑스타시 춤과 연관된다. 남부 슬라브에서는 요정을 빌레(vile)라 부르는데, 이들은 가까이에 호수나 샘이 있는 산정에서 춤을 춘다. 이때 춤을 방해하는 훼방꾼이 있으면 공격적으로 돌변한다. 요정들이 원 안에 들어온 침입자를 쳐다보기만 해도 침입자는 눈이 먼다고 한다. 침입자를 원 안으로 끌어들여 춤을 추면서 죽여버리기도 한다(Djordjević 1953: 61쪽).

요정이 춤을 추는 자리나 선돌들이 빙 둘러선 곳에는 특별한 기운이 있다. 이 기운은 돌, 물, 언덕, 둥글게 돌아가는 춤사위에 의해 더 확장된다.

그림 491

그림 491
가운데 성혈이 있고 집중된 원 문양이 새겨진 거석. 이런 유물과 돌로 만들어진 원이나 샘 주위에서 둥글게 원을 그리며 추는 춤은 의미론적으로 동류이다.
아일랜드 신석기시대(볼린밸리, 러프크류 부근에서 발견됨, 기원전 4천년기 말기).

원을 그리며 추는 신성한 춤은 후기 구석기시대까지 거슬러 올라가는데 이후 신석기시대, 선사시대, 역사시대를 거치며 계승되어 왔다. 기원전 5천년기 후반 쿠쿠테니 토기에 둥글게 춤을 추는 벌거벗은 여인들이 묘사되어 있다. 고전적 쿠쿠테니 문화를 이어가는 일련의 토기에서도 벌거벗은 여인들이 손에 손을 잡고 원 모양을 이룬다. 루마니아인들은 이를 '호라 바세스(Hora vases)'라고 부른다. 오늘날에도 둥글게 모여서 추는 춤을 '호라(hora)라' 부른다(그림 492). 미노아 문명 인장이나 토기 그림에서도 이런 춤을 추었다는 증거들을 찾아볼 수 있다.

선사시대 헨지, 즉 환상유적이나 서유럽의 원 유적과 연관된 민담들이 많은데, 이는 선사시대에 이 의례가 차지하는 비중을 반영하는 결과일 것이다. 이 지역 사람들은 요정이나 마녀가 거주했다고 믿는다. 그 자리에서 음악 소리나 웃음소리를 들었다고도 하고 달빛 아래서 이들의 춤을 목격했다고도 한다. 환상유적과 원 유적을 거석 무덤이나 선돌

그림 492

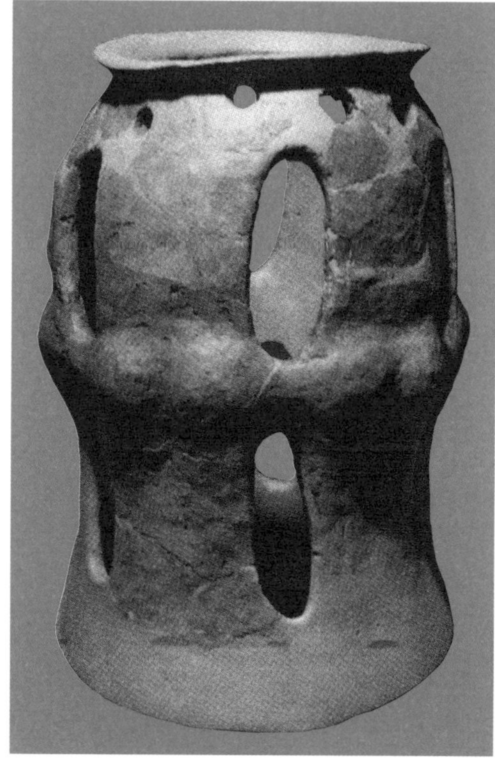

그림 492
발과 어깨가 이어진 벌거벗은 여섯 사람이 춤을 추는 것을 표현한 토기.
쿠쿠테니 A_2(프루무시카, 기원전 45-44세기).

과 연관 짓는데, 이 유적이 죽음과 재탄생의 의례와 연결되어 있음을 알 수 있다.

선사시대의 돌로 된 원 유적과 헨지는 기원전 3300~1500년 주로 영국의 섬들에서 관찰된다. 이 지역에 현존하는 원 유적이 900개가 넘는다. 이 유적들은 강 유역이나 낮은 지역, 특히 물 근처에서 발견된다(Burl 1976: 4~21쪽). 이 자리를 의례 장소로 간주하는 이유는 거주지에서 출토되는 유물들이 거의 등장하지 않기 때문이다. 마움버리 환 유적지 구덩이들에 사슴뿔 다발, 거대한 초크로 만들어진 남근, 홈이 있는 그릇이 발견되었다. 남근은 뿔 달린 수사슴 해골 옆에 놓여 있었다(Burl 1981: 44쪽).

이 유적지의 대표적인 예로 오크니 제도에 있는 스텐스와 브로가르의 헨지와 환상유적지를 들 수 있을 것이다. 스텐스 헨지는 직경이 61미터이고 북쪽에 입구가 하나 있다. 헨지 내부에는 암체가 열두 개 서 있는데 각각 직경 30미터 정도이다. 중앙에는 평평한 암석이 네 개 있는데 크기는 2×2미터이다. 여기서 화장한 동물 뼈와 플린트 조각들이 발견되었다. 브로가르 고리는 예순 개의 암석으로 이루어졌는데 직경이 103.7미터이다. 가장자리는 돌을 잘라 만든 구덩이에 접하고 여기에 북서와 남동 방향으로 두 개의 입구가 나 있다(Renfrew ed. 1985: Appendix 263~274쪽). 이 유적들의 연대는 거석 무덤(Maes Howe)과 동 시기인 기원전 3100년이다.

잉글랜드에서 가장 잘 알려진 스톤헨지도 같은 시기 유물이다. 이 헨지의 경우 오브리 홀이라 부르는 얕은 구덩이가 이루는 원이, 내부 원 둘레에 위치한다. 지름은 약 97미터이다. 여기서 약 3킬로미터 떨어진 곳에 더링턴 월스와 우드헨지 같은 크고 작은 헨지가 있다. 이 헨지 내부에는 목재 건물이 있는데 옥수수 모양 지붕과 나무 기둥들이 집중된 원을 구성한다(Wainwright 1968, 1970). 이 둥근 건물이 스톤헨지 I의 중앙에도 있었을지 모른다(Atkinson 1956; 1979). 오브리 홀에서 화장 유물이 출토되었기에, 중앙에 있는 건물은 장례나 재탄생의 의례와 연관된 사원이었을 개연성이 크다. 구덩이에서 화장한 잔재들이 소량 발견되었는데 이는 유적지의 태양 축 근처에 놓여 있었다. 구덩이에는 대칭을 이루듯 태양과 달의 표지석이 있다. 최근 레이가 제안했듯이, 이런 배열을 통해 의례가 태양이나 달의 주기와 죽은 자의 영이 조화를 이루도록 한 증거일 수 있다(Ray 1987: 270쪽). 상대적으로 후기인 스톤헨지 II와 III은, 한여름 일출에 초점이 맞추어져 있다. 따라서 이는 인도-유럽 종교의 영향으로 죽은 자보다는 하늘이 더 중요하게 간주되었고, 결국 강조점이 옮겨갔다는 뜻일 수 있다(Atkinson 1979: 173쪽).

톰과 톰(Thom and Thom)에 의하면(1978: 122~137쪽) 환을 이루는 돌들은 달과 태양을 관찰하는 천문대였다. 수백 개의 원과 원들의 배열을 측정한 알렉산더 톰(Alexander Thom)은 돌이 이루는 원의 기하학이 태양과 달이 수평선에서 가장 높은 정점으로 이동할 때의 위치에서 유래했다고 믿는다. 거대한 돌들은 바로 이 움직임의 표식인 것이다(Thom 1971). 이런 천문학적 연상으로 무덤, 고리, 길, 헨지를 건축한 선조들이 궁극적으로는 의례를 위해서, 상당한 천문 지식을 축적했다는 사실을 추론할 수 있다. 특히 동지 때 달의 위치를 표시하는 데 관심이 있었다는 점을 부인할 수 없다. 이는 태양이 가장 약해서 죽어가는 것으로 보일 때, 겨울철 의례를 거행했다는 암시이다. 달과 가까운 나이 든 여신(Old Hag)과 묵은해의 뼈를 묻는 행위는 분리할 수 없다. 이런 의례는 오늘날에도 행해진다(McNeill 1961: 113~125쪽 참조). 본질적으로 이런 의례의 목표는 생명력의 재생인데, 둥글게 원을 그리며 서 있는 특별한 힘을 가진 암체들과 둥글게 돌아가는 에너지 넘치는 춤의 결합으로 가능한 일이다. 원을 이루는 돌들은 인간의 의례와 춤으로 거행되는 주기적인 행위가 없으면 완전히 활성화될 수 없다. 오늘날에도 마을마다 행하는 세시 의례는 생명을 부여하는 신비한 힘과 연관되어 있는데 집을 돌며 둥글게 원을 그리며 춤을 추고 암울한 겨울/죽음의 힘에 맞서기 위해 소음을 낸다.

잉글랜드 남서부 윌트셔다운스의 오브리 암체가 잉글랜드에서 지금껏 발견한 가장 거대한 것인데 원래 돌의 숫자는 아흔여덟 개였다. 이 중 높이가 5.5미터나 되는 돌도 있다. 이 유적에 속하는 영역은 면적이 약 11만 5000제곱미터이다. 맨 바깥 원 안에 이보다 작은 원들이 둘 있다. 원이나 말발굽 모양으로 에워싼 자리가 연출하는 예술 작품이 그 너머의 둑과 함께 만들어진 도랑들로 경계지워져 있다. 뱀 모양 길이 둘 있는데 이 길이 원 안으로 인도한다. 이 길은 폭 약 15미터에 길이는 1.6~2.5킬로미터이다. 이 길은 또 약 25미터 간격으로 놓인 100쌍의 암체로 구획되어 있다(Burl 1979).

데임스의 비전(Dames 1977)에 따르면 오브리는 부근에 있는 실버리 힐과 웨스트 케네스 롱 배로와 함께 기원전 3천년기 전반기에 영국에서 가장 중요한 종교의 중심지였다. 이런 기념비들은 연중 종교 의례를 거행하기 위해 만든 무대의 일부일 것이다. 계절 의례는 자연에서 드러나는 삶과 죽음의 주기를 재현했을 것이다. 각 구조는 계절마다 드러나는 여신의 초인적인 신체, 즉 살아 있는 인물로 간주되었다. 데임스의 상상력으로는, 사춘기 통과의례는 2월 초 케넷 강 초입에 서 있는 나무로 만든 사원에서 거행했다. 여신이 남성과 혼인한 날은 5월 1일이었고, 이는 오브리 헨지에서 거행되었다. 임신한 여신은 8월 쿼터데이(라마스)에 의례를 거행하고 실버리 힐에서 출산했다고 상상해본다. 여신의 출산, 즉 첫 수확 때는, 언덕 위에서 춤을 추고 놀이를 하며 추수감사제를 했다. 마침내 여름의 마지막과 겨울 이브(위령의 날)인 가장 위험한 시기가 도래하면 매장지에서 엄숙한 의례를 거행했다. 이 시기 무덤의 여신이 수확의 여신에게 양도받아 웨스트 케테스 롱 배로로 은거하도록 초대했는데 이곳은 길이 약 100미터의 흙으로 된 언덕이다.

결론

여신의 자리와 역할

올드 유럽의 이미지들은 수도 엄청 많고 모양도 놀라울 만큼 다양하다. 이렇게 다양하고 풍부한 상징들이 존재하는 이유는 각기 특질이 다를 뿐만 아니라 땅과도 밀접하게 이어져 있기 때문이다. 또 지구상의 뭇 생명은 창조와 파괴, 탄생과 죽음이라는 영속적으로 변화하는 리듬을 드러내는데, 올드 유럽 이미지들은 생명체가 끝없이 변화한다는 이해를 기반으로 형성되었기 때문이다. 나고 차고 이지러지는 세 가지 상들이 삼위나 세 가지 다른 기능을 지닌 여신의 이미지로 되풀이되어 묘사된다. 처녀, 님프, 크론이 그러한데, 생명을 부여하고, 죽음을 초래하고, 변형이 일어난다. 나고 자라서 죽고, 또 거듭 태어나는 것이다. 생명을 부여하는 존재가 동시에 죽음을 초래하는 존재이다. 영원성이란 자연 자체에 도사린 재탄생의 힘을 통해 보증되는 것이다. 이 재탄생이라는 개념이 바로 올드 유럽의 상징들에서 인식할 수 있는 가장 독특하고도 극적인 주제이다.

이렇게 다양한 여신 이미지들은 궁극적으로 위대한 여신(Great Goddess)이라는 단일 여신으로 귀결된다. 위대한 여신은 탄생과 죽음 그리고 재탄생을 가능하게 한다. 이러한 여신의 역할을 가장 선명하게 드러내는 비유는 단연 자연이다. 복잡다단한 자연현상이나 자연에서 드러나는 연속된 주기를 통해서 기저에 깔려 있는 자연의 근본 통합성을 인식할 수 있다. 여신은 초월하지 않고 내재된 존재여서 물리적으로 드러난다.

여기서 주목할 점 하나는, 다산성이란 위대한 여신의 여러 역할 중 하나라는 점이다. 고고학에서 구석기시대와 신석기시대에 등장하는 여신 이미지들을 '풍요와 다산의 여신들'로 정의하는 것은 사실이다. 하지만 이는 적절한 표현이 아니다. 비옥한 땅은 농경시대에 들어와 주요 관심 대상이 되었다. 결론적으로 말해, 다산은 위대한 여신의 주 기능이 아니다. 덧붙여 후대 농경시대 들어 풍요와 다산의 비중이 상대적으로 커졌을 때조차도, 풍요라는 개념이 성(性)과는 밀접하게 연관되지 않았다. 여신은 생명의 창조주였기 때문이다. 비너스는 아름다움의 대상이 아니었을 뿐만 아니라, 남신의 아내는 더더욱 아니었다. 선사시대 여신을 묘사할 때 일반적으로 잘 쓰는 용어 하나가 '어머니 여신'이다. 그런데 이 또한 적절한 표현이 아니다. 어머니 이미지가 등장할 뿐만 아니라 여신이 어린 자녀들을 보호하는 존재로 묘사되는 것은 사실이다. 대지모 이미지도 나타나고 죽은 자의 어머니 이미지도 관찰된다. 그렇다고 다양한 여신 이미지 전체를 어머니 여신이라는 용어로 포괄할 수는 없다. 예를 들어 새 여신과 뱀 여신은 어머니 역할만을 하지는 않는다. 개구리, 물고기, 고슴도치 여신처럼 변형의 힘을 체현하는 재탄생을 의미하는 여신만 있는 것도 아니다. 새 여신과 뱀 여신의 이미지들은 삶, 죽음, 재탄생을 체현한다. 이는 다산이나 풍요, 모성을 훨씬 넘어서는 개념들이다.

탁월한 융 심리학자이자 널리 인정받는《위대한 어머니 여신*The Great Mother*》(1955)의 저자 에리히 노이만은 심적 실체라는 개념에 기반해 위대한 어머니라는 용어를 사용했다. 그에 따르면 위대한 어머니 이미지는 원형적 여성성에서 발달했다. 이는 궁극적으로 우로보로스(uroboros), 무의식에서 분화되지 않은, 처음의 상징에서 유래한 것이다. 우로보로스 상태의 전체성은 통합된 상태의 원시 부모의 상징인데, 이로부터 후에 위대한 아버지와 위대한 어머니로 나뉘게 된다. 결국 위대한 어머니는 특질에 따라서, 긍정적-부정적 어머니, 좋은 어머니-끔찍한 어머니로 나뉜다. 노이먼은 또, 여신이 가진 변형의 특질을 언급하면서 식물의 여신과 동물의 여신으로 발달한다고 주장한다. 이런 심리학적 접근을 통해 선사시대 여신의 어떤 측면들을 해석할 수 있게 되었다. 그렇기는 하지만 어머니라는 표현은 여신의 힘을 축소한다는 점을 부인할 수 없다. 여신의 전체 역할을 아우르는 표현이 아니기 때문이다. 게다가 노이만이 주장하는 원형에 대한 개념은 인도-유럽 종교 이념이 정착된 이후의 이미지들을 토대로 구축한 것이다. 인도-유럽 시기를 거치는 동안에 본래 여신들의 고유한 이미지들은 심각한 손상을 입었을 뿐만 아니라 여신이 지닌 변형의 힘 또한 상당히 가치가 떨어졌다. 따라서 나는 선사시대의 경우 '위대한 여신'이라는 용어를 선호한다. 이 표현이 여신의 절대 원칙인 창조-파괴-재탄생의 힘을 가장 잘 포괄하기 때문이다.

나의 고고학 연구로는 원시 부모의 존재라는 가설이나, 위대한 아버지와 위대한 어머니로의 분리, 그리고 위대한 어머니가 더 분화되어 좋은 어머니와 끔찍한 어머니로 나뉜다는 가설은 입증할 수 없었다. 구석기시대 어디서도 아버지 신에 대한 흔적을 찾아볼 수 없었다. 이 시기에 생명을 창조하는 힘은 위대한 여신 단독으로 행하던 기능이었던 듯하다. 완전히 좋은 어머니와 나쁜 어머니로 분리되는 일은 결코 일어나지 않았다. 생명을 부여하는 신도 죽음을 가져오는 신도 동일한 여신이기 때문이다. 이런 기능들을 체현하는 여신들의 모습은 다양한데, 사람처럼 보이기도 하고 동물 형태로 드러나기도 한다. 여신의 세 측면을 모두 나타내기에 물새로도 등장하고 맹금류나 무해한 뱀 혹은 독이 있는 뱀으로도 표현된다. 이처럼 다양한 이미지들에서 도출될 수 있는 귀결점은, 이 이미지들이 궁극적으로 분리할 수 없는 하나의 여신이라는 점이다. 만일 여신의 '좋은' 측면이 생명 탄생이나 건강과 부의 증대라면 이는 복을 주는 것이라 간주할 수는 있겠다. 그렇지만 소위 "끔찍한 어머니"라는 표현은 더 자세히 숙고할 필요가 있다. 여신이 독수리나 맹금류로 모습을 드러낼 때, 두려운 것은 사실이다. 하지만 죽음의 측면을 나타내는 상징들을 살펴보면 이러한 상징들이 단독으로 존재하진 않는다는 사실 또한 알 수 있다. 이 상징들이 재탄생을 촉진하는 상징들과 서로 연결되어 있기 때문이다. 독수리/올빼미/까마귀 여신은 죽음의 전조이지만, 동시에 젖가슴이 있는 경우도 있고 배로 생명 탄생의 미궁을 보여주기도 한다. 자궁 부위 삼각형이나 삼각형 둘이 결합되어 모래시계 형태로 나타나는 경우에도 독수리 발이 달려 있거나 여신이 벌이나 나비로 묘사되어 있다. 자세히 살펴보면 죽음을 의미하는 여신이 생명 탄생뿐만 아니라 수명을 결정하고, 시간이 되면 명줄을 끊는 운명의 여신으로 기능한다는 점을 알 수 있다. 이는 생명의 주기, 즉 인간 운명을 관장하는 것이다. 비록 죽음만을 나타내는 여신이 있다 하더라도, 죽음이 나쁜 행위에 대한 벌로 주어지기에 목숨을 앗아간다는 식의 개념은 적용되지 않는다. 여신은 그저 필요한 임무만을 수행할 뿐이다. 그리고 죽음이 일어나는 바로 그 자리 그 순간에 재탄생이 시작된다. 여신의 몸 안, 즉 물기로 가득한 자궁에서부터 새로운 탄생이 시작된다. 물로 채워진 자궁이 동물 형태로 표현될 때는 물고기, 개구리, 거북, 고슴도치, 산토끼, 수소의 두부로 등장한다.

식물의 여신과 동물의 여신 또한 고고학적 증거로는 나뉘지 않는다. 어떤 신도 식물만 관장하거나 동물만 관장하지는 않는다. 이는 생명 창조와 재탄생의 힘이 동물, 식물, 물, 산, 돌 전부에 미치기 때문이다. 여신은 새, 사슴, 곰, 항아리, 서 있는 돌 혹은 나무일 수 있다. 새 생명을 가져오는 여신을 인간처럼 표현하는 경우에는 곰, 사슴, 엘크와도 서로 호환될 수 있다. 어린 생명의 보호자이자 유모 혹은 마돈나 이미지는 인간으로 표현되기도 하지만 새, 뱀, 곰으로 묘사되기도 한다.

자연과의 통합은 특히 뱀의 상징에서 선명하게 드러난다. 뱀이 가진 생명의 에너지는 주위에 살아 있는 생명체로 확산된다. 뱀은 집 안에서 가족이나 가금뿐만 아니라 나무를 지킨다. 뱀이 영생의 힘이 있다는 믿음은 특별한 흥미를 유발한다. 이는 뱀이 허물을 벗어 새 모습으로 탄생하고, 봄이면 동면에서 깨어 다시 태어나기 때문이다. 뱀은 이렇게 영생을 누리기에, 산 자와 죽은 자를 연결하는 힘이 있다. 따라서 뱀은 조상들의 에너지를 체현한다. 새 또한 그러하다. 아마도 백조, 두루미, 황새, 거위의 목이 뱀과 닮았고 겨울이면 남쪽으로 갔다가 봄이면 돌아오는 주기적인 재생의 이미지가 있었기 때문에 새의 상징은 뱀의 상징과 서로 연관돼 있는 듯하다. 둘 다 생명의 에너지를 체화하고 죽은 자의 영혼이 거주하는 자리가 되어준다. 뱀과 새 여신은 가족이나 부족의 수호신이기도 한데, 역사시대에 들어서는 도시의 수호신이 된다(예를 들어 그리스 아테네의 수호신은 아테나 여신인데 여신의 상징이 뱀과 새다). 이들은 생명의 에너지가 계속 이어지게 하고, 가족의 안녕과 건강을 지키고, 먹거리의 풍요를 관장한다.

물새와 양은 생명을 부여하고 수명을 연장한다. 이는 물새가 구석기시대부터 주요한 식량 공급원이었고 양은 신석기시대가 열리자 가장 중요한 육류의 공급원이 되었다는 점에서 비롯되었을 것이다. 그런데 양 중에서도 왜 암양이 아니라 숫양이 새 여신의 신성한 동물이 되었는지는 이해하기 어려운 점이 있다. 그렇지만 숫양의 뿔이 뱀 똬리와 닮았고 뱀의 생동감 넘치는 에너지를 불어넣으면 양의 힘이 훨씬 강력해진다는 점과 연관이 있으리라는 추측은 해볼 수 있다.

위대한 여신의 또 다른 기능이 풍요, 증식, 재탄생이다. 계절에 따른 변화나 성장하고 살이 찌고 죽는 과정의 경우 인간과 동식물이 서로 관련이 있다고 보았다. 여성이 임신하고, 씨앗이 여물고, 과일이 탐스러워지고, 곡식이 익는 것은 서로 연관이 있을 뿐만 아니라 영향을 주고받는다. 여기서 다시 한번 생명의 탄생이나 성장을 가능케 하는 땅의 힘이 뭇 생명체 내에 존재한다는 점에 주목해보자. 인간은 임신이나 여인의 풍요로운 몸 그리고 짐승의 몸에 살이 오르는 것을 봄꽃이 개화하기 전에 땅이 임신한 것만큼이나 신성한 현상으로 보았다. 자연에서 돌출한 부분, 즉 언덕이나 선돌을 신성하게 간주했고 여성의 몸에서도 배, 엉덩이, 젖가슴, 무릎을 신성시했다.

씨앗 둘, 쌍 과일, 엉덩이 같은 숫자 2와 쌍 개념은 축복을 두 배로 받는다는 점을 뜻했다. 한 개가 아니라 그 이상이기에 더 강력하고 더 풍성한 힘을 지닌다. 앞서 언급했듯이, 여기서 다산은 성(sexuality)의 개념이 아니라 증식, 성장, 번창을 의미한다. 이 범주의 상징들은 남성 신에 속하는데 태어나고 번성하고 죽어가는 식생의 신이다. 식생은 젊고 강하고 번창하는 신, 그리고 이와 대조적으로 늙고 비통해하고 죽어가는 신이라는 두 가지 대조적인 모습을 보인다. 대지모의 범주 내에서 젊음과 늙음, 어머니와 딸, 계절적 번성과 쇠퇴처럼 대조적인 두 이미지가 등장한다.

신석기시대 위대한 신들의 이미지와 기능을 요약하여 328~329쪽 도표로 제시한다.

인도-유럽과 그리스도교 시대를 거치며 여신들에게 일어난 변화

올드 유럽 전통이 낯선 인도-유럽 종교로 인해 붕괴된 결과, 여신들은 추방되고 신전은 파괴되었으며, 신성한 표식들과 의례용 도구들도 사라졌다. 시각 예술에서도 신성한 이미지 수가 극감한다. 이런 불모화 현상은 동유럽 지역에서부터 시작되어 점차 중부 유럽 전역으로 확대되었다. 그러나 유럽 중서부 지역, 에게 해 섬들이나 크레타 섬 그리고 지중해 유역에서는 올드 유럽의 전통이 수천 년 이상 끊이지 않고 내려왔다. 이렇게 일부 지역에서 명맥이 이어지기는 했지만, 그래도 올드 유럽의 문명화의 핵은 소실되었다.

이 전환은 새로운 문명이 기존 문명을 대치하는 방식으로 이루어지지 않았다. 이는 점진적으로 진행되었고 이 과정에서 서로 다른 두 상징체계가 어우러졌다. 당시 인도-유럽의 새로운 지배 계층이 숭상하던 이념은 인간중심주의였다. 오늘날 우리들에게 올드 유럽의 '공식적' 신앙체계라고 알려진 내용들도 실은 인도-유럽 시기의 이념들이다. 그렇기는 하지만 올드 유럽의 신성한 이미지와 상징들이 완전히 근절되어 사라지진 않았다. 역사상 가장 오래 지속되었던 특질들이 인간 정신의 기저에 깊이 뿌리를 내리고 있기에, 지상에서 이를 완전히 근절시키려 한다면 아마도 인구의 절반인 여성들을 전부 없애버려야 할지도 모르겠다.

여신 종교는 지하로 들어갔다. 하지만 고대 여신 전통 중에서 어떤 부분은 크게 변모되지 않은 채 오늘날까지 이어져 내려온다. 특히 탄생과 죽음 그리고 땅에 대한 풍요 의례들이 그러하다. 나머지 대다수 전통은 인도-유럽의 이념에 동화되었다.

이런 동화의 결과, 고대 그리스에서는 야릇하고 터무니없기까지 한 인도-유럽 신들의 이미지가 창출되었다. 가시적으로 가장 두드러지는 예라면, 아테나 여신의 변모를 들 수 있을 것이다. 올드 유럽의 새 여신이 방패를 들고 헬멧을 쓴 군사적 이미지로 탈바꿈한 것이다. 아테나 여신이 인도-유럽 전통에 속하는 지배자인 제우스 신의 머리에서 태어난다는 신화는 이 변화가 얼마나 심대했는지를 단적으로 보여주는 예이다. 남신의 도움 없이 혼자서 자손을 생산하던 여신이 남신의 몸 안에서 태어난다! 변질되기는 했어도 이것이 완전히 생소한 새로운 이미지는 아니다. 제우스 신은 곧 수소이기도 한데, 아테나 여신이 수소 머리에서 탄생하는 이미지는, 올드 유럽 상징들 중에 자궁을 닮은 버크나리움에서 탄생하는 이미지와 유사하다. 인류 초창기의 기억이 변모된 제우스와 아테나의 탄생 이미지에서도 이어지고 있는 것이다.

죽음을 부여하는 맹금류 측면의 여신들은 군사화되었다. 돌로 만든 스텔레에 등장하는 올빼미 여신의 모습은 청동기시대에 사르데냐, 코르시카, 이탈리아 리구리아 남부, 프랑스, 스페인에서는 검이나 단검을 든 이미지로 묘사되어 있다. 그리스의 아테나 여신과 아일랜드 모리간, 바드브는 전투 장면에서 독수리, 까마귀, 학, 갈까마귀로 등장한다고 전해진다. 이 여신들이 암말로 바뀌는데 이는 청동기시대에 일어난 일이다.

남신과 성적으로 연루되지 않고도 혼자서 자손을 생산하던 여신들이 가부장제와 부계 체제에 적응해서 점차 신부나 아내 아니면 딸로 변신한다. 여신의 이미지도 육체적 사랑과 관련된 에로틱한 모습으로 변했다. 대표적인 예가 고대 그리스의 여신 헤라이다. 고대 여신이 제우스 신의 아내로 변모한 것이다. 게다가 제우스 신은 자신의 입지를 구축하기 위해서 여신들과 님프들 수백을 유혹한다. 유럽 전역에서 본래 천둥의 신이나 봄처럼 젊고 활력 있는 찬란한 천상의 신과 성교 없이 새로운 식물을 탄생시켰던 대지의 여신들은 힘을 상실했다.

약화된 대지의 여신 이미지와는 대조적으로, 새 생명을 탄생시키고 생명력을 부여하는 여신은 놀라울 만큼 생생하게 살아남았다. 종종 삼신으로 등장하는 운명의 여신이다. 이 여신은 시기에 따라 사람들이 어떤 신앙체계를 가지고 있든 간에 살아남았다. 예컨대 그리스의 아르테미스, 아일랜드의 브리짓, 발트의 라이마 여신이다. 이 여신들은 인도-유럽 신들의 특질에 크게 영향을 받지 않았고 남신과 혼인도 하지 않는다. 신화에서 보면 발트 지역의 라이마 여신은 인도-유럽의 빛의 신 디에바스와 함께 등장해서 땅을 비옥하게 만들고 인간의 삶을 축복한다. 이 경우 라이마 여신은 디에바스 신의 아내가 아니다. 그리고 힘이라는 면에서도 남신과 동등한 여신으로 묘사된다.

흔히 사용하는 퀸(queen)이라는 용어에서도 여신이 통치하던 힘의 잔영을 찾아볼 수 있다. 퀸은 인도-유럽 신과 혼인을 하지 않더라도 고유한 여신의 힘을 지니고 있는 존재들이다. 헤로도토스는 퀸 아르테미스라 기술했고, 헤시키우스는 아프로디테를 퀸이라 불렀다. 그리스의 아르테미스 여신에 상응하는 로마의 처녀 신 디아나에게 기원할 때 사람들은 그녀를 레기나라고 불렀다.

그리스와 로마 시대에도 여신 숭배는 면면히 이어져 내려와 기원후 몇 백 년간 지속되었다. 그리스도교가 널리 전파되고 로마 세계를 넘어 이집트에 대한 숭배가 확대되던 시점이었다. 당시 고전문학 작품 중 2세기 루키우스 아풀레이우스가 쓴《황금가지》에는 여신 숭배에 관한 대목이 있는데 매우 영감을 주는 내용이다. 이 작품은 라틴어로 쓴 최초의 소설이기도 한데 루키우스가 비탄의 심연에서 여신 아이시스에게 간구하는 장면이 나온다. 그러자 여신이 나타나 말한다. "내가 바로 만물의 어머니이고, 모든 원리의 통치자 여신이고, 세상의 첫 자손이고, 신성한 힘의 주인이고, 지옥에 있는 모든 것의 퀸이고, 천상에 거주하는 만물의 원리이고, 모든 신들과 여신들이 하나의 상으로 체현된 바로 그 여신이다. 내 의지로 천상의 행성들이 생겨나고, 맹렬한 해풍이 불고, 지옥의 애통한 침묵이 일어난다. 내 이름, 내 권능이 온 세상을 통해 여러 방식, 다양한 풍속, 여러 이름으로 숭배된다." 이 책은 거의 2000년 전 여신 숭배의 모습을 자세하게 드러내는 귀중한 자료이다.

루키우스의 간구는 2000여 년 전에는 남신보다 여신들의 비중이 훨씬 컸다는 사실을 증명한다. 분명, 그리스-로마 시대에 살던 사람들에게 공인된 인도-유럽 종교가 제공하는 것만으로는 충족할 수 없는 무언가가 있었던 듯하고, 올드 유럽으로부터 전승되던 디오니소스 축제나 엘레우시스 의례 같은 비전이나 비밀 의례가 거행되었다. 이런 전통을 통해 숭배자들은 고대로부터 내려오던 방식으로 종교적인 체험을 한다는 느낌을 받았을 것이다.

후대 그리스도교 시대에 들어서 생명을 점지하는 여신이나 대지의 여신이 성모 마리아 이미지와 뒤섞인다. 따라서 가톨릭 국가들에서 성모에 대한 숭배가 예수에 대한 숭배보다 우세하다는 점은 놀랄 일이 아니다. 여신은 여전히 생명의 물, 기적을 일으키는 치유의 샘, 나무, 만개, 꽃, 과일, 추수와 연결되어 있으며, 순수하고 강하고 정의롭다. 신의 어머니와 연관된 민예품들에서도 크고 강인한 어머니 여신의 무릎에 앉아 있는 작은 그리스도의 모습을 쉽게 볼 수 있다.

유럽의 신화나 민담 또는 민간신앙에서도 올드 유럽의 여신들의 잔재를 찾아볼 수 있다. 새 여신과 생명을 부여하는 사람 형상을 보이는 여신은 운명의 여신(Fate)이나 요정(Fairy)으로 전승된다. 또 행운을 가져오거나 복을 내리는 오리나 백조 혹은 숫양 이미지로도 전승된다. 예언자 여신은 뻐꾸기로 등장한다. 태초의 어머니 여신은 초자연적인 사슴이나 곰으로 남아 있다.

백색 여신(White Lady), 즉 죽음의 여신은 맹금류와 맹독을 가진 뱀으로 인식되었다. 독 없는 뱀을 생명의 에너지, 주기적인 재탄생과 영생의 상징으로 숭배해오던 전통은 20세기까지도 유럽의 여러 지역에 남아 있었다. 뱀이 겨울잠을 자거나 동면에서 깨어나는 현상을 죽고 다시 태어나는 자연에 대한 은유로 보고, 뱀이 생명 에너지의 영원성을 의미하는 본질적인 상징이라는 사실을 아일랜드나 리투아니아에서는 결코 잊은 적이 없다. 또 이 지역에서는 왕관을 쓰고 등장하는 거대한 뱀(킨)을 지혜의 상징으로 여겼다.

백색 여신, 즉 죽음의 여신은 흰옷을 입고 있는 키가 크고 마른 여신, 올빼미 울음소리를 내거나 맹금류처럼 울부짖는 여신, 맹독성 뱀처럼 기어올라 간담을 서늘하게 하는 이미지로 등장하는데, 이는 신석기시대부터 내려오던 전통이다. 그렇지만 이 백색 여신이 변모해서 후대 인도-유럽 전통에서 관찰되는 까만 죽음의 여신이 된 것은 아니다. 올드 유럽 전통의 개념, 즉 흰색이나 누런색 혹은 뼈가 죽음의 상징이라는 개념과 인도-유럽과 그리스도교 종교의 전통인 검은색이 죽음의 색이라는 믿음이 유럽에서는 나란히 공존했다.

사자-재탄생의 여신, 주기적인 생명 에너지의 감독자, 겨울의 체현자, 죽은 자의 어머니는 마법을 부리는 밤의 마녀로 전락했다. 종교재판이 횡행하던 시기에는 이 여신을 사탄의 제자라 간주했다. 이 시기 최상의 정신의 소유자이자 대단히 용감한 지혜로운 여인들 혹은 예언이나 치유를 행하던 여인들이 계승해오던 아주 강력한 여신들을 몰아내려던 사건이 일어나 세상을 피로 물들였다. 이는 그리스도교 교회사에서 가장 수치스러운 사건이다. 15세기부터 18세기까지 진행된 마녀사냥은 그리스도란 이름으로 행했던, 유럽 역사에서 사탄의 행위에 가장 어울리는 사건이다. 마녀라 뒤집어 씌워 살해한 여인들의 수가 800만 명이 넘었다. 이때 화형이나 교수형에 처해진 대다수 희생자들은 단순한 시골 아낙들이었다. 어머니나 할머니에게서 여신이나 여신 숭배의 신비를 구전으로 익혔던 여인들이다. 1484년에 교황 인노켄티우스 8세는 교황의 조서(Papal Bull)에서 악의 군대가 신성한 그리스도교 왕국에 대항하는 조직화된 모반이라 매도하면서 《마녀사냥 편람 *Malleus Maleficarum*》을 1486년에 출간하였다. 이 편람이 공포를 불러일으키고 살육을 저지르는 데 필요한 권위를 부여했다. 마녀라는 고백을 받아내기 위해서라면 온갖 육체적, 심리적 고문이 허용되었다. 고문 방법과 도구를 발명하는 데 인간의 창의력이 최고로 발휘되던 시기였다. 남성 지배 원칙이 위험하게 뒤얽히기 시작한 시점인데, 이로부터 460년이 지나 스탈린이 동유럽에서 여성, 어린이, 남성 5000만 명을 고문하고 살해한 사건으로 절정에 이르렀다.

세상은, 여성은 물론이고 여인들이 계승해오던 신앙을 박멸하고 여신들을 악마로 만들기 위해서 잔혹한 전쟁을 치렀다. 그럼에도 불구하고 여신에 대한 기억들이 완전히 뇌리에서 사라지지는 않았다. 이런 기억의 흔적을 민담, 의례, 풍속, 언어에서 쉽게 찾아볼 수 있다. 독일의 그림 형제가 수집한 옛이야기들에는 겨울 여신, 프라우 홀라(Holle, Hell, Holda, Perchta 등)를 묘사하는 내용이 많다. 여기에 선사시대 여신의 모티프들이 풍부하게 남아 있다. 여신은 코가 길고, 이는 크고, 머리는 산발한 추한 노파의 모습이다. 여신의 힘은 주로 이와 머리에 있다. 여신은 눈을 내리게 하고 날씨를 바꾼다. 동시에 자연의 출산을 관장하고 태양을 떠오르게 한다. 1년에 한 번 여신은 비둘기 모습으로 나타나서 풍요를 확신하는 축복을 내린다. 홀라는 개구리 모습으로 등장하는데, 지하에 있는 샘에서 생명의 상징인 붉은 사과를 꺼내 지상으로 가져온다. 이 사과는 수확기에 샘물 안으로 떨어졌던 것이다. 여신의 영역은 산과 깊은 동굴 안이다(여신의 이름 홀라(Holla)는 동굴이라는 단어 홀레(Höhle)와 연결되어 있다. 현대인들에게 친숙한 지옥(Hell)의 개념은 후대 그리스도교 선교사들의 작품이다). 크리스마스 시기에는 죽은 자의 어머니 홀라 여신에게 홀라의 빵이라는 홀렌조프(Hollenzopf)를 구워 제물로 바친다. 홀러, 홀룬더, '오래된 나무'는 여신에게 특별히 신성한데, 여기에는 치유의 힘이 있다. 이 나무 아래에 죽은 자들이 산다고 믿었다. 홀라 같은 기능을 수행하던 여신들이 유럽의 다른 지역에서도 오늘날까지 주요한 역할을 하고 있음을 알 수 있다. 발트의 라가나, 러시아의 바바야가, 폴란드의 젱다, 세르비아의 모라, 모라바, 바스크 지역의 마리, 아일랜드의 모리간 같은 강력한 여신들이 신화의 세계에 여전히 남아 있다. 오늘날 약용식물 연구나 대안 치유법이 재등장하는데, 이 분야에 관심이 있는 사람들에게 고대의 여신들이 영감을 제공한다. 그리고 여성이 내면의 힘을 키우려 할 때, 다른 무엇보다 여신들의 이미지에서 영감을 받는다.

올드 유럽의 신성한 이미지와 상징들이 유럽의 문화 전통에 커다란 역할을 했다는 데는 의심의 여지가 없다. 우리 대다수는 어린 시절 옛이야기를 들으며 성장했다. 옛이야기 속에는 올드 유럽부터 내려온 이미지들로 점철되어 있다. 유럽 구석구석에, 예를 들자면 내 고향 리투아니아 같은 곳에는 여전히 기적을 일으키는 신성한 강이 흐르고 샘물이 솟아난다. 신비로운 숲이 있고 생명의 보고들이 있다. 생명의 힘으로 가득한 옹이투성이인 뒤틀린 나무들이 있는데 이런 나무는 치유의 힘을 가졌다고 한다. 물길을 따라서는 여신이라 부르는 선돌이 서 있고 이런 자리는 신비로운 기운들로 가득하다.

훨씬 후대에 등장한 신앙이나 종교들의 모체가 바로 올드 유럽 전통이다. 인류 역사에서 오랜 시기 지속되었던 여성이 중심이었던 전통에 대한 기억이 완전히 사라지지는 않았다. 특히 무의식의 표현인 꿈이나 판타지 세계에서는 여성성의 원리가 상당히 주요한 역할을 한다. 심층심리학적으로 표현하자면, '인간 경험의 저장고'나 '심층 구조' 깊은 곳에 간직되어 있었던 것이다. 고고학자인 나에게 올드 유럽의 전통은 광범위하게 기록이 보존된 역사적 실체이다.

여신 전통의 세계관

올드 유럽의 이데올로기와 예술에서 주요한 모티프는 생명에 대한 찬미이다. 생명의 에너지는 뱀, 나선, 소용돌이로 쉼 없이 움직이기에 결코 정체되지 않는다. 쿠쿠테니, 디미니, 부트미르, 미노아 문명에서 출토된 토기들은 놀라울 만큼 풍성한 문양들로 장식되어 있다. 이 이미지를 떠올려 역동적으로 휘돌고 생성되고 나뉘고 성장하는 에너지를 느껴보라. 여기서는 생명의 색이 주도적인데 황토의 적색(Ochre red)들이 수려하게 조합되어 있다. 생명의 기둥, 휘감고 위로 올라가는 뱀, 잎이 무성한 나무, 벌, 나비가 무덤이나 동굴이나 지하로 난 틈새에서 위로 올라오거나 힘 있는 여신의 자궁에서 태어난다. 한 형태가 사라지면 다른 형태로 거듭나는 것이다. 인간이 동물로, 뱀이 나무로, 자궁에서 물고기, 개구리, 고슴도치가 버크나리움으로, 그리고 버크나리움에서 나비로의 변형이 이루어진다. 이는 생명 에너지가 중단되지 않고 끊임없이 다른 형태로 거듭난다는 올드 유럽인들의 인식을 드러낸다.

그렇다고 죽음을 무시했다는 말이 아니다. 이 시기 예술에는 명백히 죽음이 인상적으로 묘사되어 있다. 주로 아무것도 없는 뼈 자체, 울부짖는 사냥개, 날카로운 소리를 내는 올빼미, 위험한 멧돼지로 표현된다. 인간의 유한성에 관한 질문은 중대한 관심거리였다. 그렇지만 달이나 여성의 몸이 보여주는 리듬을 토대로 하는 자연의 주기를 깊이 인지하고 있었기에, 죽음의 위기가 닥치더라도 즉시 죽음에서 새 생명의 탄생으로 이어진다는 강한 믿음에 도달하게 되었다. 단순히 죽음으로 끝나는 경우는 없다. 언제나 죽음하고 재탄생이 함께 등장한다. 이것이 바로 올드 유럽의 예술에 반영된 생명 찬미의 핵심이다.

신성한 이미지와 상징들, 여신들과 신들, 여신의 새와 동물들, 신비한 뱀, 양서류, 곤충은 일상에서 경험하는 사건들 이상으로 이들에게 확고한 실체였다. 이 이미지들로 우리는 당시 사람들이 살았던 삶의 궁극적 맥락을 읽을 수 있다. 지금의 우리는 이러한 이미지를 창조한 사회로부터 너무 멀리 떨어져 있기에, 삶의 중심이 되는 땅이 생기를 불러일으키는 세계, 그리고 뭇 생명을 존중하는 이들의 세계관에 접근할 수 있는 유일한 실체가 바로 이런 이미지들이다. 프로이트는 이 이미지들을 "원시적 판타지"라 비하했다. 아마도 융은 "무의식에서 흘러나오는 내면의 삶의 결실"이라고 보아 가치를 부여했을 것이다.

어떤 방식으로 모습을 드러내든 간에 여신은 자연에 있는 모든 생명의 통합을 상징적으로 표현한다. 여신의 힘은 물과 돌, 무덤과 동굴, 동물과 새, 뱀과 물고기, 언덕, 나무, 꽃에 임재한다. 따라서 모든 신비와 신성함에 대한 전체적이고 신화적-시적 인식은 이 지상에 있다.

이 문화는 지상에서 누리는 자연의 경이를 예민하게 느끼고 환희에 감싸인다. 올드 유럽인들은 후대 인간 역사와 달리, 심지어 야금술을 발견하고 나서도 치명적 무기를 생산하지 않았다. 적의 침입을 방지하기 위한 요새를 만들지도 않았다. 대신 거대한 무덤-신전과 사원을 건축했다. 그리고 적당한 크기의 마을에 편안한 집들을 지었다. 빼어난 토기와 조각상들을 만들었다. 오래 지속되었던 이 시기에 인간은 창의력을 활짝 꽃피웠고 오랫동안 평화를 누렸다. 전쟁은 없었다. 이들은 예술이 만개한 문화를 창조한 것이다.

이 책에 소개한 이미지와 상징들은 남신의 개입 없이 홀로 후손을 생산하던 여신의 시대가 인류사에서 가장 오래 지속되었던 특질이라는 사실을 주장하는 고대 세계에 대한 고고학적 기록이다. 유럽에서 여신은 구석기시대와 신석기시대를 지배했고 지중해에서는 청동기시대 대부분에 이르기까지 이 전통이 이어졌다. 이 다음에 사제와 가부장적 전사 신들의 시기가 도래한다. 이들은 여신이나 남신의 어머니 신들을 대체하거나 동화했다. 이는 그리스도교와 고대 여신 전통에 대한 철학적 거부가 확대되기 전의 중간 단계이다. 서서히 땅에 속한 것에 반하는 편견이 발달한다. 이와 함께 여신과 여신을 상징하는 것은 모두 거부된다.

여신들은 점차 깊은 숲이나 산정으로 퇴각했다. 이 자리에서 살아남아 오늘날 민간신앙이나 옛이야기의 형태로 이들의 존재가 전해진다. 땅 중심의 삶에 대한 생생한 뿌리에서 점차 인간들이 소외되었다. 그리하여 어떤 결과가 초래되었는지는 우리가 사는 작금의 사회가 명백히 증언한다. 그렇지만 자연의 리듬은 결코 멈춘 적이 없다. 이제 여신들이 숲이나 산에서 재등장하고 있어서 희망을 꿈꿀 수 있게 되었다. 이런 현상은 우리로 하여금 인간의 가장 오래된 뿌리로 돌아가게 한다.

상징 용어 해설

M자 문양
물의 상징으로 이집트 상형문자 M자와 그리스 무(mu)와 연관이 있고 생명을 부여하는 여신의 표상이다.

V자 문양
후기 구석기시대부터 새 여신의 상징으로 삼각형, 즉 자궁 부위의 삼각형이나 질에서 유래 되었다. 올드 유럽의 신성 기호 가운데 가장 오래된 상징이다.

X자 문양
네 귀퉁이 표식과 새 여신의 표상. 인장이나 여신상에서 쐐기 문양과 관련이 된다. 네모 안의 X자 문양은 모래시계와 나비 문양과 상호 치환할 수 있다.

갈고리(Hook)
에너지를 나타내는 상징. 뱀의 힘. 뿔이나 나선과 연관된다.

갈까마귀(Raven)
죽음과 재생의 여신이 현현한 모습. 게르만 신화의 발키리, 켈트 신화의 모리간, 갈리아의 난토추엘타가 전부 상호 관련이 있는 여신이다. 까마귀, 올빼미, 독수리 참조.

개(Dog)
흰색 혹은 회색 사냥개는 죽음의 여신의 신성한 동물 또는 죽음의 여신의 공현이거나 죽음의 징조이다. 반면에 어린 생명의 수호자나 성장의 촉진자이기도 하다.

개구리/두꺼비(Frog/Toad)
자궁이나 움직이는 자궁의 상징, 죽음과 재생 여신의 공현.

거북(Turtle)
재생의 상징, 재생 여신의 공현. 개구리와 고슴도치와 연관.

거석묘(Megalithic grave)
거대한 돌로 만든 무덤. 대부분의 거석 구조물들은 집단매장지나 신전이었다. 코트 무덤, 고인돌, 회랑무덤, 널길 무덤 참조.

거위(Goose)
풍요와 자양분의 부여자이자 분배자로 새 여신의 공현.

검정색(Black)
풍요의 색.

격자무늬(Checkboard)
물의 영역, 생명의 물을 상징. 이 문양은 그물망 문양을 대체할 수 있다. 그물망 참조.

겹선(Bi-line)
임신, 두 배, 하나보다 더 많음.

고르고네이온(Gorgoneion)
고르곤의 머리 그림(가면). 죽음을 나타내는 뱀과 새 여신이 결합된 무서운 얼굴.

고슴도치(Hedgehog)
자궁의 상징으로, 죽음과 재생의 여신의 공현. 소의 자궁 모양에서 유래했을 것이다.

고인돌(Dolmen)
서유럽 초기 거석 무덤 가운데 원형 또는 장방형의 무덤 방을 가진 거대한 탁자형의 무덤. 입구석(portal dolmen)은 주로 아일랜드에서 발견되지만 웨일스나 콘웰에서도 발견되었다. 장방형의 무덤 방은 대개 뒷부분으로 가며 좁아지고 낮아지는데, 이 무덤은 두 개의 커다란 입구석을 거쳐 들어간다.

곰(Bear)
태곳적 탄생과 임신의 여신, 곰 마스크를 쓴 어머니 여신.

구멍난 돌(Holed stone)
여기 저기 파인 구멍은 돌에 저장된 여신의 에너지를 강화하는 의미가 있다. 재탄생, 시각, 통과의례 상징.

그물망(Net)
원천, 물기, 생명의 물 혹은 양수, 음모, 양털. 물고기, 마름모, 삼각형, 알, 자궁의 상징과 연관이 있다. 여신의 기능 중에서 생명의 부여자와 관련된다.

까마귀(Crow)
죽음과 재탄생 여신의 공현. 갈까마귀, 올빼미, 독수리와 연관된다. 아일랜드의 신화에서 바드브(Badb)는 켈트의 운명의 삼신인 모리간(Morrigan)의 이름 가운데 하나이다. 발트 이름은 라가나(Ragana)이다.

나비(Butterfly)
버크나리움에서 유래하는 재생의 여신이 현현하는 모습. 미노아 문명 예술에서 축성의 뼈들 사이에 등장한다. 모래시계나 X자 문양과 연관된다.

나선(Antithetic)
서로 휘감은 뱀 머리나 서로 상반되는 나선 형상으로 나타난다. 에너지의 상징. 용솟음이나 움직임의 착수자.

나선(Spiral)
에너지의 상징. 뱀 형상의 힘, 역동적인 뱀을 추상화한 상징.

남근(Phallus)
자발적인 생명 에너지의 상징으로 생명의 기둥, 식물, 버섯과 연관된다. 인도의 링감(lingam)과 가깝다. 여신상에 융합되어 있는데 이는 남근이 창조 여신의 생명의 힘을 향상시킨다는 의미이다.

널길 무덤(Passage grave)
거석 무덤이나 돌방 무덤(chamber tomb)의 주된 범주. 원형 봉분이 무덤 방을 덮고 있는데, 이는 좁고 긴 회랑을 통해 접근할 수 있다. 이 부분은 실제 무덤 자리와는 현격한 차이를 보인다. 재탄생 여신의 자궁과 질의 상징. 브르타뉴, 아일랜드, 스코틀랜드, 웨일스, 독일 북서부, 스웨덴에서 발견. 문양이 장식된 거대한 널길 무덤은 무덤 신전(Tomb Shrines)이라 불러야 한다.

눈(Eyes)
괴사한 올빼미 여신이 갖고 있는 생명의 원천으로 물의 상징과 연관된다. 빛을 발하는 태양, 뱀 똬리, 숫양의 뿔과 상호 치환된다.

도끼(Axe)
대략 세모꼴이라 여성의 음문 부위 삼각형과 연결되기 때문에 에너지를 상징.

독수리(Vulture)

죽음과 재생의 여신이 현현한 모습.

돌(Stone)

여신의 힘. 신부의 돌, 원, 구멍난 돌, 선돌, 옴팔로스 참조.

돌무덤(Cairn)

무덤 위에 쌓은 돌무더기. 하얗고 반짝이는 석영 무더기는 종종 알이나 죽음의 상징.

동굴(Cave)

여신의 자궁.

렌즈(Lens)

씨앗 참조.

마름모(Lozenge)

점과 함께 임신한 여신과 다산의 상징. 세모꼴, 즉 재탄생의 상징과도 연관된다.

멧돼지(Boar)

죽음과 재생의 상징.

모래시계(Hourglass)

두 개의 삼각형이 각각 꼭지점에서 만난 모양. 죽음과 재탄생의 여신을 단순화시켜 의인화한 형상으로 죽음의 여신을 위장한 모습이다. 새 발톱은 여신의 정체성을 드러낸다.

무덤(Tomb)

재탄생이 일어나는 여신의 자궁. 지하 무덤, 거석묘 참조.

문어(Octopus)

재생의 능력을 가진 여신의 공현으로, 후기 미노아 문명의 석관에 묘사되어 있다.

물결 문양(Wavy lines)

물, 하천.

물고기(Fish)

자궁과 재생의 상징. 재생과 관련하여 여신이 현현하는 모습.

물새(Waterbird)

새 여신이 생명과 건강을 부여하는 기능을 수행할 때 현현하는 주된 모습.

미궁(Labyrinth)

올빼미와 물고기 여신의 이미지와 연관된 재생의 자궁.

미앤더(Meander)

물, 각이진 물뱀. 물새와 연관되는데, 주로 오리와 관련이 있으며, 새 여신의 문양이다.

발(Feet)

새의 발. 부분적으로 죽음과 재생의 여신을 나타낸다.

발기한 남근상(Ithyphallic figure, male)

솟아나는 생명의 힘을 자극한다. 남근과 뱀은 상호 치환할 수 있다.

발자국(Footprints)

여신의 현전을 상징한다. 성장을 촉진하고 치유하는 여신의 상징. 안에 물이 차 있는 경우는 성혈과 연관된다.

배(Ship)

사후나 재탄생 시기에 연관된 탈것. 거석 무덤 신전에서 뱀이나 죽음과 재탄생의 여신하고 관련이 된다. 스칸디나비아 남부의 청동기시대 바위에 뱀, 생명의 나무, 태양, 의례 장면들과 같이 묘사되어 있다.

배/복부(Belly)

언덕, 오븐, 임신 참조.

백조(Swan)

새 여신의 공현. 부와 행운과 행복을 가져다주는 신으로 음악과도 연관된다.

뱀(Snake/Serpent)

생명력. 초기능적인 상징. 똬리, 우주적인 생명력. 구불거리는 모습은 신성한 눈, 태양 에너지, 보름달과 유사하다. 뱀 모양처럼 수평으로 휘감고, 생명의 기둥처럼 수직으로도 감고 올라간다.

뱀 형상(Serpentiform)

구불거리는 뱀. 종종 14~17번의 굽이가 관찰되는데 이는 이지러지는 달의 상을 계산한 날짜를 뜻한다. 29~30번 구불거리는 뱀 형상은 달의 주기를 나타낸다.

버섯(Mushroom)

남근 참조.

버크라니움(Bucranim)

여성의 자궁 부위와 유사한 형태를 보이는 수소 두부와 뿔. 재생을 상징한다.

벌(Bee)

재탄생의 상징, 재탄생 여신의 공현.

붓(Brush)

재생의 여신과 연관이 되는 에너지 표식으로 종종 음문과 같이 등장한다. 날개나 배 문양과 상호 치환이 가능하다. 빗 모양으로 액막이의 상징이다.

비둘기(Dove)

봄의 새이면서 영혼의 새.

빗(Comb)

붓 참조.

뻐꾸기(Cuckoo)

선사시대 운명의 여신의 새. 봄의 전조 혹은 죽음의 징조이다. 여신이 봄에는 뻐꾸기로, 가을 겨울에는 매로 등장하다. 영혼의 새이기도 하다.

뼈(Bone)

죽음의 상징. 지골(指骨)은 죽음 여신의 공현.

뿔(Horn)

에너지 상징이자 도래의 상징으로 초승달과 갈고리와 연관된다.

사슴/암사슴(Deer/Doe)

초자연적 사슴(암사슴)은 태초의 어머니이다. 출산을 관장하는 여신의 공현.

삼각형(Triangle)

여신의 재생을 담당하는 자궁. 알려진 상징들 중 가장 오래된 상징. 구석기시대에 등장.

삼선(Tri-line)

완전성, 풍요, 세 원천, 세 개의 샘 문양. 출산과 생명을 부여하는 여신의 기능과 연관.

새(Bird)

삶과 죽음, 행복과 풍요를 포함한 모든 것의 부여자 여신이 공현하는 가장 대표적인 이미지. 운명의 여신과 같은 의미. 물새(오리, 거위, 백조)는 행복과 번영과 자양분을 주고, 맹금류(독수리, 올빼미, 갈까마귀, 까마귀)는 죽음의 징조이자 죽음을 부여하는 신의 공현이다. 뻐꾸기와 올빼미는 전조를 알리는 새로 봄이나 혼인을 예고하고 죽음을 고지한다. 비둘기, 뻐꾸기, 다른 작은 새들은 죽은 자의 영혼이 머무는 자리이다.

새발(Bird's feet)

발 참조.

샘(Well)

운명의 여신이 소유하는 뭇 생명의 원천. 대개 둥글게 쌓은 석렬이나 도랑으로 에워싸인 선돌 아래에 생명의 힘이 집중된다.

생명의 기둥(Life column)

무덤, 신전, 토기에 다양한 형상으로 묘사된 물이나 동굴이나 자궁에서 솟아나는 생명의 상징. 물, 다중의 호, 수직으로 감고 있는 뱀, 나무, 뱀과 나무의 결합, 전나무나 양치식물, 남근, 동굴의 석순이나 석주 형상이다.

선돌(Menhir)

입석(立石)으로 새 여신의 공현.

성혈(Cupmark)

돌에 새겨진 구멍인데 생명의 여신의 신성한 물을 담는다. 따라서 생명과 건강의 원천이고 신성한 눈이나 샘과 연관된다.

소용돌이(Whirl)

네 귀퉁이 표식과 십자가. 에너지를 상징하는 기호로 생명의 기둥이나 재탄생의 여신과 연관되는데 에너지를 자극하고 촉진하는 힘이다.

손잡이(Knob)

옴팔로스 참조.

수소(Bull)

생명과 재생의 원천. 재생 여신의 공현. 미노아 문명의 석관에 독수리 머리와 함께 등장한다. 장례 때 희생제물로 쓰인다.

시각(Oculi)

눈 참조.

신부의 돌(Brautstein)

불임 여성에게 임신 능력을 선사하는 돌. 돌 표면이 매끈하게 연마된 이유는 거듭된 엉덩이 마찰 때문이다.

신성한 손(Hands)

악이나 죽음을 예방하는 힘 상징.

쌍형(Double figures)

과일 두 개가 같이 자라거나 씨앗 둘, 애벌레, 뱀, 남근, 인물상이나 신전의 형상. 둘의 힘에 대한 상징으로 계절적인 다산의 여신. 여름/겨울, 젊음/늙음의 이중성을 상징하기도 한다.

쐐기(Chevron)

이중 V자 혹은 삼중 V자 문양. V자 참조.

씨앗(Seed)

탄생과 배아의 상징. 음문과 상응.

알(Egg)

보편적인 재탄생의 상징.

암엘크/암순록(Elk-doe/reindeer-doe)

사슴 참조.

암퇘지(Sow)

임신한 여신, 즉 대지모의 신성한 동물.

애벌레(Caterpillar)

도래의 상징으로 뿔, 초승달과 연관이 있다.

양(Ram)

새 여신에게 신성한 동물로 마법, 부를 가져다주는 동물. 물새나 뱀과 연관된다. 숫양의 뿔은 뱀 똬리와 눈 모티프와 상호 치환 가능하다.

양서류(Batrachians)

두꺼비, 개구리, 도마뱀. 재탄생의 기능을 지니는 여신의 공현. 돌아다니는 자궁의 상징.

양털(Fleece)

새 여신의 기호. 가락바퀴와 새 여신에 등장하는 문양.

언덕(Hill)

임신한 대지모 배를 자연이 복제한 형상으로 본다.

엉덩이(Buttocks)

두 개가 가진 힘을 상징. 젖가슴, 쌍 과일, 쌍알 외에도 다른 중복된 쌍과 관련이 있는데 여신의 신체에서 임신한 부위로 간주한다. 새 여신의 모습으로 표현될 때는 두드러진 엉덩이로 새의 몸 형상을 모방한다.

염소/숫염소(Goat/he-goat)

자연을 깨우는 촉진자, 어린 생명의 수호자로 유물에서는 생명의 나무 옆에 묘사된다. 짐승들의 행진에 포함되는 동물이고 주기적인 시간을 상징한다.

오리(Duck)

행운과 부와 자양분을 가져오고 이를 분배하는 새 여신의 주요한 공현.

오븐(Oven, 빵, 임신한 배 형상)

풍요의 여신이 임신한 배를 상징. 언덕이나 흙더미와 연관된다.

올빼미(Owl)

예언의 새, 죽음의 사자, 죽음 여신의 공현. 재생의 특질을 지니고 있다. 스텔레, 서유럽 거석 무덤, 아나톨리아 서부와 유럽 남동부의 옹관에서 관찰된다.

옴팔로스(Omphalos)

대지모의 배꼽으로 생명 탄생의 힘이 집적되어 있다. 언덕 최정상에 놓인 돌이나 둥근 산정. 선돌의 손잡이나 울퉁불퉁한 형상, 여신 묘사에 등장하는 뱀이나 탯줄. 거석 문화에서 언덕 모양으로 추상화된 여성의 모습에서 머리 부분에 해당.

원(Circle)

하나의 원 혹은 동심원. 암체나 선돌에 새겨져 있는데 중앙이 신성한 에너지가 집중되어 있는 송신기. 원을 그리며 추는 신성한 환무와 관련된다.

음문(Vulva)

여성의 외부 생식기로 생명 부여 기능과 관련하여 여신의 생식력이 가장 집중되어 있는 부분이다. 타원, 씨앗, 렌즈, 세모를 포함해서 음문과 유사한 모든 형태의 원형을 가리키는 용어. 후기 구석기시대부터 여신을 나타내는 문양으로 바위에 새겨져 있다.

임신(Pregnant)

다산의 상징. 신석기시대에 대지와 곡물의 여신이자 죽은 자의 여신.

입(Mouth)

새 여신의 둥근 구멍이나 열린 부리. 새 여신이 양육할 수 있는 능력의 원천. 삼선으로 생명의 세 원천을 나타낸다.

자궁(Uterus/Womb)

재탄생의 상징으로 여신이 자궁, 자궁 모양 무덤, 동굴로 표현된다. 이 의미를 지니는 동물 형상은 물고기, 개구리, 두꺼비, 고슴도치, 버크나리움이다. 동굴, 무덤 참조.

자궁 부위의 삼각형(Public triangle)

삼각형, 음문 참조.

적색(Red)

생명의 색.

젖가슴(Breasts)

전체를 대신하는 부분으로 온전한 새 여신을 나타낸다. 여신은 생명과 자양분 혹은 부를 가져다준다. 거석 무덤에서 새 여신이 지닌 재탄생의 힘을 나타낸다.

제비(Swallow)

봄을 예고하는 새.

지하 무덤(Hypogeum)

지하식 무덤으로 가장 빈번한 형태는 재탄생의 상징인 알 모양이다. 몰타 할사플리에니에 있는 거대한 무덤은 3층 구조이고 이 구조물에 알 모양 방들이 여럿 있다.

초승달(Crescent)

에너지, 도래의 상징. 달의 주기에서 차오르는 단계를 나타낸다.

켄타우로스(Centaur)

수소-인간. 생명 에너지의 촉진자.

코트 무덤(Court tomb)

아일랜드 북부와 스코틀랜드 남서부에서 발견된 사람 형태를 보이는 돌방 무덤. '클라이드-칼링퍼드 무덤(Clyde-Carlingford tomb)'이라고도 부른다. 기본 형상을 보면, 긴 사다리꼴 또는 삼각형 모양의 돌무덤 앞쪽으로 지붕이 없는 반원 코트가 연결되어 있는데, 이 코트를 통해서 무덤이 있는 방으로 들어갈 수 있다. 코트는 둘 혹은 그 이상으로 구성되어 회랑을 이루고 전체적인 모습은 의인화된 여신의 윤곽을 드러낸다. 기원전 3500~2200년경.

태양(Sun)

죽음과 재생의 여신과 연관된 계절적 재생의 상징. 여신의 눈, 뱀 똬리, 숫양의 뿔과 상호 치환 가능하다.

탯줄(Umbilical cord)

돌출된 암체의 울퉁불퉁한 형상. 옴팔로스 참조. 어머니와 새 생명 사이를 뱀처럼 구불구불한 모습으로 연결한다. 빈번히 올빼미로 표현되는 죽음과 재탄생을 나타내는 여신의 이미지에 등장한다.

토끼(Hare)

재생의 기능을 지닌 여신의 공현.

하천(Stream)

생명과 건강을 주는 여신의 물(샘 참조)과 풍요를 선사하는 빗물.

호(Arcs)

다중의 형상. 수직 기둥 내부에 표현. 자라나는 생명력 상징.

황금(Gold)

죽음의 색. 뼈, 흰색 참조.

회랑 무덤(Gallery grave)

복도나 질 모양의 거석 무덤으로, 브르타뉴 지방의 전형적인 무덤이다. 기원전 3000~2500년.

흙더미(Mound)

대지모의 임신한 배로 언덕이나 오븐과 유사.

흰색(White)

뼈 색으로 죽음의 상징. 유사한 것으로는 노랑, 황금, 호박, 대리석, 석고.

여신과 남신의 유형

올드 유럽의 유물에서 신성을 정형화한 모습이 선명하게 드러난다. 사람 모습을 한 신들이 있고, 새나 뱀을 비롯한 동물과 교잡이 이루어진 이미지도 있다. 이들을 아래 유형으로 나눌 수 있다.

새 여신(The Bird Goddess)

그림 2, 8~13, 15, 16, 39, 41, 42. 여신의 외관상 특징은 새 부리 혹은 돌기가 달린 듯한 코가 두드러지며 목이 길다. 잘 손질한 머리 모양이거나 아니면 왕관을 쓴 모습이다. 몸에 젖가슴 혹은 날개 모양의 돌출부가 있고, 체형은 새 형상에 돌출된 엉덩이가 인상적이다. 입은 없지만 때로는 입 위치에 둥글게 파낸 자국으로 입을 표시하기도 했다. 몸은 전체적으로 바로 서 있지만 상체 부분이 새처럼 앞쪽으로 굽어 있다. 새 여신의 상징은 미앤더, V자, 쐐기 문양이다. 삼신, 즉 여신의 기원을 의미하는 숫자 3과 연관이 있다. 동물은 양과 관련이 있는데 여신의 신성한 동물이 바로 양이기 때문이다. 새 여신과 관련이 있는 토기에 전형적으로 등장하는 문양은 다중의 쐐기, 젖가슴, 부리와 눈의 상징이다. 여신은 초기 신석기시대 신전과 집 안에 있는 신전에서 숭배를 받았다.

출산의 여신(The Birth-Giving Anthropomorphic Goddess)

그림 172~176. 출산을 관장하는 여신은 여인이 출산하는 자연스러운 자세로 표현된다. 이 여신은 올드 유럽에서 구석기시대와 그 이후에 등장한다. 음문만으로 여신을 묘사하기도 한다. 사슴(암사슴), 엘크(암엘크), 곰의 모습으로도 여신이 공현한다.

유모 혹은 아기를 안고 있는 여신(The Nurse or Mother Holding a Child)

그림 184. 곰사등으로 묘사되거나 곰 가면을 쓴 마돈나가 아기 주머니를 안고 있는 모습으로도 등장한다. 어머니나 유모 이미지가 새나 뱀의 형상으로도 등장한다(그림 211).

뱀 여신(The Snake Goddess)

그림 200~215. 뱀 같은 손발이 특징이고 긴 입이 눈에 띈다. 눈은 둥글고 머리에는 왕관을 쓰고 있다. 뱀 모양도 있고 뱀이 추상화되어 파생된 모양도 있다. 뱀 여신의 상징은 나선과 뱀 똬리이다. 왕관은 지위나 지혜 그리고 전지적 존재를 나타낸다. 생명 에너지와 이 에너지의 연속성을 수호하는 신으로 각 가정에서 숭배하던 여신이다.

맹금류 여신(The Bird of Prey Goddess)

그림 285~302. 죽음이나 죽음의 메신저이다. 독수리, 올빼미등의 맹금류, 사체를 먹는 새로 등장한다. 여신이 재탄생의 특질을 체현하고 있기도 하다. 서유럽의 거석 무덤에 있는 스텔레나 부조, 회화에서 여신은 올빼미나 맹금류로 등장한다. 간결하게 눈, 젖가슴, 혹은 음문으로 여신을 표현하기도 한다. 여신의 초자연적인 눈은 뱀 똬리, 양의 뿔, 빛나는 태양과 치환이 가능하다. 다뉴브 지역과 아나톨리아 서부에서 화장을 하고 뼈를 묻는 곳의 옹관이 올빼미 형상이다. 독수리와 올빼미 여신은 재탄생과 에너지의 상징하고도 연관되는데 미궁, 탯줄, 나선, 뱀, 동심원, 성혈, 갈고리, 도끼, 초승달, 고리가 이런 상징이다.

세모나 모래시계 여신(The Goddess as Triangle and Hourglass)

그림 373~382. 동굴, 지하 무덤, 거석묘 같은 재생이 일어나는 자궁 속에 이 여신이 등장한다. 토기 회화에서 여신이 환무에 참여해 춤을 추는 무희로 묘사되어 있다. 모래시계에 새의 발톱이 결합된 이미지는 맹금류 여신의 또 다른 표현이다.

뻣뻣한 누드인 죽음의 여신(Stiff Nude as Death)

그림 308~318, 320. 몸에 단단히 붙이고 있는 팔은 배 위에 놓여 있다. 다리는 뭉뚝하거나 끝으로 가면서 점점 뾰족하다. 가면을 쓰고 있고 여신의 몸에서 주의를 집중시키는 곳은 초자연적인 자궁 부위의 삼각형이다. 여신이 축소된 이미지는 지골인데 아무 장식이 없거나 아니면 둥근 올빼미 눈만 표현되어 있다(그림 91, 92). 여신상의 재질은 뼈 색인 대리석, 석고, 밝은 색 돌이나 점토와 뼈이다. 죽음의 여신은 후기 구석기시대부터 출토되었는데 이후 올드 유럽 시기까지 등장한다. 에게 해와 다뉴브 강 유역에서는 기원전 2천년기 중엽까지도 출토가 된다. 경우에 따라서는 맹금류와 독이 있는 뱀의 특징이 묘사되는데, 이는 죽음을 초래하는 새와 뱀 여신의 정체성을 나타낸다.

개구리/두꺼비 여신(The Toad/Frog Goddess)

그림 387~396. 후기 구석기시대에 사람 형상을 보이는 양서류가 등장한다. 이 유물은 선사시대를 거치며 역사시대까지 계속 이어진다. 신석기시대 동안에는 개구리 형상의 몸에 인간의 머리가 결합된 이미지가 신전 벽면이나 토기 회화 그리고 부조로 관찰된다. 이 이미지를 대리석, 푸른색 돌, 검정색 돌에 조각하거나 진흙으로도 주조했는데, 이는 재탄생 여신이 공현한 모습이다. 두꺼비/개구리는 재탄생이 일어나는 자궁과 상응한다.

고슴도치 여신(The Hedgehog Goddess)

그림 379~404. 재탄생을 나타내는 여신의 공현. 고슴도치 몸에 인간의 머리가 연결된 유물이 발굴되었다. 이 이미지는 아마도 동물 자궁의 형상에서 유래했을 것이다. 불임을 극복하게 하는 신비한 힘을 가진다고 믿었다. 이 상징이 20세기까지 나타난다.

물고기 여신(The Fish Goddess)

그림 405~410. 여인과 물고기가 교잡된 형태로 그 안에 양수나 재탄생의 힘을 상징하는 미궁 문양 혹은 그물망 문양이 장식되어 있다. 물고기가 여신의 자궁과 상동기관이었는데 이런 특징은 늦게 잡아도 후기 구석기시대부터 등장해서 선사시대를 거쳐 역사시대 초기까지 이어진다. 물고기 여신상에 새의 발이 달린 유물은 여신이 죽음의 여신이자, 재탄생의 여신임을 확인시켜준다.

벌과 나비 여신(Bee and Butterfly Goddess)

그림 420~432. 버크나리움, 동굴, 무덤에서 성장하는 재탄생 여신의 공현이다. 여신은 인간의 특징을 가진 곤충 모습이거나 아니면 곤충의 날개와 머리가 달린 여인의 모습이다. 신석기시대 지하 묘소나 미노아 문명 종교 유물에서 두드러진다.

임신한 여신(The Pregnant Goddess)

그림 216~219. 여신이 커다란 배 위에 손을 얹고 있는 자연스러운 모습이다. 살진 몸은 대지의 다산성에 대한 비유이고, 또 이 힘을 강조한다. 마름모, 삼각형, 뱀, 쌍알/쌍 과일 상징이나 겹선 혹은 사선 문양과 관련이 있다. 올드 유럽과 후대에 여신의 신성한 동물은 암퇘지이다(그림 225, 227). 후기 구석기시대에 등장하는데, 이 이미지가 신석기시대 들어 곡물의 여신으로 변했을 것이라 추정된다. 초기 신석기시대에 우세하게 등장하는 여신으로 대개 오븐 바닥에서 발견된다. 불룩한 배나 흙무덤이나 오븐은 여신의 배를 상징한다.

동물의 수호신: 갈고리를 든 남신(Master of Animals: Male God Holding a Hook)

한 손에 지팡이를 들고 있는 남신으로 실바누스, 파우누스, 팬, 숲의 영, 숲속에 사는 동물이나 사냥꾼을 수호한 신들의 선조이다. 또 후기 구석기시대 동굴에 등장하는 짐승 가죽을 입고 있는 인물의 후예일 수 있다.

다산과 재탄생의 다이몬(Daimon of Fertility and Regeneration)

땅에 봄이 찾아올 때 발기한 남근을 드러내는 청년 혹은 남근 기둥이나 남근 아니면 뱀의 형상인 여신의 수행자이다(그림 278). 행운과 부의 신인 그리스 헤르메스의 선조이자, 검은 숫염소와 수뱀으로 묘사되는 바스크 지방의 아케르-벨츠의 선조이다. 남성성의 원리를 드러내 보이는 새 가면을 쓴 누드상 같은 다른 인물들은 여신 숭배나 의례에 참여하는 자들을 묘사한 것으로 추정된다.

한해살이 재생의 신: 젊고 슬픈 인물(The God of Annual Renewal: Youthful and Sorrowful)

그림 281, 282, 284. 젊고 평화로운 모습의 남신이 의자에 앉아 있는데 양손은 무릎에 올려놓거나 턱을 괴고 있다. 이 슬픈 남신상이 추수의 여신(노파) 좌상들과 함께 출토되었기 때문에 죽어가는 식생의 신이라 추정된다. 염소 가면을 쓴 남신은 초기 디오니소스상 가운데 젊은 측면을 나타내는 상일 수 있다.

신석기시대 위대한 여신의 이미지와 역할

A. 생명의 부여, 죽음의 부여, 재탄생(달처럼 차고 이지러지고 다시 태어난다)		
Ⅰ. 만물의 부여자 : 생명과 건강의 부여자, 봄의 예고자, 물질적 풍요를 배가시키거나 줄이는 존재, 인간과 동물과 가정의 보호자	II. 죽음의 부여자	III. 재탄생
1. 출산을 돕는 여신 1) 생명을 탄생시키는 인간 형상의 존재 2) 태초의 어머니로 곰, 사슴-암사슴, 암엘크의 형상	1. 죽음을 예고하는 신과 죽음을 초래하는 신 1) 독수리-여자, 올빼미-여자, 뱀-여자 2) 현현: 올빼미, 갈까마귀, 까마귀, 다른 맹금류, 멧돼지, 흰 개, 독사	1. 재탄생의 음문 1) 타원 혹은 씨앗 모양 2) 세모 3) 도끼
2. 생명의 물과 건강의 부여자 1) 여신의 현현인 선돌, 생명의 물을 수호하는 여신 2) 용기: 사람 모습 혹은 새 모양. 물의 상징들	2. 죽음의 여신 1) 뼈(지골로 올빼미 눈 장식이 있기도 하고 없기도 하다) 2) 사람 모습을 한 뻣뻣한 누드인 '백색 여신', 때로 맹금류나 뱀과 함께 등장 3) 독사 같은 무서운 가면, 고르곤의 선조	2. 사람의 형태를 띰 1) 젖가슴이 있는 세모 형상 2) 독수리, 올빼미 발이 연결된 모래시계 형상
3. 봄과 미래의 예언자 1) 어린(아르테미스 형) 여신 2) 봄날의 새: 뻐꾸기, 꾀꼬리, 제비, 종달새, 비둘기		3. 재탄생이 일어나는 자궁 1) 동물형: 버크나리움, 물고기, 개구리, 두꺼비, 고슴도치, 거북이, 도마뱀, 토끼 2) 사람의 형태를 따르는 것으로는 물고기-여인, 개구리-여인, 고슴도치- 여인
4. 물질적 풍요와 행복을 증대시키는 존재 1) 물 기금/여성의 교잡 2) 공현: 오리, 거위, 학, 백조, 황새, 뱀 3) 신성한 동물: 양		4. 변형 1) 벌, 나비, 나방인데 이들은 대개 수소 양 뿔 사이나 두부에서 태어난다. 2) 사람의 모습을 띤 벌, 나비, 다른 곤충
5. 생명 에너지의 체현, 치유자와 재탄생자, 가정의 수호자 1) 뱀-여인 교잡 2) 왕관을 쓴 뱀이나 뿔이 달린 뱀 3) 가정을 지키는 수호신, 뱀이나 남근이 달린 인간과 동물		5. 생명의 기둥으로 물기둥 형상(물결선, 집중된 호), 수직으로 상승하는 뱀, 남근, 나무 옆에 있는 도래의 상징들. 자궁, 뿔, 나선, 초승달, 달의 주기, 개, 숫염소, 발기한 남근을 보이는 인물이 도래의 상징이다.
6. 어린 생명의 수호자 1) 아기 주머니가 있는 유모, 곱사등 여신 2) 동물 모양(새, 뱀, 곰)이거나 사람 모습, 아기를 안고 있는 마돈나로 나타난다.		

B. 다산과 증식과 재탄생(땅의 특징: 계절에 따른 확산, 성장, 살찜, 죽음)	
Ⅰ. 절기에 따라 순환하는 땅의 다산성의 부여자	Ⅱ. 사자의 어머니
1) 인간의 자연스러운 임신 자세 2) 신성한 동물: 암퇘지 3) 임신한 배의 은유: 언덕, 돌, 오븐, 돌의 돌출부나 여인의 몸	1. 동굴
2. 봄에 성장 1) 위로 양팔을 들어 올린 젊은이 2) 옴팔로스나 뱀이 있는 언덕	2. 알, 음문, 자궁, 임신한 배, 여신 몸 형상의 무덤, 재탄생의 여신과 분리할 수 없다.
3. 제때 하는 임신, 늦은 임신, 양성	
4. 이중의 여신 어머니-딸, 여름-겨울 은유	

남신의 이미지와 역할

Ⅰ. 야생의 동물과 숲의 수호자(소유자)	Ⅱ. 가정의 수호자	Ⅲ. 식물의 번성과 쇠락을 나타내는 남신
1. 사람 모습으로 수염 달린 형상	1. 수컷 뱀/남근	1. 사람 모습의, 젊은 현현: 수소, 남자-염소
2. 갈고리를 들고 있는 좌상	2. 발기한 남근을 보이는 의인화된 형상	2. 늙어감, 슬픔

연대표

연대

기원전 8000~5000년 전, 고고학적 유물에 대해 어떻게 정확한 연대 측정이 가능할까? 오늘날은 시간을 거슬러 측정하는 다양한 기법들이 존재하는데, 이러한 면에 있어서 오늘날 고고학자들은 30~40년 전 학자들과는 비교할 수 없을 정도로 운이 좋다. 주요한 연대 측정 방법이 두 가지 정도 있다. 하나는 방사성 탄소나 C14 측정법, 다른 하나는 식물연륜 연대학이나 나이테 측정법이다.

C14가 가장 잘 알려진 예이다. 규칙적인 비율로 원자 구조가 변화하는 반감기가 있는데, C14는 5730년에 주어진 양의 반이 붕괴한다. 방사성 탄소 연대 측정법은 한때 유기물이었던 것들에 적용할 수 있다. 유물을 발굴하면 석탄 곡물 알갱이, 나뭇가지, 뼈 같은 유기물이 출토된다. 이런 물질로 C14의 흔적을 보여준다. 이로 인해 함께 출토된 무기물 유물도 종류가 무엇이든 연대를 추정하는 데 도움이 된다.

1949년 윌러드 리비(W. F. Libby)가 방사성 탄소 연대 측정법을 발견한 이후, 이 측정의 한계가 제기되었고, 이를 보완하기 위해 다른 방식으로 이중 점검을 했다. 이런 방식 중 하나가 나이테 측정법이고, 방사성 탄소 연대 측정법과 함께 나이테 측정법을 같이 사용했다.

일부 나무들 중, 특히 온대 지역 침엽수는 나무 둥치에 해마다 새로운 나이테 하나를 더한다. 식물연령연대학에 가장 오래되고 유용한 나무는 캘리포니아 동-중부 화이트 산맥(White Mountains)의 고지에서 발견되는 캘리포니아 브리슬콘 소나무이다. 이 나무들 중 일부는 4600살이고 이보다 더 나이 든 나무도 있다. 살아 있는 나무든 죽은 나무든 애리조나 나이테 연구 실험실에서 측정을 했다. 현재까지 이 연대기는 기원전 6700년까지 거슬러 올라가고 지금으로부터 1만 년 전 나무까지도 측정할 수 있는 확률이 높다.

방사성 탄소 연대와 나이테로 측정한 연대를 비교한 세월이 여러 해이다. 여러 실험실에서 수백 개 사료를 측정했고, 1969년까지 캘리포니아 대학 샌디에이고 캠퍼스 한스 쥐스가 보정 곡선을 만들었다. 이는 C14 연대가 어느 정도나 늦어지는지를 밝혀주었고, 이를 교정할 방법을 마련한 것이다. 신석기시대와 순동기시대 연대기 측정에 보정 곡선이 대단히 유용하다. 이 책에 사용된 연대는 방사성 탄소 연대 측정법에 따른 것이다.

이 책에 논의하고 도면으로 정리한 대다수 유물은 의도적으로 방사성 탄소 연대 측정과 보정을 거친 것이다. 방사성 탄소 연대 측정을 하지 않은 경우, 예를 들어 훨씬 이전에 발굴된 유물이나 지역 미상인 경우, 이런 유물의 연대는 이미 시기가 잘 알려진 유물과 유형이나 양식으로 비교했다. 기원전 7천년기 이전은 방사성 탄소 연대 측정을 토대로 했다.

이로써 다음의 연대표를 완성했다. 이 책에서 언급한 각 문명과 유적지의 분포 지도는 337~353쪽에서 제공한다.

1. 후기 구석기시대
2. 동-중부와 남동 유럽의 신석기시대와 순동기시대
3. 서부와 중부 유럽의 신석기시대
4. 북부와 중부 유럽의 신석기시대
5. 크레타의 미노아 문명

Chart 1

서유럽 후기 구석기시대 편년(1967년 르루아-구랑 이후 I에서 IV까지 분류)

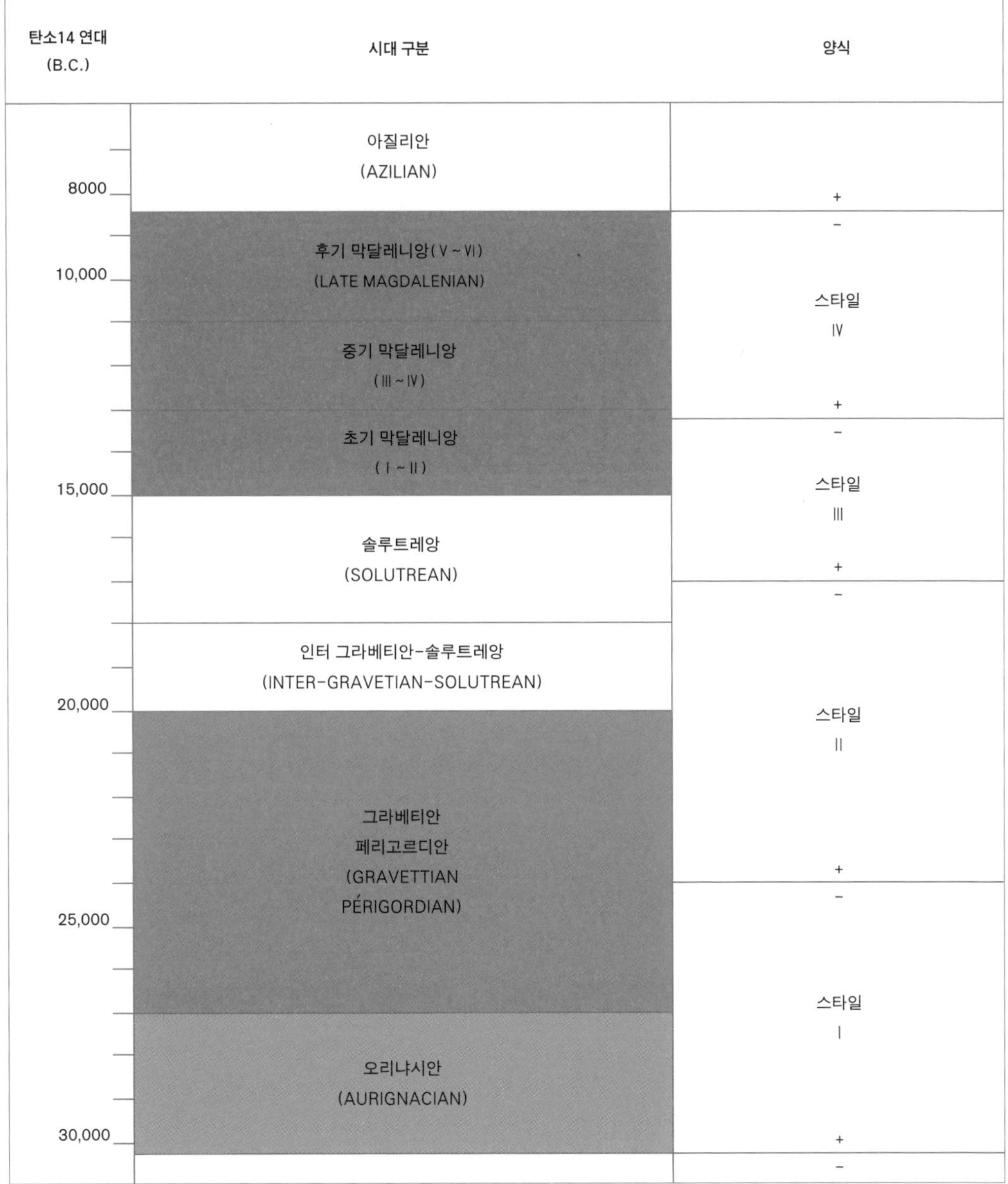

Chart 2

동-중부와 남동부 유럽의 신석기시대와 순동기시대 연대

기원전 5천년기 동-중부 유럽은 순동기시대이다. 흑해 연안(Circum-pontic) 초기 청동기시대 시작과 올드 유럽의 순동기시대 말기는 기원전 3500년경에 시작하는 것으로 표시했다. 화살표는 문화의 연속성을 표시한 것이며, 대시(-)는 문화의 비연속성을 표시한 것이다.

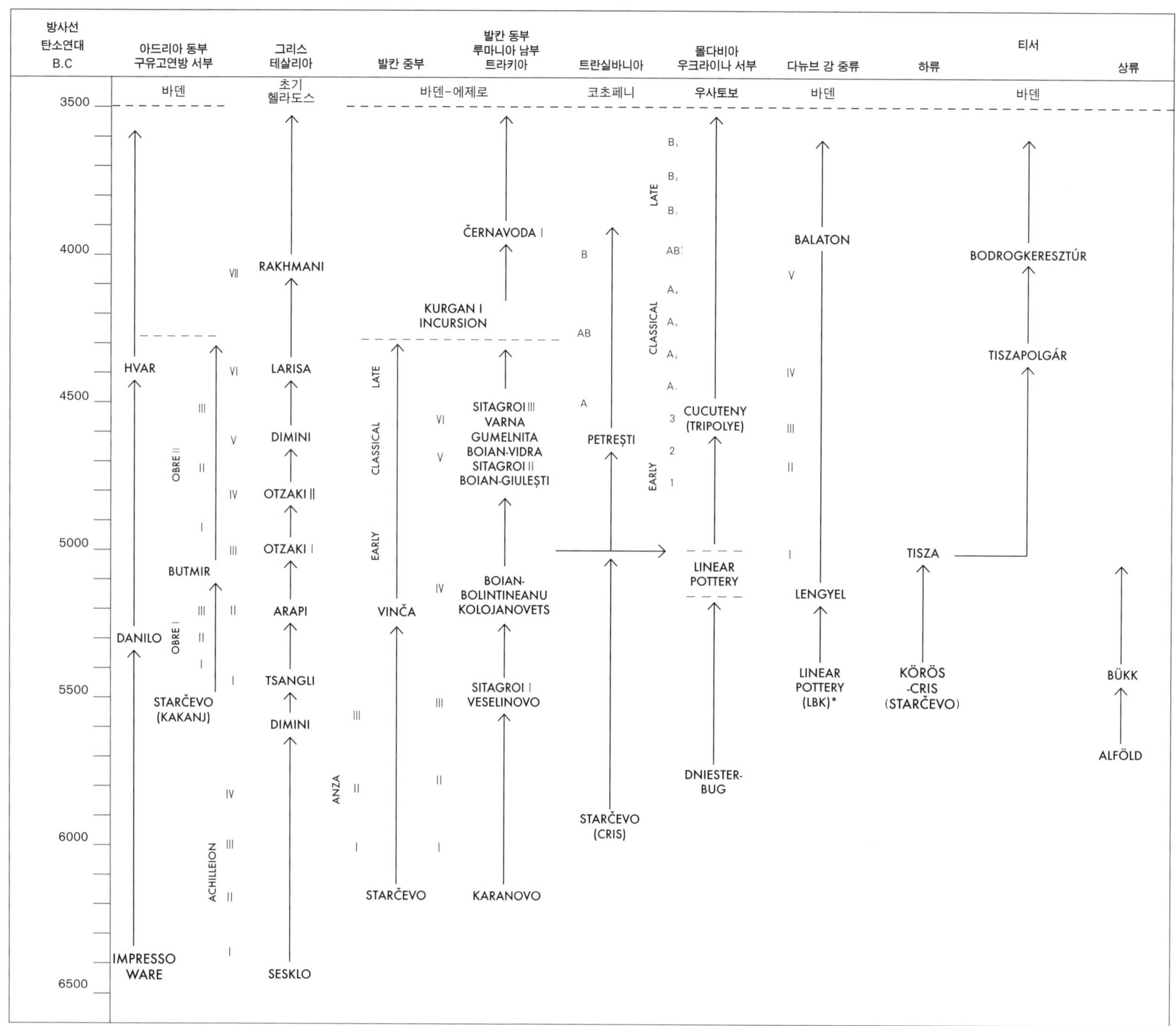

* LBK Stands for Linearbandkeramik

Chart 3

서부와 중부 지중해 유역의 신석기시대의 연대

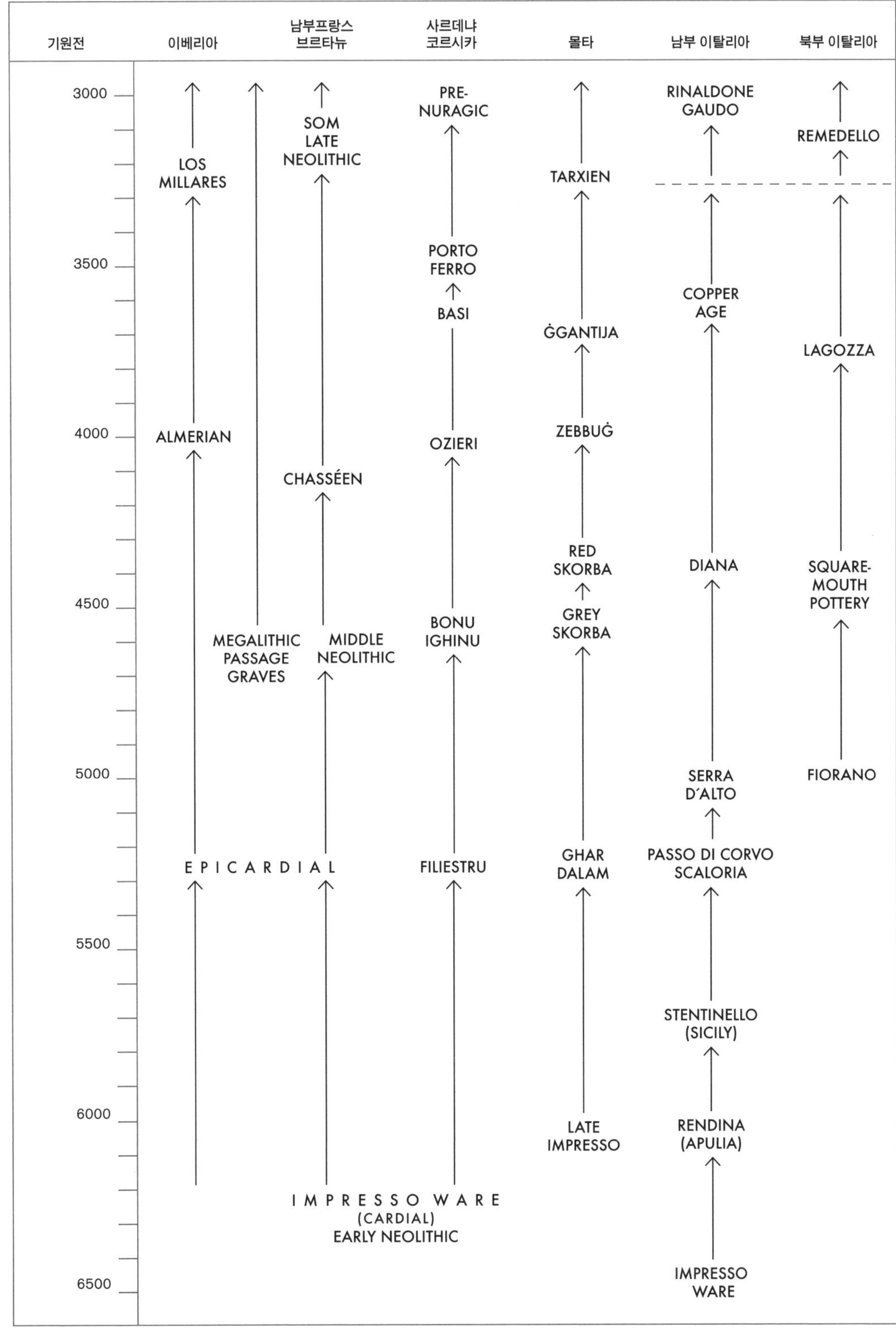

기원전 7000~6500년

에게 해와 지중해 연안에 농경이 시작되고 정착마을이 생겼다. 연안과 심해를 탐사했다. 흑요석, 부싯돌, 플린트, 이매패 교역이 시작되고 이는 수천 년 동안 이어진다.

기원전 6500~5500년

에게 해, 지중해, 발칸 중부와 동부, 아드리아 해 유역에서 토기가 출토되고 온전히 발달한 신석기시대에 해당한다. 밀, 보리, 콩과 식물, 완두콩을 경작하고 말을 제외한 짐승을 사육했다. 에게 해와 발칸 유역에 흙벽돌이나 목재로 지은 마당이 있는 직사각형 집들이 모여 있는 마을과 최초의 신전이 등장한다.

기원전 5500~5000년

유럽 동-중부에서 중부 지역, 즉 모라비아, 보헤미아, 남부 폴란드, 독일, 네덜란드로 곡물을 재배하는 경제가 확산된다(줄무늬토기 문화). 유고슬라비아, 루마니아, 불가리아에서 구리 야금을 시작했다. 마을이 확대된다. 종교 의례에 사용하기 위해 신성한 문자가 발명된다. 동-중부 유럽에 빈차, 티서, 렝옐, 부트미르, 다닐로, 카라노보, 그리스의 디미니 문화가 도래한다.

기원전 5000~4500년

유럽 남동부와 동-중부 지역에서 문명이 절정에 다다른다. 2층 신전 건물을 포함해서 건축과 토기 예술이 만개했다. 몰도비아와 서부 우크라이나에서 쿠쿠테니(Tripolye) 문화, 트란실바니아에 페트레슈티 문화가 도래했다.

기원전 4500~4000년

유럽 남동부, 남부, 중부에 문명의 개화기가 계속 이어진다. 유럽 동-중부에서 동과 금의 사용이 급증한다. 말 사육이 시작되는데 이는 러시아 볼가 유역의 초원지대에서 쿠르간 문화의 제1차 파급에 의해서 전파된다. 그리스, 남부 이탈리아, 몰타, 살디니아, 코르시카에서 중기 신석기시대 올드 유럽의 전통이 이어지고 이 문명은 채식한 토기와 암굴묘(rock-cut tomb) 신전이 특징이다. 서유럽에서 중기 신석기시대 문화 윈드밀 힐 문화 샤센-코르테이요-피켈스베르크, 대서양 연안 지역에 거석 널길 무덤 문화가 발달한다.

기원전 4000~3500년

유럽 동-중부에 처음 쿠르간화, 즉 인도-유럽화가 일어난다. 이 변화는 주거지 패턴, 즉 산정상부 주거지가 등장하고 모계에서 부계로 사회구조가 변한다는 것이 표식이다. 쿠쿠테니 문화를 제외하고 올드 유럽의 예술이 줄어드는데 더는 여신상, 다채색 토기, 신전 건물이 출토되지 않는다. 지중해와 서유럽 문명들은 계속된다. 발트 지역에 곡물 생산이 시작된다.

기원전 3500~3000년

동-중부 유럽이 흑해 북부의 영향을 강하게 받는다. 청동기시대가 시작된다. 코카서스와 트랜스코카서스의 영향으로 흑해 연안에 금속 문화 지역이 형성된다. 쿠쿠테니 문화가 해체되고 쿠르간과 쿠쿠테니 문화가 혼합한다. 올드 유럽 기층에 동쪽으로부터 유입된 쿠르간 문명이 섞이면서 불가리아 에제로 문화복합체와 다뉴브 중부 바덴 문화가 형성된다. TBK(퓨넬 비커) 문화와 섞이면서 유럽 북-중부에 구형 암포라 문화가 도래한다. 이베리아, 브르타뉴, 노르망디, 영국 연안, 스칸디나비아 남부에 거석 무덤이 연이어 축조된다. 이때가 브르타뉴, 아일랜드, 스코틀랜드에 거대한 무덤 신전, 몰타 사르데냐에 놀라운 신전과 지하 무덤이 축조된 시기이다.

Chart 4

북부와 중부 유럽의 신석기시대 연대

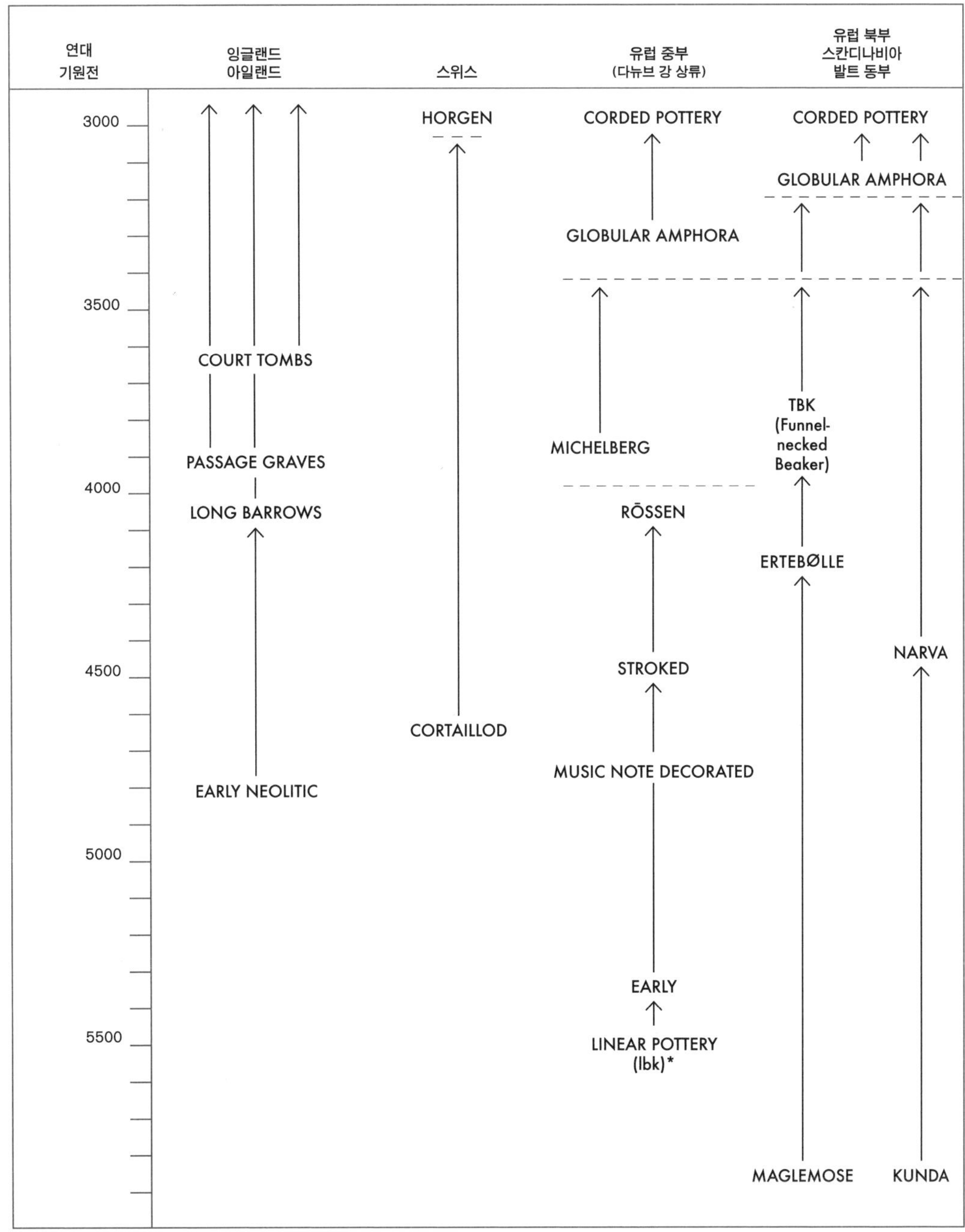

* LBK = Linearbandkeramik TBK = Trichterbecherkultur

Chart 5

크레타 미노아 문명의 연대

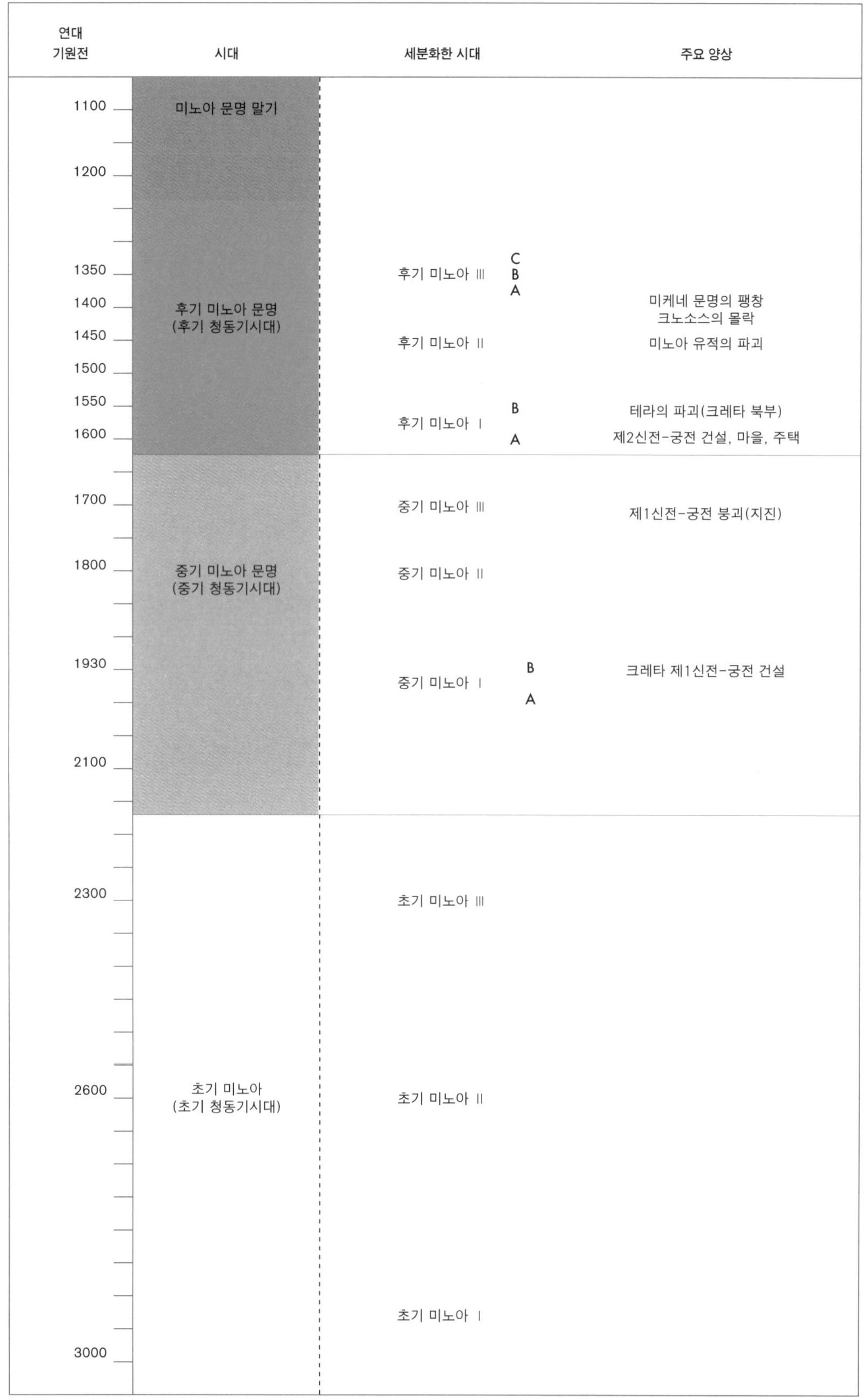

지도

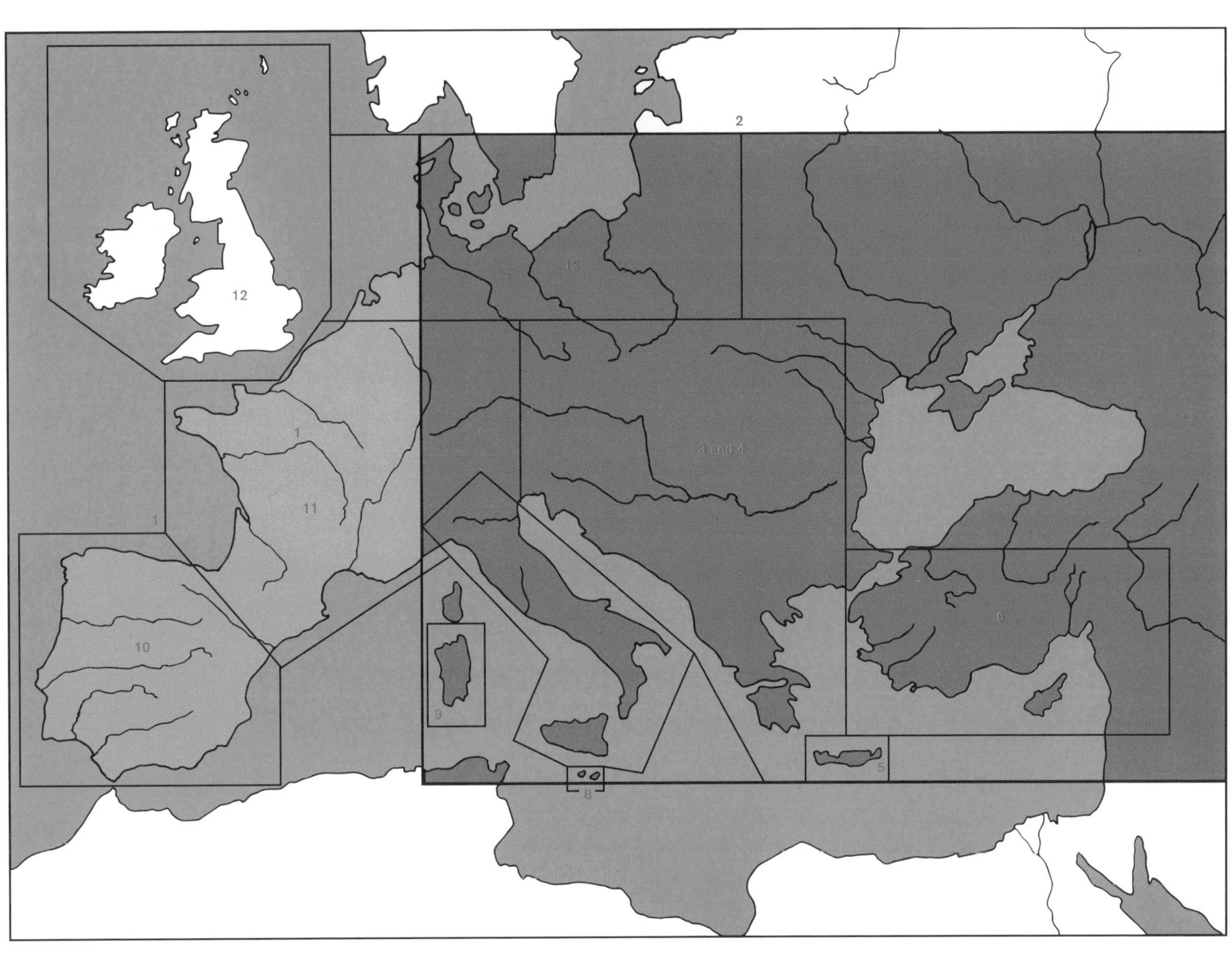

지도 1.
프랑스와 스페인의 후기 구석기시대 유물

지도 2.
이탈리아, 스위스, 독일, 체코슬로바키아, 유고슬라비아, 루마니아, 우크라이나, 러시아의 후기 구석기시대 유물

지도 3.
기원전 6500~5300년, 유럽 남동부의 신석기시대 문화 그룹과 유물

지도 4.
동-중부 유럽의 후기 신석기시대, 금석 병용 시대, 순동기시대 유물

지도 5.
신석기시대와 청동기시대 미노아 문명 유물

지도 6.
신석기시대와 청동기시대 아나톨리아/동부 지중해 문명 유물

지도 7.
이탈리아, 사르데냐, 몰타: 신석기시대, 금석 병용 시대, 순동기시대, 초기 청동기시대 유물

지도 8.
몰타 유물

지도 9.
사르데냐의 신석기시대 유물

지도 10.
스페인과 포르투갈의 신석기시대와 순동기시대 유물

지도 11.
프랑스, 스페인, 포르투갈: 신석기시대, 금석 병용 시대, 순동기시대 유물(솜, 브르타뉴 거석 문화, 샤세)

지도 12.
영국의 여러 섬: 아일랜드와 잉글랜드 문명 유물

지도 13.
중부 유럽의 신석기시대: 줄무늬토기 문화, 덴마크의 마글레모세-에르테보레, 동부 발트 나르바 문화, TRB 문화 유물

지도 1.

프랑스와 스페인의 후기 구석기시대 유물

1. 앙글레(Angle)
2. 마르케(La Marche)
3. 콜롱비에르(La Colombiere)
4. 레제지(Les Eyzies0
   라스코(Lascaux)
   르 가비유(Le Gabillou)
   플라카르(Le placard)
   테이파(Teyfat)
5. 베르니팔(Bernifal)
   블랑차르(Blanchard)
   카스타네(Castanet)
   퐁드곰 동굴(Font-de-Gaume)
   라페라시(La Ferrassie)
   라로슈(Lalinde, La Roche)
   로주리 바스(Laugerie-Basse)
   로주리 오트(Laugerie-Haut)
   로셀(Laussel)
   막달레나(La Magdelaine)
   페키말레(Pechialet)
   시뢰유(Sireuil)
   튀르삭(Tursac)
   몽파지에(Monpazie)
6. 브라상푸이(Brassempouy)
7. 이스투리츠(Isturitz)
8. 로르테(Lortet)
   라바스티드(Labastide)
   구르당(Gourdan)
   레 트루와 프레르(Les Trois Freres)
   라 바뉘(La Vache)
   레스퓌그(Lespugue)
   니오(Niaux)
   르 포르텔(Le Portel)
   마르술라(Marsoulas)
9. 티토 부르틸로(Tito Bustillo)
10. 센티나(Santian)
    알타미라(Altamira)
    엘 후요(El Juyo)
    라 파시에가(La Pasiega)
    엘 카스티요(El Castillo)
    엘 펜도(El pendo)
11. 엘 파르파요(El Parpalló)
12. 라 피에타(La Pileta)

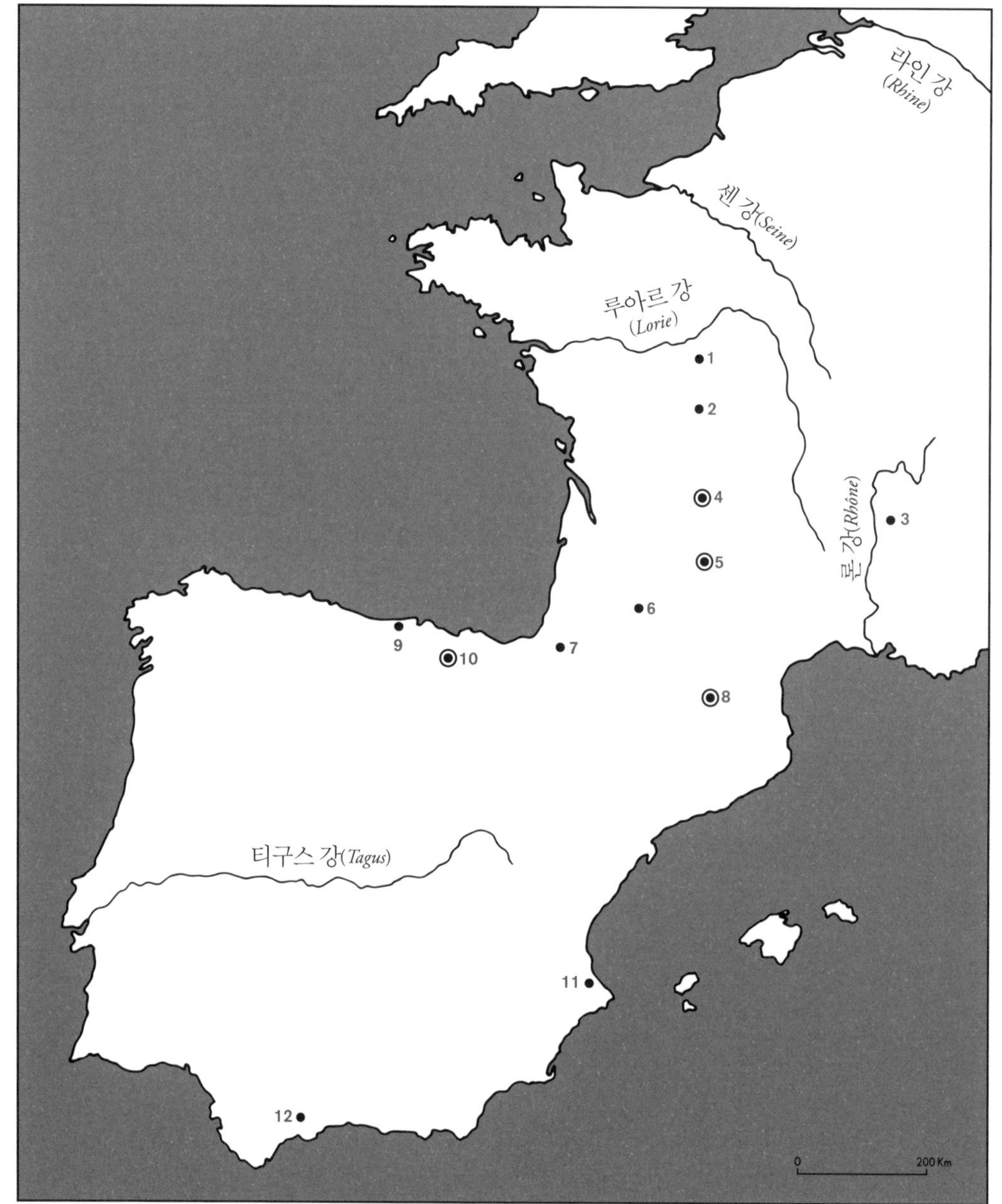

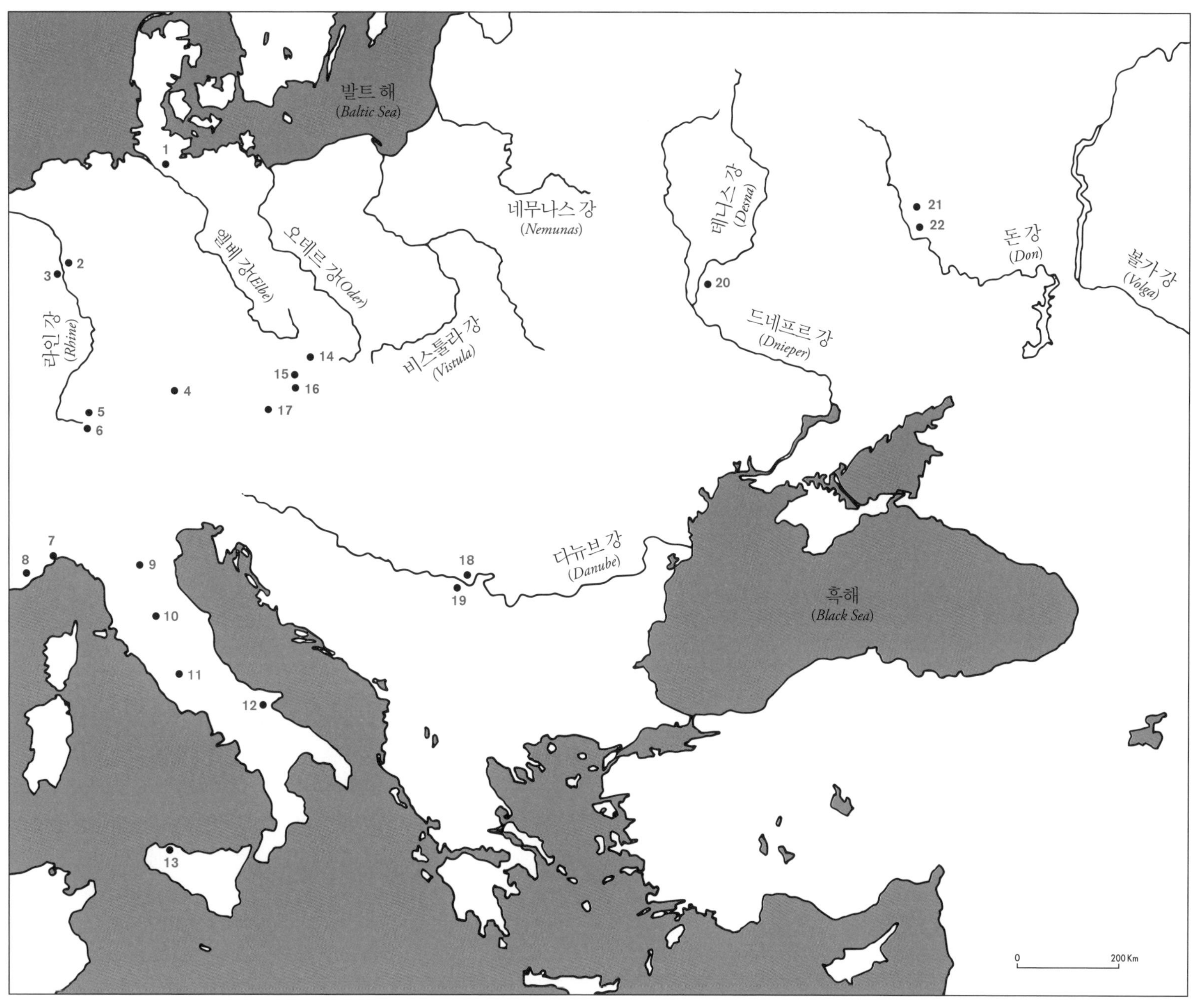

지도 2

이탈리아, 스위스, 독일, 체코슬로바키아, 구유고슬라비아, 루마니아, 우크라이나, 러시아의 후기 구석기시대 유물

1. 아렌스부르그(Ahrensburg)
2. 오버카셀(Oberkassel)
3. 괴네르스도르프(Gönnersdorf)
4. 바인베르크(Weinberg)
5. 페테르스펠스(Petersfels)
6. 슈바이체르스빌트(Schweizersbild)
7. 아레네 칸디데(Arene Candide)
8. 바르마 그란데(Barma Grande)
9. 사비냐노(Savignano)
10. 트라시메노(Trasimeno)
11. 폴레시니(Polesini)
12. 팔리치(Paglicci)
13. 아다우라(Addaura)
14. 프레드모스티(Predmosti)
15. 페카르나(Pekarna)
16. 돌니 베스토니체(Dolni Vestonice)
17. 빌렌도르프(Willendorf)
18. 추이나 투르출루이(Cuina Turcului)
19. 블라사츠(Vlasac)
20. 메진(Mezin)
21. 가가리노(Gagarino)
22. 코스티엔스키(Kostienki)

지도 3.

기원전 6500~5300년, 유럽 남동부의 신석기시대 문화 그룹과 유물

Ⅰ. 그리스의 신석기시대: 테살리아의 세스클로 문화와 그리스 남부의 유물

1. 아킬레이온, 파르살라, 테살리아: 초기와 중기 신석기시대(초기와 고전 세스클로) 계층화 주거지(기원전 6400~5600년경)
2. 아르기사(Argisa in Germ sp.), 라리사, 테살리아: 초기 신석기시대부터 초기 청동기시대
3. 그리스 중부의 엘라테이아, 중기 신석기시대
4. 펠로폰네소스 동부의 프랜치티 동굴: 중석기시대와 신석기시대 유물
5. 펠로폰네소스 동부의 레나: 신석기시대 층화 주거지 초기 청동기시대 유물
6. 그리스의 리오나클라디: 주거지
7. 테살리아의 키파리소스: 주거지
8. 티르나보스의 메가리 브리시: 주거지
9. 아킬레온의 나르타키온: 파르살라, 테살리아, 후기 세스클로의 주거지
10. 아티카, 네아마크리: 주거지
11. 펠로폰네소스의 네메아: 주거지
12. 마케도니아의 네아니코메이아: 초기와 후기 신석기시대의 주거지
13. 볼로스 근방의 테살리아, 피라소스: 주거지
14. 볼르스 서부의 타셀라이, 세스클로: 아킬레이온과 나란히 완전한 시퀀스를 보임
15. 테살리아, 카르디차, 소파데스: 주거지
16. 테살리아, 창글리: 고전 세스클로
17. 테살리아, 차니: 고전 세스클로

Ⅱ. 불가리아의 신석기시대: 카라노보 Ⅰ~Ⅲ 문화

1. 불가리아의 아즈막, 스타라 자고라: 계층화된 주거지
2. 불가리아 소피아 동쪽의 체브다르: 계층화된 주거지
3. 불가리아 노바 자고라의 카라노바: 계층화된 주거지
4. 불가리아의 몰다브, 플로브디브: 주거지

Ⅲ. 유고슬라비아, 불가리아 서부와 루마니아의 신석기시대: 스타르체보-쾨뢰시/치리스 문화

1. 유고슬라비아 남동부의 마케도니아, 안자 I~III: 초기 빈차 단층으로 덮여 있는 층화 주거지
2. 헝가리 동부의 d.베케시, 엔드로스-수요슈케테스트: 쾨뢰시 그룹의 주거지
3. 불가리아 북서부, 브라차, 그라데슈니차, 스타르체보와 빈차 유물이 출토된 주거지
4. 헝가리 남동부의 쾨뢰시 그룹, 코펀치: 주거지
5. 헝기라 남동부의 쾨뢰시 그룹, 코터츠퍼르트-버터터녀: 주거지
6. 발칸 중부의 아이언 게이트, 레펜스키비르: 신전과 궁전 매장지
7. 불가리아 서부의 소피아 서쪽 페르닉: 주거지
8. 마케도니아 서쪽, 포로딘, 비톨지: 주거지
9. 헝가리 남동부의 쾨뢰시 그룹, 로슈케-루드버르: 주거지
10. 불가리아 서부의 소피아 서쪽, 슬라티나, 페르닉: 주거지
11. 헝가리 남동부의 쾨뢰시, 서욜-펠드쇼폴드: 주거지
12. 세르비아의 모라바, 테치츠: 주거지
13. 마케도니아, 비르슈니크, 슈티프: 주거지
14. 아이언 게이트, 바르삭: 신전과 궁전 매장지. 위의 III-6 레펜스키비르의 서쪽으로 3킬로미터 떨어진 곳의 중석기시대와 초기 신석기시대 유적지

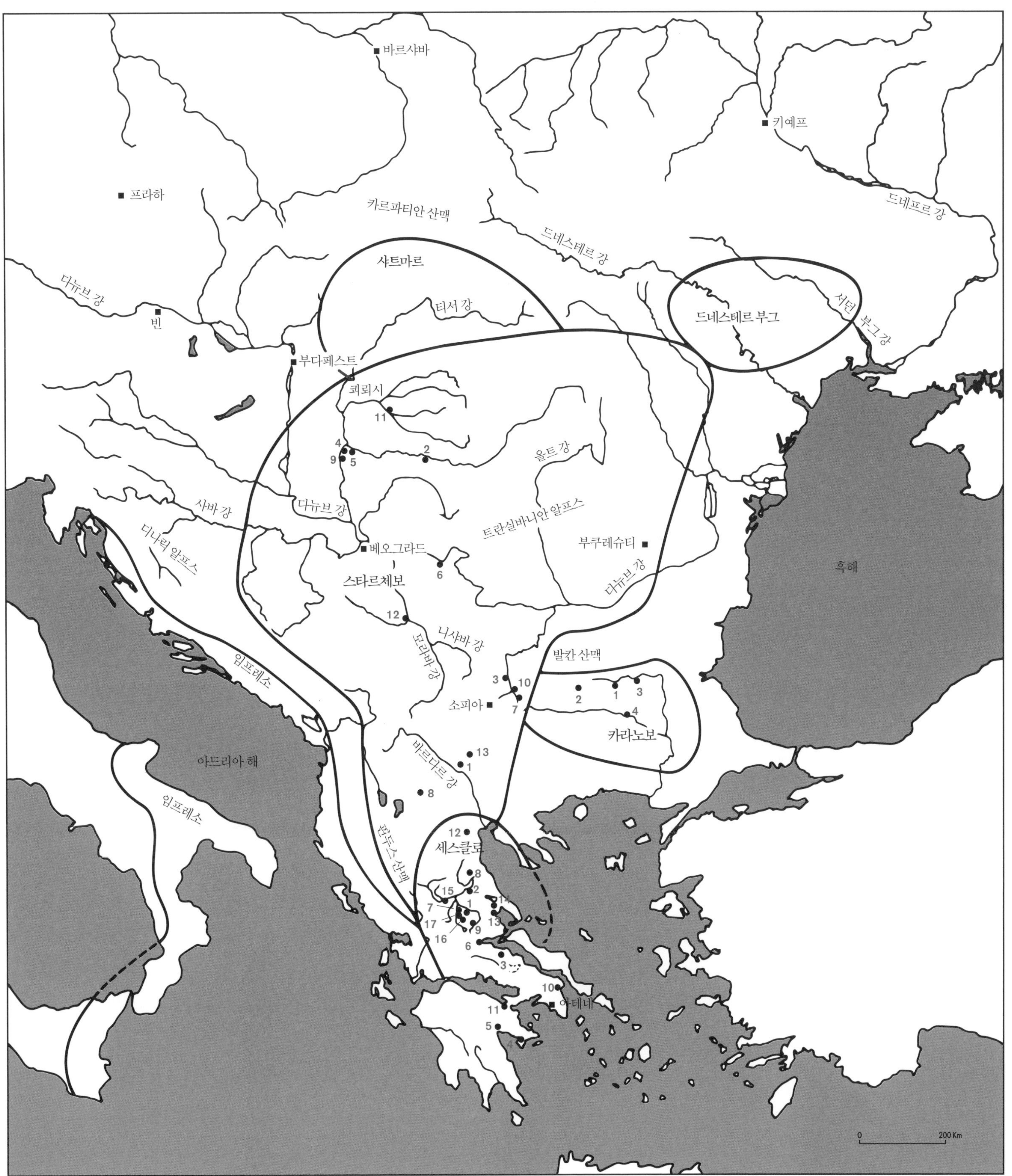

바르샤바
키예프
프라하
카르파티안 산맥
드네프르 강
드네스테르 강
샤트마르
다뉴브 강
빈
티서 강
드네스테르 부그
서던 부그 강
부다페스트
쾨뢰시
올트 강
다뉴브 강
사바 강
트란실바니아 알프스
디나릭 알프스
베오그라드
부쿠레슈티
스타르체보
다뉴브 강
흑해
니샤바 강
모라바 강
임프레소
발칸 산맥
소피아
카라노보
아드리아 해
바르다르 강
임프레소
핀두스 산맥
세스클로
아테네
0
200 Km

지도 4.
동-중부 유럽의 후기 신석기시대, 금석 병용 시대, 순동기시대

I. 빈차 문화

1. 마케도니아의 안자 IV: 초기 빈차 주거지
2. 세르비아 베오그라드의 바니카: 계층화된 주거지
3. 세르비아의 노비사드, 벨레틴치: 주거지
4. 츠르노칼라츠카 바다: 주거지
5. 세르비아의 숍스카, 추프리야: 주거지
6. 세르비아의 스베토자레보, 드레노바치: 주거지
7. 코소보 메토히예, 파포스: 주거지
8. 루마니아 남서부의 파르카수 데 수스: 주거지
9. 크로아티아의 그라다츠: 주거지
10. 불가리아 북서부의 브라차, 그라데슈니차 II: 계층화된 주거지
11. 크로아티아의 스렘스카미트로비차, 고몰라바: 넓은 구상유적, 바닥에 빈차 유물
12. 루마니아 남서부의 호라타니 올트: 주거지
13. 세르비아의 옐라, 오드자치: 주거지
14. 세르비아, 아르닥, 크르메니티 비노그라디: 주거지
15. 세르비아의 레스코비차: 파괴된 주거지
16. 세르비아의 즈레냐닌, 마테이스키 브로드: 주거지
17. 세르비아의 메드베드냐크, 스메데레브스카팔란카: 주거지
18. 루마니아 서부의 파트라, R.테르메스 티미쇼아라: 주거지
19. 세르비아의 포트포란, 브라사츠: 주거지
20. 코소보-메토히예, 프레디오니차, 프리슈티나: 주거지
21. 유고슬라비아 남동부의 라다체, 니스: 주거지
22. 루마니아 남서부의 라스트, 돌지: 주거지
23. 세르비아의 루드나 글라바: 구리광산
24. 불가리아 서부의 슬라티노, 클루스텐딜: 주거지
25. 스베토자레보(드레노바치 참조)
26. 루마니아 서부의 타르타리아 클루지: 주거지
27. 루마니아 서부의 투르다슈 클루지: 주거지
28. 루마니아 남서부의 버다스트라: 계층화된 주거지
29. 코소보의 발라츠, 코소브스카미트로비차: 주거지
30. 루마니아 남서부의 베르비쇼아라: 주거지
31. 베오그라드의 동쪽으로 14킬로미터 떨어진 빈차: 계층화된 구상유적, 빈차 문화의 온전한 배열, 바닥에서 스타르체보 유물 출토

II. 카라노보 IV~VI(구멜니차) 문화

1. 불가리아, 아즈막, 스타라자고라: 계층화된 구상유적
2. 불가리아 베레케츠카야 모길라, 스타라자고라: 넓은 구상유적 주거지
3. 루마니아, 몰다비아의 남부, 브라일리타, 시레트 강 하류, 카스치오아렐레 주거지. 다뉴브 강 하류 섬, 부쿠레슈티의 남동부, 섬 유적지(8번 참조)
4. 불가리아 데베타슈카 동굴, 플로브디프: 동굴 피난처
5. 불가리아 자데보, 노바 자고라: 넓은 구상유적, 다양한 층
6. 불가리아 북부의 다뉴브 강 하류, 호트니카: 피난처
7. 불가리아 동부의 골야모 델체보: 계층화된 주거유적지
8. 루마니아, 부쿠레슈티 남쪽, 다뉴브 강 하류, 구멜니차: 계층화된 주거지
9. 불가리아의 스타라 자고라의 로베츠: 주거지
10. 불가리아의 노바 자고라, 칼로야노베츠: 주거지
11. 불가리아의 노바 자고라, 카라노보 IV~VI: 계층화된 주거지
12. 불가리아의 북동부, 트르고비스테, 오브카로보: 계층화된 주거지
13. 불가리아, 플로브디프, 파자르지크: 주거지
14. 루마니아, 몰다비아 남부의 라데세니: 주거지
15. 불가리아 북부, 다뉴브강 하류의 루세: 주거지
16. 그리스 북동부, 시타고로이 I~III: 계층화된 주거지
17. 불가리아, 스타라 자고라의 술리카: 주거지
18. 루마니아 남부, 다뉴브강 하류의 술타나: 주거지
19. 루마니아의 부쿠레슈티의 남쪽, 탄지루: 계층화된 주거지
20. 루마니아 남동부의 티에르: 주거지
21. 불가리아 동부의 바르나: 묘지
22. 루마니아의 부쿠레슈티의 비드라: 주거지
23. 불가리아의 야사테페: 주거지

III. 하만지아 문화

1. 루마니아 동부의 바이아: 묘지
2. 루마니아 동부의 체르나보다: 묘지

IV. 페트레슈티 문화

1. 트란실바니아, 피아눌 데 모스: 주거지
2. 트란실바니아, 페트레슈티: 주거지

V. 쿠쿠테니 문화

1. 우크라이나 서부, 드니에스테르강 상류, 블리체즐로테: 주거지
2. 몰다비아, 브린제니-트시간카: 주거지
3. 루마니아 북동부, 몰다비아, 피아트라 네암츠, 부즈네아: 주거지
4. 루마니아 북동부, 이아시의 d., 티르구-프루모슈 근처의 쿠쿠테니
5. 루마니아 북동부, 몰다비아, 프루트 상류, 보토샤니의 드러구셰니: 주거지
6. 루마니아 북동부, 몰다비아, 피아트라 네암츠의 프루무시카: 주거지
7. 루마니아 북동부, 몰다비아, 네암츠, 피아트라의 겔레슈티-네다이아 지역: 주거지와 피난처
8. 루마니아 북동부, 몰다비아, 트리구-프루모슈 근처의 하바세슈티: 주거지
9. 마니아 북동부, 몰다비아, 바커우, 이즈보아레: 계층화된 주거지

9a. 소비에트 몰다비아, 드니에스테르 강 하류, 카르부나: 토기 안에 많은 양의 순동 유물

10. 우크라이나 서부, 드니에스테르 강 상류, 코실리브트시(Koszylowce): 주거지
11. 드니에스테르 상류, 부코비나, 크리스즈자테크: 주거지
12. 우크라이나 서부의 크루토보로딘토시: 주거지
13. 우크라이나 서부의 드니스테르 상류, 루카 브루블레베스카야: 주거지
14. 루마니아 북동부, 몰다비아, 보토샤니, 미오르카니: 주거지
15. 우크라이나 서부, 드니에스테르강 상류, 네즈비스코: 주거지(선문 단층 위)
16. 소비에트 몰다비아, 키세네프, 노비예 루세슈티 I: 주거지
17. 우크라이나 서부, 드니에스테르 M. 페트레니: 주거지
18. 루마니아 북동부, 티르구 오크나, 포데이: 주거지
19. 루마니아 북동부, 몰다비아, 바커우, 포두리 데알룰 긴다루: 주거지
20. 우크라이나 서부, 우만 근처, 포푸드니야: 주거지(temple model)
21. 우크라이나 서부, 부그 강 하류, 사바티니브가: 신전
22. 우크라이나 서부, 드니에스테르 상류, 시페니치(독일어: Schipenitz): 주거지
23. 우크라이나, 키예프 남동부, 스타라야 부다: 주거지
24. 루마니아 북동부, 몰다비아, 시레트 강 상류, 티지 지역. 네암츠, 티르페슈티: 주거지

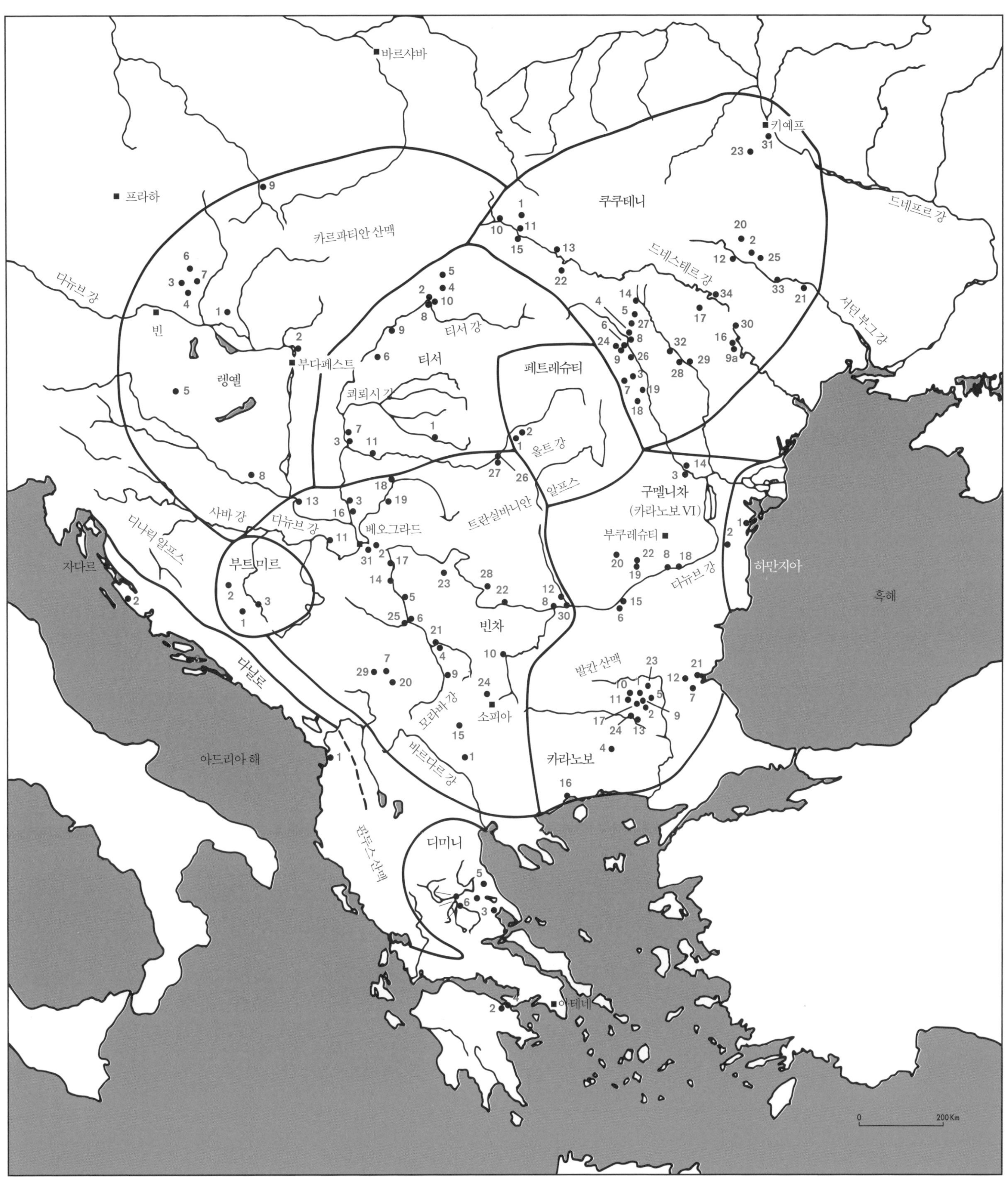

바르샤바
키예프
프라하
쿠쿠테니
카르파티안 산맥
드네프르 강
드네스테르 강
다뉴브 강
빈
서던 부그 강
티서 강
부다페스트
티서
페트레슈티
렝옐
쾨뢰시 강
올트 강
알프스
트란실바니안
구멜니차
(카라노보 VI)
사바 강
다뉴브 강
베오그라드
부쿠레슈티
디나릭 알프스
자다르
부트미르
하만지아
다뉴브 강
흑해
빈차
다닐로
발칸 산맥
모라바 강
소피아
카라노보
아드리아 해
바르다르 강
핀두스 산맥
디미니
아테네
200 Km

25. 우크라이나 서부, 소 부그 중류, 토마셰브카: 주거지
26. 루마니아 북동부, 몰다비아, 시레트, 트라이안-데알룰 핀티닐로르: 주거지
트라이안-데알룰 비엘: 주거지
27. 루마니아 북동부, 몰다비아, 시레트와 프루트 강 사이, 보토샤니의 트루세슈티: 주거지
28. 루마니아 북동부 몰다비아, 이아시 지역, 프루트 강 중류, 발레아 루풀루이: 주거지
29. 루마니아 북동부, 몰다비아, 발레니: 주거지
30. 소비에트 몰다비아, 키셰네프 지역: 주거지
31. 우크라이나 서부, 키예프의 남쪽 베레미에: 주거지
32. 루마니아 북동부, 몰다비아, 이아시의 북쪽, 블라데니: 주거지
33. 우크라이나 서부, 소 부그(보) 중류, 블라디미르브카: 주거지
34. 우크라이나 서부, 드니스테르 상류, 비크바틴치, 리브니차: 묘지

VI. 렝옐 문화
1. 슬로바키아 서부, 아브라함: 주거지
2. 부다페스트의 북부, 어소드: 주거지와 묘지
3. 체코슬로바키아, 모라비아, 이노이모, 훌루보케 마수프키: 주거지
4. 체코, 모라비아, 크레피체, 브르노: 주거지
5. 헝가리 서부, 셰, 솜버테이: 주거지
6. 체코, 모라비아, 스트렐리체, 즈노이모: 주거지
7. 체코, 모라비아, 테세티체-키요비체, 브르노: 주거지
8. 헝가리 남서부, 젬고버르코니: 주거지
9. 실레시아, 브로츠와프 지역, 요르다누프

VII. 티서 바신의 문화 그룹: 티서 강 유역의 문화 그룹들
1. 티서 문화 베케시, 서칼하트 그룹, 버토너: 주거지
2. 보드로그케레스투르: 묘지
3. 티서 문화, 호드메죄바샤르헤이: 주거지
4. 뷔크 문화 보르소드-아바우이-젬플렌, 케네즐로: 주거지
5. 뷔크 문화, 보르소드-아바우이-젬플렌 지역: 주거지
6. 폴가르(티서폴가르 참조)
7. 티서 문화, 세저르-투르코베시, 센테스: 주거지
8. 뷔크 문화, 서볼츠서트마르 지역, 티서다다: 주거지
9. 티서폴가르-버셔터녀: 묘지
10. 뷔크 문화, 서볼츠서트마르 지역, 티서버슈버리-요제프허저: 주거지
11. 헝가리 동부, 베케시 근처의 티서 문화, 베스토-마고르: 계층화된 주거지

VIII. 부트미르 문화
1. 보스니아헤르체고비나의 사라예보, 부트미르: 주거지
2. 보스니아헤르체고비나 사라예보의 북동쪽, 네보: 주거지
3. 보스니아헤르체고비나 사라예보의 북서쪽, 오브레 II: 계층화된 부트미르 주거지

IX. 다닐로-흐바르 문화
1. 알바니아, 말릭: 주거지
2. 흐바르 스밀치즈: 계층화 된 주거지
3. 흐바르 섬의 동굴 부분, 흐바르

X. 테살리아와 그리스 남부의 후기 신석기시대 디미니 문화
1. 아시아, 펠로폰네소스: 주거지
2. 펠로폰네소스 코린토스: 주거지
3. 테살리아, 볼로스의 디미니: 주거지
4. 코린토스 동쪽, 고니아: 주거지
5. 테살리아 라크마니: 주거지
6. 테살리아 라리사, 자르코: 주거지

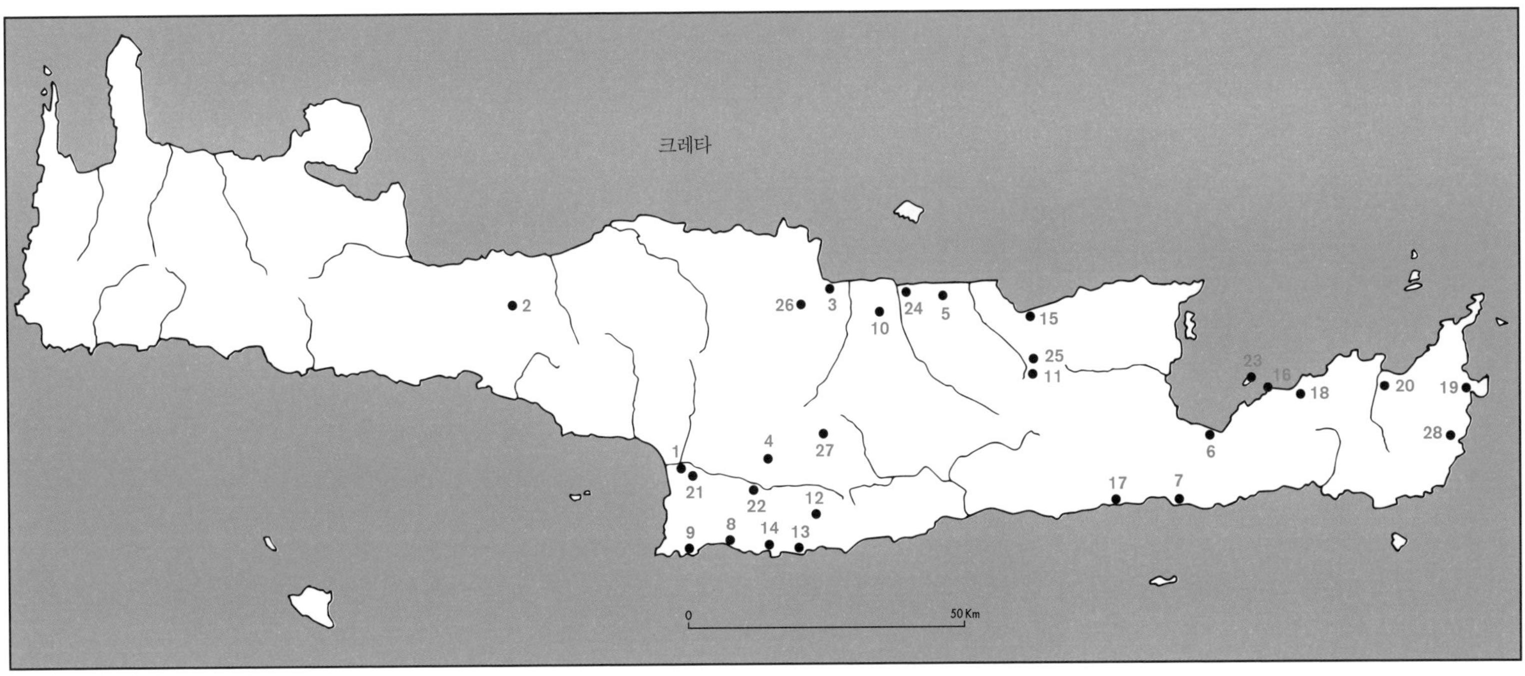

지도 5.
신석기시대와 청동기시대 미노아 문명 유물

Ⅰ. 미노아

1. 아기아 트리아다(Aghia Triada): 궁전 신전
2. 아르메노이, 레팀논(Armenoi, Rhetymno): 묘지(석관과 함께)
3. 가지(Gazi): 지성소
4. 고르틴(Gortyn): 지성소
5. 구르네스(Gournes): 묘지
6. 구르니아(Gournia): 마을과 묘지
7. 카토 이에라페트라(Kato Ierapetra): 신석기 유적지
8. 칼란티아나(Kalantiana): 톨로스와 주거지
9. 칼리 리미오네스(Kali Limiones): 무덤
   카토 이에라페트라(Kato Ieraoetra, Ierapetra 참조)
10. 크노소스(Knossos): 궁전 신전
11. 코피나(Kophina): 동굴 지성소
12. 쿠마사(Koumasa): 톨로스 무덤, 주거지, 지성소
13. 란다(Landa): 톨로스 무덤
14. 레베나(Lebena): 톨로스 무덤
15. 말랴(Mallia): 궁전-신전
16. 모클로스(Mochlos) 섬: 묘지
17. 미르토스(Myrtos): EBA II 주거지
18. 미르시니(Myrsini)
19. 페트소파(Petsofa): 언덕 지성소
20. 피스코케팔로(Piskokephalo): 언덕 지성소
21. 파이스토스(Phaistos): 궁전 신전
22. 플라타노스(Platanos): 톨로스 무덤의 묘지
23. 프세이라(Pseira): 섬
24. 피르고스(Pyrogos): 동굴
25. 라시티 트라페자(Lasithi Trapeza): 동굴
26. 틸리소스(Tylissos): 마을 주거지
27. 보로우(Vorou): 묘지
28. 자크로스(Zakros): 궁전 신전

지도 6.

신석기시대와 청동기시대 아나톨리아/동부 지중해 문명 유물

Ⅰ. 아나톨리아

1. 터키 서부, 시브릴 근처 베이세술탄: 금석 병용 시대, 순동기시대, 청동기 시대 퇴적층의 주거지
2. 터키의 코니아 평원, 차탈휘윅: 신석기시대 계층화된 주거지
3. 터키의 코니아 평원, 하실라르: 신석기시대 계층화된 주거지
4. 터키의 코니아 평원, 잔 하산: 신석기시대 주거지
5. 터키 서부, 누드라
6. 터키 서부, 헬레스폰트의 차나칼레 근처 트로이: 초기 청동기시대 주거지
7. 모이시아, 키르카각의 요르탄: 초기 청동기시대 묘지

Ⅱ. 레바논, 시리아, 이스라엘

1. 레바논의 수도 베이루트, 비블로스: 계층화된 주거지
2. 이스라엘 말라하, 원신석기시대 주거지
3. 시리아, 라스 새무라: 신석기시대 주거지, 케이너나이트 시, 기원전 7천년기~12세기
4. 요르단 계곡, 샤르 하골란: 토기 신석기시대 주거지

Ⅲ. 키프로스

1. 키프로스 남동부, 키티온(라크나카): 미케네 ⅢB, 묘지
2. 키프로스 남서부, 팔라미파포스의 쿠클리아: 후기 청동기시대 묘지
3. 키프로스 북부, 키레니아 구,카라바스의 라피토스: 네크로폴리스 무덤, 초기와 중기 키프로스
4. 니코시아-아이아-파라스케비 MBA: 수염이 달린 남자상
5. 키프로스 남서부, 소트리아 아르콜리에스: 묘지
6. 초기 키프로스 I~III, 키프로스 북부, 키레니아 지역, 벨라파이스의 부누스: 네크로폴리스 무덤

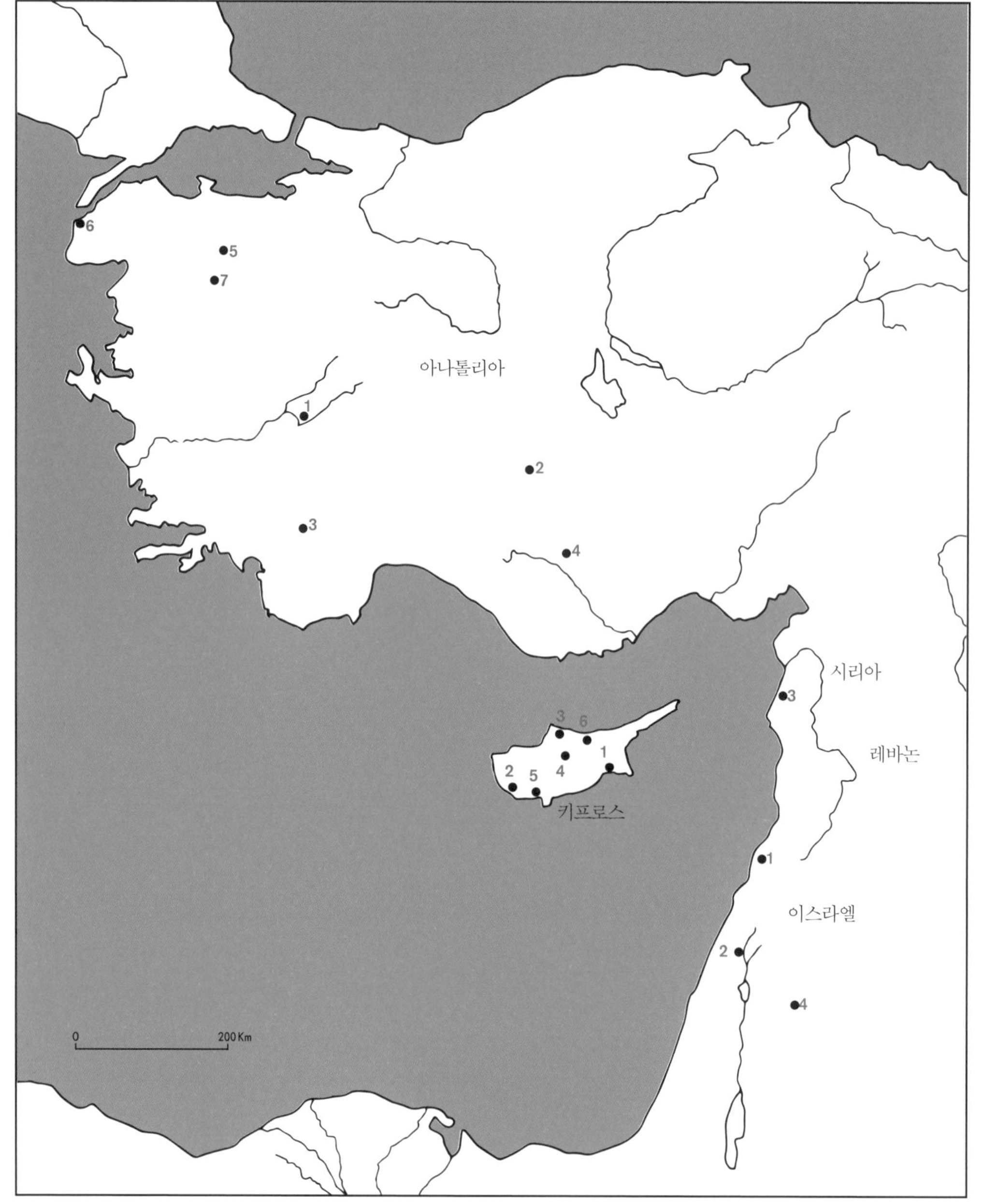

지도 7.
이탈리아, 사르데냐, 몰타: 신석기시대, 금석 병용 시대, 순동기시대, 초기 청동기시대 유물

Ⅰ. 이탈리아 신석기시대

1. 아레네 칸디데 구석기시대와 신석기시대의 단층과 리구리아 동굴
2. 아풀리아, 레체, 아르네자노: 암굴묘
3. 포자, 카스텔루초 데이 사우리: 스텔레
4. 시칠리아 남동부, 노토, 카스텔루초: 초기 청동기시대 암굴묘와 주거지
5. 시칠리아, 시라쿠사 근처의 키우사차 동굴, 신석기시대(Diana)와 금석 병용 시대(Conzo) 단층
6. 아그리젠토, 코초 부소네: 신석기시대 묘지
7. 트렌토 근처의 신석기시대 가반 동굴
8. 마테라, 신석기시대 주거지
9. 파소 디 코르보: 포자 근처의 신석기시대 주거지
10. 렌디나: 멜피 근처의 초기 신석기시대(후기 임프레소) 주거지
11. 스칼로리아: 신석기시대 스칼로리아 문화, 만프레도니아의 동굴
12. 세라 달토 문화: 마테라 근처의 신석기시대 주거지

지도 8.
몰타 유물

1. 가르 달람(Ghar Dalam) 동굴
2. 간티야(Ggantija) 신전
3. 할사플리에니(Hal Saflieni) 지하묘소
4. 하가르 킴(Haġar Qim) 신전
5. 므나이드라(Mnajdra) 신전
6. 타르시엔(Tarzien) 신전

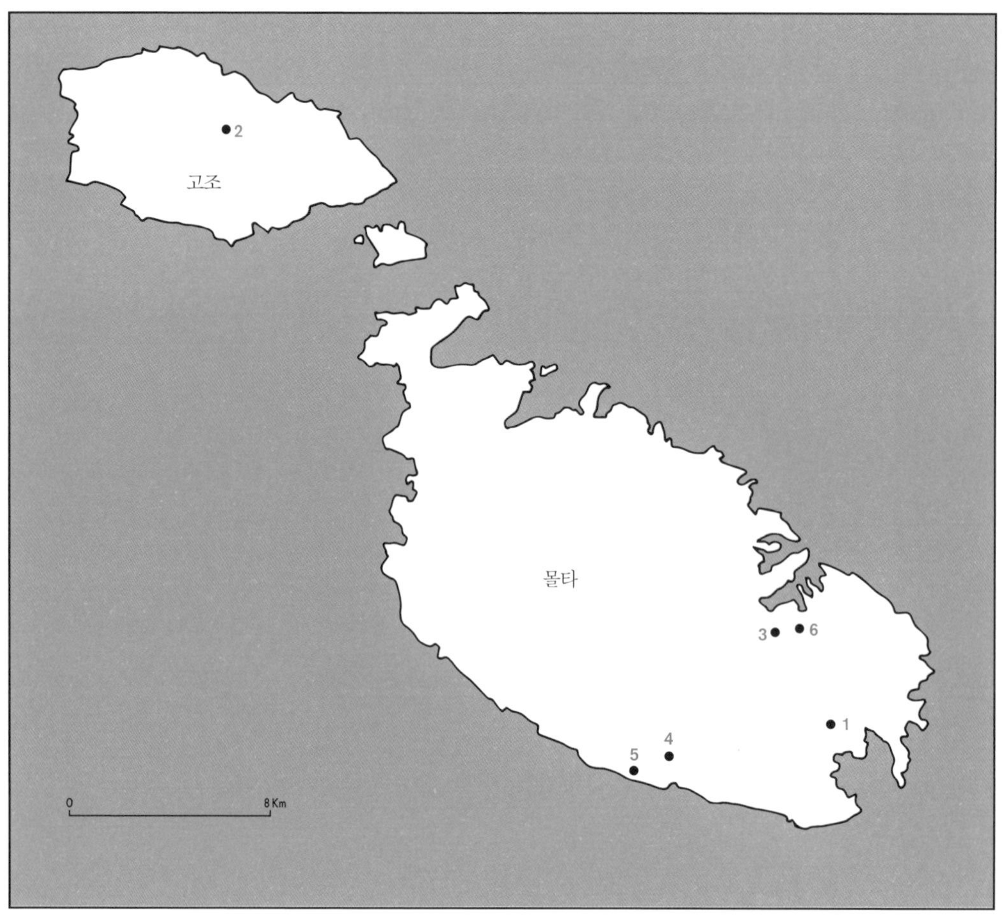

지도 9.
사르데냐의 신석기시대 유물

1. 안겔로 루주, 알게로: 지하묘소
2. 보누 이기누: 동굴
3. 도르갈리, 부에 마리노, 칼라 고노네: 동굴(오치에리)
4. 쿠쿠테니 사리우, 오리스타노: 암굴묘(보누 이기누)
5. 마라 주, 필리에스트루: 계층화된 동굴 유적
6. 만드라 안티네, 디에시: 암굴묘
7. 몬테 다코도, 사사리: 지성소
8. 몬테 미아나 동굴, 산타디
9. 몬테수, 빌라페루치오: 암굴묘
10. 페르푸가스, 사사리: 암굴묘
11. 알게로의 페로 항구: 지하묘소
12. 모로고, 푸이스테리스: 주거지
13. 보노르바, 산안드레아 프리우: 지하묘소
14. 올비아, 산타 마레다: 주거지
15. 세노비: 주거지
16. 산 베로 밀리스, 세라 이스 아라우스: 암굴묘
17. 마라 주, 틴티리올루: 계층화된 동굴(주거 유적)

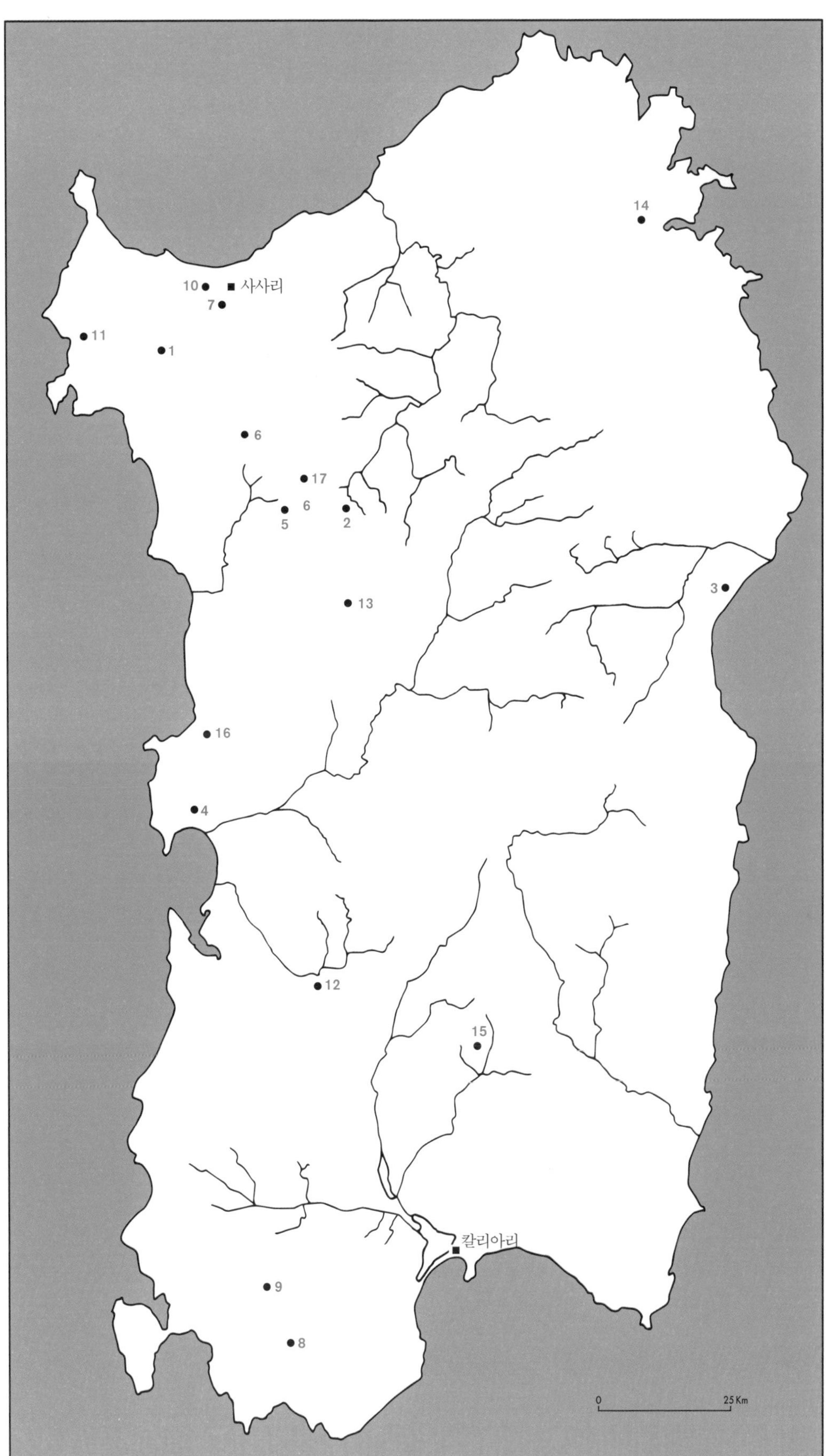

지도 10.
스페인과 포르투갈의 신석기시대와 순동기시대 유물

1. 스페인의 알메리아, 알미사라케: 주거지와 거석 톨로스 무덤의 묘지
2. 스페인의 그라나다, 아스케로사: 선돌
3. 스페인의 하엔 주의 하엔: 무덤, 구덩이에서 발견된 상아로 된 작은 상
4. 스페인의 알메리아, 가도르의 로스미야레스: 톨로스와 주거지의 거석 널길 무덤
5. 스페인의 세비야 주, 모론 데 라 프론테라: 거석 무덤, 선돌
6. 스페인의 하엔 주, 토레 델 캄포: 동굴, 상아 조각
7. 스페인의 우엘바 주, 트리게로아: 거석 무덤, 신의 부조
8. 스페인의 카세레스 주, 베가 델 구안단실: 거석 무덤(널길 무덤)
9. 포르투갈의 동부, 아론케스: 선돌
10. 포르투갈의 에스트레마두라 주, 프리에비라, 카베코다 아라우: 널길 무덤
11. 포르투갈의 알렌테 주, 몬포르테 카라홀라: 거석 널길 무덤의 묘지
12. 포르투갈, 크라토: 선돌
13. 포르투갈의 알렌테 주, 바르바세나, 오르타 벨라 두 레후엔호스: 널길 무덤
14. 포르투갈의 알렌테 주, 마르바웅, 마르케사: 널길 무덤
15. 포르투갈의 에스트레마두라 주, s.마르티뉴 데 신트라: 톨로스 무덤
16. 포르투갈의 알렌테 주 소브레이라, 빌라 페르난두: 널길 무덤

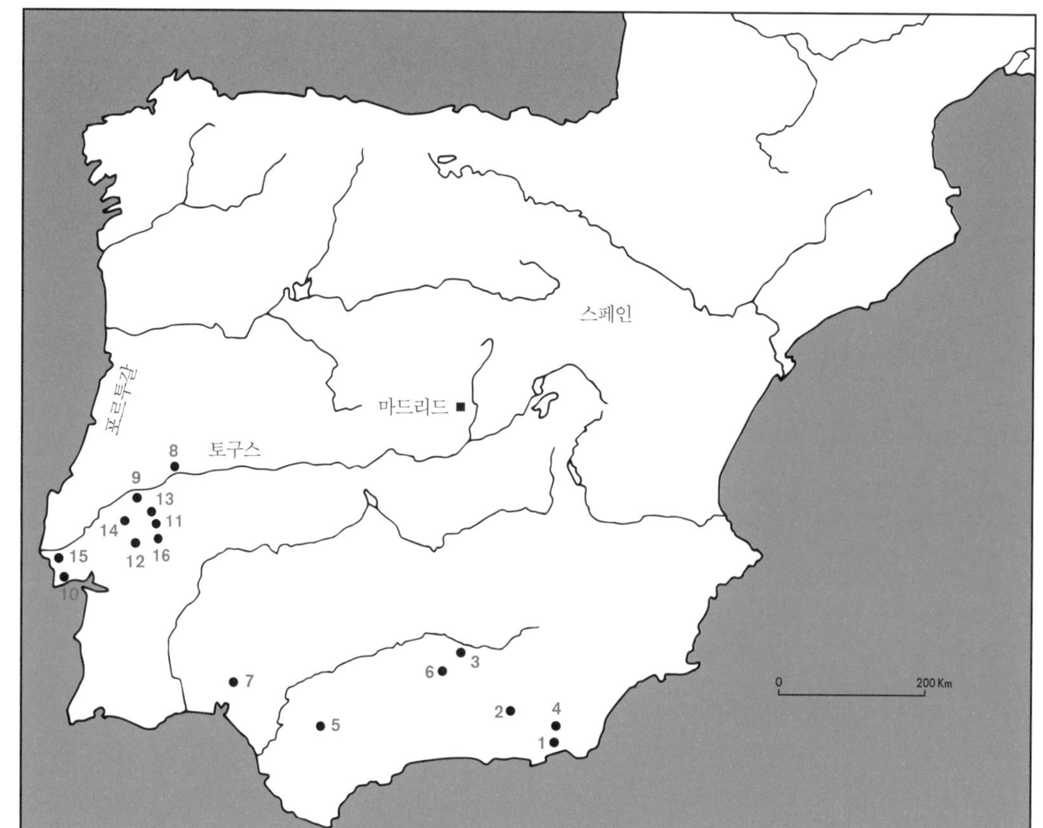

지도 11.

프랑스, 스페인, 포르투갈: 신석기시대, 금석 병용 시대, 순동기시대 유물(솜, 브르타뉴 거석 문화, 샤세)

1. 프랑스 남부, 가르, 생 마르탱 다르디슈, 아방 뵈니에르 I: 스텔레
2. 브르타뉴, 플루에조크, 바르네데: 널길 무덤
3. 프랑스 남부, 가르, 브라가사르그: 주거지
4. 프랑스 남부, 로, 카프드나크-르 부: 주거지
5. 프랑스 남부, 가르, 콜로르그(마 드 라방글): 널길 무덤과 연결된 본래의 묘비
6. 브르타뉴 남부, 모르비앙, 가브리니: 널길 무덤
7. 모르비앙, 라르모르-바랑, 일 롱그: 널길 무덤
8. 브르타뉴 남부, 모르비앙, 케르마르케: 갈고리 문양이 새겨진 선돌
9. 브르타뉴 남부, 카르나크의 케르카도: 널길 무덤. 기원전 4700년(방사선 연대상 가장 오래된 것들 중 하나)
10. 프랑스 남부, 가르, 카스텔노-발랑스, 라 가예트: 선돌
11. 라 피에르 튀르케, 파리 바쟁: 널길 무덤
12. 르비앙, 로크마리아케르, 라 타블 드 마르샹: 널길 무덤
13. 프랑스 남부, 보 클뤼즈, 로리스-퓌베르: 샤세 무덤에서 온 것으로 추정되는 스텔레
14. 브르타뉴 남부, 로크마리아케르, 레 피에르 플라트: 각이 진 널길 무덤
15. 브르타뉴 남부, 모르비앙, 크라크, 뤼팡: 각진 널길 무덤, 세 개의 상판에 부조
16. 모르비앙, 로크마리아케르, 마네 에르 뢰크: 브르타뉴 거석 무덤과 입구에 새겨진 스텔레
17. 모르비앙, 로크마리아케르, 마네 뤼: 부조 상판이 있는 널길 무덤
18. 프랑스 남부 오르공-세나, 부슈 드 론: 스텔레
19. 브르타뉴, 모르니앙, 아르종, 프티 몽: 직사각형 방과 널길 무덤, 여덟 개의 오르토스타트
20. 마른 강, 에페르네, 쿠아자르, 라제: 암굴묘 도시
21. 프랑스 남부 가르, 테오도리 주: 묘비

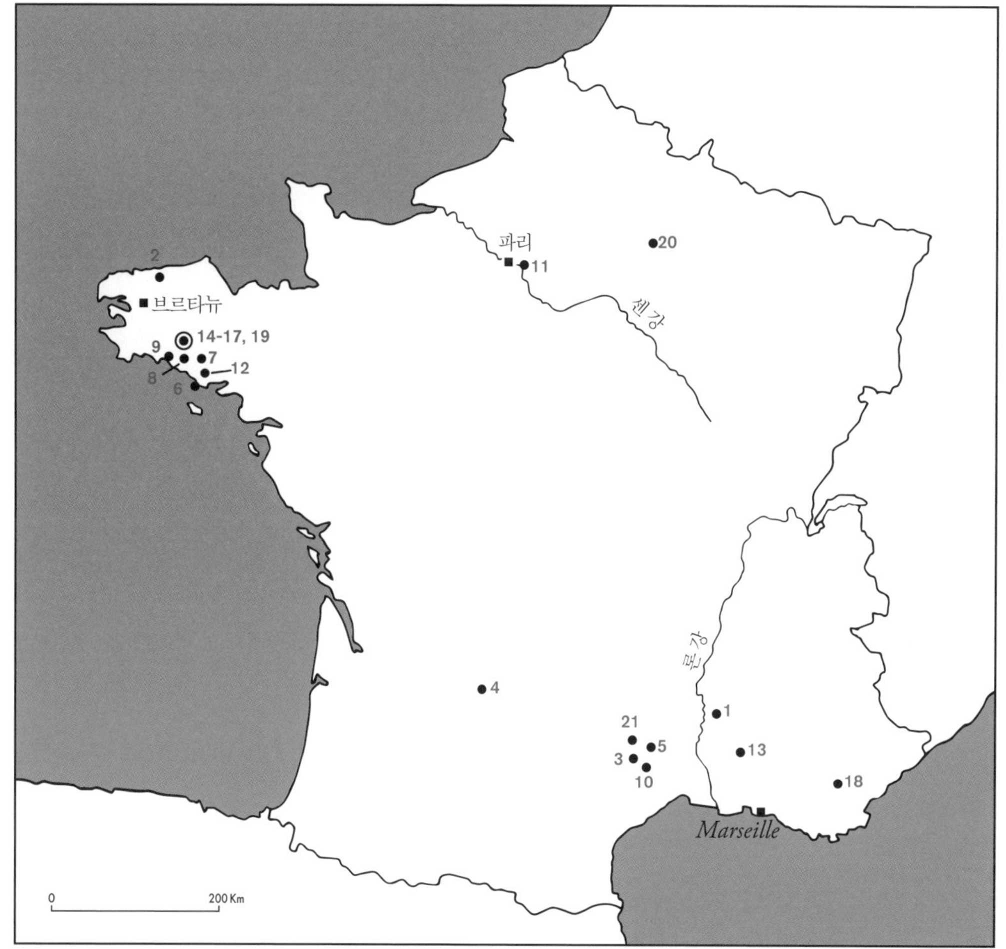

지도 12.

영국의 여러 섬: 아일랜드와 잉글랜드 문명 유물

Ⅰ. 아일랜드(거석 무덤)

1. 미드, 아드뮬찬: 널길 무덤
2. 앤트림, 발리말라: 널길 무덤
3. 메이스, 발리말라: 궁전 무덤
4. 슬라이고, 캐로킬: 널길 무덤
5. 슬라이고, 크리버컬: 궁전 무덤
6. 티론 주, 클래디 홀리데이: 널길 무덤
7. 미드, 도스: 널길 무덤, 무덤 성지
8. 미드, 포넉스: 널길 무덤, 무덤 성지
9. 미드, 볼린벨리, 로크루: 널길 무덤
10. 미드, 노스: 널길 무덤, 무덤 성지
11. 미드, 뉴그레인지: 널길 무덤, 무덤 성지
12. 타이론, 세스 킬그린: 널길 무덤
13. 티퍼레리, 샨발리에드먼드: 널길 무덤

Ⅱ. 영국(거석 무덤, 고리 성소들)

1. 윌트셔, 말버러, 에이브러리: 고리 성소들
2. 요크셔, 베일딘 무어: 널길 무덤
3. 랭커셔, 콜더스톤즈: 거석 무덤
4. 건지, 카텔: 묘비
5. 스코틀랜드, 오크니, 아이즈비스터: 널길 무덤
6. 도싯, 몸베리 링
7. 글로스터셔 주, 넌스 언덕: 장형분
8. 윌트셔, 말버러, 실버리: 제의 유적
9. 케이스네스, 사우스 야로: 널길 무덤
10. 글로스터셔 주, 윈드밀 언덕: 널길 무덤

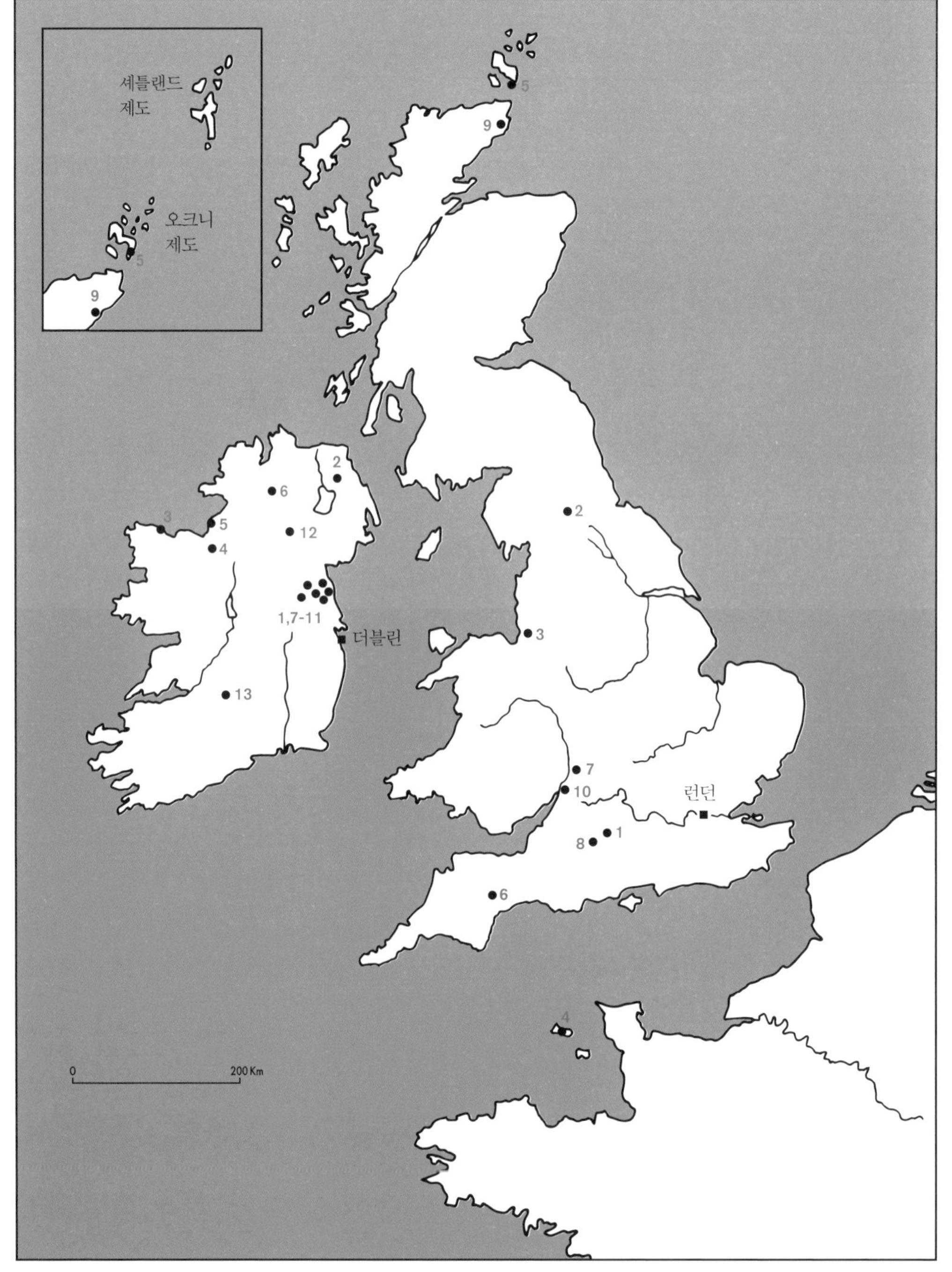

지도 13.

중부 유럽의 신석기시대: 줄무늬토기 문화, 덴마크의 마글레모세-에르테보레, 동부 발트 나르바 문화, TRB 문화 유물

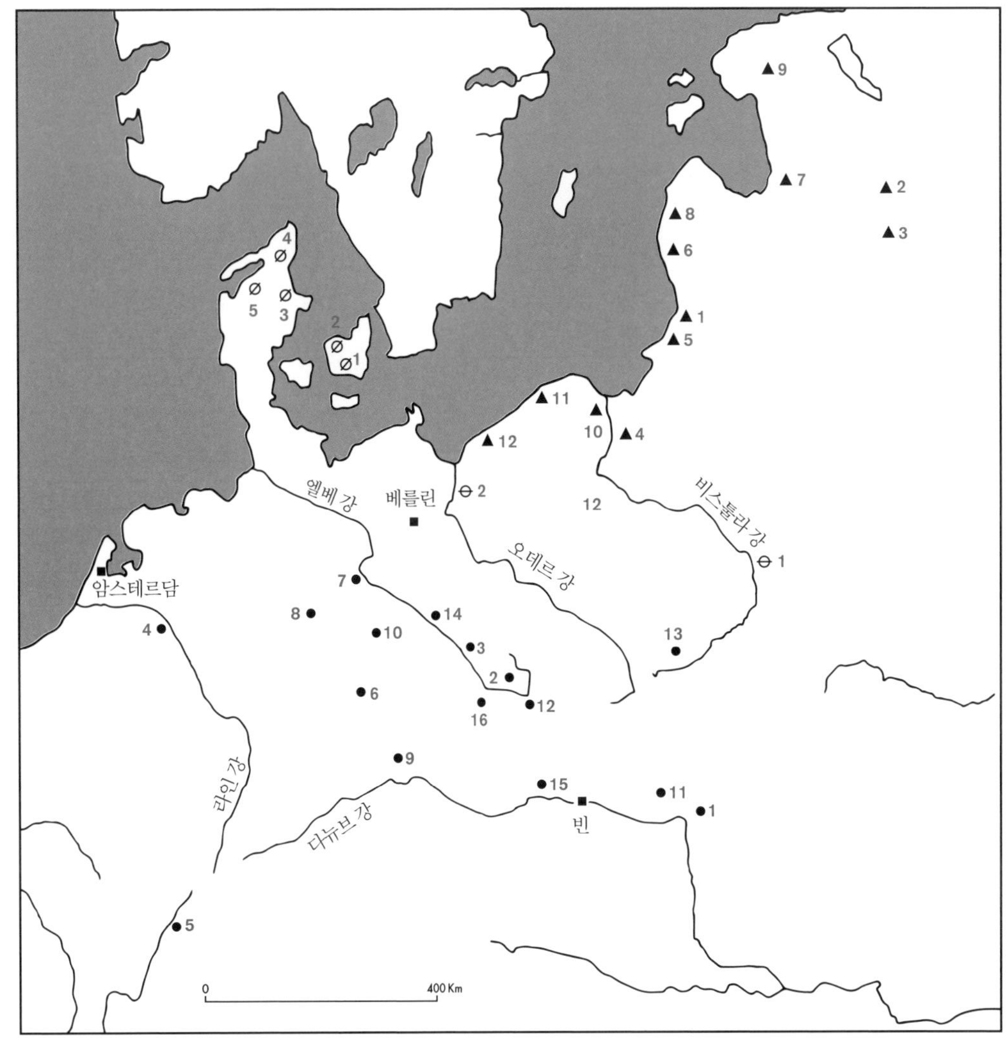

Ⅰ. 줄무늬토기 문화
1. 헝가리, 젤리에조브체 그룹, 부다페스트, 베케슈메제르: 주거지
2. 보헤미아 빌라니: 주거지
3. 독일 동부, 드레스덴-모리츠: 주거지
4. 네덜란드, 엘슬로: 주거지
5. 라인 강 상류, 엔시스하임: 묘지
6. 독일 서부, 뷔르츠부르크, 가우코니히쇼펜: 주거지
7. 독일 서부, 할레-트로타: 주거지
8. 독일 중부, 하르트: 주거지
9. 바이에른, 기엔하임: 주거지
10. 독일 동부, 로크비츠: 주거지
11. 슬로바키아, 니트라: 묘지
12. 보헤이마, 노바 베스: 주거지
13. 폴란드 남부, 올샤니차: 주거지
14. 독일 동부, 드레스덴, 프로홀리스: 주거지
15. 모라비아, 리브니키: 주거지
16. 보헤미아, 스타테니체: 주거지

Ⅱ. 덴마크 중석기(마글레모세-에르테보레 주거지)
1. 질란드, 코게 소나케
2. 질란드, 스텐스비
3. 유틀란트, 요르들로세: 호박으로 만든 곰 모양 조상
4. 레센, 늪지: 호박으로 만든 곰 모양 조상
5. 에르테보레, 중석기 토기

Ⅲ. 동부 발트 나르바 문화
1. 리투아니아 서부, 쿠르시우 네리아, 요드크란테(courish lagoon): 호박으로 만든 조상
2. 라트비아 동부, 루반스 호수 근처의 토탄지 유적, 루바나스 초지
3. 라트비아 동부의 루반스 호수 북쪽, 나이니엑스테: 주거지
4. 폴란드 북부의 네이덴부르크(옛 동프로이센): 호박 여신상
5. 리투아니아 서부, 쿠르시우 네리아(courish lagoon), 니다: 호박으로 만든 조상, 펜던트
6. 리투아니아 서부, 팔랑가: 호박 컬렉션
7. 라트비아 서부, 사르나트: 토탄지 유적
8. 리투아니아 서부 스벤토이: 토탄지 유적
9. 에스토니아, 타물라: 주거지, 호박 곰
10. 그단스크: 호박 곰(isolated find)
11. 포메라니아, 스톨프: 호박 곰(isolated find)
12. 발트 남부, 슈체친, 포데유흐: 중석기

Ⅳ. TRB 문화
1. 폴란드 남부 타르노브제크, 치미에로비에: 주거지
2. 폴란드 서부 메진: 거석 무덤의 하벨 그룹

● 줄무늬토기 문화(LBK)
⌀ 중석기시대의 덴마크
▲ 동부 발틱 나르바
⊖ TRB

참고문헌

Abramova, Z. A.
1962 *Paleoliticheskoe iskusstvo na teritorii* SSSR. Moscow-Leningrad Arkheologija SSSR Svod arkheologicheskikh istochnikov, vyp. a4-3. English tras: "Palaeolithic Art in USSR." Arctic *Anthropology* 4 (1967): 1- 179.
1970 "Paleoliticheskoe iskustvo," *Kamennyj vek na territorii* SSSR: 78-89. Moscow (Nauka).

Acanfora, M. O.
1960 "Le stele antropomorfe di Castelluccio dei Sauri." *Rivista di Scienze Preistoriche* 25: 95-123.

Afanas'ev, A. N.
1969 *Poeticheskie vozzrenija slavjan na prirodu* Ⅰ-Ⅲ. 모스크바에서 최초 출간, 1865-68; reprinted by Mouton, The Hague-Paris.

Albuquerque e Castro, L. de
1962 "L'art mégalithique au Portugal." *Atti del VI Congresso Internazionale delle Scienze Preistoriche e Protostoriche* 3: 370-74.

Aldea, I. AI.
1972 "Santierul arheologic Ghirbom (Com. Berghin, Jud. Alba)." *Apulum* 10:3-18.
1975 "Santierul arheologic Ghirbom (Com. Berghin, Jud. Alba)." *Apulum* 13 (Alba Iulia): 25-33.

Alexiou, S.
1958 *I Minoiki thea meth'Upsomenon Kheiron* (Herakleion).
1968 *Guide to the Archaeological Museum of Heraclion. Trans.* by D. H. French. Athens: General Direction of Antiquities and Restoration.

Alexiou, S., N. Platon, and H. Guannella
1968 *Ancient Crete*. Trans. by D. J. S. Thompson. London: Thames and Hudson.

Alinei, M.
1987 "Rospo aruspice, rospo antenato." *Quaderni Di Semantica* 8, 2:265-96.

Almagro, M., and A. Arribas
1963 "Excavationes en el Poblado y necropolis de los Millares, Santa Fe de Mandujar (Almeria)." *Biblioteca Praehistorica Hispana*. Madrid.

Almgren, O.
1934 *Nordische Felszeichnungen als religiöse Urkunden*. Frankfurt am Main: Diesterweg.

Anati, E.
1969 "The Magurata Cave, Bulgaria." *Archaelogy* 22, no. 2: 92-100.
1976 *Evolution and Style in Camunian Art*. Archiv 6: Capodi Ponte, Centro Camuno di Studi Preistorici.
1981 *I testimonti dell'ultima rivoluzione culturale della preistoria. Le statuestele della Lungiana*. Le Orne dell'Uomo. Milano:Jaca Book.

Angeli, W.
1972 "Goldamulette." *Idole, prähistorische Keramiken aus Ungarn*. Vienna: Naturhistorisches Museum N. F. 7, 27-30.

Angelov, N.
1959 "Zlatnoto sykrovishche ot Hotnica." *Arkheologiia* (Sofia) 1, 1-2: 38-46.

Anisimov, A. F.
1959 *Kosmoligicheskie predstavlenija narodov Severa*. (Moscow, Leningrad).

Antonielle, U.
1926 "La statuetta feminile steatopigica di Savignano sul Panaro (Emilia)." *IPEK* 2: 45-51.

Antonova, E. V.
1977 *Antropomorfnaja skul'ptura drevnikh zemledel'chev Perednej i Srednej Azii*. Moscow: AN, Institut vostokovedenija.

Armstong, Edward A.
1958 *The Folklore of Birds*. London: Collins.

Arnal, J.
1976 *Les statues-menhirs, hommes et dieux*. Toulouse: Éditions des Hespérides.

Atkinson, B., et al
1904 *Excavations at Phylakopi in Melos. Journal of Hellenic Studies*, Supplement 4.

Atkinson, R. J. C.
1956 *Stonehenge*. Rev. ed. 1979. Harmonds-Worth: Penguin Books.

Atzeni, E.
1975 "Nuovi idoli della Sardegna Prenuragica." *Nota preliminare: Studi Sardi* 23 (1973-74): 24-43.
1978 "La dea-madre nelle culture prenuragiche." *Studi Sardi* 24 (1975-77): 3-18.
1980 "Menhirs antropomorfi e statue-menhirs della Sardegna." *Annali del Museo Civico della Spezia* 2 (1979-80): 9-64.
1981 "Aspetti e sviluppl culturali del neolitico e della prima età dei metalli in Sardegna." *Ichnussa: La Sardegna dalle origini all'età classica*: 1-51. Milan: Libri Scheiwiller.

Bachofen, J. J.
1967 *Myth, Rligion and Mother Right*: Selected Writings. Trans. by R. Manheim. London: Routledge and Kegan Paul.

Badre, L.
1980 *Les figurines anthropomorphes en terre cuite à l'âge du Bronze en syrie*. Bibliotheque archéologique et historique 103. Paris: Librairie Orientaliste Paul Geuthner.

Bahn, P. G.
1978 "Water mythology and the distribution of palaeolithic parietal art." *Proceeding of the Prehistoric Society* 44: 125-34.

Bailloud, G.
1964 *Le Néolithique dans le Bassin Parisien*. Paris: Centre National de la Recherche Scientifique.

Baltran Martinez, A.
1980 "Las pinturas de la cueva de Porto Badisco y el arte parietal 'Esquematico' Español." *Annali del Museo Civico della Spezia* 2 (1979-80): 65-79.

Balys, J.
1942 Reprinted in 1986: J. Balys *Lithuanian Agrarian Customs and Beliefs* (영문 요약 및 리투아니아어). A Treasury of Lithuanian Folklore, 10. Silver Spring, Md.: Lithuanian Folklore Publishers, 791-809.
1948 *Lietuvių tautosakos skaitymai*. Tübingen: Patria.

Bandi, Hans-Georg, and Johannes Maringer
1955 *Kunst der Eiszeit. Lvantkunst. Arktische Kunst*. Basel: Holbein.

Banner, J.
1958 "Menschendarstellung auf einem Gefäss von Tószeg und die Frage der sogenannten Krötengefässe." *Prähistorische Zeitschrift* 37: 244-54.
1959 "Anthropomorphe Gefässe der Theisskultur von der Siedlung Kökénydomb bei Hódmezövásárhely (Hungary)." *Germania* (Berlin): 14-35.

Barandiarán, J. M.
1947 "Las cavernas prehistorias en la mitologia vasca." Madrid: Cuodernos de historia primitiva.
1973 "Die baskische Mythologie." *Götter und Mythen in alten Europa*. Stuttgart: Ernst Klett.
1973 *Arte mueble del Paleolitico Cantabrico*. Monografias Arqueologicas 14. Zaragoza: Departamento de Prehistoria y Arqueologia.
1974 *Obras Completas* 1. Diccionario ilustrado de Mitologia Vasca y albunas desus fuentes. Bilbao: La Gran Enciclopedia Vasca.

Barber, Elizabeth
1989 *Prehistoric Texiles*. Princeton, N. J.: Princeton University Press.

Baroja, Julio Caro
1975 *The World of The Witches*. Trans. from the Spanish by O. N. V. Glendinning. Chicago: University of Chicago Press.

Barrière, C.
1976 *L'art parièt al de la Grotte de Gargas: Palaeolithic Art in the Grotte de Gargas*. Trans. by W. A. Drapkin. BAR, Supplementary Series 14. Oxford.

Basanavičius, J.
1899 *Lietuviszkos pasakos* (Lithuanian Folktales). Shenandoah, Pa: Dirva.

Batović, S.
1968 "Problem kulta phallosa u Danilskoj kulturi." Résumé in English: The Problem of the Phallus Cult in Danilo Culture. *Diadora* (Zadar) 4:5-51.

Battaglia, R.
1927 "Le statue neolitiche di Malta e l'ingrassamento muliegre presso i Mediterranei." *IPEK* (Leipzig) 3: 131-57.

Bauer, P. V. C.
1902 *Eileithyia*. Columbia, Mo.: University of Missouri Studies 1, no. 4.

Bednarik, R. G.
1984 "Die Bedeutung der paläolithischen Fingerlinientradition." *Anthropologie* 22:73-79.

Beltrán, A.
1982 *Rock Art of the Spanish Levant*. Cambridge: Cambridge University Press.

Benac, A.

1973 "Obre II: A Neolithic Settlement of the Butmir Group at Gornje Polje." *Wissenschaftliche Mitteilungen des Bosnisch-Herzegowinischen Landesmuseums* (Sarajevo) 3. Heft A (Archaeology Series): 1-327.

"Obre I: A Neolithic Settlement of the Starčevo-Impresso and Kakanj Cultures at Raskaršče." Ibid: 327-430.

Berciu, D.

1956 "Cercetari şi Descoperiri Arheologice in Regiunea Bucureşti." *Materiale şi Cercetari Arheologice* 2: 493-562.

1959 "Sapaturile Arheologice de la Tangiru" (러시아어 및 프랑스어 요약: "Les fouilles archéologiques de Tangiru"). *Materiale şi Cercetari Arheologice* 5: 143-54.

1961 *Contribuţii la problemele neolitcului in Rominia in lumina noilor cercetari*. Bucharest: Institute of Archaeology, Editura Academiei Republicii Populare Romîne.

1966 *Cultura Hamangia*. Bucharest: Editura Academiei Republicii Popluare Romîne.

1966a "Manifestation d'art néolithique en Roumanie: Le 'couple' de Cernavoda." *IPEK* 21 (1964/65): 42-45.

1967 *Romania before Burebista*. London: Thames and Hudson.

Berezoviets, D. T.

1958 "Risunki na cheljusti byka." *Sovetskaja Arkheologija* 4: 194-97.

Bernabó Brea, L.

1957 *Sicily before the Greeks. Ancient People and Places* 3. London: Thames and Hudson.

Betts, J. H., ed.

1980 *Die Schweizer Sammlungen* (Corpus der minoischen und mykenischen Siegel 10). Berlin: Gebr. Mann Verlag.

Bevau, E.

1986 Representations of Animals in Sanctuaries of Artemis and Other Olympian Deities. Oxford: BAR series 315.

Bibikov, S. N.

1953 "Rannetripol'skoe poselenie Luka-Vrublevetskaja na Dnestre." *Materialy i Issledovanija po Arkheologii SSSR* 38: 1-408.

1975 "A Stone Age Orchestra. The Earliest Musical Instruments Were Made from the Bones of Mammoths." *The Unesco Courrier*, June 1975: 28-30.

Bierbaum, G.

1953 "Ein stchbandkeramischer Hausgrundriss von Dresden." *Prähistorische Zeitschrift* 34/35, 2 (1945/50): 125-35

Biesantz, H.

1954 *Kretisch-mykenische Siegelbilder*. Marburg: N. G. Elwert.

Biezais, H.

1955 *Die Hauptgöttinnen der allen Letten*. Uppsala: Almquist and Wiksells.

Black, L.

1973 "The Nivkh (Gilyak) of Sakhalin and the Lower Amur." *Arctic Anthropology* 10:1.

Blegen, C. W.

1928 *Zygouries: A Prehistorix Settlement in the Valley of Cleonae*. Cambridge, Mass.: Harvard University Press.

1937 *Prosymna, the Helladic Settlement Predating the argive Heraeum*. Cambridge: Cambridge University Press.

Boardman, J.

1967 *Pre-Classical: From Crete to Archaic Greece*. Harmondsworth: Penguin.

Bogaevskij, B. L.

1937 *Orudija proizvodstva i domashnie zhivotnye Tripol'ja*. Moscow and Leningrad.

Boghian, D., and C. Mihai

1987 "Le complexe de culte et le vase à décor ornithomorphe peint décourvert à Buznea (dép. de Iaşi)." *La Civilisation de Cucuteni en Contexte Européen*: 313-24. Session Scientifique Iaşi-Piatra Neamţ, Iaşi, Université "Al. I. Cuza.".

Bognár-Kutzián, I.

1944/1947 *The Körös Culture*, vols. 1-2. Dissertationes Pannonicae, ser. 2, no. 23: Budapest.

1963 *The Copper Age Cemetery of Tiszapolgár-Basatanya*. Budapest: Akademiai Kiádo.

1972 *The Early Copper Age Tiszapolgár Culture in the Carpathian Basin*. Budapest: Akdemiai Kiádo.

Bökönyi, S.

1970 "Animal Remains from Lepenski Vir: The Vertebrate Fauna of this Early Center of Domestication Represent an Atypical Animal Husbandry." *Science* 167, no. 3926: 1702-4.

Bonev, A. G.

1976 "Glineni modeli na kultovi stylbove ot dve selishchni mogili v Tyrgovishchki okrug" (résumé in French: "Modèles en argile de piliers de culte de deux tells du dép. de Targovişte"). *Arkheologija* 1: 24-25.

Bord, Janet and Colin

1982 *Earth Rites*. London: Granada.

Bosinski, G., and G. Fischer

1974 *Die Menschendarstellungen von Gönnersdorf der Ausgrabung von 1968*. Wiesbaden: Steiner.

Bosinski, G.

1981 *Die eiszeitliche Kunst in Deutschland und Schweiz*. Cologne: Rheinland Verlag: Bonn: Habelt.

Bossert, E. M.

1981 "Die gestempelten Verzierungen auf frühbronzezeitlichen Gefässen der Agäis." *Jahrbuch des deutschen archäologischen Instituts* 75: 1-16.

Bosset, H. T.

1937 *The Art of Ancient Crete*. London: Zwemmer.

Bovio-Marconi, I.

1953 "Incisioni rupestri all'ADdaura (Palermo)." *Bolletino di Paletnologia Italiana* (Rome) 8, pt.5: 5-20.

Bowen, E. G.

1973/74 "The Cult of St. Brigit." *Studia Celtica* 8-9: 33-47.

Branigan, K.

1970 *The Foundations of Palatial Crete: A Survey of Crete in the Early Bronze Age*. States and Cities of Ancient Greece. London: Routledge and Kegan Paul.

1970 "Minoan Foot Amulets and Their Near Eastern Counterparts." *Studi Micenei* 11: 7-23.

Bray, W.

1963 "The Ozieri Culture of Sardinia." *Rivista di Scienze Preistoriche* 18: 155-90.

Brennan, M.

1983 *The Stars and the Stones: Ancient Art and Astronomy in Ireland*. London: Thames and Hudson.

Breton, L. le

1957 "The Early Period at Susa, Mesopotamian Relations." *Iraq* 19: 79-124.

Breuil, H.

1908 "Petits instruments Magdaléniens à pointe bifide ou tridentiée de Bruniquel et quelques autres gisements." *L'Anthropologie* 19: 183-90.

1933-35 *Les peintures rupestres schématiques de la Péninsule Ibérique*, I-IV (paris).

1952 *Four Hundred Centuries of Cave Art*. New Edition. Trans. by M. E. boyle. Montignac: Centre d'Études et de Documentation Préhistoriques.

Breuil, H., and R. de Saint-Perier

1927 *Les poissons, les batraciens les reptiles dans l'art quaternaire*. Archives de l'Institut de Paléontologie Humaine, Mémoire 2. Paris: Masson et Cie.

Briffault, R.

1927 *The Mothers: A Study of the Origins of Sentiments and Institutions*, 3 vols. Abridged by Gordon Rattray Taylor; 1959, London: Allen and Unwin; 1977, New York: Atheneum. London and New York: Harper and Brothers.

Brøndsted, J.

1942 "A Frog as a Viking Age Burial Gift." *Acta Archaeologica* (Copenhagen) 13: 315-18

1957 *Danmarks Oldtid I Stenalderen*. København: Gyldendal.

Brukner, B.

1962 "Praistorisko naselje na potesu Beletintsi kod Obreža." Rad Vojvodjanskikh Muzeja 11: 89-122.

Brunner-Traut, E.

1938 "Der Tanz im alten Ägypten nach bildlichen und inschriftlichen Zeugnissen." *Ägyptologische Forschungen* 6: 1-90.

Buchholz, H.-G., and V. Karageorghis

1973 *Prehistoric Greece and Cyprus: an archaeological Handbook*. Trans. by F. Garvie. London: Phaidon.

Buck, R. J.

1964 "Middle Helladic Mattpainted Pottery." *Hesperia* 33: 231-313.

Bulle, H., and E. Kunze

1931 *Orchomenos*, vol. 2. Die neolithische Keramik. Munich: Abhandlungen der Bayerischen Akademie der Wissenschaften, Phil. Hist. Klasse, NF. 24.

Burl, A.

1976 *The Stone Circle of the British Isles*. New Haven: Yale University Press.

1979 *Prehistoric Avebury*. New Haven: Yale University Press.

1980 *Rings of Stone*. New York: Ticknor and Fields.

1980a "Science of Symbolism: Problems of Archaeoastronomy." *Antiquity* 54: 191-200.

1981 *Rites of the Gods*. London: Dent.

Butterworth, E. A. S.

1966 *Some traces of the Pre-Olympian World in Greek Literature and Myth*. Berlin: de Gruyter.

Cameron, D. O.

1981 *Symbols of Birth and of Death in the Neolithic Era*. London: Kenyon-Deane.

1981a *The Ghassulian wall Paintings*. London: Kenyon-Deane.

Campbell, J.

1975 *The Mythic Image*. Bollingen Series C. Princeton, N. J.: Princeton University Press.

1983 *The Way of the Animal Powers*, vol. 1. Historical Atlas of World Mythology. New York: Alfred van der Marck.

Carmichel, Alexander

1900 *Carmina Gadelica*. Edinburgh: Scottish Academic Press.

Cartailhac, E., and H. Breuil

1908 "Les peintures et gravures murales des cavernes pyrénéennes, III. Niaux (Ariége)." *L'Antropologie* 19: 15-46.

Caskey, J. L.

1962 "Reports on Lerna." *Hesperia* 31: 278-80.

1964 "Reports on Lerna." *Hesperia* 33: 328-31.

1966 "Reports on Lerna." *Hesperia* 35: 369-71.

Cakey, M. E.

1986 *Keos II. The Temple at Ayia Irini. Part I: The Statues*. Princeton, N. J.: American School of Classical Studies.

Castaldi, E.
1969 "Tombe di Giganti nel Sassarese." *Origini* 3: 119-274.

1976 "Il culto del toro nella preistoria della Sardegna ed il problema delle tre cavità sull'alto dei prosptti delle tombl di giganti." *Archivo per l'Antropologia e la Etnologia* 106: 439-58.

1978 "Una particolare rappesentazione zoomorfa in ipogei sardi." *Rivista di scienze preistoriche* (Florence) 33, fasc. 2: 393-98.

Castiglioni, O. C., and G. Calegari
1975 "I pendagli 'a busto ginemorfo' del paleolitico superiore centro-occidentale europeo, con un inventario ragionato dei reperti Italiani." *Museo Civico di Storia Naturale di Milano* 66, nos. 1-2: 25-52.

Cauvin, J.
1972 *Religions néolithiques de Syro-Palestine: Documenta*. Centre Rech. Écologie et Préhistoire Saint-André de Cruzières 1. Paris: J. Maisonneuve.

Chapouthier, F., and R. Joly
1936 "Fouilles executées à Mallia: Deuxième rapport." Études Crétoises 4. Paris: Paul Geuthner.

Chase, P. G., and H. L. Dibble
1987 "Middle Palaeolithic Symbolism: A Review of Current Evidence and Interpretations." *Journal of Anthropological Archaeology* 6: 263-96.

Chernysh, E. K.
1962 "K istoriii naselenija eneoliticheskogo vremeni v srednem Podnestrove." *Materialy i issledovanija po arkheologii SSR*, 102.

Chikalenko, L.
1930 "Die Bedeutung der schypenitzer Ansiedlung für das Verständnis der Entwicklung der ukrainischen bemalten Keramik." *Festschrift W. Demetrykiewicz*, Poznań: 123-34.

1953 "The Origin of the Paleolithic Meander." *The Annals of the Ukrainian Academy of Arts and Sciences in the U.S.* 3, 1. (7): 518-34.

Chollot-Varagnac, M.
1980 Les origines du graphisme symbolique: Essai d'analyse des écritures primitivies en préhistoire. Paris: Fondation Singer-Polignac.

Christopoulos, G. A., ed. in chief
1974 *Prehistory and Protohistory: History of the Hellenic World*. University Park, Pa.: Pennsylvania State University Press.

Cipolloni Sampo, Mirella
1982 "Scavi nel villagio neolitico di Rendina (1970-76). Reprint from *Origini* XI, 1977-1982: 183-354.

Clark, G.
1975 *The Earlier Stone Age Settlement of Scandinavia*. Cambridge: Cambridge University Press.

Clark, R.
1963 *Grimes Grave*. London: Her Majesty's Stationery Office.

Clottes, J., and M. Carriére
1976 "La statue feminine de Capdenac-le-Haut (Lot)." *Congrès Préhistorique de France, 20ième session, 1974*: 145-50.

Coldstream, J. N.
1973 *Knossos: The Sanctuary of Demeter*. London: Thames and Hudson.

1977 *Deities in Aegean Art: Before and After the Dark Age*. Inaugural lecture, Bedford College, London.

1977 *Geometric Greece*. London: E. Benn.

Coleman, J. E.
1985 "'Frying pans' of the Early Bronze Age Aegean." *American Journal of Archaeology* 89, 2: 191-219.

Comşa, E.
1959 "Sapaturile de la Dudeşti (reg. Bucuruști)." *Materiable şi Cercetari Arheologice* 5: 91-98.

1974a "Die Bestattungssitten im rumänichen Neolithikum. *Jahresschrift für mitteldeutsche Vorgeschichte* (Halle/Saale) 58: 113-56.

1974b *Istoria Comunitatilor Culturii Boian*. Biblioteca de Archeologie 23.

1979 "Les figurines en os appartenent à la phase moyenne de culture Gumelniţa." *Dacia* 23: 69-78.

Conti, C.
1972 *Corpus delle incisioni rupestri di Monte Bego I*. Istituto Internazionale di Studi Liguri, Collezione de Monografie Preistoriche ed Archeologiche, VI. Bordighera.

Cook, A. B.
1914/1940 *Zeus: A Study in Ancient Religion*. Cambridge: Cambridge University Press.

Corpus.
1966 *Corpus Vasorum Antiquorum, Deutschland* vol. 10. Universitat Heidelberg, vol. 3, ed. F. Canciani.

1969 *Corpus der minoischen und mykenischen Siegel* vol. 2. Iraklion Archaologisches Museum, pt. 1. Berlin: Gebr. Mann Verlag.

1969 *Corpus der minoischen und mykenischen Siegel* vol. 4. Iranklion Sammlung Metaxas. Berlin: Gebr. Mann Verlag.

Courtois, J. C.
1969 "Splendeur d'Enkomi-Alasia, capitale de Chypre." *Archéologie vivante* 2, no. 3 (Mars-Mai): 93-112.

Crawford, O. G. S.
1957 *The Eye Goddess*. London: Phoenix House.

Crişmaru, A.
1977 *Draguşeni: Contribuţii la o monografie arheologica*. Botoşani: Comitetul Judetan de Cultura şi Educatie Socialista, Muzeul Judentean de Istorie Botoşanie.

Csalog, J.
1959 "Die anthropomorphen Gefässe und Idolplastiken von Szegvár-Tüzköves." *Acta Archaeologica* (Budapest) 10: 7-38.

1960 "Das Krummschwert des Idols von Szegvár-Tüzköves." *Acta Archaeologica* 12: 57-68.

1972 "Thronende Frauenidol von Szegvár-Tüzköves." *Idole, praehistorische Keramiken aus Ungarn: Ausstllung des Ungarischen Nationalmuseums Budapest im Naturhistorischen Museum, Wien*. Veröffentlichungen aus dem Naturhistorischen Musuem, N. F. 7. Vienna: Verlag des Naturhistorichen Museums.

Cucoş, S.
1970 "Reprezentari de incaltaminte in plastica cucuteniana de la Ghelaieşti (jud. Neamţ)." *Memoria Antiquitatis* 3: 65-77.

1973 *Céramique néolithique du musée archéologique de Piatra Neamţ*. Acta Musei Petrodavensis, Bibliotheca Memoriae Antiquitatis 1: Piatra Neamţ.

1973a "Un complex ritual cucutenian descoperit la Ghelaeşti (Jud. Neamţ)." *Studii şi Cercetări de Istorie Veche* (Bucharest) 24.2: 207-15.

1975 "Doua vase zoomorfe eneolitice." *Carpica* 7: 7-14. Muzeul Judetean de Istorie şi Arta Bacău.

1978 "Decorul spiralic al ceramicii Cucuteni B." *Carpica* 10: 55-88.

1981 "Sapaturile de la Valeni-Piatra Neamţ (1974-75)." *Memoria Antiquitatis* 6-8: 37-56.

Dales, G. F., Jr.
1960 *Mesopotamian and Related Female Figurines: Their Chronology, Diffusion, and Cultural Functions*. Unpublished Ph.d. disertation, University of Pennsylvania.

Dames, M.
1976 *The Silbury Treasure: The Great Goddess Rediscovered*. London: Thames and Hudson.

1977 *The Avebury Cycle*. London: Thames and Hudson.

Dames, L.
1978 *L'art paléolithique de la caverne de la Pileta*. Graz, Austria: Akademisches Druck und Verlagsamfelt.

Daniel, G. E.
1962 *The megalith Builders of Western Europe*. Baltimore, Md.: Penguin Books.

1980 "Megalithic Monuments." *Scientific American* 242 (July): 78-90.

Daniel, G., and P. Kjaerum, eds.
1973 *Megalithic Graves and Ritual: Papers Presented at the 3rd Atlantic Colloquium, Moesgard, 1969*. København: Gyldendal.

Davison, J. M.
1961 *Attic Geometric Workshops*. Yale Classical Studies 16. New Haven: Yale University Press.

Dawkins, R. M.
1902 "Excavations at Palaikastro II. The Potterry." *Annual of the British School at Athens* 9: 297-328.

Daunys, S.
1980 "Pirties tradicinės apeigos Adutiškio apylinkėje." *Kraštotyra* (Vilnius) 10: 61-64.

Della Santa, S. E.
1947 *Les figures humaines du paléolithique supérieur*. Anvers: De Sikkel.

Delporte, H.
1979 *L'image de la femme dans l'art préhisrorique*. Paris: Picard.

Demargne, P.
1945 *Fouilles exécutées à Mallia: Exploration des nécropoles*. Études Crétoises 7. Paris: Paul Geuthner.

1947 *La Crète dédalique: Études sur les origines d'une renaissance*. Paris: E. de Boccard.

1964 *Aegean Art: The Origin of Greek Art*. Trans. by S. Gilbert and J. Emmons. London: Thames and Hudson.

1964a *Naissance de l'art grec*. Paris: Gallimard.

Demargne, P., and H. G. de Santerre
1953 *Fouilles executées à Mallia: Exploration des maisons et quartiers d'habitaion* 1. Études Crétoises 9. Paris: Paul Geuthner.

Deonna, W.
1952 "La femme et la grenouille." *Gazatte des beaux-arts* (ser. 6) 40: 229-40.

Dergachv, V. A.
1978 *Vykhvatinskij mogil'nik*. Kishinev: Izdatelstvo "Shtiintsa."

1986 *Moldavıja ı sosednıe terrıtorıı v epokhu bronzy*. Kishinev: Izdatelstvo "Shtiintsa."

Desborough, V. R. d'A.
1952 *Protogeometric Pottery*. Oxford Monographs on Classical Archaeology 2. Oxford: The Clarendon Press.

Des Gagniers, J., and V. Karageorghis
1976 *Vases et figurines de l'âge du bronze à Chypre: Céramique rouge et noire polie*. Quebec: Les Presses de l'Univrsité Laval.

Deshayes, J., and D. Theochris
1962 "Dikili Tach." *Bulletin de Correspondance Hellénique* 86, pt. 2: 912-33.

Detev, P.
1950 "Le tell baniata près de Kapitan Dimirivo." *Godishnik Narodne Muzej Plovdiv* 2: 1-23.

1959 "Matériaux de la préhistoire de Plovdiv." *Annuaire de Musée National Archéologique* 3.3: 15.

1960 "Vorgeschichtliche Gefässe mit menschen-und tierähnlichen Darstellungen in Bulgarien." *Archäologischer Anzeiger fasc.* 1: 1-15.

1965 "Modèles de decoration de l'enéolithiqu." *Archeologija* (Sofia) 7, no. 4: 65-73

1968 "Praistoricheskoto selischte pri selo Muldava." *Godishnik, Plovdiv* 6: 9-48.

De Valera, R.

1960 "The Court Cairns of Ireland." *Proceedings of the Royal Irish Academy* 60, sec. C, 2: 9-140.

Diamant, S., and J. Rutter

1969 "Horned Objects in Anatolia and the Near East." *Anatolian Studies* 19: 147-77.

Dieterich, A.

1905 "Mutter Erde." *Archiv für Religionswissenschaft*: 37-125.

Dieterich, B. C.

1974 *The Origins of Greek Religion*. Berilin/New York: de Gruyter.

1982 "The Religious Prehistory of Demeter's Eleusinian Mysteries." *Études Préliminaires aux religions orientales dans l'empire romain*. Publ. by M. J. Vermaseren, vol. 92. La soteriologia dei culti orientali nell'impero romano: Collogio, Rome 1979: 445-71.

Dietz, S.

1974 "Two Painted Duck-Vases from Rhodes." *Acta Archaeologica* (Copenhagen) 45: 133-43.

Dikaios, P.

1953 *Khirikitia*. Cyprus Dept. of Antiquities, Monograph 1. London: Oxford University Press.

Dimitrijević, S.

1968 *Sopotsko-Lendjelska kultura* [Résumé in German: 112-23]. Zagreb: Monographiae Archaeologicae 1.

1969 *Starčevaćka kultura u Slavonsko-srijemskom prostoru i problem prijelaza ranog u srednji neolit u srpskom i hratskom podunavlju*. Vukovar: Gradski Muzej.

Dimitrov, M.

1962 "Kostena choveshka figurka ot s. Lovets, Starizagorsko." *Arkheologija* 4, 1:65-68.

1971 "Novi nakhodki ot neolitnata kultura Karanovo IV v Starozagorsko." *Izvestija na bulgarskite muzei* (Bulletin of Bulgarian Museum: Sofia) 1 (1969): 21-41 (with a résumé in French).

Dinu, M.

1957 "Santierul arheologic Valea Lupului." *Materiale şi Ceretari Arheologice* 3: 161-78.

Doan, James E.

1980 "Five Breton Cantignes from Pardons." *Folklore* 91: 27-40.

1981 "Cearbhall O Dalaigh as Archetypal Poet in Irish Folk Tradition." *Procedings of the Harvard Celtic Colloquium* 1: 95-123.

1987 "Women and Goddesses in Early Celtic History, Myth and Legend." *Irish Studies Program*. Working Paper 87-4/5. Boston: Northeastern University.

Dombay, J.

1960 "Die Siedlung und das Gräberfeld in Zengövárkony." *Archaelogia Hungarica* (Budapest) 37.

Dor, L., J. Jannoray, and H. and M. van Effenterre

1960 *Kirrha: Étude de préhistoire phocidienne*. Paris: E. de Bocard.

Doumas, C. G.

1968 *The N. P. Goulandris Collection of Early Cycladic Art*. Athens; dist. in the USA: Praeger.

1982 *Thera: Pompeii of the Ancient Aegean*. London: Thames and Hudson.

1983 *Cycladic Art. The N. P. Goulandris collection*. London: British Museum Publications Ltd.

Downing, Chr.

1981 *The Goddess: Mythological Images of the Feminine*. New York: Crossroad.

Dragomir, I. T.

1983 *Eneoliticul din sud-estul romaniei. Aspectul cultural Stoicani-Aldeni*. Bucharest: Editura Acad. RSR.

1987 "Un vase-support cucuténien: 'La ronde de Bereşti'" *La Civilisation de Cucuténi en Contxte Européen*: 289-99. Session Scientifique Iaşi-Piatra Neamţ 1984, Iaşi, Université "Al. I. Cuza."

Duerr, H. P.

1978 *Traumzeit: über di Grenze zwischen Wildnis und Zivilisation*. Frankfurt am Main: Syndikat.

Dumézil, G.

1947 "La tripartition indo-européenne." *Psyche* 2: 1348-56.

1952 "Les dieux des Indo-Européens." *In Mythes et Religions*. Ed. P.-L. Couchoud, vol. 29. Paris: Presses Universitaires de France.

1969 *Idées Romaines*. Paris: Gallimard.

1970 *Archaic Roman Religion*. Trans. by P. Krapp. Chicago: University of Chicago Press.

Dumitrescu, H.

1952-1959 Result of the Excavations of the Site at Traian: *Studii şi Cercetări de Istorie Veche* 3(1952): 121-40; 4(1953): 45-68; 5 (1954): 35-68; 6 (1955): 459-86; and *Materiale şi Crcetări Arheologice* 3 (1957): 115-28; 5 (1959): 189-202.

1954 "O descoperire in legatura cu ritul de inmormintare in cuprinsul culturii ceramicii pictate Cucuteni-Tripolie." Summaries in Russian: 425-27, and French: "Une découverte ayant trait au rite d'enterrement dans l'aire de la culture de la céramique peinte Cucuteni-Tripolye": 427-29. *Studii şi Cercetări de Istorie Veche* 5, nos. 3-4: 399-429.

1958 "Deux tombes cucuténiennes á rite magique découvertes à Traian." *Dacia* 2: 407-23.

1960 "Antropomorfnye izobrazhenija na sosudakh iz Traian." *Dacia* 4: 31-52.

1961 "Connections Between the Cucuteni-Tripolie Cultural Complex and the Neighboring Eneolithic Cultures in the Light of the Utilization of Golden Pendants." *Dacia* 5: 69-93.

1968 "Un modèle de sanctuaire découvert dans la station enéolithique de Cascioarele." *Dacia* 12: 381-94.

Dumitrescu, H., and V. Dumitrescu

1959 "Sapaturile de la Traian dealul Fintinilor." *Materiale şi Cercetari Arheologice* 6: 157-78.

Dumitrescu, V.

1945 *La station préhistorique de Traian; fouilles de 1936, 1938, et 1940*. Reprinted from Dacia 9-10 (1941-44), Bucharest.

1954 *Habaşeşti, Monografie Arheologică*, in collaboration with H. Dumitrescu, M. Petrescu-Dimboviţa and N. Gostar. Bucharest: Academiei RPR.

1965 "Cascioarele." *Archaeology* 18: 34.

1966 "New Discoveries at Gumelnitza." *Archaeology* 19.3: 162-72.

1968 *L'art néolithique en Romanie*. Bucharest: Meridian.

1970 "Édifice destiné au culte découvert dans la couche Boian-Şpantov de la station-tell de Cascioarele." *Dacia* 15: 5-24.

1974 *Arta Preistorica in Romania*. Bucharest: Meridiane.

1979 *Arta Culturii Cucuteni*. Bucharest: Meridiane.

1980 *The Neolithic Settlement at Rast*. Trans. by N. Hampatumian. BAR International Series 72. Oxford.

Efimenko, P. R.

1958 *Kostienski I*. Moscow: Academy of Sciences.

Eisler, Riane

1987 *The Chalice and the Blade: Our History Our Future*. San Francisco: Harper and Row.

Eisler, Robert

1951 "The Passion of the Flax." *Folk-lore* (London) 62: 114-33.

Ekenvall, A.

1978 *Batrachians as Symbols of Life, Death, and Woman*. Trans. by B. and E. Frykman. Göteborg: University Library.

Eliade, M.

1958 *Birth and Rebirth: The Religious Meanings of Initiation in Human Culture*. Trans. by W. P. Trask. New York: Harper and Bros.

1958a *Pattern in Comparative Religion*. London: Sheed and Ward.

1959 "Structure et fonction du mythe comsmologique." *La naissance du monde*. Ed. by snoul et al: 469-95.

1960 *Myths, Dreams, and Mysteris: The Encounter Between Contemporary Faiths and Archaic Realities*. Trans. by P. Mairet. New York: Harper and Bros.

1974 *Death, Afterlife, and Eschatology*. Part 3 of From Primitives to Zen. New York: Harper and Row.

Ellis, L.

1984 *The Cucuteni-Tripolye Culture: A Study in Technology and the Origins of Complex Society*. BAR International Series 217.

Eogan, G.

1967 "The Knowth (co. Meath) Excavations." *Antiquity* 41:302-4.

1983 "A Flint Macehead at Knowth, Co. Meath." *Antiquity* 57: 45-6.

1986 *Knowth and the Passage-tombs of Ireland*. London: Thames and Hudson.

Eogan, G. and H, Richardson

1982 "Two Maceheads From Knowth, Co. Meath." *Journal of the Royal Society of Antiquaries of Ireland* 112: 123-38.

Erlenmeyer, M. L., and H. Erlenmeyer

1965 "Von en frühen Bildkunst der Kykladen." *Antike Kunst* 8. 2.

Evans, A.

1902 "The Palace of Knossos." *Annual of the British School at Athens* 9: 1-153.

1903 "The Palace of Minos." *Annual of the British School at Athens* 8 (1901-2)

1904 *Excavations of Phylakopi in Melos Conducted by the British School at Athens*. The Society for the Promotion of Hellenic Studies, Supplementary Paper4: London.

1914 "The Tomb of the Double Axes and Associated Groups and the Pillar Room and Ritual Vessels of the 'Little Palace' at Knossos." *Archaeologia* 65: 1-94.

1921-1935 *The Palace of Minos: A Comparative Account of the Successive Stages of the Early Cretan Civilization as Illustrated by the Discoveries at Knossos*. Vol. 1 (1921), vol. 2 (1928), vol. 3 (1930), vol. 4 (1935). London: Macmilan.

Evans, Estyn E.

1957 *Irish Folk Ways*. London: Routledge and Kegan Paul.

Evans, J. D.

1957-1960 *Annual of the British School at Athens* 59: 132-240.

1959 *Malta*. Ancient Peoples and Places 11. New York: Praeger.

1964 "Excavation in the Neolithic Settlement of Knossos."

1971 *The Prehistoric Antiquities of the Maltese Islands*. London: The Athlone Press.

Fehrle, E.
1916-1919 "Das Sieb im Volksglauben." *Archiv für Religionswissenschaft* 19: 547-51.

Ferguson, Ian F. G.
1986 "New Views on the Hypogeum and Tarxien." *Archaeology and Fertility Cult in the Ancient Mediterranean*. Amsterdam: B. R. Grüner Publishing Co.

Ferrier, J.
1971 *Pendeloques et amulettes d'Europe*. Anthologie et reflexions. Périqueux: Pierre Fanlac.

Feustel, R.
1970 "Statuettes feminines paléolithiques de la République Dmocratique Allemande." *Bulletin de la Société Préhistorique Française* 67: 12-16.

1971 "Sexuologische Reflexionen über Jungpaläolithische Objekte." *Alt-Thüringen* 11: 7-16.

Feustel, R., ed.
1972 *Typentafeln zur Ur-und Frühgeschichte*. Weimer: Kulturbund der DDR.

Filip, J., ed.
1966 *Enzyklopädisches Handbuch zur Ur-und Frühgeschichte Europas*. Stuttgart/Berlin/Cologne/Mainz: W. Kohlhammer.

Fischer, U.
1951 "Zu den mitteldeutschen Trommeln." *Archeologia Geographica* (Hamburg) 2: 98-105.

Florescu, M.
1978 "Citera obsevații referitoare la ritul și ritualurile practicate de purtatorii culturii Monteoru in lumina sapaturilor de la Cindești (Jud. Vrancea)." *Carpica* 10: 97-136.

1979 "Contribuții la cunoasterea conceptilor despre lume și viata a communitatilor tribale monteorene." *Carpica* 11: 57-134.

Forman, W., and B. and J. Poulík
1956 *Prehistoric Art*. Trans. by R. Finlayson Samsour. London: Spring Books.

Formozov, A. A.
1976 "Neopublikovannye proizvedenija iskusstva paleoliticheskoj stojanki Mal'ta." *Sovetskaja arkheologija* 4: 180-84.

Forsyke, E. J.
1929 "Minoan Art." *Proceedings of the British Academy* 15: 45-72.

Foster, J
1977 *Bronze Boar Figurines in Iron Age and Roman Britain*. BAR British Series 39.

Frank, R. M., and D. P. Metzger
1982 *The Mother Goddess in Basque Oral Tradition*. Ms. University of Iowa.

Frankfort, H.
1965 *Cylinder Seals: A Documentary Essay on the Art and Religion of th Ancient Near East*. Reprint of 1939 ed. London: Gregg Press.

Franz, M-L. von
1972 *Problems of the Feminine in Fairytales*. Dallas: Spring Publications.

Freedman, M.
1968 "Geomancy." *Proceedings of the Royal Anthropological Institute of Great Britain and Ireland for 1968*: 5-16.

Freeman, Leslie G., Richard G. Klein, and Joaquin G. Echegaray
1983 "A stone Age Sanctuary." *Natural History* 92, no. 8: 47-52.

French, D. H.
1961 "Late Chacolithic Pottery in Northwest Turkey and the Aegean." *Anatolian Studies* 11: 99-141.

1962 "Excavations at Can Hasan: First Preliminary Report, 1961." *Anatolian Studies* 12: 27-40.

French, E.
1971 "The Development of Mycenaean Terracotta Figurines." *British School of Archaeology* 66: 101-87.

Furness, A.
1953 "The Neolithic Pottery of Knossos." *Annual of the British School at Athens* 48: 94-134.

1957 "Some Early Pottery of Samos, Kalimnos, and Chios." *Proceedings of the Prehistoristic Society* 22: 173-212.

Furumark, A.
1972 "Mycenaean Pottery 1: Analysis and Classification." *Svenska Intitutet i Athen* (1s ed. 1941) 4, 20: 1.

Gagniere, J., and J. Granier
1963 "Les Stèles Anthropomorphes du Musée Calvet d'Avignon." *Gallia Prehistoire* 6: 31-62.

Galibin, A.
1916 *Bel'giiskie narodnye skazki*. St. Petersburg.

Gallay, A.
1977 *Le Néolithique moyen du Jura et des plaines de la Saône: Contribution à l'étude des relations Chassey-Cortailod-Michelsberg*. Fanenfeld, Switzerland: Huber.

Gallis, K. J.
1983 "Evidence for funerary Rituals at Cremation Burials Since Early Neolithic in Thessaly (Greece)." *Prehistoric Art & Religion Valcanmonica Symposium '79*. Ed. by A. Beltran et al: 99-104. Capo di Ponte: Edizioni del Centro.

1985 "A Late Neolithic Foundation Offering From Thessaly." *Antiquity* 59: 20-23.

Galović, R.
1959 *Predionica: Neolitsko Naselje Kod Prištine* (German translation, Predionica Äneolithische Ansiedlung bei Priština). Priština: Archaeological Museum.

1966 "The Monumental Prehistoric Clay Figures of the Middle Balkans." *American Journal of Archaeology* 70.4: 370-71.

1968 "Die Starčevačka kultura in Jugoslawien." *Die Anfänge des Neolithikums vom Orient bis Nordeuropa* 2: 1-22.

Garašanin, D.
1954 *Starčevačka kultura*. Univ. of Ljubljana.

Gavela, B. et al.
1968 *Neolit centralnog Balkana*. Belgrade: National Museum.

Georgiev, G. I.
1958 "Za nyakoj orudija za proizvodstvo ot neolita i eneolita u Bulgarija." *Studia in honorem D. Dečev* (Sofia): 369-87.

1961 "Kulturgruppen der Jungsteinzeit und der Kupferzeit in der Ebene von Thrazien (Südbulgarien)." *L'Europ à la fin de l'âge de la pierre: Actes du Symposium consacré aux problèmes du Néolithique européen*: 45-100. Prague: Éditions de l'Académie Tchécoslovaque des Science.

1965 "The AzmakMound in Southern Bulgaria." *Antiquity* 39: 6-8.

1967 "Beiträge zur Erforschung des Neolithikums und der Bronzezeit in Südbulgarien." *Österreich: Arbeitsgemeinschaft für Ur-und Frühgeschichte*: 90-144.

Georgiev, G. I., and N. Angelov
1952-1957 "Razkopki na selishtnata mogila do Ruse prez 1948-1949 god." *Izvestija*. Bulgarska Akad. na Naukite, Archeol. Inst. 18 (1952): 119-94 and 31 (1957):

Georgiev, P.
1976 "Novi danni za kulta kam slantseto v balgarskite zemi prez IV hil.pr. n.e." *Vekove*: 74-76.

Geogiv, V.
1969 "Un sceau inscrit de l'époque chalcolithique trouvé en Thrace." *Studi Micenei ed Egeo-Anatolici*: 32-35.

Gerasimov, M. M.
1958 "Paleolitichskaja stojanka Mal'ta." *Soventskaja Etnografija* 3: 35-51.

Gervasio, M.
1921 *Bronzi arcaici e ceramica geomtrica nel Museo di Bari*. Bari: Commissine Proviniale di Archeologia e Storia Patria, Documenti e Monografia 16.

Gesell, G.
1972 *The Archaeological Evidence for the Minoan House Cult and its Survival in Iron Age Crete*. Ph.d. dissertation. Ann Arbor: University Microfilms.

1976 "The Minoan Snak Tube: A Survey and Catalogue." *American Journal of Archaeology* 80, no. 3: 247-60.

Giedion, S.
1957-1962 *The Eternal Present*. Vol. 1. The Beginnings of Art. The A. W. Mellon Lectures in the Fine Arts, 1957; Bollingen Series 35. New York: Pantheon.

Gimbutas, M.
1956 *The Prehistory of Eastern Europe: Mesolithic, Neolithic and Copper Age Cultures in Russia and the Baltic Area*. Harvard University, Peabody Museum, American School of Prehistoric Research, Bulletin 20.

1958 *Ancient Symbolism in Lithuanian Folk Art*. Memories of the American Folklore Society 49: Philadelphia.

1972 "Excavations at Anza, Macedonia." *Archaeology* 25.2: 112-23.

1974 *The Gods and Goddesses of Old Europe: 7000 to 3500 B.C.: Myths, Legends, and Cult Images*. London: Thames and Hudson; and Berkeley: University of California Press.

1976 "Figurines." *Neolithic Macedonia as Reflected by Excavation at Anza, Southeast Yogoslavia*. Ed. M. Gimbutas: 198-241. Mounmenta Archaeologica 1; Los Angeles: Institute of Archaeology, University of California.

1976a "Ideograms and Symbolic Design on Ritual Objects of Old Europe (Neolithic and Chalcolithic Southeast Europe)." *To Illustrate the Monumnts*. J. V. S. Megaw, ed.: 77-98. London: Thames and Hudson.

1977 "The First Wave of Eurasian Steppe Pastoralists into Copper Age Europe." *The Journal of Indo-European Studies* 5, no. 4: 277-339.

1977a "Gold Treasure at Varna." Archaeology 30, no. 1: 44-51.

1977b "Varna: A Sensationally Rich Cemetary of the Karanovo Civilization, about 4500 B.C." *Expedition* 19, no. 4: 39-46.

1978 "Le fin de l'Europe ancienne." *La Recherche* (Paris) 87: 227-35.

1979 "The Three Waves of the Steppe People into East Central Europe." *Actes Suisses d'Anthropologie* (Geneva) 43, no. 2: 227-35.

1980 "The Kurgan Wave #2, c. 3400-3200 B.C." *The Journal of Indo-European Studies* 8, 3-4: 273-317.

1980a "The Temple of Old Europe." *Archaeology* 33: 41-50.

1981 "Vulvas, Breasts, and Buttocks of the Goddess Creatress." *The Shape of the Past: Studis in Honor of Franklin D. Murphy*: Ed. by Giorgio Buccellati and

Chales Speroni; pp. 15-43. Los Angeles: Institute of Archaeology, University of California.

1981a "The 'Monstrous Venus' of Prehistory or Goddess Creatrix." *Comparative Civilizations Review* 7 (fall): 1-26.

1982 *The Goddesses and Gods of Old Europe, 6500-3500 B.C.: Myths and Cult Images*. New and updated edition (first edition appeared as *The Gods and Goddesses of Old Europe*). London: Thames and Hudson.

1984 "Senosios Europos deivės ir dievai lietuvių mitologijoje." *Metmenys* (Chicago) 48: 28-57.

1985 "Pre-Indo-European Godesses in Baltic Mythology." *The Mankind Quarterly* 1: 19-26.

1986 "Mythical Imagery of the Sitagroi Society." *Excavations at Sitagroi*. Ed. by C. A. Renfrew, M. Gimbutas, and E. Elstr: 225-302, pls. 45-65. Monumenta Archaeologica 13. Los Angeles: Institute of Archeology, University of California Los Angeles.

1989 *Achilleion: A Neolithic Settlement in Thessaly, Greece, 6400-5600 B.C.* (with Shan Winn, Daniel Shimabuku et al., contributors). Monymenta Archaeologica 14. Los Angeles: Institute of Archaeology, University of California.

Gimbutas, M., D. Shimabuku, Shan Winn, et al.

1988 A*chelleion: A Neolithic Settlement in Northern Greece, 6400-5600 B.C.* Los Angeles: Monumenta Archaeologica, University of California Los Angeles.

Giot, P. R., J. L'Helgouach, and J. L. Monnier

1979 *Préhistoire de la Bretagne*. Rennes: Ouest-France.

1981 "The Megaliths of France." *The Megalithic Monuments of Western Europe*. Ed. by Colin Renfrew: 18-29. London: Thames and Hudson.

Glišic, J.

1957 "Preistoriska naselje na Gladnicama kod Gračanice." *Glasnik Muzeja Kosova i Metohije* II.

Glob, P. V.

1970 *The Mound People: Danish Bronze-Age Man Preserved*. Trans. by J. Bulman. Ithaca: Cornell University Press.

1975 *The Bog People: Iron-Age Man Preserved*. Trans. by R. Bruce-Mitford. Ithaca: Cornell University Press.

Goldberg, N.

1983 *Changing of the Gods: Feminism and the End of Traditional Religions*. Boston: Beacon Press.

Goldman, B.

1931 *Excavation at Eutresis in Boeotia*. Cambridge, Mass.: Harvard University Press.

Goldman, G.

1987 "Gesichtsgefässe und andere Menschendarstellungen aus Battonya." *A Békés Megyei Múzeumok Közleményei* (Békés) 5: 13-60.

Golomshtok, E. A.

1938 *The Old Stone Age in European Russia*. Transactions of the American Philosophical Society 29: Philadelphia.

Graves, R.

1960 *The Greek Myths*. Vol. 1. Penguin Books.

1972 *The White Goddess*. New York: Farrar, Strauss and Giroux.

Graziosi, P.

1960 *Palaeolithic Art*. New York: McGraw-Hill.

1971 "Le pitture preisoriche delle Grotte di Porto Badisco e S. Cesarea." *Rendiconti della Clase di Scienze morali, storiche e filologiche*. Ser. 8. 26 1-2: 1-8. Accademia Nazionale dei Lincei.

1973 "Nuove manifestazioni d'arte mesolitica e neolitica nel riparo Gaban presso Trento." *Rivista di Scienze Preistoriche* 30, nos. 1-2: 237-78.

1980 *Le pitture preistoriche della grotta di Porto Badisco: Origines studi i materiali publicati Istituto Italiano di Preistoria e Protoistoria*. Florence: Giunti Martello.

Grbić, M. et al.

1960 *Porodin, kasnoneolitsko naselje na Tumbi kod Bitloja* (résumé in German: Eine spätneolithische Anseidlung auf der Tumba bei Bitolj in Makadonien-Pelagonier). Bitola: Archeological Museum.

Greger, Sonia

1986 "The Cretan Gorgona: Monster or Goddess?" *Cultural Attitudes to Animals Including Birds, Fish, and Invertebrates*. The World Archaeological Congress, September 1-7, 1986, Southampton.

Greimas, A. J.

1979 *Apie dievus ir žmones. Lietuvių mitologijos studijos*. Chicago: A and M Publications.

Griaule, M. and G. Dieterlen

1954 "The Dogon." *African Worlds: Studies in the Cosmological Ideas and Social Values of African Peoples*: 83-110. London: Oxford University Press.

Groenewegen-Frankfort, H. A.

1951 *Arrest and Movement: An Essay on Space and Time in the Representational Art of the Ancient Near East*. London: Faber and Faber.

Grundmann, K.

1932 "Aus neolithischen Siedlungen bei Larisa." *Athenische Mitteilungen* 57: 102-23.

1937 "Magula Hadzimissiotiki: Eine steinzeitliche Siedlung im Karla-See." *Athenische Mitteilungen* 62: 56-69.

1953 "Figürliche Darstellungen in der neolithischen Keramik Nord und Mittel-Griechenlands." *Jahrbuch des Deutschen Archäologischen Instituts* (Berlin) 68: 1-37.

Gugitz, G.

1955 "Fest und Brauchtumskalender für Österreich, Süddeutschland un die Schweiz." *Bücherreihe österrieichische Heimat* 19 (Vienna).

Guilaine, J.

1976 *Premiers bergers et paysans de l'Occident méditerranéen*. Paris/The Hague: Mouton.

Gulder, A.

1960 "Die urnenfelderzeitliche 'Frauenkröte' von Maissau in Niederösterreich und ihr geistesgeschichtlicher Hintergrund." *Mitteilungen der prähistorischen Kommission der österreichischen Akademie der Wissenschaften* 10: 1-157.

Gurba, J.

1956 "Minaturowe gliniane modele toporków z miejsc. Grzegorzewice, pow. Opatów." *Wiadomości archeologiczne* (Warsaw) 23, 1: 114-15.

Gurina, N. N.

1956 *Oleneostrovskij mogil'nik*. Materialy i issledovanija po Arkheologii SSSR, 47, Moscow-Leningrad.

Hadaczek, K.

1914 *La colonie industrielle de Koszylowce* (Lviv).

Hadinham, E.

1974 *Ancient Carvings in Britain: A Mystery*. London: Garnstone Press.

Hall, N.

1980 *The Moon and the Virgin: Reflections on the Archetypal Femine*. New York: Harper and Row.

Hallström, G.

1960 *Monumental Art of Northen Sweden from the Stone Age: Nämforsen and other Localities*. Stockholm: Almquist and Wiksell.

Hamp, Eric P.

1975 "Indo-European au before consonant in British and Indo european 'sun'." *The Bulletin of the Board of Celtic Studies* 26.2: 97-102.

1979-80 "Imbolc, oimelc." *Studia Celtica* 14-15: 106-13.

Hampe, R.

1936 *Frühe griechische Sagenbilder in Böotien*. Athens: Deutches Archäologisches Institut.

Hampe, R., and E. Simon

1981 *The Birth of Greek Art: From the mycenaean to the Archaic Period*. New York: Oxford University Press.

Hancar, F.

1940 "Problem der Venussatatuetten im eurasiatischen Jungpaläolithikum." *Prähistorische Zeitschrift* 30-31.

Harrison, J. E.

1922 *Prolegomena to the Study of Greek Religion*, 3rd ed. Cambridge: Cambridge University Press.

1948 *Ancient Art and Ritual*. London/New York/Toronto: G. Cumberlege.

1962 *Themis: A study of the Social Origins of Greek Religion*. First ed. 1912. Cleveland and New York: Merdian Books.

Hartuche, N. A. and F. Anastasiu

1968 *Brailita: Asezari si cimitire omenesti datind din epoca neolitica pina in progul orinduirii feudale* (Braila).

Haussig, H. W., ed.

1973 *Wörtherbuch der Mytholgie*, vol. 2. Götter und Mythen im alten Europa. with J. Balys, J. Miguel de Barandiaran, A.o. Stuttgart: Ernst Klett.

Hawkes, J.

1958 *Dawn of the Gods*. London: Chatto & Windus.

Hazzidakis, J.

1921 *Tylissos a l'èpoque minoenne: Ètude de préhistoire crétoise*. Paris: Paul Geuthner.

Hedges, J. W.

1983 *Isbister: A Chambered Tomb in Orkney*. BAR british Series 115. Oxford.

Hegedüs, Katalin

1981 "Ojkokori lakotelep Czanytelek Hatarabol" (영문 요약: "Excavations at the Neolithic Settlement of Czaytelek-Ujhalasto"). *Archaelogiai Értessitö* (Budapest) 108, 1: 3-12.

Heggie, Douglas C.

1981 *Megalithic Science, Ancient Mathematics and Astronomy in Northwest Europe*. London: Thames and Hudson.

Hein, W.

1900 "Die Opfer-Barmutter als Stachelkugel." *Zeitschrift des Vereins für Volkskunde* (Berlin): 420-28.

Hencken, H. O'N.

1939 "A Long Cairn at Creevykeel, Cp, Slingo," *Journal of the Royal society of Antiquaries of Ireland* 69: 53-98.

Hennessy, W. M.

1870-2 "The Ancient Irish Goddess of War." *Revue Celtique* I (Paris): 32-55.

Hensel, W.

1980 *Polska Starożytna*, 2nd ed. Wroclaw/Warsaw/Gdańsk: Ossolineum.

Hensel, W., and T. Wislański, eds.

1979 *Prahistoria ziem polskich* 2 (Neolit). Wroclaw/Warsaw/Cracow/Gdansk: Polska Academia Nauk.

Henshall, A. S.

1963 *The Chambered Tombs of Scotland*, vol. 1. Edinburgh: Edinburgh University Press.

1972 *The Chambered Tombs of Scotland*,

vol. 2. Edinburgh: Edinburgh University Press.

Hentze, C.
1932 *Mythes et symboles lunaires*. Anvers: Editions "De Sikkel."

Herity, M.
1974 *Irish Passage Graves, Neolithic Tomb-Builders in Ireland and Britain 2500 B.C.* New York:Barnes and Noble, and Dublin: Irish University Press.

Herscher, E.
1975 "New Light from Lapithos." *The Archaeology of Cyprus; Recent Developments*. Ed. by N. Robertson: 39-50. Park Ridge, N.J.: Noyes Press.

Higgins, R. A.
1967 *Greek Terracottas*. London: Methuen.

1973 *The Archaeolgy of Minoan Crete*. London: Bodley Head.

Hockman, O.
1965 "Menschliche Darstellungen in der bandkeramischen Kultur." *Jahrbuch Röm.-Germ. Zentral-Museums* 12: 1-34.

Holmberg, E. J.
1939 "Excavations at Asea in Arcadia, 1936-1938." *Göteborgs Högskolas Arsskrift* 45: 1-23.

1964 "The Neolithic Pottery of Mainland Greece." *Göteborgs kungl. Vetenskaps-och Vitterhets-sämhalles Handlingar*. Series A, Ⅶ, 2: 1-56.

Hood, S.
1978 *The Arts in Prehistoric Greece*. The Pelican History of Art. Harmondsworth:Penguin Books.

Hooijer, D. A.
1961 "The Fossil Vertebrates of Ksar'akil: A Palaeolithic Rock Shelter in the Lebanon." *Zoologische Verhandelingen* 49 (March 31, 1961). Leiden: E. J. Brill.

Hourmouziades, E. J.
1969 "Eiclesis ek Thessalias:Megali Vrisi." *Athens Annals. Archaeology*: 169-72.

Hourmouziades, G. Ch.
1972 *Megalo Pazaraki*. Archeion Tessalikon Meleton, Volos.

Hultkrantz, A.
1961 "The Owner of the Animals in the Religion of the North American Indians." *The Supernatural Owners of Nature*: 53-64. Stockholm: Almquist and Wiksell.

Ingersoll, E.
1923 *Birds in Legend, Fable, and Folklore*. New York: Longmans, Green, and Company.

Ivanov, I. S.
1978 "Les fouilles archeologiques de la necropole chalcolithique a Varna(1972-1975)." *Studia Praehistorica* (Sofia) 1-2: 13-26.

1978 *Sakrovishchata na Varnenskija khalkoliten nekropol*. Sofia: Septemvri.

Ivinskis, Z.
1950 "Vatikono archyvas-aruodas lietuviu kulturos istorijai." *Aidai* (New York) March: 10-13.

Jacobsen, T.
1976 *The Treasures of Darkness:A History of Mesopotamian Religion*. New Haven: Yale University Press.

Jacopi, G.
1929 "Scavi nella necropoli di Jalisson, 1924-1928." *Clara Rhodos* 3.

1931 "Esplorazione archaeologica di Camiro I. Scavi nelle necropoli camiresi, 1929-1930." *Clara Rhodos* 4.

Jahn, U.
1977 Die deutchen Opfergebräuche bei Akerbau und Viehzucht. New York: Olms. First published in 1884.

James, E. O.
1959 *The Cult of the Mother-Goddess*. London: Thames and Hudson.

1961 *Seasonal Feasts and Festivals*. London: Thames and Hudson.

Janzon, Gunborg O.
1983 "Zoomorphic Figurines and Beads from Ire, Hangvar Parish, Gotland." Fornuannen 78: 1-20.

Jensen, H.
1969 *Sign, Symbol, and Script: An Account of Man's Efforts to Write*. New York: G. P. Putnam.

Joffroy, R.
1979 *Vix et ses trésors*. Paris: Tallandier.

Johns, A. H., and Y. Johns
1972 *The Civilization of Prehistoric Cyprus*. Australia: Thomas Nelson.

Joussume, R.
1987 *Dolmens for the Dead*. Batsford: Hachette.

Jovanovic, B.
1964 "La ceramique anthropomorphe de l'eneolithique des Balkans et du Bas-Danube." *Archaeologia Iugoslavica* 5: 9-16.

1967 "La signification de certains elements de culte du groupe de Starcevo." *Starinar* 18: 11-20.

1978 "The Oldest Copper Metallurgy in the Balkans." *Expedition* 21, 1: 9-17.

1980 "The Origins of Copper Mining in Europe." *Scientific American* 245.5: 152-67.

1982 Rudna Glava. Der alterste Kupferbau im Zentralbalkan. Belgrade:Bor.

Jovanovic, B., and J. Glisic
1961 "Eneolitsko naselje na Kormadinu kod Jakova." Station eneolithique dans la localite de Kormadin pres de Jakov. *Starinar* 1960: 113-42.

Kaelas, L.
1981 "Megaliths of the Funnel Beaker Culture in Germany and Scandinavia." *The Megalithic Monuments of Western Europe*. Ed. By C. Renfrew: 77-91. London: Thames and Hudson.

Kaindl, R. Fr.
1908 "Neolithische Funde mit bemalter Keramik in Koszylowce (Ostgalizien)." *Jahrbuch für Altertumskunde* 2: 144-50.

Kaiser, B.
1976 *Untersuchungen zum minoischen Relief*. Bonn: Habelt.

Kalicz, N.
1970 *Clay Gods: The Neolithic Period and Copper Age in Hungary*. Trans. by B. Balogh. Budapest: Corvina.

1970a *Dieux d'Argile l'age de pierre et du cuiver en Hongrie*. Trans. by P.Komoly. Budapest: Corvina.

Kalicz, N., and J. Makkay
1972 "Gefässe mit Gesichtsdarstellungen der Linienbandkeramik in Ungarn." *Idole, prähistorische Keramiken aus Ungarn*. Naturhistorisches Museum (Vienna), N. F. 7: 9-15, Taf. 11, 12.

1972a "Sudliche Einflüsse im fruhen und mittleren Neolithikum Transdanubiens." *Alba Regia* 12 (1971). Székésfehervar.

1977 *Die Linienbandkeramik in der grossen ungarischen Tiefebene*. Budapest: Akademiai Kiado.

Kalicz, N., and P. Raczky
1981 "The Precursors to the 'Horns of Consecration' in the Southeast European Neolithic." *Acta Archaeologica Academiae Scientiarum Hungaricae* 33, 1-4: 5-20.

Kalil, L.
1979 "La deesse Artemis:mythologie et iconographie." *Greece and italy in the Classical World*: ed. by J. N. Coldstream: 73-87.

Kandyba, O.
1937 *Schipenitz: Kunst and Gerate eines neolitischen Dorfes*. Bücher zur Ur-und Frühgeschichte 5. Leipzig: A. Schroll and Co.

Karageorghis, J.
1977 *La grande deesse de Chypre et son culte a travers l'iconographie de l'epoque neolithique au Vleme s.a.C.* Lyons: Maison de l'Orient.

Karageorghis, V.
1962 *Treasures in the Cyprus Museum*. Cyprus Dept. of Antiquities, Picture Book 1: Nicosia.

1964 "Chronique de fouilles et decouvertes archeologiques a Chypre en 1963." *Bulletin de Correspondance Hellenique* (Ecole Francaise d'Athenes) 88.1: 289-379.

1965 "Notes on some Centaurs from Crete." *Kritika Chronika*: 50-54.

1976 Kition: Mycenaean and Phoenician Discoveries. Proceedings of the British Academy 59. Mortimer Wheeler Lecture.

Karageorghis, V., and J. des Ganiers
1979 *La céramique Chypriote de style figuré: Âge du fer (1050-500 au. J.-C.)*. Supplement. Consiglio Nazionale delle Ricerche, Istituto per gli Studi Micenei ed Egeo-Anatolici, Biblioteca de Antichità Cipriote 5. Rome: Edizioni dell'Ateneo e Bizzarri.

Karmanski, S.
1968 Žrtvenici, statuete i amuleti sa lokaliteta Donja Branjevina kod Deronja (Odžaci).

1977 *Katalog Antropomofne i zoomorfne plastike iz okoline Odžaka* (Odžaci).

Katincarov, R.
1973 "Otnosno datirovkata i interpretatsijata na mramornata figurka ot gr.Kazanlak." 프랑스어 요약: "Sur la datation et interpretation de la figurine en marbre de Kazanlak." *Archeologija* 15.3: 22-30.

Keller, Josef
1955 "Das Fürstengrab von Reinheim (Kreis St. Ingbert, Saarland)." *Germania* 33, 1/2: 33-42.

Keller, O.
1963 *Die antike Tierwelt*, II. Hildesheim: Georg Olms Verlagsbuchhandlung.

1987 "Rana e rospo." *Quaderni Di Semantica* 8.2: 207-18.

Kendrick, T.D.
1928 *The Archaeology of the Channel Islands*, vol. 1. The Bailiwick of Guernesey. London: Methuen.

Kenna, V. E. G.
1960 *Cretan Seals, with a Catalogue of the Minoan Gems in the Ashmolean Museum*. Oxford: Clarendon Press.

1968 "Ancient Crete and the Use of the Cylinder Seal." *American Journal of Archaelogy* 72. 4: 321-36.

Kennedy, A. B.
1987 "Ecce Bufo: il rospo in natura e nell'iconografia dgli Olmec." *Quaderni Di Semantica* 8.2: 229-63.

Kenner, H.
1954 *Das Theater und der Realismus in der griechischen Kunst*. Vienna: A. Sexl.

Kerbelyte, B.
1973 *Lietuvių liaudies padavimy katalogas*. Vilnius, Lietuvių Kalbos ir Literatūros Institutas, Lietuvos TSR Akademija.

Kerenyi, K.
1978 *Athene: Archetype of Virgin and Mother in Greek Religion*. Dallas: Spring Publications.

Kinsley, D.
1975 *The Sword and the Flute: Kali and Kršna*. Berkely: University of California Press.

Klebs, R.

1882 *Der Bernsteinschmuck der Steinzeit von der Baggerei bei Schwarzort und anderen Lokalitäten Preussens*. Beiträge zur Naturkunde Preussens 5. Königsberg: W. Koch.

Klein, R. G.
1969 *Man and Culture in the Late Pleistocene*. San Francisco: Chankdler Publishing.

König, M.E.P.
1973 *Am Anfang der Kultur: Die Zeichensprache des frühen Menschen*. Berlin: Gebr. Mann Verlag.

Korfman, M.
1979 "Eine weibliche Gottheit in der Frühbronzezeit Anatoliens." *Prähistorische Zeitschrift* 54: 187-200.

Korkuti, M.
1971 "Fouilles archeologiques 1967-69 en Albanie." *Studia Albanica* (Tirana) 8: 130-32.

Korkuti, M., and A. Zhaneta
1972 "Foullies 1969-70 dans l'angglomeration neolithique de Cakran (Fieri)." *Studia Albanica* (Tirana) 9.1: 16-30.

Korošec, J.
1953 "Prehistorijska gliena plastika u Jugoslaviji." "Prehistoric Plastic Art in Yugoslavia." *ArheoloŠki Radovi i Rosprave* (Ljubljana) 1: 61-115.

1958 *Neolitska naseobina u Danilu Bitinju*, vol. 1. Zagreb: Academy of Arts and Sciences.

Kosmopoulos, L. W.
1948 *The Prehistoric Inhabitation of Corinth*. Munich: Muncher Verlag.

Kovács, T.
1973 "Askoi, Bird-shaped Vessels, Bird-shaped Rattles in Bronze Age Hungary." *Folia Archaeologica* 23: 7-28.

Kriss, R.
1929 *Das Gebärmutter-motiv*. Augsburg.

Kubler, K.
1943 *Kerameikos* 4. Berlin: de Gruvter.

Kuhn, H.
1956 *The Rock Pictures of Europe*. Fairlawn, N. J.: Essential Books.

Kunkel, O.
1955 "Die Jungfernhöhle bei Tiefenellern, eine neolithische Kultstatte bei Bamberg." *Münchner Beiträge* 5.

Kusurgasheva, A. P.
1970 "Antropomorfnaja plastika iz poselenija Novye Ruseshty I." *Kratikie Soobshchenija Instituta Arkhelogii*, AN SSR (Moscow), vyp. 123: 69-77.

Kutzián, I.
See Bognár-Kutzián.

LTA
Lietuviu Tautosakos Archyvas (Lithuanian Folklore Archive). Vilnius: Lithuanian Academy of Sciences.

Laming-Emperaire, A.
1962 *La signification de l'art rupestre paleolithique*. Paris: Picard.

Larousse
1969 *New Larousse Encyclopedia of Mythology*. Intro. by Robert Graves. London: Larousse.

Laszló, A.
1972 "Vases néolithiques à face humanine, decouvertes en Roumanie." *Alba Regia* 12: 211-35.

Latkovsi, L., Sr.
1978 *The Origin and Meaning of Jumis in Latvian Folklore*. Lecture presented at the 6th Conference of Baltic Studies, Toronto.

Laumonier, A.
1958 *Les cultes indigènes en Carie*. Bibliothèque des Ecole Franc. d'Athènes et de Rome 188. Paris: E. de Boccard.

Lawler, L.B.
1964 *The Dance in Ancient Greece*. London: Adam and Charles Black.

Lawson, J. C.
1964 *Modern Greek Folklore and Ancient Greek Religion*. New York: University Books.

Legge, F.
1917 "The Most Ancient Goddess Cybele." *Royal Asiatic Socieyof Great Britain and Ireland* (London): 695-714.

Leisner, G. K., and V. Leisner
1956 *Die Megalithgräber der Iberischen Halbinsel: Der Westen*, vol. 1. Berlin: de Gruyter.

1959 Ibid., vol. 2

Leisner V., and C. Cerdán Marquez
1952 *Los Sepulcros Megaliticos de Huelva*. Informes y Memorias 26. Madrid: Comisaría General de Excavation Arqueologicas.

Lèmozi, A.
1929 *La grotte-temple du pech-Merle: Un nouveau sanctuaire préhistorique*. Paris: A. Picard.

Leroi-Gourhan, A.
1958 "La fonction des signes dans les sanctuaires paléolithiques." *Bulletin de la Société Préhistorique Française* 55: 307-21.

1958a "Le symbolisme des grands sighnes dans l'art pariétal paléolithique." *Bulletin de la Société Préhistorique Française* 55: 384-98.

1967 *Treasures of Prehistoric Art*. New York: Harry N. Abrams.

Leroi-Gourhan, A., and J. Allain, eds.
1979 *Lascaux Inconnu*. Gallia Préhistoire suppl. 13.

Le Roux, C.-T.
1982 "Nouvelles gravures a Gavrinis, Larmor-Baden (Morbihan)." *Bulletin de la Société Préhistorique Française* 79.3: 89-96.

1985 *Gavrinis et les îles du Morbihan. Les mégalithes du golfe*. Guides Archeologiques de la France. Impr. Nationale.

Letica, Z.
1973 *Antropomorfne figurine bronzanog doba u Jugoslaviji*. Dissertationes et Monographiae 16. Belgrade University.

Levi, D.
1952 "La necropoli di Anghelu Ruju e la civiltà eneolitica della Sardegna." *Studi Sardi* 10-11: 3-20.

1956 "A Magnificent Crather and Rich Pottery from the Crete of 4000 Years Ago: New and Vivid Light on the Earliest Palace of Phaistos." *The Illustated London News* 6 (Oct): 548-50.

1969 *Early Hellenic Pottery of Crete*. Reprint of the 1945 ed. Princeton Monographs in Art and Archaeology 23. Amsterdam: Adolf M. Hakkert.

1976 *Festòs e la civiltà minoica* 1. Incunabula Graeca 40. Rome: Edizioni dell'Ateneo.

Levy, R. G.
1963 *Religious Conceptions of the Stone Age and their influence upon European Thought*. New York: Harper Torch Books.

L'Helgouach, J.
1957 "L'allée couverte de Prajou-Menhir en Trébeurden (Côtes-du-Nord)." *Annales de Bretagne* 64: 1-8.

1965 *Les sépultures mégalithiques en Armorique: Dolmens á couloir et allées convertes*. Travaux du Laboratoire d'anthropologie préhistorique de la Facluté des Sciences. Rennes: Alencon, Impr. Alençonnaise.

Lichardus, J. and S. Šiška
1970 "Záchranny vyskum pohrebiska a sidliska lengyelskej kultúry vo svodíne roku 1965." *Slovenská archeológia* 18.2: 311-52.

Liègeois, J.
1976 "Les statues-menhirs de la Corse." *Actes di Congresso storico Liguria-Corsica May, Istituto internazionale di Studi Liguri*, Massa Si Canare.

Lies, H.
1963 "Eine neue Reliefplastik der Bandkeramik von Barleben, Kr. Wolmirstadt." *Ausgrabungen und Funde* 10: 10-14.

Lilliu, G.
1957 "Religione della Sardegna prenuragica." *Bollettino di Paletnologia Italiana* 11.

Lilliu, G., and H. Schubart
1967 *Frühe Randkulturen des Mittelmeerraumes: Korsika-Sardinine-Balearen-Iberische Halbinsel*. Baden-Baden: Holle Verlag.

Lincoln, B.
1984 *Indo-European Myths of Creation, Destruction, and Society*. Ms., University of Minnesota.

1986 *Myth, Cosmos, and Society, Indo-European Themes of Creation and Destruction*. Cambridge, Mass. and London, England: Harvard University Press.

Littleton, C. Scott
1982 *The New Comparative Mythology. An anthropological Assessment of the Theories of Georges Dumézil*. Third edition. Berkeley, Los Angeles, London: University of California Press.

Liungman, W.
1961 "Das Rå und der Herr der Tiere." *The Supernatural Owners of Nature*. Ed. by A. Hultkrautz, 72-100. Stockholm: Almquist and Wiksell.

Liversage, D.
1966 "Ornamented Mesolithic Arifacts from Denmark: Some New Finds." *Acta Archaeologica* (Copenhagen) 37: 221-37.

Lloyd, S. and J. Mellaart
1962 *Beycesultan I*. Occasional Publications of the British Institute of Archaeology at Ankara 6, London.

Long, Ch. R.
1974 *The Ayia Triadha Sarcophagus. A study of Late Minoan and Mycenaean Funerary Practices and Beliefs*. Studies in Mediterranean Archaeology, vol. 16. Göteborg.

Lo Schiavo, E., D. Pannedda, G. Tanda, et al.
1976 *Nuove testimoniaze archeologiche della Sardegna centro settentrionale*. Dessisassri, Ministero per i Beni Culturali e Ambientali.

Lo Schiavo, F.
1978 "Figurazioni antropomorfe nella Grotta del Bue Marino-Cala Gronone (Dorgali)." *Sardegna Centro-Prientle dal Neolitico alla Fine del Mondo Antico*: 53-55.

1982 "La domus dell'Ariete (Perfugas, Sassari)." *Rivista di scienze preistoriche* 37, 1-2: 135-86.

Loze, I.
1969 "Novvj centr obrabotki jantarja neoliticheskoj épokhi v Vostochnoj Pribaltike." Résumé: "Un nouveau centre du travali de l'ambre à l'epoque néolithique dans les pays Baltique est." *Sovetskaja arkheologija* 3: 124-34.

1983 *Akmens laikmeta māaksla Austrumbaltijā*. Riga: Zinatne.

Lumley, H. de., M.-E. Fonvielle, and J. Abelanet
1976 "Les gravures rupestres de l'age du Bronze dans la région du Monte Bégo (Tende, Alpes-Maritimes)." *La préhistoire française* 2: 222-36. Paris: Éd. Centre National de la Recherche Scientifique.

Luquet, G. H.

1934 "Les Venus paléolithiques." *Journal de Psychologie* (Paris) 31: 429-60.

Lurker, M., ed.
1968 *Bibliographie zur Symbolik, Ikonographie und Mythologie*. Baden-Baden: Heintz.

1983 *The Gods and Symbols of Ancinent Egypt*. London: Thames and Hudson.

MacCana, P.
1981-1982 "Women in Early Irish Mythology." *Crane Baq* (Dublin) 4: 4.

McNeill, F. Marian
1957-1968 *The Silver Bough*. Glasgow: W. Macellan.

McPherson, J.
1929 *Primitive Beliefs in the Northeast of Scotland*. London: Longmans.

Machal, J.
1964 "Slavic Mythology." *The Mythology of all Races*, 1st ed. 1918. New York: Cooper Square.

McKay, J. G.
1932 "The Deer-Cult and the Deer-Goddes Cult of Ancient Caledonia." *Folklore* 43: 144-74.

Mackenzie, D. A.
1917 *Myths of Crete and Pre-Hellenic Europe*. London: Greshan.

Mackie, E.
1977 *The Megalith Builder*. Oxford: Phaidon.

Maclean, C.
1964 "The Last Sheaf." *Scottish Studies* (Edinburgh) 8: 193-207.

McMann, J.
1980 *Riddles of the Stone Age: Rock Carvings of Ancient Europe*. London: Thames and Hudson.

Maier, F. G.
1969 "Dans les nécropoles de Palaeopahos." in "Chypre à L'aube de son histoire." *Archéologie vivante* 2, 3: 116-30.

Maier, K. A.
1961 "Neolithische Tierknochen-Idole und Tierknochen-Anhänger Europas." *Bericht RÖm-Germ. Komission*: 171-305.

Maier, R. A.
1957 "Zu einigen Fremdelementen der Cortaillod-kultur." *Germania* 35: 6-10.

Makarenko, N. E.
1927 "Sculpture de la civilisation tripolienne en Ukraine." *IPEK*: 119-29.

Makarevich, M. L.
1960 "Issledovanija v rajone s. Stena na Srednem Dnestre." *Kratkie Soobschchenija Instituta Arkheologii* (Kiev) 10: 23-32

1960a "Ob ideologicheskikh predstavlenijakh u tripolskikh plemen." *Odesskoe arkheologicheskoe obshchestvo* (Odessa) 1, 34: 290-301.

Makkay, J.
1964 "Ealy Near Eastern and Southeast European Gods." *Acta Archaeologica* 16: 3-64.

1965 "Die wichtigsten Fragen der Körös-starčevo Periode." *Acta Antique et Archaeologica*: 3-18.

1969 "The Late Neolithic Tordos Group Signs." *Alba Regia* (Annales Musei Stephani Regis) 10: 9-49.

1971 "A Chalcolithic Stamp Seal from Karanovo, Bulgaria." *Kadmos* 10: 1-9.

1972 "Eingeritzte und plastische Menschendarstellungen der transdanubischen Linienbandkeramik." *Idole, Prähistorische Keramiken aus Ungarn*. Naturhistorisches Museum, N. F. 7: 16-19, taf. 13-15, Vienna.

1978 "Excavations at Bicske, I. The Early Neolithic - the Earliest Linear Band Ceramic." *Alba Regia* (Székésfehervár) 16: 9-60.

1983 "Foundation Sacrifices in Neolithic Houses of the Carpathian Basin." *Prehistoric Art & Religion Valcamonica Symposium '79*. Ed. by A. Beltran et al: 157-67. Capo di Ponte: Edizione del Centro,

1985 "Neuere Typen der Körös-Starčevo Plastik." *Journal of Mediterranean Archaeology* 3.

Mallowan, M. E. L.
1947 "Excavations at Brak and Chagar Bazar." *Iraq* 9,2: 89-589.

Malten, L.
1928 "Der Stier in Kult und mythischen Bild." *Jahrbuch des deutschen archaeologischen Institutes* 43: 90-139.

Mannhardt, W.
1936 *Letto-Preussische Götterlehre*. Riga: Lettisch-Literarische Gesellshaft 21.

Marazov, I.
1983 "Kultyt kym mechkata v drevna Trakija." *Izkusvo* (Sofia) 33. 4: 28-36.

Marinatos, Nanno
1984 *Art and Religion in Thera. Reconstructing a Bronze Age Society*. Athens: Dial. Mathioulakis.

Marinatos, S.
1968 *Excavations at Thera* 1-7. Bibliotheketesen Athenais Archaiologikes Hetarieias 64. Athenes: Greek Archaelogical Society.

1968 "Die Eulengöttin von Pylos." *Mitteilungen des Deutschen Archäologischen Instituts, Athenische Abteilung* (Berlin) 83: 167-74, pls.

Marinatos, S., and M. Hirmer
1960 *Crete and Mycenae*. Trans. by J. Boardman. London: Thames and Hudson.

1973 *Kreta, Thera und das mykenische Hellas*, 2nd. ed. Munich: Hirmer.

Marinescu-Bîlcu, S.
1961 "Doua vase zoomorfe din cultura Gumelniţa." *Studii Şi Cercetări Istorie Veche* 12, 2: 345-58

1967 "Die Bedeutung einiger Gesten und Haltungen in der jungsteinzeitlichen skuptur der ausserkarpatischen Gebiete Rumäniens." *Dacia* 11: 47-58.

1971 "Aspects tardifs de la civilisation à céramique rubannée et sa contributio à la genèse de la civilisation Précucuteni I." *Praehistirische Zeitschrift* 46, 1: 4-36.

1972 "A Propos des influences de la culture Précucuteni sur la culture de Hamangia, à la lumière de quelques découvertes inédites de Dobrogea." *Dacia* 16: 53-73.

1974 *Cultura Precucuteni pe teritoriul României*. Biblioteca de arheologie 22. Bucharest: Academy of R S Romania, Institute of Archaeology.

1974a "La plastica in terracotta della cultura precucuteniana." *Rivistia di Scienze Preistoriche* 29, 2: 399-436.

Marinescu-Bîlcu, S., and B.Ionescu
1968 *Catalogul sculpturilor eneolitice din Muzeul raional Oltenita*.

Markevich, V. I.
1965 "Issledovanija neolita na srednem Dnestre." *Kratik sooshchenija Instituta Arkeheologii*, 105: 85-90. Moscow: Nauka.

1970 "Mnogoslojnoe poselenie Novye Ruseshty I." *Kratkie soobshchenija Instituta Arkheologii*, 123: 56-68. Moscow: Nauka.

1981 *Pozdnetripol'skie plemena severnoj Moldavii*. Kishinev: Stiintsa.

Markotić, V.
1984 "The Great Greek Pan: An Early Hominid?" *The Sasquatch and Other Unknown Hominoids*: 251-64. Calgary: Western Publishers.

Marshack, A.
1970 "Poļesini: A Reexamination of the Engraved Upper Palaeolithic Mobiliary Materials of Italy by a New Methodology." *Rivista di Scienze Preistoriche* (1969) 24: 219-81.

1972 *The Roots of Civilizations: The Cognitive Beginning of Man's first Art, Symbol, and Notation*. New York: McGraw-Hill.

1974 "The Meander as a System: the Analysis and Recognition of Iconographic Units in Upper Palaeolithic Compositions." *Biennial Conference, Australian Institute of Aborigial Studies*, 16. P. Ucko, ed.

1976 "Complexité des traditions symboliques du Paléolithique supérieur." *La Préhistoire Française, I. Les civilisations Paléolithiques et Mésolithiques de la France*. Ed. by Henly de Lumley: 49-53. Paris: Editions dy Centre National de la Recherche Scientifique.

1977 "The Meander as a System: the Analysis and Recognition of Iconographic Units in Upper Palaeolithic Compositions." *Form in Indigenous Art*: 286-317. Canberra: Australian Institute of Aborigal Studies, and London: Duckworth.

1979 *Ice Age Art: The Exhibit*. 빙하시대 예술과 상징 전시. 미국역사박물관(American Museum of National History), 알렉산더 마샤(Alexader Marshack), 큐레이터 컨설턴트(Curatorial Consultant), 캘리포니아 과학아카데미(California Academy of Sciences)가 준비.

1979a "Ukrainian Upper Paleolithic Symbol Systems: A Cognitive and Compariative Analysis of Complex Ritual Marking." *Current Anthropology* 20: 271-311.

1979b "Upper Paleolithic Symbol Systems of the Russian Plain: Cognitive and Compariative Analysis" *Current Anthropology* 20: 271-311.

1981 *Epipaleolithic, Early Neolithic Iconography*. Paper delivered at Romisch-Germanisches Museum, Cologne, Feb. 18-25, 1981.

1983 "European Upper Paleolithic-Mesolithic Continuity: A Congitive, Comparative Study of Ritual Marking." *Prehistoric art and Religion: Valcamonica Symposium '79*. Ed. by A. Beltran et al: 111-19. Capo di Ponte: Edizioni del Centro.

1984 "Epopaleolithic, Early Neolithic Iconography: A Cognitive, Comparative Analysis of the Lepenski Vir/Vlasac Iconography and its Later Influence." *Journal of Mediterranean Anthropology and Archaeology* 2. 국제 심포지엄 논문집 "The Culture of Lepenski Vir and the Problems of the Formation of Neolithic Cultures in Southeastern and Central Europe."

Marshall, Dorothy N.
1979 "Carved stone balls." *Proceedings of the Society of Antiquaries of Scotland* 108 (1976-7): 40-72

Masson, O.
1969 "Croyances et sanctuarires à l'epoque préhistorique." in "Chypre à l'Aube de son Historie." *Archéolgie vivant* 2.3: 53-72.

Masson, V. M.
1976 "Altin-tepe and the Bull Cult." *Antiquity* 50, 197: 14-19.

Matasa, C,
1946 *FrumuŞica: Village prehistorique à céramique peinte dans la moldavia du Nord*. Bucharist:Institute of Archaeology.

1964 "Asezarea eneolitica CuCuteni B de

la Tirgu Ocna Podei (raionul Tirgu Ocna, reg. Bacau)." *Archaelogia Moldovei* 2-3: 11-66.

Mateesco, C. N.
1965 "Contribution a l'etude de la civilisation de Vadastra: Phase Vadastra II." *Atti del VI Congresso Internationale delle Scienze Preistoriche e Protostroriche* (Rome) 2: 258-63.

1970 "Sapaturi arheologice de Vădăstra." *Materiale Şi Cercetări Arheologice* 9: 67-75. Bucharest: Institute of Archaeology.

Mateesco, C. N., and J. Voinescu
1982 "Representation of Pregnancy on Certain Neolithic Clay Figurines on Lower and Middle Danube." *Dacia* 26: 1-2.

Mathieu, G.
1984 "Une figurine sylisée dans une tombe d'enfant de la nécropole rubanée d'Ensisheim." *Colloque Interregional sur le Neolithique, 5-7 October 1984, Mulhouse.* Résumés des commnications, Ministere dé la Culture, Direction Régionale d'Alsace.

Matz, F.
1928 *Die frühkretischen Siegel: Eine Untersuchung über das Werden minoischen Stiles.* Berlin/Leipzig: W. de Gruyter.

1933 "Eine neue 'Pintadera' aus Thessalien." *Archaölogischer Anzeiger* 48: 315-17.

1951 *Torion: Eine formendkundiliche Untersuchung zur ägäischen Vorgeschichte.* Akademie der Wissenschften und der Literatur, Geistes- und Sozialwissenschaftliche Klasse, Abhandlungen 12; Mainz.

1958 Göttererscheinung und Kultbild im minoischen Kreta. Akademie der Wissenschaften und der Literatur, Geistes- und Sozialwissenschastliche Klasse, 18: Mainz.

1962 *Crete and Early Greece: the Prelude to Greek Art.* Trans. by A. E. Keep. London: Methuen.

Matz, F., and I. Pini, eds.
1974 *Corpus der minoischen und mykenischen Siegel* 13. Nordamerika 2, Kleinere Sammlungen. Berlin: Gebr. Mann Verlag.

Matz, F. and H. G. Buchholz, eds.
Archaeologia Homerica

1967/87 Göttingen: Vandenhoeck and Ruprecht.

Maxim-Alaiba, R.
1987 "Le complexe de culte de la phase Cucuteni A_3 de Dumesti (Vaslui)." *La Civilization de Cucuteni en Contexte Européen*: 269-86. Session Scientifique Iaşi-Piatra Neamţ, Iaşi, Universite "Al. I. Cuza."

Mayer, M.
1904 *Le stazioni preistoriche di Molfetta: Relazione sugli scave esequiti nel 1901.* Commione Provinciale de Archeologia e Storia Patria, Documenti e Monografie 6. Bari: V.Vecchi.

1924 *Molfetta und Matera: Zur Prähistorie Süditaliens und Sicilens.* Leipzig: K. W. Hiersemann.

Megas, G.
1963 *Greek Calendar Customs.* Athens: Rhodis.

Meinardus, O.F.A.
1974 "Fertility and Healing Cult Survival in Athens, Haghia Marina." *Zeitschrift für Ethnologie* 99, 1-2: 270-76.

Meldgaard, J., P. Mortensen, and H. Thrane
1963 "Excavations at Tepe Guran, Luristan." *Acta Archaeologica* 34: 97-133.

Mellaart, J. S.
1958 "Excavations at Hacilar: First Preliminary Report." *Anatolian Studies* 8: 127-56.

1959 "Excavations at Hacilar: First Preliminary Report, 1958." *Anatolian Studies* 9:51-65.

1960 "Anatolia and the Balkans." Antiquity 24: 270-84.

1960a "Excavations at Hacilar: Third Preliminary Report, 1959." *Anatolian Studies* 10: 83-104.

1961 "The Beginning of the Village and Urban Life." *The Dawn of Civilization.* Ed. by S. Piggott: 41-64. New York: McGraw-Hill.

1961a "Excavations at Haciar: Fourth Preliminary Report, 1960." *Anatolian Studies* 11: 39-75.

1961b "Hacilar: A Neolithic Village Site." *Scientific American* 205: 86-97.

1962 "Excavations at Çatal Hüyük :First Preliminary Report, 1961." *Anatolian Studies* 12: 41-65.

1963 "Excavations at Çatal Huyuk: Second Preliminary Report, 1962." *Anatolian Studies* 13: 43-103.

1964 "Excavations at Çatal Hüyük, 1963. Third Preliminary Report." *Anatolian Studies* 14: 39-119.

1964a "Earliest of Neolithic Cities: Delving Deep Into the Neolithic Relegion of Anatolian Çatal Hüyük, part 2:Shrines of the Vultures and the Veiled Goddess." *Illustrated London News* 244: 194-97.

1964b "Earliest of Neolithic Cities: The Origins of Pottery in Anatolian Çatal Hüyük, part 3: Wooden Vessels in Many Shapes." *Illustrated London News* 244: 232-34.

1964c "Earliest of Neolithic Cities: Steps Toward the Personality and Nature of the People of Çatal Hüyük, part 4: Burial Customs and Grave Goods." *Illustrated London News* 244: 272-75.

1964d "In the Dawn of Religion: A Reconstruction of a Funerary Rite Nearly 9000 Years Ago at Çatal Hüyük, in Anatolia." *Illustated London News* 244: 728-29.

1964e "A Neolithic City in Turkey." *Scientific American* 210: 94-104.

1965 *Earliest Civilizations of the Near East.* New York: McGraw-Hill.

1966 "Excavations at Çatal Hüyük, 1965: Fourth Preliminary Report." *Anatolian Studies* 16: 165-91.

1967 *Çatal Hüyük: A Neolithic Town in Anatolia*, New York, McGraw-Hill.

1970 *Excavations at Hacilar, I, II.* Edinburgh: Edinburgh University Press.

1976 *The Neolithic of the Near East.* New York: Scribner.

Mellink, M. J.
1974 *Frühe Stufen der Kunst.* Berlin: Propyläen Verlag.

Merpert, N. Y., and R. M. Munchaev
1973 "Early Agricultural Settlements in the sinjar plain, Northern Iraq." *Iraq* 35, pt. 2: 93-112.

Michaud, J. P.
1972 "Chronique des fouilles et découvertes archéologiques en Grèce en 1971." *Bulletin de Correspondance Hellenique* 96. II. Chroniques et Rapports: 593-816.

Mihai, Constantin
1972-1973 "Asezarile cucuteniene de la Giurgeşti şi Buznea in zona Tirgului Frumos." *Danubius* 6-7: 11-13.

Mikov, V.
1934 "Idolnata plastika prez novokamennata epoha v Bulgaria." *Bugarska Akademija na Naukite Izvestija na Arkheologicheskija Institut* VIII: 183-214.

1970 "Materiali ot poslednija period na Bronsovata epokha ot severozapadha Bulgarija." *Arkheologiia* 3: 48-62.

Mikov, V., and N. Dzhambazov
1960 *Devetashkata peshehera.* French résumé: La grotte de Devetaki. Sofia: Akademie des Sciences du Bulgarie.

Milojčič, V.
1949 "Chronologie der Jüngeren Steinzeit und Bronzezeit." *Germania* 37: 65-84.

1950 "Die Askoskanne und einige andere ägäisch-balkanische Gefässformen." *Mittelungen des deutschen archaologischen Instituts* 3: 107-18.

1955 "Vorbericht über die Ausgrabungen auf den Magulen von Otzaki, Arapi, und Gremnos bei Larissa." *Archäologischer Anzeiger*: 182-231.

1959 "Ergebnisse der deutschen Ausgrabungen in Thessalien, 1953-1958." *Jahrbuch des Römisch-Germanischen Zentralmuseums* (Mainz) 6: 1-56.

1960 "Hauptergebnisse der deuschen Ausgrabungen in Thesslien." *Jahrbuch des Römische-Germanischen Zentralmuseums* (Mainz) 4.

Modderman, P. J. R.
1959 "Die bandkeramische Siedlung von Sittard." *Palaeohistoria* (Groningen) 6/7:33-121.

1970 "Linearbandkeramik aus Elsloo und Stein." *Analecta Praehistorica Leidensia* 3 (3 vols, Gravenhage).

1971 "Neolithische und frühbronzezeitliche Siedlungsspuren aus Hienheim, Ldkr. Kelheim." *Analecta Praehistorica Leidensia* 4: 1-25.

Monah, D.
1984 "Messages over Millennia." *Romanian Review* 9: 17-31.

Monah, D., S. Cucoş, D. Popovici, and S. Antonescu
1982 "Sapaturile arheologice din tell-ul cucutenian dealul Ghindaru, Com. Poduri, Jud. Bacau." *Cercetari Arheologice* (Bucharest) 5: 9-22.

Montelius, O.
1924 *La Grèce Préclassique.* Stockholm: I. Haeggström.

Morin, J.
1911 *Le dessin des animaux en Grèce d'après les vases peints.* Paris: Laurens.

Morris, R. W. B.
1977 *The Prehistoric Rock Art of Argyll.* Poole, Dorset: Dolphin Press.

Moszyński, K.
1934 *Kultura ludowa Słowian* 2. Warsaw: Książka i Wiedza.

Moure Romanillo, J. A.
1979 "Una plaqueta grabada del Magdaleniense superior de la grotte de Tito Bustillo." *Caesaraugusta* 49-50: 43-53.

1985 "Escultura Magdaleniense descubierta en la Cueva de Tito Bustillo." *Ars Praehistorica* 2: 3-11.

1986 "New Data on the Chronology and Context of Cantabrian Paleolithic Cave Art." *Current Anthropology* 27, 1: 65.

Movsha, T. G.
1965 "Zobrazhennja ptakhiv na rozpisnomu posudi tripol'skoj kul'tury." *Arkheologija* (Kiev) 19: 100-105.

1969 "Ob antropomorfnoj plastike tripol'skoj kul'tury." *Sovetskaja Arkheologija* 2: 15-34.

1971 "Svjatilishcha tripol'skoj kul'tury." *Sovetskaja Arkheologija* 1: 201-5.

1972 "Periodzatsija i khronologija serednjogo ta piznjogo Tripillja." *Arkeologija* (1972-75): 3-24.

1973 "Novi dani pro antropomorfnu realistichnu plastiku Tripillja." Arheologija 11: 3-21.

Müller, C. F., ed.
1980 *Kunst und Kultur Sardiniens vom Neolithikum bis zum Ende der Nuraghenzeit.* Karlsruhe: Müller.

Müller, V.
1929 *Frühe Plastik in Griechenland und Vorderasien: Ihre Typenbildung von der neolithischen bis in der griechisch-archaischen Zeit, 3000-600 v. Chr.* Augsburg: Felser.

Müller, S.
1897 *Nordische Altertumskunde* 1. Strassbourg: K. J. Trubner.

Muller-Karpe, H.
1966 *Handbuch der Vorgeschichte* 2. Jungsteinzeit. Munich: C. H. Beck.

1974 *Handbuck der Vorgeschichte* 3. Kupferzeit. Munich: C. H. Beck.

Mundkur, B.
1983 *The Cult of the Serpent: An Interdisciplinary Survey of Its Manifestations and Origins.* Albany: State University of New York Press.

Murray, A.
1934 "Female Fertility Figures." *Journal of the Royal Anthropological Institue of Great Britain and Ireland* 64: 93-107.

Musch, J.
1986 *Paleolithic Sculptures from the Northwest European Plains.* Precirculated paper for the Southampton World Archaeology Congress, Sept. 1-7, 1986. Southampton.

Mylonas, G. E.
1929 *Excavations at Olynthus* 1. The Neolithic Settlement. Baltimore: Johns Hopkins Press.

1934 "Excavations at Haghios Kosmas." *American Journal of Archaeology* 38, 2: 258-79.

1940 "Macédoine Néolithique." In Greek. *Makedonika* 1: 247-63.

1956 "Seated and Multiple Mycenean Figurines in the National Museum of Athens, Greece." *The Aegean and the Near East: Studies Presented to Hetty Goldman*: 110-22. New York: J. J. Augustin Press.

1961 *Eleusis and the Eleusinian Mysteries.* Princeton, N. J.: Princeton University Press.

1966 *Mycenae and the Mycenaean Age.* Princeton, N. J.: Princeton University Press.

Myres, J. L.
1902 "Excavations at Palaikastro, II: The Sanctuary-Site of Petsofa." *The British School at Athens* 9: 356-87.

Nahodil, O.
1963 "Mutterkult in Sibirien." *Glaubenswelt und Folklore der sibirischen Völker* (Budapest): 491-511.

Nava, M. L.
1980 *Stele Daunie* 1. Studi e Materiali di Etruscologia e Antichita Italiche 18. Firenze: Sansoni.

1980a "Nouve stela antropomorfe da Castelluccio dei Sauri (Foggia). *Annali del Museo civico della Spezia* 2: 115-49.

Neilmeyer, W. D.
1982 *Kunst und Siedlung im geometrischen Griechenland.* Berlin: Gebr. Mann Verlag.

Neuland, L.
1977 "Jumis die Fruchtbarkeitsgotteit der alten Letten." *Studies in Comparative Religion.* Stockholm: Almquist and Wiksell International.

Neumann, E.
1955 *The Great Mother: An analysis of the Archetype.* Trans. by R. Manheim. Bollingen Series 47. New York: Pantheon.

Newall, V. ed.
1973 *The Witch Figure.* London: Routledge and Kegan Paul.

Newberry P. E.
1928 "The Pig and the Cult-Animal of Set." *Journal of Egyptian Archeology* 14: 211-26.

Nica, M.
1976 "Circea, cea mai veche așezare neolitica de la sud de Carpati." Résumé in French:" Circea, le plus ancien établissement néolithique au sud des Carpates." *Studii și Cercetări de Istorie Veche și Arheologie* 4. 27.

1980 "Reprezentarile antropomorfe in cultura Vădăstra, descoperite in așezarile neolitice de la Hotarani și Farcașele, Județul Olt." *Oltenia, Studii și communicari* 2: 27-57.

Nica, M., and C. Cislaru
1981 "Complexul cuptoarelor eneolitice de copt pline de la Curmatura, Judetul Dolj." Oltenia Studii și communicari 3: 9-16.

Nica, M., and T Nita
1979 "Les établissenments néolithiques de Leu et Padea, de la zone d'interference des cultures Dudesti et Vinča." Dacia 23: 31-64.

Nicholls, R. V.
1970 "Greek Votive Statuettes and Religious Continuity, c. 1200-700 B.C." *Auckland Classical Essays Presented to E. M. Blaiklock.* Auckland: Auckland University Press, and Wellington: Oxford University Press.

Nikolov, Bogdan
1970 "Idolnata plastika ot s. Gradeshnica." Résumé in French:" "La plastique des idoles du village Gradeshnica." *Archeologija* 12, 4: 56-68.

1974 *Gradechnitza.* Photos by R. Staneva. Sofia: Nauka i Iskustvo.

1975 *Zaminets.* Photos by R. Staneva. Sofia: Nauka i Iskustvo.

Nikolov, V.
1979 "Unikalno skulpturno izobrazhenie." *Iskustvo* 1979 no. 4.

Nilsson, M. P.
1908 "Das Ei im Totenkult der Alten." *Archiv für Religionswissenschaft* 11: 539.

1950 *The Minoan-Mycenaean Religion and its Survival in Greek Religion.* Lund: C. W. K. Gleerup.

1951 *Cults, Myths, Oracles, and Politics in Ancient Greece* (two appendices: The Ionian Phylae, The Phratries). Lund: C. W. K. Gleerup.

1957 *Griechishe Feste von religiöser Bedeutung.* Reprint 1906, Leipzig edition. Stuttgart: Teubner.

1972 *Greek Folk Religion.* Philadelphia: Pennsylvania Paperbacks.

1975 *The Dionysiac Mysteries of the Hellenisic and Roman Age.* New York: Arno Press.

Nițu, A.
1968 "Reprezentari umane pe ceramica Criș și liniara din Moldova." *Studii și Cercetari Istorie Veche* 19, 3: 387-95.

1968a "Tema plastica a Venerei Calipige pe ceramica neolitica Carpato-Balcanica." *Sesiunea stiencifica a Museelor* (Bucharest).

1969 "Ceramica Cucuteni B de la Miorcani (Botoșani)." *Memoria Antiquitatis* (Piatra Neamț) 1: 279-298.

1972 "Reprezentările zoomorfe plastice pe ceramica neoeneolitică Carpato-dunăreană." *Arheologia Moldovei* 7: 9-96.

1975 "Decorul zoomorf pictat pe ceramica Cucuteni: Tripolie." *Arheologia Moldovei* 8: 15-119.

1984 *Formarea și clasificarea grupelor de stil AB și B ale ceramicii pictate Cucuteni-Tripolie.* Anuarul Institului de Istorie și Arheologie "A. D. Xenopol," Supliment 5: Iași.

Nițu, A. and M. Mantu
1987 "Thèmes plastiques anthropomorphes et zoomorphes de la céramique cucuténienne de style A de Poienești (dép. de Vaslui)." *La Civilisation de Cucuteni en Contexte Européen*: 301-07. Session Scientifique Iasi-Piatra Neamț, Iași, Université "Al. I. Cuza."

Nițu, A., S. Cucos and D. Monah
1971 "Ghelaeşti (Piatra Neamt) I. Sapaturile din 1969 in Așezarea Cucutenniana Nedeia." *Memoria Antiquitatis* 3: 11-64.

Novotný, B.
1958 *Počiatky vutvarneho prejavu na slovensku.* Die Anfänge der bildenden Kunst in der Slowakei. Bratislava: Slovenska Akadémia Vied.

1962 *Lužianska skupina a počiatky mal'ovanej karamiky na Slovensku.* Bratislava: Slovenska Akademia Vied.

Nowottick, G.
1935 *Deutsche Ernte in Sitte, Brauch, Sage und Volksdichtung.* Berlin: Weidmann.

Oates, Joan.
1978 "Religion and Ritualnin Sixth Millennium B.C. Mesopotamia." *World Archaeology* 10,2: 117-24.

Obeyesekere, G.
1981 *Medusa's Hair.* Chicago: University of Chicago Press.

Olinas, F.
1964 "Russian Golubec, 'Grave marker, etc.' and some notions of the soul." *International Journal of Slavic Languages and Poetics* 8: 77-86.

1978 Review of Lena Neuland. *Jumis: Die Fruchtbarkeitgottheit der alten Letten* 1977. *Slavic and East European Journal* 22, 4: 557-59.

O'Kelly, C.
1973 "Passage-Grave Art in the Boyne Valley." *Proceedings of the Prehistorical Society* 39: 354-82.

O'Kelly, M. J.
1982 *Newgrange: Archaeology, Art, and Legend.* London: Thames and Hudson.

Oldham, C.
1905 *The Sun and the Serpent: A Contribution to the History of Serpent Worship.* London: A. Constable and Co.

Oppenheim, M. von
1943 *Tel Halaf* 1. Berlin: Walter de Gruyter.

Orme, B.
1974 "Twentieth Century Prehistorians and the Idea of Ethnographic Parallels." *Man* 9: 199-212.

Orthmann, W.
1966 "Keramik der Yortankultur in den Berliner Museen." *Istanbluer Mitteilungen* (Tubingen) 16: 1-26.

Otto, W. F.
1954 *The Homeric Gods: The Spritual Significance of Greek Religion.* Trans. of *Die Götter Griechenlands,* 1929. London: Thames and Hudson.

1965 *Dioysius: Myth and Cult.* Trans. and intro. by R. B. Palmer. Bloomington: Indiana University Press.

1975 *Aufsätze zur römischen Religionsgeschichte.* Belträge zur Klass. Philogie 71. Meisenheim am Glen: Anton Hain.

Ovcharov, D.
1968 "Novi eneolitni choveshki figurki ot Tyrgovishchki okrug," *Arkheologija* (1968) 3: 38-45.

Page, D. L.
1955 *The Homeric Odyssey.* Oxford: Clarendon Press.

Pales, L.
1972 "Les ci-devant Venus steatopyges aurignaciennes." *Simposium International de Arte Rupestre* (Santander).

PaPadopoulou, M. G.
1958 "Magoulitsa établissement néolithique après de Karditsa." *Thessalika* 1: 39-49.

Papathanasssopoulos, G.
1983 *Neolithic and Cycladic Civilization*. Athens: National Archaeological Museum; "Melissa" Publishing House.

Passek, T. S.
1935 *La céramique tripolienne*. Leningrade/Moscow: Izvestia Gosudarstvennoj Akademii Isorii Material'noj Kul'tury.

1949 *Periodizatsija tripol'skikh poselenii*, Materialy i Issledovanija po Arkheologii SSSR 10: Moscow/Leningrad.

1951 "Tripol'skoe poselenie Polivanov-Jar." *Kratkie soobshchenija Instituta Arkheologii* 37: 41-64.

1954 "Itogi rabot v Moldavii v Oblasti pervobytnoj arkheologiii," *Kratkie soobshchenija Akademii nauk SSSR* vyp. 5-6: 76-97.

1965 "Kostjanye amulety iz Floresht." *Novoe v sovetskoj arkheologii*: 77-84.

Passek, T. S., and M. M. Gerasimov
1967 "Novaja statuetka iz Vulkaneshti." *Kratkie soobshchenija Instituta Material'nog Kul'tury* 111: 38-41.

Passemard, L.
1938 *Les statuettes féminies paléolithiques dites stéatopyges*. Nimes: Teissiu.

Patai, R.
1978 *The Hebrew Goddess*. New York: Avon Books.

Patay, P.
1960 "Ornamente der Keramik der ungarlandischen kupferzeitlichen Bodrogkereszturer Kultur." *Swiatowit* 23: 363-88.

Paul, E.
1959 *Die böotischen Brettidole*. Repr. from *Wissenschaftliche Zeitschrift der Karl-Marx Universität, Leipzig 8*, 1958-59. Leipzig-Journal.

Paul, I.
1965 "Un complex de cult descoperit in asezarea neolitica de la Pianul de Jos (Ein in der neolithischen Niederlassung von Pianul de Jos entdeckter Kultkomplex)." *Studii şi Comunucari* (Sibiu) 10-11: 5-20.

1965 "Ein Kulttisch aus der jungsteinzeitlichen Siedlung von Deutschpein (Pianul de Jos)." *Forschungen zur Volks-und Landekunde* (Bucharest):8, 1: 69-76.

Pausanias
1961 *Description of Greece*. 5 vols. Trans. by W.H.S. Jones. The Loeb Classical Library. London: Heinemann, and Cambridge, Mass.: Harvard University Press.

Pavlu, I.
1966 "Ealy 'Myths' Relating to the Neolithic Society." *Archeol. Rozhedy* 18: 700-17, 719-21.

Pavuk, J.
1964 "Grab des Želiezovec-Typus in Dvory nad Žitavou." *Slovenská Archeológia* 12, 1: 5-65.

1969 "Chronologie der Želiezovce-Gruppe" *Slovenská Archeológia* 17, 2: 269-367.

1972 "Neolithisches Gräberfeld in Nitra." *Slovenská Archeológia* 20, 1: 5-107.

Payne, H. et. al.
1940 *Perachora: The Sanctuaries of Hera Akraia and Limenia; Excavations of the British School at Athens* 1930-33. Oxford: Clarendon Press.

Pecorella, P. E., with S. Durante, N. F. Parise, and C. Saporetti
1977 *La Tombe dell'eta dell Bronz-Tordo della necropli a mare di Ayia Irini*. Rome: Istituto per gli Studi Micenei de Egeo-Anatolici.

Pendlebury, H. W., D. S. Pendlebury, and M. B. Money-Coutts
1936 "Excavations in the Plainof Lasithi, I: The Cave of Trapeza." *Annual of the British School of Archaeology at Athens* 36: 5-131.

Pendlebury, J. D. S.
1939 *The Archaeology of Crete*. London: Methuen.

Pericot Garcia, L.
1942 *La cueva del Parpalló a Ganolia. Madrid*: Deputacion Provincial de Valencia.

Pernicheva, L.
1978 "Glineni modeli na zhilishcha ot khalkolita v balgarsktite zemi." *Arkeologija* 20, 2:1-13.

Perrot, J.
1970 "Le gisement Natoufien de Mallaha (Eynan), Israel." *Anthropologie* (Paris) 70,5-6: 437-93.

Pesce, G.
1949 "La Venere di Macomer." *Rivista di Scienze Preistoriche* 4: 123-33.

Peters, E.
1930 "Die Kunst der Magdalenien vom Petersfels." *Jahrbuch für Prähistorische und Ethinographische Kunst* 6.

Petkov, N.
1928-1929 "Predistoricheskaja bojadisana keramika ot Sofijskata kotlovina." *Godshnik na Muzeit v Plovdinski Okrug*: 185-98.

1959 "Neolitno selishte pri selo Slatina." *Arkheologija* 1, 1-2: 100-105.

1961 "Novi danni za neolitnata kulura kraj Sofija." *Arkhelogija* 3: 64-72.

1962 "Risuvanijat irnament prez neolita v Sofijskoto pole i bliznite my okolnosti." *Arkheologija* 4,3: 43-48.

Petrescu-Dimboviţa, M.
1957 "Sondajul stratigrafic de la Perieni." *Materiali şi Cercetari Arheologice* 3: 65-82.

1963 "Die wichtigsten Ergebnisse der archäologischen Ausgrabungen in der neolithischen Siedling von Trusesti (Moldau)." *Prähistorische Zeitschrift* 41: 172-86.

1966 *Cucuteni: Monumentele Patriei Noastre*. (Bucharest).

1969 "Einige Probleme der Cucuteni-Kultur im Lichte der neuen archäologischen Grabungen." *Študijné Zvesti* 17: 361-74.

Petrocheilou, A.
1984 *The Greek Caves*. Athens: Ekdotike Athenon S. A.

Pfannenschmid, H.
1878 *Germanische Erntefeste im heldnischen Cultus, mit besonderer Beziehung auf Niedersachsen*. Hannover: Hahn.

Picard, Ch.
1948 *Les Réligions prehelleniques*. Paris: Presses Universitaires de France.

Pidoplichko, I. G.
1976 *The Mezherich Mammoth Bone Houses*. 영문 요약 및 캡션, 러시아어. Kiev: Institute of Zoology, UK. Nauk.

Pini, I.
1972 "Weitere Bemerkungen zu den minoischen Fussamuletten." *Studi Micenei* 15: 179-87.

Platon, N.
1966 *Crete*. Trans. from Greek. Cleveland: The World Publishing Co.

1971 *Zakros: The Discovery of a Lost Palace of Ancient Crete*. NewYork: Scribners.

Polikarpovich, K. M.
1968 *The Paleolithic of the Upper Dniepr Regiion*. Minsk: Institute of History, Nauka i Tekhika.

Polomé, E.
1954 "A Propos de la deese Nerthus." *Latomus* 13: 167-200.

Polome, H. V.
1958 *A Book of Pottery: From Mud to Immortality*, Englewood Cliffs, N. J.: Prentice Hall.

Popescu, D.
1956 "Cercetari arheologice in Transilvania." *Materiale şi Cercetari Arheologice* 2: 43-250.

Popov, R.
1918 "Kodža-Dermenskata mogila pri gr. Sumen." *Izvestija na Bulgarskoto Arheologičesko Družestvo* 6 (1916-18): 71-155.

Powell, Terence
1959 *The Celts*. London: Thames and Hudson.

Praetorius, M.
1871 *Deliciae Prussicae oder Preussische Schaubühne*. Berlin: A. Duncker.

Prendi, F.
1966 "La civillisation préhistorique de Maliq." *Studia Albanica* 1: 255-80.

Raczky, p.
1980 "A Körös Kultúra újabb figurális ábrázolasai a Középtiszavidékrol és tortenet: összefüggéseik." 영문요약: "New Figural Representations of the Körös Culture from the Middle Tisza Region and their Historical Connection." A Szlonk Megyei Múzeumok Évkonyve 1979-1980: 5-33.

Radimsky, V., and M. Hoernes
1895 *Die neolithische Station von Butmir* part 1; part 2., 1898. Prepared by Fr. Fiala and M. Hoernes (Vienna).

Raduncheva, A.
1971 "Za prednaznachenieto na njakoi glineni eneolitni zhivotinnski figurki." ("Sur la signification de certaines figurines animales en argile de l'Enéolithique.") *Arkhelogija* 2 (Sofia): 5, 8-66.

1976 *Prehistoric Art in Bulgaria from the Fifth to the Second Millenum B.C.* BAR International Series 13.

Ransome, H. M.
1937 *The Sacred Bee in Ancient Times and Folklore*, 58-62. New York: Houghton Miffin.

Ray, B. C.
1987 "Stonehenge: A New Theory." *History of Religions*: 226-78.

Reitler, R.
1949 "A Theriomorphic Representation of Hekate-Artemis." *American Journal of Archaeology* 53: 29-31.

Rellini, U.
1934 *La più antica ceramica dipinta in Italia*. Rome: Collezione meridionale editrice.

Rendić-Miocević, D.
1955 "Ilirske pretstave Silvana na kultnim slkama s podrucja Dalmata." Résumé in French: "Représentations illyriènnes de Sylvanus sur les monuments du culte dans le domaine Dalmate." *Glasnik Zemaljskog Muzeja u Sarajevu* ns. (Arheologija) 10: 5-40.

Renfrew, C.
1969 "The Development and Chronology of the Early Cycladic figurines." *American Journal of Archaeology* 73: 1-32.

1972 *The Emergence of Civilization: The Cyclades and the Aegean in the Third Millennium B.C.* London: Methuen.

1978 "The Mycenaean Sanctuary at Phylakopi." *Antiquity* 52: 7-15.

Renfew, C., ed.
1979 *Investigations in Orkney*. The Society

of Antiquaries of London, distr. by Thames and Hudson.

Renfew, C., and J. D. Evans
1966 "The Fat Lady of Saliagos." *Antiquity* 40, 159: 218–19.

Richards-Mantzoulinou, E.
1980 "Melissa Potnia." *Athens Annals of Archaeology* 12, 1: 72–92.

Richter, G. M. A.
1949 *Archaic Greek Art*. New York: Oxford University Press.

1959 *A Handbook of Greek Art*. London: Phaidon Press.

Ridley, M.
1976 *The Megalithic Art of the Maltese Islands*. Poole, Eng.: Dolphin Press.

Rimantiene, R.
1979 *Šventoji*. Vilnius: Mokslas.

Ritchie, G.
1985 "Ritual Monuments." In C. Renfrew, ed., *The Prehistory of Orkney*: 118–31. Edinburgh: University Press.

Robbins, M.
1980 "The Assimilation of Pre-Indo-European Goddesses into Indo-European Society." *The Journal of Indo-European Studies* 8, 1–2: 19–31.

Robertson, N., ed.
1975 *The Archaeology of Cyprus: Recent Developments*. Park Ridge, N.J.: Noyes Press.

Rodden, R. J. et al
1962 "Excavations at the Early Neolithic Site of Nea Nikomedeia, Greek Macedonia (1961 Season)." *Proceedings of the Prehistoric Society* n.s. 28: 267–88.

Roman, P., and V. Boroneant
1974 "Locuirea neolitica din ostrovul Banalui de la Bura Vail." Drobeta: 117–28. Bucharest: Muzeul Regiunii Portilor de Fier.

Rose, H. J.
1958 *A Handbook of Greek Mythology*. 6th ed. London: Methuen.

Rosetti, D.
1938 "Steinkupferzeitliche Plastik aus einem Wohnhügel bei Bukarest." *IPEK* 12: 29–50.

Roska, M.
1941 *Die Sammlung Zsófia von Torma*. Kolozsvar.

Rouse, W. H. D.
1902 *Greek Votive Offerings: An Essay in the History of Greek Religion*. Cambridge: Cambridge University Press.

Rowland, B.
1978 *Birds with Human Souls: A Guide to Bird Symbolism*. Knoxville: University of Tennessee Press.

Ruckert, A.
1976 *Frühe Keramik Böotiens*. Beiheft zur Halbjahresschrift Antike Kunst 10. Bern: Franke Verlag.

Rudins'kij, M.
1931 *Industrie en os de la station paleolithique de Mezin*. Trans. by V. Vovk (Kiev): Akademija Nauk Ukrainskoj RSR.

Ruggles, C. L. N.
1984 *Megalithic Astronomy A new archaeological and statistical study of 300 western Scottish sites*. BAR, British Series 123.

Ruggles, C. L. N. and A. W. Whittle, eds.
1981 *Astronomy and Society in Britain during the Period 4000-1500 B.C.* BAR, Oxford.

Ruju, A. A.
1980 "Appunti per una serazione evolutiva della Sardegna prenuragica." *Atti della XXII Riuninone Scientifica dell'Istituto Italiano di Preistoria a Protostoria dalla Sardegna Centro-Settentrionale*, 21–27 Ottobre 1978 (Firenze): 115–47.

Rutkowski, B.
1986 *The Cult Places of the Aegean*. New Haven and London: Yale University Press.

Rüttner-Cova, S.
1986 *Frau Holle. Die gestürzte Göttin. Märchen, Mythen, Matriarchat*. Basel: Sphinx Verlag.

Rybakov, B. A.
1965 "Cosmogony and Mythology of the Agriculturalists of the Eneolithic" 1966. *Soviet Anthropology and Archaeology* 4, 2: 16–34; 3: 33–51. Trans. from Russian; originally publ. in *Sovetskaja arkhelogija* 1965, 1 and 2.

1981 *Jazychestvo drevnikh slavjan*. Moscow: "Nauka."

Rydh, H,
1929 "On Symbolism in Mortuary Ceramics." *Bulletin, Museum of Far Eastern Antiquities* (Stockholm) 1: 71–142.

Säflund, G.
1965 *Excavations at Berbati 1936-37*. Stockholm Studies in Classical Archaeology.

Sakellarakis, J. A.
1970 "Das Kuppelgrab A von Archanes und das kretsich-mykenische Tieropferritual." *Prähistorishce Zeitschrift* 45: 135–219.

Sakellariou-Xenaki, A.
1964 *Die minoischen und mykenischen Siegel des Nationalmuseums in Athen*. Corpus der minoischen und mykenischen Siegeln 1. Berlin: Gebr. Mann Verlag.

Salmony, A.
1949 "Some Palaeolithic Ivory Carvings." *Aritibus Asiae* 12: 107.

Sandars, N. K.
1968 *Prehistoric Art in Europe*. Pelican History of Art, Z 30. London: Penguin Books.

Santoni, V. di
1982 "Il mondon del sacro in età neolitica." *Scientific American* (edizione italliana) 29, 170 (October): 70–80.

Sartori, P.
1905 "Votive und Weihegaben des katholischen Volkes in Sud-deutschland." *Globus* 87: 93–96.

Sauter, M. R., and A. Gallay
1970 "Les premières cultures d'origine méditerranéenne." *Urund Frühgeschichtliche Archäologie der Schweiz* 2 (Die jungere Steinzeit): 47–66.

Sauvet, G. and S. and A. Wlodarzyk
1977 "Essai de sémiologie préhistorique: Pour une théorie des premiers signes graphiques de l'homme." *Bulletin de la Société Prehistorique Français* 74: 545–58.

Savory, H. N.
1968 *Spain and Portugal: The Prehistory of the Iberian Peninsula*. London: Thames and Hudson.

Schachermeyr, F.
1955 *Die ältesten Kuluren Griechenlands*. Stuttgart: Kohlhammer.

1964 *Das ägäische Neolithikum*. Studies in Mediterranean Archaeology 6. Lund: C. Blom.

1976 *Die ägäische Frühzeit* I. Die vormykenischen Perioden des griechischen Festlandes und der Kykladen. Vienna: Österreichische Akademie der Wissenschaften.

Schaeffer, C. F. A.
1948 *Straigraphie comparée et chronologie de l'Asie occidentale* (III et II millénaires). London: Oxford University Press.

Schefold, K.
1959 *Griechische Kunst als religiöse Phänomen*. Hamburg: Rowohlt.

1964 *Frühgriechische Sagenbilder*. Munich: Hirmer.

1966 *Myth and Legend in Early Greek Art*. Trans. of Frühgriechische Sagenbilder by A. Hicks. London: Thames and Hudson.

Schliemann, H.
1976 *Ilios, The City and Country of the Trojans*. New York: Arno Press.

Schmidt, H.
1982 *Cucuteni in der oberen Moldau, Rumänien: Die befestigte Siedlung mit bemalter Keramik von der Stein-Kupferzeit bis in die vollentwickelte Bronzezeit*. Berlin: de Gruyter.

Schreiber, H.
1842 *Die Feen in Europa: Eine historisch-archäologische Monographie*. Freibug im Breisgau: Groos.

Schweitzer, B.
1969 *Die geometrische Kunst Griechenlands: Frühe Fpmenwelt im Zeitalter Homers*. Cologne: dumont Schauberg.

Scully, V.
1962 *The Earth, The Temple and the Gods: Greek Sacred Architecture*. New Haven and London: Yale University Press.

Seager, R. B.
1910 *Excavations on the Island of Pseira, Crete*. Museum Anthropological Publications 3.1. Philadelphia: University of Pennsylavania, The University Museum.

1912 *Explorations in the Island of Mochlos*. Boston/New York: American School of Classical Studies at Athens.

Sébillot, P.
1902 "The Worship of Stone in France." *American Anthropologist* 4, 1: 76–107.

Seger, H.
1928 "Der Widder von Jordans-mühl." *IPEK*: 13–17.

Service, A., and J. Bradbery
1979 *Megaliths and Their Mysteries: The Standing Stones of Old Europe*. London: Weidenfeld and Nicolson.

Shapiro, M.
1983 "Baba-Jaga: A Search for Mythopoeic Origins and Affinities." *International Journal of Slavic Linguistics and Poetics* 27: 109–35.

Shovkopljas, I. G.
1965 *Mezinskaja stojanka*. Kiev: Institute of Archaeology, Akademija Nauk URSR.

Sieveking, A.
1979 *The Cave Artist*. London: Thames and Hudson.

Simon, E.
1969 *Die Götter der Griechen*. Munich: Hirmer.

Sjöö, M., and B. Mor
1987 *The Great Cosmic Mother: Rediscovering the Religion of the Earth*. San Francisco: Harper & Row.

Sjoestedt-Jonval, Marie Louise
1949 *Gods and Heroes of the Celts*. Trans. by Myles Dillon. London: Methuen.

Skomal, S. N.
1983 *Wealth Distribution as a Measure of Prehistoric Change: Chalcolithic to Copper Age Cultures in Hungary*. Ann Arbor: University Microfilems International.

Skutil, J.
1940 "Die neolithischen Plastiken aus dem Kreise der mährischen bemalten Keramik." *IPEK* 13: 36–56.

Slater, P. E.
1971 *The Glory of Hera: Greek Mythology and the Greek Family*. Boston: Beacon Press.

Smith, N. W.
1974 "The Ancient Background to Greek Psychology." *Psychological Record* 24: 309–24.

Sobrino-Buhigas, R.
1935 *Corpus Petroglyphorum Gallaeciae*. Santiago de Compostela: Gallaecia.

Solecki, R. L.
1981 *An Early Village Site at Zawi Chemi Shanidar*. Malibu: Undena Publications.

Soudsky, B.
1965 "Interprétation historique de l'ornement linéaire." *Památky Archeologicke* 58, 1: 91-125.

Spiess, K. von
1914 "Die Kröte, ein Bild der Begärmutter." *Mitra*.

1940 "Die Krotenfrau." *Germanenen-Erbe* 7/8

Spiteris, T.
1970 *The Art of Cyprus*. New York: Reynol Co.

Spyropoulos, Th. G.
1970 "Excavation in the Mycenaean Cemetery of Tanagra in Boeotia." *Athens Annals of Archaeology* 3, 2: 190-97.

Srejović, D.
1966 "Neolithic Anthropomorphic Figurines form Yugoslavia." *IPEK* (Berlin) 21 (1964-1965): 28-41.

1969 *Lepenski Vir*. Beograd: Srpska Knijiževna zadruga.

1972 "Europe's First Monumental Sculpture: New Discoveries at Lepenski Vir." *New Aspects of Antiquity*. Ed. by M. Wheeler. London: Thames and Hudson.

Srejović, D. and L. Babović
1983 *Umetnost Lepenskog Vira* (Art of Lepenski Vir). Belgrade: Narodni Muzej.

Srejović, D. and Z. Letica
1978 *Vlasac: A Mesolithic Settlement in the Iron Gates* 1. 영문 요약 및 세르보-크로아티아어. Serbian Academy of Sciences and Arts 12. Belgrade.

Stacul G.
1963 *La grande madre: Introduzione all, arte neolitica in Europa*. Rome: De Luca.

Stančeva, M. and M. Gavrilova
1961 "Čoveski glineni figurki ot neolitnoto selishche v Sofija." *Archeologija* (Sofia) 3, 3: 73-76.

Stekelis, M.
1972 *The Yarmukian Culture of the Neolithic Period*. Jerusalem: Magnes Press.

Stewart, J. R.
1962 "The Early Cypriote Bronze Age." *Swedish Cyprus Expedition* (Lund) 55, pt. la: 205-401.

Stipčević, A.
1981 *Kultni simboli kod Ilira*. Graota i prilozi sistematizaciji, Akad. Nauka i umjetnosti Bosne i Hercegovine, Knjiga Liv, Sarajevo.

Stoliar, A. D.
1977-1978 "On the Genesis of Depictive Activity and its Role in the Formation of Consciousness." *Soviet Anthropology and Archaeology* 16, 3-4: 3-42 and 17, 2: 3-33.

Stone, M.
1978 *When God was a Woman*. New York/London: Harvest/Harcourt, Brace, Jovanovich.

1984 *Ancient Mirrors of Womanhood: A Treasury of Goddess and Heroine Lore from Around the World*. Boston: Beacon Press.

Straubergs, K.
1950 "Die letto-preussischen Getreidefeste." *Arv* (Upsala) 5.

Swiny, H. and S.
1983 "An Anthropomorphic Figurine from the Sotira Area." *Report of the Department of Antiquities Cyprus* (Nicosia): 56-59.

Szénászky, J. G.
1978 "Der Vinca-Fund von Battonya." *A Békés Múzeumok Közleményei* 5: 3-12.

Talaly, L. E.
1983 *Neolithic Figurines of Southern Greece: Their Form and Function*. Ph. D. dissertation, Indianan University.

Tálas, L., ed.
1987 *The Late Neolithic of the Tisza Region*. With contributions by N. Kalicz, P. Raczky, f. Horvath, J. Korek, and J. Makkay. Budapest: Szolnok.

Tanda, Giuseppa
1977 *Arte preistorica in Sardegna: Le figurazioni taurine scolpite dell'Algherese nel Quadro delle representazioni figurate degli ipogli Sardi a "domus de janus."* Quarterni 5: Sassari, Soprintendenza Archeologica, prov. Sassari e Nyoro.

1977a "Uno 'domus de janas' con motivi a spirali di Cargeghe-Muros(SS)." *Archivio Storico Sardo di Sassari* 3, 3: 175-92.

1977b "Le incisioni della 'domus de janas' di Tisienari Bortigiasas." *Archivio Strorico Sardo di Sassari* 3, 3: 199-211.

1983 "Arte e religione in Sardegna. Rapporti tra i dati monumentali e gli elementi della cultura materiale." *Prehistoric Art and Religion. Valcamonica Symposium 1979*: 261-79. Capo di Ponte: Centro Camuno di Studi Preistorici.

Tasić, N.
1957 "Praistorisko naselje Kod Valača" (Prehistoric settlement at Valac). *Glasnik Muzeja Kosova i Metohije* 2, 4, 5:45.

1973 *Neolitska plastika*. Belgrade: Gradskij Muzej.

Tasić, N., and E. Tomić
1969 *Crnokalačka Bara, Naselje Starčevačke i Vinčanske Kulture*. Dissertationes 8: Kruševac.

Tatton-Brown, V., ed.
1979 *Cyprus B.C. 7000 Years of History*. London: The Trustees of the British Museum.

Taylour, W.
1970 "New Light on Mycenaean Religion." *Antiquity* 44: 270-79.

Theochares, D. R.
1956 "Nea Makri: Eine grosse neolitische Siedlung in der Nahe von Marathon." *Mitteilingen des Deutschen Archäologischen Instituts, Athenische Abteilung* 71, 1: 1-29.

1958 "Thessalie preceramique: Espose provisoire des foulles." In Greek. *Thessalika* (Volos) 1: 70-86.

1959 "Pyrasos." *Thessalika* 3:29-67.

1962 "From Neolithic Thessaly(I)." 영문 요약 및 그리스어. *Thessalika* D: 63-83.

1967 *The Prehistory of Thessaly*. Tesslika Leletimata Volos.

Theochares, D. R., ed.
1973 *Neolithic Greece*. Athens: National Bank of Greece.

Thimme, J.
1965 "Die religiöse Bedeutung der Kyklandenidole." *Antike Kunst* 7: 71-87.

Thimme, J., ed.
1977 *Art and Culture of the Cyclades: Handbook of an Ancient Civilization*. Trans. and English ed. by P. Getz-Preziosi. Karlsruhe: C. F. Muller.

Thom, A., A. S. Thom
1978 *Megalithic Remains in Britain and Brittany*. Oxford: Clarendon Press.

Thom, A., A. S. Thom, and A. Burl
1980 *Megalithic Rings*. BAR Brithish Series 80.

Thomas, L. V.
1975 *Anthropologie de la mort*. Paris, Payot.

Thompson, W. I.
1981 *The Time Falling Bodies Take to Light: Mythology, Sexuality and Origins of Culture*. New York: St. Martin's Press.

Thompson, G.
1962 "The Arkoudiotissa." *Kretika Chronika* 15-16, pt. 3: 93-96.

1978 *The Prehistoric Aegean: Studies in Ancient Greek Society*. London: Lawrence and Wishart.

Tichý, R.
1962 "Osidleni s volutovoy keramikou na Morave." *Pregled Archaeologicky* 53: 245-91.

1970 "Zu einigen neolithischen Kultgegenstanden aus Mohelnice." *Sbornik československé spolecnosti archeologické pri ČSAV* 4: 7-19.

Tiné, S.
1965 "Gli scavi nella Grotta Chiusazza." *Bollettino di Paleontologia Italiana n.s.* 16, 74: 123-286.

1972 "Un culto neolitico nelle acque nella grotta Scaloria." *Symposium sulla religioni della Preistorica* (Valcamonica).

1983 *Passo di Corvo e la civiltà neolitica del Tavoliere*. Genoa: Sagep Editrice.

Todorova, H.
1973 "Novaja kul'tura srednego neolita v severovostochnoj Bolgarii." *Sovetzkaja Arkheologija* 4: 16-31.

1973a "Novo nakhodishe ot prekhoda mezhdu neolita i eneolita v severnoj Bolgarii." *Arkheologija* (Sofia) 1: 59-64.

1974 "Kultszene und Hausmodell aus Ovčarovo, Bez. Targovişte." *Thracia* 3: 39-46.

1976 "Die äneolithische Siedlung und Wohngung in Nordostbulgarien." *Istrazhivanija* (Novi Sad) 5: 155-60.

1976a *Ovcharovo*. Sofia: Septemvri.

1978 *The Eneolithic Period in Bulgaria in the Fifth Millenium B.C.* BAR International Series 49: Oxford.

Todorova, H., V. Vasilev, S. Ivanov, M. Hopf, H. Quitta, and G. Kohl
1975 *Selishchnata mogila pri Goljamo Delchevo*. Sofia: Bulgarian Academy of Sciences.

Todorović, J. and A. Cermanović
1961 *Banjica, naselje vinčanske kulture*. Belgrade: Belgrade City Museum.

Tompa, F.
1929 "Die Bandkeramik in Ungarn: Die Bükker und die Theiss Kultur." *Archaeologia Hungarica* (Budapest) 5-6.

Torbugge, W.
1968 *Prehistoric European Art*. New York: Harry N. Abrams.

Trigmayer, O.
1972 "Frühneolithische anthropomorphe Gefässe." *Idole, prähistorische Keramiken aus Ungarn*: 7-8, taf. 1-4, Naturhistorisches Museum, N. F. 7 (Vienna).

Trump, D. H.
1972 *Malta: An Archaeological Guide*. London: Faber and Faber.

1980 *The Prehistory of the Mediterranean*. New Haven/New York: Yale University Press.

1981 "Megalithic Architecture in Malta." *The Megalithic Monuments of Western Europe*. Ed. by C. Renfrew: 64-76. London: Thames and Hudson.

1983 *La Grotta di Filestru a Bonu Ighinu, Mara*(SS). quaderni della Soprintendenze ai Beni Archeologici per le provincie di Sassari e Nuoro, 13: Dessi, Sassari.

Tsedakis, J.
1971 "Cemetery at Armenoi Rethymni." *Athens Annals of Archaelogy* 4, no. 2: 216-22.

Tsountas, Ch.
1908 *Hai proistorikai akropoleis Diminiou kai Sesklou*. Athens: P. D. Sakellariou.

Tsvek, O. V.
1964 "Tripil'ska posudina z antropomorfnimi zobrazhennjami." *Arhelogija* (Kiev) 16: 79.

Tulane, E.

1944 "A Repertoire of the Samarran Painted Pottery." *Journal of Near Eastern Studies* 3: 57-65.

Tulok, M.
1971 "A Late Neolithic Idol of Conical Type." *Acta Archaeologica Academiae Scientiarum Hungaricae* (Budapest) 23: 3-17.

Turner, A.
1973 *Vultures*. New York: D. Mckey.

Twohig, E. S.
1981 *The Megalithic Art of Western Europe*. Oxford: Clarendon Press.

Ucko, P. J.
1968 *Anthropomorphic Figurines of Predynastic Egypt and Neolithic Crete, with Comparative Material from the Prehistoric Near East and Mainland Greece*. London: A Szmidla.

Ucko, P. J., and A. Rosenfeld
1967 *Palaeolithic Cave Art*. London: Weidenfeld and Nicholson.

Ujvary, Z.
1968 "Anthropomorphe mythische Wesen in der agrarischen Volksuberlieferung Ungarns und Europas." *Acta Ethnologica Academiae Scientiarum Hungaricae* (Budapest) 17.

Uspenskij, B. A.
1982 *Filologischeskie razyskaija v oblasti slavjanskikh drevnostej*. Mocow: Academy of Sciences.

Vagnetti, L.
1974 "Preliminary Remarks on Cypriote Chalcolithic Figurines." *Report of the Department of Antiquities, Cyprus* (Nicosia): 24-34.

Valla, F. R.
1975 *Le Natoufien, une culture préhistorique en Palastine*. Cahiers de la Revue Biblique 15. Paris: J. Gabalda.

Vankina, L. V.
1970 *Torfijaniikovaja stjanka Sarnate*. Riga: Izd. Zinatre.

Varela Gomes, M.
1983 "Aspects of Megalithic Religion *According to the Portuguese Menhirs." Prehistoric Art & Religion: Valcamonica Symposium* '79. Ed. by A. Betran et al: 385-401. Capo di Ponte: Edizione del Centro.

Vasić, M.
1932-1936 *Praistorijska Vinča* 1 (1932); 2-4 (1936). Belgrade: Izdanje Drvavne Štamparje.

Vasil'ev, A.
1948 "Medvezhii prazdnik." *Sovetskaja etnografija* 4: 78-104.

Vencl, S.
1961 "Studie o Sáreckém Typu." *Sborník Narodního Muzea v Praze* 15, 3: 93-140.

Vermeule, E.
1964 *Greece in the Bronze Age*. Chicago: University of Chicago Press.

1979 *Aspects of Death in Early Greek Art and Poetry*. Berkeley: University of Califonia Press.

Vermeule, E., and V. Karageorghis
1982 *Mycenaean Pictorial Vase Painting*. Cambridge, Mass.: Harvard University Press.

Vidossi, G.
1987 "Il Rospo-utero nel folklore." *Quaderni Di Semantica* 8,2: 219-21.

Vildomec, F.
1940 "Ein jungsteinzeitliches Gefäss mit eingestochenen Menschengenstalten und Tier-plastiken Strzelitz (Südmähren)." *Wiener prähistorische Zeitschrift* 27: 1-6.

Vlassa, N.
1963 "Chronology of the Neolithic in Transylvania in the Light of the Tartaria Settlement's striatigraphy." *Dacia* 7: 1-10.

Voinesco, J., and C. Mateesco
1980 "Figurine anthropomorphe en argile de Vadastra en rapport avec un rituel d'accouchement du Néolithique Moyen au Bas-Danube." *L'Anthropologie* (Paris) 84: 183-97.

Vries, J. de
1961 *Keltische Religion*. Stuttgart: Kohlhammer.

Vulpe, R.
1938 "Figurine thériomorphe de la civilasation Cucuteni B." *IPEK* 12: 57-65.

1957 *Izvoare: Sapaturile din 1936-1943*. Summaries in Russian and French: "Izvoare: Les fouilles de 1936-1943." Biblioteca de Arheologie 1: Bucharest.

Vycichl, W.
1973 "Die Mythologie der Berber." *Götter und Mythen im alten Europa*. Stuttgart: Ernst Klett.

Wace, A.
1949 "Prehistoric Stone Figurines from the Mainland." *Hesperia* supplement 8: 423-507.

Wace, A. J. B. and M. S. Thompson
1912 *Prehistoric Thessaly*. Cambridge: Cambridge University Press.

Wainwright, G.
1968 "Durrington Walls: A Ceremonial Enclosure of the 2nd Millennium B.C." *Antiquity* 42: 20-26.

1970 "Woodhenge." *Scientific American* 233: 30-38.

Walberg, G.
1976 "Kamares: A Study of the Character of Palatial Middle Minoan Pottery." Acta Universitatis Upsaliensis, Borees 8: 203. Stockholm: Almquist and Wiksell.

Waldstein, C.
1902-1905 *The Argive Heraeum*. 2vols. Boston/New York: Houghton Miffin.

Walker, B.
1983 *The Woman's Encyclopedia of Myths and Secrets*. San Francisco: Harper and Row.

Walker-Kosmopoulis, L.
1948 *The Prehistoric Inhabitation of Corinth*. Munich: Munchner Verlag.

Warner, M.
1976 *Alone of Her Sex: The Myth and Cult of the Virgin Mary*. New York: Alfred Knopf.

Warren, P.
1970 "The Primary Dating Evidence for Early Minoan Seals." *Kadmos* 9: 29-37.

1972 *Myrtos: An Early Bronze Age Settlement in Crete*. London: Thames and Hudson.

1975 The Aegean Civilizations. Oxford: Elsevier-Phaidon.

Wasson, R. G., C. Ruck, and A. Hoffman
1978 *The Road to Eleusis: Unveiling the Secret of the Mysteries*. New York: Harcourt, Brace, Jovanovich.

Watkins, T.
1969 "A la découverte des premières agglomérations villageoise." *Archéologie vivante* 2, 3 (Mars-Mai): 29-52.

Webster, T. B. L.
1959 "Die mykenische Vorgeschichte des griechischen Dramas." *Antike und Abendland* 8: 7-14.

Weinberg, S. S.
1937 "Remains from Prehistoric Corinth." *Hesperia* 6: 487-525.

1951 "Neolithic Figurines and Aegean Interrelations." *American Journal of Archaeology* 55, 2: 121-33.

1962 "Excavations at Prehistoric Elateia, 1959." *Hesperia* 31: 158-209.

Weinberg, S. S. and H. S. Robinson
1960 "Excavations at Corinth, 1958." *Hesperia* 29: 225-54.

Wernick, R.
1973 *The Monument Builders*. The Emergence of Man Series. New York: Time-Life Books.

Wilamowitz-Moellendorff, U. von
1959 *Der Glube der Hellenen*, 2 vols. 3rd. ed. Basel: B. Schwabe.

Wilde, Lady
1902 *Ancient Legends, Mystic Charms and Superstitions of Ireland: With Sketches of the Irish Fast*. London: Chatto and Windus.

Willetts, R. F.
1962 *Cretan Cults and Festivals*. New York: Barnes and Noble.

1978 *The Civilization of Ancient Crete*. Berkely/Los Angeles: University of California Press.

Winn, S. M. M.
1981 *Pre-Writing in Southeastern Europe: The Sign System of the Vinca Culture ca. 4000 B.C.* Calgary: Western Publishers.

Wiślański, T.
1979 "Plemiona kultury pucharów lejkowatych." *Prahistoria Ziem Polskich* 2. [Neolit] Ed. by W. Hensel and T. Wislanski: 165-260. Warsaw: Polska Akademia Nauk, Ossolineum.

Wolfel, D.
1961 *Die Religionen des vorindogermanischen Europa*. Christus und die Religionen der Erde. Vienna: Herder.

Wood-Martin, W. G.
1902 *Traces of the Elder Faiths of Ireland, a Folklore Sketch: A Handbook of Irish Pre-Christian Traditions*. 2 vols. London: Longmans, Green and Co.

Wrede, H.
1968-1969 "Ägyptische Lichtbräuche bei Geburten: Zur Deutung der Froschlampen." *Jahrbuch für Antike und Christentum* 11/12: 83-93.

Wreshner, E. E.
1976 "The Potential Significance of the Pebbles with Incisions and Cupmarks from the Yarmukian of Sha'ar Hagolan, Israël." *Bulletin Soc. Roy. Belge Anthrop. Préhist.* 87: 157-65.

Wünsch, R.
1902 *Das Frühlingsfest der Insel Malta*. Leipzig: B. G. Teubner.

Yakar, J.
1985 *The Later Prehistory of Anatolia*, parts 1 and 2. BAR International Series 268.

Yavis, C. C.
1949 *Greek Altars: Origins and Typology, Including the Minoan-Mycenaean Offertory Apparaus* (St. Louis).

Yeivin, E., and I. Mozel
1977 "A 'Fossil directeur' Figurine of the Pottery Neolithic A." *Tel Aviv* (Journal of the Tel Aviv University Institute of Archaeology)4, 3-4: 194-200.

Yule, P. von
1981 *Early Cretan Seals: A Study of Chronology*. Marburger Studien zur Vor- und Fruhgeschichte 4. Mainz/Rhein: Philipp von Zabern.

Zaèts, I. I.
1973 "Klishchiv-nove poselennja tripil's'koj kul'turi na povdennomu Buzi." *Arheologija* (Kiev): 48-50.

Zammit, T.
1924 "Neolithic Representations of the Human Form from the Islands of Malta and Gozo." *Journal of the Royal Anthropological Institute of Great Britain and Ireland* 54: 67-100, and plate 5-20.

Zervos, C.
1935 *L'art de la Mesophotamie de la fin du 4e, millénaire au 15e. siècle avant notre ère: Elam, Sumer, Akkard*. Paris: Editions "Cahiers d'Art."

1954 *La civilisation de la Sardaigne du debut de l'éneolithique à la fin de la période nouragique*. Paris: Editions "Cahiers d'Art."

1956 *L'art de la Crète, Néolithique et Minoenne. Paris: Editions* "Cahiers d'Art."

1957 *L'Art des Cyclades du début à la fin de l'âge du bronze, 2500-1100 avant notre ère.* Paris: Editions "Cahiers d'Art."

1959 *L'art de l'époque du Renne en France.* Paris: Editions "Cahiers d'Art."

1962 *Naissance de la civilisation en Grèce.* Paris: Editions "Cahiers d'Art."

Zois, A.

1968 *Der Kamares-Still: Werden und Wesen.* Tübingen: Fotodruck Präzis.

일러스트 출처

출처의 자세한 서지 정보는 참고문헌을 참조하라.

이름의 약어 용례: LW(Linda Williams), JB(James Bennett), PR(Patricia Reis), ST(Samir Twair), EB(Elena Bechis), JV(Janis Vellissariou), JM(J. vd. Marel), MH(M. H. Heemskerk)

도판

1 *After Preistoria Daciei*, Radu Florescu, ed., photography by Ion Miclea. Bucharest: Meridiane, 1980.

2 Photo Miodrag Djordjević. Publ. in M. Gimbutas, *Gods and Goddeses of Old Europe*, London: Thames and Hudson, 1974. First publ. in *Glanik Muzeja Kosovo i Miltojije*, 7-8:3.

3 필자 사진, 1969. First publ. in M. Grbić et al., *Porodin*, Bitolj Archaeological Museum, 1960.

4 필자 사진. Courtesy Archaeological Museum. Syracuse. Publ. in black and white in L. Bernabó Brea. *Sicily*, London: Thames and Hudson, 1957.

5 After Alexander Marshack, *Ice Age Art*, an exhibition catalogue 1979; prepared by American Museum of Naturla History and Alexander Marshack, California Academy of Sciences.

6 Courtesy J. Paul Getty Museum, Malibu, California.

7 Postcard, National Museum Athens, Editions "Hannibal."

8 필자 사진. Publ. in Ilze Loze, *Akmens laikmeta māksla Austrumbaltijā*, Riga: Zinatne, 1983.

9 After *Romania Today*, June 1984, No. 6 Piatra Neamţ Museum.

10 Author's excavation 1973. Photo L. Tloupas.

11 Courtesy Archaeological Museum Štip, SE Yugoslavia. Publ.(in black and white) in M. Gimbutas, *The Gods and Goddesses of Old Europe*, London: Thames and Hudson, 1974. Photo Miodrag Djordjević 1968.

12 Coutesy Koszta József Museum in Szentes, SE Hungary. Photo K. Kónya. First publ. in J. Czalog "Die anthropomorphen Gefässe und Idolplastiken von Szegvar-Tüzköves," *Acta Archaeologica*, 1959. Appears in Black and white in author's *The Gods and Goddesses*, 1974.

13 Photo by Marie-Thérèse Kantor. Publ.(in black and white) in Jean Arnal. *Les statues-menhirs, hommes et dieux*, Paris, Editions des Hesperides, 1976. Also in A. d'Anna, *Les statues menhirs et stèles antheopomorphes du midi mediterranéen*, Paris: Editions du Centre National de la Recherche Scientifique, 1977.

14 After G. Papathanassopoulis, *Neolithic and Cycladic Civilization*, Athens: National Archeological Museum, "Melissa" Publishing House.

15 Coutesy Cagliari Acheological Museum, Sardinia(excavation by V. santoni 1978-9).

16 After *Kunst und Kultur Sardiniens vom Neolithikum bis zum Ende der Nuraghenzeit*, C. F Müller, ed. Karlsruhe: Catalogue of the exhibition.

17 필자 사진, 1978. Courtesy Varna Archeological Museum.

18 필자 사진, 1978. Courtesy Nova Zagora Museum, Bulgaria.

19 After Dragoslav Sreković and Ljubinka Babolvić, *Umetnost Lepenskog Vira*, Belgrade: Publishing House Jugoslavija, 1983.

20 필자 사진, 1982. Courtesy Khania Museum, Crete.

21~23 Courtesy Vladimir Dumi trescu. Publ. in V. Dumitrescu, *Arta culturii Cucuteni*, Bucharest: Editura Meridiane, 1979.

24 Photo Karlene Johns Bley, 1987.

그림

1 (1) Leroi-Gourhan, 1967;(2-5) Müller-Karpe 1968;(6-8) Abramova 1970. *LW*

2 (1) Rudinskij 1931 (also Shorkovplias 1965); (2) Golomshtok 1938. *LW*

3 (1,2) Chollot-Varagnac; (3) Dumitrescu 1974. *LW*; (4) Boroneamţ 1969. *JB*

4 (1) Theocharis 1956; (2) Wace and Thompson 1912. *JV*

5 Zevos 1956. *LW*

6 Tsountas 1908. *JV*

7 Institute of Archaeology, Bucharest(Couresy Roman). *LW*

8 Author's Excavation 1970. *LW*

9 (1) Mellarrt 1970; (2) *Pregled Výzkumu* 1971; (3) Schmodt 1945.

10 Coutesy Svetozarevo Museum, Yugoslavia. *PR*

11 Evans 1971. *LW*

12 (1)Courtesy Herakleion Museum(J. Hazzidakis exc.). *JB*; (2) Matz and Biesantz 1964. *LW*

13 Florescu 1979. *JB*

14 (1) Schweitzer 1969; (2) Morinjean 1911.

15 Korfmann 1979. *LW*

16 (1) Roska 1941; (2) Vasić 1936. *LW*

17 Various publications and museums of Yogoslavia and w Romania. *LW*

18 Courtesy Naroden Muzej Vršac. *LW*

19 (1,4) Rodden 1964; (2,3) Gimbutas 1974; (5) Kutzian 1944; (6) Petkov 1961. *LW*

20 (1) Tsountas 1908; (2) Courtesy Iasi Museum, Romania; (3) Gimbutas 1974. *LW*

21 Gimbutas 1974. Courtesy Smederevaka Palanka Museum, Yugoslavia. *LW*

22 (1) Prähistorische Staatssammlung. Würzburg; (2) Montelius 1924.

23 Courtesy Naroden Muzej Štip, SE Yugoslavia. *LW*

24 (1-4) Marshack 1972; (5,6) Leroi-Gourhan 1967. *JB*

25 *Mainzer Zeitschrift* 1935.

26 (1) Breuii & De Saint Perrier 1927; (2) Clark 1975; (4) Bierbaum 1953; (5) H. Dumitrescu 1954. *JB*; (6) Herakleion Museum; (7) Foggia Archaeological Museum.

27 Raczký 1980. *LW*

28 (1,2) courtesy Stara Zagora Archeological Museum, Bulgaria; (3) Atzeni 1981, pl. 8; (4) S. Nosek, Swiatowit 18(1947): 145.

29 Marshack 1976, American Scientist 64, 2.

30 (1) Pericot 1942; (2,3) Passek 1954. *ST*

31 (1) Modderman 1970; (2) Szénászky 1979; (3) Weinberg 1937; (4) Thevenot & Carre 1976. *LW*

32 (1) Kalicz and Makkay 1972; (2) Courtesy Sofia Archaeologucal Museum. *LW*

33 (1) Kalicz and Makkay 1972; (2) Vasic 1936. *LW*

34 Goldman 1979. *LW*

35 Kalicz and Makkay 1972. *LW*

36 Tine 1972. *LW*

37 Golomshtok 1938. *JB*

38 Golomshtok 1938. *JB*

39 Vasić 1936. *LW*

40 Galović 1959. *JB*

41 Mateescu 1970.

42 Czalog 1959. *LW*

43 (1) Kutzián 1947; (2) Blegen 1937; (3) courtesy Piatra Neamt Museum. *LW*

44 Nica 1976. *JB*

45 Lémozi 1929; also Delporte 1979, fig. 42.

46 Marshack 1972. *LW*

47 Castinglioni and Calegari 1975. *LW*

48 Marshack 1972(originally puble. by Kříž 1903).

49 Efimenko 1958. *PR*

50 Clottes and Carrière 1976. *PR*

51 Dumitrescu 1974. *LW*

52 Courtesy Archaeological Museum, Bitolj. Photo K. Kónya 1971.

53 Courtesy Volos Museum. Photo K. Kónya 1971. Publ. Hourmouziadis 1969.

54 Excavation of Kalicz and Karólyi 1978. Courtesy N. Kalicz, Institutes of Archaeology, Budapest.

55 (1) Vasić 1936; (2) Courtsey Šabac Museum, N Yugoslavia; (3) Dumitrescu 1980. *LW*

56 Atzeni 1981. *LW*

57 (1) Gimbutas 1981a; (2) Mellaart 1967; (3) Radmský 1896. *LW*

58 Courtesy National Museum, Belgrade. Photo M. Djordjević 1968.

59 Kalicz 1972. *PR*

60 (1) Alexiou 1958, LW; (2) *Journal of Hellenic Studies XXII* 1902, *PR*

61 Excavation of Kalicz and Karolyi 1978. Courtesy N. Kalicz, Institute of Archaeology, Budapest.

62 Exposition Catalog, Niš Museum 1971. *LW*

63 A. Evans 1921. *PR*

64 Nikolov 1974. *PR*

65 Kalicz and Makkay 1977. *JB*

66 Kalicz 1963.

67 (1) Schliemann 1976, *LW*; (2) Courtsey Athens National Museum.

68 필자 사진, 1980. Foggia Archaeological Museum, Italy. Published Acanfora 1960.

69 Kendrick 1928, republised by Muller-Karpe 1974. *PR*

70 Author' photo. *JB*

71 Photograph and collection, D. Tloupas, Larisa, Greece.

72 Marshack 1980.

73 Bosinsk and Fischer 1974.

74 (1) Wace and Thompseon 1912; (2) Holmberg 1964. *LW*

75 Vasic 1936. *JM*

76 Passek 1935. *JB*

77 Schliemann 1976. *LW*

78 (1) Dumitrescu 1980; (2) Kalicz 1969. *JB*

79 Drawing from a photo by M. Djordjevic, courtesy Naroden Muzej. Belgrade. *EB*

80 Reprinted from Catalog Museum Niš 1971. *LW*

81 (1) Tasić 1973; (2) Repertoriul 1985. *JB*

82 (1,2) Roska 1941; (3) Orthmann 1966. *LW*

83 Object in private collection, Munich. Photo courtesy *Prähistorische Sammlung*, Munich.

84 (1) Atzeni 1981; (2) Hensel 1980. *PR*.

85 (1) Marinescu-Bilcu 1974; (2) Winn 1981; (3) Nilsson 1950. *LW*

86 Forman and Poulik 1956.

87 Wreschner 1976.

88 Vasić 1936. *JB*

89 Vasić 1936. *JB*

90 Gimbutas 1974. *LW*.

91 Leisner 1943. *JB*

92 (2) Mathieu 1984. *JB*

93 Leisner 1943. *JB*

94 (1,2) Almagro and Arribas 1963, *PR*; (3) Herity 1974. *JB*; (4) Brennan 1983.

95 (1) Schmidt 1932, *LW*; (2) Cucoş 1978. *JB*; (3) Mylonas, *LW*.

96 Bernabó Brea 1957. *EB*, *LW*

97 (1,2) McMann 1980 1980; (3) Courtesy National Parks and Monuments, Dublin.

98 Mcmann 1980.

99 (1-3) Wreschner 1976; (4) Yeivin and Mozel 1977. *JB*

100 Radimský and Hoernes 1895. *JB*

101 (1) Todorova 1975; (2) Mikov 1934. *LW*

102 Courtesy National Parks and Monuments, Dublin(G. Eogan's excavation)

103 (1) Florescu 1980(cover jacket).

104 (1) Gimbutas1976, *EB*; (2-4) Roska 1941, *LW*.

105 Tsountas 1908. *EB*

106 (1) Popescu 1956, (2) Goldman 1979. *JB*; (3) Dumitrescu 1974, *LW*.

107 Courtesy of Pernik Archaeological Museum, Bulgaria(Chodžaev excavation 1976). *LW*

108 Courtesy Stara Zagora Museum, Bulgaria. *JB*

109 (1) Römisch-Germanisches Museum, Mainz; (2) Courtesy Varna Archaeological Museum, Bulgaria(필자 사진을 바탕으로 그림). *JB*

110 Jovanović 1978. *JB*, *ST*

111 Griziosi 1975. *JB*

112 Todorova 1974. *JB*

113 Fischer 1951.

114 Courtesy British Museum(로마-게르만 박물관 복사본).

115 Courtesy Ethnographic Museum, Belgrade. *JB*

116 Mellaart 1970. *LW*

117 (1,2) Vasić 1936; (3) courtsey Regional Museum Pristina(필자 사진을 바탕으로 그림). *JM*

118 Nikolov 1974. *LW*

119 Dumitrescu 1966. *LW*

120 (1) Tsountas 1908; (2) Grundmann 1953. *LW*

121 Detev 1965. *JM*

122 Kosmopoulos 1948. *JM*

123 Seger 1928. *JB*

124 Nica 1980. *JB*

125 Lo Schiavo 1982; photo courtesy Sassari Archaeologicla Museum.

126 Hensel 1980. *PR*

127 Courtesy Herakleion Museum, Crete. *PR*

128 (1) Kalicz 1980, (2) Katinčarov 1973. *LW*; (3) Nikolov 1974. *JB*

129 (1) Garašanin 1954; (2) Stančeva and Gavrilova 1961. *LW*

130 Chollot-Varagnac 1980. *JB*, *ST*

131 (1,2) Marshall 1979; (3,4) Pendlebury 1939. *LW*

132 (1) Galović 1968; (2) Weinberg 1962. *JM*

133 (1) Courtesy National Museum of Athens, 6745; (2) courtesy Nauplion Museum, Peloponese(필자 사진을 바탕으로 그림). *LW*

134 (1) Hartuche and Anastasiu 1968; (2) Montelius 1924. *LW*

135 Dumitrescu 1966. *JM*

136 Montelius 1924. *LW*

137 Courtesy National Museum, Athens(필자 사진을 바탕으로 그림). *LW*

138 (1) Müller-Karpe 1974; (2) Mellaart 1962.

139 Graziosi 1975. *LW*

140 Warren 1972. *LW*

141 Courtesy National Museum, Athens(엽서를 바탕으로 그림). *LW*

142 Courtesy Musée du Louvre, Paris(필자 사진을 바탕으로 그림). *JB*

143 (1) Courtesy Regional Museum, Kosovska Mitrovica(필자 사진을 바탕으로 그림). *JM*; (2) Masson 1969.

144 Detail of vase(필자 사진을 바탕으로 그림), Cyprus exhibition in National Museum, Athens. *LW*

145 Mylona 1963. *JM*

146 (1) Marshck 1972, *PR*; (2) Abramova 1970, *EB*

147 (1) Wace and Thompson 1912; (2) author's excavation 1973-74; (3) Gimbutas 1976(author's excavation 1969-70). *LW*

148 (1) Thimme 1977 and Korfmann 1979; (2) Schliemann 1976. *LW*

149 Gallis 1985. *EB*

150 Tichý 1962. (1) *LW*

151 Schliemann 1976. *LW*

152 Kandyba 1937. *JB*

153 Kandyba 1937. *JB*

154 (1,2) Paul 1969; (3) Cucoş 1981. *LW*

155 (1) Kandyba 1937, ST; (2) Georogiev and Angelov 1957, *LW*.

156 (1) Wace and Thompson 1912; (2) Betts1979, *Corpus MM*, 2. *LW*

157 (1) Tompa 1929; (2) Roska 1941. *LW*

158 (1) Courtesy Nauplion Museum. Greece(필자 사진을 바탕으로 그림), *LW*; (2) *Archéologie Vivante*, II, 3, 1969. *JB*.

159 Courtesy Parks and Monuments, Dublin.

160 Delporte 1979. *PR*

161 Golomshtok 1939. *PR*

162 Skutil 1940. *PR*

163 (1,2) Perrot 1970; (3) Mellaart; (4) Leroi-Gourhan 1967. *PR*

164 Srejović 1969. *JB*

165 (1,2) Movsha 1971. *LW*

166 Bossert 1937. *JB*

167 (1) Mellaart 1967; (2) Betts 1979, *Corpus*, 2. *JB*

168 (1) Leroi-Gourhan 1968. *JB*; (2) Winn 1981, *LW*; (3) Graziosi 1973.

169 (1) Delporte 1979; (2) Kalicz 1979-80. *PR*

170 Courtesy Paul Getty Museum, Malibu.

171 Courtesy Svetozarevo Museum, Yugoslavia(린다 윌리엄스의 사진을 바탕으로 그림). *LW*

172 Delporte 1979. *PR*

173 (1,2) Delporte 1979, *PR*; (3) Gaussen 1964.

174 Author's excavation 1973–74, publ. in Gimbutas 1989. *PR, EB*

175 Dumitrescu 1974. *EB*

176 Courtesy Archaeological Museum, Valetta, Malta.(브리티시뮤지엄의 상을 바탕으로 그림) *EB*

177 Mellart 1963(excavation 1962).

178 Nica 1980. *JB*

179 Alexiou 1958. *LW*

180 Mellaart 1970. *JB*

181 Detev 1968. *JB*

182 Kübler 1943. *ST*

183 Rimantienė 1979. *JB*

184 (1) Couresy Kosovaska Mitrovica Museum; 필자 사진; (2) Courtesy Naroden Muzej, Belgrade; photo K. Kónya 1971.

185 Marshack 1972.

186 Courtesy Archaeological Museum, Zadar. Photo K. Konya 1971.

187 (1) Novotný 1962, *LW*; (2) Kandyba 1937. *JB*

188 Courtesy National Museum, Athens.

189 Marshack 1972.

190 Author's excavation 1973. (1), *EB*; (2), *LW*.

191 Courtesy Archaeological Museum, Bitolj, S Yugoslavia. Photo K. Kónya 1971. (1) *JB*.

192 Courtesy Matera Archaeological Museum, Italy. *JB*

193 (1) Mellaart 1964, JB; (2,3) courtesy Peatra Neamt Museum, *LW*; (4) Graziosi 1973, *JB*; (5) Betts 1979, *LW*.

194 (1) Petkov 1959; (2) Kultzian 1944; (3) Srejović 1969. *LW*

195 Geogiev and Angelov 1948–49. *LW*

196 (1) Kalicz and Makkay 1977, *ST*; (2) Hadaczek 1914.

197 Marshall 1979.

198 Tsountas 1908.

199 (1) Kalicz and Makkay 1977, *JB*; (2) d'Anna 1977, *ST*.

200 Weinberg 1951. *JB*

201 Ucko 1968. *LW*

202 (1) Author's excavation 1973(publ. 1989); (2) Dumitrescu 1963, *JB*; (3) Rodden 1962, *LW*.

203 Thimme 1965. *LW*

204 (1–4) Graziosi 1971; (5) Lumley, Fonvielle and Abelanet 1976; (2–4) *PR*.

205 Mellaart 1970. *LW*

206 (1) Bruckner 1962; (2) Arthur Evans 1921. *LW*

207 (1) Gimbutas 1986(C.A. Renfrew's and author's excavation 1968); (2) Dales 1960. *LW*

208 (1) Bossert 1937; (2) Arthur Evans 1903. *LW*

209 Courtesy Herakleion Museum, Crete. *LW*

210 Arthur Evans 1903. *JB*

211 (1)Tsountas 1908; (2) Mylonas 1956. *LW*

212 Waldstein 1905. *PR*

213 Courtesy National Museum, Athens. *JB*

214 Keller 1955.

215 Makarevich 1960; reproduced from Gimbutas 1974. *LW*

216 (1) Leroi-Gourhan 1967; (2,3) Abramova 1962; (4) Delporte 1979. *JB*

217 Author's excavation 1973(publ. 1989). *PR*

218 Author's excavation 1973(publ. 1989). Photo D. Tloupas.

219 Tloupas Collection, Larisa, Thessaly, Greece.

220 Author's surface collection, 1973, Larisa Archaeological Museum. *PR*

221 Courtesy Peatra Neamt Museum. *JB*

222 Mellaart 1964. *JB*

223 Paul 1965. *LW*

224 (1) Crîsmaru 1977; (2) Markevich 1960. *JB*

225 Gimbutas 1974. Photo M. Djordjević.

226 Dumitrescu 1981. *JB*

227 Praistoriska nalasista, Novi Sad 1971. *LW*

228 Courtesy Hódmezövásárhely Museum, Hungary; photo Römisch-Germanisches Museum, Mainz.

229 Catalogue of the exhibition, Les premiers agriculteurs, Saint Germain-en-Laye 1979. *JB*

230 (A) Dames 1976; (B) Burl 1979.

231 Twohig 1981. *JB*

232 Alexiou 1969. *EB*

233 Nica and Cişlaru 1981. *JB*

234 Atzeni 1981. *ST*

235 Bernabó Brea 1957. *JB*

236 Herity 1974. *JB*

237 Evans 1971. *JB*

238 Wiślański 1979.

239 (1–3) De Valera 1960; (4) Photo courtesy National Parks and Monuments, Dublin. *ST*

240 (1) O'Kelly 1983; (2,3) De Valera 1960.

241 Müller-Karpe 1974(after Henshall 1963). *ST*

242–44 Srejović and Babović 1983. *JB*

245 Müller-Karpe 1974.

246 Harrison 1962.

247 (1,2) Niţu 1975. *LW*

248 Passek 1935. *LW*

249 (1) Kusurgasheva 1970; (2) Markevich 1970. *LW*

250 (1) Matz 1928; (2) Branigan 1970. *LW*

251 J.D. Evans 1959. *ST*

252 Marshack 1972. *LW*

253 Dumitrescu 1974. *LW*

254 (1) Kalicz & Makkay 1974; (2) Raczky 1980; (3) Marinescu-Bîlcu 1974. *PR, JB*

255 J.D. Evans 1971. *PR*

256 (1) Dimitrov 1969; (2) Kusurgasheva 1970; (3) Passek 1949. *LW*

257 Nikolov 1974. *PR*

258 (1) Sauvet and Wlodarczyk 1977, *JB*; (2) Twohig 1981; (3) Schmidt 1932, *JB*; (4) *JB, EB*.

259 Dumitrescu 1974. *LW, JB*

260 Petrescu-Dîmboviţa 1966. *LW*

261 Betts 1979, vol. 4. *JB*

262 Grbić *et al.*, 1960. *LW*

263 (1) Theocharis 1973; (2) Kandyba 1937. *LW*

264 Delporte 1979.

265 (1) Marshack 1979a, *ST*; (2) Leroi-Gourhan 1967.

266 (1) Gimbutas 1976(author's excavation 1969–70), *JB*; (2) Winn 1981; (3) Marinescu-Bîlcu 1974.

267 (1) V. Nikolov 1979, *JB*; (2) Passek 1949, *LW*.

268 D'Anna 1977. *PR*

269 Dumitrescu 1974. *LW*

270 Thimme 1977. *LW*

271 (1) Dumitrescu 1980; (2) Thimme 1977. *LW*

272 After Delaporte 1979.

273 Cucoş 1973. *LW*

274 Cucoş 1973. *LW*

275 (1) Marshack 1972; (2–5) Dams 1978; (6,7) Leroi-Gourhan 1967; (8) Bandi-Maringer 1955. (1–6) *ST*

276 Kusurgasheva 1970. *ST*

277 Bovio-Marconi 1953. *ST*

278 Johansen 1958, also Schweitzer 1969. *ST*

279 Tasić 1957.

280 Courtesy Kosovska Mitrovica Museum; photo Djordjević 1968.

281–82 Courtesy Volos Archaeological Museum, Greece; Photos K. Konya 1971 publ. Theocharis 1973 and Gimbuta 1974.

283 Photo and collection D. Tloupas, Larisa, Greece.

284 Courtesy National Museum, Bucharest. Photo Kónya 1971.

285–86 Mellaart 1966. *JB*

287 Dams 1978. *ST*

288 Leroi-Gourhan 1967. *ST*

289 Rimantienė 1979. *JB*

290 Klebs 1882. *JB*

291 Courtesy Nemzeti Museum, Budapest.

292 Schliemann 1976. *PR*

293 Florescu 1978. *PR*

294 D'Anna 1977. *PR*

295 Bailoud 1964(after J. de Baye 1874). *JB, PR*

296 Granier, *Gallia Préhistorique* 6 (1963). *PR*

297 Leisner 1959. *PR*

298 Twohig 1981. *JB*

299 Herity 1974. *PR*

300 Nikolov 1974. *PR*

301 D'Anna 1977. *PR*

302 Almagro Gorbea 1965. *JB*

303 Graziosi 1975. *JB*

304 (1) Courtesy Kishenev, Institute of History, *LW*; (2) publ. Gimbutas 1956; (3) Loze 1983. *JB*.

305 Yule 1981. *ST*

306 Petkov 1957(publ. Gimbutas 1974: 118). *LW*

307 Delporte 1979. *JB*

308 Berciu 1966. *JB*

309 Courtesy Stara Zagora Museum, Bulgaria, Photo Konya 1971.

310 Dimitrov 1962. Photo Konya.

311 (1) Gimbutas 1956, *JB*; (2) Georgiev and Angelov 1957, *LW*.

312 Passek 1954.

313 Graziosi 1973. *PR*

314-15 Courtesy Museo Archaeologico Nazionale, Cagliari, Sardinia. Publ. Atzeni 1981.

316 Santoni 1982. *JB*

317 Courtesy Museo Archaeologico Nazionale, Cagliari, Sardinia.

318 Graziosi 1973. *JB*

319 Zervos 1954(also Atzeni 1981). *PR*

320 Zervos 1957(also Doumas 1983). Goulamdris Collection, Athens. *PR*

321 Thimme 1977. *JB*

322 Müller-Karpe 1974.

323 Letica 1973. *ST*

324 필자 사진, Varna 1978.

325 Radunčeva 1974(b) *JB*

326 (1) Ivanov 1978; (2) *L'art de premiers agriculteurs*, Saint Germain-en-Laye Museum, 1979(catalogue). *JB*

327 Dumitrescu 1974.

328 A. Evans 1904. *LW*

329 Cartailhac and Breuil 1908. *ST*

330 (1) Müller-Karpe 1968; (2) Gimbustas 1972; (3) Leisner 1959. *ST*

331 (1) Dietz; (2) Evans 1903.

332 Vulpe 1957. Photo Kónya 1971, Peatra Neamt Archaeological Museum, Romania.

333 Marinescu-Bilcu 1974. *LW*

334 J.D. Evans 1971. *LW*

335 Buchholz and Karageorghis 1969. (a) *LW*

336 (1) Schmidt 1932, *LW*; (2) Kandyba 1937.

337 Kandyba 1937.

338 Angelov1959.

339 Kandyba 1937. *JB*

340 Milojcic 1949. *LW*

341 (1) Kaindl 1908. *LW, JB*; (2) Montelius 1924.

342 Matz 1928. *LW*

343 Twohig 1981. *JB*

344 Twohig 1981.

345 Herity 1974 and Brennan 1983.

346 Alexiou 1958 and Tsedakis 1971. *JB*

347 Alexiou 1958. *JB*

348 필자 사진, 1984. H. Nikolaios Museum, Crete.

349 Mellaart 1963. *JB*

350-51 Dumitrescu 1970. *JB*

352 Courtesy Zemaljski Muzej, Sarajevo. Photo Konya 1971.

353 Bossert 1937.

354 Courtesy Nauplion Museum. *LW*

355 Tsountas 1908. *PR*

356 (1) Delporte 1979(Originally publ. in Antonielli 1926); (2) Courtesy Prähistorische Staatssammlung, Munich. *PR*

357 Marshack 1972. *EB*

358 Makkay 1985.

359 Swiny 1983.

360 Alexiou 1958. *LW*

361 Niţu 1975. *LW*

362 Dinu 1957. : *LW*

363 Kandyba 1977. *LW*

364 Vlassa 1963. *JB*

365 Desborough 1952. *LW*

366 Matz 1928 and Yule 1981. *JB*

367 Schliemann, reproduced from Alexiou 1969. *JB*

368 Clara Rhodos, IV, 359. *LW*

369 Musch 1986. Found by Ger Zijlstra, now in private collection of Herman van der Made, the Hague.

370 M. O'Kelly 1982.

371 Müller-Karpe 1974. *EB*

372 (1) V. Dumistrescu 1974; (2,3) Evans 1959.

373 H. Dumitrescu 1960. (2) *JB*

374 Courtesy Nemzeti Museum, Budapest(필자 사진, 슬라이드를 바탕으로 그림), *PR*; (2) Theocharis 1973.

375 Tanda 1977. *JB*

376 (1) Müller-Karpe 1974, *ST, EB*; (2) Bertran 1985, *JB*.

377 Atzeni 1981. *JB*

378 (1-4) Mason and Merpert 1981; (5) Anati 1969; (6) Spyropoulos 1970 and Long 1974. *JB*

379 Bernabó Brea 1957.

380 (A) Müller-Larpe 1966; (B) Mellaart 1970. *LW*

381 Wislański 1979. *JB*

382 Alexiou 1958. *LW*

383 Gimbutas 1963. *JB, ST*

384 Kühn 1956; Müller-Karpe 1974; Almgren 1934. *JB*

385 Coleman 1984.

386 Almgren 1934. *JB*

387 Breuil and Saint Perrier 1927.

388 Author's excavation, Achilleion 1973-74; publ. 1989.

389 Vasić 1936, III.

390 Mellaart 1963 and 1970. *LW*

391 Zervos 1956. *LW*

392 Karageorghis 1967. *ST*

393 Gulder 1962. (1) *PR*

394 (1) Gimbutas 1958; (2) Tsountas 1908. *PR*

395 (1) Cipolloni Sampò 1982; (1) courtesy Herakleion Museum(필자 사진을 바탕으로 그림); (3) courtesy Aghios Nikolaios Museum. *ST*

396 (1) Gulder 1962; (2-4) Müller-Karpe 1968. *ST*

397 Andree 1904. *JB*

398 Dams 1978. *ST*

399 Dumitrescu 1968. *LW*

400 (1) Courtesy Institute of Archaeology, Bucharest; photo Kónya 1971; (2) courtesy Peatra Neamţ Museum; photo Kónya 1971.

401 (1) Courtesy National Museum, Belgrade(R. Galović); (2) courtesy Institute of Archaeology, Bucharest(Dumitrescu 1968). Photo Konya 1971.

402 (1) Hampe and Simmon 1981; (2,3) Furumark 1941. *ST*

403 Courtesy Louvre Museum(publ. *Ugaritica*, 2, pl. 37, 2).

404 *Clara Rhodos*, IV. *ST*

405 Ruckert 1976.(1) *LW, JB*

406 Breuil & Saint Perrier, 1927. *JB*

407 Courtesy Prähistorische Staatssammlung, Munich. Belgrade University Museum. 408 Srejović and Babović 1983. *JB, ST*

409 Courtesy Herekleion Museum, Crete(publ. Marinatos and Hirmer 1960). *ST*

410 Courtesy Khania Museum. 필자 사진.

411 Cameron 1981. *JB*

412 Thimme 1977. *JB*

413 Gimbutas 1986. *LW*

414 (1) Marinescu Bilcu 1961; (2) Modderman 1971. *LW*

415 Courtesy Piatra Neamt Museum, Romania, Photo Kónya 1971(first publ. by Matasa 1964). (b) *LW*

416-17 Tanda 1977b. *JB*

418 Furumark 1972. *ST*

419 Maier 1969. *JB*

420 Courtesy Archaeological Museum, Cracow(drawing from a photograph by Kónya 1971). *LW*

421 Schachermeyr 1955. *LW*

422 (1) Mellaart 1970; (2) Rosetti 1938. *LW*

423 Lo Schiavo 1978. *JB*

424 Atzeni 1981. *ST*

425 Yule 1981. *ST*

426-27 Zervos 1956. *LW*

428 Courtesy Herakleion Museum(필자 사진을 바탕으로 그림) *LW*

429-30 Herakleion Museum(필자 사진을 바탕으로 그림). *JB*

431 Courtesy Khania Archaeological Museum(필자 사진을 바탕으로 그림). *JB*

432 (1) Courtesy National Museum, Athens(필자 사진을 바탕으로 그림). *JB*; (2) Furmark 1941.

433-34 Dams 1978. *ST*

435 Giedion 1962. *ST*

436 Courtesy Brno Archaeological Museum. Photo Konya 1971.

437 Wace and Thompson 1912. *JV*

438 Courtesy Zemalkski Muzej Sarajevo. Photo Kónya 1971.

439 (1) Passek 1935; (2,3) Kandyba 1937.

440 Berciu 1961. (1) *LW*, (2) *EB*

441 (1) Courtesy Stara Zagora Museum; (2) Wace and Thompson 1912, *ST*; (3) Tasić 1973.

442 필자 사진, 1980.

443 (1) Dumitrescu 1954; (2) Berciu 1961. *LW*

444 (1) Berciu 1961, ST; (2) Dumitrescu 1954, *LW*.

445 Chernysh 1961. *ST*

446 Twohig 1981. *JB*

447 Liliu and Schubart 1967. *ST*

448 Tsountas 1908. *JB, MH*

449 Brennan 1983.

450 Brennan 1983. *JB*

451 Brøndsted 1957. *JB*

452 Berciu 1961. (1) *ST*; (2) *EB*

453 (1) Kalicz and Makkay 1977. *ST*

454 Pericot 1942. *ST*

455-56 Twohig 1981. *JB*

457 (1) Müller-Karpe 1974; (2) Dumitrescu 1974; (3) Briard 1976. *JB*

458 (1,3) Twohig 1981, JB; (2) Le Roux 1985.

459 Anati 1969. *JB*

460 Niţu 1972. *LW*

461 Schmidt 1932. *MH*

462 Courtesy Peatra Neamţ Museum. Photo Kónya 1971.

463 (1) Courtesy Archaeological Museum, Iaşi. Photo Kónya 1971.

464 (1-3) Kandyba 1937; (3,5) Passek 1935. *JB*

465 Dumitrescu 1974. *LW*

466 (1) Dimitriv 1971, JB; (2) Prendi 1966, *LW*.

467 (1) Popov 1916-18; (2) 필자 사진; Varna 1976. *ST*

468 Dombay 1960. *ST*

469 (1) Niţu 1975; (2) Dinu 1957. *LW*

470 Mikov and Džambazov 1960. (1) *JB*, (2) *EB*

471 (1) Graziosi 1973, JB; (2) Theocharis 1973, *ST*; (3) Passek 1935, *LW*.

472 Mihai 1972-73. *JB*

473 Ionescu 1974. *JB*

474 Breuil and Saint Perrier 1927. *JB*

475 (1) Winn 1981; (2) Markevich 1970. *LW*

476 (1,2) Banner 1958; (3,4) Kuhn 1956.

477 Matz 1928. *JM*

478 Passek 1935. *JM*

479 Brøndsted 1957. *JB*

480 Saint Germain-en-Laye Museum, France. *JB*

481 Courtesy Cracow Archaeological Museum. Photo Konya 1971.

482 Niţu 1975, originally Bogaevski 1937. *LW*

483 필자 사진, 1980, Malta.

484 Dams 1978. *ST*

485 Mellaart 1963. *ST*

486 Mellaart 1963.

487 Twohig 1981. *JB*

488 (1) Theocharis 1967; (2) Dumitrescu 1974; (3) Courtesy Nova Zagora Museum.

489-90 Foreman and Poulik 1956.

491 Courtesy National Parks and Monuments Dublin.

492 Courtesy Piatra Neamt Museum, Romania.

색인

지은이 **마리야 김부타스**

UCLA 유럽고고학과 교수 및 UCLA 문화사박물관 고대 세계 고고학 학예사를 지냈다.《올드 유럽의 여신과 남신》을 포함해 20권 이상의 저서가 있고 200편 이상의 논문이 있다. 유럽 선사시대부터 인도-유럽인의 기원에 관한 신화까지 방대한 영역을 다뤘다. 가장 주목할 만한 고고학자이자 선사학자인 그녀는 방대한 도상을 집대성한 이 책을 통해서 가부장제 이전 인류의 문명화를 생생하게 살아있는 역사로 만들었다.

옮긴이 **고혜경**

신화학 박사이자 그룹투사 꿈 분석가. 현재 치유상담대학원대학교 교수로 재직 중이다. 미국 퍼시피카대학원대학에서 신화학으로 석·박사를, 오클랜드창조영성대학원에서 창조영성으로 석사 학위를 취득했다. 샌프란시스코 국제문화대학 객원교수를 역임하고 현재 서울에서 꿈과 신화를 분석하며 강의하고 있다. 관심 주제는 꿈과 신화를 통한 내면 탐구와 여신 전통이다. 지은 책으로《나의 꿈 사용법》《태초에 할망이 있었다》《선녀는 왜 나무꾼을 떠났을까》가 있으며, 옮긴 책으로《She: 신화로 읽는 여성성》《He: 신화로 읽는 남성성》《꿈으로 들어가 다시 살아나라》가 있다.

여신의 언어

초　판 1쇄 발행 2016년 4월 15일
개정판 1쇄 발행 2024년 11월 18일

지은이 마리야 김부타스
옮긴이 고혜경
펴낸이 이상훈
인문사회팀 김지하 최진우
마케팅 김한성 조재성 박신영 김효진 김애린 오민정

펴낸곳 (주)한겨레엔 www.hanibook.co.kr
등록 2006년 1월 4일 제313-2006-00003호
주소 서울시 마포구 창전로 70 (신수동) 화수목빌딩 5층
전화 02-6383-1602~3 **팩스** 02-6383-1610
대표메일 book@hanien.co.kr

ISBN 979-11-7213-136-4 03900

* 값은 뒤표지에 있습니다
* 파본은 구입하신 서점에서 바꾸어 드립니다.